广东财政年鉴（2010）

GUANGDONG CAIZHENG NIANJIAN

广东财政年鉴编辑委员会 编著

经济科学出版社
Economic Science Press

图书在版编目（CIP）数据

广东财政年鉴．2010／广东财政年鉴编辑委员会编著．
—北京：经济科学出版社，2010．12
ISBN 978－7－5141－0046－4

Ⅰ．①广…　Ⅱ．①广…　Ⅲ．①地方财政－广东省－2010－年鉴　Ⅳ．①F812．765－54

中国版本图书馆 CIP 数据核字（2010）第 214334 号

责任编辑：白留杰　张占芬　林东升
责任校对：徐领弟
版式设计：代小卫
技术编辑：李长建

广东财政年鉴（2010）
广东财政年鉴编辑委员会　编著
经济科学出版社出版、发行　新华书店经销
社址：北京市海淀区阜成路甲 28 号　邮编：100142
教材编辑中心电话：88191354　发行部电话：88191540
网址：www.esp.com.cn
电子信箱：bailiujie518@126.com
北京中科印刷有限公司印装
889×1194　16 开　48.5 印张　1970000 字
2010 年 12 月第 1 版　2010 年 12 月第 1 次印刷
ISBN 978－7－5141－0046－4　定价：330.00 元
（图书出现印装问题，本社负责调换）

广东财政年鉴编辑委员会

广东财政年鉴编辑部

广东财政年鉴特约通讯员

编辑说明

《广东财政年鉴》是广东省财政厅主办的大型文献资料工具书。《广东财政年鉴（2010）》是广东编纂财政年鉴的第六卷，该书主要汇集了2009年广东财政的各方面情况资料，反映了2009年广东财政工作的全貌，并继续保持《广东财政年鉴》创刊以来的三个主要特点，即资料翔实，权威性强；理论与实务相结合；亮点和重点突出。全书立体地反映了广东财政体制改革、深化部门预算改革、完善国库集中支付改革、加强财政支出绩效评价工作、推进基本公共服务均等化建设、推进政务公开和信息化建设等各方面的情况，生动体现了广东财政在落实科学发展观、关注民生问题和构建和谐社会等方面的具体做法。全书正文内容共分十二个部分。

第一部分"重要财经文献"，转载了广东省人民代表大会及其常务委员会2009年通过的有关财政经济方面的重要报告和决议；第二部分"财税工作重要讲话"，收录了省财政厅领导的有关讲话；第三部分"广东省财政工作概况与专题"，记述了全省财政各项工作的开展情况和各项改革的进展情况；第四部分"各市财政工作概况"，刊登了全省21个地级以上市经济发展的简要介绍和财政工作有关方面的情况综述；第五部分"市县财政工作专题"，反映了全省部分市、县（市、区）财政工作重点和亮点；第六部分"统计资料"，收集了全省和各市、县（市、区）财政一般预算收支情况、非税收入基本情况、全省新型农村合作医疗补助情况、全省农业综合开发基本情况、全省国有企业和外商投资企业等方面的统计资料等；第七部分"地方财经法规选编"，选编了省人民代表大会及其常务委员会通过公布的地方性财经法规，省人民政府颁布或批准颁布的重要财经规章，省财政厅和省政府有关部门制定的或几个部门联合制定的重要财经规范性文件；第八部分"财经文选"，选编了省财政厅领导在有关专题会议上的重要讲话，全省财政系统有关财政理论与实务的研究报告、研究文章和调查报告以及广东财政论坛上有关专家的讲话和有关财经文章；第九部分"财政机构人员"，主要介绍了省财政厅机构变动情况和省财政厅领导及厅属各单位领导名单，各地级以上市和各县（市、区）财政局机构设置及领导名单，以及全省财政系统人员情况；第十部分"大事记"，记述了2009年度全省财政方面的重要会议、重大活动、重要国际交往、重大决策和措施；第十一部分"媒体报道"，主要反映2009年中央和省级刊物对广东财政改革与发展中的重要工作和亮点工作进行的报道；第十二部分"附录"，简要介绍了省财政各类学会、省财政厅所属院校的工作情况和省财政厅各处室（单位、学会）所承担的研究课题、研究成果和获奖情况。

本年鉴在编辑出版过程中，继续得到各有关方面的关心和鼎力支持。在此，要深深地感谢所有参与年鉴撰稿、摄影、编纂、审定、出版、发行等工作的同志，你们付出的辛劳，将不断推动广东财政年鉴工作迈向新的台阶。

由于广东财政年鉴涉及面广，编辑出版时间有限，难免有疏漏和不妥之处，敬请广大读者批评指正，并提出宝贵意见，促使广东财政年鉴编辑出版质量不断有新的提高。

《广东财政年鉴》编辑部

世界银行"缩小广东城乡贫富差距"课题研究成果报告会
"Guangdong: Reducing Inequality for Shared Growth" — World Bank Policy Seminar
2009.6.9 · 广州

2009年6月9~10日，世界银行常务副行长胡安·何塞·达布先生(前排左七)率世界银行课题研究专家团来广东，中共中央政治局委员、省委书记汪洋(前排右七)，省委副书记、省长黄华华(前排右六)和省委常委、常务副省长黄龙云(前排右五)会见了达布常务副行长一行，并听取了世界银行专家汇报《缩小广东城乡贫富差距》课题研究成果。

2009年2月12日，全省财政工作会议在广州市召开，省委常委、常务副省长黄龙云出席会议并作重要讲话。

2009年6月2日，全省促进县域财政发展工作会议暨市、县（市、区）长公共财政与应对金融危机专题培训班在广州市举行，省委常委、常务副省长黄龙云出席会议作重要讲话，并向有关市县颁发奖牌。

2009年12月31日下午，省委常委、常务副省长黄龙云受省委书记汪洋、省长黄华华委托，代表省委、省政府到省财政厅亲切慰问财政干部。

2009年12月10日，省人人常委会副主席钟阳胜率领部分省人大代表到省财政厅视察工作。

2009年6月18日，财政部党组成员、副部长王军一行到广东省财政厅视察指导工作。省财政厅党组书记、厅长刘昆代表厅党组作了工作汇报。省财政厅党组副书记、副厅长曾志权，党组成员、纪检组长邓桂明，党组成员、副厅长欧斌、沈梅红、郑贤操以及省财政厅各处室及所属单位负责人参加了汇报会。

2009年9月1日上午，省人大常委会委员、省人大常委会选举联络人事任免工作委员会主任林华景带领部分省人大代表到省财政厅视察代表建议办理情况，听取了省财政厅关于省十一届人大二次会议代表建议办理情况的汇报。

应财政部邀请，法国经济、工业和就业部部长克里斯汀·拉嘉德一行15人访问中国，并于2009年10月29日访问广东。中共中央政治局委员、省委书记汪洋在珠岛宾馆会见了克里斯汀·拉嘉德部长及随访的法国企业家代表。省财政厅副厅长曾志权（上图）、戴运龙（中图）陪同会见。

2009年8月17～25日，省财政厅副厅长沈梅红随同副省长李容根率领的省委、省政府代表团赴西藏考察慰问（下图）。其间，先后考察了广东援藏项目，慰问了广东省第五批援藏干部，并与西藏自治区党委、政府就广东对口支援工作进行了座谈。

2009年2月12日，全省财政工作会议上，向韶关、清远、阳江三市颁发了第二批产业转移竞争性扶持资金支票，副省长佟星出席了颁发仪式。

2009年3月25日，广东省第三批产业转移竞争性扶持资金专家评审会在广州市召开，第三批产业转移竞争性扶持资金最终由潮州、汕头、云浮三市获得。

2009年7月10日，广东省第四批产业转移竞争性扶持资金专家评审会在广州市召开，第四批产业转移竞争性扶持资金最终由梅州、河源、清远三市获得。

2009年9月2日，第五批产业转移竞争性扶持资金竞标工作布置会在广州举行，省财政厅党组副书记、副厅长曾志权主持会议。

2009年4月15日，《广东省基本公共服务均等化规划（2009-2020）》（第二次呈报稿）征求意见座谈会在广州举行，省委常委、常务副省长黄龙云出席会议并作重要讲话。

经省政府批准，广东省家电下乡启动仪式于2009年2月10日上午举行。启动仪式由省政府副秘书长林英主持，副省长佟星讲话并宣布广东省家电下乡正式启动。

2009年2月18日，由省政府批准组建的广东省级担保公司——广东省中小企业信用再担保有限公司正式成立。国家工业和信息化部副部长欧新黔，省政府副省长宋海、佟星亲自到会祝贺并为公司揭牌。

2009年6月2日，全省促进县域财政发展工作会议暨市、县（市、区）长公共财政与应对金融危机专题培训班在广州市举行。

2009年6月17日，省级交通建设融资评审会在广州市举行，会议由省政府副秘书长李春洪主持。在评审会上，由李春洪副秘书长任组长，省财政厅党组副书记、副厅长曾志权和省交通厅党组成员、副厅长曾兆庚任副组长，相关专家组成的13人评审组，按照“资金来源可靠、资金成本最低、服务质量最优”的评审原则，对11家参评银行进行了评审。

2009年9月8日，广东省举行家电汽车以旧换新活动新闻发布会（上图）和启动仪式（下图）。

2009年4月24日，中央治理“小金库”工作领导小组在北京召开全国“小金库”治理工作电视电话会议。

全国电视电话会议结束后，广东省分会场继续开会。会议由省纪委副书记赵振华主持。会上，省财政厅党组书记、厅长刘昆就广东省“小金库”治理工作提出三点意见。

2009年6月18~19日，省治理“小金库”工作领导小组办公室在广州举办全省“小金库”治理工作培训班。省治理办主任、省财政厅党组成员、纪检组长邓桂明，省治理办副主任、省纪委党风廉政建设室主任曾庆荣出席培训班的开幕式和闭幕式并作讲话。全省21个地级以上市“小金库”治理工作领导小组办公室负责人和办公室业务骨干、省“小金库”治理工作领导小组办公室全体成员及广州市所属县（区）“小金库”治理工作领导小组办公室成员共计80多人参加了培训班。

省治理“小金库”工作领导小组办公室于2009年7月20日召开省直单位“小金库”专项治理重点检查工作布置会。省治理“小金库”工作领导小组副组长、省纪委常委、省委巡视办主任姜斌，省治理“小金库”工作领导小组成员、办公室主任、省财政厅纪检组长邓桂明出席会议并作讲话。省直各单位分管财务工作的领导及财务部门负责人参加会议，各地级以上市治理“小金库”工作领导小组办公室负责重点检查工作的同志列席会议。

2009年12月1日，省财政厅党组副书记、副厅长曾志权与厅党组成员、副厅长沈梅红，综合处处长彭明官、农业处处长叶梅芬、社保处处长钟凯一起参加省财政厅第一期“民声热线”直播节目，就财政惠民、惠农等综合业务现场解答了群众通过拨打热线、网络提出的财政热点、难点问题。

2009年12月8日，省财政厅党组书记、厅长刘昆与厅党组成员、副厅长欧斌，教科文处处长苏凤玲、会计处处长邹清莲、政府采购监管处处长肖红梅一起参加省财政厅第二期“民声热线”直播节目，就财政资金分配、使用情况与听众进行了交流、沟通，并就财政窗口业务现场解答了群众通过拨打热线、网络提出的财政热点、难点问题。

2009年3月20日，省财政厅党组副书记、副厅长、厅直属机关党委书记曾志权率队到省财政厅干部驻村帮扶点——惠东县白花镇长塘村指导省财政厅第四批与第五批驻村工作组交接工作，并与惠东县委、县政府及有关部门负责人进行了座谈。上图为副厅长曾志权第四次亲临长塘村指导驻村帮扶工作。

2009年8月25日，受省财政厅厅长刘昆的委托，副厅长曾志权率厅6个处室负责人及第一批驻村工作组人员到大沙村，就扶贫开发"规划到户、责任到人"对口帮扶工作开展专题调研，并带领第一批驻村工作组正式进驻大沙村。

2009年10月15~17日，省财政厅党组书记、厅长刘昆率领厅办公室等处室负责同志及有关工作人员来到五华县水寨镇大沙村，对省财政厅对口帮扶工作进展情况进行检查指导，走访了挂钩帮扶户，并对下一步帮扶工作作了进一步部署。

10月19～20日，省财政厅副厅长曾志权率领第一批挂户帮扶责任人完成帮扶对接工作。

10月22～23日，省财政厅副厅长郑贤操、戴运龙带队完成第二批帮扶对接工作。

10月26～27日，省财政厅纪检组长邓桂明、副厅长欧斌完成第三批帮扶对接工作。

10月29～30日，省财政厅副厅长沈梅红、副巡视员吴仰和完成第四批帮扶对接工作。

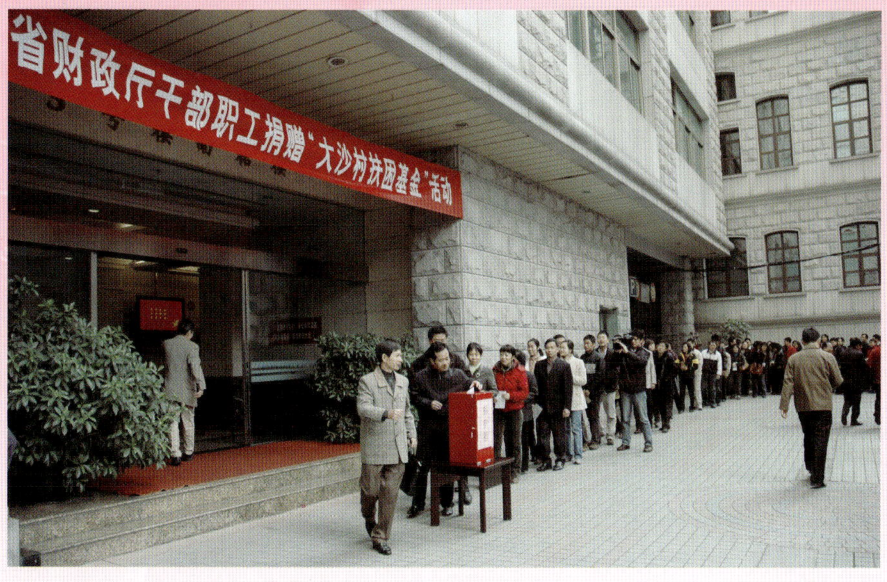

为进一步动员社会力量参与对口帮扶工作，2009年11月17日上午，省财政厅举行募捐活动，发动厅干部职工捐资出力，共同参与对口帮扶。全厅干部职工积极响应，纷纷踊跃捐款，奉献爱心，厅机关各处室干部职工共300多人参加了募捐活动。此次募捐活动共计收到捐款48 000多元。

2009年2月25日上午，全省财政反腐倡廉建设工作会议在广州市召开。各地级以上市财政局纪检组长或分管纪检监察工作的局领导、监察室主任，省财政厅机关全体党员干部和厅属各单位班子成员，以及省纪委驻省财政厅纪检组各授权管理单位纪检组长或纪委书记、纪检监察部门负责人参加了会议。省财政厅党组书记、厅长刘昆作重要讲话。

2009年2月26日，全省财政外经金融工作座谈会在清远市召开。各地级以上市财政局外经金融科（处）长和省财政厅的有关人员参加了会议。省财政厅党组成员、副厅长欧斌到会并作了讲话。

省财政厅于2009年3月11日在潮州市召开全省财政绩效管理工作会议，省财政厅党组成员、副厅长沈梅红出席会议并作了讲话。各地级以上市财政局分管绩效评价工作的局领导及绩效评价科（处）室的负责人共50多人参加了会议。

2009年3月17日，省财政厅在广州市召开行政事业资产管理信息化工作座谈会。广州、佛山、东莞、珠海、肇庆、湛江等试点市财政局和省委办公厅、省人大常委会办公厅、省政府办公厅等24家省直单位的相关人员参加了会议。省财政厅党组成员、副厅长沈梅红出席了座谈会并作了动员讲话。

2009年3月20日，省财政厅在广州市广东大厦隆重召开2009年度全省会计管理工作暨全省先进会计工作者表彰会议。会议由省财政厅党组副书记、副厅长曾志权主持。财政部会计司司长刘玉廷，省财政厅党组书记、厅长刘昆到会作讲话，省财政厅党组成员、副厅长郑贤操作工作报告。省人事厅党组成员、副厅长李长峰，省财政厅党组成员、纪检组长邓桂明，省财政厅党组成员、副厅长沈梅红和省财政厅巡视员韩晓进出席会议。各地级以上市财政局会计科（处）分管局长、科（处）长，全省先进会计工作者及其单位负责人，省财政厅各处室主要负责人共187人参加会议。会议对50名全省先进会计工作者进行表彰。

省财政厅于2009年7月22～23日在汕头市召开全省财政国库管理工作暨2009年上半年全省预算执行情况分析会议。全省21个地级以上市财政局分管国库工作的局领导、国库科（处）长以及负责预算执行分析工作的相关人员参加了会议。省财政厅党组成员、副厅长沈梅红出席会议并作讲话。

2009年8月25～26日，省财政厅召开广东省2009年度国家农业综合开发标准农田建设示范工程项目竞争立项评审会。省财政厅党组成员、副厅长郑贤操出席评审会并作动员讲话。

2009年9月1日，省财政厅在广州市召开全省金财工程纵向网项目建设启动会。省财政厅党组副书记、副厅长曾志权出席会议并作了讲话。

2009年11月16日上午，省水利厅、省财政厅在广州市联合召开全省堤围防护费和水资源费征缴工作会议。省财政厅党组副书记、副厅长曾志权，省水利厅党组成员、副厅长王建成，省地方税务局副巡视员伍绍焕，以及全省各地级以上市水利（水务）部门和财政局有关负责人100余人参加了会议。

2009年，省财政厅抓“转变作风抓落实”等主题活动，加强作风建设，创新工作思路，坚持把解决现实问题与建立长效机制紧密结合起来，通过深化改革、完善制度增创财政发展新优势，在财政改革诸多领域都实现了重大突破，得到了财政部和省委、省政府的充分肯定和高度评价。

2009年1月21日，省财政厅召开学习实践活动转入整改落实阶段工作会议。省财政厅党组书记、厅长、厅学习实践活动领导小组组长刘昆作讲话，省委指导检查组第二组组长、省委第一巡视组组长陈均伦到会指导。大会由厅党组副书记、副厅长、厅直属机关党委书记、厅学习实践活动领导小组副组长兼办公室主任曾志权主持。

2009年2月27日，省财政厅召开学习实践活动动员总结暨转变作风抓落实动员大会。大会由厅党组成员、纪检组长邓桂明主持。厅机关及所属单位的党员、干部300多人参加了会议。

2009年7月9日上午，省财政厅召开2009年纪律教育学习月活动动员暨辅导报告会。厅机关及所属单位全体党员、干部和驻厅纪检组授权管理单位粤财投资控股有限公司的干部、职工参加了会议。省纪委常委曹晓东莅临会议并作专题辅导报告。省财政厅党组书记、厅长刘昆作动员讲话，厅党组成员、驻厅纪检组组长邓桂明主持会议并传达了全省纪律教育学习月活动动员暨示范点现场会精神。厅党组副书记、副厅长、厅直属机关党委书记曾志权和厅党组成员、副厅长郑贤操等厅领导出席了会议。

省财政厅于2009年9月18日上午，在广州市组织召开了广东省财政厅老领导座谈会。参加此次座谈会的有41位改革开放前曾在省财政厅工作过的老领导。座谈会由厅党组副书记、副厅长曾志权主持，厅党组书记、厅长刘昆出席座谈会并作了讲话。

为热烈庆祝新中国建国六十周年，省财政厅机关工会和厅直属机关团委于2009年9月25日联合举办了“‘祖国颂·财苑情’——广东省财政厅庆祝新中国成立六十周年文艺演出”。厅党组副书记、副厅长、厅直属机关党委书记曾志权，厅党组成员、纪检组长邓桂明，厅党组成员、副厅长欧斌、沈梅红、郑贤操等与厅机关、厅属各单位的干部职工及离退休老同志400多人观看了演出。

2009年11月27日，省财政厅召开中共广东省财政厅直属机关第三次代表大会。厅党组书记、厅长刘昆在会上作了重要讲话，厅党组副书记、副厅长、厅直属机关党委书记曾志权代表厅直属机关第六届党委作了工作报告，省直机关工委副书记董励国出席大会并作了指示。会议由厅党组成员、纪检组长邓桂明主持，全厅共133名（应到会138名，请假5名）党代表参加了会议。

2009年12月5日，省财政厅第十一届全民健身运动会在广东省财政职业技术学校隆重举行。厅党组副书记、副厅长、厅直属机关党委书记曾志权出席开幕式并致辞。厅党组成员、副厅长戴运龙出席了开幕式。

2009年12月7日下午，省财政厅200多名公务员参加了省委宣传部、省依法治省办、省司法厅、省人力资源和社会保障厅、省普法办联合组织的省直和中央驻穗单位公务员学法考试。出考率近90%。

为帮助新录用人员熟悉政府机关工作的各项规则，尽快适应工作岗位的要求，2009年12月9～11日省财政厅举办新录用人员培训班。省财政厅党组副书记、副厅长、厅直属机关党委书记曾志权出席培训班开班仪式并作了题为《在平凡岗位上体现价值》的重要讲话。厅各处室、单位共25名新录用人员参加了培训班，厅部分青年干部旁听了培训班课程。

2009年10月12日，由省农村财政研究会和省农村政策研究中心联合举办的广东省农村财政政策理论研讨会在广州市召开。省气象局局长余勇、省农村政策研究中心主任江惠生和省农村财政研究会理事、省直农口单位代表以及部分科研院校专家学者共40多人参加了会议。研讨会由省农村财政研究会会长罗妹珠主持，省财政厅党组副书记、副厅长曾志权出席会议并作了讲话。

2009年7月25日下午,香港立法会议员陈茂波先生率香港青年会计师珠三角访问团一行80余人拜访省财政厅、省注册会计师协会，并进行工作交流。省财政厅党组成员、副厅长欧斌，省注册会计师协会会长熊展瑜出席座谈会。省财政厅会计处、注册会计师协会、佛山市财政局、佛山市会计学会有关人员参加了座谈。

2009年7月2日，省珠算协会第九届会员代表大会在广州市华泰宾馆举行。省财政厅党组成员、副厅长郑贤操，省科协组联部部长叶小鹰出席大会并做了讲话。

2009年2月17日，省财政厅、省财政学会邀请牛津大学当代中国研究中心主任黄佩华教授作题为《改善公共服务，构建和谐社会——有关财政体制改革思考》的专题报告。

2009年 6月15日，省财政厅、省财政学会邀请财政部税政司副司长王建凡作题为《公共财政下的税制改革思路》的专题报告。

2009年7月15日，省财政厅、省财政学会邀请中国政法大学商学院教授杨帆作题为《美国金融危机与中国经济发展趋势》专题报告。

2009年8月21日，省财政厅、省财政学会邀请财政部财政科学研究所副所长、研究员王朝才作题为《当前经济形势与财政对策》的专题报告。

目　　录

第一部分　重要财经文献

第二部分　财税工作重要讲话

第三部分　广东省财政工作概况与专题

● **专题**

第四部分　各市财政工作概况

第五部分　市县财政工作专题

第六部分　统计资料

第七部分　地方财经法规选编

第八部分　财经文选

第九部分　财政机构人员

第十部分　大事记

第十一部分　媒体报道

第十二部分　附录

Table of Contents

Section 1 Important Documents on Finance and Economy

Section 2 Important Speech of Public Finance and Taxation Working

Section 3 Provincial Public Finance

Special Topics

Section 4 Public Finance in Prefectures

Section 5 Special Topics on Public Finance in Cities, Districts and Counties

Section 6 Statistics

Section 7 Selected Local Laws and Regulations of Finance and Economy

Section 8 Selected Writing on Finance and Economics

Section 9 Fiscal Organization Structure and Personnel

Section 10 Memorabilia

Section 11 Media Reports

Section 12 Appendix

第一部分

重要财经文献

广东省第十一届人民代表大会第三次会议关于广东省2009年预算执行情况和2010年预算的决议

（2010年2月2日广东省第十一届人民代表大会第三次会议通过）

广东省第十一届人民代表大会第三次会议审查了省人民政府提出的广东省2010年预算草案及省财政厅厅长刘昆受省人民政府委托所作的《广东省2009年预算执行情况和2010年预算草案的报告》。会议同意广东省人民代表大会财政经济委员会的审查结果报告，决定批准广东省2010年省级预算，批准《广东省2009年预算执行情况和2010年预算草案的报告》。

广东省2009年预算执行情况和2010年预算草案的报告

广东省财政厅厅长　刘　昆

各位代表：

受省人民政府委托，我向大会提出广东省2009年预算执行情况和2010年预算草案的报告，请予审议。

一、2009年预算执行情况

2009年，面对国际金融危机冲击和经济财政的严峻形势，广东省各级政府和财政部门在省委、省政府的正确领导下，以邓小平理论和“三个代表”重要思想为指导，以科学发展观为统领，认真贯彻党的十七大、十七届三中、四中全会精神，落实省委十届四次、五次全会和省委、省政府工作部署，按照省十一届人大二次会议审议通过的年度预算，坚持生财有道、聚财有方、用财有规和集中财力办大事，贯彻落实中央扩大内需政策，紧密围绕《珠江三角洲地区改革发展规划纲要（2008～2020年）》和“三促进一保持”中心工作，实施积极的财政政策，狠抓增收节支，优化支出结构，扩大公共投资，着力保障民生，深化体制改革，加强财政管理，提高支出绩效，积极构建有利于科学发展的财政体制机制，为广东省成功应对危机、加快科学发展提供了有力的支撑。在各级财税部门共同努力下，省十一届人大二次会议通过的预算完成情况良好，财政工作取得了较好的成绩，促进了国民经济和社会各项事业的发展。

（一）全省预算执行情况

据财政快报反映，2009年全省一般预算收入完成3 649亿元，为省代编预算的104%，超收140亿元，增长10.25%（见图1）。

2009年全省一般预算支出完成4 305亿元，为省代编预算的104.5%，比预算增加支出185亿元，增长14.6%。2009年全省一般预算收入加上中央税收返还、各项补助款和预算结转、结余，减去支出以及上解中央项目后，全省一般预算实现了收支平衡，有所结余。

（二）省级预算执行情况

受国家政策性减收因素和收入结构约束等因素影响，2009年省级财政收入面临的减收压力超过预期，经报请省人大常委会批准，2009年省级一般预算收入调减为723亿元。全年省级一般预算收入实际完成726.69亿元，完成省人大批准的调整后预算的100.51%；加上中央代发地方政府债券收入85亿元及转移性收入和上年结余收入等，2009年省级财政总收入完成1 527.75亿元（见图2）。

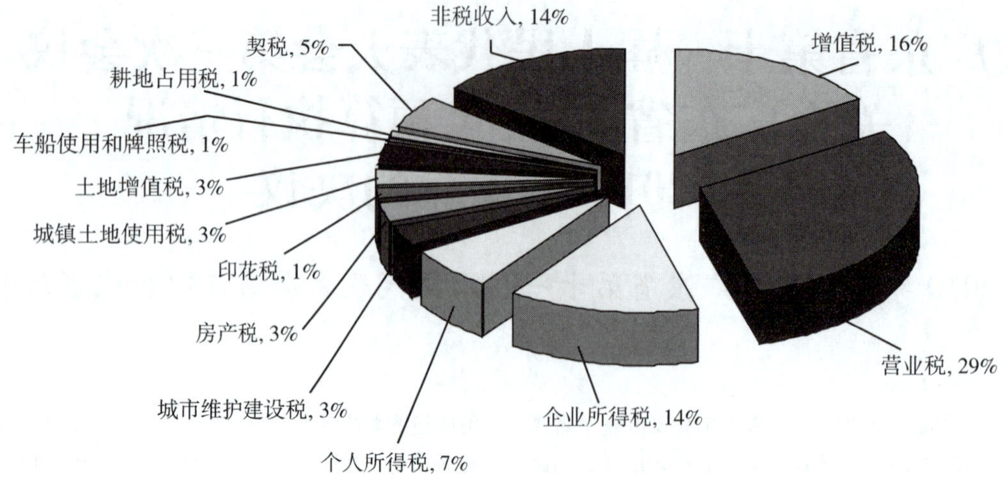

图1 2009年全省一般预算收入构成

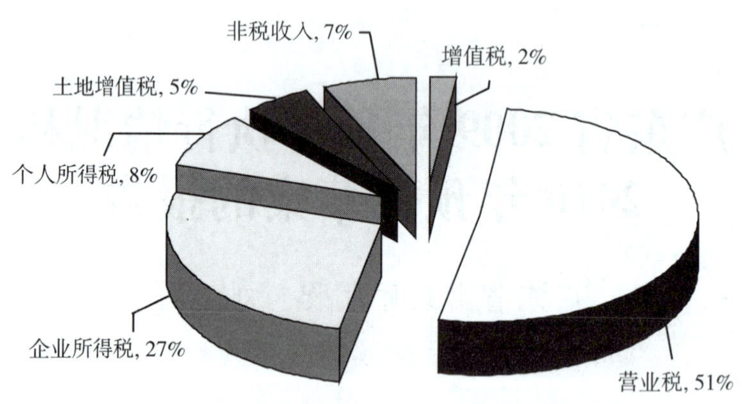

图2 2009年省级一般预算收入构成

2009年省级财政总支出完成1 523.51亿元，收支相抵，结余4.24亿元，全部结转下年使用。

因省级一般预算收入短收和中央安排代发地方政府债券对省级预算收支进行的调整，已按规定报请省十一届人大常委会第十一次、第十四次会议批准。

2009年，为确保预算任务的顺利完成，我们着重抓了以下八个方面的工作：

1. 加大收入征管力度，保障财政收入稳定增长。在复杂多变的国内外经济环境及严峻的财政收入形势面前，省委、省政府对财政运行态势高度关注，对财税工作高度重视。省政府连续召开了多次财税形势分析会，研究财税形势，专门召开了各市财税形势分析座谈会以及重点税源企业座谈会等，省政府主要领导多次听取汇报，亲自指导财税工作，要求各级部门要深入分析原因，主动采取应对措施，认真落实各项工作，通过加大税收征管力度、大力压减支出、加大固定资产投入等手段，确保完成全年财税收入任务。各级财税部门认真落实省委、省政府的要求，采取各种措施，加强征管，堵塞漏洞，有力地推动了财税收入的增长，取得了明显的效果。

2. 加大经费节约力度，严格控制一般性财政支出。积极倡导厉行节约，勤俭办一切事业，牢固树立“过紧日子”的思想，继续加大增收节支工作力度，采取有效措施大力压缩一般性财政支出。认真落实中央和省关于厉行节约的各项政策规定，对2009年省级部门专项经费、历史延续的专项资金尚未执行部分按10%进行压减，将节约的资金集中用于保障中央和省各项重大决策的支出；建立完善考核机制，对省直党政机关公用经费使用情况进行量化考核，确保实现公务购车和用车经费、会议经费、公务接待费用、党政机关出国（境）费用预算、办公经费预算“五个零增长”。从严控制重要展览、晚会、庆典和专题活动的规模和数量，停办一般性展览、晚会、庆典和专题活动，使一般性公共服务支出比上年有所减少，有效降低行政运行成本。

3. 加大对经济发展的支持，着力扩大国内消费需求。贯彻落实中央扩大内需政策措施，抓好积极财政政策的实施工作。在已完成两批产业转移园扶持资金竞争性安排的基础上，精心组织开展其余三批竞争性招投标活动，拨付产业转移竞争性扶持资金45亿元、欠发达地区产业转移园区发展专项转移支付资金15亿元；支持产业结构优化升级，拨付现代信息服务业发展专项资金2.2亿元、现代服务业发展引导专项资金 0.8 亿元、结构调整重点挖潜改造专项 2 亿元、装备制造业专项资金 1.5 亿元；支持提高自主创新能力，拨付科技型中小企业技术创新资金 0.5 亿元、广东产学研省部合作专项资金 4.61 亿元、产业共性技术研究专项资金 1 亿元、节能减排与可再生能源专项资金 1 亿元、技术研究与开发资金 3 亿元、高科技发展专项资金 0.5 亿元、广东省实验室体系建设专项资金 0.5 亿元、省自然科学基金 0.4 亿元、创新药物筛选和评价专项资金 1 亿元；支持中小企业加快发展，拨付中小企业发展专项资金 11.41 亿元、中小企业博览会经费 0.5 亿元；努力稳定对外贸易，拨付扶持外贸发展专项资金 5.58 亿元、加工贸易转型升级专项资金 2.41 亿元；支持环境保护工作，拨付污水处理厂建设专项补助 10.64 亿元、省环境保护专项资金 0.65 亿元、环保能力建设经费 0.3 亿元、省珠江水质保护专项资金 0.4 亿元、环保专项资金 0.42 亿元、减排专项资金 0.5 亿元、东江水质保护经费 0.4 亿元、治污保洁专项资金 0.6 亿元、排污费支出 0.4 亿元、环保普查资金 0.1 亿元。

4. 加大对社会民生的支持，推动基本公共服务均等化。在全国率先研究制订和实施全省基本公共服务均等化规划，大力调整支出结构，落实民生优先的要求，集中财力保障推进基本公共服务均等化。坚持优先发展教育，拨付 41.45 亿元落实城乡免费义务教育政策，拨付 6.69 亿元推动实施义务教育绩效工资政策、落实中小学教师“两相当”政策；安排农村困难家庭义务教育寄宿学生生活费补助 2.77 亿元、高中阶段教育学校建设资金 11.94 亿元、“智力扶贫”资金 1.84 亿元、“211 工程”资金 5.16 亿元；提高群众的医疗保障水平，拨付新型农村合作医疗补助资金 26.99 亿元、城镇居民基本医疗保险省级补助 1.88 亿元、乡镇卫生院经费保障体制补助 5.73 亿元；支持惠及全民的社会保障体系建设，拨付城乡最低生活保障补助 11.97 亿元、提高重点优抚对象标准和解决军队退役人员生活待遇补助等 7.1 亿元、财政对社保养老基金补助 3.3 亿元、欠发达地区城乡退役士兵就业技能培训经费 0.71 亿元；支持覆盖城乡的基本公共就业服务体系建设，拨付农村劳动力培训转移就业专项资金 3.69 亿元、促进就业专项资金 6.71 亿元、劳动力市场建设资金 0.91 亿元；支持文化事业和文化产业发展，拨付宣传文化发展专项资金 1.56 亿元、亚运会省级体育场馆建设和维修资金 5.61 亿元；加大转移支付力度，拨付一般性转移支付及调资补助 166.05 亿元、税收返还支出 280.07 亿元、农村税费改革补助支出 26.88 亿元、缓解县乡财政困难财力补助 9.19 亿元。

5. 加大对“三农”的投入，扩大公共财政覆盖农村范围。贯彻十七届三中全会精神，着力支持农村改革发展，拨付社会主义新农村建设专项资金 1.85 亿元、农业综合开发资金 6.22 亿元、扶持农业机械化发展议案资金 0.98 亿元；支持扶贫开发工作，拨付“大禹杯”专项资金 0.3 亿元、水库移民各项补助 12.43 亿元；做好农业补贴资金拨付工作，拨付农资综合直补 16.23 亿元、种粮直补 1.33 亿元、能繁母猪保险补贴 0.45 亿元等；加快发展海洋经济和建设现代渔业，拨付人工鱼礁建设议案资金 0.5 亿元、海洋渔业科技推广专项资金 0.5 亿元；加大林业生态保护力度，拨付生态公益林省级补助资金 6.2 亿元、林分改造及水源涵养林建设专项资金 0.7 亿元；支持农村水利基础设施建设，拨付城乡水利防灾减灾工程及重点水利建设项目等水利基础设施补助资金 18.14 亿元。

6. 深化财政体制改革，构建有利于科学发展的体制机制。根据建立与社会主义市场经济体制要求相适应的财政体制的要求，省财政积极推进财政体制改革，促进建立各级政府财力与事权相匹配、财力水平与发展需要相适应、调控能力与经济发展相协调的财政体制。一是完善基本保障与激励兼顾的一般性转移支付激励型财政机制。在保地方既得利益的基础上，引入激励因素，转移支付增量与经济财政发展速度挂钩，充分调动了欠发达地区加快发展的积极性。二是积极开展省直管县财政改革试点的研究工作，推进财政管理层级扁平化。三是按照推进基本公共服务均等化的要求，探索提出建立珠三角地区对欠发达地区的横向转移支付指导意见，明确珠三角地区要按照先富帮后富、点对点对口帮扶支持的方式，帮助欠发达地区加快发展。

7. 不断规范公共财政管理，提高科学化精细化水平。把握危机形成的改革契机，深化财政支出管理改革，完善公共财政管理体系。在部门预算方面，加强部门预算与绩效评价、资产管理、政府采购及国库集中支付的有效衔接，提高预算编制水平；在国库集中支付改革方面，推进县级改革，完善改革配套措施，全面推进财政支出管理电子平台建设，扩大财务核算信息集中监管、公务卡结算改革试点；在政府采购方面，完善政府采购竞争机制和制约机制，推进电子化政府采购系统建设，发挥政府采购政策产业引导作用；在“收支两条线”管理方面，加强非税收入征收管理，加大非税收入征管力度，防止非税收入的进一步下滑；在绩效评价改革方面，深入推进部门预算编制与绩效评价管理相结合，促进绩效评价管理从事后评价向预算编制的“上游”延伸；在资产管理方面，推进资产管理与预算管理有机结合，扎实开展行政事业单位资产核实工作，推进行政事业资产管理制度建设和信息化建设；在财政监督方面，着力构建财政监督工作宣传教育机制、省市县三级联动机制、协调协助机制及执法问责机制，开展“小金库”专项治理工作，规范收入分配秩序，促进财政、金融、国有资本运营制度改革。

8. 认真办理人大建议和意见，提高民主理财水平。认真研究采纳省十一届人大二次会议对预算报告的审议意见，坚持把办好建议工作作为发展社会主义民主政治，推进依法执政、科学执政、民主执政的一项重要任务，坚持把“让代表满意，让群众受益”作为办理工作的出发点和落脚点，努力实现在提高办理质量、增强办理实效、创新办理方式上“三个见成效”目标任务。2009 年共承办省十一届人大二次会议代表建议 245 件，比 2008 年增加 7 件，其中主办件 65 件、协办件 180 件。主办件中，建议所提问题已经解决或基本解决的共 24 件，建议所提问题列入年度计划解决的共 11 件，列入规划逐步解决的共 23 件，因目前条件所限及其他原因无法解决或供有关部门参考的共7件，分别占主办件总件数的36.92%、16.92%、35.38%、10.77%。作为服务基层和群众的重要渠道，在办理人大建议过程中不断加强组织领导，健全办理制度，创新办理方式，在贯彻落实保增长、保民生、保稳定系列重大决策部署基础上，把建议办理与解决人民群众关心的热点难点问题结合起来，与推动财政发展结合起来，努力在解决问题、办出实效上下工夫，推动代表的“良策”变成实实在在的工作成果。

二、2010年预算草案

2010年，广东省总体经济形势将企稳向好，积极的因素不断增多。但从另一方面看，经济回升的基础仍需进一步巩固，国际金融危机带来的地区贸易保护主义仍有所加剧，外需增幅放缓；企业经营环境的改善及盈利水平的提高仍不理想，扩大内需仍面临较大压力；投资、消费增长在很大程度上仍有赖于政府政策的带动，制约内需扩大的因素仍然较多，要形成稳定的回升势头还面临较多困难。

财政来源于经济，在收入方面，宏观经济的逐渐企稳向好，有利于带动财税收入的稳步增长。但是，国际金融危机造成的外需不足、工业生产回升较慢、民间投资增长乏力等问题依然存在，相关主体税种税基缩减较多，决定了财政收入短期内难以大幅增长。同时，国家继续实施积极的财政政策，结构性减税政策将继续发挥作用，所得税、增值税等难以快速增长。国家、省继续减少和规范行政事业性收费，非税收入规模也难以扩大。在支出方面，贯彻国家扩大内需政策，落实保增长、保民生、保稳定的各项政策措施，落实医药卫生体制改革、开展新型农村养老保险等重大民生政策，保障农业、教育、社保、医疗科技、环保等重点支出，都需要财政进一步加大投入力度，实现预算收支平衡的任务艰巨。

按照国务院和财政部对编制2010年预算的要求、2010年预算编制按照收入安排审慎稳妥、支出安排与财力相适应的原则，坚持量财办事、适度从紧，集中财力确保省委、省政府重大政策贯彻落实。

编制2010年省级财政预算总的指导思想是：以邓小平理论和“三个代表”重要思想为指导，深入贯彻落实科学发展观，全面贯彻党的十七大、十七届四中全会、中央经济工作会议和省第十次党代会、省委十届五次、六次全会精神，贯彻落实中央扩大内需政策，加快转变经济发展方式，紧密围绕“三促进一保持”中心工作，坚持解放思想、改革创新，继续实施积极的财政政策，着力扩大国内需求，促进经济平稳较快发展；坚持增收节支、统筹兼顾、留有余地的方针，大力压减一般性财政支出，调整优化财政支出结构，加大教育、卫生、社保、“三农”等重点支出投入，着力推进基本公共服务均等化；进一步深化财税制度改革，加快形成有利于科学发展的财政体制机制，着力提高财政科学化、精细化管理水平。

（一）2010年全省一般预算安排建议

根据上述指导思想，按照《国务院关于编制2010年中央预算和地方预算的通知》关于“收入预算编制要坚持实事求是、积极稳妥、留有余地，与2010年国内生产总值等经济社会增长指标相适应”、“提高收入预算编制的科学性和准确性”的要求，结合2010年中央宏观调控政策及广东省国内生产总值增长预期，并综合考虑广东省物价水平等因素，2010年全省一般预算收入拟按可比增长9%安排，2010年全省一般预算收入安排3 890亿元，人均收入4 076元，比上年增加399元（见图3）。

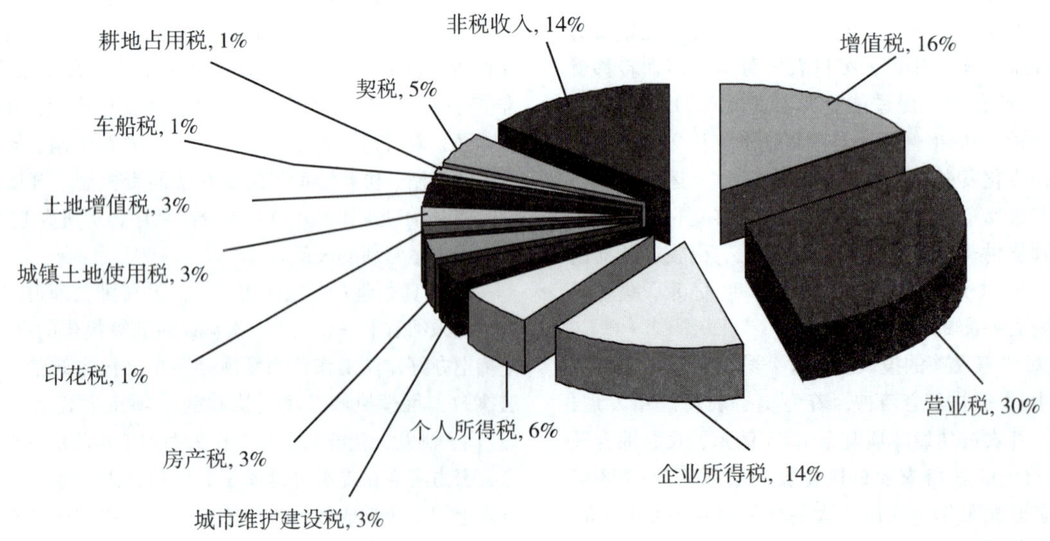

图3　2010年全省一般预算收入构成

全省一般预算收入加上中央税收返还及各项补助款，减除各项上解中央款项后，全省一般预算支出计划相应安排4 695亿元，比2009年预算增长14%，人均支出4 919元，比上年增加602元。

（二）2010年省级一般预算草案

1. 2010年省级预算安排的基本原则和政策。2010年省级预算编制按照收入安排坚持科学稳妥、实事求是，支出安排坚持量财办事、适度从紧，集中财力确保省委、省政府重大决策的落实。

根据2010年中央和省经济财政政策取向，以及省委、省政府确定的经济社会发展战略目标，编制2010年省级预算安排的基本原则是：（1）审慎稳妥，合理安排预算收支，量入为出，量力而行，统筹兼顾，确保收支平衡，略有结余。（2）应征尽收，加强收入征管工作，实现省级财政收入增长与全省国内生产总值、物价水平以及全省财政收入的增长相适应。（3）厉行节约，大力压减一般性支出，2010年省级除“保增长、保民生、保稳定”之外的一般性财政支出原则上要比2009年度压减5%。（4）集中财力，确保重点支出需要，坚持调整优化财政支出结构，集中财力确保贯彻落实中央扩大内需政策和广东省“三促进一保持”工作的资金需求。（5）科学调控，推动经济平稳较快发展，继续实施积极的财政政策，扩大政府公共投资，加快推进重点项目建设。（6）改善民生，推进基本公共服务均等化，着力改善公共教育、公共卫生、公共文化、公共交通、社会保障、住房保障、就业保障和医疗保障等基本公共服务。（7）加大投入，推进农村改革和发展，增加农民收入、增进农民福祉，不断扩大公共财政覆盖农村范围。（8）保障运转，提高公共服务管理水平。保障政权机关正常运转，提高公共管理和公共服务水平。（9）统筹兼顾，进一步深化财政体制改革，着力调整和完善转移支付制度和财政运行机制，推进区域协调发展。（10）改革创新，推进财政科学化、精细化管理，加强统筹安排和协调配合，不断深化公共财政改革，努力提高财政管理的科学化、精细化水平。

据2010年全国财政工作会议反映，为进一步扩大内需，保持经济平稳较快发展，国家将继续代发地方政府债券，具体发行规模待国家批准并按程序另行报省人大审批后实施，届时广东省需相应调整预算收支规模。

2. 2010年省级财政收入安排。根据以上安排政策及原则，2010年省级一般预算收入拟在2009年完成的基础上，考虑剔除一次性不可比因素28亿元后按增长8.5%安排（见图4）。

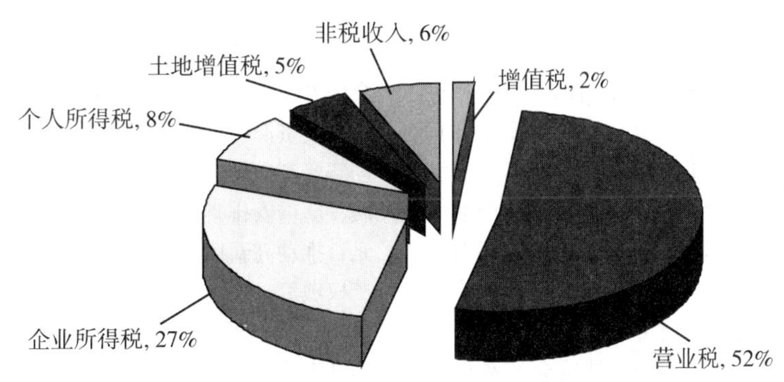

图4　2010年省级一般预算收入构成

2010年省级财政总收入计划安排1 566.68亿元，其中：（1）省本级一般预算收入758亿元，可比增长8.5%。（2）中央补助收入624.18亿元（含中央提前下达转移支付预计数88.7亿元）。（3）各市上解收入155.26亿元。（4）动用以前年度预算稳定调节金25亿元。（5）上年结余4.24亿元。

3. 2010年省级财政支出安排。根据2010年省级收入安排情况，2010年省级财政总支出计划安排1 564.25亿元。其中，用于促进经济发展和产业结构调整的支出为83.82亿元，占5.36%；均衡区域公共服务水平、帮助市县增强发展后劲的支出为662.56亿元，占42.36%；用于改善民生、提供公共服务的支出为539.78亿元，占34.51%；用于建立应急预警机制、防范风险的支出为37.27亿元，占2.38%；用于维持省级政权运转的支出为142.84亿元，占9.13%；上解中央的支出为97.98亿元，占6.26%。省级财政支出结构体现了保障公共服务、保障民生支出、保障经济发展、保障区域均衡的支出要求（见图5）。

根据以上2010年省级财政预算收支安排，收支相抵，净结余2.43亿元。

4. 2010年省级财政重点支出保障和主要项目安排情况。2010年省级支出安排重点突出，法律法规要求保障的重点支出投入均增长10%以上，其中，社会保障、教育、医疗、科技、农业等投入增长12%以上。重点支出保障及主要项目安排情况如下：

（1）贯彻落实中央扩大内需政策和“三保持一促进”中心工作，充分发挥财政在稳增长、调结构、促发展中的积极作用。

支持加快转变经济发展方式，加大经济结构调整力度，把保持经济平稳较快发展和加快经济发展方式转变有机统一起来，在发展中促转变，在转变中谋发展。

一是狠抓重大项目建设，促进投资稳定合理增长。加快推进重点项目建设，全面推进“新十项工程”、《珠江三角洲地区改革发展规划纲要（2008～2020年）》、建设现代产业体系等确定的重点项目建设，切实解决好制约重点项目建设的资金落实等瓶颈问题。支持欠发达地区加快完善基础设施建设，继续安排欠发达地区产业转移园区发展专项转移支付资金15亿元，对广东省14个欠发达市和江门市各补助1亿元；支持广东省基础设施建设，安排省铁路建设投资集团铁路项目资金本金投入2.92亿元，支持广珠铁路、广珠城际轨道交通、厦深铁路、贵广铁路、南广铁路、赣韶铁路、茂湛铁路等项目建设。

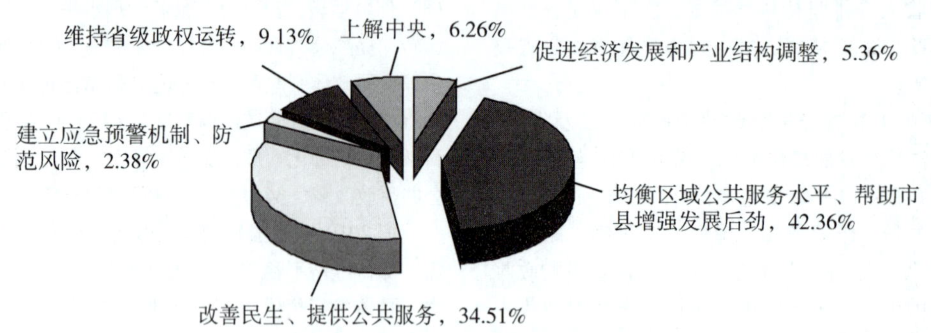

图5　2010年省级预算支出构成

二是深入扩大内需，增强经济增长内生动力。以扩大内需特别是增加居民消费需求为重点，以促进家电、汽车、住房、旅游、信息等五大消费为突破口，认真落实家电汽车摩托车下乡各项政策措施，抓住广东省作为家电汽车以旧换新试点的契机，采取积极措施扩大家电消费，巩固和扩大机动车消费，安排家电下乡、汽车下乡、家电汽车以旧换新省级配套经费1.5亿元；大力开拓国内市场，积极开展国内经贸活动，着力扩大城乡消费，在每年安排开拓广货市场专项资金0.29亿元的基础上，新增安排开拓旅游市场及内销市场专项资金共0.25亿元；推进旅游产业发展，积极试行国民旅游休闲计划，安排广东省国际旅游文化节项目经费0.35亿元、旅游扶贫资金0.56亿元、旅游促销费0.38亿元等。支持中小企业平稳健康发展，安排中小企业发展专项资金1.8亿元、中小企业博览会经费0.48亿元、民贸企业贷款贴息0.2亿元，通过调整支出结构和扶持方式集中加大对中小企业的扶持力度。

三是加快建设现代产业体系和培育战略性新兴产业，推动产业结构调整优化升级。把握产业发展规律和国际产业技术发展新趋势，把培育发展新兴产业和高增长行业作为产业结构战略调整的主要途径，推动形成广东省新一轮大发展大提高的重要增长点。促进重点产业发展，安排重点产业发展专项资金10亿元，支持关系产业全局的关键领域、战略性新兴产业的领头项目以及欠发达地区产业发展；突出发展现代服务业，安排现代信息服务业发展专项资金1.9亿元、现代服务业发展引导专项资金1亿元、发展现代流通业引导专项资金0.3亿元；加快发展先进制造业，安排结构调整重点挖潜改造专项1.9亿元、装备制造业专项资金1.5亿元；加强重点战略产业开发支持力度，安排重大产业开发引导专项资金0.95亿元；建设金融强省，安排重点金融产业发展专项资金0.5亿元。

四是进一步推动自主创新，增强经济核心竞争力。增强发展协调性和可持续性，提高自主创新能力，安排自主创新专项0.85亿元、省级企业技术中心专项资金0.5亿元、科技型中小企业技术创新专项0.5亿元等。大力推进产学研合作，提高广东省自主创新能力和产业竞争力，安排广东产学研省部合作专项资金4亿元，加强省部产学研创新联盟建设、组织实施省部产学研合作重大科技专项等；加强与中科院战略合作，新增安排广东省中科院全面战略合作专项资金0.3亿元，把中科院的科技成果和创新人才等科技资源与广东的产业和市场优势有机融合，争取国家创新资源向广东省倾斜；支持加快高新技术产业开发区发展，新增安排省高新技术产业开发区发展引导资金0.3亿元，推动高新区研发与引进产业高端项目、孵化自主知识产权项目、加速重大创新成果产业化、培育发展半导体照明和新型平板显示等高新技术产业；贯彻人才强省战略，推进人才工程建设，引进培养高层次人才，安排2.64亿元实施引进创新、科研团队和领军人才计划、培养及奖励高层次人才；积极发挥科学技术对促进产业结构优化升级的支持力度，安排产业共性技术研究专项1亿元、技术研究与开发0.63亿元、高科技发展专项资金0.48亿元、关键领域重点突破项目资金0.19亿元等；加大科学普及力度，安排广东科学中心运行经费0.6亿元；加大对基础研究支持力度，安排广东省实验室体系建设专项0.5亿元、省自然科学基金0.38亿元；进一步落实省委、省政府关于把广东建设成为全国生物医药强省和中医药强省的战略部署，提高医药自主创新能力，安排创新药物筛选和评价专项资金1亿元。2010年安排科学技术投入24.23亿元，按可比口径计算比上年增长15%。

五是力促外经贸稳定增长，提升对外开放水平。将采取有效措施尽快扭转对外贸易下滑势头作为广东省率先克服国际金融危机影响、确保完成经济增长目标任务的重中之重，加大财政对外经贸发展的扶持力度，调整结构增加安排财政扶持资金5亿元，促进重点商品、重点地区的对外贸易；加快转变外贸发展方式，推动对外经济贸易向质量效益型转变，安排外向型民营企业发展资金、出口信用险专项资金、出口企业开拓国际市场专项资金等1.72亿元；加快实施“走出去”战略，提高对外开放质量和水平，安排“走出去”专项资金0.3亿元、吸引外资奖励资金0.3亿元、海外招商引资专项经费0.31亿元、改善外商投资环境建设资金0.12亿元。

（2）将改善民生作为稳增长促发展的出发点和落脚点，稳步实施基本公共服务均等化规划，努力促进社会和谐稳定。

突出财政政策实施重点，加大对民生领域和社会事业支持保障力度，把改善民生、发展社会事业作为扩大内需、调整经济结构的重点，坚定不移加以推进。

一是加快推进教育事业发展，提高全民教育素质。着力完善义务教育保障机制，积极推进基础教育均衡发展。落实国家义务教育政策，建立义务教育经费保障机制，安排城乡义务教育转移支付50.45亿元（含中央补助资金），用于免除全省城镇免费义务教育阶段学杂费和课本费、农村100多万名困难家庭义务教育寄宿学生生活费补助、建立农村义务教育中小学校舍维修长效机制等；实施中小学校舍安全工程，安排中小学校舍安全工程专项经费1亿元；实施基础教育均衡发展工程，安排农村义务教育中小学“三室一场五有”工程1.5亿元；改善义务教育师资条件，积极稳妥解决中小学代课教师待遇问题，推动县域内教师平均工资水平与当地公务员平均工资水平大体相当、县域内农村教师平均工资水平与城镇教师平均工资水平大体相当，安排资金10亿元。实施高校毕业生到农村从教上岗退费政策，安排1.8亿元支持高校毕业生到农村任教，缓解广东省农村师资紧缺状况；大力发展高中教育，实施普及高中阶段教育工程，安排高中阶段教育学校建设资金16亿元，完成到2011年全省普及高中阶段教育的目标；加快发展壮大职业教育和技工教育，安排技工学校建设补助2.85亿元，安排“智力扶贫”补助资金2.2亿元，为4.43万名在校贫困学生提供3 500元/人的学杂费资助，实现“培训一人、就业一人、脱贫一户”的扶贫目标。安排中等职业教育经费1亿元，职业技能公共实训基地建设资金1亿元，高等职业技术学院经费1亿元。提升高等教育发展水平，优化高等学校结构与布局，进一步提高高等教育质量和办学水平，安排高校生均定额经费41.44亿元，保障高校扩招经费需要；安排高校省级财政贴息贷款清偿资金10.9亿元、省属高校基本建设资金2亿元，支持高校改善办学条件；帮助解决贫困学生接受高等和职业教育生活困难，落实国家关于中等职业学校及技工学校农村家庭经济困难学生和涉农专业学生免学费政策，新增中等职业学校及技工学校学生免学费补助资金1.35亿元，建立家庭经济困难学生国家励志奖学金和国家助学金制度，安排补助资金7.78亿元、助学贷款贴息资金1亿元；支持高等教育做优做强，安排“十一五”期间“211工程”三期建设资金2亿元、高校引进人才专项资金0.3亿元、民办教育发展专项资金0.3亿元等。2010年安排教育投入134.28亿元，按可比口径计算比上年增长12.62%。

二是加快推进公共卫生事业，深化医药卫生体制改革。贯彻落实国家和省关于深化医药卫生体制改革的政策措施，支持构建覆盖城乡的公共卫生服务体系。提高基本医疗保障水平，按照各级财政补助标准提高到每人每年120元的要求，将省财政对欠发达地区新型农村合作医疗和城镇居民医疗保险的参保补助从61元/人提高到72元/人，共安排省级对新型农村合作医疗补助资金30.74亿元和城镇居民医保补助资金6.5亿元；健全城乡公共卫生服务体系，完善公共卫生服务经费保障机制，按照各级政府人均基本公共卫生服务经费标准不低于15元的要求，省财政对经济欠发达地区基本公共卫生服务经费予以补助，新增安排支出3.81亿元；保障农村公共卫生医疗体系建设，安排乡镇卫生院经费保障体制补助6亿元、经济欠发达地区行政村驻村医务人员补贴1.66亿元、农村卫生专项资金1.5亿元，健全农村基层卫生医疗体制，改善医疗条件；完善基层医疗服务体系，安排经济欠发达地区社区卫生专项转移支付资金0.77亿元、精神病防治机构建设资金0.14亿元，支持医疗服务水平提高；支持省部共建大型综合性医院，安排中山大学附属医院补助0.45亿元、华侨医院补助0.08亿元；支持中医药强省发展战略，安排中医药服务能力建设项目0.29亿元，提高中医中药研发能力，支持名医名科建设；提高政府医疗保障水平，安排医疗救助金0.3亿元、农村合作医疗救助资金0.3亿元、医疗超支财政负担相关经费5.47亿元、市县企业离休干部医疗补助0.45亿元。2010年安排医疗卫生投入74.99亿元，按可比口径计算比上年增长14.92%。

三是加快推进社会保障事业，建立完善覆盖城乡的社会保障体系。加快建立广覆盖、保基本、多层次、可持续的社会保险体系，支持实现养老保险全覆盖，完善城镇职工基本养老保险制度，积极探索以个人账户为核心的养老保险制度改革，实现人人享有养老保障。安排财政对社保养老基金补助2.3亿元、省农垦企业养老基金统筹缺口补助1.11亿元；探索建立与广东省农村经济社会发展水平相适应、与其他保障政策相配套的农村社会养老保险制度，支持启动新型农村养老保险试点，按照各级财政对60岁以上领取待遇的参保人给予每人每月55元的基础养老金的要求，省财政新增安排新型农村社会养老保险基础养老金发放补助0.96亿元。同时，按照各级财政对新型农村社会养老保险参保补助30元/人·年的标准，省财政按10元/人·年安排欠发达地区参保补助。加快实现全民医保，建立以大病统筹为主的基本医疗制度，安排欠发达地区企业退休人员参加职工基本医疗保险资金补助1亿元，将全省没有参加医疗保险的困难企业退休人员28.44万人纳入医疗保险，安排欠发达地区华侨农场企业退休人员参加基本医疗保险资金补助0.75亿元，实现基本医疗保障覆盖全民目标。健全以最低生活保障和救灾救济为主体的社会救助体系，根据经济社会发展水平调整最低生活保障线补助标准，提高对低收入群体的保障水平，安排城乡最低生活保障补助8.95亿元，将全省210多万困难农村群众纳入低保范围；健全以优抚和退役士兵安置为重点的优抚安置体系，安排提高重点优抚对象标准和解决军队退役人员生活待遇补助等3.68亿元、欠发达地区城乡退役士兵就业技能培训经费3.2亿元、欠发达地区军转干部生活费补助0.4亿元；健全以服务老年人、残疾人、孤儿为主的社会福利服务体系，安排残疾人康复经费0.2亿元、敬老院建设补助0.24亿元、殡仪馆设施改造资金0.1亿元等。落实对离退休干部的待遇政策，安排事业单位离休干部与机关离休待遇拉平经费0.65亿元、省属企业离休干部增发生活补贴0.96亿元、省属改制或退出市场企业离休干部医疗统筹金及管理机构经费0.1亿元等。2010年安排社会保障投入68.01亿元，按可比口径计算比上年增长14.76%。

四是加快推进公共就业服务建设，建设完善覆盖城乡的基本公共就业服务体系。加强劳动力转移就业的公共服务，加大农村劳动力转移的职业技能培训力度，促进农业人口合理有序转移，安排扶持欠发达地区农村劳动力培训转移就业专项资金7亿元，全省享受免费职业技能培训的农村劳动者人数超过47万人；实施积极的就业政策，大力推进创业带动就业工作，安排促进就业专项资金4.09亿元，用于职业介绍、职业培训、公益性岗位、职业技能鉴定、特定就业政策和社会保险等的补贴，小额贷款担保基金和微利项目的小额担保贷款贴息，以及开展公共就业服务等；加快培育统一开放、竞争有序的人力资源市场，改善广东省劳动力市场的基础设施和外部条件，安排劳动力市场建设资金1.17亿元。

五是加快推进文化事业和文化产业发展，提高公共文化服务水平。推进农村基层文化事业发展，加快“农家书屋”工程建设，安排0.77亿元支持欠发达地区7 732个农家书屋建设；发展公共文化事业，安排宣传文化发展专项资金0.99亿元；推进公益性文化事业发展，安排中山图书馆改扩建资金0.2亿元以及中山图书馆新馆运行经费补助0.12亿元；大力发展文化产业，培育重点文化项目和骨干企业，推动广东省文化产业成为支柱产业，安排文化产业发展专项资金1亿元；支持文物保护，安排省博物馆新馆运行经费0.25亿元、第三次全国文物普查专项经费0.1亿元；保护非物质文化遗产，打造有特色的现代岭南文化，安排非物质文化遗产保护专项经费0.09亿元；发展农村广播事业，安排自然村“村村通”广播电视设备经费0.2亿元；丰富农村基层文化生活，加快农村电影放映“2131”工程建设，安排0.19亿元支持欠发达地区16 222条行政村每月放映1部电影；加强体育事业建设，安排亚运会省级体育场馆建设和维修资金1.59亿元、第11届全运会奖励及第12届全运会备战经费1.49亿元，支持在惠州市举办第十三届省运会，新增安排竞赛经费、开闭幕式经费补助等0.34亿元。

六是加快推进住房保障体系建设，逐步解决和改善中低收入群体的住房问题。推进农村危房改造试点工作，引导市县开展贫困户危房改造工作，安排农村危房改造试点专项（含农房保险补助）资金1亿元，提高农民住房保障水平；安排廉租住房专项补助资金2亿元，支持东西两翼和粤北山区建设廉租住房，力争用3年左右的时间全面解决2007年统计在册的符合廉租住房保障条件的城镇低收入家庭住房困难问题。

（3）夯实“三农”发展基础，扩大公共财政覆盖农村范围，建设社会主义新农村。

一是支持农业发展，提高涉农补贴。安排新农村建设专项2.16亿元，支持农业科技推广、农村沼气、农产品质量安全检测、村庄规划、农民专业合作组织建设等各项农业生产事业发展；推进农业结构战略性调整，构建现代农业产业体系，安排现代农业生产发展主导产业带项目资金0.29亿元、农业综合开发资金3.51亿元、现代农业园区建设专项资金0.19亿元、扶持农业机械化发展议案资金0.98亿元；将能繁母猪保险省财政补贴标准提高到35元/头，安排资金补助0.72亿元；健全政策性农业保险制度，安排政策性农（渔）业保险补贴0.4亿元等，提高农业安全保障力度；支持推进农村扶贫开发，安排“大禹杯”专项资金0.48亿元，积极开展山水田林路综合治理，着力改善贫困村农业生产条件和群众生活条件；安排水库移民各项补助2.05亿元，提高农民、移民生产生活水平。

二是支持国家粮食安全体系建设。安排粮食风险基金2.6亿元和粮库维修资金0.2亿元，加快构建供给稳定、储备充足、调控有力、运转高效的粮食安全保障体系；建立省级食用油储备机制，安排专项资金0.2亿元。

三是加快发展海洋经济和建设现代渔业。安排标准化渔港建设工程项目资金1.01亿元、海洋渔业科技与产业发展专项资金0.48亿元、人工鱼礁建设方案资金0.5亿元、渔民转产转业资金0.62亿元、深水网箱发展专项资金0.15亿元。

四是支持加大林业生态保护力度。将生态公益林省级补助标准提高到每亩14元，安排补助资金7.26亿元；安排沿海防护林与红树林建设专项资金0.38亿元、林分改造专项资金0.48亿元、森林防火工程专项资金0.3亿元、自然保护区建设议案资金0.16亿元、集体林权制度改革工作经费0.17亿元等；根据《关于加快建设林业生态省的决定》，新增安排森林抚育专项资金0.1亿元，抚育森林20万亩。

五是支持农村水利基础设施建设。安排城乡水利防灾减灾工程及重点水利建设项目补助资金36.21亿元，建设全省城乡水利防灾减灾工程、大中小型病险水库除险加固等工程。同时，积极拓宽资金筹集渠道，通过建设水利融资平台等办法筹集水利建设资金，支持全面完成1 295宗大中型病险水库除险加固、解决雷州半岛苦旱缺水问题、解决全省农村1 645.5万人饮水安全问题等重点水利项目建设。

六是支持农村基层组织运转保障。建立完善基层组织工作经费保障制度，逐步提高欠发达地区村干部补贴，落实村级办公经费等，省财政共安排补助资金2.54亿元；支持农村党员干部远程教育，安排农村党员干部远程现代化教育补助0.15亿元；进一步做好扶贫开发和基层政权运转保障工作，新增安排扶贫及基层组织保障资金0.1亿元。

2010 年安排农业投入 76.76 亿元，按可比口径计算比上年增长 15.47%。

（4）支持宜居广东建设，推进生态文明建设工程，构建资源节约型、环境友好型社会。

大力支持节能减排工作，加快高效节能产品推广、可再生能源利用、重点节能减排工程建设，安排节能减排和可再生能源专项资金 1 亿元、经贸口节能专项 2 亿元；加快淘汰落后生产能力，坚决遏制高耗能、高排放行业过快增长，安排淘汰落后钢铁产能补助 0.1 亿元；营造优质洁净的人居环境，加强生态保护和环境治理，支持发展环保产业、循环经济和绿色经济，安排污水处理厂建设专项补助 3 亿元、省环境保护专项资金 0.65 亿元、环保能力建设经费 0.47 亿元、省珠江水质保护专项资金 0.4 亿元、省治污保洁专项资金 0.4 亿元、环保专项资金 0.29 亿元、东深水质保护经费 0.23 亿元、固体垃圾处理专项 0.2 亿元、东江上中游水质保护经费 0.18 亿元。2010 年安排环境保护投入 9.05 亿元，按可比口径计算比上年增长 11.30%。

（5）支持强化政府公共服务职能和应急处置能力，提高社会管理水平。

保障政权机关正常运转，安排省级党政机关、公检法部门运转及建设经费 142.84 亿元，支持预防和妥善处理各类群体性事件，提高公共管理和公共服务水平。完善公共安全应急体系，提高政府应急处置能力，安排防范化解金融风险准备金 7 亿元、预备费 7 亿元、自然灾害生活救助 0.4 亿元、特大“三防”经费 0.1 亿元、动物重大疫病防控经费 1 亿元、农业救灾复产专项资金 0.4 亿元、林业防灾减灾专项资金 0.2 亿元、应急专项资金 0.2 亿元、安全生产专项资金 0.8 亿元、地质灾害防治专项资金 0.5 亿元等。支持公共安全应急体系建设，提高政府处置突发公共事件能力，安排省应急平台（一期工程）建设资金 1.01 亿元。按照中央司法体制改革精神，建立“明确责任、分类负担、收支脱钩、全额保障”的政法经费保障体制，新增安排政法转移支付省级配套资金 2 亿元。

（6）深化财政体制改革，加快推动区域协调发展，实现区域间基本公共服务供给适度均等。

在保持分税分成财政体制框架相对稳定的基础上深化广东省财政体制改革，坚持有利于促进基本公共服务均等化和主体功能区建设、先富帮后富、兼顾效率与公平、整体设计与逐步推进相结合的原则，着力调整和完善转移支付制度和财政运行机制，实施生态激励型财政体制，探索建立横向财政转移支付机制，积极推进省直管县财政改革试点，建立健全县以下政权基本财力保障机制，努力推进区域协调发展。2010 年共安排对市县的各项财力性及专项性转移支付补助 728.27 亿元，包括，安排均衡性转移支付及调资补助 175.39 亿元，增强市县基本公共服务保障能力；安排增值税、消费税、所得税以及成品油价格和税费改革等税收返还支出 337.47 亿元，实现财政体制平稳运行；安排农村税费改革补助支出 26.88 亿元、县级基本财力保障机制奖补资金 3.43 亿元，帮助基层维持正常运转。

（三）2010 年政府性基金收支预算草案

1. 2010 年全省政府性基金预算草案。按照财政部《2010 年政府预算收支科目》的规定，2010 年全省政府性基金收入预算安排 1 194.06 亿元，加上上级补助收入 9.15 亿元、上年结转收入 455.36 亿元和调入资金 9.1 亿元，基金预算总收入 1 667.67 亿元。2010 年全省政府性基金支出预算安排 1 141.35 亿元，收支相抵，滚存结余 526.32 亿元。

2. 2010 年省级政府性基金预算草案。按照财政部《2010 年政府预算收支科目》的规定，纳入 2010 年省级政府性基金预算编制范围的项目有十项：文化事业建设费、地方水利建设基金、森林植被恢复费、育林基金、新增建设用地有偿使用费、大中型水库移民后期扶持基金、残疾人就业保障金、彩票公益金、农村土地开发资金、散装水泥专项资金。

按照《社会保险费征缴暂行条例》（国务院令 259 号）的规定，省级各项社会保险基金纳入财政专户管理，未缴入国库。因此，2010 年省级政府性基金预算未涵盖社会保险基金。有关社会保险基金收支情况，我们将按规定单独上报省人大常委会。

按上述基金范围，2010 年省级政府性基金收入 56.73 亿元，比 2009 年预算数增加 20.71 亿元，增加 57.51%。2010 年省级基金预算增加的主要原因是：国家和省实施扩大内需的积极财政政策，各类项目工程建设造成了新增建设用地的增加，新增建设用地土地有偿使用费比上年增加 19 亿元。

（四）2010 年省级部门预算草案

按照编制部门预算的原则和方法，2010 年省级部门预算由 117 个部门组成，列入部门预算的支出总计约为 390.41 亿元，其中：一般预算支出 222.15 亿元。

三、进一步解放思想、开拓创新，努力完成全年预算任务

当前，广东省经济已渡过最困难时期，转入稳健回升通道，但经济回升的基础还不稳定、不巩固、不平衡，一些深层次矛盾特别是结构性矛盾仍然突出，预计明年财政形势将更为困难，要切实增强忧患意识，把各方面困难考虑得更充分一些，把应对各种挑战的工作做得更扎实一些，使财政工作在全省经济社会发展中发挥更加重要的作用。

2010 年财政工作的总体思路是：以科学发展观为统揽，深入贯彻党的十七大、十七届四中全会和省委十届五次、六次全会精神，进一步解放思想、改革创新，继续实行积极的财政政策，狠抓增收节支，统筹财力、珍惜财力、用好财力，更加注重经济结构调整，更加注重保障民生，处

理好保增长、调结构与管理好通胀预期的关系，完善省以下财政体制，推进财政科学化、精细化管理，着力提高资金使用效益和水平，巩固广东省经济社会发展企稳回升势头，为广东省当好推动科学发展、促进社会和谐的排头兵作出新的贡献。重点是落实“六个围绕”，开展六个方面的工作：

（一）围绕“增收入、节开支”，确保财政收支平衡和重点支出需要

从政治和全局的高度，千方百计做好财政增收节支工作，确保实施积极财政政策、保增长、保民生、保稳定的各项重点支出需要。在组织收入方面，要强化收入运行监测和分析，加强部门协调，在坚持依法征收、应征尽收的前提下，以更有针对性和更加有力的措施，提高征管效能，挖掘增收潜力，同时保证不收“过头税”，确保全省和省级收入任务的完成。在节约开支方面，牢固树立过紧日子的思想，坚持“压一般、保民生”，大力压减一般性财政支出，严格控制“人、车、会”和楼堂馆所等支出，确保实现省直公用经费“五个零增长”，倡导勤俭办事，节约财力支持重点项目和民生支出。

（二）围绕“扩内需、保增长”，继续实施积极灵活的财政政策

保持积极财政政策的连续性和稳定性，把握好政策的力度和节奏，增强政策的灵活性和可持续性，更加注重政策的导向性、前瞻性和协调性。一方面，要进一步加大财政投资力度，重点采取措施加大固定资产投资力度，加快推进重点项目建设，加快高速公路、轻轨、机场、水利等大型项目进度。另一方面，认真落实国家重点民生政策和结构性减免税费政策，切实减轻企业和个人负担，刺激投资与消费。落实中央和省减免税费和扶持中小企业发展的各项政策，鼓励企业扩大内销，促进社会投资增长；加大公共产品和公共服务投入，完善城乡公共文化服务体系，扩大农村消费市场，支持开拓广货市场、千村万乡市场工程等，提高人民群众的即期需求，提振消费信心。

（三）围绕“调结构、促转型”，进一步推进经济结构调整和发展方式转变

抢抓“危中求进”的历史机遇，把调整结构作为保增长的主攻方向，推进自主创新和节能减排，为在更长时期内实现又好又快发展打好基础。加快推进现代产业体系建设，继续推进产业和劳动力“双转移”，督促省产业转移扶持资金中标示范性产业转移园区使用好竞争性分配资金，促进欠发达地区产业集聚、科学发展，推动农村劳动力培训转移，支持自主创新和节能减排，重点加大产学研合作专项资金投入，支持中小企业政银企合作、服务体系建设和担保体系建设，淘汰落后产能；落实协调发展战略，深入贯彻“两个大局”的战略思想，统筹好扩内需和保外需的各项工作，深入实施“提升珠三角带动东西北”战略，落实好粤东、粤西、粤北地区现场会和工作会议精神，促进欠发达地区大发展。

（四）围绕“惠民生、保稳定”，构建改善和保障民生的长效机制

财政要发挥困难时期对民生的保障作用，进一步加大民生投入，完善社会保障体系，强化公共服务供给，进一步完善城乡教育、医疗、社保、就业、文化等制度体系，落实好各项民生政策，落实各项支农惠农政策，推进农村扶贫开发工作。全力以赴组织实施好《广东省基本公共服务均等化规划（2009—2020）》，以此为平台系统推进各项民生事业建设，构建长效机制，使基本公共服务平等地惠及全省广大人民，稳定人民群众对未来的预期；加快编制实施《珠三角基本公共服务一体化规划》，推进珠三角地区经济社会一体化发展。

（五）围绕“促改革、增活力”，开展新一轮省以下财政体制改革

围绕广东省主体功能区规划和推进基本公共服务均等化的要求，开展新一轮省以下财政体制改革，促进各级政府财力与事权相匹配，引导地方政府进一步解放思想、摆脱传统路径依赖。一是进一步改进和完善一般性转移支付激励型财政机制，对优化发展区域和重点开发区域，继续实施以经济发展为基本导向的一般性转移支付激励型财政机制；对生态优化区域，引入生态考核机制，实施以生态发展为基本导向的一般性转移支付激励型财政机制。二是探索建立推进基本公共服务均等化横向转移支付机制，按照先富帮后富、点对点对口帮扶的要求，帮助欠发达地区提高基本公共服务水平，逐步缩小区域间基本公共服务差距。三是逐步理顺省以下各级政府分配关系，探索建立县、镇、村的隔层保障机制。对财力困难县，采取省规范化转移、市积极支持的方式，建立县级基本财力保障制度，确保基层政府实施公共管理、提供基本公共服务以及落实党中央、国务院各项民生政策的基本财力需要；对财力困难镇，实行省专项补助、市统筹等办法予以保障的制度，确保镇级基本运转的财力需要；对贫困村，采取省市补助、县统筹的办法，建立运转经费保障制度，确保村级组织开展工作的基本财力需要。

（六）围绕“强管理、上水平”，积极推进财政科学化精细化管理

把加强新形势下财政管理工作作为一项重点工作抓好，以绩效优先、约束有力、规范透明为导向，强化财政支出管理，不断提高财政科学化、精细化管理水平，建立健全完整的政府预算体系，深入推进国有资本经营预算、社保

资金预算制度建设；加强预算编制管理，逐步推进预算编制细化到“项”，进一步加强部门预算编制改革与政府采购、资产管理、项目绩效评价等财政改革的衔接，提高预算编制完整性；规范专项资金的设立、执行、监督检查和调整撤销，提高年初预算资金到位率；加强预算执行管理，强化资金分配、拨付、监督问效等各项职能，深化部门预算、国库集中支付、政府采购、“收支两条线”管理、绩效评价、资产管理、财政监督等各项支出管理改革；深化省级财政竞争性分配机制改革，组织对各中标园区省产业转移竞争性扶持资金使用开展绩效督查，扩大改革试点范围；加快“金财工程”建设步伐，为财政改革提供有力的技术支撑。同时，加强财政规范管理各项基础工作，加大对积极财政政策资金使用监管力度，确保资金使用符合政策方向和规范有效；全面加强省级财政资金管理，加大财政统筹力度；切实防范财政金融风险，加强地方政府债务和融资平台管理，逐步推进将政府债务纳入财政预算管理、建立风险评价预警体系、对债务进行绩效评价等工作，加强中央专项再贷款、省级防范化解金融风险准备金及省级有偿资金的管理。

各位代表，新的一年，我们将高举中国特色社会主义伟大旗帜，以邓小平理论和“三个代表”重要思想为指导，深入贯彻落实科学发展观，全面贯彻党的十七届四中全会精神，按照省委十届六次全会的部署，在省委、省政府的正确领导下，在省人大的监督支持下，坚定信心，解放思想，开拓创新，圆满完成全年财政预算任务，为广东省当好实践科学发展观排头兵和夺取全面建设小康社会的新胜利作出新的更大贡献！

广东省人民代表大会财政经济委员会关于广东省2009年预算执行情况和2010年预算草案的审查结果报告

（2010年2月1日广东省第十一届人民代表大会第三次会议主席团第四次会议通过）

广东省人民代表大会财政经济委员会主任委员 曾寿喜

广东省第十一届人民代表大会第三次会议审查了省人民政府提出的2010年预算草案及省财政厅厅长刘昆受省人民政府委托所作的《广东省2009年预算执行情况和2010年预算草案的报告》。会议期间，省人民代表大会财政经济委员会召开了各代表团代表参加的预算审查座谈会。代表们对省人民政府及财政、税务部门的工作给予充分肯定。财政经济委员会在初审的基础上，根据各代表团的审查意见，对预算草案及其报告作了进一步的审查。现将审查结果报告如下：

一、2009年，全省各级人民政府及其财税部门贯彻落实科学发展观，认真执行省十一届人大二次会议批准的预算，依法加强收入征管，认真贯彻落实中央及省委扩大内需的政策措施，实施积极财政政策，扩大公共财政覆盖面，确保重点支出需要，着力保障和改善民生，努力推进基本公共服务均等化，促进经济平稳较快发展，全省一般预算和经批准调整的省级一般预算实现收支平衡，略有结余。财政工作取得较好成绩。

财政经济委员会认为，2009年广东省财政工作取得的成绩来之不易，全省预算执行情况总体是好的。同时也要清醒地看到：广东省的省级财政收支压力较大，财政体制不够完善，有些地方财政收入质量不高、财政比较困难，区域、城乡之间基本公共服务水平存在较大差距，转移支付的结构有待进一步优化等问题，需要逐步加以解决。

二、根据审查情况，财政经济委员会认为，省人民政府提出的2010年预算，符合中央经济工作会议和省委十届六次全会精神的要求，实事求是，审慎稳妥，预算安排可行，经过努力是可以实现的。财政经济委员会建议批准省人民政府提出的2010年省级预算草案，批准《广东省2009年预算执行情况和2010年预算草案的报告》。

三、财政经济委员会建议，在新的一年里，各级政府要按照科学发展观的要求，把握宏观经济形势，真抓实干，努力转变发展方式，调整和优化产业结构，发展经济，培植财源，开源节流；要坚持依法治税理财，做到应征尽收、不收过头税，努力完成全省和省级的预算收入任务；要深化财税体制改革，落实广东省基本公共服务均等化规划的各项要求，完善省以下财政体制，建立县级基本财力保障机制，增强基层政府公共服务能力；严格按照大会批准的预算执行，增收节支，过紧日子，突出重点，改善民生，维护稳定，促进发展。同时要强化支出管理，防止浪费，跟踪问效，提高资金使用效益；推进预算编制改革，进一步细化预算，提高预算编制的质量水平和透明度。

财政经济委员会将综合整理各代表团的审查意见，会后转送省人民政府研究处理，并跟踪落实情况。

广东省人民代表大会常务委员会关于批准广东省2009年省级决算的决议

（2010年7月23日广东省第十一届人民代表大会常务委员会第二十次会议通过）

广东省第十一届人民代表大会常务委员会第二十次会议听取了省财政厅厅长刘昆受省人民政府委托所作的《关于广东省2009年省级决算草案的报告》和省审计厅厅长蓝佛安受省人民政府委托所作的《关于广东省2009年度省级预算执行和其他财政收支的审计工作报告》。会议结合审议审计工作报告，对广东省2009年省级决算草案及其报告进行了审查，同意省人民代表大会财政经济委员会提出的《关于广东省2009年省级决算草案的审查报告》，决定批准广东省2009年省级决算。

关于广东省2009年省级决算草案的报告

——2010年7月21日在广东省第十一届人民代表大会常务委员会第二十次会议上

广东省财政厅厅长　刘　昆

主任、各位副主任，秘书长，各位委员：

广东省2009年预算执行情况已向省十一届人大第三次会议报告并经审议同意，现2009年省级财政决算草案已按要求正式编成。受省人民政府的委托，我向本次常委会报告广东省2009年省级财政决算草案，请予审批。

2009年，广东省各级政府和财政部门以邓小平理论和“三个代表”重要思想为指导，以科学发展观为统领，认真贯彻党的十七大、十七届三中、四中全会精神，落实省委十届四次、五次全会和省委、省政府工作部署，按照省十一届人大二次会议审议通过的预算，坚持生财有道、聚财有方、用财有规和集中财力办大事的原则，贯彻落实中央扩大内需政策，紧密围绕《珠江三角洲地区改革发展规划纲要（2008—2020年）》和“三促进一保持”中心工作，强化收入征管，科学调度资金，实施灵活积极的财政政策，以财政手段促进经济发展，调整优化支出结构，严格控制一般性支出，切实改善和保障民生，稳步推进基本公共服务均等化，不断深化财政管理体制改革，提高财政资金使用效益，完善财政体制，推动区域协调发展，促进经济社会平稳较快发展，为广东省成功应对危机、加快科学发展提供了有力的支撑。在各级财税部门共同努力下，省十一届人大二次会议及省十一届人大常委会第十四次会议通过的预算及调整后预算完成情况良好，财政工作取得了较好的成绩，促进了国民经济和社会各项事业的发展。年终执行结果，省级财政实现了收支平衡，略有结余。

一、2009年省级财政一般预算收支

根据决算草案，2009年省级财政总收入完成1 528.45亿元，比上报省十一届人大三次会议的快报数增加0.70亿元。

省级财政总收入1 528.45亿元，加上中央补助203.02

亿元、下级上解收入10.50亿元、上年结转收入551.97亿元（不含净结余）、国债转贷资金上年结余0.19亿元、调入资金13.64亿元，省级财政收入决算汇总数为2 307.77亿元。主要由以下几部分构成：

（1）省级一般预算收入727.18亿元，为省十一届人大常委会第十四次会议批准调整后预算的101%，比上报省十一届人大三次会议的快报数增加0.49亿元，其中税收在途收入增加0.16亿元，作增加2009年省级净结余处理。

（2）上下级结算收入927.49亿元，比年初预算增加213.52亿元，主要构成如下：

① 中央补助收入完成780.20亿元，为年度预算的135%，比上报省十一届人大三次会议的快报数增加203.02亿元，增加的主要原因是在预算执行过程中财政部对广东省增加中央专项补助、企事业单位经费划转以及成品油价格和税费改革税收返还等结算补助。在中央补助收入780.20亿元中，属税收返还收入526.55亿元、各项转移支付补助253.65亿元。

② 各市上解收入完成147.29亿元，为年度预算的108%，比上报省十一届人大三次会议的快报数增加10.50亿元。主要是省与市按实结算项目增加上解，包括出口退税各市超基数上解、深圳定额上解、对口支援地震灾区恢复重建专项上解、湛江市海洋石油税收超基数专项上解增加等。

（3）财政部代理发行地方政府债券收入85亿元。广东省债券资金安排意见和2009年省级财政预算调整情况已报经省第十一届人大常委会第十一次会议审议通过。

（4）国债转贷资金上年结余0.19亿元。

（5）上年结余结转收入554.28亿元，其中上年净结余2.31亿元，比预算2.09亿元增加0.22亿元。

（6）调入资金13.64亿元，主要是省级福利彩票公益金安排的医疗救助补助、省属水库移民专项资金、电力上缴收益资金等调入一般预算安排使用。

根据汇编的决算，2009年省级财政收入决算汇总数2 307.77亿元，支出决算汇总数2 307.77亿元（其中，支出决算数1 617.22亿元、省级财政结余结转690.55亿元）。主要支出项目完成情况如下：

（1）省本级一般预算支出决算数486.53亿元。

（2）补助下级支出完成1 000.40亿元，主要包括：返还性支出255.72亿元，一般性转移支付259.39亿元，专项转移支付485.29亿元。

（3）上解上级支出81.87亿元。

（4）财政部代理发行地方政府债券转贷支出45亿元。

（5）国债资金转贷结余0.19亿元。

（6）调出资金3.23亿元，主要是从中央返还的成品油替代性收入中调整的水利建设基金调出到基金预算。

（7）年终结余结转690.55亿元，其中：结转下年支出686.14亿元，全部按规定结转下年继续安排；净结余4.41亿元，比上报省十一届人大三次会议的快报数增加0.16亿元，主要是在途税收收入增加。

中央补助收入和上解上级支出决算数暂按财政部决算会审定数编列，以财政部最终下发文件为准。

2009年，省财政深入落实省委、省政府工作部署，继续解放思想，坚持改革创新，狠抓增收节支，充分发挥财政杠杆作用，扩大公共投资，集中有限财力大力支持外贸出口、扩大内需、“双转移”、结构调整和现代产业体系建设，大力扶持中小企业发展，有效促进全省经济平稳较快发展；在省本级财政收入大幅减收的严峻形势下，及时依法调整全年省级预算收支计划，调整优化财政支出结构，进一步压减一般性支出，加大力度清理历年结余结转资金，挤出财力确保中央和广东省一系列改善和保障民生政策落实，推进基本公共服务均等化和区域协调发展，完成了财政收支平衡的艰巨任务，全年财政预算执行情况良好，有力保障了省委、省政府保增长、保民生、保稳定的各项政策措施的落实。2009年，省级财政支出重点支持以下几方面：

（一）全面落实积极财政政策，推动经济平稳较快发展

一是支持推进产业和劳动力“双转移”，促进珠三角提升发展和粤东西北地区加快振兴。在已完成两批产业转移园扶持资金竞争性安排的基础上，精心组织开展其余三批竞争性招投标活动，拨付产业转移竞争性扶持资金45亿元、欠发达地区产业转移园区发展专项转移支付资金15亿元。

二是扩大公共投资，支持重点项目建设。拨付交通运输资金131.63亿元，重点投入港珠澳大桥、省管高速公路、国省道新改建和大修、部省合作铁路、珠三角城际轨道交通、民用航空等重点项目建设。

三是支持扩大内需，稳定对外贸易，拉动消费增长。拨付粮油物资储备管理等事务资金39.88亿元，主要包括：家电、汽车、摩托车下乡及以旧换新补贴资金8.57亿元，扶持外贸发展专项资金5.58亿元，加工贸易转型升级专项资金2.41亿元，旅游业管理与服务资金1.64亿元等。

四是支持自主创新能力建设，增强经济核心竞争力。拨付科学技术资金24.30亿元，主要包括：支持基础科学研究及应用研究，拨付资金3.79亿元，实施省级实验室体系建设、自然科学基金项目资助、现代农业产业体系建设等；支持技术研究与开发，拨付资金13.82亿元，用于产学研省部合作、产业技术研究与开发、节能减排与可再生能源研发、高科技发展、创新药物筛选和评价、科技型中小企业技术创新等。

五是支持产业结构优化升级，促进广东省经济发展方式转变。拨付采掘电力信息等事务资金46.55亿元，推动广东省先进制造业、高新技术产业、第三产业加快发展，现代产业体系初具雏形。其中：拨付制造业资金16.89亿元，支持珠海航空产业园建设和重点产业振兴及技术改造等；拨付工业和信息产业监管支出6.96亿元，支持现代信息服务业、平板显示产业等；拨付中小企业发展和管理支出14.39亿元，支持中小企业信用担保、贷款贴息、技术创新、服务体系建设及中小企业博览会等，夯实广东省经济基础。

六是支持环境保护工作，建设绿色广东。拨付环境保护资金35.90亿元，推动广东省节能减排能力建设及环境保护管理，改善全省环境质量。其中：拨付污染防治资金21.31亿元，支持粤东西北地区污水处理厂建设、水质保护、治污保洁等；拨付能源节约利用资金10.97亿元，支持节能空调、照明产品推广及节能技术改造等。

（二）实施基本公共服务均等化规划，着力改善和保障民生

在全国率先研究制订和实施全省基本公共服务均等化规划，大力调整支出结构，多方筹集资金，集中财力保障推进基本公共服务均等化。

一是加大教育投入力度，推动教育事业跨越式发展。拨付教育资金162.68亿元，推动广东省全面实现免费义务教育，高中阶段教育毛入学率提高7.9个百分点，达79.9%；高等教育毛入学率提高到27.5%。其中：义务教育投入58.26亿元，包括城乡免费义务教育补助41.45亿元、落实中小学教师“两相当”政策6.69亿元、义务教育中小学校舍维修改造资金3.87亿元、农村困难家庭义务教育寄宿学生生活费补助2.77亿元等；高中阶段教育投入30.21亿元，包括高中阶段教育学校建设资金11.94亿元、“智力扶贫”资金1.84亿元、家庭经济困难学生助学金5.53亿元等；高等教育（含高职教育）投入59.93亿元，包括“211工程”院校建设资金5.16亿元、高校贴息贷款清偿资金5.99亿元、国家助学金3.84亿元、重点学科建设资金0.73亿元等。

二是支持医疗卫生体制改革，提高人民群众医疗保障水平。拨付医疗卫生资金74.65亿元，保障群众享有基本公共医疗服务。主要包括：拨付新型农村合作医疗补助资金27.33亿元，城镇居民基本医疗保险省级补助3.19亿元，省财政对粤东西北欠发达地区新型农村合作医疗和城镇居民医保人均补助标准达61元，推动新型农村合作医疗100%全覆盖、全省参合人数达4 963万人、参合率达97.5%、住院补偿封顶线从上年3万元提高到5万元以上，城镇居民医保总体参保率接近90%、补偿封顶线提高至5万元以上；拨付基本公共卫生服务项目资金5.10亿元、重大公共卫生服务项目资金2.10亿元，实现全省基本公共卫生服务经费标准不低于人均15元，保障了6项重大公共卫生服务项目和9项基本公共服务项目的有效落实；拨付农村卫生、社区卫生服务资金16.12亿元，支持乡镇卫生院建设和经费保障、经济欠发达地区行政村驻村医务人员补贴、社区卫生建设，进一步提高基层医疗服务条件和水平；拨付疾病预防控制资金4.69亿元，对计划免疫、甲型H1N1流感疫苗应急接种、职业病、结核病、艾滋病防治、精神卫生机构建设等给予补助。

三是加大社会保障投入力度，加快建立惠及全民的社会保障体系。拨付社会保障和就业资金81.22亿元，保障人民群众基本生活需要。主要包括：推进新型农村社会养老保险试点，预拨试点补助资金0.41亿元，对试点地区60岁以上领取待遇的参保人落实每人每月补贴55元基础养老金的政策，逐步保障农村居民“老有所养”；拨付城乡最低生活保障补助资金11.72亿元，将农村家庭年人均收入低于1 200元的困难家庭全部纳入低保范围，并扩大城镇最低生活保障范围；拨付抚恤和退役安置资金16.18亿元，提高重点优抚对象、军队退役人员生活待遇补助标准，实施退役士兵职业技能培训；拨付省属行政事业单位离退休人员经费24.28亿元，保障行政事业单位人员“老有所养”；拨付就业补助资金10.04亿元，推进农村劳动力培训转移就业、职业技能培训、公共就业服务体系建设、劳动力市场建设等，推动城镇新增就业172.3万人，帮扶近31.8万名城乡就业困难对象实现就业，保持就业形势稳定；拨付财政对社保基金补助6.71亿元，支持社会保障基金制度完善；拨付自然灾害生活救助资金2.04亿元，保障灾民口粮衣被需要，落实全倒户安置政策。

四是支持文化事业发展，推动公共文化服务体系覆盖面扩大。拨付文化体育与传媒资金20.20亿元（连同政府性基金安排的文化建设事业费，共23.19亿元），保障广东省文化市场和文化产业繁荣有序，文学艺术创作成果丰硕，满足人民群众文化需求。主要包括：支持文化事业发展，拨付资金6.32亿元，用于宣传文化事业发展以及中山图书馆改扩建、广东演艺中心、友谊剧院、广东粤剧艺术中心演艺大楼等文化场馆建设；支持文物保护，拨付资金3.83亿元，用于文物征集、保护以及省博物馆新馆、辛亥革命纪念馆、广东海上丝绸之路博物馆建设、省委机关韶关革命旧址等文物遗址修复；支持体育事业发展，拨付资金5.52亿元，用于亚运会省级体育场馆建设、体育训练及体育事业发展等；支持广播影视和新闻出版事业，拨付资金1.98亿元，用于广播电视“村村通”工程、农村电影放映工程、“农家书屋”建设经费等。

（三）加大“三农”投入力度，大力支持农村改革发展

拨付农林水事务资金132.84亿元、种粮直补资金1.33亿元、农村税费改革补助26.88亿元，带动广东省农村居民人均纯收入增长10.7%。

一是支持农业发展。拨付农业资金59.04亿元、农业综合开发资金6.48亿元，实施农资综合补贴、农作物良种补贴、农业机械化、农村沼气建设，支持现代农业发展、农业产业化建设和农业综合开发，加强农产品质量安全监督、科技推广、重大动物疫病防控，2009年广东省建设现代标准农田125万亩，新增省级现代农业园区43个、农业龙头企业48家，农业产业化经营水平提高，农产品质量安全体系建设得到加强。

二是支持林业事业发展。拨付资金13.88亿元，支持生态公益林、防护林、红树林、水源涵养林、生物防火林带、自然保护区建设、林木良种推广及林业防灾减灾，推进集体林权改革，2009年广东省林业生态省建设步伐加快，新增林业生态县9个，重点生态工程建设成效明显，森林

覆盖率达 56.7%。

三是推进水利事业发展。拨付资金 50.12 亿元，支持北江大堤加固达标、乐昌峡水利枢纽等城乡水利防灾减灾工程、农村饮水安全工程、病险水库除险加固工程等水利项目建设，落实省属水库移民等补助资金，加强防汛应急、水情测报、抗旱救灾保障，使广东省防汛防旱防风能力进一步提高，保障人民群众生命财产安全。

（四）加大对欠发达地区转移支付力度，推进区域协调发展

2009 年共拨付补助下级支出 1 000.40 亿元，占年度省级总支出 1 617.22 亿元的 61.86%，切实保障基层政府实施公共管理、提供基本公共服务以及落实各项民生政策的基本财力需要。其中：一是按照财政体制要求及时足额拨付返还性支出 255.72 亿元，其中增值税和消费税税收返还支出 128.25 亿元、所得税基数返还支出 86.40 亿元、其他税收返还支出 41.07 亿元。二是加大省对市县财政一般性转移支付力度，保障基层政权正常运转和社会事业发展，拨付一般性转移支付（即原财力性转移支付）资金 259.39 亿元，其中：均衡性转移支付（即原一般性转移支付）资金 92.92 亿元、调资转移支付资金 65.49 亿元、农村税费改革补助资金 26.88 亿元、县级基本财力保障机制奖补资金 4.83 亿元、公共安全转移支付支出 7.98 亿元、教育转移支付资金 30.74 亿元及其他转移支付资金 30.55 亿元。三是继续加大专项转移支付力度，共拨付各项专项转移支付资金 485.29 亿元。

二、2009 年省级政府性基金预算收支

（一）基金收入完成情况

2009 年，省级政府性基金总收入完成 231.95 亿元，主要项目如下：

1. 省级当年基金收入 67.66 亿元，为年度预算 36.02 亿元的 187.84%，超收 31.64 亿元。各主要项目完成情况如下：

（1）文化事业建设费收入 2.42 亿元，完成预算 1.8 亿元的 134.32%。

（2）新增建设用地有偿使用费收入 48.63 亿元，完成年度预算 10.95 亿元的 444.09%。收入增加的主要原因是：2009 年实施扩大内需战略，各地加快用地审批进程；同时，征收部门加大征管力度。

（3）育林基金收入 0.03 亿元，完成年度预算 0.01 亿元的 332.22%。

（4）森林植被恢复费收入 5.73 亿元，完成年度预算 2.3 亿元的 249.22%。收入增加的主要原因是：2009 年征收部门加大了征收和追缴力度。

（5）地方水利建设基金收入 0.01 亿元，完成年度预算 3.09 亿元的 4.00%。收入减少的主要原因是：2008 年 9 月起停征“工商两费”、2009 年起实施成品油价格和税费改革后，不再从有关收费收入中计提地方水利建设基金。水利建设基金按固定数额在中央返还的成品油替代性收入中调入基金预算安排，不再反映为基金收入，转为调入资金反映。加上调入资金 3.23 亿元后，实际完成年度预算的 105.04%。

（6）散装水泥专项资金收入 0.01 亿元，完成年度预算的 35.48%。收入减少的主要原因是：由于散装水泥专项设立目标是“限制袋装、鼓励散装”，其收入具有随散装水泥的生产销售比例或使用量的增长而减少的特殊性；2009 年广东省大力推进节能减排，使用散装水泥比重大幅增长，因而基金收入有所减少。

（7）残疾人就业保障金收入 1.37 亿元，完成年度预算 1.5 亿元的 91.43%。

（8）彩票公益金收入 5.88 亿元，完成年度预算 4.6 亿元的 127.88%。

2. 上年结余结转收入 136.37 亿元。

3. 转移性收入 24.55 亿元，主要是年中中央专项补助广东省的基金收入，包括大中型水库移民后期扶持基金、港口建设费、新增建设用地土地有偿使用费、民航机场管理建设费补助等。

4. 调入基金 3.39 亿元，主要是：调入中央返还的成品油替代性收入调整的水利建设基金、国家电影事业发展专项资金等。

（二）基金支出完成情况

2009 年，省级政府性基金总支出完成 63.41 亿元，具体包括：

1. 省级当年基金支出 20.65 亿元，为年度预算的 57.33%。主要项目如下：

（1）一般公共服务支出 1.37 亿元，加上补助市县支出 2.03 亿元，实际完成 3.40 亿元。

（2）文化体育与传媒支出 2.99 亿元。

（3）社会保障和就业支出 1.96 亿元，加上补助市县支出 0.43 亿元，实际完成 2.39 亿元。

（4）城乡社区事务支出 4.00 亿元，加上补助市县支出 21.64 亿元，实际完成 25.64 亿元。支出增加的主要原因是：省财政整合资金加大标准化农田建设和低效园地改造力度。

（5）农林水事务支出 1.35 亿元，加上补助市县支出 11.69 亿元，实际完成 13.04 亿元。

（6）交通运输支出 0.33 亿元，加上补助市县支出 6.11 亿元，实际完成 6.44 亿元。支出增加的主要原因是：中央增加港口建设费等补助。

（7）采掘电力信息等事务支出 0.02 亿元。

（8）粮油物资储备管理等事务支出 0.20 亿元，加上补助市县支出 0.48 亿元，实际完成 0.68 亿元。

（9）其他基金支出8.42亿元。

2. 补助下级支出42.38亿元。

3. 调出资金0.38亿元。

2009年，省级政府性基金收支相抵后，结余结转168.54亿元，比上年增加32.17亿元。

以上决算情况表明，2009年，省级财政顺利完成了省十一届人大二次会议及省十一届人大常委会第十四次会议批准的预算及调整后预算，保证了国民经济和社会各项事业发展的资金需要，实现收支平衡，略有结余。这是在省委、省政府的正确领导下，在省人大及其常委会监督、支持下，全省上下认真贯彻执行中央各项方针政策，国民经济平稳较快发展的结果，也是各级财税部门深化改革、加强监管，广大财税干部辛勤劳动、扎实工作的结果。

三、关于批准2008年省级决算草案决议落实情况

按照省十一届人大常委会第十二次会议关于批准广东省2008年省级决算决议的要求，省政府高度重视，认真研究落实，确保《关于广东省2008年省级决算草案的审查报告》所提的各项建议措施落到实处，进一步提高了财政预算管理的科学化、精细化水平，确保了预算执行的严肃性。

（一）加强预算执行监督，强化预算执行约束

按照省委、省政府的工作部署，省财政紧密围绕广东省"三促进一保持"各项中心工作，进一步加强对预算资金（尤其是保民生、促发展等方面资金）执行的财政监督检查力度，不断强化预算执行硬约束，确保预算执行的严肃性。

一是加强省直单位财政专项资金监督。2009年以来组织对省外经贸厅招商引资工作经费、省级农业综合开发项目补助资金、省直公务员招录经费等多项省级财政资金进行了专项检查及调研，采取有力措施，纠正了部分省直单位会计基础工作不规范、擅自调整专项资金使用方案、违规划转国库集中支付资金等问题。

二是加强省级财政专项转移支付资金监督。2009年以来组织对肇庆、云浮、汕头和汕尾等市农村劳动力培训补助资金、家电下乡财政补贴资金、农田水利基本建设议案专项资金、东西北地区污水处理设施建设专项资金的管理、拨付和使用情况进行检查，及时发现并纠正有关市县部门在省级财政资金管理和使用过程中存在的违规问题，有效地保障了中央和省委省政府各项惠民政策的贯彻落实。2010年还将对省部产学研专项资金等5项省级财政专项转移支付资金开展重点检查。

三是加大预算执行法律法规的宣传培训力度。加大对基层干部进行《预算法》、《财政违法行为处罚处分条例》等相关财政预算监督法律法规宣传培训工作的力度，以提高基层干部自觉接受财政预算执行监督的意识。

（二）完善专项资金管理机制，提高专项资金拨付效率和使用效益

近年来，省财政不断完善省级专项资金管理使用办法，推行专项资金因素法、公式法等分配方式，在规范专项资金管理方面取得了明显成效。按照省人大关于完善专项资金分配使用机制、改进支出管理的要求，省财政积极完善专项资金管理机制，进一步提高了专项资金拨付效率和使用效益。

一是完善专项资金分配机制，进一步推进专项资金竞争性分配改革，提高资金使用效益。根据省委、省政府的决策部署，在2008～2009年对省产业转移扶持专项资金及省级12个部门专项资金试行竞争性分配的基础上，2010年进一步在需求弹性大、支持经济发展的竞争性领域逐步扩大试点范围。原纳入试点范围的专项资金除已到期的项目外，全部继续实行竞争性分配，并将挖潜改造等专项资金新增纳入改革试点范围。项目资金涉及服务业、科技、水利、农业、社保、医疗卫生、旅游、交通运输、教育、海洋渔业等多个行业。实施竞争性分配，将财政专项资金分配从"一对一"单向审批安排，转向"一对多"选拔性审批安排，建立"多中选好，好中选优"的项目优选机制，使有限的财政资金能得到最有效的使用，切实提高了财政专项资金分配、使用效益。

二是优化流程，提高财政资金拨付效率。国库集中支付方面，2009年起基本支出用款计划取消了单位申报环节，提高了用款计划下达效率；建立授权支付汇总清算额度数据网络传递新机制，提高授权支付额度下达效率和安全性；将国库集中支付系统传递数据由定时段传递改为实时传递，全面提升了国库集中支付的效率。国库资金实拨方面，2009年年底起，省级实拨业务正式实行电子化拨付，通过批量打印拨款单和专用网络传输电子支付信息，使国库实拨资金拨款效率和质量显著提高。中央专项资金拨付方面，按照财政部部署，先后将中央农村义务教育经费保障机制改革资金、能繁母猪保险费补贴资金、新型农村合作医疗补助资金、家电下乡补贴资金等中央专项转移支付资金纳入国库集中支付改革，保证了中央专项资金及时到位。省级专项资金拨付方面，将省级农村免费义务教育免学杂费专项、水利建设资金等省级专项转移支付资金纳入国库集中支付范围，直接支付到各市、县（区）财政专户，提高了资金拨付效率。往来资金管理方面，进一步完善省级与下级往来资金管理办法，改革资金下达方式，实行分季度均衡调拨的方式，有效地加快了资金拨付进度，提高了财政转移支付资金的到位率，为市县加快财政支出进度提供了较为有力的资金保障。

（三）积极探索完善省对市县财政管理机制，促进广东省区域协调发展

按照省人大的要求，结合广东省实际情况，积极探索推进省直管县财政管理方式，完善省级财政转移支付制度，

努力促进广东省区域协调发展。

一是探索推进省直管县财政管理方式改革。为深化财政体制改革，增强对基层财政运转的保障，省财政厅按照省委、省政府部署以及财政部的要求，在巩固前期工作成果的基础上，着手研究开展省直管县财政改革试点工作，并拟订了《广东省推进省直管县财政改革试点方案》呈报省政府。目前，该试点方案已经省府常务会议审议通过，省财政厅将按方案要求积极推进试点工作。基本思路是：在落实财政部改革文件的基础上，紧密围绕主体功能区规划建设目标，分类推进改革，对既符合财政部要求又属于主体功能区规划中的生态发展区域的县（市）实行完全意义的省直管县财政体制，构建符合广东实际的省直管县财政体制模式。

二是着力完善激励型财政机制。2009 年，按照推进基本公共服务均等化和主体功能区建设的要求，省财政厅在广泛调研的基础上，报请省政府印发了《转发省财政厅关于调整完善激励型财政机制意见的通知》（粤府办［2010］1 号），及时调整完善激励型财政机制，对不同主体功能区实施不同导向的激励型财政政策。其中，对生态优化区域实施以生态发展为基本导向的激励型财政机制，生态保护得越好，财政转移支付越多。通过基本增长加生态保护激励相结合的转移支付制度，在保生态优化区域基本运转的基础上增强其改善环境的内在动力，进而使生态优化区域达到与其他地区基本相当的公共服务能力。对优化开发区域和重点开发区域继续实施以经济发展为基本导向的激励机制，鼓励地方加快发展，增强发展动力，更好地促进县域经济发展和财政增收。

三是探索建立横向转移支付制度。根据广东省区域间经济社会发展极不平衡，且省级财力集中度不高，仅仅依靠省财政纵向转移支付难以有效保障全省区域协调发展的实际情况，2009 年省财政厅在广泛调研的基础上，报请省政府印发了《转发省财政厅关于建立推进基本公共服务均等化横向财政转移支付机制指导意见的通知》（粤府办［2010］3 号），在继续加大省对市县纵向财政转移支付力度的同时，逐步探索建立区域间横向财政转移支付制度。确定珠江三角洲地区对欠发达地区横向财政转移支付的对口帮扶关系，按照先富帮后富、点对点对口帮扶的方式，发达地区帮助欠发达地区提高基本公共服务水平，逐步缩小区域间基本公共服务差距。

主任、各位副主任，秘书长，各位委员，在 2009 年省级财政决算草案正式编成的基础上，全省财政总决算也已汇总编成。我向本次常委会汇报 2009 年全省财政总决算的汇编情况如下：

根据汇编的决算，2009 年，全省地方一般预算收入完成 3 649.81 亿元，为省十一届人大二次会议通过预算的 104.01%，超收 140.81 亿元，比上年增收 339.49 亿元，增长 10.26%；其中财政计划单列的深圳市地方一般预算收入完成 880.82 亿元，比上年增收 80.46 亿元，增长 10.05%。全省地方一般预算收入 3 649.81 亿元，加上中央补助收入 907.97 亿元（含税收返还补助）、财政部代理发行地方政府债券收入 109 亿元（其中省级 85 亿元、深圳市 24 亿元）、国债转贷收入及结余 0.65 亿元、上年结转、结余收入 967.86 亿元、调入预算稳定调节基金 0.25 亿元、调入资金 103.98 亿元之后，决算收入总额为 5 739.51 亿元。

2009 年，全省一般预算支出完成 4 334.37 亿元，为省十一届人大二次会议通过预算的 105.20%，比上年增支 555.80 亿元，增长 14.71%。其中财政计划单列的深圳市地方一般预算支出完成 1 082.75 亿元，比上年增加 192.89 亿元，增长 21.68%。全省一般预算支出 4 334.37 亿元，加上上解中央支出 124.53 亿元、增设预算周转金 7.13 亿元、国债转贷支出及结余 0.65 亿元、安排预算稳定调节基金 36.45 亿元、调出资金 15.82 亿元之后，支出总额为 4 518.96 亿元。

全省财政地方一般预算收支相抵，年终滚存结余 1 220.56 亿元，减除结转下年支出 1 098.25 亿元之后，全省净结余 122.31 亿元，其中：省本级净结余 4.41 亿元，各市净结余 117.90 亿元。全省实现了收支平衡，有所结余。

主任、各位副主任，秘书长，各位委员，以上决算情况表明，根据各级人大批准的 2009 年预算，在各级人大及其常务委员会的监督支持下，2009 年全省财政较好地实现了收支平衡，略有结余。

关于广东省 2009 年省级决算草案的审查报告

——2010 年 7 月 21 日在广东省第十一届人民代表大会常务委员会第二十次会议上

广东省人大财经委员会主任委员　曾寿喜

主任、各位副主任、秘书长，各位委员：

我代表省人大财经委员会，就广东省 2009 年省级决算草案的审查情况报告如下：

财经委员会听取了省财政厅《关于广东省 2009 年省级

决算草案的报告》和省审计厅《关于广东省2009年度省级预算执行和其他财政收支的审计工作报告》，并对2009年省级决算草案作了初步审查。

根据决算草案，2009年省级财政总收入决算数为2 307.77亿元，总支出决算数为1 617.22亿元，收支相抵，省级财政结余结转690.55亿元，其中：结转下年支出686.14亿元，净结余4.41亿元。省级财政一般预算实现收支平衡，略有结余。

财经委员会认为，2009年，省人民政府及财税部门坚决贯彻党中央、国务院的战略决策部署，认真应对国际金融危机的冲击，实行积极财政政策，加强财政管理，改进预算工作，省级预算完成情况良好。财经委员会建议省人大常委会批准省人民政府提出的2009年省级决算草案，批准省财政厅厅长刘昆代表省人民政府所作的《关于广东省2009年省级决算草案的报告》。同时，财经委员会提出以下建议：

一、强化预算管理，提高预算执行水平

要规范部门预算收支管理，各项支出应严格按照批准的预算执行。对审计查出的违法违纪问题要依法严肃处理，追究有关人员责任，并向社会公开典型案件的查处情况。改进项目预算管理方式，加快预算下达和资金拨付进度，提高预算执行水平，对省级预算结余结转数额偏大的问题，要引起高度重视，并采取切实措施，逐步加以解决。

二、改进预决算编制，推进预算公开

继续改进预算编制办法，细化项目预算编制，提高专项资金分配的透明度，编制部门决算并提交省人大常委会审查，努力推进部门预算、决算向社会公开。

三、深化财政体制改革，完善转移支付制度

落实省委、省政府关于财政体制改革的决策，完善省以下财政体制，科学界定各级政府的支出责任和财政支出范围，建立与各级政府支出责任相匹配的财力保障机制，继续完善转移支付机制，促进广东省地区间基本公共服务均等化。

四、严格政府债务管理，防范财政风险

要研究制定政府债务管理法规，规范政府投融资行为，健全政府债务管理体制，建立政府债务信息披露制度，完善政府债务偿还机制，严格控制债务规模，防范财政风险。

以上报告，请予审议。

第二部分

财税工作重要讲话

深化改革　完善机制
推动广东省财政事业再上新台阶

省财政厅党组书记、厅长　刘　昆

（2010年1月27日）

同志们：

这次全省财政工作会议是在新时期广东省财政工作面临新形势、新任务的情况下召开的，会议的主要任务是：传达、学习、贯彻全国财政工作会议及全国财政工作座谈会精神，深入分析当前经济财政形势，总结2009年全省财政工作情况，部署2010年全省财政工作。省委、省政府对此次会议高度重视，黄龙云常务副省长在百忙中出席会议并将作重要讲话，大家一定要认真学习领会，抓好贯彻落实。刚才，曾志权副厅长传达了全国财政工作会议和全国财政工作座谈会精神，所传达的精神充分体现了党中央、国务院对财政工作的高度重视，提出积极财政政策要更加注重推进经济发展方式转变和经济结构调整，更加注重扩大内需特别是消费需求，更加注重改善民生。我们一定要从历史、战略和全局的高度，结合广东省实际，深刻学习领会并抓好贯彻落实。下面，我讲三个问题。

一、回顾2009年工作，全省财政工作成绩显著

过去一年是很不平凡的一年。一年来，面对国际金融危机的不断蔓延和挑战，在党中央、国务院的正确领导下，省委、省政府带领全省人民沉着应对，迎难而上，共克时艰，坚定不移实施“三促进一保持”，充分把握国际金融危机催生的调整产业结构、转变经济发展方式的重大机遇，努力克服外贸急剧下滑的困难，保持经济平稳较快发展，抢占未来经济发展制高点，促进广东省经济实现“V”型反弹，不仅保持了全年GDP9.5%的较快增长，而且是发展方式初步转变、可持续的增长，成绩实属来之不易。

对财政工作而言也是如此，根据省委、省政府的决策部署，全省各级财政部门解放思想、改革创新，坚持生财有道、聚财有方、用财有规和集中财力办大事的原则，实施积极的财政政策，狠抓增收节支，扩大公共投资，着力保障民生，深化财政改革，构建有利于科学发展的财政体制机制，为广东省成功应对危机、加快科学发展提供了有力的支撑。据快报统计，2009年来源于广东财政收入完成9 052亿元，比2008年增长6.87%；全省一般预算收入完成3 649亿元，比2008年增长10.25%，连续19年居于全国各省市首位；省级一般预算收入完成727亿元，比2008年增长0.53%，在极其困难的条件下实现了全年收入有所增长、收支平衡的目标。汪洋书记、黄华华省长、黄龙云常务副省长对此多次给予高度评价和充分肯定，2009年十一届46次省政府常务会议特别指出：面对严峻复杂的经济形势，广东省充分发挥财政杠杆作用，集中有限财力大力支持外贸出口、扩大内需、“双转移”、结构调整和现代产业体系建设，大力扶持中小企业发展，有效促进了全省经济平稳较快发展。省财政厅在省本级财政收入大幅减收的严峻形势下，及时依法调整全年省级预算收支计划，调整优化财政支出结构，进一步压减一般性支出，加大力度清理历年结余结转资金，完成了财政收支平衡的艰巨任务，全年财政预算执行情况良好，有力保障了省委、省政府保增长、保民生、保稳定的各项政策措施的落实，应给予充分肯定。

总的来看，2009年广东省财政工作力度大、思路明、措施准、落实快，各项工作全面推进，工作亮点很多，既是解放思想、改革创新的一年，又是扎实工作、埋头实干的一年，在应对危机的过程中，财政调控和保障能力进一步增强，围绕中心、服务大局的政治意识牢固树立，保发展、保民生、保稳定职能作用充分发挥，主要体现在以下六个方面，取得了“六个新突破”。

（一）在增收节支、保重点支出上取得新突破

面对财政经济的严峻形势，以高度的政治意识和大局意识，狠抓增收节支，确保实现收入增长目标，集中财力保省委、省政府重点支出需要。一是深化预算执行分析，落实厅领导分片抓收入和指导地方财政工作，加强税源监测分析，密切关注财源变化，及时采取收入征管措施。二是加大组织收入力度，落实财税联席会议制度，建立税务征收激励机制，挖掘非税潜力，提高税收征管效能，全力抓好重点市、重点收入组织工作。三是认真落实中央和省关于厉行节约的各项政策规定，包括“五个零增长”和“四个从严控制”政策，并对省级部门专项经费、历史延续的专项资金尚未执行部分按10%进行压减，为重点支出腾

出财力空间。四是建立考核机制，对省直党政机关公用经费使用情况进行量化考核，同时，代省政府草拟《关于进一步做好今明两年控制财政支出工作的通知》，指导地方做好压支工作。2009年，全省一般性行政经费得到较好控制，仅省级就压减了13.6亿元。

全年全省一般预算收入增长10.25%，不仅保持了较快增长，与经济增长相协调，增强了社会信心，而且实现了较高质量的增长，税收收入占一般预算收入的比重达85.78%，高于全国平均水平和江苏、山东等省市；区域发展协调性进一步增强，粤东西北地区一般预算收入增长18.13%，高于全省平均增幅7.88个百分点。广东省财政收入组织工作在十分困难的情况下取得了可喜成绩，形势好于预期，得到了汪洋书记、黄华华省长、黄龙云常务副省长的充分肯定。

（二）在应对危机、实施积极财政政策保增长上取得新突破

在2008年制定财政应对国际金融危机的十大措施的基础上，抓紧编制积极财政政策资金滚动预算计划，加强部门间协调，不断细化完善以财政扩投资、促消费、稳外贸等各项政策措施，刺激经济增长，促进广东省经济较快企稳回暖。一是扩大政府投资，支持重点项目建设。在争取中央代发地方政府债券的基础上，将财政手段与金融手段相结合，积极建立国有资本收益、交通、水利三大融资平台，2009年共新增融资约550亿元，重点投入广东省城际轻轨、高速公路、国省道新改建和大修、部省合作铁路、港珠澳大桥、湛江钢铁、水利等重点项目建设。二是开拓国内和农村市场，促进消费增长。抓紧落实“家电下乡”、“汽车摩托车下乡”、“家电以旧换新”、“汽车以旧换新”政策，引导农村消费和搞活流通、扩大消费。积极支持“广货北上”等促消费活动，开拓广货市场。支持举办广东国际旅游文化节，推动各市旅游公共基础设施建设，促进旅游扶贫。三是稳定外贸发展，促进加工贸易转型升级。研究整合现有外贸扶持政策资金，加大对“两新”产品出口、稳定外贸出口、推动企业“走出去”、招商引资、出口退税“以奖代补”及口岸优化升级建设等的支持力度。2009年共安排29亿元支持扩大出口，用于出口退税、促进来料加工企业的转型升级等。

（三）在科学发展、推动“三促进一保持”上取得新突破

深刻认识国际金融危机是“传统发展模式之危、科学发展模式之机”，围绕“三促进一保持”，保增长与调结构相结合，利用危机形成的“倒逼机制”加快推动科学发展。一是加强政策引导，推进现代产业体系建设。安排有关专项资金，大力发展装备制造业，加快发展现代服务业和现代信息服务业，积极推进传统产业转型升级，支持公共技术服务平台建设，鼓励有条件的地市加快引进高世代液晶面板生产线，形成广东省新的经济增长点。二是集中力量投入，促进产业转型升级。编制滚动预算，将2009～2012年省级装备制造业专项、中小企业发展专项等资金共50亿元，按计划分批投入具有创新能力、创新产品，成长性好的行业和企业；将2009～2012年省级重点产业转移园区专项、珠三角产业转移奖励、重点产业发展专项共120亿元，用于推动产业转移和重点主导产业发展以及促进加工贸易转型升级、提升外贸产业水平等。安排产学研省部合作专项4亿元、“广东省中科院全面战略合作专项资金”1亿元，落实人才强省战略，实施领军人才引进计划、百名南粤杰出人才培养工程等，提升广东省科技研发和产业化水平。三是支持企业发展，提高自主创新能力。加大对中小企业发展扶持力度，2009年共安排22亿元支持中小企业发展，包括投入10亿元成立广东省中小企业信用再担保有限公司，一次性安排10亿元支持中小企业政银企合作和对中小企业贷款给予贴息补助，2009年已拨付9.61亿元，带动中小企业贷款融资近400亿元，财政资金放大倍数达41倍。

（四）在保障民生、推动基本公共服务均等化上取得新突破

坚持民生为重，在财政较为困难的条件下，挤出财力确保中央和广东省一系列改善和保障民生政策落实。2009年省财政年度预算中安排用于改善民生和均衡区域公共服务水平的支出已达75.46%，比2008年提高了近2个百分点。特别是广东省在全国率先制定实施《广东省基本公共服务均等化规划纲要（2009～2020年）》及其规划，对广东省保民生、扩内需、促进区域协调发展具有重要意义和深远影响。按照基本公共服务均等化的思路，省财政积极支持各项社会事业发展，缩小城乡、区域、不同人群间享受基本公共服务水平差距。一是加大财政支农力度。在落实各项农民直补政策和推进政策性保险工作的基础上，扎实推进解决民生热点问题，推进解决华侨农场金融债务等历史遗留问题，省财政继续安排10亿元支持农村饮水安全工程建设，安排1.67亿元落实贫困村“两委”干部补贴政策，安排3.89亿元推进农村扶贫开发，支持“规划到户责任到人”扶贫开发工作。落实扩大内需政策，省财政累计安排150余亿元推进现代标准农田建设、低效园地山坡地改造和重点水利工程建设；大力发展现代农业，支持特色水果产业、优质水稻、油茶茶叶等现代农业生产产业带建设。二是实施教育优先战略。省财政安排2.77亿元，落实农村义务教育家庭经济困难学生生活费补助政策；安排7.7亿元推进中小学教师工资福利待遇“两相当”工作；拨付3.87亿元落实农村义务教育阶段中小学校校舍维修改造长效机制；安排1亿元推进农村义务教育中小学“三室一场五有”工程建设；实施中小学校舍安全工程。加大职业教育投入。促进高等教育发展。三是支持深化医药卫生体制改革。省财政对经济欠发达地区基本公共卫生服务人均补助6.75元、共安排3.8亿元，并安排专项资金6 500万元实施农村改水改厕等6个重大公共卫生服务项目；安排

25.47亿元将新农合筹资标准从2008年的100元提高到110元；安排2.6亿元建立完善城镇居民医疗保险制度；集中安排2亿元支持欠发达地区薄弱乡镇卫生院改造。四是实施积极的就业政策。2009年省财政继续安排专项资金5.2亿元，用于促进就业和人力资源市场建设；继续安排专项资金7亿元，对本省45周岁以下的农村中青年劳动力均提供一次免费职业技能培训，推动劳动力转移。支持实施“南粤春暖行动”和特别职业技能培训计划，稳定返粤农民工就业。大力发展技工教育，2009年省财政继续安排技工学校建设专项资金3亿元，安排高技能公共实训基地和技工学校实训中心建设专项资金1.4亿元。五是支持完善社会保障体系。支持新型农村社会养老保险试点；扩大失业保险基金试点范围；参与建立养老保险基金预算管理制度，促进城镇职工基本养老保险省级统筹，建立健全养老金正常调整机制，改革完善企业职工养老保险基金计发办法，不断提高养老金水平。六是支持建设文化大省。设立“广东省文化产业发展专项资金”，2009年省财政安排2亿元重点支持做大做强一批文化产业园区、企业和品牌，培育一批竞争力强的文化产业集群。支持文化体制改革，改革经费投入方式。七是支持生态文明建设。省财政投入25亿元一揽子解决东西北地区污水处理设施建设资金不足的问题。安排3.8亿元支持林业生态建设；安排5亿元提高公益生态林补偿标准，从2008年的每年每亩10元提高到每年每亩12元。八是加大交通和住房保障投入。督促各市认真做好廉租住房保障资金和相关财政政策的落实工作，省财政安排2亿元支持东西两翼和粤北山区建设廉租住房。加大对农村公路建设投入力度，进一步完善农村公路路网。另外，积极支持政法经费保障体制改革，省财政共安排省级配套资金20.36亿元。

（五）在精细理财、深化财政改革上取得新突破

抓住危机形成的改革契机，深化财政支出管理改革，创新财政分配机制，完善公共财政体系。在部门预算方面，加强部门预算与绩效评价、资产管理、政府采购及国库集中支付的有效衔接，充分利用人员数据、决算数据、工资发放数据、财务核算信息集中监管等基础信息，提高预算编制水平。在国库集中支付改革方面，推进县级改革，完善改革配套措施，全面推进财政支出管理电子平台建设，继续扩大财务核算信息集中监管、公务卡结算改革试点范围，启动省级财政国库动态监控系统建设。在政府采购方面，地方立法工作取得重大成果，进一步完善政府采购竞争机制和制约机制，推进电子化政府采购系统建设，制定实施《广东省自主创新产品政府采购的若干意见》及《广东省政府采购自主创新产品清单》，发挥政府采购政策功能。在“收支两条线”管理方面，加强非税收入征收管理，加大非税收入征管力度，着重做好国有资产（资源）、公共资源收益及专项收入征管，防止非税收入的进一步下滑。在绩效评价改革方面，深入推进部门预算编制与绩效评价管理相结合，促进绩效评价管理从事后评价向绩效预算编制的“上游”延伸。在资产管理方面，推进资产管理与预算管理有机结合，扎实开展行政事业单位资产核实工作，推进行政事业资产管理制度建设和信息化建设。在财政监督方面，着力构建财政监督工作宣传教育机制、省市县三级联动机制、协调协助机制及执法问责机制，开展“小金库”专项治理工作，规范收入分配秩序，促进财政、金融、国有资本运营制度改革。在竞争性分配机制改革方面，2009年省财政已竞争性分配重点产业园区建设、农业、水利、劳动力扶持资金85亿元。特别是圆满完成了累计五批次、75亿元省产业转移扶持资金竞争性招投标活动，改革成效初步显现，对欠发达地区发展形成的“倒逼机制”，有效促进了欠发达地区科学发展思路的积极谋划和逐步完善，赢得了社会的广泛认同。据统计，截至2009年底，13个市获得前五批省竞争性扶持资金75亿元，共带动地方政府和社会投入913.31亿元，带动投入的平均乘数达1:12.2。

同时，围绕确保积极财政政策资金规范有效运转，加强财政监督和精细化管理，强化预算约束。在完善政府预算体系方面，推进国有资本预算编制工作，理顺和规范省级国有资本经营预算编制、执行、决算编制等各项管理工作。在地方政府性债务管理方面，认真做好地方债务统计工作，分析债务状况、发展趋势和存在问题，建立健全《广东省2009年地方政府债券预算管理办法》、《中央代发地方政府债券资金管理工作规程》等制度，提高债务管理水平。在政府购买服务方面，研究制定开展政府购买社会组织服务试点工作的指导性意见，明确政府购买社会组织服务可在社区卫生服务、社区养老服务、城市公交服务、咨询服务、职业培训、行业评比、决策论证以及成果评审等方面优先开展试点。在加强积极财政政策资金监管方面，构建全方位、多层次的制度规范体系，制定《实施促进经济平稳较快发展的积极财政政策资金管理办法》及省级三大融资平台资金管理和保障机制等规章制度，确保资金安全、高效运转。加强财政投资评审，2009年全省累计核减金额超过100亿元，核减率达10%。在落实审计整改方面，就2008年省级预算执行审计查出的问题，分别针对市县及省级财政管理、财政风险等方面存在的问题进行分类整改，推动建立财政规范管理的长效机制。

（六）在转变作风、加强党建和干部队伍建设上取得新突破

按照省委的统一部署，全面开展“转变作风抓落实”主题实践活动，由厅领导带头，建立实行厅党组成员重点工作抓落实制度，完善落实领导分片指导财政工作及促进增收节支责任制，带动全厅形成真抓实干、敢抓敢管、勤政善政的工作风气，真正把“民事先办、特事新办、常事严办”的要求落到实处。一年来，省财政切实将工作重心下移，在研究编制珠三角基本公共服务一体化规划、探索完善省以下财政体制、实施扶贫开发“规划到户扶贫到人”、建立农村基层组织工作经费保障机制、建设农业综

合开发示范工程等重点工作中，深入基层、农村和群众调查研究、理清思路、研究对策，真正做到问政于民、问需于民、问计于民，提高出台政策的科学性和可行性，努力使人民群众得到更多实惠。扎实开展党风廉政建设，以加强领导干部监督为重点，建立健全决策权、执行权、监督权既相互制约又相互协调的权力结构和运行机制，制定《广东省财政厅规范权力运行工作方案》，促进权力运行程序化和公开透明。总的来看，过去一年在应对危机、实施积极财政政策的紧张工作中，全省财政干部进一步振奋精神，转变作风抓落实，干部队伍得以不断磨砺成长，一支能干事、肯干事、讲政治、乐奉献的优秀干部队伍不断培养壮大，成为广东省财政事业不断取得新进步的重要保障。

成绩的取得，首先归功于省委、省政府的科学决策和正确领导，同时离不开全省各级财政干部的创新工作和辛勤汗水，也离不开社会各界和各兄弟部门的理解与支持。借此机会，我代表省财政厅党组向省委、省政府一直以来对财政工作的高度重视和科学领导表示崇高的敬意！向关心、支持财政工作的各位领导和同志们，向全省财政系统的广大干部职工表示衷心的感谢！

同时，我们要特别感谢黄龙云常务副省长对广东省财政工作强有力的领导，带领我们不断将财政事业推向前进，不断取得新的辉煌。黄龙云常务副省长分管财政工作以来，高度重视运用财政手段，围绕省委、省政府的决策布局，科学谋划，靠前指挥，以前瞻性的战略思维和全局眼光，部署实施了一系列先行先试、敢于探索、善于创新的重要工作，引领广东省财政工作探索科学发展的新路径。首先，指导我们“预则立”。通过对大量经济数据的分析，时刻关注和科学把握财政经济形势，为省委、省政府决策提出有益政策建议，赢得先机。如2008年上半年，按照省委、省政府推动“双转移”和对东西北地区发展实行重点突破的战略决策，在广泛调研的基础上，顺应产业梯次转移和人口迁移规律，前瞻性地部署提出了省财政统筹安排400亿元资金支持“双转移”的八大措施；又如，2008年年中，面对国际金融危机对广东省日益深化的冲击，提前部署分析宏观经济形势，研究提出财政刺激经济增长的十条政策措施，并针对广东省外贸出口逐月下滑的严峻形势，及时部署出台支持外贸出口和转型升级的财政政策，至11月份，按照中央扩大内需政策，又及时提出省财政统筹安排1 000亿元财政性资金支持实施促进经济平稳较快发展的16项措施等。其次，引导我们先行先试、敢于创新。以远见卓识，创造性地开展工作，革除不合时宜的传统路径和工作体制，破旧立新，形成推动工作的强大突破口。如从2008年起，为激发地方政府加快科学发展的活力，顶住各种风险和压力，周密部署，精心组织开展了省产业转移竞争性招投标工作等。又如，2009年，为贯彻实施积极的财政政策，创造性地将财政、金融、投资手段有机结合，部署开展了创新投入机制、构建省级国有资本收益、交通、水利等融资平台的工作，充分发挥了财政资金的放大作用；再如，为造福全省人民、开创广东省科学发展的制度新优势，部署推动全省基本公共服务均等化工作，在2008年积极调研的基础上，2009年在全国率先制定实施《广东省基本公共服务均等化规划纲要（2009~2020年）》等。再次，要求我们统筹兼顾、服务全局。在事关省委、省政府工作大局、事关中央决策落实的重要工作上，始终保持高度的政治敏感，摆到优先的重要位置抓好落实。如，始终高度重视抓好财政收入，作为服务省委、省政府工作大局的最重要的基础工作来抓，早在2008年国际金融危机对广东省冲击初显的时候，就及时组织召开省直部门财税联席分析会，对珠三角和非珠三角地区分片召开财税形势分析会，全面部署抓收入的工作；2009年在省级财政收入形势最紧张的关键时期，又亲自主持召开部分市财政收入运行情况分析会和部分重点企业财税工作座谈会，切实增强地方各市和重点企业的工作紧迫感，扭转了省级财政收入下滑的势头。又如，2009年，为贯彻落实党的十七届四中全会精神，保基层、保稳定，按照省委、省政府的工作部署，及时布置开展了建立农村基层组织工作经费保障机制的工作，在收支形势十分紧张的情况下，加大了财政对基层的投入，保证了基层党组织的正常运转等。最后，领导我们团结协作、干净干事。黄龙云常务副省长向来强调权力来自于人民，所做的工作一定要经得起历史的考验、人民的考验和实践的考验，以干净干事和公平、公正的程序制度安排赢得社会各界的信任与支持。在实际工作中，还提出和践行了“科学决策、民主决策”、“民事先办，特事新办、常事严办”、注重体制支撑和制度性安排等一系列重要工作理念，领导全省财政系统形成了为民、务实、清廉的工作作风，有利于科学发展的财政体制机制加快构建完善，财政体制改革成为新一轮经济体制改革和发展的关键突破口；财政系统团结和谐，与税务、审计等部门的合作密切有效，机关作风新风显现。正是在省委、省政府的正确领导下，在黄龙云常务副省长的科学决策指挥下，广东省财政工作得以继续沿着正确的方向不断前行，破解一个又一个难题，取得一项又一项的工作业绩，使广东省财政事业获得了改革发展的强大动力。

二、把握当前形势，切实增强做好新时期财政工作的责任感和紧迫感

一年来，在党中央、国务院和省委、省政府的坚强领导下，宏观经济形势逐步向好，广东省经济已转入稳健回升通道，形势好于预期，财政收入与经济增长基本同步，增强了全社会对未来发展的信心。当前，总的形势仍然是机遇与挑战并存，机遇大于挑战，国际经济缓慢复苏，我国经济发展的基本面和长期趋势没有改变，宏观经济政策保持连续性和稳定性，广东省发展模式、外贸增长方式正在转型，经济发展趋势向好。“凡事预则立，不预则废”。在看到广东省当前发展的有利条件和积极因素的同时，我们也要保持清醒头脑，充分估计各种困难和挑战，既要增强信心，也不能盲目乐观，切实将各项工作建立在可靠的、

可预见的、可把握的基础之上：一是一些国家经济出现回暖迹象，但不等同于世界经济的全面复苏。发达国家刺激经济计划逐步退出，就业形势长期不容乐观，居民消费疲软，国际金融风险并未真正消除，同时国际贸易保护主义加剧，世界经济运行仍存在诸多变数。二是我国经济逐步企稳回升，但不等同于实体经济运行状况的根本性改善。我国经济在全球率先回暖，保持了较快增长，但同时很大程度上是依靠政府公共投资的政策性反弹，发展的内生动力仍然不足，民间投资意愿疲弱，部分产业产能过剩，预计今年各项经济刺激政策效果将会减弱，实现周期性的经济复苏，还需要在技术革新、调整经济结构和国民收入结构、发展新兴产业、转变经济发展方式等方面作长期的努力。三是广东省财政收入止跌回升，但不等同于财政困难状况的根本性好转。2009年广东省财政收入逐步向好，全省和省级收入增幅分别于上半年和11月份转负为正，对广东省应对危机起到了稳定军心的作用。但是，经济决定财政，2010年广东省经济回升的基础还不稳定、不巩固、不平衡，这就决定了财政收入在短期内难以大幅增长，同时，财政支出压力不断增大，财政收支矛盾依然十分突出，形势不容乐观。具体来看，在收入方面，国家继续实行结构性减税政策，固定资产购置将会有较大幅度的增加，增值税进项抵扣将大大增加；国家和广东省继续减少和规范行政事业性收费，省级非税收入规模难以扩大，再加上2009年一次性收入不可持续等因素，2010年财政增收规模有限。在支出方面，贯彻国家扩大内需政策，实施积极的财政政策，实行保增长、保民生、保稳定的各项政策措施，落实医药卫生体制改革、开展新型农村养老保险等重大民生政策，保障农林水事务、教育、社会保障和就业、医疗卫生、保障性安居工程、科学技术等重点支出，都需要财政进一步加大投入力度，各级财政的支出压力在不断加大。就省级而言，初步测算今年省级可用于安排新增支出的财力仅为43亿元左右，而省级各部门提出需在2010年增加安排的项目支出达124亿元，是新增可用财力的近3倍，实现预算收支平衡的任务十分艰巨。

通过对各种有利和不利条件的深入分析，我们对当前形势要有一个全面、准确的认识，并在此基础上，深入思考如何把握和利用危机中蕴含的发展机遇、变压力为动力的问题，提前谋划，牢牢把握工作主动权，深挖工作潜力，继续抓好收支管理，发挥财政手段在推动科学发展、促进社会和谐中的积极作用，在破解科学发展难题中实现更高水平的发展。中央和省委、省政府已对2010年工作作了全面部署，特别是把加快经济发展方式转变摆到十分重要的突出位置。中央经济工作会议和胡锦涛总书记最近视察广东重要讲话中都强调，转变经济发展方式已刻不容缓，2010年重点要在促进发展方式转变上下工夫，真正把保持经济平稳较快发展和加快经济发展方式转变有机统一起来，在发展中促转变，在转变中谋发展。省委十届六次全会指出，加快经济发展方式转变是今年经济工作的“头号工程”，要坚定不移调结构，脚踏实地促转变，集中力量打好转变经济发展方式这场硬仗。财政作为重要的调控手段，财政体制是重要的经济基础和引导政府行为的重要制度安排，在促进经济发展方式转变方面将肩负着更加重大的责任，必须把思想和行动统一到中央和省委、省政府对当前形势的分析判断和决策部署上来，统一到深入贯彻落实科学发展观的要求上来，进一步解放思想，改革创新，从“保增长”的“危机思维”中摆脱出来，突出战略重点，明确主攻方向，发挥财政体制、政策和资金手段作用，推进突破传统发展方式的思维定势、路径依赖和利益格局，推动广东省经济发展方式加快转变。

三、加大改革力度，努力完成2010年各项财政工作任务

2010年既是广东省巩固应对国际金融危机阶段性成果、保持经济平稳较快发展的关键一年，又是科学发展由探索实践向全面深化转变的关键一年。我们要认真学习胡锦涛总书记在中央政治局第十八次集体学习时的重要讲话精神，坚定不移深化财税体制改革，积极发挥财政政策促进经济社会发展的调控作用，围绕推进基本公共服务均等化和主体功能区建设，加快构建有利于科学发展的财税体制机制，依法理财、民主理财、科学理财。2010年广东省财政工作的总体思路是：以科学发展观为统揽，深入贯彻党的十七大、十七届四中全会、中央经济工作会议和省委十届五次、六次全会及全国财政工作座谈会、全国财政工作会议精神，进一步解放思想、改革创新，围绕“加快经济发展方式转变”这一核心，突出“三促进一保持”这一重点，继续实施积极的财政政策，狠抓增收节支和支出结构调整，统筹财力、集中财力、善用财力，更加注重结构调整和提高自主创新能力，更加注重扩大内需和惠及民生，深化省以下财政体制改革，推进财政科学化精细化管理，巩固广东省经济社会发展企稳回升势头，为广东省当好推动科学发展、促进社会和谐的排头兵作出新的贡献。重点是落实“六个围绕”，开展六个方面的工作：

（一）围绕财力保障这一基本要求，继续抓好增收节支工作

收入组织工作事关全省经济社会发展大局，要从政治和全局的高度，千方百计做好财政增收节支工作，确保保增长、保民生、保稳定的各项重点支出需要。在组织收入方面，要强化收入运行监测和分析，加强部门协调，在坚持依法征收、应征尽收的前提下，以更有针对性和更加有力的措施，提高征管效能，挖掘增收潜力，同时保证不收“过头税”，确保全省和省级收入任务的完成。2010年全省和省级一般预算收入分别按可比口径增长9%和8.5%安排。在节约开支方面，牢固树立过紧日子的思想，坚持“压一般、保民生”，大力压减一般性财政支出，严格控制“人、车、会”和楼堂馆所等支出，确保实现省直公用经费“五个零增长”，倡导勤俭办事，确保完成2010年一

般性支出压减任务，为重点项目和民生支出腾出财力空间。需特别指出的是，2010年中央将加强对地方融资平台的监管力度，禁止地方违规担保，我们必须予以高度重视，未雨绸缪，深入研究和解决好在国家货币政策适度调整、控制财政风险的条件下，如何保持积极财政政策的力度的问题。

（二）围绕加快经济发展方式转变这一核心，实施积极灵活的财政政策

抢抓“危中求进”的历史机遇，以“促转变”为核心，把握好积极财政政策实施的力度、节奏和重点，坚持“三促进一保持”不动摇，加大资金整合力度，集中力量投入关键领域，为更长时期又好又快发展打好基础。一是加快推进现代产业体系建设，落实财政支持现代产业体系建设的政策措施。二是突出支持自主创新，尽快研究出台财政支持自主创新的意见，重点加大产学研合作专项资金投入，支持中小企业政银企合作、服务体系建设和担保体系建设，加快形成鼓励企业自主创新的利益导向。三是促进传统产业转型升级，支持珠三角企业有序转移升级、经济结构调整和“三旧”改造，提高土地集约利用率，优化产业布局。四是突出支持外经贸稳定增长，落实促进加工贸易转型升级和扩大内销的财政政策，推动外经贸发展方式转变。五是支持节能减排，抓紧推进欠发达地区污水处理厂建设，支持重点节能减排工程建设；扎实做好节能技术改造、淘汰落后产能工作。

（三）围绕扩大内需这一战略基点，把保民生和扩内需更好地结合起来

把扩内需作为战略取向，认真落实省委、省政府《关于扩大内需战略的决定》，形成消费、投资、出口协调拉动的增长格局。一是扩大居民消费需求，做好“家电汽车下乡”、“汽车家电以旧换新”工作，实施千村万乡市场工程，扩大农村消费市场，支持扩大广货内销，支持文化产业发展和旅游强省建设，有效扩大消费需求。二是加快城市化进程，继续推进产业和劳动力“双转移”，重点扶持欠发达地区产业转移园建设，开展对竞争性扶持资金使用情况的绩效督查和重点绩效评价，推动农村劳动力培训转移，促进农村劳动力向城市、城镇迁移，推动欠发达地区集聚发展、科学发展。三是深入实施“提升珠三角带动东西北”战略，加快编制实施《珠江三角洲地区基本公共服务一体化规划》，推进珠三角地区经济社会一体化发展；落实粤东、粤西、粤北地区现场会和工作会议精神，支持欠发达地区加快发展。四是加大财政投资力度，重点采取措施加大固定资产投资力度，加快推进重点项目建设，加快高速公路、轻轨、机场、水利等大型项目建设进度。五是制定实施拉动民间投资政策，鼓励民间投资，落实中央和省减免税费和扶持中小企业发展的各项政策，鼓励企业扩大内销，促进社会投资增长。

（四）围绕保障民生这一根本，认真实施基本公共服务均等化规划

按照省委、省政府的改革布局，基本公共服务均等化是广东省2010年深化体制改革的五大重点任务之一。我们必须以此为重要平台，全面推进各项民生事业发展，构建长效机制，努力使基本公共服务平等地惠及全省广大人民。一是抓好《广东省基本公共服务均等化规划（2009～2020）》组织实施。健全基本公共服务均等化绩效考评机制，尽快完善、公布考评指标体系，完善相关配套政策，组织实施对落实2009年基本公共服务均等化工作的绩效考评，部署2010年工作任务；探索建立多元化的公共服务供给制度，形成公共服务事业供给主体多元化格局。二是继续加大民生投入力度，进一步完善城乡教育、医疗、社保、就业、住房保障、文化等制度体系，落实好各项民生政策，包括中小学校校舍安全工程、扩大再就业的一系列措施、事业单位绩效工资改革、医药卫生体制改革、健全覆盖城乡居民的社保体系特别是农村社会养老保险试点等涉及民生的政策。三是统筹城乡一体化发展，进一步建立健全财政支农资金稳定增长机制，推进现代农业产业建设，落实支农惠农政策体系，推进农村扶贫开发工作。四是积极推进“规划到户责任到人”扶贫开发，将其作为推动科学发展、促进社会和谐的一项重要工作抓紧抓好，创新扶贫方式，扎实开展各项对口帮扶工作。五是抓紧出台实施建立农村基层组织工作经费保障机制，确保基层稳定、有序运转。继续推进政法经费保障体制改革，提高基层政法部门经费保障水平。

（五）围绕城乡区域协调发展这一难点，进一步推进省以下财政体制改革

围绕广东省主体功能区规划和推进基本公共服务均等化的要求，开展新一轮省以下财政体制改革，促进各级政府财力与事权相匹配，引导地方政府摆脱传统路径依赖，促进区域协调发展。一是贯彻落实新的激励型财政机制，对非生态发展区，继续实施以经济发展为基本导向的激励型财政机制；对生态发展区，引入生态考核机制，实施以生态发展为基本导向的激励型财政机制，抓紧探索建立与生态发展区相配套的财政政策及考核办法。二是开展省直管县财政改革试点，将省财政管理工作进一步延伸到县（市），对承担生态功能为主的县（市）增强省的帮扶责任，逐步建立完全意义的省直管县财政体制，对其他县（市）在继续实行市管县体制的基础上，拓展省直管县的内容，实现省市共同帮扶。三是实施珠三角地区对欠发达地区的横向转移支付指导意见，按照先富帮后富、点对点对口帮扶支持的方式，珠三角地区对欠发达地区逐步建立区域间横向财政转移支付办法，帮助欠发达地区提高基本公共服务水平，逐步缩小区域间基本公共服务差距。四是逐步建立省保县（市）、市保镇（乡）、县（市）保村隔层保

障的基层财力保障机制，对财力困难县，采取省规范化转移、市积极支持的方式，建立县级基本财力保障制度，确保基层政府实施公共管理、提供基本公共服务及落实各项民生政策的基本财力需要；对财力困难镇，实行省专项补助、市统筹等办法予以保障的制度，确保镇级基本运转的财力需要；对贫困村，采取省市补助、县统筹的办法，建立运转经费保障制度，确保村级组织开展工作的基本财力需要。

（六）围绕深化改革这一关键，推动财政科学化精细化管理

按照财政部关于推进财政科学化精细化管理的部署，积极构建绩效优先、约束有力、规范透明的财政支出管理体系，强化财政管理职能，以改革增活力、提高管理效益。建立健全政府预算体系，深入推进国有资本经营预算、社保资金预算制度建设；加强预算编制管理，逐步推进预算编制细化到“项”，进一步加强部门预算编制改革与政府采购、资产管理、项目绩效评价等财政改革的衔接，提高预算编制完整性；规范专项资金的设立、执行、监督检查和调整撤销，提高年初预算资金到位率；加强预算执行管理，强化资金分配、拨付、监督问效等各项职能，深化部门预算、国库集中支付、政府采购、“收支两条线”管理、绩效评价、资产管理、财政监督等各项支出管理改革；深化省级财政竞争性分配机制改革，组织对各中标园区省产业转移竞争性扶持资金使用开展绩效督查，扩大改革试点范围；加快“金财工程”建设步伐，为财政改革提供有力的技术支撑。同时，加强财政规范管理各项基础工作，加大对积极财政政策资金使用监管力度，确保资金使用符合政策方向和规范有效；全面清理省级财政存量资金，加大财政统筹力度；切实防范财政金融风险，加强地方政府债务和融资平台管理，逐步推进将政府债务纳入财政预算管理、建立风险评价预警体系、对债务进行绩效评价等工作，加强中央专项再贷款、省级防范化解金融风险准备金及省级有偿资金的管理。

同志们，当前广东省推进科学发展的谋篇布局工作已经基本完成，在省委十届六次全会上汪洋书记明确指出，今年的工作要求就是一句话：要在抓落实上见分晓、比高低、论英雄。去年以来，全省各级财政部门在转变作风抓落实上取得了很大成效，制定实施了一系列财政制度、机制、办法，省委、省政府也已出台一整套关于科学发展的纲要、规划、办法，当前最紧迫的任务就是，围绕省委、省政府的各项决策部署，以更加扎实的工作作风、更加有效的工作机制抓好落实，将广东省推动科学发展的政策举措变成利国惠民的现实。2010年广东省财政各项工作的谋划和开展，首先要从抓落实入手，将作风建设作为干部队伍建设和党的建设的重要内容，围绕省委、省政府的中心工作抓好完善政策体系、健全体制机制的工作，已出台政策的要抓好督促检查，正在制订的政策要细化措施、健全考核指标体系等。总之，就是要以抓落实来实践科学理财思想，以抓落实来衡量领导班子工作业绩，以抓落实来促进作风转变、锻炼干部素质，形成改革突破、创新工作的强大执行力。省财政厅将继续实行厅党组成员重点工作抓落实制度，推行重要工作“限时办结制”，建立严格的抓落实机制，争取在抓落实上见到更大成效。

同志们，应对危机的挑战还在继续，财政改革发展任重道远。我们要按照党中央、国务院和省委、省政府的决策部署，继续解放思想、改革创新，紧扣中心、服务大局，团结奋斗、扎实工作，为促进经济社会又好又快发展，努力当好推动科学发展、促进社会和谐的排头兵而努力奋斗！

第三部分

广东省财政工作概况与专题

概　况

全省财政工作综述

2009年，全省各级财政部门以邓小平理论和“三个代表”重要思想为指导，以科学发展观统揽工作全局，认真贯彻落实省委、省政府的决策部署，坚持生财有道、聚财有方、用财有规和集中财力办大事的原则，实施积极的财政政策，狠抓增收节支，扩大公共投资，着力保障民生，深化财政改革，构建有利于科学发展的财政体制机制，为广东成功应对危机、加快科学发展提供了有力的支撑。2009年来源于广东财政收入完成9 053.05亿元，比2008年增长6.84%；全省一般预算收入完成3 649.81亿元，比2008年增长10.26%，连续19年居于全国各省市首位；省级一般预算收入完成727亿元，比2008年增长0.53%，在极其困难的条件下实现了全年收入有所增长、收支平衡的目标。

一、在增收节支、保重点支出上取得新突破

2009年，全省各级财政部门面对财政经济的严峻形势，狠抓增收节支，确保实现收入增长目标，集中财力保省委、省政府重点支出需要。深化预算执行分析，落实省财政厅领导分片抓收入和指导地方财政工作，加强税源监测分析，密切关注财源变化，及时采取收入征管措施；加大组织收入力度，落实财税联席会议制度，建立税务征收激励机制，提高税收征管效能，全力抓好重点市、重点收入组织工作；认真落实中央和省关于厉行节约的各项政策规定，包括“五个零增长”和“四个从严控制”政策，并对省级部门专项经费、历史延续的专项资金尚未执行部分按10%进行压减，为重点支出腾出财力空间；建立考核机制，对省直党政机关公用经费使用情况进行量化考核，指导地方做好压支工作。2009年，全省一般性行政经费得到较好控制，仅省级就压减了13.6亿元。

二、在应对危机、实施积极财政政策保增长上取得新突破

在2008年制定财政应对国际金融危机的“十大措施”的基础上，抓紧编制积极财政政策资金滚动预算计划，加强部门间协调，不断细化完善以财政扩投资、促消费、稳外贸等各项政策措施，刺激经济增长，促进广东经济较快企稳回暖。

扩大政府投资，支持重点项目建设。在争取中央代发地方政府债券的基础上，将财政手段与金融手段相结合，积极建立国有资本收益、交通、水利三大融资平台，2009年新增融资约550亿元，重点投入广东省城际轻轨、高速公路、国省道新改建和大修、部省合作铁路、港珠澳大桥、湛江钢铁、水利等重点项目建设。

开拓国内和农村市场，促进消费增长。抓紧落实“家电下乡”、“汽车摩托车下乡”、“家电以旧换新”、“汽车以旧换新”政策，引导农村消费和搞活流通、扩大消费。积极支持“广货北上”等促消费活动，开拓广货市场。支持举办广东国际旅游文化节，推动各市旅游公共基础设施建设，促进旅游扶贫。

稳定外贸发展，促进加工贸易转型升级。研究整合现有外贸扶持政策资金，加大对“两新”产品出口、稳定外贸出口、推动企业“走出去”、招商引资、出口退税“以奖代补”及口岸优化升级建设等的支持力度。2009年共安排29亿元支持扩大出口，用于出口退税、促进来料加工企业的转型升级等。

三、在科学发展、落实《规划纲要》和“三促进一保持”上取得新突破

以贯彻实施《珠江三角洲地区改革发展规划纲要》为契机，围绕“三促进一保持”，保增长与调结构相结合，充分发挥财政政策在支持和促进区域经济协调发展的重要作用，利用危机形成的“倒逼机制”加快推动科学发展。

加强政策引导，推进现代产业体系建设。安排有关专项资金，大力发展装备制造业，加快发展现代服务业和现代信息服务业，积极推进传统产业转型升级，支持公共技术服务平台建设，鼓励有条件的地级市加快引进高世代液晶面板生产线，形成广东新的经济增长点。

集中力量投入，促进产业转型升级。编制滚动预算，将2009～2012年省级装备制造业专项、中小企业发展专项等50亿元资金，按计划分批投入具有创新能力、创新产品，成长性好的行业和企业；将2009～2012年省级重点产业转移园区专项、珠三角产业转移奖励和重点产业发展专项等120亿元资金，用于推动产业转移和重点主导产业发展以及促进加工贸易转型升级、提升外贸产业水平等。安排产学研省部合作专项资金4亿元和“广东省中科院全面战略合作专项资金”1亿元，用于落实人才强省战略，实施领军人才引进计划、百名南粤杰出人才培养工程等，提升广东科技研发和产业化水平。

支持企业发展，提高自主创新能力。加大对中小企业

发展扶持力度，全年新增安排22亿元支持中小企业发展，包括投入10亿元成立广东省中小企业信用再担保有限公司，一次性安排10亿元支持中小企业政银企合作和对中小企业贷款给予贴息补助，2009年已拨付9.61亿元，带动中小企业贷款融资近400亿元，财政资金放大倍数达41倍。

四、在保障民生、推动基本公共服务均等化上取得新突破

坚持民生为重，在财政较为困难的条件下，挤出财力确保中央和广东一系列改善和保障民生政策落实。2009年省财政年度预算中安排用于改善民生和均衡区域公共服务水平的支出已达75.46%，比2008年提高了近2个百分点。特别是在全国率先制定实施《广东省基本公共服务均等化规划纲要（2009～2020年）》及其规划，对保民生、扩内需、促进区域协调发展具有重要意义和深远影响。

按照基本公共服务均等化的思路，省财政积极支持各项社会事业发展，缩小城乡、区域、不同人群间享受基本公共服务水平差距。

加大财政支农力度。在落实各项农民直补政策和推进政策性保险工作的基础上，扎实推进解决民生热点问题，推进解决华侨农场金融债务等历史遗留问题，继续安排10亿元支持农村饮水安全工程建设，安排1.67亿元落实贫困村“两委”干部补贴政策，安排3.89亿元推进农村扶贫开发，支持“规划到户、责任到人”扶贫开发工作。落实扩大内需政策，累计安排150余亿元推进现代标准农田建设、低效园地山坡地改造和重点水利工程建设；大力发展现代农业，支持特色水果产业、优质水稻、油茶、茶叶等现代农业生产产业带建设。

实施教育优先战略。安排2.77亿元落实农村义务教育家庭经济困难学生生活费补助政策；安排7.7亿元推进中小学教师工资福利待遇“两相当”工作；拨付3.87亿元落实农村义务教育阶段中小学校校舍维修改造长效机制；安排1亿元推进农村义务教育中小学“三室一场五有”工程建设；实施中小学校舍安全工程。加大职业教育投入。促进高等教育发展。

支持深化医药卫生体制改革。对经济欠发达地区基本公共卫生服务人均补助6.75元、共安排3.8亿元，并安排专项资金6 500万元实施农村改水改厕等6个重大公共卫生服务项目；安排25.47亿元将新农合筹资标准从2008年的100元提高到110元；安排2.6亿元建立完善城镇居民医疗保险制度；集中安排2亿元支持欠发达地区薄弱乡镇卫生院改造。

实施积极的就业政策。2009年继续安排专项资金5.5亿元，用于促进就业和人力资源市场建设；继续安排专项资金7亿元，对本省45周岁以下的农村中青年劳动力均提供一次免费职业技能培训，推动劳动力转移。支持实施“南粤春暖行动”和特别职业技能培训计划，稳定返粤农民工就业。大力发展技工教育，继续安排技工学校建设专项资金3亿元，安排高技能公共实训基地和技工学校实训中心建设专项资金1.4亿元。

支持完善社会保障体系。支持新型农村社会养老保险试点；扩大失业保险基金试点范围；参与建立养老保险基金预算管理制度，促进城镇职工基本养老保险省级统筹，建立健全养老金正常调整机制，改革完善企业职工养老保险基金计发办法，不断提高养老金水平。

支持建设文化大省。设立“广东省文化产业发展专项资金”，2009年安排2亿元重点支持做大做强一批文化产业园区、企业和品牌，培育一批竞争力强的文化产业集群。支持文化体制改革，改革经费投入方式。

支持生态文明建设。投入25亿元一揽子解决东西北地区污水处理设施建设资金不足的问题。安排3.8亿元支持林业生态建设；安排5亿元提高公益生态林补偿标准，从2008年的每年每亩10元提高到每年每亩12元。

加大交通和住房保障投入。督促各地级市认真做好廉租住房保障资金和相关财政政策的落实工作，安排2亿元支持东西两翼和粤北山区建设廉租住房。加大对农村公路建设投入力度，进一步完善农村公路路网。另外，积极支持政法经费保障体制改革，安排省级配套资金20.36亿元。

同时，按照《珠江三角洲地区改革发展规划纲要》的要求，加快《珠三角基本公共服务一体化规划》编制工作，按照“科学发展、先行先试”的总体要求，明确珠三角地区基本公共服务一体化的建设目标、实施措施，在珠三角地区形成有利于公共服务资源合理有效配置的体制环境，通过公共事务协作管理，实现互通互惠，为推动区域一体化发展提供保障。

五、在精细理财、深化财政改革上取得新突破

抓住危机形成的改革契机，深化财政支出管理改革，创新财政分配机制，完善公共财政体系。

在部门预算方面，加强部门预算与绩效评价、资产管理、政府采购及国库集中支付的有效衔接，充分利用人员数据、决算数据、工资发放数据、财务核算信息集中监管等基础信息，提高预算编制水平。

在国库集中支付改革方面，推进县级改革，完善改革配套措施，全面推进财政支出管理电子平台建设，继续扩大财务核算信息集中监管、公务卡结算改革试点范围，启动省级财政国库动态监控系统建设。

在政府采购方面，地方立法工作取得重大成果，进一步完善政府采购竞争机制和制约机制，推进电子化政府采购系统建设，制定实施《广东省自主创新产品政府采购的若干意见》及《广东省政府采购自主创新产品清单》，发挥政府采购政策功能。

在“收支两条线”管理方面，加强非税收入征收管理，加大非税收入征管力度，着重做好国有资产（资源）、公共资源收益及专项收入征管。

在绩效管理改革方面，以构建绩效优先、约束有力的公共财政管理体制为目标，在对省级财政支出项目实施绩效评价的基础上，创新预算绩效管理机制，积极推行竞争性分配的财政专项资金绩效管理改革，深化“事前绩效审

核、事中绩效督察、事后绩效评价和绩效问责”的财政支出全过程绩效管理，强化部门单位的绩效观念和责任意识，提高财政资金管理绩效。

在资产管理方面，推进资产管理与预算管理有机结合，扎实开展行政事业单位资产核实工作，推进行政事业资产管理制度建设和信息化建设。

在财政监督方面，着力构建财政监督工作宣传教育机制、省市县三级联动机制、协调协助机制及执法问责机制，开展“小金库”专项治理工作，规范收入分配秩序，促进财政、金融、国有资本运营制度改革。

在竞争性分配机制改革方面，2009年省财政已实施竞争性分配重点产业园区建设、农业、水利、劳动力扶持资金85亿元。特别是圆满完成了累计5批次、75亿元省产业转移扶持资金竞争性招投标活动，改革成效初步显现，对欠发达地区发展形成的“倒逼机制”，有效促进了欠发达地区科学发展思路的积极谋划和逐步完善，赢得了社会的广泛认同。截至2009年年底，13个市获得前5批省竞争性扶持资金75亿元，共带动地方政府和社会投入913.31亿元，带动投入的平均乘数达1∶12.2。

同时，围绕确保积极财政政策资金规范有效运转，加强财政监督和精细化管理，强化预算约束。在完善政府预算体系方面，推进国有资本预算编制工作，理顺和规范省级国有资本经营预算编制、执行、决算编制等各项管理工作。在地方政府性债务管理方面，认真做好地方债务统计工作，分析债务状况、发展趋势和存在问题，建立健全《广东省2009年地方政府债券预算管理办法》和《中央代发地方政府债券资金管理工作规程》等制度，提高债务管理水平。在政府购买服务方面，研究制定开展政府购买社会组织服务试点工作的指导性意见，明确政府购买社会组织服务可在社区卫生服务、社区养老服务、城市公交服务、咨询服务、职业培训、行业评比、决策论证以及成果评审等方面优先开展试点。在加强积极财政政策资金监管方面，构建全方位、多层次的制度规范体系，制定《实施促进经济平稳较快发展的积极财政政策资金管理办法》及省级三大融资平台资金管理和保障机制等规章制度，确保资金安全、高效运转。加强财政投资评审，2009年全省累计核减金额为257亿元，核减率达11%。

六、在转变作风、创新工作方式方法上取得新突破

按照省委的统一部署，全面开展“转变作风抓落实”主题实践活动，建立实行厅党组成员重点工作抓落实制度，完善落实领导分片指导财政工作及促进增收节支责任制，带动全厅形成真抓实干、敢抓敢管、勤政善政的工作风气，把“民事先办、特事新办、常事严办”的要求落到实处。切实将工作重心下移，在研究编制珠三角基本公共服务一体化规划，探索完善省以下财政体制，实施扶贫开发“规划到户、责任到人”，建立农村基层组织工作经费保障机制，建设农业综合开发示范工程等重点工作中，深入基层、农村和群众调查研究、理清思路、研究对策，做到问政于民、问需于民、问计于民，提高出台政策的科学性和可行性，努力使人民群众得到更多实惠。扎实开展党风廉政建设，以加强领导干部监督为重点，建立健全决策权、执行权、监督权既相互制约又相互协调的权力结构和运行机制，制定《广东省财政厅规范权力运行工作方案》，促进权力运行程序化和公开透明。

（办公室供稿，莫　仪执笔）

财政法制税政工作概述

2009年，省财政厅法规税政处在厅党组的正确领导下，在财政部条法司、税政司和关税司的具体指导下，以科学发展观为统领，结合广东财政中心工作，围绕年初确定的工作目标，加强财政法制建设和地方税政管理，圆满完成了全年的各项工作任务。

一、财政法制建设取得新进展

（一）积极参与有关立法工作，反映财政部门意见

省财政厅对上级转来征求意见的《国有资本经营预算条例》、《政府采购机构资格认定办法（修订草案）》、《中华人民共和国船舶吨税暂行条例》等70多件法律、法规、规章征求意见稿，及时组织厅有关处室、单位进行研究，结合财政工作实际提出立法意见，争取相关立法项目反映广东财政工作实际。

（二）加快地方财政立法，推进依法行政依法理财

1. 《广东省实施〈中华人民共和国政府采购法〉办法》已于2009年11月26日经省十一届人大常委会第十四次会议审议通过，这是广东财政工作近十年来首个通过的地方性法规项目，是广东财政立法工作的一个新突破；此外还按照年度工作计划开展了《广东省实施〈中华人民共和国耕地占用税条例〉办法》、《广东省政府非税收入管理条例》、《广东省实施〈中华人民共和国车船税暂行条例〉办法》、《广东省财政支出绩效评价管理办法》的相关立法工作。财政法规制度建设的加强，为进一步推进依法行政、依法理财打下了坚实的基础。

2. 研究提出省财政厅2010年立法计划，提请将《广东省政府非税收入管理条例》列入地方性法规新制定项目，将《广东省农村集体经济审计条例》列入地方性法规修订项目，将《广东省行政事业单位国有资产管理暂行办法》、《广东省财政支出绩效评价管理办法》列入政府规章新制定项目。

3. 加强省财政厅规范性文件的管理。对厅业务处室转来的如《广东省新型墙体材料专项基金征收使用管理实施办法》、《关于自然灾害生活救助资金管理暂行办法》、《关于贯彻〈检举纳税人税收违法行为奖励暂行办法〉若干问

题的通知》等规范性文件草拟稿，严格按规定从确保内容合法和技术规范的角度进行审核，并报省法制办审查；开展规范性文件清理，按照财政部的要求，清理并公布广东省废止和失效的增值税、消费税、营业税等规范性文件67件，联合省国税局、省地税局予以公布。

（三）狠抓执法监督，提高执法水平

1. 开展行政审批事项清理，提高机关服务效能。根据省政府的部署，省财政厅组织开展了第四轮行政审批事项清理工作，对原有49项行政审批项目进行了全面清理，按照有关清理原则最大限度地削减行政审批事项。经过清理，取消行政审批项目29项，合并3项，改为备案1项，保留16项，增设2项。清理后，省财政厅行政审批项目大幅减少，仅剩19项，压减幅度达到61%。为进一步规范厅行政审批行为，加强对行政审批的监督管理，省财政厅研究制定了《广东省财政厅行政审批工作规程》。行政审批行为的规范，极大提高了行政效能，促进了财政职能的转变。

2. 依法办理行政复议案件，妥善化解行政纠纷。随着法制宣传教育的普及和深入，社会公民和法人的法制观念和法律意识不断增强，省财政厅涉及行政复议案件日益增多。2009年，收到申请人不服地级市财政部门处理决定提起的行政复议案件10件，决定受理的10件，受理案件数量超过了前三年受理案件的总和。对受理的案件，严格按规定进行审理，并依法作出行政复议决定。其中：作出维持决定的8件，作出终止行政复议决定的2件。省财政厅作出的行政复议决定均未引起行政诉讼。发生行政管理相对人不服本厅行政行为向财政部、省政府提出行政复议案件2件，按规定及时提出了答复意见。在履行职责过程中，严格依法依规，遵循法定程序，行政执法质量和水平有了明显提高，化解行政纠纷工作上了新台阶。

3. 做好财政行政处罚文书审核工作。2009年，省财政厅审核会签行政处罚文书3件，涉及的财政违法行为的领域主要是注册会计师管理和政府采购监管。

4. 开展规范权力运行工作。按照省财政厅规范权力运行工作领导小组的统一部署，对本处各项权力事项进行了全面梳理，梳理出7项权力事项，认真查找关键与薄弱环节，完善权力监督管理流程，最终形成《广东省财政厅法规税政处工作规则》、《权力运行情况表》及《权力运行流程图》，基本实现了“摸清家底、明确责任、完善机制、规范运行、强化监督、预防腐败”的工作目标。

（四）注重方式方法，力求财政法制宣传教育取得实效

1. “五五”普法中期督导检查评比成绩突出。省财政厅被中宣部、司法部和全国普法办评为全国“五五”普法中期先进集体；被省委宣传部、省依法治省工作领导小组办公室、省司法厅和省普法办评为全省“五五”普法中期先进集体。

2. 组织开展全省财政系统公务员学法用法征文活动。2009年6~9月，按照《财政部关于组织开展全国财政系统公务员学法用法征文活动的通知》要求，省财政厅组织开展了全省财政系统公务员学法用法征文活动。活动得到了各级财政部门积极响应，踊跃报送文章，截至2009年9月底，共收到征文文章127篇。各级财政部门报送的征文，主题鲜明，内容丰富，通过议论文、记叙文以及心得体会等多种写作形式，从不同角度展现了财政干部在学法用法实践中的经历、感受、体会以及对今后工作的建议，也反映了近年来财政普法工作的成效。法规税政处组织评审专家对征文进行了认真遴选，向财政部报送了一批优秀文章参加评比。省财政厅选送的文章被财政部评为一等奖的1篇、优秀奖3篇。此外，还组织专家对收集的征文（已获财政部奖的除外）进行了评奖，评选出一等奖3篇，二等奖5篇，三等奖10篇，优秀奖28篇。法规税政处还将所有获奖文章汇编成册，编印《全省财政系统公务员学法用法征文集》，发送各市、县（市、区）财政部门，以增进广东财政系统干部间的相互学习和交流。

3. 开展财政行政复议典型案例征集工作。按照《财政部关于组织开展〈中华人民共和国行政复议法〉施行十周年纪念宣传活动的通知》要求，法规税政处在全省财政系统开展了财政行政复议典型案例征集工作，在各市财政部门的配合下，共收集行政复议案例13个。为发挥典型案例在财政行政复议案件审理中的参考和示范作用，法规税政处对其中的10个典型案例进行了修改和整理，拟编印成《财政行政复议典型案例选编》，印发各级财政部门学习和参考。

4. 组织全厅干部参加省直和中央驻穗单位公务员学法考试。按照省普法办等有关部门要求，法规税政处及时制订了厅学法考试工作方案，并做好了考试复习资料编印、考场布置等考前准备工作。除有特殊原因不能参考并向厅人事教育处请假的人员外，省财政厅共有219名公务员参加了学法闭卷考试，参考率近90%，根据省普法办批卷后反馈的情况，省财政厅考试成绩平均达96.17分。通过公务员学法考试进一步检验了厅干部学法用法的成效，在全厅掀起了学习法律知识的热潮。

5. 开展“12.4”全国法制宣传日暨法治广东宣传周活动。邀请清华大学公共管理学院博士生导师于安教授就政府采购制度及其改革方向作专题讲座。省直有关单位，各市财政部门法制、政府采购监管机构负责人、具体工作人员等300余人参加了讲座。讲座从政府采购的法律制度框架、现行采购制度与政策功能的关系、集中采购机构的法律定位、应急管理中的政府采购制度、加入政府采购协定的问题等方面进行了深刻的阐述。

（五）发挥法制机构的职能作用，积极化解经济纠纷案件

省财政厅因与中国信达资产管理公司广州办事处（以下简称“信达公司”）借款合同纠纷一案，不服广州市中级人民法院的判决，向省高院提出申诉并获立案再审。2009年10月27日，省高院发来“告知合议庭组织人员通知书”及“传票”。在接到通知后，法规税政处立即与案

件代理律师就我方应诉观点进行研究，并形成庭审答辩稿，为庭审做好应诉准备。11月2日，法规税政处派员参加了庭审，诉讼双方主要就省财政厅的担保行为是否成立以及案件是否超诉讼时效问题展开激烈辩论。庭审后，根据庭审当日辩论情况，及时进行研究，向省高院发送了《关于请求慎重处理广东省财政厅与信达公司合同纠纷再审案件的函》，对案件有关情况作进一步的说明。同时还积极与信达公司沟通协商，争取案件得到合理解决。2010年1月省高院作出判决：撤销广州市中级人民法院（2008）穗中法民二终字第621号民事判决，维持越秀区人民法院（2007）越法民二初字第1212号民事判决。省财政厅意见得到省高院支持。

（六）做好财政法制调研工作，为服务财政中心工作提供法律支持

一是开展聘请常年法律顾问调研。为使省财政厅财政管理工作高效运行并减少失误，做到科学决策、民主决策和依法决策，就聘请常年法律顾问问题开展了专题调研。先后向辽宁省、湖北省和天津市等兄弟省市和各市财政部门就法律顾问的选取、合同期限和费用、管理方式、服务范围以及效果等方面开展了调研，提出了省财政厅聘请法律顾问的意见签报厅领导。二是参与财政部政府非税收入管理立法研究课题，完成了政府非税收入管理国际经验与借鉴部分的撰写。

二、地方税政管理迈上新台阶

（一）贯彻落实国家税收政策，促进广东经济社会健康发展

1. 及时转发国家税收政策文件。省财政厅及时联合有关部门转发国家税收政策文件，2009年转发财政部、国家税务总局下发的各类税收政策文件80多件。在赋予的税收管理权限范围内，对部分文件结合广东实际情况加具了贯彻实施意见，有力推动了广东经济发展。

2. 做好再生资源增值税的先征后退复审工作。为贯彻落实国家有关再生资源增值税先征后退政策，及时会同财政部驻广东省财政监察专员办事处联合发出了《关于做好再生资源增值税先征后退工作的通知》和《关于明确再生资源增值税先征后退有关问题的通知》，对广东省再生资源增值税先征后退的具体操作规程作了明确规定。2009年，省财政厅对260多家企业的再生资源增值税先征后退申请进行了复审，审核增值税应退税金额2.6亿元。此项工作的开展，既保证了财政收入，又激励了企业综合利用再生资源。

3. 做好广东省公益性捐赠税前扣除资格审核工作。按照《财政部、国家税务总局、民政部关于公益性捐赠税前扣除有关问题的通知》的规定，省财政厅、省国税局、省地税局会同省民政厅对基金会、公益性社会团体的捐赠税前扣除资格联合进行审核确认。严格按照《转发财政部、国家税务总局、民政部关于公益性捐赠税前扣除有关问题的通知》的要求，2009年经省财政厅、省国税局、省地税局、省民政厅联合审核，公布广东省第一批具备捐赠税前扣除资格的公益性社会团体名单共81家。

4. 做好广东省下岗失业人员再就业有关税收政策落实工作。按照《财政部、国家税务总局关于延长下岗失业人员再就业有关税收政策的通知》的要求，经请示省政府同意，对本省企业依次扣减营业税、城市维护建设税、教育费附加和企业所得税的定额标准明确为每人每年4 800元。

5. 落实重大装备制造业进口税收优惠政策。《财政部、国家发展改革委、海关总署、国家税务总局关于落实国务院加快振兴装备制造业的若干意见有关税收政策的通知》至2009年6月30日停止执行。法规税政处认真对照有关规定指导广州广日专用汽车有限公司和广东明阳风电技术有限公司等企业完成有关关税和进口环节增值税的退税申请，并对企业退税申请进行初审后及时转报财政部，帮助企业争取政策扶持，促进企业发展。

6. 制定《广东省应用房地产评税技术核定交易环节计税价格工作方案》。为推进广东省房地产税收一体化管理，规范房地产交易环节计税价格核定办法，提高广东房地产税收征管水平，省财政厅会同省地方税务局研究制订了《广东省应用房地产评税技术核定交易环节计税价格工作方案》，对试点范围、机构设置和分工、工作步骤和工作要求等进行了明确。

7. 组织全省财税部门开展越权减免税的检查和清理。按照财政部的要求，省财政厅组织本省各级财税部门通过采取查阅各类工作台账、征管资料和文书、调取征管软件数据、询问相关工作人员等多种检查方法，对税收优惠减免工作的关键环节、关键岗位开展税收执法检查和执法监察，强化对税收执法行为的约束，进一步规范执法行为。从全省各地的自查结果看，各级财税部门没有在税法明确授予的管理权限之外，擅自更改、调整、变通国家税法和税收政策，并严格按照"依法征税，应收尽收，坚决不收过头税，坚决防止和制止越权减免税"的组织收入原则，认真做好税收征收管理工作。

（二）参与国家税制改革，服务科学决策

1. 贯彻落实新修订的《耕地占用税暂行条例》及其实施细则，做好耕地占用税税额调整工作。根据省政府的批示，联合省地方税务局对全省各县（市）、区的耕地占用税适用税额进行批复。

2. 贯彻落实新的《营业税暂行条例》及其实施细则，做好营业税税率调整工作。按照《中华人民共和国营业税暂行条例》及《中华人民共和国营业税暂行条例实施细则》关于娱乐业适用税率的有关规定，联合省地方税务局进行调研，拟订了歌厅、舞厅、高尔夫球等税率方案报省政府批复后执行。

3. 贯彻落实《城镇土地使用税暂行条例》及其实施细则，做好城镇土地使用税税额调整。严格按照《广东省城镇土地使用税实施细则（2009年修订）》的规定和广东省的权限，报经省政府同意，联合省地方税务局审核并批复全省各市调整工业用地城镇土地使用税年税额标准。

（三）开展税政调研工作，提高税政管理科学化、精细化

1. 开展2009年度全省企业所得税税源调查。广东省完成调查企业4 900家，比财政部布置的调查任务3 200家增加了53%，调查户数位居全国前列。企业所得税税源数据的收集，为国家企业所得税税制改革和税收政策调整以及广东省开展财源建设提供有力的数据支持和决策依据。

2. 开展2009年度重点产品国际竞争力调查工作。2009年广东省共对461家企业进行了重点产品国际竞争力调查，调查户数比2008年略有增加。461家企业中，审核通过的有440家，强制通过的有21家，较好地完成了财政部布置的重点产品国际竞争力调查工作，获得财政部通报表扬。

3. 开展税政专题调研。省财政厅先后就地方财政收入情况分析、城建税和教育费附加有关情况、对新企业所得税法及配套政策实施情况、劳务派遣用工方式对广东省个人所得税税源影响趋势有关情况、实施企业所得税法及实施条例有关情况、生产汽车摩托车企业生产经营及税费负担情况等专题开展调研，形成调研报告报送省委、省政府和财政部。省财政厅报送的调研报告得到了有关部门和省领导的认可和好评。

4. 对玩具行业开展重点产品国际竞争力分析调研。省财政厅借助高校的专业知识和数据支持，对全国和广东玩具行业发展情况、优势比较和存在问题等进行了分析研究，提出相关政策建议，形成了《广东省玩具行业国际竞争力分析报告》上报财政部，为国家和广东省制定相关产业政策提供了依据。

5. 开展2010年关税调整方案意见征集工作。省财政厅通过各市财政部门、外经贸部门以及行业协会，广泛听取了企业对现行关税税收政策的意见，收集了税目税率调整建议，并对收集的建议按照国家有关产业政策规定进行了认真的审核和筛选，向财政部提出增列税目建议8条、调整进（出）口暂定税率建议32条。

（法规税政处供稿，张文蔚执笔）

财政预算编制工作与财政体制概述

一、2009年全省财政预算编制工作

（一）2009年全省财政收支预算编制的指导思想

2009年广东省财政收支预算安排的指导思想是：以邓小平理论和“三个代表”重要思想为指导，以科学发展观统揽全局，全面贯彻党的十七大、十七届三中全会、省第十次党代会以及省委十届三次、四次全会精神，深入落实省委、省政府工作部署，以促进提高自主创新能力、促进传统产业转型升级、促进建设现代产业体系、保持经济平稳较快增长作为省级预算安排的中心目标和首要任务，继续解放思想，坚持改革创新，消除体制障碍，实施灵活积极的财政政策，以财政手段促进经济发展，推动社会和谐进步。继续调整和优化财政支出结构，严格控制一般性支出，坚持集中财力办大事，切实保障重点支出需要。支持经济产业结构优化，推动产业和劳动力“双转移”，积极培育现代产业体系。统筹城乡经济社会发展，不断扩大公共财政覆盖面，切实改善和保障民生，逐步实现基本公共服务均等化。多渠道筹集资金，支援地震灾区灾后重建。不断深化财政管理体制改革，树立绩效观念，实施财政资金竞争性分配，提高财政资金使用效益。完善财政体制，理顺分配关系，推动区域协调发展，促进经济社会平稳较快发展。

（二）2009年全省财政收支预算编制的基本原则

1. 合理把握财政收入规模。收入预算实事求是、积极稳妥，充分考虑各种税收政策调整因素，保持适当的增长速度，与2009年国内生产总值等经济预期发展情况相适应。依法加强税收征管，确保应征尽收，不收过头税。强化非税收入收缴管理，确保非税收入足额纳入财政预算管理。

2. 量入为出，确保收支平衡。严格按照《预算法》规定，坚持量入为出，量财办事，统筹兼顾，保障重点，合理安排，确保财政收支平衡，不打赤字预算。

3. 厉行节约，严控一般性支出增长。根据省委十届四次全会有关节约行政经费精神，严格控制一般性支出，实现“四个减半”（即议事机构减半，会议数量减半，文件数量减半，各类评比表彰减半）、“五个零增长”［即公务购车和用车经费零增长，会议经费零增长，公务接待费用零增长，党政机关出国（境）经费零增长，公务接待费用零增长］、“四个节约”（即节约用电、节约用水、节约用纸、节约燃油）和“四个从严控制”（即从严控制重要展览、晚会、庆典和专题活动的规模和数量，停办一般性展览、晚会、庆典和专题活动）。

4. 促进经济平稳较快发展。积极发挥财政职能作用，不断增强财政宏观调控的预见性、针对性、有效性。实行灵活积极的财政政策，促进提高企业自主创新能力，促进传统产业转型升级，推动现代产业体系建设，保持经济平稳较快增长。

5. 进一步加强和改善民生。以基本公共服务均等化为导向，着力改善基本公共服务，确保教育、卫生、社保等重点支出，增加节能减排、环境治理和公共基础设施投入，着力解决涉及人民群众切身利益的问题。

6. 继续加大“三农”投入。健全“三农”投入保障制度，加强农业基础设施建设，加快农业科技创新，推进农业结构战略性调整，增加农村教育、文化、医疗卫生等投入，扩大公共财政覆盖农村范围。

7. 支持灾后恢复重建。按照《汶川地震灾后恢复重建总体规划》要求，对口支援省（市）按不低于本省（市）

2008年地方财政一般预算收入1%的实物工作量，落实好对口支援资金。统筹使用好各项恢复重建资金，发挥资金效益，防止损失浪费。

8. 提高预算编制完整性。严格按照2009年政府收支分类科目和财政部《关于编制2009年地方财政预算的通知》和省财政厅转发财政部《关于进一步提高地方预算编报完整性的通知》的编制口径要求，全口径编列2009年地方财政预算，将上级对本地区（包括本级和下级）的各项补助收入（包括返还性收入、财力性转移支付收入以及专项转移支付收入）全额列入本级预算，同时在本级预算中反映对下级的各项补助支出，确保预算编报的完整性。

（三）2009年全省财政收支预算安排

根据2009年财政收支预算编制的指导思想和有关财政收支政策，以及广东省国民经济增长指标2009年全省一般预算收入安排3 509亿元，比2008年增长6%。主要项目安排情况如下：

（1）增值税25%部分554亿元，比2008年快报数增长0.19%。

（2）营业税1 066亿元，比2008年快报数增长11.59%。

（3）企业所得税584亿元，比2008年快报数增长9.04%。

（4）个人所得税246亿元，与2008年快报数增长4.07%。

（5）耕地占用税12亿元，比2008年快报数增长4.91%。

（6）契税143亿元，比2008年快报数增长7.90%。

（7）国有资源（资产）有偿使用收入43亿元，比2008年快报数增长8.65%。

（8）行政事业性收费收入122亿元，比2008年快报数下降18.37%。

（9）罚没收入90亿元，比2008年快报数增长11.36%。

2009年全省一般预算收入安排3 509亿元，加上中央税收返还和各项补助款，减除各项上缴中央款项后，按照《预算法》、《预算法实施条例》的规定和“量入为出，收支平衡”的原则，充分考虑各项支出政策，2009年全省一般预算支出预算相应安排4 120亿元。主要支出项目的安排情况是：

（1）教育753亿元，比2008年快报数增长11.01%。

（2）科学技术131亿元，比2008年快报数增长7.28%。

（3）文化体育与传媒72亿元，比2008年快报数增长8.10%。

（4）社会保障和就业397亿元，比2008年快报数增长10.27%。

（5）医疗卫生218亿元，比2008年快报数增长10.26%。

（6）环境保护49亿元，比2008年快报数增长7.20%。

（7）城乡社区事务293亿元，比2008年快报数增长7.60%。

（8）农林水事务208亿元，比2008年快报数增长10.39%。

二、2009年省本级财政预算编制工作

（一）2009年省级预算安排基本原则和政策

根据2009年中央财政政策取向及省委、省政府确定的经济社会发展战略目标，编制2009年省级预算安排的原则和重点是：

1. 量入为出，收支平衡，统筹兼顾，合理安排收支预算，确保实现收支平衡，略有结余。

2. 积极稳妥，应征尽收，继续按照省级财政收入增幅略高于全省国内生产总值增幅，同时考虑国家减收政策安排，保持财政收入稳定增长。

3. 有保有压，突出重点，大力压缩一般性财政支出，坚持集中财力办大事。

4. 发挥职能，促进发展，集中力量实施积极的财政政策，促进全省经济平稳较快发展。

5. 改善民生，促进和谐，以基本公共服务均等化为导向，着力改善基本公共服务。

6. 统筹城乡，服务“三农”，继续加大对“三农”的投入力度，不断扩大公共财政覆盖农村范围。

7. 保障应急，支持重建，积极构建多层次、全方位的公共安全应急保障体系。

8. 完善体制，协调发展，逐步构建激励引导、层级优化、保障有力、先富帮后富的财政体制。

9. 深化改革，科学理财，坚持改革创新，深化公共财政改革，不断提高财政管理的科学化、精细化水平。

（二）2009年省本级财政收支预算安排

2009年，省级财政总收入安排1 473.06亿元。其中：省本级一般预算收入757亿元；各市上解收入136.78亿元；上级补助收入577.19亿元；2008年结余2.09亿元。

根据2009年收入预算安排情况，2009年省级财政总支出安排1 472.5亿元，收支相抵，净结余0.56亿元。

1. 2009年省本级财政支出结构。2009年省级财政支出预算安排全面贯彻集中财力办大事、保障重点支出需要的原则，围绕促进发展、改善民生的要求，不断增强财政财力保障，进一步调整和优化支出结构，有效推动经济发展、促进社会和谐稳定。在2009年省级财政总支出1 472.50亿元中，用于促进经济发展和产业结构调整的支出为80.14亿元，占5.44%；均衡区域公共服务水平、帮助市县增强发展后劲的支出为611.31亿元，占41.52%；用于改善民生、提供公共服务的支出为499.74亿元，占33.94%；用于建立应急预警机制、防范风险的支出为61.32亿元，占4.15%；用于维持省级政权运转的支出为136.16亿元，占9.25%；上解中央的支出为80.93亿元，占5.50%；调出资金2.9亿元，占0.2%。省级财政支出

结构体现了保公共、保民生、保扶持发展、保均衡的政策要求。

2. 2009年省本级财政重点支出保障情况。2009年省级支出安排重点突出，法律法规要求保障的重点支出投入均增长15%以上，其中，医疗、环保等投入增长25%以上。重点支出保障及主要项目安排情况如下：

（1）贯彻落实中央扩大内需政策，促进经济平稳较快发展。坚持毫不动摇地抓发展第一要务，贯彻中央扩大内需政策措施，实施积极的财政政策，有效利用财政手段促进产业转移、经济结构升级，促进经济平稳较快发展。

一是有效推动产业转移，加快形成区域经济新增长极。积极推动由按行政区域配置资源向按经济区域配置资源转变，有效推动产业转移，加快培育新的经济增长极，走出一条有广东特色的统筹区域城乡发展新路子。支持东西北地区建设示范性产业转移园，安排重点产业转移园区专项资金15亿元，以竞争方式择优扶持欠发达地区3个示范性产业转移园区建设；支持欠发达地区加快完善基础设施建设，安排欠发达地区产业转移园区发展专项转移支付资金15亿元，对14个经济欠发达地级市和江门市每年补助1亿元，用于产业转移园区建设贷款贴息及基础设施建设；鼓励珠三角加快低端产业转移，腾出发展空间吸引承接高端产业和人才，安排产业转移奖励资金5亿元。

二是积极促进经济结构调整优化，加快建设广东现代产业体系。包括：促进重点产业发展，加大对重点战略产业开发支持力度，安排重点产业发展专项资金10亿元，重大产业开发引导专项资金1亿元，重点支持关系产业全局的关键领域、战略性新兴产业的领头项目以及欠发达地区产业发展；加快现代服务业和先进制造业“双轮驱动”，提升产业竞争力，安排现代信息服务业发展专项资金2亿元、现代服务业发展引导专项资金1亿元、结构调整重点挖潜改造专项2亿元、装备制造业专项资金1.5亿元、发展现代流通业引导专项资金0.3亿元、开拓广货市场专项资金0.3亿元；建设金融强省，加快建设区域金融中心，安排重点金融产业发展专项资金0.5亿元。

三是大力推进自主创新，不断增强核心竞争力。以推进结构调整和自主创新为突破口，增强发展协调性和可持续性，提高自主创新能力，安排自主创新专项0.85亿元、省级企业技术中心专项资金0.5亿元、科技型中小企业技术创新专项0.5亿元等。探索促进产学研结合的新路子，安排广东产学研省部合作专项资金4亿元，用于加强省部产学研创新联盟建设、组织实施省部产学研合作重大科技专项等；贯彻人才强省战略，推进人才工程建设，引进培养高层次人才，安排2.68亿元实施引进创新、科研团队和领军人才计划、培养及奖励高层次人才；积极发挥科学技术对促进产业结构优化升级的支持力度，安排产业共性技术研究专项资金1亿元、节能减排与可再生能源专项资金1亿元、技术研究与开发资金0.73亿元、高科技发展专项资金0.5亿元、关键领域重点突破项目资金0.19亿元等；加大科学普及力度，安排广东科学中心运行经费0.7亿元；加大对基础研究支持力度，安排广东省实验室体系建设专项资金0.5亿元、省自然科学基金0.4亿元；进一步落实省委、省政府关于把广东建设成为全国生物医药强省和中医药强省的战略部署，提高医药自主创新能力，安排创新药物筛选和评价专项资金1亿元。按可比口径计算，2009年安排科学技术支出23.36亿元，比2008年增长15.91%。

四是加大扶持力度，促进中小企业平稳健康发展。帮助中小企业克服当前困难，通过调整支出结构和扶持方式集中加大扶持力度，一次性安排10亿元中小企业专项资金，重点扶持中小企业技术改造和技术创新贷款贴息或补助，奖励为中小企业贷款担保成绩显著的担保机构，支持中小企业公共服务平台建设；支持中小企业加快发展，安排中小企业发展专项资金1.8亿元；积极构建“展示、交易、交流、合作”平台，推动全省中小企业与世界其他国家（地区）中小企业的交流与合作，安排中小企业博览会经费0.5亿元；支持民贸企业发展，安排民贸企业贷款贴息0.2亿元。

五是积极推进经济国际化，加快完善内外联动、互利共赢、安全高效的开放型经济体系。包括：推动对外经济贸易从数量规模型向质量效益型转变，安排科技兴贸资金0.5亿元、出口品牌发展资金0.3亿元、外向型民营企业发展资金0.25亿元、出口信用险专项资金0.15亿元、出口企业开拓国际市场专项资金0.1亿元；加快实施“走出去”战略，提高对外开放质量和水平，安排“走出去”专项资金0.3亿元、吸引外资奖励资金0.3亿元、海外招商引资专项经费0.33亿元。

六是支持生态文明建设，构建资源节约型、环境友好型社会，打造宜居广东。包括：把节能减排作为促进科学发展的重要抓手，营造优质洁净的人居环境，安排节能减排专项资金2.5亿元；坚决遏制高耗能、高排放行业过快增长，加快淘汰落后生产能力，安排淘汰落后钢铁产能补助0.1亿元；加强生态保护和环境治理，建设人与自然和谐的生态环境，安排污水处理厂建设专项补助3亿元、省环境保护专项资金0.65亿元、环保能力建设经费0.5亿元、省珠江水质保护专项资金0.4亿元、省治污保洁专项资金0.4亿元、环保专项资金0.3亿元、东深水质保护经费0.23亿元、东江上中游水质保护经费0.18亿元、环保普查经费0.12亿元。

（2）稳步推进基本公共服务均等化，提高民生保障水平。

一是坚持优先发展教育，打造人力资源强省。包括：落实国家义务教育政策，建立义务教育经费保障机制，安排城乡义务教育转移支付28.42亿元，用于免除全省城乡免费义务教育阶段学杂费和课本费，建立农村中小学校舍维修改造长效机制；安排农村义务教育中小学“三室一场五有”工程资金1亿元。积极稳妥解决中小学教师待遇问题，推动县域内教师平均工资水平与当地公务员平均工资水平大体相当、县域内农村教师平均工资水平与城镇教师平均工资水平大体相当，安排资金7.7亿元；安排农村困难家庭义务教育寄宿学生生活费补助2.83亿元。改善义务教育师资条件，实施高校毕业生到农村从教上岗退费政策，安排1.2亿元支持高校毕业生到农村任教，缓解农村师资紧缺状况。实施普及高中阶段教育工程，安排高中阶段教育学校建设资金13亿元，实现到2011年全省普及高中阶段教育的目标。加快发展壮大职业教育和技工教育，安排技工学校建设补助3亿元，安排“智力扶贫”补助资金2.2亿元，为3.6万名在校贫困学生提供3 500元/人的学杂费资助，实现“培训一人、就业一人、脱贫一户”的扶贫目标；安排中等职业教育经费1亿元，职业技能公共实训基地建设资金1亿元，职业技术学院经费1亿元。实施高等教育发展水平提升工程，优化高等学校结构与布局，进一步提高高等教育质量和办学水平，安排28所高校生均定额经费41亿元，保障高校扩招经费需要；安排高校省级财政贴息贷款清偿资金10.9亿元、省属高校基本建设资金1亿元，支持高校改善办学条件；建立家庭经济困难学生国家励志奖学金和国家助学金制度，安排补助资金7.78亿元，解决贫困学生接受高等教育期间的生活困难问题；安排助学贷款贴息资金1亿元、“十一五”期间“211工程”二期建设资金2亿元、高校引进人才专项资金0.3亿元、民办教育发展专项资金0.3亿元等，支持高等教育做优做强。按可比口径计算，2009年教育投入比2008年增长16.02%。

二是构建覆盖城乡的公共卫生服务体系，提高群众的医疗保障水平。包括：加大力度完善新型农村合作医疗制度，在实现新型农村合作医疗百分之百覆盖全省农村的基础上，提高农村合作医疗筹资标准，安排省补助资金24.62亿元，将省财政对东西两翼和粤北山区等地区人均补助标准提高到61元，提高新型农村合作医疗报销封顶线水平，安排城镇居民基本医疗保险省级补助6.5亿元，建立以大病统筹为主的基本医疗制度，解决城乡居民看病贵问题。保障农村公共卫生医疗体系建设，安排乡镇卫生院经费保障体制补助6亿元，经济欠发达地区行政村驻村医务人员补贴1.66亿元，农村卫生专项资金1.5亿元，健全农村基层卫生医疗体制，改善医疗条件，解决农民看病难问题。完善基层医疗服务体系，安排经济欠发达地区社区卫生专项转移支付资金0.77亿元，精神病防治机构建设资金0.15亿元，支持医疗服务水平提高；支持省部共建大型综合性医院，安排中山大学附属医院补助0.45亿元、暨南大学华侨医院补助0.08亿元。扶持中医药强省发展战略，安排中医药服务能力建设项目0.3亿元，提高中医中药研发能力，支持名医名科建设。提高医疗保障水平，安排医疗救助金0.3亿元，建立省直单位医疗经费保障长效机制，安排经费5.34亿元、市县企业离休干部医疗补助0.45亿元。按可比口径计算，2009年安排医疗卫生支出68.52亿元，比2008年增长28.35%。

三是加快建设覆盖城乡惠及全民的社会保障体系，完善财政扶持政策体系。支持建立广覆盖、保基本、多层次、可持续的社会保险体系，加快实现全民医保，安排欠发达地区企业退休人员参加基本医疗保险资金补助1亿元、欠发达地区及华侨农场企业退休人员参加基本医疗保险资金补助0.75亿元，实现基本医疗保障覆盖全民目标；完善城镇职工基本养老保险制度，实现人人享有养老保障，安排财政对社保养老基金补助1.3亿元、个人账户做实储备金补助1亿元、省农垦企业养老基金统筹缺口补助1.11亿元；健全以低保和救灾救济为主体的社会救助体系，根据经济社会发展水平调整低保标准，提高对低收入群体的保障水平，安排城乡最低生活保障补助8亿元；健全以优抚和退役士兵安置为重点的优抚安置体系，安排提高重点优抚对象标准和解决军队退役人员生活待遇补助等3.3亿元、欠发达地区城乡退役士兵就业技能培训经费3.2亿元、欠发达地区军转干部生活费补助0.42亿元；健全以服务老年人、残疾人、孤儿为主的社会福利服务体系，安排省工伤康复工程经费0.4亿元、残疾人康复经费0.2亿元、敬老院建设补助0.24亿元等；落实对离退休干部的待遇政策，安排提高省直企事业单位离退休人员待遇补助2.11亿元、省属企业离休干部增发生活补贴0.96亿元、省属改制或退出市场企业离休干部医疗统筹金及管理机构经费0.1亿元等。按可比口径计算，2009年安排社会保障和就业支出66.51亿元，比2008年增长22.50%。

四是建立完善覆盖城乡的基本公共就业服务体系。加强促进转移就业的公共服务，加大农村劳动力转移的职业技能培训力度，促进农业人口合理有序转移，安排扶持欠发达地区农村劳动力培训转移就业专项资金7亿元；坚持劳动者自主择业、市场调节就业、政府促进就业的方针，实施积极的就业政策，安排促进就业专项资金4.3亿元，用于职业介绍、职业培训、公益性岗位、职业技能鉴定、特定就业政策和社会保险等的补贴，小额贷款担保基金和微利项目的小额担保贷款贴息，以及开展公共就业服务等；加快培育统一开放、竞争有序的人力资源市场，改善劳动力市场的基础设施和外部条件，安排劳动力市场建设资金1.23亿元。

五是加快文化事业和文化产业发展，提高公共文化服务水平。包括：发展公共文化事业，大力推进公益性文化事业发展，安排宣传文化发展专项资金1.12亿元、中山图书馆改扩建资金0.2亿元。大力发展文化产业，培育重点文化项目和骨干企业，推动文化产业成为支柱产业，安排文化产业发展专项资金1亿元；实施文化精品战略，打造具有核心竞争力的文化产品和文化品牌，安排广州交响乐团专项经费0.1亿元。支持文物保护，安排省博物馆新馆运行经费0.2亿元、第三次全国文物普查专项经费0.1亿元；保护岭南物质和非物质文化遗产，打造有特色的现代岭南文化，安排非物质文化遗产保护专项经费0.1亿元。发展农村广播事业，安排自然村“村村通”广播电视设备经费0.2亿元。加强体育事业建设，安排亚运会省级体育场馆建设和维修资金1.59亿元，备战第十一届全运会经费0.3亿元等。

六是构建住房保障体系，逐步解决和改善中低收入群体的住房问题。推进农村危房改造试点工作，引导市县开展贫困户危房改造工作，安排农村危房改造及农房保险补助资金1亿元，提高农民住房保障水平；安排廉租住房专项补助资金2亿元，支持东西两翼和粤北山区建设廉租住房，力争用三年左右的时间全面解决2007年统计在册的符合廉租住房保障条件的城镇低收入家庭住房困难问题。

七是加大转移支付力度，实现区域间基本公共服务供给适度均等。促进区域协调发展，继续调整完善省以下财政体制，逐步构建激励引导、层级优化、保障有力、先富帮后富的财政体制，共安排对市县的各项财力性及专项性转移支付补助656.88亿元，包括：安排一般性转移支付及调资补助166.05亿元，增强市县基本公共服务保障能力；安排税收返还支出280.07亿元，实现财政体制平稳运行；安排农村税费改革补助支出26.88亿元，缓解县乡财政困难财力补助9.19亿元，帮助基层维持正常运转；安排市县专项补助支出105.27亿元等，推动地方经济社会协调发展。

（3）着力支持农村改革发展，扩大公共财政覆盖农村范围。支持社会主义新农村建设，安排新农村建设专项资金2.2亿元，支持农业科技推广、农村沼气、农产品质量安全检测、村庄规划、农民专业合作组织建设等各项农业生产事业发展。确保国家粮食安全，安排粮食风险基金2.6亿元，加快构建供给稳定、储备充足、调控有力、运转高效的粮食安全保障体系。推进农业结构战略性调整，构建现代农业产业体系，安排现代农业生产发展主导产业带项目资金0.3亿元、农业综合开发资金3.6亿元、现代农业园区建设专项资金0.2亿元、扶持农业机械化发展议案资金0.98亿元。推进农村扶贫开发，切实提高农民收入，安排“大禹杯”专项资金0.5亿元，积极开展山水田林路综合治理，着力改善贫困村农业生产条件和群众生活条件；安排水库移民各项补助2.08亿元，提高农民、移民生产生活水平；安排1.24亿元，将能繁母猪饲养补贴标准从50元/头提高到100元/头，提高农村饲养户收入水平。发展农村保险事业，健全政策性农业保险制度，安排政策性农（渔）业保险补贴0.4亿元；安排资金补助0.72亿元，将省财政负担能繁母猪保险从30元/头提高到35元/头，提高农业安全保障水平。加快发展海洋经济和建设现代渔业，安排标准化渔港建设工程项目资金1.01亿元、海洋渔业科技与产业发展专项资金0.5亿元、人工鱼礁建设议案资金0.5亿元、渔民转产转业议案（第二阶段）资金0.62亿元。加大林业生态保护力度，安排补助资金6.2亿元，将生态公益林省级补助标准从150元/公顷提高到180元/公顷，安排沿海防护林与红树林建设专项资金0.4亿元、林分改造专项资金0.5亿元、营造生物防火林带建设资金0.23亿元、自然保护区湿地保护工程建设资金0.2亿元等。支持农村水利基础设施建设，安排城乡水利防灾减灾工程及重点水利建设项目补助资金23.6亿元，建设全省城乡水利防灾减灾292宗工程、大中小型病险水库除险加固等重点水利工程；落实中央和省对水库移民的补助政策，安排各项水库移民补助资金2.35亿元。切实保障农村基层政权运转，安排农村党员干部远程现代化教育补助0.15亿元、农村信息化建设项目0.3亿元、贫困村“两委”干部补助资金1.67亿元。按可比口径计算，2009年安排农林水支出70.59亿元，比2008年增长17.11%。

（4）强化政府公共服务职能，提高社会管理水平。包括：保障政权机关正常运转，安排省级党政机关、公检法部门运转及建设经费136.22亿元，为更好地提供公共管理和公共服务创造条件。完善公共安全应急体系，提高政府应急处置能力，安排防范化解金融风险准备金19亿元、预备费7亿元、自然灾害生活救助0.4亿元、特大“三防”经费0.2亿元、动物重大疫病防控经费1亿元、农业救灾复产专项资金0.4亿元、林业防灾减灾专项资金0.2亿元、应急专项资金0.2亿元、安全生产专项资金0.8亿元、地质灾害防治专项资金0.5亿元等。

三、财政体制

激励型财政机制自2004年实施以后，广东区域间财力差距不断缩小，欠发达地区公共服务保障能力明显增强。为进一步促进县域经济财政加快发展，经省政府批准，2008～2009年继续实施激励型财政机制，并根据2004～2007年实施情况，对激励型财政机制进行了适当调整：一是调整权重，将激励型财政机制上划中央“两税”收入、上划省“四税”收入和一般预算收入权重从25%∶60%∶15%调整为30%∶55%∶15%。二是降低“门槛”，通过提高转移支付基础增长率0.5个百分点，将激励型财政机制的“门槛”从18%降为16%，基础增长率从4%和6%提高到4.5%和6.5%。三是调增基数，对人均财力偏低且一般性转移支付基数低于2 000万元的县（市、区），将2007年一般性转移支付基数调增到2 000万元。

（一）2009年执行情况

2009年全省有21个县（市、区）收入综合增长率超过16%，占享受一般性转移支付县（市、区）数的31.34%。16个扶贫开发重点县中有5个收入综合增长率超过16%。市县上划省“四税”全省平均增长率为9.29%，粤东、粤西和粤北地区平均增长率为14.66%。有44个县（市、区）超过全省平均增长率，占该地区县（市、区）数的66.67%。2009年，全省共有21个县（市、区）一般性转移支付补助超过未实行激励型财政机制时的数额，有44个县（市、区）获得上划省“四税”超全省平均水平返还奖励及县级领导班子奖励，其中29个县（市、区）领导班子奖励超过100万元。

（二）激励型财政机制的成效

广东省激励型财政机制实施以来，县域一般预算收入大幅增加，超亿元的县个数大幅增加，县域财力明显增强。

一是六年（指2004～2009年，下同）间县均增加一般预算收入3.1亿元。2004年全省67个县（市）一般预算收入比2003年增加6.7亿元，县均增加1 000万元；2005年比2004年增加27.3亿元，县均增加4 000万元；2006年比2005年增加30.4亿元，县均增加4 500万元；2007年比2006年增加42.9亿元，县均增加6 400万元；2008年比2007年增加50.3亿元，县均增加7 500万元；2009年比

2008年增加51.2亿元，县均增加7 600万元。2003年县均一般预算收入为1.3亿元，2004年为1.4亿元，2005年为1.8亿元，2006年为2.25亿元，2007年为2.89亿元，2008年为3.64亿元，2009年为4.4亿元。

2003～2009年，67个县（市）一般预算收入年均增长22.8%（按自然口径），比1997～2001年年均增长率（11.4%）高11.4个百分点，超出2003～2009年全省一般预算收入年均增长率（18.5%）4.3个百分点。

2003～2009年，67个县（市）一般预算收入占全省的比重分别为6.55%、6.54%、6.65%、6.91%、6.94%、7.36%和8.08%，六年提高了1.53个百分点。

二是六年间一般预算收入超亿元县增加35个。2003年全省有30个县（市）一般预算收入超过1亿元，2004年有34个，2005年有48个，2006年有54个，2007年有59个，2008年有63个，2009年上升到65个。

三是六年间县均财力新增3.72亿元。2004年62个享受省财政转移支付补助县（市）比2003年增加财力20.2亿元，县均增加3 200万元；2005年比2004年增加财力22.3亿元，县均增加3 600万元；2006年比2005年增加43.0亿元，县均增加6 900万元；2007年比2006年增加52.4亿元，县均增加8 400万元；2008年比2007年增加45.5亿元，县均增加7 300万元；2009年比2008年增加47亿元，县均增加7 600万元。六年总计新增230.4亿元，县均增加3.72亿元。

四是六年间粤东、粤西和粤北地区一般预算收入占全省市县级收入的比重提高2.87个百分点。2004年粤东、粤西和粤北地区一般预算收入占全省市县级收入的比重比2003年提高了0.2个百分点，2005年比2004年提高了0.2个百分点，2006年比2005年提高了0.60个百分点，2007年比2006年提高了0.06个百分点，2008年比2007年提高了0.52个百分点，2009年比2008年提高了1.29个百分点。

（预算处供稿，李秋萍　姚露　冯宝璇　刘木兰　肖小华　黄瀛　曾毅　李纪桦　严宏宇执笔）

财政国库管理工作概述

2009年，广东财政国库管理和改革工作坚决贯彻落实党的十七届四中全会和省委十届历次全会精神，深入贯彻落实科学发展观，坚定不移地实施“三促进一保持”重要部署，扎实推进“转变作风抓落实”主题实践，积极促进工作重心实现“两个转向”，即国库改革工作从省本级的横向基本覆盖转向省、市、县三级的纵向横向全面推进；国库管理工作从日常资金支付业务执行管理转向注重预算执行信息的反馈与利用，并积极构建涵盖财政支出管理各环节的闭环预算执行新机制，稳步实现年初制定的各项工作目标。

一、锐意进取，积极推进重点改革工作

（一）继续深化完善国库集中支付改革

一是改革覆盖面不断扩大。在省本级、21个地级以上市、121个县（市）、区全部实施了改革的基础上，将约占八成共13 000多个县级以上预算单位纳入改革范围，基本实现“纵向到底、横向到边”的目标。二是改革资金范围不断延伸。改革的资金范围逐步延伸至预拨资金、省对下级补助资金等，改革的资金规模不断增加。2009年，全年省级国库集中支付资金达549.92亿元，同比增长29.31%。三是改革配套措施不断完善。制定了农村免费义务教育市县负担资金、省直驻穗单位补充住房改革资金的集中支付流程，规范相关资金拨付；以系统自动生成下达基本支出用款计划替代预算单位申报，提高了工作效率；召开国库改革座谈会，充分收集预算单位的建议和意见，提高业务办理质量；制定相关文件制度，对省级预算单位银行账户审批、备案手续进行梳理，同时对国库支付系统中账户信息进行清理；根据省级国库集中支付业务发展的需要，以公开招标的形式增选一家财政授权支付业务代理银行和两家财政直接支付业务代理银行。

（二）全面推进财政支出管理电子平台建设

2009年，按照财政支出管理电子平台建设的工作部署，继续以县（区）国库支付系统和财务核算信息系统为基础，实现了66个试点县（市）、区国库支付系统的正式上线，新增2个试点县（市）、区也将在2010年第一季度上线运行，同时对大部分试点地市和全部珠三角非试点地区的验收、检查工作进行抽检并提出整改意见，有效督促各地抓好平台建设工作。另一方面，在2008年实现全省除深圳外20个地级以上市全部开展财务核算信息集中监管改革试点的基础上，进一步扩大各地试点范围。截至2009年年底，各地市试点单位共计1 006个。

（三）积极推行公务卡结算改革

2009年8月，在进一步强化业务宣传和培训的基础上，将省级723个基层预算单位纳入公务卡改革范围，实现了省级115个部门共838个基层预算单位全部实施改革。同时，继续落实和完善对下级财政部门的改革督导机制和信息反馈机制，并对揭阳、汕尾、潮州三市开展公务卡改革调研和座谈，有20个地级以上市在本级预算单位开展了改革试点。2009年，省级838个基层预算单位共开办公务卡25 640张，持卡消费128 115笔，消费金额2.01亿元，其中办理公务消费还款19 142笔，金额4 103万元。

（四）大力推进省级财务核算信息集中监管改革

2009年，省级在已有93个预算单位开展改革的基础上，将一级预算单位和符合网络条件的基层行政事业单位全部纳入改革试点范围，实现省一级预算单位百分之百开展改革。同时，不断完善财务核算信息集中监管机制，从2009年6月起要求试点单位对基本户、零余额账户进行合

并入账，统一在监管系统上进行核算；对试点单位2008年现金使用情况进行了统计分析，查找预算单位现金管理上存在的问题，并联合厅内各业务处进行整改。

（五）启动省级财政国库动态监控系统建设

按照财政部加快建立地方预算执行动态监控机制的要求，结合广东财政国库业务特点，提出了地方预算执行动态监控系统的建设思路为："一个平台，两个模块，独立运作，功能互补"，即利用现有财务核算信息集中监管系统平台，将国库动态监控系统融入财务核算信息集中监管系统中，把两个系统进行有机整合，形成一个大平台。2009年，通过公开招投标确定系统开发商，正式启动全省的财政国库动态监控系统的开发工作。

二、强化保障，稳步加强国库管理工作

（一）加强财政资金安全管理

2009年4月，按财政部的统一要求，省财政厅组成5个检查小组，分片对全省各地市、县（市）、区财政资金安全工作进行了检查；采取预算单位自查与财政部门抽查相结合的形式，对省级900多个预算单位财政资金安全情况开展检查。对检查中发现的问题进行了通报，要求各地财政部门及省级预算单位进行整改。

（二）加强总预算会计管理

2009年，省财政厅及时、准确地完成各项财政实拨资金的拨付和会计核算等会计基础业务及配合审计部门有关审计工作；开展暂存暂付等往来挂账科目的清理和核销，进一步规范财政总预算会计和预算外财政专户核算；从10月起开始试行采取省级财政国库资金实拨业务电子拨付方式，大大提高了资金拨付环节的效率；开展两期全省财政总预算会计培训班，进一步提高相关会计人员的理论水平和实际操作能力；赴浙江、江苏、广西、甘肃、陕西等兄弟省市对"省管县"财政体制下的资金管理和会计核算、财税库银横向联网系统建设、现金管理等内容进行调研。

（三）加强财政资金专户管理

2009年，省财政厅制定相关文件，提出了规范省级财政专户有关基础档案资料及代理银行服务管理的要求，建立了财政专户档案管理的长效机制，并对近几年财政资金专户开户及合同等相关资料进行整理，实现了财政工作科学化、精细化管理。按照财政部对财政专户管理的要求，牵头组织各业务处室对要求各市开立的财政专户进行合并和撤销，进一步规范财政资金专户管理。

（四）加强省级社保基金管理

2009年，省财政厅制定了《广东省省级财政省级社保基金定期存款开户银行综合考评实施细则》；修订了《广东省省级财政省级社保基金账户评价委员会工作规程》；出台了省级社保基金到期回收确认、省级社保基金存放安排确认、省级社保基金定期对账、省级社保基金信息报送等制度，有效完善工作制度和流程，明确了分工和职责。此外，还印发《关于进一步加强省级财政社保基金定期存款存放管理的通知》，进一步明确省级社保基金定期存款的存放要求，切实加强各项制度的贯彻实施，实现省级社保基金管理的安全、规范、有效。

（五）加强专项工作建设力度

2009年，省财政厅制定《广东省2009年地方政府债券财政总预算会计核算办法》，积极参与地方政府债券的竞争性招标工作，按规定及时做好债券资金的缴库以及调拨和会计核算等相关工作，确保地方政府债券的顺利运行；进一步完善省级财税库银横向联网工作协调机制，参加了2009年全国财政部门与人民银行国库横向联网接口软件上线第三批试点工作，推进横向联网软件上线工作；按照当前党委政府中心工作的需要，及时开设了省级交通融资资金专户，并拟订了相关会计核算管理办法，规范交通融资资金拨付和会计核算管理。

三、提高水平，夯实预算执行分析工作

（一）做好预算执行分析工作

2009年，省财政厅认真做好旬月报等报表的汇总报送工作，进一步完善、细化对报表的编制、审核工作；认真落实好省级财税部门联席会议制度、厅长分片抓收入制度，继续坚持对各市一般预算收支情况、各市县综合增长率情况的通报制度等各项制度，针对金融危机对全省经济财政运行带来的影响，贯彻落实《加强财税收入分析工作方案》，不断提高分析质量，为领导决策服务；继续做好财政收入预测研究各项工作，在全省范围内开展预算执行专题调研工作，促进各地预算执行分析水平的提高。2009年，广东预算执行分析工作在财政部2008年度地方预算执行分析工作评比中荣获一等奖。

（二）做好相关基础管理工作

加强对市县财政情况的调查研究，办好日常专款一次性资金拨付和预算周转借款工作，有效保障各市财政正常运转和社会经济的稳定发展；积极总结经验，探索提高决算水平的新思路和新方法，使决算工作又上了一个新台阶。2009年，广东财政总决算工作在财政部2008年度地方财政总决算工作评比中荣获三等奖。

（国库处（国库支付局）供稿，殷昌福　毛俊伟执笔）

综合财政工作概述

2009年，综合处坚持以科学发展观为统领，深入学习贯彻党的十七大，十七届三中、四中全会精神和省委十届四次、五次全会精神，全面贯彻落实省委、省政府和厅党组的各项决策部署，进一步加强和规范政府非税收入管理，不断深化"收支两条线"管理改革，搭建省级交通建设融资平台，加强财经形势分析预测和财经专题研究，严格彩票和财政票据管理，积极推进公共交通和基本住房保障均等化，较好地完成了各项工作任务。

一、进一步深化“收支两条线”管理改革，加强非税收入征管，促进非税收入持续稳定增长

2009年，全省纳入预算管理的非税收入完成1 792.05亿元，同比增长15.63%。其中：纳入一般预算管理的非税收入完成518.84亿元，为年度预算的118.19%，增长16.45%；政府性基金预算收入完成1 273.21亿元，为年度预算的131.44%，增长15.31%。省级纳入预算管理的非税收入完成118.53亿元。其中：纳入一般预算管理的非税收入完成50.99亿元；政府性基金预算收入完成67.54亿元。为促进非税收入持续稳定增长，主要抓好以下几个方面的工作：

一是在深化和巩固非税收入“收支两条线”管理的基础上，不断拓展非税收入“收支两条线”管理范围，加大非税收入纳入预算管理力度。积极推广部分地市国有资产（资源）有偿使用收入、公共资源收益管理方面的好经验、好做法，不断拓宽非税收入增收渠道，挖掘非税收入增长潜力，做大做强非税收入“蛋糕”，保持非税收入稳步较快增长。

二是突出抓好省级非税收入征管工作。根据年初下达的省级征收任务，分解到各部门各单位，做到层层落实任务和责任；召开省直有关单位非税收入征管工作会议，要求各单位加大组织收入工作力度，坚决做到依法征收、应收尽收；积极与有关部门沟通联系，理顺部分非税收入征管体制，对各地欠缴省级分成收入进行催收催缴，全力以赴狠抓征收工作。通过各执收执罚部门和各级财政部门共同努力和配合，省级纳入一般预算管理的非税收入完成50.99亿元，超额完成了当年非税收入征收任务。

三是建立健全非税收入征管制度。推行非税收入征收管理激励机制，省财政厅研究制定了《广东省省级非税收入收缴管理考核暂行办法》，对省级部门、单位非税收入征收实行奖勤罚懒，促进省级执收部门由“被动征收”向“主动征收”转变。

四是积极主动做好每月非税收入运行情况分析和季度非税收入收缴执行情况分析工作，认真分析，准确研判，科学预测，增强非税收入征管工作的针对性、协调性和科学性，较好地为厅党组提供决策信息依据。

五是加快推进政府非税收入征管电子信息化建设步伐。加大省级非税系统建设力度，将省级罚没收入和46家高校代收行政事业性收费全部纳入非税收入系统。截至2009年年底，共有135个单位、2 719个执收点上线，上线完成率达94.19%，2009年代收金额达30.46亿元。同时，不断推进市级非税收入系统建设，18个地市完成了上线工作，其中12个市完成了“两个百分之百”，即市级单位百分之百上线、执收点百分之百上线。截至2009年年底，共有900个单位、2 270个执收点上线，上线完成率达99.85%。

六是推动罚没物品管理的规范化。根据《广东省行政执法机关没收物品处理暂行办法》的规定，推广部分地市的做法，积极推进全省政府公物仓建设，理顺罚没物品的处理方式，建立健全奖励机制，增强执罚部门的责任，提高罚没物品的处理效率。

二、认真做好成品油税费改革工作

根据国务院的通知要求和省政府的具体部署，认真开展成品油税费改革相关工作。

一是在年初中央未确定广东成品油税费改革替代性收入基数前，为保证全省公路和航道养护、建设以及运输管理工作的顺利开展，在2007年公路养路费、公路客运附加费、航道养护费、公路运输管理费和水路运输管理费等“五费”收入的基础上，及时预拨省级和各地交通资金，使得全省交通运输管理和成品油税费改革各项工作得以顺利进行。

二是积极做好成品油税费改革的资金测算工作和基数核实工作，省财政厅会同有关部门对全省各市2007年“五项交通规费”进行逐一核实，并及时向财政部汇报，争取财政部的支持。中央下达广东“六费”替代性收入返还基数139.81亿元，比全省在2007年“五费”征收的基数上增加了9.76亿元。

三是研究制订《广东省新增成品油消费税收入分配方案》。根据国务院《成品油价税费联动改革方案》关于新增成品油消费税分配原则，省财政厅会同有关部门制订了《广东省新增成品油消费税收入分配方案》，并报经省政府同意印发各地财政部门贯彻执行。在中央返还广东成品油税费改革替代性收入后，严格按照分配方案及时拨付全省交通建设资金。为更好支持地方交通公路建设事业发展，省对汽车养路费、手扶拖拉机养路费、摩托车养路费等项目在2007年征收收入的基础上按增长8%核定，有效增加地方交通资金的投入。

四是积极配合省交通运输厅研究撤销31个政府还贷二级公路收费站省补助政策，并按经省政府确定拟上报中央的政府还贷二级公路收费站债务余额，从省级交通建设融资资金中给予统筹安排补助（其中中央补助资金未下达之前由省级交通建设融资平台先行垫支），并在2009年12月30日下达政府还贷二级公路收费站撤销补助资金25.64亿元，保证了全省政府还贷二级公路收费站撤销工作的顺利开展。

三、积极搭建省级交通建设融资平台，促进广东交通建设又好又快发展

为贯彻落实中央和省关于扩大内需，实施积极财政政策要求，按照省政府的决策部署，由省财政厅牵头，以成品油税费改革后中央转移支付给广东替代性收入形成的稳定现金流为依托进行融资，筹集省级交通建设资金250亿元，用于交通基础设施建设。为做好融资工作，综合处采取了一系列措施，包括：研究提出融资主体，参与融资评标工作，研究编写融资合同，参与三个牵头银行的合同谈判及签订，督促省交通运输厅、省公路局加快向银行提款，研究制定《省级交通建设融资工作方案》、《省级交通建设融资资金管理办法》和《省财政厅省级交通建设融资资金拨付管理内部工作规程》等。2009年，省财政厅分两批向

银行提取省级交通建设融资资金共120亿元，并于2009年12月底拨付资金59.4亿元，分别投入到国省道新改建和大修、重点县道和县乡公路建设、镇通行政村公路硬底化建设、公路水毁重点项目建设、政府还贷二级公路收费站债务补偿等，为扩大内需、推动广东交通公路建设又好又快发展起到了积极的作用。

四、深化住房制度改革，完善住房货币补贴制度，积极稳步推进广东基本住房保障工作

一是配合省建设厅、人事厅，研究完善住房货币补贴制度的方案，并做好相关资金测算工作。

二是认真落实国家和省扩大内需促进经济增长政策措施中加快廉租住房建设的要求，督促各市认真做好廉租住房保障资金和相关财政政策的落实工作，确保全省解决城镇低收入家庭住房困难工作年度目标责任的完成。同时，积极配合省建设厅到有关市检查2008年廉租住房保障工作的开展情况，及时了解基层工作中存在的问题和困难，对有关问题提出指导意见。

三是认真做好省直单位动用住房基金的审批工作，完善住房基金管理办法，进一步简化省直驻穗单位使用住房基金的审批手续。

五、继续加大财政专项收入资金的收支管理力度

一是在认真贯彻落实国家和省关于以财政手段促进经济平稳较快发展的政策要求，加大对交通基础设施的投入力度的同时，强化各项交通专项资金的支出管理，推进交通专项资金国库集中支付、绩效评价、竞争性分配等各项改革，提高资金使用效率。

二是加大国有土地、海域使用等专项资金的收支管理力度。坚决贯彻落实国有土地出让收入全额缴入国库，纳入财政实行“收支两条线”管理，督促加强全省国有土地出让收支体系管理和用于农业土地开发资金的清算划转，保障廉租住房资金、被征地农民社会保障资金等制度的进一步落实。加大全省探矿权采矿权使用费及价款和矿产资源补偿费征收管理，积极推进全省矿业权取得有偿使用公开出让等规范管理制度建设。拟定全省海域使用金使用管理制度，进一步强化海域使用金收支管理。

三是为加强和规范公安交警专项经费管理，省财政厅制定了《广东省高速公路交警专项补助经费管理暂行办法》。

六、加强政府性基金管理，研究制定规范化管理制度，积极开展基金项目立项申报

一是认真贯彻执行财政部公布的全国政府性基金项目规范化管理制度，经省政府同意，省财政厅颁发了《广东省小型水库移民后期扶持基金征收使用管理暂行办法》，加强对小型水库移民后期扶持基金的征收使用管理。

二是为加强新型墙体材料专项基金的征收、使用和管理，根据财政部、国家发展改革委新制定的《新型墙体材料专项基金征收使用管理办法》，经省政府同意，与省建设厅联合印发了《广东省新型墙体材料专项基金征收使用管理实施办法》，加快推广新型墙体材料的使用，促进节约能源和保护耕地。

三是为加强全省集体建设用地使用权转让土地增值收益管理，省财政厅拟订了《广东省集体建设用地使用权转让土地增值收益收缴和使用管理办法》上报省政府，待省政府批准后印发执行。

四是认真做好申请开征地方教育附加准备工作。为筹措普及高中阶段教育特别是职业教育资金，顺利实现普及高中阶段教育的奋斗目标，根据国家法律法规有关规定并结合广东实际，积极开展全省申报开征地方教育附加等工作。按省政府要求，代拟了上报财政部申请开征地方教育附加报告。

七、继续加强监管，不断规范彩票市场管理

一是认真贯彻落实《彩票管理条例》，切实按照国务院颁布《彩票管理条例》的规定做好广东彩票监管工作。

二是积极配合财政部做好彩票管理条例实施细则、彩票机构财务管理办法等制度的修订工作。

三是完善彩票资金和财务管理制度，进一步加强对彩票机构的财务管理力度，强化资金管理和使用责任感。在充分调研的基础上，省财政厅重新核定了广东体育彩票机构的人员经费定额标准。

四是继续加强彩票公益金监管，完善省级彩票公益金分配使用管理办法，逐步形成彩票公益金与彩票市场良性互动的发展机制。对省财政2008年下半年安排给各市的2007年度彩票专项公益金的使用情况进行了跟踪问效，征求了各市和省直有关部门对2008年度彩票专项公益金使用方向、使用范围的意见和建议，在此基础上确定了2008年度彩票专项公益金的使用范围并上报省政府审定。

五是认真做好中国福利彩票在线即开型彩票整改工作，并向财政部、民政部、公安部、中国福利彩票发行管理中心组成的联合调研组汇报广东中国福利彩票在线即开型彩票整改工作和发行销售情况，调研组对广东中国福利彩票在线即开型彩票整改情况和发行销售情况给予了充分肯定。

六是积极发挥财政部门的沟通协调作用，促进广东彩票市场的发展。积极与上级部门沟通、协调在广东上体育彩票新玩法的事宜。2009年，全省实现彩票销售金额137.76亿元，位居全国第一。

八、全面加强财政票据管理工作，严格财政票据的印制、领购及核销，加强法规宣传及票据防伪工作

综合处联合厅票据监管中心，全面加强财政票据管理，做到“三严格、两加强”。

（一）“三严格”

一是严格财政票据印制关。加强对财政票据定点印制

厂的监督管理力度，到各定点印制厂巡查，督促其全面加强财政票据印制、仓储、配送各个环节的安全、保密工作。二是严格财政票据领购关。坚持“凭证领购、分次限量”的原则，严格审核用票单位领购财政票据的申请，对不符合使用财政票据条件的坚决不予受理，对按规定须使用税务发票的要求其按规定向税务部门申购，规范财政票据使用行为。全年累计批复145个单位的用票申请。三是严格财政票据核销关。

（二）“两加强”

一是加强财政票据管理法规宣传力度。在领购审批环节上注意加强对用票单位进行法律法规方面的宣传教育，进一步增强用票单位依法依规使用财政票据的意识，同时，利用广东非税收入网站、财政专刊等平台，以及采取召开财政票据管理座谈会的形式，宣传财政票据管理工作有关的法律法规。二是加强财政票据防伪工作。继续加大力度在财政票据印制过程中采取防伪措施，全面加强财政票据防伪工作。

九、认真做好财经形势分析等有关工作

（一）认真做好财经形势分析工作

按季认真分析广东宏观经济运行情况和财政收支情况，形成《广东省宏观经济运行情况及财政形势简析》按时上报财政部。同时，按季上报《广东省非税收入收缴执行情况分析》。

（二）认真做好广东2008年度省直机关单位津贴补贴调节基金计算、上报工作

根据国家公务员工资津贴补贴改革精神和财政部要求，参照往年做法，早筹划、早行动，提前会同省人事厅及省财政厅有关处室统计核实全省2008年省直机关单位津贴补贴年人均发放水平及年均发放人数，对超过中央规定调控线的津贴补贴部分计算征收调节基金，按时上报财政部。

（三）配合做好打击发票违法犯罪活动工作

按照国务院的统一部署以及全省打击发票违法犯罪活动工作协调小组办公室的要求，按照职能分工，严格监督行政事业单位、社会团体按规定使用财政票据，加强财政票据管理，积极配合协调小组各成员单位开展打击发票违法犯罪活动工作。

（四）配合做好“乱摊派、乱罚款、乱收费”专项治理工作

积极配合省政府纠风办开展全省治理整顿乱收费、减轻企业负担活动。与省直有关部门组成联合检查组赴广州、珠海、惠州、江门等四市以及省公安厅、卫生厅、质监局、工商局等四部门进行督促检查和指导治理整顿乱收费工作。同时，加大清理现有收费项目的力度，坚决取消不合理收费。落实国家和省各项减免政策，共计减收约30亿元。

（综合处供稿，曾桓先　朱钢涛　林　瑜　王浩斌执笔）

行政政法财政财务管理工作概述

2009年，行政政法处按照厅党组的要求，围绕“保运转、行节约、转作风、强管理”的思路，重点做好四方面工作：一是继续做好党政机关政权运转和重点支出经费保障；二是认真落实省委、省政府关于开展行政经费节约年活动的要求，严格控制一般性行政开支；三是以转变作风抓落实、提高效率为重点，加强外部协调、沟通与宣传；四是完善各项管理制度，提高服务意识和科学理财水平，推动行政政法财务工作再上新台阶。

一、服务保运转等中心工作，做好预算下达和执行工作

（一）做好部门预算经费管理

按照“统筹兼顾、有保有压”的原则，认真完成省委、省人大、省政府、省政协和省直公检法司部门等91个单位（含武警部队和省军区所属单位）及工商、质监等四个垂直管理系统2009年度部门预算编审。加强预算执行情况分析，掌握预算执行总体情况，及时发现存在问题，并主动协商有关部门解决。

（二）落实重点工作经费保障

报经省领导批准，审核安排广东省参与2010年上海世博会工作经费、公务员出国培训经费、省政府应急专项经费、国际经济咨询会经费、粤东侨博会专项经费、全省第二次全国经济普查经费，做好国庆六十周年彩车制作经费保障工作，合理安排省府直属机关公务员、党政领导干部培训经费；根据中纪委《关于县级纪检监察机关办公办案装备配置标准和实施办法的通知》和省纪委要求，审核安排经济欠发达地区纪检监察机关办案车辆和装备配置补助经费；继续做好省直民主党派和工商联经费保障工作；研究分析工商、质监等执法部门成本性支出以及职能划分问题，完善省级垂直管理部门经费管理体制。

（三）研究落实政法经费保障体制改革实施意见

贯彻落实2009年5月财政部关于全国部分省市政法经费保障体制改革工作座谈会的会议精神，按照省财政厅领导的批示，认真测算和分析广东政法专项经费保障情况，并积极研究做好政法经费保障体制改革的相关工作。同时，按照广东消防区域性战勤保障中心及特种消防车辆建设的要求，省财政厅研究提出了经费落实意见。

二、落实行政经费节约年各项要求，严格控制一般性行政支出

（一）制定行政经费节约考核办法，量化考核指标

为贯彻落实省委、省政府关于党政机关厉行节约的决定，积极应对当前面临的经济形势，省财政厅、省监察厅

联合印发《省直机关事业单位行政经费节约考核办法》，促使节约行政开支的“五个零增长”等各项措施真正落到实处：一是明确了行政经费节约的考核内容、考核方式和奖惩措施，提出了“五个零增长”要求，即：公务购车和用车经费零增长、会议经费零增长、公务接待费用零增长、党政机关出国（境）经费预算零增长、办公经费预算零增长。二是倡导“四个节约”。落实省委、省政府建设节约型机关的号召，降低党政机关日常消耗性支出，提高公用经费的使用效益，对各单位用电、用水、用纸、用油等情况进行量化考核。

（二）加强宣传和督促

为确保行政经费节约各项规定落到实处，行政政法处采取上门服务、专题座谈、集中解释、重点答疑、分片交流等形式，对节约年活动和考核工作进行广泛宣传。分片召开了政府系统、党委系统、政协及党派系统财会人员座谈会，向单位宣传、解释了节约考核办法的口径、范围、步骤和具体要求，各系统共有150多位财务人员参加了座谈会。通过分片座谈，统一了认识，明确了责任，督促省直各单位落实节约措施。

（三）加强因公出国（境）管理，严控出国经费

根据中央《关于进一步加强因公出国（境）管理的若干规定》的精神，结合广东实际，省财政厅会同省纪委等部门联合制定并印发了进一步加强党政干部因公出国（境）管理工作等三项制度，拟订了省直机关事业单位因公出国（境）经费管理办法，建立了党政干部因公出国（境）任务审批和经费审核联动和管理制度。为落实上述规定，便于操作，省财政厅研究下发了《关于填报因公出国（境）经费预算审核表的通知》，要求已向省外办等任务审批部门上报2009年度因公出国（境）总量计划的省直单位，向省财政厅填报《因公出国（境）经费总预算审核表》和《单批团组因公出国（境）经费审核表》。同时，根据厅内处室分工，及时签报明确了因公出国（境）经费审核的工作意见。

（四）抓好督促落实工作

根据中纪委《关于采取有力措施认真贯彻落实厉行节约八项要求的通知》精神，省财政厅联合省监察厅研究制定了广东贯彻落实中央厉行节约八项要求的通知，要求各地（单位）对各级党政机关因公出国（境）支出、车辆购置及运行费用支出、公务接待费支出以及用电、用油、用水支出等情况进行一次摸底，确保中央和省关于厉行节约、制止奢侈浪费各项目落到实处。

三、落实职能分工，配合做好行政政法财务管理各项改革

一是根据中共中央、国务院《关于地方政府机构改革的意见》和《广东省人民政府机构改革方案》，积极配合省编办做好省政府机构改革各项工作；二是根据中央编办印发《关于事业单位分类试点的意见》和广东事业单位分类改革的工作部署，加快推进事业单位分类试点改革，牵头研究制定广东事业单位分类改革有关财政配套政策；三是研究提出了开展政府购买社会组织服务试点工作的指导性意见，明确政府购买社会组织服务可在社区卫生服务、社区养老服务、城市公交服务、咨询服务、职业培训、行业评比、决策论证以及成果评审等方面优先开展试点。

四、进一步完善内部管理制度，提高预算管理水平

（一）规范权力运行

根据财政部和省财政厅党组关于开展规范权力运行工作的部署和要求，行政政法以摸清底数、明确责任、完善机制、规范运行、强化监督、预防腐败，确保财政资金安全和干部安全为目的，以增强权力制约、强化岗位责任、规范权力运行、推进政务公开为目标，对行政政法处所行使的权力进行认真梳理、描述，并修订完善了工作运行规程。

（二）完善处室信息制度

建立重点工作办理情况登记通报制度和会议情况登记制度，完善业务信息报送机制。

（三）完善资金分配审核制度

对需要会同省直部门提出分配方案的项目，主动参与、严格把关，合理合规提出办理意见。

（行政政法处供稿，辜初贤执笔）

教科文财务管理工作概述

2009年，广东省教科文财务管理工作以“三个代表”重要思想为指导，全面贯彻党的十七大、省第十次党代会和省委历次全会精神，深入贯彻落实科学发展观，主动服务经济社会发展大局，按照积极财政政策和全国财政教科文工作会议的要求，着力保障和解决教科文领域民生投入问题，强化科学管理，促进教科文事业又好又快发展。

一、不断加大经费投入，形成投入新机制，促进教科文事业健康发展

2009年，全省教科文事业经费支出1 083.2亿元（快报数，下同），比2008年增加180.63亿元，增长20.01%，其中：教育支出803.2亿元，比2008年增加99.87亿元，增长14.2%；科学技术支出168.5亿元，比2008年增加32.98亿元，增长24.89%；文化体育与传媒事业费支出111.5亿元，比2008年增加67.12亿元，增长30.89%。省级教科文事业经费支出122.91亿元（快报数，下同），比2008年减少3.84亿元，降低3.03%，其中：教育支出93.37亿元，比2008年减少8.12亿元，降低8%；科学技术支出12.99亿元，比2008年减少1.86亿元，降低12.53%；文化体育与传媒事业费支出16.55亿元，比2008年增加6.14亿元，增长58.98%。

（一）加大教育投入，支持教育优先发展

1. 完善义务教育经费保障机制，促进义务教育均衡发展。按照国务院确定的“明确各级责任、中央地方共担、加大财政投入、提高保障水平、分步组织实施”的基本原则，广东不断加大财政教育投入，逐步将义务教育全面纳入公共财政保障范围，建立起省、市、县（市、区）分项目、按比例分担的义务教育经费保障机制。

一是落实免费义务教育政策。2009 年继续落实城乡免费义务教育政策，下达免费义务教育公用经费补助资金 28.32 亿元、免费教科书政府采购资金 13.13 亿元，全省近 1 200 万人义务教育阶段中小学生受惠。

二是实施义务教育学校绩效工资政策，解决中小学代课教师问题。按照省府办公厅印发的《广东省解决中小学代课教师问题工作方案》的通知和《广东省解决中小学教师工资福利待遇工作方案》的通知精神，结合义务教育学校实施绩效工资政策，推进中小学教师工资福利待遇“两相当”工作，建立全省保障中小学教师工资福利待遇的长效机制。省财政厅配合省人事厅、省教育厅召开全省义务教育学校实施绩效工资政策会议，研究制定解决代课教师和“两相当”奖补资金方案，下达 2009 年落实义务教育学校绩效工资政策、实现“两相当”奖补资金 6.69 亿元。配合省教育厅开展调查摸底工作，全面掌握中小学代课教师和教师工资福利待遇现状。协助组织两次“代转公”招录考试，下达解决代课教师问题培训经费 2 065 万元、提高暂未转录代课教师待遇省补助资金 6 000 万元。

三是建立农村义务教育阶段中小学校舍维修改造长效机制。在 2007 年实施全省农村义务教育中小学校舍危房改造工程的基础上，从 2008 年起建立农村义务教育中小学校舍维修改造长效机制，2008～2009 年，省财政安排 3.87 亿元用于建立长效机制，欠发达地区所需资金由省财政和地方财政按 1∶1 共同分担。

四是根据省政府《关于推进广东省义务教育均衡发展的实施意见》的精神，为促进全省义务教育均衡发展，2009～2012 年，省财政进一步加大教育投入，安排专项资金 8 亿元实施农村义务教育中小学“三室一场五有”工程，着力改善农村中小学教学条件和生活设施，到 2011 年，全省所有在布局调整中需要保留的农村小学和初级中学拥有基本满足教学需要的“三室一场”，即标准配置教室、实验室、阅览室和运动场，生活设施实现“五有”，即有符合卫生标准的饮用水、符合安全卫生标准的厕所、可供教师工作休息的用房，寄宿制学校还要有符合安全标准的学生宿舍、符合卫生标准的学生食堂。2009 年，省财政厅与省教育厅研究制定义务教育有关专项资金竞争性方式分配的有关办法，一是逐步推行义务教育财政资金“以奖代补”，根据学生人数、校舍面积、财力状况、工作管理成效等因素进行分配，推动各地发展义务教育；二是探索实施义务教育经费竞争性分配。通过竞争性分配的奖补措施，加快推进义务教育阶段全省农村规范化学校建设配置步伐，逐步实现义务教育资源配置均等化。

五是实施中小学校舍安全工程。根据省政府办公厅印发的《广东省中小学校舍安全工程实施方案》的通知精神，从 2009 年开始，用三年时间，对地震重点监视防御区、七度以上地震高烈度区、洪涝灾害易发地区、山体滑坡和泥石流等地质灾害易发地区（以下称“灾害易发地区”）的各级各类城乡中小学存在安全隐患的校舍进行抗震加固、迁移避险，提高综合防灾能力。其他地区按抗震加固、综合防灾的要求，集中重建整体出现险情的 D 级危房、改造加固局部出现险情的 C 级校舍，消除安全隐患。校舍安全工程所需资金实行省级统筹，市县负责。省财政根据中小学校舍排查鉴定进度安排奖补资金 4 000 万元，对按时完成排查鉴定任务、校舍安全档案符合要求、排查鉴定结论准确误差率低的经济欠发达地区的县（市、区）进行奖补。

六是做好清理化解农村义务教育“普九”债务工作。省财政厅会同省教育厅开展试点工作检查调研，着手研究全省清理化解农村义务教育债务方案，做好全省清理化解工作准备。

2. 加大职业教育投入，促进全省职业技术教育实现新一轮的大发展。

一是贯彻落实省第十次党代会精神，围绕解决全省高中阶段教育“瓶颈”问题，实现到 2011 年全省高中阶段教育毛入学率达到 85% 的目标要求，积极研究做好 2009 年资金的安排下达各项工作。为激励东西两翼和粤北山区进一步加大力度做好普及高中阶段教育工作，经省政府批准，对提前完成普及高中阶段教育任务的欠发达地区的地级市，按通过验收的不同时间分别给予一次性奖励。韶关市普及高中阶段教育已于 2008 年年底通过督导验收，2009 年省财政拨付了对韶关市奖励资金 3 000 万元。

二是认真学习贯彻落实中共中央总书记胡锦涛视察广东重要讲话精神和省委书记汪洋对理顺职业教育体制问题的重要批示精神，省财政厅对办好广东职业技术教育示范基地有关问题进行了认真研究，向省委、省政府提出了树立“大职教”理念，高职、中职、技校统一纳入省级职业教育示范基地“一盘棋”建设、实现科学配置、资源共享的设想，研究提出了资金筹措方案，积极推动广东职业技术教育实现新一轮的大发展。

三是进一步建立健全中职家庭经济困难学生资助政策。为贯彻落实党的十七届三中全会精神和 2009 年国务院《政府工作报告》关于“大力发展职业教育，特别是要支持农村中等职业教育。逐步实行中等职业教育免费，今年先从农村家庭经济困难学生和涉农专业做起”的要求，省财政厅积极研究提出中职困难学生和涉农专业学生免除学费后财政经费补助方案，得到了省领导的批示同意，目前正在进一步草拟完善相关政策措施。与此同时，省财政厅积极做好中等职业教育国家助学金的安排下达工作，研究中等职业教育国家助学金的拨付方式，确保中等职业教育国家助学金按时足额发放，2009 年省财政安排下达中职助学金约 2.7 亿元。

四是积极配合省教育厅对中职实训中心建设专项资金试行竞争性分配。为提高中等职业教育实训中心建设专项资金的使用效益，创新专项资金分配制度，省财政厅积极配合省教育厅对中等职业技术教育实训中心建设有关专项资金试行竞争性分配，遴选出一批办学理念先进、办学特色鲜明、专业建设基础能力好、综合实力强的中职学校，给予实训中心专项资金支持，提高中职教育办学质量。

五是积极实施国家和省级示范性高等职业院校建设计划。积极协助省教育厅做好示范性高等职业院校的评审工作。截至2009年年底，广东已有4所高职院校进入国家示范性和骨干高等职业院校建设行列，3所院校进入省级示范性和骨干高等职业院校建设行列。国家和省级示范性高等职业院校的建设，建立健全了广东高等职业教育骨干支撑体系，带动全省高等职业院校发展。

3. 加大高等教育投入力度，着力提高高校办学质量和水平。

一是提高高校经费保障水平。考虑近年来高校增支因素较多，2009年在对省属高校（含3所部属高校）生均经费情况进行了认真调研和测算的基础上，经报省政府批准，从2009~2010学年开始，对实行生均定额管理的高校（含3所部属高校）按每生300元提高生均基准定额标准［即从6 300元/（每人每年）提高到6 600元/（每人每年）］。每年增加安排提高定额标准经费约1.23亿元，为广东高校建设和发展建立了更科学、合理的经费投入机制。与此同时，对非生均定额高校增加事业经费问题也制定了相应的财政补助政策。

二是继续实施高校“211工程”和“985工程”建设。“十一五”期间省财政安排10亿元，用于高校“211工程”三期建设。2009年，省财政厅积极配合省发展改革委、省教育厅研究制定“十一五”期间高校“211工程”建设资金分配方案，协助做好有关项目评审工作，安排下达“211工程”三期建设资金5亿元，促进广东高校“211工程”建设再上新台阶。同时，认真研究支持华南理工大学“985工程”三期建设的资金投入方案，充分发挥高水平研究型大学优势，推动和支撑珠三角地区产业发展和全省经济发展。

三是大力支持高校本科教学质量工程建设。“十一五”期间，广东对高等教育的投入，将围绕“提高高等教育质量”这一中心环节。2009年，省财政厅积极研究进一步加大高校本科教学质量工程的财政政策，经报省政府批准，2009~2012年，省财政每年新增安排0.5亿元共1.5亿元用于重点学科与专业建设。

四是积极做好中央与地方共建高校专项资金的申报工作，争取中央更大支持。为促进中央与地方共建院校发展，根据财政部的要求，组织中央与地方共建高校认真做好共建资金的申报工作，2009年中央财政共补助广东该项资金0.88亿元，得到了财政部中央与地方共建专项资金的大力支持。中央与地方共建高校教学环境和办学条件得到较大改善，学科建设取得长足发展，教学和科研水平得到较大提升。

（二）加大科技投入，优化支出结构，推动创新型广东的建设

为建设科技强省，提高自主创新能力，2009年省财政积极落实科技经费投入。

一是促进产学研省部合作，完善自主创新体系。2009年，省财政安排产学研省部合作财政专项资金4亿元。重点吸引国家“863”和“973”等重大项目到广东落户和产业化，获得一批核心技术和关键技术，建立科技创新平台、建设创新基地，完善区域创新体系，培育和形成若干战略创新产业。促进有关部属高校与广东省优势企业联合搭建科技创新研发平台，共建产学研结合基地。通过省部产学研合作，广东区域创新能力大幅提升，2009年省部产学研专项资金支持项目672项，建立产学研结合示范基地64个，带动地方财政投入达25亿元，引导企业投入达250亿元。

二是推动知识产权保护工作。2009年，继续安排知识产权保护专项资金6 000万元。其中：用于知识产权保护、宣传、鼓励发明创造4 000万元，用于资助外国专利申请经费1 000万元，知识产权战略工作经费1 000万元。2009年广东专利工作成效显著，全年广东省专利申请量125 673件，同比增长20.98%；授权量83 621件，同比增长34.8%。其中：发明专利申请量32 247件，同比增长14.76%；发明专利授权量11 355件，同比增长49.32%。广东发明专利申请量、授权量、实用新型专利授权量均居全国第一位，有效专利数居全国第一位；获第十一届中国专利奖金奖数、优秀奖数及获奖总数均居全国第一，并创历史新高。

三是加大投入，支持实验室体系建设。2009年安排省级实验室体系建设专项经费5 000万元，推动全省实验室体系进一步完善。当年省级实验室体系主持或参与各类科技项目超过4 000项，其中包括国家“863”项目72项、“973”项目19项。同时，全省重点实验室共获得国家科技进步二等奖10项，广东省科学技术特等奖1项，一等奖13项，二等奖11项，平台的创新能力显著增强。

四是开展广东省中科院全面战略合作。2009年设立“广东省中科院全面战略合作专项资金”1亿元，推动中科院成熟的科技成果在广东转化，支持共建一批国家级的重大创新平台，引入一批国家重大项目，支持大中型企业、省属高校、科研院所与中科院共建一批重点实验室、研发中心，推动中科院各专业研究所与有关专业镇、高新区、产业转移园区等全面对接。

五是积极支持高新技术研究和基础研究工作。2009年，省财政继续安排高科技发展专项资金5 000万元，用于粤港重点领域关键技术联合招投标工作，带动企业和民间资本投向高新技术产业；安排省级自然科学基金4 000万元，主要支持广东科研人员开展前沿性、原创性科学研究及人才培养，支持项目类别包括自由申请、博士启动、重点项目与研究团队。

六是加大科普力度，提高全民科技素质。2009年省级财政安排科学技术普及经费10 341万元。其中，核定省科学中心2009年经费预算10 072万元，为中心的正常运作和科普项目的开展提供经费保障。

（三）调整优化文化支出结构，推动文化体制改革，支持文化大省建设

为贯彻落实省委、省政府建设文化大省的决定，省财政充分发挥财政职能，抓好财政资金的落实，推动文化体制改革，积极支持文化大省建设。

一是落实文化广播事业经费投入。安排省立中山图书馆流动图书馆购书经费3 000万元，用于解决困难地区群众“看书难”问题；安排博物馆文物维护、征集经费1 500万元，用于省博物馆文物征集、维护和整理；安排农家书屋建设经费500万元，用于全省示范性农家书屋建设；安排第三次全国文物普查专项经费1 000万元，确保广东第三次全国文物普查工作的顺利开展。

二是加大投入，推动文化产业发展。设立“广东省文化产业发展专项资金”，2009年安排2亿元，采取贴息、补助等方式，重点支持文化产业和文化事业发展，做大做强一批文化产业园区、企业和品牌，培育一批竞争力强的文化产业集群。目前有关项目评审立项工作正按照《广东省文化产业发展专项资金管理暂行办法》有关规定积极开展中。

三是开展省级广播电视节目无线覆盖工程。2009年省财政安排专项资金2 000万元，启动了省广播电视节目无线覆盖工程，按照先改造一批基础设施好、改造任务量少、可尽快投入播出且覆盖效果好的发射台的原则，有选择地对19座广播电视发射（转播）台的32部发射机及其配套设备、设施进行更新改造。

四是继续支持开展“农村电影2131工程”。2009年，省财政对农村电影放映的补贴费用由上年的435万元增加到500万元，同时从省委宣传部文化事业发展专项资金中安排经费400万元。按照“市场运作、企业经营、政府购买、农村受惠”以及“省、市、县（市、区）、镇分级负责”的原则，保证实施每村每月放映一场电影，2009年全省共完成农村电影放映任务114 949场。

五是积极支持文化体制改革。积极配合有关职能部门，推进广播电视、出版、艺术表演团体等体制改革和文艺单位转制，认真研究各文化单位的改革方案，改革经费投入方式。

六是积极推动体育事业发展。2009年，省财政安排备战第十一届全运会经费3 000万元，有力地保障了各项备战任务的完成，在第十一届全运会上，广东体育健儿取得了奖牌总数和总分位居全国第二的优异成绩。为鼓励退役运动员自主择业，促进体育事业的可持续发展，2009年，省财政厅联合省人事厅、省体育局制定了《广东省退役运动员自主择业经济补偿实施办法》，省财政一次性安排专项资金6 498万元，用于解决2008年年底前退役的609名运动员一次性经济补偿所需经费。

（四）加大人口与计划生育投入，完善计划生育利益导向机制

为贯彻执行中共中央　国务院《关于全面加强人口和计划生育工作　统筹解决人口问题的决定》和省委、省政府《关于进一步加强人口与计划生育工作的决定》以及《中共广东省委　广东省人民政府贯彻〈中共中央　国务院关于全面加强人口和计划生育工作统筹解决人口问题的决定〉的实施意见》精神，省财政不断增加全省计划生育事业经费投入，推动全省计划生育事业快速发展。

一是完善农村部分计划生育家庭奖励政策。2009年，省财政安排专项补助经费共4 923万元，用于农村计划生育家庭奖励经费补助，全省计划生育奖励受益对象达14.5万人。

二是推动基层计划生育服务网络建设。2009年，省财政继续安排计划生育专项资金1.2亿元，主要用于基层计划生育站所建设和服务设备购置补助、计生宣传教育补助、计生信息网络补助、流动人口管理和技术服务、性别比综合治理等补助。

三是支持农村计划生育免费技术服务工作。为了贯彻中央关于落实向农村实行计划生育的育龄夫妻免费提供避孕、节育技术服务政策，支持欠发达地区开展此项工作，2009年省财政安排专项经费6 226万元，用于对基层开展计划生育免费技术服务经费给予补助。

四是建立计划生育家庭特别扶助制度。为贯彻落实国家人口计生委和财政部关于全面实施计划生育家庭特别扶助制度的要求，省财政厅联合省人口计生委制定了《广东省计划生育家庭特别扶助制度实施方案》及实施细则，省财政安排专项经费164万元，用于对欠发达地区实施计划生育家庭特别扶助制度所需经费给予补助。

五是为贯彻落实新修订的《广东省人口与计划生育条例》第三十七条关于城镇独生子女父母计划生育奖励的有关规定，省财政厅会同省人口计生委、省公安厅、省民政厅等单位在全省范围内开展城镇独生子女父母情况调查。通过调查，基本摸清了全省历年计划生育奖励的落实情况和城镇居民独生子女父母数量、构成及其在未来六年内的变化情况。对省人口计生委草拟的《城镇独生子女父母计划生育奖励办法》和《关于解决城镇居民计划生育奖励历史遗留问题的处理意见》研究提出意见，并对所需资金进行测算。

六是积极开展挂钩帮扶普宁市人口计生工作。省财政厅领导高度重视挂钩帮扶工作，指定教科文处抽调人员组成帮扶工作组，多次率帮扶工作组深入普宁市调研，协助普宁市开展工作，及时研究解决普宁市计生转化升类过程中遇到的问题。为切实履行帮扶职责，省财政想方设法挤出资金，在2009年和2010年每年安排200万元专项资金，帮助该市加强人口计生基础服务设施建设，解决设施不能满足提高人口计生服务水平需要的问题。此外，为帮助解决普宁市财政运转困难，省财政在2009年和2010年每年安排财力性补助资金500万元，用于重点解决财政运转和

人口计划生育工作突出问题。

（五）加大人才投入，推动实施“人才强省”战略

根据《中共广东省委　广东省人民政府贯彻〈中共中央　国务院关于进一步加强人才工作的决定〉的意见》的有关规定，省财政厅认真贯彻落实省委、省政府有关决定，充分发挥财政职能作用，积极筹措资金，为实施人才强省战略提供可靠的经费保障。一是安排博士后专项经费4 598万元，用于在站博士后生活及科研补助，标准由每人每年5万元提高到每人每年8万元。二是安排享受政府特殊津贴专家专项经费1 225万元，用于1990年以后获得政府特殊津贴专家的生活补助。三是为切实拓宽就业渠道，鼓励引导高校毕业生到基层、到农村就业，2009年“三支一扶”大学生招募人数由800名增加到1 600名，安排“三支一扶”大学生工作经费2 360万元，用于发放生活补贴和交通医疗保险等补助。为提高“三支一扶”大学生保障水平，按照中共中央组织部、人力资源和社会保障部等8部门联合印发的《关于做好2009年高校毕业生三支一扶计划实施工作的通知》的要求，省财政厅会同省人力资源和社会保障厅认真研究广东“三支一扶”大学生提高生活补贴和参加社会保险问题，对所需经费进行测算，提出实施方案报省政府审批。四是为贯彻执行《中共广东省委　广东省人民政府关于加快吸引培养高层次人才的意见》的有关规定，2009年新增设立引进和培养高层次人才专项资金2.64亿元，主要用于引进创新和科研团队，实施领军人才引进计划，重奖有突出贡献的人才，实施百名南粤杰出人才培养工程和博士后培养工程等。

二、加强资金监督管理，推动教科文工作管理规范化、科学化

一是完善教科文专项资金财务管理制度，2009年，省财政厅会同省有关部门制定了《广东省农村中小学校舍维修改造长效机制专项资金管理暂行办法》、《广东省基础教育以奖代补专项资金管理暂行办法》、《广东省文化文物设施维修专项补助经费管理办法》和《广东省财政厅、广东省科学技术协会关于中央补助地方科技基础条件专项资金的申报办法》等专项资金管理办法，转发了《进城务工农民随迁子女接受义务教育中央财政奖励实施暂行办法》、《关于进一步加强农村义务教育经费保障机制改革资金管理的若干意见》、《应征入伍服务义务兵役高等学校毕业生学费补偿国家助学贷款代偿暂行办法》等中央制定的资金管理办法。二是加强资金管理、强化资金绩效，改变以前“重预算轻管理、重分配轻监督、重使用轻效益”的做法，使资金发挥最大的政治效益、社会效益和经济效益。三是加强资金检查，对清理化解农村义务教育“普及”债务试点工作进行检查。

三、深入调研，为教科文事业改革创新提供决策依据

2009年，省财政厅围绕教科文财政改革的重点、难点问题进行了广泛的调研，主要的调研活动有：对解决中小学代课教师和教师工资福利待遇问题情况进行督促检查，义务教育经费保障机制改革政策调研、职业教育生均经费调研、对地方重点高校专项奖金支持的调研、高等院校学生实习立法工作调研、省属高校生均经费情况的调研、科普惠农兴村调研、基本公共服务均等化调研。为制订相关财政教科文政策，完善全省教科文事业改革创新提供了重要决策依据。

四、认真做好各项基础工作，促进各项改革顺利进行

（一）做好预算外资金“预算制”管理工作，规范预算外资金管理

按照省财政厅印发的《关于专户资金实行“预算制”管理的通知》有关规定，认真做好教育收费等预算外资金的及时返拨，保证了各收费单位的及时用款。

（二）做好教科文事业费预算执行分析工作

按照省财政厅的工作要求，及时对全省教科文事业费支出变动情况进行分析，查找支出变动原因，为厅领导全面掌握全省财政收支情况提供参考。

（教科文处供稿，周薇薇执笔）

财政工贸发展工作概述

2009年，在厅党组的正确领导和分管厅领导的悉心指导下，在厅各处室的支持配合下，工贸发展处深入贯彻落实科学发展观，根据中央和省委、省政府的决策部署，围绕“三促进一保持”，积极发挥财政职能作用，推动企业技术进步和科技创新，支持节能减排和环境保护，促进经济发展方式转变，着力保障和改善民生，较好地完成了各项工作任务。

一、围绕扩内需保增长，确保拉动内需相关财政政策落实

认真贯彻落实实施积极财政政策，促进经济平稳较快发展的各项政策措施，发挥财政职能作用，安排相关资金64.17亿元，引导扩大内需，确保扩内需保增长的相关财政政策落实。

（一）认真贯彻落实家电下乡等扩内需政策，促进居民消费

2009年，全省累计拨付家电、汽车、摩托车下乡和汽车家电以旧换新财政补助资金9.19亿元，充分调动老百姓购买积极性，促进城乡消费，扩大国内需求。一是按照中央统一部署和要求，认真开展“家电下乡”工作，做好制度设计、宣传培训、资金安排、补贴资金审核兑付和监督检查工作，安排拨付补贴资金4.69亿元。二是积极推进“汽车摩托车下乡”工作，做好政策宣传解释和补贴资金兑

付，安排拨付补贴资金1.5亿元。三是开展“汽车家电以旧换新”工作，安排拨付补贴资金近3亿元。

（二）加大财政投入，促进中小企业发展

一是2009年一次性新增中小企业发展专项资金10亿元，用于支持中小企业政银企合作、对中小企业贷款给予贴息补助。2009年共审核安排补贴资金9.61亿元，支持中小企业2 293家，带动中小企业贷款融资近400亿元，财政资金放大倍数达到41倍，有力缓解了中小企业融资难问题。二是统筹调度2009～2010年省财政安排的中小企业发展专项资金3.6亿元，编制资金滚动计划，支持中小企业服务体系、担保体系建设，支持中小企业技术改造技术创新。三是支持办好第六届中小企业博览会，做好经费预算审核、严格项目支出审核与拨付，为中小企业平稳健康发展提供良好平台。

（三）多渠道筹集资金，支持重点项目建设

一是贯彻落实省委、省政府多渠道、宽领域吸引各类社会资金投入，解决部分重点项目和重大基础设施建设资金不足问题，成功利用银行间票据市场搭建国资融资平台发行中期票据，募集资金100亿元，专项用于珠三角城际轨道交通建设。2009年，省财政累计拨付中期票据资金27.89亿元，支持穗莞深、莞惠、佛肇、广清城际轨道交通等省重点项目建设。二是研究调整资金使用方案，支持湛江市重点项目外围配套设施建设，加快湛江钢铁、中科合资广东炼化一体化等重点项目建设进度。

二、围绕“三促进一保持”，促进经济平稳较快发展

发挥财政促进作用，把保增长与调结构结合起来，优化财政支出结构，加大财政资金投入，安排相关资金75.79亿元，推动实现“三促进一保持”目标。

（一）支持自主创新，提升产业竞争力

一是保障并不断加大省级财政产业技术研究与开发资金的投入力度，安排产业技术研究与开发专项资金3.09亿元，支持企业技术改造和技术创新，及时转化科技成果，增强企业发展后劲。二是安排产业共性技术、创新药物筛选与评价、节能减排与可再生能源等重大科技专项资金3亿元，开展重大关键共性技术攻关、重大成果转化、重大战略产品开发、公共技术平台建设，集中力量重点突破一批能形成自主知识产权的关键共性技术，并通过示范工程加快共性技术的推广应用和重大产品的产业化。三是安排科技型中小企业技术创新专项资金5 000万元，支持科技型中小企业科技成果转化，产、学、研联合创新，引进消化吸收再创新。四是安排粤港关键领域重点突破资金3 000万元，以经济和社会发展迫切需要的关键技术为切入点，采用面向社会公开招标的方式，加强关键共性技术的联合攻关，提高自主创新能力。五是抢抓以数字化、平板化和集成化技术为主导的新一轮显示产品产业升级和产业整合机遇，安排专项补助资金20亿元鼓励有条件的地市加快引进高世代液晶面板生产线，提高产业技术水平和自主创新能力，推动完善平板产业链。

（二）集中提前安排资金，促进产业转型升级

省财政厅联合省有关部门将省财政2009年及以后年度安排的省级装备制造业专项资金、结构调整挖潜改造专项资金、节能专项资金、省级企业技术中心资金等编制滚动计划，调整优化支出结构，统筹使用，2009年安排资金13.5亿元，提前集中投入经济发展过程中最关键、最急需、辐射带动效应最大的领域，重点支持成长性好，有自主品牌，有竞争力，自主创新能力强的企业，推动企业转型升级，做大做强。

（三）支持服务业发展，推动现代产业体系建设

一是安排现代服务业发展专项资金约1亿元，引导现代生产服务业和生活服务业发展。二是安排现代流通业发展专项资金3 000万元，支持现代物流、连锁经营和现代批发市场建设。三是安排现代信息服务业发展专项资金2亿元，支持市场化程度较高的现代信息服务业项目、现代信息服务业专业化产业园区、公共技术服务平台建设，推动传统产业向高端服务业发展，培育信息服务新型业态。四是调剂安排开拓广货资金6 000万元，促进区域间经贸合作，支持广东产品走向全国、走向世界，带动会展业发展。

（四）支持产业转移园建设，完善欠发达地区现代产业体系

以产业和劳动力“双转移”为契机，加大产业结构调整力度，支持新兴主导产业发展，推动欠发达地区加快建设现代产业体系，将原计划2008～2012年每年安排的15亿元省产业转移竞争性扶持资金，分5批提前在2008～2009年分配完毕。根据评审结果，2009年安排下达三批竞争性扶持资金45亿元，尽早发挥财政资金的扶持放大效应。省财政安排的竞争性扶持资金共带动地方政府和社会投入913.31亿元资金，带动投入的平均乘数达1:12.2，有力促进了重点产业转移园基础设施和公共服务平台建设，加快了全省产业和劳动力“双转移”步伐。

三、围绕“绿色广东”建设，落实财政支持节能减排政策措施

创新工作思路，加大财政投入，安排节能减排相关资金21.66亿元，推动全省节能减排工作取得积极成效。

（一）创新机制，加快推进欠发达地区污水处理设施建设

按照省委、省政府的部署，设立东西北地区污水处理设施建设专项资金，省财政统筹投入25亿元，将财政补助与省属集团市场化融资相结合，采用BOT模式加快欠发达地区污水处理设施建设。截至2009年，累计拨付补助资金约19亿元。加上各地自筹资金，全省共建成污水处理设施239座、日处理能力1 354.7万吨，处理能力居全国第一位，有力促地进了污染减排工作开展，得到了省委、省政府的充分肯定和高度评价。

（二）加大投入，支持环境综合整治和水污染治理

一是安排省级环保专项资金6 500万元、珠江流域水保护专项资金4 000万元、东江水系水质保护专项经费4 079万元、污染减排专项资金5 000万元、治污保洁专项资金（固体垃圾处理专项）6 000万元、环境管理能力建设经费3 000万元、排污费4 000万元，支持重点流域、河流和湖泊整治，加强环境监管能力建设，提升环境执法水平，为促进经济社会可持续发展发挥重要作用。二是安排节能减排与可再生能源重大专项资金1亿元，支持推广节能减排新技术、新产品、新工艺，推动重点行业、重点领域节能减排。三是安排节能专项资金2亿元，支持节能技术改造、资源综合利用和清洁生产以及淘汰落后产能工作。

（三）筹措资金，加快淘汰落后产能

2009年，省财政在极其困难的情况下，通过统筹部分节能专项资金、新增安排部分资金，加大投入，支持淘汰落后产能工作。一是落实财政补贴资金，推动淘汰落后钢铁产能工作。截至2009年年底，省财政已拨付三批淘汰落后钢铁产能补助资金8 336.88万元，支持淘汰落后炼钢、炼铁能力585.29万吨。二是按照地方政府负责、省财政适当补助和早退多补、迟退少补的原则，对部分地市淘汰落后水泥产能给予补助，2009年拨付补助资金1.08亿元，支持淘汰落后水泥产能888万吨。

四、围绕保障和改善民生，落实有关财政惠民政策

积极做好种粮直补、农资综合补贴、石油价格补贴等保障和改善民生的财政补贴工作，拨付补贴资金25.23亿元，确保中央和省委、省政府各项惠民政策落实。

（一）做好对种粮农民的直接补贴工作

按照4元/（每年每亩）的补贴标准对全体种粮农民给予补贴，共拨付省级种粮直补资金1.32亿元。通过组织专门检查，督促各地及时足额将补贴拨（兑）付到农民手中，促进粮食增产、农民增收。

（二）做好种粮农民农资综合直接补贴工作

根据中央政策要求，结合广东实际，按照49元/亩的补贴标准拨付全年农资综合直补资金16.24亿元，并督促各地按照公开、公平的原则及时拨付资金，落实惠农政策。按照财政部要求，制定实施方案，做好推进中央财政新增农资综合补贴资金集中用于粮食基础能力建设工作的前期工作，充分发挥新增资金的作用。

（三）做好油价补贴，推动国内成品油价与国际油价接轨

拨付油价补贴资金7.67亿元，对受成品油调价影响大、支出大幅增加、自身承受能力不足的部分弱势群体和公益性行业进行补贴。建立财政补贴机制，督促各地按照财政部的规定上缴2006~2007年油价补贴结余资金，及时向财政部汇总上报各地2008年油价补贴结余情况。

五、围绕改革创新，推动完善有关财政管理制度

（一）推进财政资金竞争性分配改革，提高资金配置效率

一是推动财政专项资金竞争性分配改革，研究制定《省级财政专项资金支持项目竞争性安排暂行办法》，对相关的财政专项资金实行竞争性安排，为创新资金分配方式，加强专项资金管理，提高资金使用效益起到了积极的作用。二是参与组织产业转移竞争性扶持资金竞标评审的具体工作，使专项资金分配从“一对一”单向审批向“多对一”审批、“多中选好、好中选优”转变，提高财政资金配置效率。

（二）推进财政投融资体制改革，支持重点项目融资

创新财政投融资方式，深入研究利用银行间票据市场搭建融资平台发行中期票据，制定中期票据财政保障方案、资金使用办法、资金使用实施细则等，明确中期票据的发行内容、资金使用、资金管理、利息偿还、本金偿还、增信方式和绩效评价等，为资金本息偿还提供保障。

（三）深化国企改革，维护社会稳定

一是加强企业改革与财务监管，做好省属企业政策性关闭破产工作，及时审核安排政策性关闭破产企业关闭费用，化解矛盾，维护社会稳定。二是会同省有关部门做好企业历史拖欠工资清欠工作，进一步核实企业历史欠薪数、经营情况、资产处置情况等，清算省级补助资金并报省政府审批，督促各市按国家和省政府的规定限期完成清欠任务。三是做好企业分离办社会工作。审核确定铁路分离办社会职能机构经费补助经费标准并及时下达，确保铁路分离办社会职能机构移交地方政府管理后正常运作。四是认真审核办理中国南方电网有限公司、中国广东核电集团有限公司改制重组上市、股东增资扩股事宜，维护广东省合法权益；审核批准所监管企业投资项目股份制改造、股权管理方案，提高企业市场竞争力和持续发展能力。

（四）推进粮食流通体制改革，维护粮食安全

一是继续贯彻落实消化1998年6月至2003年6月国有粮食购销企业政策性亏损挂账，督促各地按计划足额完成消化任务，对2008年各地消化粮食财务挂账及利息情况进行考核，按规定及时拨付省级补助款。二是进一步健全省级储备粮管理机制，推动市场化改革，完成第二次省级储备粮代储资格确认工作，及时拨付省级储备粮储备利息费用，以公开竞价方式分4场采购和销售省级储备粮共30万吨。三是做好省级储备粮库维修专项资金和军粮供应网点维修专项资金的项目审核、资金分配和下达工作。

六、围绕应急处理，推动财政应急保障作用发挥

（一）完善重要商品储备，加强应急物资管理

一是会同省有关部门下达全省地方储备食用植物油的

省市储备规模，研究省级储备食用油储备模式和制度设计。二是做好省级药品、化肥、冻肉储备财务管理工作，及时做好储备费用的结算和补贴资金的拨付，完成“达菲”等防治甲流专用药品的专项储备工作。

（二）加大安全生产投入，强化安全生产监管

省财政厅安排安全生产专项资金8 300万元，支持全省安全生产应急救援、安全生产执法及治理行动、安全生产培训、宣传教育和安全文化建设、安全生产技术研究与推广。安排专项经费支持在广东召开全国安全生产应急管理综合试点现场会，提升安全生产应急管理能力。

（三）防治地质灾害，维护人民群众生命和财产安全

省财政厅安排地质灾害防治专项资金5 000万元，重点支持全省性地质灾害监测预警、区域性地质灾害调查与区划、区域性地质灾害预测预警重点监测、珠江三角洲及周边地区地面沉降地质灾害监测等，并对成功预报地质灾害的单位和个人给予奖励。

（四）贯彻落实电价补贴政策，保障电力供应

一是积极会同省物价、经贸部门每月根据各9E、9F机组的发电成本、发电量，核定燃气燃油加工费补贴额，并按规定及时下达，确保全省电力正常供应。二是科学制定政策，加强燃气燃油加工费管理，降低大工业用户的燃气燃油加工费收取标准，降低大工业用户负担。三是安排省大面积停电应急处理专项经费并列入部门预算，支持省电力应急指挥平台建设、应急培训及演练。

七、围绕规范理财，推动财政科学化、精细化管理

（一）建章立制，规范财政专项资金管理

全面加强财政专项资金管理，制定、修订《2009年一次性新增省中小企业专项资金管理办法》、《2009年政银企合作专项资金项目实施办法》和《广东省重大科技项目专项资金管理暂行办法》等资金管理文件12项，明确专项资金管理职责，确定资金支持范围、支持方式，申请程序、审核要求以及监督检查职责等，推动财政资金管理科学化、规范化、制度化。

（二）统筹推进，完善国有资本经营预算管理体制

一是牵头制定《广东省省级国有资本经营预算试行办法》，研究制定《广东省省级国有资本经营预算试行办法实施细则》（送审稿），为顺利实施省级国有资本经营预算提供政策依据。二是会同省国资委组织收缴省属企业应上缴2007年度国有资本收益额，追缴省属企业历年应缴未缴国有资本收益。三是对历年省属企业国有资产收益收支情况进行清理，会同有关部门审核安排国有资本收益支出。四是布置开展2010年省级国有资本经营预算建议草案编制工作，并加强与省国资委、省国有经营性文化资产监督管理办公室及有关省属企业的沟通协调，确保编制工作顺利开展。

（三）增收节支，加强非税收入管理

一是协助开展行政经费节约年活动，大力压减一般性财政支出，确保实现公用经费“五个零增长”目标。二是按规定审批经管单位2009年非税收入收支预算，规范核事故应急准备专项资金、差别电价电费收入专项资金管理，及时返拨经管单位非税收入。三是将预算外非税支出按规定列入部门预算并规范管理，核定年度预算外资金安排2.76亿元。

八、围绕强化工作基础，推动工贸发展其他业务开展

强化工贸发展基础业务工作开展，以党建促业务，加强党风廉政建设，提升干部队伍素质，为推动工贸发展工作开展奠定了良好基础。

（一）加强资产评估行业行政管理，推进资产评估行业专营化发展

一是开展全省资产评估机构年度报备工作，对机构的设立、职业风险基金等情况进行摸底。二是根据财政部的要求，配合做好有关政策实施，明确以非货币财产出资的评估管理问题，加强资产评估机构职业风险基金管理。三是做好资产评估机构审批管理，严把准入关，并做好资产评估机构的变更、注销等事项的备案工作。四是贯彻实施《资产评估收费管理办法》，科学合理提出资产评估收费标准建议，有序推进资产评估收费制度改革。

（二）做好企业财务信息及农民补贴数据报送工作

一是汇总、分析上报全省国有或国有控股企业、非国有企业财务快报。二是根据财政部要求，定期上报《广东省企业经济运行状况报告》，按月对重点纳税企业税收情况进行分析，为领导经济决策提供依据。三是推动农民补贴网建设，完善农民补贴信息统计制度，完成农民补贴网数据月报工作。四是做好粮油价格月报、省级粮食风险基金月报、种粮农民直接补贴工作进度旬报等的数据报送工作。

（三）做好中央财政资金申报、拨付管理工作

省财政厅及时转发财政部有关科技型中小企业技术创新基金、节能减排专项资金、特大型地质灾害专项资金等的申报通知，认真组织申报项目评审、审核，严把资金申请关，及时拨付中央财政补助资金。2009年，中央财政累计下达工贸处专款指标55.89亿元，已安排支出51.78亿元。

（工贸发展处供稿，姚　林执笔）

农业财政管理和“契耕”两税征管工作概述

2009年，在省财政厅党组的正确领导和兄弟处室的大力支持下，农业处全体干部认真贯彻落实党的十七届三

中、四中全会，中共中央、国务院1号文件，中央和省农业农村工作会议精神，按照中央和省关于扩大内需的有关政策规定，以稳粮、增收、强基、惠民为核心，以整合资金、机制创新为突破口，进一步加大投入力度，优化产业结构，推进改革创新，完善公共财政支农政策体系，不断扩大公共财政覆盖农村范围，全面提高农业财政工作水平，支持促进农业持续增效、农民持续增收、农村繁荣稳定。

一、树立科学发展理念，服务财政工作大局

2009年是新世纪以来国家经济发展最为困难的一年，也是财政支农工作攻坚克难、砥砺奋进的一年。面对历史罕见国际金融危机的严重冲击，面对局部洪涝、干旱和严重病虫害的重大考验，在省委、省政府坚强领导下，按照省财政厅的统一部署，农业处牢固树立科学发展理念，充分发挥财政职能作用，迎难而上，奋力拼搏，紧紧围绕“保增长、保民生、保运转”的工作目标，认真抓好“三促进一保持”各项工作的贯彻落实，积极参与统筹城乡区域协调发展、编制《珠三角基本公共服务一体化规划》、落实推进“双转移”的相关财政政策、落实《珠三角地区改革发展规划纲要（2008～2020年）》、建设社会主义新农村和增收节支等各项中心工作，在服务财政科学发展大局方面，切实做到在工作中服务，在服务中发展。

2009年，省级年初预算安排中用于“三农”部分为269.18亿元，比2008年增长19.10%，其中，安排农林水支出70.59亿元，按可比口径计算，比2008年增长17.11%，确保了省委、省政府各项支农重点支出需要，切实推动了广东省农村改革与发展，巩固和发展了农业农村好形势。2009年，广东省粮食生产再获丰收，农民收入较快增长，农民生产生活条件加快改变，农村民生状况明显改善，农村基层组织进一步巩固，农村社会和谐稳定。

二、落实积极财政政策，为扩大内需夯实基础

扩大国内需求，最大潜力在农村。2009年，农业处坚持以科学发展观为引领，深入贯彻落实中央和省“扩内需保增长”的各项政策措施，努力推进实施积极财政政策，研究和探索运用财政杠杆，编制滚动预算等方式积极筹集资金，重点加大对城乡水利、农业基础设施等方面的投入，加快推进现代标准农田建设、低效园地改造和重点水利工程建设步伐，切切实实扩内需、拉消费、促发展，进一步夯实农业、农村经济发展基础。

（一）大力支持现代标准农田建设

2009年，全省继续统筹整合土地收益（新增建设用地土地有偿使用费和用于农业开发的土地出让金）和现有一般预算安排的农田建设资金，安排20.29亿元（其中省财政安排14.82亿元、市县安排5.47亿元），把125万亩中低产田建设成“田成方、渠相通、路相连、土肥沃”的现代标准农田，夯实农业生产条件，提高农业综合生产能力；同时，以农田标准化建设减少农村单位土地使用劳动力，提高农业生产效率。

（二）大力支持低效园地山坡地改造

按照“取之于土地，用之于土地”的原则，2008～2012年，从用于农业土地开发的土地出让金、新增建设用地土地有偿使用费两项土地收益，以及省财政预算安排等筹集40亿元（每年8亿元），支持市县开展低效园地山坡地建设用地改造，力争科学开发、新造200万亩有效耕地，促进实现全省耕地占补平衡和总量动态平衡，提高粮食生产能力。

（三）大力支持重点水利工程建设

2009年，省财政通过调整现有省级水利资金盘子、专项资金增加安排、预拨资金，以及银行贷款等方式共筹集资金130.42亿元，支持全省水利建设，比2008年的42.81亿元增加87.61亿元，增幅204.65%。

1. 拓宽来源，大力推进城乡水利防灾减灾工程。一方面，根据省委、省政府的统一部署，省财政积极调整、整合现有省级水利建设资金，优化支出结构，多渠道筹措资金，拓宽来源，重点保障城乡水利防灾减灾工程建设支出。另一方面，为督促鼓励市县落实城乡水利防灾减灾工程自筹资金，经十届127次省政府常务会议批准同意，省财政安排市县财力性补助资金24亿元，鼓励市县落实自筹资金，解决建设资金瓶颈问题，确保城乡水利防灾减灾工程建设资金的需求。

2. 落实资金，保障重点水利工程建设。经十一届7次省政府常务会议决定，由省通过建立省级水利融资平台，调整现有省级水利资金盘子等方式筹集资金，支持大中小型病险水库除险加固、农村饮水安全、湛江鉴江水利枢纽、雷州青年运河续建配套与节水改造，以及珠海竹银水源工程等重点水利项目建设。还本付息资金按照“以水养水”原则，通过提高水资源费征收标准增加水资源费收入以及设立堤围防护费省级调节资金予以解决。

三、落实支农惠农政策，促进农民增收致富

实现经济平稳较快发展，基础支撑在农业；保障和改善民生，重点难点在农民。2009年，农业处始终坚持以人为本。一方面，紧紧围绕广大农民群众最关心、最直接、最现实的问题，认真抓好各项支农惠农政策的贯彻落实，进一步完善和强化农业补贴政策，积极实施水稻良种补贴，能繁母猪保险保费补贴等政策，着力建立健全财政支农惠农政策体系；另一方面，围绕构建现代农业产业体系，大力发展现代农业，进一步推动农村经济发展，促进农民增收致富。

（一）进一步完善和强化农业补贴政策

继续认真落实良种补贴、农机补贴等各项农业补贴政策。一是认真落实良种补贴政策，下达良种补贴资金17 111万元（其中：中央补贴资金16 111万元，省级补贴资金1 000万元），在全省30个县（市、区）开展良种补贴，推广种植水稻优良品种。二是逐步提高农机具补贴水平，2009年全省农机具购置补贴资金规模达到23 770万元

（其中：中央补贴资金22 000万元，省级补贴资金3 770万元）。

（二）着力构建现代农业产业体系

一是大力推进现代农业主导产业带建设。在2008年大力开展东江上游和西江北岸特色水果产业带、怀集梁村平原优质稻产业带建设的基础上，2009年省财政厅新增建设韩江上游油茶等产业带项目，2009～2011年，韩江上游油茶等产业带项目计划统筹整合3亿元，建设油茶和茶叶示范基地11万亩，推动梅州市发展油茶和茶叶28万亩（油茶22万亩，茶叶6万亩）。2009年，中央和省财政共安排1.37亿元（其中：中央1.07亿元，省财政3 000万元）支持特色水果、优质水稻、油茶茶叶等3个现代农业生产产业带建设，着力推动全省优势农产品生产向规模化、集约化、专业化、优质化发展，努力打造具备区域特色的现代农业生产经济板块。二是大力支持促进农业产业化发展。继续安排农业龙头企业贷款贴息专项资金4 000万元，通过贷款贴息方式扶持省重点农业龙头企业；继续安排农业现代化园区建设资金2 000万元，采取以奖代补的方式，扶持粤北山区、东西两翼农业现代化示范区建设；继续安排“一乡一品”专项资金1 500万元，支持山区和革命老区特色农业和效益农业发展；安排农民专业合作社扶持资金1 000万元，扶持基础好、辐射带动作用强的示范专业合作社发展。三是着力建设现代渔业。安排海洋渔业科技与产业发展专项资金5 000万元、人工鱼礁建设议案资金5 000万元、渔民转产转业议案（第二阶段）资金6 200万元，切实加快发展海洋经济和现代渔业。

（三）支持推进林业生态建设

一是加强水源涵养林的建设，分别安排水源涵养林建设专项资金2 000万元，林分改造专项资金5 000万元；二是增强防灾减灾能力建设，分别安排林业防灾减灾专项资金2 000万元，新农村建设—植物病虫害防控专项资金1 000万元，森林防火指挥中心建设专项资金2 688万元；三是安排自然保护区议案资金1 643万元，加强自然保护区基础设施建设；四是安排及返还植被恢复费22 744万元，促进森林植被的恢复；五是安排林业科技创新资金1 000万元，提高全省林业科技创新能力；六是安排林业生态林补偿资金6.2亿元，将补偿标准从2008年的10元/（亩·年）提高到12元/（亩·年）。

四、发挥财政保障作用，应急救灾扶贫济困

2009年，农业处充分发挥财政保障作用，切实做好应急救灾及扶贫济困各项工作。

（一）切实履行省财政支持防汛救灾统筹协调职能

认真履行省财政厅防汛救灾领导小组办公室职责，建立健全强有力的工作运行机制方面，做了大量统筹协调工作。特别是面对台风引发的自然灾害，紧急启动省财政厅救灾应急保障预案，实行值班制度、联络员制度，建立信息报告机制；主动会同省直农口部门，及时向财政部及中央有关部委反映灾情，争取中央支持。2009年，中央财政先后下达6批共6 200万元救灾资金。

（二）继续加强动植物疫病防控体系建设

2009年，广东省动植物防疫工作任务很重，面对牲畜口蹄疫、禽流感、高致病性猪蓝耳病等动物疫病和薇甘菊、水稻稻瘟病等植物病虫害的严重威胁，农业处积极主动，安排动植物疫病防控体系建设、农（渔）产品质量安全监督监测体系建设、植物病虫害防控等专项资金，及时保障动植物防治工作的落实。一是根据中央及省关于牲畜口蹄疫、禽流感和高致病性猪蓝耳病强制扑杀补偿的规定，继续安排重大动物疫病防控经费1亿元，其中安排1 015万元，用于购买甲型H1N1流感消毒药物和防护用具以及落实甲型H1N1流感监测经费等。二是继续安排省级基层动物防疫补助资金1 000万元。三是继续安排省农业厅2009年畜禽标识管理经费2 000万元，用于购买牲畜二维码耳标和二维码识读器。四是安排动物防疫体系建设资金2 000万元，用于支持经济欠发达地区动物防疫体系建设。五是安排农（渔）产品质量安全监督监测体系建设资金6 000万元。

（三）扎实推进解决民生热点问题

一是妥善解决历史遗留问题，分类处置历史债务，推进华侨农场改革和发展。积极筹措资金，下达华侨农场分离办社会职能和土地确权办证经费第二批省级补助资金618.1万元、扶持华侨农场事业发展资金600万元、水利建设补助资金500万元、老归侨事业费50万元，并按规定向中央申请补助资金；严格把握政策关，认真会同有关部门抓紧对财政部驻广东省财政监察专员办事处审核提出异议尚未处置的华侨农场金融债务进行分类处置，同时，通过“以奖代补”的方式，认真组织市县政府和侨区（镇办）政府切实采取有力措施解决历年拖欠职工工资、离退休金、医疗费和职工集资等涉及个人的债务。二是落实贫困村“两委”干部补贴政策，2009年省财政安排16 744万元专项用于贫困村两委干部补贴，确保全省3 419个贫困村“两委”干部月收入不低于300元。三是安排各项水库移民补助资金8.68亿元，提高农民、移民生产生活水平。四是按照省政府《关于进一步加大投资力度扩大内需促进经济平稳较快发展的若干意见》的有关规定，2009年省财政安排廉租住房专项补助资金2亿元，专项用于支持东西两翼和粤北山区建设廉租住房，帮助欠发达地区妥善解决城镇低收入家庭的住房困难问题。

（四）大力推进农村扶贫开发

一是积极筹措资金支持扶贫开发工作，2009年省财政年初预算安排扶贫专项资金3.89亿元，比2008年增加1 290万元，主要用于支持农村危房改造，“大禹杯”竞赛活动，老区发展，扶贫培训，扶贫农业龙头企业贷款贴息，农村贫困老党员、村干部补贴等。二是根据省委书记汪洋“规划到户、责任到人”有关批示精神，2009年上半年，省财政安排800万元（含预拨2010年的400万元）支持贫困户建档立卡工作，为全面实施“点对点”扶贫模式，加

快贫困村贫困群众脱贫奔小康步伐打下基础。三是为深入贯彻落实党的十七届四中全会精神，在深入调研的基础上，会同省委组织部完成了《建立稳定规范的基层组织工作经费保障制度专题调研报告》，并报省委省政府批准，明确提出用三年时间，省财政投入9亿元，逐步建立资金稳定、管理规范、保障有力的，以省市补助、县级统筹、村集体收入自我保障为主要内容的农村基层组织工作经费保障制度，确保农村基层组织依法有效履行职能。

五、牢固树立创新意识，积极推进财政改革

2009年，农业处牢固树立创新意识，积极主动参与和支持各项改革。

（一）创新水利融资平台建设

为解决水利工程建设力度不断加大与现有水利资金盘子相对紧张之间的矛盾，2009年，利用省级水资源费、堤围防护费省级调节资金形成的现金流，依托广东省供水工程管理总局作为融资平台和承贷主体，向有关金融机构融资150亿元，支持城乡水利防灾减灾、病险水库除险加固、农村饮水安全等重点水利工程建设投入，加快推进全省农村饮水安全、病险水库除险加固等重点工程建设，多次受到水利部等中央有关部门表扬，也得到省领导充分肯定。在建立水利等融资平台的请示上，省长黄华华批示："省财政厅的建议很好"，常务副省长黄龙云批示："此件重要，是基础性、约束性的文件，对全面开展融资工作有很大意义，亦是重要成果"。

（二）稳步推进林权制度改革

为加快推进集体林权制度改革，进一步解放和发展林业生产力，促进广东省现代林业发展，省财政按1.5元/亩的标准安排全省集体林权制度改革工作经费2.265亿元，并配合有关部门做好集体林权制度改革配套改革工作，解决基层林业站、木材检查站定编定员和财政核拨经费问题，要求各地积极做好集体林权制度改革与林业发展的金融服务工作。

（三）支持和稳妥推进政策性农业保险试点工作

一是积极实施政策性能繁母猪保险保费补贴制度，根据中国人民财产保险股份有限公司广东省分公司和省农业厅核实的能繁母猪承保数量，已下拨了省级能繁母猪保险保费补贴资金约4 501万元。二是经省政府同意，2009年起，广东省全面实施农房保险工作，省财政厅制定了《广东省政策性农村住房保险保费补贴资金管理暂行办法》，安排农房保险保费补贴资金3 280万元。三是会同有关部门，研究制定了广东省政策性水稻种植保险试点方案并报请省政府批准，在此基础上，根据水稻种植保障经费筹措办法，相应预留安排水稻种植保险保费补贴资金2 000万元。

（四）支持推进省直监狱体制改革，实行监狱经费收支脱钩管理

按照省政府对监狱体制改革的工作部署，科学合理地提出广东省监狱基本支出经费实行全额保障的实施方案，同时，为加强对预算外专户资金的管理，会同监狱主管部门制定了《省直监狱单位专户资金管理暂行办法》，达到了中央提出的建立"监企分开、收支分开、全额保障、规范运行"的新型监狱经费管理体制的要求。

（五）支持市县水管单位体制改革

按照省政府办公厅印发的《广东省水利工程管理体制改革实施方案》的精神，省财政2009年继续安排5 200万元，采取"以奖代补"方式支持欠发达地区水利工程运行维护。同时，为引导和促进市县加大资金筹集力度，彻底解决水利工程管理单位体制改革历史遗留问题（主要指解决职工社保欠费问题），进一步促进水管单位管理水平的提高，省财政从2008～2010年每年增加安排资金5 000万元，合计共1.5亿元，并于2009年9月制定和印发了《广东省水利工程管理单位体制改革省级财力性奖补资金管理办法》，对列入水管体制改革范围的水管单位，按其职工社保欠费总额的50%，作为有关市县财力性奖补资金的可安排额度给予财力性奖补。

此外，农业处还积极参与了财政体制改革、农村综合改革试点、农业科技推广体系改革、畜牧兽医体制改革等各项改革。

六、加强资金规范管理，推进支农机制创新

2009年，农业处牢固树立"抓规范管理就是抓资金投入、抓效益、抓安全"的理念，坚持把规范管理与增加投入放在同等重要的位置。在全面实行因素法分配专项资金、国库集中支付和财政报账管理的基础上，2009年重点加强专项资金制度建设、专项资金竞争性分配改革、项目审批下放改革，逐步建立健全支农资金绩效考评和奖励制度等工作，全面提高农业财政工作水平。

（一）建章立制，规范专项资金管理

为全面加强省级财政支农专项资金的管理，农业处下大力气抓资金的规范管理，会同有关部门制定完善专项资金管理办法，规范专项资金的扶持范围、申报条件、申报程序、审核要求、资金用途、使用范围、分配下达、资金拨付、部门职责、监督管理等方面的管理。2009年，农业处制定了《广东省补充耕地省级补助资金管理暂行办法》、《广东省城乡水利防灾减灾工程建设省级财力性奖补资金管理办法》和《广东省政策性农村住房保险保费补贴资金管理暂行办法》等14项专项资金管理办法和制度，切实提高了财政支农资金管理制度化、规范化水平，推动建立科学合理、层次清晰、分工明确、覆盖全面的支农资金管理制度体系。

（二）扩大县域自主权，推进项目审批权限下放

按照财政部的部署和省委省政府关于扩大县域自主权的要求，对具备下放项目审批权条件的专项资金，按因素法、公式法确定分配额度，由市县根据实际选定项目并组织实施，向省级主管部门和省财政厅报备。2009年，廉租

住房保障专项资金、“大禹杯”专项资金、灾毁基本农田垦覆等专项资金均按因素分配到县，由县级直接安排到项目，充分发挥县级选项立项的自主权，有效调动了市县政府履行本级职责的积极性，提高了资金绩效。

（三）创新管理模式，探索竞争性分配机制

2009年，按照省领导和省财政厅领导关于财政专项资金实行竞争性分配改革的有关指示精神，农业处积极研究在省级财政支农资金分配管理环节引入竞争性机制，将省级农村危房改造专项资金、基本农田整治等专项资金，纳入2009年省级财政专项资金试行竞争性分配改革试点范围，将财政专项资金分配从“一对一”单向审批安排，转向“一对多”选拔性审批安排，建立“多中选好，好中选优”的项目优选机制，使有限的财政资金能得到最有效的使用，切实提高财政支农资金分配、使用效益。

（四）强化绩效考评，逐步建立健全支农资金绩效考评和奖励制度

为进一步规范和加强财政支农资金管理，建立、健全激励和约束机制，提高资金使用效益，农业处切实把绩效考评工作作为加强支农资金管理的重点工作来抓，按照依法理财、科学理财的要求，重点开展现代农业生产发展项目绩效考评，促进工作责任落实。一是强化绩效考评制度建设。根据财政部印发的《中央财政现代农业生产发展资金绩效考评试行办法》和《小型农田水利重点县建设资金绩效考评暂行办法》的有关规定，按照规范、简便、可操作的原则，制定了《广东省现代农业生产发展中央和省级财政资金绩效考评实施细则》和《广东省小型农田水利重点县建设绩效考评实施细则》，明确考评范围，确定考评内容，细化考评指标，规范考评程序，严格考评要求。二是大力开展绩效考评。2009年2~4月，按照“客观、公正、科学、规范”、“有利于推动支农资金整合”、“权责统一”和“定性考评与定量考评相结合”的四大原则，从实施方案制订、支农资金整合、资金项目管理、项目实施效果以及违规违纪行为等五个方面，分市级自评和省级考评两个阶段，对西江北岸和东江上游特色水果产业带、肇庆市怀集梁村平原优质稻产业带2008年财政现代农业生产发展资金绩效目标实现情况，进行了认真细致的综合性自评，实现了“问效”与“问责”的有机结合。在2009年6月财政部的项目绩效考评检查中，受到了财政部农业司的表扬。2010年3月，按照“客观公正”、“分级负责”、“突出重点”的原则，省财政厅会同省水利厅有关单位，组织有关农田水利和财务专家组成考评组，从项目组织、项目管理、资金管理、实施效果等四个方面，对增城、龙川、梅县、开平、电白、怀集、英德、潮安等8个小型农田水利重点县进行绩效考评。三是建立奖励制度。逐步强化以结果为导向的资金分配激励机制，将考评结果作为省财政厅以后年度现代农业生产发展资金分配的重要参考依据，对现代农业生产发展资金和项目管理绩效突出的市县给予适当奖励。

七、推进支农资金整合，集中财力办大事

2009年，在财力十分紧张的条件下，着力在盘活存量、提高效益上下工夫，按照“农口现有资金安排、管理责权不变，调整资金使用方向，集中财力办大事，优势互补、形成合力”的原则，统筹整合各部门、各渠道支农资金，优化支农结构，集中财力投向关系农村民生和体现公益性、公共性的领域。

（一）调整资金投向，优化支出结构

根据新时期中央和省政府的支农惠农政策，统筹整合各部门、各渠道安排的支农资金，调整资金投向，优化支农结构，集中财力，重点投向农业农村基础设施建设、农村公共服务体系建设、农业发展等关系民生和体现财政支农资金公益性、公共性的领域，解决农民群众最关心、最迫切、最受益的实际问题，逐步减少对除粮食生产、农产品加工等准公共产品之外的其他竞争性领域和生产环节的投入。

（二）以点带面，全力推动资金整合

按照财政部整合资金的有关要求，围绕“三农”工作大局，省财政不断探索推进财政支农资金整合工作。一是抓好省级整合资金工作。2009年，省财政厅统筹整合资金大力推进现代标准农田建设和低效园地山坡地改造，预计可引导社会投入40亿元。二是抓好县级财政支农整合资金试点工作。在选择德庆县、清新县开展县级财政支农资金整合试点的基础上，积极总结经验，并在全省逐步推广。三是省市县共同整合资金，推进现代农业生产发展。以现代农业生产发展主导产业带和小型农田水利重点县建设为平台，省市县财政部门对性质相同、用途相近的各类支持农业生产发展的专项资金进行整合，2009年通过申请中央财政现代农业生产发展资金、整合地方财政支农资金、引导企业等社会资金投入等方式，统筹整合及引导社会投入资金3.5亿元，大力支持西江北岸、东江上游特色水果产业带，怀集梁村平原优质稻产业带和韩江上游油茶产业带等三个现代农业主导产业带和小型农田水利重点县建设。

（三）奖优罚劣，认真抓好支农资金整合考评

按照财政部《关于做好2009年县级财政支农资金整合工作考评的通知》的有关规定，迅速组织开展县级财政支农资金整合考评工作，一是印发《关于做好2009年县级财政支农资金整合工作考评的通知》，要求各地级以上市以县为单位，积极组织开展县级支农资金整合自评工作，并明确考评范围，确定考评内容，规范考评程序，严格考评要求。二是成立植保、土肥、科技管理等领域的专家考核组，对县级财政支农资金整合进行评审，出具专家组初评报告，切实提高考评工作质量。三是成立省财政厅考评小组，由农业处牵头，按照《广东省县级财政支农资金整合工作考评实施细则》的有关规定，对专家组评审意见及参加财政支农资金整合考评的市县所报考评材料进行审核，最终择优确定推荐财政支农资金整合奖励县名单。2009年7月，

经过周密部署和精心组织，农业处从贯彻落实科学发展观、扎实推进社会主义新农村建设、财政支农资金整合方案制定、体制机制创新、保障措施、整合资金规模、引导社会投入、资金管理、项目建设以及整合效益等十个方面，分县级自评和省级考评两个阶段，对全省自愿参加考评的15个市35个资金整合县（市、区）的整合工作进行了认真细致的考评。

八、切实履行工作职责，做好“两税”征管工作

2009年，全省“两税”收入共完成206.52亿元，完成年度征收预算数（代编）155亿元的133.24%，比2008年同期的143.97亿元增收约62.55亿元，增幅43.45%。其中：契税175.39亿元，比2008年同期增收32.34%；耕地占用税31.13亿元，比2008年同期增收172.15%。主要做法包括：一是坚持依法治税。认真执行国家和省有关“两税”政策规定，督促市县征管部门依法、依规进行“两税”征管。二是推进沟通协调。纵向上推行上下联动，主动向财政部、国家税务总局和省政府反映情况，请示有关政策；加强对市县征管工作的指导，及时批复有关征管问题。横向上，加强部门协作，大力推进征管信息化建设，逐步完善征管过程与地税、国土、房地产管理部门的数据传递、信息反馈和资源共享等机制，及时掌握税源资料，严把纳税关、紧控办证关，通力合作，深入推动以契税为把手的“先税后证”和房地产税收一体化管理。三是加强培训指导。结合耕地占用税新条例颁布，组织订购和学习《耕地占用税新法规适用指南》等政策法规书籍，提高市县“两税”征管人员的政策水平和业务能力。四是理顺征管体制。按照财政部、国家税务总局《关于加快落实地方财政耕地占用税和契税征管职能划转工作的通知》的规定，积极与省地税局等有关部门沟通协商，稳妥地推进广东“两税”征管职能划转工作。

九、认真做好人大议案、政协提案答复工作

农业处承办的人大议案、政协提案量大，问题敏感。2009年，农业处共承办人大议案68件、政协提案39件。为做好答复工作，农业处各位同志积极加班加点，主动与人大、政协代表加强沟通解释，扎扎实实地做好答复工作，答复满意率较高。对反映农民心声、促进“三农”工作的部分可行建议，迅速行动，会同主管部门进行认真研究，出台具体政策措施，推动了“三农”工作的开展。

（农业处供稿，余玩冰执笔）

基本建设财政财务管理工作概述

2009年，广东省基本建设财政财务工作在省财政厅党组的正确领导下，坚持以邓小平理论和“三个代表”重要思想为指导，以科学发展观为统领，认真贯彻落实积极财政政策，以加强省重点项目财政财务管理为抓手，积极探索和创新财政投资项目管理模式，全力以赴做好支援四川汶川灾后恢复重建工作，切实加强财政投资基建项目支出预算管理和资金监管，为和谐社会及推动广东省经济又好又快发展发挥应有的职能作用。

一、基本建设投资项目支出预算执行情况

2009年，根据基本建设财务管理有关规定和省政府《省级基本建设项目财政性资金集中支付暂行办法》，省财政厅2009年安排项目预算（拨款）指标120.27亿元（其中安排省级项目预算指标76.15亿元，安排市县项目预算指标44.12亿元），根据工程进度已拨付项目资金86.49亿元（其中拨付省级项目资金42.54亿元，拨付市县项目资金43.95亿元），结转2010年度预算指标33.78亿元，确保了各项建设资金安全、高效使用。

二、履行政府投资项目财务管理职能，把好建设项目资金审核、支付关

（一）切实履行项目前期论证工作和立项预算审查职责

根据省政府办公厅印发的《广东省省级财政性资金投资民用建筑项目管理暂行办法的通知》的规定，履行财政投资项目预算审查工作，通过评审机构，合理核定建设项目使用省级财政投资规模，提出切实可行的资金安排意见和建议，供省领导决策参考。2009年，省财政厅参与项目前期论证工作共55项。

（二）把好日常基建项目资金审核关

严格依照“按年度计划、按预算、按合同、按进度”原则办理项目资金拨付。金额较大的按规定须送省财政厅投资审核中心审核的及时送审，手续不全或资料不齐要求补充完整，不符合规定的依据不足的不予支付。

（三）加强对省重点项目财务监督管理，对部分重点工程派驻财务总监

根据《广东省省级财政性资金投资基本建设重点项目财务总监管理暂行办法》，经报省政府批准，省财政厅对广州亚运会场馆、北江大堤、省博物馆、省疾病预防控制中心、乐昌峡、中山图书馆、粤剧中心等7个重点工程派驻财务总监，均较好地起到规范建设单位财务管理和控制工程造价的作用。

（四）完善投资评审工作制度

针对部分建设单位在接受财政投资评审时存在送审资料不完整和编报工程结算以及竣工财务决算不及时等问题，省财政厅于2009年12月向省直有关单位印发了《关于进一步做好省级财政性投资评审工作有关事项的通知》，进一步规范省级财政性资金基本建设投资评审工作。

（五）加强工程预、结（决）算审核工作，节省财政资金

2009年，省财政厅共完成委托投资估算、工程预、结（决）算以及集中支付和合同等各类评审共118项，委托审

核金额44.16亿元，审定金额41.99亿元，核减金额2.17亿元，核减率为4.91%。

2010年1月5日，《中国财经报》报道了广东省财政投资项目的立项和具体投资情况，对“广东省财政投资项目立项以及具体投资建设规模，省发展改革委必须会同省财政厅共同审查后报省政府确认”的做法给予充分肯定，并凸显省财政在项目决策和管理方面的发言权。

三、充分发挥财政投资的主导或引导作用，全力保障重点项目建设

2009年，省财政厅继续按照“集中力量办大事”、全力推进重点项目建设的要求，充分发挥财政投资“四两拨千斤”的投资乘数效应和杠杆作用，集中财力，投入大额资金用于省高速公路、部省合作铁路、珠三角城际快速轨道交通、潮汕民用机场等省重大项目资本金，大力推动一大批重大项目顺利开展。截至2009年12月31日，广东省省级财政投资省高速公路、省铁路建设、珠三角城际快速轨道交通、潮汕民用机场、高校贴息、十一五期间省直粮库、文化建设等重大项目总投资473.93亿元，累计下达预算399.99亿元，累计拨款387.76亿元。其中，2000年省级财政下达预算74.47亿元，拨付项目资金78.20亿元。

（一）加快推进珠三角城际轨道交通建设

为支持省铁路投资集团落实轨道交通项目建设资本金，经省政府批准同意及中国银行间交易商协会注册，广东恒健投资控股有限公司作为省政府融资平台，于2009年3月成功发行中期票据100亿元，专项用于珠三角城际轨道交通等省重点项目建设。截至2009年年底，省财政厅按规定审核拨付中期票据募集专项资金62亿元，支持组建省东南城际轨道交通有限公司和西北城际轨道交通有限公司。上述两个公司分别负责的省东南片网的广州—东莞—深圳、东莞—惠州以及省西北片网广州—佛山—肇庆、广州—清远等轨道交通项目建设。在省财政资金的投资带动以及省有关部门的积极组织实施下，广州—东莞—深圳、广州—佛山等续建项目加快推进；东莞—惠州、广州—肇庆城际轨道交通按计划顺利于2009年底开工建设，累计完成建设投资180.84亿元。

（二）加快潮汕民用机场项目建设

根据省委、省政府统一部署，为支持潮汕民用机场项目建设，省财政安排拨款4亿元作为该项目资本金。截至2009年年底，省财政厅按规定审核拨付资金4亿元，确保了潮汕民用机场项目征地拆迁以及主体工程建设等用款需求。

（三）大力支持地方实施标准化渔港建设

为充分发挥广东海洋和渔业资源优势，经省政府同意，省财政决定从2009年起连续五年，进一步加大对包括粤西地区各市在内的渔港防波堤、护岸、码头等公益性基础设施建设的投入。一是对一类渔港，省财政将进一步提高省补助地方的标准，由原来的中央与省投资1:0.5调高至1:1给予补助配套；二是对二类渔港，省实行竞争性安排，筛选优秀渔港建设项目给予不超过总投资50%的补助；三是对三类渔港，省设立奖励资金，每年对10个三类渔港建设较好的先进市县各奖励200万元。同时，与广东省海洋与渔业局联合印发了《广东省标准化渔港建设专项补助资金使用管理办法》，以保证渔港建设专项资金的规范管理。经初步匡算，根据上述补助政策，2009～2013年，省财政共需投入渔港建设补助资金7.55亿元，加上之前省财政已按省政府原批准的中央与省投资比例1:0.5预留安排的补助资金预算5 850万元，未来几年内，省财政对全省渔港建设项目的补助总投入8.15亿元。其中2009年中央拨付补资金12 716万元，省财政已拨付补助建设资金5 300万元，确保广东实施标准化渔港工程建设顺利开展。

（四）加快部省合作铁路项目建设工程进展

为抓住中央支持广东铁路建设的良好机遇，加快推进广东铁路建设进程，实现东西北地区铁路项目建设的跨越式和可持续发展，努力通过铁路等重大基础设施辐射拉动经济欠发达地区经济发展，自2005年以来，省政府常务会议先后共决定由省财政直接向省铁路投资集团注入94.2亿元资本金，作为省政府对全省铁路建设项目的投入。截至2009年年底，省财政厅已按规定审核拨付铁路专项资本金85.44亿元至该集团资本金专户，按规定联合省铁路投资集团双签核拨铁路建设专项资本金共约21亿元，分别用于厦深铁路、贵广铁路、南广铁路、赣韶铁路以及茂湛铁路等项目资本金出资，极大地加快省财政投资结存资本金的使用进度，有效地推动了广东铁路和轻轨项目建设的工程进展。

四、加强国债专项资金管理，做好国债转贷资金本息的回收工作

2009年，广东省财政部门进一步加强国债专项资金的监督管理，做好国债转贷资金本金回收、利息催缴及支付工作。

（一）研究加强国债项目资金监管力度

2009年2月和9月，针对广东省国债项目分布散、管理工作经费不足等问题，省财政厅在江门市和河源市召开了全省财政投资管理工作座谈会，其中对加强中央国债项目财政管理、监督和加大国债转贷资金本息偿还工作力度进行了专题研究讨论，使地方财政注意加强财政债务风险管理。同时，为解决各地普遍存在国债管理工作经费不足的实际问题，2009年由省财政专项安排全省经济欠发达地区国债项目管理经费300万元。

（二）加强国债转贷资金本息回收工作

截至2009年12月底，省财政已及时将经济建设处经管的省级和各地市2009年到期应付的国债转贷资金本息共计9.58亿元，垫付上缴中央财政，省财政实际回收国债转贷资金本息9.25亿元，回收率为97%，较好地完成国债回收工作。

五、继续做好中央扩大内需促进经济增长政策落实工作

按照中央和省委、省政府扩内需保增长的决策部署，省财政切实加强资金管理，及时下达投资预算，积极跟进全过程的监督检查，为有效落实一揽子经济刺激计划发挥了重要作用。

（一）及时下达中央扩大内需投资资金

2009年，广东省共收到财政部下达扩大内需中央投资资金预算37.94亿元（不含深圳），主要用于加快民生工程、基础设施、生态环境建设以及自主创新和产业结构调整等领域。省财政厅根据国家发展改革委、财政部《关于印发紧急落实新增1 000亿元中央投资工作方案的通知》要求和按照《广东省扩大内需中央资金管理暂行办法》规定，及时分解下达扩大内需中央投资资金36.39亿元，通过集中支付拨付中央投资资金到各市及省直有关单位35.88亿元，确保扩大内需项目资金的及时到位。

（二）采取措施督促地方配套资金的落实

针对部分市和县区存在扩大内需项目地方配套资金没有百分之百落实的情况，省财政厅及时转发了《财政部关于加快落实中央扩大内需投资项目地方配套资金等有关问题的通知》，以及与省发展改革委、省监察厅联合下发了《关于认真落实扩大内需中央投资项目地方配套资金有关问题的通知》和印发了《关于认真落实扩大内需中存在问题整改工作的通知》等文件，督促市县采取措施及时落实地方配套资金。根据省发展改革委投资计划文件确定的地方政府应配套资金为54.68亿元，截至2009年12月31日，地方政府落实配套资金45.94亿元（省级财政落实配套资金27.29亿元，市县财政落实配套资金18.65亿元，其中安排中央代发地方政府债券资金10.77亿元），占应配套资金84.02%。

（三）认真研究存在问题，及时提出解决措施

对“经济欠发达地区落实配套资金困难”问题和“个别项目资金管理不到位”问题提出解决措施，并提出意见呈报省政府审定；对“项目主体工程建设已近尾声或已完工中央资金才到位的情况，造成部分中央资金暂时闲置，如何处理这部分中央闲置资金问题”，认真研究相关政策，及时按照财政部关于对国债项目资金安排使用中有关财务处理规定提出处理意见。

（四）加强监督检查，督促存在问题整改落实到位

结合中央检查组和审计署驻广州特派员办事处对相关市检查发现的违规问题情况，在全省财政系统开展了自查自纠工作，确保存在问题整改落实到位。为进一步加强扩大内需中央投资项目资金监督管理，2009年11月中旬分别由省财政厅党组成员、副厅长郑贤操和省财政厅副巡视员纪武率队对汕头、潮州、湛江、茂名四市扩大内需工作进行了专项检查，针对检查发现的问题，立即与相关市进行沟通反馈，督促做好整改。积极参加省检查组工作。广东省扩大内需促进经济增长政策落实第五检查组由省财政厅副巡视员纪武带队，经济建设处处长曾毓昌具体负责检查工作，2009年三次赴惠州、韶关、佛山等地进行扩大内需工作的监督检查，检查组通过实地察看项目、听取汇报、查看资料等，对基层存在的困难给予及时帮助和指导，对存在问题及时指出并提出整改措施，并及时向省扩需办提交检查报告。

（五）积极配合中央检查组第二轮、第三轮来穗的检查工作

一是配合做好中央检查组来粤的汇报工作，及时向中央检查组汇报省财政厅2009年扩大内需工作进展情况、广东省代发地方政府债券有关工作情况及有关资金拨付情况等。二是派员协助中央检查组到各地检查工作，为中央检查组及时提供资料情况等。三是认真做好中央检查组来省财政厅的检查汇报工作，省财政厅及时成立扩大内需工作领导小组、制定《广东省扩大内需中央资金管理暂行办法》，省级配套资金及时落实到位及对工作中存在的问题能深入研究等得到中央检查组的表扬。

（六）加强沟通协调，做好信息资源报送及经验交流工作

2009年，省财政厅召开三次全省财政经济建设管理工作会议，推动全省扩大内需工作开展。一是年初在江门台山市召开全省财政经济建设管理工作会议，研究部署2009年财政系统扩大内需投资管理工作，并对扩大内需有关政策进行了指导和培训。二是年中在河源市召开全省财政经济建设工作会议，传达全国财政经济建设工作会议精神，重点研究落实扩大内需项目地方配套资金和加强监督管理建议，省财政厅党组成员，副厅长郑贤操出席会议并作了重要讲话。三是年底召开全省财政扩大内需报表填报工作培训班，讲解扩大内需报表各项填报指标内涵、统计口径，提出做好填报工作相关要求，确保了报送中央扩大内需报表的质量和时效。同时，为及时掌握工作进展情况，根据财政部《关于实行扩大内需投资落实情况月报制度的通知》要求，制定按月报送扩大内需中央投资落实情况制度，要求各地级以上市财政局、省直有关单位每月终了后2日内及时报送扩大内需投资落实情况及工作进展情况。

六、积极配合做好对口支援汶川灾后恢复重建工作

根据国务院办公厅《关于印发汶川地震灾后恢复重建对口支援方案的通知》，广东省是唯一对口支援地震重灾区2个省5个县的省份。按照省委、省政府的统一部署，充分发挥财政经济建设职能作用，全力以赴做好抗震救灾和灾后恢复重建工作。一是积极会同省有关部门，及时研究提出广东援建资金总盘子上报省政府审定，多渠道筹措建设资金，认真落实省政府常务会议关于广东（不含深圳市，下同）对口援建资金总量的部署。二是积极配合做好广东对口支援汶川灾后恢复重建项目计划的下达工作。截至2009年12月31日，全省共四批702个援建项目累计总投

资82亿元的计划全部下达，援建项目开工697个（开工率99%），竣工408个（竣工率58%），累计到位援建资金55.56亿元，完成投资51.37亿元，争取2010年中全面完成援建项目工程建设任务。三是加强与省对口支援地震灾区灾后恢复重建工作领导小组办公室沟通协调，积极配合领导小组研究制定广东对口支援汶川县灾后恢复重建总体工作、具体实施方案以及项目资金安排意见等，提出可行性意见和建议，保证各项援建工作规范性和可操作性，确保援建项目顺利实施。四是做援建资金的全程跟踪监管，配合省监察、审计等有关部门做好恢复重建审计检查工作，坚持及时汇总统计和准确反映财政部门援建汶川灾后恢复重建资金来源和资金拨付情况，加强对援建项目资金拨付进度的督导，确保广东对口援建能按照中央的要求提前一年完成。

七、继续贯彻执行省委省政府部署的援藏援疆任务，加强省援藏援疆项目资金管理

2009年，省财政厅继续贯彻执行省委省政府部署的援藏援疆工作任务，认真做好项目资金落实和资金拨付工作，确保援藏援疆项目建设顺利完成。广东省援藏援疆建设项目的实施，进一步改善了臧疆地区农牧民的生产、生活条件，促进了地区农牧业产业结构调整和特色产业发展，有力地推动了当地经济和社会发展，促进民族地区和谐和民族团结。2009年是省援藏援疆工作承上启下展开工作重要的一年，根据中央及省委、省政府关于援藏援疆工作的指示精神，第五批援藏援疆工作的具体资金安排全部落实，其中省级财政安排第五批援藏项目29个，援助资金9 000万元；安排第五批援疆项目共7个，援建资金5 060万元。截至2009年12月31日，拨付援藏资金9 000万元，拨付援疆资金2 340万元，确保了援藏援疆项目建设的顺利进行。

八、认真开展工程建设领域突出问题专项治理工作

按照中央和省关于开展工程建设领域突出问题专项治理工作统一部署，省财政厅高度重视，切实履行财政职责，稳步推进专项治理工作深入开展。

（一）加强领导，制订方案

加强组织领导，及时成立广东省财政厅开展工程建设领域突出问题专项治理工作领导小组，由厅党组书记、厅长刘昆任组长，厅党组成员、纪检组长邓桂明，厅党组成员、副厅长郑贤操任副组长，成员由厅综合处、工贸发展处、农业处、经济建设处、绩效评价处、政府采购监管处、监督检查局主要领导组成，领导小组办公室设在厅经济建设处，负责日常协调及汇总上报工作。根据中央和广东决策精神，迅速制定了《广东省财政厅工程建设领域突出问题专项治理工作实施方案》和《广东省贯彻落实〈加强工程建设领域物资采购和资金安排使用管理工作指导意见〉实施方案》，明确开展治理工作整体推进与突出重点相结合、严肃惩治与有效预防相结合、集中治理与日常监管相结合、自查自纠与重点督导相结合的原则，明确治理目标、措施及实施步骤，把各项工作任务分解到处、责任到人，建立实施定期召开联席工作会议、工作进度情况报送制度，确保了专项治理工作顺利推进、取得实效。

（二）上下联动，动员部署

为进一步落实好中央和省关于开展工程建设领域突出问题专项治理工作精神，加强全省各级财政部门配合专项治理工作上下联动的协同性，2009年9月28日省财政厅在河源市召开了全省财政投资管理工作会议，省财政厅党组成员、副厅长郑贤操出席会议并作讲话，对全省财政系统开展工程建设领域突出问题专项治理工作进行动员部署，指出，深入开展工程建设领域突出问题专项治理工作，是党中央、国务院和省委、省政府的重要决策部署，对于维护公平竞争的市场秩序，促进工程建设项目高效、安全、廉洁运行，保持社会和谐稳定，具有十分重要意义。要求全省财政经建系统，认真负责，大胆开展工作，将其作为推进财政经建工作的一项重要推动力，重点是抓好加强物资采购和资金安排使用及基建项目审批等工作，规范程序制度，确保财政拨款项目建设资金的安全。

（三）建章立制，强化监管

在治理工作中，从加强重点基建项目财务监管入手，完善各项制度规定，从源头上防治各类突出问题。针对部分建设单位在接受财政投资评审时存在送审资料不完整和编报工程结算以及竣工财务决算不及时等问题，省财政厅印发了《关于进一步做好省级财政性投资评审工作有关事项的通知》；按照国库集中支付制度要求，抓紧研究修订《省级基本建设项目财政性资金集中支付暂行办法》；在加强政府采购监管方面，在全国率先出台《广东省实施〈中华人民共和国政府采购法〉办法》，建立健全了政府采购监管制度措施。

（经济建设处供稿，刘惠青执笔）

社会保障财务管理工作概述

2009年，社会保障处以“三个代表”、“科学发展观”重要思想为指导，紧紧围绕党中央、国务院“保增长、扩内需、调结构”的部署，按照财政部社会保障司和省财政厅党组的统一部署，充分履行财政职能，主动参与财政、社会保障制度改革，努力调整支出结构，增加财政社会保障资金投入，加强财务管理，以保障和改善民生为出发点和落脚点，在加快医疗卫生体制改革，加大促进就业工作力度，加强社会保障体系建设，维护社会稳定，促进经济社会协调发展等方面取得实效。

一、深化医药卫生体制改革

（一）促进基本公共卫生服务逐步均等化

根据省委、省政府《关于深化医药卫生体制改革的实

施意见》和《关于印发广东省医药卫生体制改革近期重点实施方案（2009～2011年）的通知》，为促进全省基本公共卫生服务逐步均等化，省财政2009年对经济欠发达地区人均补助6.75元，共安排补助资金3.81亿元，用于建立居民健康档案、健康教育、预防接种、传染病防治、高血压、糖尿病等慢性病和严重精神疾病管理以及儿童保健、孕产妇保健、老年人保健等。另外，省财政还安排专项资金6 500万元对实施结核病、艾滋病等重大疾病防控、国家免疫规划、农村孕产妇住院分娩、贫困白内障患者复明、农村改水改厕、15岁以下人群补种乙肝疫苗、农村妇女孕前和孕早期增补叶酸预防神经管缺陷、农村妇女乳腺癌、宫颈癌检查等重大公共卫生服务项目给予补助。

（二）推进新型农村合作医疗制度

2009年，全省参加新型农村合作医疗人数达4 970万人，参加率为97.5%。新型农村合作医疗的筹资标准从2008年的每人100元提高到110元，报销封顶线从3万元提高到5万元。其中省财政人均补助61元，安排补助资金25.47亿元。2009年，全省新型农村合作医疗总补偿费用60.2亿元，其中：住院补偿265.1万人次，补偿费用55.1亿元；门诊、分娩、体检及其他费用补偿2 009.9万人次，补偿费用5.1亿元。

（三）建立完善城镇居民医疗保险制度

2009年，继续扩大城镇居民医疗保险覆盖面和提高筹资标准，将全省各类高等、中等专业技术院校和技工学校的学生纳入就读地城镇居民基本医疗保险保障范围。2009年，全省参保人数1 320万人，各级财政补助标准人均90元以上，其中省财政补助61元，安排补助资金2.57亿元。

（四）积极推进乡镇卫生院管理体制改革

为推进乡镇卫生院管理体制改革，根据省委、省政府《关于乡镇卫生院管理体制改革与建设的意见》，2009年省财政继续安排5.73亿元对经济欠发达地区按每万名户籍人口配置10名医务人员，每人每年1.2万元标准给予补助。

（五）进一步加强农村卫生站服务能力建设

为进一步发挥村卫生站在农村卫生工作中的基础作用，使农民有病及时看、小病及时治，2009年省财政继续安排专项资金1.59亿元，对全省经济欠发达的14个地级市以及江门恩平市的村卫生站和乡村医生予以补贴，每个行政村每年补贴1万元。

（六）支持农村卫生建设

为全面解决老区卫生院仪器设备装备落后的问题，根据省政府决定，2009年省财政安排欠发达地区薄弱乡镇卫生院改造建设资金1.55亿元，用于老区卫生院业务用房的改造建设。

二、支持实施积极的就业政策

（一）着力促进高校毕业生等特殊群体就业

发挥失业保险基金促进就业的功能作用，积极贯彻落实省政府办公厅《关于促进普通高等学校毕业生就业工作的通知》，其内容包括“加大资金投入和经费保障力度”在内的31条促进高校毕业生就业新政策。认真贯彻落实《中华人民共和国就业促进法》，主动服务，配合有关部门拟定《广东省实施〈中华人民共和国就业促进法〉办法》。

（二）认真贯彻阶段性就业政策

积极落实《南粤春暖行动》实施方案，稳定返粤农民工就业；实施特别职业技能培训计划；运用失业保险调控手段，通过五缓四降三补贴减轻企业负担，稳定就业载体。

促进城乡劳动者就业再就业。2009年，省财政继续安排专项资金5.03亿元，用于促进就业和劳动力市场建设，为实现比较充分的社会就业，构建和谐广东提供了经费保障。

推动农村转移劳动力就业。2009年，继续安排专项资金2.99亿元，对本省45周岁以下的农村中青年劳动力均提供一次免费职业技能培训，由政府给予培训和技能鉴定所需经费，对农村贫困人口还给予培训期间的生活补贴，确保每个农村家庭都有一名以上有就业能力的劳动力接受职业技能培训，促进全省产业、劳动力“双转移”，促进建立农村劳动力技能培训普惠制度。

大力发展技工教育。2009年，省财政继续安排技工学校建设专项资金2亿元、安排高技能公共实训基地和技工学校实训中心建设专项资金0.9亿元。通过就业培训载体建设，充分发挥技工学校、实训基地培养高技能人才的基础作用，提升培训层次，提高培训质量，起到示范作用。

三、认真解决困难群众生产生活困难

完善城乡居民最低生活保障制度，逐步提高保障水平。2009年，省财政继续安排专项资金7.13亿元，对经济欠发达地区城乡居民低保给予补助。确保低保对象生活补助资金按时足额发放。完善城乡社会救助体系，逐年提高重点优抚对象生活和医疗补贴标准。2009年，省财政继续安排专项资金3.36亿元，对全省重点优抚对象给予定期发放抚恤费和生活费。

四、积极支持深化社会保险制度改革

按照国家的统一部署和省政府的要求，积极参与研究制定全省开展新型农村社会养老保险试点工作。省财政厅会同省劳动和社会保障厅向省政府报送了《广东省农村社会养老保险试点实施办法》，通过个人缴费、集体补助、政府补贴的模式，选择全省14个县（市、区）作为新型农村社会养老保险试点。各级财政对参保人（16～59周岁）缴费给予补贴，补贴标准每人每年不低于30元，其中省财政对试点的欠发达地区参保人给予每人每年10元的补助。同时各级财政共同出资建立基础养老金［55元/（每人每月）］，对60周岁以上老人给予养老金补助，其中省财政对试点的欠发达地区给予每人每月13.75元的补助。2009年省财政安排新型农村社会养老保险补助资金1 589万元。

完善企业职工基本养老保险制度，努力实现城镇职工基本养老保险省级统筹。积极参与建立养老保险基金预算管理制度和工作目标考核责任制，实行省级调剂与预算管理相结合的省级统筹模式，修改完善省级调剂金管理使用办法，增强省级调剂能力，均衡地区负担。建立健全养老金正常调整机制，改革完善企业职工养老保险基金计发办法，不断提高养老金水平。研究解决农垦企业养老保险基金收支缺口的补助方案。参与研究事业单位养老保险制度。

五、做好其他各项财政社会保障工作

做好离退休人员养老待遇保障工作。做好省直行政事业单位离退休人员经费安排拨付工作，2009 年共安排省直行政事业单位离退休经费预算 24 亿元，6 万多离退休人员的养老待遇得到保障。

加大食品药品监管经费的投入。为保障人民群众食品药品安全，2009 年继续加大对食品药品监管经费的投入，在保障省药监局人员经费基础上，对其技术监督服务机构设施装备、执法办案、抽验等经费给予重点保障，确保人民群众食品用药安全。

做好残疾人事业经费保障工作。配合有关部门拟定《广东省残疾人就业保障金征缴暂行办法》，完善残疾人就业保障金实行地税代征工作，扩大缴费基数，增强残疾人事业发展保障能力。做好残疾人事业发展的各项预算安排。严格按照“取之于社会，用之于残疾人事业”的原则，安排残疾人就业保障金用于补助经济欠发达地区贫困残疾人的就业培训、扶贫工作的开展。2009 年，省财政安排残疾人康复、综合服务设施建设专项资金 2 300 万元；计提福利彩票公益金 3 805 万元，专项用于资助残疾人康复等事业发展，取得了良好的社会效益。

（社会保障处供稿，黄林水执笔）

外经金融财政财务管理工作概述

2009 年，广东外经金融财政财务管理工作在省财政厅党组的正确领导下，坚持以邓小平理论和“三个代表”重要思想为指导，深入学习实践科学发展观，认真贯彻党的十七大和十七届三中、四中全会以及省委十届四次、五次全会精神，面对国际金融危机的严重冲击，坚决贯彻中央及省委省政府的决策部署，进一步理清发展思路，转变发展观念，注重发挥财政职能，积极采取有效措施，稳定广东外贸出口，促进加工贸易转型升级，推进地方财政金融财务监管改革，防范化解金融风险，为推动科学发展、促进社会和谐，促进广东经济社会又好又快发展发挥了积极作用。

一、积极应对国际金融危机冲击，稳定外贸发展

（一）整合资金支持外贸增长方式转变

根据省政府领导指示，省财政厅与省外经贸厅共同研究，将省财政原有预算安排的 7 亿元与新增安排的 2 亿元共 9 亿元资金进行整合，加大力度对“两新”产品建设、稳定对外贸易、推动企业“走出去”、招商引资、出口退税“以奖代补”及口岸优化升级建设等六大专项的扶持。主要扶持出口产品技术创新和品牌创新建设，奖励开拓新兴国际市场和进出口先进单位，促进投保出口信用险和进出口公平贸易，引导家电、轻纺等产业的优势企业到境外建立生产加工基地和开展境外投资、对外承包工程等拓展海外市场，促进外向型民营企业发展，奖励吸收外资先进单位和改善投资环境，以及减轻欠发达地区出口退税超基数负担。

（二）出实招数和力度，促进加工贸易转型升级

为应对全省进出口量急剧下滑，省财政遵循省委、省政府的有力决策，在 2009 年年中一次性新增 20 亿元支持稳定外需及加工贸易转型升级。一是安排 10 亿元用于支持机电和高新技术产品一般贸易和进料加工扩大国际贸易，通过对机电和高新技术产品的扶持，有效稳定全省国际贸易下滑的局面。二是安排 10 亿元用于扶持加工贸易转型升级，主要用于奖励加工贸易企业在广东投资设立具有独立法人资格的研发机构、总部；支持加工贸易企业研发创新、扶持自主品牌及自主知识产权建设；支持玻璃、石料、陶瓷类，部分钢铁制品类，纺织服装类，旅行用品及箱包类，塑料制品类，玩具类，鞋类，家具类等八大类商品扩大国际贸易，奖励扩大内销，对开拓国际市场、来料加工企业不停产转型给予补助，有效帮助中小企业渡过难关，促进全省加工贸易持续、稳定、健康发展。

（三）做好外贸扶持资金的申报、验收及拨付工作

一是及时转发财政部、商务部申报外贸扶持资金的有关文件，做好中央财政外贸扶持资金的申报工作；二是及时核拨机电和高新技术产品出口退税征退差扶持资金、七大类商品及开拓新兴国际市场出口退税征退差扶持资金等各项中央和省财政扶持外经贸发展资金共计 17. 85 亿元。

二、加快推进金融体制改革，支持金融强省建设

（一）研究制定支持金融产业发展的财政政策

1. 支持组建省级担保公司，支持经济发展。根据省政府的决定，省财政厅认真做好组建省级担保公司有关工作，指导广东粤财投资控股有限公司制订担保公司成立方案，并及时落实和拨付广东省中小企业信用再担保有限公司财政注入的 10 亿元资本金。截至 2009 年 12 月 31 日，担保公司陆续与工农中建等 19 家银行机构进行了合作，签订授信协议，为中小企业和地方经济建设提供融资服务，实现担保规模 80 多亿元，解决当前广东中小企业融资难、经营难的问题，为支持重点经济建设项目融资、加快基础设施建设和经济发展提供担保和再担保发挥重要作用。

2. 积极贯彻省委省政府关于建设广东金融强省精神，配合有关部门制定相应的配套政策和扶持措施。为改善广

东金融环境，推动金融产业发展壮大，按照省政府决定，将广东发展银行不良资产包剩余资产评估值35亿元、国有资产收益0.6亿元转增广东粤财投资控股有限公司资本金，支持其做大做强，成为全省金融龙头企业。围绕“扩内需、保增长”方针，广东粤财投资控股有限公司与佛山、中山、惠州等市和佛山市顺德区、佛山市南海区等地政府以及相关银行合作开展了地方政府投资项目股权信托计划，规模达到230亿元，为推进地方政府重点投资项目建设，解决项目资本金阶段性不足问题提供了新的工作思路和融资渠道。

3. 建立广东建设金融强省专项激励机制。根据省委、省政府《关于加快发展金融产业建设金融强省的若干意见》，安排专项资金5 000万元对服务优良、具有创新意识的金融管理机构和防范金融风险成绩卓著地区给予表彰和奖励，有力地促进广东现代金融服务体系发展。

（二）支持完善农村金融体系，加大金融对“三农”和中小企业支持力度

1. 按照“政府主导、市场化运作、因地制宜、循序渐进”的总体原则，进一步深化农村信用社产权制度和管理体制改革，创新性地开展珠三角农村合作金融机构与特困农村信用社定向合作，逐步建立具有广东特色的农村金融合作体系。近两年，省财政对存在股金分红缺口的59家困难的农村信用社联社继续进行股金分红补贴，帮助欠发达地区农村信用社做好股金稳定工作，其中2009年安排股金分红补贴专项资金1.48亿元。支持广州、东莞以及顺德等3家农村信用社率先改制为农村商业银行；支持揭阳市区、揭西县、肇庆市端州区、高要市、河源市源城区、佛山市禅城区等6家农村信用社联社开展筹建农村商业银行工作。

2. 按照服务“三农”、因地制宜、分类设计、实事求是、科学统筹、循序渐进、风险可控和市场化的原则，积极稳妥支持推进新型农村金融机构试点，解决农村地区银行业金融机构网点覆盖率低、金融供给不足、竞争不充分等问题。截至2009年年底，全省批准设立的小额贷款公司共65家，注册资本金49.27亿元；新设立的公司有56家小额贷款公司开业，贷款余额29.47亿元；累计发放贷款金额51.51亿元。

三、推进地方金融机构重组、退市工作，加强地方金融企业国有资产管理和财务管理

（一）积极推进地方金融机构重组、退市等有关工作

1. 积极推进广东部分城市商业银行重组及停业整顿城市信用社和信托投资公司退市工作，包括协助汕头市商业银行、广州市商业银行等地方金融机构重组、鼓励停业整顿城市信用社和信托公司退市等。

2. 配合做好在广东华侨信托投资公司债权的处置工作。根据省政府要求，省财政厅委托广东粤财投资控股有限公司处置省财政在广东华侨信托投资公司的35.7亿元债权。截至2009年12月31日，共回收约3.5亿元资产，其中现金0.42亿元，股权、实物资产3.08亿元。

3. 及时向财政部申请办理广东发展银行2008年度所得税退税手续，2009年12月26日，省财政厅收到财政部返还广东发展银行企业所得税21.82亿元税收返还款后，及时按照规定拨付给广东发展银行，弥补广东发展银行重组资金缺口，确保广东发展银行按照重组既定目标顺利开展各项业务。

4. 配合做好广东地方被处置金融机构的清理整顿、个人债权甄别收购等有关工作。

（二）贯彻落实有关金融企业国有资产管理法律法规，加强地方金融企业国有资产管理工作

1. 扎实开展广东发展银行不良资产包剩余资产评估工作，省财政厅联合省金融办、省审计厅、广东粤财投资控股有限公司及省评估协会组成评估机构选聘领导小组，在广州市公证处的见证下，选聘3家评估机构，对广东发展银行不良资产包剩余资产进行评估，并根据评审专家意见，对评估机构出具的评估报告进行审核后予以核准，确保国有资产管理有序进行。

2. 按照财政部《金融类国有及国有控股企业绩效评价暂行办法》的有关规定，对全省112家金融企业分门别类进行绩效评价。

3. 根据财政部令第54号《金融企业国有资产转让管理办法》的有关规定，省财政厅研究拟定具体实施办法，加强金融企业国有资产交易的监督管理：同意湛江市商业银行股权转让审批权限由湛江市财政局负责；确认南方联合产权交易中心具备金融企业国有资产交易业务承办资格；批准广东粤财投资控股有限公司通过广东冠豪高新技术股份有限公司非公开发行股票和转让控股权等。

4. 落实《境内证券市场转持部分国有股充实全国社会保障基金实施办法》有关规定，确认广东粤财投资控股有限公司及广东省科技风险投资有限公司在精艺股份首次公开发行股票并上市时需要转持的国有股份数量，要求两公司应在广东精艺金属股份有限公司首次公开发行股票并上市前及时向全国社会保障基金理事会作出转持国有股份的承诺，并按《实施办法》规定的程序办理有关手续。

四、开展专项资金竞争性分配试点，提高财政资金使用效益

（一）开展口岸建设补助资金竞争性分配试点，支持口岸配套设施建设

根据省领导关于在口岸建设补助资金分配中引入竞争机制的指示精神，配合省口岸办，组织专家开展评审，按照“多中选好、好中选优”的原则，评选出5个中标口岸重点建设项目，予以每个项目1 000万元的口岸建设补助资金支持。

此外，2009年根据省政府的批复，还安排拨付各有关单位口岸建设资金6 179万元，重点用于提升广东口岸综合实力和竞争力的枢纽口岸优化升级、口岸通关模式改革和查验监管手段科技创新，改善口岸配套设施建设，确保进

出口通关畅顺，促进广东外向型经济发展。

（二）开展旅游扶贫专项资金竞争性分配试点，推动旅游扶贫工作

根据《广东省旅游扶贫专项资金管理办法》，并按照省领导的指示，从旅游扶贫专项资金中划出3 000万元，采取竞争性分配方式支持6个旅游扶贫大型重点项目建设，每个项目500万元，剩余资金用于支持一般项目建设和省旅游局旅游扶贫管理与培训工作，2009年共安排旅游扶贫专项资金5 700万元。

五、认真组织财政收入，加强预算执行分析

（一）积极帮助粤港直通货运行业应对国际金融危机冲击，采取有效措施征缴粤港直通车指标费

为帮助粤港直通货运行业渡过难关，省财政厅会同省外经贸厅等单位开展调整粤港直通车指标费专题研究并提出处理意见。经报请省政府同意，对2009年营运年度粤港直通车指标费减免33.3%，按每辆车1.556万港元（2.333×66.7%）收缴。认真做好粤港直通车指标费的收缴工作，规范指标费收入的免、抵缴手续，做好指标费收入的核算工作，及时办理结汇解缴入库。2009年，共收缴粤港直通车指标费收入2.24亿港元，解缴入库人民币2.21亿元。

（二）积极收缴境外企业专项资金

省财政厅积极收缴粤海控股集团有限公司应上缴省财政的专项资金，在面对金融危机冲击、企业经营环境恶化的情况下，2009年度仍努力督促粤海控股集团有限公司上缴省财政专项资金2亿元。

（三）加强预算执行分析工作

省财政厅积极开展外经金融业务范围内重点财税源的跟踪分析，外经金融处每月按时上报金融保险业营业税、储蓄存款利息个人所得税、涉外企业所得税等重点税源收入分析报告。

六、加强旅游财务监管，支持旅游基础设施建设

一是做好广东国际旅游文化节经费收支财务决算工作。对“2008年旅游文化节”经费开支及单据进行认真审核及批复财务决算；严格规范“2009年旅游文化节”预算编制工作，下达2009年旅游文化节经费预算3 500万元，并及时将经费资金拨付至组委会（省旅游局）。二是支持各市旅游公共基础设施建设。根据《广东省旅游发展专项资金管理办法》，安排各市2009年旅游景点建设专项资金3 000万元。

七、加强外资企业管理，改善外商投资环境

（一）认真做好省属外商投资企业财政登记网上联合年检和财务报告核查

2009年，省属外商投资企业新办理财政登记证22家、变更116家、注销7家。省属外商投资企业网上联合年检364家；根据财政部工作要求，下发36家省属外商投资企业2006年度的财务核查处理结论。

（二）做好全省外商投资企业收回投资的审批工作

根据财政部《中外合作经营企业外国合作者先行回收投资审批办法》，省财政厅对企业利用折旧方式收回投资申请认真审核，及时批复3家外商投资企业收回投资242万元。

（三）强化外商投资企业信息资料收集及汇总分析工作

精心组织各市财政局及省属外商投资企业编报2008年度广东省外商投资企业会计决算报表，并向财政部报送《广东省2008年度外商投资企业财务报告》。因工作成绩突出，受到财政部通报表扬。

（四）支持优化外商投资环境

为提高广东吸收外资的质量和水平，根据《外商投资环境建设补助资金管理办法》，安排拨付各市2009年外商投资环境建设补助资金455万元；印发了《关于暂停征收外商投资企业场地使用费的通知》，从2009年1月1日起暂停征收，减轻企业经营压力。

八、做好非贸易非经营性购汇人民币限额管理和审批工作

一是按时按质向财政部报送广东非贸易非经营性购汇人民币限额2008年执行情况和2009年预算。二是根据财政部下达广东2009年购汇人民币限额9 298万元，按照“保证重点、压缩一般”的原则和保证重点涉外活动用汇、从严控制党政干部出国的要求，分配限额到各市和省直各有关单位；年度执行中发现购汇人民币限额不足时，及时向财政部提出追加申请，得到财政部的大力支持，追加购汇人民币2 500万元给广东，有力保证了省委省政府出访用汇。三是严格按照因公出国（境）费用开支标准和有关规定，并结合因公出国经费预算审核意见及审批情况，审批省直单位的出国用汇；及时办理各市购汇限额的调拨工作。

九、做好珠海航空产业园建设资金保障工作

根据省政府决定，在中央代发广东地方政府债券中安排10亿元用于珠海航空产业园建设。在债券资金未到位前，预拨8亿元至该项目，保障项目建设。

十、着眼破解发展难题，深入开展调查研究

（一）开展广东发展银行不良资产包核准调研

由于广东发展银行不良资产包剩余资产涉及项目多、部分项目数额较大，为做好对该评估工作的监督工作，同时为对该资产包进行核准做好准备，组织有关部门赴大连、沈阳、北京等地，对数额较大的部分资产项目进行实地调研和了解，为帮助企业下一步做好资产的处置工作打好基础。

（二）做好财政金融财务监管调研

按照《关于开展全国财政金融财务监管和外国政府贷款管理工作调研的通知》的要求，省财政厅积极组织全省财政外经金融系统开展2009年度财政金融财务监管工作调研活动，并选送2篇优质调研报告上报财政部参与评选，其中《关于进一步解决中小企业融资难问题的调研报告》被评为二等奖。

（三）开展旅游扶贫专项资金调研

为扎实开展深入学习实践科学发展观活动，推动广东旅游扶贫工作不断深入，省财政厅组织开展旅游扶贫专项资金调研，先后到江门、阳江、汕头和潮州等4市开展调研工作，研究如何提高旅游扶贫资金的使用效益，扶持欠发达地区发展。

（四）开展支持航空事业发展调研

为促进南方航空公司多为广东创造税收，深入南方航空公司开展调查研究，制订2009~2011年中国南方航空股份有限公司航空事业专项补助方案报省政府审定。根据南方航空公司2008年缴纳有关税收的情况，2009年审核拨付南方航空公司航空事业补助款8 871万元。

（五）开展外经贸扶持政策调研

省财政厅参与省外经贸厅赴天津、辽宁等地学习扶持外经贸发展经验和思路的考察调研活动，为广东下一步出台有关外经贸扶持政策提供决策依据。

（外经金融处供稿，刘雅丽执笔）

会计管理工作概述

2009年，在省财政厅党组的正确领导下，会计处坚持以科学发展观统揽全局，紧紧围绕财政中心工作，深入开展“转变作风抓落实”主题实践活动，加强规范管理，提升服务水平，着力做好会计法律法规宣传贯彻工作，进一步加强会计人员管理，加大会计人才培养力度，较好地完成了本年度的工作任务。

一、深入宣传贯彻新企业会计准则，提高会计信息质量

采取各种切实有效的措施，抓好新准则的宣传培训、调研指导和贯彻实施等工作。

（一）统筹安排，分步实施，推动新准则的全面执行

按照财政部的要求，认真规划部署，积极采取措施，省财政厅与有关部门协调沟通，统筹安排，推动全省大中型企业分批执行新准则。要求全省国有大中型企业自2010年1月1日起全面实施新准则；其他大中型企业自2011年1月1日起全面实施新准则，有条件的可提前自2010年1月1日起全面实施新准则。其中，省国资委监管的24家省属国有集团公司已先行一步，分别自2008年1月1日及2009年1月1日起执行新准则。执行新准则的省属企业按照要求将有关文件资料报省财政厅会计处备案。

（二）加强沟通，完善机制，推动新准则深入贯彻落实

省财政厅与有关监管部门加强沟通，建立起协调合作制度，督促、指导上市公司和国有企业执行好新准则。一是建立联席会议制度。省财政厅、省国资委、财政部驻广东省财政监察专员办事处建立联席会议制度，加强沟通、协调和合作，齐抓共管，形成工作合力。二是建立企业联系制度。在5家上市公司、4家省属及市属集团公司建立工作联系点，及时掌握执行动态，形成工作互动。三是建立完善会计专家库。整合全省会计专家力量，逐步建立全省会计专家库，形成研究指导长效机制，为新准则推广提供技术支持。截至2009年年底，建立起有165名专家的广东省会计专家库。

（三）开展继续教育和人员培训，抓好人才培养工作

省财政厅继续将新准则作为2009年会计人员继续教育内容，部署各地区财政部门重点抓好上市公司和大中型企业会计人员的学习培训，同时协助省国资委，对其监管企业的董事长和总经理等管理层人员及财务、审计人员分别进行重点培训。通过开展继续教育及有针对性的培训，提高了企业有关人员对新准则的了解和掌握，为推动全省大中型企业执行新准则做好人才培养准备。

（四）加强调查研究，提供技术指导和经验示范

重视调研指导工作，联合省国资委、财政部驻广东省财政监察专员办事处、高等院校等单位，先后对汕头、梅州、东莞、广州等市的上市公司、省直上市公司及国有企业、会计师事务所开展调研，了解新准则在广东的执行情况及执行中存在的问题和困难，研究解决办法，为已执行新准则的上市公司及国有大中型企业提供指导，为即将执行新准则的国有及其他大中型企业提供经验示范。

配合财政部开展企业内部控制规范调研，完善相关配套指引；组织征求对财政部印发的有关会计制度征求意见稿的意见并及时向财政部反馈，包括《中国企业会计准则与国际财务报告准则持续全面趋同路线图》、《企业会计准则解释第3号》、《工会会计制度》、《医院会计制度》、《高等学校会计制度》、《中国XBRL分类标准架构规范》、《企业内部控制应用指引——组织架构》等5项内部控制应用指引及国际会计准则理事会《公允价值计量》等征求意见稿；组织调研《小企业会计制度》在广东的执行情况及非上市公司执行企业会计准则情况，及时书面上报财政部。

二、加强和指导农村财会规范化工作，促进农村社会稳定

为加强农村财会管理，促进村级财务管理工作规范化和制度化，维护农村社会稳定，会计处制定指导意见，加

强培训工作。一是指导各地区开展村级会计委托代理服务工作。省财政厅印发了《关于开展村级会计委托代理服务工作的通知》，要求全省各地区加强和规范村级会计委托代理服务工作。二是加强对农村财会人员的培训。认真做好各项准备工作，发文部署全省财政部门对农村财会人员开展以财政支农政策、农村财会知识等为主要内容的培训，召开了省、市财政部门分管会计工作的厅局领导参加的全省动员会，举办了3期全省师资培训班，对各市、县、区财政部门师资及业务骨干进行了集中培训，为广东全面开展培训工作培养讲师。培训工作自7月份启动，在全省有序开展。省财政厅及全省20个地级以上市（不含深圳）财政部门全部成立了财政支农政策培训工作领导协调机构，并开展培训工作。截至2009年年底，全省115个县（市、区）中有105个已开展培训工作，占91.3%，全年完成培训人数28 132人。其中：村级会计人员15 642人，代理机构会计人员5 665人，村干部3 889人，其他2 936人。培训工作取得了初步成效，得到社会特别是农村和农民兄弟的认可。三是抓好基层会计管理骨干培训工作。分别在汕头和韶关两市举办了第三、第四期培训班，培训对象共260多人。通过加强对会计基础工作规范、会计档案管理、村集体经济组织会计制度、乡财县管和乡镇财政管理等制度及信息化方面知识的学习培训，促进基层会计管理骨干提高了财会专业水平及信息化操作技能，提升了为农村工作服务的能力。

三、加强粤港澳会计服务业交流与合作，推动三地会计服务业共同发展

（一）落实会计服务业对香港扩大开放先行先试政策

省财政厅组织深圳、东莞两市财政部门有条不紊地做好先行先试政策的各项贯彻落实工作。为做好香港居民参加内地会计从业资格考试工作，认真组织深圳、东莞市财政局（委）有关人员，制定报考流程图及报名条件、报考科目、考试时间、报考须知等指引，在省市财政部门网站上公布，通过互联网向香港居民进行宣传。同时请香港会计师公会协助宣传。认真做好报考工作，并设置专门考场。深圳市财政局（委）还为香港考生举办免费的考前总复习培训班。2009年6月和11月分别有41名和45名香港居民报考。

（二）开展粤港服务业交流合作与专题调研

2009年2月和4月，省财政厅与香港立法会会计界别议员陈茂波先生及香港会计师公会、香港华人会计师公会进行了交流。会计处有关人员陪同省财政厅副厅长欧斌赴港参加粤港落实CEPA服务业合作专责小组第八次工作会议；与香港立法会会计界别议员陈茂波先生率领的香港青年会计师珠三角访问团进行座谈。这些活动，进一步促进了粤港两地会计业界的相互了解，增进友谊，加强合作。

按照省政府工作部署，根据粤港澳服务业合作与发展专题调研小组第二次工作会议要求，会计处组织内地有关单位，通过香港会计师公会组织香港会计业界人士，就粤港会计业合作与发展问题进行专题调研，形成了《粤港会计业合作与发展调研报告》并按有关要求报送省发展改革委。

此外，根据省经贸委及省发展改革委的有关要求，向其报送了粤港澳及珠江三角洲地区产业布局一体化规划会计服务业部分编制工作等有关材料。

四、转变作风抓落实，大力提升会计服务大厅服务水平

省财政厅会计服务大厅围绕“转变作风抓落实”主题实践活动，积极推进服务创新，着力打造一流的综合服务窗口，取得了较好的实效，被省直机关工委推荐在2009年7月召开的“转变作风抓落实”服务窗口建设现场会上介绍先进经验。省委常委、省委组织部部长胡泽君出席了会议，省财政厅党组书记、厅长刘昆在会上作了“着力打造一条龙综合服务窗口，千方百计方便群众办事”的发言，介绍了省财政厅会计服务大厅服务窗口建设的做法和经验。

一是提升会计从业资格各项业务的办结速度。积极践行转变作风抓落实主题活动精神，进一步提高服务意识，努力挖掘潜力，提升工作效率。办理上岗注册、信息变更和证书有效期延续手续的期限从原来的10个工作日变为当场办结，会计从业资格证书调入、遗失补办手续从原来的30个工作日减至5个工作日，证书调出手续从原来的10个工作日减至5个工作日，继续教育补充登记从原来的15个工作日减至10个工作日。

二是增加考场，切实解决会计电算化考试轮候时间长的问题。通过接入专线的方法在省委党校设立分考场，使一次考试容量从66人提升到166人，有效地满足了考生需求，并使原考试时间安排至2010年6月份的10 919名考生提前在2009年6月份至8月份考试。另外，从6月份开始，无论是通过个人或团体形式报名的考试，均可实现当月报名，次月考试。新增会计电算化考场的顺利运行，解决了广大会计考生反映强烈、普遍关注、亟待解决的突出问题，也为全省推广无纸化考试奠定了技术基础。

三是开通“会计信息咨询热线”。正式开通“会计信息咨询热线”，形成了中国电信话务团队在第一线接听群众咨询，服务大厅工作人员跟踪特殊咨询，同时汇总分析群众咨询热线并及时更新业务知识的工作模式。截至2009年年底，群众呼入电话共126 257次，其中成功接听117 165次，接听率高达92.80%。“会计信息服务热线”的开通使每月收到的网上群众来信数量从180骤减至40多封，有效满足广大会计人员的咨询需求，不仅使广大群众受益，也使工作人员从以往具体繁杂的解答咨询工作中解脱出来，投入到更高层次的管理工作中。

五、积极主动，迅速启动无纸化考试系统建设工作

根据财政部《关于推进会计从业资格无纸化考试的指

导意见》的精神，在充分调研的基础上，经过反复研究，确定了符合广东省实际情况的会计从业资格无纸化考试建设模式并顺利完成题库建设等一系列工作。6月14日率先在省直考点组织进行无纸化考试试点。并召集广州、佛山、东莞、惠州、江门、汕头、阳江等地级市召开座谈会议及进行考试现场观摩，通过收集和整理有关建议和意见，不断完善系统建设工作。截至年底，顺利组织了3 298名省直考生进行试考，东莞作为首个试点地级市，全年共组织了7 081人参加无纸化考试。无纸化考试以优化的题库资源为基础、以现代化信息技术为手段，随机组卷生成试卷，考试结束同时公布成绩，是集考试报名、试卷生成、上机考试、阅卷、成绩生成、证书发放等为一体的、多元化、新型的会计从业资格考试管理模式，在提高工作效能方面实现了质的飞跃。

六、规范会计师事务所监管工作程序，加快发展注册会计师行业

（一）加强注册会计师行业监管，健全会计师事务所准入和退出机制

一是规范流程，认真做好会计师事务所（分所）的日常审批、变更工作以及港澳台事务所来内地临时执业的审批。一方面制定新设、变更、终止会计师事务所（分所）的办事流程，并发放申办人员。使事务所的办事流程公开透明，促进了办理事务所相关事项的效率；另一方面完善主任会计师、股东变更的受理流程，书面征求厅监督局、省注协的意见，并在发放事务所执业证书的环节督促事务所完成网上申请及注册会计师调转手续，确保网络数据准确完整，从而杜绝注册会计师跨所执业的情况出现。

二是上下联动，按时完成会计师事务所年度报备工作。根据财政部《关于做好2009年会计师事务所基本信息报备工作的通知》和《会计师事务所审批和监督暂行办法》的要求，与各地市财政局（委）、注协以及省注协共同配合协调，使事务所报备工作顺利完成。

三是建立制度，加强事务所监管。建立会计师事务所实访制度。与监督局、省注协实访了正中珠江会计师事务所和立信羊城会计师事务所两家具有证券期货审计资格的事务所，对部分不符合存续条件的会计师事务所以及被投诉的事务所进行了实访，就全省注册会计师行业现状、会计师事务所面临的困难以及如何加强行业监管等专题进行了实访调研；与省注协协商建立了会计师事务所基本信息年度报备与年度执业质量检查相结合的制度，将没有按时进行基本信息年度报备的事务所纳入省注协的年度执业质量检查范围；建立会计处、监督局、省注协注册会计师行业联席会议制度。通过联席会议，各职能处室加强相互沟通，及时反馈与交流、共享检查情报和信息，监管力量更加强大，监管合力更加有效，更好地统一协调解决注册会计师行业监管工作中的重大问题，真正使联动监管落到实处；建立与新成立的事务所股东面谈制度，与之相了解，使财政事务所管理的行政职能透明化，增进与会计师事务所的联系沟通，强化对会计师事务所的监管；建立股东查核制度。在新所成立以及股东变更完成后，核查新股东原所在的事务所是否仍具有存续的条件，对不具有存续条件的事务所及时下达整改通知；建立事务所空白执业证书的登记使用制度，避免事务所执业证书的无故流失。

四是公开透明，建立、健全注册会计师行业市场准入和退出机制。根据《行政许可法》、《注册会计师法》和财政部颁布的《会计师事务所审批和监督暂行办法》等规定，通过调研，规范和完善会计师事务所的审批程序，加强对会计师事务所存续资格的监督检查，健全和完善会计师事务所准入和退出机制，加强对注册会计师行业的引导和扶持，推动会计师事务所和注册会计师独立、客观、公正执业。

2009年，全省顺利完成444家会计师事务所换发新版执业证书和404家会计师事务所基本信息报备工作。全年共批设49家会计师事务所及分所，批复港澳台事务所来内地临时执业15次，注销19家会计师事务所执业证书，责令4家不符合存续条件的会计师事务所进行整改，受理20家会计师事务所更名，审查确认116家会计师事务所股东、地址变更备案。

（二）加强调研和协调，贯彻落实《财政部关于加快发展我国注册会计师行业若干意见》

为贯彻落实好国务院办公厅转发《财政部关于加快发展我国注册会计师行业若干意见》文件精神，推进新形势下注册会计师行业的科学发展，实现广东注册会计师行业发展壮大的目标，更好地服务于珠江三角洲地区改革发展，推动广东经济平稳较快发展，广东省高度重视并认真抓好相关的贯彻落实工作：

一是省政府及时向各地政府及省直有关部门原文转发。二是制订了相关工作方案，提出广东发展目标：力争通过五年左右的时间支持、培育几家真正属于广东的品牌会计师事务所。同时，积极引导中小会计师事务所做精做专，形成大、中、小会计师事务所并举，各具特色的合理布局。三是广泛征集相关贯彻意见，并拟定具体的贯彻意见后报请省政府颁发。四是加强广东注册会计师行业的党建工作。成立了广东省会计师事务所深入学习科学发展观活动指导小组，负责指导全省会计师事务所深入开展学习实践活动。指导小组由省财政厅党组书记、厅长刘昆任组长，省财政厅党组成员、副厅长欧斌任副组长，成员包括厅人事处、党委办、会计处、监督检查局、省注册会计师协会等机构负责人。同时，要求各地级以上市财政局（委）党组（委）参照省财政厅党组的做法，开展相关工作。

七、夯实基础，突出重点，进一步加强会计人才队伍建设

（一）认真组织会计从业资格考试

2009年，全省考生405 123人，合格率为43.26%。各项考试组织工作顺利完成。一是积极做好政策宣传。及

时公布考试时间、报名条件、考试题型等内容，并网上发布信息，明确网上报名及现场确认的时间、程序及需要提交的资料等，为考生提供政策服务。二是耐心解答考生咨询，通过接听咨询电话、接待上门咨询、答复网上来信，为考生答疑解惑。三是认真做好各环节的考务工作。报名秩序井然，考务布置周密，考场安排科学，考风考纪严肃。

（二）确保会计专业技术资格考试顺利进行

会计处带领全省各级会计资格考试管理部门克服时间紧迫、组织管理难度大等困难，严格按照全国会计考办、财政部会计资格评价中心工作部署，认真做好考场设置，准考证发放，试卷运送、保管、保密，考场监考，试卷评阅等各项考务工作，确保考试工作顺利进行。省财政厅党组成员、副厅长郑贤操与省人事厅副巡视员田京生等一行6人对广州考区进行了巡视。副厅长郑贤操在省财政厅会计处有关负责人的陪同下，还巡视检查了佛山考区的考务工作。5月底至6月中旬，省会计考办在广州城市职业学院组织了评卷工作，评卷期间恰逢端午，评卷专家和评卷工作人员主动加班，高效高质完成了评卷工作任务。经过全省各级财政部门和人事部门的共同努力，2009年全国会计专业技术资格考试广东考区各项考务工作顺利完成。2009年全省报名参加会计专业技术资格考试人数为144 516人，实际到考93 409人，有效试卷18万份。初级资格合格率23.14%，中级资格总体合格率14.69%，其中财务管理45.22%，中级实务21.21%，经济法29.07%。

（三）圆满完成高级会计人才考试工作

按照全国会计考办和中国会计学会的统一部署，全国高级会计师资格实务科目考试和全国会计领军（后备）人才考试于9月6日上午同时进行。9月在广东珠岛宾馆认真按照全国会计考办相关要求组织了高级会计师资格考试评卷工作。全省报名参加高级会计师资格考试人数为1 864人，实际到考1 280人，通过全国合格标准和省级合格标准分别为245人和424人，通过率分别为19.14%和33.13%；全国会计领军（后备）人才报名人数为27人，其中企业类18人，学术类9人，实际到考21人，其中企业类13人，学术类8人。经财政部考核，广东省有7名考生入围，其中学术类3名，企业类4名。

（四）认真开展高级会计师资格评审工作

根据省人事厅有关文件精神，省财政厅及时发布《关于2009年度高级会计师资格评审有关事项的通知》，认真部署全省高级会计师资格评审工作。12月在珠海度假村酒店召开2009年度广东省高级会计师资格评审工作会议，省财政厅党组成员、副厅长、省高级会计师资格第一评审委员会主任委员郑贤操主持会议并参与评审。与会评委对申报人员业绩成果、论文著作等综合能力作出了客观、公正的评价。2009年，申报评审人数为264人，评审通过人员182名，评审通过率68.94%。2009年度高级会计师资格评审工作进一步规范了评审程序，完善了评审方法，在集中评审会上使用投影设备，缩短了评审过程中翻阅材料的时间，受到了与会专家的一致好评。

按照省人事厅要求，通过在有关地级市组织调研、召开专家座谈会、与省直有关单位财务经理和人力资源部门经理就广东（正）高级会计师资格条件的修订等进行探讨，并多次组织到省外学习借鉴先进经验和在网上收集其他省市相关资格条件进行比较研究。最终形成《广东省高级会计师资格条件（修订稿）》和《广东省正高级会计师资格条件（修订稿）》，上报省人事厅审定。

八、评选表彰先进会计工作者，树立会计工作楷模

（一）召开2009年度广东省会计管理工作暨全省先进会计工作者表彰会议

2008年年底，省财政厅印发了《关于评选表彰广东省先进会计工作者的通知》，组织开展全省先进会计工作者评选表彰活动。经过各地区、各部门推荐和专家评审并向社会公示后，2009年3月召开了2009年度广东省会计管理工作暨全省先进会计工作者表彰会议，授予胡国红等50人“广东省先进会计工作者”荣誉称号。

（二）组织做好全国先进会计工作者候选人的推荐工作

根据《财政部关于开展2009年全国先进会计工作者评选表彰工作的通知》精神，省财政厅印发了《广东省财政厅推荐2009年全国先进会计工作者候选人工作方案》，组织各地区、各部门做好全国先进会计工作者候选人的推荐工作。对全省各地区（不含深圳市）和省直有关单位推荐的10名全国先进会计工作者候选人，组织专家小组进行评审，确定高符生（广州汽车工业集团有限公司总会计师）为全国先进会计工作者候选人并报送财政部。

（会计处供稿，龙文标执笔）

财政支出绩效评价工作概述

2009年，绩效评价处在厅党组的正确领导下，认真贯彻落实党的十七大、十七届四中全会和省委十届五次全会精神，紧紧围绕省委、省政府战略决策和财政中心工作，牢固树立并努力践行科学发展观，锐意进取，勇于创新，积极推进广东财政支出绩效管理改革，逐步完善绩效评价工作制度和工作机制，努力构建“事前绩效审核、事中绩效督查、事后绩效评价和绩效问责”的管理框架，加强对财政专项资金实行竞争性分配的绩效管理工作，不断增强部门单位的绩效观念和责任意识，提高财政支出的使用效率和使用效果。同时，及时完成全省会计决算报表的编报工作，进一步提高会计决算统计分析的质量，为宏观经济决策提供服务。主要从以下六个方面推进财政绩效管理及会计决算工作。

一、以绩效评价工作制度建设为基础，推进绩效评价工作规范有序

一是完善专项资金的全过程跟踪问效制度，研究制定了《广东省东西北地区污水处理设施建设专项资金绩效管理暂行办法》；根据各批次省产业转移竞争性扶持资金评审的要求，进一步完善《广东省产业转移竞争性扶持资金评审办法》和《广东省产业转移竞争性扶持资金评审要点》等制度；转发财政部下发的《财政支出绩效评价管理暂行办法》，明确对专项资金实行“事前确定绩效目标、事中加强监督管理、事后实施绩效评价和绩效问责”的全过程绩效管理机制。二是进一步完善绩效评价工作流程图、专家复审意见表、绩效目标审核流程及要求、绩效自评报告和绩效评价报告书（范本）等相关评价工作规范。三是积极做好绩效评价立法相关准备工作。在吸收财政部关于绩效管理的新精神和省级绩效管理的新实践的基础上，会同厅法规税政处召开研讨会，进一步完善修订了《广东省财政支出绩效评价管理办法》。四是经商有关业务处室，进一步确定和细化基本公共服务均等化和珠江三角洲基本公共服务一体化的评价制度及指标，充实完善基本公共服务均等化评价管理体系，纳入《广东省基本公共服务均等化规划（2009～2020年）》。

二、以财政资金竞争性分配改革工作为中心，积极拓展绩效管理新思路

一是积极参与省产业转移竞争性扶持资金专家评审工作。根据省委、省政府领导的指示精神，在维持评审政策连续性原则下，修改完善评审办法和评审要点，在第四、第五批竞争性扶持资金评审中对未获得过竞争性扶持资金的市和已获得过的市进行分类评审，确保竞标工作充分体现竞争性；在原有产业转移竞争性扶持资金招投标评审专家库基础上，进一步扩充评审专家库的专家人数，并增加抽取评审专家组的专业权重；参与组织召开第四批产业转移竞争性扶持资金评审专家座谈会，传达省委、省政府领导指示精神和省推进“双转移”工作领导小组第四次会议决定，并部署相关工作；全过程参与竞标工作布置会、评审预备会、专家评审会的策划布置和相关材料准备以及评审计分等各项工作，与厅内有关处室一起完成了第三、第四、第五批产业转移竞争性扶持资金竞标工作。二是做好竞标落选市的调研工作。根据省领导的有关指示、厅领导的亲自部署，在第五批次竞标结束后，立即组织有关评审专家对惠州、汕尾两个落选市的产业转移园进行分析研究，梳理归纳了专家对两市的评审意见。同时，与厅工贸发展处联合组成调研小组赴汕尾市和惠州市开展产业转移工业园专题调研，深入了解汕尾、惠州两市产业转移工作、产业转移工业园建设进展情况及下一步的发展思路，重点了解当前园区建设发展中最关键、最亟待解决的问题，并形成了调研报告。三是及时实施专家后评价管理。根据厅领导的指示，对五批产业转移竞争性扶持资金评审专家质量进行研究分析，采用信度系数、命中率以及离散度等反评判指标，分别对专家评分的整体可信度、各专家评分与评审结果的一致程度以及各专家之间的差异度进行统计分析，综合得出评审结果可信，专家评审公正、客观的结论，并形成了《省产业转移扶持资金竞争性分配专家评审质量评估情况分析报告》，得到了厅领导高度肯定和赞扬。四是加强产业转移竞争性扶持资金使用事中绩效管理。首先，加强对中标单位资金分配计划和使用情况、资金的绩效目标、重点产业园区项目建设情况等绩效管理有关资料的报送管理，确保对产业转移扶持资金的跟踪监督。其次，组织对第二、第三批产业转移竞争性扶持资金督查。联合省发展和改革委、省经贸委、有关评审专家和厅内有关处室，组成三个督查组分赴第二、第三批产业转移竞争性扶持资金中标的清远、阳江、云浮、韶关、汕头、潮州等市，实施现场督查。五是开展对产业转移目标责任考核评价工作。2009年3月，绩效评价处部分同志会同省金融办、海关总署广东分署组成第三考核组，由省财政厅吴仰和副巡视员带队赴佛山、云浮和肇庆三市的五个工业园开展了产业转移目标责任考核评价工作，形成考核报告报省推进产业转移和劳动力转移工作领导小组办公室。六是参与省级财政专项资金竞争性分配管理工作。根据《省级财政专项资金竞争性分配绩效管理暂行办法》等制度规定，参与确定具体评审工作方案，明确具体评审程序、评审要点、评审专家遴选及评审指标选定等，负责专家库使用的监督管理，并对省级财政专项资金实行主管部门和项目单位绩效自评及省财政部门重点评价。经省政府批准，省级11个部门的20项专项资金已纳入了竞争性分配改革试点范围并顺利实施，部分省直部门还根据本部门实际自行组织对部分专项资金实施竞争性分配试点并取得明显成效，如省农业厅的农村危房改造工程及老区搬迁工程等。

三、以项目绩效目标管理为切入点，推进部门预算编制与绩效评价管理相结合

一是创新绩效目标管理方式，强化财政支出事前管理。2009年首次对申报专项支出的绩效目标审核实行分类管理：对按规定要求申报绩效目标的，列入部门预算上报省人大审批或视财力情况按现行经费渠道申请安排；对不按规定申报绩效目标的，原则上不予列入预算安排，如确需实施的项目，补充上报绩效目标后再列入安排。经省人大审议通过预算后，将项目绩效目标批复给部门单位，作为开展绩效评价工作的重要依据，从而强化项目支出预算的约束力，促进部门单位转变用财观念，增强责任意识和效益观念，提高财政资金使用的绩效性。二是做好2009年部门预算项目支出绩效目标批复工作和2010年项目绩效目标审核工作。根据省财政厅《省级部门预算项目支出绩效目标审核流程》和部门预算编制有关要求，对省级部门单位在编制2009年部门预算时申报的项目绩效目标进行批复，共批复了54个部门预算单位，414个项目的绩效目标；同时，对2010年省级部门预算项目绩效目标等相关内容进行审核，共审核了省级77个部门1 107个项目（涉及财政资金

共227亿元），其中：绩效目标基本符合要求的项目有693个，涉及财政资金共123亿元；绩效目标不符合要求的项目有414个，涉及财政资金共104亿元。通过实施绩效目标管理，不仅规范了部门单位的预算编制，促进财政支出科学化、精细化管理，提高了部门预算申报的合理性、可行性，减少了部门盲目请款的现象；同时，有力促进了绩效评价管理目标从事后评价向项目绩效预算编制的上游环节延伸。

四、以省级财政支出绩效自评管理工作为着力点，强化部门单位用财理财的绩效观念和责任意识

一是完成2008年度部门单位绩效自评报告的审核批复工作。2008年，省级共审核批复了69个部门、单位278个项目的绩效自评报告，涉及省财政预算安排的资金总额187.37亿元，比2007年增加了16.29亿元。2008年度部门单位绩效自评覆盖面不断扩大，自评工作流程进一步规范，自评报告的审核标准和形式进一步完善，自评报告质量进一步提高。二是积极做好2009年省直部门预算单位财政支出项目绩效自评工作。首先，进一步完善绩效自评项目确定办法，根据部门预算、厅各业务处提供的预算指标安排文件和预算执行管理系统信息，整理汇总2009年省直财政支出绩效自评项目表清单，并在征求省直单位及厅相关业务处室基础上，上报厅领导审定，确定了82个部门、单位426个绩效自评项目，促进绩效自评项目确定更加规范，更加完整。其次，召开省级部门单位财政支出项目绩效自评专家复审会，各专家从自身专业角度，深入分析各部门单位财政支出项目的绩效情况，为自评审核工作提供客观科学参考。再次，组织召开2009年省直部门预算单位绩效自评布置会，对2009年省直财政支出绩效自评工作进行布置培训，并就省直财政支出绩效评价管理工作召开省直预算单位座谈会，虚心听取单位意见和建议，完善相关工作，推动省直单位财政支出绩效自评工作的顺利开展。

五、以省级财政支出绩效重点评价工作为抓手，进一步提高绩效评价为中心工作服务的能力

一是创新重点评价工作手段。为了带动和引导地方特别是县级财政部门绩效评价工作，2009年选取了“2006～2007年现代标准农田建设资金——农田水利基本建设议案资金”和“2008年乡镇卫生院机构建设专项补助资金”两个项目，试行由省财政厅统一组织布置，省、市、县三级财政部门分级实施的联合重点评价方式。二是顺利完成了2008年度对林业病虫害防控专项资金、社区办公用房建设补助资金、抚恤事业费专项资金、山区信息化建设项目和自然灾害灾后重建专项资金等五个项目的绩效重点评价工作，并按财政部要求做好扶贫资金的绩效评价工作。按照已确定的评价工作方案，组成三个评价小组，对项目资金管理情况、项目组织实施情况、项目绩效及现场勘验情况进行深入、科学分析，形成评价报告，并对评价过程中发现的问题提出有针对性的整改意见，促进项目资金主管单位及使用单位提高绩效意识，加强资金和项目的管理，提高财政资金使用效益。其中，抚恤事业费专项资金的绩效评价报告得到了厅领导的表扬。三是认真做好2009年重点评价的相关工作。围绕省委、省政府重要决策及财政中心工作，经征求厅各业务处室意见，确定了“2007年省级挖潜改造专项资金”、“2006～2007年现代标准农田建设资金——农田水利基本建设议案资金”、“2006～2007年高等职业教育专项补助资金”及“2008年乡镇卫生院机构建设专项补助资金”等4个项目作为2009年的重点评价项目。

六、进一步提升会计决算管理质量，圆满完成2008年报表编审和2009年决算布置工作

（一）积极采取有效措施，保证2008年度会计决算报表数据质量

2009年，绩效评价处较好完成了2008年度部门决算、国有及集体企业财务会计决算、金融企业财务决算和财政性资金投资基本建设项目决算报表的审核、汇总分析和上报等各项工作，获得财政部的通报表彰，其中，部门决算获地方部门决算工作三等奖，国有及集体企业财务会计决算、财政性资金投资基本建设项目决算工作获财政部通报表扬。

（二）加强决算信息资料的分析利用工作，提高决算分析建言咨政的服务功能

一是及时将部门决算、企业财务会计决算、金融企业财务决算和财政性投资基本建设项目决算报表的资料加工整理分析，汇编2008年度《广东省汇总会计决算数据资料》，并将2000年至2008年的经济发展、财政决算相关数据汇编成《广东财政统计资料手册》，及时满足各方面的数据使用要求。二是针对经济发展及财政改革中的热点问题，开展专题分析，会同省政府研究中心、广东工业大学撰写了《以转型创新应对金融危机　为实现“三促进一保持”作出积极贡献——广东省2008年国有企业运营情况分析报告》，并上报财政部，充分发挥财务会计信息为经济决策和改革发展服务的作用。三是加强数据服务工作，根据各有关部门和厅各业务处室要求，对决算数据进行进一步加工、分析，提供给有关部门及单位使用。先后为审计署成都特派办、省审计厅、省人大财经委、省和市统计局、省国资委，以及厅预算处等处室整理加工了所需决算数据资料。

（三）做好2009年度决算报表的布置培训工作

一是及时参加财政部2009年度各类决算报表布置会，认真学习掌握培训内容和决算报表会议精神。二是做好地市财政部门与省直部门（企业）的2009年度决算报表培训布置工作，包括全面做好2009年度决算软件购买、决算资料准备、培训材料印发及有关会务工作等，保障2009年度财政会计决算工作的顺利开展。

七、制定绩效评价处权力运行规程，健全内部管理制度

一是规范绩效评价处权力运行事项。根据厅“三定”方案明确的绩效评价处职能，结合省财政厅印发的《广东省财政厅规范权力运行工作方案》要求，通过对本处所有权力事项和现有各项工作规则进行全面搜索，查找关键部位和重点环节，分析研究进一步规范权力运行的措施办法，梳理出涵盖处内各个岗位的8项权力事项，并对各权力事项按照行政管理类、财政分配管理监督类等进行划分，逐项梳理权力行使依据，描述权力运行流程，明确岗位职责，最终形成《广东省财政厅绩效评价处权力运行工作规则》、《权力运行流程表》及《绩效评价处权力运行流程图》，进一步完善机制、规范运行、强化监督，促进形成结构合理、配置科学、程序严密、制约有效的权力运行机制。

二是着力健全内部管理制度。绩效评价处制定并完善包括绩效评价处公文运转办法、内部财务管理办法、公共财物管理办法、考勤请假管理办法、车辆管理制度、保密工作制度等在内的相关制度，保证各项基础性工作管理规范。

八、加强学习调研，为创新工作方式提供决策依据

针对目前绩效评价工作中的热点问题，深入开展学习调研培训，不断提高评价业务素质和评价工作水平，更好地适应财政改革不断深化的需要。一是组织部分地市评价人员到绩效评价制度较为成熟完善的澳大利亚、新西兰等国进行考察，学习借鉴国外绩效评价先进经验和好的做法；组织有关人员到潮州、汕头、揭阳等地调研及交流绩效评价相关情况，了解掌握各地绩效评价工作的新动态以及热点、难点问题，以进一步理清工作思路，探索绩效评价工作新途径。二是加强财政绩效管理的宣传、培训工作。2009年3月，省财政厅召开全省绩效评价管理工作会议，以研讨会的形式，总结交流全省财政绩效评价管理改革工作经验及存在问题，研究部署广东绩效评价管理改革工作；2009年5月，绩效评价处会同省财政科研所在《广东财政理论与实务》上编发政绩效评价专刊；2009年8月，举办全省财政支出绩效管理改革培训班，邀请了国内知名专家学者授课，通过加强宣传、培训，指导和推动各地开展财政支出绩效评价工作；2009年9月，组织处内部分同志参加2009年国际金融组织项目和外国政府贷款绩效评价工作培训班；组织处内部分同志先后到省地质局、省公安厅、省海洋渔业局等省直有关部门进行评价业务培训。三是积极参加座谈交流活动。参加财政部预算司召开的部分省市绩效预算暨预算支出绩效考评工作座谈会，参与讨论修改《预算支出绩效考评暂行办法》，并就绩效预算总体框架设计以及预算支出绩效考评下一步工作重点等内容提出建议。

（绩效评价处供稿，李　敏　曾友谊执笔）

行政事业资产管理工作概述

一、突出重点开展行政事业资产管理制度建设工作

一是经省政府审批同意，省财政厅印发了《广东省省直行政单位常用公用设施配置标准（试行）》，对省级党政机关、人大、政协、检察、审判、民主党派机关和参照公务员管理的事业单位在配置办公用房、机动车、办公家具及空调、电脑等常用办公设备设定了统一标准；明确行政单位公用设施配置必须遵循“科学合理、厉行节约、从严控制”的原则，规定各单位资产配置要以存量为基础，能通过调剂解决的原则上不批准新增购置。

二是省财政厅研究起草了《广东省省直行政事业单位资产管理暂行办法》。将办法草案分送省直有关部门和各地征求意见，根据反馈的意见和建议对办法进行反复修改完善；草拟了《广东省省直行政事业单位国有资产管理暂行办法》修改稿及起草说明，并加紧按政府规章程序报批。

三是将《广东省省直行政事业单位国有资产收益管理暂行办法》征求了省直各单位意见，参照中央级行政事业单位国有资产收益管理规定进行修改完善，形成修改稿，规范省直行政事业单位国有资产处置收入、出租出借收入和对外投资收益的收支管理。

二、进一步推进资产管理与预算管理相结合

一是搜集相关政策汇编成册。资产处搜集国内开展资产预算工作的有关省、市最新出台的制度规定，汇总编印成《2010年省级部门预算增量资产配置审核实用手册》，供省级预算单位和各地财政部门使用，提高省级单位资产预算编制的工作质量，指导各地开展资产预算编审工作。

二是进一步研究完善工作制度。进一步完善资产管理与预算管理相结合的程序和工作流程，完善《行政事业单位资产经营收入情况表》和《支出项目表》间的勾稽关系，统计各单位资产出租、出借等经营收入情况，将资产管理与预算管理相结合从支出延伸到收入的监管。

三是认真审核2010年增量资产预算申请。2010年，省级部门预算“一上”中，各单位共上报增量资产计划申请1 309项，申请财政资金26.15亿元。按照新颁布的《广东省省直行政单位常用公用设施配置标准》规定，省财政厅结合2010年省级部门预算编制要求，对各单位上报的部门预算增量资产申请逐一进行了审核。共核减包括机动车在内的不符合配置标准及规定的增量资产申请项目732项，占申请项目总数的55.92%；核减财政金额19.35亿元，占申请财政资金总额的74%。2010年省级部门预算初步确定安排增量资产计划577项，安排财政资金6.8亿元。

三、加快推进行政事业资产管理信息化建设工作

一是组织召开行政事业资产管理信息化工作座谈会。为总结第一批省直行政事业资产管理信息化试点工作，研究下阶段资产管理信息化推广工作，加快资产管理信息化建设步伐，3月17日，省财政厅组织召开了行政事业资产信息化工作座谈会。广州、佛山、东莞、珠海、湛江、肇庆等试点市财政局及省政府办公厅、省委办公厅等24个省直试点部门参加了座谈。

二是开展行政事业资产管理信息化第二批试点推广工作。4月，省财政厅印发了《关于开展省直行政事业资产管理信息化试点工作的通知》，明确了行政事业资产管理信息化第二批试点推广目标、内容、范围及实施步骤。通过开展问卷调查、数据收集和上门调试等工作，顺利完成省直试点单位基础数据导入及集中培训工作。各市行政事业资产管理信息化工作开展顺利，佛山市已推广至县区级；东莞市完成了系统二次开发验收，计划广泛推广使用；湛江市完成了市直300多家单位系统培训工作，并与研发单位签订了推广协议，开展了推广工作；广州市完成了系统试运行验收工作，拟订了推广计划。

三是关注财政部资产管理信息化建设进展。6月，派员参加了财政部举办的地方财政部门行政事业单位资产管理信息系统培训班，根据财政部系统的报表体系设置，省财政厅认真研究广东实施推广方案，调整省级信息系统，确保两套系统的有机衔接。11月，派员参加了财政部召开的行政事业资产管理信息化座谈会，对资产统计报告制度、报表体系设定等提出了意见。

四、扎实完成行政事业单位资产核实工作

根据财政部和省有关行政事业资产核实程序及要求，资产处聘请有关专家组成全省行政事业单位资产核实复审小组，对省直单位申报的资产核实事项进行审核。截至2009年9月，全省行政事业单位资产核实工作已基本完成。这次资产核实工作是2006年行政事业资产清查的后续工作，时间跨度长，要求高，难度大。通过开展资产核实，解决了长期以来各单位因管理不到位遗留下来的各种问题，完善了工作机制，建立了管理制度，提高了各单位的资产管理意识。资产核实结果是广东行政事业资产管理信息化建设的重要基础，为今后一段时期进一步加强行政事业资产管理工作夯实基础。

五、认真开展省直机关富余职工住房处置审批工作

一是明确富余职工住房处置政策。根据省领导批示精神，为规范党政机关事业单位富余职工住房处置行为，严肃工作纪律，省财政厅会同省监察厅印发了《关于重申省直行政事业单位富余职工住房处置有关问题的通知》，进一步强调省直机关富余职工住房处置要求、程序、公示及时间规定，明确政策要求。

二是严格审核处置申请。资产处根据省政府确定的审批权限，会同省监察厅（党廉办）对省直单位富余职工住房处置申请进行审批。对存在申报材料不齐全、处置方案不合规等问题的单位，要求其认真整改后重新上报；对符合处置要求的省直单位富余职工住房进行逐一核实审批。截至2009年9月30日，67家有富余职工住房的省直部门中，有63家的处置申请已获省财政厅、省监察厅联合审核批复，涉及富余住房总数2 039套，面积163 478平方米。

三是跟踪富余住房处置结果。根据文件规定，各单位在收到省财政厅对富余职工住房处置申请批复结果后，应将处置方案、程序、房源及评估结果等信息在单位内部张榜公示，公示时间至少7天。对没有及时来函反馈公示结果的单位进行调查催报。少数单位有群众来信来访反映问题，省财政厅高度重视，主动上门走访单位了解情况，耐心做好政策解释及督导工作，确保处置工作顺利进行。对已完成售房程序并报送售房收入缴纳情况及费用申请的单位，省财政厅按有关规定认真审核其出售价格、优惠比例、扣缴费用及收入缴纳等情况，确保处置收入应缴尽缴。

六、完善巩固行政事业资产管理日常工作

一是加强省直行政事业单位资产配置和处置日常管理工作。严格按照国家和省有关资产配置、使用、处置的有关规定，审核省直各单位的资产配置、使用处置申请，共审核省检察院、省教育厅、省交通厅、省林业局等单位资产事项109件。配合“五个零增长”规定，严格控制新增资产配置申请。对各单位资产拍卖收入、报废残值收入、出租收入，严格按非税收入管理规定进行“收支两条线”管理，统一上缴财政专户。

二是做好省直行政事业单位及所属企业产权管理的基础工作。认真做好行政事业单位及所属企业的清产核资、产权界定、产权登记报告、产权纠纷调处等工作。同时，严格审核省直行政事业单位下属企业产权变动管理事项，审批了省机械设备成套局、省建设厅、省交通厅等单位下属企业增资、股权转让、整体出售等相关事项；配合高校产业化规范管理工作，做好广东外语外贸大学、广东海洋大学等3所高校的清产核资审核工作。

三是做好文化企业、高校企业和未脱钩企业改制工作。配合教育部门对省属高校产业规范化建设进行指导，对省属高校企业的改制工作提出具体的意见建议。2009年，审批办理广东医学院、广东海洋大学、华南农业大学等高校的资产经营公司组建、经营性资产划转、产权界定工作共十余件。根据职责分工做好省级文化企业国有资产管理工作，做好广东出版集团上市、广东省广播网络股份有限公司筹建、全省新华书店改革重组、省属出版社转企改制有关清产核资、资产评估、产权界定等工作。

七、严格抓好行政事业单位资产收益上缴

按照财政部令第35和36号以及政府非税收入管理要求，严格监缴行政事业单位资产收益入库，加强收益管理。

结合审计时发现的部分单位未及时上缴资产处置收益的问题，省财政厅下发《关于加强省直行政事业单位国有资产收入上缴有关问题的通知》，要求省直行政单位经有关部门批准的出租出借的国有资产收入、国有资产处置的变价收入和残值收入及事业单位国有资产处置收入，应严格按照政府非税收入管理的规定，实行“收支两条线”管理，收入及时上缴省财政。2009 年，省级部门上缴的国有资产处置及租赁等各项收入共计 6 772.32 万元。

八、积极开展调查研究，促进业务建设

一是参加了由财政部预算与会计研究会和预算司、行政政法司、教科文司及北京等六省、市（区）财政部门组成的“行政事业单位资产管理与预算管理相结合问题研究”课题组，形成调研报告。财政部部长谢旭人，副部长廖晓军、李勇、张少春作了重要批示。

二是做好与山西、宁夏等省市调研组的交流，深入广州、佛山、中山、韶关等地开展调研，学习借鉴各省行政事业资产管理经验，结合广东实际情况加以吸收应用。

三是参加财政部在北京、厦门、涿州、烟台等地举办的行政事业资产管理信息化及有关专题培训班，结合广东实际，提出实施意见。

四是认真总结推广各地、省直各单位在行政事业资产管理方面的好经验尤其是资产配置、处置、收益管理等方面的经验，指导各地、省直单位理顺体制，充实人员，健全制度，切实加强管理，推动全省行政事业单位资产管理工作的深入开展。

九、全面总结五年来全省行政事业资产管理工作经验，指导今后工作

12 月 23 日，省财政厅召开了全省行政事业资产管理工作会议，全面总结五年间（2005 ~ 2009 年）广东行政事业资产管理工作情况，研究部署下阶段工作任务。这次会议得到财政部的高度重视，财政部行政政法司、教科文司联合发来贺信，对广东工作予以充分肯定，寄予殷切期望，对今后工作提出明确要求。厅长刘昆在财政部贺信上作了重要批示，省财政厅党组成员、副厅长沈梅红出席会议并作重要讲话，要求全省各级财政部门围绕公共行政、公共财政改革和行政事业资产管理总体目标和任务，按照科学化、精细化管理的要求，做到“四个进一步四个促进”，扎实推进新时期行政事业资产管理工作。

十、开展深入学习实践科学发展观和转变作风抓落实主题实践等活动，抓好干部队伍建设

按照省委和厅党组的部署，资产处全体党员干部认真开展深入学习实践科学发展观总结阶段和转变作风抓落实主题实践活动的各项具体工作，围绕“三个六”的主要目标，认真开展“十查十看”等各项活动，着力创建学习型、创新型、服务型和节约型机关。认真组织学习党的十七届四中全会、中共中央总书记胡锦涛视察广东讲话和省委十届五次、六次全会精神。加强支部班子建设，带动全处队伍建设；积极培养优秀年轻干部，有两位同志被吸收为中共预备党员。牢固树立“围绕中心抓党建、抓好党建促发展”的工作理念，进一步增强抓党建的“主业”意识，用科学发展观武装头脑、指导实践，着力把科学发展观的要求转化为谋划发展的正确思路、促进发展的政策措施、领导发展的实际能力，不断增强支部的创造力、凝聚力和战斗力。

（行政事业资产管理处供稿，蔡照亮执笔）

农业综合开发工作概述

2009 年，广东省农业综合开发工作在省财政厅党组的正确领导下，全面落实科学发展观，认真贯彻党的十七届三中、四中全会，中央 1 号文件和全省财政工作会议精神，紧紧围绕省委、省政府“三农”工作的中心任务，以开展深入学习实践科学发展观活动、转变作风抓落实主题实践活动为载体，争取支持、加强管理、创新机制，扎实做好农业综合开发工作，取得显著成效。

2009 年，广东省农业综合开发项目财政总投资 68 416 万元，比 2008 年增长 28%，比 2005 年增长 70%。其中：国家农业综合开发项目财政投资 47 261 万元（包括：土地治理项目 45 400 万元、产业化经营项目 10 184 万元、农口部门项目 2 112 万元），省级农业综合开发项目财政投资 10 720 万元（其中省级财政资金 9 000 万元），总计安排在 44 个国家开发县和 22 个省级开发县实施土地治理项目，建设高标准农田 65 万亩；安排产业化经营项目 66 个（含财政补助项目 37 个、贷款贴息项目 29 个）；科技推广项目 25 个；农口部门项目 9 个。农业综合开发项目的质量、效益以及资金和项目管理的措施，得到省政府领导和国家农发办等有关部门的好评。

一、主要成效

（一）建设现代标准农田，提高了农业综合生产能力

2009 年，广东省农业综合开发坚持高标准、高质量、规模化，新增和改善灌溉面积 32.98 万亩，新增和改善除涝面积 14.63 万亩，新增节水灌溉面积 21.38 万亩，年节约用水量 3 773.74 万立方米，新增机耕面积 4.78 万亩，新增农机总动力 4 309.60 千瓦，为现代农业发展提供良好的生产条件。农业综合开发土地治理项目区年新增粮食 4 379.89 万公斤，油料 131.15 万公斤，糖料 1 049.5 万公斤、饲料作物 50 万公斤。

（二）发展壮大农业龙头企业，促进了农业产业化经营

按照“公司 + 基地 + 农户”的产业化发展模式，2009 年，广东省国家农业综合开发项目建成养殖项目和农产品加工项目 19 个（不含贷款贴息项目），年新增药材 456.8

万公斤、水产品61.6万公斤、肉类1 248.55万公斤、加工转化农产品8 325万公斤，年新增总产值42 432.75万元、增加值16 290.99万元、利税5 093.02万元，有效提升了产业化经营规模和水平。通过扶持，有10个企业成长为国家和省级农业龙头企业，带动农民显著增收。

（三）大力推广先进适用科技，增强了农业的创新能力

2009年，广东农业综合开发累计扶持农技服务站35个，完善农产品质量检测体系6个，示范推广面积10.87万亩，技术培训4.55万人次，全面有效地提高了项目区农民的科学种田水平，项目区优质农产品种植面积达到45.63万亩，其中优质粮食种植面积41.45万亩。逐步建立了以省级科技单位为龙头、以示范项目区为纽带、以基层科技推广单位为支撑的立体式科技推广体系，项目区科技应用水平明显提高，农业科技贡献率达到55%以上，农产品优质品率达到94%，市场竞争力显著增强。

（四）调整优化农业产业结构，促进了农民增收

广东农业综合开发以发展优势农产品为主线，在项目区积极引导调整产业结构，使复种指数提高50%以上，土地产出效益平均增长30%以上。2009年，新增蔬菜、水果、花卉、甜玉米等生产基地43万亩，新建冬种示范基地28万亩，项目区由两茬耕种变为了三茬、四茬，成为全国农业综合开发效益最为显著的项目区。湛江市项目区推广香蕉、菠萝、北运菜，亩产值超万元；汕头、惠州、江门、潮州等市项目区打造了一系列的特色农业生产基地，平均每亩收益达到5 000元以上；韶关、梅州、清远、云浮等市项目区大力发展山区特色农业，促进山区农民增收致富。

（五）推动社会主义新农村建设，促进了农村和谐发展

广东农业综合开发在通过开发投入，推动农业发展、农民增收的同时，坚持资源开发与生态建设相结合，实施冬种绿肥和稻秆还田等农业措施，改善了土壤理化指标，提高土壤有机质含量及土壤保肥保水能力；通过推广喷灌、滴灌等节水技术，节省了农业生产用水，有效改善了项目区的生态环境，减少了农村争水、争地等矛盾纠纷，提高了农业生产的可持续发展能力；推行了以农民为主体的开发机制，提高了农民素质，树立了新风新貌。

二、主要措施和工作情况

（一）多方争取，加大投入，努力扩大开发规模

一是争取财政部国家农发办下达广东省2009年中央财政资金301 49亿元，比2008年增长28.1%，为近年来增幅最大的一年。二是省财政安排2009年省级农业综合开发专项资金9 000万元，其中，土地治理项目8 000万元，油茶产业项目1 000万元。同时，从2009年起确定连续五年安排油茶发展专项资金1 000万元。三是督促各市、县严格落实本级财政配套资金。四是积极通过组织筹资投劳、财政补贴、贷款贴息等扶持政策，吸引农民、农村集体和农业企业投入自筹资金1.6亿元，壮大开发规模。

（二）突出重点，讲求质量，认真做好资金和项目管理工作

1. 土地治理项目方面。积极参与全省现代标准农田建设，对2009年国家和2008年省级项目，通过综合因素法分配下达财政投资指标；对国家新增广东省1个中型灌区和2个高标准农田建设示范工程项目，迅速组织开展项目前期工作，召开高标准农田建设示范工程项目竞争立项评审会，组织编制有关项目申报材料并得到国家农发办的批复。

2. 产业化经营项目方面。成功申报国家财政补贴项目37个，涉及中央资金3 791万元；贷款贴息项目29个，涉及中央资金2 602万元。

3. 科技推广项目方面。安排国家项目12个，省级项目13个，组织省农科院、省农作物技术推广总站等承担单位编制项目实施方案和项目计划。

4. 部门项目方面。会同省农业厅上报甜玉米、桑蚕、种鹅良种繁育3个农业部门项目，涉及中央资金330万元；会同省林业局上报平远县油茶林基地、龙川县油茶林基地和惠来县荔枝改良示范共3个林业部门项目，涉及中央资金245万元，项目计划均已经国家农发办批复。此外，会同省水利厅上报清新县中型灌区节水配套改造项目；完成2010年国家和2009年省级土地治理项目有关前期工作。

（三）认真组织召开全省农业综合开发工作会议

为贯彻落实全国农业综合开发工作会议精神，加强广东省农业综合开发工作，2009年10月27～28日，省政府在湛江市召开全省农业综合开发工作会议。副省长李容根出席会议并作重要讲话，副厅长郑贤操作工作报告，各地级以上市政府分管领导，财政局、农业局分管领导参加会议。梅州、惠州、湛江三市代表分别在会上作农业综合开发工作典型发言。省财政厅农发办作为会议主要承办者，精心做好材料起草、会务安排等工作，会议取得圆满成功，得到省政府领导的高度评价。

（四）加强监督，努力实现规范化管理

结合国家农发办部署的综合性检查，坚持监督检查和制度建设两手抓，努力提高规范化管理水平。一是组织开展资金和项目管理自查，督促各地加快2009年项目建设进度，抓紧做好工程决算、扫尾工程、标识标牌设置和档案资料整理等工作。二是组织开展项目和资金大会审。先后组织4个会计师事务所、20名注册会计师，采取各地分批报送、省级集中审核的方式，对全省44个开发县的183个2007～2008年度农业综合开发项目的资金账目、报账凭证、项目建设档案资料进行全面核查，对检查发现的问题，逐一发出整改通知，予以限期整改。三是对汕尾市等个别工程进度偏慢的地区，派出工作组深入当地进行专项检查，对存在的问题进行现场督办。四是对国家准备抽查的清新县、开平市和茂名市茂南区，派出工作组对其项目和资金管理情况进行提前检查，指导做好迎接国家检查的有关准备工作。五是开展农业综合开发项目标识标牌设置检查。按照《广东省农业综合开发宣传和公示指引手册》要求，组织对2007年以后项目的标识标牌进行自查，督促各地对没有规范设置的予以补齐和纠正。六是组织编制2008年度项目统计报表并上报国家农发办，获得国家农发办的好评。七是做好2008年度农业综合开发资金决算工作，按时向国家农发办上报决算报表。八是接受国家农发办组织的资金和项目管理综合性检查，获得检查组的高度评价。

（五）开展试点，积极创新，不断探索综合开发的新路子

一是认真组织农业综合开发省级示范区建设。认真抓好2008年3个和2009年4个省级示范区的建设与管理，加强农业综合开发资金与其他支农资金的配合使用，推进规模开发。二是深入推进财政资金竞争性分配改革试点。组织召开高标准农田建设示范工程项目竞争立项评审会。按照公开、公正和公平的原则，从6个县中竞争确定罗定市和廉江市2个市报国家农发办批准立项。三是在罗定市、阳春市开展土地治理项目和产业化经营项目配套建设试点。在罗定市同时扶持稻米加工项目和土地治理项目，建设优质稻产业园区；在阳春市同时扶持甜玉米加工产业化项目和在土地治理项目区发展甜玉米生产，促进当地效益农业的发展。四是继续开展扶持农民专业合作社试点。安排郁南县莞联农产品专业合作社建设砂糖桔分拣包装加工项目，扶持兴宁市国峰桑蚕专业合作社建设500亩承担产业化经营项目，探索扶持农民专业合作社的新机制。五是进一步创新管理制度。制定《广东省农业综合开发科技推广项目管理暂行办法》；着手开展《广东省农业综合开发土地治理项目建设工作手册》编辑工作。

（六）开展调研，加强宣传，提高农业综合开发的影响力

一是组织开展高标准农田示范工程建设、省级示范区建设等调研活动，形成高标准农田调研报告报送国家农发办，获得国家农发办的表扬。二是邀请广东电视台记者于2009年4月深入肇庆高要市农业综合开发项目区采访，并采访厅长刘昆。三是2009年2月与《广东财政理论与实务》杂志合作，编印农业综合开发专刊，重点宣传广东省农业综合开发学习实践科学发展观的做法和成效、推进竞争性分配改革的具体情况等。四是邀请人民日报社记者赴广东就农业综合开发工作进行专题采访，并采访厅长刘昆和副厅长郑贤操。《人民日报》于2009年9月17日在国庆前夕和党的十七届四中全会召开期间，以《广东农业新活力》为题大篇幅报道广东省农业综合开发工作。由于宣传工作成绩突出，省农发办连续五年评为全国农业综合开发宣传工作先进单位。

（七）精心筹备，周密安排，认真配合举办全国农业综合开发项目评审培训班

2009年12月，全国农业综合开发项目评审培训班在广州举办。国家农发办主任王建国出席培训班并作讲话，省财政厅作关于创新机制加强农业综合开发项目评审工作的经验介绍，各省（市、区）农发办分管领导和业务负责人160多人参加培训。省农发办和省农发评估中心在省财政厅党组的领导下，全力以赴、统筹安排、密切配合，做好会务、宣传和参观现场准备工作等，编印《为现代农业插上腾飞的翅膀——广东农业综合开发纪实》画册和《一次成功而有益的探索——广东农业综合开发财政资金竞争性分配改革资料汇编》，精心布置参观现场，大力宣传广东农业综合开发工作，得到与会代表的好评，培训班取得圆满成功。

（八）加强学习，积极沟通，提高农发机构队伍的战斗力和凝聚力

一是认真组织学习。按照转变作风抓落实实践活动的要求，采取集中学习和自学相结合的方式，认真学习中央、省委、省政府和省财政厅下发的有关政策文件，提高政治素质和政策理论水平，为转变作风奠定思想基础。二是转变工作作风。不断完善以领导牵头、分工负责、定人定岗为主要内容的内部管理机制，实行民主集中制，按规定办事、以制度管人，提高运转效率和工作质量。三是加强沟通协作。加强与国家农发办的沟通，努力争取国家加大支持力度；加强与农发评估中心的协调，有效整合力量，增强凝聚力和战斗力；加强与审计等有关部门的联系，促进资金和项目管理规范；进一步加强对市、县工作的指导和服务，采取会审、培训等形式帮助基层提高业务水平。四是加强廉政建设。坚持内部管理和制度建设两手抓，加强党风廉政建设和反腐败工作，建立预防机制，确保清正廉洁。五是推动市、县理顺管理体制。

（省农业综合开发办公室供稿，宋俊华执笔）

农村财务管理工作概述

2009年，省财政厅农村财务管理处（以下简称“农管处”）在厅党组的高度重视和正确领导下，坚持以“三个代表”重要思想为指导，深入学习实践科学发展观，认真贯彻落实省委十届四次、五次全会精神，紧紧围绕省委、省政府的决策部署以及全省财政中心工作，解放思想、锐意创新，以建立健全农村财务管理制度和加强农村财务管理规范化建设为主要内容，以会计委派（选聘）制、代理制和电算化管理为手段，全面加强农村财务管理，深化农村财务公开和民主理财，强化农村审计监督，保障了农村集体资产安全，维护了广大农民的合法权益和农村社会的和谐稳定。

一、总结经验，不断进取，开创农村财务管理新局面

（一）农村财务管理规范化建设取得新进展

2009年，农管处在总结2008年农村集体资产和财务管

理“十县百镇千村”示范工程建设成功经验的基础上，继续加大力度推进村级财务管理制度化、规范化建设。在全省范围内选取了中山和东莞两市作为农村财务管理规范化建设示范市，选取了乳源等17个县作为农财管理规范化建设示范县。在省财政厅的周密部署和各建设单位领导的高度重视下，示范单位建设工作组织严密、责任明确、有序推进，取得了明显成效。

1. 规范各项管理制度，用制度管人管事管权。通过建立健全农村集体经济组织年度收支预决算、财务开支审批、票据管理、货币资金管理、财产物资管理、固定资产管理、对外投资管理、债权债务管理、合同管理、收益分配、财产清查、会计档案管理、会计人员管理、民主理财和财务公开等一系列制度，使村组和会计代理机构有章可循，促使农村财务管理工作走上制度化道路。

2. 规范财务工作流程，严格按规程办事。通过建立财务收支审批、报账、会计审核、会计核算和财务公开等工作流程，使各项财务工作规范有序、公开、透明。

3. 规范了会计核算科目、账簿、报表和票据，强化财务监管。部分地方以县为单位统一了会计凭证、账簿和报表，统一印制了收款票据和支出凭证，并实行了领用和使用的等级核销制度，使会计的监督职能前移，完善了财务监管。

4. 推行货币资金银行基本账户结算制度和用款申报制度，规范了财务收支行为。通过银行基本账户结算，支票和印鉴分开保管，严格执行用款申报制度，有效地遏制了乱开支现象，实现了农村反腐败关口向货币资金收支源头上前移。

5. 规范档案管理。通过建立资料档案室，对会计凭证、经济合同、村务公开表格、村民议事决议等资料进行了建档，规范了档案管理行为。

（二）农村财务管理体制机制不断创新

2009年，农管处继续大力推进村级会计委派（选聘）制、代理制改革。全省珠江三角洲等经济发达地区已全面实行了村、组的会计委派（选聘）制、代理制。经济欠发达地区也在很大程度上加大了工作的步伐和覆盖面。截至2009年年底，全省实行村级会计委派（选聘）制、代理制的镇有1 105个，占总镇数的78.2%；实行会计电算化的村组有13 151个，占总村数的63.5%。在抓好村级会计代理制的同时，广州市花都区、湛江市麻章区、韶关市曲江区、高要市、台山市、仁化县、新兴县等在村级代理制的基础上，全面推行组账镇代理或组账村代理。

佛山市在坚持农村集体资产所有权不变的前提下，大胆探索，科学创新，在坚持农村集体资产所有权不变的前提下，依据公开、公平、公正的原则引进社会中介组织，代理农村财务管理，取得了很好的成效，引起了中央有关部门的高度关注。佛山全市31个镇（街）均已通过招投标引入中介组织，全市586个村、3 839个组的5 757盘账中，通过村民（股东）民主表决并完成移交的有586个村、3 833个组共5 751盘账，分别占总数的100%、99.8%和99.9%。

（三）农村财务公开和民主理财上新水平

2009年，农管处认真贯彻落实党中央、国务院和省委、省政府的有关文件精神，按照《广东省农村集体财务公开制度》要求，把财务公开和民主理财作为加强民主管理、稳定农村、从源头上预防和治理腐败的重大措施来抓。通过制定各项管理制度，规范了财务公开的程序、内容、方法、时间，规范了民主理财小组成员任职资格、产生办法、议事和审核规则，保证了村民真正拥有知情权、决策权、参与权和监督权，也提高了镇、村干部依法办事的自觉性。肇庆市德庆县充分利用现代化科技信息技术，创新农村财务公开形式和财务监管机制，在全国率先建立“农村基层党风廉政建设信息公开平台”以及农村财务监控系统和调查处理机制，并通过互联网、手机短信、有线电视、114电话查询等方式，每月定期公布财务、涉农收费、支农惠农政策、工程项目招投标等内容，使群众足不出户便可了解村的财务情况。县主管部门利用信息手段，实时监控农村财务情况，发现异常，及时派人调查处理。至2009年底，广东已在各市、县全面推开这项工作。

截至2009年，全省农村财务公开已基本走上制度化、规范化轨道，全省实行财务公开村数为19 838个，占总村数的95.9%；建立民主理财小组的村数为19 432个，占总村数的93.9%。

二、加强农村审计监督，促进农村和谐稳定

2009年，农管处按照“依法审计、服务大局、围绕中心、突出重点、求真务实”的指导方针开展农村审计监督工作，有效地化解了农村基层社会矛盾，密切了党群干群关系，维护了农村社会的和谐稳定。

（一）健全制度建设，重新启动对《广东省农村集体经济审计条例》的修订工作

《广东省农村集体经济审计条例》自1999年颁布以来，已届十年，很多条款规定已不适合现行工作的开展。特别是机构职能划转后，由于主管部门发生了变更，必须重新启动对该《条例》的修订工作。目前已起草了初稿，即将启动下一阶段申报工作。

（二）周密部署，做好年度农村重点审计工作

通过开展农村重点审计工作，充分发挥审计的“保障性”和“震慑性”功能，切实解决农民信访问题，通过惩处违法违纪行为，保障农村集体和农民群众的合法权益，维护农村社会的和谐稳定。主要做了以下工作：

一是联合省监察厅、省审计厅下发了《关于开展农村集体经济重点审计工作的通知》，并同时印发了农村重点审计工作方案。二是召开全省农村集体经济重点审计工作会议暨审计员培训班。会上，副厅长郑贤操做了工作部署，并明确了今年重点审计的基本思路。三是对各市的重点审计方案进行了严格筛选，确定了23个农民群众反映强烈的村组实施重点审计，并落实了工作经费。

（三）加强队伍管理，做好农村审计证申办、年检、换发工作

根据《广东省农村审计证管理办法》的相关规定，农村审计证，是农村审计员开展工作的资格证明，做好农村审计证管理工作，是确保农村审计工作顺利开展的基本前提。一方面，继续开展农村审计人员上岗资格培训工作，提高农村审计员持证率。2009年度，农管处共组织农村审计人员培训班2期，培训了市、县、镇三级农村审计人员共计215名。另一方面，认真做好农村审计证后续管理工作。依照《广东省农村审计证管理办法》的要求，组织对已满2年期限的农村审计证进行了年检。同时，因机构职能划转财政后，原来由省农业厅制发的农村审计证已不适用，农管处对农村审计证进行了重新印制，并在年检时同步进行换发工作。2009年度共换发由“广东省财政厅”制发的农村审计证2 016本。

（四）引入中介组织，创新农村审计新模式

广东现行的政府主导型的农村集体经济审计模式，对规范和促进农村集体经济的发展起到了积极作用。对一些情况特别复杂的农民信访案件，经市、县两级反复审计、调处仍不能平息，或者上访群众有特别要求的，逐步探索引入第三方中介机构（会计师事务所）进行审计。2009年，针对东莞市水濂社区九里潭村民多次到省里反映建设工程招投标的问题，农管处经过反复研究，考虑到村民上访的焦点为草塘工业区建设工程问题，专业性强，问题错综复杂，决定聘请中介机构（会计师事务所及建筑工程评估公司）开展专项审计。目前，该项审计工作已进入收尾工作。

三、认真做好各项基础工作

（一）深入调研，为农村财务管理决策提供依据

一是对村财镇代情况进行摸底，摸清村财镇代覆盖面、硬软件配备使用、人员配备及素质等。二是对农财管理情况进行调研，内容涉及管理体制、经费投入、存在问题与原因、对策措施等。三是抓住学习交流机会，向兄弟省市学习先进经验和做法，查找自身差距。通过调查研究，全面掌握了全省农村财务管理状况，提出了应对措施，为下一步做好农财管理工作奠定了基础。

（二）妥善处理农村财务群体上访事件

2009年，农管处共接待6宗反映农村财务管理和村干部经济问题的农民群体上访事件，由于农村财务管理的历史原因，多数是“陈年旧账”的历史问题，情况比较复杂，化解和处理起来较为棘手。农管处根据《信访条例》“属地管理、分级负责、谁主管、谁负责”的工作原则，按照实际情况，区别对待，督促有关部门进行重点审计或专项审计，并要求承办单位在规定时间内上报处理结果，切实维护了上访农民的合法权益，维护了农村社会的和谐稳定。

（农村财务管理处供稿，陈妍斐执笔）

政府采购管理工作概述

2009年，在省委、省政府的重视关心下，在省财政厅党组的正确领导下，广东政府采购工作取得了明显成效，各项工作圆满完成，全省政府采购规模突破800亿元大关，比上年同期增长27.8%。

广东政府采购工作坚持以科学发展观为统领，认真贯彻落实党的十七大精神和《政府采购法》，注重改革创新、注重依法行政，求实绩、重实效，着力在体制、机制和制度建设方面做文章，在强化监管方面下力气，在政策功能方面寻突破，深入推进政府采购制度改革，维护政府采购的公开、透明、高效。

一、注重制度创新，促进政府采购规范运行

要实现政府采购管理的科学化、精细化，必须有完善的制度作保障。

第一，出台了全国首部政府采购地方性法规。在省人大、省法制办等有关部门的协调推进和省纪委的大力支持下，广东政府采购地方立法工作取得了质的飞跃，2009年11月26日，省第十一届人大常委会第十四次会议通过并颁布了《广东省实施〈中华人民共和国政府采购法〉办法》（以下简称《实施办法》），于2010年3月1日起正式施行，该法是全国第一部地方性政府采购方面的法规。《实施办法》紧密结合广东工作实际，充分吸收了近年来广东在政府采购实践中探索的成功经验和做法，细化了规则、规范了程序、明确了责任、提升了监管水平，具有较强的广东特色和创新特征。从工作层面来看，有五个方面的突破：一是明确了《政府采购法》未明确的地方，提出了鼓励自主创新和节能环保产品的具体规定；二是明确了电子政府采购的责任主体，财政部门负责对全省政府采购信息化建设的统一领导和组织实施；三是创新了工作机制，在采购代理机构尤其是集中采购机构之间引入竞争，打破了以往行政隶属关系的限制；四是明确了协议供货的法律地位，确立了协议供货的法律效力；五是明确了乡镇级政府采购具体管理办法由地级以上市人民政府制定。

第二，制定了操作性较强的政府采购工作规范。在省财政厅法规处和部分地市政府采购监管部门的配合和支持下，对全省现有的政府采购制度性文件进行了全面清理，在此基础上，以《实施办法》为准则，制定了更具操作性的《广东省政府采购暂行工作规范》，包括政府采购当事人行为规范、政府采购程序规范和政府采购文本规范三个部分共15个配套管理办法，进一步明确了政府采购活动的规范性和程序性，为《实施办法》的施行做好衔接和完善工作。

二、注重监督检查，不断完善监管机制

着重对采购代理机构执行政府采购制度情况进行了专

项检查。

一是对省级集中采购机构进行了年度考核。为加强对集中采购机构的监督管理，促进集中采购机构提高服务质量和服务效率，省财政厅会同省监察厅、省审计厅组成考核小组，于2009年上半年对省政府采购中心2007~2008年度政府采购执行情况进行了考核，对执行政府采购法律、法规及规章制度情况，采购方式、采购范围、采购程序的执行情况，项目委托代理、采购文件编制、采购信息公告、专家抽取、项目开标、评标情况，质疑回复情况，采购效率和服务质量情况，内部管理、档案管理和业务能力情况，中标服务费的收取与投标保证金的退还等情况进行了逐项检查。

二是对政府采购代理的收费情况进行了专项检查。为进一步促进全省政府采购代理机构的规范化操作和运行，2009年11月20日至12月6日对省内部分政府采购代理机构2007~2008年度省级政府采购项目收费情况进行了专项检查，采取“听”、“看”、“查”、“找”的方式实施检查，听取了社会采购代理机构2007~2008年度政府采购项目收费情况的汇报，调阅了有关政府采购项目文档，重点检查了政府采购项目的收费情况。通过检查，进一步促使采购代理机构纠正不规范代理行为，认真执行政府采购制度，严格落实政府采购法律法规。

同时，积极完善政府采购监管机制，着力在建立监管长效机制上做文章。一是健全监管体制。建立了政府采购工作联席会议机制，会同纪检监察、审计等部门对政府采购工作中重大问题进行研究，明确分工，形成监管合力。二是强化内审机制。建立和完善财政部门内审机制，加强对政府采购预算计划审核，严把政府采购资金预算关；加强合同审核，严把资金支付关。三是规范采购程序。加强对采购过程的监管，尤其是对采购方式的确定、标书制作、评标定标和采购验收进行重点监管。四是认真处理投诉案件，维护公平公正。对于供应商投诉和群众来信，做到认真核查，依法处理，及时回复。2009年省级政府采购主管部门共收到政府采购供应商正式投诉21件。其中：驳回14件，支持7件；进入行政复议2件；作出行政处罚3件，处理满意率达90%以上。

三、注重改革创新，完善全省电子政府采购网络

进一步加大了建立全省电子化政府采购平台的工作力度，按照全面规划、统一标准、分步实施、试点先行的原则稳步推进。2009年，广东电子采购平台已陆续在省直、广州、佛山、湛江、潮州等11个市上线运行，效果良好。一是政府采购供应商库和商品行情库数量日益扩大，信息透明公开。目前，通过电子平台注册的供应商共有3 500多家，注册的商品及配件信息15 900多条。注册的商品及配件行情信息55 000多条，社会大众可以通过互联网的连接，直接查看政府采购协议供货商品的行情。

二是政府采购价格大幅降低。通过电子反拍引入非协议供货商参与竞争，有效打破了协议供货商的价格垄断，最大限度地降低了采购价格。省级电子政府采购平台自上线以来，广东省省直单位共实施电子反拍238次，成交金额2 577万元，比市场平均价减少466万元，节约率为15.3%。

三是采购效率有明显提高。通过电子平台审核批复政府采购计划，与以往纸质申报计划相比大大缩短了时间；通过平台进行电子订购、议价和反拍等实际业务采购，明显提高了实际工作效率。

四是实现了采购过程无盲点监控。全省电子政府采购平台设置了多个监控预警点，可以对预算、计划、采购文件确认以及合同签订等环节进行时间预警监控。通过建立全省统一的电子政府采购平台，实现了政府采购信息联通，促进了公平公开公正，有效压缩了采购过程中腐败产生的空间。

2009年7月，财政部在广东召开了部分省市电子政府采购工作座谈会，会上广东作了加强电子政府采购平台建设的经验介绍，与会代表参观了佛山市电子政府采购平台运作管理情况，广东的经验得到了财政部领导的高度评价和与会兄弟省市及专家学者的一致好评。

四、注重政策功能导向，不断提升社会效益

为贯彻落实《珠江三角洲地区改革发展规划纲要》和省委书记汪洋关于加快研究出台促进自主创新政府采购政策的具体实施细则的指示精神，2009年6月，省财政厅会同省科技厅制定并出台了《广东省自主创新产品政府采购的若干意见》（以下简称《意见》）。在全国范围内率先把参与评标产品的各类专利奖或科技进步奖获奖情况与产品在评标中可获得的价格加分优惠情况之间的关系以定量化指标形式加以明确；同时对单一自主创新产品或部分自主创新产品在参与评标中的不同优惠情况作了评审规定，并将投标供应商的高新技术企业或创新型企业资质等情况设为不同比例的商务评审分值纳入评审体系，既增加了自主创新产品在价格上的竞争力，突出了科技创新的支撑引领作用，又体现了政府采购的公平合理性。同时为了确保《意见》落到实处，在《广东省自主创新产品清单》的基础上，结合广东政府采购的实际需求，同步出台了《广东省自主创新产品政府采购清单》（第一期），并对其实行动态管理。广东省第一批自主创新产品中的119个产品被列入《广东省自主创新产品政府采购清单》（第一期），为政府采购自主创新产品政策的落实提供了实操基础。广东省第二批自主创新产品已公示结束，即将出台《广东省自主创新产品政府采购清单》（第二期）。

《意见》的出台标志着广东政府采购为自主创新产品开启了一条“绿色通道”，也表明广东在发挥政府采购政策功能方面迈出了极为重要的一步。从近半年的实施情况来看，也取得了一定的成效：

一是采购国货意识不断提升。各级采购单位积极响应，充分认识和发挥自主创新政府采购政策的重要作用，在实际采购活动中优先考虑购买自主创新产品。

二是采购代理机构认真执行。各采购代理机构均能认

真执行强制、优先采购节能环保产品和支持自主创新政府采购政策，在采购文件中明确强制、优先采购节能环保产品、自主创新产品的要求，并在评审环节中严格按规定列明政策优惠的具体评审标准和操作细则。

三是各级财政部门积极落实。在省级的带动下，各级财政部门结合本地实际，相应出台本地的自主创新政府采购政策规定，如深圳市、东莞市等出台了本地区的《自主创新产品政府采购清单》；广州市建立了激励自主创新的政府采购首购订购制度；珠海市在空调机协议采购招标文件的评分细则中明确要求对自主创新品牌给予加分，为自主创新品牌格力空调进入政府采购协议供货开了绿灯。

四是企业申报自主创新产品热情日益高涨。截至2009年年底，省科技厅共接受全省各地自主创新产品申报2 700多项，产品涉及电子信息、装备制造、生物医药与医疗器械、新能源与高效节能、新材料、环境保护、现代农业和其他高新技术等各大领域。

五、注重宣传造势，进一步营造“阳光采购”良好舆论氛围

在总结近几年来政府采购宣传工作经验的基础上，省财政厅进一步明确宣传工作的重点，突出近年来政府采购改革创新的成效，聚焦社会关注的热点，为营造“阳光采购”良好舆论氛围发挥了积极作用。

第一，在人大审议《实施办法》期间，积极向财政部、省委省政府汇报工作进展情况，通过专题汇报，制作宣传手册等方式向省人大、省纪委介绍立法情况，并充分利用报纸、杂志、电视等媒体对广东政府采购地方立法进行了全面报道，以赢得上级领导和社会大众的关注和支持。

第二，在《实施办法》出台后，配合省人大常委会召开了《广东省实施〈中华人民共和国政府实施法〉办法》颁布新闻发布会，为《实施办法》的实施营造了良好的社会氛围。同时注重加强与媒体的定期沟通和专题协商，形成新闻宣传的良性互动机制，围绕政府采购地方立法、电子政府采购等主题，开展了大量的宣传报道，效果良好。一年来，省财政厅配合《中国财经报》、《政府采购信息报》、《南方日报》和《羊城晚报》等主流报刊进行深度报道达11次，对深化政府采购制度改革的各项举措进行详细报道，新华网、南方网等各大网站也纷纷进行了转载和报道，为广东政府采购的立法和制度创新营造了声势，创造了良好的氛围。

（政府采购监管处供稿，杨　瑞执笔）

全省财政监督检查工作概述

2009年，广东省财政监督工作坚持以邓小平理论和“三个代表”重要思想为指导，以科学发展观为统领，积极推进财政管理科学化精细化建设，紧密围绕“二促进　保持”这一首要任务大力开展财政监督工作，取得明显成效。截至2009年年底，全省各级财政监督机构共对2 322户单位进行了检查，查出财政违法、违规、违纪金额104 880万元，纠正财政违法、违规、违纪金额15 980万元，查补财政收入25 246万元。

一、加强制度建设，规范抽选专业人员审批及付费管理，确保财政监督工作顺利开展

（一）做好财政检查等财政工作服务资格采购招标工作

为了规范中介机构参加财政监督工作程序，12月份，省财政厅委托省政府采购中心在全省范围内对2010～2011年财政监督等财政工作服务资格项目进行政府采购，共确定中标供应商59家。通过对财政监督等财政工作服务资格项目进行政府采购，进一步规范了中介机构参加财政监督工作程序，为认真履行财政监督职能提供了保证。

（二）建立抽选专业人员审批及付费制度

为了进一步规范管理，2009年省财政厅建立了抽选专业人员审批及付费制度，规定每次开展检查工作之前，必须由项目组长填报《财政监督检查抽选专业人员审批表》，确定抽选专业人员名单及人数、预计工作时间、经费预算等，由省财政厅监督检查局主管副局长审批之后，报局长审批。每份审批表之后附抽选的专业人员名单、注册会计师证书、专业技术资格证书等资料，并要求被抽选人员签订保密承诺书。检查结束后，凭借审批表及相关资料、考勤表等对抽选人员工作及付费情况按项目进行汇总，经过局里逐级审核审批，报厅领导批准后方可付费。

该项制度的建立，完善了省财政厅抽选专业人员参加财政监督检查工作的所有环节，从中介机构的服务资质服务质量、抽选人员的专业资格专业水平、考勤及工作效率、保密承诺、付费的安全性及时性等都作了具体明确的规定，为顺利、高效开展财政监督工作打下了坚实的基础。

二、加大信息化建设力度，扩大财政监督检查范围，提高财政监督工作的科学化、现代化水平

2003年以后，根据财政部和省委、省政府关于加强财政监督工作的要求，省财政厅积极探索现代化信息技术在财政预算和资金监管方面的应用，逐步建立起“财务核算信息集中监管系统”、“实时在线财政预算监督系统”，并积极指导市县财政部门开展财政监督信息化建设，取得了明显成效。3月份，省财政厅利用财务核算信息集中监管系统的先进功能，以2009年3月4日财务核算信息集中监管系统的数据为基础，对83家试点预算单位2008年现金使用情况进行了统计分析，组织人力对发现的库存现金异常的单位进行了实地核查，及时纠正了问题，并提出了加强预算单位现金管理的建议。

省财政厅在积极探索与实践现代化信息技术在财政预

算和资金监管方面应用的同时，积极指导市县财政部门开展财政监督信息化建设。广州、佛山等市财政监督信息化建设成效显著。广州市财政局2006年提出了建设电子化财政监督项目的构想，2008年10月初步实现了利用财政电子化技术支撑实施财政监督的设想。2009年5月开始在部分处室试运行。

财政监督信息化扩大了财政监督检查范围，提高了财政监督工作质量和工作效率，解决了财政监督工作中信息实时跟踪、数据实时汇总分析等技术问题，提高了财政监督工作的科学化、现代化水平，体现了财政监督工作的发展方向。

三、强化队伍建设，着力提升财政监督干部素质，确保财政监督工作顺利开展

2009年，广东省制定了《广东省财政监督部门管理工作评比试行办法》，把财政监督检查机构设置、人员配备等情况纳入考评范围，对全省各地财政队伍建设情况进行量化评定。全省各地积极转变思想观念，加强财政监督队伍建设，理顺机构关系，增加业务骨干人员。例如，广州市财政局理顺了财政监督机构关系，整合了财政监督力量；肇庆、云浮等市在接受省财政厅财政监督检查后，转变观念，强化财政监督机构设置及管理；韶关市加大财政监督队伍建设，增加业务骨干人员。

四、拓展理财空间，追缴应缴未缴财政的非税收入，加大财政收入监督检查力度

近几年，广东省继续加强非税收入监管，进一步研究和推动完善非税收入征管有关制度的落实，不断提高非税收入征管工作水平。汕头市财政局结合“小金库”专项治理工作对非税收入征缴情况进行检查。查出应缴未缴财政的非税收入31 440.46万元，已追缴4 983.25万元。汕头市部分区县也以“小金库”重点检查为契机，结合当地实际开展非税收入检查。其中：潮阳区查出应缴财政专户资金1 699.04万元，已追缴993.93万元；金平区查出应缴财政专户资金1 401.15万元，已追缴691.30万元。佛山市财政局针对土地交易及房地产市场价格逐步上升、土地交投活跃等情况，加强对土地出让金收入征收情况的检查；顺德区财税局会同物价和审计部门对44个行政事业性单位、86项收费项目进行了年度审查。通过检查，规范了收支管理，也拓宽了非税收入增长的空间。

五、保障资金安全，加大对违法违规问题整改的追踪问效力度，进一步强化财政支出监督检查

（一）开展省直单位财政专项资金检查工作

为了进一步规范和加强省直单位财政资金的管理，5～12月，省财政厅组织检查组对省外经贸厅招商引资工作经费、广东文艺职业学院二期工程补助资金、省级农业综合开发项目补助资金、省侨办侨务工作经费进行了专项检查及调研。检查发现，部分省直单位存在会计基础工作不规范、擅自调整专项资金使用方案等问题，省财政厅按规定对存在的问题进行了处理，并要求有关部门要吸取教训，采取有力措施，杜绝类似问题再次发生。

（二）开展地方省级财政资金的检查工作

为了加强涉及民生的财政资金的监管，5～11月，省财政厅组织检查组对肇庆、云浮、汕头和汕尾等4市的农村劳动力培训补助资金、家电下乡财政补贴资金、农田水利基本建设议案专项资金、东西北地区污水处理设施建设专项资金的管理、拨付和使用进行监督检查，及时发现并纠正了财政资金管理和使用中存在的违规问题，有效地保障了省委省政府各项惠民政策的贯彻落实。特别是通过开展农村劳动力转移就业培训资金检查，及时制止了通过考试集体舞弊骗取财政补贴的严重违规行为，引起了省直有关部门和地方政府的高度重视，有力遏制了此类严重违规问题的蔓延。

（三）积极跟进落实财政资金检查整改工作

一是领导重视。省财政厅党组成员、纪检组长邓桂明多次带领厅监督检查局相关人员到市县通报财政检查情况、督导验收整改工作。二是加强通报。省财政厅下发《关于部分社保资金检查整改情况的通报》，对地方财政部门的监督检查工作提出新的要求，明确今后对整改工作不到位的单位省财政厅将予以通报。三是及时移交。对不属于财政部门管理权限的问题，尤其是涉及违纪违法的行为，及时移交纪检或司法机关查处。各市对检查发现的问题积极进行整改。例如，云浮市收到省财政厅检查情况及整改要求后，市政府高度重视，市领导亲自作出抓好整改落实工作的批示。市财政局会同有关部门召开落实整改工作会议，采取有效措施抓好整改落实工作，并将整改落实情况及时上报省财政厅。

全省各地财政监督机构也根据省财政厅统一部署，结合地方实际，认真深入开展财政监督检查工作，取得了显著成效。例如，广州市荔湾区财政监督部门通过对区文化局、残疾人联合会及教育系统专项资金使用情况的检查，纠正部分单位违规使用资金1 250万元，并针对检查发现的问题，重新制定了《荔湾区专项资金管理办法》，以区政府名义印发执行。韶关市财政局对省级再就业培训补助资金、省级动物防疫补助资金等进行了检查，查出各类违规资金198.6万元，追回了被侵占、挪用和不规范使用的财政资金74万元，对其他违规问题也按照规定进行了整改。阳江市财政局针对省级旅游景点建设专项资金、旅游扶贫专项资金检查发现的问题，提出加强旅游专项资金项目立项审批环节的管理、对旅游专项资金实行财政国库集中支付、县级报账管理制度等4个方面的管理建议。东莞市财政局对谢岗、麻涌、虎门等6个镇进行检查，查出多领冒领以及挪用财政资金等811.78万元，已全部追缴入库。此外，惠州、江门、肇庆、清远、湛江等市财政资金监督检查工作做得也比较好。

六、创新监督检查模式，加大会计信息质量检查力度，进一步整顿和规范市场经济秩序

为进一步加强会计信息检查工作，贯彻落实财政部精神，省财政厅制定了《广东省2009年会计监督检查工作总体方案》，确定了2009年会计信息质量检查的指导思想、主要目标及重点检查单位，并将财政部《关于地方开展2009年会计信息质量检查和会计师事务所执业质量检查的通知》转发到各地市，要求各地结合本地实际，认真贯彻落实。

（一）创新会计信息质量检查工作方法，推动所有省管企业开展自查

为了准确把握监督重点，增强企业对会计监督工作的责任和意识，扎实做好会计信息工作，扩大会计监督的工作效果与社会影响，2月，省财政厅召开了2009年省管企业会计信息质量检查工作布置会议。会上，省财政厅党组成员、纪检组长邓桂明作了题为《加强会计监督，规范会计行为，促进全省会计信息质量不断提高》的讲话，布置所有省管企业自查，明确省财政厅将采取根据自查情况进行重点抽查的新的工作方式。这次会议扩大了会计监督工作在省管企业的影响，一是使省管企业充分认识到会计监督工作是《会计法》赋予财政部门的重要职责。二是系统总结了近几年来省财政厅对31家省管企业的会计信息质量检查情况并在会上予以通报，引起震动，使省管企业认识到加强会计监督工作的重要意义，积极认真按照省财政厅的要求开展会计信息质量自查工作。

（二）充分利用自查资料确定重点检查单位，加大重点检查力度

经过对省管企业自查情况的比对分析，省财政厅确定了检查对象，5～7月，组织检查组分别对广东南方广播影视传媒集团、广东南方国际传媒控股有限公司、广东有线广播电视网络股份有限公司2007年度、2008年度的会计信息质量进行了检查，同时延伸检查了广东电视台、广东南方电视台等15家相关单位，共计查处会计核算不实及信息披露不实金额8 888.76万元。

全省各地也积极关注重大财税政策的执行情况和关系人民群众切实利益的民生问题，加大对企业会计信息质量检查力度，全面提升企业的会计信息质量。例如，广州市财政局对广州市交通运输管理局、广州市客运交通管理处会计信息质量进行了检查，检查发现不规范使用资金1 034.23万元。通过检查，纠正了违法违规问题，规范了财务管理，防止了国有资产的流失。肇庆市财政局对80家企事业单位进行了检查，其中民营企业22家，行政事业单位58家。共查补各项税款840万元。潮州市财政局对17家单位进行了会计信息质量检查。共查出违规金额396.72万元，应上缴入库36.94万元已全部入库，东莞市财政局对虎门自来水公司和万江自来水公司进行了检查，责成补缴各项税费共294.88万元。此外，阳江、汕尾、湛江、揭阳、珠海和汕头等地的会计信息质量检查工作做得也比较好。

（三）积极组织全省开展会计信息质量检查十周年纪念活动

2009年是财政部门开展会计信息质量检查十周年，为此，财政部特别在全国组织开展纪念活动，省财政厅也采取多种形式举办纪念活动。一是及时将财政部《关于开展会计信息质量检查十周年纪念活动的通知》转发到各地级以上市财政局，要求各地积极贯彻执行；二是制定了《广东省会计信息质量检查十周年纪念活动方案》印发全省，掀起纪念活动热潮；三是在厅显著位置和网站发布十周年活动情况通讯；四是组织征文活动并在《广东财政》2009年11期结集刊出；五是收集整理近年广东省会计信息质量检查典型案例并报财政部。

七、创新工作机制，强化财政部门对注册会计师行业的行政监管，促进注册会计师行业的健康发展

（一）加强调研，建立畅通交流渠道

3月份，邓桂明同志带领厅监督检查局和厅会计处、省注协等相关处室人员走访了广东正中珠江会计师事务所和广东立信羊城会计师事务所，就注册会计师行业现状、会计师事务所面临的困难、如何拓展注册会计师行业市场以及如何加强行业监管等进行了专题调研。此次调研，对改进注册会计师行业监管方法，全面掌握行业发展状况以及行业发展遇到的困难和障碍，明确工作方向，起到了积极的作用。

（二）创新工作思路，委托检查，集中审理，统一处理

省财政厅首次授权广州、汕头、珠海、阳江、湛江、茂名和深圳等7市检查10家会计师事务所。为做好该项工作，省财政厅采取查前进行业务培训、查中加强日常业务指导、查后集中审理和统一处理的方式进行，取得了较好成效。例如，广州市财政局财政监督分局受托对两家会计师事务所执业质量进行检查。检查发现，两家事务所均存在收费过低、恶性竞争，在审计、验资业务中未实施必要的审计、验资程序，出具的审计报告意见类型不恰当等问题。阳江市财政局受托检查发现，被检查的事务所存在没有有效执行工作底稿逐级复核制度、质量控制政策和监控的必要程序等问题。

（三）建立行政监管“联席会议”制度

年初，厅监督检查局牵头与厅会计处、省注协等职能部门召开了协调会，建立“联席会议”制度，加大信息沟通、形成监管合力。联席会议每季度召开一次，各成员单位相互通报前期各自工作及进展情况，对违法、违规的会计师事务所和注册会计师的处理处罚情况、监管工作计划、拟开展检查的会计师事务所名单及掌握的违法违规线索、行业监管过程中遇到的问题及经验总结等监管工作情况。避免多头监管、重复检查，降低监管成本，进一步促进各成员单位相互协调、积极配合开展工作。此种做法得到财

政部的肯定。

（四）对举报及移交问题及时作出处理

根据财政部原纪检组长贺邦靖在群众来信上的批示，省财政厅对投诉人谭柱堂来信反映涉嫌出具虚假验资报告的广州岭南会计师事务所进行了执业质量检查并作出处理；对上海市财政局移送的广东广信会计师事务所上海分所相关材料反映的执业质量问题作出处理；对省监察厅移送涉嫌出具虚假审计报告的广州华天会计师事务所、四川君和会计师事务所广州分所作出处理。

八、强化财政内部管理，积极开展内审工作，为财政资金的安全使用提供保证

全省各级财政部门紧密围绕财政管理和财政改革的中心开展财政监督工作，在强化外部财政监督的同时，积极加强财政内部管理。中山市财政局通过到局内各科室进行业务管理调研，查阅年度审计报告汇总资金监管问题，整合近年财政资金监督检查工作资料等方式，形成《从内部控制入手，加大检查力度，保证财政资金安全》的调查报告，为强化财政内部控制提供了有益的帮助。河源市财政局为了加强对基层财政所的监督，保证财政资金安全，抽调各县区财政局监督股业务骨干组成交叉检查组，分别对紫金县、东源县等6县12个镇财政所的财政资金和财务管理情况进行了检查。检查结束后，针对检查发现的问题发出情况通报，要求各县区正视问题，认真整改，建章立制，进一步健全和完善基层财政所的内部管理制度。

九、明晰专项治理政策，抓住专项治理工作重点，认真开展“小金库”专项治理工作

深入开展“小金库”专项治理，是党中央、国务院作出的部署，是加强反腐倡廉建设的重要举措。省委、省政府高度重视，要求全省各级党政机关和事业单位要认真做好“小金库”专项治理工作。该项工作由省纪委牵头，日常工作由省财政厅负责。经过自查自纠、重点检查和整改落实三个阶段，广东省“小金库”专项治理工作取得了明显成效。截至12月底，全省共发现“小金库”303个，涉及金额近1.33亿元。

（一）抓好贯彻落实，稳步有序推进

专项治理期间，广东省先后印发了《广东省在党政机关和事业单位开展“小金库”专项治理工作的实施方案》、《关于在“小金库”专项治理工作中严肃纪律的通知》和《关于做好“小金库”治理重点检查工作的通知》等政策文件，使中央和省委、省政府的指示精神得以贯彻落实，稳步推进全省专项治理工作。

（二）明晰政策法规，强化检查技巧

为进一步推动全省“小金库”专项治理工作全面、深入开展，全省各级治理机构积极举办培训班，培训内容包括“小金库”治理工作涉及的法律法规政策、“小金库”检查的方式、方法及案例剖析等，为顺利完成专项治理工作奠定了基础。

（三）规范举报办理，增强威慑作用

“小金库”具有资金来源公用，存在形式隐蔽和支出使用违规的特点，为此，全省各级治理机构通过公布举报电话、电子邮箱等方式，动员广大人民群众参与到“小金库”治理中来，为“小金库”检查提供明细线索。专项治理期间，全省共收到举报线索338件，对属于治理范围的举报进行了核查。

（四）开展巡查督导，验收治理效果

按照中央工作要求，广东省采取实地督导、通报督导和专题汇报等方式方法，加大“小金库”专项治理工作督导力度。专项治理期间，全省先后派出督导组分赴清远、河源、中山、肇庆、云浮、汕尾、惠州、揭阳等地市开展巡查督导工作，验收治理效果。

（五）认真组织协调，确保工作顺利

全省共组织2 834人参加重点检查，成立检查组596个，对3 087个（按照不低于5%的比例要求全省应检查户数为1 803个）党政机关和事业单位开展了重点检查，重点检查面达到8.56%。专项治理期间，全省各级治理机构多次组织召开协调会、汇报会，对检查组的工作情况进行跟进和指导，确保了检查工作顺利进行。

（六）积极宣传报道，扩大治理成效

广东省充分利用报纸、广播、电视等新闻渠道，多形式、多层次、多角度宣传治理工作。截至12月底，全省在公开媒体宣传报道专项治理工作979篇次，编发治理工作简报439期。同时参与省纪委、省监察厅召开的新闻发布会，向社会通报10起私设“小金库”典型案件。

（监督检查局供稿，林承志执笔）

人事管理和教育工作概述

2009年，在省财政厅党组的正确领导下，在各处室、单位的支持配合下，人事教育处以贯彻落实厅党组工作决策和服务财政工作为中心，以开展深入学习实践科学发展观活动和转变作风抓落实活动为契机，结合人事工作实际，进一步解放思想，转变观念，狠抓落实，按照科学发展观的要求，从工作理念、职能定位、政策制定、管理方式、服务模式等全方位进行了审视和查摆，将人教处的职能定位为领导的人事决策参谋，干部发展的服务平台，提出了人事教育工作要做好“三个服务”，即为厅党组人事决策提供参谋助手服务、为厅机关高效运作提供人才支持服务、为广大干部职工成长进步提供锻炼平台服务的工作理念，并以此作为一切工作的基本出发点和落脚点，从大处着眼，把小事做细，严格依法依规，大力开拓创新，努力将人事教育工作不断推上新的台阶。

一、坚持学习为先，切实增强党支部的凝聚力、战斗力

人事教育处高度重视政治理论学习教育工作，按照厅

党组的统一部署，认真组织开展政治学习教育活动，组织全处干部认真学习党的十七大和省委十届历次全会精神，扎实开展学习实践科学发展观和转变作风抓落实活动，加强党风廉政建设与教育。切实做到用党的先进理论武装头脑，理论学习与道德素质两手抓，业务水平与理论素养双促进，紧紧依靠全处同志，着力强化学习意识、强化全局意识、强化创新意识、强化责任意识，以“讲党性、重品行、作表率，树组工干部新形象”的标准严格要求自己，牢固树立“打硬仗、吃大苦、受大累”的思想，努力提高工作效率和工作质量，踏踏实实做好每一件事，增强服务基层、服务群众、服务大局的意识和能力，引导和推动全处干部在思想观念、素质能力、工作作风和工作方式方法上有新转变、新进步、新提高，增强了支部凝聚力、战斗力，极大地推动了人事教育工作发展。

二、坚持优化整合，认真做好厅新“三定”方案修订及实施工作

在厅党组指导下，人事教育处在认真学习领会新一轮机构改革精神的基础上，从2009年2月开始认真调研，结合财政厅实际，按照省编办的工作要求，群策群力，协作配合，积极探索，循序渐进，理顺职责关系，明确和强化责任，优化财政部门组织结构和内部管理体制，结合财税体制改革发展的形势和任务，及其对于财政机构职能、人员的要求，通过在全厅范围内“三上三下”，广泛征求意见，以及报送过程“三进三出”，积极协助厅党组加强与省委组织部、省人事厅、省编办等部门的沟通协调，拟订厅新“三定”方案，调整厅的机构、职能，明确厅有关处室的业务分工，建立权责一致、高效运转的机关内部管理体制。经过共同努力，厅新“三定”规定修订完毕，并经省政府正式批复。新“三定”规定从深入落实科学发展观、深化行政管理体制改革、建设人民满意政府的高度出发，对财政厅主要职责、内设机构和人员编制进行了明确，是指导当前和今后一段时期广东财政工作的重要指导性文件，对推动实现政府职能向创造良好发展环境、提供优质公共服务、维护社会公平正义的根本转变，促进经济社会又好又快发展具有重大的意义，同时，也为广东财政科学发展提供了制度性支撑，奠定了良好的基础。新“三定”下达后，迅速行动，积极做好“三定”的贯彻落实工作。制订贯彻落实方案报厅党组审定，作为“三定”贯彻落实工作总牵头处室，在全厅范围内通过抓学习领会、抓贯彻执行、抓督促落实，确保厅机构改革工作落到实处、取得实效。同时，针对评协承担的行业管理和行业服务工作任务日益繁重、人员编制不足的现状，为加强评协工作力量，做好评协增加编制的申请工作。

三、坚持严谨规范，认真组织完成干部选拔任用工作任务

干部选拔任用工作关系到财政干部领导班子和队伍建设，关系到厅党组选人用人导向能否落到实处，关系到干部成长进步能否得到保障。人教处围绕全局和厅中心工作，严谨服务，有效确保了各项干部选拔任用工作不出差错、不留瑕疵。2009年，协助组织部做好中组部1名省部级后备领导干部考察；配合省委组织部做好1名省管干部提拔考察测评、2名副厅级领导干部试用期满转正考察和10名副厅级后备干部考察工作；按厅党组要求完成厅24名处级干部和32名科级干部的提拔任用工作。此外，向兄弟部门推荐计财处处长等正处级领导干部4名。在厅内共考察厅、处、科各级干部共113名。圆满完成了中组部、省委组织部和厅党组交给的各项干部选拔任用工作任务。将一批德才兼备、群众公认、公道正派、肯干实干的干部选拔到领导岗位上来。同时，加强了与省直兄弟部门人才交流，切实做到让上级部门、让厅党组、让全厅干部群众“三满意”。

四、坚持督导协调，扎实推进“规划到户责任到人”对口帮扶工作

省委、省政府开展扶贫开发“规划到户责任到人”工作是站在全局、战略和时代的高度，在总结广东省扶贫开发工作取得成就的基础上，针对省扶贫开发工作中存在的突出问题提出的重大战略；是实践科学发展观、坚持以人为本、构建和谐社会的具体举措。厅党组高度重视此项工作，人教处作为帮扶工作的牵头处室，积极落实总协调和日常工作，按照厅党组的统一部署，以实现“六有”、“八个确保”为目标，积极行动，落实责任，开展了大量工作，通过选派驻村工作组；调查摸底，制订帮扶工作方案、计划；加强宣传，动员部署；对号入座，落实帮扶责任，将帮扶贫困户分解到厅118个责任人；组织责任人分5批次进村开展帮扶工作；狠抓落实，细化帮扶方案；因户制宜，分类实施帮扶办法；确保实效，督促帮扶项目全面实施等，加强与驻村工作队的沟通指导，与有关处室的沟通协调，大力发扬全厅干部群众帮扶热情和社会各界热心力量，切切实实把厅党组的指示落到实处，使厅帮扶工作取得了显著的工作成效，形成了“领导重视、行动迅速、工作扎实、措施得力、责任落实”的良好工作局面，得到了省委书记汪洋和省政府领导的多次高度评价，也得到帮扶对象大沙村干部群众的一致好评，数次作为典型在有关工作会议上进行经验介绍，在全省机关部门中起到了良好的示范作用。

五、坚持改革创新，切实提高选人用人公信度

按照省委组织部的要求，在厅党组的领导下，树立和落实科学的人才观，开拓创新、深化改革，进一步扩大干部工作民主，着力拓宽选人用人渠道，顺利完成厅公开遴选省财政厅副厅长工作。这次公开遴选工作，财政厅被省委列为试点单位，先行组织实施公开遴选，充分体现了省委和省委组织部对财政厅长期以来干部工作的充分肯定和信任，试点工作关系到公开遴选工作能否在省直单位顺利全面铺开。人教处在无经验可借鉴的情况下，变压力为动力，精心组织，群策群力，协作配合，圆满完成各项工作任务，切实做到了机会公平、过程公开、结果公正，受到

省委组织部的好评。通过公开遴选，促进全厅形成注重学习、争先创优的风气，形成好中选优、优中选强的良性机制；扩大选人用人视野，拓宽识才用才的渠道，有利于从更广的范围选拔干部，为优秀人才的脱颖而出创造了条件；把对干部选拔的初次提名权交给全体干部，有利于保障群众对干部选拔任用的知情权、参与权、选择权和监督权，形成公道正派、风清气正的选人用人氛围。全厅干部对公开遴选各项工作给予高度评价，对遴选结果满意，普遍认为遴选出来的副厅长和副厅级后备干部人选能基本反映厅内干部风貌，人选政治可靠、实绩突出、作风过硬，达到了择优选拔的预期目标。

六、坚持服务全局，着力提高财政工作软实力

人事教育处紧紧围绕财政中心工作，创新工作思路，采用多种管理手段和培训方式，积极探索财政干部教育培训工作的有效途径，为全面提高财政干部综合素质，提高财政工作软实力作出了积极的贡献。

一是举办了全省市、县（市、区）长公共财政与应对金融危机专题培训班，省委常委、常务副省长黄龙云、省委组织部副部长林存德亲临培训班作重要讲话；厅长刘昆以及部分知名专家学者为学员授课。培训班的举办得到省委、省政府领导的高度评价，参训的市、县（市、区）长反映良好。

二是认真做好省财政厅的教育培训工作。举办了新录用人员培训班。为帮助厅新录用人员熟悉政府机关工作人员的各项规则，尽快适应工作岗位的要求，组织2008年以后厅25名新录用人员进行培训，厅党组副书记、副厅长、厅直属机关党委书记曾志权出席培训班开班仪式并作题为《在平凡岗位上体现价值》的重要讲话，培训班同时邀请了厅有关处室领导和同志进行授课，学员普遍反映良好，学到了知识，掌握了规程，受到了教育。克服困难，千方百计组织第六批人员前往澳大利亚皇家墨尔本理工大学进行财政业务发展培训，为财政干部提供了学习和借鉴国外先进的理财经验的机会。此外，克服人手少等困难，做好厅干部参加省委党校各主体班次进修培训人选的选派组织服务工作。

三是认真做好干部参加学历、学位学习教育管理工作。根据《省财政厅机关工作人员参加学历、学位学习管理办法》的有关规定，及时办理学历、学位学习教育的审核报批手续和学费的补助手续，为大家创造一个良好的学习氛围。

四是着力加强院校管理。在做好省财政职业技术学校管理服务工作的同时，认真贯彻厅党组一系列指示精神，耐心细致地做好广东财经学院划归广东外语外贸大学管理的各项服务工作，确保平稳过渡。

七、坚持务实为要，着力加强财政系统干部队伍建设

着力打造一支政治坚定、业务精湛、作风过硬、廉洁从政、和谐进取的财政干部队伍。

一是按照《财政部关于加强2008～2012年全国财政系统干部队伍建设的意见》，坚持服务中心、改革创新、结合实际，制订全省财政系统的实施方案并贯彻落实好全省财政系统干部队伍建设工作，为增强广东财政工作软实力，推动财政改革与发展事业再上一个新台阶提供坚强的人才保证。

二是在广泛征求意见基础上，研究制定《广东省财政厅公务员培训管理办法》，积极探索加强教育培训管理的有效途径，为建设学习型机关，进一步加强干部队伍建设奠定了扎实的基础。

三是严把进人关，及时组织做好人员招录工作。按照省级公务员主管部门统一部署，公开招录公务员10名，及时为厅机关充实紧缺人才。严格执行《事业单位公开招聘人员暂行规定》，遵循公开公平公正原则，完成了厅属单位3名工作人员的统一招录工作。做好2010年厅机关及厅属单位人员需求分析，根据财政改革与发展需要，科学合理地制订2010年增人计划。

四是建立干部有序流动机制。加大轮岗交流力度，增强干部队伍活力。采取各种有效方式，积极推进全厅干部交流轮岗，确保厅交流轮岗制度的有效实施。2009年，共实行处、科级轮岗29人。加强厅机关与厅属单位处级干部交流，加强综合部门与业务部门干部之间的交流，做好公务员调任转任的报批工作。积极做好各项中心工作人员抽调工作。通过干部交流轮岗、抽调挂职锻炼，增强全厅干部队伍活力和创造力，提高干部队伍综合素质。

五是统筹协调，加强厅属单位人事管理指导工作。大力加强对厅属单位内设机构管理、提拔任用工作的指导，完善厅属单位干部提拔任用机制。使厅属单位干部选拔任用工作更科学、规范、高效。积极做好三个参公管理单位岗位设置、人员身份过渡等一系列工作，确保参公管理后续工作顺利完成，各项工作平稳有序过渡。

八、坚持以人为本，着力做好人事教育服务

人事服务是人事工作的重要内容，对于帮助干部职工解除后顾之忧、推动财政工作开展具有重要意义。人事教育处筑牢“干部工作无小事”意识，进一步增强服务意识、夯实工作基础，注重发扬甘于奉献、勇挑重担、团结协作的优良传统，使人事服务更加高效便捷，得到了干部群众的肯定。在常规的干部人事教育管理、工资管理、安全保卫、出国（境）审批管理、人事干部统计、节假日值班安排、计划生育、休假审批管理、证件管理、节假日慰问等各方面都做了大量工作，积极做好公务员登记、公务员试用期满任职、军转干部接收、复员退伍兵安置，工作人员调动、辞职、退休，处级干部离任审计，办理、解除行政处分，职称管理等工作，切实保障干部群众的切身利益，使人教处真正成为干部之家、群众之家。

（人事教育处供稿，朱　昱执笔）

机关党建工作概述

2009年，在中共广东省直属机关工作委员会的正确领导和中共广东省财政厅党组的有力指导下，中共广东省财政厅直属机关委员会坚持以邓小平理论和“三个代表”重要思想为指导，全面贯彻落实科学发展观，以执政能力建设和先进性建设为主线，高举旗帜、围绕中心、服务大局，不断加强党的思想建设、组织建设、作风建设、廉政建设和执政能力建设，以党建促业务，以业务成绩检验党建成果，实现了“三个巩固”（即巩固班子建设成果、巩固基层建设成果、巩固党员队伍建设成果）的目标，为省财政厅深入开展保民生、促发展、抓改革各项工作提供了强大动力和组织保障。省财政厅机关党建工作呈现新面貌、取得新成绩，2009年9月份，省财政厅作为省直机关的唯一代表，在全省机关党建工作会议上作了经验介绍。

一、加强思想建设，以先进理论武装党员干部头脑

2009年，省财政厅直属机关党委始终把思想建设作为机关党建的根本任务，在推动学习型党组织建设上下工夫，以学习教育加强科学理论武装、强化党性修养、构建理想价值观念和道德规范，以科学发展观武装头脑、指导实践，不断坚定党员干部理想信念，提高领导班子驾驭工作、领导科学发展能力，把党的思想政治优势转化为推动工作的强大动力。

（一）抓重点，强化领导表率作用

注重区分思想建设的层次性，以加强省财政厅各级领导干部的思想建设为重点，切实发挥领导干部以身作则、以点带面的表率作用。

1. 协助省财政厅党组抓好思想建设，开展好厅党组中心组理论学习，订好计划，选准重点，提出专题，并做好学习情况宣传上报工作；省财政厅党组成员带头参加省委组织部举办的全省县处级以上领导干部学习贯彻中共十七届四中全会精神系列专题报告会。

2. 强化省财政厅直属机关党委班子思想建设，党委委员带头学习，先学一步，并积极落实党委委员调研制度，每位委员选择不少于3个单位作为联系点参加组织活动，提高了厅直属机关党委工作的针对性。

3. 加强省财政厅各党支部书记思想建设，落实各党支部书记为支部思想政治工作的第一责任人，牢固树立不抓思想政治建设就是失职、抓不好思想政治建设就是不称职的思想，不断增强思想政治工作的针对性、主动性、实效性，营造心齐实干的良好氛围。

（二）抓学习，全面提高党员政治素质

坚持学习的全面性、有效性和长期性，使学习的过程成为党员干部坚定政治立场、提高理论素养的过程。

1. 组织党员干部学习贯彻“三个代表”重要思想、科学发展观，深入学习党的十七大、十七届四中全会精神和广东省委十届五次全会精神，切实把党员干部的思想和行动统一到中央和省委的部署上来。按照省财政厅党组的部署，制定印发了《省财政厅学习贯彻十七届四中全会精神的意见》，在全厅上下进一步增强新形势下加强和改进党的建设的责任感和紧迫感，坚持以党建促业务，以业务成效检验党建工作，结合财政工作实际，以改革创新精神推进党的建设，以党建新成效促进开创广东财政改革发展新局面。

2. 紧贴时代特点和工作需要，组织开展学习《六个“为什么”——对几个重大问题的回答》活动、向吴大观同志学习活动等，参加全国“双百”评选活动，邀请省委党校（广东行政学院）杨建伟教授作专题辅导报告，组织观看《珠江三角洲地区改革发展规划纲要》专题报告会录像、全省机关作风暗访片、警示教育片等，使党员干部牢记党的宗旨，深入把握社会主义核心价值体系，增强纪律观念和廉政意识，学习先进模范人物的先进事迹和崇高精神，牢固树立依法理财、民主理财、为民理财的观念，解放思想、求真务实、埋头苦干、奋发进取，在推动广东财政科学发展、促进社会和谐中充分体现先进性。

3. 完善学习体系。一方面，建立健全学习制度，从厅党组中心组理论学习、党委集中学习、基层党支部理论学习和党员个人自学四个方面入手，建立理论学习制度，制订理论学习计划，有计划、有步骤、分层次地组织开展理论学习，健全学习体系，建立和完善行之有效的学习制度。另一方面，为个人自学创造有利条件，开展理论学习做到“四有”：有必读书目、有文件精神、有专题报告、有学习资料，激励党员干部学得进、愿意学、自觉学。同时，创新学习载体，激发学习动力。在转变作风抓落实主题实践活动中，积极响应省委办公厅、省政府办公厅发出的广泛开展读书活动的倡议，创办了《读书园地》内部刊物，在全厅掀起读书热潮，形成人人善于学习、勤于思考、勇于探索的学习氛围。

（三）抓主题，增强思想建设的针对性和实践性

以主题实践活动为契机，紧密结合财政实际，加强领导、精心组织、做好督查，确保每项活动都入心入脑，收到实效。

1. 认真做好学习实践科学发展观整改落实后续工作。按照省委学习实践科学发展观活动领导小组的工作部署，对照《广东省财政厅党组深入学习实践科学发展观整改落实方案》以及广东关于应对国际金融危机、推进“三促进一保持”，落实《珠江三角洲地区改革发展规划纲要》、《广东实践科学发展观重点行动纲要》等重大工作部署对财政工作提出的新的迫切需要解决的问题，扎实开展“回头看”工作，对整改落实情况进行认真梳理，对整改项目完成进度快的，及时总结完善，对整改进度慢的，加强督促，加快进度，确保按时保质完成整改落实任务，切实巩固和扩大学习实践科学发展观活动的思想成果、实践成果和惠

民成果。

2. 深入开展转变作风抓落实主题实践活动。按照省直机关工委的统一部署，坚持把推动省委、省政府重要工作部署的贯彻落实作为加强和改进机关作风建设的重要任务，切实做到围绕中心、服务大局，真抓实干，以优良的工作作风、饱满的精神状态和狠抓落实的成果积极推进改革、促进发展，努力实现“三个六”的目标任务，即在转变作风上实现“六个强化”、“六个提高”，在“抓落实”上实现“六个见成效”。3 月 11 日，省委组织部副部长、省直机关工委书记罗东凯一行到省财政厅开展调研，对省财政厅转变作风抓落实加强和改进机关作风建设的情况给予了充分肯定。7 月 8 日，厅党组书记、厅长刘昆参加了省直机关“转变作风抓落实”服务窗口建设现场会，并作为 5 个作经验发言的省直部门之一在会上发言，介绍了省财政厅会计服务大厅服务窗口建设的做法和经验。

同时，在完成转变作风抓落实活动规定动作的基础上，突出财政特色，紧密结合实际，创新活动方式方法。认真开展了“十查十看”活动，深入查找存在的主要问题与不足，找准差距定好举措，打牢实践基础。坚持以制度建设为抓手，在完善工作机制、规范权力运作、加强督促检查、严格制度落实方面下工夫，努力形成加强和改进作风建设的长效机制。坚持把转变作风与解决问题、推动工作紧密结合起来，着力创建学习型、创新型、服务型和节约型机关，将作风建设的成效体现在推动各项工作落实的成果上：大力发扬真抓实干的优良作风，直面困难，正视挑战，有效应对国际金融危机。把转变作风抓落实与应对国际金融危机、推进“三促进一保持”紧密结合起来，切实把公共财政的调控职能和保障作用落实为推动科学发展的具体举措；大力发扬改革创新的优良作风，破除定式，革新思路，创新财政体制机制。在深化认识、深入调研的基础上，初步形成了调整完善省以下财政体制的总体思路；大力发扬亲民为民的优良作风，民生优先、民事先办，着力保障和改善民生。把建立健全长效机制作为进一步巩固扩大惠民成果的一项重要内容来抓，使广大人民群众在保持经济平稳较快发展中得到更多实惠；大力发扬艰苦奋斗的优良作风，厉行节约，共度时艰，多管齐下节约行政经费开支。根据省委十届四次、五次全会关于节约行政经费共度时艰的决策精神，及时研究制定了节约行政经费的各项措施，并制定了考核办法；大力发扬负责敬业的优良作风，主动服务，问需于民，不断提高服务水平。以提高工作效率、工作质量和服务水平为要求，进一步转变服务观念。总的来看，省财政厅转变作风抓落实活动取得了较好成效，从行风评议结果来看，省财政厅各党支部（党委）、全省各地级以上市财政局（委）党组织对省财政厅的总体评价的满意率为 96.3%，比较满意率为 3.7%。

二、加强组织建设，提高基层党组织的创造力、凝聚力和战斗力

按照省委、省直机关工委关于加强基层党组织建设的总体要求，省财政厅直属机关党委以服务中心、推进改革、发展民主、加强基层为重点，着力加强机关党的组织建设和干部队伍建设，使各级党组织成为改革发展的领导核心、落实科学发展观的战斗堡垒。

（一）加强省财政厅直属机关党委建设，充分发挥党委领导作用

省财政厅直属机关党委一直高度重视加强自身建设，不断提高自身的党建业务能力和领导能力，并认真做好新一届厅直属机关党委、纪委的换届工作。11 月 27 日，召开了中共广东省财政厅直属机关第三次代表大会，听取了省财政厅直属机关第六届党委的工作报告，选举曾志权、朱莉萍、钟炜、李秋萍、张穗汉、张仿松、卢小娟、钟凯、张新华 9 位同志为省财政厅直属机关第七届党委委员，选举张穗汉、孙祖通、苏凤玲、叶梅芬、辜东方 5 位同志为纪委委员。11 月 30 日，省财政厅直属机关纪委召开了第一次全体会议，选举张穗汉为书记。11 月 30 日，省财政厅直属机关党委召开了第一次全体会议，通过了厅直属机关纪委第一次全体会议选举结果的报告；选举曾志权为书记，钟炜为专职副书记。换届选举工作为省财政厅机关党建工作的正常开展提供了坚强的组织保障。同时，为促进省财政厅党建工作的深入开展，根据《中国共产党章程》和《中国共产党党和国家机关基层组织工作条例》的规定，结合实际，研究制定了《广东省财政厅直属机关第七届党委工作制度（试行）》，使省财政厅直属机关党委工作进一步科学化、制度化、规范化。

（二）加强支部建设，充分发挥基层党组织的战斗堡垒作用

不断强化对基层党组织建设重要性和必要性的认识，切实加强对基层党组织工作的政治领导。

1. 抓好基层党组织换届改选工作。结合干部轮岗、提拔任职，及时做好主要负责人轮岗的党支部书记任免和党支部（党委）委员增补工作，严格按《党章》的规定做到随缺随补、随调随换，保证党支部班子健全，工作到位。2009 年，省财政厅共批准新成立党支部委员会 1 个，任免党支部书记 9 人，增补基层党委委员 1 人、支部副书记 1 人、支部委员 6 人，更改支部名称 5 个。

2. 强化培训和组织发展工作。以高度的政治责任感，严格按照组织发展程序把工作做好、做细；严格把关，把入党动机纯洁、党性觉悟高的先进分子吸收进党的队伍。2009 年省财政厅共审批发展新党员 14 名。

3. 建立完善兼职政工干部队伍。鉴于省财政厅兼职政工干部任期已满，8 月 12 日召开了新一届兼职政工干部聘任会议，聘任范小花、张文蔚、肖小华、彭琳、沈明、刘金旺、凌霞明、邓玲玲、余玩冰、叶建胜、黄林水、刘雅丽、龙文标、曾友谊、吴丰、李国龙、李志宏、许国海、何宝球、林承志、朱昱、许琪扬、耿洪波、黄白梅、许桃初、周薇薇、张燕云、吴文春、叶丽丽、贺巧知、刘强、潘群英、孟萌、黄瑞吉等 34 名同志为省财政厅兼职政工干部，任期 2 年。省财政厅党组副书记、副厅长、厅直属机关党委书记曾志权到会并作了重要讲话。同时，制定实施

了《关于聘任兼职政工干部的若干规定（2009 年修订稿）》，进一步加强思想政治工作，有效推动厅机关党建工作深入开展。

4. 积极开展城乡基层党组织建设互帮互助活动。省财政厅各党支部围绕开展"五个一"活动的要求，结合自身业务和农村实际，把活动的着力点放在帮助解决民生问题、服务群众的实际行动上，特别是围绕办一件实事好事，重点推进了一批民心工程建设。2009 年，省财政厅党组成员共下基层调研和指导工作 5 人次，厅各党支部到农村集中过组织生活 12 批次，参加党员、干部 178 人次，帮扶困难党员 27 户、慰问困难群众 9 户、帮助贫困学生 9 名；专门安排了 380 万元资金，支持对口村办实事好事，取得了良好的效果，受到了广泛好评。2009 年，省财政厅被评为城乡基层党组织互帮互助活动先进单位，厅工贸发展处党支部被评为城乡基层党组织互帮互助活动先进党支部。

（三）创先争优，认真做好基层党组织考评和民主评议党员工作

通过实施"基层党组织建设考评机制"，强化基层党组织的职责，使省财政厅各基层党组织的思想、组织、作风、制度和反腐倡廉建设不断加强，促进了基层党组织建设的程序化、规范化，增强了基层党组织加强自身建设、创先争优的内在动力；通过民主评议党员，进一步加强对党员的思想教育，坚定理想、信念，解决党组织和党员中存在的突出问题，树立典型，激发了广大党员学先进、争当先进的热情。通过民主评议、考评并经省财政厅直属机关党委审批，决定省财政厅党委办党支部、办公室党支部、预算处党支部、监察室党支部等 4 个党支部为省财政厅 2009 年度先进基层党组织；决定黄志坚、鲁锦锋、徐迎建、黄瀛、李纪桦、卢小娟、戴穗生、张毓斌、彭明官、翟登军、廖建中、李广文、方亮、古志东、曾毓昌、刘小聪、郑亚吉、邹清莲、汤如武、吴丰、关良波、刘瑞麟、崔桂秋、周修群、袁庆、黄志伟、郑定标、柳捍国、黎树源、许桃初、王佩淦、王兵、邝慧、曹远潮、黄随波、刘菡、黎旭东、吴志红、丁跃文、李楚雄、毛秀源、梁显胜、麦方、李建华、张贤基、陈崖崖、张从容、孙亚华等 48 位同志为省财政厅 2009 年度优秀共产党员。

（四）配合落实厅党组成员参加非分管单位党组织生活制度

2009 年，省财政厅党组成员参加非分管单位党组织生活会共 20 次，约与 300 多名党员直接进行了面对面的沟通交流。省财政厅直属机关党委将部分会议情况在《执政能力建设简报》上刊登。这一制度的落实，进一步提高了省财政厅领导干部的执政能力，加强了厅党组成员与厅各党支部（党委）、全厅党员、干部的联系和沟通，密切了干群关系，取得了良好的效果。

（五）做好党员领导干部民主生活会的服务工作

按照省财政厅党组的部署，省财政厅直属机关党委精心准备，认真做好厅党员领导干部民主生活会前群众意见和建议的征求、收集、汇总、上报以及有关会议材料的准备工作；会后的整改措施收集、整理和会议情况通报工作。同时，加强对厅各党支部（党委）民主生活会的管理和指导，保证民主生活会质量。

三、加强党风廉政建设，积极营造干净干事的工作氛围

省财政厅直属机关党委坚持"党要管党、从严治党"，着力加强党风廉政建设，紧密结合党建主题实践活动和纪律教育学习月活动等，狠抓党风党纪教育工作不放松，使党员干部增强廉洁自律意识，在思想上筑牢预防腐败的长城。

（一）学习贯彻《党章》

认真组织学习《党章》，使广大党员牢记党的宗旨，按党章办事，做学习党章、遵守党章、贯彻党章、维护党章的践行者。

（二）学习贯彻"三个条例"

认真学习贯彻《中国共产党党内监督条例（试行）》、《中国共产党纪律处分条例》和《中国共产党党员权利保障条例》，提高省财政厅各级党组织和广大党员的纪律观念和廉政意识，确保党员合法权利不受侵犯。

（三）配合建立落实惩治和预防腐败体系

配合做好教育、制度、监督并重的惩治和预防腐败体系的建立和落实工作，以及规范权力运行工作。通过党风党纪教育活动，营造了"干净干事"的好氛围，促使省财政厅各级党组织和广大党员牢固筑起拒腐防变的思想防线。

四、加强机关文化和精神文明建设，营造团结和谐的氛围

坚持把机关文化建设和精神文明建设作为党建工作的重要内容，加强对工、青、妇工作的领导，充分发挥工、青、妇组织的桥梁纽带作用，通过开展一系列富有特色、生动活泼的主题活动，深入推进机关文化建设和精神文明建设，不断增强财政工作凝聚力、向心力和竞争力。

（一）开展爱国主义教育活动

结合传统节日、重大纪念日和庆祝北京奥运会胜利举办，举行寓教于乐的重大节日纪念宣传活动。开展"三八"妇女节基层调研暨爱国主义教育活动，举办了"'祖国颂·财苑情'——广东省财政厅庆祝新中国成立六十周年文艺演出"活动，组织团员青年与团省委联合开展团日活动、与省军区预备役部队联合开展军事体验日活动等，在干部、职工中弘扬爱国主义精神，牢固树立科学发展观和高尚理想。

（二）丰富机关文化生活

不断丰富机关文化生活，调动党员、干部工作的积极性和创造性。举办了省财政厅第十一届全民健身运动会及

其配套的第三届网球比赛、省财政厅乒乓球比赛；举办了“乐悦财厅·共唱和谐”歌唱比赛；举办了“健康从‘心’开始”、“关注女性”专题健康知识讲座和“礼仪·保健·护理·妆容”讲座；组织全厅干部职工参观“大美在人间——省直机关摄影俱乐部首届摄影作品展”和上级部门组织的各种知识讲座；组织妇女干部职工参加“亿万妇女学法律，家庭平安促和谐”法律知识竞赛活动；组织全厅干部、职工每季度登山活动；组织篮球队、足球队、网球队、乒乓球队、礼仪队、舞蹈队等定期进行训练并参加各项比赛和演出，获得良好成绩。

（三）组织开展送温暖献爱心活动

1. 按照省委、省政府实施扶贫开发“规划到户、责任到人”的工作部署，为进一步动员省财政厅干部职工参与对口帮扶梅州市五华县水寨镇大沙村工作，11 月 17 日上午举行了向“大沙村扶困基金”募捐活动，共计收到捐款 48 419.7 元。

2. 继续做好省财政厅 2009 年“春风送暖——万名爱心父母牵手困境儿童志愿行动”活动，全厅干部、职工共帮扶河源市仙塘镇龙尾小学困难儿童 97 名。

3. 为进一步弘扬“人道、博爱、奉献”精神，全面推进无偿献血活动。10 月 30 日，省财政厅机关工会组织干部职工 23 人前往广州市血液中心参加无偿献血活动。

4. 为干部职工排忧解难，办实事好事。关心慰问困难职工和住院病员；继续做好干部、职工子女入学问题；继续组织开展干部、职工休假工作。

五、坚持党管干部原则，协助省财政厅党组做好干部管理工作

干部队伍建设是党建工作的重要内容。省财政厅直属机关党委坚持党管干部原则，认真贯彻中组部和省委有关文件精神，积极协助省财政厅党组做好干部管理工作。

（一）协助省财政厅党组认真贯彻执行干部选拔任用工作的各项法规制度

省财政厅直属机关党委认真组织学习各项法规制度、不断增强法规意识，积极配合省财政厅党组认真贯彻执行《干部选拔任用工作条例》和中央的政策文件，使干部管理工作逐步走上规范化和法制化轨道。同时。通过参与民主推荐、组织考察、民主测评等工作，对干部人事工作贯彻执行条例情况进行监督，确保民主推荐、民主测评范围和要求严格按照规定进行、真正体现群众意愿；确保考察对象的确定以民意为基础；确保干部考察信息真实、准确；不折不扣地贯彻执行干部选拔任用工作的各项法规制度。

（二）深入了解广大干部群众对省财政厅干部提拔任用的有关情况，及时向有关部门反映

省财政厅直属机关党委高度重视做好日常干部管理工作的重要意义，在日常工作生活中非常注意广泛了解干部群众思想状况，注重从平时表现中了解干部，注意社会的评价和议论，做好经常性考察工作，为做好省财政厅日常干部管理工作及干部考察工作提供了有力的支持。

（厅机关党委办公室供稿，许琪扬执笔）

财政纪检监察工作概述

2009 年，广东省财政纪检监察部门在省纪委和各级财政部门党组的正确领导下，认真贯彻落实党的十七大、中央纪委十七届三次全会、国务院第二次廉政工作会议、全国财政反腐倡廉建设工作会议和省纪委十届三次全会精神，坚持标本兼治、综合治理、惩防并举、注重预防的方针，按照“以人为本、教育为先、制度为重、强化监督、惩防并举、确保安全”的工作思路和“以廉政促进业务，以业务检验廉政”的工作方法，围绕中心工作，切实加强党风廉政建设和队伍建设，发挥纪检监察职能，促进中央和省委、省政府各项重大政策措施的贯彻落实，为财政改革与发展提供了有力保障。

一、贯彻落实中纪委、省纪委全会会议精神

广东省纪委驻省财政厅纪检组、省监察厅驻省财政厅监察室积极协助省财政厅党组认真学习贯彻上级各次廉政会议精神，结合财政工作实际，狠抓任务落实。2009 年 2 月 25 日，召开全省财政反腐倡廉建设工作会议，总结交流 2008 年全省财政反腐倡廉建设工作，全面部署 2009 年工作任务，确定全省财政系统和授权管理单位 2009 年以推动科学发展重大决策部署贯彻实施、规范权力运行等八个方面为工作重点。为使工作落到实处，省财政厅制定印发《广东省财政厅 2009 年党风廉政建设和反腐败工作安排》，把省财政厅承担的 3 项牵头工作和 22 项配合工作细化为 5 大方面 60 项工作，分解至厅各处室、单位贯彻落实。3 月 19 日，召开厅机关各处室及所属各单位主要负责人会议，明确每一项工作的牵头处室和协办处室。

二、贯彻执行党风廉政建设责任制

2009 年初，根据省纪委关于党风廉政建设责任制工作的安排和部署，结合财政工作实际，省财政厅制定了《广东省财政厅党组和党组成员 2009 年党风廉政建设责任制具体责任内容》、《广东省财政厅机关及所属单位领导干部 2009 年党风廉政建设责任制具体责任内容》，细化工作责任，落实责任主体，明确工作要求，使每一个领导干部都知其任、明其职、出其力、尽其责。平时，驻厅纪检组、监察室加强对厅各处室、单位落实党风廉政建设责任制情况的督促检查，确保落到实处。年末，对各处室、单位落实责任制情况进行监督检查，要求各处室、单位对落实党风廉政建设责任制的情况进行总结。

三、加强反腐倡廉宣传教育

（一）部署开展纪律教育学习月活动

驻厅纪检组、监察室围绕“加强作风建设，保障科学

发展”主题，部署开展有针对性的纪律教育活动。7月9日，省财政厅召开2009年纪律教育学习月活动动员暨辅导报告会，厅党组书记、厅长刘昆作动员讲话，省纪委常委曹晓东应邀作了题为《认清反腐倡廉建设形势，切实加强反腐倡廉建设工作》的专题辅导报告。面向党员干部开展形势任务和理想信念教育、党风党纪教育、政治纪律教育和岗位廉政教育。采取专题学习会、民主生活会、支部学习会等形式，围绕“加强作风建设、保障科学发展”等四个专题开展讨论，撰写心得体会；组织集中观看《天使情怀》、《“蚁穴”透视》等正反面典型电教片；开设《纪检通讯——纪律教育专刊》，刊登具有教育意义的文章、案例以及学习心得体会。驻厅纪检组组长邓桂明同志撰写了心得体会《纪律教育应该成为党员干部的必修课》。

（二）组织开展“窗口之星”评选活动

驻厅纪检组、监察室在全省财政系统组织开展“窗口之星”评选活动。经综合评议、讨论研究，推选省财政厅会计服务大厅（集体）和中山市非税收入管理办公室职工陈日荣（个人）为广东财政系统“窗口之星”候选名单。通过正面典型教育，弘扬正气，引导党员干部树立正确的世界观、人生观、价值观和权力观、地位观、利益观。

（三）加强反腐倡廉宣传报道

驻厅纪检组、监察室编印《纪检通讯》共36期，向上级纪检监察部门报送信息专报21篇。其中：《广东推进财政支出绩效评价管理工作》被中纪委采用，《广东着力打造公开透明的政府采购竞争机制》被中纪委网站转载，《省财政厅纪律教育学习月活动做到“四个结合”》等9篇被省纪委采用，在省纪委信息工作考评中名列派驻机构第一名。

四、加强监督检查，认真贯彻落实反腐倡廉各项制度

驻厅纪检组、监察室加强监督检查，严格贯彻落实各项制度，并注重完善反腐倡廉制度体系。一是认真学习贯彻《中国共产党巡视工作条例（试行）》、《关于实行党政领导干部问责的暂行规定》、《国有企业领导人员廉洁从业若干规定》和《关于开展工程建设领域突出问题专项治理工作的意见》等重要制度，抓住当前影响和制约反腐倡廉建设深入推进的重大问题，推进反腐倡廉建设。二是认真执行廉政档案制度、任前谈话制度和新招录公务员廉政教育制度。认真组织处级以上领导干部填报廉政档案，及时掌握领导干部廉政信息；认真开展对新提任干部的廉政谈话，共对新提任的24名处级干部进行任前廉政谈话；切实加强对新招录公务员的廉政教育，把廉政教育作为新招录人员培训的重要一课，使新招录公务员及早树立廉政为民意识。三是制定印发了《关于进一步加强廉洁自律工作的通知》和《关于进一步加强党员领导干部报告个人有关事项工作的通知》，重申廉洁自律规定，健全完善党员领导干部报告个人有关事项的规定，加强对省财政厅党员领导干部的管理和监督。四是认真组织开展“民声热线”上线直播工作，认真做好群众咨询、投诉的回复处理事项。省财政厅于12月1日和12月8日两期参加了“民声热线”上线直播节目，先后有35人次作为上线嘉宾和工作人员参加了节目的播出工作，上线期间解决群众反映的问题60件，办结率100%。通过上线直播，切实解决人民群众反映的热点、难点问题，倾听百姓呼声，化解社会矛盾，展示了财政形象，促进了作风建设。

五、推进财政管理制度改革

2009年，根据省纪委《关于省直有关单位落实2009年党风廉政建设和反腐败工作部署分工的通知》，由财政部门牵头的源头治腐具体工作有3大项，协办工作有22项。对此，省财政厅党组高度重视，及早部署，驻厅纪检组、监察室主动做好组织协调和督促检查工作，做到有布置、有检查、有总结，促进源头治腐工作的落实。年初，驻厅纪检组、监察室协调有关处室制定2009年工作的目标和措施。平时，驻厅纪检组、监察室主动做好组织协调和督促检查工作。年末，认真、及时总结源头治腐工作的经验和做法。为更好地发挥纪检监察部门的服务作用，驻厅纪检组、监察室还主动收集材料，不定期编辑《纪检通讯》，供各相关处室和单位参考，促进反腐败治本抓源头工作的深入开展。8月份，协助厅党组认真贯彻落实全省落实党风廉政建设责任制推进惩防体系建设汇报会暨反腐败协调小组工作会议及汪洋书记的讲话精神，特别是对突出解决“花出来”的问题进行认真研究，提出了“促进全省财政资金运用的公开、透明、规范；建立财政国库动态监控系统；加强财政支出绩效管理；完善内部循环监督系统”等八个方面的贯彻落实意见，在全省财政系统部署落实，进一步加强了全省财政管理工作。

六、认真组织开展规范权力运行工作

按照2009年全国财政反腐倡廉建设工作会议的部署，省财政厅党组从2009年4月份起组织全厅和全省财政系统开展规范权力运行工作，并成立了广东省财政厅规范权力运行工作领导小组，多次召集专门会议，深入市县财政部门调查研究，指导工作开展，推动规范权力运行工作。在驻厅纪检组、监察室的组织协调下，到年底省财政厅的规范权力运行工作通过梳理登记、健全完善、审核把关和总结成果等四个阶段，对各处室、单位的所有权力事项按照行政管理类、财政分配管理监督类和其他类等类型进行分类，逐项梳理权力行使依据，描述权力运行流程，明确岗位职责和关键环节，查找关键部位、薄弱环节以及财政和廉政的风险点，制定完善权力运行程序和权力监督管理流程，建立健全配套管理制度，对每一权力事项制定《权力运行流程图》。经梳理统计，省财政厅34个处室、单位梳理出各类权力事项共计467项。其中：财政分配管理类339项，行政管理类112项，其他类16项。在开展规范权力运行工作的基础上，省财政厅进行全面总结，形成一套指导性、操作性较强的《广东省财政厅工作运行规程（汇编）》，加强权力运行监督和制约，建立规范权力运行的长

效机制。通过开展规范权力运行工作，财政部门在转变执政观念、制度建设、财政管理制度改革、行政审批制度改革、惩防体系建设等五个方面取得了新的进展，严格限制财政自由裁量权，有效预防了腐败问题的发生。

七、信访举报和案件查处

驻厅纪检组、监察室把做好信访工作和查办案件作为从严治党、惩治腐败的重要手段，以法律法规为准绳，切实做到有诉必核、有案必查，注重维护纪律的严肃性。2009年，驻厅纪检组、监察室共收到群众来信、来电举报信息61件。其中：涉及厅机关及所属单位的有4件（重复件1件），涉及地市财政系统的3件，涉及授权管理单位的26件（重复件10件），其他单位人员28件（重复件1件）；涉及厅级单位或人员的有10件（重复件1件）、县处级的26件（重复件8件）、科级17件（重复件3件）、其他8件。根据“分级负责、归口办理”的原则和财政系统的实际情况，部分举报件已转相关部门、授权管理单位和下级财政部门研处。2009年，驻厅纪检组、监察室通过直接查办和转办要结果的形式，共对7个信访件进行了初步核查，了结并作出适当处理的5件，了结率71.43%。根据财政部移交的案件线索，厅属某单位存在严重违反财经纪律、扩大范围使用中央财政专项资金的问题，驻厅纪检组高度重视，组织对该案件进行了立案查处，经过认真的调查取证，做到了事实清楚、证据确凿，对该案的主要负责人作出了行政记过的处分，并为国家挽回经济损失150万元。驻厅纪检组、监察室十分注重做好案件的后续工作，对信访举报和案件查处工作中反映出来的问题进行认真分析研究，总结教训，改进管理，完善制度，发挥查办案件的治本作用。此外，对2008年受到党纪、政纪处分的人员进行了回访教育，真正达到了“惩前毖后、治病救人”的目的。

八、开展反腐倡廉调查研究

2009年，根据财政部及省纪委对调研工作的部署，驻厅纪检组、监察室经过认真研究，选取了5个重点调研课题开展调查研究。一是关于积极财政政策落实情况调研；二是关于降低行政成本调研；三是关于加强行政事业单位国有资产收入管理调研；四是关于加强会计中介组织行业自律和执业监管问题调研；五是关于加强和完善政府采购监管问题研究。其中：驻厅纪检组、监察室提交的《财政部门惩治和预防腐败体系研究》论文被选入第一届广东廉政论坛交流；《广东省行政政法系统行政管理支出问题研究》和《行政事业单位国有资产收入管理调研报告》被驻财政部监察局选取参加全国财政系统部分省市降低行政成本及行政事业单位国有资产收支管理情况座谈会作经验介绍。

九、加强纪检监察干部培训

驻厅纪检组、监察室注重对纪检监察干部的培训，提高干部综合素质。一是形成专门的学习制度。认真组织开展深入开展学习实践科学发展观活动、“转变作风抓落实”和“做党的忠诚卫士、当群众的贴心人”等主题实践活动，切实提高纪检监察干部思想政治意识，不断提升服务大局、保障科学发展的能力。二是积极参加上级机关组织的各种培训。三是举办第四期全省财政系统纪检监察干部培训班。驻厅纪检组、监察室精心安排课程，组织全省财政系统和授权管理单位的纪检监察干部共22人到中央纪委监察部杭州培训中心参加纪检监察业务培训班的学习。

十、加强对财政系统及授权管理单位纪检监察工作的指导

驻厅纪检组、监察室认真履行派驻机构的职责，加强与财政系统和授权管理单位的联系，通过召开工作会议、情况交流会议、印发《纪检通讯》等方式，及时传达上级会议精神和进行工作部署，及时将各单位的一些好的做法和经验进行总结和交流。2009年初，驻厅纪检组、监察室召开全省财政反腐倡廉建设工作会议，研究、布置工作任务，指导财政系统及授权管理单位反腐倡廉工作开展。7月31日，驻厅纪检组、监察室召开授权管理单位上半年工作总结交流会，交流讨论上半年工作情况，提出下半年工作意见。平时，驻厅纪检组、监察室采取集中和抽空相结合的办法，到厅内有关处室和所属单位以及授权管理单位指导工作，同时，还结合专项工作到有关市和基层财政部门进行调研，并对他们开展党风廉政建设、落实责任制、健全完善惩治和预防腐败体系等工作给予指导。

（驻厅纪检组、监察室供稿，耿洪波执笔）

离退休人员服务工作概述

省财政厅离退休人员管理处已更名为离退休人员服务处。2009年，离退休人员服务处坚持认真学习和贯彻党的十七届四中全会精神，以开展各项主题实践活动为契机，坚持“老有所为、老有所教、老有所医、老有所学、老有所乐”的原则，转变观念，创新工作思路，提高服务水平，为厅离退休人员提供优质、满意的服务，较好地完成了厅离退休人员服务工作。截至2009年年底，厅机关离退休人员143人，其中离休干部20人（厅级5人），退休干部107人（厅级12人），退休职工16人。离休党支部和退休党支部，共有党员106人。

一、落实离退休人员的生活待遇

进一步增强老干部工作服务于厅中心工作、服务经济发展大局的意识，加大工作力度，推进各项服务工作有序有效开展。

（一）认真做好离退休人员的日常服务工作

重视离退休人员身体健康。为提高离退休人员的保健常识，离退休人员服务处为每位离退休人员订阅了《健康文摘》、《秋光》和《长寿新指南》等健康保健书刊；组织

离退休人员参加健康体检，查阅体检结果，发现健康问题督促离退休人员及时就医；组织离休干部及副厅以上老同志参加健康疗养；建立健康档案 130 份；邀请省府机关门诊专家定期每月一次到省财政厅坐诊，方便老同志看病开药；接送有需要的老干部看病、取药、住院、出院；落实了上门家访慰问制度化，特别是对高龄、长期患病在家的离退休人员，离退休人员服务处采取定期重点上门慰问，深入细致地了解他们的身体健康和生活情况，为他们排忧解难，及时到医院慰问住院老同志，定期探访住在养老院的老同志，并送上组织的关心和慰问金。2009 年全年离退休人员服务处探望病人和上门家访共 131 人次；同时对长期不能来参加活动的老同志经常打电话询问情况，让老同志体会到组织关怀的温暖。

（二）开展健康科学的文体活动，做好“老有所乐”的工作

组织离退休人员开展丰富多彩、健康有益的文娱体育活动。

1. 组织全省财政系统离退休人员文体活动。离退休人员服务处在梅州市举办了全省财政系统离退休人员“老年风采杯”卡拉 OK 比赛，通过这个活动，加强了各市老同志的沟通，增进了友谊；也丰富了离退休人员的娱乐生活，增强了体质，引导他们始终保持昂扬向上的精神面貌。

2. 认真管好用好离退休人员活动室。组织离退休人员开展唱歌、跳舞、健身操、太极拳、棋牌、书法绘画等多种有益身心健康的活动。成立了省财政厅离退休人员合唱团，并分别参加了省委及省财政厅大型文艺演出。2009 年，共组织各种活动 35 次，300 多人次参加。

（三）组织离退休人员到外地参观考察，接受革命传统教育

分类分批组织离退休人员外出参观考察，2009 年组织离退休人员到省内外参观考察 9 批次，人数达到 150 人次。

（四）开展重大节日庆祝和慰问活动

在春节、中秋节、老人节等重大传统节日，离退休人员服务处组织离退休人员召开座谈会、茶话会以及做好家访慰问工作。在建国六十周年期间协助省财政厅领导做好离休干部慰问工作，确保把省委的关怀和慰问金送到每一位离休干部的家里。

二、落实离退休人员的政治待遇

（一）认真组织离退休党员参加政治理论学习

发挥离退休党支部在政治理论学习中的重要作用。重视离退休党支部建设，抓好骨干培训，安排离退休党支部书记参加省委老干部局举办的党支部书记培训班，让他们更好地组织广大离退休党员学习政治理论，发挥引导作用；不断完善离退休党支部组织学习制度，离退休党员坚持每月定期集中过组织生活，确保学习时间的落实。

1. 明确学习内容。组织学习党的十七届四中全会精神，邀请党校专家为离退休人员作有关党的十七大精神专题辅导及国内外形势报告，并进行分组讨论，进一步加深对党的十七大及十七届四中全会精神的领会；为离退休人员订阅了《毛泽东　邓小平　江泽民论科学发展》，及时向老同志传达党中央及省委、省政府等有关文件精神，落实学习内容。

2. 创新学习方法，提高学习的实效性。离退休人员服务处考虑到老同志年迈体弱、行动不便的特点，从实际出发，采取灵活多样的方式组织学习，把集中学习与分散自学结合起来，把座谈讨论与专题辅导结合起来，加强学习的针对性和实效性。对身体状况好的离退休党员，组织他们集中学习，听专家作专题辅导报告、看专题电教片、分组讨论等；对高龄多病行动不便的老同志，把学习资料送上门帮助其在家里学习。2009 年，共组织离退休人员各种形式的政治学习 14 场，共 800 多人次参加；参加省财政厅工作情况通报会 2 次，200 多人次参加；观看电教片 2 次。

（二）组织老同志参加新中国成立六十周年庆祝活动

组织省财政厅老干部合唱团参加了省委组织部、老干部局主办的广东省老干部庆祝中华人民共和国成立六十周年“祖国颂”大型文艺晚会演出，省财政厅老干部合唱团的出色表现得到了省委组织部、老干部局的表扬，收到了省委组织部及老干部局发来的感谢函。

三、抓好老干部服务工作队伍自身建设，提高服务意识

（一）积极开展“转变作风抓落实”主题实践活动

离退休人员服务处为了提高服务工作质量，召开老同志座谈会和到老同志家访问征求各方意见，查找工作中存在问题，认真研究解决问题的方法，确实转变工作作风，增强服务意识。

（二）加强纪律教育，推进党风廉政建设

离退休人员服务处认真开展以“加强作风建设，保障科学发展”为主题的纪律教育学习活动，组织全处同志学习中共中央总书记胡锦涛、中纪委书记贺国强以及省委书记汪洋有关讲话精神，将党风廉政建设和反腐败工作贯穿于工作的全过程。同时，离退休人员服务处对内部管理制度进行审核和修改，按照省财政厅统一部署，开展规范权力运行工作，制定了《离退休人员服务处工作规则》，加强和规范了内部管理工作以及办事程序，从制度上保证了廉政建设责任制的落实。

四、发挥老同志余热，做好未成年人思想道德建设工作

鼓励和支持老同志在培养教育下一代方面发挥余热，做好未成年人思想道德教育和扶贫助学工作。

（一）积极开展扶贫助学活动

踊跃捐款资助河源市东源县仙塘镇龙云小学特困学生完成学业，赠送一批书籍充实该学校阅览室；发动厅干部、

职工和老同志继续捐款，帮助原扶贫助学点清远市清城区沙田小学和英德市望埠镇文立小学特困生完成学业，使这两所小学的特困生顺利毕业。

（二）重视厅机关干部、职工未成年子女的思想道德教育

鼓励和支持离退休老同志进一步关心厅干部职工未成年子女的思想道德教育。在学生放暑假期间，厅关工委组织厅机关干部、职工的子女小学生组（四年级至六年级在校生）共30人到广东科技中心参观，组织中学生组（初中和高中在校学生）到高州参观“三高”农业及到阳西参观火电厂。通过参观学习，增长了学生们的课外知识。在暑假期间，厅关工委联合厅机关服务中心组织了厅职工的未成年子女观看了儿童教育专题片。通过一系列的教育活动，在提高未成年人思想道德素质方面取得了一定的成效。

（离退休人员服务处供稿，黄白梅执笔）

政府外债管理工作概述

2009年是广东省全面贯彻落实科学发展观、不断完善公共财政体制、积极应对金融危机的重要一年。省财政厅深刻领悟十七届四中全会和省委十届五次全会、六次全会精神，以科学发展观为统领，围绕“三促进一保持”，积极配合财政中心工作，稳妥开展利用国际金融组织和外国政府贷款管理工作，为实现“保增长、扩内需、调结构、促转型、惠民生”的目标作出应有的贡献。

一、利用国际金融组织和外国政府贷赠款基本情况

2009年，广东省国际金融组织和外国政府贷款管理工作富有成效，全年利用国际金融组织贷款在建项目5个，处于还款期项目15个，利用外国政府贷款在建项目5个，历年累计完工项目85个。全年实际偿还主权外债12 955.37万美元，其中：偿还国际金融组织贷款4 076.52万美元、外国政府贷款8 878.85万美元。债务余额合计128 720万美元，其中：国际金融组织贷款余额39 947.22万美元，外国政府贷款余额88 772.78万美元。国际债务办坚持“积极、合理、有效”利用主权外债的方针，着重以资金引进带动知识引进，强化管理手段，不断促进广东省国际金融组织和外国政府贷赠款管理工作迈上新台阶。

二、以改革创新为突破口，提升管理效能

（一）改革传统债务管理手段，建立债务偿还信用评价制度

为进一步调动地方和省级有关部门还贷的主动性和积极性，确保广东省主权债务偿还信誉，省财政厅制定实施《广东省国际金融组织和外国政府贷款债务偿还信用评价暂行办法》，对地方政府和项目单位的外债偿还信用等级进行动态监测，定期向相关市政府和省级有关部门进行通报，并将债务人的信用评价等级与利费减免、支付报账和新增利用主权外债项目申报等挂钩。办法规定，当期信用评价等级为中级的，不予减免国际金融组织和外国政府贷款利费，并对债务人发出警示，适当控制相关债务人新增债务；当期信用评价等级为差级的，向相关债务人发出警告，停止在建项目的支付报账，相应控制债务人新项目贷款审批。信用评价制度建立以后，进一步提高了各地和各项目单位抓好主权外债偿还工作的重视程度，对个别债务偿还管理不到位的地市和项目单位起到警示作用。与此同时，加强对地方债务偿还工作的指导与帮助，协调解决债务偿还有关问题，有效地提高了广东省主权外债偿还的管理水平。2009年，广东省及时、足额偿还珠江一期、二期，英德水泥厂，结控，职教，劳动力市场，国道Ⅱ，航道项目等债务本息合计约12 413万美元，受到了财政部的表扬。

（二）创新监督手段，引入招标采购第三方监管

根据财政部的项目管理调研情况分析，国际金融组织和外国政府贷款项目招标采购监管不足已成为项目管理工作的突出问题。近年来，广东省在项目实施过程中，也深刻认识到加强项目招标采购管理，减少不必要的错误采购及其相关的不合格支付，确保项目顺利实施十分重要。为此，创造性尝试引入第三方监管机制，委托具有招标采购管理经验的机构对项目的采购工作进行指导、监督。通过筛选，最后确定由省航道局世界银行贷款项目办公室作为全省主权外债项目招标采购工作的专业监督咨询指导服务机构，负责为项目实施单位提供招标采购方面的业务指导，对采购活动进行合规性和合法性初步审查，并对实施招标采购过程的监督。这种做法，开创了全国财政系统主权外债项目招标采购管理工作的先例，借用外力加强监管，关口前移，同时项目单位及时获得招标采购方面的业务咨询和指导，确保严格按照国际金融组织和外国政府贷款有关规定进行招标采购。

（三）创新项目合作方式，知识合作卓有成效

近年来，广东省在利用主权外债方面一直注重资金引进与智力引进相结合，并在探索以智力引进带动贷款合作，推动改革创新方面取得了可喜的成绩。2009年，与世界银行合作的《缩小广东城乡贫富差距》课题项目获得多方肯定。世界银行常务副行长胡安·何塞·达布先生率世界银行研究团队专程访粤，向省委、省政府作了研究成果汇报，并在广东学习论坛上进行了一场主题演讲。课题研究的合作方式和研究成果得到了省委书记汪洋的高度评价，指出这种高层次、宽领域、超常规的国际合作，在广东尚属首次。世界银行也称该项目是其中国最成功的合作项目之一，并首次破例为世界银行以外的项目团队——广东课题研究团队颁发了“2009年世界银行年度优秀团队奖”。通过该项目的研究，广东省在极短的时间内就争取到了世界银行

的后续贷、赠款资金支持，包括：在2009年当年完成了旨在落实课题研究成果的“广东城乡社保一体化”8 000万美元贷款项目的申请、并列入世界银行三年滚动规划，现在已启动了立项准备工作；争取了35万美元的韩国赠款技术援助项目深化研究分析广东的贫富差距监测工具和相关低保政策和惠贫产业政策，为省委、省政府落实基本公共服务均等化目标提供先行先试的试验田。这种“合作调研—贷款合作—改革创新”的良性循环，提高了贷款项目的质量和效益。

通过引入世界银行技术援助合作方式，借助世界银行的智力优势开展《广东省省级财政专项资金管理》和《广东省事业单位监管机制研究》，充分利用技术援助项目的规则，积极推动部门与科研机构联合，为部门深化机制体制改革建言献策。同时，积极探索贷款项目下的智力合作方式，如：利用亚洲开发银行节能减排项目的附带赠款项目开展旨在提高机构能力建设，提供技术援助，开展节能减排发展机制体制的研究，促进节能减排项目的顺利实施和可持续发展。

三、以科学化精细化管理为关键，提升管理效率

（一）积极参与贷赠款项目前期准备工作，把好全过程管理的入门关，主要涉及项目申请、鉴别与评估等方面

1. 把项目申请做细做实，一方面围绕“三促进一保持”中心工作、基本公共服务均等化和节能减排等问题，积极筹划贷赠款项目，向世界银行提出了广东城乡社保一体化及农民工培训、经济综合开发示范镇项目、牲畜废弃物综合治理、绿色货车示范、韩国赠款进一步研究广东省缩小城乡贫富差距问题等新项目，另一方面把申请工作做细致，提高项目获批机会，如省财政厅联合省发改委对综合开发示范镇项目的申请单位进行了综合评审，分17个经济指标对19个项目申请进行评价和筛选；又如联合省人力资源和社会保障厅开展社保一体化项目设计调研，分别到8个市了解相关情况，为项目设计提供第一手基础资料等。

2. 主动参与项目的鉴别与评估，对项目设计提出建设性意见。项目设计涉及面比较广，项目单位也有自己的各种设想，在项目鉴别评估阶段坚持改革创新为主线，突出项目的创新性和示范性，结合单位的需求对项目的设计提出建设性意见，推动项目单位在深化改革方面迈出新步伐。如建议在社保一体化项目中建立试点模型，在农民工培训项目中引入“培训券”等。

3. 积极推动涉企项目，主要是节能减排项目的深入推进。为推动广东省节能减排工作，克服重重困难，大力推动企业利用国际金融组织贷款开展节能减排试点工作，如：认真做好亚洲开发银行贷款广东节能减排促进（第二批次）项目子项目的推进，做好各项转贷谈判工作，并启动了第三批次子项目的前期准备工作；积极推进欧洲投资银行气候变化框架项目，与三个子项目单位达成贷款担保抵押意向，向财政部国际司提交了对三个子项目的评审意见及还款承诺等。

（二）针对不同项目的特点和薄弱环节，实施有针对性的监管措施，提高项目质量与资金使用效益

针对亚洲开发银行贷款广东节能减排促进项目的特点，建立了与相关部门的联席会议制度和信息通报机制，及时了解项目进展，协调解决项目推进存在的问题。针对珠江流域综合治理一期审计报告发现的问题，着重扶持项目单位完善工程计量和财务管理体系建设，并积极与世界银行进行沟通，进行项目内容的调整，解决制约提款报账进度的瓶颈问题。针对职业教育实施起步阶段，重点做好实施的培训工作，强化项目单位的能力建设。对珠江流域综合治理一、二期存在的招标采购问题，加强对招标采购工作的管理，引入招标采购第三方监管。加强外国政府贷款管理工作，注重日元再贷款项目的后续管理，敦促有关项目加快进度，减少项目资金闲置，指导完工项目单位做好竣工结算及竣工报告准备。根据财政专项资金管理课题研究的进展，及时组织专家和厅有关处室、市县财政部门进行研讨等。

（三）推进债务管理上水平

1. 抓好债务基础数据管理工作。通过指派专人负责，建立相关制度和机制等有效方法，确保主权债务数据真实可靠，完成了2009年省级地方政府债务清理和统计工作，协助预算处完成了2009年1～5月和1～10月省级地方政府债务统计工作和地方投融资平台债务情况的统计，为加强地方政府债务和融资平台管理，防范财政金融风险提供数据基础。按照财政部的要求，以新软件的格式上报有关基础数据，受到财政部的通报表扬。

2. 及时做好主权债务的偿还工作，在2009年9月底财政部国际司下发年度清欠通知前就做好了年度债务的偿还工作，未发生欠款，受到了财政部的表扬。

3. 做好利费减免申报工作，共获得2009财年世界银行贷款和2008年亚洲开发银行贷款项目的利费减免合计149万美元，切实减轻贷款项目单位的负担。

四、先行先试，项目绩效评价工作取得新成绩

（一）世界银行贷款内河二项目绩效评价成效显著，获得充分肯定

为建立和完善国际金融组织贷款项目监测与评价体系，全面、客观、公正、科学地评价国际金融组织项目的实施绩效，推进国际金融组织贷款项目科学化、精细化管理，选定执行经验丰富、效果突出、示范性较强的世界银行贷款内河二项目广东省部分作为绩效评价试点项目。广东省提供的评价报告受到财政部的高度肯定，并被认为是全国做得最好的案例之一，并被编辑在《国际金融组织贷款项目绩效评价典型案例》一书中。

此次绩效评价试点工作具有四个特点：一是建立了绩效评价管理机构，选取了经验丰富的中介机构成立评价小组，与项目主管部门、项目办等利益相关者充分沟通，科学编制绩效评价任务大纲，为高质高效完成绩效评价打下坚实的基础。二是加强人员培训，贯彻国际金融组织贷款项目绩效评价操作指南，提高绩效评价相关人员水平。组织了绩效评价专题研讨培训班，多次召集相关业务处室、评价试点项目单位和评估机构召开座谈会学习掌握操作指南、传达领会财政部领导的批示精神并做好工作部署，提高了绩效评价相关人员业务水平。三是紧扣国际金融组织贷款项目绩效评价操作指南要求，突出项目特点，将评估要求和项目实际相结合，全面、客观、公正、科学地评价项目。本次试点不仅系统、科学地评价了试点项目在相关性、效率、效果和可持续性四个方面执行情况，全面深入地总结了项目在利用世界银行贷款方面取得的宝贵经验。在绩效评价框架的开发、评价方案的形成、评价的实施等关键环节进行了有效的监控，绩效评价的质量在事前、事中与事后均得到很好的控制，提升绩效评价的质量与水平。四是加强协调力度，充分调动项目单位等利益相关者参与绩效评价的积极性，确保了绩效评价工作高质有效完成。一方面积极与地方政府和主管部门沟通，加强协调力度，对评价工作进行科学的引导监督。另外，充分调动项目单位等利益相关者参与绩效评价的积极性，其他利益相关者积极的配合调研，确保了绩效评价工作高质高效的完成。

（二）外国政府贷款项目绩效评价工作进一步完善

2009年，广东省省级列入绩效评价的外国政府贷款项目共有20个，在总结2008年评价工作试点经验的基础上，进一步完善外国政府贷款绩效评价工作体系，包括：制定了《外国政府贷款项目绩效评价工作大纲》，将质量控制贯穿到项目绩效评价工作的全过程；强化《外国政府贷款项目信息调查表》和单个项目绩效评价自评报告的审核；提高绩效评价的组织协调能力，提高各地、各部门对外国政府贷款项目绩效评价工作的认识，并通过举办培训班提高有关单位的评价能力和评价水平。

五、以能力建设为抓手，加强培训，提升执行力

加大能力建设的力度，举办了多个富有成效的业务培训班。包括：为深入推进绩效评价工作，提高绩效评价能力水平，在上海举办了国际金融组织和外国政府贷款项目绩效评价工作培训班，取得了良好的效果，学员们表示培训加深了对绩效评价的认识，进一步了解和掌握了绩效评价的工具和方法。为总结推广节能减排项目经验，先后在清远召开了亚洲开发银行贷款广东节能减排促进项目协调小组暨能力建设赠款启动准备会及培训班和亚洲开发银行贷款广东节能减排促进项目管理培训暨研讨会。针对国际金融组织项目和外国政府贷款的审计业要求，组织了世界银行贷款项目支付管理和项目审计培训班，促进了项目单位管理人员的知识更新等。

加强业务信息沟通工作。2009年，国际金融组织债务管理办公室编印了《情况与动态》简报18期，《项目工作简报》4期，发送各市、县政府和财政部门、项目单位，及时宣传国际金融组织和外国政府贷款的业务动态、政策走向等信息。基层部门对这项工作给予了极高评价。

此外，还精心组织，周密布置，积极稳妥地做好各项外事接待工作。全年共接待了33批次国际金融组织代表团的来粤检查工作，协助财政部和省做好相关的外事外交活动。主要包括：成功协同省委办公厅、省外办等部门做好世界银行常务副行长胡安·何塞·达布先生率团访问广东，并向省委、省政府报告“缩小广东城乡贫富差距”课题研究成果和在“广东学习论坛”作专题报告的各项接待工作。世界银行常务副行长达布先生、时任世界银行中国局局长杜大伟先生、世界银行亚太区人类发展部首席经济学家于小庆女士等在报告会上作了发言，省委理论中心组成员，省人大、省政协其他领导同志，省军区党委常委，省法院院长，省检察院检察长，省武警总队等党政军主要领导；省委各部委、省直各单位、省各人民团体现职正厅级领导干部和省有关部门干部约350余人参加了报告会。协助财政部筹办东盟与中日韩亚洲债券市场发展倡议系列会议，各国代表85人与会，省财政厅出色接待与组织工作得到与会人员的好评和财政部的表扬。协助财政部做好法国经济工业和就业部部长克里斯丁·拉嘉德一行40人访问广东省的有关接待工作等。

（国际金融组织债务管理办公室供稿，
曹玉英　刘捷　曾小红执笔）

机关后勤工作概述

2009年，省财政厅机关服务中心（以下简称“服务中心”）在厅党组的正确领导下，全面贯彻党的十七大精神，坚持解放思想、实事求是、与时俱进，结合服务中心工作实际，以完善制度为主线，努力创新服务方式，提高工作效率和服务水平，尽职尽责做好各项机关后勤服务工作。

一、加强学习，提高服务意识

认真学习党的十七大及省委十届四次、五次全会精神，牢固树立科学发展观，围绕厅转变作风抓落实主题实践活动，积极开展各项学习、培训活动，推动干部职工服务素质、服务水平上新台阶。

一是通过每周例会集体学习和个人自学等形式，认真学习党的十七大精神及省委十届四次、五次全会精神，提高政治素质和思想水平。二是针对服务工作中精细化、全方位服务能力不够强问题，通过开展员工职业素质教育和业务培训，进一步提高员工思想素质和工作能力，促进机

关后勤服务工作迈上新台阶。三是学习落实副厅长曾志权在机关服务中心全体干部职工会议上的讲话精神，准确把握服务中心工作的核心和本质，对涉及的各项工作作了专题研究部署，通过加强纪律教育、完善制度、明确岗位责任、提高执行能力等一系列措施，进一步提升服务意识和服务水平。

二、完善制度，强化岗位责任

完善各项制度，明确岗位责任，把制度建设作为中心的工作主线狠抓不懈，以制度管人、管事。

2009 年，省财政厅修改完善了《服务中心规范权力管理流程》、《厅机关服务中心例会制度》、《厅机关服务中心工作纪律》、《广东省财政厅驾驶员守则》、《厅 3 号楼门禁系统管理办法（试行）》、《厅机关服务中心服务指南》、《厅大院住户装修管理规定》等管理规章制度，以制度建设促进提高机关后勤管理工作效率，保障机关后勤服务工作的正常运转。

三、强化管理，确保安全运作

（一）建立健全管理措施

服务中心始终将安全保障工作放在首要任务，抓好管理不松懈。进一步加强安全保卫管理，通过系统升级和改造，加强厅水、电、消防、电话、防盗等安全管理，提高预警预报能力，提升应急反应和处理突发事件的能力；通过规范操作规程，落实层层把关制度，切实保障食堂食品卫生安全。为防止发生安全责任事故，制定了多项安全防范措施：一是加强对出入厅机关大院的车辆和人员管理，严禁无关车辆和闲杂人员进出机关大院，车辆出入大院服从保安指引和按照规定停放车辆；二是全面检查各种重要设备设施，保证供水供电设施的正常运行；三是对重点部位加强检查巡逻，排查安全隐患；四是加强门卫值班和保安巡查，有效防止无关人员进入厅机关大院。

（二）落实责任到岗到人

一是成立安全生产检查小组。中心主任任安全生产检查小组组长，各部门负责人为安全生产检查小组成员，定期进行安全生产大检查。二是勤查隐患。对安全、防火工作制定详细的值班、巡查制度，全天候监控检查，发现问题及时解决。

（三）保证行车安全，防范交通事故

通过对全体驾驶员进行纪律教育和业务知识学习活动，以及举办全厅驾驶员安全行车讲座，对全厅车辆进行安全检查等手段，保障车辆出行安全，消除安全隐患。

（四）加强安全宣传和培训

为做好消防管理工作，提高干部职工防火意识，服务中心邀请消防干警向厅干部职工进行了一次防火安全知识讲座，组织干部职工观看消防火灾警示录像，安排 4 人次参加广州市防火培训中心的培训，确保厅消防安全工作落到实处。

由于各项制度措施落实到位，保证了厅机关 2009 年度没有发生安全责任事故。

四、细化服务，切实改进工作

为适应形势发展的需要，进一步树立“精细化管理、全方位服务”的意识，省财政厅编印《广东省财政厅机关事务服务指南》小册子，作为机关服务工作指引，使服务工作规范化、全方位化、贴身化。对服务工作，中心从小事抓起，从细微处着手，扎扎实实改进工作，不断提升管理质量和服务水平。

（一）切实加强机关食堂管理

一是定期收集干部职工意见，根据干部职工反映的问题，及时调整工作、改进服务。2009 年，在征求干部群众意见的基础上，对厨组进行了三次更换。二是制定严格的规章制度，把好食品安全质量关。2009 年，通过硬件、软件多方面的改进，机关食堂被广州市卫生局评为 A 级卫生单位。三是把科学饮食提高到更加重要的位置，通过调整饮食结构，增加健康食品种类等措施，为干部职工提供更好的健康保障。

（二）努力提高清洁卫生水平

一是对办公楼洗手间水电设施进行大检查、大维修。二是加装备用纸架。三是对清洁卫生人员的服务进行量化管理，要求做到“定人、定时、定标准”，落实勤检查勤补洁工作，保证办公环境随时保持清洁、卫生状态，建卫生间清洁服务示范窗口。

五、加强党建，扎实开展党员活动

一是组织党员认真学习、领会科学发展观。二是组织学习《六个“为什么”》。中心支部把组织学习《六个“为什么”》作为深化“转变作风抓落实”主题实践活动和“读书·思考·进步”专题读书活动的具体行动。在广大党员中，扎实推进社会主义核心价值体系建设。三是积极鼓励、培养先进员工向党组织靠拢。四是中心支部与惠州市惠东县白花镇石陂村党支部开展“一帮一”结对帮扶共建活动。多次组织党员捐款，资助帮扶对象的困难老党员。

六、细化措施，促进节约型机关建设

服务中心按照厅党组的指示精神，高度重视节能节约工作，把做好机关节能节约工作作为落实科学发展观的一项重要举措，明确专人负责机关节能减耗工作，从用水、用电、用油、办公耗材、公务用车等重点环节入手，控制办公经费支出，降低行政成本。

2009 年，服务中心结合实际情况，加强节能节约管理工作，减少浪费，努力开展节能降耗措施，主要做了以下几方面的工作。

（一）强化节能节约工作的领导

建立、健全节能节约机构和岗位，完善与节能、节约工作职能相适应的管理体系，明确节能节约主管领导及职

责，把节能节约工作放在日常管理工作的重要位置，同时抓好节能节约的基础管理工作，使节能节约管理工作始终处于有组织、有领导、有秩序的良好循环之中，切实深入开展节能节约工作。

（二）抓好节能节约工作的宣传和教育

一是组织广大干部职工认真学习、贯彻执行《中华人民共和国节约能源法》及有关能源的方针政策，利用橱窗招贴等形式宣传节能节约方针、政策、法规。二是派小册子宣传。为使节能节约减耗意识深入人心，服务中心编印了《节能减耗、从我做起》——节约用电、用水与安全用电指南，宣传日常节能小知识，奉送厅各处室及所属单位和干部、职工家属浏览阅读。

（三）抓好各项措施的落实

一是加强车辆用油管理，建立约束机制，有效控制了能源消耗，防止能源浪费和外流现象发生，实行公务用车定点加油、定点洗车、定点维修，厅48辆公务车外出路桥费统一使用粤通卡，集中管理，专人负责。二是从浪费的源头抓起，提出“节约一滴水、节约一度电”的口号，对用水用电加强监督检查力度，对长明灯、长流水现象进行监督，并落实到人。要求办公室场所要做到人走灯灭，杜绝长明灯、长流水浪费现象。三是在夏季高温工作期间，要求办公空调严格控制在25度以上，同时要求开空调时将门窗关好，减少空调用电消耗。

七、提高企业编制员工工资及福利待遇

针对服务中心企业编制外地员工在医疗保险方面只参加住院保险和重大疾病保险，与本市员工在医保方面少了基本医疗保险部分，在医保待遇上只能享受住院保险和重大疾病保险，不能享受门诊医疗的问题，为提高外地员工医疗保险待遇，帮助外地员工解决门诊看病问题，调动外地员工工作积极性，从2009年8月起为企业编制外地员工购买基本医疗保险，与本市员工同享门诊、住院等医保待遇。

为提高服务中心下属单位企业编制员工的工资收入水平，从2009年4月起参照员工的职务、岗位、工作年限、工作表现，发放企业编制员工绩效工资。

八、努力工作，保障后勤服务

一是抓好会务接待工作。根据会议性质和接待对象，认真细致做好各项会议服务工作，配合做好审计厅、审计署一年一度的审核、审查工作的接待。2009年，接待各类会议756场次，大礼堂、听证室举办大型会议69次，共接待省、部领导及有关单位203人次，接待外宾2批次。

二是完成车辆调度安排。2009年，安排出车5 051车次，行车里程385 612公里，保证了厅领导、有关处室及所属单位的工作用车需要。

三是做好代售财政书籍工作。机关服务中心通过统筹调配人员，加强了对仓边路大楼售书室的管理。全年代售各类财政及财经类考试书籍117多万册，售、递准确率百分之百，及时为厅机关各处室及所属单位完成财政书籍代售和投递工作。

四是努力做好水电、房屋的维修管理工作。认真做好厅水电供应，电梯、空调、消防、弱电等设备设施的维护和保养工作。2009年，在工作量大、工作任务重，特别是在上半年人员不足的情况下，通过安排员工顶班、利用周末和节假日加班等各种办法，完成全年水电值班安排和设备、房屋的保养维护和维修工作。完成3号楼和2号楼电梯的维修保养工作，更换旧消防设备，对各处室的空调设备进行全面检修。完成厅大院2、8号楼给排水改造工程。完成德政中路，环市路综合楼，厅大院2号楼、8号楼梯间、水管的翻新工作。全年维修各类房屋25套，维修面积逾1 780平方米。提供电工上门维修服务1 460人次。

五是做好物业管理工作。（1）在日常卫生保洁方面，服务中心加强了办公区卫生保洁工作的力度，同时通过对厅大院及厅机关大院宿舍区卫生清洁工的合理调配使用，在人员不足的情况下由负责所属区域的卫生清洁工按包干的形式负责搞好环境卫生。在布置办公区和厅机关大院绿化和维护环境美化绿化方面，为减少对日常办公的影响，服务中心尽量安排花木工在周六、周日工作。（2）完善3号楼门禁、对讲系统及办公楼的门禁系统和停车系统，于2009年11月投入使用，使用后，严格区分办公、宿舍区域，严格控制人员出入，非工作人员不能随便进入办公场所，严格控制进入停车场的车辆和闲杂人员；修复仓边路办公楼和厅大院保安监控系统，完成厅大院保安监控机房的改造，完成环市路综合楼保安监控系统的升级改造；完成仓边路办公楼停车系统的安装，使仓边路办公楼停车管理逐渐规范、有序，实施收费管理。（3）配合做好厅大院改造工程，在大院改造期间，适时对保安力量配备、停车管理、水电线路布局等进行调整。（4）加强对厅出租物业的管理。对拖欠厅物业租金的租户发出租金催缴通知单，落实厅物业租金的催缴工作；开展厅职工宿舍租金催缴和清理厅物业家底工作；对环市路综合楼已到租赁期及空置物业进行整体规划，按照确保安全、稳定客源、合理利用、便于管理的原则，分类处理有关租赁事宜。

（厅机关服务中心供稿，黄国治执笔）

省直行政事业单位经营性资产管理工作概述

2009年，省财政厅省直行政事业单位物业管理中心（以下简称“省直物管中心”）坚持以邓小平理论和“三个代表”重要思想为指导，牢固树立科学发展观，深入贯彻党的十七大、十七届四中全会和省委十届四次、五次全会精神，认真结合省财政厅“转变作风抓落实”和“规范权力运行”等主题实践活动，切实加强作风建设，创新工作思路，在巩固和完善省直行政事业单位经营性物业管理新模式的基础上，进一步加强了各项业务工作的科学化

和精细化管理，提高了省直行政事业经营性物业管理工作水平。

一、进一步加强了经营性资产管理基础工作精细化

（一）严格执行物业安全管理制度

为确保物业的安全无事故，实现国有资产的保值，省直物管中心严格执行物业定期安全巡查制度，积极督促粤财物业发展有限公司做好物业日常安全巡查工作。并在春节、国庆长假前进行物业消防安全大巡查，省直物管中心派出人员与粤财物业发展有限公司组成多个物业巡查小组，对各处物业逐个实地巡视，做到及时发现隐患，及时整改落实，切实做到所有物业在节假日期间的安全保值。省直物管中心管辖物业实现全年消防、安全事故零发生率。

（二）切实解决物业管理中遗留的问题

省直物管中心针对接管物业存在的遗留问题，认真研究分析，找准症结所在，有针对性地拟订方案，并通过多次上门谈判，逐步理顺物业管理关系。如与恒越企业有限公司多次协商，做到有理有据、坚持原则，基本解决农林下路二号大院物业的租赁管理矛盾，确保国有资产管理有序到位；与德祥大厦物业管理处、承租户多次三方协商，尽量化解双方矛盾，彻底解决影响物业有效安全管理的装修改造纠纷问题等等。

（三）有序开展物业产权变更工作

省直物管中心按照年初既定计划，积极联系国土、房管有关部门以及有关省直单位，拟定未分割产权证物业清单和待分割产权物业清单，先易后难，逐一完善产权资料并办理过户手续。截至2009年年底，累计完成134处共67 711平方米物业的产权变更工作，占所管理的物业总面积的55.6%。

（四）做好港澳物业的租赁管理工作

一是认真落实港澳物业管理制度，委托香港飞龙投资公司对港澳物业进行经营管理，省直物管中心对其工作进行监督管理。二是做好港澳物业租金跨境收缴、费用结算等财务工作，确保境外国有资产收益及时上缴国库。三是做好港澳物业巡查，确保港澳物业安全保值。

（五）进一步理顺物业水电表管理

为保障物业租赁工作的正常开展，省直物管中心积极征求、综合物业原单位及有关租户的意见，分区域、分批次陆续完成物业水电表的更名及改造工作，累计更名改造水电表物业共41处，确保物业租赁合同得以顺利登记，保障了物业原单位及租户的合法权益。

二、进一步加强了经营性资产日常运作科学化

（一）做好物业租赁管理事务审批工作

一是把住物业租赁合同审批流程每一关，通过设置三层审核岗位，细化审批流程，确保各项物业租赁业务公开透明，杜绝暗箱操作。二是单独开设物业管理专项经费账户，严格执行物业经费支出审批规定，认真细致核实各项物业管理专项支出，款项超过一定额度的，除经主任审批外还须报厅领导审定后才予以拨付，确保财政资金安全，从源头上预防腐败。

（二）落实物业经营管理定期报告制度和物业定期盘点制度

一是每月对物业的租赁管理和物业收支情况进行汇总分析，编写《物业情况动态》，并通过定期分析总结物业管理工作，及时发现存在问题，不断改进工作方法，努力提高物业管理水平。二是认真落实物业定期盘查工作，及时对物业划拨变动情况登记备案，编制有关报表每半年向厅领导报告一次物业的盘点情况。

（三）继续加强物业档案管理工作

严格执行《省直物管中心档案管理制度》，对资产移交书、物业产权证、物业移交资料、物业图纸、租赁合同等重要物业档案分门别类、整理归档，统一存放在密码柜中。各有关人员严格执行制度规定，事先登记备案后方可查阅、借用有关档案，使用后及时归档，做到物业档案的安全、完整、有序。

三、进一步提高了资产经营管理效益

（一）做好资产委托管理合同续签工作

鉴于与粤财物业发展有限公司的资产委托管理协议在2009年8月到期，为避免出现资产管理真空期，确保物业管理安全有序，省直物管中心从2009年初就着手准备资产管理再委托工作。在总结分析了粤财物业发展有限公司三年来的受托管理工作成效后，考虑到物业管理工作的延续性和稳定性，经政府采购监管处审批，确定了委托管理合同采购方式，并与粤财物业发展有限公司续签五年期省直行政事业经营性资产委托管理协议，进一步加强对粤财物业发展有限公司的监督和激励力度。

（二）努力实现资产经济效益平稳增长

在2009年物业租赁市场环境不景气的情况下，省直物管中心积极主动参与市场运作，充分发挥监督指导作用。一是运用网络、媒体等多元化宣传手段，积极推动空置物业的市场招租工作，全年物业出租率保持在95%以上。截至2009年年底，物业出租率达到95.96%，圆满完成年初既定目标。二是通过市场化手段，尽量降低金融危机带来的负面影响，实现国有资产使用效益的稳定提高，物业全年总租金同比增长491.4万元。三是加强与粤财物业发展有限公司的联系，不定期派人参与粤财物业发展有限公司对物业的招租谈判工作尤其是对大型物业的招租过程，派人实地参与粤财物业发展有限公司的租赁管理工作，切实履行中心的监督管理职能。

（三）继续加强物业租赁收入收缴工作

为完善物业租赁收入的收缴工作，确保物业收入的安全及时到账，省直物管中心建立健全租金缴交情况互通机制，积极与代收银行沟通，热心解决租户缴交租金遇到的问题，优化租金缴交流程，加大租金催缴力度，基本实现

租金及时到账无拖欠。截至2009年12月31日，年累计收缴物业租赁收入6 777.81万元，全部上缴至省财政专户。

四、进一步盘活、提高了资产使用效率

第一，根据省领导批示，省直物管中心多次派人到省公安厅调查了解实际情况，并就划拨滨江东路500号第11栋至17栋首层982平方米物业给省公安厅一事提出切实可行的处理意见，落实好领导的批示，切实解决单位的实际困难，按市场价每平方米9 000元估算，节省财政支出约900万元。

第二，省直物管中心成立珠海横琴地块盘活开发工作组，根据国务院批准实施的《横琴总体发展规划》要求，积极与珠海市政府、横琴开发区管委会沟通协调，开展珠海市横琴十字门地块盘活开发前期调研及可行性研究，推动闲置土地盘活工作。

第三，省直物管中心积极配合广州市恩宁路旧城改造规划方案要求，做好恩宁路待拆迁物业住户的沟通协调工作，并与拆迁办达成以商业用房置换待拆迁住宅的拆迁补偿方案，切实提高资产经济效益。

五、积极推进政府物业管理体制改革工作

2009年，省直物管中心在2008年完成《广东政府物业资产产权管理创新》课题调研的基础上，积极推进政府物业财政监管体制改革工作。

首先，以政府大型场馆（物业）财政监管体系为突破点，先后到陕西、江西、安徽、山东、深圳、广州等省内外城市开展政府大型场馆（物业）管理体制调研工作，认真学习兄弟单位的先进经验，大量搜集原始资料，深入分析存在的问题，结合公共财政管理体制改革的要求，初步拟订了政府大型场馆（物业）财政监管改革试点工作方案。

其次，积极组织撰写政府物业产权管理改革有关稿件，先后在《广东财政理论与实务》、《领导参阅》、《广东财政简报》等刊物上发表3篇文章，在宣传广东省政府物业产权管理改革工作方面取得实效。

六、进一步加强资产管理工作作风、廉政建设

（一）切实转变作风抓落实

按照厅里的统一部署，省直物管中心认真组织中心全体党员、干部深入学习党的十七届四中全会精神和省委十届四次全会精神，学习省委书记汪洋的有关讲话精神和省财政厅副厅长曾志权的动员讲话，积极开展“转变作风抓落实”活动。深入学习公共财政理论，并多次组织开展民主生活会、座谈会，查问题、找差距、寻原因、定目标、抓整改，切实将“转变作风抓落实”主题实践活动贯彻落实到物业管理工作当中。认真做好整改提高阶段的各项工作，深入实地了解物业经营管理情况和原单位、现有委托经营管理单位及承租户意见，及时处理好亟待解决的问题，加强与基层和群众的感情沟通和交流，建立起共同经营管理好物业的群众基础和纽带。

（二）加强制度建设、组织建设和廉政建设

省直物管中心结合省财政厅“规范权力运行”工作和“纪律教育学习月”活动，认真梳理内部各项工作职责，规范权力运行流程；组织学习《公务员法》、《物权法》等国家法律法规，牢固树立廉洁做事、恪守职责的工作风气；严格执行《物业管理办法》、《物业经营收支管理暂行规定》、《物业租赁管理互通制度》等十项内部工作制度，切实做到有法必依、有章必循、廉洁自律、秉公办事。

（省直行政事业单位物业管理中心供稿，张书苑执笔）

政府投资审核工作概述

2009年，省财政厅投资审核中心（以下简称“投资审核中心”）在厅党组的正确领导下，坚持以邓小平理论、“三个代表”重要思想和科学发展观为指导，以服务财政改革和发展为主线，以提高财政资金使用效益为目标，认真履行职责，转变工作作风，克服各种困难，勇于开拓创新，狠抓各项工作落实，较好完成各项任务，主要体现为“五个强化一推进”。

一、强化职能作用，不断提高服务水平

财政投资评审是财政支出管理的重要环节。因此，投资审核中心坚持以财政投资评审作为履行财政监管职能的重要手段，充分发挥财政投资审核的职能作用，进一步加强调研和业务培训，评审工作取得显著成绩。

（一）评审成绩显著

坚持以财政投资评审作为履行财政监管职能的重要手段，重点加强新农村建设、教育卫生、基础设施、生态环境等政府重点项目和群众关注的热点项目开展评审，突出评审的时效性，优质高效地完成了一大批评审项目，节约了大量的财政资金，积极为财政节支增效作出贡献。2009年，投资审核中心共完成审核项目392项，审核金额57.93亿元，审定金额49.38亿元，核减金额8.55亿元，核减率14.76%。其中：集中支付资金项目185笔，评审金额6.82亿元，审定金额5.59万元，建议不拨款1.23万元；审查合同37项（合同金额24亿元，未含全年审核总金额内）；工程结算项目94项，评审金额12.97亿元，审定金额12.23亿元，核减金额0.74亿元，核减率5.70%；竣工财务决算项目12项，评审金额5.8亿元，审定金额5.66亿元，核减金额0.14亿元，核减率2.55%；前期费用、预算、投资估算项目64项，审核金额32.34亿元，审定金额25.90亿元，核减金额6.44亿元，核减率19.91%。

（二）积极开展调研活动

一方面对全省18个地级以上市的财政投资评审机构的设立、职能定位、审核工作开展情况及财政投资评审工作

如何服务公共财政改革问题分别赴东莞、肇庆、惠州、梅州、河源、江门等市开展调研；另一方面是向外省学习借鉴投资审核经验。组织三个调研组，赴江苏、安徽、云南、贵州、西藏等省区全面了解兄弟单位财政投资审核职能及机构定位、队伍建设及工作开展情况，重点调研财政投资审核为预算编制、政府采购、绩效评价、集中支付等财政改革服务方面的情况，以及代建制、委托社会中介审核、审核质量、风险控制等情况，通过调研，开阔视野，学习借鉴兄弟省市的先进经验和做法，对于转变观念，理清工作思路，创新工作方式方法具有重要意义。

（三）加强业务培训

2009年11月24～25日，全省财政投资评审业务培训班在东莞举办，各地级以上市分管财政投资评审工作的局领导、评审中心主任、业务骨干等参加培训。主要学习财政投资评审相关法律、法规、政策。财政部投资评审中心副主任赵超同志应邀到会并就财政投资评审应发挥作用、当前面临困难、今后发展方向等作了讲话，厅党组成员、副厅长郑贤操到会并作了题为《立足服务财政中心工作，努力开创财政投资评审工作新局面》的重要讲话，肯定了全省财政投资评审工作成绩，分析财政投资评审工作面临的形势，要求以创新工作机制体制和加强自身建设为突破口，努力开创广东财政投资评审工作新局面。通过学习培训，统一了思想，学习了知识，促进沟通交流，进一步增强工作责任感和使命感，提高各级财政投资评审人员的政策业务水平。

二、强化评审机制，规范评审行为

坚持从实际出发，通过抓信息化建设和评审内控制度建设，规范评审工作秩序，建立健全激励机制，促进工作规范和机制创新，提高工作质量和效率。

（一）加强信息化建设，推进评审工作规范化、标准化

投资审核中心根据各地市的要求，在总结省本级财政投资评审系统的基础上，经过调研论证，启动全省财政投资评审系统通用版建设工作。经过批准和政府公开招标，确定与广州易达公司合作开发全省财政投资审核系统通用版，目前系统软件开发工作基本完成，已制作封装版系统测试并在全省举行业务培训班上进行演示，刻录成光盘下发各市广泛征求意见，待进一步修改完善后推广应用。

（二）健全财政投资评审约束机制，促进依法评审

通过不断加强内控体系建设，健全和完善财政投资评审规章制度和操作规程，规范和约束评审行为，有力地促进财政投资评审工作健康有序发展。投资审核中心建立审核、复核、复审、审批四个环节的评审控制机制，对评审工作实行全过程监管，规范了评审工作行为，降低了评审工作风险，确保了评审工作质量和效率。针对评审工作特点，扎实推进制度建设。为夯实审核质量基础，确保投资审核工作科学化、规范化，省财政厅先后制定《审核工作底稿管理规定》、《现场勘察管理规定》、《审核对数管理规定》、《投资审核中心保密规定》；拟订并以厅名义印发《关于进一步加强省级财政投资评审工作有关事宜的通知》，进一步明确做好财政投资评审工作有关要求。按照厅党组关于开展权力运行工作要求，按时按质完成了《广东省财政厅投资审核中心工作运行规程》等，另外，投资审核中心还与委托社会中介单位签订廉政承诺书，进一步明确双方责任。这些工作制度操作性、针对性、时效性强，既促进了审核工作正常有序开展，又保证了评审工作的质量；既增强了评审人员的责任感，又保证了评审工作的效率。

（三）建立评审激励机制，评审效能不断提高

通过建立健全财政投资评审激励机制，激发了评审人员的工作热情，不仅提高了工作质量，也提高了工作效率。投资审核中心在审核工作流程中注重建立科学的考核制度，通过考核提高工作质量和效率。同样，对参与财政投资审核的社会中介机构制定了《社会中介机构参与省级财政投资审核综合考核暂行办法》，对其参与审核的项目进行质量考核，对社会中介机构进行年度考核，考核的结果直接与审核费用挂钩，考核成绩优秀的还可作为下一轮招投标的优先条件，大大激发了社会中介机构的工作积极性，审核质量也不断得到提高。

（四）建立评审反馈制度，促进联系沟通

注重树立服务意识，加强沟通协调，通过建立有效的评审反馈制度，及时沟通财政部门、建设部门和施工单位，有效解决评审过程中出现的困难和问题。在工作中注重与省财政厅各职能处室的沟通，及时将审核情况反馈给业务处室，与业务处室共同解决相关问题，主动将审核工作反映给厅职能处室，促进了审核工作的有效开展，也得到有关处室的大力支持和配合。

三、强化项目监管，不断规范和完善决策机制

坚持先评审、后招标，先评审、后采购，先评审、后支付的原则，进一步加强对政府投资项目监管，完善决策机制。

一是增强了项目建设单位切实履行管理职责的自觉性。通过财政投资评审，促使建设单位严格按照基本建设程序进行工程项目建设，按照基本建设财务会计制度进行核算，及时办理项目竣工财务决算和固定资产移交、转账等手续，从而加强了财政投资基本建设项目的监管力度，形成了财政资金管理的“倒逼”机制。

二是促进了财政投资基本建设项目管理水平的提高。通过财政投资评审，许多承包单位明确意识到提高工程质量和管理水平的重要性，从根本上纠正了承包单位多报、虚报现象，意识到只有规范地进行项目建设，切实加强项目施工管理才能取得理想效益。通过财政投资评审，有效地遏制了建设项目中高估冒算、截留挪用和损失浪费国家建设资金的现象。

三是促进了政府投资决策机制的不断完善。通过财政投资评审，财政投资评审机构既有效控制财政投资基本建设项目的合理造价，避免财政资金的浪费，又及时发现项目建设和财务管理中存在的突出问题，有针对性地提出改进项目建设和财务管理的意见和建议，把财政投资评审与建章立制、堵塞管理漏洞结合起来，为项目的投资决策提供了有力依据。

四、强化学习教育，不断增强事业心和责任感

坚持用最新政治理论武装头脑，切实做到政治工作和业务工作一起抓，互相促进。

（一）积极开展学习实践科学发展观活动整改落实“回头看”工作

一是注重加强学习，提高思想认识。通过召开组织生活会等形式，把自学和集中学习紧密结合起来，按照厅机关规定学习内容，切实做到时间、内容、人员、效果“四落实”，通过学习，深刻认识整改落实“回头看”工作的重要性。二是对照“回头看”内容，认真做好整改落实工作。整改落实的工作重点是，深入开展调查研究，积极探索建立创新财政投资审核管理机制，进一步加强投资审核中心制度建设和队伍建设。三是及时向厅党办上报《投资审核中心学习实践科学发展观活动整改落实“回头看”工作情况》。从深入学习，提高思想认识，抓住工作重点，做好整改落实，增强服务意识，改进工作作风等方面对学习实践科学发展观活动整改落实“回头看”工作进行了全面总结。

（二）扎实开展“转变作风抓落实”主题实践活动

一是制订主题实践活动具体方案。根据省财政厅《关于印发〈广东省财政厅“转变作风抓落实”主题实践活动方案〉的通知》要求，结合投资审核中心实际制订了“转变作风抓落实”具体方案，进一步明确活动的指导思想、目标措施、工作步骤、具体要求、日程安排。二是加强学习，提高认识。组织全体人员参加省财政厅“转变作风抓落实主题实践活动”动员大会，认真学习领导讲话以及上级规定的文件内容，深刻领会活动本质要求，全面领会中央、省委及厅领导对当前经济社会形势的科学判断，深刻认识新形势下加强和改进作风建设的重要性。三是深入检查，查找差距，及时向厅主题实践活动办公室上报《转变作风抓落实主题实践活动学习检查阶段工作总结》，认真部署整改提高阶段的工作，同时，每月按要求上报《各支部开展转变作风抓落实主题实践活动情况统计表》，及时总结反映投资审核中心工作进展情况及成效。

（三）切实加强廉政建设工作

一是认真开展纪律教育学习月活动，筑牢反腐倡廉思想基础。制订纪律教育学习月实施方案，把活动内容具体化。二是围绕“加强作风建设、保障科学发展”、“加强廉政建设，打造清廉财政”、“深化财政改革，推进源头治腐”、“规范权力运行，自觉依法行政”等主题，认真开展学习讨论，开展多种形式，确保活动取得实效。三是投资审核中心领导对廉政建设高度重视，组织赴清远监狱进行警示教育活动，发动干部职工撰写心得体会，从不同角度谈认识和体会，以科为单位组织专题讨论，使全体干部职工心灵上受到洗礼，思想上受到震撼。厅监察室纪检通讯第14期转发了《广东省财政厅投资审核中心积极开展警示教育》的信息。针对财政投资审核工作特点，在各种场合、会议反复强调，评审人员要注重世界观、人生观、价值观改造，做到廉洁自律，慎初、慎微、慎独、慎交友，绝不能逾越廉政这条红线。

通过开展深入学习科学发展观、转变作风抓落实等主题实践活动，使投资审核中心全体人员进一步改进思想作风和工作作风，领导和审核人员主动深入基层，服务上门，听取建设单位意见和建议，及时解决提出问题，并到现场进行取证、公平审核，提高了服务质量，树立投资审核中心的良好形象。

五、强化队伍建设，不断提升评审工作能力

坚持以人为本，逐步培育一支政治坚定、业务精通、清正廉洁、作风优良的评审队伍，不断提升评审工作能力，努力为财政中心工作服务。

一是抓好中心领导班子建设。特别是抓了中心班子的工作作风和廉政建设，建立完善廉政责任制度，中心班子成员廉政责任分工明确，形成中心主要负责人负总责，一级抓一级，层层抓落实的总体工作格局，确保责任到位、工作到位。

二是认真组织参照公务员管理过渡工作。根据省委组织部、人事厅统一部署和厅统一要求，投资审核中心制定《广东省财政厅投资审核中心参公管理工作实施方案》，组织参加省委组织部、人事厅委托省委党校《公务员法》和《公务员责任落实》集训、考试和登记资格考试，整理核对档案资料，按时上报投资审核中心内设机构和职位设置的请示，认真细致做过渡时期人员思想工作。

三是加强思想作风建设。树立良好风气，通过组织党日活动、体育活动、学习讨论、谈心等形式，营造积极向上良好的工作氛围，关心干部职工切身利益，积极创建投资审核中心求真务实、团结和谐、积极向上的气氛。进一步统一干部职工思想认识，增强归属感和凝聚力。

六、推进评审方式创新，委托社会中介机构参与省级财政投资评审工作取得初步成效

根据全省创新财政投资审核方式工作座谈会要求，投资审核中心全面启动推进投资审核中心委托社会中介参与省级财政投资审核工作。一是严把参与审核工作准入关。经过调研论证并结合投资审核中心实际，确定准入门槛，制定招标书，并通过政府采购方式确定13个参与对象，经报厅党组审查批准后，与中标社会中介机构签订服务协议和审核合同。二是为了夯实基础，规范管理，确保审核质量，降低审核风险，做到制度先行。制定了《社会中介机

构参与省级财政投资审核管理暂行办法》和《社会中介机构参与省级财政投资审核综合考核暂行办法》等相关的管理规定；编制了《广东省财政投资审核委托业务工作手册》；制定《社会中介机构参与财政投资项目审批阶段有关具体操作事项规定》，对参与审核单位和审核人员提出工作纪律、廉政纪律等方面的要求，投资审核中心还与参与省级财政投资单位签订廉政承诺书，进一步明确双方责任。三是举办省级财政投资审核项目委托服务抽签仪式，并邀请厅监察室监督。委托中介审核41个项目，审核金额共5.39亿元，实施驻场审核，并对参与审核人员进行政策法规、投资审核程序、工作要求培训。经过努力，取得初步成效。

（省财政厅投资审核中心供稿，黄路利执笔）

财政票据监管工作概述

2009年，广东省财政厅票据监管中心（以下简称“票据监管中心”）在厅党组的正确领导下，以邓小平理论和“三个代表”重要思想为指导，认真开展“转变作风抓落实”主题实践活动，深入贯彻落实科学发展观，积极推动业务开展，使各项工作跃上了一个新台阶。

一、认真做好票据监管工作

（一）做好票据印制工作

2009年，票据监管中心监制票据10.71亿份，严格按照“质量第一、信誉第一”的要求，对票据印制质量和票据供应情况进行全程监控，对承担全省财政票据印制任务的3个定点印制企业定期进行检查，发现质量问题，及时纠正。另外，为确保财政票据的印制及配送服务质量，进一步提高财政票据管理水平，票据监管中心加强对3个定点印制企业监督管理，主要监督6个方面：印刷质量、票据差错、封装保管、服务意识、服务质量、及时送货。根据省直各有关单位、各市财政票据监管机构的评价，这3个定点印制企业的服务是受欢迎的。

（二）强化票据发放和票款追缴工作

坚持按照“凭证购领、分次限量、验旧换新”原则规范票据发放工作。2009年，共发放财政票据12.05亿份。坚持定期与银行对账，实时监控各单位缴款情况，及时对欠款单位进行追缴，确保了7 317.17万元资金的按时回笼和6 800万元票据工本费的及时、足额兑现。

（三）加大票据核销工作力度

票据核销是监管工作的重要内容，是确保票据正确使用和落实非税收入的关键环节，是贯彻“以票管费”、源头治理和规范医疗单位及社会团体收费行为的有效措施。为此，票据监管中心投入了大量的时间和力量，通过采取随时随地、分期分批、集中上门等多种方式，对票据使用情况进行抽查和核销。并严格要求地级市财政局逐月上报票据核销和入库金额情况，进一步推动了全省财政票据核销工作的展开。2009年全省共核销票据8.71亿份，票面金额5 665.74亿元，比2008年增长13%；核查入库金额2 400.41亿元，其中教育收费247.96亿元；分别比2008年增长29%和18%。在全年核销工作过程中，共查处违规用票金额57 699 630.83元，督促违规使用财政票据的单位到税务部门已补缴税款共21 676 583.74元。

由于加强了核销财政票据工作的力度，有力地配合了政府非税收入“收支两条线”的管理工作，从源头上强化了“以票控费”的有效监管作用，进一步提高全省财政票据监管工作的新水平，使全省票据监管工作跃上了一个新台阶。

同时，还积极配合有关部门严厉打击制贩假票的不法行为，协助有关部门鉴定假票15批21 300份，有效地维护了财政票据的权威性。

（四）及时调整有关收费票据格式，解决用票单位的“燃眉之急”

1. 2009年9月25日，省交通厅以《关于印制虎门渡口专用定额票据的函》反映，虎门渡口经营期满后，于2009年9月23日开始按照行政事业性收费收取过渡费，使用由省财政厅制发的收费票据，执行省物价局、省交通厅批准的收费标准：一至七类车分别为8、17、28、35、50、66和76元。而省内非经营性渡口从2003年以来，使用的是“行政事业收费通用定额票据”（面额为：1、2、5、10、30和50元等），每辆车要耗用2至5张不同面额票据来拼票盖章，收费工序突增，找零工作繁多，导致收费及通行效率降低，造成等候过渡车辆滞留堵塞严重，轮渡船只无法正常靠岸，两岸码头管理难度加大，极易引发交通混乱等安全隐患。为提高虎门渡口的通行效率，减少收费停车时间，确保渡运安全畅通，特急请票据监管中心按照省物价局、交通厅批复的各类车型收费标准印制同等面额的虎门渡口专用定额票据，同时套印收费单位专用印章。票据监管中心接函后立即与省交通厅收费处、省公路局路桥中心（虎门渡口挂靠单位）和广州南沙经济技术开发总公司（虎门渡口收费管理单位）联系，协商和研究如何调整财政收费票据格式，之后，省财政厅迅速下发《关于同意印制广东省车辆（渡口）通行费定额收据的批复》，增设了“广东省车辆（渡口）通行费（8元、17元、28元、35元、50元、66元和76元）定额收据”，从而提高了虎门渡口的车辆通行效率，解决了用票单位的“燃眉之急”。

2. 2009年，票据监管中心陆续接到茂名、广州和肇庆等市关于法院系统使用自行印制收费（涉及的款项达数十亿）票据的举报和咨询电话。由于事件时间久远，5月份，票据监管中心为此走访了茂名市中级法院和省高等法院等相关部门及其领导，进行了专门的调研，并与财政部和广西、北京、浙江等兄弟省市进行联系，了解全国各地的做法。最终于10月份与省高等法院财务部门达成口头协议，同意按照财政部的票据格式由票据监管中心统一印制法院系统收费票据。

3. 2009年，票据监管中心还多次反复与省内各大医院包括省第一、第二人民医院，南方医院、珠江医院，中山医眼科医院、口腔医院等，协商广东省医疗票据改版后的版面布局，将过去的门诊、住院“两票合一”，按大类布局，并添加英文标识，以方便广州“亚运”及以后的需要。2010年6月开始使用该票据。

（五）对财政票据领购单位实行资格年检

由于近年来部分行政事业单位（社会团体）合并、改制、分立、撤销及隶属关系发生改变，或收费项目及标准发生变更，但未按照财政票据管理的有关规定，及时重新办理财政票据领购的注册登记或注销手续。为加强对财政票据的监管，根据财政部有关规定，经票据监管中心报请省财政厅同意，对全省财政票据领购单位领购资格进行统一年检。财政票据领购单位通过领购资格年检后，方可继续领购财政票据。年初，票据监管中心对上年度的年检工作进行了总结，并对各地级以上市财政部门发文通报，表扬先进，提出要求。

（六）加强指导，提高各市的票据监管水平

票据监管中心依靠信息化建设推进日常业务工作；适时对财政票据管理软件进行升级，进一步推进了信息化建设。同时，为了进一步提高各市票据监管机构的计算机管理票据水平，票据监管中心以“试点”的方式，深入到地级市，为所在市下辖的区、县举办电脑管理票据培训班，进行辅导，使各市票据监管机构办事人员电脑管理票据的业务水平和办事效率得到明显的提高，进一步提高了这些市的票据监管水平。

二、配合财政部，开展对驻粤中央单位财政票据专项检查

根据财政部《关于对部分中央垂直管理部门财政票据管理和使用情况开展专项检查的通知》及《关于对中央财政票据重点检查工作有关问题的补充通知》和《中央财政票据重点检查委托书》要求，广东从2009年7月初开始，在进行培训试点的基础上，会同有关地级市财政部门，历时两个多月，先后派出38人按照《财政票据检查工作规范》，对中央的公安部、交通运输部、铁道部、海关总署和国家质量监督检验检疫总局等5部门的18个大单位属下的82个驻粤单位2008年度使用和管理中央财政票据的情况进行了重点抽查和全面检查，核销了中央单位2008年使用的各类财政票据934.22万份，票面金额49.4亿元；核查销毁广东检验检疫系统2002～2006年度票据存根1 252.54万份。对被检单位存在的问题提出了整改意见，规范了中央驻粤单位财政票据的使用和管理，受到了财政部的通报表彰。

（票据监管中心供稿，吴文春执笔）

财政信息系统建设工作概述

几年来，在省委、省政府的正确领导和财政部的大力支持下，广东省“金财工程”建设和财政信息化建设取得重大进展，初步建成标准统一、功能完善、网络安全可靠、辐射各级财政部门和预算单位的政府财政管理信息系统。2009年，按财政部部署和规划，省财政厅积极推进完善应用系统、网络平台、信息安全建设，并在政府采购系统建设、财政监管系统建设、应用支撑平台建设方面取得新的成绩，信息化在财政改革与管理创新中的积极作用日益显现。

一、广东省财政信息化建设概况

（一）应用系统建设情况

应用系统推广建设工作进入全面发展阶段，基本覆盖各级政府财政管理部门和财政资金使用部门，全面支撑部门预算管理、国库单一账户集中收付、政府采购、宏观经济预测和办公自动化等方面的应用需求。

1. 预算管理信息系统。经过几年努力，预算管理信息系统建设取得了显著成效。至2009年年底，广东省部门预算管理信息系统已经过4次版本升级，从以往单一的预算编制软件，到依托先进网络平台与国库集中支付系统、人大实时在线监督系统等财政业务信息系统相连的综合性预算管理信息系统。省级所有行政事业单位正式编制了部门预算，21个地级以上市本级全面推行了部门预算改革，123个县区开展了部门预算编制工作，占县市总数的百分之百，实现了预算编制、预算审核、预算调整等全面信息化管理，提升了预算管理效能，增强财政资金分配使用的公平性、公正性。

2. 国库集中支付系统。至2009年年底，省本级、21个地级以上市、123个县全部实现了国库集中支付信息化，省级国库集中支付改革已拓展至全省，确立了国库集中收付制度在财政财务管理中的基础地位。同时，财政与人大、审计等部门联网的在线实时查询监督系统建设也在不断完善中，初步实现财政支付全过程的实时动态监控，增强了政府对财政资金的监督。

3. 非税收入管理系统。为加强政府非税收入的管理，改善征管手段，简化征收程序，广东省依托省、市、县三级网络平台，积极开展非税收入管理信息系统建设，实现非税收入从项目设定、收缴、票据核销、入库、分成、收入报表查询全过程的电子化。省级系统于2005年4月完成建设进入运行推广阶段，2006年市级系统按“分期分批”的原则开始推广建设，至2009年年底，省级有2 719家单位纳入非税收入征管系统，系统代收金额累计104.6亿元，全省21个地级以上市858家单位纳入非税收入征管系统，系统代收金额累计272.6亿元。

4. 会计信息管理系统。2006年广东省财政厅开展了省级会计管理系信息系统建设，该系统已在广东省会计服务大厅使用，提供会计人员管理服务、会计官方网站服务和会计从业资格无纸化考试系统服务，实现随时随地组织考试，取得了明显的社会效益。至2009年年底，系统已为全省31万考生提供相关会计管理服务，为全省100多

万会计从业人员、工商企业、行政单位等提供了高效会计服务。

5. 财务核算集中监管系统。2005 年广东省财政厅启动了“省级财务核算集中监管系统”建设，以所有预算单位的会计核算信息全部进入监管系统为基本模式，包括预算单位会计核算业务管理系统和会计服务中心会计信息网络监管系统两个部分，实现实时监管预算单位会计核算。从于2005 年 7 月至 2009 年 12 月先后分四批开展改革试点，至2009 年年底，省级共有试点单位 130 家，其中一级预算单位 116 家，基本实现省级一级预算单位全面试点目标。

6. 行政事业资产管理系统。广东省积极探索改革传统行政事业资产管理模式的方法，2005 年研发了广东省行政事业资产管理系统软件和系统的前期建设，2008 年开始在全省市级范围内试点运行，实现资产管理动态化、信息化。

7. 实时在线财政预算监督系统。为加强人大财经委对财政工作的监督力度，2005 年 10 月，广东省全面推进全省各地级以上市人大与财政部门的信息联网工作，2007 年全面完成。至 2009 年年底，全省 21 个地级以上市已全部实现人大与财政专网专机连接，全省各级人大可实时监督、全程监控各级财政资金的支付活动，初步建立起预警高效、反馈迅速、纠偏及时、控制有力的覆盖各级财政的预算执行动态监控体系和机制。

（二）网络平台建设情况

为全面支撑财政业务的展开，省本级和地方财政部门按照“金财工程”网络建设规划，结合实际应用需求，不断推进纵向和横向网络体系建设。

1. 财政业务专网建设情况。通过建设中心机房、网络设备更新改造、优化网络结构，提升网络性能，增强网络可靠性，并确保财政内网与外网物理隔离，以支撑核心业务系统安全、稳定、高效运行。至 2009 年底，全省县级以上财政机关内部局域网建设基本完成，乡级财政所也实现网络化，财政机关部门单位全部实现了网络资源的互联共享，网络传输效率和网络综合处理能力进一步提高。

2. 连接上下级财政部门的广域网建设情况。按照“五统一”的原则和标准建设省级纵向网络系统构建方案，省到市、县财政采用光纤专线联网，针对全省基础网络建设发展不平衡的情况，由省财政厅统一购置了网络设备，统一建设，统一验收，2008 年省、市、县相连的三级省级纵向骨干网全部建设完成，并将根据财政改革与发展的需要，适时将财政广域网延伸。

3. 连接其他部门的城域网建设情况。根据国库集中支付等应用系统建设的实际需要，按照电子政务建设有关要求和技术规范，有计划、有步骤地完善财政与外部单位的横向联网，形成以本级财政部门为中心，横向连接同级预算单位、人民银行国库、代理银行等相关部门的网络体系，实现金财工程与相关电子政务工程网络的有效连接。

（三）信息安全建设情况

广东省在开展网络和系统建设过程中，高度重视安全建设，不断加强物理设备、网络、操作系统、应用系统、数据等的安全防护，保证业务系统的正常运行。

1. 业务应用系统安全建设进一步强化。在财政核心业务系统建设与安全建设同步展开，关键核心业务选择安全级别较高的操作系统和数据库，定期进行漏洞扫描，进行补丁升级。

2. 强化网络平台安全建设，优化结构，提升性能，增强网络可靠性。从技术措施上加强网络基础安全，在网络、关键设备等部位实现冗余备份，安装防火墙、网管工具及其他有关监控软件，在主干网和各个本地计算环境中部署网络入侵检测系统，加强网络入侵检测，认真做好涉密载体和计算机信息系统保密检查工作。

3. 开展 CA 数字认证系统的建设推广工作，建立 CA 数字认证服务。制订了《省级金财工程 CA 安全建设试点方案》，按照财政部的技术规范，在国库集中支付系统、非税系统、政府采购系统和电子公文传输系统中应用 CA 数字认证技术。

4. 建立全省统一的防病毒体系。2008 年按财政部统一部署网络防病毒系统要求，在全省财政业务范围内统一安装防病毒软件，建立全省统一的网络防病毒体系，做到全防全控、不留死角。

5. 开展数据备份系统建设。2006 年 10 月完成省级数据存储备份系统部署，保障重要业务数据的安全性和可恢复性。

6. 在南海建成省级异地灾备中心，实现对预算管理、国库集中支付等省级系统实现了应用级的容灾，对其他的 17 个应用系统实现了数据级的容灾，2008 年异地容灾中心建成后成功实施了多次演练，保证出现重大异常情况时关键财政业务的不间断、数据不丢失。

二、2009 年广东省财政信息化建设情况

（一）认真做好金财工程建设可研和立项工作

2002 年全国金财工程座谈会召开后，广东省金财工程立项规划工作立即展开，2006 年全国金财工程正式立项后，广东立项工作也正式启动。根据财政部统一部署和要求，广东金财工程建设由财政部金财工程建设广东部分和广东省金财工程建设组成，建设的内容和目标在立项中分别上报，建设项目覆盖应用系统、网络基础、安全平台等各个方面。2009 年，财政部金财工程广东部《金财一期工程广东省建设项目可行性研究报告》上报财政部，广东省金财工程《“金财工程”广东项目（一期）项目可行性研究报告》也报省发展改革委，立项后，广东金财工程将全面加快全省金财工程建设步伐。

（二）继续推进应用系统建设

1. 全省政府采购大平台正式启用。为深化政府采购制度改革，强化政府采购预算执行和监管力度，降低采购成本，规范采购行为，从源头遏制腐败现象的发生，省财政厅 2002 年开展了政府采购信息化建设工作，期间经过多次调研试点论证，2005 年正式启动了广东省政府采购大平台

研发，2007年完成管理平台的开发建设，2008年完成管理平台与执行平台的整合，2009年采购大平台全面启用，系统由采购管理部门使用的“政府采购管理平台”和采购执行部门使用的“政府采购执行平台”构成，分别部署在财政内、外网平台上，实现信息技术与采购管理机制融合，并实现多项技术突破，为全省各级政府采购监管部门、采购代理机构、采购人、供应商等用户提供了一个公平、高效的电子平台。如利用电子反拍技术引入非协议供货商的竞争，成为有效解决同类产品一旦实行政府采购价格反而上扬这一热点问题的“杀手锏”，打破了协议供货商的价格垄断，降低了政府采购价格。通过设置了多个监控预警点，对预算、计划、采购文件确认以及合同签订等环节进行预警监控，将政府采购过程被置于阳光下。至2009年年底，省级和佛山、湛江、韶关、惠州等11个地级市政府采购工作上线运行，省21个地级以上市统一采购程序、统一合同文本、统一电子模块的局面已形成，广东省政府采购大平台已经成为促进政府采购信息公开透明、强化竞争的重要载体和手段。

2. 启动广东金财工程应用支撑平台建设项目（第一期）建设。近年来，随着财政改革的不断深化，财政核心业务系统建设取得了较大进展，初步形成了以预算管理为源头，以国库收支管理为预算执行主线的应用系统建设框架，并在全省推广应用，为推进财政改革提供了较有力的技术支撑，但也存在信息系统繁多、技术规范不统一、系统间口径及编码不一致、编制与执行没有实现无缝链接等问题。为了解决存在的问题，根据财政部部署，省财政厅2009年启动了应用支撑平台建设工作，通过建设应用支撑平台整合现有财政应用系统，构建较为完善的与公共财政职能相适应的一体化系统，实现财政系统内部、财政系统上下级之间、财政与相关其他部门通过一体化系统进行信息共享和数据交换，为财政管理的科学化、规范化、现代化提供技术保障。至2009年年底，已完成方案设计，开展了部门预算系统等现行业务应用系统的移植改造工作和业务流程梳理工作。

（三）进一步加强网络平台管理维护

近年来，省财政厅积极推进纵网络平台建设和安全建设，网络监管和日常技术支持更加规范。至2009年年底，省本级局域网、省级政务内网（单位光纤用户103个，拨号用户1 097个）、银行联网（省财政厅与7间银行间的12条数字专线）、省财政厅办公大楼到其他办公地点的光纤线路（大院到仓边路光纤1对，大院到南海灾备机房光纤2对）、政务外网、省市县财政专网（连接21个地级以上市及121个县区）数千个接入终端需提供运营维护服务。信息中心认真做好运维工作，加强监控，定期对计算机网络核心设备以及外围接入设备进行巡检，使用先进的网络监管手段进行网络运行分析，即时监控设备运行状况，排查网络故障，并做好上连财政部的专线网络，下接地市的拨号网络系统的维护，确保全省横向纵向网络的通畅和安全。

（四）继续加强信息安全建设

一是继续强化财政业务应用系统自身安全建设，坚持做好系统漏洞扫描工作，加强管理和技术支持。二是做好计算机信息系统保密检查工作，建立健全安全管理的规章制度和安全运行的通报机制，加强对内部人员的安全教育与培训，建立安全组织保障体系，强化灾备系统对突发事件的应急处理能力，确保各项安全管理职责落实到人。

（省财政信息中心供稿，谢　峰执笔）

财政科研宣传工作概述

2009年，省财政科学研究所（以下简称“省财科所”）在省财政厅党组的正确领导下，以科学发展观为统领，坚持解放思想和改革创新，坚持为中心工作服务、为现实工作服务的“两为”方针，在财政科研宣传工作中，积极探索，大胆实践，加强管理，团结协作，较好地履行了科研所的各项职能，圆满地完成了各项工作任务。

一、坚持改革创新，在财政绩效管理理论与实践方面开展持续的探索

财政绩效管理是基于整个政府层面对财政资金的使用以绩效为导向的一种财政支出全过程的管理机制。省财科所在将省财政厅绩效评价管理运作模式运用到对绩效预算的过程中，不断研究，不断深化完善，初步走出了一条具有中国特色广东模式的财政资金绩效管理的框架体系。从2004年起，省财科所在佛山市南海区尝试绩效预算，开创国家财政绩效管理之先河，到2009年为止，与省财科所开展财政绩效管理实践合作的地级市有中山市、江门市和珠海市，其中中山市这项工作推进很快，成立了以常务副市长为主席的绩效管理委员会，经过两年的试点，准备从2010年开始用三年时间推进支出在50万元以上的项目绩效预算工作。江门市和珠海市正在开展试点积累经验，积极推进绩效预算和绩效评价。县、区级单位除佛山市南海以外，还有佛山市顺德、禅城两区正在跟省财科所合作。在实践基础上，省财科所不断探索财政绩效管理的理论，完成了《以财政绩效管理健全政府独立人格》、《绩效预算：破解财政分配困局，推动政府管理革命》、《绩效预算的配套条件》和《绩效预算的进一步完善》等理论文章，从财政绩效管理的原理、方法、利害关系、具体的流程设计、风险防范等方面进行持续的探索，并且把理论化为理念，用来指导财政绩效管理实践活动，对财政绩效管理实践活动不断总结，从广度上和深度上不断发展，从绩效预算到绩效评价，发展到绩效问责，已经形成了比较完善和成熟的管理制度和操作模式。

通过跟省财科所已经开展合作的各地财政绩效管理实践雄辩地证明，财政绩效管理深刻地改变了财政分配理念、预算分配方式和部门单位的工作思路工作理念，极大地提高了部门、单位的执行力，有效地推动了政府职能转变，

落实了专家治国的理念，建立了一体化的财政支出管理的完整链条。对于财政部门破解财政分配困局，提高政府管理水平，推动社会和谐和丰富国家民主实现方式都具有重大而深远的意义。

二、坚持为省财政厅的中心工作服务

（一）深度参与广东省基本公共服务均等化规划编制工作

编制《广东省基本公共服务均等化规划（2009～2020)》（以下简称《规划》）是省委、省政府的重大决策，也是省财政厅这两年的重点工作，为了落实厅领导“举全厅之力搞好规划编制工作”的精神，省财科所积极行动，深度参与《规划》编制工作。

一是邀请全国知名专家并参与组织2008年5月8日省财政厅与中国（海南）改革发展研究院共同主办的“基本公共服务均等化专家座谈会”，为《规划》的编制做好宣传和理论准备打下了坚实的基础。

二是在此基础上，省财科所承担了《规划》提纲的编写，提出了《规划》编制七个子课题研究，形成了《规划》编制的成型模式，之后珠三角基本公共服务一体化规划编制也采用此种模式。

三是落实省财政厅领导有效借助社会研究机构的力量高质量编制好《规划》的批示精神，积极联系并负责中国（海南）改革发展研究院和省社会科学院《基本公共服务均等化规划》文本初稿的编制，承担与两家科研机构的委托合同的起草、签订，规划初稿编制的联络、协调以及规划初稿提交后的文本收集，反馈修改意见等工作，并且负责委托经费的拨付。

四是深度参与《规划》的最后编制工作。在两家研究机构提交《规划》文本初稿后，省财科所深度参与均等化规划的最后编写工作，与省财政厅办公室和预算处一道，进行认真深入研究，结合各个子专题规划，充分吸收中国（海南）改革发展研究院和省社科院的研究成果，编制完成了《规划》文本第一稿，并且持续参与《规划》第二稿、第三稿和第四稿的修改和拟定工作，为《规划》能在省委常委会议通过并颁布实施作出了省财科所应有的贡献。

五是继续联系两个科研机构，邀请其承担《规划》解读材料的编写。

（二）深度参与珠三角基本公共服务一体化规划编制工作

通过《珠三角基本公共服务一体化规划》（以下简称《一体化规划》）编制，加快推进珠三角地区公共服务一体化，是珠三角地区一体化发展的重要内容，是落实《珠三角地区改革发展规划纲要（2008～2020年）》的重要任务，也是省财政厅2009年重点工作。按照厅领导的指示，参照广东省基本公共服务均等化规划的编制格式，省财科所紧密配合省财政厅办公室和预算处，拟订《一体化规划》的提纲初稿，积极联系并负责中国（海南）改革发展研究院和省社会科学院《基本公共服务均等化规划》文本初稿的编制，承担与两家科研机构的委托合同的起草、签订，《一体化规划》初稿编制的联络、协调以及《一体化规划》初稿提交后的文本收集，反馈修改意见等工作，并且负责委托经费的拨付。《一体化规划》进入正式编制阶段后，省财科所继续参与《一体化规划》的编写工作，并按《一体化规划》协作组的要求，完成了所承担部分的初稿写作任务。

（三）积极参与筹建广东省财政厅综合性专家库的工作

建设省财政厅综合性专家库是项系统工程，省财科所首先是对全厅各处室所需专家类型进行摸底调查，弄清各处室对专家需求的类型与层次，做到有的放矢。其次是在调研和借鉴其他厅局专家库的基础上起草了《广东省财政厅综合性专家库管理暂行办法》和《广东省财政厅综合性专家库建设方案》，其中数易其稿，反复修改。最后分别召开了相关专家与有关处室对专家库管理办法和建库方案的研讨会，修改完善后呈厅领导审查。专家库的管理办法与建库方案获厅领导批准实施，并成立了以副厅长沈梅红为主任的专家库管理委员会。着手邀请专家、组织单位推荐专家入库、招标软件公司设计专家库系统，对专家的申报、审核工作在厅外网公布。

三、坚持为现实工作服务

在全力服务厅中心工作，大力开展理论研究工作的同时，利用自身理论联系实践的优势，为更好地为现实工作服务，省财科所也具体承担了一些课题研究工程。2009年度，省财科所牵头并参与了由财政部科研所下达的年度跨省协作课题《地方政府融资平台建设及其风险控制机制的研究》的课题调研与撰稿工作。2009年下半年，参与了省财政厅行政政法处组织的《广东省行政政法系统行政管理支出问题研究》课题；参与了佛山市禅城区《公用事业改革与发展研究》课题；以及《促进广东自主创新的财税对策研究》、《中山市公共服务均等化》等课题的研究工作。

自2008年起，根据省财政厅领导对财政科研工作的指示，按照财政实践的发展需要，省财科所积极组织开展全省财政系统针对性现实重大问题开展课题研究活动，并对研究过程加以协调和跟踪，提供适当的指导，促进了全省财政科研水平的进步，提高了财政科研工作对财政实践工作的智力支撑作用。一是组织厅各处室和财政部门的课题申报、立项工作，对立项课题定期进行跟进，督促课题单位按时、按质、按量完成课题。二是按照领导安排，对完成的课题进行整理，组织专家对课题进行评选，通报表扬。三是为进一步提升广东财政“软实力”，鼓励各课题单位继续积极地参与科研工作，在上报厅领导批准后，积极联系出版社，对2008年广东省财政科研的部分优秀课题进行出版发行。

为充分调动广东财政理论工作者与实际工作者开展调查研究的积极性，促进和提升广东财政理论界的水平和在全国的影响力，省财政厅决定在“十一五”期间编辑出版《广东财政理论与实务》系列丛书。至2009年底，整套丛书已经出版13本。整套丛书的选题与广东省财政改革紧密结合，既有理论研究，又有基于广东实践的案例分析，内容涉及财政、会计的各个层面，其选题紧扣现实，理论与实践紧密结合，数据翔实，具有较高的理论价值和实践指导意义。整套丛书得到了厅领导的高度重视，省财科所积极落实厅领导指示，积极做好丛书出版发行工作，对尚未出版的丛书，正加强跟踪管理；对已经出版的丛书，则加大宣传和发行力度，扩大丛书的影响力，使之更好地为现实工作服务。

四、积极开拓财政宣传领域和推动群众性财政科研活动再上新台阶

《广东财政理论与实务》是广东财政的宣传阵地，2009年，围绕全省财政中心工作，抓热点，找亮点，积极有效地为推进财政改革和发展发挥了有益的作用。一是重点巩固中心栏目的地位和质量。中心栏目采用分期到人的管理制度，保证时效性和制度化，明确分工和责任。在选题方面更加注重与省委省政府部署的重大任务相结合，注重与业务处室的实际工作和需要相结合，注重理论与实践相结合。2009年完成中心栏目有：《第二批产业转移竞争性扶持资金专家评审会全记录》、《不断开创农业综合开发工作新局面》、《2009年全省财政工作会议》、《推进广东省财政支出绩效评价管理改革》、《顺德财政体制改革实践》、《金融危机下的公共财政》、《把竞争机制引入财政分配》、《推进珠三角公共服务一体化》、《广东财政60年》、《纪念会计信息质量检查十周年》、《以党建工作新成效推动财政事业新发展》等。同时，在中心栏目的策划执行中，注重向理论界的专家约稿，为全省财政系统理论与实践的交流提供平台。二是认真编好12期《广东财政法规制度》，做好财税、财会政策法规的宣传和咨询服务工作。

财政学会是广东财政系统开展群众性科研工作的社团组织，在当前财政业务工作繁重，财政改革日渐深入的现实条件下，财政学会组织多项全省活动，成为推动广东群众性科研工作的一个重要平台。一是继续组织全省征文大赛。省财科所与湛江市财政局联合举办“湛财杯”落实“三促进一保持”推动社会科学发展征文大赛。共收到稿件550多篇，有效地提升了群众性财政科研活动的积极性。二是组织举办财经专家学术报告会。围绕当前财经热点、难点和重点问题，2009年共举办了三场报告会。报告人包括：财政部税政司副司长王建凡、中央财经大学教授杨帆、财政部科研所副所长王朝才。报告会受到了广东财政系统和社会各界的好评。

五、加强沟通、注重协调，认真完成史鉴编撰工作和积极开展史料工作

一是继续切实做好《广东省志·财政税务卷（1979～2000）》的编修任务和牵头组织工作。2009年3月，省财科所牵头组织国税、地税两部门，在佛山市南海区召开了《财政税务卷》总纂稿预审会，对预审稿进行了认真负责的审查。4月份，又组织了三个单位的编修人员根据预审会会议纪要，进行了4天的认真讨论，形成了统一的修改意见。此后，三个单位的编修人员按照分工和修改意见，对全卷内容进行了修改，并于11月底基本完成修改工作，形成了送审稿，为即将召开的《财政税务卷》送审稿初审会奠定了基础。

二是认真完成《广东财政年鉴（2009）》的编辑出版任务。重新修订了《〈广东财政年鉴（2009）〉编辑大纲》、《广东财政年鉴行文规范》和《广东财政年鉴编委会审稿方案》等三个文件，并从3月底开始了《广东财政年鉴（2009）》紧张有序的资料收集和编审工作。同时，史鉴部门注重与出版部门的沟通，通过多次协商，形成了规范性的编审流程控制协议；注重加强与各市县财政部门的联系，全年走访了13个市县财政部门，听取了各方面意见和建议。经过努力，首次实现了“当年编审，当年出版发行”的年鉴工作目标。《广东财政年鉴（2009）》于2009年11月底完成了出版发行，全书总字数243万。

三是积极开展广东财政史料工作。2009年7月，省财科所以《关于在纪念辛亥革命100周年（2011年）之前开展有关广东财政史料工作的签报》向厅领导汇报了两年多来史鉴部门加强与省档案馆、省博物馆、中山图书馆地方文献馆和有关高校的联系与合作，在广东财政史料收集和专题研究上主要开展的七项工作，得到了厅长刘昆和副厅长沈梅红的批示同意和肯定。2009年9月，省财科所还成功地组织召开了“迎六十周年国庆·叙峥嵘岁月旧情”老领导座谈会，得到了厅党组成员的支持和厅长刘昆的充分肯定，并为下一步做好史料收集和研究工作起到促进作用。此外，还认真做好已经立项的史料专题研究课题的跟踪管理和《广东财政大变革》一书编写等相关工作。

六、发挥“窗口”部门的服务功能，认真做好图书资料等工作

省财科所根据“建设‘财经精品图书馆’”要求，参考厅内读者的反馈意见，通过多次筛选与比较，购买新书计1 342册、37 018.38元（折后总价），所有图书加工、编码、入库、上架，秩序井然；在征求意见之后，订购杂志217种、报纸34份，领取、登记、分类之后提供给读者阅览，每天清点、归档，使读者获得良好的阅读环境；做好借阅服务，2009年共提供图书借阅服务813人次，过刊借阅服务1 362人次。同时，做好数据库和电子阅览室设备的日常维护工作，保障图书馆的正常运行；协助厅有关处室查阅、复印专题资料。

七、强化内部管理，建章建制，提高科研所的集体凝聚力和向心力

一是进一步完善所里各项财务制度，规范财务行为，严格支出管理，认真编制部门预算、每月经费预算请拨、做好会计核算及账务处理、编制会计报表、执行大额支出部门用款申报制度、审核现金支出等工作，把好支出关。

二是做好清产核资工作，制定了科研所设备购置审批表，把好固定资产购置关，抓好固定资产登记、处置，合理调配使用，实现资源共享，使资源利用率最大化。三是积极探索所内各部门经费预算编制，引入绩效机制，调动各部门工作积极性，努力增收节支，开源节流。四是做好经费保障和人事管理工作，在支出压力加大的情况下，省财科所积极主动与有关业务处室沟通，落实各项经费来源。另一方面，以人为本，主动跟有关部门沟通和汇报，妥善解决财政学会人员今后的发展问题，形成人员的良性循环。

（省财政科学研究所供稿，张晓军执笔）

农业综合开发评估工作概述

2009年，广东省农业综合开发评估工作在省财政厅党组的正确领导下，全面贯彻落实科学发展观，按照年初制定的工作计划和部署，着眼广东财政工作和农业综合开发工作全局，不断创新机制，切实履行职责，全面完成了全年的各项工作任务。

一、全面完成全年项目评估工作

2009年，广东农业综合开发评估工作量大，省农业综合开发评估中心（以下简称“省农发评估中心”）提出“紧密结合评估工作、切实突出实践特色、创新评估方式方法、狠抓落实务求实效”的32字方针，将评估工作作为各项业务工作的重中之重，全年累计完成多项评估工作。包括：组织专家5人，完成了2008年度省级农业综合开发科技推广27个项目评估；组织专家21人，完成了2009年度国家农业综合开发土地治理66个项目评估；组织专家40人，完成2009年度国家农业综合开发产业化经营财政补贴74个项目评估；委托广东源瑞会计师事务所有限公司和广州君杨会计师事务所有限公司共派出财务专家8人，对51个2009年度国家农业综合开发产业化经营贷款贴息项目进行逐一审核；组织专家5人，完成了2009年度国家农业综合开发土地治理科技推广27个项目评估；组织专家3人，完成对惠州市龙门县2009年度中型灌区节水配套改造项目进行实地考察评估；完成6个申报2009年度国家农业综合开发高标准农田建设示范工程项目的评估；完成对25个申报2009年度省级农业综合开发科技推广项目进行评估；参与完成对大埔县、丰顺县、惠东县、信宜市、龙川县、德庆县、阳山县、惠来县等8个省级农业综合开发县2006~2008年度农业综合开发工作进行绩效考评；完成对66个国家农业综合开发土地治理项目和21个省级农业综合开发土地治理项目进行室内评审（2010年1月5日至11日，完成对其中14个县15个项目的实地考察）。

二、认真完成其他业务工作

6月份，派出人员参与了省财政厅与省国土厅联合组织的工作组，赴全省各地共完成了21个2009年度省级国土开发整理项目的实地踏勘。7~8月，先后完成广州市天河区优质黄羽肉鸡高新技术示范项目、佛山市高明区科技推广示范项目、佛山市高明区现代化示范项目以及珠海市现代化示范项目国家和省级财政无偿资金形成的农发国有资产的界定登记，并协助整理完成有关上报材料。9月份，派出人员参与了国家农发办组织的项目验收考评组，赴黑龙江农垦总局开展项目验收考评。10月份，派出专家参与了审计署组织的全国农业综合开发专项资金审计组，赴广西开展农业综合开发资金审计。

三、协助做好农业综合开发其他工作

积极参与同广东省农发办一起共同筹办了11月份全省农业综合开发会议，配合国家农发办筹办了12月份在广东举办的全国农业综合开发评审培训班；继续支持和协助省农发办开展的其他工作。参与了全省2009年和2010年国家和省级农业综合开发土地治理项目的指标分配、产业化经营项目的项目筛选和上报、产业化经营项目计划会审、产业化项目有关政策研讨会等。

四、积极探索完善项目评估的方式方法

坚持“封闭式”室内评估和“开放式”实地考察相结合的方式开展项目评估，同时不断创新项目评估的方式方法。

一是继续对申报2009年度国家农业综合开发高标准农田建设示范工程项目进行竞争立项评审，组织专家10人，通过现场抽签方式抽选了其中5名专家，采取完全封闭式评议、公开演讲答辩、专家现场评分、现场公布结果等方式，对全部项目进行评选，确定罗定市和廉江市为2009年度广东省国家农业综合开发高标准农田示范工程中标项目。

二是在各市县上报产业化财政补助项目数量大增的情况下，与广东省农发办一起对项目申报建议书进行筛选，将明显不符合申报条件的项目排除在建议书阶段。

五、不断加强和改善党支部党建工作

省农发评估中心充分发挥党支部战斗堡垒作用和党员的先锋模范作用，围绕加强党的执政能力建设这个重点，以深入学习实践科学发展观活动、转变作风抓落实活动和纪律教育学习月活动为契机，抓思想政治学习，结合学习社会主义核心价值观和学习贯彻党的十七届四中全会精神，结合广东社会经济发展大局和财政工作全局工作，采取多种学习途径和方式，形成人人善于学习、勤于思考、勇于探索的氛围；抓组织建设，加强党支部建设，明确了支委的工作目标、职责分工、议事规则等等，确保班子健全、责任落实、工作到位，充分发挥党支部的战斗堡垒作用、支委的领导作用和支委委员的带头作用，认真参与省财政厅党委换届选举和省财政厅纪检组的换届工作，按照规定召开支委会、民主生活会、组织生活会等；抓作风建设，坚持解放思想、实事求是，加强调查研究、一切从实际出

发，树立干部为民、务实、清廉的良好形象。

在抓好党支部自身建设的同时，认真开展城乡基层党组织互帮互助活动。将帮助解决一帮一结对帮扶对象——惠东县安墩镇澄华村两委办公楼建设及村道路灯建设作为2009年度城乡基层党组织互帮互助活动的一项重要内容，改善了澄华村党支部的办公环境和村民们的生活环境。还多方协调，积极帮助申请财政项目资金扶持，帮助进行基本农田整治，改善灌溉条件，引导发展农业产业化经营，提高农业综合生产能力，增强村集体经济自我发展的能力。

六、实现机构及干部队伍建设新发展

省农发评估中心积极配合做好转为参照公务员法管理有关工作。根据有关政策要求和省财政厅人教处的安排，拟订了中心干部转参照公务员法管理后的登记工作方案，组织干部参加省人事厅统一组织的登记资格考试，配合省财政厅人教处，完成了对中心干部的组织人事档案的核查，并顺利完成干部转任工作。

七、建立完善预防腐败长效机制

省农发评估中心着力强化内部管理，从源头上预防腐败。建立和完善其他有关制度，修订完善并认真执行《省农发评估中心领导班子廉政岗位职责》和《省农发评估中心财务审批制度》，进一步完善《广东省农业综合开发项目评估实施细则》等业务工作制度，完善落实《邀请专家参与工作各项费用标准和支付办法》、《固定资产管理办法》等财务规章制度，进一步规范中心的内部工作流程和财务工作制度，增强评估工作的公正性，做好从源头上预防腐败的发生。做好规范权力运行工作，根据省财政厅党组规范权力运行工作部署以及《广东省财政厅规范权力运行工作方案》的要求，在厅规范权力运行工作领导小组的指导下，认真查找、梳理和鉴别中心的各权力事项。由主任亲自抓，全面负责规范权力运行工作，综合组具体牵头抓好协调，各组负责查找和鉴别本组内的各权力事项，并指定专人负责开展具体工作，编制完成了《广东省农业综合开发评估中心单位工作运行规程》相关材料，为进一步规范化开展各项工作夯实了基础、提供了保障。

同时，继续抓好业务工作中的廉政建设，强化专家在评估工作中的公正性，加强对专家参与评估工作的纪律要求，认真落实《专家管理办法》，实行专家轮换制度、专家回避制度等，建立专家档案和专家评估考核制度，对不符合条件的专家以及违反评估工作纪律的专家予以清除。

（省农业综合开发评估中心供稿，刘　强执笔）

注册会计师行业管理工作概述

2009年，在省财政厅党组的正确领导下，在中国注册会计师协会的关心指导下，在各市注册会计师协会和广大行业从业人员的支持、参与下，广东省注册会计师协会（以下简称省注协）认真落实四届八次常务理事会确定的工作计划，扎实进取，努力拼搏，较好地完成全年各项工作任务。截至2009年12月底，全省共有会计师事务所（含深圳）718家，注册会计师（含深圳）7 750人；2009年度，全省会计师事务所共实现业务收入34.35亿元。

一、扎实指导事务所深入学习实践科学发展观活动

按照中央、省委和财政部的统一部署，全省会计师事务所（以下简称“事务所”）参加第三批深入学习实践科学发展观活动自2008年10月底正式启动。学习实践活动共四个阶段：第一阶段为学习调研阶段，从2009年10月18日到11月30日，主要工作是成立指导（领导）机构、制订工作方案、广泛动员部署、指导会计师事务所积极组织学习、深入开展调研走访。第二阶段为分析检查阶段，从12月1日到年12月31日，主要工作是发动会计师事务所广泛征求意见、召开专题组织生活会、形成分析检查材料。第三阶段为整改落实阶段，从2010年1月1日到2月中旬，主要工作是指导会计师事务所制定整改措施、解决突出问题、做好测评总结。

在省委学习实践活动领导小组和厅党组的正确领导下，在财政部指导小组的指导下，在省、市财政部门的高度重视下，全省会计师事务所学习实践活动各项工作扎实开展，达到了预期的目的，取得了明显成效。在全国会计师事务所深入学习实践科学发展观活动总结电视电话会议上，厅党组书记、厅长刘昆作了题为《把握“四个坚持”，突出“四个着力”，推动会计师事务所学习实践活动取得实效》的发言，总结广东会计师事务所学习实践活动的做法、特点、成效及经验。

（一）成立机构，加强领导

厅党组高度重视学习实践活动，把指导事务所深入开展学习实践活动作为当前的一个重要任务，摆上重要工作日程。党组书记、厅长刘昆和党组成员、副厅长欧斌等厅领导多次听取专题汇报，先后多次对学习实践活动作出指示和批示。11月10日，厅党组成立了广东省深入学习实践科学发展观活动指导小组（以下简称“指导小组”），由党组书记、刘昆厅长亲自担任组长，党组成员、欧斌副厅长任副组长；指导小组下设办公室，抽调专人具体负责学习实践活动的综合协调、督促检查工作。各地级以上市财政局（委）党组（委）也迅速行动，相继组建了事务所学习实践活动指导小组和办公室，形成层层抓落实的良好机制。同时，建立了省、市学习实践活动联络员制度，实施了学习活动情况、材料每月两报制度，确保上下信息沟通。

（二）调查摸底，周密部署

为组织、实施好全省事务所学习实践活动，指导小组办公室立即着手对全省事务所党员情况、参加学习活动情况等进行了全面的摸查梳理，为深入开展学习实践活动和

下一步做好行业党建工作奠定基础。结合广东事务所党组织和党员情况，研究制定了事务所学习实践活动的贯彻落实意见。11月11日，厅党组转发了财政部党组《关于印发〈关于会计师事务所开展深入学习实践科学发展观活动指导意见〉的通知》，进一步明确了学习实践活动的对象、内容、任务和目标。11月17日，召开全省事务所学习实践活动交流会，全面部署各事务所学习实践活动，同日隆重举行了中共广东省注册会计师协会工作委员会成立揭牌仪式。其间，指导小组有关领导还专门到各地市调研指导，召开座谈会、走访事务所，推动学习实践活动的深入开展。

（三）科学指导，扎实推进

学习调研阶段，向各事务所党支部免费发放十七大，十七届三中、四中全会报告、《毛泽东　邓小平　江泽民论科学发展》、《科学发展观重要论述摘编》等学习资料，便于事务所党支部组织党员学习，采取灵活的方式开展学习，妥善处理好工学矛盾。在分析检查阶段，省注协党工委下发了《关于指导广东省会计师事务所做好深入学习实践科学发展观活动分析检查阶段有关工作的通知》，指导各党支部查找问题，开好专题组织生活会。在整改落实阶段，下发了《关于指导会计师事务所做好深入学习实践科学发展观活动整改落实阶段有关工作的通知》，指导各党支部制定整改落实措施，解决突出问题，建立完善规章制度。其间，组织全省140多名党支部书记分三期到北京参加全国会计师事务所党支部书记培训班，组织了100多名党员参加中注协行业党委举办的党员远程教育培训。

（四）巡回督导，分片包干

为确保学习实践活动扎实有效开展，指导小组和省注协党工委联合制发了《关于开展会计师事务所学习实践科学发展观活动巡回指导工作的通知》，组建6个巡回指导组，分赴全省各地指导事务所学习实践活动学习调研、分析检查、整改落实等各阶段工作，发掘先进典型，总结工作经验，提出指导意见，推进全省各事务所学习实践活动深入开展。为确保行业党建工作落到实处，指导小组和省注协党工委联合制发了《关于实行注册会计师行业党建工作分片包干责任的通知》，将全省分成六个片区，由省注协秘书处班子6位成员实行党建工作分片包干制，负责监督落实、推进各片区党建目标和任务。

（五）大力宣传，营造氛围

学习实践活动启动以后，指导小组坚持“内宣、外宣一起抓”，搭建了多层次、多形式的宣传平台，造声势、扩影响，大力营造学习实践活动的浓厚氛围。包括：在省注协门户网站开设“科学发展观学习实践活动”专栏，及时反映学习实践活动进展情况；通过编印活动简报、汇编学习资料等形式，对学习实践活动进行全方位、多角度、深层次的集中式宣传报道。目前，已编印行业党建工作简报40多期，交流经验、推广典型，发挥示范带动作用；《南方日报》、《羊城晚报》、《中国会计报》等媒体以及中注协学习活动简报和网站等，多次对广东事务所学习实践活动工作情况进行了报道。

二、成功召开全省第五次会员代表大会

下半年起，省注协着手筹备召开全省第五次会员代表大会相关工作事项。9月，召开四届十次常务理事会议，审议通过了工作方案、代表和理事产生办法等，原则通过了《章程》修订草案，成立了第五次会员代表大会筹备委员会。印发了《工作方案》，协调省有关部门和组织各市财政、注协推荐第五次会员代表大会代表、理事候选人。11月29日，召开第五次会员代表大会筹备委员会委员会议，审查通过代表资格、理事候选人名单、大会议程等。

11月30日，在广州成功举行第五次会员代表大会。中注协副秘书长蔡晓峰专程到会祝贺，省政府副秘书长林英、省财政厅副厅长欧斌出席并作重要讲话。大会选举产生新一届理事会，表决通过新修订的《广东省注册会计师协会章程》。顺利召开第五届理事会一次会议，选举产生第五届常务理事会常务理事、会长、副会长及秘书处领导班子成员。其中：第五届理事会由110名理事组成，执业和非执业会员理事占76%；第五届常务理事会由29名常务理事组成，执业和非执业会员常务理事占79%。

三、积极指导事务所应对国际金融危机

2008年下半年发生的国际金融危机，给广东不少事务所业务开展带来了冲击和负面影响，为此，省注协主动采取措施，指导、帮助各事务所应对危机，共渡难关。一是深入调研，及时指导。省财政厅分管领导、协会会长和秘书处班子成员等多次到各地事务所实地调研，组织市注协、事务所座谈等，广泛听取、深入了解金融危机对行业的影响，研究解决问题的办法和应对措施。二是举办论坛，研讨应对危机的思路和对策。7月份，省注协与省律协联合举办“金融危机下律师和注册会计师行业发展论坛”，共同就注册会计师和律师如何提高应对金融危机的能力和业务创新水平，更好地为实现经济全面协调可持续发展提供优质高效的会计服务和法律服务等议题进行探讨。论坛共收集到注册会计师撰写的论文34篇，为各事务所应对金融危机提供了理论指导和实践参考。三是返还执业会员个人部分会费，共渡难关。经四届九次常务理事会议审议通过，按每人300元的标准返还执业会员2009年度个人部分会费，共返还会费215.42万元，受惠执业会员7 230人。

四、组织开展会计师事务所年度执业质量检查

（一）精心组织，周密安排，扎实开展

5月份，省注协布置各会计师事务所做好自查自纠，上报自查总结。6月份，制订了《广东省2009年会计师事务所业务质量检查工作实施方案》，上报中注协，接着印发了执业质量检查工作通知，同时抽调了59名注册会计师参与检查工作。7月份，在广州召开检查工作布置暨培训会议。会后，组成16个检查组，对全省94家会计师事务所实施年度执业质量检查，抽查事务所审计报告807份，验

资报告206份。

（二）分层监管，联合检查，形成合力

为提高检查工作效率，在2009年的检查工作中，协会试行分层监管的制度，对75家事务所实施重点检查，对19家事务所实施一般检查。同时，与省财政厅监督局、会计处联合对9家事务所进行了执业质量检查，检查工作达到了预期目标，取得了积极成效。

（三）严格程序，严肃惩戒，强化警示

针对检查发现的问题，为慎重对各事务所、注册会计师的惩戒工作，协会实施了专家复审、审理会议等检查处理程序。经惩戒委员会会议决定，给予1家会计师事务所、4名注册会计师公开谴责的行业惩戒；给予3家会计师事务所、1名注册会计师行业内通报批评行业惩戒；对7家事务所和14名注册会计师，分别给予责令书面检讨、责令限期整改等不同类型的行业惩戒。此外，对在2008年受到行政处分的2名注册会计师，追加了行业内通报批评的行业惩戒。

五、建章建制，全面实现会员注册管理的信息化管理

（一）加强会员注册管理等制度建设

9月份，省注协制定实施了《广东省会计师事务所信息员管理制度》，下发了《关于为拟担任会计师事务所股东或合伙人的注册会计师办理从事审计业务证明有关事项的通知》，为全面实现会员信息化管理、全面建立行业信息监控体系提供了制度保障。

（二）全面实现会员信息化管理

省注协及时收集、录入会员注册管理等信息变更资料，共对109家会计师事务所变更法人、地址、股东、合伙人等信息进行了网上系统操作，保证事务所信息的准确性。目前，贯穿于执业会员管理的各个环节的注册、年检、转所、撤（注）销、为注册会计师出具审计业务证明等工作，均实行审批前网上公示程序和审批后网上信息发布，实现了行业信息的公开、透明。

（三）做好会员管理日常工作

2009年共批准注册会计师注册363人，撤（注）销注册126人。办理注册会计师转所1 203人。为拟担任事务所股东（合伙人）的130名注册会计师出具审计业务证明。审核、会签了38家新设事务所申报审批材料，全年共新批事务所47家，撤销设立许可和终止事务所15家。审核、批准400多名非执业会员入会，办理23人非执业会员转会手续，办理2 506人非执业会员换证工作。

（四）认真做好任职资格年检，发布全省事务所综合信息

2009年，共有5 029位注册会计师年检，4 776人通过任职资格检查，83人因未完成后续教育等原因暂缓通过检查，未参加检查41人，撤（注）销注册126人，任职检查通过率为94.97%。配合中注协做好2009年度全国会计师事务所综合评价工作，审核上报43家事务所的评价材料，8家进入全国百强。7月份，省注协继续向社会各界公开发布了全省2008年度会计师事务所综合信息，引导事务所做大做强。向部分事务所免费赠送使用E审通审计软件，组织首批试点的50家事务所进行审计软件培训，大力推进行业审计信息化建设。

六、圆满完成新旧两套制度下的考试各项工作任务

2009年是注册会计师考试的改革年，也是过渡年，需要组织原制度下及新制度两次考试，工作量大，任务繁重。为组织好两次考试，确保新旧考试制度平稳过渡，协会强化了以下措施：

一是加强宣传，增进理解。在报名阶段，利用网站、报刊、电台等各种媒体，广泛宣传考试制度改革的意义、内容及新旧考试制度的科目、安排等，增进广大考生的理解，指导考生选报和报名。二是落实责任，强化培训。实施了省考办与各市考办、各市考办与考点、考点与监考人员层层签订《注册会计师全国统一考试实施工作承诺函》，确保责任落实。分两次组织各市考务工作人员集中培训，讲解考试改革政策、考务工作规程及操作，确保每一位考务人员全面准确掌握新旧考试制度的各项工作要求。同时，省注协制定了《广东省注册会计师协会巡考人员工作规则》，下发了《巡考人员巡视情况记录单》等，进一步规范巡考人员行为，确保巡考到位、不走过场。三是严格试卷保密措施，严防考试违规行为。聘请武警人员对试卷库实行24小时值班看管，严格试卷保管期间视察人员及试卷库进出人员记录登记制度。统一印制了空白试卷回收袋，要求在规定的时间收回并密封，确保空白试卷的保密安全。考试期间，与省信息产业厅建立联合工作机制，租用无线电巡查车在各点巡查；采用远程监控系统、视频监控设备等对考试全过程进行录像备查；采用监考大师、手机信号屏蔽器等各种工具，防范、制止各种违纪、作弊行为的发生。四是强化服务和应急等措施。在旧考试制度结束后的第二天，聘请送卷武警协助收回部分偏远市考办的有效答题卷、答题卡等考试资料。争取省疾控中心支持，了解预防甲型H1N1流感监控要点，采取考试开始前为考生测量体温，联系备用考点、预备备用考场等各项应急措施。加强与各地供电部门的沟通，确保夜间考试正常供电，并准备蜡烛、电筒、应急灯等应急设备，防止突发断电影响考生。针对新制度考试时间较长的情况，在考点设置购盒饭处、茶水点心等供应点，为考生提供便利，等等。

原制度下的考试全省共设21个考区21个考点，160个考场，共有6 000名考生报名。新制度下的专业阶段考试全省共设22个考区44个考点，968个考场；共有42 430人报名。

七、完善培训机制，创新培训手段，丰富培训方式

（一）完善行业培训管理机制

加强对自办培训事务所、市注协的事前、事中、事后

监督管理，特别是首次申请自办培训的事务所，对其培训课程、培训师资、培训考试等实施了全程跟踪，严格考核培训情况，并将培训情况作为下一年度审批的依据。对于历年自办培训情况较好的所，采取统一由省注协出题考试的方式，严格考核制度，确保培训效果。

（二）创新培训管理手段，严格培训管理

完善网上报名系统，采取培训计划发布后即可预报名的方式，利于注册会计师提前安排培训和工作的时间。加大培训管理力度，严格考勤考核考试等环节的监督管理，对于无故缺勤者，不予计算学时；未达规定出勤率者，不予参加结业考试；考试合格者给予结业，不合格者继续参加后续教育。严格培训考试纪律，逐一核对考试学员身份，并签名确认考试，一旦发现代考者，立即终止其考试，取消结业资格，并在协会网站上对替考情况进行公布。2009年，学员到课率明显提高，替考现象明显减少，考试通过率普遍都在95%以上，取得较好的培训效果。

（三）精心设计课程，丰富培训方式

一是针对各地区培训对象的业务素质差异，合理安排培训课程和重点内容。在粤东、粤西等传统业务较多的地区，分别组织了审计工作底稿培训班，新会计准则重点难点及新旧会计准则衔接的培训班，重点讲解新审计工作底稿指南的难点、中小企业审计工作底稿及新旧会计准则如何衔接、新准则在执行过程中的难点问题等内容，提高注册会计师正确理解及处理财务问题的能力。在受金融危机影响较大的珠江三角洲经济发达地区，重点开设了企业内部控制、高新技术企业认定审计、破产企业审计实务等审计拓展业务及新增值税、营业税等专题课程，帮助注册会计师在新经济形势下拓宽业务范围。主任会计师班及新批注册会计师培训班，增加了孙子兵法与管理、高效沟通技巧、心理压力舒缓、专业着装与谈吐等软技能课程，提升主任会计师的管理与沟通技能，体现新批注册会计师专业形象。二是采取“走出去，引进来”的方式，以培训促进同行交流。分别与陕西省注协、云南省注协合作，在广州、昆明各合办一期主任会计师培训班；培训期间，组织学员与外省同行座谈、考察等，分享事务所管理经验、探讨解决事务所合并中的问题、研究事务所的发展方向与模式。

2009年，直接组织培训班13期，其中主任会计师培训班2期，新批注册会计师培训班1期，专题培训班5期，远程培训班5期，共培训注册会计师2 433人；委托具有培训资格的广州、东莞两市注协组织培训注册会计师约1 700人；事务所自办培训，共培训注册会计师692人。

八、加强理论研究、工作联络协调和境外同行交流

（一）开展课题调研工作

申请2009年广东省财政科研所课题——《广东省中小型会计师事务所内部治理研究》立项，承担中注协《会计师事务所应用审计软件的需求及解决途径》、《地市级协会管理模式、存在问题及发展方向》两个课题任务，目前三项课题的调研工作正在积极推进当中。

（二）密切与政府部门的工作联络

省注协配合省财政厅做好“广东省先进会计工作者”评选工作，3名业内人士荣获“广东省先进会计工作者”称号。配合省国资委做好会计师事务所参与省属国有企业审计工作资质条件的审核，全省共有81家事务所进入省国资委会计师事务所备选库。配合省科技厅做好从事高新技术企业资格认定工作。配合省民政厅推荐了广州地区3家事务所和11名注册会计师作为省社会组织评估专家库专家人选，发挥事务所和注册会计师在社会组织评估工作的专业优势。配合省委统战部参与协助广东省知识界人士联谊会，举办主题为“责任·使命·贡献”的广东自由择业党外知识分子论坛。

（三）加强境外同行交流

组团考察了巴西、阿根廷、南非三国注册会计师同行；接待香港青年会计师珠三角访问团一行80余人来访；组织事务所赴港参加第三届中国（香港）国际服务洽谈会——“会计服务合作分论坛”等。

九、举办纪念协会成立二十周年系列活动

为全面总结回顾广东注册会计师行业发展历程，宣传协会和行业建设成就，展示行业的职业特征和精神风貌，省注协决定在全省行业中开展纪念成立二十周年系列活动，活跃行业文化生活，提高行业凝聚力。为开展好相关活动，省注协制定了纪念成立二十周年活动工作方案，向各市注协、事务所印发了开展纪念活动的通知，组织开展全省行业征文、书画、摄影等一系列比赛活动。本次活动共征集到109位参赛人提交的270件作品。其中：征文作品44篇、书法作品54件，摄影作品173件。经组织省书法协会、摄影家协会、高校教授、业内专家代表等评审，75件作品分获征文、书法、摄影一、二、三等奖。

11月19日，在省注协新办公楼举办了“纪念协会成立二十周年座谈会”，回顾和总结了协会二十年、行业恢复发展三十年来的发展历程、重大成就、基本经验，展望行业发展的未来，并对参赛获奖作者进行颁奖等。座谈会得到省财政厅等领导的高度重视和支持，省财政厅副厅长欧斌出席并作重要讲话，省国资委副主任肖学到会祝贺。来自省直有关部门、各市注协、执业界代表及协会老领导等近100人参加了本次座谈会。

（广东省注册会计师协会供稿，张俊生执笔）

注册资产评估师行业管理工作概述

2009年是广东省资产评估机构进入专营化经营的第一

个年度，广东省资产评估协会（以下简称“省评协”）紧紧围绕“坚持解放思想、突出行业特点、服务广大会员、促进行业发展”，以科学发展观统领行业发展，深入开展“转变作风抓落实”主题实践活动，为行业和会员提供优质服务，充分发挥省评协在广东省资产评估行业中“领跑员”、“服务员”的作用。

一、认真做好会员管理工作

广东省资产评估行业管理工作一直以“服务、管理、监督”为核心，推动全省资产评估行业稳步发展。截至2009年底，全省资产评估机构（以下简称“机构”）共有124家（不含深圳市，下同），执业注册资产评估师1 304人；2009年全省资产评估行业业务收入达人民币2.37亿元。

（一）顺利完成注册资产评估师年度任职资格检查工作

1. 年度任职资格检查情况。2009年3～4月，省评协组织全省注册资产评估师进行2008年度任职资格检查，全省共有1 309名注册资产评估师参加该年度任职检查。其中，年检合格通过人员1 254人，暂缓通过或未通过人员55人。

2. 专职核查情况。省评协在2008年度任职资格检查工作中结合中国资产评估协会（以下简称“中评协”）《关于转发〈财政部关于做好资产评估机构过渡期末有关工作的通知〉及注册资产评估师“专职”标准界定的通知》的规定，重点对全省注册资产评估师的专职情况进行了检查。经核查，全省共有1 139人符合中评协规定的注册资产评估师“专职”要求，不符合专职要求的有115人。

3. 信息变更统计情况。结合年度检查工作，省评协还开展了全省注册资产评估师的基础信息核对。经核对，全省共有297名注册资产评估师发生信息变更事项，省评协及时对变更信息进行更新，有效提高注册资产评估师数据库信息的准确性和真实性。

（二）按质按量完成日常管理工作

为了更好地为会员提供注册管理相关政策的咨询服务和指导，省评协进一步完善、规范、明确注册资产评估师注册及撤（注）销注册、转所、年检等有关事项的操作程序。2009年，省评协共为206名注册资产评估师办理省内（跨省）转所手续，受理上报非执业会员申请19名，资产评估师注册申请37名，协助省财政厅出具股东无不良记录审核意见37份，机构无不良执业记录证明近40份。

二、加强执业队伍建设

（一）注册资产评估师考试工作

省评协积极做好与省人事厅专业技术资格考试办公室的沟通工作，做到加强领导、周密安排、通力合作，加强考场管理与服务，严肃考试纪律，保证考试顺利进行。省评协在完成考务工作外，还配合省专业技术人员资格考试中心完成了2009年度注册资产评估师执业资格考试前的报名、订书、远程网络辅导卡发放等工作。2009年度全省有685人报名参加注册资产评估师执业资格全国统一考试，其中44人全科合格，考试合格率为6.4%。

（二）注册资产评估师后续教育培训工作

2009年，省评协共举办了11期后续教育培训班。其中：中评协组织的远程视频培训班3期，省评协组织的面授培训班4期、网络培训班2期，联合其他评估协会和政府部门办班2期，合计培训注册资产评估师1 300名（其中周边兄弟省注册资产评估师5名），培训率96%，培训考试合格率93%。

一是网络培训。为进一步方便学员进行继续教育学习，提高学员的学习效率，省评协充分利用远程（视频）教育培训经济、实用的特点，与网络软件公司共同研发了广东省注册资产评估师网络培训系统，开通广东省注册资产评估师继续教育网络培训，并在2009年第四季度完成两期网络培训班，使注册资产评估师按期完成培训任务。二是分类培训。针对评估类型和评估人员分类开展专项培训工作，省评协举办了无形资产评估培训班和机构负责人培训，聘请评估专家、高校教授和省知识产权局的领导进行授课，使学员深入掌握专业知识，提高对评估专项领域的认识。三是联合培训。2009年10月，省评协与省房地产估价师协会和省土地估价师协会联合举办了具有多种评估执业资格的注册资产评估师培训班，这是广东省为解决多种评估执业资格评估师重复培训问题走出的第一步，也是三大评估行业“同合作、共发展”的新尝试。这次培训不仅获得执业人员的好评，也获得了中评协的肯定。

三、加强行业自律监管

（一）顺利开展执业质量检查工作

2009年7～9月，省评协组织开展2009年度资产评估行业执业质量自律检查工作。省评协印发《关于2009年度资产评估行业执业质量自律检查工作的通知》，全面部署全省资产评估行业执业质量自律检查工作，并将检查工作分为自查和抽查两个阶段。省评协成立了广东省资产评估行业执业质量自律检查领导小组，领导小组下设办公室（以下简称“省检查办”）。省检查办从全省机构中抽调责任心强、有检查工作经验、业务水平高的部门经理及机构负责人24人参加检查工作。省检查办组织6个检查小组，分赴全省9个地级市对24家机构开展实地抽查工作，每家机构安排的检查时间为4天。6个检查小组共抽查评估报告192份，平均每家机构抽查评估报告8份。通过细致的抽查工作，检查小组发现被检查的24家机构和抽查的192份评估报告共存在52个问题。其中：评估报告存在30个问题，工作底稿存在12个问题，评估程序存在2个问题，内部管理存在5个问题，其他方面存在3个问题。2009年9月24日，省评协召开自律惩戒委员会会议，讨论通过有关机构的处理意见。针对检查中发现的问题，按照存在问题的不同情况，作出对13家机构发关注函，10家机构谈话提醒和1家机构警告的行业惩戒的决定。

（二）认真开展治理商业贿赂工作

根据省财政厅治理商业贿赂办公室的统一部署，省评协将治理商业贿赂专项工作列为2009年广东省资产评估行业执业自律监管工作的一项重要内容。省评协专门制定了行业治理商业贿赂专项工作的实施措施，结合年度执业质量检查，重点查处压价收费、支付回扣等不正当竞争行为，指导机构完善章程、协议和各项内部制度建设，建立治理商业贿赂的长效机制。

四、有效开展行业发展状况调研

2009年是资产评估行业步入专营化的第一个年度，省评协积极开展各项调研活动，深入剖析机构的生存现状和存在问题，为广东省资产评估行业今后的“找出路、谋发展”提供重要的信息。

（一）加快资产评估事业发展措施调研

2009年10月29日，中评协在广州召开广东、深圳部分机构负责人座谈会。座谈会共有20家机构负责人参加会议，财政部纪检组长、中评协会长贺邦靖，中评协副会长兼秘书长刘萍，省财政厅党组副书记、副厅长、厅直属机关党委书记曾志权等领导出席座谈会并作重要讲话。会上，会长贺邦靖提出两点意见：第一，要认清形势，勇于面对资产评估行业面临的机遇与挑战。第二，要坚定信心，把握“四要”：要高瞻远瞩，看到评估行业发展前景；要恪尽职守，共同把评估行业建成一个负责任的行业；要善于总结，不断寻找行业发展规律；要加强管理，建设规范、高效的协会运作机制。

（二）行业自律和执业监管调研

根据中评协《关于开展“加强资产评估中介组织行业自律和执业监管”调研活动的通知》的要求，省评协制订实施方案并向全省机构印发《广东省开展加强资产评估中介组织行业自律和执业监管调研活动实施方案》。按照实施方案，省评协向全省机构发放调查问卷和意见表，并召开加强评估行业自律和执业监管座谈会。省评协将收集到的反馈意见和建议，进行细致的整理，并在行业网站上分期刊登。

（三）新资产评估准则实施情况调研

2010年4月，中评协新评估准则调研组到广东进行新评估准则实施情况调研。调研组在广州召开会议，与机构代表以及省银监局、省证监局、省知识产权局等部门负责人进行座谈，还在省评协的陪同下走访了广州、佛山等地的部分机构，实地调研新评估准则实施有关情况，听取执业人员的意见和建议。调研组充分肯定广东在新评估准则实施过程中行动迅速、抓好落实，对新评估准则实施过程中遇到的问题积极研究，使新评估准则能够顺利实施。

（四）召开行业党建工作座谈会

广东省1 300名名注册资产评估师中有226位中国共产党党员（其中53位是机构主要负责人，64位是部门项目经理），约占全省注册资产评估师总数的15%，这是行业发展的一支重要力量。2009年6月，省评协组织部分机构党员召开以“做好党建工作、共谋行业发展”为主题的座谈会，为行业党建工作开了个好头。会议上，各位党员积极建言献策，体现了各位党员对广东省资产评估行业的关心和支持。

（五）召开知识产权资产评估研讨会

为实施国家和省知识产权战略纲要，落实《珠江三角洲地区改革发展规划纲要》和省政府与国家知识产权局关于知识产权高层次战略合作的内容，2009年12月，由省知识产权局和省评协联合主办的广东省知识产权资产评估研讨会在汕头召开。这次会议是广东省首次以知识产权资产评估为主题的专题研讨会，体现了相关部门对推动知识产权资产评估发展的重视，表明了知识产权资产评估在广东省资产评估行业发展中的重要战略地位，提高了执业人员对知识产权资产评估的认识，拓展了知识产权资产评估业务领域。

五、配合做好资产评估收费制度改革工作

原国家物价局、原国家国有资产管理局发布的《资产评估收费管理暂行办法》（以下简称“旧收费办法”）已执行近二十年，随着经济的高速发展，广东省的经济水平和消费水平连年增长，资产评估收费标准却仍维持在20年前的水平，不仅难以与广东省的经济发展水平相适应，也难以充分体现资产评估行业在经济发展中的重要作用，使资产评估机构和资产评估人员的劳动未能得到合理补偿。2009年11月，国家发展改革委、财政部联合印发《资产评估收费管理办法》（以下简称“新收费办法”），对现行资产评估收费制度进行了重大改革和调整，是资产评估行业健康、有序发展的重要制度保障。省评协高度重视新收费办法在广东省的贯彻执行，及时与省财政厅有关处室联系沟通，配合做好资产评估收费制度改革的各项工作。

（一）机构年度业务收入情况分析

根据2009年机构财务快报统计数据显示，截至2009年12月31日，全省（不含深圳市，下同）共有124家资产评估机构，从业人数2 494人（其中执业注册资产评估师1 304人）。2009年实现资产评估业务收入2.37亿元（其中资产评估及与资产评估相关的收入17 337万元，房地产土地等其他业务收入6 453万元），比2008年2.09亿元的业务收入略有增长；人均业务收入为18.24万元，比2008年16.58万元的人均业务收入略有增长。2009年业务收入100万元以上的机构共57家，占机构总数的45.97%。其中，超过1 000万元的有4家机构；500万元至1 000万元的有10家机构；100万元至500万元的有43家。

从上述情况来看，广东省资产评估收入总体偏低，人均业务收入过低，高收入机构尚未形成，较高收入机构数

量少，中等收入机构数量尚未达到全省机构总量的一半，全省大部分机构仍属于“小型、低收入”机构，2009 年就有 2 家机构业务收入低于 10 万元。

（二）做调查，找问题

2009 年 12 月 30 日，省评协在协会网站向全省资产评估收集资产评估收费资产评估收费调查信息。通过对全省机构收入、评估值、机构运行成本的汇总、测算和分析，以及对旧收费办法执行情况的考查等情况，广东省资产评估收费严重偏低，已严重影响行业的健康发展。同时，参加调查的 86 家机构认为造成收费难、收费低的四大因素有：一是有 68 家机构认为机构之间的恶性压价竞争是评估收费困难的原因之一，占 79%；二是有 69 家机构认为采用招标等方式确定机构，以价格孰低原则选择机构是评估收费困难的原因之一，占 80%；三是有 34 家机构认为地方政府和相关政府部门以减轻企业负担为由，采取发布文件等方式干预、压低评估收费是评估收费困难的原因之一，占 39%；四是有 34 家机构认为企业效益不好，难以支付评估费是评估收费困难的原因之一，占 39%。

（三）提出意见和建议

省评协认真开展新收费办法的贯彻实施，及时与省财政厅有关处室沟通，按要求迅速开展各项落实工作：一是组织省评协全体人员学习相关文件精神，明确职责分工；二是迅速将有关文件转发全省的机构，并组织机构和注册资产评估师学习、讨论，提出书面意见；三是召开机构座谈会，充分听取机构对实施新收费办法的意见；四是归纳、统计及分析机构和注册资产评估师的意见，结合广东省实际情况，向省财政厅提出适合行业发展的新资产评估收费标准的建议。

六、积极推动机构做大做强做优

为推动资产评估行业逐步发展成为独立的专业化市场中介服务行业，财政部和中评协研究落实一系列促进资产评估事业发展的有效措施。2009 年底，财政部出台《关于推动评估机构做大做强做优的指导意见》（以下简称《指导意见》），明确了全国资产评估行业的发展目标。省评协迅速组织机构学习《指导意见》，积极研究广东省贯彻执行《指导意见》的具体措施和办法。2010 年 1 月，省评协二届一次理事会上，省财政厅党组副书记、副厅长、厅直属机关党委书记曾志权明确提出广东省资产评估行业未来一个时期的总体发展目标是实现广东省资产评估行业规模化、专业化、品牌化、国际化，把广东省资产评估行业逐步建设成为与广东省经济社会发展水平相适应的专业服务行业，力争各项资产评估工作走在全国前列。同时还提出四个具体目标：一是利用三至五年的时间，摸索出一套适合广东省资产评估行业发展的管理模式和自律机制，切实增加广东省资产评估业务收入；二是着力重点培育 1 至 2 家具有核心竞争力、能够跨区域经营并提供综合服务的大型评估机构；三是积极促进中型评估机构健康发展，努力形成 10 家左右能够为广东省大中型企事业单位、上市公司提供高质量服务、管理规范的大中型评估机构；四是培养一批国内知名的资产评估专家和资产评估师，建设一支诚信执业、素质过硬的资产评估队伍。

七、组织开展协会活动

（一）书画摄影比赛活动

2009 年 4～8 月，省评协举办了以“迎国庆，鼓干劲，抓落实，促发展”为主题的庆祝中华人民共和国成立六十周年书画摄影比赛活动。书画摄影比赛活动共有 14 人参加，提供书法类作品 18 幅、绘画类作品 2 幅、摄影类作品 15 幅。2009 年 10 月，省评协邀请了广东省书法家协会的专家担任书画摄影比赛活动的评委，对各类作品进行评选。经认真评选，最后评定书法类一等奖一名、二等奖两名、三等奖三名，绘画类优秀作品奖一名，摄影类最佳摄影奖一名、优秀摄影奖一名，个人积极参与奖五名，优秀组织奖九名。书画摄影比赛活动的成功举办为全省机构及广大评估从业人员提供了相互沟通交流的机会，有助于加强行业凝聚力，完善行业文化建设，营造团结、积极、向上的行业氛围。

（二）联合举办专题论坛活动

经省委统战部批准广东省知识界人士联谊会联合省评协、省律师协会、省注册会计师协会、省税务师协会、省专利代理协会在广州举办了“责任·使命·奉献”——广东自由择业党外知识分子论坛。论坛上，广东省资产评估行业代表——广东国众联资产评估房地产估价咨询有限公司董事长黄西勤作了以“共担责任、自强求机、智慧以对”为主题的精彩演讲，提出评估行业应以实现“三促进一保持”为目标，坚定信心，勇于承担责任，敢于承担使命，共同为促进经济社会发展和大力推进现代服务业发展奉献力量。

八、加强行业协会和秘书处建设

（一）召开二届三次常务理事会

2009 年 2 月，省评协在广州召开第二届三次常务理事会。会议的主要内容：一是审议通过省评协 2008 年度财务收支情况报告；二是审议同意关于调整专业技术指导委员会个别成员的提请报告；三是研究省评协近期工作安排。

（二）召开有关专门委员会会议

2009 年 5 月，省评协在广州召开专业技术委员会第三次会议。会议主要讨论了广东省开展行业自律和执业监管调研报告。2009 年 9 月，省评协在广州召开行业惩戒委员会会议。会议介绍了 2009 年度广东省资产评估行业执业质量自律检查工作情况，提出在检查过程中发现的问题以及对部分机构的处理意见。最后，会议还表决通过对部分机构的处理意见。

（三）加强省评协领导班子建设

2009 年省评协进一步加强秘书处领导班子建设，2009 年 10 月经省评协第二届理事会理事书面表决通过，韩晓进同志为省评协会长。2010年1月经省评协二届一次理事会会议表决通过，毛秀源同志为省评协副会长，黄山同志为省评协秘书长。经调整后，省评协领导班子成员名单如下：

会　长：韩晓进

副会长：孙祖通　毛秀源

陈喜佟　李善民

秘书长：黄　山

（广东省资产评估协会供稿，黎雪瑜执笔）

调整完善省以下财政体制促进区域均衡协调发展

财政体制是规范政府间财政分配关系的制度保证，也是保障财政经济均衡发展的前提。建立完善有利于科学发展的财政体制机制，对促进区域协调可持续发展，推进基本公共服务均等化具有重要的意义。

一、调整完善财政体制，促进区域均衡协调发展

为深入贯彻落实科学发展观，进一步促进区域均衡协调发展，按照党的十七大关于完善省以下财政体制的有关精神，结合推进基本公共服务均等化和主体功能区建设的有关要求，2009 年广东财政按照有利于促进基本公共服务均等化和主体功能区建设、先富帮后富、兼顾效率与公平、整体设计与逐步推进相结合的原则，进一步深化省以下财政体制改革，着力调整和完善转移支付制度，努力构建有利于科学发展的财政体制机制。

（一）改进完善激励型财政机制

为促进县域加快发展，广东从 2004 年起实施激励型财政机制，将省财政一般性转移支付与县域经济财政发展挂钩，县域经济发展越快，财政增收越多，所得一般性转移支付补助就越多。随着主体功能区规划工作的推进，不同地区经济发展重点及发展方式都有了实质性差别，区域经济发展政策导向更为清晰。限制开发区和禁止开发区以保护生态环境为主，而非生态发展区则以发展经济为主。由于生态发展区和非生态发展区的功能定位不同，应区分不同区域实行不同导向的财政政策。生态发展区由于承担主要的生态优化功能，经济发展受到限制，必须加强其基本运转和提供基本公共服务的财力保障；非生态发展区由于承担主要的经济发展功能，应继续鼓励其做大做强，促进经济的加快发展。

为更好地适应主体功能区规划要求，广东及时改进激励型财政机制。主要内容是：通过明显增加生态发展区的一般性转移支付的办法，增强生态发展区的财政保障能力。在此基础上，改变现行激励办法，对生态发展区引入生态激励型财政机制，建立一套生态环境衡量指标体系，作为计算省财政转移支付增长的依据。生态保护得越好，财政转移支付越多，反之，则相应减少财政转移支付。通过基本增长加生态保护激励相结合的转移支付制度，在保生态发展区基本运转的基础上增强改善环境的内在动力，进而使生态发展区达到与其他地区基本相当的公共服务能力。对非生态发展区继续实施现行激励型财政机制，鼓励地方加快发展，通过经济发展增强自身财政保障能力。

（二）逐步探索建立推进基本公共服务均等化的横向财政转移支付机制

为确保地方支出需要，广东财政坚持“压省级，保地方”，不断压缩省级支出规模，省级可用财力超过一半以上通过各种形式转移到市县，用于促进市县社会经济各项事业发展。在这种情况下，推进全省基本公共服务均等化，在省财政继续加大纵向转移支付力度的同时，需通过横向转移支付方式加以配合实施。考虑到珠三角地区现阶段面临着经济转型带来的发展成本增加、外来人口增加带来的社会民生投入巨大以及国际金融危机冲击等多重压力，如一步到位建立定量化的横向转移支付制度，对相对发达地区财力转出任务实行固化，将影响珠三角地区财政的平稳运行，将不利于珠三角地区发展转型。因此，建立推进基本公共均等化横向财力转移支付机制，应采取渐进式方式，先构建横向转移支付框架，允许各市根据自身实际情况稳步实行，在此基础上逐步加以完善。按照上述思路，广东拟定了推进基本公共服务均等化横向财政转移支付机制的指导意见。主要内容是，在保持现行财政体制基本框架的基础上，纵向转移支付以保障政权运作基本财力需要为主，横向转移支付以逐步实现基本公共服务的均等化为主，吸收并将目前对口支援政策制度化，通过技术手段适当调整，探索建立横向财政转移支付制度，先富帮后富，明确责任，点对点支持，共同推进全省基本公共服务均等化。

（三）逐步实现财政管理层级的扁平化

缩小基本公共服务差距，推进基本公共服务均等化，重在增强县域财政能力。为进一步增强基层财政公共服务保障能力，广东在调整完善激励型财政机制的基础上，逐步推进省管县财政管理方式改革。按照财政部《关于推进省直接管理县财政改革的意见》的有关要求，结合广东实际情况，紧密围绕主体功能区规划建设目标，分类推进改革，构建符合广东实际的省直管县财政体制模式。基本思路是，在省级加大对所有县直接管理力度的前提下，对既符合财政部要求又属于主体功能区规划中生态发展区域的县（市），增强省的帮扶责任，实行完全意义的省直管县财政体制，既帮助其增强财政保障能力，同时又建立一套规范的财政管理制度，健全有关县（市）公共财政管理体系。

对其他县（市），在继续实行市管县体制的基础上，拓展省直管县的内容，实现省市共同帮扶。

二、区域均衡协调发展取得明显成效

广东通过不断调整完善省以下财政体制，加大对欠发达地区的转移支付力度，地区间发展水平差距不断缩小，欠发达地区公共服务保障能力显著增强，区域均衡协调发展取得明显成效。

一是扭转了经济欠发达地区发展慢于全省的局面，区域间财政发展差距趋于缩小。2003～2009年，东西两翼和粤北山区一般预算收入占全省市县级比重从16.21%上升到19.08%，提高2.87个百分点。

二是县域财力明显增强。2003～2009年一般预算收入超亿元县增加35个，县均增加一般预算收入3.1亿元，县域一般预算收入占全省比重提高1.53个百分点。

三是东西两翼和粤北山区与珠江三角洲地区之间财力差距不断缩小。2003～2009年东西两翼和粤北山区人均可支配财力从1.94万元提高到4.71万元，与珠三角地区人均可支配财力差距从1:5.32缩小到1:4.21。

三、进一步完善财政体制，建立健全促进协调增长的良性机制

下一步，省财政将按照主体功能区建设和推进基本公共服务均等化的要求，进一步调整完善省以下财政体制，理顺政府间分配关系，建立健全促进区域协调增长的良性机制，保障省级宏观调控的需要，增强欠发达地区发展后劲，促进区域协调发展。

（一）调整完善省以下体制

在保持分税分成财政体制框架相对稳定的基础上，以有利于促进区域协调发展，有利于推进基本公共服务均等化步伐，有利于促进经济发展方式转变，有利于调动各级政府积极发展为目标，坚持调动地方积极性与增强省级调控能力相结合，促进发达地区持续发展与欠发达地区加快发展相结合，政策措施有效衔接与历史问题系统解决相结合，制度设计科学规范与分配方法简单透明相结合的原则，进一步完善省以下财政体制。通过理顺政府间分配关系，合理确定省市共享税种，在增强省级财政宏观调控能力的同时，留足市县持续发展需要的财力空间，逐步建立起省市财政收入同步增长机制，促进区域协调发展，为实现全省基本公共服务均等化奠定坚实基础。

（二）探索建立县以下政权基本财力保障机制

根据党的十七届四中全会关于建立基层组织工作经费保障制度的精神，省财政厅正在着手研究建立县以下政权基本财力保障机制。基本思路是：在明确省、市、县各级政府责任的基础上，通过省、市、县共同努力，采取“省保县、市保镇、县保村”的隔层保障形式，建立稳定规范的县以下政权基本财力保障机制，确保县（市）、镇（乡）和村级基本支出需要。对财力困难县，采取省规范化转移、市积极支持的方式，建立县级基本财力保障制度，确保基层政府实施公共管理、提供基本公共服务以及落实党中央、国务院各项民生政策的基本财力需要；对财力困难镇，实行省专项补助、市统筹等办法予以保障，确保镇级基本运转的财力需要；对贫困村“两委”，采取省市补助、县统筹的办法，建立工作经费保障制度，确保村级组织工作开展的基本财力需要。

（三）贯彻落实生态激励型财政机制

根据省政府制定的《关于调整完善激励型财政机制的意见》，广东将对生态优化区域县（市）实行以生态发展为基本导向的激励型财政机制，建立科学规范的生态指标考核体系。为贯彻落实这一要求，省财政厅将加强与省直有关单位的沟通与联系，做好生态优化区域县（市）各项生态指标数据的收集和核实工作，包括重新核实2007年和2008年县域各项生态指标数据、抓紧收集2009年县域各项生态指标数据、继续做好每月县（市）综合增长率情况的通报工作以及做好激励型机制补助和奖励的政策兑现等工作。

（预算处供稿，李秋萍　姚　露　冯宝璇　刘木兰　肖小华　黄　瀛　曾　毅　李纪桦　严宏宇执笔）

探索建立财政专项转移支付资金国库集中支付机制

按照财政部关于推进财政国库管理制度改革的部署，广东于2003年全面启动财政国库管理制度改革。经过几年来的努力，基本建立了新型的国库集中支付制度，国库集中支付改革实现了省、市、县三级的全覆盖，纳入国库集中支付的资金范围已从一般预算资金逐步延伸至预算外资金、预拨资金等，同时建立了涵盖账户管理、会计核算、资金清算、内部控制等内容的国库集中支付制度体系，还创造性地推行财政支出管理电子平台以及财务核算信息集中监管改革，国库集中支付运行机制不断完善。

广东推进的国库改革主要是在横向面上建立国库集中支付机制，而纵向面上，即上下级财政间转移支付资金拨付仍然主要采取传统拨付管理方式。为进一步深化国库集中支付改革，解决传统管理方式下专项转移支付资金拨付存在的问题，近三年来，广东着力探索建立财政专项转移支付资金国库集中支付机制。

一、专项转移支付资金传统拨付管理方式的弊端

在传统拨付管理方式下专项转移支付资金主要采取国库资金调度的方式进行拨付，包括“打捆调度、逐级拨付、年终结算、事后监督”四个环节，即上级财政国库部门定期汇总专项转移支付资金预算安排文件，按地区汇总后通过国库资金调度方式将资金逐级拨付下级国库（专项转移支付资金按中央—省级—地（市）级—县（市、区）级—乡（镇）级的行政级次逐级拨付），下级财政通过年终决

算逐级向上级财政反馈转移支付资金使用情况；上级财政在拨付资金后，通过专项资金检查等方式对资金的使用、管理进行事后检查。

专项转移支付资金是承载特定政策目标、专款专用的财政各级次间转移支付资金，传统拨付管理方式与专项转移资金的管理和使用要求不相适应。主要体现在三个方面：一是资金层层转拨，中转环节多，拨付效率低，资金下拨到基层财政部门有时甚至需要数月的时间；二是资金运行透明度不高，信息反馈不及时；三是缺乏上下级财政间监控手段，资金沉淀、截留、挪用等问题比较突出。传统拨付管理方式存在的问题背离了专项转移支付资金设定的管理目标。

二、专项转移支付资金国库集中支付机制

按照财政部的要求及广东的改革工作部署，省级财政积极推进专项转移支付资金国库集中支付改革，初步建立起专项转移支付资金国库集中支付的基本框架和运行机制。

（一）专项转移支付资金国库集中支付资金范围

1. 中央专项资金。从2007年1月起，按照财政部的要求，广东先后将中央农村义务教育经费保障机制改革资金、能繁母猪保险费补贴资金、新型农村合作医疗补助资金、家电下乡补贴资金纳入国库集中支付范围。

2. 省级财政对下级财政特定专项补助资金。从2009年1月开始，广东将省级财政拨付到市县（区）省级专项资金特设专户或特定专项资金专户的专项补助资金，包括农村免费义务教育免学杂费专项、农村免费义务教育“一补”专项、危房改造资金、农村部分家庭计划生育奖励金专项、乡村医生补贴专项、水利建设资金以及城镇义务教育免学杂费专项等纳入国库集中支付范围。

（二）专项转移支付资金国库集中支付流程

1. 列省级预算支出的中央专项资金。由省财政厅业务处将预算指标安排至省级预算单位，预算单位根据下达的预算指标，向省财政厅国库支付局提交直接支付用款申请，经省财政厅国库支付局审核后通过代理银行，将资金直接支付到最后收款人，代理银行办理资金支付后，开具财政直接支付入账通知单，分送省财政厅国库支付局、预算单位办理入账手续。

2. 列市县（区）预算支出的中央专项资金、省级财政对下级财政特定专项补助资金，由省财政厅各业务处将指标分解下达到市、县（区）财政部门，并由相关业务处代为填报直接支付用款申请（待全省财政纵向网建设完成后，将改由市县（区）财政部门根据下达的专项转移支付资金预算指标，通过网络填报财政直接支付申请），经省财政厅国库支付局审核后通过代理银行将资金直接支付到市、县（区）财政部门相关专户。代理银行办理资金支付后，开具财政直接支付入账通知单，分送省财政厅国库支付局，各市、县（区）财政部门办理入账手续。

（三）专项转移支付资金国库集中支付金额

专项转移支付资金的国库集中支付金额从2007年的4.6亿元扩大到2009年的128.7亿元（见表1）。

表1　专项转移支付资金国库集中支付金额统计　单位：万元

一、中央专项转移支付资金						
年份	合计	农村义务教育中央专项资金	能繁母猪保险费补贴资金	新型农村合作医疗补助资金	“普九”化债专项资金	家电下乡补贴资金
2007	46 201	44 338	1 863			
2008	358 707	223 677	6 608	128 422		
2009	468 327	177 023	4 501	275 617	18 186	
二、省级专项转移支付资金						
年份	合计	义务教育专项资金	水利建设资金	乡村医生补贴专项	计划生育奖励金专项	乡镇机构改革试点专项经费
2009	818 629	425 630	371 195	15 927	5 088	789

（四）专项转移支付资金国库集中支付取得的成效

专项转移支付资金实行国库集中支付，不仅解决了传统拨付管理方式下支出透明度不高，财政部门难以有效监控资金使用的难题；也解决了收款、用款与列收列支时间难以衔接，会计核算滞后的难题；同时，创新了上级补助下级专项资金拨付监督体系，充实了省级国库集中支付业务，产生了积极的效果，主要体现在四个方面：

1. 提高了资金拨付效率。专项资金实行国库集中支付后，大大缩短了资金的到账时间。一般从用款申请至资金支付到账只需三个工作日。

2. 提高了资金使用效益。减少了资金的拨付环节，资金可直达供货商或用款单位，如免费教科书资金直达教科书的供应商，水利建设资金直达用款的县（区）级财政部

门，避免了资金的截留、挤占、挪用等问题，提高了资金的使用效益。

3. 强化了资金运行监控。实行国库集中支付后，提高了专项转移支付资金支出的透明度，并通过财政国库动态监控系统，实时监控资金支付过程，及时发现和有效查处违规或不规范操作问题，从而防范和控制了资金支付风险，保障了资金的安全。

4. 便利了会计核算。实行国库集中支付后，省、市、县（区）三级财政部门分别依据银行提供的入账单据及时进行账务处理，改变了过去需由省市两级层层开具转账通知单后，县（区）级财政才能进行会计核算，耗时较长的状况，确保了省、市、县（区）三级财政会计核算的及时性。对账采用电子勾对，由省级财政通过国库集中支付网定期发送电子对账数据，确保了会计核算数据的准确性。

（五）专项转移支付资金国库集中支付需要进一步解决的问题

专项转移支付资金实行国库集中支付，还是一项探索性工作。由于目前还缺乏规范统一的办法，各项资金分别实施试点，有关管理规定分散在不同的文件中，而且各项制度设计还不尽合理，特别是相互衔接不够，造成在管理和操作以及配套方面尚存在一些问题。

1. 资金拨付双轨运行。财政专项转移支付资金拨付同时存在国库集中支付方式与传统资金调度方式双轨运行，国库集中支付方式下中央资金及省级配套资金管理要求又有所不同，专项转移支付资金被人为分割成多个部分，执行不同的核算、支付办法。尤其是义务教育专项补助资金，由于地方配套资金不能纳入中央专户核算，同一文件下达的资金性质一致的资金需通过不同渠道拨付，给市、县（区）财政部门的核算、管理等带来困难。

2. 支付方式单一。专项转移支付资金仅有财政直接支付方式。随着地方国库集中支付改革的不断深化，市县（区）的预算单位已经实施国库集中支付改革，开设了零余额账户，而专项转移支付资金专户不能与零余额账户清算，故资金不能通过预算单位零余额账户实行授权支付。若继续支付到预算单位实有资金账户，又与深化改革的要求相违背。零星支出由单位根据业务需要自行支付的难题无法解决。

3. 财政专户开立过多。目前各市、县（区）都按有关文件要求开立了中央专项资金特设专户、省级专项资金特设专户、省级水利资金专户、社保专户等，专户开立过多，对资金的拨付、核算、管理都带来不便，增加了专项转移支付资金集中支付的难度，影响了支付效率，不利于财政资金科学管理。

4. 部分县区信息系统建设滞后。由于广东各地经济差异显著，信息系统的建设水平差异明显。在珠江三角洲等经济发达的市、县（区），国库信息系统利用程度高，而经济欠发达市、县（区）信息化程度低，信息系统建设滞后，制约了专项转移支付资金国库集中支付的效率和效益。

三、进一步完善专项转移支付资金国库集中支付有关工作措施

按照财政部建立健全专项转移支付资金国库集中支付运行机制的要求，广东下一步要积极探索，创造条件，研究将具备条件的专项转移支付资金纳入国库单一账户体系管理，进一步扩大国库集中支付范围，并针对存在的问题，为完善专项转移支付资金国库集中支付机制，着重抓好以下三个方面的工作。

（一）尽快出台统一规范的办法

已有的专项转移支付资金文件各自为政，缺乏规范统一性。为了统一管理和操作，待财政部出台统一规范的专项转移支付资金国库集中支付办法后，广东也要尽快出台相关办法，进一步明确相关内容：一是进一步明确改革的资金范围和账户体系等内容，如中央专项资金中的地方配套资金能否并入中央专项资金特设专户核算；二是进一步丰富国库集中支付方式。对大型工程、大宗货物和服务采购支出，以及转移性支出实行财政直接支付，而对预算列市县（区）支出的零星支出实行财政授权支付。建议财政部与人民银行总行协商，采取预算单位零余额账户与专项资金特设专户直接清算的方式解决财政授权支付问题。

（二）加强专项转移支付资金的监督管理

进一步做好专项转移支付资金国库集中支付的动态监控管理，通过财政国库动态监控系统，强化对财政资金支付行为的监控，威慑违规或不规范资金支付活动。同时加强专项转移支付资金国库集中支付内控管理和外部监督，从而防范和控制支付风险，促进专项转移支付资金安全、规范和有效支付使用。

（三）加大信息化建设力度

建立管理先进、操作可靠的国库集中支付信息系统是财政资金安全高效运行的技术保障和先决条件。加大省级尤其是县（区）信息化建设的步伐，将专项转移支付业务全面纳入信息系统管理，通过信息系统的技术支持确保专项转移支付资金国库集中支付的安全、高效。

（国库处（支付局）供稿，彭　琳执笔）

积极推进广东省公务卡改革工作

公务卡改革工作是广东省财政部门认真贯彻落实党的十七大、全国财政工作会议、中央纪委第十七届二次全会和全省财政工作会议精神，进一步解放思想，开拓创新，推进国库管理制度改革的一项创新工作，是广东省财政部门2009年的重点工作之一，对广东省财政国库管理制度改革向纵深推进有着积极而深远的意义。

一、推行公务卡改革的重要意义

2003年，广东实施国库集中支付制度改革以后，通过

设立国库单一账户体系和规范财政资金缴拨方式，减少了财政资金运行的中间环节，提高了资金运行效率和预算执行的透明度。但是，预算单位大量提取和使用现金问题一直没有得到有效解决，现金支出仍游离于财政国库动态监控之外，一定程度上成为财政财务管理的“盲点”，不仅给预算单位财务管理和公务人员资金使用带来不便，而且由于现金支付透明度较低，难以监管，容易诱发不规范使用现金甚至违法违规问题。

公务卡是目前解决现金支付问题较为有效的工具和手段。所谓公务卡，是指预算单位在职工作人员持有的，主要用于日常公务支出和财务报销业务的信用卡。推行公务卡结算，主要是充分利用公务卡“消费留痕”的特点，依托国库单一账户体系和现代信息网络技术，通过制度创新和技术创新，提高支付透明度，加强财政监督和单位财务管理，最大程度减少预算单位现金流量，改变以往公务支出通过现金方式支付造成的透明度差和难以监管的状况。

建立公务卡制度，不仅是深化财政国库管理制度改革、加强公共财政管理、推进源头防治腐败的必然要求，也是方便预算单位用款、提高财务管理水平的重要措施，对全面贯彻落实科学发展观，提高政府支出透明度和加强惩防体系建设的制度创新以及推动银行卡产业发展都具有重要意义，推行公务卡改革势在必行。

（一）推行公务卡改革，是深化预算制度改革和加强公共财政管理的必然要求

财政管理的科学化和精细化是公共财政建设和预算制度改革的内在要求。随着部门预算、国库集中支付、政府采购、“收支两条线”等预算制度改革的稳步推进，国家公共财政逐步建立起编制科学、执行严格、监督有力、各环节有机衔接的预算管理机制。但是，预算单位大量提取和使用现金的行为仍然存在，这不利于规范管理和加强监督，也不利于规范收入分配秩序。推行公务卡改革，在预算单位公务支出领域引入银行卡管理，建立财政部门和金融部门的联动机制，扩大国库集中支付信息系统的信息范围，改变对现金提取后使用范围和路径缺乏监控的状况，实现对财政资金的动态监控，有利于加强对公务消费行为合规性、真实性的监督管理，是当前深化预算制度改革和加强财政管理的必然要求。

（二）推行公务卡改革，是方便预算单位用款，提高财务管理水平的重要措施

公共财政的管理水平，在很大程度上取决于预算单位的财务管理水平。目前，作为财务管理重要环节的现金支付和报销方式，已经落后于现代科技的发展，成为制约单位财务管理水平有效提高的重要方面。一是效率低。单位财务从银行提取现金、保管库存现金以及办理预借款和报销等工作，环节多，成本高，风险大，效率低。二是审核难。财务审核工作缺乏有效的技术支撑，财务人员很难审核报销人拿来的票据凭证是否真实合法，这也是虚假发票抵账等问题存在的制度和技术原因。三是个人用款不方便。单位工作人员在参加会议、出差之前都要办理预借现金手续，回来后再办理报销，不仅用款不方便，有时候安全性也是很大的问题。而使用公务卡结算，既不需要财务人员从银行提取和保管现金，也不需要工作人员提取借款；既方便了工作人员用款，也减轻了财务人员的工作量，同时财务部门还可以监控支付的真实性和规范性，能够有效克服传统现金支用方式下存在的问题。

（三）推行公务卡改革，是提高政府支出透明度、加强惩防体系建设的制度创新

政府作为受全体纳税人委托管理国家资产和资源的主体，有责任向纳税人披露履行受托责任情况，接受社会公众的监督。但是目前预算执行中的现金支付行为，透明度差，而且违规问题较多，容易诱发腐败问题。现行管理制度对流通中的现金支付缺乏有效的事前事中监管手段，管理还不够严格，是一个薄弱环节，因此，改革现金支付是打造“阳光政府”、“阳光财政”和“廉洁政府”需要重点突破的关键环节。在这种形势下，通过制度创新，在公务支出领域引进具有“雁过留声、消费留痕”特点的公务卡，替代现金结算，对于提高政府支出透明度、加强惩防体系建设具有重要意义。

二、主要做法和进展情况

建立公务卡制度的总体思路，是坚持公共财政改革方向，以公务卡及电子转账支付系统为媒介，以国库单一账户体系为基础，以现代财政国库管理信息系统为支撑，逐步实现使用公务卡办理公务支出，最大程度地减少单位现金支付结算，规范单位财务管理，强化财政动态监控，健全现代财政国库管理制度。

（一）省级公务卡改革进展情况

2007 年 8 月，按照财政部推行公务卡结算改革的总体部署，省财政厅与人民银行广州分行联合制定了《广东省省级预算单位实行公务卡结算试点实施方案》，明确了全省公务卡的结算方式、适用范围、基本程序、财务管理和实施步骤等具体内容。随着国库集中支付系统更新升级及代理银行公务卡支持系统的开发完成，财政、预算单位和代理银行实现三方联网，单位公务卡消费信息、单位财务报销还款及财政支付信息实现了全程联网操作和信息共享，为省级公务卡改革提供了有力的技术支撑。

公务卡改革工作启动后，省财政厅分别于 2007 年 12 月、2008 年 10 月及 2009 年 8 月召开了由预算单位财务人员、代理银行业务人员参加的公务卡改革宣传动员会和业务培训会，对改革涉及单位进行了广泛的宣传和动员，对建立省级公务卡制度的背景和意义，总体思路和基本原则有关政策规定以及系统操作等内容进行了详细介绍和重点讲解，为省级公务卡制度的顺利推行打下了坚实的基础。省财政厅编印了《广东省预算单位公务卡结算培训手册》，方便单位财务人员和用卡人员更系统全面地了解公务卡管理方面的制度规定，解决日常操作中普遍存在的问题。

按照“先试点、后扩面，先一级预算单位、后基层预算单位”的原则，根据单位月均现金支出、现金支出金额占授权支出金额的比重及现金支出笔数占授权支出笔数的比重等情况，选定31个一级预算单位作为省级首批纳入公务卡改革试点单位。2008年1月，广东省省级公务卡改革工作正式启动，并于同年9月将试点范围扩大到省级115个一级预算单位。2009年6月，省财政厅印发《关于省级基层预算单位全面推行公务卡改革有关事项的通知》，明确将723个基层预算单位于同年8月底之前全部纳入公务卡改革范围。至此，公务卡改革已向省级118个一级预算单位、838个基层预算单位全面铺开。2009年，省级838个基层预算单位共开办公务卡25 640张，持卡消费128 115笔，消费金额2.01亿元，其中办理公务消费还款19 142笔，金额4 103万元。

此外，省财政厅还与各省级授权支付业务代理银行建立定期信息反馈制度，要求各代理行按月报送《省级公务卡试点开卡、消费及公务消费还款情况表》，以便及时了解和掌握省级公务卡改革试点进展情况；与中国人民银行广州分行、银联广东分公司相关工作人员建立每月例会制度，及时互通公务卡改革进展情况，并商讨改革进程中遇到的问题和解决措施。

（二）地市公务卡改革进展情况

2007年8月，广东省财政厅印发《关于贯彻落实深化地方国库集中支付制度改革的指导意见》，及时传达财政部关于公务卡改革工作的总体目标和任务，提出全省各地级市开展公务卡改革试点工作的具体指导意见和要求。2008年6月，省财政厅印发《关于在全省范围内推行公务卡结算试点工作有关问题的通知》，明确要求各地市财政部门要加强组织领导，精心部署安排，确保本地公务卡试点工作顺利推行，并建立省对下级财政部门关于公务卡改革工作的督导机制和信息反馈机制，各地市必须按月及时向省财政厅报送当地的公务卡推行进展情况。

省财政厅还多次组织到地市调研和座谈，了解各市推行公务卡改革的实际情况和存在困难，实地督促和指导公务卡改革工作。截至2009年12月，广东省21个地级市市本级已全面启动了公务卡改革试点，并在试点工作中取得了较明显的成效，各地市1 720个试点单位开卡38 757张，持卡消费166 307笔，消费金额2.33亿元，其中办理公务消费还款金额2.28亿元（不含深圳市）。

此外，不少有条件的县（区）也对本级公务卡改革进行探索尝试。其中，深圳市所属各区已全面推行公务卡改革；广州市黄埔区于2008年开展了区级公务卡试点工作，花都区、番禺区、海珠区也建立了公务卡支持系统，准备开展试点工作；惠州市的大亚湾区也于2009年6月开展了公务卡改革试点。

三、取得成效

（一）规范了公务消费支付行为，现金支付量和提现频率逐步减少

以某单位为例，实行公务卡改革试点后，2008年1～8月的现金支付比2007年同期减少90多万元，减幅达31.3%；现金支付占授权支付比重由同期的53.2%下降到14%；提现频率由同期的平均4.1天1次变更为平均8.6天1次，提现频率大幅减少。

（二）提高了公务支出透明度，较好地解决了公务消费管理存在的漏洞

一方面，预算单位的财务部门可以清楚地查询到每一笔公务消费的单位和金额，加强了本单位的财务管理和监督；另一方面，财政部门通过制度创新和技术手段创新，通过对单位零余额账户划款信息和公务消费明细信息的全程监控，加强了财政预算执行的监督力度。

（三）提高了预算单位工作人员对公务卡改革的认识，推动了银行卡产业的发展

随着公务卡改革试点范围的扩大和试点工作的逐步顺畅运行，试点单位在改革实践中形成初步的共识，逐渐形成了公务卡支付的习惯，公务消费、还款逐步规范、快捷和安全。开卡数量和用卡次数不断增加，有效地推动了银行卡业的发展。

四、下一步工作重点

1. 加强财政部门、人民银行、代理银行和银联的联动配合，各司其职、各负其责，普及公务卡应用知识，使相关预算单位和持卡人了解、接受和掌握公务卡的使用方法和有关规定，共同推动公务卡的广泛应用。

2. 继续规范和深化省级公务卡改革，积极扩大公务卡使用范围，减少预算单位的现金支付结算，进一步提高公务消费的透明度；加大力度督促和指导地市级按照规范化要求推行公务卡改革，继续扩大改革范围和级次，实现地市级全面推行公务卡改革的目标。

3. 积极开展公务卡业务宣传和调研活动，提高预算单位对公务卡改革的认知度；进一步研究完善公务卡使用功能，做好公务卡配套服务，适当增加公务卡的优惠措施，提供更全面的信用卡附加功能，以强化对持卡消费者的多种激励机制，促进公务人员持卡消费的积极性和主动性。

4. 全面总结公务卡改革经验和问题，以提高单位财务管理工作效率和满足财政动态监控要求为目标，对系统建设、风险控制及公务卡报销还款适用范围的界定等问题进行深入研究，继续完善公务卡改革配套措施。

（国库处（国库支付局）供稿，游元雄执笔）

实施行政经费节约量化考核，努力降低行政成本

2009年，根据省委、省政府关于在全省开展行政经费节约年活动的要求，省财政厅、省监察厅在省直行政事业单位中实施行政经费节约量化考核办法，努力降低行政成

本，腾出更多财政资金支持经济发展和改善民生，此项工作取得了突出成效。

2009年2月，省财政厅、省监察厅印发了《关于印发省直机关事业单位行政经费节约考核办法的通知》，该办法的主要内容是：

按照“五个零增长”（即：公务购车和用车经费零增长、会议经费零增长、公务接待费用零增长、党政机关出国经费预算零增长、办公经费预算零增长）的要求，结合现行预算管理制度和行政单位、事业单位会计制度，行政经费节约考核主要包括两个方面：一是公用经费预算执行情况考核，要求公用经费执行不得超过年度预算数；二是经济科目执行情况考核，主要包括办公费、交通费、出国费、会议费、培训费、招待费等6个经济科目，要求上述经济科目支出不得超过上年决算数。

公用经费以2009年部门预算公用经费总额为考核基准数据。

经济科目以2008年支出决算数为考核基准数据。

行政经费节约考核实行按季预告，年度综合考评。按季预告结果分为合格和不合格两个级次，年终综合考评结果分为良好、合格、不合格三个级次。

按季预告：相关考核部门对各单位每季度的公用经费预算执行情况和各个经济科目执行情况进行预告。公用经费实际执行数不高于全年预算平均执行进度的预告级次为合格，反之为不合格；各个经济科目实际执行数不高于2008年支出决算数平均进度的预告级次为合格，反之为不合格。

年终考评：年度结束后，相关考核部门将根据各个单位2009年的支出决算数与2009年公用经费预算、2008年各个经济科目支出决算进行总体考评，并按以下标准核定考评级次：

良好：公用经费预算实际执行数不超过年度预算数的95%且各个经济科目实际支出数不超过2008年决算数。

合格：公用经费预算实际执行数不超过年度预算数且经济科目实际支出超过2008年决算数的科目少于4个。

不合格：公用经费预算实际执行数超过年度预算数或经济科目实际支出超过2008年决算数的科目超过（含）4个。

各单位要根据季度预告结果，认真分析单位的财务支出情况，制定切实可行的整改措施，及时调整支出结构，压缩机关事业单位行政经费开支，确保年度机关事业单位行政经费节约取得实际成效。

根据省政府或行政主管部门审定的省直机关、事业单位年度考评结果，取得综合考评良好级次的单位可以在节约的行政事业经费中提取部分资金，按照现行年度节支奖标准发放一次性行政事业经费节约奖励金；综合考评结果为合格和不合格的单位，不得发放一次性行政事业经费节约奖励金。总体考核结果为不合格的单位，由省审计厅对其2009年度预算执行情况进行重点审计。

行政经费节约量化考核工作是行政政法处2009年的重点工作，是行政经费管理工作的新举措，为确保该项工作措施落实，抓出实效，该处采取主动服务，专题座谈，集中解释和随时解释相结合，分片交流等形式，对节约年活动和考核工作进行广泛宣传、解释、动员，及时落实节支要求。2009年3～4月，该处分片召开了政府系统、党委系统、政协和党派系统财会人员座谈会，向有关单位认真细致地宣传、解释节约考核办法的口径、范围及具体要求，共有150多位财务人员参加了座谈会，确保行政经费节约考核工作的顺利开展。

经过省财政厅和省直有关单位的积极努力，2009年省直行政事业单位行政经费节约考核工作取得了良好效果：

一是行政经费节约目标得到落实。2009年度纳入省直行政事业单位行政经费节约考核的单位有103个。其中：年度综合考评结果为“良好”级次有81个单位，占实际考核单位78.6%；“合格”级次有21个单位，占实际考核单位20.4%；“不合格”级次有1个单位，占实际考核单位1%。

公用经费执行情况方面。2009年度公用经费预算数71 471.3万元，实际支出数64 790.5万元，节约费用6 680.8万元，节约率9.35%。

六个经济科目使用情况方面。2009年度六个经济科目节约费用22 736.1万元，节约率23.8%。其中：办公费节约费用2 461.2万元，节约率26.5%；交通费节约费用2 369.9万元，节约率12.8%；出国费节约费用2 061.8万元，节约率26.8%；会议费节约费用9 438.6万元，节约率25.8%；培训费节约费用3 848.4万元，节约率34.9%；招待费节约费用2 556.3万元，节约率20.5%。

二是在制度上对单位起到了约束作用。《考核办法》出台后，对单位起到了双重约束作用。对外，单位必须通过提高机关工作效能，改进工作方式，节约行政经费支出，切实降低了行政成本等各种措施节约行政经费，争取考核过关而不至于受到省政府通报批评；对内，单位必须取得较好成绩，以便能获得一定的节约奖励。通过节约考核，单位节约意识有了进一步提高。

三是强化了预算控制。在一定程度上杜绝超范围、超规模、超标准开支行政经费的现象。

四是监督检查机制得到进一步加强。对于2009年省直行政事业单位行政经费节约考核工作成效，省委书记汪洋给予了重视和肯定，并作出批示：“可将总体考核情况，尤其是6个经济科目的节约率通过媒体宣传。”省长黄华华批示：“2009年度省直行政经费节约效果良好，应继续努力，坚持实施《考核办法》，争取更好效果”。

（行政政法处供稿，辜初贤执笔）

加大财政扶持力度，促进中小企业平稳健康发展

2009年，省财政厅认真贯彻落实中央和省委、省政府扩大内需、促进经济平稳较快发展的决策部署，坚持加大

投入与深化改革相结合，不断优化财政支出结构，支持企业加快转型升级，提升自主创新能力，扩大外贸出口，大力促进中小企业平稳健康发展，取得了显著成效。

一、省财政支持中小企业发展基本情况

省财政厅按照省委、省政府的部署，认真履行财政职能作用，加大对中小企业改革发展的支持力度，努力帮助中小企业渡过难关，转危为机。

（一）加大财政投入，优化支出结构，促进中小企业平稳较快发展

按照省委、省政府《关于促进中小企业平稳健康发展的意见》的决策部署，省财政厅及时采取措施，坚持加大投入与深化改革相结合，通过新增安排财政资金，统筹使用现有专项资金，优化财政支出结构，支持中小企业加快转型升级，提升自主创新能力，扩大外贸出口，实现平稳健康发展。2009 年省财政安排相关专项资金总额超过 50 亿元。主要包括：一是 2009 年一次性新增 10 亿元中小企业专项资金，用于支持中小企业政银企合作、对中小企业贷款给予贴息补助等。2009 年共审核安排补贴资金 9.61 亿元，支持中小企业 2 293 家，带动中小企业贷款融资近 400 亿元，财政资金放大倍数达到 41 倍，有力缓解了中小企业融资难问题。二是注入资本金 10 亿元，以粤财投资控股有限公司为依托组建成立广东省中小企业信用再担保有限公司，解决中小企业融资难、经营难问题，并为加快基础设施建设和经济发展提供贷款担保和再担保。目前，广东省中小企业信用再担保有限公司已与四大国有商业银行和其他 5 家股份制银行及较大的 8 家担保机构签订战略性合作协议，预计通过三年的运作，通过再担保为中小企业累计提供 200 亿元左右的增信服务，为重大项目融资累计提供 200 亿元左右的担保服务。三是 2009 年一次性新增安排 10 亿元加工贸易转型升级专项资金，支持外贸企业研发创新、扩大出口、开拓国内外市场、不停产转型等，促进加工贸易持续、稳定、健康发展。四是 2009 年一次性新增 10 亿元专项资金用于支持高新技术产品、机电产品和优势产品出口。五是在研究整合现行外贸扶持政策的基础上，统筹使用省财政外贸扶持资金共 9 亿元，加大对“两新”产品出口、稳定外贸出口、推动企业“走出去”、招商引资、出口退税以及口岸建设等六个方面的支持力度。

（二）发挥资金引导作用，促进企业技术进步

省财政厅积极发挥资金的引导带动作用，多角度全方位促进中小企业发展。一是 2009 年安排科技型中小企业技术创新专项资金，支持科技型中小企业技术创新以及项目融资。二是安排中小企业发展专项资金，重点支持中小企业技术改造、技术创新，推进中小企业服务体系和担保体系建设等。三是安排装备制造、结构调整等专项资金，支持中小企业在内的企业技术改造和技术创新项目的贷款贴息和补助，促进产业优化升级。四是安排产业技术研究与开发、省级企业技术中心建设、重大科技等专项资金支持企业及时转化最新科技成果，省级企业技术中心建设，开展重大关键共性技术攻关、重大成果转化以及科技创新平台建设等，促进产业结构调整，提高自主创新能力。

（三）清理、取消和停征有关收费，减轻企业负担

省财政厅积极会同有关部门，落实国家和省各项收费减免政策。一是召开治理整顿乱收费减轻企业负担工作电视电话会议，通过治理整顿乱收费工作，及时纠正乱收费行为，减轻企业负担。二是贯彻落实国家自 2008 年 9 月 1 日起停征“工商两费”及自 2009 年 1 月 1 日起取消和停征 100 项行政事业性收费项目的政策。2008 年“工商两费”减收约 9 亿元，预计 2009 年全年减收 30 亿元；2008 年取消和停征 100 项行政事业性收费项目收费收入 22.5 亿元，预计 2009 年将减收 24 亿元，直接惠及中小企业。三是联合有关部门转发财政部、国家发展改革委、交通运输部、监察部、审计署《关于公布取消公路养路费等涉及交通和车辆收费项目的通知》，从 2009 年 1 月 1 日起取消公路养路费、航道养护费、公路运输管理费、公路客运附加费、水路运输管理费等收费项目。四是根据财政部、国家发展改革委、交通运输部、监察部、国务院纠风办、审计署《关于全面清理涉及交通和车辆收费的通知》要求，对涉及交通和车辆的行政事业性收费进行了清理。经清理，明确符合规定的交通和车辆行政事业性收费项目共 22 项，其中：中央规定项目 17 项，省规定项目 5 项。五是认真贯彻落实省政府有关支持港澳台企业应对金融危机的决策，自 2009 年 1 月 1 日起暂停征收外商投资企业场地使用费。六是经省政府同意，对进入省级产业转移园的企业免收治安联防费等 22 项省定行政事业性收费。同时，在全省范围内出台取消音像制品管理费等 14 项省定收费项目。通过以上措施，减轻了中小企业的负担，优化了企业经营环境，增强了企业战胜困难的信心，有力地支持了中小企业的良性发展。

（四）落实国家税收优惠政策，为中小企业发展营造良好政策环境

省财政厅认真落实国家扶持企业发展的各项税收优惠政策，营造中小企业平稳较快发展的政策环境。一是认真贯彻落实国家促进企业发展的各项税收优惠政策。如积极落实企业研究开发费税前扣除政策，目前，全省已有 1 000 家企业通过初审，可加计抵扣的研发费用超过 15 亿元，缓解了企业开展研发活动的经济负担。二是通过政策法规信息汇编、税政联络员制度等及时向企业宣传、传达国家税制改革和优惠政策的调整情况，明确贯彻落实的措施，做好税政服务。

二、下一步工作的基本思路

省财政厅将在省委、省政府的正确领导下，继续贯彻落实已出台的各项政策措施，狠下工夫，狠抓落实，促进中小企业平稳健康发展。一是按照集中支持、扶优扶强原则，调整优化财政支出结构和支持方式，提高资金使用效

益，重点扶持成长性好，有自主品牌，自主创新能力强的企业发展壮大，促进产业结构转型升级，加快现代产业体系建设。二是跟踪落实有关税收减免政策执行情况，开展行政事业性收费清理工作，进一步营造企业平稳健康发展的良好环境。三是加强财政扶持项目事中和事后的过程监控，进一步完善财政专项资金管理，真正发挥财政资金的辐射和放大作用，提高资金使用效益。

（工贸发展处供稿，姚　林执笔）

加大财政投入，构筑高标准城乡水利防灾减灾体系

一、城乡水利防灾减灾工程建设背景

广东濒临南海，海岸线总长 3 368 公里，是全国海岸线最长的省份，同时广东又是江河密布、水系发达的地区，东江、西江、北江、韩江等大江河横贯南粤，而流域面积超过 100 平方公里的河流就有 542 条，众多的河流湖库，漫长的海岸线，使广东的水利建设任务非常繁重，防灾减灾工作异常艰巨。新中国成立后，广东的水利建设取得很大成就，为广东的经济社会发展作出了不可磨灭的贡献，但由于广东省地处低纬度、亚热带季风气候区，雨水多且时空分布不均，70% 雨量集中在 4 月至 8 月，特殊的地理位置，注定广东是水、旱、风等自然灾害的多发区，每年登陆广东的台风平均 5 ~ 7 个之多，洪、涝、旱灾害历来是广东的心腹大患，且受历史条件的限制，许多建于 20 世纪 50 年代和 60 年代的水利设施，工程质量差，防御标准低，经过几十年的运行，很多水利工程设施老化，隐患多，抗灾能力不强，难以适应国民经济发展的需要，近 10 年来，广东因台风和洪、涝、旱灾害所造成的损失平均每年都在 100 亿元以上，可以说广东城乡水利防灾减灾形势十分严峻，已经成为制约广东经济社会发展的“瓶颈”，提高防灾减灾能力刻不容缓。2003 年，省委、省政府印发了《关于实施十项民心工程的通知》，决定实施包括城乡水利防灾减灾工程在内的十项民心工程，广东掀起了波澜壮阔城乡水利防灾减灾工程建设热潮，谱写了绚丽多彩的治水华章。

二、城乡水利防灾减灾工程建设概况

全省列入城乡水利防灾减灾工程实施范围共 293 宗，其中：城市防洪工程 111 宗，主要江海堤围 78 宗，大中型水库除险加固工程 100 宗，省属重点工程 4 宗。工程总投资约 547 亿元，省级补助资金 160 多亿元，引导市县投入近 390 亿元。工程建成后，直接受益人口约 4 000 万人，捍卫耕地约 1 400 万亩，捍卫固定资产和 GDP 保守估算超过全省总量的 60%。在 50 年一遇洪水情况下，大中型水库可确保安全，县城以上城镇可得到有效保护；在发生超过 50 年一遇洪水时，通过与非工程措施的有效防御，可大大减少灾害损失。经对水库效益测算和采用灾害经济损失替代法对城市防洪、江海堤围工程直接经济效益进行粗略的评估测算，平均每年可以减少洪水和台风暴潮灾害天气产生的直接经济损失和获得其他效益共约 60 亿元。

三、拓宽渠道，加大投入，破解工程建设资金难题

为解决工程建设资金问题，确保全省城乡水利防灾减灾工程全面顺利完成，省财政积极统筹省级水利建设资金，千方百计筹集资金，拓宽筹资渠道，确保省级补助资金及时足额落实到位。截至 2010 年 6 月 30 日，省财政共拨付全省水利防灾减灾工程省级补助资金 140. 5 亿元。

一是省财政将各项财政资金投入作为城乡水利防灾减灾工程建设资金来源的一个主渠道，通过统筹原有省级水利专项资金、专项增加安排、滚动预算等方式，积极支持工程建设，并明确从 2007 年起根据市县上年度自筹资金到位率次序等情况安排省级补助资金，有效激励市、县积极筹集建设资金。同时，根据中央有关扩大内需促进经济社会平稳较快发展的精神，经省政府同意，利用省级水资源费、堤围防护费省级调节资金，以及部分水利投融资收入形成的现金流为依托，建立省级水利融资平台，有效发挥财政资金放大效应和杠杆作用，引导信贷和社会资金投入城乡水利防灾减灾工程建设。

二是针对市县自筹资金落实难的问题，省财政安排专项资金 24 亿元，对市县落实城乡水利防灾减灾工程建设自筹资金部分，按一定标准给予财力性奖补，并根据市县提供的自筹资金落实到位有效凭证，同比例拨付。2009 年，已根据各市自筹资金落实情况拨付的省级奖补资金达 8. 71 亿元。

三是按照“政府主导、市场运作、政策引导”的原则，引导市县积极探索试行 BT 模式。2009 年，省水利厅出台了《广东省水利建设工程试行 BT 模式的指导意见》，推动地方政府、施工企业和金融机构三方联动，搭建融资平台，进一步拓宽水利投融资渠道、引导社会资本参与水利工程建设，解决工程建设自筹资金不足难题。2009 年，试行 BT 模式破解地方配套资金难题工作开局良好，全省共有 22 个项目实施了 BT 试点工作，总融资 62. 33 亿元。

四是引导市县通过按规定及时足额征收水利规费、专项增加财政性资金投入，以及通过整合公共资源，利用市场机制多渠道筹集水利建设资金等途径落实自筹资金。

四、强化建设管理，打造精品工程

为确保资金发挥应有效益，省财政切实加强资金监管，规范资金使用。

一是积极推进因素法，规范补助资金分配。为进一步规范水利建设资金分配，使资金安排更加科学、合理，根据水利工程建设特点，对列入全省城乡水利防灾减灾实施范围的城市防洪、江海堤围和病险水库除险加固工程，省财政会同有关部门，依据地区类型、水利建设任务和财力情况、防洪标准等因素分别制定相应的省级补助标准，并重点向山区县等欠发达地区倾斜。如，对列入实施范围的

城市防洪工程和江海堤围加固工程，根据地区财力情况和不同防洪标准制定省级补助资金标准，按工程建设公里数核定省级补助资金。

二是实行水利建设资金专户管理制度。水利工程建设具有季节性，大多在枯水期（冬春季节）开工建设，建设资金投入要适应季节性集中支出的需要，而欠发达地区市县财政因资金调度问题等原因，往往难以确保。根据省政府《关于进一步加快城乡水利防灾减灾工程建设的意见》精神，省财政厅、人民银行广州分行联合印发了《关于设立水利建设资金专户有关问题的通知》，要求各市、县（市、区）财政部门在同级国库开设水利建设资金专户，补助市县的省级水利建设资金也按工程所属关系直接拨付到市县水利建设资金专户，市县水利建设资金及时划入水利建设资金专户并通过专户拨付，在全国率先实行水利建设资金专户管理制度。实行水利建设资金专户管理制度，建立内部约束机制，减少了资金拨付中间环节，从制度上防止资金滞留、混用、拨付不及时等现象发生，确保专款专用。

三是实行国库集中支付和报账制管理制度。对拨付市县的省级补助资金，原则上实行国库集中支付管理，确不具备集中支付条件的，也应按照财政支农资金报账制管理的规定执行。同时，对省属水利基建工程财政性资金，省财政全面推行国库集中支付，在委托省财政投资审核部门审核省属水利工程建设单位请款申报材料的基础上核定资金拨付额度，并按国库集中支付制度的有关规定拨付工程建设资金。

四是建立自筹资金到位情况上报制度。为加快城乡水利防灾减灾工程建设进度，规范建设资金的筹集与管理，省水利厅、省财政厅联合印发了《关于建立城乡水利防灾减灾工程项目资金到位情况上报制度的紧急通知》，要求各市每年分3次上报自筹资金到位情况，通过采取“自筹资金落实到位情况通报”、“省级补助资金视自筹资金落实到位情况拨付”等办法，督促市县积极落实自筹资金。

五、夯实水利基础，构筑高标准防灾减灾体系

广东省是自然灾害多发省份，洪水、干旱、台风等灾害频繁，严重威胁人民群众生命财产安全，水利防灾减灾工作任务十分艰巨。截至2010年6月，全省293宗城乡水利防灾减灾工程项目已全部开工建设，已完工投入使用148宗。其中：竣工验收36宗；在建145宗，其中完成工程量80%以上的有44宗，完成工程量50%～80%的有66宗。累计完成投资321.34亿元，占总投资的66%。东莞、深圳、广州、中山四市已全面完成工程建设任务。随着一批建设项目完工并投入使用，进一步夯实了水利基础，构筑形成一个高标准的，覆盖全省的城乡水利防灾减灾体系，水利工程防灾减灾能力普遍提高，工程开始发挥显著效益，促进经济社会全面、协调和可持续发展。

在遭受数次强台风和暴雨洪水袭击的情况下，各地经过除险加固达标的城防、江海堤和水库、水闸等工程，发挥了重大的防灾减灾作用。全省大江大河堤防无一决口，大中型水库无一垮坝，全省没有因水利工程出险而造成一人死亡，没有发生因台风、洪水引起的群死群伤事件，2009年广东先后战胜了8个直接袭击或严重影响的热带气旋，因灾死亡人数、经济损失数量分别比近10年平均数下降200%和100%。同时，工程建设还产生了良好的生态环境和经济等效益。各地在工程建设中更新观念，逐步形成了“水安全、水环境、水景观、水文化、水经济”五位一体的设计理念，从单纯注重防洪转变到防洪、水环境保护和水资源利用并重，做到综合规划、统筹解决，使工程发挥了显著的生态环境效益。

（农业处供稿，方　亮执笔）

履行财政职能，积极推进全省集体林权制度改革

为进一步解放和发展林业生产力，发展现代林业，增加农民收入，建设生态文明，2008年6月中共中央、国务院《关于全面推进集体林权制度改革的意见》要求在全国范围内全面推进集体林权制度改革。2008年8月23日，省委、省政府出台了《关于推进集体林权制度改革的意见》，明确了广东林权制度改革工作的方针政策和目标要求。广东省各级财政部门积极履行职能，筹措落实集体林权制度改革经费，确保广东集体林权制度改革顺利推进。

一、广东推进集体林权制度改革的背景

广东是“七山一水二分田”的林业大省，全省林业用地面积1.65亿亩，森林覆盖率为56.3%，活立木总蓄积4.03亿立方米，其中集体林地面积1.51亿亩，占全省林地面积的91.5%；国有林地面积的0.14亿亩，占全省林地面积的8.5%。为积极稳妥地推进集体林权制度改革工作，2007年12月29日省政府召开省集体林权制度改革联席会议第一次成员会议，审议并原则通过了《广东省推进集体林权制度改革试点方案》，同时确定在韶关始兴县、惠州博罗县、肇庆四会市启动集体林权制度改革试点工作。2008年8月23日，省委、省政府《关于推进集体林权制度改革的意见》要求全省各级政府将集体林权制度改革工作作为贯彻落实科学发展观、深化农村体制机制改革、促进农民就业增收、科学发展现代林业的一项首要任务来抓，摸索出了一条“明晰产权、量化到人、家庭承包、联户合作、规模经营”的符合广东实际的林权制度改革新路子。

集体林权制度改革是继家庭联产承包责任制后，中国农村经营制度的又一次重大变革，是深化农村改革的又一重大战略举措。集体林权制度改革涉及面广、影响深远，对进一步解放林业生产力、改善生态环境、增加农民收入、促进林业科学发展、构建和谐社会有着十分重大的意义。推进集体林权制度改革，将农村家庭承包经营制度从耕地向林地拓展和延伸，是农村家庭承包经营制度在林业上的

丰富和发展，是促进农村经济发展、增加农民收入的有效途径，是发展现代林业、转变林业经济增长方式的必然选择，是保护生态环境、促进人与自然和谐发展的必由之路，是应对国际金融危机、扩大内需的重要举措。党中央、国务院高度重视集体林权制度改革，党的十七大报告、2006年起连续4个中央1号文件和“十一五”规划等，都把集体林权制度改革作为深化农村改革的重要内容。胡锦涛总书记、温家宝总理在中央工作会议、中央经济工作会议、全国人大会议上多次强调要加快推进集体林权制度改革。2008年4月28日，胡锦涛总书记主持召开中共中央政治局会议，专门研究部署推进集体林权制度改革工作。温家宝总理在接见中央林业工作会议全体代表时特别指出，要坚定不移地推进集体林权制度改革。

二、广东集体林权制度改革工作概况

广东省列入集体林权制度改革的集体林地面积共1.51亿亩，改革涉及20个地级以上市、108个县（市、区）、1 380个镇（乡、街道）、18 269个村（居）委会、190 599个村民小组、1 023.4万农户、4 164.9万农民。根据省委、省政府《关于推进集体林权制度改革的意见》，广东省从2009年起，拟用3年左右时间，按照“宣传发动，开展培训；调查摸底，制订方案；组织实施，稳步推进；检查验收，总结完善”等四个阶段，逐步完成全省集体林权制度改革任务。

截至2010年7月，全省20个地级以上市、108个县、1 257个镇成立了林权制度改革领导小组及办事机构，共举办林权制度改革培训13 087次，培训人员48.5万人；全省有12 150.1万亩集体林地开展了调查摸底（第一榜）公示，占全省林权制度改革范围集体林地面积的81.3%；20个地级以上市、107个县（市、区）、1 248个镇（乡）、14 087个村委会、123 700个村民小组出台了林权制度改革意见或实施方案；完成外业勘界宗地63.4万宗、林地面积5 939.2万亩，占全省林权制度改革面积的39.8%；发放林地使用权林权证11.4万本，发证宗地22.4万宗，发证面积3 566.8万亩，占全省林权制度改革面积的23.9%。全省集体林权制度改革工作进展顺利。

三、财政支持集体林权制度改革的主要做法

根据党中央、国务院有关集体林权制度改革的部署和要求，广东坚持“先试点、后推开”的原则，2007年年底启动了集体林权制度改革试点工作，2009年9月全面铺开，通过一系列有效措施，积极稳妥地推动全省集体林权制度改革，取得阶段性成绩。在此过程中，省财政积极筹措资金，加强资金管理，完善配套政策，大力支持广东集体林权体制改革工作。

（一）积极筹集资金，提供经费保障

根据省委、省政府《关于推进集体林权制度改革的意见》和省政府办公厅《省政府常务会议决定事项通知》的精神，省财政按1.5元/亩的标准，对全省进行集体林权制度改革的1.51亿亩山林给予补助，共安排22 650万元。此外，还积极争取中央财政按照1元/亩的标准，安排广东集体林权制度改革工作经费14 866万元。

（二）降低收费标准，减轻林农负担

为减轻林业生产经营者负担，促进林业可持续发展，省财政厅会同省林业局制定了《广东省育林基金征收使用管理办法》，将广东育林基金征收标准由原来的15%降到10%。由于征收标准的降低所造成的资金缺口，由各地林业部门商同级财政部门协商解决，各级林业部门行政事业经费由同级财政部门通过部门预算予以核拨。

（三）建立规章制度，强化资金管理

为加强和规范中央及省财政集体林权制度改革工作经费的使用管理，省财政厅会同省林业局制定了《广东省集体林权制度改革工作补助经费资金管理办法》，明确资金的适用范围、下达、拨付、绩效和监督管理各个环节的原则和要求。

一是明确资金使用范围。安排给市县的资金主要用于外业勘测支出、林权纠纷调处支出、内业支出、档案管理支出和培训支出等；安排给省级的资金主要用于外业勘测支出、山林纠纷调处支出、会议支出、林权制度改革信息管理系统建设支出、培训支出、设备购置支出、资料及股权证印刷支出以及宣传支出等。

二是制定资金分配原则。为进一步规范林权制度改革工作经费分配，省财政根据各地经济发展状况和集体林权制度改革工作任务，制定不同的经费补助标准：3个集体林权制度改革试点县按2.5元/亩的标准给予补助；94个非珠三角地区县（市、区）按2元/亩的标准给予补助；集体林面积50万亩以上的珠三角地区县（市、区）按2元/亩的标准给予补助。其余珠三角地区县（市、区）按照1.7元/亩的标准给予补助。

三是规范资金下达拨付。林权制度改革补助经费按各地林权制度改革工作进度下达。省林业局根据各地林权制度改革工作进度拟定资金下达方案，报省财政厅审核后下达各地。省财政厅根据用款单位性质、预算管理级次办理资金下达和拨付手续：安排给省有关部门的资金，由省财政实行国库集中支付；下达有关市的资金，有关地级以上市财政局将资金指标转下达给有关县（市、区）财政局，具备国库集中支付条件的，采取国库集中支付管理，暂不具备国库支付条件的，按省财政厅关于印发《广东省财政支农专项资金报账制实施办法》的通知的规定，实行财政报账制管理。

四是强化资金绩效管理。至2011年，基本完成全省集体林权制度改革任务，逐步建立起产权归属明晰、经营主体落实、责权划分明确、利益分配合理、流转程序规范、监管服务有效、配套机制完善的现代林业产权制度，逐步形成集体林业的良性发展机制，实现资源增长、农民增收、生态良好、林区和谐的目标。省、市、县财政部门和林业部门负责组织实施绩效评价工作，财政部门根据集体林权制度改革工作开展情况与工作需要，组织开展资金重点评

价，及时向有关部门通报结果。

五是加强资金监督管理。要求各级财政部门定期或不定期对资金的使用、拨付以及管理情况进行监督检查。如发现有截留、挤占和挪用资金的单位和个人，按照国务院《财政违法行为处罚处分条例》（国务院令第427号）的有关规定进行处理、处罚，同时缓拨或暂停安排该单位及其所在市、县的林权制度改革工作经费。

（四）支持配套改革，完善政策体系

一是支持林业投融资改革。2009年8月，省财政厅会同有关部门印发《关于做好集体林权制度改革与林业发展金融服务指导意见的通知》，要求切实加大对林业发展的信贷投放力度，营造有利于金融支持林业改革与林业发展的政策环境。鼓励银行机构调整贷款结构，开发适合林业特点的信贷产品，引导保险机构积极提供与林业建设相关的保险品种，以及针对林业建设贷款的保险产品。同时，积极争取林业贷款中央财政贴息资金，分担金融机构信贷风险。

二是支持完善林业社会化服务体系。按照集体林权制度改革关于加强林业社会化服务工作，建立林权管理机制，做好林权确认、转让交易、办证登记、行政审批和信息发布等一站式的管理服务的要求，省财政在集体林权制度改革补助经费中安排1 500万元，用于集体林权制度改革信息管理系统建设。并对全省集体林面积5万亩以上的107个县（市、区），每个县（市、区）安排集体林权制度改革信息管理系统补助资金10万元，主要用于购置相关设备和系统维护等。

三是支持林业体制改革。按照事业机构改革进一步转变政府职能，逐步建立以管理、执法、服务三大职能为主的管理新体制，实行政企、政事分开的要求，林业行政主管部门所办企业要全部脱钩，各级林业行政机关、公益性事业单位人员工资和工作经费纳入同级财政预算；妥善安置富余人员，按规定为职工接续各项社会保险关系，缴清相关的社会保险费用；对经确认的拖欠职工的工资、欠缴的社会保险费以及拖欠的集资款、医疗费和挪用的职工住房公积金，原则上要一次性付清；依法解除劳动关系的职工，按照国家有关规定支付经济补偿金。企业退休人员按照国家、省、市政府相关要求，实行社会化管理服务。考虑到广东欠发达地区财力紧张，省财政分别安排韶关、河源、梅州三市林业体制改革专项借款1.2亿元、2亿元和1亿元，支持生态发展地区林业体制改革工作。

（农业处供稿，尹　旭执笔）

建立新型农村社会养老保险制度，实现农民老有所养

建立新型农村社会养老保险制度，实现广大农村老年居民老有所养，是党和政府改善民生、建立和谐社会的一项重大举措，是深入贯彻落实科学发展观、加快建设覆盖城乡居民社会保障体系的重大决策，是应对国际金融危机、扩大国内消费需求的重大举措，是逐步缩小城乡差距、改变城乡二元结构、推进基本公共服务均等化的重要基础性工程，是促进家庭和谐、增加农民收入的重大惠民政策。

一、国家开展新型农村社会养老保险试点

根据党的十七大和十七届三中全会精神，国务院决定从2009年起，开展新型农村社会养老保险试点。探索建立个人缴费、集体补助、政府补贴相结合的新型农村社会养老保险制度，实行社会统筹与个人账户相结合，与家庭养老、土地保障、社会救助等其他社会保障政策措施相配套，保障农村居民老年基本生活。2009年试点覆盖面为全国10%的县（市、区、旗），以后逐步扩大试点，在全国普遍实施，2020年之前基本实现对农村适龄居民的全覆盖。经报国家同意，广东韶关市曲江区、河源市东源县、梅州市平远县、惠州市博罗县、阳江市阳东县、湛江市坡头区、茂名市茂南区、肇庆市德庆县、清远市连山县、揭阳市揭东县、云浮市新兴县、汕尾市陆河县、潮州市湘桥区、珠海市斗门区等14个县（区）列入首批新型农村社会养老保险试点。

二、广东新型农村社会养老保险的相关情况

根据国务院《关于开展新型农村社会养老保险试点的指导意见》精神，广东在深入开展调查研究的基础上，认真学习借鉴国内外开展农民养老保险的做法与经验，各相关部门加强沟通协调工作，抓紧制定广东的试点实施办法，提出了开展试点的具体目标、范围、基本制度和标准、保障措施和工作步骤。在积极制定试点实施办法的同时，指导、推动部分地区不等不看，积极先行先试，同时以多种形式开展政策宣传活动，为推进新型农村社会养老保险试点工作打下了坚实的基础。

（一）制度设计合理，补助标准明确

2009年11月2日，省政府印发了《广东省新型农村社会养老保险试点实施办法》，采取以个人缴费、集体补助、政府补贴的模式，建立广东新型农村社会养老保险制度。个人缴费基本标准设为一年100元、200元、300元、400元和500元五个档次，由参保人自行选择其中一个档次缴费，各级政府对参保人缴费不低于每人每年30元的标准给予补贴，由省、市、县三级财政共同分担（各分担10元），有条件的村集体经济组织对所属成员参保给予补助。基础养老金基本标准为55元/月，由中央财政、省级财政、市级财政和县级财政四级共同负担，其中中央财政负担50%［即27.5元/（每人每月）］。中央财政补助以外部分，珠江三角洲地区由市县财政负担；东西两翼和粤北山区由省、市县财政各承担50%［即省和市县各负担13.75元/（每人每月）］。

（二）全面开展试点，基本建立制度

省政府文件出台后，各试点县区根据国家和省的新型农村社会养老保险政策并结合当地实际，加快开展试点工作，制定实施办法，既在基本制度和主要政策上与国家和

省的有关规定保持一致，又根据本地实际积极进行创新。博罗县将基础养老金标准提高为每月60元，政府对参保人的缴费补贴提高到60元，其中增加的30元由县财政承担；平远、东源等县将农村退伍军人的军龄视同缴费年限，由财政代缴其相应军龄的养老保险费；德庆、揭东、阳东、新兴等县将农村低保、五保、计划生育对象、村干部、一户多残等人群纳入由财政代缴养老保险费的范围；曲江区通过增发基础养老金来鼓励长缴多得。连山、新兴等县根据当地人口较少的特点，将新型农村社会养老保险拓展为城乡居民养老保险。坡头、新兴、博罗、湘桥、平远等县区适当增加了个人缴费档次。

（三）党委政府高度重视，工作体系初步形成

试点县、区党委政府普遍把新型农村社会养老保险试点工作作为贯彻落实科学发展观，构建和谐社会的一件大事来抓，列入当地经济社会发展的规划之中，召开专门会议听取情况汇报，研究试点工作安排，明确工作目标和责任，主要领导亲自研究和经常过问试点工作。平远县委书记肖文浩亲自担任试点工作领导小组组长，多次主持会议具体研究试点工作，经常到有关单位和乡镇指导、检查工作进展情况；梅州市委、市政府的主要领导也多次到平远县指导试点工作。

目前各试点县、区已初步建立了试点工作机制：一是成立了领导机构，形成了各有关部门协调配合、共同推进试点的工作格局。各试点县、区均成立了由党委或政府主要领导任组长、各有关部门领导为成员的新型农村社会养老保险试点工作领导小组，部分试点县区所在市及其所辖乡镇也成立了领导小组，形成了市、县、镇三级联动的领导工作机制，为推进试点工作提供了有力的组织保障。二是实行工作目标责任制，把新型农村社会养老保险试点工作任务分解、下达，纳入各乡镇、县直有关部门年度考核目标管理范围。三是建立督导、考评机制，定期对各地试点工作进行检查、督导、评估，对完成任务情况进行考评，奖励先进，鞭策后进，有效地推动了试点工作。

（四）宣传发动比较到位，农民参保积极性较高

试点县、区高度重视宣传发动工作，以多种形式宣传新农保政策，积极组织农民参保，调动了广大农民参保积极性，形成了良好的工作氛围。一是精心组织启动仪式等活动，营造声势。2008年底，大多数试点县区举行了新型农村社会养老保险试点启动仪式和现场宣传活动，市、县、区党政主要领导亲自出席，新闻媒体大张旗鼓宣传报道，在试点工作一开始就形成了浩大的声势，为进一步推进试点奠定了较好的基础。二是充分利用各种媒体开展宣传发动，如印发公开信、政策解读、知识问答、宣传单，挂横幅、贴标语，设立宣传栏，广播电视、电台滚动播放有关信息等，让广大农民了解新型农村养老保险的基本政策、缴费标准、待遇水平和工作进展等方面的情况。三是组织工作人员走村入户，深入田间地头，积极开展“点对点”、“点对面”、“面对面”的宣传发动，针对农民的实际问题答疑解惑，帮助农民对新型农村社会养老保险的制度和基本政策有更深入的了解，不断提高农民参保的积极性。

三、新型农村社会养老保险试点初见成效

新型农村社会养老保险制度建立后，在各级党委政府的大力推动和积极宣传下，试点工作初见成效，农民的参保积极性很高。截至2009年末，广东试点地区录入信息系统的参保人数为459 062人。其中：60周岁以上的为132 683人，16～60周岁的为326 379人。地方各级财政应补助资金为5 274万元；已下达补助资金8 301万元，其中省级财政补助1 589万元。

（社会保障处供稿，梁智毅执笔）

竞争性分配与绩效管理相结合，创新财政专项资金分配使用管理机制

2007年12月，省委书记汪洋在广东清远、湛江等地调研期间作出重要指示，要求财政专项资金以招标投标等形式通过竞争性机制来安排，以财政管理模式的创新，发挥财政资金“四两拨千斤”作用，提高财政资金绩效。为进一步解放思想，深化公共财政体制改革，省财政厅于2008年开始，着手在省级财政专项资金分配管理环节引入竞争性机制，按照“两权不变、绩效优先”的原则，选取部分省级财政专项资金进行试点，通过招标投标等形式，将财政专项资金分配从“一对一”单向审批安排，转向“一对多”选拔性审批安排，建立“多中选好，好中选优”的项目优选机制。经过两年的实践，成效初显。

一、广东省财政专项资金竞争性分配改革的主要内容

财政专项资金是政府履行职能的重要物质基础和手段。实行以绩效优先的财政专项资金竞争性分配改革，符合公共财政改革的根本方向，是实现民主理财、科学理财的重要途径，是提高财政资金使用效益以至有效配置公共资源的根本要求，较好地解决了公共资源配置效率性、公平正义性、有效性相结合的问题。

（一）基本原则

1. 两权不变。对省级财政专项资金实行竞争性分配改革，不改变现行专项资金的分配格局，不改变省级主管部门对财政专项资金分配权、管理权，不影响省级主管部门的行政管理职能和管理责任，确保改革平稳顺利推进。

2. 绩效优先。将绩效目标作为财政专项资金分配和项目遴选的重要判断标准，把绩效管理要求贯穿于财政专项资金分配和使用的全过程。结合专项资金绩效管理工作，依托绩效评价指标体系，对支出项目及配套资金的落实、技术力量的安排、服务质量、工程质量以及社会效益、资金效益等各项指标进行综合评定，资金使用进行绩效督察，确保专项资金有效分配和高效使用。

（二）主要做法

竞争性分配改革的思路是，对资金分配结果具有可选择性、不固定使用对象的专项资金，在分配环节引入绩效优先的竞争性机制，在明确扶持范围及预期绩效目标的基础上，通过招投标或专家评审等方法，在众多备选项目中选择最能实现专项资金绩效目标、使用效益最高或实施成本最低的项目。

1. 分类处理。对部分省级财政专项资金实行竞争性分配改革试点，原则上按以下四类形式进行分类处理：对于面向企业、事业单位安排的资金，主要采取向全社会公布，对所有符合条件的单位进行招标、投标，如“装备制造业专项资金”、“农业机械化科研课题资金”等；对于涉及全省可在地区间转移实施的资金项目，采取向全省各地财政和主管部门公布，由各地提出具体实施的条件和办法，组织专家评价确定项目的办法进行，如“产业转移扶持资金”、“动物防疫体系建设资金”、“农业机械化示范基地资金”等；对于已有具体的总体实施规划但需分年实施的项目，采取向各地公布后，鼓励地方提出实施方案，择优确定实施的时间顺序，按照“条件最优，时间最快”的原则优先确定项目，如“乡镇卫生院机构建设专项补助资金”等项目；对于政府出资向社会购买服务的项目，采取向社会公开招标的方式通过法定程序确定服务机构，如“农村劳动力转移培训补助资金”等项目。

2. 建立完善专家库。为支持各主管部门、各层次和不同行业、内容的竞争性资金招标决策、引入专家评审机制的需要，强化资金投向的科学性、公开性和准确性，以现有各类专家库为基础，逐步建立和完善竞争性分配专家库。专家库已拥有环境保护类、财税金融类、发展规划类、卫生医药类、农林类等专家 251 名。竞争性资金招标评审的专家原则上在竞争性分配专家库中遴选；对个别技术要求高、专业性强的部门或项目的竞争性评审，确保在竞争性分配专家库中遴选不少于 50% 专家的前提下，采取部门推荐与专家库中遴选相结合的办法确立评审专家。专家库的管理遵循集中管理、信息共享、有序使用、安全保密的原则。

3. 把关竞争性分配方案。按照“两权不变”的原则，省级主管部门作为财政专项资金竞争性分配改革的实施主体，负责设计经管专项资金实行竞争性资金分配改革的具体实施方案，制订具体工作实施计划、广泛宣传动员、全面组织实施。方案包括竞争性分配改革的具体组织规范，如项目的招投标、专家遴选、专家评审具体形式、负责招投标的经办机构、实施方案及经费来源渠道等。方案制订后，需报送省财政厅，由省财政厅审核后报请省政府批准实施。

4. 建立绩效管理体系。按照专项资金竞争性分配改革要求，完善资金的管理机制，建立较完善的绩效管理体系。一是健全制度体系。省财政厅先后制定了《省级财政专项资金竞争性分配绩效管理暂行办法》、《省级财政专项资金竞争性分配监管内部工作规程》和《省级财政专项资金支持项目竞争性安排暂行办法》，在实施主体和有关部门的职责、招投标流程、专家评审程序和监督管理等方面做了明确的规定。二是完善工作机制。根据“事前确定绩效目标，事中加强监督管理，事后实施绩效评价和绩效问责”的全过程绩效评价管理体系，将省财政扶持资金的择优分配、绩效督察与绩效评价有效结合。在绩效目标管理环节，省级财政专项资金竞争性分配实行绩效目标审核制度。有关部门和单位负责拟订省级财政专项资金竞争性分配绩效总目标、阶段性目标，并将其纳入竞争性分配工作方案报省财政厅备案。经省财政厅审核后，将省级财政专项资金竞争性分配绩效目标及指标纳入竞争性分配公开招标标书（或专家评审方案），作为项目申报及评审、绩效评价的重要依据。在绩效督察和跟踪问效环节，依据竞争性分配资金绩效目标、自评材料或执行中掌握的情况，就重点工作及突出问题，组织专项督察，实施过程的绩效监管，及时帮助有关部门和单位找出资金使用和管理上存在的问题，提出整改建议，敦促纠正。在绩效评价和绩效问责环节，绩效评价以部门绩效自评和财政部门重点评价为载体，形成自我评价和外部评价相结合的有效机制。绩效评价工作涉及申报、评审、使用（执行）、评价运用各环节，主要对配套资金的落实、技术力量的安排、服务质量和工程质量、项目管理制度和执行情况以及实施项目所带来的社会效益和资金效益等方面进行考评。同时，建立绩效问责与激励机制，将绩效评价结果与部门单位履行岗位责任及部门发展目标结合起来，实施奖惩。

二、广东省财政专项资金竞争性分配改革的实施步骤

对省级财政专项资金实行竞争性分配改革，是对传统专项资金分配模式的改革和创新，也是一项复杂的系统工程。针对省级财政专项资金管理实际，按“清理—分类—试点—评估—推广”的步骤，循序渐进、分步实施。

（一）清理

由省财政厅牵头对省级预算安排的专项资金进行清理，摸清现有专项资金的扶持方向、使用对象、资金性质等基本情况。

（二）分类

省财政厅会同有关主管部门，按照专项资金性质进行分类、筛选，确定纳入改革范围的专项资金，并对纳入改革范围的专项资金逐项研究，提出实行竞争性分配方式的具体办法。

（三）试点

在不同行业、不同类别的专项资金中选取部分进行试点。省财政厅负责改革试点工作的组织、指导和协调工作；省级主管部门负责按照经省政府批准的试点方案，具体实施专项资金的竞争性分配工作，并在试点工作完成后进行总结形成工作报告。

（四）评估

省财政厅对试点工作情况进行评估，总结试点工作经验，形成阶段性工作成果报告省政府。

（五）推广

结合2009年省级预算编制情况，省财政厅研究提出2009年全面铺开省级财政专项资金竞争性分配改革的指导意见，报省政府批转省级各部门执行。在此基础上，省财政厅草拟各市县推广竞争性资金安排的指导意见，报省政府批准后印发全省。

三、广东省产业转移扶持资金实行竞争性改革分配经验

（一）产业转移扶持资金竞争性分配改革的背景

广东是全国第一经济大省，经济发展总量很大，但区域发展不协调的问题却较为突出，占全省土地面积和人口总量分别为69.5%和50.2%的东西两翼和粤北山区GDP总量仅占全省的17.4%，人均GDP只有珠三角的1/4，2006年广东省区域发展差异系数为0.77，高于全国平均水平(0.67)。省委、省政府为加快欠发达地区发展采取了一系列的措施，制定了符合各地特点、发挥比较优势的区域发展战略，加大了扶持欠发达地区发展的力度，取得了显著成效，有力地推动了区域经济协调发展。但是受制于自然禀赋、经济社会条件和政策、体制等多方面因素，欠发达地区经济社会发展总体水平依然较低，经济总量偏小，产业结构不够合理，缺乏高增长，高带动的主导产业和新的增长点等。在经济发展遇到瓶颈急需资金投入以拉动经济的情况下，欠发达地区的财政却普遍困难，部分地方仍属“吃饭财政”，财政支出主要用于保工资，保政权、事业的运转，难以挤出足够资金支持经济和民生建设，自我发展受到较大的限制。

过去广东省采用平均分配的方式对欠发达地区产业转移园区基础设施建设和经济发展进行扶持。但由于财力有限、扶持资金投向重点不够突出，造成了资金分散、集聚效应不强，制约了经济增长极的形成；在扶持资金的分配上重公平而忽视竞争，缺乏优选机制，导致了公共资源配置效率不够高。

2008年，在解放思想学习讨论活动中，根据省委书记汪洋的指示，并经省长黄华华、常务副省长黄龙云批准，省财政厅开展了“以财政手段，通过竞争方式加快形成欠发达地区新的经济增长极”的专题调研，通过调研创新思路，提出了从四个方面着手，八项措施并举推动欠发达地区加快发展的政策思路，为省委、省政府制定“双转移”战略决策时所采纳。其中一条重要措施就是要通过招投标等竞争方式扶持欠发达地区产业转移，从2008年起分五批，每批安排15亿元用于扶持东西两翼和粤北地区产业转移工业园建设。

（二）产业转移扶持资金竞争性分配改革的主要做法

按照“时间服从质量、时间服从程序、时间服从效果”的指导精神，秉持“公平、公开、公正”的“三公”原则，省财政厅及有关部门认真谋划，周密部署，科学制定各项制度、程序、办法，迅速组建评审专家库，先后召开各类筹备会议，精心组织召开评审会等。主要的改革工作包括以下几个方面：

1. 建立竞争流程。为确保竞争性分配改革的顺利实施，促使整个评审工作规范有序、无懈可击，根据公开、公正、公平的原则，制定体现绩效导向、科学公正、简便易行原则的竞争流程。如，明确产业转移扶持资金竞争性分配改革的工作流程为“要件准入，专家评审，政府批准”三个阶段。一是要件准入，即设定门槛。由省经贸委制定示范性产业转移工业园的准入条件和认定办法，按设定条件评选出6个候选产业转移工业园。二是专家评审。由省财政厅根据评审工作要求建立评审专家库，并从专家库随机抽选专家进行评审，在6个候选产业转移工业园中评定获得扶持资金的3个示范产业转移工业园。三是政府批准。示范产业转移工业园报省政府审定后，由省财政厅拨付扶持资金。

2. 制定评审办法、程序等制度。通过广泛征求意见，科学制定评审办法和评审要点，作为开展专家评审工作的主要依据。在程序的设计方面，将整个专家评审会分为投影演示、公开演讲、现场答辩、总结性陈述、专家评分等环节进行，既考虑参与竞争、评审的地级市（以下简称“参评市”）充分展示竞标方案的需要，又考虑专家评分的各种心理效应，增强了评审工作的竞争性和互动性，满足各方需求，适应竞争需要。在指标体系的设计方面，主要从有利于促进地方形成科学发展的思路、制定有效可行的发展措施和提高财政资金的使用效益等角度出发，制定了6个一级指标、21个二级指标和62个三级指标，既注重科学导向，又坚持实事求是、具有可操作性。在评分办法的设计方面，采用“对判断因素加权”和“对专家意见加权”相结合的评分方式，既注重指标的导向作用，又力求尽可能简便、易行。评审办法和要点经省政府审批后，及时印发各地级以上市政府和有关部门、专家。

3. 组建评审专家库。经过单位推荐、财政部门审核和省政府批准等程序组建专家库，履行对各候选产业转移工业园区的评审职责。专家库有环境保护类、经济增长类、财税金融类、发展规划类、区域经济类专家以及省推进产业转移和劳动力转移工作领导小组成员单位推荐的专家共86名。

4. 召开专家座谈会。通过组织召开专家座谈会，准确把握产业转移扶持资金实施竞争性分配改革的关键所在；同时明确，专家在评审时要做到“思想重视、统一认识，精心组织、周密部署，通力协作、尽职尽责，完善制度、规范程序”的具体要求。

5. 召开竞标工作布置会。组织召开竞标工作布置会，对各参评市参与竞标工作进行动员部署，统一思想认识，介绍整个评审工作组织安排情况，明确参与竞标的工作要点以及具体要求。

6. 召开评审预备会。组织召开专家评审预备会，对专家评审会各项工作进行具体布置。预备会按照“公开、公平、公正”的原则，使用福利彩票电动摇号机进行摇号，

依程序抽取6个参评市出场顺序和评审专家组专家。整个抽取过程由省府办公厅、省监察厅、省审计厅派出监督人员进行全程监督，所有抽取结果当场公示，并严格履行签字确认程序。评审专家抽取程序结束后，抽取的评审专家立即签署承诺书，将手机暂时交由会议专家服务组封存保管，并入住相对独立的住房区域。评审会议对专家实行了较为严格的封闭式管理和全方位服务，专家服务组对各位专家实行“一对一”的贴身服务，帮助专家协调会议事宜、提供咨询、安排饮食服务等；数据组专门负责为专家随时提供数据服务。

7. 召开专家评审会。一是参评市陈述。由参评市依次进行投影演示、公开演讲、现场答辩和总结性陈述。投影演示为5分钟，公开演讲为10分钟，现场答辩为35分钟，总结性陈述为3分钟。陈述环节均由参评市市长演讲并带领强大的智囊团进行答辩。会场设置醒目的计时器，并提供倒数10秒的声音提示，确保竞标严格按程序进行。二是评审专家评分。在参评市总结性陈述完毕后，评审专家分别对参评市的6个一级指标进行评定打分，整个过程采用背对背打分方式。三是现场宣布得分情况。专家评审意见经审定确认后，现场公布各参评市得分情况。参评市按得分高低进行排序，以前三名作为中标的地级市。

8. 强化社会监督。在省内主要新闻媒体公开发布公告，邀请广大媒体参加产业转移竞争性扶持资金专家评审会，将评审工作的全过程置于社会的监督之下。同时，还邀请了省政府办公厅、省监察厅和审计厅派员对评审工作进行全程监督。确保“公平、公正、公开”的原则贯彻于整个改革过程的始终。

9. 实施全过程绩效管理。对竞争性分配资金实施全过程绩效监控，使绩效评价管理从事后评价向项目绩效预算编制的“上游”环节延伸，涵盖申报、评审、使用（执行）、评价运用各环节，真正把跟踪问效、绩效问责制度的执行落到实处。省财政厅在实施《广东省产业转移竞争性扶持资金绩效管理暂行办法》中，明确对专项资金的使用，事前进行绩效目标备案、事中实施绩效督察和跟踪问效、事后综合绩效评价和绩效问责，并在办法中首次提出问责惩罚措施：对绩效差劣的地区和项目单位，给予提醒注意或黄牌警告；问题严重的给予红牌处罚，并暂停资金拨付或收回未使用的资金等。此外，结合省直部门掌握的财政专项资金试行竞争性分配改革特点，省财政厅制定了《省级财政专项资金竞争性分配绩效管理暂行办法》，明确从绩效目标审核、评审专家遴选、开展单位绩效自评及财政部门重点评价等方面，对省级部门掌握的专项资金竞争性分配实施全过程绩效监管。

10. 实施专家后评价管理。对专家评审质量进行总结，通过有关专家评审考核指标体系对各专家的评审质量进行考核分析，评估专家的评审工作是否基本符合公平原则。通过专家的评审质量分析，适当淘汰不适宜参加评审工作的专家，不断优化专家库的人员构成，切实保证评审工作的客观、公正、科学。

四、广东省财政专项资金实施竞争性分配改革取得的成效

（一）有效推动地区（部门）形成科学发展的新思路

通过参与竞标，强化地区（部门）的竞争意识，培育了良好的竞争氛围，有效打破了传统的路径依赖和思维定式，极大地激发了地区（部门）加快发展的主观能动性，形成了推动科学发展的强大内生动力。同时，通过借助专家智慧和社会力量，引导参与竞争的地区（部门）认真审视本地区（部门）发展中存在的不足，促进形成科学发展思路，研究和完善促进本地区（部门）科学发展的方案，挖掘潜力，把推动科学发展的正确思路转化为赢得竞争的现实优势。

（二）实现财政专项资金分配的科学化和理性化

在财政资金分配环节引入招投标等竞争性机制，通过对众多备选项目的遴选比较和科学评判优选出使用效益最高的项目，克服了以往对项目进行“一对一”单向式审批的弊端，有效提高了财政资金的配置效率和使用效益。同时，对纳入竞争性分配改革的财政资金，通过科学、理性方式进行优化配置，扩大了资金分配的决策范围，提高了社会公众在财政专项资金管理的参与程度，增强了财政专项资金分配的科学性和透明度，克服了资金分配过程中的主观随意性，为实现民主理财、科学理财奠定坚实的基础。

（三）实现财政专项资金管理模式的转变

对财政专项资金实施竞争性分配，是资金管理模式的一个重大转变。

一是由相机决策转变为竞争择优。以往资金分配模式是由少部分人根据工作需要和部门的资金申请报告相机决策，会“跑资金”、“争项目”的单位往往能争取到资金。实施竞争性分配，就是以部门职能和工作为基础，遵循“大事优先”、“绩效优先”原则，充分依靠专家力量，对地区（部门）资金使用所要达到的预期绩效进行评审，择优支持最能体现资金使用效率的项目，使决策更加科学化。

二是由部门间商议转变为透明公开。以往专项资金的分配一般由相关部门和财政部门协商后决定。这样的专项资金分配模式，分配的过程不公开，依据不明确。同时，这种回避矛盾的分配方式也没有解决矛盾，分配者始终面临各种矛盾冲突所带来的巨大压力。专项资金竞争性分配是一个标志性的创新，升级了决策方式，引入专家评审机制，建立专项资金分配程序和规则，整个过程遵循“公平、公正、公开”的评审原则，在一个完整的制度化过程中科学分配资金，实现了向透明公开的转变。

三是由事后评价转变为全过程绩效管理。以往的专项资金管理注重过程的合法合规性，要求项目单位遵从各项管理规定，严格按程序和规章支出，并对资金使用进行事后绩效评价。竞争性分配改革，要求把绩效管理要求贯穿

于财政专项资金分配和使用全过程，科学确定项目绩效管理重点。通过事前确定绩效目标并备案，构建以“量化指标”为主要标志的目标体系，从而明确了资金使用的用款责任；事中实施绩效督察管理和跟踪问效，有效监督绩效目标的实现进度，及时发现项目实施过程中的问题，督促用款单位及时整改；事后实施绩效自评与重点评价相结合的绩效评价及绩效问责制度，实现全过程的绩效评价管理。

四是由投入控制转变为结果控制。以往专项资金的管理和监督往往注重投入，重视财政资金的杠杆效应和投入乘数，而很少关注投入大量财政资金后产生的结果。通过财政专项资金竞争性分配改革，在资金的分配环节就要求项目单位具有明确的绩效目标和反映绩效目标实现程度的具体指标，建立目标约束机制。通过事中、事后的绩效评价，衡量项目单位实现预定目标的情况，对资金使用未达到预期目标的用款单位进行绩效问责，从而促进从单纯的投入控制到投入控制和结果控制相结合的转变。

（四）实现了专家后评价管理

专家评审是财政专项资金竞争性分配的核心环节。为促进专家评审公平、公正，促进竞争性分配改革健康、稳步推进，在建立、健全专家评审办法、评审指标以及评审专家库管理、专家抽取等制度和规范基础上，引入评审专家后评价管理，即：通过使用信度系数、命中率以及离散度等反评判的统计指标，对专家评分的整体可信度、各专家评分与评审结果的一致程度以及各专家之间的差异度进行统计分析，综合评估参与财政专项资金竞争性分配的专家评审质量。例如：通过对产业转移竞争性扶持资金专家评审质量进行评估，得出产业转移竞争性扶持资金专家评审反评估综合信度系数及命中率指标均较高，专家评审的结果可信的结论，反证了产业转移扶持资金竞争性分配专家评审的制度设计总体上科学、客观，竞争性分配改革引入专家评审机制可行、有效，可在财政资金竞争性分配改革中予以推广应用。

五、下一步广东省财政专项资金竞争性分配改革思路及措施

实施财政专项资金竞争性分配机制，是公共财政支出管理的一项重大改革，是解决财政专项资金“公地悲剧”的有效制度安排。但是，改革仍处于起步阶段，要从探索试点走向全面铺开，成为一项成熟的公共支出管理的制度安排，财政专项资金竞争性分配改革还有很长的路要走。下一步，要在认真总结前一阶段改革经验的基础上，结合市场经济条件下财政专项资金分配的规范性分析，从以下几个方面进一步深化财政专项资金竞争性分配改革。

（一）加强理论研究

要认真总结实践经验，加强调查研究，厘清实施财政资金竞争性方式分配的现实条件及理论基础。同时借鉴西方发达国家的公共管理理论，健全财政支出管理理论体系，指导广东进一步创新绩效管理机制和制度安排，提升全省财政支出管理水平。

（二）完善相关制度

进一步完善以绩效导向、第三方评价、追踪问责为重点的竞争性分配机制；完善以绩效为核心的参评程序、评审办法和评价体系，完善评审工作制度体系和评审指标体系；完善竞争性分配资金绩效评价管理办法及信息管理制度；完善绩效管理基本制度和责任机制，探索建立、健全财政支出项目全过程绩效机制（包括评价结果应用机制）的制度规范；为财政专项资金竞争性分配改革提供评价服务和制度支撑。

（三）完善评审专家库

为适应全面推行财政支出绩效评价管理工作和财政专项资金竞争性分配工作需要，有必要进一步完善专家库建设，监督管理专家入库、使用管理和专家咨询工作，整合绩效评价的专家资源，适时更新评审专家库，实行动态管理，建立专家档案，并进一步细分不同领域的专家，现阶段可以在省政府确认的“省级竞争性分配评审专家库”的基础上，分阶段逐步拓展专家库的专家来源和专业范围，包括全国著名高校、科研机构专家学者，省外相关领域的专家等，进一步扩展专家库的专业覆盖面，适当增加专家库人数，提高专家评审的科学性、有效性。

（四）抓好全过程绩效管理

进一步实质性推进竞争性分配财政专项资金全过程绩效监管工作，在资金申请、使用环节，对财政资金使用合规性、合理性、预期目标实现程度等进行督察和评价，并根据评价结果提出相关绩效问责建议。建立定期通报制度，向社会公布资金的使用和园区建设的进展情况，将绩效管理要求贯穿于财政专项资金分配和使用的全过程，不断强化财政绩效观念，切实提高财政资金使用效益。

（五）拓展竞争性分配改革范围

在进一步扩大省级财政专项资金试行竞争性分配改革试点范围的基础上，鼓励、引导、指导有条件的市县探索财政专项资金竞争性分配改革。按照循序渐进，试点先行的改革思路，在不改变现行专项资金的分配格局，不改变主管部门对财政专项资金分配权、管理权的前提下，科学划分实行竞争性分配改革的专项资金类别，对于分配对象主要为企业、市场化程度较高的专项资金，推广招标投标方式；对于分配对象主要为政府部门或下级财政的专项资金，引入专家评审、集体研究等竞争性决策机制。重点将绩效目标作为财政专项资金分配和项目遴选的一项重要判断标准，将绩效管理要求贯穿于财政专项资金分配和使用的全过程，不断强化财政绩效观念，切实提高财政资金使用效益。

（绩效评价处供稿，罗　睿执笔）

广东农业综合开发创造性地推进现代标准农田建设

农业综合开发资金是广东省最早开展中低产田改造的

专项资金之一，在标准农田建设方面积累了丰富的经验，起到了良好的示范作用。2006 年以后，广东省农业综合开发围绕省委、省政府的战略部署，创造性地推进现代标准农田建设，2006～2008 年广东省农业综合开发投入财政资金 11.32 亿元。其中：争取中央财政资金 4.65 亿元，省级财政配套和专项投入 5.59 亿元，市、县财政配套 1.08 亿元。共扶持66 个县（市、区）建成现代标准农田 186.37 万亩，有力地促进了农业、农村经济的发展。

一、主要做法

（一）创新投入机制，统筹资金办大事

一是统筹国家农发资金，实行重点开发。坚持连片开发，大投入、大产出，不撒"胡椒面"，三年累计安排项目 249 个，平均每个项目治理面积 0.75 万亩，财政投资 430 万元，国家开发县平均每个县投入 2 300 万元。2008 年以后又选择 7 个县建设国家农业综合开发省级示范区，平均每个县安排财政资金超过 1 200 万元，并通过多种项目配套、多项资金捆绑，探索重点开发的新路子。二是统筹同类资金，实行规模开发。加强与其他标准农田建设项目的整合，统筹安排、取长补短、分工协作、互通信息，系统化、规模化地提升农业综合生产能力。三是统筹相关资金，实行区域开发。坚持与其他同类支农资金，统筹安排、相互配合，先后在清新县等 4 个县市开展农业综合开发与相关支农资金整合试点，配套整合公路建设、水利堤围、科技推广、小型农田水利等支农资金 5 800 万元，促进了当地农村基础设施整体改善。四是统筹省级专项资金，实行协调开发。在争取中央财政加大投入的同时，2006 年以后省级财政每年安排省级农业综合开发专项资金 6 000 万元，主要用于 10～20 个非国家开发县建设高标准农田，协调推进开发战略。

（二）创新选项机制，严格把好项目立项关

一是推行竞争分配。实施财政资金竞争性分配改革，按照资源条件和工作绩效各占 40% 和 60% 的综合因素法分配财政投资指标。同时，对重大项目实行公开竞标，2008 年首批选择 9 个省级项目和 4 个省级示范区，涉及财政资金近亿元，按照抽签决定评审专家、独立评审、演讲答辩、现场评分、公布结果的程序进行竞标，先后有 22 个县参加竞标，探索了公开竞争分配的有效形式。二是严格立项条件。制定了土地治理项目竞争立项办法和项目评审标准，要求项目区必须具备灌溉有水源、排水有出路、地块规整、集中连片、产业有基础、基层干部群众有积极性等基本条件，县级在乡镇之间组织竞争立项，对不符合立项条件的，不予立项。三是强化专家评审。省级建立项目评审专家库，对申报的土地治理项目规划设计方案在市级评估的基础上，每年组织室内评审，并按超过 30% 的比例进行实地考察，提出修改意见，经反复修改通过后才能编入项目计划。四是强化考核评比。制定了项目前期工作和规划设计考核细则，每年对各开发县规划设计方案进行考核评分，考核结果及时向各地通报，实行奖优罚劣。

（三）创新制度规范，实现规划设计标准化

2006 年，省级组织专家编制了《广东省农业综合开发土地治理项目规划设计指南》，开创性地建立了项目规划、设计、图纸绘制和概算等一整套技术规范，在规划设计中重点突出四个方面：

一是突出综合开发。立项时明确项目区产业发展方向及其功能分区，按照产业要求明确技术指标，发展粮食产业的，主要建设渠路骨干工程，减少田间农渠衬砌，便于机械作业；发展蔬菜产业的，则按照蔬菜产业的要求，增加布设斗渠、农渠和喷灌、滴灌设施等。二是分清轻重缓急。工程措施根据主要制约因素，按照轻重缓急进行布设，首先解决整个项目区的水源工程、灌溉支渠和排水工程，其次解决斗渠和主要机耕道路，再次是农渠和一般机耕路。在投资标准偏低的情况下，统筹资金解决主要问题，确保整体受益。三是注意分类指导。在解决骨干工程后，按照不同地形条件，平原和丘陵地区采取点面结合，田块方格化、土地平整化、渠路顺直化、排灌系统化、耕种机械化，实现园田化目标；对山区则雪中送炭、查漏补缺，重点安排群众迫切需要、长久实用的工程。四是把握设计规范。坚持美观与实用相结合，坚固耐用与节约投资相结合，杜绝形象工程。如要求规格 60 厘米以上的渠道衬砌达到 18 墙，80 厘米以上的达到 24 墙，与机耕主道结合的渠靠路一侧采用浆砌石；对规格 30 厘米以下的毛渠一律不予衬砌；除与机耕路配套的外，50 厘米以下的渠一般不用浆砌石，既要避免片面追求坚固而不计成本，又要保证质量的长久性。

（四）创新管理机制，建设项目工程样板区

一是早动手、早准备、早开工。在选好项目、实地勘测的基础上，按照扩初设计的水平建立土地治理项目库，提早一年完成项目前期准备工作，提早开展施工设计和招标准备，国家资金下达后在 1 个月之内完成资金配套和拨付，确保顺利招标、当年开工、当年建成。截至 2009 年，土地治理项目工程当年完工率超过 80%。二是统一工程监理。省财政厅制定了《广东省农业综合开发土地治理项目工程监理实施细则》，每个地级市招标选定一家工程监理单位，对所属县的全部土地治理项目进行监理，实行监理标准、方法、程序、费用"四统一"，实现了工程质量和进度有效监督；同时，县级聘请群众监督员组建监督小组配合专业监理，有力提高了工程质量。三是规范标志标牌。在项目区实行公示和宣传工作"五个一"，即"建立一个宣传栏、竖立一个竣工公示牌、设置一批单项工程标识牌、张贴一套宣传挂图、制作一组宣传标语"，省财政厅编制了《农业综合开发项目公示和宣传指引手册》，设计了"广东财政·农综开发"专用标志以及竣工公示牌、单项工程标识等一整套的标识规范，在田间地头树立了农业综合开发的新形象。四是强化检查验收。省级每年开展两次以上的项目建设普查，对工程建设进度偏慢、存在问题的，派出工作组和委托中介机构进行专项检查；项目竣工后按照程序及时组织单项工程验收，对不符合质量和验收要求的，

督促有关单位及时整改，并进行跟踪评价。五是落实管护机制。项目管护基本做到移交手续、管护制度、管护职责、管护措施、管护人员、管护经费“六个落实”，及时通过良种推广示范，组织引导产业结构调整，最大限度地发挥工程效益。

二、主要成效

（一）建成高标准农田样板区，促进了生产条件改善

2006年以后，累计建设高标准农田286万亩，衬砌渠道3 280公里，修建机耕路2 210公里，修建渠系建筑物2.1万座。通过治理后，项目区的水源工程、整体灌排工程和机耕道路系统基本完善，排灌不畅的问题普遍得到解决，农业生产条件大为改善。“十年九旱”的雷州半岛项目区，通过改水治旱，发展成为全国最大的北运菜生产基地。2006年以后，清远、潮州、惠州、江门、梅州、河源、湛江等市先后发生严重旱情和洪涝灾害，但当地的农业综合开发项目区治理后灌溉或排涝时间不到原来的1/4，防灾抗灾能力明显增强，仍然普遍实现增产增收。

（二）建成现代特色产业核心区，促进了产业结构升级

坚持综合开发的思路，围绕特色产业的发展组织工程设计，配套实施产业结构调整，建设现代产业生产基地，避免了重工程、轻效益的问题。2006年以后，广东省农业综合开发累计新增蔬菜、水果、花卉、甜玉米等40多万亩，每亩产值达到3 000～4 000元，有的超10 000元；同时，在具备冬种条件的区域，围绕解决冬季灌溉问题重点规划建设，新增冬种示范基地38万多亩，两茬耕种变为了三茬、四茬，建成全国农业效益最为显著的项目区，为农民打造了增收的“第三个季节”。

（三）建成农业科技成果应用区，促进了农业科技进步

工程条件具备之后，在项目区配套实施科技推广和农机化，建立了以项目区为纽带，省、市、县三级结合的示范推广体系。三年间，累计示范推广优新品种76个，先进适用技术68项，示范面积48.43万亩，完成技术培训17.65万人次，新增机耕面积39万亩，农业科技贡献率达到55%，普遍建成当地农业科技的样板区。

（四）建成农村生态文明示范区，促进了农村和谐发展

农业综合开发坚持与各地农村环境治理、发展生态文明等相结合，描绘了现代田园与优美生态共存的新农村景象。同时，积极建立以农民为主体的开发机制，有效地化解了农村争水、争地等矛盾纠纷，树立了新风新貌。群众盛赞农业综合开发是田间地头农民见得最多、质量最好、受益最大的基础设施工程。

（农业综合开发办公室供稿，宋俊华执笔）

广东省着力打造公开透明的政府采购竞争机制

市场经济是竞争经济，实现政府采购的市场化，就必然要求在政府采购市场中引入竞争。

2003年，广东省确立了政府采购建立“两个竞争机制”（即采购代理机构之间以及供应商之间的竞争机制）和“一个制约机制”（即政府采购当事人之间的相互制约机制）的思路，力争用充分的竞争减少人为因素和行政指令，用政府采购当事人之间的相互制约压缩腐败产生的空间。按照这一思路，广东省大力推进“竞争＋制约”机制建设，努力打造公开透明的政府采购竞争机制，进一步规范了政府采购当事人行为，有效防止了商业贿赂，推动了政府采购市场化进程，为营造公开、公平、公正的政府采购环境发挥了巨大的推动作用。

一、主要做法

（一）在政府采购代理中引入竞争机制

在采购代理机构之间引入竞争机制，就是要让政府集中采购机构之间、社会中介采购代理机构之间、集中采购机构和社会中介采购代理机构之间开展良性的社会竞争，促使其提高业务素质、服务水平和服务质量。

第一，在集中采购业务代理内部引入竞争机制，打破原有行政隶属关系，允许集中采购机构跨越行政区域代理集中采购业务和采购人跨越行政区域委托集中采购机构代理采购。2009年，广东省本级尝试在2009～2010年度省直单位办公用品、公务车辆维修、公务车辆保险协议供货资格招标中引入竞争机制，打破了省级集中采购目录项目完全由省集中采购机构代理的局面。

第二，加大部门采购业务的代理竞争力度，充分调动社会中介采购代理机构代理竞争的积极性。一方面，引导社会招标代理机构的充分竞争。广东省十分注重规范和完善中介市场，全省目前已有130多家（甲级和乙级）社会招标代理机构，使社会代理机构之间的充分竞争有了量的保障。同时，注重发挥社会代理机构的作用，引导社会代理机构参与政府采购代理市场的竞争。另一方面，在部门采购目录内引导社会中介代理机构和集中采购机构的竞争。广东结合本省实际情况，在广泛征求意见并报省政府同意后，对集中采购目录进行了合理的调整，部门集中类品目由三大类25项扩大到70多项，鼓励集中采购机构和社会代理机构在非集中采购项目代理中展开公平竞争。

（二）鼓励供应商之间进行充分竞争

在供应商之间引入竞争机制，就是要让政府采购供应商之间在商品质量、服务态度、科技创新等方面开展良性竞争，靠实力取胜，杜绝寻租行为，培育公开透明、公平竞争的政府采购环境。建立全省统一的供应商库，通过规范供应商准入制度，引导具备相应资质的供应商“入库”，

激励更多供应商参与政府采购，杜绝和减少市场垄断行为。同时，借助电子化手段，加大采购信息公告力度，所有供应商可以同时看到政府采购活动的信息公告，并根据采购信息平等地参与政府采购市场竞争。另外，采购单位可以通过“电子议价”、“电子反拍”等手段鼓励更多的入库供应商和其他合格供应商参与竞标，从而形成了供应商之间的充分竞争。

（三）规范制度建设，借助电子化手段完善政府采购当事人之间的制约机制

政府采购市场的竞争，应该是良性的竞争，这样才能和谐发展、规范有序，也就促成了必须构建采购人、采购代理机构和供应商等政府采购当事人之间相互制约的制衡机制。一方面，加强政府采购法规制度建设，在形成比较完备的制度体系并积累丰富实践经验的基础上，积极配合推动政府采购法地方立法工作。通过完备的法规制度明确各方当事人的权利、义务，严格规范各类政府采购行为。另一方面，借助电子化手段，营造公开透明的政府采购监管和操作平台，加大政府采购信息公告力度，有效防止信息不对称造成的竞争缺失现象，促使各方当事人相互监督和制约。另外，加强对采购代理机构的监管考核，建立和完善了政府采购供应商信用考评机制，及时依法处理供应商投诉，有效推动了制约机制作用的发挥。

二、取得成效

（一）规范了政府采购当事人行为

通过引入竞争、制约机制，有效地减少了政府采购当事人不规范行为的发生。体现到采购人方面，规避政府采购、行政指令干预采购程序等现象大大减少。体现到代理机构方面，服务意识较差、采购机构之间恶性竞争以及违规“转委托”等现象得到有效遏制。同时，充分竞争还激活了采购代理市场，各集中采购机构和社会代理机构通过完善自身管理水平和业务操作水平获取代理资格，从而提高了采购质量和采购效率。体现到供应商方面，竞争机制赋予市场主体的平等地位，充分调动了潜在供应商参与政府采购的积极性，各供应商之间通过降低商品价格，改进产品质量和服务水平来获取市场份额，保证了政府采购产品和服务的质优价廉，降低了对政府采购“质次价高”的质疑，提高了政府采购的公信力。

（二）有效防止了商业贿赂

建立政府采购竞争和制约机制，一方面，通过公平竞争激励政府采购当事人、特别是供应商和社会代理机构依靠自身实力、通过正当途径获取对具体项目的采购和代理机会；另一方面，将政府采购的各个环节置于公开透明的环境中，杜绝不法供应商“寻租”、行贿的行为和某些采购人倾向性、暗示性行为的发生，大大压缩了可能滋生腐败的空间，充分发挥了政府采购在防止商业贿赂中的积极作用。

（三）推动了政府采购的市场化进程

作为政府采购市场化操作的两大重要因素，“两个竞争机制”和“一个制约机制”的健全完善，促使政府采购竞争更加充分，监督制约更加有力，效率不断提高，进一步推动了政府采购的市场化发展，加快了广东省政府采购的市场化进程。

（政府采购监管处供稿，杨　瑞执笔）

积极构建财政监督工作新机制，推动财政管理科学化精细化

面对国际金融危机的严峻挑战和复杂的国际国内形势，监督检查局紧紧围绕服务改革发展稳定大局，坚持更新理念，开拓思路，创新工作方式方法，把财政监督作为财政管理的必要环节和组成部分纳入制度设计和安排，形成财政监督与财政管理的紧密融合，积极构建一个科学合理、系统全面、权责明确、运作规范的财政监督工作新机制，逐步推动财政管理科学化精细化。在实践中，监督检查局以开展深入学习实践科学发展观活动取得的成果为新起点，以抓落实促发展主题实践活动为新的契机，逐步建立健全了财政监督工作宣传教育机制、财政监督检查工作联动机制、财政监督检查协调协助机制和财政监督执法问责机制等四个工作机制。

一、创新培训模式，注重文化学习，积极构建监督检查宣传教育机制，全面提升队伍的整体素质

监督检查局通过加强培训学习、信息报道、工作交流、情况通报、案件剖析等强化国家财政法律、法规政策和纪律的宣传教育，积极构建财政监督大宣教机制，把监督工作融入宣传教育之中，促进监督关口前移。

（一）讲方法，分批举办“培训班”

2009年上半年，为了进一步强化和提高全省基层财政监督干部的监督意识和业务素质，提高全省基层财政监督部门的工作水平，监督检查局分三批举办了全省财政监督干部业务培训班，对全省155个市县区（包括非正式区）的500多名财政监督干部和分管财政监督工作的领导进行了业务培训。通过培训，进一步开阔了全省财政监督干部的视野，拓展了他们的业务能力，为做好财政监督检查工作提供了重要保障。

（二）筑品牌，构建“送课到基层”培训模式

2009年，监督检查局先后为全省财政社保系统干部、韶关市财政系统科级干部和财政所干部、从化市市直机关干部就财政资金监管等方面的内容进行了专题培训。通过构建“送课到基层”培训模式，不仅提高了基层财政干部的政策业务水平，为预防财政违法、违规、违纪行为的发生起到了积极的警示作用，也打造了广东省财政监督宣教品牌。

（三）抓机遇，寓财政监督宣教机制于工作实践中

2009年2月，省财政厅召开了2009年省管企业会计信

息质量检查工作布置会议。会议布置所有省管企业自查，明确省财政厅将采取根据自查情况进行重点抽查的新的工作方式。这次会议使省管企业充分认识到会计监督工作是《会计法》赋予财政部门的重要职责，也使其认识到加强会计监督工作的重要意义，进一步宣传了财政监督职能，提升了财政监督的权威性。

（四）重学习，着手打造学习型机关氛围

监督检查局积极开展“创建学习型组织，争当学习标兵”、“读书·思考·进步”和“读一本好书、写一篇心得”等一系列活动，引导全局干部多读书、读好书，不断增强学习的自觉性和紧迫感。不断完善监督检查局的学习制度，激励全体干部学得进、愿意学、自觉学，坚持学习的长期性、全面性和实效性，以学习教育加强科学理论武装、强化党性修养、构建理想价值观念和道德规范，努力打造学习型机关，为财政改革发展提供坚强的精神动力和智力支持。

二、注重上下联动，严抓工作考评，积极构建监督检查工作联动机制，切实推进财政监督工作

为提高全省财政监督队伍的战斗力、凝聚力和向心力，全面提升财政监督干部的工作热情，在全省财政监督系统营造积极向上、创先争优的良好氛围，监督检查局立足全省财政监督工作全局，发挥自身优势，统筹兼顾，科学谋划，注重上下联动，严抓工作考评，采取一系列切实可行的措施，加大对基层财政监督部门的督促和指导力度，不断强化省市县三级间的沟通与交流，整体推进全省财政监督工作。

（一）注重上下联动，增进交流协作，切实推进全省财政监督工作

一是注重上下联动，明确省市县三级财政监督检查任务，逐级落实工作责任。2009 年，监督检查局统一下达了全省财政监督检查项目共计 86 项，其中财政专项资金检查共 40 项，会计信息质量检查共 36 项，委托检查会计师事务所 10 项。同时，要求各地级以上市财政部门将检查处理报告按时上报，省财政厅同时组织力量对各地检查情况进行抽查。

二是规范财政监督信息报送工作，增进省、市、县之间的工作交流。为增进省、市、县间财政监督信息的交流，实现资源共享，2008 年，监督检查局制定了《广东省财政监督信息报送管理办法》，要求各地级以上市财政监督部门按时报送财政监督信息。2009 年 7 月和 12 月，监督检查局根据《广东省财政监督信息报送管理办法》的要求，先后两次对各地财政监督信息报送情况进行了全省通报。加强财政监督信息报送日常化管理，使监督检查局与各地财政监督机构之间的信息沟通得到进一步加强，为协调解决各地财政监督工作中遇到的问题和困难起到了积极的作用。

三是印制通讯录，增进省市县间的交流。广东各地财政监督部门人员变动较大，为加深认识，增进交流，2008 年监督检查局印发了《广东省财政监督系统通讯手册》，鼓励各地加强联系，沟通工作，相互取长补短，共同推动财政监督工作。

（二）采取有效措施，建立考评制度，提升队伍的战斗力和凝聚力

2009 年上半年，监督检查局结合当时全省财政监督工作实际，在多方调研、商讨的基础上，研究制定了《广东省财政监督部门管理工作评比试行办法》，把财政监督工作情况、监督检查机构设置、人员配备等情况纳入考评范围，积极督促各级财政监督部门做好财政监督工作。2009 年年底，综合各地自评情况和监督检查局掌握的各地管理工作情况，评选出了惠州等十个先进地级市并予以通报表扬。通过建立考评制度，一方面激励先进，鼓励他们发挥“标杆”作用，再接再厉，再创佳绩；另一方面可以警醒落后，督促他们寻找差距，扎实工作，在全省财政监督系统营造一种你追我赶、创先争优的良好氛围。

三、创新工作模式，加强横向联合，积极构建监督检查协调协助机制，进一步扩大监督检查效果

（一）强化横向联合，整合监督力量，进一步扩大监督检查效果

2009 年，监督检查局创新财政监督工作模式，注重整合监督力量，加强部门间的配合协助，充分实现优势互补、信息共享、资源互助，积极构建财政监督检查协调协助机制，有效促进了财政监督社会效益最大化。

一是加强与厅各业务处室沟通协助。2009 年，监督检查局与厅各业务处室加强沟通，参考各业务处室意见确定财政资金重点检查项目；检查结束后，针对检查发现的问题向相关业务处室征求处理意见，对违规问题作出严肃处理。这种检查项目确定模式，一方面有利于专职监督机构有的放矢地开展检查，另一方面也有利于各业务处室参与、理解并支持监督。

二是加强与厅国库处协作，积极开展地方财政资金安全检查。2009 年，监督检查局抽调人员参与国库处开展的地方财政资金安全检查工作，先后检查了广州、佛山和省外办、省打私办等单位。

三是牵头建立了注册会计师行业监管工作联席会议制度。为提高监管效能、形成监管合力，2009 年监督检查局牵头建立了注册会计师行业监管工作联席会议制度，通过联合厅会计处、省注协召开部门协调会，为顺利做好注册会计师行业监管工作打下基础。

（二）创新监督模式，自查与抽查并举，着力提升监督成效

为进一步提升财政监督社会影响力，扩大监督检查覆盖面，强化震慑作用，2009 年监督检查局开拓工作思路，创新工作方式，采用被查单位自查与重点抽查相结合，以单位全面自查为依托，以重点抽查为保障，点面结合，以点带面，取得了事半功倍的效果。

一是体现在专项资金监督检查中。在开展财政专项资金检查时，要求各地认真开展自查，监督检查局根据自查

情况进行重点抽查，取得了良好的成效。2009年，为加强涉及民生的财政资金的监管，监督检查局先布置全省各市对农村劳动力培训补助资金等四项专项资金的管理、拨付和使用进行自查，结合各市上报的自查情况，监督检查局组织检查组对其中4个市上述四项专项资金进行监督检查，及时发现并纠正了违规问题，保障了省委省政府各项惠民政策得到贯彻落实。

二是体现在会计信息质量检查中。在开展会计信息质量检查时，监督检查局也不断强化自查和重点抽查的作用，要求省直单位和省管企业对本单位会计信息质量进行全面自查，监督检查局根据自查开展情况确定重点检查对象。2009年，为了准确把握监督重点，增强企业对会计监督工作的责任和意识，扎实做好会计信息工作，监督检查局召开了省管企业会计信息质量检查工作布置会议，布置所有省管企业全面自查，明确监督检查局将采取根据自查情况进行重点抽查的新工作方式。经过对省管企业自查情况的比对分析，监督检查局确定了检查对象，组织力量分别对相关单位进行查处，取得明显成效。

四、树立财政监督公信力，积极构建监督执法问责机制，确保监督成果利用落到实处

2009年，监督检查局采取行之有效的措施，加大执法问责力度，通过对一些典型案例的曝光，形成警示效应和震慑效应，坚决杜绝处理处罚流于形式，提高财政监督公信力和权威性，确保监督成果利用落到实处。一是专题报告检查情况。监督检查成果要以书面的形式报告厅党组，一些重大事项，由厅领导直接向省委省政府主要领导报告。二是及时通报重大问题。对检查中涉及相关单位、相关领域的重大管理问题及处理结果采取系统内通报或社会公告的形式向社会公开，进一步提升了财政监督的执法权威和威慑力。三是跟踪反馈整改成效。由监督检查局牵头，联合资金分管处室，对相关单位利用检查成果情况跟踪督办，并收集整改情况，及时以书面形式报告厅党组。

（监督检查局供稿，林承志执笔）

扎实推进“规划到户责任到人”对口帮扶工作

2009年，省委、省政府决定开展“规划到户责任到人”的扶贫开发工作。这是省委、省政府站在新的历史起点上，从全局和战略的高度提出的新时期扶贫开发战略。按照省委、省政府的决策部署，省财政厅高度重视，积极行动，把对口帮扶五华县水寨镇大沙村作为全厅当前及今后的一项重点工作抓紧抓好，各项工作迅速启动，形成了工作扎实、措施得力、责任落实的良好局面，得到了省扶贫开发领导小组充分肯定和对口帮扶干部群众的广泛好评。

省财政厅开展对口帮扶大沙村的总体思路是：通过三年对口帮扶，重点引导和发挥广大农民脱贫的主体作用和主观能动性，在短期内，实行人对人扶贫，利用机关干部了解政策的优势，破除农村信息不畅的状况，使农民充分了解和利用有关政策、技术和市场等信息资源；在较长时期内，发动社会力量参与帮扶，解决农村就业和助学的问题，通过自主脱贫能力和人口素质的提高，促进建立稳定脱贫的长效机制。按照以上总体思路，省财政厅主要开展了“八个步骤”的工作，具体如下：

一、组织发动、统一思想

省财政厅党组对扶贫开发工作高度重视，多次召开会议组织学习省委书记汪洋、省长黄华华和常务副省长黄龙云有关重要讲话精神，领会精神实质，统一思想认识。迅速成立对口帮扶大沙村工作领导小组及其办公室，由省财政厅党组书记、厅长刘昆任组长、为第一责任人，厅党组副书记、副厅长、机关直属党委书记曾志权任副组长兼领导小组办公室主任、为直接责任人，其他厅党组成员为成员，全厅处级以上干部为具体责任人；由人事教育处负责督促协调工作，并组建驻村工作组，选派熟悉财政扶贫工作的2名驻村干部常驻大沙村，负责各项帮扶工作的落实和上下联络等职责。10月10日，还专门召开“规划到户责任到人”对口帮扶工作动员大会，进行全面动员部署，明确工作目标和责任，使全厅干部职工的思想和行动统一到省委省政府的决策部署上来。

二、调查摸底、理清思路

在前期委托当地有关部门帮助调研、提供各方面情况的基础上，受省财政厅党组委托，8月份副厅长曾志权率领6个主要业务处室负责人到大沙村进行实地调查摸底，逐户核实有关情况，并留下2名同志进行了为期一个月左右的摸底排查，全面摸清了大沙村基本情况及贫困户人员构成、收入来源、致贫原因、帮扶意愿等情况。其中：78户贫困户中有45户存在因病致贫问题，有50户反映小孩读书负担重的问题，还普遍存在劳动力素质低下、劳动收入来源渠道单一的问题，并以此为依据建立了78户贫困户档案和帮扶台账，实现贫困户档案“一户一表”、贫困户帮扶记录“一户一卡”，为落实帮扶责任明确了思路。

三、明确目标、制订方案

在前期调研的基础上，根据省提出的目标任务，省财政厅制定了对口帮扶工作实施方案，明确了对口帮扶大沙村的三年总体目标，以及实现村集体“六有”和贫困户“八个确保”的具体工作目标。“六有”即通过帮扶使大沙村有较强的领导班子，有科学的发展规划，有稳定的集体收入，有整洁的村容村貌，有民主的管理制度和有文明的社会风尚；“八个确保”即确保被帮扶的78户贫困户有自我发展和稳定收入的主业，基本实现稳定脱贫，确保有条件的贫困家庭完成危房改造，确保符合条件的贫困家庭被纳入最低生活保障，确保贫困户家庭参加农村合作医疗，确保贫困家庭子女接受义务教育不辍学，确保考上大

中专院校的贫困家庭学生能顺利完成学业，确保符合条件的贫困户劳动力能免费参加职业技能培训和至少输出一个劳动力，确保每一贫困户学会一至二门种养技术或手工加工技术。根据实施方案，结合大沙村实际，还制订了2009～2011年分年度工作计划及工作指引，进一步量化帮扶任务，明确工作进度；制定实施《对口帮扶工作指引》，明确挂钩帮扶到村到户责任人及具体事项，增强扶贫工作可操作性。

四、对号入座、落实责任

根据“责任到人”、“人对人扶贫”的要求，按照每位厅领导帮扶2户、每位正处级领导干部帮扶1户、其余处级干部2～4人帮扶1户贫困户的原则，将对口帮扶大沙村78户贫困户的责任全部落实到118位厅处级干部，保证每一户贫困户都有帮扶责任人挂钩联系。厅党组书记、厅长刘昆率先到大沙村与帮扶对象挂钩对接，共同研究发展脱贫措施，制订实施方案，118位帮扶责任人已分五批到大沙村开展结对帮扶工作，“对号入座”，充分发挥机关干部了解各方面惠民惠农政策的优势，深入农户结合实际研究确定扶贫方法，逐项抓任务落实。为使全厅的帮扶工作形成合力，按照整村帮扶和逐户对口帮扶相结合的原则，厅党组强调统一部署，强调统一行动，并加强对全厅干部落实帮扶责任的指导，制定实施了《细化工作手册》，量化了实现每一项目标的具体措施，确定了每一项措施所涉及的具体贫困户名单，因户制宜制订了每一户贫困户的脱贫方案，明确了每一项目标任务的实施及完成时间，使各项帮扶工作更具操作性和针对性，“对口帮扶”逐户落实得以充分体现，有效推动了各项工作的开展。

五、因户制宜、分类实施

按照省委省政府转变传统帮扶观念要求，积极拓宽思路，实施“靶向疗法”，因户因人而异采取“产业帮扶、救济帮扶、社会帮扶、智力帮扶”等四类帮扶措施，分类实施，为每一户贫困户量身订制了帮扶方案和帮扶措施。

第一，实行产业帮扶。在与大沙村充分协商的基础上，确定重点帮扶的主导产业项目，积极与有合作意愿的企业就合作项目的可行性方案进行了协商，引进农业龙头企业与贫困户挂钩，发展山地养鸡业、规模养猪业和种植油茶，增加稳定收入来源，拓宽脱贫道路。

第二，落实救济帮扶。针对因病致贫问题，对45户贫困户情况进行了细致归类，严格对照落实有关政策规定，切实减轻贫困户负担。对贫困户丧失劳动能力且符合低保条件的，按照有关政策规定列入最低生活保障范围；对遭遇重大疾病、意外事故及自然灾害等突发事件导致家庭生活困难的，按照有关政策规定给予一次性补助；积极引导贫困农民参与新型农村合作医疗，减轻贫困户因病负担。

第三，发动社会帮扶。筹集设立“大沙村扶困基金”，发动社会力量参与帮扶。截至2009年年底，共发动87家企业及全厅干部职工捐赠共109万元。

第四，开展智力帮扶。对有条件的贫困户劳动力，实施免费职业技能培训、种养技能培训，推荐贫困户子女到职业技工学校学习。

六、长短结合、建立机制

按照“轻重缓急、量力而行”的原则，统筹规划、分步推进各项帮扶项目任务，建立对口帮扶工作机制：第一年，完成20%以上的帮扶任务，主要是实施部分村道改造等基础设施建设和落实贫困户低保、农村合作医疗、子女读书资助、劳动力职业技能和种养技术培训等基本公共服务项目。第二年，完成70%以上的帮扶任务，全面实施村道硬底化、排灌排洪排涝渠道、饮水安全工程、文化卫生服务设施等公共基础设施建设项目，发展带动贫困户稳定增收的主导产业。第三年，全面完成各项帮扶项目和任务，实现“六有”、“八个确保”的帮扶目标，并争取在帮扶过程中探索形成稳定脱贫奔小康的机制。

七、扎实推进、务求实效

在落实建立帮扶主导产业方面，根据大沙村自然条件及村民自我发展意愿，已引进当地2家龙头企业带动贫困户发展山地养鸡业和规模养猪业，采取“公司＋农户”的模式与贫困户建立“合作双赢”的利益联结机制。其中：引进梅州市大天然现代农业有限公司带动贫困户养鸡，贫困户只需交纳每只鸡苗1元的信用押金就可以享受由公司提供鸡苗、饲料、疫苗、养殖技术及保价回购的全程服务，贫困户只需付出劳动在自家屋前屋后养鸡就能分享到约2.5元的稳定收益，2009年底已带动6户贫困户养鸡8 000多只；引进梅州市恒星畜牧实业有限公司带动贫困户养猪，也同样采取由企业提供猪苗、饲料、疫苗、技术及销售服务，贫困户按养殖每头猪分享约100元的稳定收益，已带动7户贫困户养猪500多头。同时，为增强贫困户发展主导产业的信心和决心，驻村工作组还邀请省农科院专家和帮扶企业技术人员对贫困户进行科学养殖知识培训，组织大沙村村民到五华县安流镇红山村养殖场观摩学习“红山村模式”，推动贫困户转变思想观念，激发勤劳致富的斗志。

在落实民生政策帮扶方面，采取召开村民小组长和村民代表会议、张贴宣传标语、上门座谈等方式，大力宣传发动，将党和政府的各项民生政策信息送到贫困农户手中；积极开展入户调查，深入、详细了解贫困农户的生产生活状况及脱贫意愿。在此基础上，组织贫困户自愿申报，镇村干部核查，并报县扶贫办、民政局等主管部门确认，分别确定了列入最低生活保障、危房改造、读书资助、职业技能培训、种养技术培训等帮扶政策范畴的具体贫困户名单。在发动社会帮扶方面，按照省委省政府新时期扶贫开发创新帮扶方式，积极发动社会各界力量参与，增强帮扶力量，先富帮后富，实现共同富裕的精神，省财政厅进一步加强宣传发动，通过走访热心企业、动员外出乡贤、在全厅范围内发动干部职工捐款等方式，多方筹集扶困基金。为确保社会各方帮扶基金用在最实在的地方，发挥最惠民的作用，还专门制定了《五华县大沙村扶困基金章程》、《五华县大沙村扶困基金发放评审办法》等一系列资金管理办法，成立了五华县大沙村扶困基金理事会和监事会，实行科学管理、多方监督。目前，五华县大沙村扶贫基金理事会已评定贫困家庭子女读书、特困救助、尊贤敬老的补助名单及补助金额，在公示无异议后，于2010年元旦前发放到贫困户家庭。

八、宣传引导、营造氛围

省财政厅在开展对口帮扶的过程中，紧紧抓住工作重点、亮点和典型，通过电视、报纸等新闻媒体及会议、座谈、信息报送、经验介绍、印发宣传资料、悬挂宣传标语等多种形式对帮扶工作进行宣传，营造氛围，凝聚共识。广东卫视、梅州电视台、《梅州日报》、《五华政报》等新闻媒体对厅前期工作情况进行了宣传报道；《省扶贫开发工作简报》第29期专门介绍了厅开展对口帮扶工作情况，财政部网站也进行了报道。

省财政厅开展“规划到户责任到人”之所以能顺利推进、初见成效，主要得益于省委、省政府的科学决策和正确领导。

第一，方向明确、领导重视是前提。汪洋书记在深入调研、科学分析的基础上对广东省扶贫开发工作进行再突破和点题，把住了当前扶贫工作的薄弱环节，是广东省解放思想、破除工作路径依赖和思维定式的又一典范。省委书记汪洋、省长黄华华、常务副省长黄龙云、副省长李容根多次对“规划到户责任到人”工作作出重要指示和批示，指明方向、科学指导、靠前指挥，为扶贫开发工作提供了根本动力。省财政厅党组高度重视，厅主要负责同志及分管负责人亲自部署、具体抓落实，专门组建驻村工作组，千方百计将各项政策要求、任务目标落到实处，取得了成效。

第二，领会精神、把握实质是基础。思想认识的高度决定行动的力度。省财政厅深入学习领会省委、省政府提出扶贫开发要“规划到户责任到人”，主要是解决责任不明确以及农民信息不对称的问题。要围绕这一重点和关键，研究制定和实施各项帮扶举措，提高扶贫效率和效益。

第三，调查摸底、掌握情况是关键。掌握的情况越全面真实，制定的措施就越有针对性。省财政厅制定的各项政策措施，都是在深入大沙村一线，深入农户和田间地头，察民情、听民意，走村串户，逐户了解实情的基础上开展的，使对口帮扶工作建立在务实工作、掌握民意实情的牢固基础上。

第四，周密部署、科学安排是保障。扶贫工作千头万绪，必须从全局谋划，制订工作方案、年度工作计划、具体工作指引等，分阶段、分层次有序推进，做到每一个项目心中有数、每一步工作扎实推进。

第五，明确任务、责任到人是举措。“规划到户责任到人”强调落实责任，要将对口帮扶的每一项工作任务细化、量化，明确工作进度，责任到人，实行定点、定人、定责帮扶，确保各项帮扶措施不折不扣落实到位。

在省委、省政府的直接领导和当地党委政府的大力支持配合下，省财政厅2009年度对口帮扶工作取得了一定的成效，得到了省委、省政府的肯定。下一步，省财政厅将继续加大工作力度，进一步强化组织管理，确保对口帮扶工作上新台阶，高质量完成省委省政府交给省财政厅的光荣任务。

（人事教育处供稿，朱　昱执笔）

“转变作风抓落实”主题实践活动

按照中共广东省委员会的统一部署，2009年，省财政厅精心组织实施，认真开展“转变作风抓落实”主题实践活动，扎实做好学习检查、整改提高、总结评议三个阶段各项工作，活动开展求深、求活、求实，组织有力，措施扎实，特色鲜明，成效明显，实现了预期目标。

一、认识深、方向明，全面发动求共识，夯实了思想基础

转变思想观念，提高思想认识，是转变作风抓落实的前提和基础。省财政厅注重采取多种形式的学习教育，将不间断的思想发动贯穿于转变作风抓落实主题实践活动的全过程。在省直机关转变作风抓落实主题实践活动动员会召开以后，省财政厅即通过召开党组（扩大）会议等形式，组织传达学习会议精神，并对全厅活动作出安排部署，真正把党员干部的认识统一到转变作风抓落实的要求上来，把行动统一到转变作风抓落实的行动中去。通过广泛动员、全面发动，全厅党员干部从服务于广东，当好推动科学发展、促进社会和谐排头兵的高度，充分认识转变作风抓落实的重要性和必要性，形成了三个方面的共识：

一是落实好中央和省委、省政府的各项决策部署，推动科学发展，促进社会和谐，必须以良好的作风、有力的落实为基础。只有以扎实的作风抓落实，才能充分发挥财政职能作用，真正把中央和省委、省政府的各项决策部署落到实处，实现经济社会平稳较快发展。二是贯彻以人为本，切实保障和改善民生，必须以良好的作风、有力的落实为保障。只有坚持全心全意为人民服务的根本宗旨，深入基层、深入群众、深入实际，才能破解影响人民群众切身利益的热点难点问题，为推动经济社会各项事业发展创造基础。三是解放思想促改革，破解科学发展难题，必须以良好的作风、有力的落实为支撑。只有坚持解放思想，树立和弘扬善于创新，敢为人先的优良作风，破除“满、庸、畏”的错误思维，才能破解影响和制约科学发展的难题，推动财政在服务经济社会科学发展的道路上不断前进。

二、思路清、行动快，找准差距定举措，打牢了实践基础

找准作风建设方面存在的突出问题和不足，有的放矢

制定整改提高措施，是转变作风抓落实的关键环节。省财政厅坚持把找差距定举措落实到行动中，特别是落实到活动的分析检查和整改提高过程中，打牢实践基础。

（一）营造氛围促转变

坚持把营造转变作风抓落实的氛围摆在突出位置，“内宣、外宣一起抓”。首先，紧扣主题。紧紧围绕转变作风抓落实这一主题，将宣传重点放在全厅党员干部在作风方面存在的差距和不足，以及采取的措施和成效，通过查摆差距、展示成效，营造转变作风抓落实的浓厚氛围。其次，丰富载体。通过省财政厅内外网报道、主流媒体宣传、张贴横幅标语等形式，对活动开展进行全方位、多角度的宣传报道，形成强大的舆论合力。再次，拓展范围。充分发挥省财政厅机关工会、厅直属机关团委、厅妇委会联系干部群众、团员青年、妇女干部职工的桥梁纽带作用，协助做好对干部群众的宣传引导工作，努力做到全员发动、全员参与。

（二）深入检查找差距

坚持发扬民主找问题，在征求意见的广度和深度上狠下工夫，紧紧围绕在作风建设方面的突出问题，通过在省财政厅门户网站发布公开信，发函征求上级部门意见，听取省人大代表意见建议以及开展“找一个问题、提一条建议”活动等渠道，组织开展“百名财政干部下基层”等活动，广泛深入征询各方面意见建议。同时，各党支部召开以转变作风为主题的专题组织生活会42次，500多名党员干部参加。另外，在省机关作风建设暗访专题片曝光有关部门作风建设方面存在的问题后，省财政厅立即组织全厅党员干部集中观看，并以此为契机，对作风建设情况进行了一次普查，推动机关干部以暗访专题片揭露的问题为鉴，查摆自身，防微杜渐。总的来看，社会各界对省财政厅党员干部队伍作风评价较高，同时，通过听取意见、对照检查，也发现省财政厅作风建设存在的一些薄弱环节和不足。通过找准存在的差距和不足，为有的放矢制定整改措施奠定了基础。

（三）完善制度保长效

完善制度是确保转变作风抓落实取得实效的关键。省财政厅坚持以制度建设为抓手，以落实制度为根本，在完善工作机制、强化考评措施、严格制度落实方面下工夫，努力形成加强和改进作风建设的长效机制。一方面，健全工作机制，严格实施督办落实制。领导干部率先垂范，省财政厅党组成员都结合各自分管工作，选定几项事关全省经济财政发展的任务作为重点工作，全力抓好落实。厅内各处室也根据各自工作实际，选定了若干项任务为重点工作并抓好落实，形成了一级抓一级、层层负责、人人抓落实的工作机制；另一方面，强化督察措施，健全完善工作督办制度，定期对厅领导批示落实及各项工作开展情况进行督察，并将督办结果进行通报，形成了落实有制度、制度必落实的良性机制。同时，修订省财政厅基层党组织建设考评办法，把省财政厅基层党组织在思想、组织、作风、制度和反腐倡廉建设方面的工作细化为若干指标，纳入年度综合考核体系，调动全厅基层党组织和党员干部的能动性和创造性。

三、促改革、破难题，推动工作扎实开展，促进了经济社会平稳较快发展

转变作风抓落实，是提高党员干部执政水平，加强和改进党的建设的重要举措，也是破解科学发展难题，推动经济社会又好又快发展的迫切需要。为此，省财政厅坚持把转变作风与解决问题、推动工作紧密结合起来，将开展活动的成效转变为推动工作落实的具体措施。

（一）发扬真抓实干的优良作风，直面困难，正视挑战，有效应对国际金融危机

坚持把转变作风抓落实与应对国际金融危机、促进经济平稳较快发展紧密结合起来，切实把公共财政的调控职能和保障作用落实为推动科学发展的具体举措，不仅不折不扣地落实中央和省委、省政府作出的各项决策部署，更能未雨绸缪，主动研究提出应对危机、推动发展的政策措施，为广东经济实现企稳回升产生了重要的作用。突出体现在：全面实施并不断完善扩内需促发展的积极财政政策十项措施，省财政累计筹集资金近1 000亿元，通过编制滚动预算集中提前拨付，直接拉动社会需求5 000亿～10 000亿元。在现代产业发展资金扶持上，省财政安排13亿元扶持生产性服务业和信息服务业发展，发挥了极大的推动作用；投入5.3亿元支持先进制造业项目近500个，带动投资123亿元，放大倍数达36倍。全力支持中小企业发展，2009年，省财政新增安排22亿元并提前安排各类专项资金50亿元，通过贴息等手段，带动中小企业贷款融资达400亿元，有效缓解了中小企业发展的资金“瓶颈”制约。着力支持自主创新，2009年全省各级财政对自主创新的投入累计达到68.13亿元，并出台了自主创新产品政府采购的实施意见，为提高自主创新能力提供了坚实的基础。千方百计支持外贸发展，通过整合外贸扶持政策资金，2009年省财政拿出29亿元，积极支持企业抢抓订单和促进加工贸易转型升级，为广东外经贸在极其困难情况下实现主要指标降幅不断收窄回稳、总体好于全国平均水平发挥了至关重要的作用。

（二）发扬改革创新的优良作风，破除定式，革新思路，创新财政体制机制

坚持把解决现实问题与建立长效机制紧密结合起来，通过深化改革、完善制度增创财政发展新优势，在财政改革诸多领域都实现了重大突破，得到了财政部和省委、省政府的充分肯定和高度评价。一是深入开展基本公共服务均等化的体制政策研究，牵头编制了《广东省基本公共服务均等化规划纲要（2009～2020年）》，基本完成珠江三角洲地区基本公共服务一体化规划编制工作，为推动基本公共服务水平均等化和一体化提供了政策指导和路径支撑。二是形成了调整完善省以下财政体制、规范政府间财政分配关系的总体思路，通过建立县级基本财力保障机制、完善横向转移支付机制以及推进省管县财政管理方式改革等

措施，促进各级政府财力与事权相匹配，增强基层政府提供基本公共服务能力。三是按照“科学发展、先行先试”的要求，深入推进财政专项资金竞争性分配改革，2009年省财政已竞争性分配重点产业园区建设、农业、水利、劳动力转移扶持资金近85亿元，特别是圆满完成了五批次的产业转移扶持资金竞争性分配，成效显著。截至2009年年底，75亿元的竞争性产业转移扶持资金共带动投入913亿元，平均乘数达12.2。四是创新财政投入机制。紧紧抓住实施积极财政政策的有利时机，通过采取滚动预算办法，科学筹集和调度资金，提前安排使用未来几年内用于经济发展的财政资金，有效解决促进经济发展资金不足的突出矛盾。在争取中央代发地方政府债券的基础上，积极建立国有资本收益、交通、水利等融资平台，2009年共新增融资约550亿元，有力地推动了广东省重点项目加快建设。

（三）发扬亲民为民的优良作风，民生优先、民事先办，着力保障和改善民生

在经济形势困难的时候做到保障和改善民生的力度不减，2009年省级预算安排用于改善民生、提供公共服务以及均衡区域公共服务水平方面的各项支出达到1 111亿元，占全年省级财政支出的75.46%，比2008年提高近2个百分点，用于教育、医疗、社保、“三农”等方面的支出增长均在15%以上，并总体上实现“三个倾斜”。一是向农村社会事业倾斜。如，在落实各项农民直补政策和推进政策性保险工作的基础上，继续安排10亿元支持农村饮水安全工程建设，将省级以上补助标准由每人102元提高到160元；安排4亿元实施农村扶贫，支持推进扶贫开发“规划到户、责任到人”工作。二是向困难群体倾斜。如，大幅增加廉租住房保障专项补助，2009年省财政安排2亿元支持东西两翼和粤北山区建设廉租住房，帮助解决欠发达市县城镇低收入家庭住房困难问题。三是向经济社会发展薄弱环节倾斜。如，结合义务教育学校实施绩效工资，省财政安排6.69亿元推进中小学教师工资福利待遇“两相当”工作；继续安排专项资金7亿元，对农村中青年劳动力均提供一次免费职业技能培训，推动劳动力转移。在加大投入力度的同时，更加注重建立健全长效机制，通过编制实施基本公共服务均等化规划，形成完善的保障和改善民生政策体系。这一系列措施都体现了民生优先、民事先办的思想和理念，也体现了公共财政的基本价值取向，真正将中央和广东关于保民生、保稳定的战略决策落到了实处。

（四）发扬艰苦奋斗的优良作风，厉行节约，共度时艰，多管齐下节约行政经费开支

面对困难形势特别注重做好“节支”文章，有效落实“五个零增长”和“四个从严控制”政策。在省本级财政收入大幅减收的严峻形势下，及时依法调整全年省级预算收支计划，进一步压缩一般性支出，加大力度清理历年结余结转资金，完成了财政收支平衡的艰巨任务。按照省委、省政府关于节约行政经费共度时艰的决策精神，及时研究制定了节约行政经费的各项规定，并制定了考核办法，确保厉行节约、压缩开支活动各项措施落到了实处。2009年，省级压缩行政经费支出13.6亿元，以一般行政经费为主的一般公共服务支出科目中，全省和省级支出同比分别下降2.37%和3.57%。同时，通过开展省直机关事业单位行政经费节约考核，2009年比2008年节约费用6 531.6万元，节约率达9.16%，其中办公费、会议费、培训费等节约率均在25%以上，支出节约效果明显。强调节支，不仅节约了经费支出，更使党政机关和公务人员继续保持艰苦奋斗、勤俭节约的政治优势，以良好的作风取信于民。

四、作风实、效能高，牢固树立服务理念，不断提高服务水平

活动开展过程中，省财政厅广大党员干部始终牢固树立服务理念，并将这一理念贯彻到财政惠民实践中，贯彻到推动财政改革发展各项工作中，不断提高服务效能，真正做到服务大局、服务基层、服务群众。

（一）寓服务于财政惠民实践中

通过加强理想信念和党的宗旨教育，增强党员干部为人民群众做好事、办实事的情感和责任，进一步转变机关作风。一是深入基层，广泛调研民情社意。省财政厅领导带头深入基层、深入群众，开展了基本公共服务均等化、农村基层组织工作经费保障等一系列的调研活动。各业务处室在解决中小学代课教师及教师工资福利待遇问题、医药卫生体制改革、扶贫开发“规划到户、责任到人”对口帮扶等方面，开展了大量的调研活动。在深入调研的基础上，省财政厅及时向省委、省政府提出解决中小学代课教师及教师工资福利待遇、建立稳定规范的基层组织经费保障制度等一系列的惠民政策建议及资金安排方案，研究编制了基本公共服务均等化规划等，切实将调研成果转化为惠民政策举措。制定实施了《广东省财政厅扶贫开发“规划到户责任到人”对口帮扶五华县水寨镇大沙村工作实施方案》和《广东省财政厅扶贫开发“规划到户责任到人”对口帮扶五华县水寨镇大沙村年度工作计划》，将帮扶贫困户分解到省财政厅118个责任人，并组织责任人分5批次进村开展帮扶工作，形成了“领导重视、行动迅速、工作扎实、措施得力、责任落实”的良好工作局面，得到了省委书记汪洋和省政府领导的多次高度评价，也得到大沙村干部群众的一致好评，多次作为典型在有关工作会议上进行经验介绍，在全省机关部门中起到了良好的示范作用。二是制定落实各项便民措施，简化程序，方便群众。在确保财政资金安全的同时，不断探索简化“家电下乡”、种粮直补、农资综合直补等惠民政策的报批程序，切实方便人民群众。同时进一步简化办事手续，削减审批项目，清理不合时宜的办事程序和规定，推行督办检查等制度，着力提高服务质量和效率。经过清理，省财政厅行政审批项目从49项大幅减少至20项，压减了将近60%的行政审批事项。

（二）寓服务于财政改革发展中

广东各项财政改革如部门预算、国库集中支付、政府

采购、“收支两条线”管理、绩效评价、财务核算集中监管改革等之所以能不断向纵深推进，并走在全国前列，一条重要的经验就是寓服务于管理中，寓服务于监督中，获得了广东省直单位和基层财政部门的高度认同，并积极配合改革的推进。在主题实践活动开展过程中，省财政厅继续秉持寓服务于改革的理念，并将之贯彻到各项改革实践中，积极加强与省直有关单位的沟通联系，强化对基层财政部门的指导帮助，主动上门服务，深入了解情况。通过采取业务培训、专题讲座、咨询会、座谈会、服务小组等多种渠道、多种方式，主动送政策、送技术到单位、下基层。同时，围绕提高财政工作透明度，促进依法行政、优质行政、廉洁行政，规范政务公开要求，将有关行政许可项目、政策法规、办事程序、指南和办结时限等事项通过公开上墙和网站发布等方式向服务对象公开，并实行服务承诺，主动接受服务对象监督，积极推动自身从非窗口单位向“窗口单位”转变。通过以上措施，省财政厅“勤政、务实、高效、廉洁、文明”的服务型机关形象得到了社会的进一步认可。

（机关党委办公室供稿，许琪扬执笔）

广东省财政厅组织开展规范权力运行工作

为完善对财政部门关键岗位和重点环节的监督，促进财政干部严格依法行政和科学理财，确保权力正确行使和财政资金的安全以及财政干部的安全，全面推进全省财政系统惩治和预防腐败体系建设，2009 年 3 月份开始根据全国财政反腐倡廉建设工作会议的部署，省财政厅在全厅范围内部署开展了规范权力运行工作，并取得一定成效。

一、主要做法

开展规范权力运行工作的目的是摸清底数、明确责任、完善机制、规范运行、强化监督、预防腐败，形成结构合理、配置科学、程序严密、制约有效的权力运行机制，确保财政资金安全和财政干部安全。主要做法如下：

（一）加强领导，统一部署

省财政厅党组对规范权力运行工作高度重视，把规范权力运行工作作为 2009 年反腐倡廉的重点工作抓紧抓好，确保取得实效。一是领导重视，组织到位。成立厅规范权力运行工作领导小组，由厅党组书记、厅长刘昆任组长，其他厅党组成员任副组长，厅机关各处室及所属各单位主要负责人为领导小组成员，领导小组下设办公室，具体负责组织协调推动工作的开展。二是制订方案，措施到位。厅党组印发了《广东省财政厅规范权力运行工作方案》，明确开展规范权力运行工作的指导思想、工作目标、工作范围、工作步骤和工作要求，指导工作有序开展；建立联络员工作制度和领导小组办公室工作制度，多次召开厅各处室及所属各单位负责人、联络员和办公室成员处室会议，具体研究、推动规范权力运行工作，确保工作落实到位。三是明确任务，责任到位。各分管厅领导对分管处室、单位的规范权力运行工作亲自指导把关、督促落实。各处室、单位实行“一把手”负总责、层层抓落实的工作机制，积极采取有效措施，确保本处室、单位规范权力运行工作的顺利开展。

（二）明确范围，科学分类

开展规范权力运行工作的范围包括财政厅机关各处室及厅属各单位的全部工作岗位，所有财政业务和财政管理权力。主要包括三类权力：一是财政分配管理监督类，包括财政资金分配权特别是专项财政资金分配权、收入减免权、监督检查权、行政许可事项审批权、非行政许可事项审核权、行业监管权、行政处罚权等；二是行政管理类，包括人事管理权、财务管理权、资产管理和采购权（软件开发决策权）、考核评比权，重大项目、重大财务事项、应对突发事件决策权，事业单位经营管理决策权等；三是其他类，即不能归入上述类别的其他权力。

（三）分步实施，有序推进

省财政厅的规范权力运行工作分四个阶段组织实施。一是梳理登记阶段，各处室、单位对本处室、单位的所有权力事项按照行政管理类、财政分配管理监督类和其他类等类型进行分类，并逐项梳理权力行使依据，描述权力运行流程，明确岗位职责和关键环节，查找关键部位和薄弱环节，分析研究进一步规范权力运行的措施办法，提出“废、改、立”的意见。二是健全完善阶段，各处室、单位一方面健全完善《工作规则》，另一方面健全完善各项权力事项管理制度和运行流程，针对权力事项的关键部位和薄弱环节，查找出财政和廉政风险点，制定完善权力运行程序和权力监督管理流程，建立健全配套管理制度，并对每一权力事项制定《权力运行流程图》。三是审核把关阶段，厅规范权力运行工作领导小组办公室组织对各处室、单位的《工作规则》、《权力运行流程情况表》和《权力运行流程图》进行审核，并将审核意见反馈给各处室、单位。四是总结成果阶段，厅规范权力运行工作领导小组对规范权力运行工作进行全面总结，形成一套指导性、操作性较强的《广东省财政厅工作运行规程（汇编）》，将权力运行全过程公开，加强权力运行监督和制约，建立规范权力运行的长效机制。

（四）分工协作，认真审核

按照省财政厅党组的统一部署，厅规范权力运行工作领导小组办公室负责协助厅党组组织协调开展规范权力运行工作，加强对各阶段工作落实情况的监督检查。驻厅监察室和厅办公室、法规处、监督局、人事教育处、党委办等领导小组办公室的成员单位明确分工，密切配合，确保了工作进度和工作质量。厅办公室牵头负责对厅机关各处室和所属各单位《工作规则》以及厅属各单位财务、资产管理权力事项的鉴别、审核工作，修订完善《广东省财政厅工作规则》；法规税政处牵头负责对厅机关各处室《权力运行流程情况表》和《权力运行流程图》的鉴别、审核工作，修订完善《广东省财政厅行政审批工作规程》；人事教育处牵头负责对厅属各单位《权力运行流程情况表》和《权力运行流程图》的鉴别、审核工作，修订完善《广东省财政厅架构设置及职能分工》；驻厅监察室负责对规范权力运行工作的组织协调、指导推进和督促落实，并负责将审核修改后的《广东省财政厅工作运行规程》和各处室、单位《工作运行规程》汇编成册。

二、主要成效

通过4个阶段8个多月的努力，经梳理审核，省财政厅各类权力事项共计467项。其中：财政分配管理类339项，行政管理类112项，其他类16项。省财政厅整理出一套指导性、操作性较强的《广东省财政厅工作运行规程（汇编）》，包括省财政厅34个处室、单位和本厅共35册的《工作运行规程》。在《工作运行规程》中，厅机关各处室及所属各单位都制定完成了本处室、单位的工作规则，并针对每一项权力事项绘制了流程图，涵盖了项目申报、审核、实施到反馈、评估全过程；明确了审核的依据、岗位间流转的程序、专家评审程序、申报和审批之间的沟通程序、公开的办法、反馈的机制，对财政权力的正确行使具有重要的指导意义和积极的促进作用。

一是促进了财政干部执政观念的转变。通过深入分析权力的形成依据和运行机制，增强了财政干部依法行政、依法理财和责任风险意识，改进了工作作风，提高了服务质量。

二是促进了财政管理制度建设和改革。通过对每项权力对各项制度进行全面清理，对不尽完善的制度进行补充修订，进一步建立和完善了各项财政管理制度。通过对覆盖财政资金分配、支付、管理、使用全过程的权力事项进行梳理规范，进一步理顺了各环节财政管理制度改革的关系，促进了各项改革的整合和衔接，有效推动了财政管理制度改革。

三是促进了行政审批制度改革。一方面，推动了行政审批项目的清理和规范，结合省政府第四轮行政审批项目清理工作，取消了行政审批项目28项，合并3项，改为备案1项，保留17项，增设2项，省财政厅行政审批项目大幅减少，仅剩20项，压减幅度将近60%；另一方面，促进了行政审批制度建设，制定了《广东省财政厅行政审批工作规程》，对财政行政审批权力进行统一管理和规范。

四是促进了惩防体系建设。通过查找权力运行的关键部位和薄弱环节，明确监督的重点，增强了监督的针对性和有效性；通过将权力公开、透明，置于内部各单位和公众监督之下，有利于对权力运行和财政资金分配管理流程全方位动态跟踪监督；通过明确权力行使依据，完善管理制度，便于监督机构了解权力的实际运行情况和文件制度的相关规定是否相符，严格限制财政自由裁量权，有效预防腐败问题的发生。

五是促进了财政政务公开。结合规范权力运行工作，省财政厅对门户网站进行了升级改造，编制了财政信息公开目录，不断加大信息公开力度，使规范权力运行与政务公开、网上公开透明相结合，推动了政务由粗放公开向精细公开的转变。

三、下一步打算

规范权力运行是制约和规范财政权力行使的现实要求，是行政审批制度改革的必然要求，是推进政务公开的内在要求，是一项长期的工作任务。省财政厅的规范权力运行工作虽然取得了一定成果，但仍须常抓不懈。工作运行规程，只有在执行中才有生命力，绝不能束之高阁，不能只挂在墙上，放在抽屉里。下一步，省财政厅将按照省委关于提高执行力的要求，充分利用规范权力运行工作的成果，结合财政业务工作严格贯彻落实，切实提高工作运行规程的执行力。

一是加强领导，加大制度和流程的执行力。坚强有力的组织领导、高度统一的思想认识是提高工作运行规程执行力的关键。省财政厅将把工作运行规程的执行工作作为本处室、单位党风廉政建设的一项重要工作抓紧抓好，形成一把手负总责、一级抓一级、层层抓落实的总体工作格局，确保领导到位、思想统一、责任到位、工作落实。在执行中完善，在执行中提高，针对执行中发现的管理漏洞和薄弱环节，加强建章立制，有效减少和预防违法违纪问题发生。

二是统筹兼顾，相互促进。当前，广东财政工作的任务非常繁重，各项工作都需要进一步完善和提高，一些新问题、新情况的出现，还需要下大力气研究解决。省财政厅将坚持围绕中心、服务大局、统筹兼顾、合理安排，把工作运行规程的执行工作作为促进财政业务工作的“助推器”，推动当前各项工作做得更好、抓得更实。具体而言，就是做到“四个结合”，即把工作运行规程的执行工作与“深化作风建设，提高执行力”活动结合起来，与“抓落实促发展”主题实践活动结合起来，与落实《珠江三角洲地区改革发展规划纲要》结合起来，与促进当前各项财政工作结合起来。把执行工作运行规程的成效体现到促进财政工作、解决突出问题上，切实做到两手抓、两不误、两促进、两提高。

三是强化督察，加大制度和流程执行的监督力度。省财政厅将按照有关规定，做好运行规程相关政务公开工作。驻厅纪检组、监察室将建立督促检查制度，把工作运行规程的执行情况作为“深化作风建设，提高执行力”活动和党风廉政建设的重点检查内容，定期对厅各处室、单位开展工作运行规程执行情况进行通报和督促，防止“走过场”，流于形式，切实做到执行力度强、执行范围准、执行工作实、执行方式新、执行水平高，充分发挥规范权力运行的积极作用。财政内部监督检查、干部交流离任内审工作，处室、单位工作考核等，都将把执行制度和流程的情况作为一项监督检查内容，使工作成果转化为管理效益，推动财政科学化和精细化管理。

（驻厅监察室供稿，耿洪波执笔）

加强安全建设，推进金财工程健康发展

随着“金财工程”建设的不断深入，信息网络已覆盖全省各级财政管理部门和财政资金使用部门，预算管理、国库集中支付、非税收入收缴、政府采购等财政核心业务已全面实现信息化处理，广东省财政信息化水平日益提高，信息和网络资源已成为全省财政非常重要的资产和资源。近年来，省财政厅认真落实科学发展观，积极推进金财工程建设同时，不断加强信息安全建设，强化安全意识，在信息安全系统建设和制度建设方面取得了一定成效，保障了金财工程建设的顺利推进和各项财政工作的顺利开展。

一、积极应对日益严峻的信息安全形势

金财工程是一个综合性的政府财政管理信息系统，随着金财工程建设的全面展开，系统及相关数据和信息，影响着政府的宏观决策，关系到社会的稳定，其安全性至关重要。近年来，信息安全方面的案例不断增多，以电脑病毒为例，已发现的电脑病毒种类和数量逐年增多，如木马病毒、蠕虫病毒、宏病毒等，攻击手段更加多样化、破坏力更强，一旦病毒入侵网络，会造成巨大影响和损失。为加强信息安全保护，根据国家相关法律法规和规范，坚持先进性与实用性相结合、务求实效的原则，从网络、系统、应用三个层次入手，在保护、检测、恢复三个方面做了大量工作，也得到了财政部信息网络中心的指导和帮助，在全省构建了具有一定先进性和实用性的财政信息安全体系。

二、加强信息安全基础平台建设

在技术、人员、管理方面加强建设，加强网络、应用系统、数据库的安全防护，建立全方位、多层次的安全防护体系。

（一）强化业务应用系统安全建设

“金财工程”系统通常包含多个局域网以及各种计算资源，在财政核心业务系统安全建设方面，坚持安全建设与系统建设同步展开，强化安全建设。一是加强操作系统及数据库的安全建设，在关键核心业务服务器和工作站选择安全级别较高的操作系统产品和数据库产品，定期进行漏洞扫描，及时进行系统漏洞补丁升级工作。二是加强主机安全审计与检测，在主要业务系统主机和外网的主要服务器上，安装检查系统，检测主机或服务器被非法修改的情况，即时处理，控制系统风险。三是定期检查，从2003年开始定期对网络平台、应用系统、数据中心等进行了全面检查，明确安全隐患。

（二）强化网络平台安全建设

为支撑业务应用，信息中心积极开展全省财政专网平台建设，2006年完成了厅内网建设，重新规划设计了省级网络与数据处理中心机房，更新了核心数据库服务器、应用服务器，大大提升了厅内网的性能。同时，依托省电子政务内网平台，构建连接省级预算部门、银行等单位的同城财政专网，实现了专网专用、专机专用，使各预算单位能以更加安全可靠的方式访问省财政厅预算编制审核、国库集中支付和非税收入管理等业务系统，推进了应用系统建设的全面展开。2008年完成了全省纵向网建设，实现省、21个地级以上市、县（区）的三级纵向骨干网，各级财政部门也积极构建本级的城域网和局域网，基本实现了当地财政部门与预算单位、人大、审计的联网。初步建成了包括工作专网、外网在内的，布局合理、结构优化、功能完备、运行稳定的网络平台，有力支撑办公自动化和财政业务系统的运行。

在积极展开网络平台建设的同时，不断优化网络结构，提升网络性能，增强网络可靠性，强化安全。一是从技术措施上加强网络基础安全。采用安全虚拟专网技术构建统一的安全网络平台，采用具有防火墙功能和带加密的设备实现信息在网络系统中的传输安全，在IP层上保证财政网络的连接和传输安全。二是加强网络入侵检测，在主干网和各个本地计算环境中部署网络入侵检测系统，建设网络入侵监控管理平台，识别阻止来自内网用户或者外部攻击者的未经授权的使用、误用以及对计算机系统的滥用等行为。通过使用网络安全扫描器对网络进行全面的安全和脆弱性分析和评估，检查网络系统的漏洞所在，及时发现问题，并实施相应的防护措施和安全策略，增强网络安全性。三是认真做好涉密载体和计算机信息系统保密检查工作，及时整改，形成从上至下、集中与分散相结合的信息安全维护体系。

（三）建立CA数字认证服务

数字证书就是网络通信中标志通信各方身份信息的一系列数据，其作用类似于现实生活中的身份证。目前，利用数字证书系统实现重要数据的加密传输，身份认证等是一种较可行的安全管理方式。2006年，省财政厅照财政部的技术规范，以财政部的CA系统为依托，开展CA数字认证系统的建设推广工作，制定了《省级金财工程CA安全建设试点方案》，在国库集中支付系统、非税系统、政府采购系统和电子公文传输系统中应用CA数字认证技术。至2009年年底，全省非税系统已发放证书约1 000个，政府采购系统发放证书35个，电子公文传输系统发放证书22个，有效地提高了信息系统的安全。

（四）建立全省统一的防病毒体系

2008年按财政部统一部署网络防病毒系统要求，在全省财政业务范围内统一安装防病毒软件，建立全省统一的网络防病毒体系，加强信息系统的整体安全性，做到全防全控、不留死角。同时，统一实施防病毒代码，大大提升了全省财政系统的网络防病毒能力。

（五）建成省级异地容灾备份系统

2007年，广东省省级异地容灾备份中心项目正式在佛山市南海启动，为保证灾备中心按照高可靠性和高标准的

故障恢复能力实施，信息中心多次组织调研、专家论证，制订科学方案，精心组织实施，2008 年顺利完成了省级异地灾备中心建设，并通过了多次演练，实现预算管理、国库集中支付、非税收入管理等财政核心业务应用系统应用级容灾，对资产管理等的其他 17 个应用系统实现数据级的容灾。省级灾备中心的成功建立保证了省级关键财政业务应用系统出现破坏时，财政现有业务可以平滑过渡到灾备应用系统上面，大大提高了广东省省级信息系统对突发事件的应急处理能力。至 2009 年年底，异地容灾中心建成后成功实施了多次演练，完善了应急处理机制，明确相应的应急处理流程和协调机制，规范突发事件处理程序，保证出现重大异常情况时关键业务应用的不间断、数据不丢失，成为省级财政信息系统的一道核心保护屏障。

三、健全信息安全保障机制

一是树立信息安全意识，树立“安全第一”的思想。信息安全事关党和国家及人民群众的根本利益，要构筑起坚固的思想防线，严格执行安全管理制度和相应的技术规范，加强管理，落实责任，防止人为因素造成系统安全隐患。

二是严格安全管理。对相关的人员、技术和操作进行管理，包括用户授权管理、机房安全管理、设备安全管理、信息安全管理等，同时要对所有用户的终端设备进行严格的配置管理，规范涉密系统及涉密移动介质的管理，确定标准配置，实现综合控制风险，保障各项管理制度落到实处。

三是完善规章制度。将信息安全制度建设列为金财工程制度建设的重要内容，严格执行财政部和国家信息安全技术标准，完善信息安全保密方面的内容，提高应对突发事件的能力，保证网络及信息系统运行的有效性和安全性，竭力降低事故或灾害损失。

（财政信息中心供稿，谢　峰执笔）

广东财政绩效管理：重塑财政分配关系

伴随着经济的高速增长，中国财政收入也快速增长，但富裕地区和贫穷地区都面临着财政困局。中共中央总书记胡锦涛在 2010 年 1 月 8 日中央政治局第十八次集体学习时的最新指示为开展和加强财政绩效管理工作指明了方向，在当前的财政经济形势下，以财政绩效管理为抓手，提高政府管理绩效、破解财政困局，就成为一个艰巨而紧迫的任务。

一、当前的财政困局及其深入分析

（一）当前的财政困局的表现

1. 饥渴的预算分配困局。由于财政收入的快速增长，助长了单位的要钱欲望，往往提出不切实际的需求，在传统的财政分配方式下，财政部门很难提出反对意见。在这种按需分配的理念下，财政支出膨胀很快，各地都面临着“僧多粥少”的财政困局，尤其是 2008 年国际金融危机以来，各地财政收支矛盾极为突出。而且从现实来看，“饥渴的预算分配困局”在现行分配方式下还将会是一个长期的、全局的现象。

2. 潜规则博弈的预算分配方式的困局。在传统预算分配方式中，各预算单位按需要分配，造成部门单位将财政资金视为“唐僧肉”。在信息不对称的情况下，预算编制部门只好采取“头戴三尺帽，拦腰砍一刀”的简单分配办法，这种做法反过来倒逼各预算单位与财政部门开展潜规则博弈，这种潜规则博弈的分配方式无法激励各预算单位自我约束，进而提高资金使用效益，导致资金需求欲望膨胀，使财政资金分配陷入困局。

3. 预算公开的两难困局。社会公众要求财政预算公开的呼声越来越高涨，但在目前的财政分配方式和资金使用状况下，财政预算不好公开，一旦按照细化、透明的原则进行公开，将会招致人大代表和社会公众的批评。但是在公开的舆论压力下，不公开又不行，政府和财政部门在预算公开上也面临着两难困局。

4. 替罪羊的财政困局。随着社会的进步和发展，社会公众对财政预算的关注越来越高，在现有的财政分配方式不透明的背景下，社会公众都把部门单位用钱的效益低下归结为财政部门的失职，这种指责的实际就是让财政部门背负了不该承担的责任，资金分配不好才是财政部门的责任，资金使用效益不高则是预算单位的责任，财政部门成为“替罪羊”。而且在目前的财政分配方式下，财政部门还无法向社会公众解释清楚为什么资金使用效果不高的原因，因为事实上资金分配出去后，财政也无法掌控资金的使用。这成为财政部门面临的又一大困局。

5. 名不副实的财政困局。从职能上讲，财政部门是一个综合管理部门，行使对财政资金的分配权和管理权。但在实际财政分配活动中，财政分配权被肢解，很多部门都有分配权，二次分配现象严重。在资金使用环节财政部门也无法监督财政资金的使用，部门单位被问责时，都会将责任推到财政部门身上，因为大家已经形成了一种“下意识”，就是办不好事情都是“财政惹的祸”。因此，财政部门承担了过多的甚至是根本不相关的责任，没有获得与其职责相应的地位，相应的财政职能也被部门单位所肢解，财政部门本身作为一个职能机构也陷入到一个行使职责和履行权利的困局中。

6. 遭受道德责问的困局。现实当中，很多经济发展欠发达的地区，找上级部门要钱都是理直气壮，基本逻辑就是因为我穷，所以你要无偿援助我。上级如果不无偿援助，道义上似乎就亏欠了贫穷地方。但无偿援助的结果，往往是对欠发达地区的发展并没有产生丝毫推动力，只是助长了这些地方依赖上级和“等靠要”的思想，该穷的还是穷，甚至是越扶越穷。“给还是不给”，成为上级政府的一个两难选择问题，使上级政府陷入了一个承受道德责问的困局之中。

7. 遭受能力责问的困局。这几年从中央到地方的两会上，财政部门承受的压力是越来越大，社会公众对预算的关注上升，反映了社会公众对财政资金使用效果的重视，这就要求财政资金的使用主体——各预算单位用好钱，不断提高资金使用效益。但在目前的财政管理框架下，由于渠道的不畅通，社会公众所了解的都是财政资金使用的无规和低效，进而认为是财政部门分配的能力低下导致了财政资金使用的低效，而对预算单位的“不负责任、工作水平低”导致的资金使用效果差却毫无触及，这又使财政部门陷入了一个遭受能力责问的困局。

（二）对财政困局的深入分析

财政困局的存在使财政部门陷入了一个“两难境地”，那么这种困局究竟有没有办法破解？如何破解？这就需要找到财政困局产生的根本原因，有的放矢来寻找破解之道。

1. 财政资金分配和使用环节的问题是财政困局出现的直接原因。

（1）初级阶段的财政采取了高级阶段“按需分配”的分配方式助长了要钱欲望。从分配环节看，长期以来，中国财政支出主要是以规模而不是以资金使用效果为基本目标取向。虽然普遍实行了部门预算，但是从根本上讲仍然是按需分配，而且不可避免地存在着关系分配和经验分配的色彩，难以保障资金分配的科学性，对投资责任和支出效果更是无人问津。这种分配方式助长了部门单位要钱和花钱的欲望。但是财政资金作为一种“稀缺资源”，其来源是有限的，因此，在这种资源“瓶颈”与部门单位之间的要钱和花钱无限欲望不匹配，造成了长期存在的财政困局的形成。财政部门内部的机构设置固化了这种分配，因为现有的机构设置是计划经济下形成的，是按条条块块设置的，在现有的分配方式下，在“预算大锅、支出小锅、预算单位盘子”之间就会出现矛盾和博弈，首先按需分配，预算单位就会想尽办法把自己的“盘子”做大，而主管处室也会跟预算单位一道合力博弈，从预算这个大盘子中为自身这一领域多争取份额，在这之后才是支出小锅里主管处与预算单位之间的博弈，这样自然就会造成预算大锅的“粥”不够，导致收支矛盾紧张。

（2）用钱部门单位的不负责任造成的“道德风险”降低了资金使用绩效。从资金使用环节看，相当多的政府部门在财政支出中不计成本、不讲效益，导致支出膨胀、浪费严重、资金使用效率低。而且在面对社会公众时，没有直接对部门单位的低效资金使用行为形成外在压力，这些责任都由财政部门承担了，财政部门要面对社会公众的责难和人大代表的质询，实际上财政只负责分配，没用好钱的责任却被财政部门承担了，这就形成了巨大的道德风险。此外，在现有的分配体系下，分管领导都尽量为各自的领域多争取资源，在面对财政分配时，部门单位都搬出主管行政首长来进行博弈，预算要的越多越好，至于结果和效果，就无人问津了，这样直接导致了支出膨胀，浪费严重，财政困局的出现也就成为逻辑上的必然。

2. 部门单位“独立人格”的丧失是财政困局出现的深层原因。资金使用环节效率低下是财政困局出现的直接原因，而不科学的分配方式固化了这种低效率，但从深层次原因看，则是由于部门单位缺乏自我约束机制，不负责任，是由“人格缺失”造成的：一是没有责任心，做事不想结果，不控制和约束自己的行为去达到目标；二是事情没做好只强调客观理由，把责任推卸给财政部门的分配资金不足；三是不会自我反思，不思进取，实际上就是部门单位“独立人格”的丧失。

二、广东模式的财政绩效管理的理念和原理

以广东省级竞争式分配方式和珠三角正在开展的财政绩效管理为典型代表的财政绩效管理实践，紧紧抓住核心理念，以先进的理论为支撑，立足于各地财政管理水平的现状，设计简单实用的操作方式，注重提高资金使用效果和部门单位的管理水平，取得了非常明显的效果。其基本理念和原理是：通过制度创新打破传统财政分配方式下的各种弊端，通过强化财政绩效管理，让预算单位恢复成为财政资金使用责任的主体，使其成为自我约束、自我激励的责任人。通过管理制度创新，建立起有效的让资金使用主体实现“负责任的结果导致利益增进，不负责任的结果必然带来利益扣减”的绩效管理制度“围堰”，从机制上引导政府各部门单位兼顾眼前利益和长远利益，通过让责任归位的外部压力体系，增强预算单位的自我责任感，勇于承担自身责任，并且根据工作的不足自我改进提高，最终形成自我约束机制和自我激励提高的管理理念和管理意识，进而不断解决资金分配和资金使用当中存在的各种问题，促进政府服务能力和服务水平的不断提高，从而实现对财政困局的破解。

三、广东财政绩效管理的主要做法

（一）广东省本级资金竞争式分配的实践

广东省双转移资金竞争性分配方式分为制定竞争流程、评审办法和程序，组建评审专家库，召开专家座谈会，竞标工作布置会、评审预备会和专家评审会，强化社会监督和实施全过程绩效管理等环节，对竞争性分配资金实施全过程绩效监控，涵盖申报、评审、使用（执行）、评价运用各环节，真正把跟踪问效、绩效问责制度的执行落到实处，双转移资金竞争性分配方式的实质就是以专家参与决策保证分配科学性前提下的竞争性方式实现了财政资金的绩效管理。通过竞争式分配，促进了广东各地更加科学规划和谋划产业园区发展，提高了财政资金的使用效益，截至2009年年底，75亿元省产业转移竞争性扶持资金带动乘数达1:12.18。

（二）珠三角深入开展的财政绩效管理实践

珠三角财政绩效管理实践从2004年起步，经过不断总结，不断提高，稳扎稳打，步步为营，已经形成了比较成熟的模式。在实践上，已经推广到了地级市的中山、珠海、江门，县区级单位中的佛山市顺德区、南海区、禅城区、

三水区，江门市的开平市等地，也纷纷开展。已经开展的财政绩效管理实践围绕解决“该不该安排资金、该安排多少资金、该不该优先安排、总盘子不够钱怎么办”这四大问题，通过专家评审—管理咨询，既解决了分配难题，又解决了部门单位执行力和服务管理能力问题。专家评审能够有效地解决科学性和规范性的问题，实践了“专家治国”的理念，并为“民主理财”铺平了道路。因此，通过财政绩效管理能够达到“依法理财、科学理财、民主理财”的财政改革目标。

1. 财政绩效管理框架。财政绩效管理的框架构成为绩效预算、绩效评价、绩效问责、绩效审计的完整环节，从实践发展上看，广东模式的财政绩效管理经历了“预算申报—专家评价—问责—预算公开”四个阶段。由事前开展绩效预算、事后开展绩效评价的闭环绩效管理模式，发展到专家绩效问责。

2. 具体操作方式。财政绩效管理的基本流程为：每年上半年由省财政科学研究所与委托财政局共同商议当年的财政绩效管理方案；财政部门发出编制下年度绩效预算的通知；对预算单位进行绩效预算编制和填报方面的培训；部门单位申报绩效预算（依据、实施方案、绩效目标和预算的翔实安排计划四项内容）；财政部门相应主管处室对预算单位申报的绩效预算报告进行形式把关，对不符合要件要求的报告予以退回；省财政科学研究所负责组织专家对预算申请报告进行评审；结果反馈预算申报单位；财政部门听取预算单位的意见后再行安排预算；经过政府行政会议通过后报人大审议批准；资金使用完成后进行绩效评价和绩效问责，通过事后的评价和问责环节落实绩效预算环节的各项措施，以这种外部约束强化预算单位的自我约束和自我激励，促进资金使用效果和工作、管理水平的提高。

在操作当中，为了提高绩效管理的针对性和有效性，一是注意多部门联合推动，人大财经委、监察部门、审计部门、人事部门等都在专家集中评审阶段到评价现场进行监督，并在评价结束后听取专家小组长对评审过程情况和单位存在问题及改进意见的汇报；二是从程序上确保专家评价公正客观；三是评价流程每年设计，逐步改进。

四、广东财政绩效管理的实践成效

（一）财政绩效管理深刻地改变了财政分配理念

实施财政绩效管理后，在绩效预算环节，根据各部门单位申请资金的绩效进行分配，谁的绩效高就先分给谁，这样就使得乱要钱、乱花钱的问题得到有效化解。通过项目优先顺序的排序，就使得党和政府的重大决策项目拥有充足的资金保障。过去的“谁要钱，以什么样理由要钱都得安排”的格局被打破了，财政资金“撒胡椒面”的问题解决了，只要申请的项目都要一定安排资金的观念得以改变，一直强调“有多少钱办多少事、看菜吃饭、量体裁衣、收支平衡”的财政分配原则得以落实。通过财政绩效管理，深刻地改变了财政分配理念，将过去的“按需分配”的理念转变成为“按绩效分配”的理念。

（二）财政绩效管理深刻地改变了预算分配方式

财政绩效管理强调公务员的使命感、责任感，强调政府行为的规范化，强调财政资金的稀缺性，引入竞争性方式分配财政资金的方式，按照“大事优先、民生优先、绩效优先”，由专家根据对各部门单位申报的预算进行评价排序，这样就深刻改变了预算分配方式。

一是打破了传统分配方式下的“预算大锅、支出小锅、预算单位盘子”之间的博弈规则，实现了按照“统一的标准、统一的方式方法”进行分配，这样预算单位就不会把精力放在怎么能要到更多的钱上面，而要花精力去想怎么去做好事，才能要到更多的钱上面。

二是改变了财政部门内部的博弈关系，由于分配规则的改变，打破了过去业务主管部门与预算单位一起在财政总盘子分配中的合力博弈，从而使其精力转变到监督部门单位更好地花好钱，提高工作水平上去，从而提高了财政部门分配的效率。

三是打破了政府行政首长、部门单位和财政之间的博弈关系。“首长项目”必须形成为政府集体决策后的“红头文件”才能作为财政资金分配的依据，而部门单位则必须在此基础上完成执行预案（实施方案、实施计划、工作目标、绩效目标和翔实预算）的前提下，才有资格参与分配。财政部门则借助公正的分配规则，通过专家来作出“绩效”判断，形成项目库的排序，最后实现择优（绩效）分配。并借助专家的专业智慧促成预算单位把主要精力放在提高项目实施的科学性和有效性上，这样就打破了过去三者之间的博弈关系，建立了新型的分配关系，促进了资金分配和使用绩效的提高。

（三）财政绩效管理深刻地改变了部门单位的工作思路和理念

财政绩效管理要求预算单位在预算申报环节必须说明四个方面的内容：依据、实施方案和条件保障、绩效目标和预算的翔实计划安排。专家根据部门单位申报的四项内容结合自身的专业水平进行评价，判断项目立项与否和立项金额多少，通过这种机制倒逼部门单位改变工作思路和理念，从过去的“先拿到钱再来想怎么干事”，转变到必须“先想好干什么事，怎么干好事才能拿到钱”，必须把精力投入到工作当中，提高工作的预见性，细化工作的安排，从而改变了部门单位的工作思路和工作理念。

（四）财政绩效管理极大地提高了部门单位的执行力

中国目前政府部门单位执行力不强。现在通行的办法是搞培训，加强教育。实际上，公务人员在接受培训和教育时可能会受到很大触动，但到了岗位上却可能表现得跟以前一样。毕竟，其行为模式主要是由现实利益驱动的，是由他所在的制度框架塑造的。通过财政绩效管理，要求部门先申报花钱详细的立项依据、可行性方案、资金使用计划及绩效目标等，在这种管理制度倒逼部门单位细化工作内容，设计合理的绩效目标，提高预算的准确性，因为如果不这样做，就不可能通过专家的评审。资金使用后还要进行绩效评价、绩效问责和绩效审计。在这么多的外在约束的压力下，要钱的部门单位自然就会把主要精力花在想工作、干工作和落实各项政策措施上，在工作和资金使用当中存在的各种问题由于重视也能很容易得到解决。这样通过财政绩效管理能够提高政府各部门的管理能力，最终的效果是从管理上改变了上级部门“单一的被动管理”和“上有想法下面没有办法”的局面，充分提高了政府各部门和单位的政策执行力。

（五）有效推动了政府职能转变

在财政绩效管理的框架下，政府部门获得的预算资金与其制定的业绩指标有着直接而紧密的联系。财政部门按照各项事业发展计划的轻重缓急和预算执行效果来安排部门预算，这就增强了政府部门使用预算资金的责任感，以前精力花在要钱上，现在精力花在做事上，只有事情做好了、职能强化了，才有增加支出安排的条件，从而强化政府为公众服务的观念和意识，使政府机关人员必须追求办事效果，达到了激发政府部门活力的目的，使政府部门行政变得更加务实、有效，从而有效推动了服务型政府的建设。

（六）落实了专家治国的理念

专家评价是财政绩效预算当中的重要环节和保障。专家们利用自身精熟的业务知识和行业从业经验对支出项目该不该立项、该给多少钱以及绩效目标的设定是否合理等几个方面进行判断，并对申请预算的部门单位的管理水平进行评价，提出中肯到位的改进意见。这些评价结果一方面作为政府进行财政资源配置的重要参考依据得以贯彻执行，另一方面通过反馈评价中提出的问题和建议，帮助部门单位在以后的工作当中避免重犯类似的错误和不断改进，可以有效地提高管理水平。这样就把专家的知识和经验转化运用到了具体的管理当中，实际上也就是落实了专家治国的理念。

专家治国是解决项目实施的科学性和规范性的问题，强调的是一般性的做好事情，做成效大的事情的道理，这就为今后民主解决利益偏好问题前置了科学性的基础。

（七）财政绩效管理建立了一体化的财政支出管理的完整链条

财政绩效管理按照“大事优先、民生优先、绩效优先”的原则的评价结果，能够把公共资源投入到政府必须承担的支出领域中，四个申报和评价要素逼使各部门单位必须细化预算编制，减少分配层次，将资金直接对应于支出项目进行申报。专家帮助预算申报单位指出资金使用和管理当中存在的问题，反馈到部门单位进行改进和提高，从而加强了预算编制的科学性，通过对项目而不是对单位的资金分配，就能够确保那些弱势部门也能够因为有好的项目拿到资金，缓解了部门之间的财力分配不均。对于资金使用后的绩效评价和绩效问责环节，可以比较客观地评价部门单位资金使用的效果和管理情况，分清了过去财政资金使用效果低下究竟是分配环节的问题还是资金使用环节的问题，再加上今后的绩效审计，形成一个完整的财政绩效管理链条。

五、广东财政绩效管理模式的成功经验总结

（一）领导的高度重视

省级竞争性分配财政专项资金和珠三角各地开展的财政绩效管理的实践深刻说明，领导的高度重视是财政绩效管理能够得以成功推行的关键。作为一项要触及相当多数人既得利益的创新性改革，在中国独特的体制下，意味着如果没有主要领导的支持，改革很难推行下去，这就决定了财政绩效管理一定会是一个“首长工程”。

（二）财政部门超前的改革创新意识

正是得益于财政部门各级领导的改革创新意识，绩效预算才得以顺利破土而出，财政绩效管理才能不断深化。财政绩效管理的推行首先是财政部门放弃了资金分配上的“自由裁量权”，将这种权力交给了专家，并且严格按流程规则办事。权力的主动放弃，对于财政部门本身就是一种挑战，没有一定的勇气和胆识是很难做到的。

（三）科研部门的理论指导和精细化的过程管理

实践证明，省财政科学研究所在财政绩效管理的实践中发挥了“导航仪”的作用，自始至终为改革的推进提供理论支撑和精密的制度设计，为绩效管理的有效实施提供规范性、公开性和科学性的保障，如明确绩效预算具有的分配资金和强化政府部门管理的两大任务，对单位申报要求确定为“依据、实施方案、目标和预算”，将专家评审分为技术性和政策性专家两次评审，确定两轮评审之间的不同任务要求，将预算分配的四个问题分解到两轮评审当中，设计了政策专家评审的评价原则和指标体系，强调专家评审意见和建议对于提升单位管理能力的重要性，以及单位申报内容与专家评审内容的衔接等等。同时也发挥了“避雷针”的作用，在开展评价具体工作时，由财政科研机构作为第三方，设计专家评价方式、确定专家名单，从而在各职能部门与财政部门之间架起了“防火墙”，提高了过程控制的科学性，有效地规避了改革风险；在策略上，财政部门不好说的话，可以由财政科研所来说，如对个别单位的批评意见等；协助财政部门加强评价结果的运用，减少了风险和阻力，从而最大限度地保障了这项改革能够顺利推进。

科研部门所能发挥的另一个重要作用是通过精细化的过程管理充分发挥专家在财政绩效管理中的作用。从专业上来讲，专家都是该领域的权威，但是专家也会有不负责任的时候，而一旦发生这种情况，会使整个绩效管理工作失效，造成更为严重的“道德风险”，因为部门单位发生这种风险，只是在一个单位，几个项目，而专家职责不到位影响的是一个地方的无数单位和无数项目。因此，通过精

细化的过程管理使专家避免“道德风险”的发生是整个绩效管理工作中的重要环节。

（四）多部门联合推进，形成了两个“统一战线”

财政绩效管理改革涉及部门单位的巨大的和直接的利益调整，财政部门孤军奋战是无法推开这项重大改革的。在实际操作当中，建立了两条统一战线：一是由财政部门与财政科研所和专家组成的统一战线，强调和体现了绩效预算的科学性，使绩效预算的推行处在“有理”的位置。二是与相关行政职能部门、人大等形成统一战线，形成财政监督、纪检监察、绩效审计、人大监督、社会舆论监督、社会民众监督一体化，形成强大的组织压力状态，使绩效预算的推行处在“有利”的位置。三是省财政科学研究所发挥了省级单位的势能作用和理论优势，专家发挥了专业优势，从而使评审结果具有权威性，使绩效预算的推行处在“有节”的位置。加之行政职能部门造势，有效化解了众多预算单位可能形成的联合抵制改革的力量，由宏观上的财政部门“一家”对预算部门“多家”的劣势转化为微观上的推行绩效预算方的“多家”对预算单位“一家”的优势，从而充分发挥了绩效预算对部门单位的约束作用，提高了资金使用效果和单位的工作管理水平。

（五）充分发挥专家在政府绩效管理当中的作用

专家是财政绩效管理当中的重要环节和条件保障。经过筛选聘请的专家是社会精英，他们业务精熟，观念意识超前，认定的东西具有权威性。专家们利用自身精熟的业务知识和经验对评价项目该不该立项、该给多少钱以及绩效目标的设定是否合理等几个方面进行判断，并对申请预算的部门单位的管理水平进行评价，提出中肯到位的改进意见，帮助部门单位提高管理水平。专家们不仅在评价当中发挥作用，在问责当中也能发挥重要作用。通过绩效管理引进专家智能，实现了科学理财和民主理财，既是落实科学发展观的重要表现，同时也充分发挥了民智的作用，可以帮助政府有效提高管理水平。

（六）讲究策略，稳步扎实推进

一是在评价开始时的方案设计上强调稳妥推进，以时间换空间，稳步推进，步步为营，不冒进，不迟疑。二是建立统一战线，树立绩效管理的威慑力，顺利推进改革。三是因地制宜发挥理论的指导作用。紧紧抓住绩效管理是“以企业精神再造政府”这个核心内涵，不机械地强调评价指标，把握“从理念—思想—理论体系—方法”的逻辑层次，在方法论上强调“在实践中边干—边摸索—边总结—形成理论体系”，走出了一条有中国特色的绩效管理道路。四是强调规范和程序正义，注重公开、透明和公正，减少了制度创新的阻力。

（财政科学研究所供稿，黎旭东　许航敏执笔）

行政事业单位资产管理创新取得阶段性成果

为配合部门预算、统一岗位津贴等一系列公共财政改革措施，从源头上杜绝党政机关私设“小金库”，进一步深化行政事业资产管理改革，2006年省委、省政府批准省财政厅设立省直行政事业单位物业管理中心（以下简称“省直物管中心”）集中接管从省直单位剥离出来的经营性资产。三年多来，省直物管中心按照构建与社会主义市场经济体制相适应的公共财政框架的要求，认真贯彻落实财政部35号和36号令的精神，在积极推进行政事业单位资产管理与预算管理、财务管理相结合的同时，以行政事业单位产权制度改革为突破口，先行先试构建了“三层架构”资产经营管理新模式（即由省财政部门负责制定政策和宏观调控，省直物管中心代表政府集中持有资产产权并负责监督管理，引进第三方公司进行市场经营），有效地解决了以往行政事业资产管理中存在的“家底不清、账实不符、产权不清、苦乐不均、调剂困难、使用效率不高及监管不力”等问题。

一、以产权管理为核心，构建行政事业经营性资产统管平台

（一）推进产权集中管理，强化国有资产产权主体意识

“产权明晰、权责明确、配置合理、使用高效、处置规范、监督有力”不仅是社会主义市场经济制度的客观要求，也是构建行政事业单位国有资产管理体制的内在要求。但是，由于行政事业资产管理长期以来一直实行“国家统一所有，政府分级监管，单位占有、使用”的管理体制，没有明确落实资产所有者实体，也没有明确授权所有者实体，行政事业资产的所有权往往被“虚置”，或演变为“单位所有”、“法人所有”，影响了行政事业单位国有资产管理改革的进一步深化。基于以上认识，省直物管中心从成立之初就高度重视产权管理工作，将理顺产权关系、完善权属证明放在了工作的首要位置。

一是全面接收有关资产权属资料。为做好接管省直单位经营性资产工作，省直物管中心制定了《关于省直党政机关事业单位经营性资产处置实施工作指引》，明确各单位移交的资产，包括与之相配套的天线、供水、供电、消防、电梯、煤气、空调、电话线路等等设备、设施，并对单位移交的资产权属资料、文本做了详细规定，具体包括：（1）竣工或施工图；（2）房产证明文件；（3）规划、国土部门核发的有关资料（建设用地选址意见书、用地红线图、建设用地规划许可证、建设工程规划许可证、建设用地批准书、国有土地使用证）；（4）其他行政主管部门核发的文件（如消防意见、环保意见、人防意见等）；（5）与合作方建设的有关合同；（6）物业租赁合同；（7）会计核算

凭证；（8）与本物业有关的其他合同、协议、纠纷、历史遗留问题等；（9）与物业配套的其他设备、设施清册；（10）其他相关资料等。

二是逐步完善手续、变更产权。按照“先易后难”的原则将接管的经营性资产产权变更到省直物管中心名下。变更工作分为三步走：首先是对有产权证原件且产权独立的资产，统一提交广州市房管局，由广州市房管局一次批量办理产权过户手续；其次是对产权清晰但产权与原移交单位共有的资产，由省直物管中心联系原移交单位备齐全部相关资料后提交广州市房管局，由广州市房管局协助完成产权分割手续；最后是对产权不清晰的资产，由省直物管中心与广州市房管局共同拟订办理方案，协调相关部门办理。截至2009年12月31日，省直物管中心已完成资产产权过户手续的房产证面积共计66 151.66平方米，占全部房产面积的53.9%。

（二）实行所有权与经营权分离，提升国有资产运营效益

省直物管中心借鉴现代法人治理结构，引入第三方管理理念，通过政府采购方式选定经营性物业委托经营管理公司，并与其签订了《广东省省直行政事业单位物业管理中心物业委托经营管理协议》，对物业委托经营管理主体、标的、内容、限定、期限、酬金、费用以及权利和义务等事项进行了明确规定，明晰了双方权责，确保了资产运营按照市场化原则进行阳光操作。为杜绝“暗箱操作”和权钱交易，提高经营性国有资产经营效益，确保市场化运营，三年来，省直物管中心接管的行政事业单位经营性资产使用效益得到大幅度提高，资产空置率下降了21.5%，年收入上升了47.7%，年均空置率基本控制在5%以下，三年累计收入2.29亿元，较好地解决了行政事业资产长期闲置、效率低下、浪费严重的问题，实现了理顺体制、明晰职责的目标。

（三）探索所有权与使用权分离，搭建国有资产调配平台

配置不合理、部门之间苦乐不均、短缺与闲置并存、调剂整合机制薄弱等，是当前行政事业资产管理中存在的普遍而又难以解决的问题。改革前，由于行政事业单位资产所有权与使用权基本统一，资产的产权多数分散沉淀在各个单位，省财政在面对省直单位机构扩编、新增单位等办公用房紧缺情况时，只能采取新建办公用房或者拨出财政资金面向市场租赁的方式解决，省财政的资产配置调剂职能难以发挥。改革后，由于接管资产的产权已经收归省直物管中心，对省直党政机关单位和依照公务员管理事业单位的新增用房申请，省财政能够充分发挥财政资产配置职能，在做好实地调研、完善相关手续的基础上，对集中管理的资产灵活应用调配划拨、无偿出借、异地置换、优惠出租等方式，针对单位的不同情况和要求提出切实可行的处理意见；对部分过渡性用房的需求，省财政则一律按照正规租赁流程以优惠出租的方式予以解决。通过对国有资产的灵活调配，省财政既帮助单位解决了办公用房的需要，又遵循了国有资产有偿使用的原则、确保国有资产不流失，还拓宽了财政理财渠道、节约了大量财政资金。三年间，省直物管中心共优惠出租房产5 716.04平方米；异地置换房产1 300平方米；无偿调剂划拨房产15 023.79平方米，无偿出借房产353.8平方米，累计节约财政资金约2.72亿元。

（四）严把处置权和收益权两个关口，防止国有资产流失

在实行经营性资产委托管理的同时，省直物管中心牢牢把住经营性资产的处置权与收益权两个关口，防止国有资产流失。一是严格按照财政部35号和36号令的有关规定，加强经营性资产产权管理，通过及时办理产权变更手续，建立健全产权资料管理机制，对经营性产权实行集中统一管理。在此基础上，省直物管中心对资产进行评估和定期盘点，以及不定期进行物业安全巡查，全面掌握了资产的实际情况，加强了对资产的转让、置换、报损、报废等环节的管理力度，牢牢把住了资产处置权，确保国有资产不流失。

二是在经营管理过程中，省直物管中心严守“以制度管人、按制度办事”的原则，以严密的制度和流程规范个人行为，严格按照非税收入管理规定，对经营性资产收入和支出实行“收支两条线”管理。每年，省直物管中心向省财政厅上报年度收支预算，根据省财政厅批复的年度收支预算确定的项目及费用额度在预算范围内支出与资产经营管理相关的费用；资产经营收入由资产承租人通过广东省非税收入管理系统直接上交至省财政专户，在承租人与受托公司之间不存在现金流动。经营收入扣除经营管理费用后的余额，纳入省财政统筹安排；各项费用从省财政专户直接划拨到收款单位账户，省直物管中心不设过渡性账户。

二、行政事业单位资产管理创新成效显著

（一）切实巩固省直党政机关经营性资产清理工作成果

党政机关经营性物业产权分属各党政机关，国有资产及收益长期存在财政体系外循环，在一定程度上必然为少数人随意处置物业资产提供了可能，为滋生腐败提供了土壤。同时，由于物业占有、分配不平衡，单位间福利待遇悬殊、苦乐不均，对公务员工作积极性及队伍建设，甚至社会经济秩序都造成了不良影响。对党政机关物业管理模式进行改革，收归财政集中管理，斩断机关单位创收渠道后，党政机关不能再随意地利用国有资产进行营利性活动，阻止了国有资产收益在财政体系外的循环，断绝了单位“小金库”的资金来源，从源头上预防了腐败的滋生，也巩固了统发工资和统一岗位津贴补贴的成果，有利于端正党风政风，稳定公务员队伍。

（二）有效促进政府部门转变职能

党政机关直接从事经济活动是历史的产物，是政府职能的异化。以前，党政机关经营性物业产权分散沉淀在各

党政机关，由党政机关自行经营管理，在一定程度上引发了其创收冲动。为了创收，各党政机关必将安排专门的人员来从事经营活动，由此不仅会分散行政人员的精力，还会因为行政权力对市场的介入而扰乱市场秩序、破坏行政机关的公益性质和公正形象。党政机关占有、使用国有资产应该是为了满足正常办公的需要，是为了履行其服务群众职能的需要，而不是为了盈利创收。现在，经营性物业从党政机关剥离出来交由一个专门的机构代表政府持有产权并集中管理，不仅斩断了党政机关的创收渠道，而且能够使政府回归到社会管理和公共服务的职能上来，彻底转为服务型政府，避免了“国家利益部门化、部门利益个人化”情况的出现，维护正常的经济秩序，重塑政府形象。

（三）进一步规范国有资产收益管理

资金和资产（行政事业单位）的管理作为财政部门的两大重要职能，二者应处于同等重要的位置。但目前重资金分配、轻资产管理的现象还比较严重，尤其当国有资产的实际产权在各单位名下时，政府的资产所有者身份不但会被虚置，而且还难以进行有效管理，资产收益部门化、“小金库”滋生的情况也就难以避免，财政部门的资产管理职能也必然被肢解。而将分散在各单位的经营性资产由省财政集中管理，遵循省财政厅制定的财政管理和行政事业单位国有资产管理的有关规章制度进行管理，既有效防止了部门肢解财政职能，避免资产管理的随意性，杜绝体制外创收、乱花钱的机会；又确保了国有资产的安全运营、公平调剂和高效利用，进一步规范了国有资产收益管理及财政资金预算安排。

（四）进一步提升行政事业单位国有资产的使用效益，实现国有资产保值增值

自2006年实行省直党政机关经营性资产集中管理以来，省财政已从接管的物业中无偿划出16处房产共15 023.79平方米，分别调剂给省委巡视组、省委办公厅、省人大、省公安厅、省参事室、省委老干局、省贸促会、省统计局、省委党史研究室、省交通厅、省公路局、省经济干部管理学院及省粤旅集团等13家单位使用，无偿出借房产353.8平方米给省林业局和省监狱管理局使用，共节约财政资金约2.15亿元。同时，对部分行政事业单位过渡性办公用房的需求，省直物管中心按照正规租赁流程与这些单位签订租赁合同，允许其在过渡期内以优惠价格（在市场价格基础上打一定的折扣）租用中心物业。这种方式一方面遵循了国有资产有偿使用的原则、确保国有资产不流失，另一方面避免了这些单位在市场上以昂贵的价格租用办公用房或兴建新的办公用房，节约财政资金约0.57亿元。

2007年、2008年和2009年物业租赁收入分别为6 279万元、6 770万元和6 778万元，按相同口径计算比2006年接管前分别增长37.0%、47.7%和47.8%；加上罚没保证金、计缴滞纳金、物业转让收入等收入，截至2009年12月31日，省直物管中心国有资产收益财政专户累计收入达2.29亿元，较好地完成了物业保值增值的任务。

（省直行政事业单位物业管理中心供稿，张书苑执笔）

切实加强项目评审，推进农业综合开发科学化精细化管理

广东农业综合开发项目评审工作坚持以公开、公平、公正为原则，以科学化、精细化、规范化为导向，严格规范管理，大力创新机制，有效地提高了选项立项质量，为农业综合开发科学化、精细化管理探索了经验，促进了农业综合开发整体工作的提升。

一、领导高度重视，突出评审工作地位

为加强农业综合开发工作，2005年广东省政府将农业综合开发管理职能以及省农业综合开发办公室和省农业综合开发评估中心建制划转省财政厅管理。省财政厅党组高度重视农业综合开发工作，坚持把项目评审摆在农业综合开发的突出位置。

（一）领导重视

厅党组书记、厅长刘昆指示省农发评估中心要“评好项目、管好专家、搞好服务”；分管副厅长郑贤操亲自部署农业综合开发评审工作，亲自组织制定竞争性评审制度和规则，策划和全程参与重大评审活动，定期召开座谈会协调有关部门，听取评审专家意见建议，在全省农业综合开发工作会议上，将项目评审作为重要内容一起部署、一起安排，提出明确要求。

（二）认识到位

项目评审决定项目质量，项目质量关系事业成败。坚持把项目评审作为项目前期工作的龙头，明确“凡立项项目必须经过省农发评估中心组织专家评审，实行竞争择优；没有经过专家评审的项目、专家评审发现的问题没有得到纠正以及评审结论为不可行的项目，一律不得立项”。

（三）配合有力

省财政厅加强与农口各部门的协调配合；内部则坚持立项与评审相对分开，由省农发评估中心负责组织专家评审，形成评审结论及意见，与省农发办既分工合作，又相互监督；省与市、县之间实行层级管理、协调配合，省级加强对市级的指导和帮助，市级按照要求抓好落实。

（四）保障落实

2006年，将省农发评估中心经费由自收自支调整为财政核拨；2008年又再次调整为参照公务法管理，理顺了管理体制，解决了干部的后顾之忧。同时，每年安排省农发评估中心评审费100万元，充分保障了农业综合开发工作所需。

二、实行分类指导，理顺评审工作流程

省财政厅制定了《广东省农业综合开发项目评审实施细则》，针对不同的项目类型，区别采取不同的评审方式，建立具有较强针对性和可操作性的评审工作流程。

（一）土地治理项目实行省级室内全面评审和实地抽审

省级组织对土地治理项目规划设计与实施方案进行室内集中全面评审，重点审核立项的可行性、规划设计的合理性、预算的准确性和设计资料的规范性，除作出评审结论外，重点提出修改意见；在此基础上，对疑问项目、重点投资项目不低于30%予以实地考察，通知申报单位和设计单位代表参加现场答辩，对省级不考察的项目向市级反馈室内评审意见并委托市级考察，最终组织修改规划设计方案，根据修改后的方案立项。

（二）产业化经营项目实行全面评审和实地考察

按照种植、养殖、加工等类别分组，每组由3名以上技术专家和2名财务专家组成专家组，在组织对专家集中培训的基础上，先由专家独立审阅并提出个人意见，再由专家小组集中评议，形成室内集中评议意见；实地考察时重点审核企业综合条件和财务状况，与项目单位开展答辩交流。最终在实地考察的基础上形成评审结论和意见。

（三）科技推广项目实行室内全面评审

按照粮食作物、经济作物、畜牧等类别组成专家组，重点审核推广品种技术的先进适用性、推广地点的符合性和推广方案及预算的合理性，在室内评审的基础上直接作出评审结论和修改意见，一般不安排实地考察。在各类项目评审前，组织对专家进行集中培训，专家现场签订公正评审承诺书及回避声明书；专家组推选专家组组长，专家组组长负责召集专家讨论，统一形成和提交评审成果。评审中，安排专职干部负责政策解释，全程监督和考评专家，并为专家提供服务。

三、规范专家管理，提高评审工作质量

专家是评审工作的重要支撑。广东始终坚持把专家库建设和专家管理作为项目评审的一项长期性、基础性工作。

（一）努力建设好专家库

2005年，省农发评估中心通过向40多个单位发函征询专家，并经反复挑选，建立了一支涵盖农田水利、畜牧兽医、水产养殖、农产品加工、农机工程、农作物育种与种植、园艺、林学、土肥、植保、蚕桑昆虫、生物医药、经济财务以及生态环保等众多专业类别、涉及行政机关、高等院校、科研院所、会计师事务所等多个行业和领域共400多人的专家队伍，绝大部分专家具有高级以上专业技术资格，专业素质过硬、纪律作风优良，具有很强的代表性和权威性。此外，还对专家库实行跟踪考评、动态管理、适时更新，对违反专家纪律、或考评不合格、评审绩效不佳的专家，及时退出专家库。

（二）加强专家培训

不仅注重专家数量，更重视专家“质”的提高。每次评审前组织一次集中培训，还定期举办专题培训班，定期举办农业综合开发工作研讨会，向专家寄送《中国农业综合开发》杂志、业务书籍和政策文件等，确保专家及时更新政策知识。

（三）实行专家随机抽选和轮换、回避制度

专家从专家库中按专业类别随机抽选，对连续三年参加评审的专家予以轮换，做到新旧搭配、相关专业搭配。土地治理项目评审注意回避当地的专家；产业化项目评审注意回避与项目承担单位有直接或间接利益关系的专家，科技推广项目注意回避项目承担单位的专家。

（四）完善专家管理和服务制度

省财政厅组织制定了《项目评审专家管理办法》、《专家参与评审工作纪律》和《专家劳务费支付制度》，拟定了专家公正评审承诺书等。2009年又专门编印《产业化经营项目评审工作手册》，为专家提供系统的评审服务指引，进一步规范评审行为，给专家提供方便。

四、创新评审方式，探索新的管理机制

2008年，省财政厅推行财政资金竞争性分配改革试点，并将农业综合开发资金列为试点的专项资金之一。为此，广东省专门制订了农业综合开发竞争性分配改革试点方案，探索对重点项目实行公开竞标立项。2008年12月，举行了首场全省性农业综合开发竞争立项评审会，选择9个2008年新增省级土地治理项目和4个2009年国家农业综合开发省级示范区，涉及财政资金1亿多元，共有22个县（市、区）申报参与竞标。评审前，专门制定了竞争立项评审办法和评审标准，拟定了包括“确定专家组备选名单、抽签决定专家组成员、专家独立评审、申报单位演讲答辩、专家组现场评分、现场公布评审结果”六个环节的评审规程，在评审会各个环节力求公正、公平和公开。

一是评审公正。评审前从专家库中按照分类随机的原则组成专家组备选名单并严格保密，正式评审时按类别和2:1的比例抽签决定专家组成员，专家签订公正评审承诺书，上交通信工具，实行封闭式独立评审，专家之间不碰头、不交换意见，排除一切外界干扰。

二是程序公平。每个申报单位安排演讲时间8分钟、答辩时间5分钟，由申报县政府代表登台演讲，财政局、农业局代表参与答辩，出场次序抽签决定，评审组现场评分，按去掉最高分和最低分计算总分，当场公布结果，评审结果按程序报批后予以安排立项。

三是全过程公开。申报单位代表全程参加评审的抽签仪式和公开评审，现场还邀请纪检监察部门参与和监督评审活动。

公开竞争立项得到各大媒体高度关注，《中国财经报》以《广东上亿元支农资金竞标分配》为题头版头条进行了报道，《人民日报》、《南方日报》、广东电视台在重要位置进行了连续报道，其他各大媒体纷纷进行了转载报道，提高了农业综合开发的地位和声誉。

2009年8月，广东省又对2个2009年高标准农田建设示范工程项目实行全省竞标，共有6个县参与竞争。通过公平、公正、公开的竞争评审，将项目审批置于阳光下，

没有获得立项的单位“明明白白”、“心服口服”，创新了财政资金分配形式，也扩大了农业综合开发影响力。

五、加强责任考核，确保评审公平公正

（一）强化项目评审责任

实行“谁主管、谁负责；谁评审，谁负责；谁考察，谁负责；谁签字、谁负责”的评审责任制，“一把手”负总责、亲自抓，分管领导和经办人员具体负责，实行任务到人、责任到人，专家对各自参与的项目评审工作负责。

（二）严肃评审工作纪律

对项目申报单位，凡是出现不配合评审、不提供现场和资料，或弄虚作假的，对项目予以一票否决，并在三年之内不得申报农业综合开发项目。对参与项目评审工作人员，明确要求做到“三要三不”，即“要充分信任专家，不得向专家发表倾向性意见；要充分服务专家，不得干扰专家独立评审；要充分尊重专家，不得随意改变专家结论”，确保评审的公信力和权威性。对评审专家，明确提出参与评估工作“八个不准”，严明廉政建设的有关要求。

（三）主动接受社会监督

对项目评审的有关结论，适时在省级媒体和省财政厅网站和内部电子显示屏上予以公示，公布举报投诉电话，接受社会公众的监督。对出现问题的，予以及时查处核实。

（四）落实奖优罚劣机制

将项目评审情况作为项目立项和资金指标分配的重要依据，对评审发现项目质量较好的，增加投资指标，对项目总体可行但发现问题较多的，扣减项目投资指标。

（省农业综合开发评估中心供稿，刘　强执笔）

第四部分

各市财政工作概况

广州市

2009年是广州经济发展最为困难的一年。在市委、市政府的正确领导下，各级财政部门以科学发展观统领全局，积极应对复杂的国际国内形势，全力以赴保增长、保民生、保稳定，为全市各项社会事业的发展提供了有力保障。

一、财政一般预算收支情况

2009年，广州市实现地区生产总值9 113亿元，增长11.5%，比预期目标高1.5个百分点；人均地区生产总值88 834元，增长10%。投资增长势头强劲，内需成为拉动经济增长的主要动力。全社会固定资产投资2 660亿元，增长22.3%，其中81个重点项目完成投资946亿元，占全社会固定资产投资的35.6%。大力开拓国内市场，增强消费需求对经济增长的拉动作用。全年实现社会消费品零售总额3 648亿元，增长16.2%。努力克服外需不足的困难，创新外贸发展方式，外贸进出口降幅逐步收窄。全年进出口总值767亿美元，下降6.4%，其中出口总值374亿美元，下降13%。利用外资稳定增长，全市实际使用外商直接投资38亿美元，增长4.2%，批准投资总额超1 000万美元以上的大项目145个。

2009年，源于广州地区的财政一般预算收入2 656亿元，增长7.2%；地方财政一般预算收入702.7亿元，完成年初计划的108.6%，比2008年决算数增长13%，较全省增幅高出2.8个百分点。其中：市本级收入315.6亿元，完成年初计划的110%，增长13.3%；区（县级市）收入387.1亿元，完成年初计划的107.4%，增长12.7%。在全市财政一般预算收入中，税收收入582.4亿元，增长10.9%；非税收入120.3亿元，增长24.4%。

2009年，全市财政一般预算支出789.9亿元，为年度预算86.1%，比2008年决算数增长10.7%。其中，市本级支出318亿元，为年度预算86.5%，比2008年决算数增长11.9%；区、县级市支出471.9亿元，为年度预算85.8%，比2008年决算数增长10%。在市本级财政支出中，实际用于民生和各项公共事业的支出236亿元，占一般预算支出的74.2%。

二、政府性基金预算执行情况

2009年，全市基金收入完成405亿元，比2008年决算数增长83%（其中国有土地使用权出让金收入323.4亿元，增长86.3%），加上上年结余收入116.5亿元，上级补助收入4.3亿元和调入资金4.8亿元，全市基金总收入530.6亿元。全市基金支出269.6亿元，比2008年决算数减少5.3%。收支相抵，年终结余261亿元，如数结转下年度使用。

2009年，市本级基金收入完成295.1亿元，比2008年决算数增长82.2%（其中国有土地使用权出让金收入228.3亿元，增长88.8%），加上上年结余收入49.8亿元，上级补助收入4.3亿元，调入资金1.2亿元，市本级基金总收入350.4亿元。市本级基金支出123.8亿元，加上补助区、县级市支出60.5亿元，市本级基金总支出184.3亿元。收支相抵，年终结余166.1亿元，如数结转下年度使用。市本级基金预算支出主要情况如下：

国有土地使用权出让金支出87亿元，主要投入地铁建设40亿元、土地开发建设投资13亿元、城建资金12亿元、各项政策性支出6亿元、廉租住房保障6亿元等。

城市公用事业附加支出3.8亿元，主要用于城市路灯维护建设、电费和市政设施维护等开支。

地方水利建设基金支出8.3亿元，主要投入水系建设和河涌维护整治。

政府住房基金支出4.5亿元，主要用于廉租住房项目3.9亿元等。

彩票公益金支出1.5亿元，主要用于社会福利、体育等社会公益事业的支出。

残疾人就业保障金支出0.9亿元，主要用于残疾人就业前培训、扶持残疾人集体从业等。

城市基础设施配套费支出16.7亿元，主要用于建设公共设施。

三、财政工作主要情况

（一）积极应对危机，大力组织财政收入

2009年1月，广州市财政收入出现了进入新世纪以来首次负增长。面对严峻的经济形势，在市委、市政府的正确领导下，市财政部门一是积极与市税务、国资、经贸、工商等部门沟通，协调解决财政收入征收过程中遇到的各种问题。确定并公布广州市第一批综合治税信息共享目录。为提高税收管理水平和增加税收提供保障。二是进一步加强预算执行分析，密切关注财源变化，及时采取收入征管措施。针对很多来广州市经营尤其是参与建设工程和政府采购活动的外地企业不依法在本地纳税的问题，牵头制定《关于落实企业税收管理有关措施的意见》。三是加强非税收入征管。通过规范国有资源（资产）有偿使用收入及国有资本经营收入管理等，保证非税收入稳定增长，有效降低政策性减收对财政收入的不利影响。

（二）加强财政宏观调控，促进经济平稳、健康发展

1. 适度扩大公共投资，保障重点项目建设。第一，稳步推进亚运相关项目建设。2009年，市本级投入亚运场馆建设资金4亿元，保障了市、区（县级市）64个亚运场馆的建设。第二，加快公共交通建设，投入地铁建设资金50亿元，新广州站路桥工程资金4.1亿元，积极推进与亚运会相关的交通设施、交通工具的改造更新，引导市民更多选择公共交通出行。第三，拨付广珠城际线建设资金1.1亿元、武广客运专线建设资金11.6亿元，按规定配套省、部合作重点项目建设。第四，继续深化投融资体制改革，发挥企业在城市建设中的投融资主体地位，市财政全年对城投、水投、交投、广日集团四家投融资主体补助达到

55.42 亿元。

2. 积极扶持企业发展，推动产业升级改造。2009 年，市财政积极应对国际金融危机的严峻形势，拨付支持经济发展的各项一般预算支出合计达到 47 亿元。主要用于拨付国有资本经营收益支出，帮助困难企业、资助市区内产业“退二进三”国有企业职工安置和解决人员社保等历史遗留问题。拨付扶持企业发展和技术创新资金 1.4 亿元，支持企业挖潜改造、创新能力建设。拨付资助外向型企业和外商投资企业等资金 2 亿元，保持对外贸易和利用外资平稳增长。拨付中小企业信用再担保及风险补偿资金 1.4 亿元，扩大整体担保规模，缓解融资难问题。拨付粮食风险基金专款和冻肉等重点商品储备补贴 1.3 亿元，保障市场供应。新增加促进产业和劳动力“双转移”经费 0.5 亿元。拨付防范化解金融风险准备金 11.7 亿元。同时，改革清理行政事业性收费，减轻企业群众负担。除根据上级政策规定取消和停征国家定的 100 项和省定的 13 项收费，暂停征收外资企业场地使用费外，还对 23 项本市行政审批类收费项目予以暂停或降低标准征收，年减轻社会负担约 3 亿元。

3. 切实减轻居民负担，大力促进消费需求。2009 年，市财政投入 16 亿元用于廉租住房建设，投入 0.38 亿元加快旧城区和农村危破房改造；加大对与人民群众生活密切相关行业的补贴力度，拨付地铁、公交票务优惠补贴资金 6 亿元和公交行业综合亏损补贴 4.3 亿元；进一步提高企业退休人员和农转居人员养老金，积极落实家电下乡、汽车、摩托车下乡、家电以旧换新政策，拨付相应补贴资金 0.62 亿元。

（三）加大民生投入，促进和谐社会建设

按照公共财政要求，市财政不断加大对社会保障、医疗卫生等公共服务领域投入，2009 年，市本级一般预算支出用于民生和各项公共事业的资金达 236 亿元，占支出总额的 74.2%。

1. 加大对就业再就业的投入。2009 年，市本级财政投入再就业专项资金 3.6 亿元，比 2008 年增加 1.1 亿元；扩大失业保险基金的使用范围，向符合条件的企业发放援企稳岗补贴 1.13 亿元。积极落实用于高校毕业生“三支一扶”补贴、就业见习补贴、就业公共服务补贴等，促进高校毕业生就业。

2. 加大对教育和文化的投入。2009 年，市本级财政对教育投入 56.1 亿元，增长 47.9%；重点支持免费义务教育，大力发展职业教育，促进教育均衡发展。不断提高教师待遇，研究制订了妥善解决中小学代课教师待遇和义务教育学校教师绩效工资实施方案，全面落实中小学教师工资福利待遇“两相当”。继续加大对文化重点工程及社区文化的支持力度，支持开展公共文化活动和社区文化、补贴博物馆纪念馆免费开放，促进文化设施、全民健身设施建设，保障广州图书馆新馆等重点文化项目的投入。

3. 加大对支农的投入。投入 32.31 亿元，突出抓好农业基础设施建设，提高农业综合生产能力；投入 1.88 亿元，加强农业公共服务体系建设，增强农业服务能力；投入 2.26 亿元，落实各项强农惠农政策，促进农民持续增收，其中：拨付种粮农民直接补贴和农资综合直接补贴共 1.07 亿元，对生态公益林补偿 8 065 万元，能繁母猪保险补贴、良种补贴、农机购机补贴 2 815 万元，土地承包经营权流转补贴 1 000 万元等。

4. 加大对城乡医疗服务体系建设的投入。2009 年 5 月，该市开始施行《广州市困难群众医疗救助试行办法》以保障困难群众的基本医疗权益。全市为此筹集资金 1.5 亿元，其中市本级财政安排 1 亿元。至 12 月底，已支付医疗救助金 4 847 万元。10 月，该市发布《广州市实施重大公共卫生服务项目方案》，开始实施 15 岁以下人群补种乙肝疫苗、农村妇女乳腺癌、宫颈癌检查、增补叶酸、贫困白内障患者复明、农村和流动人口住院分娩补助 5 项重大公共卫生服务项目，加强对困难群众和特定项目的医疗补助；提高新型农村合作医疗筹资水平，2009 年市本级财政拨付补助资金 3 663 万元；积极推进社区和农村基层卫生网络建设，拨付相关资金 2.1 亿元。

5. 加大对社会保障体系建设的投入。进一步提高城乡居民最低生活保障标准，农村低保标准平均由 220 元提高到 271 元；保障城乡特困人员基本生活，投入 8 520 万元，用于对全市特困人员实行分类救济、改善优抚对象生活条件和帮扶重残人员；进一步加大对社会保险的投入，2009 年市本级财政共投入 12.4 亿元，用于广州市社会申办退休人员缴交过渡性医疗保险费、农转居人员参加基本养老保险等；扩大广州一体化统筹区，将原为独立统筹区的番禺、花都、从化、增城纳入广州市市级统筹区，进一步提高社保基金的风险防范能力。

（四）深化财政体制改革，加强财政管理

1. 进一步完善市对区（县级市）财政体制。2009 年，市财政在充分调研基础上，拟订了《关于完善市对区（县级市）财政管理体制的意见》，待市委、市政府审定。新的体制集中体现了《珠江三角洲地区改革发展规划纲要》及《广东省基本公共服务均等化规划纲要（2009～2020）》的精神，着重从促进基本公共服务均等化、加大对区（县级市）的激励、对经济相对薄弱和重点发展地区给予政策倾斜等方面对财政体制进行了调整和完善。

2. 进一步提高财政透明度。2009 年 10 月，应市民申请，根据国家《信息公开条例》，在门户网站上公开了市本级 114 个单位的部门预算。国内知名平面及电子媒体均作了大幅报道，社会公众对此也非常关注。

3. 进一步推进绩效评价改革。2009 年，市财政对筛选确定纳入自评范围的 42 个部门的 201 个项目进行了评审，对市教育局、卫生局 2008 年度财政资金使用情况进行了部门评价，并对其 4 个专项实施了重点评价。从 2008 年开始，将市级财政支出绩效评价报告上报市人大常委会审议，这在全国省会城市中属开创之举。

4. 进一步完善国库单一账户体系建设。为避免预算单位违规擅自将零余额账户的资金转到基本存款账户，市本级在清理和规范市本级预算单位银行账户基础上，取消部分预算单位基本存款账户。从 2009 年 7 月 1 日起，市直

290个试点单位基本存款账户的资金正式由财政代管，单位日常往来资金统一由财政代管账户收取，并通过国库集中支付方式下达授权支付额度到试点单位，统一通过零余额账户支出。

5. 进一步加大对财政周转金的清理力度。2007～2009年广州市共清理回收财政周转金25.77亿元，其中回收现金3.9亿元。

6. 进一步做好其他各项财政管理工作。在资产管理方面，进一步规范公务小汽车配置和淘汰更新的管理，对超编小汽车一律不予安排资金。对单位的办公用房配置，尽量从现有闲置的办公用房中调剂解决，有效节约政府资源。在政府采购方面，强化评审委员会的评审职责，确立了采购代理机构的现场监督义务。在农村财务管理方面，制定了《广州市农村财务管理办法（试行）》和《广州市农村会计管理办法（试行）》。在财政监督方面，积极做好中央扩大内需投资建设资金的监管，并开展治理小金库专项行动。在会计服务方面，市与12个区县的会计咨询热线2009年8月起同步委托电信部门接听。截至2010年2月底，已接听回复咨询电话超过2.1万个，接通率达95.86%，接通服务满意率100%。

（五）加强机关内部建设

1. 建设学习型领导班子和学习型机关。2009年，市财政局党委中心组成员共组织集中学习24次，调研8次，撰写调研文章和心得体会文章31篇。在全广州市中心组学习自查和互评考核中获得“优秀”，这是广州市财政局连续四次（八年）被考核为“优秀”。继续开展“财政理论讲坛”，组织全局干部参加理论学习。

2. 继续开展学习实践科学发展观活动。紧紧围绕“党员干部受教育、科学发展上水平、人民群众得实惠”的目标，把科学发展观转化为推动财政工作的动力。

3. 推进惩治和预防腐败体系建设。印发《广州市财政局贯彻落实〈建立健全2008～2012年惩治和预防腐败体系工作规划〉实施意见》及《广州市财政局贯彻落实〈工作规划〉任务分解表》，把完成全市惩防体系建设的任务融入全市财政改革工作中。

4. 深化干部人事制度改革。根据职位配备的需求，提拔处级干部15名，试用期满任命处级领导干部5人，调整充实了局机关中层干部，让一批德才兼备、年富力强、群众认可的干部走上了领导岗位，逐步形成朝气蓬勃、奋发向上的财政队伍。

（广州市财政局供稿，杨福栋执笔）

深圳市

一、财政收支情况

2009年，是深圳市经济社会发展很不平凡的一年。2008年爆发的国际金融危机持续扩散蔓延，受往年超常规增长形成的高基数以及宏观经济形势影响，深圳市财政收入增幅出现了明显下滑态势，1月份还首次出现了负增长。面对严峻复杂的经济形势，深圳市采取一系列积极有效措施，努力促进经济增长财政增收。全市实现国内生产总值8 201.23亿元，比2008年增长10.7%。其中，第一次产业增加值6.47亿元，下降18.6%；第二次产业增加值3 831.64亿元，增长9.3%；第三次产业增加值4 363.12亿元，增长12.5%。全年完成全社会固定资产投资1 709.15亿元，比2008年增长16.5%，其中基本建设投资1 043.63亿元，增长26.1%。全年外贸进出口总额2 701.55亿美元，比2008年下降10.4%。其中，出口总额1 619.79亿美元，下降10.6%；进口总额1 081.76亿美元，下降10.1%。全年实际使用外商直接投资金额41.60亿美元，比2008年增长3.2%。全年社会消费品零售总额2 598.68亿元，比2008年增长15.4%。其中，批发零售贸易业零售额2 251.77亿元，增长14.2%，住宿餐饮业零售额346.91亿元，增长24.0%。在批发零售贸易业零售额中，限额以上商业零售额1 060.08亿元，增长5.7%；限额以下和个体户零售额1 191.69亿元，增长23.0%。

2009年，深圳市实现全口径财政收入2 765亿元，剔除证券交易印花税不可比因素后，比2008年增长3.2%。全口径财政收入中，属中央级收入（含关税和海关代征收入等）1 884.5亿元，对广东省上解支出27.4亿元。全年全市实现地方一般预算收入880.8亿元，比2008年增加80.5亿元，增长10.1%。全市一般预算收入加上级补助收入和上年结转结余收入等，全年财政总收入为1 128.77亿元。全市地方预算内财政主要收入项目完成情况如下：各项税收收入823.2亿元，增长7.9%，占财政一般预算收入的93.5%；非税收入57.6亿元，增长54.3%，占财政一般预算收入的6.5%。在各项税收中，增值税、营业税、企业所得税和个人所得税4个主体税种共完成707亿元，增长6.8%，占地方级各项税收的85.9%。

2009年，深圳市完成一般预算支出1 000.84亿元，比2008年增长12.5%。全市一般预算支出加上解上级支出等，全年财政总支出为1 082.75亿元。总收支相抵后，年终结余46.02亿元，结转下年度支出21.35亿元，净结余24.67亿元，连续29年实现收支平衡、略有盈余。2009年，深圳市按照“保增长、保民生、保稳定”的总体要求，继续贯彻实施积极财政政策，进一步加大政府投资，全年市本级安排政府投资计划596.6亿元，实际下达538亿元。积极筹措资金，向中央争取代发深圳地方债24亿元。为应对金融危机的冲击，财政大幅增加扶持产业类的经费支出，2009年市级财政安排各项经济和产业类扶持资金114亿元，比2008年增长了一倍多，重点加大了对高科技、金融、总部经济、生物、新能源和互联网等产业的支持力度。创新机制，充分发挥财政资金杠杆作用，建立了多层次投融资体系，组建了中小企业信用再担保中心，建立了民营领军企业互保增信平台，设立了30亿元的创业投资引导资金并首期投入10亿元，着力解决企业融资难问题。深圳财政进一步加大民生投入，2009年市本级民生类及一般公共服务类支出占一般预算支出的比重为75.5%，比2008年提高9个百分点。大力支持高等教育、职业教育和民办教育发展，落实义务教育免费政策，提高特区内外教育均衡化水平，全市教育支出136.6亿元；支持医药卫生体制改革，继续推进药品加成下调和医疗服务收费降价，推进公共卫生重点项目和社区健康服务网络建设，全市财政医疗卫生支出55.0亿元；继续支持扩大少儿医保覆盖面，加大就业再就业领域的资金投入，全市社会保障和就业资金支出41.5亿元；加大社会治安综合治理经费保障力度，促进“平安深圳”建设，全市公共安全支出85.2亿元；积极推进节能减排和环境污染治理，支持市容环境提升行动，努力建设资源节约型、环境友好型社会，全市环境保护支出34.8亿元；及时调整基地生猪扶持政策，确保“菜篮子”工作任务的完成，落实供深生猪基地回销生猪补贴资金1 448万元；大力支持公交降价和公交整合改革，着力解决市民出行难问题，全市财政安排公交补贴资金23.7亿元（含燃油补贴3.9亿元）；积极协调应对突发公共事件，特事特办、及时审核拨付防控甲型H1N1流感经费。积极响应中央号召，落实灾后对口援建以及省内外对口支援资金11.3亿元。

二、财政管理情况

（一）加强财政资金支出管理

2009年，深圳市财政委员会加强资金审核拨付管理，确保资金使用公正透明、安全运行。加强出国出境经费管理，实行出国出境经费前置审批制度。严格审核请款事项，修订市直机关办公设备配置标准，制定了《加强深圳市行政事业单位党政干部因公出国（境）经费管理暂行办法》、《大运会筹办专项经费开支管理办法》等一系列经费管理办法，进一步降低政府的行政运作成本。加强深圳市政府机构改革期间各单位经费管理和资产管理，避免重复建设，节约财政资金。深入研究大型公共场馆管养机制，对转企的七家市属大型文体场馆，建立了新的管养模式。加强社会保险基金财务管理及收支账户的监督，严格执行社保基金财务、会计制度和收支两条线管理规定，确保基金收入按时足额上缴财政专户。完善国土资金管理，加强对规划国土前期费的监管。积极开展工程建设领域专项治理工作；进行政府投资项目清理，收回基建结余资金3.28亿元。深入开展财政资金使用绩效检查评价工作，建立委内部各业务处室联络人制度、自评核查机制、回访制度，实现了财政资金绩效评价（检查）工作新的突破，重点对市地税局“有奖发票专项资金”项目开展评价（检查），涉及资金5 000多万元。

（二）强化会计监督管理

全面推行新企业会计准则体系和企业内部控制制度，深入调查了解准则执行情况，对全市108家上市公司年报进行“盯市”和逐户分析。加强会计师事务所、代理记账机构的检查和监管，对一批会计师事务所、代理记账机构作出了撤回行政许可、终止备案等决定。采取市、区联动方式开展会计信息质量和会计师事务所执业质量检查，依法对一批责任单位和责任人进行了行政处罚。认真开展会计人员继续教育，全市有12万会计人员参加了继续教育考核。深化会计服务业深港合作，制定有关操作指南，为香港考生提供免费复习培训等优质服务。整合学会资源，充实学会力量，着力构建财政学会、会计学会、预算与会计研究会“三会合一”的平台机制，在省市级会计学会中率先建立了高级会员制度。全面贯彻落实中央、省、市有关要求，精心组织开展深圳市“小金库”专项治理工作。广泛开展自查自纠，对140多家党政机关、事业单位及部分市属国有企业进行了重点检查，采取措施推进整改，建立和完善了防治“小金库”的长效机制。

（三）继续推进“金财工程”系统建设

2009年，按照“稳系统、扩功能、重服务、推改革”的工作思路，完善“金财工程”核心系统功能，优化系统性能，核心业务系统、集散账户管理系统均完成了两次较大规模的软件升级，顺利通过系统终检。积极应对深圳市工资发放改革及政府机构改革，及时调整系统基础数据及人员权限，保障政府机构改革和市财政委内设机构调整后各项业务工作正常开展。金财工程二期业务系统和外围业务系统建设取得较大进展，“阳光政府”工程政府采购监管系统、行政事业单位资产管理系统、非税收入征管系统、基建管理系统等一批重要业务系统建设稳步推进。加强系统运行维护制度建设，强化信息安全管理，制定并完善了灾备机房管理办法等制度措施。

（四）加强财政政策和课题研究

深入分析财税政策对深圳市经济的影响，积极开展所得税税源调查，协调推进建立前海保税港区。密切沟通财政部等有关部委，努力争取燃油消费税、海域使用金减免等政策支持并取得实质性进展。加强政策研究，认真贯彻落实市委市政府产业引导、市场拓展、产业转换升级的战略部署，制定和完善了企业自有资金技术改造补贴操作规则、高新技术产业研发补助办法、商贸流通业资金管理办法、加工业增加值奖励办法、加工贸易转型奖励办法、加工贸易内销奖励办法、会展业资金管理办法、行业协会商会发展资金管理办法、远洋渔业发展专项资金管理办法等多项产业扶持政策。积极推进医药卫生体制改革，促进卫生事业健康发展，制定了《深圳市政府举办的医疗卫生机构经费保障制度改革实施方案》等有关配套改革方案。加强会计理论研究，完成了财政部立项的重点会计科研课题《非上市公司执行企业会计准则问题研究》。积极参与教育系统改革和政策研究，完成优化深圳市义务教育财政投入结构重大课题调研工作，向市政府提出了有关意见和建议。

（五）加强财政干部队伍建设

继续深入开展学习实践科学发展观活动，认真抓好整改落实工作。结合深圳市政府机构改革及“深圳市财政局”调整为“深圳市财政委员会”，精心制订市财政委新的“三定”方案，科学设定内设机构及相应职责，合理调配人力资源，着力提高工作效率，实行了内设机构调整和干部岗位轮换，调整轮换面达40%以上。科学制订干部选拔任用方案，充分发扬党内民主，严格按程序进行选拔，分三批完成了深圳市财政委员会37名处级干部选拔任用工作。通过“公开推荐、民主测评、演讲答辩、差额选举”这一公推直选的方式，成功选举产生了新一届机关党委和机关纪委。开展一系列主题实践活动，全面抓好党的建设和反腐倡廉建设。深入贯彻市委、市政府关于开展服务年活动的决定，印发了《财政部门关于贯彻落实市委、市政府开展“服务年”活动的意见》。完善对外办事大厅机制，为服务对象提供更加便捷的服务。加大财政信息宣传工作力度，密切关注社会舆情舆论，及时、妥善处理政务信息公开、信访投诉等事宜，编印出版了具有较高史料价值的深圳财政28年纪念画册。加强保密安全检查，全员签订了保密承诺书。

三、财政改革情况

（一）加强调研评估，完善市区财政体制

开展第三轮市区财政体制运行情况调查和中期评估工作，完成了有关评估报告并上报市政府。在确保第三轮市区财政体制继续平稳运行的同时，着手开展制定第四轮市区财政体制的准备工作。2009年6月深圳市成立了坪山新区管理委员会，市财政委按照平稳过渡、事权与财力相统一、激发活力、加快发展的原则，研究制定了适应区域协调发展的坪山新区财政体制。

（二）加强预算管理，强化预算约束刚性

市财政委充分发挥部门预算编审委员会议事协调机制作用，及时研究解决预算编制执行管理中的各种问题。全面实行零基预算，严格审核新增因素，清理部门年度结余经费指标，从严从紧编制部门预算。积极配合节能减排工作，创新公用经费保障模式，从2009年开始推行水电费节支奖励制度。预算安排坚持“有保有压”：切实保障重点建设、教育、医疗、社会保障和就业、循环经济、节能减排等事关国计民生和深圳市可持续发展方面的支出需要；大力压缩一般性支出，全市因公出国（境）、公务接待、公务用车费用支出分别比2008年压缩27.9%、22%、24%，行政事业单位厉行节约各项严控经费较2008年压缩6.6亿元。加强与人大的沟通，改进预算编制方式方法，着力解决预算草案专业性强、“内行讲不清、外行看不懂”等问题。

（三）大力推进区级国库改革，提升国库管理水平

完善国库管理及拨付机制，制订应急方案和操作指引，确保了全市机构改革期间财政财务工作顺利开展。全面推进区级国库改革，福田区、龙岗区、盐田区于2009年1月全面铺开国库改革；罗湖区、南山区、宝安区2009年加快了改革的步伐，进行了三轮扩点，年底已全面铺开。金财工程指标管理系统、用款计划管理系统、支付管理系统、财政总账系统、综合查询系统等已在各区全面上线，走在前列的区已使用了预算编审管理系统、政府采购系统、工资发放系统等，其中罗湖区已率先在区级推广应用工资发放系统。各区预算内资金已全部纳入国库集中支付系统管理，走在前列的区已将预算外资金纳入集中支付范围。2009年各区实行集中支付的资金达88.6亿元。

（四）完善政府采购制度，改革政府采购运作机制

加强制度建设，完善了《关于进一步加强政府采购管理的若干规定》，制定了《深圳市市级政府采购单位责任工作制度》。改进招标、评标办法，对重大、复杂或1 000万元以上等项目在招标前采取征求潜在供应商意见、组织专家论证、“两阶段评审”等措施，加强对招投标工作的监管。全面推进政府采购“五项改革”，在装饰修缮、物业管理、会计中介等七个项目建立了预选供应商库；完善预选供应商（协议采购）二次竞价机制；试行“跟标采购”方式；加强专家库管理，开发完成了全市统一专家库软件系统，并投入试运行；发挥政府采购支持经济发展的政策功能，调整和增加了节能产品、自主创新和循环经济产品等优先采购清单，并积极推进落实了行政事业单位采购30台比亚迪汽车试驾三个月的政策措施。加强日常监管，及时处理投诉，确保政府采购操作规范运行。

（五）规范非税收入管理，理顺政府收支秩序

加强政府非税收入和专项资金管理制度建设，制定了非税收入管理办法、节水专项资金管理规定、资源节约与综合利用专项资金管理办法等制度。克服全球金融危机、取消和减免多项收费的不利因素影响，积极寻找新的增长点，确保财政收入任务的完成。深化综合部门预算改革，全面编制部门预算单位非税收入征收计划，将行政事业单位执收的其他非税收入全额纳入预算管理，实行收支脱钩。进一步规范罚没物品委托拍卖制度，促进依法行政。完善国土资金管理，积极做好城市化转地后续管理工作。加强行政事业单位房屋及车辆等重大资产的管理，研究拓宽了待报废资产的处置渠道。深入开展政府物业管理调研，提出了创新政府物业管理体制的意见和建议。

（六）认真贯彻实施《深圳市综合配套改革总体方案》，做好政府机构改革经费保障工作

加强协调，积极配合有关部门推进综合配套改革事项，全力支持“先行先试”，市财政委提出的“创新国库现金管理模式，提高政府资金收益；通过将社保基金定向购买地方债的方式，提高社保结余资金的收益率”等建议，被纳入深圳市综合配套改革实施方案之中。精心组织谋划政府机构改革期间财政财务工作，扎实做好部门预算调整、审计、资产处置、业务培训等工作，积极协助各预算单位克服改革过渡期的种种困难，确保新老机构间财政财务有机衔接、平稳过渡，保障了市政府机构改革的顺利进行。积极转换财政机构由“局”调整为“委”的角色定位，充分发挥财政决策、监督作用，积极为市委、市政府出谋献策，提出了包括建立投融资平台、进一步整合专项资金等多项被市委、市政府采纳的合理化意见和建议。

（深圳市财政委员会供稿，胡长青执笔）

珠海市

2009年是改革开放以来珠海市经济发展最为困难、经济结构性矛盾暴露最为明显的一年，也是珠海市应对国际金融危机、经济社会发展取得显著成绩的一年。2009年，珠海市GDP突破千亿元大关，达到1037.7亿元，在严峻的经济形势下，增长6.6%；完成规模以上工业增加值490.3亿元，同比增长8.8%；全社会固定资产投资372.3亿元，增长7.9%；实现社会消费品零售总额359.7亿元，同比增长19.3%；外贸进出口总额468.36亿美元，同比增长17.5%；实际吸收外商直接投资总额11.42亿美元，同比增长11%；居民消费价格总指数104.6，同比增长4.6%。在珠海市委、市政府“保增长、定格局”的目标指引下，全市各级财政部门较好地完成了各项任务。

一、财政预算执行情况

2009年全市财政收入138.6亿元，其中：一般预算收入超额完成年初增长6%的预算目标，并首次突破百亿元大关，实现101.4亿元，完成预算的102.3%，增长9.9%。包括：国税部门组织收入地方留成部分25.4亿元，完成预算的105%，增长15.2%；地税部门组织收入地方留成部分52亿元，完成预算的99.2%，增长3.5%；财政及其他部门组织收入24亿元，完成预算的106.7%，增长20%。转移性收入37.2亿元。

全市财政支出为127.2亿元，其中：一般预算支出121.3亿元，完成预算的107.4%，增长14.8%；转移性支出5.9亿元。

2009年，来源于珠海市的财税总收入305.4亿元（不含土地出让收入），其中：中央级收入169.9亿元（其中：上划中央增值税、消费税、企业所得税、个人所得税“四税”107.8亿元）；省级收入31.7亿元（其中：上划省营业税、企业所得税、个人所得税、土地增值税“四税”24.1亿元）；地市级收入103.8亿元（其中：一般预算收入101.4亿元，基金预算收入2.4亿元）。

二、市本级财政一般预算执行情况

2009年珠海市市本级财政收入91.7亿元，其中：一般预算收入53.2亿元，完成预算的100.2%，增长4.3%。包括：国税部门组织收入地方留成部分9.2亿元，完成预算的108.2%，增长13.4%；地税部门组织收入地方留成部分26.6亿元，完成预算的95.5%，下降4.5%；财政及其他部门组织收入地方留成部分17.4亿元，完成预算的103.8%，增长15.5%。转移性收入38.5亿元。

市本级财政支出81.7亿元，其中：一般预算支出66.3亿元，完成预算的106.5%，增长11.1%；转移性支出15.4亿元。

三、财政主要工作情况

2009年，在珠海市委、市政府的正确领导下，全市财政部门全面贯彻落实科学发展观，紧紧围绕市委、市政府“保增长、调结构、抓改革、促民生、定格局”五大任务，振奋精神，真抓实干，努力创新科学理财的办法和机制，较好地完成了2009年各项工作。主要体现在以下四个方面：

（一）狠抓收入征管，全市一般预算收入首次突破百亿元大关

2009年，珠海市各级财政部门认真贯彻党中央国务院、省委、省政府及市委、市政府的战略决策部署，努力克服金融危机对全市经济财政带来的巨大冲击，多措并举狠抓收入。在经历3月（单月同比负增长9.2%）、4月（单月同比负增长10.7%）最困难时期后，全市财政收入逐步向好，最终超额完成预算目标，全市地方一般预算收入累计完成101.4亿元，同比增长9.9%，全市一般预算收入首次突破百亿元大关，财政保障能力进一步增强。财政部门组织收入采取的主要措施有：

1. 依托财税联席工作会议平台，部门协作抓收入。通过每季度召开的财税联席工作会议，加强财政与国税、地税、国资委、国土等收入组织部门的信息沟通，加大对经济财政运行态势的分析研究，通过“会诊”收入组织过程中出现的问题，部门联动齐抓收入，财税联席工作会议为有效组织收入提供了良好的工作平台。

2. 理顺收入分配体制，调动各区抓收入的积极性。进一步理顺市财政与保税区的财政体制，香洲区与高新区的财政体制，及时做好金湾区和高栏港区财政体制调整工作。按照全市财政体制和税收属地征管的原则，会同税务部门处理全市各区税收分配和分成工作。

3. 强化财政部门自身组织收入力度。财政部门全年累计征收契税7.8亿元，同比增长11.3%。同时，充分挖掘非税收入潜力，加强对土地出让金、国有资本收益、国有资源有偿使用收入等非税收入征缴，努力实现非税收入应收尽收。2009年全市非税收入完成18.4亿元，同比增长21.6%，非税收入对全市收入增长作出了较大贡献。

（二）优化支出结构，集中财力保增长促发展

财政支出的规模和结构直接体现政府资源配置的意图，直接影响社会再生产的规模和结构。2009年，珠海市财政支出结构具有以下四个特点：

1. 精打细算，严控一般性行政经费支出。财政部门牢固树立“过紧日子”思想，按照“五个零增长”要求，严格控制行政经费支出，降低行政成本。2009年，全市党政机关因公出国（出境）支出同比下降55.02%，全市市级财政车辆购置及运行费用支出与近三年平均数相比下降14.16%，市级财政单位办公费支出同比下降29.68%、会议费支出同比下降41%、接待费支出同比下降10.42%，晚会、展览庆典论坛活动同比减少51.09%。全市控制行政经费支出取得了较好的成效，实现了“五个零增长”预期

目标。

2. 整合资源，着力办大事、办急事、办难事。市财政着力把钱用在刀刃上。一是按照集中财力保障重点项目的原则，收回各部门历年专项结余资金，作为预算统筹资金用于市委、市政府重大项目、应对突发公共卫生事件及自然灾害救急等重大事件。同时，根据中央和省政府的决策部署，珠海市积极推进揭阳、茂名产业转移园建设和支持汶川地震灾后重建。2009 年，全市一般预算共安排产业转移专项资金 1 亿元及灾后恢复重建资金 1 亿元。二是确保政府还贷资金，妥善处理政府债务，维护政府良好信用。2009 年，全市共偿还政府债务 12 亿元，既履行了政府承诺，又确保了再融资工作的顺利开展。三是积极做好融资工作，大力支持重大项目建设。财政部门积极主动围绕项目做好融资服务，2009 年，市财政局协调组织市直各融资平台新签订合同总金额 223 亿元，已提款 87 亿元，长期困扰全市项目建设的政府资金瓶颈问题在较大程度上得到了缓解。

3. 积极行动，大力帮扶中小企业发展。企业是市场经济的主体，是税源的基础。财政部门多措并举帮扶企业应对金融危机。2009 年，全市财政一般预算安排 5 亿元用于扶持企业发展，比 2008 年增加了 1.4 亿元，增长 39%，占全市一般预算支出的 4%，为历年以来最高。主要措施有：

（1）充分发挥"四位一体"融资平台作用缓解中小企业资金困难。2009 年"四位一体"融资模式为 161 家企业发放贷款 207 笔，放贷资金 10 亿元。财政资金以 1:16 的比例撬动银行资金支持中小企业发展，有效发挥了财政资金"四两拨千斤"的引导作用和放大效应。

（2）多渠道促进企业自主创新能力建设。2009 年，市财政预算安排企业自主创新发展资金达到 9 350 万元，全年已拨付 6 810 万元。同时，财政部门充分发挥政府采购政策引导功能，优先采购国内自主创新产品，支持自主创新企业发展。

（3）大力支持企业开拓国际国内两个市场。一是市财政预算新增设立 2 000 万元外贸发展专项资金。已拨付 2009 年上半年 143 家企业出口奖励资金 573 万元、拨付 55 家企业 2008 年 11 月至 2009 年 9 月的出口信用保险资助资金 306 万元。二是扶持中小企业开拓国内市场。2009 年共拨付 312 家企业国内销售市场开拓资助资金 859 万元。三是积极争取上级财政对中小企业开拓国际市场的资金支持。全年共拨付 99 家企业 298 个项目上级财政扶持资金 450 万元。

（4）鼓励企业参与制定技术标准，提升产业竞争力，全年拨付资金 500 万元对 95 个项目进行了资助。

（5）为实施总部经济战略提供财力支持。2009 年市级财政预算安排扶持总部经济发展专项资金 1 000 万元，全年对 6 个总部企业进行了奖励，拨付总部企业扶持发展资金 251 万元。

4. 改善民生，加大基本公共服务均等化投入。加大民生投入、改善居民消费预期既是保增长、扩内需的重要手段，也是保增长、扩内需的根本出发点和落脚点。2009 年，全市各级财政部门积极推进基本公共服务均等化，切实惠民生、强保障、促和谐。全市用于教育、文化体育和传媒、社会保障和就业、医疗卫生、环境保护和农林水事务等六项民生方面的支出达到 50.5 亿元，占全市一般预算支出的 41.6%，真正确保了珠海市各项惠民政策落到实处。

为进一步推动城乡协调发展，市财政还加大了对各区的扶持力度，2009 年，市本级一般预算对区转移支付支出达 12.2 亿元，市本级专项支出中用于安排给各区的支出达到 2.5 亿元，两者合计 14.7 亿元。

（三）着力推进改革，增强财政科学发展动力和活力

不断推进改革，创新体制机制，是推动财政科学发展的根本途径。2009 年，珠海市财政改革主要体现在以下四个方面：

1. 推行项目绩效预算改革。2009 年，珠海市试行财政资金项目绩效预算管理，对珠海市城市职业技术学院等单位的 10 个预算项目进行了现场评审，在 10 个评审项目中，上报的预算资金为 2.54 亿元，专家建议确定资金 2.38 亿元，节约率为 6.2%。2009 年的绩效预算试点开拓了可行路径，积累了宝贵经验。项目绩效预算管理打破了传统意义上财政资金分配使用的惯有模式，有助于促进各部门绩效理念的确立、职能的转变和行政效率的提高。

2. 强化财政预算管理执行力度。建立珠海市财政国库收入动态监管系统以及财政预算执行管理信息系统，加强财税运行分析，健全异动预警机制，及早采取应对措施，保持收入平稳增长。同时，进一步明确预算执行责任主体，加快预算执行进度。

3. 继续推进国库集中支付改革。推进珠海市"财税库银税收收入电子缴库横向联网"工作，全市国税系统已经上线运行。市级新的财政统发工资系统已于 2009 年 11 月正式上线运行。推进财政支出管理电子平台建设，完成市级财务核算信息集中监管系统建设，为实现财政支出管理精细化打下坚实的基础。

4. 进一步加强市级公务卡结算管理，向区一级逐步推进公务卡结算改革，严格现金管理，促进廉政建设。

（四）加强理财监督，努力打造阳光财政

财政部门积极推进财政政务公开，增强财政预算透明度，自觉接受人大、政协和社会各方面监督。

1. 进一步加强预算监督，实时在线人大财政预算监督系统联网范围扩展到审计部门。人大和审计部门可以同时了解到财政支出执行完成情况，及时发现问题，提出监管意见，完善制度和程序，提高效率。

2. 增强预算信息的透明度。2009 年，珠海市财政预决算报告及其他财政政务信息都通过市财政局网站公开披露，接受社会和公众的咨询和监督，听取社会各界意见，增强为民理财的责任意识。

3. 继续开展财政监督检查工作。开展"小金库"专项治理；启用全市政府采购电子化监管平台，加强资金监管与提高效率两不误；逐步推广非税收入信息管理系

统，提高非税收入管理水平；切实做好会计集中核算工作，做到全方位、全过程掌握和监督预算单位的收支情况。

2009年财政工作中仍存在一些亟待解决的问题，如收入规模在全省排名有所靠后，珠海市一般预算收入总量在全省退居第七位，珠海市财政发展面临慢进亦退的不利局面。同时，市、区财政体制有待调整改进，资金使用绩效有待提高等。面对困难和挑战，只有奋起拼搏，改革创新，完善管理，才能化压力为动力，变劣势为优势。

（珠海市财政局供稿，李伟权　彭高旺执笔）

汕头市

2009年，是汕头市积极应对国际金融危机，经济社会保持平稳较快发展的一年，全市生产总值1 035.73亿元，比2008年增长10.7%。其中，第一产业增加值54.63亿元，比2008年增长3.2%；第二产业增加值572.38亿元，比2008年增长10.8%；第三产业增加值408.72亿元，比2008年增长11.7%。全市完成全社会固定资产投资额291.90亿元，比2008年增长11.7%。其中，城镇投资225.23亿元、农村投资66.67亿元，分别增长11.8%和11.4%。实现进出口总额60.28亿美元，比2008年下降4.3%。全年实际吸收外商直接投资金额2.04亿美元，比2008年增长5.2%。全年社会消费品零售总额672.59亿元，比2008年增长18.2%，其中，城市消费品零售额464.28亿元，增长17.9%；农村消费品零售额208.31%亿元，增长18.7%。全年居民消费价格总水平下降1.7%。中心城区居民人均可支配收入13 651元，农村居民人均纯收入5 260元，分别增长8.8%和7.7%。完成年度节能减排目标任务。

2009年，全市财政运行平稳，预算执行情况良好。全市全口径财政收入1 526 563万元，比2008年增长14.76%，其中：一般预算收入585 353万元，增长14.28%，增收73 125万元；上划中央收入812 983万元，增长17.39%，增收120 437万元；上划省收入128 227万元，增长2.19%，增收2 746万元。

全市一般预算收入585 353万元，完成预算的101.58%。其中：税收收入416 376万元，完成预算的97.66%，比上年增收39 265万元，增长10.42%；非税收入完成168 977万元，完成预算的112.73%，比上年增收33 860万元，增长25.06%。

2009年全市一般预算收入585 353万元，加上上级补助收入435 542万元、债券转贷收入30 465万元，国债转贷资金上年结余658万元，上年结余收入27 124万元，调入资金9 406万元，收入总计1 088 548万元。

2009年全市一般预算支出993 505万元，加上上解支出32 255万元、国债转贷资金上年结余658万元，结转下年支出60 395万元，支出总计1 086 813万元。

2009年全市一般预算收支相抵，净结余1 735万元。

一、狠抓增收节支，超额完成年度预算收入任务

2009年，面对国际金融危机冲击、经济发展转型的严峻考验，面对一揽子刺激经济政策措施短期内带来的减收增支压力，全市各级财政部门认真贯彻落实市委、市政府的要求和部署，采取各项有效的措施，进一步建立健全有利于加强财税征管的领导机制、协调机制和工作机制，有效遏制财政收入下滑的趋势，超额完成年度预算收入任务，为巩固全市经济回升向好趋势、推动各项事业发展作出了积极的贡献。

（一）全力组织收入，确保稳定增长

1. 坚持收入分析制度，加强收入监管。坚持财税工作联席会议制度、收入通报制度和市财政局党组成员分片抓收入等各项制度。市政府定期召开财税工作联席会议，加强对各地、各部门组织收入工作的督查督办。各级财税部门、各区县建立每日报告制度。市财政部门领导班子成员分工挂钩联系有关区县和征管部门，检查督促组织收入工作。加强市与区县，财政与国税、地税部门之间的沟通协调，认真做好测算分析工作，逐项分析各项收入的增减变化因素，定期分析研究加强组织收入工作的措施，狠抓收入进度，及时协调解决组织收入工作碰到的问题。

2. 加大组织收入工作力度，强化征管。建立税务征收激励机制，提高税收征管效能，各级征管部门勤征细管，挖潜增收，强化重点税源的管理，全面清理经济户口，严格税收执法，规范征管行为，加大税收稽查、汇算清缴力度，减少税收跑、冒、滴、漏，公平税负，应收尽收，及时扭转收入下滑局面。从第二季度起全市一般预算收入止跌回升，呈现逐步向好趋势，下半年更出现加速增长态势。从8月起各月份全市一般预算收入增幅均超过20%，收入进度缺口逐月收窄。全年完成财政一般预算收入58.54亿元，比2008年增收7.31亿元，增长14.28%，增幅超过全国、全省平均水平，全市8个预算单位全面增收，超额完成市人大通过的年度预算收入增长目标1.78个百分点，为市委、市政府重大决策事项的落实和汕头市各项事业发展提供了有效的财力保障。

（二）从严控制支出，保障重点需要

坚持量入为出、收支平衡，科学合理调度资金，统筹兼顾，集中财力确保一般公共服务、社会保障、教育、医疗卫生、环境保护、就业、维护社会安全稳定的支出。树立过紧日子的思想，提倡厉行节约，严格审核把关，大力压缩一般性支出，严格执行“五个零增长”和“四个减半”规定，落实党政机关厉行节约、坚决制止公款出国旅游、严格控制开放式论坛、晚会、展览等规定，制定《市直机关事业单位行政经费节约考核办法》，开展行政经费节约年活动，把有限的资金更多地投入民生领域，促进经济社会各项事业均衡发展。

二、实施积极的财政政策，促进经济平稳较快发展

全市各级财政部门充分发挥财政职能作用，抢抓机遇，攻坚克难，认真实施积极的财政政策，帮助企业应对危机，提高抗风险能力，积极应对宏观经济形势变化，促进全市经济平稳较快发展。

（一）落实扩大内需资金，支持重点项目建设

1. 落实好中央、省和市有关扩内需政策，及时下达、拨付扩大内需各项资金。截至2009年底，全市已有四批共80个项目列入新增中央投资计划，项目总投资247 839万元。其中，新增中央投资计划补助资金16 873.68万元，补助资金已100%下达。积极争取中央代发地方政府债券30 465万元，安排用于扩大内需项目资金配套、对口支援四川地震灾后重建和厦深铁路建设。加强检查监督，落实“三个百分之百”要求，加快资金拨付进度，做好扩大内需资金管理工作。确保资金规范、合理、有效使用，使中央、省扩内需政策部署得到及时、高效、全面的落实。

2. 全力保障市委、市政府重大决策、大型招商引资经贸活动及重大项目建设资金。积极配合有关部门申报认定省示范性产业转移工业园，获得省产业转移竞争性扶持资金5亿元和省产业转移工业园基础设施发展资金1亿元，目前已拨付3.5亿元，对推进重点产业转移工业园区建设，促进地方经济发展发挥了积极作用。2009年，市本级财政在资金调度困难的情况下，千方百计筹措资金，加大支持力度，拨付东部城市经济带项目资金1.17亿元、厦深铁路汕头段建设资金1.95亿元，拨借南澳跨海大桥、广澳港、苏埃湾隧道项目资金6 862万元，偿还开发银行、中行等银行融资及BT回购资金3.8亿元，推动重大项目建设。

3. 积极创新投融资机制，筹措资金加大基础设施建设投入力度。2009年市本级新增政府融资24.26亿元，投入重点基础设施项目建设，投融资力度为历年之最，在提升城市品味的同时，有效拉动经济增长。目前市采用BT方式建设的海滨路中段改造项目、中山东路改造项目道路工程已完成并投入使用，两个项目BT回购总额8.61亿元；截至2009年底，全市通过开发银行融资用于基础设施建设的项目32个，贷款资金总额35.36亿元；通过中行贷款6.02亿元，用于道路等基础设施建设，建设项目也已大部分完成投入使用。南澳大桥、水利防灾减灾等重点项目也相继启动。各类融资补充了财政资金短缺的不足，保证了市重大建设项目的用款需求，确保贯彻实施扩大内需、促进经济平稳较快增长的政策效果。

（二）加大财税扶持力度，促进企业发展

1. 实行结构性减税政策。增值税由生产型转为消费型，允许生产经营用固定资产设备抵扣，对小规模纳税人税率从原来的6%（制造业）或4%（商业）统一下调为3%。减轻企业的税收负担，促进企业增加投资，推进技术改造、技术创新。对首次购买90平方米以下普通商品房的契税税率由3%下调到1%。执行房地产交易环节契税、印花税以及营业税等方面的税收减免政策。促进房地产市场健康发展。执行国家取消和停止征收100项行政事业性收费的政策。据统计，2009年全市税费减免政策共减轻企业税费负担约6亿元。

2. 创新财政对企业发展的扶持方式。争取国家和省各项扶持资金2.39亿元，市本级安排拨付扶持外贸出口、技改贴息、装备制造、现代服务业、高新技术产业、企业创名牌及上市融资奖励等扶持中小企业资金7 335万元，其中，安排拨付市级科技三项费用2 300万元；兑付获得省级以上名牌称号的37家企业奖励资金470万元；拨付广东奥飞动漫文化有限公司等9家企业上市奖励资金550万元。通过政策引导和资金支持，帮助企业应对国际金融危机挑战，支持中小企业发展壮大。

3. 千方百计支持外贸出口。落实出口退税政策，按国家政策先后7次执行提高部分产品出口退税率，做好口岸大通关工作，配合市有关部门争取省口岸建设补助资金1 000万元，安排外贸扶持资金3 000万元，大力扶持外贸出口，促进外贸增长方式转变。努力降低国际金融危机对全市外贸出口的负面影响。

4. 着力提高消费对经济增长的贡献率。在努力稳定外需、加大政府公共投资力度的同时，实施家电下乡、汽车下乡、以旧换新、农机具购置补贴、个人住房转让及小排量乘用车购置税优惠等各项促进消费政策，刺激启动居民消费。2009年省下达汕头市家电下乡、汽车下乡补贴资金、家电以旧换新资金共4 046万元，市财政部门及时将资金分解到各区、县财政部门。全年全市家电下乡补贴用户购买量8 174台，已补贴数量7 342台，剔除在外市兑付的1 081台，在汕头市兑付的有6 261台，兑付率达88.27%。

三、加快推进基本公共服务均等化，促进社会和谐

全市各级财政部门始终把改善民生作为深入贯彻落实科学发展观的一项重要内容，强化财政服务功能，保工资、保运转、保稳定，推进“八项民生实事工程”建设，加大对民生民安领域的投入保障力度，进一步扩大公共财政覆盖范围，加快推进基本公共服务均等化，使改革发展成果更多地惠及百姓，促进社会和谐。2009年，全市各级财政投入解决民生资金67.59亿元，占一般预算支出的68.03%。重点支出大幅增长，其中，教育支出245 168万元，增长16.03%；医疗卫生支出86 758万元，增长24.2%；社会保障和再就业支出73 208万元，增长22.07%；环境保护支出37 182万元，增长20.92%；农林水事务支出76 595万元，增长50.53%。

（一）加大教育投入

落实国家和省一系列加快教育事业发展的政策措施，做好普及高中教育、义务教育绩效工资、校舍安全工程、义务教育均衡发展等各项资金保障工作。各级财政每年投入免费义务教育学杂费补助资金约4亿元，享受免费义务教育学生95.9万名，使每一个适龄学生都能享受平等的教

育权利和教育机会。通过银行贷款投入2.5亿元建设一中新校区，融资3 700万元用于汕头金中扩建工程，推动高中阶段教育快速发展。

（二）完善社会保障制度

完善城乡居民保障制度。全市纳入最低生活保障人数超过10万人，市财政拨付中心城区低保补助资金2 051万元；安排市直企业离退休干部地方性补贴养老待遇专项补助5 031.2万元；安排市直国有集体企业特困职工基本生活优待金652.8万元；追加企业军转干部生活费和社保费1 667万元，市直困难企业部分军队退役人员生活困难补助91.2万元。企业退休人员人均调整增加养老金77元，全市13万多名企业退休人员又领到增加和补发的过渡性养老金100元/人；争取省补助我市养老保险基金1.3亿元，全面落实就业再就业政策，完善落实下岗人员、失业人员、本市进城务工的农村劳动者、本省外市进城务工的农村劳动者各项就业再就业扶持优惠政策，扩大再就业扶持政策对象范围和扶持种类。拨付各类再就业补助资金2 667万元，进一步提高就业再就业资金的使用效果。

（三）完善医疗卫生保障

完善新型农村合作医疗制度（以下简称“新农合”）。全年参加新农合人数320万人，覆盖了7区县58个镇（街道）866个行政村，覆盖率97.1%，全年预算安排补助4 770万元。完善新农合和城镇居民基本医疗保险制度，各级财政补助标准提高到每人每年120元，参加城镇居民基本医疗保险人数361 845人，市财政全年拨付城镇居民医保财政补助资金及工作经费836万元。

（四）切实做好维稳及应急保障

市本级拨付公共安全支出5.36亿元，安排拨付消防基础设施建设资金4 118万元、抗旱专项资金1 711万元以及粮食、食品、药品安全等专项资金4 477万元。

（五）推进公共交通和住房均等化建设

按进度拨付农村公路建设补助资金2 240万元、危桥改造建设资金1 659万元、廉租住房保障及安居工程专项资金3 714万元等。融资1 300万元购置公交车32辆和翻新公交车43辆，改善城市公共交通。

（六）推进环保设施建设

争取中央和省城镇污水处理设施项目建设专项资金1.01亿元，拨付北轴、南区污水处理项目资金2 425万元，拨付创模复检项目“粤东环境应急与污染监控指挥中心”资金2 100万元。北轴污水处理厂将于2010年3月份投入运行。

（七）落实各项强农惠农政策

加大“三农”投入，重点加大对农村水利、农业生态环境投入，融资3.9亿元支持城乡水利防灾减灾建设。

四、强化财政管理监督职能，推进依法理财

（一）强化行政事业资产管理

加强对资产配置、采购、使用和处置各环节的管理，完善国有资产全过程监管。在2004年市直党政机关事业单位经营性资产清理和资金清理收缴工作、2007年市直行政事业单位国有资产清查工作基础上，清理市直行政事业单位闲置、出租的办公用房、土地、招待所和培训中心及其他项目，重点对20家主管部门进行比对核实上报资料和实地查看，有效地盘活了闲置、出租经营性资产。

（二）强化财政监督职能

开展全市“小金库”专项清理和市本级非税收入专项清理工作。查出私设“小金库”5个，发生额272万元。市直非税收入重点检查查出应缴未缴财政的非税收入余额20 836万元，已整改上缴财政1 191万元，同时发现部分单位会计核算不规范、多发补贴以及票据管理、资产管理等方面存在问题。

（三）加强财会制度建设和管理，规范社会会计秩序

贯彻实施国家统一的会计准则制度。组织开展上市公司执行新准则情况专题调研。积极推进市属国有企业执行新企业会计准则。扎实开展农村财会人员财政支农政策培训工作。抓好会计专业技术资格等考试工作。积极推进会计信息化建设。

（四）加强财政支出绩效评价工作

完成汕头市2003～2007年度农村合作医疗专项资金、公共交通财政支出、科技三项费用专项资金绩效评价。配合省财政厅绩效评价项目10个。做好省扶持资金使用情况跟踪、资料收集、绩效自我评价等前期工作，准备接受省的重点检查和绩效评价。

（五）加大财政科研宣传工作

完成财政学会换届工作。组织参加“湛财杯”征文活动，做好《汕头财政》编辑出版工作。通过汕头政府门户网、汕头财政网、汕头电视台、汕头日报、汕头都市报等网络和新闻媒体，加大财政宣传报道力度，围绕群众关心关注的热点问题，宣传财政政策和财政工作。

五、完善财政管理体制机制，加快财政改革发展步伐

（一）完善市区县财政管理体制

实施《汕头市财政管理体制调整方案》，合理划分市、区（县）两级财政收入，强化激励考核机制，调动市、区（县）两级经济发展、增加财政收入的积极性。及时协调解决执行过程中遇到的问题，如潮阳区海门电厂、南澳大桥税收收入入库分成问题，确保财政体制顺利执行。通过财政转移支付、专项补助等手段，加大对困难区、县的扶持力度，促进全市各地经济社会协调发展，2009年市给予区、县专项补助5.6亿元、预算周转借款1.09亿元，推进基本公共服务均等化。

（二）推进综合预算编制改革

加强和规范非税收入管理。为更好地统筹和安排可用财力，实行《关于加强市直非税收入管理完善综合预算编制的意见》，从2009年起，市本级实行非税收入收支脱钩，按照综合财政预算管理原则，把非税收入形成的可用财力纳入统一的政府预算体系，征收单位正常经费由财政部门

按征收单位履行职能的需要核定，纳入部门预算管理，改变以前非税收入列收列支的方式，建立科学规范的综合财政预算管理模式。

（三）深化国库集中支付改革

积极推行财政公务卡结算方式试点工作。加强涉及民生专项资金支付管理，各项中央、省、市财政社会保障专项资金全部纳入国库集中支付管理，从源头上防范截留、挤占、挪用、骗取财政资金等违纪违规行为，保障资金安全。积极推进财政支出管理电子平台建设，做好财务核算信息集中监管改革试点工作。

（四）着力打造阳光效益型政府采购

启动电子政府采购平台建设，着力提高财政性资金的使用效益。改进协议供货采购，提高政府采购协议供货资格准入优惠率标准，要求三家以上协议供货商实行二次竞争报价，防止协议供货供应商“坐地抬价”，下调采购办公自动化设备的配备标准。全市政府采购预算3.44亿元，实际采购金额3.09亿元，节约资金0.35亿元。

（五）扎实推进公共资源盘活运营工作

争取市委、市政府领导的重视，成立市公共资源盘活领导小组和办公室。制订了《汕头市进一步推进公共资源盘活营运工作方案》。按照先易后难，成熟一项推行一项的思路，在继续做好小汽车吉祥号牌有偿出让工作的基础上，扎实推进中心城区道路停车泊位经营权招标、户外广告资源公开出让、中心城区新建加油站建设用地出让等公共资源盘活运营工作。

六、加强干部队伍建设，提高财政服务能力和水平

全市各级财政部门以“建一流班子、强一流素质、树一流形象、干一流业绩”为目标，突出以抓党建打基础，抓党风促政风，抓班子带队伍为主题，以创建好班子活动为载体，开展深入学习实践科学发展观活动，把创建活动与服务全市改革发展稳定大局、确保完成全年财政工作目标任务结合起来，进一步提升创建活动的成效，有效推进发展强财、科学聚财、依法理财和民主理财，切实加强财政班子和队伍的思想建设、组织建设、作风建设、制度建设和反腐倡廉建设，规范财政工作运行程序，不断提高机关行政效能，努力建设学习型、服务型、创新型、节约型的财政机关，做到执行政策好、改革路子好、财源效益好、财经秩序好、增收节支好、服务态度好，努力打造“阳光财政”，班子建设和干部队伍建设取得到进一步加强，创建好班子活动卓有成效，财政队伍建设取得了丰硕成果。2009年市财政局被市委、市政府评为先进单位。

（汕头市财政局供稿，林旭群执笔）

佛山市

2009年，面对国际金融危机的严峻形势，佛山市国民经济仍然保持了平稳较快增长。2009年全市生产总值实现4 814.50亿元，比2008年增长13.5%。其中，第一产业增加值95.55亿元，增长4.1%；第二产业增加值3 028.96亿元，增长12.4%；第三产业增加值1 689.99亿元，增长16.1%。全年社会消费品零售总额1 429.05亿元，增长21.3%。居民消费价格总指数总水平比2008年下降1.6%。全社会固定资产投资1 470.56亿元，增长16.8%。全市进出口总额383.39亿美元，比2008年同期下降9.2%，其中出口245.78亿美元，下降15.1%，进口137.62亿美元，增长3.8%。居民生活水平稳步提高，全市城镇居民可支配收入24 578元，农村居民人均纯收入10 699元，分别增长9.3%和10.8%。

2009年全市财政实现收支平衡，略有结余。全市一般预算收入完成254.70亿元，比2008年增收26.70亿元，增长11.71%；全市一般预算支出完成（含省补助支出，下同）266.99亿元，为年初各级人大通过预算的103.08%，比2008年增长9.19%；其中市级一般预算收入完成25.65亿元，增长3.35%，一般预算支出完成39.41亿元，增长10.06%。2009年，佛山市上划中央“两税”和省与市共享“四税”的税收收入总额为234.14亿元，其中上交中央177.04亿元，上划省57.10亿元，分别比2008年增长2.89%和7.45%。2009年，全市财政运行情况良好，实现了收支平衡，略有结余。

一、狠抓收入，促进财政收入平稳增长

佛山市各级财政部门站在政治和全局的高度，坚持把抓收入作为全年重中之重的工作任务来狠抓落实。

（一）加强分析，健全制度

通过加强预算执行分析，健全财税收入增长监测分析机制，坚持各级财税工作联席会议制度、收入通报制度和党组成员挂钩联系点制度，及时跟进各区及各收入征管部门完成年度预算的进度和质量，确保收入任务落实到位。

（二）坚持及早抓收入

年初把增长目标任务层层分解、层层落实到各征管部门和市辖各区，并制订2009年财税部门组织收入考核奖励方案，通过落实责任和奖励机制，促进各区、各征管部门抓收入。

（三）加强联系沟通

通过加强与税务、国土、建设等征收部门的联系沟通，强化税收征管和税源监控，加大税收清欠力度，努力做到应征尽收。同时，以佛山市耕地占用税适用税额标准调整为契机，加大耕地占用税征收力度。全市契税和耕地占用税收入实现26.11亿元，比2008年增长59.24%。

（四）强化非税收入征管

加紧推进规范路边停车场收费、罚没物品管理改革、城市可经营项目投资、水资源费征收标准调整等专项工作，拓宽了非税收入渠道。同时，加强国有土地出让收入和行政事业性收费征管，强化国有企业资产收益收缴管理，抓好行政事业单位经营性资产的集中管理和闲置资产的处置

工作。市级加强了“非转经”收益的追缴，全年实现入库1 683万元，行政事业单位闲置资产处置收入2.1亿元，成效显著。

二、调整结构，集中财力保障民生支出

按照“保重点、保运转、保民生”原则，大力节约财政开支和压减一般性财政支出，从紧安排预算，并着力调整优化财政支出结构，以改善民生为重点，促进和谐佛山建设。

（一）坚持艰苦奋斗，厉行节约，大力压减一般性支出

各级财政部门牢固树立过紧日子的思想，严格控制一般性支出，坚持勤俭办事，反对铺张浪费，共克时艰，共渡难关。一是压缩行政经费预算。市级将行政机关事业单位的公用经费、会议接待费以及车辆经费预算压减5%，各区结合本区的实际情况制定了相应的节约措施，据初步统计，全市全年共压减财政支出7 800多万元，成效明显。二是严把支出审核关，严格控制一般性支出。严格预算执行，不得随意调整预算项目或超预算安排支出，同时，对一些未有使用和没有效益的单位专项资金收回财政，调整统筹用于重点支出需要。据不完全统计，全市年底收回预算资金约22亿元。

（二）调整优化财政支出结构，集中财力保障民生支出

坚持“公共财政，民生为重”理念，以《珠江三角洲地区改革发展规划纲要（2008～2020）》启动实施为契机，着手研究制定佛山市基本公共服务均等化规划，着力调整优化支出结构，优先保障各项民生支出，促进和谐佛山发展。全市财政一般预算投入公共领域及民生方面的支出236.98亿元，占一般预算支出的比重达到88.76%，比2008年同期支出增长9.62%；其中，民生方面支出151.72亿元，占一般预算支出的比重达到56.83%，比2008年同期支出增长14.17%。

一是落实城乡统筹发展的各项资金，扩大公共财政在农村的覆盖面。2009年，全市财政一般预算和基金预算共安排“三农”资金134.03亿元，大力支持农村教育、科技、环保、文化、基础设施和社会保障等各项事业发展，推动城乡一体化发展。

二是加大教育投入，推进教育优先、公平发展。2009年，全市财政投入教育方面支出62.80亿元，其中免费义务教育资金支出4.14亿元，将免费义务教育范围进一步拓宽至广东户籍及15类非广东户籍常住人口子女政策性借读生，实现完全意义上的免费义务教育；认真做好佛山市教师待遇“两相当”工作，全市财政落实“两相当”资金2亿元。

三是加大财政投入力度，不断提高社会保障水平。2009年，全市财政投入社会保障和就业支出21.17亿元，落实社会福利资金、就业保障、最低生活保障，确保应保尽保，促进社会事业发展。同时，全市共增加企业养老保险支出5.44亿元，提高了企业退休养老金待遇水平；在市失业保险基金中安排大学业就业资金9 547万元，安排6 000万元帮扶企业解决社会保障和就业问题、支持企业应对金融危机，并降低了工伤保险和失业保险征缴标准，促进就业和社会稳定。

四是落实财政资金，推进社会医疗卫生事业发展。2009年，全市财政投入医疗卫生事业支出11.11亿元，其中：落实居民基本医疗保险资金4.19亿元，进一步完善居民基本医疗保障制度，实行居民住院基本医保市级统筹管理，将大学生及中等职业技术学校学生纳入居民医保范围，进一步调整提升了居民住院和门诊医疗保险保障水平；落实社区和农村卫生医疗资金3 255万元，进一步完善和提升社区基层医疗卫生机构建设和公共卫生服务；落实疾病防控资金1.15亿元，主要包括投入3 154万元做好甲型H1N1流感疫情的应急工作、落实婴幼儿筛查经费616万元做好婴幼儿奶粉事件善后工作，等等。

五是加大文化投入，促进岭南文化名城建设。2009年，全市财政共投入文化体育与传媒的支出达4.65亿元，加快推进图书馆、博物馆、艺术馆等新馆建设以及体育设施建设，为基层群众购买公益电影、扶持重点文艺社团开展创作、演出和对外交流活动，资助服务外来工的文化设施和文化活动，进一步提高了市民文化生活质量。

六是加大力度，促进住房保障体系建设。2009年，全市财政安排保障性住房建设资金1.77亿元，加快建设廉租房和经济适用房，推进实施渔民安居工程，努力解决“住房难”问题。

七是落实灾后重建、援藏援疆和扶贫资金。切实做好汶川水磨镇灾后重建的资金筹集和管理工作，全市财政共筹集拨付了2009年援建专项资金2.28亿元，确保了援建工作的顺利开展，努力将水磨镇打造成广东援建的亮点；筹集扶贫资金3 673万元、援藏援疆资金960万元，确保省下达佛山市2009年援藏项目资金900万元以及佛山市对口扶持清远市扶贫资金及时到位。

三、落实积极的财政政策，促进佛山市经济持续向好发展

（一）加大财政投入，促进城市转型

一是大力支持重点项目建设。2009年，全市财政共安排公路、铁路、轨道等交通建设项目以及东平新城区等重点项目建设资金77.42亿元，加强基础设施建设，推进城市发展转型。二是抓住国家实行适度宽松货币政策的有利时机，配合有关部门花大力气搭建起政府融资平台，并充分利用融资平台，争取国内多家银行贷款，落实基础设施建设资金，为城市建设与发展注入强大动力。三是全市财政投入23.52亿元用于“三旧”改造，促进土地节约集约利用，有效改善城乡面貌和人居环境。四是发挥财政职能，促进广佛同城化发展。佛山市各级财政部门积极筹措和落实资金，推进广佛同城化建设2009年度的52个重点项目。同时，建立广、佛、肇三市财政局联席会议制度，做好工

作对接，推进广佛同城化发展与广佛肇经济圈建设。五是加强佛港澳的对接与交流，搭建三地会计行业合作交流平台，推进 CEPA 示范城市建设。市财政局、会计学会多次访问香港，与香港会计行业进行交流和协商，与香港华人会计师公会签订合作备忘录，并举办了多次业务专题讲座，为佛港两地会计行业的进一步合作打下了坚实的基础。

（二）加大财政投入，促进产业转型

一是认真落实好《佛山市关于促进经济平稳较快发展的若干意见》，切实抓好省、市关于现代产业体系建设的财政扶持措施的落实。2009 年，全市财政共落实产业转移、产学研、高新区发展等经济科技发展以及企业改革专项资金 20.45 亿元，促进科技进步和产业优化提升。二是发挥财政资金导向作用，引导社会资金参与企业技术改造和技术创新，促进企业自主创新。三是大力支持广东金融高新技术服务区建设，全市财政投入超过 1 亿元，通过政府引导银行、企业合作对接，加快现代金融服务业发展。

（三）加大财政投入，促进环境再造

一是全面推进汾江河整治工作，2009 年全市安排资金 24.92 亿元，并充分利用外国政府贷款、世行贷款和赠款，加快推进汾江河截污管网建设、污水处理厂建设以及水利岸线整治。二是全市财政投入环境保护方面的支出 15.35 亿元，大力实施“绿地佛山”、生态林等环保绿化工程，优化生态环境，促进美丽家园建设。

（四）发挥财政职能，积极应对国际金融危机

一是加大对中小企业发展的扶持力度。通过专项资金、财政贴息、扶持担保体系、鼓励上市融资等多种方式，帮助企业解决融资难问题。同时，落实中央、省、市扶持企业的各项减税让利政策，据不完全统计，减轻企业负担近 42 亿元（其中，地方负担部分 12 亿元）。二是落实财政资金，积极贯彻落实鼓励扩大外贸出口的各项政策措施，稳定对外贸易发展形势。全市共落实扶持外贸中小企业资金 2.77 亿元，促进对外贸易。三是全市共落实资金 5 759 万元，并加快兑付补贴工作，确保“家电下乡”、“汽车、摩托车下乡”、“家电以旧换新”、“汽车以旧换新”、农机购置补贴等工作的顺利实施，扩大内需，促进消费。

四、深化财政各项改革，加快公共财政管理体制建设

2009 年，佛山市以预算编制、资金使用、资产管理、绩效评价、监管问责为重点开展财政各项改革工作。

（一）加大绩效管理改革力度

一是市、区两级全面铺开绩效预算改革。对预算单位使用财政资金限额以上的支出项目、跨年度支出项目实行专家评审，将评价结果作为预算安排的重要依据。全市共纳入 2010 年绩效预算的评审项目 1 897 个、资金额 199.24 亿元，经评审后，对绩效不符合要求的近 43.52 亿元的项目提出了缓建或不作资金安排，提高了财政资金使用效益。二是积极探索实施财政资金竞争性分配改革。市级安排 1 000万元财政资金，选择自主创新和节能减排两类项目作为试点，试行财政资金竞争性分配，将绩效管理理念引入财政专项资金的再分配领域，并在评审过程中邀请市人大、审计、监察等部门进行全程监督，确保评审结果的公正、公开、公平。

（二）积极开展公务卡结算制度改革

在继续深化和完善国库集中支付改革基础上，积极推进公务卡结算制度改革，2009 年，市级公务卡改革试点单位从年初的 3 个扩大到 50 个，改革面达全额预算单位的 30%。

（三）深入推进政府采购管理改革

一是进一步扩大政府采购范围。全市共完成政府采购金额 30.76 亿元，节约资金 2.66 亿元，资金节约率为 7.97%。二是积极稳妥推进电子政府采购工作，并成为省首批电子政府采购试点市之一。

（四）稳步推进资产管理改革

逐步将行政事业单位非自用资产集中管理，为全面推进行政事业单位资产所用权与使用权分离的资产管理体制改革打下了基础，从而进一步规范资产管理。

（五）深化“收支两条线”管理改革

市、区两级均采用非税系统收费，实现收费电子化管理，实时收费、实时监控、实时核销财政票据，在市级、禅城、南海、高明、三水区部分收费单位实施非税系统 POS 机刷卡缴费模式，并逐步扩点使用，解决群众“缴费难”问题，提高了征管效率和质量。

五、加强财政监督管理，确保财政资金安全

佛山市各级财政部门以确保财政资金的安全、规范和有效为着眼点，采取有力措施，不断加大监督管理力度。

（一）继续加强财政系统内部监督管理

进一步完善财政内部控制机制，制定了《关于加强财政资金监督管理的意见》，从预算编制、预算执行、绩效评价等各个环节加强对财政资金的监控，并注重加强对各区的检查和指导，督促各区加强进一步完善内部机制，及时堵塞漏洞，规范管理。

（二）深入开展“小金库”专项治理工作

联合市纪委、监察、审计和宣传等部门，在全市 2 804 个党政机关和事业单位中深入开展“小金库”专项治理工作，并对266 个单位进行了重点检查，共查处违规设立“小金库” 12 个，涉及金额 1 331.85 万元，严厉打击了私设“小金库”的违法违纪行为，并对违反财经纪律的问题进行整改、纠正，认真查找问题的根源，进一步规范了财务管理。

（三）规范政府性债务管理，积极防范财政风险

制定了《关于做好地方政府性债务统计工作的意见》，落实了政府性债务统计的岗位责任制，建立起政府债务动态监控和分析机制。

（四）进一步加强财政性投资工程和重点项目资金的监管

继续对限额以上的财政投资项目派驻财务总监进行专

项监控，同时，加强财政性投资基建工程造价评审管理。2009年，全市共完成财政性投资基建工程编审额158.92亿元，其中送审额137.38亿元，核减不合理费用9.54亿元，核减率6.9%。

六、以开展学习实践科学发展观活动为契机，进一步加强干部队伍建设

（一）深入开展学习实践科学发展观活动，促进财政改革发展

各级财政部门结合自身实际，认真深入学习贯彻科学发展观，对照检查，查找差距，落实整改，研究制定了佛山市财政科学发展的新思路，调整科学理财新措施，从而圆满完成了学习实践活动和财政各项工作，取得了学习、工作“双丰收”。

（二）大力抓好党风廉政建设，营造干净干事氛围

坚决落实党风廉政建设责任制，抓好责任分解、责任考核与责任追究，并结合财政职能，实行“一岗双责”，确保党风廉政建设和反腐败专项工作任务落到实处。

（三）加大财政业务培训力度，提高科学理财水平

坚持“走出去”与“请进来”相结合、专题讲座与系统培训相结合，通过邀请著名学者做专题讲座，组织全市财政系统60多名业务骨干赴西南财经大学进行学习培训，参加全市公务员“三项内容”全员培训等多种方式，提升干部队伍综合素质。

（四）加强机关效能与作风建设，提升为民服务水平

一是开展行政效能监察工作，认真落实岗位责任制，建立健全行政问责与责任追究制度，促进依法理财、廉政为民。二是深入开展行政审批制度改革，制订《佛山市财政系统“两横两纵”行政审批流程改革实施方案》，进一步简政放权，统一和规范一市五区财政系统的行政审批行为，实现受理、审批、监督三分离，优化业务流程，提高办事效率。三是市、区财政部门坚持由局领导带头深入基层开展调查研究，切实加强市、区、镇财政业务的沟通联系，转变工作作风，进一步促进财政为经济、为基层、为群众服务。

（五）选派财政业务骨干帮助扶持基层和灾区建设

通过派出业务骨干驻村和援助灾区重建，在贴心服务基层的同时，锻炼和提升了干部基层工作能力。佛山市财政系统派出汶川援建干部出色地完成了各项工作任务，得到各级政府的肯定。

（佛山市财政局供稿，黄长明执笔）

韶关市

2009年是韶关市有效应对国际金融危机、各项工作取得可喜成绩的一年。2009年，全市实现生产总值571.7亿元，比2008年增长10.1%（按可比价格计算），其中第一产业增加值增长6.6%，第二产业增长8.1%，第三产业增长13.0%。人均生产总值1.9万元，增长9.8%。三次产业结构得到优化。全市社会消费品零售总额287.7亿元，增长19.2%。商品房销售面积和销售额分别增长62.6%和82.1%。全市接待旅游者人数1 226.1万人次，增长17.4%，旅游总收入71.4亿元，增长35.7%。丹霞山被评为全国十大文化生态景区，并与美国泽恩国家公园缔结为国际姊妹公园。广东大峡谷成为国家AAAA级旅游景区。开通运行“韶关物流信息网”，启动曲江、龙归、浈江等综合物流园和韶关市口岸通关物流中心的规划建设。年末金融机构本币、外币（折合人民币）存款余额794.4亿元、贷款余额320亿元，比年初分别增长17.8%和44.6%；存贷比为40.3%，比2008年提高7.5个百分点。保险业金融机构保费收入16.9亿元、增长12.1%。证券业金融机构交易额达1 395.4亿元，增长89.0%。金融对全市经济增长的贡献明显提升。城乡居民收入持续增长。城乡居民人均收入8 893元，实际增长11.6%，其中城镇居民人均可支配收入12 948元，实际增长10.8%，农村居民人均纯收入5 338元，实际增长12.9%。在岗职工年人均工资28 000元，增长10.8%。年末城乡居民储蓄存款余额489亿元，增长12.8%。全社会固定资产投资完成356.5亿元，增长25.6%。东阳光公司的“HEC”商标成为韶关市首个“中国驰名商标”。韶关市首次通过全国科技进步考核（2007～2008年度）。市中小企业创业基地成为省中小企业创业示范基地。全市个体工商户81 388户、资金数额34.7亿元，分别增长7.5%和7.7%；私营企业6 975户、注册资本127.2亿元，分别增长10.2%和7.2%。民营工业发展加快，全市民营经济增加值增长12.0%。重点项目完成投资192.9亿元，为年度计划的122.9%。重大交通基础设施项目如期推进。武广高速铁路韶关段、韶关站场建成运营，韶关市融入广州“1小时生活圈”，区位交通优势进一步提升。韶关电网建设与改造、坪石发电B厂三期、韶关碧桂园、风度国际大酒店等项目超额完成全年投资计划。乐昌峡水利枢纽成功截流，湾头水利枢纽完成主体土建工程。乳源赛普超硬材料等8个重点预备项目开工建设。韶关核电项目前期工作扎实推进。全年争取中央和省扩大内需项目专项资金19.6亿元。

2009年，韶关市财政工作克服重重困难，取得显著成绩。财政部门在市委、市政府的正确领导下，在市人大、市政协的监督支持下，以“三促进一保持”为着力点，围绕生财有道、聚财有方、用财有规和集中财力办大事的原则，积极应对全球金融危机的挑战，实施积极财政政策，积极扩大内需，着力扶持工业发展，大力推动“双转移”，竭尽全力保增长，切实改善和保障民生，狠抓增收节支，优化支出结构，深化体制改革，加强财政管理，提高支出绩效，市十二届人大四次会议通过的财政预算执行情况良好，预算收支呈现八大特点：一是全市地方一般预算收入突破40亿元大关，增长11.87%。增长速度超过全国、全

省平均增长水平。二是县域财政发展提速，增幅达14.6%，高于全市平均水平2.8个百分点，高于市本级5.5个百分点，其中南雄增长23%，突破2亿元大关；始兴增长21.3%。三是三级收入“两增一减”，除地方一般预算收入增长外，上划省收入增长14.5%；上划中央收入下降3.7%。四是地方财政收入呈“前低后高”态势，上半年为负增长，下半年开始低位回升。五是非税收入拉动作用明显，非税收入增长32.5%，政府调控力度增强。六是房地产税收大幅上扬，其中房地产营业税增长72.1%，契税增长68.9%。七是财政支出“两个有力”：行政支出压缩有力，严格执行厉行节约的各项规定，为保重点、保民生腾出了财力空间；民生支出保障有力，农林水、文化、教育、医疗卫生等支出稳定较快增长，分别增长31.8%、33%、12.9%和15.2%。八是市本级财政通过建立和完善偿债机制，建立偿债准备金，提高防范化解财政金融风险的能力，共筹集1.89亿元，用于偿还政府债务。全市一般预算实现收支平衡，略有结余。

一、收入实现“保八”目标，县域财政加快发展

2009年，受国际金融危机和政策性减收等多种因素的持续影响，韶关市财政收入形势异常严峻，组织财政收入的工作困难重重。为确保收入任务的完成，财政部门在市委、市政府的坚强领导下，科学分析、正确判断韶关市经济社会发展形势，提早谋划全年工作，研究出台应对措施，多次召开各县（市、区）财政局长会议和落实局领导分片抓收入制度，认真贯彻每季度召开的财税部门工作联席会议精神，继续完善市对县（市、区）财政激励机制，牢牢把握住了全市经济发展态势和财税收入走势，不失时机地开展对韶关市重点项目和重点企业的跟踪调研和上门服务，合法依规地加大税收收入和非税收入的征管力度，落实各项增收措施，确保了全年财政收入目标的实现。全年来源于韶关市的财政总收入完成108亿元，比2008年增收1.84亿元，增长1.73%。全市地方一般预算收入完成40.69亿元，比2008年增收4.32亿元，增长11.87%，增长速度超过全国、全省平均增长水平，实现并超过了年初人大通过的地方财政一般预算收入增长8%的预期目标。其中市本级增长9.1%，县级增长14.64%，高于全市平均水平2.8个百分点，高于市本级5.5个百分点；全市地方一般预算收入中，税收收入完成29.2亿元，比2008年增长5.4%；非税收入完成11.49亿元，比2008年增长32.53%。全市上划中央收入43亿元，下降3.63%，上划省收入完成6.11亿元，增长14.5%。园区开发建设加快。全市产业转移工业园完成固定资产投资22.4亿元，增长54.1%；建成规模以上工业企业72户。莞韶产业园完成基础设施建设投资6.9亿元、增长1.2倍，工业增加值增长20.3%；与银行签订贷款批准额度12.3亿元，引导社会资金投入13.5亿元，完成征地1.2万亩。

二、政府投资有效扩大，积极政策效应显现

扩大政府投资，市本级财政直接投入10.7亿元，同比增长48%，争取中央和省扩大内需项目专项资金19.6亿元，有效促进了全市固定资产投资增长目标的顺利实现，武广高速铁路韶关段、韶关站场建成运营，融入广州“1小时生活圈”。赣韶铁路、广乐高速公路开工建设，乐昌峡水利枢纽成功截流，湾头水利枢纽完成主体土建工程，韶关核电项目前期工作扎实推进。争取地方债1.71亿元用于市县扩大内需的重点项目建设。积极落实中央扩大内需投资项目，加强资金和项目管理。安排资金5 800多万元，确保丹霞山“申遗”工作顺利开展。安排资金1.5亿元用于芙蓉新城基础设施和美化亮化绿化建设，加快推进被征地拆迁农民安置工程。韶关大道全线通车。芙蓉大道南段建设启动。芙蓉山国家矿山公园、韶阳楼和韶关城市规划展示厅建成开放。北伐纪念馆完成主馆建设。宝盖路建成通车。林桥坑一期整治完工。创新融资模式，运用BT方式，加快推进农民工培训示范基地一期续建工程等重点项目建设。落实各项惠民政策，及时拨付各项财政补贴资金，抓紧落实“家电下乡”、“汽车、摩托车下乡”、“家电以旧换新”、“汽车以旧换新”政策，扩大农村消费。安排旅游规划编制、宣传促销经费、贷款贴息等1 400多万元，大力支持旅游业发展。安排扶持外经贸企业发展专项资金1 100多万元，扶持外贸企业发展，扭转韶关市外经贸落后的局面。安排资金340万元，支持招商引资活动和重大项目跟踪落实工作。安排资金1 400多万元支持工业企业节能减排。安排资金500万元，确保“韶关市铁路口岸至深圳盐田港进出口集装箱货运专列项目”如期开工，会同外经贸部门成功争取了省口岸扶持资金1 000万元，为韶关市招商引资创造良好条件。

三、集中财力加大投入，扶持工业逆势发展

采取注入资本金、财政贴息、完善融资担保机构增强服务功能等方式直接投入园区建设资金3.4亿元，带动社会、银行投入工业园区建设资金达11.9亿元。扶持韶铸、轴承厂、齿轮厂搬迁，扶持新宇、利民制药等企业发展，引进比亚迪汽车等知名企业落户韶关。莞韶产业园经济指标逆势上扬，六大经济指标均高于全市平均水平。政府与企业“抱团过冬”，按国家增值税转型政策，为企业减免增值税、土地使用税、政府基金等税费近7亿元，有力支持了企业更新改造和技术创新，促进产业转型升级。落实2009年度扶持工业企业改革发展各项资金1.08亿元，促进产业转型升级。其中：安排扶持中小企业发展专项资金1 000万元；安排全民创业专项资金1 000万元；安排省市共建装备制造业专项资金1 000万元；安排国有企业改革专项资金1 000万元。推荐韶关液压件厂有限公司等23户优选企业和韶关市阀门厂有限公司等23户备选企业，作为韶关市申报广东省2009年政银企合作专项资金扶持的项目。着力扶持2009年度入驻全民创业园的机械制造企业，对在全民创业园租赁厂房开展生产经营的企业给予租金补贴。

加强政策引导，实施对金融机构财政存款的激励政策，制定了《韶关财政性资金存放商业银行改革实施方案和评价激励暂行办法》，引导银行加大对企业的信贷支持。成立担保公司，市财政注资1亿元成立韶关市第一家政策性担保公司——韶关市鼎盛担保有限公司，并会同市金融办发展两家小额贷款担保公司，帮助企业解决融资难问题。各级财政加大对工业园区的投入，不断完善园区基础设施，培育主导产业，莞韶产业园、南雄精细化工园、乳源氯碱特色产业园等发展后劲明显增强，已逐步成为当地经济发展及财政增收的重要载体。

四、民生支出力度不减，保障水平逐步提高

财政用于民生方面的支出达51.5亿元，约占财政支出的比重为60%，在财政收入极为困难的情况下确保民生支出力度不减。一是继续加大对“三农”的投入，落实各项惠农政策。进一步落实中央关于农民种粮直补、农机具购置补贴、水稻良种补贴、能繁母猪饲养和保险费补贴等政策，促进农业增产，农民增收。共拨付种粮补贴资金13 015万元。安排资金落实农村住房保险补助。增加安排生态文明建设资金2 000万元，推进“村庄清洁美”、农村文化书屋等工程建设，改善农村交通条件。全面部署实施扶贫开发“规划到户、责任到人”工作。二是加大教育投入，全市教育支出16.31亿元，占一般预算支出的18.9%，办学条件进一步改善，全市新增校园面积19.3万平方米、校舍17.3万平方米。规范化学校建设成效显著，义务教育发展水平进一步提升。高中阶段教育发展加快，办学规模继续扩大，毛入学率提高到88%。中等职业技术教育招生5.8万人，增长36.1%。韶关学院、松山职业技术学院、市电大等三所高校招生超过1万人，增长18.6%。学前教育、特殊教育和民办教育稳步发展。三是加大社保投入，完善社会保障体系。2009年全市社会保障总支出17.41亿元，占一般预算支出的20.1%，有效确保了韶关市提供城乡最低生活保障、发展社会福利事业、提高新型农村合作医疗补助标准、落实促进大学生就业再就业政策、改善小区环境、实施“全民安康工程”、防治甲流疾病预防控制等多项社会保障工作的顺利开展。全年城镇新增就业5.3万人、增长2.4%，城镇失业人员再就业4.2万人、增长2.1%，城镇居民基本医疗保险缴费人数增长15.2%。全市有11.1万人享受低保待遇，支出低保资金1.1亿元。2 770名农村贫困家庭子女免费接受中等职业技术教育。建成廉租住房和经济适用住房1 266套。启动市区人才住房解困工作，建成第一批人才公寓27套。四是支持创卫创园，加强防灾减灾工程建设。加大对创卫创园的投入，安排创卫创园资金1.43亿元，为韶关市成功争创“国家卫生城市”、“国家园林城市”提供了强有力的财力支撑。2009年市本级财政投入市区防洪排涝二期工程建设资金1.2亿多元，建设防洪堤18.2公里。翁源、乳源、仁化、乐昌坪石污水处理厂和曲江污水处理厂二期竣工，完成省下达的“一县一厂”建设任务。五是切实提高居民收入水平，两次提高企业离退休人员养老金待遇，惠及全市9万多人。向孤寡、残疾、下岗失业的“四无”人员、“4050”人员等低收入人群发放慰问金。为城乡享受最低生活保障线的群众增发补助金。对市劳模、军属、侨眷、企业离退休人员等开展送温暖慰问活动。对因冰灾、洪灾等自然灾害造成的困难全倒户、重灾特困户、农村单亲母亲、困难家庭住房等给予补助。提高企业离退休人员、教师、城乡低保对象、军转干部、公共性事业单位人员及机关工作人员的待遇水平。六是多渠道筹集资金2.7亿多元，切实办好市政府2009年10件实事。

五、财政改革纵深推进，基本公共服务体系逐步完善

2009年，面对前所未有的困难，财政干部职工千方百计、齐心协力，全力以赴推动财政各项改革，促进公共财政体系日趋完善，财政管理水平步入科学化、精细化。一是进一步推进基本公共服务均等化。从解决人民群众最关心、最直接、最现实的利益问题入手，重点推进公共医疗卫生、公共文化事业、公共教育、公共交通及生活保障、住房保障、就业保障、医疗保障等八项基本公共服务项目，努力推进区域之间、城乡之间都有均等的机会享受基本公共服务，并随着经济发展与财富增长，逐步实现结果大体相等。二是进一步推进国库集中支付改革，将市级所有符合条件但尚未纳入改革的基层预算单位全部纳入改革范围，逐步将预算外资金、上级的补助等支出纳入国库集中支付，实施零余额账户管理。三是进一步推进政府采购制度的改革，曲江区、始兴县、南雄市、翁源县分别成立了当地的政府招标采购中心，隶属当地行政服务中心管理，率先完成了政府采购执行机构从财政部门分离的工作。市政府招标采购中心对采购金额在100万元以上的项目、社会影响较大的项目以及单台金额50万元以上的医疗设备项目引入公证机制。成立了韶关市电子政府采购平台实施推广领导小组，启动供应商网上注册服务，为实施电子采购做好了充足的准备。与此同时，市财政部门还进一步积极参与了农村信用社改革调研工作和地方中小金融机构退出市场工作，有效地防范和化解了金融风险。

六、专项监督检查成效显著，压支任务顺利完成

加强财政资金使用情况的监管是财政工作的一项重要职能。结合2009年的财政工作重点，财政部门进一步加强了对重点建设、民生领域和公共事业等财政专项资金使用情况的监督检查。一是组织了对农村劳动力转移补助资金、农田水利建设议案资金、东西北地区污水处理建设资金、家电下乡补助资金等的全市性检查工作，并对再就业培训补助资金、省级动物防疫补助资金等进行了重点检查，充分发挥了财政资金的经济社会效益。二是主动上门服务，加强资金使用指导，提高财政性资金的使用效益，重点对“2007年省级挖潜改造专项资金”、“2006～2007年度农田水利基本建设议案资金”、“2008年度乡镇卫生院机构建设专项补助资金”等三个专项资金进行绩效评价；对“2007

年度抚恤事业专项资金”、“2003～2007年度全省山区信息化建设项目基本建设支出财政专项资金”、“2006～2007年度社区办公用房建设补助专项资金”、“2007年度自然灾害灾后重建补助专项资金”等四个专项资金项目的用款情况进行了检查。三是深入开展“小金库”专项治理。韶关市财政局作为“小金库”专项治理工作的主要牵头单位，成立了领导机构切实加强对工作的指导，制订了《韶关市“小金库”专项治理工作方案》，及时召开了全市会议进行工作部署，并成立了两个检查组深入重点单位和部门进行检查，发现问题认真实施整改，清理“小金库”工作取得明显成效。四是进一步压缩行政经费。认真落实中央和省、市关于厉行节约的各项政策规定，认真把好预算资金支出审核关，严格控制出国（境）经费、公务用车配备使用管理、接待费用支出、党政机关办公楼等楼堂馆所建设以及由财政出资或以党政机关名义主办的各种晚会、展览、庆典、论坛活动，完成了压支任务。落实省委、省政府关于压支上解支援四川灾区3 600多万元。

七、作风建设扎实推进，队伍面貌昂扬向上

2009年，全市各级财政部门以深入开展学习实践科学发展观活动为契机，力促“党员干部受教育、科学发展上水平、人民群众得实惠”，强抓机关作风建设，带动全市财政系统队伍建设和财政科学管理上新水平。一是学习型机关建设渐趋成熟。组织了全市财政系统副科级领导干部、乡镇财政所长分别在省财校和韶关学院开展“公共财政业务培训班”和“乡镇财政所长培训班”培训学习，邀请了省、市专家学者进行系统理论的讲授和探讨；组织开展“基本公共服务机会均等化”及“打造非凡学习型团队”等专题讲座，进一步提升财政干部技能。同时，利用《韶关财政》杂志，宣传韶关市财政理论与实践，为全市人民尤其是财政干部提供良好的学习研究平台。二是服务型机关建设务实高效。财政部门牢固树立大局意识，全局观念，主动上门服务，深入基层、深入企业，深入重点项目建设单位，切实帮助解决实际困难；多次召开人大代表、政协委员、民主党派人士及各县（市、区）财政部门座谈会，认真听取意见和建议，提高服务水平；进一步完善电子政务系统，明确办事流程，为上门办事人员提供更为便捷优质的服务。三是廉洁型机关建设深入人心。坚持以人为本，落实一岗双责，制定《市直行政机关单位节约经费具体措施》，在教育、制度、监督上构建惩防并重的预防腐败体系；深入开展纪律教育月活动，深化行政审批制度，规范权力运行，加强权力运行监督和制约，强化财政内部控制和管理。四是和谐型机关建设生动活泼。以“增进团结、增添活力、增强信心”为宗旨，组织全民健身、体育比赛等有益于身心健康的文体活动，形成了热爱集体、热爱生活、和谐上进的干事创业氛围。2009年，市财政局被授予“先进基层党组织”、“创建国家卫生城市工作先进单位”、“党风廉政建设先进单位”、“省窗口之星先进集体”等荣誉称号，乳源县洛阳镇财政所、浈江区十里亭镇财政所等被市政府授予2009年度基层站（所）“窗口之星”先进集体荣誉称号。

（韶关市财政局供稿，刘礼清　杨文乐执笔）

河源市

一、经济运行简况

2009年，国民经济保持平稳较快增长，全市生产总值416.95亿元，比2008年增长（下同）10.7%。其中第一产业增加值52.54亿元，增长4.9%；第二产业增加值223.89亿元，增长12.2%；第三产业增加值140.52亿元，增长10.4%。三大产业结构由2008年的13.1∶54.1∶32.8调整为12.6∶53.7∶33.7，第三产业占GDP比重比2008年提高0.9个百分点。人均地区生产总值14 322元，增长8.1%。全社会工业增加值205.22亿元，规模以上工业增加值189.46亿元，分别增长13.5%和14.0%。社会消费品零售总额142.58亿元，增长15.0%。全社会固定资产投资198.15亿元，增长10.1%。外贸进出口总额22.26亿美元，增长12.9%，其中出口总额14.13亿美元，增长13.3%，增速居全省第3位。农村居民人均纯收入5 013元，城镇居民人均可支配收入12 138元，分别增长6.0%和7.0%。

二、财政收支简况

2009年，全市财政总收入完成90.77亿元，其中财政地方一般预算收入累计完成20.18亿元，比2008年同期增收2.57亿元，增长14.6%；市直地方一般预算收入完成6.40亿元，同比增长18.7%。全市财政收入在危机之年实现了多项突破：一是财政总收入首次突破了90亿元，同比增长17.7%；二是地方财政一般预算收入首次突破了20亿元，同比增长14.6%；三是税收总收入首次突破了40亿元，同比增长11.14%；四是地方财政一般预算收入增长速度在全省排名有新突破，增长速度在全省排名第9位，比2008年的第19位进了10位。同时财政收入质量较高，非税收入所占比重仅为20.72%，说明在财政增收压力巨大的情况下，河源市税源结构仍保持相对合理，财政收入在质量较高的基础上实现了超收。2009年全市财政总支出完成80.5亿元，其中地方一般预算支出完成79.2亿元，增长23.2%。市、县各级预算收入均实现了收支平衡，并略有结余。

三、财政主要工作

2009年，全市各级财税部门以邓小平理论和“三个代表”重要思想为指导，以科学发展观为统领，认真贯彻党的十七大、十七届四中全会、省委十届五次、六次全会和市委五届六次、七次全会精神，积极应对国际金融危机，开拓进取，扎实工作，全力以赴保增长，主动服务促发展，全市财政收入保持了稳定增长，保障了重点支出需求，进一步保障和改善民生支出，维护了社会的稳定，促进了全

市经济社会平稳较快发展。

（一）尽心尽力“抓收入、促增收”，在增收困难情况下超额完成了全年财政收入任务

面对2009年财税增长的严峻形势，市委、市政府审时度势部署了一系列行之有效的增收节支措施，如实行了财政、金融“双扩张”战略，储备动工了一大批基础工程项目，营造了加快发展的小气候；党政各级领导、尤其是市委、市政府主要领导多次就财税工作进行调研、批示，加强对财税工作的领导。全市各级财政部门按照市委、市政府的要求，上下齐心，克难攻坚，始终将抓收入、保增长作为头等大事来抓，抢时间、抓进度、勤调研、深分析，为全面实现全年收入工作任务做了大量的工作。在抓收入的过程中，一是明确落实抓收入责任。按照抓早、抓紧、抓落实的要求，明确增长任务，算好明细账，并及时将任务细化分解到收入征管各部门、各县区，敦促征管责任部门落实责任机制、细化工作措施。为推动收入组织工作高效开展，市财政局认真做好对财政运行形势、特别是收入形势的分析预测，继续实行了局党组成员“分工分片”抓收入工作责任机制，认真开展了抓收入专项调研，并多次召开全市财政局长座谈会和收入分析会，针对工作中出现的问题及时向市委、市政府汇报并通报税务部门，强化措施，积极应对。二是加强对税源税收的监管。及时与税务部门联系合作，支持税务部门对财源税收实施科学化、精细化管理，加大对重点行业、重点税源企业和重点税种的监管力度，完善征管机制，堵塞征管漏洞，依法打击各种偷、逃、骗税行为，大力清欠拖欠税；尤其是加大了对中小税种的征管力度，做到了“小税大抓”，“以小补大”和应收尽收。三是全力抓好契税和非税收入。一方面，紧紧抓住房地产业逐步升温的有利因素，加大契税征管力度，加强对违规减免契税行为的清理，规范契税征管秩序，使全市契税收入实现高幅增长。另一方面，大力加强非税收入管理，严格执行“收支两条线”制度，努力挖潜增收潜力，确保了各项收入均较好地完成了年初预算任务。

（二）尽心尽力“扩内需、保增长”，全市经济发展实现稳定有效增长

1. 把抓好融资、加快重大项目建设作为“扩内需、保增长”的重中之重，尽最大努力加以推进。按照市委、市政府加快重大项目建设的决策部署，市财政专门成立了融资工作领导小组，牵头整合了4大融资平台，筹集配套资本金7亿元，积极加强与各商业银行等金融机构沟通，积极克服各种困难，市区六条道路、学校、医院、市高新区基础设施建设和客家文化公园等重点项目建设融资资金陆续到位并按工程进度及时投入使用，较好地发挥了财政在增加政府投资拉动经济增长的职能作用。同时，带头研究好上级的有关政策，积极争取中央和省拉动内需政策对河源市建设项目的各项补助，充分发挥地方政府债券资金“保增长”的重要作用，将获得的2.25亿元地方政府债券资金，全额用于“扩内需”项目建设配套，使河源市落实中央扩大内需的建设项目能够尽快启动并形成新的财税收入增长点。

2. 把推进“暖企工程”与加强财源建设紧密结合起来，做到既为企业解困、提升竞争力，又培植财源保发展。一方面，按照市政府实施“暖企工程”的要求，统筹安排3 300万元，从促进产业发展、鼓励开拓市场、提高自主创新能力、帮助企业解困等方面给予政策和资金支持，增强企业应对危机的能力。认真落实中央100项减免收费等税费减免政策，进一步减轻企业负担，缓解企业成本压力。积极搭建企业融资平台，推荐企业申报省级政银企合作政策贴息项目，39家企业获得省政策贴息1 260万元，促进了企业扩大投资和再生产。另一方面，积极推动外向型经济发展。及时拨补出口企业2009年出口退税差额补助，100多户出口企业受益；大力支持各类重大招商引资活动，扩大了利用外资规模，推动了外向型经济保持稳步增长态势。

3. 把增加居民需求作为“扩内需、保增长”的重要手段，努力落实政策支持扩大消费。积极落实各项促进房地产市场发展的营业税、契税方面的优惠政策，鼓励居民购买自住性、改善性住房，全力支持启动房地产市场消费。全面推进家电下乡、汽车和摩托车下乡工作，补贴家电、汽车和摩托车下乡37 322台/辆，兑付资金1 899万元，有力扩大了农村消费稳定了增长。同时，对渔业、林业、城市公交、出租车等行业给予石油价格补贴916万元，缓解了石油价格上涨对公益性行业的影响。

（三）尽心尽力“保民生、促和谐”，社会各项事业实现良性循环发展

1. 全力支持新农村建设。全市农林水事务支出10.5亿元，同比增长57.9%。落实农资综合直补、粮食直补、良种补贴和农机具购置补贴等各项惠农补贴政策，发放补贴金额1.76亿元，促进农业生产，增加农民收入。在继续推进能繁母猪保险的基础上，全面铺开了政策性农村住房保险工作。加大力度支持农村饮水工程建设、农村危房改造和村村通电视广播工程建设，改善农村生活环境。积极扶持水利基础设施建设、农村生态建设和现代农业示范基地建设。“千村脱贫“政策全面落实，1 117个行政村共获得投资分红资金2 601万元。

2. 支持教育优先发展。2009年，全市教育支出17.11亿元，增长9%。全面落实城乡免费义务教育和“两免一补”政策；大力扶持发展职业技术教育，筹集资金3.79亿元支持市理工学校、河职院、市技工学校等学校建设，确保市理工学校秋季如期开学；强力推进城镇免费义务教育和“普高”工作；加大对城镇及农村中小学教育基础设施建设投入，不断改善农村办学条件。同时，认真落实教师工资水平“两相当”政策，市直教师实际人均工资水平高于公务员人均水平83元，县、区教师工资水平基本达到与当地公务员工资水平相当。

3. 促进就业和社会保障制度完善。全市社会保障和就业支出11.52亿元，同比增长16.3%。全市各级财政强化了对就业再就业的扶持和服务，着力帮助零就业家庭、就

业困难人员和农民工转移就业。积极落实城乡低保政策，拨付省、市县低保配套资金2.2亿元，切实保障了全市约25万名城乡低收入群众的生活困难问题。全面落实社保待遇正常调节机制，逐年提高基本养老保险待遇水平，目前河源市离退休人员的月人均养老金水平达762元，与2008年同比增长10.2%。积极落实下岗职工基本生活费、农村特困救助和复员军人及优抚对象等各项政策。支持完善残疾人社会保障体系，努力实现贫困残疾人应保尽保。

4. 支持完善医疗卫生服务保障体系。全市医疗卫生支出6.72亿元，同比增长20%。支持公共卫生服务体系建设和采购更新医疗设备，逐步改善城乡医疗卫生水平。加大力度推进新农村合作医疗卫生体系建设，“参合”筹资标准从100元提高到150元，报销封顶线提高到6万~8万元，总体水平提高了15%以上。2009年，全市共有256万人参加了新农村合作医疗，占农村常住人口的99%。扎实推进城镇职工基本医疗保险、城镇居民基本医疗保险和外资企业职工基本医疗保险等制度，支持困难和关闭破产企业退休职工免费参加城镇职工城镇居民基本医疗。

5. 支持政府重大决定落实。2009年以来支持政府“十项惠民工程”投入资金27.7亿元，其中“十件实事”投入资金20.6亿元；安排创建国家卫生城市、国家园林城市、国家模范城市支出2.28亿元；安排客家文化公园建设启动资金3 000万元；投入资金7 701万元支持全市林业体制改革，分流安置人员1 673人。

6. 帮助缓解贫困家庭住房困难。全市财政共配套安排资金12 860万元，支持新建城镇廉租房9 364平方米、经济适用房48 200平方米，帮助661户城镇低收入家庭解决了住房困难。

7. 支持社会治安综合治理工作。继续支持“平安河源”建设，加大对社会治安综合治理工作的资金投入，切实保障政法系统建设经费，促进了社会的安定。同时，积极应对突发公共卫生事件，全力配合做好甲型H1N1流感防治工作，保障各项防控措施有效落实。

（四）尽心尽力“促改革、强监管”，全市财政管理水平实现明显提升

1. 把推进科学化、精细化管理和强化财政监督结合起来，确保财政资金规范、安全和高效运转。切实加强了财政专项资金的监督检查，重点开展了涉及重点工程建设及刺激消费、扩大内需新增投资等资金的监督检查，积极配合上级完成各项专项检查工作任务，确保有限资金花出更好效益。深入开展“小金库”专项治理工作，已完成自查自纠和重点检查阶段工作，全市纳入“小金库”治理范围的单位共有1 060户，“小金库”自查覆面率达100%，全市各级治理办组织了17个检查组，安排重点检查单位126户，重点检查率12%，存在问题基本上整改到位。继续实行政府代建和财政投资评审，做好工程变更管理、从严控制工程投资，严格管理工程建设资金，抓好工程款的审核、拨付工作，2009年市财政审核项目212个，其中总送审金额18.38亿元，审定额16.08亿元，净核减额2.3亿元，净核减率12.5%。

2. 把推进科学化、精细化管理与深化财政改革结合起来，促进财政工作科学发展。积极推进财政体制改革。围绕省新一轮财政体制改革，积极做好有关政策研究工作，及时提出应对措施。按照省管县试点的要求，认真做好了有关基础数据的清理、核实工作，为省管县试点的实施做好充分准备。及时调整市对区的财政管理机制，完善了各项市对区财政管理体制实施办法，较好地调动了城区培植财源和加强税收征管的积极性，促进了市与区经济社会协调发展。按照“适度倾斜”的原则，积极探索构建市高新区财政管理和分配机制，增创市高新区体制活力，促进市高新区持续良性发展。继续推进县、乡财政管理体制改革，进一步落实“乡财县管”和农村会计代理制，村级财务监管更加规范。继续深化部门预算改革。督促县区加快推进部门预算改革，源城区、紫金县、东源县、和平县已在县区直属机关全面推行部门预算；连平县、龙川县选择在部分单位开展部门预算改革试点。加快推进国库集中收付改革。完善国库信息管理技术，推进财政支出电子平台建设，提高了财政资金支付的效率；启动公务卡改革，目前市直已有10个单位进行试点，进展顺利；开展第二批市直单位财务核算信息集中监管改革试点，试点单位扩大到33个。扎实推进非税收缴改革。将市直83个有非税收入的部门纳入了改革范围，改革覆盖面达到98%；县、区非税收缴改革将于明年全面推开。继续推进政府采购制度改革。政府采购范围不断扩大，政府采购运行程序更加规范，效益更加明显。加快推进财政绩效评价改革。在配合省财政做好专项资金绩效评价的基础上，重点对河源市5亿元竞争性资金和100万元以上的43个大宗项目进行了绩效评价，资金使用的导向作用进一步增强。

3. 把推进科学化、精细化管理和强化支出监管结合起来，确保有限财力用到实处、取得实效。为在严峻形势下实现全年财政收支平衡，全市财政始终坚持了“保重点、压一般”的方针，一方面严格执行“四个减少”和“五个严格控制”的规定，大力压减一般性支出，集中财力保重点。另一方面，加大了向上级争取资金的力度，力求最大限度缓解资金调动困难。据统计，2009年全市财政一般预算追加同比下降39.6%，政府采购追加支出同比下降33%，全市财政对民生的投入达到35.5亿元，增长10.85%。同时，全市财政严格执行《预算法》，定期向市人大汇报预算的执行情况，主动接受人大及其常委会的监督，认真听取人大代表、政协委员对财政工作的建议和意见，高度重视并积极配合做好预算执行情况审计和中央扩大内需项目专项审计等工作，把审计部门的审计意见落实在深化改革和加强财政管理的各项工作中，有力地促进了全年财政收支平衡。

（五）尽心尽力“抓学习、转作风”，财政基层党建和队伍建设实现有效突破

1. 抓好科学发展观学习实践活动各项工作的落实。全市财政把开展好学习实践活动作为促进财政工作科学发展

的重中之重，领导班子率先示范，扎扎实实落实《实施方案》的要求和安排。全市财政本着重在实际成效的原则，把学习实践活动与做好当前财政各项工作紧密结合起来，切实做到“两不误、两促进”，较好实现了“干部受教育、发展上水平、群众得实惠”的目标，干部职工贯彻落实科学发展观的理解力、执行力、操作力和创造力进一步提高。

2. 多管齐下抓好党风廉政建设和作风建设。结合“纪律教育月”活动，着力贯彻落实中央《建立健全惩防体系2008～2012年工作规划》和市委《分工方案》，局党组文件下发了贯彻意见，把牵头和配合的50项工作任务责任分解落实到主办科室和协办科室，迅速推进各项惩防体系工作措施；全面推行“一岗双责”，认真落实党风廉政责任制，领导干部廉洁从政行为进一步规范；深入推进财政队伍正规化建设，采取集中教育与分散教育相结合，警示教育与示范教育相结合等多种形式，扎实开展反腐倡廉宣传教育、机关作风教育和政治、业务、法律培训，并针对廉政建设方面存在的问题，进一步修订了《机关工作人员行为规范》和《廉政建设制度》，完善了廉政建设的各项制度和措施，针对作风建设方面存在的问题，进一步修订和完善了调查研究制度、首问负责制度、服务承诺制度、政务公开制度等十几项作风效能建设的长效机制，针对干部职工能力素质方面存在的问题，修订了干部职工学习培训制度，为全面提高干部职工的业务工作能力奠定了良好基础，财政依法行政、依法理财、依法办事水平逐步提高。

3. 推进节约型机关和服务型机关建设。全市财政采取有效措施，切实落实节能降耗工作，加强节约意识教育和管理；坚持内强素质，外树形象，进一步提高服务能力，2009年办理政府批转件2万多件，及时办理预算支出手续；办理市人大议案3件，政协提案9件，取得了答复率100%、满意率100%的优良成绩。

（河源市财政局供稿，具瑞新执笔）

梅州市

一、全市经济社会发展概况

2009年，在梅州市委、市政府的正确领导下，梅州市财政部门坚持以邓小平理论和“三个代表”重要思想为指导，深入贯彻落实科学发展观，落实省委、省政府各项政策措施和要求，紧紧围绕中央“保增长、保民生、保稳定”和省委“三促进一保持”决策部署，积极应对国际金融危机带来的冲击，以“双转移”工作为抓手，以重大项目建设为主线，着力创建“三名城一基地”，全力谋求“绿色崛起”新突破，全市经济运行呈现较好发展态势，经济社会发展取得了新的成效，城乡居民生活水平进一步提高。据统计，2009年全市生产总值509.51亿元，比2008年增长9.8%，其中第一产业增加值105.98亿元，增长6.3%；第二产业增加值205.92亿元，增长9.3%；第三产业增加值197.61亿元，增长11.9%。经济结构进一步调整，2009年生产总值中三次产业构成为20.8:40.4:38.8，对比“十五”期末的2005年，第一、二产业比重分别下降2.3个百分点和1.1个百分点，第三产业比重上升3.4个百分点。民营经济增加值276.45亿元，增长9.7%。人均生产总值12 321元，增长9.3%。2009年，全市税收收入82.56亿元，比2008年增长3.8%。市区居民消费价格总指数为97.0%（上年为100%），下降3.0%。其中食品类下降4.8%，粮食价格上涨1.9%，肉禽及其制品价格下降10.8%；水、电、燃料类价格下降8.5%。市区商品零售价格总指数为95.5%，下降4.5%。全市工业品出厂价格指数96.5%，下降3.5%。2009年末企业景气指数和企业家信心指数分别为122.76%、124.51%，分别比2008年增加16.99个百分点和18.48个百分点。

二、全市财政工作概况

2009年，梅州市财政部门全面贯彻落实省委汪洋书记来梅州的指示和市委五届五次全会精神，深入实施“推动绿色崛起，实现科学发展”发展战略和“点燃激情，奉献崛起”发展思路，解放思想，真抓实干，切实按照年初梅州市委对全市经济形势“间接受影响，直接促发展，机遇远远大于挑战”的科学判断，适时提出“逆势创佳绩，小钱办大事”的工作思路，抢机遇、抓收入、创亮点、攻难点，圆满完成了各项工作任务，为“三名城一基地”建设，实现全市经济社会又好又快发展提供了坚强的财力保障。

（一）2009年财政收支执行情况

据统计，2009年，来自梅州市的财税总收入97.66亿元，同比增加8.26亿元，增长9.26%，连续6年收入大于支出，实现了对国家的净贡献，其中：税收总收入84.14亿元，同比增收3.68亿元，增长4.57%。全市财政一般预算收入完成30.77亿元，同比增收3.66亿元，增长13.5%，增幅全省排名第12位；全市一般预算支出完成96.92亿元，同比增支15.6亿元，增长19.11%。其中：市本级一般预算收入完成11.24亿元，同比增收1.05亿元，增长10.27%；市本级一般预算支出完成19.86亿元，同比增支2.45亿元，增长14.07%。全市上划中央“两税”收入完成44.33亿元，同比增加0.5亿元，增长1.15%；上划省“四税”收入完成5.17亿元，同比增加0.73亿元，增长16.47%。

（二）2009年财政主要工作情况

1. 牢固树立服务大局观念，加大投入培植财源，服务经济发展的能力显著提升。为在国际金融危机形势严峻的情况下保持财政稳健增长，全市财政部门进一步解放思想，更新发展观念，积极发挥财政职能，支持梅州市经济加快发展。一是充分发挥财政资金“四两拨千斤”的引导作用和乘数效应。全力争取上级政策、资金和项目支持。2009年，全市财政共争取上级专项补助资金42.6亿元，同比增长31.8%。抓住全省推进双转移的契机，全力做好省第四批竞争性扶持资金竞标工作并再次获得5亿元扶持资金。同时，积极配合做好配套融资工作，加大对产业转移工业园及其他重点项目的资金投入，培植新的经济增长点，千方百计加快园区建设，加大招商引资力度，努力打造梅州市经济发展的新增长极，增强财税发展后劲。二是及时采取措施，积极落实市委、市政府扩大内需，促进经济平稳健康发展各项扶持政策。积极推进家电、汽车、摩托车下乡惠民工程，扎实做好基础性工作，使这项工作一直保持在全省首位。2009年，全市家电等销售金额3.59亿元，补贴资金3 802万元，补贴兑付率达94.4%，高于全省平均水平11个百分点。三是利用财税政策促进中小企业发展。积极运用财政政策手段，制定出台财政支持中小企业发展的配套措施，安排1.63亿元扶持中小企业，促进全市小钢铁等落后产能的调整，促进强华无刷电机等制造业的优化升级。同时还专门出台了水泥、陶瓷、房地产等产业发展的财政扶持政策。四是加大对重点项目建设投入。紧紧围绕市委、市政府确定的重大项目和建设“三名城一基地”的决策部署，千方百计拓宽筹资渠道，创新融资方式，积极融资15.72亿元，同比增加7.92亿元，增长102%，确保东片改造工程、世界客都大道、双创项目等惠民重点工程顺利实施。五是主动为企业减轻费用负担。取消和停征100项行政事业性收费，稳定企业发展。调低了企业社会保险部分险种的缴费比例，并将梅州市养老保险单位缴费比例从18%调整到17%；对部分困难企业按企业在一定时期内缴交社会保险费给予一定补贴；通过财政支持、资产抵押、盘活国有资产等方式有效地为企业解决了流动资金困难等问题；同时，主动为企业解决历史债务包袱，累计回购债权额4 920万元，回购成本788万元，综合回购率16%，既解决了企业历史债务，又盘活了企业国有资产。

2. 牢固树立科学发展观，加大收入组织力度，财政综合实力显著提升。受国际金融危机影响，自2008年下半年以来，梅州市经济发展速度受到较大影响，再加上政策性减收因素较多，全市财政收入增长速度回落较大，财政增收遇到了前所未有的困难和压力。针对这种情况，市财政局按照市委、市政府的要求，认真分析财政收入形势，主动与税务部门协调，通过采取“分工分片”挂钩县（市、区）、深入开展调研督查、定期汇报通报、财税联席会议等多种形式，加大了收入征管的执行力度。局领导经常带领各科室、部门深入各县（市、区）进行调研，详细分析财政收入组织工作中存在的问题和影响收入增长的因素，加强对国家调整烟产品消费税政策、企业所得税总分机构纳税调整、困难企业房产税、土地使用税减免条件放宽等政策调研，积极研究应对措施，督促组织财政收入，推动收入组织工作的高效开展。同时，在局内部大力实行精细化管理，联合税务部门，加大对重点行业、重点税源企业和重点税种的监管力度，对税源项目进行跟踪检查，强化中小税种的征管，做到抓大不放小，依法打击各种偷、逃、骗税行为，大力清理拖欠税，确保应征尽收。经过多方努力和配合，梅州市财政收入经受住了严峻考验，实现了稳定增长，完成了人大通过的收入增长任务。预计全市包括市本级（含梅江区）和7个县（市）均可获得省财政新增转移支付补助，全市有7个县（市、区）可获得市对县财政增收奖励，市本级（含梅江区）和6个县（市）可获得省“四税”超全省平均增幅奖励。

3. 牢固树立民生优先的理念，加大资金的投入力度，民生保障能力显著提升。一年来，全市财政始终把民生问题放在财政保障的首位，牢固树立民生优先的理念，按照“五个零增长、四个减半”工作要求，不断调整和优化支出结构，压缩一般性支出，继续加大对民生领域的投入。2009年，全市一般预算支出增支15.5亿元，其中各项民生重点支出增长较快，增支额（13.96亿元）占同期一般预算增支总额的90%，有力地保障了“民生问题持续改善”工作的落实。一是加大“三农”投入。全面落实各项支农惠农政策，及时拨付“三农”资金，促进农业生产，增加农民收入。加大农村道路、水利等基础设施建设的投入，逐步改善农村的生产生活条件。大力支持农村饮水工程建设和危房改造，积极扶持农村生态建设、现代农业示范基地建设。积极争取上级财政资金5 700万元支持梅州市韩江上游油茶茶叶产业带项目建设，该项目在梅州市单个农业产品获得上级财政如此巨额资金支持在历史上尚属首次。2009年，全市农林水事务支出13.5亿元，同比增长42.4%。二是大力支持教育事业发展。全面落实城乡免费义务教育，及时拨付中等职业学校国家助学金，使梅州市60万义务教育中小学生和2.3万名中等职业学校学生从中受惠；积极做好梅州市创建教育强市的相关工作。2009年，全市共投入教育支出21.2亿元，同比增长13.2%。三是扎实推进社保体系建设。不断加大对社会保障的投入，全年各项社会保险基金实现了收支平衡；确保了全市9.74万名企业离退休人员养老待遇和6 100名失业人员失业待遇的按时足额发放；逐步建立城乡社会救助体系，努力解决困难群众生活问题；全面落实就业和再就业各项扶持政策。全市社会保障支出投入15.7亿元，同比增长19.2%。四是继续加强公共卫生体系建设。积极筹集资金，增加对重大传染病防治、公共卫生检测等公共卫生投入；积极稳妥推进新型农村合作医疗、城镇居民基本医疗保险试点、社区卫生服务中心、甲流防控等工作，确保村医补助、特殊人员参加基本医保得到落实，全市公共卫生支出投入8.9亿元，比2008年增长15.9%。同时，把梅州市计划生育利益导向体系作为民生、惠民的重要工程认真抓好落实，确保惠及广大计划生育家庭奖励优惠政策的及时兑付。

4. 牢固树立现代理财观念，深化财政改革与制度创新，科学理财水平实现显著提升。一是继续深化部门预算改革，预算管理体系与管理制度日益健全。对市直103个部门继续全面实行部门预算，进一步提高部门预算编制质量，逐步增强预算编制的法制性、规范性。同时，市财政局积极为各县（市、区）提供技术服务，积极推广部门预算软件，全面铺开县级部门预算改革，顺利达到了省财政厅部门预算改革总体目标要求。全市基本建立了涵盖部门所有公共资源的完整部门预算制度，将预算管理的出发点和着力点转移到部门，取得了积极成效。二是深化国库集中支付改革。市本级在2008年的基础上继续推进改革，市级改革进度达到近50%。全年累计支付20.28亿元（其中：直接支付10亿元、授权支付10.28亿元）。通过国库集中支付改革，强化了预算约束力，提高了财政资金使用效率，缓解了国库资金调度紧张局面，财政资金支付更加快速、高效、安全。三是推进财务集中监管改革试点。在实行国库集中支付的基础上，积极开展了财务集中监管改革试点，2009年试点单位由2008年的3个发展到54个，对单位财务收支和核算行为进行全程动态监管，规范了财政资金的使用行为。四是继续抓好政府采购改革。认真开展电子化政府采购的先行先试工作，继续在全市政府采购领域广泛开展反商业贿赂承诺活动，在各级政府采购监管机构、政府集中采购机构以及其他代理机构进一步健全内部监督制度，面向社会公布了反商业贿赂承诺条款，取得了良好效果。据统计，全年全市政府集中采购达3.77亿元，增长13.74%，节约金额0.47亿元，节约率11.08%。五是加大财政支出绩效评价改革力度。继续对使用财政资金30万元以上的市直项目单位开展绩效自评工作，全年完成自评项目169个，涉及评价金额6.69亿元；开展多种形式重点评价工作，改变过去对单一不成规模项目进行重点评价的做法，选定涉及面广、领导重视、市民关注的项目进行重点评价试点，逐步在用款单位中树立了使用财政资金必须保证资金使用效果的观念。六是公务卡试点工作顺利开展。试行建立公务卡制度，梅州市根据“先试点、后扩大、先一级预算单位、后二级及基层预算单位”的原则，按照“规范操作、有效监管、方便用款、分步实施”的改革程序，选好4个试点单位和2家代理银行，顺利推进试点工作。七是财政信息化建设进展顺利。“金财工程”纵向网一期建设任务顺利完成，实现了省、市、县三级的互联互通；稳步推进国库集中支付、非税收入系统核心业务及市直单位财务集中监管信息化平台的搭建，实现了财政非税业务的在线缴费、财政与银行数据的共享，提高了办事效率。

5. 牢固树立财政法纪观，强化财政支出监督，财政资金使用效益显著提升。一是严格执行落实财经纪律。严格执行《预算法》、《广东省预算审批监督条例》，确保各项财政支出有法可依、有章可循。二是不断强化财政监督力度，在开展日常财政监督的基础上，大力组织开展各种专项检查活动，深入治理整顿乱收费行为，进一步加强对彩票市场和彩票销售机构的监管和彩票公益金的使用管理。三是深化非税收入“收支两条线”管理改革。继续开展梅州市小汽车牌号竞价发放工作；认真抓好非税收入征收管理电子信息化系统建设，提高非税收入征管工作的效率和服务质量。四是规范和加强资产管理，切实做好资产处置审批、“非转营”资产管理、国有企业保值增值考核等工作；规范资产处置行为，经营性资产的处置均采取公开拍卖等方式进行；同时，对市直国有资产进行清理，对闲置的国有资产进行逐一分类分析，通过市产权交易所公开招标拍卖方式盘活国有资产，全年产权交易50宗，交易额6 230万元。五是加强对政府基本建设投资监管，大力推广项目代建制，坚持源头控资，财政投资评审逐步到位，有效防止高估冒算，节约了工程建设成本。全年共完成财政性投资评审项目1 872个，送审金额36.33亿元，审定金额30.94亿元，核减金额5.39亿元，资金节约率14.85%；加强对重点项目资金财务管理，进一步提高了基建项目资金的全过程监督管理水平。六是行政审批电子监察工作开展顺利。严格执行行政审批电子监察制度，坚持及时、快捷、高效、便民的原则，以优质服务取信于民，在全市电子监察绩效测评中一直位居前列，同时，还被市委、市政府授予“梅州市八大‘民声窗口’先进集体”称号。

6. 牢固树立和谐社会观，着力改进机关作风，干部队伍综合素质得到显著提升。2009年，全市各级财政部门认真深入学习实践科学发展观，切实加强党的建设和干部队伍建设，扎实开展“作风建设年”活动，推进了机关作风转变。按照市委的统一部署，以深入学习实践科学发展观活动为载体，切实加强领导，精心部署，研究制订工作方案并抓好督促落实，确保实践活动有序高效开展，切实把服务基层、服务群众、服务大局、促进社会和谐的要求转化为财政工作的目标任务和实践行动，实现党建工作与业务工作的双促进。一是抓基础，认真落实“三会一课”制度，抓好精神文明建设、组织建设，基层党组织的工作质量得到全面提高。二是抓干部，坚持任人唯贤、德才兼备、群众公认、注重实绩的用人导向，形成了争先创优、靠实绩求进步的良好风气。三是抓作风，通过开展“作风建设年”活动，切实推进机关作风转变。该局实施取消会计从业资格证书工本费、开通会计持证人员继续教育网等多项便民利民的措施，方便了人民群众，服务基层，为民办事已成为全局干部职工的自觉行动。四是抓廉政，通过积极构筑财政部门自身党风廉政建设和反腐败工作的内部约束防线，以及财政源头治腐的外部制度防线，使广大财政干部廉政意识进一步增强，廉荣贪耻的风气在全局干部职工中逐步形成。2009年，梅州市财政局被省委评为全省文明单位，并夺得市直单位机关作风先进单位六连冠。

（梅州市财政局供稿，黄定锋执笔）

惠州市

2009年，受国际金融危机影响，年初全市财政收入延续了2008年下半年以来的下滑态势，面对困难，惠州市各级财政部门在市委、市政府的正确领导下，及时采取一系列有效措施，实现了经济财政平稳较快增长。全市生产总值1410.40亿元，增长13.2%。其中，第一产业增加值91.91亿元，增长6.0%；第二产业增加值787.65亿元，增长13.3%；第三产业增加值530.85亿元，增长14.4%。全社会固定资产投资758.97亿元，增长17.7%；社会消费品零售总额503.14亿元，增长18.8%；进出口总额292.40亿美元，降幅收窄到1.7%；实际吸收外商直接投资13.95亿美元，增长3.2%；商品零售价格指数和居民消费价格指数均为98.5%，比2008年降低1.5%。

2009年，全市预算执行情况良好。全市一般预算收入完成101.51亿元，比2008年增收23.45亿元，增长30.04%，比全省平均增幅高19.79个百分点，增幅在全省地级以上市中排第二位，在珠三角九市中排第一位。其中，税收收入完成84.09亿元，增长30.3%，占比重为82.8%；非税收入完成17.42亿元，增长28.9%，占比重为17.2%。市本级一般预算收入完成39.92亿元（其中大亚湾上划特大项目税收10.63亿元），比2008年增收12.13亿元，增长43.65%。全市上划中央“两税”收入（增值税75%、消费税100%部分）完成116.53亿元，比2008年增收66.95亿元，增长135.05%。上划中央所得税60%部分完成25.65亿元，比2008年增收2.08亿元，增长8.83%。上划省与市共享“四税”收入完成21.39亿元，比上年增收2.26亿元，增长11.80%。

随着财政收入的持续稳定增长，财政调控能力不断增强，支持科学发展和改善民生水平不断提高，促进了国民经济和社会事业的发展。2009年，全市一般预算支出累计完成134.78亿元，比2008年增支28.58亿元，增长26.91%。在财政支出规模扩大的同时，不断优化支出结构，促进产业结构优化升级，统筹城乡协调发展，推动投资、消费和出口增长，加大公共产品和公共服务投入，大力改善和保障民生。2009年，全市财政实现了收支平衡、略有结余的目标。

一、注重科学理财，统筹财力服务大局水平不断提升

2009年全市各级财政部门狠抓增收节支，坚持依法理财、科学理财，确保财政收入平稳较快增长，统筹财力服务大局水平不断提升，主要体现在“三个成效显著”。

（一）组织收入成效显著

2009年初，受宏观经济影响，全市财政收入大幅下降。面对严峻的财政经济形势，惠州市财政局积极采取有效针对性措施：一是建立领导班子成员分片抓收入制度，加强对各县（区）增收节支工作的指导，层层分解任务、落实责任，在全市形成上下联动、齐抓共管的局面。二是深入开展预算执行分析，科学预测财政收入发展趋势，分析收入增减变动因素，找出薄弱环节，挖掘潜力。三是加强与税务部门的沟通联系，建立和完善统一、高效、协调的组织收入工作机制。四是强化非税收入征管，挖掘非税收入潜力，增加政府可用财力。全市一般预算收入首次突破100亿元大关，一般预算收入总量在全省地级以上市中上升到第六位，实现新的跨越，为市委、市政府中心工作提供了坚实的财力保障。

（二）控制支出成效显著

与市监察局联合制定《市直机关事业单位行政经费节约考核办法》，切实加强对办公费、车辆购置及运行经费、出国（境）费、会议费、培训费、公务接待费等各项支出的考核，严格落实“五个零增长、四个减半”。通过狠抓厉行节约，确保实现行政经费节约目标，为全市保增长、保重点、保民生腾出了财力空间。

（三）扩大融资成效显著

拓宽融资渠道，积极配合相关部门，全年实现融资贷款104.66亿元。同时，加快用款进度，通过融资安排扶持国有企业发展资金50亿元、重点项目建设资金40亿元，有效解决了建设性项目资金缺口问题，满足了全市抢抓机遇发展的资金需要。

二、注重围绕贯彻实施《纲要》，发挥财政职能促进经济社会协调发展水平不断提升

2009年，惠州市财政局将贯彻实施《珠江三角洲地区改革发展规划纲要》纳入抓落实的工作重点，预算安排资金13.9亿元，集中投入对接《纲要》实施的重点领域和关键环节。同时，通过融资贷款等渠道筹集资金，实施积极的财政政策，加大投入，为全面贯彻《纲要》提供财力保障，重点抓好现代产业体系建设、城市基础设施建设和城乡统筹协调发展。

（一）大力促进现代产业体系建设

一是通过融资安排市东江高新科技开发区开发建设项目资金7.45亿元、大亚湾填海工程项目资金3亿元，全力支持“一区四园”建设和石油化工基地建设。二是扶持电子信息产业重点企业重点项目，安排技术研究与开发资金4 625万元，支持TCL集团液晶电视模组、德赛集团蓝光高清视盘机等大项目及亿纬锂能、纳伟仕电子科技等企业项目科技攻关。同时，积极申报国家和省级产业扶持资金，2009年共核拨国家和省产业扶持资金5 737万元，支持了一批大企业关键核心产业发展，提升了企业自主创新能力和竞争力。三是围绕现代服务业发展重点领域和重点行业，整合安排资金2 566万元，支持现代信息服务业、旅游业、地方金融产业等发展，推动服务业结构优化升级。四是注资3 000万元，参股组建市信用担保有限公司，搭建企业信用平台，解决中小企业融资难问题。五是鼓励出口，全力支持企业开拓国际市场。拨付各项外经贸专项资金10 409万元，新设1 300万元专项资金用于2009年一般贸易出口增量补贴和投保出口信用险扶持，全力支持企业扩大出口。

（二）大力推进基础设施建设

市财政通过工商银行项目贷款，解决港口、机场和高速公路等交通基础设施建设资金13.5亿元，加快惠州与珠三角其他城市交通设施的对接；通过银行融资借款解决十三届省运会场馆及金山大桥、东平下沉式通道等重点配套项目建设资金缺口问题，全年拨付建设资金12.3亿元，有力保障了城市基础设施建设资金需要；投入资金5.2亿元，实施城乡水利防灾减灾工程和农田水利基础设施建设；通过基础设施贷款资金及地方政府债券资金，安排2.99亿元用于环境卫生治理、截污整治及市区园林绿化建设，推进截污减排工作；多渠道筹集资金3.78亿元，确保华罗庚中学二期、市技师学院及市妇幼保健院等建设项目顺利实施；采取贴息补助的形式支持市中心医院、市

第一人民医院等改造与建设；加大科技馆、博物馆、文化艺术中心、青少年活动中心等文化场馆建设投入，提升了城市功能。

（三）大力推动城乡统筹协调发展

一是实施农村安全饮水工程。全市财政投入资金9 645万元，确保2009年96宗农村饮水安全项目顺利完工，解决了43.7万农村人口饮水问题。二是实施农村安居工程。全市财政安排资金3 701.3万元，顺利推进了2 387户农村贫困户泥砖房（一般损坏房）改造，切实解决农村困难群众住房难问题。三是推进农村公共文化设施建设。市本级安排350万元用于配套县（区）图书馆、博物馆、文化馆和乡镇文化站建设改造，送戏下乡演出补贴和“2131工程”，丰富广大农村群众精神文化生活。四是推动行政村公路硬底化改造。投入补助资金9 100万元，支持各县、区通行政村公路硬底化改造，全面完成省下达的行政村公路硬底化任务。五是积极开展养老保险试点。将大亚湾区列为开展城乡居民社会养老保险一体化的试点，博罗县列为开展农村居民社会养老保险的试点，使大亚湾区的城乡居民、博罗县的农村居民，均可参加农村养老保险并按规定享受相应的养老待遇。六是支持农业综合开发。市本级安排4 100万元，着力推进农业综合开发、低产田改造、农业现代化示范区建设、农业龙头企业贷款贴息、各项农业补贴、能繁母猪保险和农业科技创新工程等，提高农业综合生产能力。七是促进农村基层组织建设和困难地区发展。省、市两级财政安排资金1 091万元对经济薄弱村干部和村级组织正常运转实施专项补助 加强党的基层组织建设；市本级安排1 114万元，促进山区和革命老区、贫困地区经济发展，帮助水库移民、归难侨等特殊困难群体解决生产生活问题。八是落实种粮直补和农资综合直补促进农民增收。省、市两级财政共拨付种粮直补资金1 002万元，农资综合直补资金8 136万元，调动农民种粮积极性，促进农民进一步增收。九是积极落实“家电下乡”和“摩托车下乡”财政补贴政策。2009年全市兑付家电下乡财政补贴资金549万元，汽车摩托车下乡财政补贴资金844万元，推动了农村消费升级。

三、注重保障和改善民生，基本公共服务均等化水平不断提升

全市各级财政部门认真落实市委、市政府《关于加快建设科学发展“惠民之州”的决定》以及《惠州市推进发展成果惠及民生实践规则》，市本级坚持从2009年到2011年，民生投入占一般预算支出的比重平均每年提高2个百分点，不断加大民生领域投入，提高基本公共服务均等化水平。市本级预算安排民生支出17.3亿元，比2008年增长22.6%，占市本级一般预算支出的比重达到58.4%，比2008年提高7个百分点。一是加大教育投入，促进城乡教育事业发展。市本级安排6 815万元，推进免费义务教育，创建教育强区、教育强镇，对市属中等职业学校在校生实行助学金补助，招收农村贫困家庭应届初中毕业生入读中等职业学校，实施农村中小学校舍维修改造等工作；安排专项资金1.6亿元建设华罗庚中学，着力解决高中教育“瓶颈”问题；安排1 600万元提高山区教师津贴，稳定教师队伍，促进城乡教育均衡发展。二是积极发展医疗卫生事业。全市财政安排补助资金8 132万元，确保从2009年7月起城镇居民基本医疗保险和新型农村合作医疗制度成功并轨，建立起筹资标准稳步增长机制和医疗保险救助制度。市本级安排400万元基层卫生建设专项资金，不断完善基层公共卫生体系。三是提高城乡低保标准，保障低保对象生活水平。2009年市级财政安排低保补助资金1 175万元，比2008年增长65.7%，不仅实现低保对象应保尽保，而且各县、区低保标准均有提高，其中惠阳区实现了城镇和农村低保标准一体化。四是落实就业资金，促进就业和再就业工作。全市财政安排就业资金2 998万元，大力开展免费职业技能培训、职业介绍、职业技能鉴定、社保补贴、岗位补贴等各项促进就业工作。五是支持完善政策性住房保障体系。市本级投入5 270万元用于廉租房建设，解决城镇中低收入家庭的住房困难。六是实施计划生育利益导向机制。市本级预算安排1 571万元，支持建立健全利益导向机制，提高计划生育节育奖励标准、发放独生子女意外伤残或死亡扶助金、实行农村符合政策孕产妇免费住院分娩，引导群众自觉转变生育观念。七是安排全国文明城市成果巩固资金1 415万元，巩固创建成果，提升城市宜居宜业环境。八是加大社会维稳投入，促进社会和谐稳定。市财政投入11 968万元，用于治安视频监控系统、市综治维稳指挥中心、全市公安羁押场所建设和信访维稳、安全生产等工作，维护社会稳定。

四、注重深化财政改革，财政管理水平不断提升

通过进一步解放思想、改革创新，财政各项改革均取得了新进展，公共财政管理框架体系更趋完善。部门预算改革覆盖面进一步扩大，市级非税系统上线单位增加，国库集中支付改革扩面进展顺利，政府采购资金实现零余额直接支付，绩效评价进一步深化，综合评价稳步开展，档案管理不断规范，档案升级工作进展顺利。此外，财政改革还呈现出“四个亮点”：一是实施摇珠抽签确定代理机构。从7月1日起，在政府采购、工程审核和产权交易三项业务中开展公开摇珠抽签确定中介代理机构，受到了代理机构的认可和上级部门的肯定，有效促进了财政管理的公开、公平、公正，有利于从制度和源头上预防腐败。二是市级预算指标管理系统开始试运行。从2009年4月份起正式启动预算指标管理系统建设工作，7月份起开始试运行，不断加强本级支出预算指标管理，提高预算执行的时效性和资金拨付的安全性，为预算分析和年度部门预算编制提供全面、详细、准确的指标数据资源，提高了工作效率。三是建立权力运行监控机制。积极开展规范权力运行工作，制订了《惠州市财政局规范权力运行工作方案》，对各科室及直属单位所有工作岗位、财政业务、行政管理权力进行权力梳理，监督定位，规范流程，着力构

建公开、透明、规范的权力运行机制。四是有序推进“小金库”专项治理工作。通过开展自查自纠和重点检查，全市清理“小金库”11个，涉及金额130.21万元，“小金库”治理工作初显成效。

五、注重依法理财，财政监督水平不断提升

强化财政监督是实施依法行政、坚持依法理财的有效措施。2009年，市财政局更加注重完善财政监督机制，克服重拨轻管思想，在加强支出管理和规范财经秩序上下工夫。一是强化重点工程项目监管。对金山、江北污水处理厂配套管网、技师学院、金龙大道大修等13个政府投资重点工程项目委派财务总监，涉及金额约11亿元。通过严格审核各项合同、规范招标程序，严格控制各项开支，核减各项费用72项，核减金额1 969万元。二是强化工程预结算审核。审定工程结算145项，结算送审金额为53 330万元，审定金额为48 749万元，审减4 581万元，审减率为8.59%。预算审定281项，预算送审金额为461 150万元，审定金额为374 193万元，审减86 957万元，审减率为18.86%。三是强化会计管理和监督。开展会计信息质量检查，规范会计工作秩序，严肃财经纪律；认真抓好会计人员业务培训和继续教育，全年完成继续教育人数22 000余人；认真组织注册会计师全国统考，加强注册会计师年检工作；精心组织全国会计职称考试、全省会计从业资格考试，考试秩序良好。

六、注重机关作风建设，财政部门形象不断提升

认真开展深入学习实践科学发展观和“狠抓工作落实年”等活动，贯彻落实科学发展观的自觉性和坚定性不断增强；认真落实党风廉政建设责任制，抓好廉洁从政教育，提高党员干部的党性党纪观念和职业道德素养，增强拒腐防变能力；稳妥开展局党总支换届工作，加强党的组织建设，为财政改革发展提供组织保障；加大干部培训力度，组织全市财政系统业务骨干暨南大学培训班，提升干部财政管理理念和管理水平；坚持“公平、公开、公正”的组织程序和原则，推进干部选拔、任用和管理工作规范化、制度化；积极开展财政法制宣传教育工作，推进法治财政建设；不断加强机关作风建设，工作效率和服务质量不断提高，在2008年度“万众评公务”活动考核中，市财政局名列市直执法部门第四名，2009年，群众满意度继续上升，名列市直执法部门第三名，财政部门形象不断提升。

（惠州市财政局供稿，吴淑萍执笔）

汕尾市

2009年，在全球经济衰退、国内经济周期性调整的背景下，汕尾市以积极进取、危中取机的姿态应对金融危机，大胆提出“冲过去”口号，大力实施“弯道超车”战略，以“四推进一保持”为工作主线，贯彻“四再”理念，认真落实“五补”措施，突出抓好“五大战役”，实行责任榜制度，狠抓工作落实，有力促进了经济社会持续较快发展。

2009年，汕尾市实现地区生产总值396亿元，比2008年增长16.3%。其中，第一产业增长6.3%，对GDP增长的贡献率为6.2%；第二产业增长15.8%，对GDP增长的贡献率为45.9%；第三产业增长21.2%，对GDP增长的贡献率为47.9%。三大产业结构为16.9∶44.7∶38.4。全年完成全社会工业总产值579.25亿元，增长17.6%。其中规模以上工业总产值318.77亿元，增长26.4%，规模以上工业增加值88.76亿元，增长22%。全年完成全社会固定资产投资289.43亿元，增长38.0%。其中，城镇以上固定资产投资232.19亿元，增长45.3%；农村固定资产投资57.24亿元，增长14.6%。全市合同利用外商直接投资4.31亿美元，增长4.1%，实际吸收外商直接投资2.38亿美元，增长7.4%。全年完成外贸出口总值17.46亿美元，下降10.7%。全年完成社会消费品零售额288.01亿元，增长24.0%。全年实现农业总产值111.22亿元，增长6.3%。市区居民人均可支配收入12 560元，增长13.5%，农民人均纯收入5 372元，增长12.2%。

2009年，全市地方财政一般预算收入完成197 136万元，为市代编年度预算的100.13%，比2008年增收39 628万元，增长25.16%；全市地方财政一般预算支出完成532 082万元，为市代编年度预算的208.3%，比2008年增支131 320万元，增长31.9%。全市地方财政一般预算收入加上税收返还、各项补助款和预算结转、结余，减去一般预算支出和上解支出后，全市一般预算实现了收支平衡，略有结余。

2009年，市级地方财政一般预算收入完成46 708万元，为年度预算的100.12%，比2008年增收9 385万元，增长25.15%；市级地方财政一般预算支出完成110 529万元，为年度预算的200.9%，比2008年增支47 199万元，增长81.6%。市级地方财政一般预算收入加上税收返还、各项补助款和预算结转、结余，减去一般预算支出和上解支出后，一般预算实现了收支平衡，略有结余。

2009年，全市接受省财政转移支付资金318 704万元，比2008年增加32 716万元，增长11.4%。全市财政上划中央“两税”和省“四税”收入总额为99 158万元，其中上划中央“两税”收入74 272万元、上划省“四税”收入24 886万元，分别比2008年增长8.9%和19.3%。

2009年，汕尾市财政工作在中共汕尾市委的正确领导和市人大及其常委会的监督支持下，按照市五届人大四次会议批准的预算计划，充分发挥财政部门职能作用，认真贯彻粤东工作会议和粤东（汕尾）现场会精神，按照汪洋书记对汕尾提出的“五年大变化”要求，积极实施砍掉落后尾巴行动纲要，利用国家扩大内需刺激经济复苏的有利时机，积极采取应对措施，千方百计克服国际金融危机和因财税政策调整减收等不利因素影响，依法加强收入监管，集中财力办大事，继续深化公共财政体制改革。经过努力，

较好地完成了财政各项工作任务，顺利砍掉财政一般预算收入落后的尾巴，有效地保证了改革、发展和稳定的基本需要，有力地促进了全市经济社会的健康发展。

一、狠抓财税征管，成功实现财政收入提前一年“甩尾”

面对严峻的经济形势，汕尾各级党政和财税部门紧紧围绕《砍尾纲要》以及年初制定的增长目标，积极采取有效措施，精心部署，层层分解任务、落实工作责任，在全市形成了上下联动、齐抓共管的局面，确保了财税收入平稳较快增长。2009年，全市财政一般预算收入增长25.16%，增幅居全省第5位。财政收入总量不断增加，从2006年的9.27亿元到2009年的19.71亿元，实现了三年翻一番的预期目标，成功地砍掉排名全省最后的落后尾巴，排名居全省第19位。

一是领导高度重视财税工作。财税各项工作的推进，需要各级党政领导的重视、关心和支持。市委、市政府主要领导经常听取财税工作汇报，对财税工作作出了一系列指示，带领调研组多次深入基层调研，亲自到纳税大户进行指导，有力推动全市财税任务的完成。各县（市、区）党政领导也通过召开座谈会、实行面对面等形式，协调解决税费问题，确保税费应收尽收，有力推进财税征管工作的顺利开展。

二是财税部门勇挑重担，主动作为。各级财政部门主动发挥牵头协调作用，与国税、地税等征收部门加强了收入组织工作中的联系与沟通，通过完善税收征管激励机制、抓好非税收入的收缴、突出重点地区、重点收入的组织等，多措并举确保收入平稳增长。各级税务部门深入分析2009年国家出台的一系列减免税政策和金融危机对汕尾各方面税收的影响，并以中央、省扩大内需为契机，积极探索完善房产税的征管、车船税的代征、土地增值税和土地使用税的征管等方式，努力提高税收征管效率，确保税收增收。2009年，全市税收收入完成125 104万元，同比增长30.71%；全市非税收入完成72 032万元，同比增长16.56%。

三是充分利用国家政策，着力做大财政“蛋糕”。各级财政部门充分利用中央和省一系列促进经济发展的政策措施，一方面大力推进全市基础设施投资，加快实施中央增投项目和重点项目建设，从而使得以建安营业税为主的营业税、契税、房产税、土地增值税等税收收入持续增长。另一方面通过出台《2008年汕尾市促进产业转移及规模以上工业发展奖励试行办法》、《关于进一步促进民营经济发展的若干补充意见》和《汕尾市财政扶持中小企业发展专项资金管理暂行办法》等措施，大力支持民营经济和高新技术产业发展，推动产业优化升级，努力做大“财政蛋糕”。

四是不断完善联席会、分析会、现场办公会和制定协税护税奖惩机制等各项制度，有效地推进全市财税工作的开展。每月召开一次的财税情况分析会，及时分析税收收入的形势以及存在的主要问题，研究对策，指导全市财税工作；实行重点行业管理机制，落实专人对重点税源企业进行跟踪，及时召开协调会，解决疑难问题；完善县（市、区）经济社会发展考核办法、镇（乡）党政主要领导考核办法以及税务征管单位的激励机制等一系列机制和措施，调动了各县、镇以及税收征管单位的工作积极性。

二、贯彻落实科学发展观，确保扩大内需和重点支出需要

全市各级财政部门以科学发展观为统领，按照粤东会议精神及构建和谐汕尾的要求，充分利用国家出台扩大内需刺激经济发展政策，积极发挥财政职能作用，落实各项财政政策，坚持把有限的财政资金用在解决民生问题和重点项目建设上，不断提高社会事业和公共服务保障能力，科学调控经济社会协调发展。

一是加大“三农”投入力度。按照“多予、少取、放活”的方针，落实各项支农惠农政策，2009年全市共投入资金91 340万元，用于提高农业综合生产能力，改善农村基础设施建设，解决饮水、行路、居住难等问题，为汕尾市农民增收、农业增效和新农村建设提供了有效资金保障。

二是健全社会保障服务体系。2009年，全市安排城乡居（村）民最低生活保障金6 879万元，使城乡享受低保救济对象41 929户100 752人，做到应保尽保；投入37 977万元构筑公共卫生体系，推动新型农村合作医疗和城镇居民医疗保险制度建设；积极落实就业和再就业优惠政策，全市实现农村富余劳动力转移就业52 984人，实现下岗失业人员再就业21 626人。

三是加快基础设施建设步伐。按照把汕尾市“建设成为工业、旅游业和海洋业发达的现代化新城”的发展目标，各级财政部门积极争取上级基建资金36 562万元投入农村安全饮水工程、市区防洪（潮）工程、污水处理厂建设工程等项目建设，有力推进全市基础设施建设。

四是促进教育文化科技等社会事业发展。2009年，全市共投入资金132 949万元，有效地改善了教育条件，促进了文化科技等社会事业进一步发展。其中教育投入124 112万元，主要用于实施农村及城镇免费义务教育，农村困难家庭子女义务教育阶段生活费补助，高校和中等职校家庭经济困难学生资助体系补助，普及高中及中职学校建设等；文化体育与传媒投入资金4 910万元，科学技术投入资金3 927万元。

五是促进环境和保护生态等事业发展。为进一步加强生态保护，支持实施可持续发展战略，建设“清新汕尾”。2009年共投入资金22 087万元，其中环保专项资金14 451万元，治污保洁专项资金4 577万元，生态公益林补偿2 047万元，营造生物防火林带和沿海防护林建设等资金1 012万元。

六是支持企业升级和拓展国内外市场。市国税细化落实国家支持外贸出口八大措施，全年共办理出口退税1.04亿元，同比增长84.45%，有力支持汕尾市外贸出口企业的发展；市财政拨付中小企业发展专项资金732万元，企业挖潜改造资金572万元，促进企业提高自主

创新能力和出口竞争能力；拨付机电、高新技术产品出口退税扶持资金200多万元，帮助中小企业拓展国内外消费市场；加快工业园区建设，拨给深汕产业转移园区1.5亿元作为园区基础设施建设融资担保资金，增强经济发展潜力和后劲。

三、深化财政改革，构建公共财政体制框架

一是改进部门预算编制软件，规范部门预算编制，推进部门预算改革，2009年，全市纳入部门预算试点单位共708个（其中市直171个）。

二是配合开展财政“省直管县”工作，及时组织人员科学测算数据，提出符合汕尾实际发展的意见，为全面推开“省直管县”工作打好坚实基础。

三是继续完善全市国库集中支付系统建设，规范资金拨付操作流程，建立“回访制度”，把资金拨付事前审核、事中监控、事后反馈工作有机结合，避免财政资金违规支出。

四是继续推行“非税收入管理系统”，市级实现执收执罚单位全面推行“非税收入管理系统”建设，推行收费现场刷卡，2009年建立收费现场刷卡单位14个，并按照省财政厅的要求，继续做好县级非税收入管理系统上线准备工作。

五是推进资产管理与预算管理、财务管理相结合模式，继续对全市行政事业单位资产进行核实，实施固定资产“电子卡片”动态管理，为科学编制年度预算和规范部门收入分配秩序创造条件。

六是推进“金财工程”（一期）纵向网项目建设，全市编制县（市、区）全部按时保质完成了纵向网连接工作，为实现省、市、县财政业务信息共建共享奠定基础。

七是进一步优化和完善“实时在线预算监督”系统功能，加强人大和审计对财政预算监督，进一步构建完善财政惩治和预防腐败体系。

八是进一步加强绩效评价工作。整理编印《汕尾市财政支出工作手册》，完成市直10个重点支出项目绩效自评报告批复工作。聘请专家人员对汕尾渔港避风塘北岸中段建设工程、陆丰硫铁矿废水处理工程等10个重点支出项目的绩效自评报告进行评定，并全面开展县级财政部门绩效评价试点工作。

四、加强财政监管，提高财政运行质量

一是加强财政内部监督。积极开展财政内部的监督稽查，对财政资金的分配、拨付、使用和管理实行全过程监督，规范财政性资金支出的管理和监督，促进财政系统廉政建设。

二是开展“小金库”治理工作和加强对财政性专项资金检查监督，进一步规范财政性专项资金的拨付和使用程序，完善全市财政性专项资金的管理工作。

三是由市监察、财政、审计等有关职能部门联合组成检查组对全市2008年、2009年中央新增投资工程项目进行检查监督。

四是强化“收支两条线”管理，进一步规范行政事业性收费、罚没收入收支行为；继续加大对政府资源和部分特种行业的管理工作，努力探索政府非税收入征管新模式，挖掘非税收入新亮点。

五是加强工程预（结）算审核和政府采购监管。2009年，全市财政部门审核工程预结算558宗，送审造价11.8亿元，净核减造价9 281万元，净核减率8%。全市政府采购预算金额1.04亿元，实际采购金额9 679万元，节约资金731万元，节约率为7%，进一步提高了财政资金使用效益。

五、扎实开展学习实践科学发展观主题活动

按照市委的部署，汕尾市财政局为参加第二批深入学习实践科学发展观活动的单位。在2009年3月至8月的半年期间，市财政局按照“党员干部受教育、科学发展上水平、人民群众得实惠”的总要求，紧紧围绕“三个有”，即在对科学发展观的认识深度和广度上有新突破，在解决影响和制约科学发展的突出问题上有新举措，在保障和改善民生上有新成果的目标，精心组织实施，扎实开展科学发展观活动，取得明显成效。一是理解把握科学发展观上有新提高。二是增强科学发展能力上有新进步。积极落实扩大内需政策，争取上级资金支持；通过财政资金渠道，研究制定扶持中小企业发展的财政措施；充分利用适度宽松的货币政策，积极搭建融资平台，加快基础设施建设；落实有效措施，支持税务部门加强税收征管的同时，加强非税征管工作，确保财政收入增长。三是确保人民群众得实惠上有新成效。预算安排于改善民生、公共服务等支出逐年提高；积极推进公共财政建设，初步形成了社会保险、社会救助、社会福利和慈善事业相衔接的社会保障体系；加大企业的改制力度，维护社会稳定；结合双融双建活动，加大对扶贫点的扶持力度。四是机关党建工作上有新面貌。党建工作实现了“三个巩固”，即巩固班子建设成果、巩固基层建设成果、巩固党员队伍建设成果的目标。党员干部呈现出“四个新面貌”，即党员干部精神状态、人文素养和机关作风呈现新的面貌；财政工作在思想观念、创新意识、体制机制、干部队伍素质、工作方式方法等方面呈现新的面貌；机关工作效率、工作质量和服务水平等方面呈现新的面貌；推动财政工作软实力持续增强，党员干部作风呈现新的面貌。

（汕尾市财政局供稿，杨坚沛执笔）

东莞市

2009年是国际金融危机持续影响的一年，也是新世纪以来东莞市经济形势最为严峻的一年。面对经济增长放缓，财政收支矛盾突出等困难，市委、市政府坚持以邓小平理论和“三个代表”重要思想为指导，努力实践科学发展观，

积极贯彻落实中央、省宏观调控政策，审时度势，适时出台了一揽子保增长、扩内需、调结构、强管理、惠民生的政策措施，有效遏制了经济下滑的势头，国民经济形势总体回升向好，社会事业不断进步，在逆境中实现了新的发展。

2009年，东莞市生产总值（GDP）3 763.26亿元，按可比价格计算，比2008年增长5.3%。其中第一产业增加值14.99亿元，增长5.1%；第二产业增加值1 771.77亿元，下降3.7%；第三产业增加值1 976.50亿元，增长15.1%。三大产业比例为0.4∶47.1∶52.5。人均生产总值达56 591元，增长10.0%。全年全社会固定资产投资1 094.08亿元，比2008年增长13.0%。全年全市进出口总额941.55亿美元，比2008年下降17.0%。其中进口总额389.86亿美元，下降18.4%；出口总额551.69亿美元，下降16.0%。全年全市新签外商直接投资项目579宗，合同外资金额16.16亿美元（含增资和减资），比2008年下降37.5%。实际利用外资25.94亿美元，增长6.0%。全年全市社会消费品零售总额956.25亿元，比2008年增长14.1%，扣除物价因素，实际增长19.7%。

2009年来源于东莞的财政收入627.8亿元，比2008年增长4.5%，其中：上划中央326.9亿元，增长0.5%；上划省69.8亿元，增长4.8%；市一般预算收入231.2亿元，比2008年增长10.5%。市一般预算收入加上预算外收入4.6亿元，基金预算收入36.2亿元，地方政府性债券转贷收入1.4亿元，上级税收返还、上级补助收入、上年结余、其他调入资金等74.9亿元，市2009年可支配财力为348.3亿元，比预算增加30.8亿元。市财政支出259.4亿元，比预算减支9.8亿元；省追加支出12.9亿元；专项上解（含出口退税超基数市负担7.5%部分）17亿元。收支相抵，结余59亿元（其中：一般预算结余23亿元，基金预算结余36亿元）。

一、抓好收入征管，做大财政蛋糕

2009年，面对国际金融危机带来的严重冲击，东莞市各级财政部门坚定信心、迎难而上，切实做好组织收入的各项工作，促进财政收入稳步增长。东莞市财政局立足实际情况，注重科学分析和预测，提出合理的税收征收预算目标，大力配合税务部门做好征管工作，确保应收尽收。2009年，市一般预算收入中市国税局征收的税收收入60.5亿元，市地税局征收的税收收入101.3亿元。同时，市财政局积极履行好自身的税收征管职能，抓好契税、耕地占用税征收管理工作，通过追缴欠款、票证核销等措施，大力清缴税收尾欠，确保应征税款及时足额入库，契税、耕地占用税全年收入为20.41亿元，实现持续大幅增加。在非税收入方面，东莞市财政局全面推广非税收入管理系统，将非税收入执收单位纳入该管理系统，进一步提升了管理水平；加强与执收单位的协调配合，继续加强行政事业性收费、政府性资源非税收入的管理，努力完成政府非税收入任务。

二、积极应对国际金融危机，推动经济全面协调发展

（一）认真落实各项扶持政策，帮助企业在应对危机中转型发展

认真落实中央、省的减税减费政策，用好科技东莞、创业东莞、转型升级、融资支持计划等专项资金，着力帮助企业稳定生产经营，推动经济稳步回升。

落实各项企业减负政策，包括：落实上级减税减费政策，实行增值税转型改革，允许企业抵扣新购入设备所含增值税和调低小规模纳税人的增值税率减负16.2亿元；取消和停止征收100项行政事业性收费减负1.5亿元；阶段性降低医疗保险费率和工伤保险费率减负4.4亿元等。

“科技东莞”专项资金支出10亿元，主要用于散裂中子源项目、质检基地等科研基础设施建设，实施名牌带动战略，鼓励企业培育名牌名标，支持企业申报专利，大力发展装备制造业和支持技术改造创新，进一步增强自主创新能力。

“创业东莞”专项资金支出10亿元，用于建设东莞职业技术学院，帮助企业提高劳动力综合素质和专业技能，促进劳动力就业转型。包括：累计发放大中专毕业生企业岗位津贴、就业困难人员工资差额补助、灵活就业补助以及社会保险补贴等各项就业补贴1.9亿元，惠及36.8万人次；发放创业小额贷款7 509万元，帮扶1 066名户籍失业人员创业等。

加工贸易转型升级专项资金支出8.8亿元，引导和鼓励企业开拓国内外市场以及在东莞市设立研发机构和企业总部。采取奖励、直接资助、提供贷款贴息、制造业企业堤围防护费返还50%、制造业企业房产税城镇土地使用税返还50%等方式，支持企业和研发机构加大研发力度，提升创新升级能力。

“重点中小工业企业和加工贸易企业融资支持计划”专项资金支出5亿元，包括预提风险补偿金和提供贷款贴息，帮助1 013家企业获得176.4亿元的新增贷款，有效解决企业资金紧缺困难。

（二）充分发挥财政调控经济职能，扩内需保增长

1. 扩大投资力保增长。把加大基础设施建设投入作为应对金融危机、拉动社会投资的重要抓手。2009年东莞市全力加快在建筹建项目进度，市财政基本建设支出23.8亿元，并争取到省下达东莞市地方政府债券转贷资金1.4亿元，积极发挥投资乘数效应，拉动经济增长。主要包括：加快开展镇村联网路升级改造、轨道交通、东莞大道连接线、跨东宝河大桥、环城路完善工程等道路交通项目建设；加快推进水利防灾减灾工程、人民医院新院、妇幼保健院新院等城市功能配套项目建设；加快推进森林公园、截污主干管网、运河综合整治等生态环境工程项目建设。

2. 鼓励消费拉动内需。贯彻落实中央家电、汽车下乡及家电、汽车以旧换新政策，全年累计为8 661件家电下乡

产品、861件汽车下乡产品和4 251件家电以旧换新产品办理了财政补贴，兑付补贴资金736万元，有效刺激居民消费需求；投入2 500万元，支持在东莞市举办首届广东外博会；投入2 000万元，支持在东莞市举办首届动漫博览会；拨付289万元，支持组织开展东莞产品全国行系列活动，资助企业参加展会，推动产销对接，积极帮助东莞市企业开拓国内市场。

（三）完善财政转移支付，扎实帮扶镇村加快发展

1. 完善财政超收奖励激励机制。加大工商税收超收奖励力度，将欠发达镇超收奖励分成由30%提高到40%，共拨付财政超收奖励资金1亿元，鼓励镇街发展经济，转型升级。

2. 延长扶贫贷款贴息的政策期限。投入2.2亿元，在原11个欠发达镇每镇5亿元扶贫贷款贴息政策到期后延期贴息3年，并对新增的欠发达镇提供连续3年每年1亿元的扶贫贷款贴息。

3. 对村行政管理及公共服务支出给予财政补助。关注基层发展，拨付2.4亿元，对经济综合实力排名靠后的285个村（社区），按四个档次给予每人每年100元至600元的财政补助，专用于村行政管理及公共服务支出，缓解金融危机对东莞市集体经济的冲击。

4. 实行生态补偿机制。投入1.3亿元，对镇村基本农田保护区和非经济林地保护给予财政补助，着力缓解镇村承担生态保护任务受到的发展制约，促进东莞市区域协调发展。

三、突出保障和改善民生，用心办好民生实事

（一）促进教育事业均衡发展

教育公平是社会公平的基础，促进教育事业均衡发展是公众要求最强烈的民生课题。2009年市财政教育支出25.7亿元，其中：拨付镇街义务教育转移支付资金10.4亿元，补助镇街中小学经常性教育经费支出，促进镇街义务教育均衡发展；市镇两级财政增加投入2.3亿元，用于免收义务教育杂费和借读费，使在东莞市公办学校就读的12.5万名外市户籍学生也能享受全免费义务教育；对20所民办学校进行奖励，引导东莞市民办教育事业健康发展。

（二）进一步提高社会保障水平

投入1.4亿元，将东莞市社会基本医疗保险年度支付限额从4万元提高到10万元，综合基本医疗保险年度支付限额从8万元提高到15万元，使全市约500万名参保人享受到更高水平的医疗保障；将五保户的供养标准从每人每月550元提高到每人每月600元；财政补贴每人每年170元，将东莞市大中专院校在校学生纳入社会基本医疗保险保障范围；投入1 255万元，通过租赁住房补贴、房屋修葺补助等方式帮助2 658户困难家庭解决“住房难”问题。

（三）逐步完善疾病防控体系

投入4 509万元，支持全市社区卫生服务中心（站）信息化建设和开展健康教育、疾病预防等公共卫生服务；投入1 611万元，购置专用设备和储备应急物资，应对甲流疫情冲击；支持市人民医院、市第三人民医院、市妇幼保健院和疾控中心等医疗机构的工程建设，为市民提供更好的就医环境。

（四）不断繁荣公共文化体育事业

投入1 300万元，支持东莞市博物馆之城、图书馆之城建设，推动文学创作和粤剧艺术发展；投入2 835万元，用于补助林则徐纪念馆、可园博物馆等公共文化场馆免费开放后的日常运营；投入2 009万元，用于广州亚运会东莞分场馆改建工程。

四、规范公共财政运行，完善各项管理制度

深化部门预算改革。加强项目库建设，严格预算审批程序，逐步细化预算编制，推进预算管理与资产管理相结合，积极推进公务卡试点改革。深入开展“小金库”专项治理工作。对42个市直单位开展重点检查，并就发现问题督促整改，努力堵塞管理漏洞，提高财政运行质量和财政资金使用效益。积极推进财政支出绩效评价工作。成立财政支出绩效评价工作委员会，指导预算单位完成286个200万元以上项目的自评工作，着力开展重点评价，在编制年度预算过程中引入专家评审机制，实现绩效评价与预算编制有机结合。优化工作流程，加快财政投资项目建设进度。优化基建工程服务项目的政府采购方式，下放镇街建设项目评审业务，精简审核拨款流程，不断提高财政运行效率，推进重点项目加快建设。切实加强对市属物业出租的监管。2009年，东莞市政府物业管理中心共接受了30多个市直单位委托，对156处政府物业（面积合计84 183平方米）组织公开招租，成功出租108处，竞价出租使物业月租金增幅达37.65%。高度重视人大代表、政协委员建议和意见，提高民主理财水平。认真办理人大代表、政协委员建议提案59件，做到件件有落实、事事有回音。针对人大代表、政协委员的建议，及时完善相关财政政策，努力解决群众关心的热点难点问题。

五、优化管理，着力提升财政服务效能

（一）优化财政国库支付和会计集中核算流程

1. 实现用款额度申报无纸化，规范了单位零余额账户的使用，简化了协议供货项目的付款程序，进一步提高工作效率。

2. 改革和完善工程款审核环节，强化5个工作日内拨款的审核管理。抓好工程支付审核工作，确保工程款支付进度与工程进度相符。

3. 完善政府采购支付和核算工作程序，通过删减不必要的审核“会签”环节，进一步提高支付和核算工作效率。

4. 改进财政票据工本费征缴方式。财政票据工本费纳入非税收入管理系统征收，并采取先缴款后领票的方式，着力解决了现金存入和收缴核算管理脱节产生的一系列问题。

（二）优化退税退费办理流程，做好财政资金退库服务

进一步优化契税、耕地占用税退税内部审核流程，缩短了退税办理时间，提高为民办事效率。2009 年共办理契税、耕地占用税退税 2 400 多宗，退税金额达 3 000 多万元。切实做好东莞市资源综合利用资格认定申请和废旧物资回收公司增值税退税审核工作，全年共审核 400 多笔纳税申报情况和完税凭证，上报省财政厅和省财政专员办审批，经审批已退增值税 1.87 亿元。同时，认真贯彻落实东莞市政府关于对制造业企业堤围防护费先征收后返还 50% 的规定，精简手续，督促镇（街）财政分局做好堤围防护费返还工作。2009 年，东莞市共对 6.45 万家企业返还了堤围防护费 1.94 亿元。

（三）强化和提升会计管理

从 2009 年下半年起开展会计从业资格无纸化考试工作，全市共有 7 081 名考生报考；下放会计从业资格考试组织工作给镇街财政分局；提升会计窗口服务工作，着手建立“东莞市财政局会计信息咨询服务平台”，进一步完善东莞市会计人员信息系统建设，等等。

（四）加强财政管理信息系统建设

1. 大力推进资产管理信息系统推广实施。2009 年 5 月东莞市资产管理系统通过初步验收，东莞市财政局组织了全市 390 家市直行政事业单位进行了七期系统操作培训班，切实保证系统的实际应用效果。

2. 完成非税收入管理系统的二次功能需求开发升级以及与交警系统数据交换接口开发工作。

3. 实施国库集中支付系统“管用分离”，实现了信息系统的维护工作与资金收付业务严格分离。实现了国库集中支付系统的 CA 认证，提高系统运行安全性。

4. 继续推进东莞市财政局电子政务建设。具体包括，财政办公内部资源网升级改造；东莞财政网不断完善升级，增强为公众提供更为全面的电子政务服务功能；优化网上行政办公系统后台数据库。

六、加强队伍建设，为财政事业发展增添活力

（一）注重学习培训，提升广大干部职工素质

组织举行了 11 期专题讲座，举办一期“东莞市公共财政与应对金融危机专题培训班”，着力提高全市财政系统领导干部的理论和业务水平。组织了 31 名局机关、直属单位干部和镇街财政分局领导到天津南开大学进行集中培训。组织市财政局各科室的负责同志前往广州市财政局学习其内部管理方面的经验做法。派出 2 名同志分别到澳大利亚、德国实习、培训，派出 1 名同志到财政部实习一年。

（二）加强党风廉政建设，规范部门权力运行

以“三服务、一提升”为主题，全面加强机关党的建设，全年开展党风廉政及纪律教育专题培训 3 次。开展《领导干部党风廉政建设岗位职责》第三次修订，及时调整市财政局领导班子成员分管的党风廉政建设工作任务。印发《东莞市财政局落实 2009 年党风廉政建设和反腐败专项工作任务的工作安排》，明确科室（单位）在落实市财政局牵头办理或配合办理的 22 项专项工作中的具体责任。出台《东莞市财政局规范权力运行工作方案》。认真落实包括资金审核、银行账户核查备案等在内的各项内部监督管理工作，推进财政内控制度建设不断上新的水平。

（三）强化服务理念，持续改善机关作风

按照“勤奋认真、团结合作、公平公正、高效服务”的组织文化要求，东莞市财政局强化服务理念，不断加强机关作风建设。每年召开机关作风建设座谈会，听取市直预算单位和各镇街的意见和建议，积极改进不足，不断提升管理和服务水平。每年召开全局工作会议，由局领导和各科室（单位）负责人总结过去一年工作情况，提出新一年的工作计划，总结工作经验，明确工作思路。促进市财政局领导班子民主生活会经常化，加强局党组与各科室（单位）的沟通与交流，提升民主理财水平。以做好财政服务为出发点，不断加强与预算单位的沟通协调，坚持务实高效，注重将调研活动和分析论证紧密结合，提高财政管理和决策的科学水平。实行一卡通考勤，进一步严格考勤纪律。

（四）积极组织开展有益身心的集体活动，丰富广大干部职工业余生活

开展东莞市财政系统网球比赛，成立市财政局太极拳协会，增进系统内部交流，丰富干部职工的业余生活。注重发挥市财政局工会、妇委会、团总支等作用，切实做好关心干部职工、退休人员以及青年和妇女同志的各项工作。

（东莞市财政局供稿，刘长青执笔）

中山市

2009 年，中山市全市生产总值（GDP）1 564 亿元，比 2008 年增长 10.2%。常住人口人均生产总值 62 128 元。三次产业结构比重为 2.8∶57.8∶39.4。工业总产值 4 439 亿元，增长 11.2%。规模以上工业企业经济效益综合指数 153.2%，提高 8.7 个百分点。单位生产总值能耗下降 3.9%，二氧化硫和化学需氧排放分别下降 5.9% 和 27.4%。建有省级产业集群升级示范区 8 个；农业总产值 75.7 亿元，增长 3%；服务业增加值 616 亿元，增长 12.5%；旅游业总收入突破 110 亿元，增长 13.4%；全年进出口贸易总值 244.7 亿美元，出口总值 177.4 亿美元，降幅分别为 5.6% 和 5.2%。国地两税收入 296.81 亿元，增长 9.1%。人民币各项存款余额 2 159.59 亿元，比年初增长 22%。全社会固定资产投资 545.6 亿元，增长 16.5%。社会消费品零售总额 554.8 亿元，增长 16.3%。城镇居民年人均可支配收入 23 088 元，增长 7.1%，农民人均年纯收 2 288元，增长 11%。

2009 年，中山市各级财政部门坚持以科学发展观为指导，沉着应对国内外经济环境变化带来的不利影响，千方

百计抓收入，优化结构控支出，创新机制强管理，顺利完成当年各项财政收支目标任务，促进国民经济和社会各项事业发展。2009 年，全市财政一般预算收入达到 110.44 亿元，比 2008 年增长 10.31%；一般预算支出完成 117.90 亿元，比 2008 年增长 16.48%；一般预算收入加上级补助收入、上缴资金收入减去支出及结转，当年净结余 1 028 万元，实现了收支平衡，略有结余。

一、强化收入征管，确保财政收入稳定增长

面对 2009 年严峻的经济形势，中山市各级财政部门积极应对，采取有效措施，大力组织各项财政收入，努力化解不利因素的影响，确保完成全年财政收入任务。一是加强收入分析。与国、地两税部门密切沟通，深入分析财税运行情况及经济发展趋势，关注重点税源变化和国家一系列减税政策的出台对地方财政收入的影响，想方设法保收入促增长。二是强化税收征管。加强重点税源监控，采取开征农业两税滞纳金等措施，规范税收征收和缴纳行为，确保应收尽收，有效促进税收收入及时足额入库。2009 年农业两税收入大幅增长，全年同比增长 67.2%，拉动一般预算收入增长 6.2 个百分点。三是大力组织非税收入。依法征收，大力挖潜，按政策规范部分项目收费标准；强化土地及规划收费征管，追缴历年欠费；开展小汽车号牌拍卖、城市道路临时停车收费、推进智能交通管理系统二期工程建设等工作；盘活各项资产，有效增加政府收入。

二、加大企业扶持力度，促进产业结构调整优化

2009 年投入各类产业扶持专项资金 3 亿元，比 2008 年增长 25%。重点落实科技扶持政策，促进产业结构调整优化。全年财政对科技投入同比增长 14.4%，重点用于优化科技资源配置，加强创新型装备制造业以及健康医药产业、动漫游戏等新兴产业的科技创新，大力推动家用电器、灯饰光源等特色优势产业升级发展，提升企业竞争力。落实重点中小企业融资扶持政策，帮助企业缓解融资难、担保难问题。新增多项企业贷款贴息，包括动用 1 亿元预算调节稳定基金，通过贷款风险补偿、贷款贴息、贷款担保等方式，对重点中小企业进行融资扶持，向符合条件的有关企业发放 3 970 万元的贷款贴息补助资金，提取3 714万元风险准备金；安排 625 万元金融业发展资金，鼓励各商业银行向中小企业发放贷款，对有关银行业金融机构进行奖励和补贴。落实外贸扶持政策，鼓励企业扩大对外出口。针对中山市外贸依存度高的特点，及时拨付各类外贸发展专项资金 3 800 万元，为中山市中小企业继续开拓国际市场提供有力的资金支持。

三、落实价格补贴等政策，促进行业发展

加大民生补贴力度，保证国家、省、市政策的有效执行。2009 年，执行国家家电、汽车下乡和家电、汽车以旧换新政策，促进商贸流通业发展。拟订中山市家电、汽车、摩托车下乡管理及兑付办法，明确补贴对象、补贴产品、补贴标准和补贴资金申请及兑付流程，受理家电汽车下乡、家电汽车以旧换新补贴申请 51 910 宗，兑付补贴资金 2 758 万元，有效拉动投资消费。积极响应市政府号召，落实市政府“公交优先发展”的战略措施，大力支持公交事业发展，2009 年安排市公共汽车公司油价补贴、特定人员优惠乘车补贴、新购车辆贷款贴息等专项补贴资金2 858万元；全年拨付渔业、林业、出租车、农村道路客运、水路客运等各类行业油价补贴 1 246 万元，减轻企业成本，支持行业发展。

四、完善社会保障网络，促进城乡基本公共服务均等化

其中，市财政安排农村基本养老保险扩面资金 3 000 万元，扶持 4 个二类镇区农民参保，比 2008 年增长 50%，2009 年年底实现全员参保。全面启动全民医保工程。将中山市参保人员门诊医疗支付限额从 250 元提高至 400 元，统筹基金支付比例由原来的 60% 提高到 80%，其中，市财政投入 5 300 万元；扩大医疗保险参保范围，将全市高校学生及中等职业学校学生纳入中山市基本医疗保险范围。完善就业扶持政策。重点加强对未就业毕业生的帮扶工作，提取失业保险金用于高校毕业生就业政策的落实，本市生源高校毕业生就业率达到 97.96%，本市高校毕业生就业率达到 96.84%；并从失业保险基金提取 1 400 万元帮助困难企业稳定就业岗位；市级安排就业专项资金 2 500 万元，比 2008 年增长 25%。提高困难群众补助标准。市镇两级投入 4 838 万元，将城镇和农村最低保障线分别提高到每人每月 330 元、310 元，全市 24 986 人纳入最低生活保障范围。此外，首次尝试实行租赁住房补贴方式解决困难家庭住房保障问题。增加公共卫生投入。对社区卫生服务站的设备购置和启动经费给予补助，并以政府购买服务的方式，对社区卫生服务站开展健康教育、疾病预防等公共卫生服务给予补贴；投入 873 万元用于“婴幼儿奶粉事件”、“手足口病”和“甲型 H1N1 流感”等防控工作，保障群众生命安全。

五、大力推进教育文化事业发展

增加教育经费投入，扩大免费义务教育对象范围，将本省外市及符合条件的外省户籍学生一并纳入，各级下拨免费义务教育补助 1.5 亿元，惠及全市 23 万名学生；落实各项助学政策，下拨 1 753 万元资助家庭经济困难学生，受惠大学生、中学生达 16 762 人次；提高教师待遇，市、镇两级 2009 年共增资 1.5 亿元，落实教师收入待遇“两相当”工作；市、镇两级拨付 1.07 亿元，创新高中阶段教育成本“市镇共担”机制和“钱跟人走”统筹调配机制，激发办学活力。市财政安排教育信息化建设、振兴初中建设、创建示范性高中及职业技术学院实验室建设等教育专项经费 6 300 万元，完善教育硬件设施。运用中央代发地方政府债券资金 2.67 亿元，推进了实验高中扩建、中山职业技术学院三期工程、轻轨站周边配套路网工程等重点项目建设。同时，安排贷款贴息 1 000 万元，确保数字电视整体转换项

目顺利推进；投入100万元用于组织申报国家、省、市级非遗项目中山咸水歌、醉龙等传承基地挂牌活动，市财政安排文化名城专项资金1.7亿元，有效提升“文化名城”效应。

六、积极保障重点项目建设

2009年，基建项目财政累计支出25.31亿元，重点建设项目包括中山中专迁建、纪念中学扩建工程、北外环路、北部垃圾综合处理基地建设、岐江河综合整治工程、中顺大围西河水闸重建工程以及经济适用房、廉租房等保障性住房建设等。市财政投入3 100万元补贴镇区污水处理建设，确保全市18个镇区污水处理厂首期全部通过环保验收；投入700万元用于全市重点污染源在线监控系统、污染源全国普查、污染源减排、污染源自动监测站维护以及创建国家生态市、环保模范城市复检工作，促进生态安全；加大环境综合治理，2009年市财政对内河整治的投入安排增至1.5亿元，环境保护支出比2008年增长63%。此外，2009年市、镇两级财政共筹集汶川援建资金1.65亿元，确保灾后重建工作顺利推进。

七、坚持落实利益下移，认真执行各项惠农政策

通过“一折通”兑付1 151万元给直接从事种植水稻的种粮农民，继续安排恢复和发展粮食生产补贴1 130万元，保护农民种粮积极性。拨付农村道路硬底化建设、开通大面积耕地路桥和农村公路建设补助5 000万元，增加农民经济收益。完善农业风险救助机制，2009年继续推进政策性农业保险，扩大保险覆盖面，安排专项资金649万元，用于能繁母猪和水稻种植保险等，保证农业生产经营持续稳定，增强农业抗风险能力。加大对欠发达镇区的财政支持。在新一轮市镇财政体制调整方案中，将“一级财政”镇区增至7个，并针对困难镇区经济基础薄弱的状况，提出“一级财政＋专项补助＋固化债务”的思路，进一步利益下移，扶持困难镇区发展。安排1.2亿元用于对镇区的财政转移支付，其中，对4个困难镇区的转移支付资金共1.06亿元，占总额的88%，重点用于义务教育补贴、农村参保补助、农田基础设施建设、低保生活补助、保障正常运作等项目。增加教育、医疗、社保等方面的专项补助，如市财政对困难镇区的教师“两相当”增资补贴比例最高达到70%，对困难镇区的农民参保补贴增幅达50%，有力地推进了镇区基层公共财政建设，加快了公共财政向村镇延伸。

八、深化各项财政改革，促进财政管理更加规范

推出规模预算、绩效预算、细化预算等改革措施，有效控制支出，提高预算编制质量。推动收支联动管理改革。清理历年支出结转指标，按进度有计划地拨付资金，实现支出均衡和收支进度合理化目标，确保财政收支平衡。规范预算单位结余资金结转的审批流程，改变结余资金逐年大幅增加的现象，进一步减少资金的沉淀，提高预算执行率。健全预算管理制度。积极建章立制，明确部门对项目二次分配的细化要求，增强预算执行刚性约束。完善预算管理各个环节的控制，全面推进预算执行反馈工作。将区级财政管理纳入市级一般预算收入管理范畴，其预算编制、执行、调整和决算，同步提交市人代会及其常委会审议，规范了区级预算的法定程序。强化支出管理，严格控制一般性支出增长，对预算单位专项业务费支出实行零增长；对公务用车和执法用车的购置申请、办公设备更新申请暂停经费审批；严把预算审核关，减少预算追加，全年市本级追加金额比2008年同期下降63%。

九、强化绩效监督管理，不断提高资金使用效益

大力推进绩效预算、绩效评价管理工作。抽取120个社会影响较大且涉及民生的市级支出项目组织绩效自评。对农田水利建设资金、内河整治资金、创建示范性高中经费、市内特困及市外流浪的精神病人经费等部分项目组织专家进行重点评价。将全部预算单位都纳入2010年绩效预算申报范围，75个预算单位252个50万元以上预算支出项目均实施专家评审，总金额为14.83亿元。绩效管理工作的开展，对加强财政资金使用监督，促使各单位提高资金使用效益起到了积极的作用。完善财政监管机制，积极推进财务核算信息集中监管试点和公务卡结算试点，打造“阳光支出”、“阳光消费”；认真开展“小金库”专项治理工作，加大对各级预算单位银行账户的监管力度；稳步推进电子化政府采购工作，加强对政府采购代理机构的监督管理，增加政府采购透明度。

（中山市财政局供稿，张巧云执笔）

江门市

2009年，江门市委、市政府深入贯彻落实科学发展观，以实施《珠江三角洲地区改革发展规划纲要（2008～2020年）》为主轴，扎实推进“三促进一保持”，积极应对金融危机，千方百计保障和改善民生，全市经济运行企稳回升，社会各项事业发展良好，人民生活水平不断提高。2009年，全市生产总值（GDP）1 355.26亿元，增长10.8%，高于全省平均增速。第一产业增加值106.6亿元，增长4.8%；第二产业增加值777.45亿元，增长11.1%；第三产业增加值471.21亿元，增长11.7%。全年全社会固定资产投资492.07亿元，增长25.3%，其中国有经济投资144.94亿元，增长214.1%；三资经济投资124.31亿元，下降24.7%；民营经济投资206.23亿元，增长23.0%。全年海关进出口总额110.4亿美元，下降16%，其中进口总额30.91亿美元，下降11.4%；出口总额79.49亿美元，下降17.6%。全年合同利用外资金额11.35亿美元，下降3.2%，实际利用外商直接投资10.37亿美元，增长13.1%。全年社会消费品零售总额574.34亿元，增长

17.4%，其中城镇消费品零售总额 326.83 亿元，增长 18.9%；农村消费品零售总额 247.51 亿元，增长 15.4%。全年居民消费价格下降2%。全市实现规模以上工业增加值 700.75 亿元，增长 12.3%。农村居民人均纯收入 7 534 元，增长10.7%；城镇居民人均可支配收入 19，004 元，增长 10.5%。年末金融机构人民币存款余额 1 913.03 亿元，较年初增长 18.7%，其中城乡居民储蓄存款余额 1 289.06 亿元，较年初增长 11.3%。

全市财政收入（地方一般预算收入 + 上划中央收入 + 上划省收入）188.44 亿元，比 2008 年增长 5.09%，全市财政收入占全市 GDP（1 355.26 亿元）的比重为 13.9%。其中：上划中央收入完成 89.03 亿元，比 2008 年减少 0.62 亿元，下降 0.69%；上划省收入完成 15.78 亿元，比 2008 年增加 0.79 亿元，增长 5.27%。全市地方财政一般预算收入完成 836 323 万元，比 2008 年增收 89 481 万元，增长 11.98%，高于 GDP 增幅 1.18 个百分点，比全省平均水平高出 1.73 个百分点，实现七年来第六次高于全省平均水平。其中，市本级地方财政一般预算收入完成 184 799 万元，占全市地方财政一般预算收入的 22.10%，比 2008 年增收 18 523 万元，增长 11.14%。在市本级及四市三区 8 个收入单位中，有 5 个单位地方财政一般预算收入增长幅度高于全市平均增长水平（11.98%），分别是恩平市、鹤山市、蓬江区、开平市和江海区，其中恩平市增幅最大（14.65%）；2009 年全市镇级财政收入继续保持平稳较快的增长势头，按财政决算口径计算，即按现行各市（区）镇（街）财政体制口径计算，全市镇级地方财政收入 382 969万元，占全市地方财政一般预算收入的 45.79%，比 2008 年增收 37 661 万元，增长 10.91%，低于全市地方财政一般预算收入增长 1.07 个百分点。全市 80 个镇（含街道办事处、海侨经济管理区）中，财政收入在亿元以上的有 9 个，分别是：会城街道办、台城街道办、沙坪街道办事处、环市街道办事处、双水镇、棠下镇、杜阮镇、外海办事处、水口镇，其中：新会区会城街道地方财政一般预算收入最多，达 50 785 万元，成为江门市首个地方财政一般预算收入突破 5 亿元大关的镇（街），最少的是台山市北陡镇，仅有 249 万元（海侨经济管理区除外）；镇级地方财政一般预算收入增长幅度最快的镇是蓬江区棠下镇，达 54.35%。全市一般预算支出完成 1 110 750 万元，比 2008 年增支 184 773 万元，增长 19.95%，其中市本级一般预算支出完成 220 223 万元，比 2008 年增支 48 017 万元，增长 27.88%。

面对新世纪以来最为困难的财经形势，全市各级财政部门在各级党委政府的正确领导下，紧密围绕《珠江三角洲地区改革发展规划纲要（2008～2020 年）》和“三促进一保持”中心工作，以深入学习实践科学发展观为契机，积极应对严峻的财经形势，贯彻扩大内需各项政策措施，切实执行积极的财政政策，狠抓增收节支，优化支出结构，扩大公共投资，着力保障民生，深化公共财政改革，完善财政管理，继续加大对基础设施和公共领域的投入，改善投资环境、生活环境、教育环境，全市财政累计完成基本建设投资 262.88 亿元，增长 55.9%；完成投资占全市社会固定资产投资的 53.43%，同比上升 10.39 个百分点；全市医疗卫生支出完成 64 133 万元，增长 16.05%；全市社会保障和就业支出完成 141 647 万元，增长 30.08%；全市农业（含农业、林业、水利）支出完成119 672万元，增长 42.07%；全年地方财政科技支出完成 22 519 万元，增长 1.9%；全市教育支出完成 232 082 万元，增长 11.09%。2009 年，省对江门市财政转移支付补助共 341 027 万元，其中返还性补助 98 993 万元，一般性转移支付补助 38 785 万元（包括：均衡性转移支付补助7 791万元；调整工资转移支付补助 6 169 万元；义务教育补助 5 270 万元；农村税费改革补助 10 407 万元；县级基本财力保障机制奖补资金 930 万元；结算补助 1 900 万元；企事业单位预算划转补助 154 万元；公共安全转移支付1 480万元；其他财力性转移支付 4 684 万元），专项转移支付 16 034 万元，一次性专款补助 187 215 万元。江门市财政对市属各市（区）转移支付补助共 44 218 万元。全市财政预算收支相抵后，实现收支平衡，略有结余，圆满完成各级人大通过的财政收支预算。

一、加大收入征管力度，确保财政收入稳定增长

江门市地方财政收入受国际金融危机冲击而遭遇多年未见的严峻形势，全市各级财政部门围绕党委政府的决策部署，加强沟通协作，采取积极措施，全力以赴抓收入保增长。

（一）财政收入呈现两个特征

一是全市财政收入从年初开始就出现增幅大幅下滑的情况，其中税收收入增长一直到 6 月份才由负转正，而全市地方财政一般预算收入增幅分别为 3.34%、0.82%、0.76%、2.11%、1.39%、4.89%、6.76%、7.87%、8.98%、10.32%、10.48%、11.98%，财政收入增幅呈逐步回升的良好态势。

二是完成上划中央两税（增值税、消费税）和上划省市共享四税（营业税、土地增值税、企业所得税、个人所得税）考核基数任务的压力较大。2009 年下半年以来，全市预测上划中央两税基数缺口可能达到 1.8 亿元，原体制递增 9% 增量缺口可能达到 9 000 万元。按照广东省分税制财政管理体制，凡是上划两税当年完成数少于 2008 年实际完成数的，除按差额扣减当年两税返还外，还按此调整今后的两税返还基数；同时两税超收增量的 20% 与四税的超收增量之和达不到原体制上交增量部分，按差额扣减当年的四税返还数，会严重影响全市各级今年和今后的财力。在这种严峻的形势下，为确保考核基数的完成，全市上下全力以赴，抓现税、抓清欠、抓漏管户、争取免抵调库指标，最终全市统筹完成了上划中央两税、省市共享四税考核基数，并尽最大努力缩小省市共享收入的增量缺口。

（二）“四个注重”抓好收入征管工作

一是注重加强经济形势分析。正确判断和把握当前的

财经形势，树立忧患意识，增强抓收入的危机感和紧迫感。二是注重加强市本级和各市（区）财政局的协调和统筹，尤其是注重争取各市（区）党政领导重视和支持财政工作，共同研究抓收入的具体措施和强化对影响财政收入变化因素的调研分析，确保全市一盘棋抓收入保增长。三是注重加强与两个税务部门的沟通协调，着力从服务、协调、监督三个方面处理好财税关系，把服务放在首位，主动协调解决两个税务部门的实际问题，增强税务部门征收的积极性，同时切实履行好监督检查职能，促进共同搞好征收，确保依法征收、应收尽收。四是注重加强财政部门自身征收工作，尤其是在税务部门负责的收入面临增长困难的情况下，坚持原则，千方百计抓好本部门的收入管理，同时加强非税收入管理，为顺利完成全市地方财政一般预算收入增长目标任务提供有力保证。

经过全市各级财政部门的共同努力，2009 年全市地方财政一般预算收入呈前低后升的良好态势，全市收入总量在全省 21 个地级市排第八位，增幅在珠三角 9 市排第四位，收入增幅比市政府下达增长 10% 的目标高出 1.98 个百分点，比全省平均水平高 1.73 个百分点，增幅自下半年起逐月提高并保持在全省平均水平之上，最终实现近七年来第六次高于全省平均水平。同时，财政收入保持协调健康发展，市本级和各市（区）的收入都取得增长 11% 以上的好成绩，其中，恩平市收入增幅达到 14.65%，为全市最高，比省高出 4.4 个百分点；鹤山市在 2008 年收入增长 34.61% 的基础上，仍然保持 13.20% 的较高增长水平，在全市排名第二。收入质量也保持较高水平，全市非税收入占地方财政一般预算收入的比重仅为 16.51%，与全省平均水平大体相当。

二、“四个加大力度”突出保障和改善民生

在财政收入增长放缓、各项刚性支出需求加大的情况下，全市各级财政部门坚持“取之于民，用之于民”的思想，认真履行配置资源职责，在严格执行对党政机关厉行节约的各项要求，强化预算监督，严控预算追加，确保机关公务购车和用车经费、会议经费、公务接待费用、党政机关出国（境）费用、办公经费实现“五个零增长”的基础上，调整优化财政支出结构，集中财力，加大对社会民生的投入，积极推动基本公共服务均等化。2009 年，全市各级财政民生投入 45.7 亿元，增长 22.5%，其中社会保障和就业、农林水事务等支出增长较快，分别达到 30.08%、42.07%。

（一）加大优先发展教育力度，推进教育强市建设

各级财政部门在落实拨付专项资金，推动城乡免费义务教育、中等职业技术教育以及高校、高职学生国家助学金等资助学生各项政策全面实施的同时，积极推动实施义务教育学校绩效工资，在资金原本难以安排的情况下，全市上下统一认识，反复研究制定切实可行的措施，推动落实中小学教师工资福利待遇“两相当”和解决代课教师问题。2009 年，全市各级财政实施中小学校绩效工资新增支出 2.08 亿元。同时，市、区两级加强协调，积极筹措资金，共同抓好落实江门市直 10 所中小学校下放蓬江、江海两区管理相关工作，其中市本级在划拨原核定划转基数及专项补助的基础上，仅 2009 年就增加对两区有关专项补助 1 144 万元，切实支持帮助蓬江、江海两区解决有关支出困难。

（二）加大资金筹集和管理力度，推进对口支援四川灾区恢复重建

根据中央提出对口援建汶川要三年任务两年提前完成的要求，各级财政部门积极做好对口援建资金筹措落实和拨付管理工作。全市共筹措落实对口援建资金 21 179 万元，其中 2009 年提前预拨了 2010 年的对口援建资金 3 019 万元，为对口援建工作的整体提前提供保障。此外，江门市本级还安排对口援建工作经费 500 万元，有效保障了江门市对口援建工作的顺利进行。

（三）加大社会保障力度，推进社会保障体系和医疗卫生体系建设

积极筹措落实资金，扩大社会保障覆盖面，提高保障水平，推进廉租住房建设，增加企业退休人员养老保险金，支持推动新型农村合作医疗制度建设和被征地农民纳入养老保险试点，在市区实行最低生活保障分类施保、家庭病床医疗费按住院标准支付。同时，切实做好甲型 H1N1 流感防控工作，市本级及时启动突发公共事件财政应急预案，紧急拨付防控工作经费 638 万元（不含疫苗），为全市疫情防控工作提供有效的资金保障。

（四）加大“三农”投入力度，推进社会主义新农村建设

全市各级财政“三农”投入 32 亿元，增长 15.16%。在认真落实好种粮直补、综合直补、农机补贴、能繁母猪饲养补贴、贫困村“两委”干部补贴以及推进农田水利项目建设等各项强农惠农政策的同时，全市各级财政部门全力做好防风抗灾资金保障工作，有力地确保了抗击“天鹅”、“巨爵”等台风及抗灾复产工作的顺利开展。同时，实施《调整市扶贫基金收缴比例和清理历年积欠的工作方案》，促进扶贫基金的收缴和历年积欠资金的清理工作，有力确保了省下达江门市对口扶持贫困地区工作任务的落实和江门市老区、穷区、水库移民区脱贫开发项目的完成，2009 年全市共收缴扶贫基金 3 056.3 万元。此外，江门市本级还安排专项资金 1 000 万元启动了政策性农业保险试点，在全市开展农村住房保险，并在恩平市开展水稻种植保险试点工作，有效提高农民防范自然灾害风险能力，促进农业发展和农民增收。

三、认真落实积极财政政策，全力支持扩内需保增长

面对严峻的经济形势，全市各级财政部门把“三促进一保持”作为首要任务，认真贯彻落实中央扩大内需政策措施，实施积极的财政政策，全力支持扩内需保增长。

（一）积极贯彻落实党委、政府有关帮扶困难企业渡过难关的决策部署

各级财政部门加大对企业技术改造、技术创新的支持，鼓励加工制造企业增资扩产；支持举办首届进出口产品展销会、摩博会、传统家具精品鉴赏会等展会，积极开拓国内市场；实行从低收取行政事业性收费，试行“零收费”等政策，2009 年，全市试行“零收费”项目共 52 项，共为省级产业园区企业节省收费约 1.2 亿元。最大限度发挥财政支持经济发展的作用。

（二）加大公共基础设施项目和重大项目建设投资力度

全市各级财政部门在党委政府的领导下，积极搭建融资平台，支持重大工程建设，充分发挥财政调控职能作用，取得实效。加快滨江新区启动区、广珠轻轨、市区污水处理项目、垃圾填埋场、崖门五千吨航道整治工程、沙坪河整治等重大项目和基础设施建设，以及争取落实中央代发地方政府债券转贷资金 3.3 亿多元，投入银洲湖堤围加固工程、广珠铁路、天沙河引水增流等项目建设。

（三）积极推动江门市省级产业转移工业园区建设

及时落实安排专项工作经费，积极协助做好园区投融资方案及投入产出效益分析，组织好江门市参与 PK 过程中各项后勤保障和综合协调工作，全力以赴参与省产业转移园扶持资金竞争性招标，为江门市成功争取到省产业转移园区竞争性扶持资金 5 亿元发挥了应有的作用，并组织研究制订了专项资金的分配使用管理方案，确保专项资金的及时拨付和发挥效用。

（四）认真落实中央和省扩大内需促进经济增长政策

各级财政部门及时筹措落实全市 33 个中央扩大内需投资项目地方配套资金，并加强有关项目投资预算执行、资金拨付、财务管理等的督促检查，确保扩大内需资金发挥最大的社会效益和经济效益。在配合各级、各部门到江门市开展近 40 批次的检查验收过程中，全市各级财政部门工作积极主动，服务到位、细致，得到了各个检查组的肯定。

（五）认真落实“家电汽车摩托车下乡”和“以旧换新”政策

全市各级财政部门及时拨付上级补贴资金，严格执行资金专户管理制度，确保国家支农惠民政策兑现，2009 年全年共发放补贴资金 3 653.99 万元，销售家电 26 860 件，销售汽车 2 993 台，销售摩托车 37 632 台，直接拉动内需 3.8 亿元。

（六）大力支持推进招商载体建设

通过统筹安排专项资金，用于江门市先进制造业江沙示范园区建设，落实各项财政扶持政策，促进市高新区“二次创业”以及位于江海区的现代物流基地等建设，增强财税增长后劲。同时，加大引进重大项目支持力度。及时安排重大项目跟踪经费，保障各部门争取重大项目落户江门的工作经费，加快构建现代产业体系，培育江门市新的经济增长点。

（七）积极落实出口退税，促进对外贸易

落实各项扶持外贸专项资金，积极促进外贸增长，有效缩小了江门市外贸出口下降幅度。

（八）研究制订“交通一体化”实施方案

积极配合交通部门研究制订全市实行年票制和珠中江实行年票互认（交通一体化）实施方案，为顺利实施全市年票制和珠中江交通一体化，打下良好基础；此外，落实燃油费改革工作。

四、推动财政改革创新，推进公共财政体系建设

全市各级财政部门围绕构建完善公共财政体系的目标，把解决现实问题与建立长效机制紧密结合，着力构建有利于科学发展的财政体制机制，推动科学发展上水平。

（一）财务核算信息集中监管改革扎实开展

江门市作为全省财政核算信息集中监管改革第一批试点单位，通过搭建试点网络平台和采购相关设备来保证网络的运行，制定统一的会计科目库和辅助核算项目，完成与国库集中支付接口的开发，设置对比纠错和分级预警条件，市直财政支出管理电子平台得到进一步完善，国库集中支付管理信息化取得新突破。

（二）公务卡结算试点工作有序推进

认真贯彻落实《建立健全惩治和预防腐败体系 2008～2012 年工作规划》，在市直国库集中支付系统的基础上，通过开发公务卡结算软件模块，联通有关商业银行的数据库，实现了公务卡消费信息下载和财务管理、报销等功能，并已联系有关商业银行开展公务卡结算代理工作。目前已向市档案局、市人防办等 5 个第一批试点单位发放了公务卡，并通过系统实现刷卡消费和报销功能，有利于从源头上防止腐败。

（三）行政事业资产管理改革工作不断推进

通过委托市产权交易中心成功公开拍卖处置了 9 项资产，拍卖成交价合计 1 937 万元，超过委托处置底价 121 万元，以资产处置变现的方式，回笼了资金，在一定程度上缓解了江门市财政预算资金运转压力；分期分批将清理收回的市直党政机关事业单位住宅、商铺共 344 项（涉及房屋建筑面积共 28 950.96 平方米，账面值合计 2 779 万元），通过委托市房产局依照市直公产房管理的有关规定进行经营管理，确保资产的安全和完整。

（四）政府采购制度改革继续深化

市直建立了统一的电子化政府采购管理交易系统，使江门市政府采购信息化管理进一步完善；建立了市直政府采购协管员制度，使政府采购内部管理制度和监督制约机制进一步完善，为加强政府采购领域源头防腐工作进行了切实有效的探索；同时在全省地市级中率先将政府采购进

口产品的审核权限下放给各市（区）财政部门，进一步简化了政府采购的程序，促进了简政提速，提高了工作效率和服务质量，规范了政府采购进口产品审核流程。

（五）“收支两条线”改革管理进一步加强

全市交警罚没非税系统上线工作在有条不紊地开展，非税系统中行接口开发工作已经完成，实现了设在房产大厦的由中行代收行事收费的市国土资源局和房产局征收点正常上线工作，非税收入征收管理电子化系统增点扩面、“收支两条线”管理改革取得新突破。

此外，通过推进预算管理与绩效评价相结合，结余资金管理与预算编制相结合等管理创新，部门预算改革不断深化；“金财工程”建设进一步深入推进，财政信息化管理水平进一步提高；各项财政监管机制进一步完善，推动财政科学化、精细化管理绩效进一步提高。

五、完善监督管理，提高财政精细化管理水平

（一）主动接受外部监督

全市财政部门认真做好预算编制和报请人大审议工作，江门市财政局还不断扩大财政预算人大实时在线监督试点，江门市直所有部门的预算都纳入了人大实时在线监督系统，通过人大加强对部门使用资金情况的监管，增强预算约束；认真做好政务公开工作，及时将人大通过的预算报告在政务公开网站上公布，并就有关预算执行情况加强与人大财经委等沟通，不断增强社会各界对财政工作的理解和支持。同时，认真办理人大代表建议、政协委员提案，积极配合省财政厅做好“民声热线”直播上线工作，经受住了考验，跟进落实有关交办事项，促进财政监督管理进一步完善。各级财政部门办理的2009年建议提案都已全部按要求答复，人大代表和政协委员对办理结果均表示满意或基本满意，其中江门市财政局办理人大建议和政协提案共78件，是承办建议、提案最多的部门之一。此外，自觉接受人大、审计、纪检监察和上级部门的监督检查，并积极配合参与上级各项检查验收及延伸审计、决算审计工作，不断提高财政监管水平，确保财政资金安全。

（二）强化对外监督

全市财政部门认真组织开展“小金库”专项治理工作，积极承担做好专项治理的组织协调工作，牵头组织了24个检查小组对江门市117户单位进行重点检查，查出违纪单位5户、“小金库”6个、已撤销“小金库”账户6个，移交司法机关处理人员1人，并对有关违法违纪行为进行处理，对有关责任人员作出党内警告处分的处理。同时，加大财政投资评审和会计信息质量检查力度，尤其是江门市财政局做好委托中介开展工程评审试点工作，完成审核资金额5亿元，全年共审核完成金额近11亿元的工程概、预、结算408项，净核减金额7 000多万元，核减率6.77%，推动财政投资基建项目支出管理进一步规范，财政资金使用效益进一步提高。新会区财政局采取早预警、早防范，由“被动评审”变为“主动评审”等有效手段，不断完善政府采购、投资评审和“三资”管理，有效提高了财政资金使用绩效。此外，积极推行绩效预算，加强部门预算与绩效评价、资产管理、政府采购及国库集中支付的有效衔接，促进绩效评价管理向绩效预算编制的“上游”延伸。其中江门市本级对涉及财政资金1亿多元的20个单位30个项目进行绩效评价，并对涉及财政资金6 500多万元的9个试点项目实行绩效预算，共核减财政资金近1 200万元。

（三）完善内部监督

通过加强财政法制宣传和教育培训，提高财政干部依法理财意识和工作水平，建立和完善内部监督循环体系，加强银行账户和印鉴票据管理，开展好内审工作，建立长效机制等，避免监守自盗和保证资金安全，促进依法理财、依法办事。

六、多管齐下加强财政队伍建设，推动财政管理更加科学完善

全市各级财政部门以开展深入学习实践科学发展观活动为动力，坚持以人为本，多管齐下抓好干部队伍建设，推动财政机关内部管理更加科学完善。

（一）深入学习实践科学发展观，推动财政科学发展

2009年，全市财政部门按照上级部署，不断掀起学习科学发展观的热潮，财政党员干部进一步深化对科学发展观科学内涵、精神实质和根本要求的理解和认识，进一步增强了深入学习实践科学发展观的自觉性和坚定性。一是坚持用科学发展观统揽财政各项工作，将科学发展观的要求贯彻到推动“三促进一保持”、实施《珠江三角洲地区改革发展规划纲要》、深化财政体制改革及财政预算、分配、管理、监督评价等各个方面和环节。二是把发展作为财政工作的第一要务，牢固树立从经济到财政的思想，以财政手段支持加快经济社会发展，从根本上消除束缚生产力发展的体制性障碍，为化解当前的金融危机、经济发展矛盾、改革体制机制赢得时间、积累物质基础。三是把以人为本作为财政工作的核心，将工作的出发点和落脚点放到实现好、发展好、维护好人民群众的根本利益上，加快向公共财政转型，逐步推进基本公共服务均等化，切实保障和改善民生。四是把全面协调可持续作为财政工作的基本要求，以财政手段促进发展方式转变，为推动科学发展、促进社会和谐提供体制机制和政策手段支撑。五是把统筹兼顾作为财政工作的根本方法，正确处理公平与效率的关系，积极发挥财政职能作用，推动经济社会平稳较快发展。

（二）加强教育培训和调查研究，提高财政干部为民理财水平

其中江门市财政局通过调整局领导班子成员分工完善管理，鹤山市财政局在组织干部参加江门市财政局组织的教育培训活动外，还组织中层干部和基层财政所干部进修班增强改革创新、创优争先的能力，开平市财政局以中层干部轮岗为抓手优化配置人力资源。同时，江门市财政局还积极推动实施ISO质量管理，坚持持续改进，不断完善

各种规章制度和业务流程，建立工作督办系统，利用信息化技术强化督察督办，不断提高机关内部管理水平，荣获市直机关导入ISO质量管理体系辩论赛第二名，还代表江门市直机关参加了国家认监委组织在北京召开的“质量管理体系在政府部门应用与实践论坛”并作发言，在全市ISO工作会议上作经验介绍。

（三）认真开展机关作风建设年活动和纪律教育学习月活动

各级财政部门在抓机关作风建设上动真格，认真执行首办（首问）责任制，江门市财政局坚持每季度开展机关作风建设明察暗访活动，通报批评不良作风行为，表扬树立先进榜样，推动机关作风明显改善和工作效能进一步提高。

（四）坚持不懈抓好机关党风廉政建设

各级财政部门认真落实“一把手”抓党建工作责任制以及市党风廉政建设和反腐败任务分工，江门市财政局制定实施了《贯彻落实中共江门市委建立健全惩治和预防腐败体系2008～2012年实施意见的工作方案》和《江门市财政局规范权力运行工作方案》，有力地促进了依法、廉洁理财。

（五）认真落实基层联系点制度

各级财政部门充分利用开展深入学习实践科学发展观活动、“十百千万”干部下基层驻农村活动、城乡基层党组织互帮互助活动、挂钩帮扶人口计生工作和落实一把手“三联系”制度等有效载体，扎实开展对困难基层和弱势群体的帮扶工作，都出色地完成了各项挂钩帮扶工作任务，受到各级领导的肯定和当地人民群众的称赞，财政机关干部深入实际了解掌握困难基层和弱势群体实情的理财意识明显增强，着眼全局、关注社会民生的理财水平进一步提高。

（六）切实开展扶贫解困义工活动

以扶贫解困义工活动促进财政以人为本，帮助困难家庭改善生活，扶贫济困，使他们感受到党和政府的关爱，通过深入基层和弱势群体中了解掌握实情，促进机关干部职工换位思考，接受教育，培养爱心，检验和推动财政管理，使干部职工树立服务基层、服务群众的理财观念，深入体察基层困难和弱势群体的实情，珍惜资源，从下而上，举一反三地提高财政管理和服务水平，推动教育、社保、卫生、农业、水利、交通等涉及基层民生发展的财政政策和财政资金能更好地发挥作用。

（江门市财政局供稿，吴华清执笔）

阳江市

2009年，阳江市国民经济保持平稳快速健康发展。全市生产总值首次突破五百亿元，实现519.7亿元，比2008年增长12.2%。产业结构实现新优化，三次产业比例由2008年的24.30∶41.62∶34.08优化为23.0∶41.5∶35.5。第一产业增加值119.5亿元，增长5.0%；第二产业增加值215.4亿元，增长14.1%；第三产业增加值184.8亿元，增长14.5%。全市固定资产投资239.5亿元，比2008年增长38.6%。社会消费品零售总额316.7亿元，增长19.2%。外贸出口12.3亿美元，增长9.2%；进口1.8亿美元，增长50.1%。实际吸收外商直接投资1.7亿美元，增长19.8%。全市城镇居民人均可支配收入13 075元，增长9.6%；农民人均纯收入5 564元，增长8.0%。全年居民消费价格指数下降1.3%。

2009年，全市财政运行平稳，预算收支执行情况良好。全市地方一般预算收入完成20.2亿元，比2008年增长23.2%，收入增速连续第3年保持在20%以上，收入总量首次突破20亿元，与2006年的10.4亿元相比，在3年时间里基本翻了一番。全市接受上级财政转移支付补助37.1亿元。全市地方一般预算支出完成56.6亿元，比2008年增长22.3%。市级地方一般预算收入完成7.6亿元，比2008年增长34.0%，与2006年的3.4亿元相比翻了一番多。市级接受上级财政转移支付补助7.95亿元。市级地方一般预算支出完成14.8亿元，比2008年增长39.6%。全市及市级财政皆实现了收支平衡。2009年，全市中央库一般预算收入完成12.75亿元，省库一般预算收入完成4.94亿元。2009年，全市中央库、省库、市县库的财政一般预算收入共完成37.85亿元，占GDP的比重为7.28%。

2009年，面对国际金融危机冲击和经济财政的严峻形势，阳江市各级财政部门在阳江市委、市政府的正确领导下，以科学发展观为统揽，坚持解放思想，狠抓增收节支，深化财政改革，加强财政管理，充分发挥财政保障作用，促进了国民经济和社会事业发展。

一、实施积极财政政策，促进全市经济平稳健康发展

2009年，阳江市各级财政部门围绕全市经济社会发展目标，充分发挥财政职能，认真实施灵活积极的财政政策，推动经济平稳健康发展。

一是全面推进扩大内需新增中央投资项目建设。紧紧抓住中央实行积极的财政政策的机遇，积极争取中央、省财政扩大内需专项资金支持，其中2008年争取到23个项目，2009年52个项目，两年一共75个项目，新增投资4.9亿元。其中：中央投资1.6亿元，省配套资金1.2亿元，市配套资金1亿元，县（市、区）配套资金0.6亿元，企业和农户自筹资金0.5亿元。2009年，阳江市还争取到地方政府债券资金2.1亿元，用于基础设施项目及扩大内需项目建设。阳江市各级财政部门按照财政部《2009年地方政府债券资金项目安排管理办法》和广东省财政厅《实施促进经济平稳较快发展的积极财政政策资金管理办法》的规定，坚持“加强管理、特事特办、快速实施、确保效益”的原则，及时拨付并认真监管扩大内需资金。项目建设进展顺利，成为阳江市经济发展的强力引擎。

二是用好用活省示范性产业转移工业园区竞争性扶持资金。广州（阳江）产业转移工业园被评为省第二批示范

性产业转移园，获得了省财政竞争性扶持资金5亿元。阳江市政府制定了《阳江市使用省示范性产业转移园区竞争性扶持资金管理办法》，对5亿元扶持资金实行规范管理，确保扶持资金专款专用。同时，为充分发挥扶持资金的放大作用，阳江市政府以竞争性扶持资金5亿元为主体，搭建融资平台，向国家开发银行申请增加阳江市基础设施和部分民生项目贷款的授信额度，国家开发银行对阳江市的授信额度增加到24亿元，阳江高新区工业园基础设施建设等三个项目14.6亿元贷款已经落实，加快了阳江市基础设施和民生项目建设速度。

三是积极推行对产业转移工业园补助资金实行激励型分配的创新机制。为更好发挥产业转移工业园补助资金的使用效益，阳江市政府出台激励措施，从省示范性产业转移园区竞争性扶持资金中安排1亿元，对广州（阳江）产业转移工业园区内按期完工的标准厂房进行奖励；从产业转移工业园发展资金中安排0.5亿元，由阳江市东莞长安（阳春）产业转移工业园、中山火炬（阳西）产业转移工业园、佛山禅城（阳东）产业转移工业园进行竞争性使用，按园区实现工业增加值、新增地方税收、标准厂房完工面积等因素进行激励型分配。通过创新财政资金分配机制，充分发挥财政资金的激励引导作用，加快阳江市产业转移工业园经济发展。

四是认真做好汽车摩托车下乡、家电下乡工作。贯彻落实中央实施汽车摩托车下乡、家电下乡，拉动农村消费的政策，积极做好与各销售网点的沟通协调，加快审核进度，及时拨付补贴资金。共拨付汽车摩托车下乡补贴资金1 545万元，家电下乡补贴资金478万元，有效拉动了农村消费。

五是支持企业提升自主创新能力，促进企业转型升级。对企业实行“资金上支持、政策上扶持、服务上到位”，加快推进企业改制工作；并通过积极向省争取技术创新、中小企业、挖潜改造等专项资金8 161万元，积极促进企业自主创新。

六是认真落实鼓励外贸出口政策，扶持阳江市外向型企业积极应对金融危机。2009年共拨付各项扶持资金3 041万元，加快出口企业产业结构调整和优化升级的步伐，帮助企业增强竞争力，拓展国际市场。

二、千方百计组织财政收入，实现收入稳步增长

阳江市是一个传统的农业大市，经济结构仍处于由农业经济向工业经济转型的初始阶段。近年来，阳江市的交通、通信、港口、码头等基础设施逐步改善，但投资环境的改善未能马上发挥效应，落户到阳江市的大型企业数量不多且还处于建设期，在短期内未能带来财政收入的快速增长。2009年，阳江市各级财政部门积极应对国际金融危机的严重冲击，认真贯彻落实省、市各项经济部署，采取切实可行的措施，抓收入、保增长。

一是迅速行动，落实收入征管责任制。认真落实收入征管任务，将任务分解到各级财政、税务部门，作为工作考核目标。

二是加大对重点税源的监控，财政部门多次联合税务部门深入企业调查了解税源情况，确保重点企业和重点项目的税收及时足额入库。

三是加强非税收入管理，挖掘非税收入增长潜力。随着全市经济发展逐步回暖，财政收入实现了平稳健康增长。2009年阳江市地方财政一般预算收入增长23.2%，圆满完成了年初下达的阳江市地方财政一般预算收入增长16%的目标。

三、积极实施激励机制，促进县域经济加快发展

2009年，阳江市进一步落实激励型财政机制，贯彻省委、省政府将转移支付补助与经济发展、财税增收挂钩的政策，促进县域经济发展，增强县级财政实力。

2009年，全市地方一般预算收入完成201 553万元，比2008年增长23.2%，上划省营业税、企业所得税、个人所得税、土地增值税（以下简称“上划省四税”）完成38 927万元，比2008年增长14.2%；上划中央消费税、增值税（以下简称“上划中央两税”）完成96 636万元，比2008年下降6.6%；全市综合增长率为9.3%。其中：

（一）市本级（包括市直、江城区、海陵区、岗侨区、高新区）

2009年地方一般预算收入完成107 815万元，比2008年增长28.0%；上划省四税完成19 308万元，比2008年增长17.6%；上划中央两税完成35 707万元，比2008年下降7.1%；综合增长率为11.7%。

（二）阳东县

2009年地方一般预算收入完成42 821万元，比2008年增长18.1%；上划省四税完成8 345万元，比2008年增长8.7%；上划中央两税完成27 859万元，比2008年下降10.2%；综合增长率为4.4%。

（三）阳西县

2009年地方一般预算收入完成14 111万元，比2008年增长25.4%；上划省四税完成4 090万元，比2008年增长7.9%；上划中央两税完成7 132万元，比2008年增长20.6%；综合增长率为14.4%。

（四）阳春市

2009年地方一般预算收入完成36 806万元，比2008年增长15.7%；上划省四税完成7 184万元，比2008年增长16.1%；上划中央两税完成25 938万元，比2008年下降7.6%；综合增长率为8.9%。

四、严格支出管理，保障重点支出需要

阳江市属欠发达地区，是典型的“吃饭财政”。2009年，阳江市财政收支矛盾十分突出，支出缺口相当大。为确保收支平衡，按照建设公共财政的要求，在资金在资金安排上坚持保工资、保重点、保稳定的原则，大力调整优化财政支出结构，在保证国家公教人员工资发放、维持政权正常运转的基础上，集中财力办好市委、市政府确定的

大事，保证社会保障、农业、教育、科技、卫生等重点项目支出需要。在合理安排财政支出的基础上，强化预算约束，及时足额拨付预算资金；严格按照预算的范围和内容执行支出预算，从严控制各项超预算追加，对各种临时请款认真调查，严把“人、会、车、话”支出口子，坚持市、县（区）长一支笔审批制度。同时，切实加强对财政支出的稽核和检查，对财政拨付的资金进行跟踪问效，提高财政资金的使用效益。全市和市本级财政皆实现了收支平衡。

五、切实关注民生，加大财政惠民力度

阳江市各级财政部门充分发挥财政职能作用，认真落实中央和省关于厉行节约的各项政策规定，按照公务购车和用车经费、会议经费、公务接待费用、党政机关出国（境）经费、办公经费标准“五个零增长”的要求，从严控制一般性支出，进一步加大对民生领域的投入。2009 年，全市地方一般预算支出中用于农业、教育、社会保障和就业、医疗卫生等民生领域的支出达到 31.8 亿元，比 2008 年增长 35.7%，占地方一般预算支出的比重为 56.6%，公共财政保障民生的力度进一步加大，对社会公共产品和公共服务的保障能力明显增强。

一是加大对农村公共事业的投入，加快社会主义新农村建设进程。继续做好农资综合直补、种粮直补和成品油价格补贴工作，全市共拨付农资综合直补资金 8 184 万元，拨付种粮直补资金 1 158 万元，拨付成品油价格补贴资金 9 907万元。

二是认真做好义务教育经费保障机制改革工作，支持教育事业发展。全市共拨付农村免费义务教育补助经费 9 866万元，城镇免费义务教育补助经费 2 318 万元。

三是积极推进社会保障事业发展，维护社会稳定。全市共拨付新型农村合作医疗补助资金 4 392 万元，城镇居民基本医疗保险补助资金 525 万元。

四是全面落实促进就业再就业扶持政策。2009 年，市本级财政拨付失业人员职业介绍和职业培训补贴资金 594.6 万元，加强职业培训和就业服务体系建设促进再就业工作的开展。

六、加强国有资产监督管理，推进国有企业改革

一是进一步加大力度，推进市属 82 家困难企业改革发展。分三批完成市工交、商贸、食品、物资等公司属下的阳江市国营小刀总厂等 82 家市属困难国有企业与职工解除劳动关系、发放首期经济补偿、固化社保费等改革工作，安置职工共 4 871 人，政府统筹安置费用约 1.4 亿元，其中 2009 年安排 3 000 万元。

二是联合组建阳江市公共汽车有限公司。2009 年 6 月市财政局组织人员到珠海市参观学习公汽改革的成功经验，并据此制订阳江市公汽组建方案，进一步增强了国有经济的活力和竞争力。

三是规范国有资产监管。2009 年，将阳江市第一净水厂、阳江市市场物业管理总站与阳江长江国际俱乐部出租物业纳入监管范围，加强了国有资产的运营，实现国有经营性收益最大化。

七、不断深化财政改革力度，推进公共财政体制建设

一是稳步推进国库集中支付改革。继续扩大市级预算单位国库集中支付改革单位范围和资金范围，强化国库支付管理信息化，进一步简化预算执行环节，提高财政资金运行效率。进一步完善部门预算改革。

二是部门预算编制进一步细化、透明化，完善“实时在线财政预算监督系统”，加强预算执行的内部外部监督机制。

三是改进政府采购预算管理方式。规范集中采购行为，强化分散采购管理，稳步推行电子化政府采购，提高政府采购工作效率和服务水平。

四是进一步加强和规范非税收入管理。全面实施非税收入征管电子化、信息化系统建设，包括：全面推广 POS（刷卡）机缴款，目前已在公安局等单位安装 POS 机 24 台；学校收费全面上线，2009 年，市属学校全部使用非税系统收缴学费；明确了堤围防护费、残疾人就业保障金等收费的上缴方式，确保这部分收入及时足额入库。

此外，深入推进行政事业单位资产管理、财务核算信息集中监管、公务卡结算等改革，及时总结试点经验，进一步扩大试点范围。

八、强化财政管理和监督，维护财经秩序

配合省审计厅、省财政厅做好对省示范性产业转移园区竞争性扶持资金和农业、教育、社保等专项资金的审计和检查工作，加强专项资金使用情况的跟踪管理。制定了《阳江市国有集体资产交易管理办法》，自 2009 年 5 月开始实施，规范国有集体资产交易行为。继续做好财政性资金投资项目的工程预、决（结）算编制和审核工作，有效控制工程造价，节约财政资金。积极配合人大、审计等部门对财政资金的监督工作，严格执行定期向人大及其常委会报告预算、决算、预算执行情况以及超预算支出情况的制度，配合审计部门做好年度财政收支审计工作。进一步加强财政内部监督制度建设，继续完善财政内部循环监督工作系统，健全监督制度，全面推进依法理财。

九、加强机关建设，推动财政工作科学发展

一是根据市委、市政府的统一部署，阳江市财政局全面开展深入学习实践科学发展观活动，成立了领导小组和办公室，认真策划布置学习实践活动的各项工作。通过理论学习、印发简报、征求意见、发放调查问卷、撰写报告等多角度、全方位的途径，不断把学习实践活动向深层次推进，切实把科学发展观的要求贯彻到财政工作的方方面面。

二是认真做好机构改革工作，做好现阶段与市政府国有资产监督管理委员会合并的衔接工作，并将严格按照市政府审批后的“三定”方案继续做好履行职责、设置机构、

定岗定员等工作。

三是加强党风廉政建设，以制度规范管理。2009年初，组织各科室、中心与分管领导签订了党风廉政建设责任书，分管局领导再与局第一责任人签订责任书，做到责任具体，任务到人。四是认真开展安全生产工作。阳江市财政局与局内各科室、中心（注协）签订了《阳江市财政局防范安全事故责任书》，落实安全生产责任制，并定期开展安全生产会议，加大安全法制教育力度。

（阳江市财政局供稿，梁莉瑶执笔）

湛江市

2009年，在市委、市政府的领导下，湛江市深入实施“工业立市、港口兴市、生态建市”发展战略，积极应对国际金融危机，变经济波动期为发展机遇期，实现了经济逆势较快发展，人民生活继续改善，各项社会事业取得新成效。全年全市实现生产总值1 156.17亿元，按可比价格计算，比2008年增长10.6%。其中，第一产业增加值238.87亿元，增长5.5%；第二产业增加值498.79亿元，增长10.8%；第三产业增加值418.51亿元，增长13.2%。产业结构继续调整优化，三次产业结构由2008年的21.3∶45.2∶33.5调整为20.7∶43.1∶36.2。按常住人口计算，人均生产总值16 639元，增长9.2%；按平均汇率折算，人均生产总值为2 435美元。全年全社会固定资产投资393.23亿元，增长33.1%。全部工业完成增加值450.55亿元，增长9.7%。全市规模以上工业企业实现增加值347.90亿元，增长10.1%。全年外贸进出口总额28.18亿美元，下降15.3%，其中：进口总额14.53亿美元，下降14.4%；出口总额13.65亿美元，下降16.3%。全年社会消费品零售总额571.71亿元，增长22.2%，扣除物价因素，实际增长26.0%。全市居民消费价格指数比2008年下降0.6%。全年市区居民人均可支配收入13 665.21元，增长10.5%；农村居民人均纯收入5 895元，增长10.6%。

2009年，湛江市财政部门围绕建设“发展型财政”的理财思路，保增长、调结构、控支出、惠民生，较好地完成了各项财政任务，全年财政健康稳健运行。2009年，全市地方财政一般预算收入完成526 512万元，比2008年增收69 420万元，增长15.19%。其中，市本级一般预算收入完成243 851万元，比2008年决算数增收33 565万元，增长15.96%。2009年，全市地方财政预算税收收入完成351 985万元，比2008年同期增长12.43%，占一般预算收入的66.85%；非税收入完成174 527万元，增长21.17%，占一般预算收入的33.15%。

全市上划中央“两税”完成354 852万元，比2008年同期减收14 955万元，下降4.04%；上划省共享“四税”收入完成91 824万元，增收9 224万元，增长11.17%。全市获得上级补助收入808 372万元，市财政对各县（市、区）补助支出98 438万元。

2009年，全市一般预算支出完成1 232 697万元，增支122 586万元，增长11.04%，总量排在全省第6位。其中：市直一般预算支出完成423 571万元，比2008年同期增支94 193万元，增长28.60%。县级财政一般预算支出完成573 248万元，比2008年同期增支23 632万元，增长4.30%。区级财政一般预算支出完成234 296万元，比2008年同期增支3 179万元，增长1.38%。在严格执行一般行政支出实现五个零增长的情况下，全市财政支出主要集中在教育、一般公共服务、社会保障和就业、医疗卫生和农林水事务上，这五项共支出907 360万元，增支115 373万元，占一般预算支出的94.12%，确保了社会民生的支出需求。

一、全力以赴抓收入，确保财政收入稳定增长

受国际金融危机、重点项目税源达不到预期、结构性减税、取消100项行政事业性收费等因素影响，2009年湛江市财政收入形势严峻。全市各级财政部门把确保财政收入稳定增长作为首要任务，不断调整抓收入的工作思路，采取强有力措施，实现了财政收入新突破。

（一）强化税源分析，细化分解收入任务

加强对各行业、企业、各收入项目状况调查分析，全面评估各行业发展对财政收入增减的影响。强化财政收入月度分析和收支预测，及时提出征管建议。科学合理制定和调整收入的征收任务，细化分解收入责任，使抓收入工作目标明确责任到位。

（二）强化税收征管

配合税务部门加强对重点行业、重点企业和重点税种的监控与征管，坚持依法征收，既不收“过头税”，又采取强有力措施，做到应收尽收。积极争取税务、公安、国土、物价、水利等部门支持抓收入工作，充分挖掘税收增收潜力。研究落实国家成品油税费改革政策，及时完成缴款调库工作，保证财政收入任务完成和资金调度。

（三）及时调整工作思路

在税源不足的情况下，采取“主体税源不足小税种补，税收不足非税补”的措施，将抓收入突破口转向房屋办证清理税费、水资源费、国资收入、土地出让等项目上，强化契税、耕地占用税等财政部门负责的收入征管。2009年全市耕地占用税收入43 719万元，增加了141.21%；全市契税收入完成18 636万元，增长37.48%。市直堤围防护费入库6 063万元，完成预算的242%；水资源费完成收入774万元，增长236%；户外广告经营权以245.5万元拍卖成功，高出底价112.5万元；价格调节基金完成3 511万元，同比增长21.19%。开展了房屋办证清理、车船税、房地产所得税、防空地下场拍卖、网吧经营权拍卖等基础性工作，为下一步抓出成效奠定了基础。

（四）及时对县（市、区）抓收入工作进行总结引导

提高组织财政收入的主动性和预见性。经过各级财税部门的积极努力，全市财政实现逆势增长，4个县（市）上划省共享四税超过全省平均水平

二、强化预算约束，严格控制一般性财政支出

各级财政部门在预算编制环节落实党政机关厉行节约的各项规定，严格控制一般性和行政性经费支出。在预算执行环节，以预算指标控制为抓手，严格审批手续，从严把关，控制预算追加。在预算监督环节，制定了行政经费节约和考核办法，对行政事业单位压缩一般性支出情况进行检查，取得明显成效。全市实现了“五个零增长，四个减半”。市本级全年追加支出 10 865 万元，比 2008 年减少 9 078 万元，减少 45.5%。

三、落实积极财政政策，发挥财政职能推动经济跨越发展

（一）积极争取上级财政资金，为保增长提供了重要的资金保障

2009 年在农业发展方面争取了中央、省安排专项 19.8 亿元，比 2008 年增加 7.4 亿元；在旅游、外贸、地方金融等方面争取中央、省补助资金 9 440 万元，增长 116%；争取省交通建设补助 25 949 万元、彩票公益金补助 1 428 万元、海域管理补助 1 729 万元。积极协助相关部门争取到省产业转移园区竞争性分配资金 5 亿元；争取到省旅游竞争性资金 500 万元、口岸建设资金 1 000 万元、国家高标准农田示范项目三年建设资金 4 000 万元。争取中央、省地方政府债券转贷资金 2.9 亿元等。

（二）贯彻落实“后发崛起”战略决策

按照建设“发展型财政”思路，充分利用积极财政政策与适度宽松货币政策机遇，及时加大融资力度，较好地解决我市重点项目建设资金“瓶颈”问题，保障了疏港公路海大路口至蔚葎港工程、鉴江供水枢纽工程、钢铁基地征地补偿、茂湛铁路等重点项目外围基础设施建设工程和市政工程的建设。利用融资资金，加大土地储备，全年实现收地 9 171 亩。加快项目建设进度，推动经济适用房工程、湛江商务大厦工程，学校代建工程。

（三）加大企业帮扶力度，促进经济增长

一方面认真落实国家重点民生政策和结构性减免税政策。调整工业用地城镇土地使用税年单位税额标准，为企业年减负约 2 500 万元；实施增值税转型改革，落实再生资源增值税先征后退政策；取消 100 项行政事业性收费，切实减轻了企业和个人负担。在预算内安排资金用于现代产业体系、现代农业、自主创新、旅游发展、港口建设、商贸流通和节能减排等，发挥了财政在“保增长、调结构”方面的作用。加大农业综合开发资金投入，实施产业化经营，推动了农业增产、农民增收。安排县通镇、镇通建制村道路建设配套资金，用于改善农村道路交通条件，方便农民生产生活。

四、推动基本公共服务均等化建设，保障和改善民生

进一步调整优化财政支出结构，重点加大对“三农”、教育、医疗卫生、社会保障、保障性安居工程建设、环境保护等民生领域的投人，让城乡居民更多地享受改革发展成果。

（一）教育方面

实施义务教育学校绩效工资，全市各级财政投入 13 845万元，使湛江成为全省欠发达地区第一个实现“两相当”的地级市；安排 4 560 万元改造薄弱学校及改善办学条件；落实融资资金 9.85 亿元用于高中阶段新增学位建设，全市顺利通过教育达标考核。

（二）社会保障和就业方面

社会保障覆盖面扩大，保障标准提高。享受低保人数从 15 万人增加到 17 万人；企业离退休人员基础养老金标准每人每月提高 90 元；过渡性养老金月标准提高 100 元；失业救济金标准从每月 464 元提高到 534 元。坡头区启动新型农村养老保险试点。

（三）医疗卫生方面

公共医疗卫生体系建设得到长足发展。从 2009 年起实行城乡居民医保制度，新型农村合作医疗医保纳入一体化管理；乡镇卫生院信息化建设及改薄工作进一步加快；开展了公立医院取消药价加成试点改革；城镇职工基本医疗保险报销补偿比例提高 1～3 个百分点。

（四）住房保障方面

支持发展城镇经济适用房和廉租房建设，全年建设廉租房 921 套，发放住房租赁补贴 1 051 户共 182.21 万元，经济适用房动工建设 1 095 套。在银行信贷资金落实前，财政垫付资金实施农村安居工程，完成 2 万户改造任务。

（五）惠民补贴方面

除继续往年各类补贴政策外，还落实“家电汽车摩托车下乡”、“家电汽车以旧换新”等政策。下拨家电下乡财政补贴资金 2 711 万元、汽车下乡财政补贴资金 796 万元、家电以旧换新资金 1 000 万元。

（六）支持汶川龙溪乡灾后重建方面

根据省统一安排，湛江对口支援汶川县龙溪乡灾后恢复重建项目共有 55 个，总投资 15 240 万元，其中：本市财政安排 12 996 万元，省统筹安排 2 274 万元。2009 年，全市财政已累计安排援建项目建设资金 7 715 万元，55 个援建项目已全部开工，已竣工 40 个，预计 2010 年 5 月可以全部竣工。

五、创新财政体制改革，提高财政科学化、精细化管理水平

实行“吃饭型”财政向“发展型”财政转变，推进财政管理体制的改革，引导和带动各项经济体制的发展。

1. 积极推行财政体制改革，顺利完成市对区财政体制的调整，发挥各级政府理财积极性。做好省直管县财政体制改革准备工作，确保市、县利益。

2. 改进部门预算编制，采取先定原则、后编预算，先协商大体一致再从整体上研究等举措，提高编制效率。在预算编制过程中引入并参考往年的绩效评价结果。

3. 财政支出管理电子平台初步建立，开展了部门预算、预算指标管理与国库支付的整合工作，人大通过的部门预算可直接全部导入国库执行信息系统。市级财务核算集中监管已经覆盖市级177个预算单位，实现了对财政资金运行全程动态监控。积极开展市级公务卡试点工作，20个试点单位全部与代理银行签订协议，发卡及公务卡消费报销业务不断增长。

4. 启动全省政府采购大平台协议供货交易系统，政府采购电子平台运行获得省财政厅肯定。政府采购规模继续扩大，采购范围拓展到民生项目。2009年政府采购预算13.97亿元，实际采购金额12.8亿元，节约资金1.16亿元。出台了《单一来源政府采购方式审批管理程序的规定》，引入专家论证和信息公开机制，减少单一来源采购方式。

5. 农村财务管理规范化试点顺利通过省验收，利用“村务e路通”平台推行农村财务信息公开效果明显，试点地区实现农村财务问题“零”上访。

6. 行政事业资产管理改革由被动转向主动，管理思路拓展，管理制度逐步健全，明确了财政与部门间综合管理和监督管理、财政局内部专业管理和分工管理的关系。建立了行政事业单位资产管理信息平台，组织对21家事业单位实施财务预算管理试点，逐步实现资产管理与预算管理相结合。

7. 创新审核机制，工程审核由完全自审转向联合审核，引入了委托社会中介机构参与财政投资项目评审机制。不断提高审核结果的公正性和审核效率。全年送审金额12.5亿元，审定金额10.34亿元，核减不合理投资2.18亿元，综合核减率为17.43%。

六、强化财政监督管理，提高财政绩效水平

1. 加强重点项目资金、扩大内需资金和保民生等专项资金的监管力度。成立重点项目资金管理小组，完善和规范财政投资管理制度，出台《关于加强湛江市市级财政投资项目资金管理的意见》，对计划内外投资、超计划投资、领导审批权限、资金来源、管理费标准等各方面作了认真细致规定。建立重点项目明细账目和台账制度，保证资金安全，提高效率。从各级审计反馈的情况看，未发现截留、挪用、浪费项目资金等重大问题。

2. 改革财政资金分配方式，积极实行专项资金竞争性分配。2009年对市级财政预算安排的产业转移工业园发展资金、扶持中小企业资金、商业流通业发展专项资金、科技专项资金、水利专项资金、市中小学布局调整资金、农村劳动力培训转移资金和市级旅游发展专项资金等8项专项资金实行竞争性分配，发挥出财政资金集中使用的经济社会效益。

3. 加强监督检查，加大对财政资金的跟踪问效。将扩内需、钢铁项目资金列入财政重点监督检查对象。开展“小金库”专项治理检查，查出小金库9个，涉案金额184.9万元。开展行政事业单位财政检查，查出有关部门违规资金3 470万元，已上缴财政3 360万元。组织对部分农村及上访村开展农村财务重点审计，妥善处理好因农村财务问题引发农村上访案件58宗。及时制止企图骗取省级专项资金事件，纠正个别单位擅自利用国有资产对外出租违规行为，规范国有土地对外出租行为。

七、开展财政队伍建设，努力提高行政效能

1. 深入开展学习实践科学发展观活动。有针对性制订短期和中长期整改方案。以科学发展观为指导，结合湛江财政实际，提出了从吃饭型财政向发展型财政转变的财政理念，对财政工作提出既要精细扎实又要保证高效，既要节流更要开源，既要依法理财又要文明服务的六点要求。

2. 加强干部教育培训，推进廉政建设。开展形式多样的廉政教育，实施领导班子与干部职工谈心制度，对重点科室岗位进行诫勉谈话，提高源头治腐工作整体效能。开设“局长讲坛”，4位局领导在不同场合为干部职工授课。安排专题辅导讲座，开办领导干部培训班，提高干部职工思想政治水平和业务技能。

3. 提高工作效率，转变机关作风。一方面，大力缩减工作流程，把办文拨款流程环节从20多个减为10个，将一般性公文办理时间由半个月压缩到5天，并积极提高工程资金请款项目的拨款效率。另一方面，通过实行局领导“AB”岗、办文情况通报及实行督办员和督办单制度等措施，解决了以往办文时间长逾期答复的现象，按时办文率基本达到100%。市委、市政府和局长办公会、局务会布置的各项重点工作得到跟踪落实和及时反馈。

4. 提高服务意识，提升文明理财水平。倡导换位思考、主动服务以及主动作为的理念，在提高工作效率的同时，转变各部门到财政部门的“被动服务”为财政部门到单位的“主动服务”。开展上门走访活动，既督促各部门抓收入，又注重帮助单位解决存在的实际困难。上门为相关单位核销票据、送票据。

5. 加强财政队伍建设，提高机关服务水平。改变对中层干部的考核方式，将以往考核的“德能勤绩廉”为内容，细化为“团队精神、综合素质、业务能力、执行力、勤政、廉政、文明服务”七个方面。复刊并编辑了《湛江财政》3期，刊发财政信息86篇，发表财政新闻35篇，建立财政文化建设的阵地。全年倡导勤俭节约的意识，从制度和审批上从严控制局机关的经费支出，减少不必要浪费，2009年全局经费支出压减5%以上，保密、档案、安全、卫生、维稳等工作取得进步。

（湛江市财政局供稿，王晓立执笔）

茂名市

2009年，茂名市坚决贯彻落实中央和省关于保增长、保民生、保稳定的决策部署，全力推进“三促进一保持”，全市经济社会实现平稳较快发展。全市生产总值1 239.80亿元，比2008年增长10.3%。其中，第一产业增加值237.08亿元，增长5.1%，第二产业增加值460.93亿元，

增长5.2%；第三产业增加值541.79亿元，增长16.3%。人均生产总值20 118元，增长8.9%。全市居民消费价格总指数比2008年下降2.8%。全市完成农林牧渔业总产值381.95亿元，增长5.4%。全年全市工业增加值426.93亿元，增长5.6%，其中规模以上工业增加值258.08亿元，增长4.9%。1～11月全市规模以上工业经济效益综合指数376.10%，上升83.2个百分点。全年全社会固定资产投资180.01亿元，比2008年增长23.5%。全年社会消费品零售总额601.00亿元，增长20.3%。全年进出口总额6.73亿美元，下降9.1%。合同外资金额0.93亿美元，下降52.8%。实际利用外资金额0.31亿美元，下降44.2%。年末全市金融机构人民币存款余额852.56亿元，比年初增长16.2%。年末金融机构人民币贷款余额297.38亿元，增长34.6%。全年在岗职工工资总额71.83亿元，增长10.5%。城市居民人均可支配收入13 160元，增长9.6%。农村居民人均纯收入5 784元，增长7.0%。

2009年，全市财政部门深入贯彻落实科学发展观，紧紧围绕服务改革发展稳定大局，克难奋进，科学理财，积极应对国际金融危机的挑战，促进了经济企稳回升，增强了地方财政实力，保障了重点民生支出，创新了财政运行机制。全市财政一般预算收入完成41.70亿元，增长14.9%，其中税收收入完成24.35亿元，增长10.6%，占一般预算收入的58.4%；非税收入完成17.36亿元，增长21.0%，占一般预算收入的41.6%。全市财政一般预算支出98.28亿元，增长17.0%，全市财政一般预算收入加上级补助收入57.99亿元、转贷财政部代理发行地方政府债券收入1.93亿元，国债转贷资金上年结余670万元、上年结余7.00亿元、调入资金1.78亿元，财政总收入110.47亿元，比2008年增长19.3%。全市财政一般预算支出加上解上级支出1.10亿元、增设预算周转金944万元、国债转贷资金结余670万元，财政总支出99.53亿元，收支相抵年终滚存结余10.94亿元，其中结转下年支出10.83亿元，净结余1 148万元，实现了收支平衡。市级和各县（市、区）均实现了收支平衡。全市完成上划中央“两税”（不包括中央省属企业上划数）10.13亿元，为2008年同期上划中央“两税”的106.47%；完成上划省“四税”4.70亿元，为2008年同期上划省“四税”的109.96%。六个县（市、区）一般预算收入平均增长率为15.6%，税收增长率为12.5%。各县（市）综合增长率为：电白县14.01%、信宜市12.32%、化州市0.78%、高州市13.09%。

一、积极落实应对国际金融危机、实现“三促进一保持”的决策部署，推动全市经济平稳较快发展

千方百计利用预算、税收、融资、贴息等有力手段，推动“工业立市”、“三促进一保持”、“双转移”战略的深入实施，推动全市经济平稳较快发展。

（一）落实扩内需促增长政策取得重大进展

争取到国家安排扩大内需项目230项（次），争取中央资金2.85亿元。主要包括农村民生工程和农村基础设施项目，医疗卫生、教育文化等社会事业发展项目，节能减排和生态建设工程项目，自主创新和产业结构调整项目。开辟中央扩内需资金拨付“绿色通道”，实行“专户储存，双重印鉴管理，专账核算”，确保资金及时到位、安全运作。

（二）融资平台建设实现重大突破

市财政通过市城乡基础设施建设投资有限公司等三个融资平台共融资15亿多元，促进了茂名大道改造、市一中及职业技术学院搬迁等项目开工建设。

（三）承接产业转移战略竞争获重大成果

积极争取省实施产业转移战略各项扶持资金，培育全市经济新的增长极。牵头做好组织协调工作，争取到省竞争性财政扶持资金5亿元，努力把珠海（茂名）产业转移工业园打造成为省示范性产业转移工业园。争取到省产业转移工业园外部基础设施建设补助资金2 000万元，为园区建设注入了新动力。

（四）地方企业自主创新能力得到重大提升

积极利用贷款贴息、以奖代补等政策手段，最大限度筹集资金支持地方企业自主创新。争取到省扶持的项目314个，扶持资金1.74亿元，增强了全市企业可持续发展能力。市级财政安排科技支出3 474万元，扶持项目涵盖信息化建设、科技创新、农业研究等领域。其中安排中小企业发展专项资金1 000万元，用于扶持全市企业进行技改和创新、中小企业服务平台建设和信用担保服务体系建设、著名产品和驰名商标的奖励及50强民营企业奖励。全年新增省级高新技术企业3家，省级民营科技企业4家，企业累计专利申请量同比增长46.2%。

（五）节能减排和环境保护有了重大改善

争取到中央、省环境保护专项资金8 225万元，治理项目13个。全市环境保护支出完成1.62亿元，增长122.8%。投入环保专项资金1 505万元，城市污水处理资金6 720万元。其中市级投入环保专项资金940万元，治理项目9个。市财政安排1 000万元用于高州水库生态保护工作，为初步实现全市环境整治目标提供了强有力的资金支持。

二、进一步健全财税收入征管机制，超额完成全年预算任务

2009年是新世纪以来全市财政收入形势最困难的一年。在市委、市政府的正确领导和科学谋划下，全市财政部门积极抗击国际金融危机，有效遏制了财政收入下滑态势。

（一）严格执行“三项制度”

一是严格执行财政收入月分析制度。定期召开会议研究分析财政收入形势，认真分析财政预算收支与经济运行、政策变动和征管工作之间存在的内在联系和规律，撰写了《税制改革对茂名市财政的影响和建议》，为政府和领导决策提供参考。以97分全省第一的优异成绩，被评为全省预算执行分析工作先进单位。

二是严格执行领导分片抓收入制度。对各县（市、区）收入、茂名石化公司收入、土地出让收入、契税收入、其他非税收入均落实分管领导和主办科室，确保责任到人、督查到位。

三是严格执行财税联席会议制度。加强与税务、银行、国库等部门的沟通配合，及时掌控财税收入增长态势，构建财税收入齐抓共管的长效机制。在市级一般预算收入中，国税部门收入5.6亿元，地税部门收入7.17亿元，均同比增长9%，均完成了预算任务。

（二）切实抓好“三项收入”

一是切实抓好茂石化收入。努力克服成品油税费改革、增值税转型等政策性因素的不利影响，紧紧抓住当前进口原油价格稳定、成品油价格上调的有利时机，重点跟踪协调茂名石化公司税收问题，为顺利完成市级乃至全市财政收入任务奠定基础。

二是切实抓好税收收入。财税部门广大干部职工做了大量卓有成效的工作，加强对重点税源管理，确保财政收入及时、足额、均衡入库。全市财政一般预算收入中税收收入完成24.35亿元，增长10.6%，占一般预算收入的58.4%。

三是切实抓好非税收入。完善非税征管员分片征管制度，开展173个具有收费职能的单位非税收入专项检查。在2008年茂名市所有非税征收单位上线率已达100%的基础上，延伸非税征管系统网络平台，提高非税服务质量。全市非税收入完成17.36亿元，增长21.0%，占一般预算收入的41.6%。

（三）收入跃上“三个台阶”

一是全市财政总收入首次跃上100亿元的新台阶，实现110.47亿元，比2008年增长19.3%。

二是全市财政一般预算收入首次跃上40亿元的新台阶，实现41.70亿元，完成年初代编预算的105.2%，增长14.7%，增幅超过全省平均水平，由年初的全省末位跃居全省前10位。

三是市级一般预算收入首次跃上20亿元的新台阶，实现20.7亿元，增长13.8%，完成年初代编预算的104.4%。新一轮市对县（市、区）财政激励效应不断扩大，6个县（市、区）一般预算收入平均增长率为15.6%，其中茂港、信宜一般预算收入增幅超过20%。6个县（市、区）收入质量增长指标都超过10%，预计均可获得市激励目标奖励，其中茂港区收入质量增长指标20.4%，可以获得市级财政收入质量考核奖励480万元。

三、加大财政支农力度，在更高层次、更宽领域、更广范围推进农村改革发展

通过政策引导、完善机制、财力投放、推进改革等方式，积极落实各项支农惠农政策。全市农林水事务支出10.19亿元，增长32.4%，比全市一般预算支出增幅高出15.4个百分点。

（一）大力支持现代农业做大做强

投入农业综合开发资金5 434万元，改善农业生产条件。安排农业龙头企业发展资金350万元，农业产业化步伐加快，新增省级农业龙头企业2家，全市38家重点龙头企业带动农户17.7万户，户均增收2 500元。安排400万元支持举办广东（茂名）首届现代农业博览会，签约项目131个，总金额61.9亿元。争取到中央水稻良种补贴资金4 140.3万元，保证了全市粮食生产实现持续稳定发展的势头。争取到中央、省防护林工程项目资金1 535万元，造林4.79万亩，封山育林3.99万亩。拨付能繁母猪补贴资金55.52万头2 574万元，拨付生猪良种补贴资金340万元，生猪调出大县中央财政奖励资金3 178万元，提高农业抗风险能力。

（二）大力支持农村基础设施建设

争取到高州水库灌区2009年改造项目建设省级资金3 000万元，拨付灌区续建配套与节水改造工程资金882.3万元，拨付高州水库除险加固工程资金311.6万元，拨付城乡水利防灾减灾水利工程建设资金490万元，大力支持水利建设。拨付农村饮水工程资金1.17亿元，解决了74万人的饮水不安全问题。拨付农村沼气建设资金565万元，改善农村生活条件。

（三）大力支持农民持续增收减负

拨付综合和种粮直补资金1.7亿元，受益农户99.84万户。发放家电下乡补贴37 723台，金额995.89万元。发放摩托车、汽车下乡补贴39 057台，金额3 274.77万元。市级财政安排村委会干部补贴1 003.08万元，每人每月增加补贴100元，安排贫困村“两委”干部补贴资金307万元。

四、加快建立公共财政支持改善民生、促进社会和谐的长效机制，提高基本公共服务均等化水平

从解决人民最关心、最直接、最现实的利益问题出发，加大财政资金投入，着力保障和改善民生，努力使全体人民学有所教、劳有所得、病有所医、老有所养、住有所居。全年财政用于教育、社会保障和就业、医疗卫生、环境保护等民生支出50.1亿元，占一般预算支出的51.0%，增长13.2%，为近年来最大增幅。

一是支持教育优先发展，努力确保学有所教。全市教育支出26.96亿元，增长16.5%。城乡免费义务教育全面落实，受惠中小学生124.7万人，97 517个特殊困难学生享受2 681.72万元补助资金。及时下达培训经费235万元，推进全市代课教师8 606名“代转公”工作。获得省财政奖补资金1.00亿元，全市6个县（市、区）全部实现中小学教师福利待遇“两相当”，得到省政府领导的充分肯定。扎实稳妥推进绩效工资制度，形成新的激励导向机制。转拨全市普通高中学校建设专项资金1.21亿元，19所学校扩建项目工程建设规模达到27万平方米。拨付征地款1.96亿元，解决市新一中校区建设征地款问题。安排2 420万元用于职业教育，达到省政府规定的30%的比例。拨付建设资金2 000多万元，确保市第一职业技术学校扩建工程全面

动工。下拨2008学年技工学校国家助学金1 107万元，10 276名技工学校学生获得补助。

二是实施扩大就业政策，努力确保劳有所得。预拨农村劳动力培训转移就业经费1 000万元，全年免费培训农村劳动力6.1万人。拨付2008学年技工学校国家助学金1 107万元，10 276名技工学校学生获得补助。安排专项经费推进各项就业培训工作，市本级共培训下岗失业职工721人，举办下岗失业人员专场招聘会76场，643名农村青年免费参加“百万农村青年培训”项目培训，233名下岗失业职工参加免费创业培训。

三是加大医疗卫生投入，努力确保病有所医。全市医疗卫生支出8.26亿元，增长9.3%。农村合作医疗实现了全覆盖，新型农村合作医疗筹资标准达到每人每年110元，年住院报销支付上限为5万元，全市参加合作医疗农民505.49万人，实现了在茂名市长期居住的农村居民全部参加新型农村合作医疗。市级财政安排改造建设30间薄弱卫生院资金2 400万元，稳步推进茂名市乡镇卫生院改造建设。及时拨付资金，确保甲型H1N1流感防控工作扎实推进。

四是完善社会保障体系，努力确保老有所养。全市社会保障和就业支出13.25亿元。市级社保基金支出12.29亿元，确保各项社会保险待遇落实。全市适度调整了低保标准，共筹集低保资金1.56亿元，享受最低生活保障人数19.1万人，新增7 380户22 825人。城镇居民医保和被征地农民基本养老保障制度加快实施，全市36批次的征地、7 734名被征地农民纳入社会保障范围。

五是改善群众居住条件，努力确保住有所居。拨付廉租房建设资金747万元，第三期120套廉租房提前竣工并交付使用。积极参与住房制度改革，充分利用电子信息技术，努力做好住房公积金年度财政补贴方案和住房货币补贴方案的测算、资格审批、发放和财务监管。

六是做好援川资金的筹集和监管工作。已完成投资9 000多万元，完工30个项目，对口支援银杏乡恢复重建工作成效显著。

五、把改革转化为财政平稳健康发展的推动力，完善公共财政体系

加强组织领导，做好工作协调，完善管理制度，扩大改革范围，确保部门预算、国库集中支付等各项财政改革按要求整体推进，取得实效，把改革转化为财政平稳健康发展的推动力。

一是市级预算管理提出新思路。印发了《关于进一步加强市级预算管理的通知》，引入内部分权制衡的理念，建立预算编制、执行、监督、评价相互分离、相互制约、相互促进的良性机制，逐步建立编制程序规范、涵盖范围全面、编制内容细化、编制方法科学的财政预算管理制度。力争把所有的财政性资金都纳入预算管理，杜绝部分专项资金游离于预算管理之外的现象，形成地方政府一级预算，以及相应的专项资金预算相结合的预算体系，使预算管理覆盖到各个方面。

二是全市财政国库制度改革实现全覆盖。市级256个行政事业单位全部纳入国库集中支付改革范围，所有县（市、区）均已按要求完成国库支付系统上线工作，并顺利通过省财政厅检查小组的检查和验收，全市国库集中支付系统覆盖面达100%。

三是财务核算集中监管改革试点范围逐步扩大。在首批5个试点单位顺利上线运行的基础上，2009年7月起分两批继续扩大财务核算集中监管改革试点范围，市直102个一级预算单位全部实行了财务核算集中监管改革，规范了预算单位的会计核算行为。

四是积极推进公务卡改革。2009年10月正式启动公务卡改革试点，市本级公务卡改革5个试点单位共开办公务卡140张，提高了预算单位使用财政资金的透明度。

五是切实加强政府采购的监管工作。出台了《进一步加强市级政府采购项目申报和“非公开招标方式”审批管理的通知》，进一步规范了政府采购项目的申报、审批行为。抓好对采购过程中采购申报审核、采购方式确定等重点环节的监督。全市实现政府采购金额8.26亿元，平均节约率为9%。

六是加强行政事业单位经营性资产管理。开展了市直增量资产预算审核工作。制定审核标准，逐步建立和完善预算管理与资产管理相结合的各项制度。全面完成对市直251户行政事业单位资产清查工作中的资产盘盈、资产损失和资金挂账进行逐一认定和批复的工作。共审核批复资产处置事项54宗，金额159.34万元。全市经营性资产的收益征缴597.13万元。

七是加强财政支出绩效评价。对2008年乡镇卫生院建设等4个省、市财政资金项目实施重点评价。布置市直24个单位共51个财政专项资金项目开展自我绩效评价工作。

八是建立健全财政投资评审工作六项机制。修订和出台了《项目负责人操作规程》等六个制度，有效地规范了工作人员的评审行为。委托审计部门、市造价站或者社会中介机构对市投资审核中心2008年度已定案的评审报告进行抽审稽核，建立健全初审—复审—终审—再复审制度。全年审核结算项目172项，审定造价2.82亿元，平均核减率12.14%。

九是加快“茂名市财政信息大平台”与各业务系统的整合，“一体化，大集中”模式基本成型。“茂名市财政信息大平台”已整合了包括部门预算、国库集中支付、财务核算集中监管、行政办公、非税收入、镇财县管、公务卡等系统，真正实现大平台一站式、一体化、大集中的目标，得到了省财政厅的肯定。

六、积极探索财政资金监管新手段，提高财政资金使用效益

一是严格控制财政支出。按照保运转、保重点、保民生和集中财力办大事的原则，积极开展行政经费节约年活动，大力压缩一般性行政支出。印发了《茂名市财政局开展行政经费节约年活动实施办法》，在车辆管理、公务接待、会议活动、办公费用、差旅费等七方面出台了12条具

体细化、切实可行的措施。对市直及县（市、区）单位党政机关30个单位进行重点检查，有力促进全市党政机关单位贯彻落实中央厉行节约八项要求。

二是财政资金安全管理出台新办法。印发了《茂名市地方财政资金安全管理暂行办法》，制定了具体可行、科学规范的会计岗位考评、奖惩和轮岗制度，现金及银行存款管理制度，印鉴和票据管理、领用、使用制度，对账制度，资金收付管理工作人员回避制度等。

三是稳步有序地开展“小金库”专项治理工作。全市应纳入“小金库”自查自纠的2 669户党政机关和事业单位自查面达100%，重点检查具有执收、执罚权的行政事业性单位和有群众举报的部门和单位190户，完成应检查任务的142%。共查出“小金库”9个，“小金库”金额104.62万元。对违规行为进行了处理，大大减少了截留、挪用财政资金现象。

四是认真做好全市财政所（结算中心）2007～2008年度财政、财务收支检查工作。全市财政所（结算中心）自查面达100%，重点抽查了32个财政所（结算中心），进一步完善了基层财政所（结算中心）的内控制度，保证了财政资金的安全、高效运行。

五是定期开展重点财政支出的监督检查。对各县（市、区）财政局2007～2008年度农田水利建设议案资金和旅游景点建设专项资金、茂名市扩大内需政策落实和资金等进行了检查。对全市中等职业学校国家助学金发放管理工作进行了专项检查，共抽查了15所中职学校。

六是开展规范权力运行工作。10月起开展规范权力运行工作，确保权力正确行使。

七是正式开通市本级“实时在线财政预算监督系统”，通过该系统可以在网上实时查询纳入国库集中支付改革单位的所有预算安排计划和每一笔支出金额、用途及去向等情况，打造政府财政预算支出的“透明钱柜”。

八是进一步强化会计监督。实行注册会计师行业统一最低收费标准，从每个会计师事务所的业务报告中抽取15%的业务量进行收费项目的检查，共抽查业务报告130份。

九是加大财政票据监管力度。发出纠正违规使用财政票据的通知11份，查处违规使用票据应追缴入财政专户的金额1 053.86万元。

七、加强领导班子和干部队伍建设，努力打造公共服务型机关

一是以开展深入学习实践科学发展观活动为载体，党建工作基础进一步夯实。编发简报74期，其中7条信息被上级刊登。组织了群众满意度测评，共发放群众满意度测评表154份，对该局学习实践活动的总体评价“满意”的占99.4%，基本实现了“党员干部受教育、科学发展上水平、人民群众得实惠”的预期目标。

二是以解决“老爷作风、散漫作风”两大突出问题为抓手，机关作风进一步转变。

三是以执行民主集中制为重点，领导班子能力进一步增强。严格执行民主集中制，突出抓好中心组理论学习、分工负责制、民主集中制等三项制度建设，充分发挥领导班子的核心带头作用。该局中心组学习经验文章被《茂名干部教育》刊登。班子牵头开展的《高州水库水资源生态保护财政政策研究》课题被评为省财政科研重点课题一等奖。

四是以善学习、讲修养、促实干、重预防、敢惩治为手段，反腐倡廉防线进一步筑牢。落实党风廉政建设责任制，推进惩治和预防腐败体系建设，拓展从源头上防治腐败工作领域。认真落实中央《建立健全惩治和预防腐败体系2008～2012年工作规划》和市委《分工方案》，着力推进惩治和预防腐败体系建设。推进廉政文化“进机关”主题活动，树立“以优服人促发展，从廉理财惠民生”、“以优服人清风驻，从廉理财活水来”的廉政理念，被评为市直机关廉政文化建设十佳理念单位。

五是以加强教育培训为依托，干部队伍素质进一步提高。

六是以创建“六型”机关为目标，为民理财实效进一步显现。按照创建学习型、高效型、服务型、和谐型、创新型、廉洁型机关的要求，修订了《关于进一步简化办事程序、优化办事流程、提高行政效能的实施意见》，简化办事环节和办事程序，规范公文审核和督办流程，健全科室岗位目标责任制。全面实行办公自动化，积极构建阳光财政，政务公开、保密等工作受到了市的通报表扬。承办人大代表建议和政协委员提案81件，被评为茂名市政府系统办理建议提案工作先进单位。

（茂名市财政局供稿，梁建旭执笔）

肇庆市

2009年，肇庆市经济社会实现平稳较快增长，全市实现国内生产总值846.34亿元，增长13.6%，其中第一产业增加值165.31亿元，增长5%；第二产业增加值319.86亿元，增长19.7%；第三产业增加值371.17亿元，增长12.7%。2009年全市完成固定资产投资462.77亿元，增长28.2%；消费品零售额实现275.78亿元，增长15.6%；商品零售价格总指数为96.6%；居民消费价格总指数为97.8%；实际利用外资8.88亿美元，增长3.5%；外贸出口21.44亿美元，下降11.3%。年末金融机构人民币存款余额909.57亿元，比年初增长26.6%，其中城乡居民储蓄存款余额554.14亿元，比年初增长14.8%。

2009年，肇庆市财政收入增幅位居全省前列，正常及重点支出得到较好保障，财政科学化、精细化管理水平进一步提高。据快报统计，2009年，全市地方财政一般预算收入完成55.92亿元，完成年度计划的113.60%，比2008年增收12.36亿元，增长28.37%。全市财政一般预算支出（含省追加支出）完成106.73亿元，为年度计划的158.86%，比2008年增长34.71%。一般预算收入加上税收返还、省一次性及专项补助、调入资金和2008年结余

等，合计全市财政总收入114.46亿元；一般预算支出加上专项上解等支出，合计全市财政总支出108.66亿元。收支相抵后，滚存结余5.80亿元（其中专项结余5.43亿元，净结余0.37亿元）。2009年市本级地方财政一般预算收入完成15.73亿元，完成年度计划的106.78%，比2008年增收3.53亿元，增长28.94%。市本级财政一般预算支出（含省追加支出）完成31.44亿元，为年度计划的185.87%，比2008年增长59.94%。其中市本级一般预算收入加上税收返还、省一次性及专项补助、县上解收入、调入资金和2008年结余等，合计市本级财政总收入38.92亿元；一般预算支出加上专项上解等支出，合计市本级财政总支出33.72亿元。收支相抵后，滚存结余5.19亿元（其中专项结余5.08亿元，净结余0.11亿元）。

一、凝心聚力抓收入，确保完成年度收入任务

受国际金融危机及国家实施结构性减税等因素影响，2009年，肇庆市财政收入组织工作面临新世纪以来前所未有的困难。面对不利形势，各级政府和财政部门坚持加强收入组织工作领导，及时将收入任务分解落实到各个征收单位，通过加强市、县两级及财税库银之间的沟通联系，健全收入组织联动机制，增强收入组织工作合力；坚持强化经济运行状态和财政收入走势分析，市委、市政府多次召开财税形势分析会，准确把握形势，提出应对措施，牢牢把握收入组织工作的主动权；坚持对财源税源实施科学化、精细化管理，突出抓好重点工业企业、重大基建项目及房地产行业的重点税源监管工作，完善征管措施，堵塞征管漏洞，确保依法征收、应收尽收；坚持广开财源渠道，想方设法挖掘土地出让、国有资产（资源）有偿使用等非税收入增收潜力，为增强政府财力提供有力保障。

通过采取一系列针对性措施，全市地方财政一般预算收入在连续多年保持高速增长的基础上，克服众多困难，继续实现较快增长，收入增幅连续12个月稳居全省前列，充分显示了肇庆市经济发展及财政收入组织工作取得的突出成效。

二、全力以赴“保增长”，推动经济保持平稳较快发展

各级政府和财政部门抢抓扩大内需、实施《规划纲要》、打造“广佛肇经济圈”战略机遇，充分发挥财政政策资金激励作用和乘数效应，从四个方面为“保增长”作出积极贡献。

（一）争取资金“保增长”

各级财政加强与部门单位及企业的联系，选准项目载体，择优组织申报，全年共获得省财政一次性专项补助29.53亿元，比2008年增加3.85亿元，为历年最高。这些上级补助涵盖基础设施建设、环境治理、技术创新、融资担保、市场开拓等方面，对弥补肇庆市自有资金不足、推动经济社会发展起到了不可或缺的重要作用。

（二）落实政策“保增长”

各级财政将落实中央、省、市扩大内需、家电（汽车、摩托车）下乡、以旧换新、油价补贴等政策作为保增长的重要手段，积极做好资金拨付、地方配套及监督检查等工作，确保有关政策措施早落实、早到位、早见效。全年共落实家电（汽车、摩托车）下乡、以旧换新财政补助资金5 245万元，油价补贴1 404万元；新增中央扩内需投资计划50 744万元，其中中央投资18 959万元，省、市、县地方配套28 022万元，带动信贷资金、企业资金和社会资本投入3 763万元，涉及中央扩内需项目69个，通过这些项目的有效拉动，为肇庆市抵御危机、保持经济平稳较快发展提供了强有力的支撑。

（三）支持企业“保增长”

各级财政想方设法加大对企业的扶持力度，帮助企业解决发展中遇到的困难和问题，全力支持企业渡过难关、做大做强。全年全市财政通过补助、贴息、奖励等方式直接投入用于帮助企业进行挖潜改造、技术创新、品牌建设、融资担保等方面的资金达14 241万元；通过落实取消和停止征收100项行政事业性收费政策，减轻企业和社会负担3 500万元；通过降低养老保险企业缴费率，减轻企业负担1.2亿元；通过减半缓收企业堤围防护费，减轻企业负担1 689万元。

（四）加大投入“保增长”

一是紧紧抓住招商引资这个“牛鼻子”，落实招商经费及奖励资金5 542万元，推动全市招商引资及重大项目谋划建设取得新成效。二是抓住国家实施适度宽松货币政策的机遇，积极支持开展政府性融资，全年市本级获得新增政府性贷款56.94亿元，市财政安排1.55亿元用于还本付息，贷款资金投入道路改造、堤围加固、医院改建、园区建设等重点项目和民生工程，为肇庆市加快发展夯实了基础。三是充分利用地方政府债券转贷资金23 589万元，支持保障性安居工程、基础设施、医疗卫生、教育文化等公益性项目建设，为促进地方经济社会发展注入了新动力。

三、千方百计惠民生，努力让群众分享更多发展成果

各级政府和财政部门围绕基本公共服务均等化的目标，通过优化支出结构，加大惠民力度，努力让人民群众分享更多的发展成果。全年市、县两级财政投入“五大民生工程”的资金达61 568万元，比2008年增加33.53%。

（一）优化配置惠民生

面对严峻的收支形势，各级财政严格执行中央、省、市有关厉行节约、“五个零增长”、“四个减半”的规定，从严控制一般性支出增长，集中财力保障各类民生重点支出需要。全市在科学、教育、医疗卫生、社会保障和就业、环境保护、农林水事务等方面的支出明显增加，增幅分别达到26.75%、27.00%、16.19%、21.47%、73.91%和52.81%；而一般性支出增长明显放缓，其中一般公共服务支出增幅比2008年下降了8.05个百分点；党政机关出国费用与前三年平均数相比，压缩了25.55%；公务接待费用与2008年相比，压缩了11%，财政支出结构进一步优化。

（二）支持“三农”惠民生

一是积极落实中央、省、市各项强农惠农政策，通过种粮直补、农资综合直补、能繁母猪补贴等10个项目，直接补贴到农民个人的资金达26 560万元。二是大力加强农田基本建设和生态公益林建设，其中投入农田基本建设议案和标准农田示范区建设项目资金5 849万元，投入生态公益林项目资金4 706万元，夯实了农民增产增收的基础。三是加快现代农业发展，重点投入财政资金4 000万元，推动怀集梁村平原优质稻产业带和西江北岸特色水果产业带两个中央现代农业项目实施取得良好效益。四是通过财政投入，引导建立农房保险和水稻种植保险制度，增强了农民抵御风险的能力。

（三）均衡教育惠民生

一是全面落实城乡免费义务教育补助政策，共投入财政补助资金24 141万元，使全市63万名中小学生享受到了免费义务教育。二是积极支持普及高中阶段教育，市财政安排资金5 300万元，推动肇庆市高中阶段毛入学率提前两年达到了85%的考核目标。三是健全非义务教育阶段学生助学体系，全市财政共拨付资金6 898万元，落实普通高校、中职（中技）及高中阶段家庭经济困难学生资助政策，全市共有4.7万名学生获得了资助。四是结合各地规范公务员津补贴工作，着力保障中小学教师待遇“两相当”，确保了教师队伍稳定。五是继续落实职教基地、师资培训、布局调整、教育信息化和肇中新校建设等专项补助政策，提高教育投入水平，促进了肇庆市教育均衡发展。

（四）便民廉医惠民生

一是积极完善新型农村合作医疗（以下简称“新农合”）制度，全年财政投入补助资金27 247万元，提高肇庆市新农合人均筹资标准、住院补偿比例及报销封顶线，全市参合覆盖率达到100%，农民医疗保障水平进一步提升。二是继续落实和深化城镇职工、困难企业退休人员、大中专在校学生、城镇居民等四项基本医疗保险制度，通过建立普通门诊统筹，扩大保障范围，提高参保人的受益面，着力为城镇群众健康撑起了一把保护伞。三是大力加强镇、村卫生机构建设，通过支持乡镇卫生院和村卫生站实施规范化建设，完善乡镇卫生院经费保障机制，补贴农村卫生站医生，稳定了农村医生队伍，促进了农村地区医疗卫生条件的改善。四是提升肇庆市医疗卫生整体服务能力，重点支持市第一人民医院实施搬迁改造，安排专项经费促进社区卫生服务设施建设，努力为群众提供更加优质、便利的医疗卫生服务。五是加大对公共卫生应急防控工作的支持力度，市财政投入200万元建立了甲型H1N1流感防控专项资金，为各项防控工作有序开展提供了保障。

（五）社会保障惠民生

一是继续完善城乡居民最低生活保障制度，通过足额安排低保资金、向低收入家庭增发临时性生活补贴、对低保对象实行分类施保等措施，为困难群众基本生活筑好了“最后一道防线”。二是支持实施积极的就业政策，扩大失业保险基金使用范围，对困难企业给予技能培训补贴、社会保险补贴和岗位补贴，稳定了就业形势。三是积极推动新型农村养老保险试点，增加企业退休人员养老金，加大了对老年群体的保障力度。四是支持加快经济适用房、廉租房建设和农村泥砖房改造，努力让城乡低收入群众住上安全、舒适的住房。五是按时足额发放养老、失业、医疗、工伤和生育保险资金18.15亿元，提高了社会保障的水平，维护了社会大局稳定。

四、改革创新强管理，着力提升财政科学精细管理水平

各级政府和财政部门以完善公共财政体系为导向，以改革创新为动力，以信息化建设为支撑，通过将财政管理与信息技术有机融合，着力提升财政科学化、精细化管理水平，取得了明显成效。

（一）在收入管理方面

一是财税库银税收收入电子缴库横向联网系统在全省首批率先上线运行，国税系统除车辆购置税外，所有税（费）均可通过联网系统缴纳，办税效率明显提高。二是非税收入电子管理系统建成投入使用，实现了财政、执收执罚单位与代收银行对非税收入缴款信息的联网实时监控，市本级执收执罚单位100%上线运行，提高了非税收入的征管效率。

（二）在支出管理方面

一是深化了国库集中支付制度改革。市直实现了财政与预算单位、代理银行、人民银行之间的横向联网，各县（市、区）完成了集中支付系统年内全部上线的目标，全市国库集中支付资金结余率达到19.12%，有效地增强了政府调控资金的能力。二是扩大了市本级预算单位公务卡结算试点范围。试点单位由原来的5个拓展到75个，减少了现金结算的数量，加强了对预算单位财务支出的管理。三是健全了全市统一的采购平台，完善了政府集中采购制度。全年集中采购预算365 778万元，实际采购349 758万元，节约16 020万元，节约率为4.38%。四是强化了财政投资评审制度，全年共完成政府投资评审项目2 282个，评审金额610 207万元，核减金额65 520万元，核减率10.74%，为政府投资项目把好了支出评审关。五是推进了财政支出绩效评价工作。全年市本级共对60个100万元以上的财政支出项目组织了自评，涉及中央、省、市财政资金3.89亿元，在此基础上对一些备受关注的重点、热点项目进行了重点核查，提高了财政资金的管理使用绩效。

（三）在监督管理方面

一是结合构建公共财政体系需要，进一步完善了财政的各项监督管理制度。二是开展了包括小金库专项治理在内的各种资金检查，通过扩大财政资金检查的密度和范围，提高了财政资金管理使用的安全性、规范性和有效性。三是进一步推进了市本级财务核算集中监管改革试点，增强了对预算单位财务状况的监督力度。四是拓宽了实时在线财政预算监管系统的应用范围，与财政联网的单位由人大拓展到监察、审计等具有监督职能的部门，强化了对财政

的外部监督。

五、多措并举提效能，切实增强机关队伍的凝聚力和战斗力

机关效能是机关运转效率的综合反映，是做好工作的重要保证。2009年，全市各级财政部门高度重视加强机关效能建设，将其作为推动各项工作有序开展的生命线抓紧、抓实、抓好。着重从以下四个方面增强财政机关的服务效能：

一是增强素质提效能。认真开展深入学习实践科学发展观活动，组织业务骨干到清华大学学习培训，多形式、多渠道加强对干部职工的培训教育，提高政治业务素质，增强了依法、科学、民主理财的能力。二是转变作风提效能。以提高政策执行力和便民服务力为目标，全面落实服务承诺制、首问责任制、限时办结制等制度，转变作风，创优环境，提高效率，努力使财政惠民政策尽快落到实处，让前来办事的群众得到文明、优质、高效的服务。三是凝聚合力提效能。市财政局通过公开、公平、公正的方式，推进了干部选拔工作，理顺了机构内部设置。各级党组织、“工青妇”、老干结合实际，积极开展各种对口帮扶及有益身心的集体活动，营造心齐、气顺、劲足、风正的良好氛围，增强了机关队伍的凝聚力和战斗力。四是廉政建设提效能。积极配合市纪委派驻财政局纪检组工作，加强廉政教育，落实党风廉政建设责任制，确保党风廉政建设分工任务完成，有效地提高了全局廉政建设水平。

（肇庆市财政局供稿，张文颖执笔）

清远市

2009年，由于受国际金融危机后续影响，清远市整体经济尚处低谷，企业经营情况低迷，全市财政收入首季度出现建市20年来首次负增长，面对严峻形势，清远市财政局广大干部职工在市委、市政府的正确领导和省财政厅的关心指导下，全面贯彻落实全省财政工作会议和市委五届七次、八次全会精神，以“保增长、扩内需、调结构、促和谐”为工作重点，实行积极的财政政策，坚定信心、迎难而上，抢抓机遇，促进了清远市经济社会又好又快发展，最终实现来源于清远市的财政总收入首超百亿元，地方一般预算收入增幅居全省第一的佳绩，圆满完成了市委、市政府提出争创经济增长“六连冠”、要求全市地方一般预算收入增幅全省第一的目标任务，为清远市争当山区财政科学发展排头兵作出了新的贡献。

据快报统计，2009年，来源于清远市的财政总收入达到116亿元，增长30.3%，首次超过百亿元大关。其中，全市一般预算收入突破了50亿元，达50.03亿元，完成年初收入预算的111.59%，增长33.87%，超过全省平均水平23.62个百分点，连续6年增幅居全省21个地级市首位。市直一般预算收入14.2亿元，完成年初收入预算的111.46%，增长33.02%。同时，全市财政收入质量保持良好，税收收入完成36.41亿元，增长25.41%，非税收入完成13.62亿元，增长65.37%，全市和市直非税比重分别为27.23%、18.53%，保持在较好的比例范围之内，在全省处于中下游水平。全市地方一般预算支出累计完成99.98亿元，同比增长32.65%，市直一般预算支出累计完成18.85亿元，增长54.39%。

一、强化征收管理，保持收入快速增长有新成效

清远市财政局主要通过五个方面加强组织收入：一是加强财政收入分析预测，切实把握收入形势。清远市财政局建立了由预算、国库、综合、契税等部门组成的预算执行分析小组，一方面科学分析税源变化，强化对税政的研究，进一步加强对全市财税收入的征管分析和对县级财政部门的指导；另一方面对今年以来财政增幅排位靠前的几个地级市税收状况进行分析研究，做到知己知彼。二是认真落实局领导分片抓收入工作制度，确保对收入征管的领导和组织协调。明确各级抓收入的责任，将各项任务层层分解，把工作做得更细、更到位，为实现财政收入目标发挥组织协调的作用。三是坚持财税联席会议制度、收入通报制度，增强收入管理的预见性和主动性。从10月份开始做到每半个月通报一次，12月开始每天通报一次。对征收工作遇到的新情况、新问题，共同研究，充分发挥联席会议的功效。四是狠抓财政“两税”的征管力度。通过创新“两税”的征管办法和激励机制，进一步挖掘潜力，做到应收尽收。重点掌握房屋楼盘和大宗土地出让缴纳契税的情况，确保税收按时入库。在有效措施的推动下，2009年“两税”收入取得了较大突破，全市契税和耕地占用税入库6.3亿元，增收3.07亿元，同比增长95%，市直全年完成4.1亿元，同比增长100.09%，完成年初预算227.94%。五是进一步拓展非税收入范畴，挖掘非税增收潜力，把应纳入预算管理的非税收入全部纳入预算管理，狠抓资源性非税收入、国有资产经营性收益及经营服务性收费。

二、积极筹措建设资金，投融资工作取得新突破

2009年清远市财政局认真贯彻落实市委、市政府“扩内需、保增长”一系列工作部署，充分利用宽松的货币政策和积极的财政政策，为“十个一批”和市政重点工程项目积极筹措资金。

一方面，及时把握政策机遇，通过清远市财政局和市公共资产管理中心代管的政府融资平台—清远市融达城建投资有限公司向金融机构贷款筹集建设资金。上半年成功争取数十亿元贷款资金到位并启动项目建设。据金融部门反馈的信息，清远市在融资资金量、贷款资金到位时效方面，均排在全省各地级市前列；下半年即使金融政策有所收紧，但依然通过采取灵活有效的方式，保持贷款资金稳定增长，以满足“十个一批”和市政重点工程项目的建设需要。另一方面，科学调整财政支出，调集更多的财政性资金投入项目建设。到目前为止，已筹集建设资金66亿元，其中融资资金59亿元（已到位39亿元）、财政性资金

7亿元。截至12月底，投入“十个一批”和市政重点工程项目资金合计14亿元，其中融资资金9亿元、财政性资金5亿元。随着资金的投入和项目的落实，将会产生巨大的效益和辐射作用，进一步提升清远市综合竞争力和城市化品位，并拉动社会经济进入新一轮的跨越式发展。

同时，清远市财政局成功协助高新技术开发区、市国有资产经营有限公司、市土地储备局等部门融资约23亿元，并为华侨、民族工业园做好融资协助工作，现拟分别暂借0.3亿元用于推动两个园区建设。

三、充分发挥调控作用，支持经济发展有新措施

面对国际金融危机，清远市财政局发挥财政调控作用，有针对性地对各领域提供财政资金和政策支持，为清远市经济平稳较快走出经济低谷作出了较大贡献。

（一）落实帮扶企业的财政政策，进一步发挥财政支撑企业、提升企业危机能力的作用

为降低金融危机对清远市中小企业发展造成的不良影响，加大财税政策扶持力度，帮助中小企业渡过难关，清远市财政局突出在资金投入和政策扶持上帮扶企业，加快中小企业服务体系和担保体系建设，支持企业科技创新，推动经济结构调整和发展方式转变：在财政资金投入方面，安排0.37亿元专项资金扶持中小企业发展，其中扶持中小企业发展专项资金0.25亿元，不低于0.12亿元资金出口企业的奖励。在财税政策扶持方面，一是减免企业收费项目，全年涉企收费优惠减免金额1.2亿元；二是兑现2008年税收奖励和出口奖励政策，拨付1 400万元对98家企业和单位（个人）进行税收奖励，拨付1 300万元对62家外贸出口企业进行奖励；三是及时制定中小企业贷款贴息暂行办法，累计向78家企业完成贷款金额9.92亿元，发放贷款贴息金额750万元。以上的财政政策落实到位，对帮助清远市中小企业克服国际金融危机影响，迅速重新步入健康道路起到了巨大的推动作用。

（二）积极推进“双转移”工作，全力支持园区建设

一方面加大财政支持力度，减轻转移企业的各种行政事业性收费负担。除国家规定统一征收的税费外，推行“零收费区”的做法，不再对入园企业征收任何地方性收费。另一方面充分发挥竞争性扶持资金作用，推进园区建设及后续融资工作。根据《佛山（清远）产业转移工业园申报全省示范性产业转移工业园报告书》的计划，已落实安排2亿元给高新开发区用于园区首期基础设施和公共平台建设，其余3亿元按计划作为资本金向金融机构融资18亿元。

（三）落实刺激住房消费政策，鼓励和支持居民购买普通住房

清远市财政局积极落实住房公积金政策，切实执行国家调减契税征收比例、放宽公积金提取范围、降低住房公积金个人贷款门槛和提高住房公积金最高贷款额度等政策，有效刺激住房公积金的提取、贷款均创历史新高。2009年，全市住房公积金贷款金额8.25亿元、比2008年同期增加4.66亿元，增长了130%，2009年全市住房公积金贷款人数3 352人，占历年累计贷款人数的30%，累计11 500人享受住房公积金贷款，缓解了购房者资金困难的问题，充分发挥了住房公积金的作用，有效刺激房地产消费市场，促进了与房地产相关的营业税、所得税、房产税等税收大幅增长。

此外，2009年按有关政策规定，清远市提取城市廉租住房建设补充资金430万元，其中市直提取170万元。市财政安排融资资金和财政性资金约2 050万元用于廉租房建设，有效地解决了廉租住房不足的问题。

四、推进基本公共服务均等化，改善民生有新进步

2009年，全市用在与人民群众生活息息相关的教育、医疗卫生、社会保障和就业、文化等方面的支出，达到44.4亿元，同比增长28.04%，占一般预算支出的44.41%。

（一）教育事业得到进一步促进

全市教育支出达23.13亿元，同比增长30.21%，占一般预算支出的23.13%。继续安排7 000万元，用于偿还市直学校历史债务、解决配套资金和扩招经费等；新增3 000万元用于全市普及高中教育支出，加快了清远市普及高中阶段教育步伐。

（二）社会保障事业和就业工作得到进一步推进

一是加强社保费征缴和监督，积极配合社保、税务部门扩大社会保险覆盖面。二是继续完善城乡最低生活保障制度，巩固城市低保动态管理下的“应保尽保”成果。2009年，市财政筹集城乡低保资金1 300万元，保障了全市14.7万人、5.4万户城乡低保人员的基本生活。三是积极推进就业和再就业工作，合理安排就业财政补助资金。2009年，新增就业人数6.28万人，帮扶困难群体实现就业再就业1.45万人，零就业保持动态为零，城镇登记失业率为3.1%。四是开展城乡一体化养老保险试点工作，为清远市今后全面实施城乡一体化养老保险工作奠定坚实基础。

（三）医疗卫生事业进一步提升

2009年，全市医疗卫生支出8.2亿元，同比增长27.25%。继续投入6 000万元专项资金用于卫生事业的发展，市本级落实新型农村合作医疗（以下简称“新农合”）配套资金3 100万元，全市有314.5万人参加新农合，参保率98%，基本实现了新农合的全覆盖。同时按照广东省新医改方案，在今年的超收收入中及时安排配套了基本公共卫生服务经费1 200亿元。

（四）公益文化、体育事业进一步发展

2009年，全市投入公益文化与体育事业支出9 800万元，同比增长10.97%。市本级继续安排文化发展建设资金3 000万元，用于公共文化、体育建设。

五、加大支农工作力度，城乡协调发展有新成果

清远市财政局始终把做好支农工作作为工作重点，着力促进农业生产、农民增收和农村进步，推动城乡和谐发展。2009 年市财力安排的支农支出 1.74 亿元，比 2008 年增长 69.84%。市本级今年安排 2 000 万元作为农业龙头企业发展基金的同时，以“四个积极推进”开展财政支农工作：

（一）积极推进农村饮水安全工程

清远市财政局高度重视清远市农村饮水安全工程建设，采取了融资和财政贴息的方式，提前筹措 2.5 亿元资金启动该项“一号民心工程”。至今已完成投资 9.14 亿元，完工 1 219 项，占计划任务 89.24%，解决饮水不安全问题人口 109 万人，占计划人数的 94.31%。

（二）积极推进农业产业化建设

围绕“五特色产业带”和“四大基地”建设，集中财力建设现代农业主导产业。市财政投入 1 300 万元扶持“一乡一品”、名优农产品技术创新等，推动清远市优势农产品生产向规模化、集约化、专业化、优质化发展。市财政投入 2 000 万元农业产业化资金扶持重点农业龙头企业，对清远市农业产业化经营、促进清远市农业增效和农民增收有重要的促进作用。

（三）积极推进社会主义新农村建设

以农村“五通”和“三清”工作为重点，大力推进“八十村示范，千村整治”工程，安排新农村建设专项资金 1 000 万元，重点用于 80 个示范村重点项目建设，促进农村经济社会全面发展。

（四）积极推进“规划到户、责任到人”扶贫开发工作

一是加大了资金投入力度。市本级安排专项资金1 000 万元、全市投入达 6 000 万元，大力推进“规划到户、责任到人”工作。二是互助金模式有力支持贫困地区脱贫致富。全面启动了扶贫互助资金的试点工作，全市 57 条村加入互助资金组织，筹集到资金 1 400 万元，为贫困地区的发展提供了必要的资金支持。三是技能培训有效促进劳务输出。全年共投入财政资金 1 400 万元用于扶贫技能培训，完成培训 3.3 万人次，全年新增农村富余劳动力转移输出就业 11.36 万人。

六、深化财政机制改革，财政支出管理上新水平

清远市财政局进一步推动财政制度改革，不断提高资金管理水平，并积极探索以绩效为导向的财政支出管理体制。

（一）推动部门预算的科学、规范管理

清远市财政局通过不断健全部门预算编制的方法、方式和程序，在预算管理上取得明显成效：一是借助各项基础数据库，提高了信息化程度，夯实了预算管理的基础，提升了预算科学化和精细化管理水平。二是实现了“四个新突破”，即编制范围进一步扩大，进一步推进综合预算、初次实现经济分类、清理每年的正常追加项目并列入部门预算。三是出台《市本级支出预算指标管理办法》，细化了预算指标管理，加强了财政支出计划管理。

（二）进一步深化国库集中支付改革

今年新增 20 多个市直二级部门预算单位纳入国库集中支付范围，目前市本级共有 137 个单位实行国库集中支付，纳入国库集中支付的资金达 7.97 亿元，占总支出的 42.28%，提高了资金运行效率和使用效益，强化了预算执行监督。同时，清远市财政局完成了市直国库集中支付承办银行的重新招标确认工作，继续推行公务卡结算方式和市级财务核算集中监管改革，实现财政动态监控，加大了财政资金监管力度。

（三）拓展“收支两条线”管理的广度和深度

加强经营服务性收费和经营性资产收益管理，全年新增 22 个经营服务单位纳入“收支两条线”管理，拓宽了非税收入增收渠道，进一步挖掘非税收入增长潜力。此外，改善了经营性资产收益的收缴方式，明确了经营性资产收缴的范围、管理目标和方向，取得了较好的成效，全年共收缴市直行政事业单位非经营性国有资产收入 2 200 万元，同比增长 153%。

（四）巩固和扩大政府采购的范围和规模

扩大政府采购范围和规模，对部分实行“收支两条线”管理的单位纳入政府采购范围；积极探索建立公共工程政府采购规范管理的有效机制，并继续做好社会关注和涉及民生项目的政府采购工作。2009 年，全市政府采购预算总额为 6.72 亿元，实际采购额 6.27 亿元，节约 0.45 亿元，节约率 6.7%。

（五）积极推进绩效评价制度化的进程

清远市财政局制定《清远市本级部门预算项目支出绩效目标审核暂行办法》，在部门预算编制过程中引入绩效目标申报、审核、反馈机制，强化项目支出预算的绩效约束力，提高了财政资金使用的绩效性。同时，完善了自评复核工作流程、自评组织工作审核标准、材料审核标准等绩效管理制度，财政支出绩效评价工作走向规范化、制度化、科学化。根据统计，纳入 2009 年财政支出自评范围的项目共有 26 个，涉及金额达 2.26 亿元。

（六）规范和健全资金监管，加强资金支出的管理

一是规范了财政资金拨付管理，提高财政资金的安全性。清远市财政局出台了《清远市本级财政资金审批管理暂行办法》、《市政工程重点项目建设资金财政审批暂行办法》等制度。二是为规范融资资金的管理和融达公司的运作，清远市财政局出台了《清远市“十个一批”工程项目建设资金审核管理暂行办法》、《清远市融达城建投资有限公司项目资金管理暂行办法》等制度，确保“十个一批”工程资金的高效、安全投放。三是完善了财政性投资项目工程预、结算审核管理，提高投资效益。清远市财政局加

强规范政府投资项目招投标前的预算送审工作，扭转了市直工程预（结）算审查工作的被动局面。全年共审核工程估、概、预、结算共246项，送审工程造价44.16亿元，核定工程造价40.3亿元，核减造价3.86亿元，核减率为8.73%。四是财政监督制度进一步完善。清远市财政局结合实际，制定《清远市财政监督检查项目计划上报制度》、《清远市财政监督专项资金联合检查制度》等，增强了财政监督工作的计划性、自觉性，进一步完善了财政监督管理工作。五是有效化解部门债务，减轻政府负担。在清远市财政局与资产管理中心的努力下，成功免除市房管局与市建行的逾期借款本息0.74亿元的全部表外利息0.21亿元，只需归还本金0.53亿元，大大减轻政府负担，有效化解了政府偿债风险。

七、注重提高干部综合素质，队伍建设有新提升

清远市财政局围绕建设高素质干部队伍的要求，全面推进思想、作风和能力建设，在四个方面加强干部队伍建设：

（一）深入开展学习实践活动

根据市委的统一部署，在市委学习实践活动第三指导检查组的指导下，清远市财政局各部门深入开展学习实践科学发展观活动取得显著成效。对抓好整改落实、解决突出问题、取得思想成果、实践成果的满意度分别达到91%、94%、94%、96%，对本局学习实践活动的满意度达到95%。通过学习广大干部职工加深了对科学发展观的认识，改革创新的意识更加明确，以人为本的理念更加到位。

（二）扎实开展争创“五个一流”活动

清远市财政局在争创“五个一流”活动中，进一步加强了局领导班子和整个财政干部队伍的政治、思想、作风建设。通过开展争创“五个一流”考核活动，充分调动了干部职工的积极性和主动性，使各科（室）、中心在各项测评中取得了可喜的成绩，为实现清远市财政一般预算收入增幅全省第一打下了良好的基础。本次活动对规范干部行为、提高政治素质和业务素质起到了良好的推动作用。

（三）积极推进党风廉政建设

深入开展纪律教育学习月活动，进一步提高干部队伍的防腐拒腐防变能力。扎实推进“廉风和畅”教育活动，建立健全党员干部经常受教育的长效机制，从源头上防止腐败。狠抓党风廉政建设责任制的落实，增强了广大财政干部勤政廉政和依法理财的自觉性，真正做到为民、务实、清廉，为争当全市山区财政科学发展排头兵提供坚强保证。

（四）坚持开展干部教育培训工作

高度重视干部职工的教育培训工作，围绕如何提升干部素质、增强凝聚力，开展教育培训工作。2009年分四个批次组织全局干部职工到厦门国家会计学院学习，拓宽了参训干部的知识面，有效提升了财政业务水平。

（清远市财政局供稿　吴文字执笔）

潮州市

2009年，面对国际金融危机的严峻考验，潮州市财政工作在潮州市委、市政府的正确领导下，坚持以邓小平理论和“三个代表”重要思想为指导，以科学发展观为统领，紧紧抓住全市实施“落实推进年”的契机，进一步解放思想、改革创新，迎难而上、化危为机，认真贯彻落实中央各项决策部署和一系列政策措施，按照省委、省政府“三促进一保持”的要求，做好保增长、保民生、保稳定工作，狠抓增收节支，优化支出结构，加大公共投入，着力保障民生，深化财政改革，加强财政监督，提高支出绩效，提升依法理财、科学理财、民主理财的水平，促进全市经济平稳较快发展。2009年，全年实现生产总值480.2亿元，比2008年增长12.5%，增速比全省平均水平高3个百分点。其中，第一产业增加值35.5亿元，增长5.9%；第二产业增加值265.9亿元，增长10.7%，对GDP增长的贡献率为48.5%，拉动经济增长6.1个百分点；第三产业增加值178.8亿元，增长16.5%，对GDP增长的贡献率为48.3%，拉动经济增长6个百分点，第三产业对经济增长的拉动作用明显提高。产业结构优化调整，三次产业比例关系由2008年的7.8∶56.3∶35.9调整为7.4∶55.4∶37.2。人均生产总值18 681元，比2008年增长11.9%。2009年居民消费价格总水平比2008年下降3%，CPI比全省平均水平低0.7个百分点。商品零售价格总指数下降3.3个百分点。全市预算执行情况基本正常，2009年全市一般预算收入18.25亿元，比2008年增收2.23亿元，增长13.91%，其中：税收收入16.49亿元，占一般预算收入的90.37%，增长11.71%；非税收入1.76亿元，占一般预算收入的9.63%，增长39.73%。加上上级补助收入、2008年结余收入、调入资金，全市财政总收入52.98亿元，2009年，全市一般预算支出44.3亿元，比2008年增支6.87亿元，增长18.34%，加上上解支出、增设预算周转金、调出资金，合计总支出45.55亿元；收支相抵，年终财政滚存结余7.43亿元。市本级一般预算收入7.24亿元，增收0.84亿元，增长13.2%，加上上级补助收入、县区上解收入、2008年结余收入、调入资金，市本级财政总收入21.42亿元；市本级支出12.47亿元，增支2.56亿元，增长25.9%，加上上解支出、补助县区支出、调出资金，合计总支出14.64亿元；收支相抵，年终滚存结余6.78亿元。2009年上划中央“两税”完成18.86亿元，比2008年17.9亿元增加0.96亿元，增长5.36%；上划省“四税”完成3.12元，比2008年2.71亿元增加0.41亿元，增长15.36%。全年接受省财政转移支付28.51亿元，比2008年22.83亿元增加5.68亿元，增长24.88%。

2009年，潮州市财政工作取得的显著成效，主要体现出“保增长、控支出、强保障、重改革、树形象”五个亮点：一是保增长。全市地方一般预算收入18.25亿元，比2008年增收2.23亿元，增长13.91%。其中税收收入16.49亿元，增长11.71%；非税收入1.76亿元，增长

39.73%。二是控支出。严格控制一般性支出，加强对“人、车、会、接待、出国”等一般性行政支出的控制，将节俭意识体现在预算编制上，坚持量财办事、量力而为，集中有限的财政资金用于最急需的项目，2009年，全市财政核拨的五项经费支出比2008年节约1 548万元，下降13.75%。三是强保障。确保基本公共服务领域的投入，保障社会各项工作事业发展的资金需要。全市涉及“三农”和教育、文化体育、社会保障、医疗卫生、保障住房等民生支出25.18亿元，比2008年增支3.36亿元，增长15.4%。四是重改革。各项财政改革力度不断增强，围绕财政资金的分配、拨付、监督问效，扎实推进部门预算、国库集中支付、政府采购、“收支两条线”、绩效评价、财政监督等财政改革的紧密衔接，加大财政资金监管力度，确保财政资金安全。五是树形象。围绕主题教育实践活动，加强党的建设和干部队伍建设，形成真抓实干、敢抓敢管、勤政善政的机关作风，树立了财政干部队伍能干事、肯干事、讲政治、乐奉献的整体形象。2009年全市财政工作力度大、思路明、措施准、落实快，各项工作全面推进，工作亮点很多，在应对危机的过程中，财政调控和保障能力进一步增强，围绕中心、服务大局的政治意识牢固树立，保发展、保民生、保稳定职能作用充分发挥，主要体现在以下五个方面：

一、狠抓收入严征管，确保财政收入稳步增长

2009年，面对金融危机给全市经济带来的严重影响，年初地方一般预算收入一度出现负增长的严峻态势，全市各级财政部门积极探索解决难题的方法和有效途径，认真研究落实加强财税收入征管的措施，始终把增收节支作为财政工作的重中之重来抓。一是认真落实财政重点工作领导挂钩负责制。市财政局领导分工挂钩两县两区，针对县区收入管理中面临的新情况、新问题，及时协调指导，力促各项财政重点工作措施落到实处，确保了全市财政年度收入任务的完成。二是加强预算执行情况的监测。定期分析税源动态，密切关注收入入库情况，及时解决预算执行中存在的问题，确保收入均衡入库。三是规范非税收入管理，健全非税收入管理机制，不断拓宽征管范围，提高收入质量。对市直单位非税收入实行网上征收，全年共征收2.26亿元；完善市直单位国有资产处置、交易和管理机制，全年实现国有资产经营收益565万元，比2008年增长39.2%。

二、调整结构控支出，确保重点支出和公共服务投入

全市各级财政部门在预算编制和支出安排上，严格按照“保工资、保运转、保稳定、保重点”的原则，调整优化支出结构，严格控制行政经费支出，加大民生投入，坚持“学有所教、劳有所得、病有所医、老有所养、住有所居”，使基本公共服务更加全面平等地惠及全市人民，使广大人民群众更好地共享改革开放的成果，促进和谐社会建设。2009年，全市涉及“三农”和民生等方面的支出25.18亿元，比2008年增加3.36亿元，增长15.4%。重点做到“五个更加注重”。

（一）更加注重控制各项支出，大力压缩行政开支

认真贯彻落实市委、市政府《关于党政机关厉行节约的通知》，按照轻重缓急统筹安排支出，能压则压、该减则减、当缓则缓，从严控制办公经费支出。2009年，全市各级财政部门核拨公务购车用车经费、会议经费、公务接待费用、出国（境）经费、办公经费等五项经费比2008年节约1 548万元，下降13.75%。同比分别下降29.03%、11.81%、10.76%、62.08%、8.36%。

（二）更加注重“三农”投入，推进社会主义新农村建设

全市各级财政部门围绕社会主义新农村的建设要求，加大对农业结构调整、农业综合开发、科教兴农、生态保护等的投入，扩大公共财政对农村的覆盖面，把农村公益事业逐步纳入财政支出的范围。2009年，全市“三农”支出4.94亿元，比2008年增长23.34%。一是加大农业基础设施投入。着力改善农业生产基本条件，优化农业和农村经济结构，拨付1.67亿元支持农村土地治理、水利工程、生态环境整治等项目的建设。二是推进农业产业化发展。拨付4 012万元推进农业产业化经营和农业综合开发，提高农业综合生产能力和综合效益，促进农民增收。三是积极实施“三农”补贴政策。扩大惠农补贴的种类和范围，落实强农惠农措施，2009年，全市共拨付种粮直补、良种补贴、农资综合直补、石油价格补贴和“家电、汽车、摩托车下乡及以旧换新”等财政补贴资金9 595万元。四是支持城乡统筹发展。加大财政支农覆盖面，把更多的财政资金向农村社会事业、公共服务、公益事业、“三农”建设倾斜，促进城乡统筹发展。

（三）更加注重教育投入，促进教育均等化发展

全市各级财政部门积极完善义务教育、高中、中职教育的投入机制，优化教育资源配置，全方位提高教学质量。一是积极实施免费义务教育政策，加大义务教育投入，全市列入补助范围的学生有36.53万名，财政补助资金总额达到1.26亿元，同时免除课本费4 772万元。二是拨付724万元，对全市2.63万名农村义务教育阶段困难家庭学生发放生活补助，切实减轻农村困难家庭经济负担。三是完善农村义务教育阶段中小学公用经费保障机制，逐步提高经费保障水平，保证农村中小学正常运作的资金需要。四是实施中等职业学校国家助学金政策，全市共有5 750名中职学生享受补助，下拨补助资金550万元。五是统筹3 500万元用于市金山中学、高级中学新校区建设的银行贷款还本付息，筹集5 660万元用于市职业技术学校新校区建设。六是在2009年教师节前夕及时拨付用于教师绩效工资改革所需资金，确保教师薪金水平“两相当”。

（四）更加注重社会保障投入，提高社会保障覆盖面

全市各级财政部门着力完善城乡居民社会保障体系，

构建多层次的社会保障网络，重点推进社会保险、劳动保障、医疗卫生等方面的投入。2009年，全市社会保障、就业和医疗卫生支出9.5亿元，比2008年增长9.2%。一是加大城乡医疗保险投入。落实配套资金5 123万元扩大农村和城镇居民医疗保险覆盖面，全市参保人数达到203.26万人，其中，新型农村合作医疗新农合参保190.92万人，参合率达到99.47%；二是提高弱势群体医疗、养老保障的扶持力度，投入财政配套资金737万元，资助2.68万名困难群体参加各类医疗保险。三是认真做好湘桥区新型农村社会养老保险的试点工作，严格测算，按照低起点、广覆盖、多层次和个人缴费、政府补助的筹资原则，确保试点工作顺利开展。四是落实好各项扶持政策，推进就业再就业工作，2009年，市本级安排再就业和农村劳动力培训资金150万元。五是加强对基层卫生服务机构的设施建设，着力提高基层医务人员经费保障水平，全市共安排医疗卫生事业支出4.17亿元，比2008年增长10.62%。

（五）更加注重促产培财，促进地方经济发展

全市各级财政部门积极履行财政职能，把扶持企业发展放在更加突出的位置，充分发挥财政资金“四两拨千斤”的作用，引导企业做大做强。

一是加大扶持企业发展资金投入。设立科技创新和外贸出口奖励、技术标准战略奖励、名牌名标及纳税大户奖励、扶持企业上市、开拓国内外市场等五项扶持企业专项资金，引导企业开展自主创新，加大技术改造投资，推动产业升级、结构调整和转变经济增长方式，2009年，市本级共拨付各类扶持企业发展资金3 835万元。同时，支持企业参加各类产品展览会，核拨潮州市参加广东潮州陶瓷暨特色产品（上海）展销会、潮州投资环境暨深圳（潮州）产业转移工业园招商推介会等国内外各类展览会补助资金500万元，拨付广东省第二届粤东侨博会暨潮州市第三届文化旅游节各项费用2 140万元，为企业开拓国内外市场创建更广阔的商贸平台。

二是认真落实中央扩大内需促进经济增长的重大战略决策，及时拨付中央扩大内需新增投资项目财政资金。2009年，中央下达潮州市的新增投资项目60个，地方财政配套资金1.7亿元。

三是加强资金的筹集和管理，大力推进产业园区建设。主动配合市有关部门，参与全省产业转移竞争性扶持资金申报工作，为深圳（潮州）产业转移工业园中标为省级示范园作了大量卓有成效的工作，同时，积极配合市有关部门及时制订园区资金管理办法，严格安排园区建设资金，确保园区扶持资金专款专用。

四是盘活国有资产，积极支持有条件的国有企业进行重组、兼并、股份制合作、整体国有产权转让等形式的改造，配合有关部门做好潮州三百门港务总公司、市水泥厂改制重组和分流安置等工作，加快国有企业改革步伐。

三、加强改革重管理，确保各项财政改革扎实推进

2009年，全市各级财政部门积极推进各项财政改革，构建绩效优先、约束有力、规范透明的财政支出管理体系，强化财政管理职能，提高财政管理效益。

一是深化部门预算管理改革。切实加强预算管理，增强部门预算约束力，充分利用人员数据、决算数据、工资发放数据、财务核算信息集中监管等基础信息，提高预算编制水平。2009年，市本级共有151个单位纳入部门预算编制范围。通过“实时在线财政预算监督系统”和“地方财政分析评价系统”，使人大、审计等部门对预算执行情况的监督更加及时到位。

二是深化国库集中支付制度改革。2009年，市本级纳入国库集中支付系统财政资金10.33亿元，其中直接支付5.11亿元，同比增长117.65%，授权支付5.22亿元，增长9.58%，纳入集中支付的资金总额占一般预算支出的83.11%，比2008年提高10个百分点。财政部门针对零余额账户管理中存在的问题，及时出台《关于进一步规范国库集中支付制度有关问题的通知》，进一步规范国库集中支付管理；积极开展财务核算的集中监管改革，建立“大集中”模式的财务核算集中监管系统，2009年，市直有90个预算单位纳入监管平台管理，实现了对财政资金使用过程的监督；与此同时，推进市直预算单位公务卡试点工作，减少现金流量，确保财政资金安全。

三是稳步推进政府采购工作。以加强监督管理、构建预防体系和健全长效机制为出发点，健全政府采购批复和采购资金国库集中支付制度，采购规模和范围不断扩大，监管措施逐步完善；重点加快潮州市电子政府采购平台和协议供货电子信息平台建设，提高政府采购效率与效益。

四是继续推进市对区财政体制改革。结合新体制运行情况，积极开展调研，进一步落实市对区财政体制，确保市、区的既得利益，实现增量共享，充分调动市、区的积极性。

四、严格监督促规范，确保依法理财能力得到有效保障

全市各级财政部门按照“理清思路、依法行政、收支并举、监管并重”的工作方针，认真开展财政专项资金检查，建立健全事前审查、事中监督与事后检查相结合，对内监督与对外监督相结合、业务检查与廉政考查相结合的全程监督机制，强化财政监督职能。

（一）进一步提高“规范会计检查、严格法规要求、强化财政监督”的水平，严肃财经纪律，维护财经秩序

一是开展会计信息质量检查。对市直17个单位进行会计信息质量检查，共查出违规金额396万元，其中，应上缴入库31万元，应实行“收支两条线”管理149万元，责令整改及调账216万元。二是认真抓好“小金库”专项治理工作，按照自查自纠、重点检查及落实整改三个阶段全面开展“小金库”专项治理工作。全市纳入清理范围的单位有1 025个，重点检查59个单位；自查自纠上报存在“小金库”违规现象的有7个单位，违规私设“小金库”

总金额为 68 万元，已按规定责令相关单位进行纠正和处理。

（二）进一步加强财政基本建设项目管理和审核，保证财政投资工程项目资金使用的规范、安全和有效

着力抓好扩大内需财政投资项目的监管，着力控制政府重点工程造价，节约财政开支，着力加强工程财务决算审核的力度。严格项目预结算、竣工决算的审核，提高审核工作的效率和效益，努力节约财政资金。2009 年，市直完成概预算审核 21 项，审定造价 5.43 亿元，核减金额 7 496万元，核减率 12.13%；工程结算审核 75 项，审定造价 4.92 亿元，核减金额 1389 万元，核减率 2.75%。

（三）进一步推进绩效评价监督体系建设

积极完善绩效评价机制，加强财政支出绩效评价结果的运用，全面推进市级部门预算单位财政支出项目绩效评价工作。2009 年，对市级 16 个项目进行绩效评价，涉及财政金额 8 351 万元。在完善绩效评价的基础上，积极推进财政支出项目绩效评价与部门预算编制有机结合，强化项目支出预算的约束力，提高财政资金使用绩效。

五、优化服务出实效，确保机关服务水平明显提高

全市各级财政部门围绕开展“深入学习实践科学发展观”和“纪律教育学习月”等活动，坚持把活动与廉洁从政教育、党风廉政建设和反腐败工作结合起来，积极提高干部队伍学习理论促发展，提高素质促服务，规范管理促效能的积极性；以提高机关服务水平为目的，扎实推进学习型、创新型、服务型机关建设，工作效率、工作质量和服务水平不断提高，确保机关高效、有序、规范运转；以增强队伍整体素质为目的，着力培养一支政治坚定、业务精通、作风优良、纪律严明，能自觉坚持法治财政的理财干部队伍，初步构建了法治财政的人才支撑体系，队伍整体素质不断增强；以突出抓好党风廉政建设为目的，坚持以党风促政风、带行风，把党风廉政建设纳入目标管理，加强督促检查落实，初步构建起教育、制度、监督并重的惩治和预防腐败体系。

（潮州市财政局供稿，李　炼执笔）

揭阳市

2009 年，揭阳市财政工作在市委、市政府的正确领导和市人大的监督支持下，在省财政厅的指导下，以邓小平理论和“三个代表”重要思想为指导，认真贯彻党的十七届三中、四中全会精神，省委十届四次、五次全会，粤东现场会和市委六次全会精神，以深入学习实践科学发展观活动为契机，围绕“一三二”战略发展思路，以“三加快一确保”为工作主线，主动应对严峻经济环境，采取各种积极有效措施，坚持生财有道、聚财有方、用财有规和集中财力办大事，为全市“克时艰、扩内需、调结构、推改革、促开放、快增长、重民生、保稳定”提供了高效的财力保障。

2009 年，全市完成国内生产总值 815.77 亿元，比 2008 年增长 16.0%。其中，第一产业增加值 96.23 亿元，比 2008 年增长 5.2%；第二产业增加值 445.04 亿元，比 2008 年增长 16.9%；第三产业增加值 247.50 亿元，比 2008 年增长 18.1%。全年社会消费品零售总额 340.45 亿元，比 2008 年增长 28.3%。居民消费价格指数下降 1.7%。全社会固定资产投资 374.72 亿元，比 2008 年增长 41.0%。全年实际利用外资 24 655 万美元，比 2008 年增长 20.6%。全市进出口总额 29.82 亿美元，比 2008 年增长 21.1%。其中出口 25.25 亿美元，增长 20.4%，进口 4.57 亿美元，增长 25.3%，居民生活水平稳步提高，全市城镇居民人均可支配收入13 169元，农村人均纯收入 5 433 元。2009 年，全市人均国内生产总值 14 157 元，比 2008 年增长 15.1%。三次产业结构比例由 2008 年的 12.9∶54.5∶32.6 调整为 11.8∶54.6∶33.6。

2009 年，全市地方财政一般预算收入完成 288 656 万元，完成调整预算的 103.02%，比 2008 年增收 64 947 万元，增长 29.03%，全市 10 个预算单位均能完成或超额完成全年预算收入任务。全市地方财政一般预算支出完成 767 873 万元，完成调整预算的 118.56%，比 2008 年增支 144 504 万元，增长 23.18%。

2009 年，市直地方财政一般预算收入完成 54 850 万元，完成预算的 106.94%，比 2008 年增收 12 179 万元，增长 28.54%；一般预算支出完成 114 784 万元，比 2008 年增支 23 755 万元，增长 26.1%。2009 年，省对市财政补助资金 500 935 万元，比 2008 年增长 17.49%。市对各县（市、区）财政补助资金 15 840 万元，比 2008 年增长 40.84%。全市上划中央“两税”收入 242 156 万元，同比增加 48 409 万元，增长 24.99%。其中，增值税 231931 万元，同比增加 38 447 万元，增长 19.87%；消费税 10 225 万元，同比增加 9 962 万元，增长 3 787.83%。全市上划中央所得税 79 791万元，同比增加 12 285 万元，增长 18.20%。

2009 年，全市上划省“四税”收入 42 628 万元，同比增加 9 040 万元，增长 26.91%。其中营业税、土地增值税、非国有企业所得税和预缴所得税、个人所得税分别为 22 259 万元、2 156 万元、12 888 万元、5 325 万元。

一、加强收入组织工作，确保财政收入持续较快增长

（一）党政领导高度重视，为财政收入增长提供良好的政治保证

市委、市政府领导高度重视，多次召开书记会、党政联席会、市政府常务工作会议研究讨论财税收入形势，下发了《关于下达 2009 年经济发展任务的通知》，明确将地方财政一般预算收入、地方税收收入列入市对各县（市、区）的预算指导性计划和政府考核计划，出台激励措施，

把各地完成财税收入任务与财政“以奖代补”政策挂钩，落实工作责任制，把完成财税任务列入各级党政落实科学发展观绩效考核范围，为财政收入增长提供了良好的政治保证。

（二）深化征管

1. 清除税收管理的死角和盲点。面对增值税转型、总分机构所得税政策变动、燃油税改革、取消100项行政事业性收费等一系列减税让利政策对揭阳市税收收入造成的影响，财税部门采取切实有效措施，加大力度，全面对经济户口进行地毯式清理，将清理出未办理税务登记的经济单位纳入税收管理，有效清除税收管理的死角和盲点，提高正常税源占税收收入的比重；

2. 强化税收管理。一是进一步加强增值税专用发票的管理；二是按规定落实好企业所得税征收方式的鉴定工作；三是对全市查账征收的饮食、旅店、娱乐“三业”进行纳税预警评估；四是完善建安、房地产税源管理制度；五是综合应用纳税评估方法和手段，以评促管，以评促收；六是制定出台全市重点行业税收管理办法；七是加强发票管理；八是加强个体工商户税收管理。

（三）各级财税部门从机制管理上加大督查力度

各级财税部门同心同德，全力以赴，认真落实完善挂钩领导、督查督办、财税库部门工作联席会议、收入通报、财税收入增长监测分析、“以奖代补”等工作机制，狠抓收入序时入库。在市委、市政府强有力的领导下，经过各级党政和财税部门不断努力，一般预算收入和地方税收增长率在全省各地级以上市中均排名第3位，超额完成年度预算增长目标。

二、集中财力发展经济，不断增强调控能力

（一）抢抓机遇，积极向上争取资金支持

积极抢抓国家和省实施积极财政政策、加大公共投资扩大内需的有利时机，认真组织编制珠海（揭阳）产业转移工业园发展绩效评价体系，精心做好各项筹备基础工作，通过竞争，成功获得到省第四批产业转移竞争性扶持资金5亿元，为珠海（揭阳）产业转移工业园打造省级产业转移示范园区充实建设资金。全年全市财政共争取中央和省扩大内需项目74个，资金24 263万元，地方政府债券转贷资金27 728万元，支持厦深铁路等14个项目建设，有效扩大公共投资规模，拉动全市经济持续快速增长。

（二）统筹全局，着力支持重点项目建设

市级财政多方筹措资金，借入临江北路及临江北路西道路等八项市政工程BT项目资金10亿元，并相应筹集安排地方配套拆迁资金2亿元；揭阳潮汕机场进场路等公路建设国家开发银行融资贷款2.9亿元；国道G206曲溪至小坑段、省道S335线深坑桥至曲溪段国家开发银行融资贷款1.98亿元；高新区建行贷款2.4亿元；体育馆建设1.37亿元；广电中心建设3 052万元；龙颈水库除险加固工程建设地方配套资金2 188万元；三洲拦河闸重建工程建设资金1 890万元；污水处理厂建设1 000多万元等，进一步优化完善揭阳市投资营商发展环境，提升城市功能和城市品位。积极支持配合中石油炼油项目等事关全市经济发展命脉的大项目建设，加强前期经费保障，加快启动大项目建设，进一步增强揭阳经济发展后劲。

（三）落实措施，大力扶持中小企业发展

全面落实中央、省扶持企业的各项优惠政策，全市共安排采掘电力信息等事务支出16 103万元，有效促进企业优化管理，提高市场开拓能力和企业经营效益。落实新出台的《关于扶持揭阳市重点企业贷款贴息资金管理暂行办法的通知》，市级支持企业贷款贴息资金、科技三项费用、工业用电补贴、拓展国内外市场等资金2 000多万元，切实发挥财政资金的引导作用，扶持企业做大做强，夯实揭阳市的经济基础。

三、优化支出保障民生，不断改善公共服务

（一）科教文化方面

全市安排教育支出222 658万元，有效改善城乡教育办学环境，优化中小学校布局。安排城乡免费义务教育补助资金40 152万元，确保112万多名义务教育阶段学生享受免费义务教育政策的优惠。多方筹措资金2 348万元，用于农村困难家庭学生生活费补助，受益学生17多万人次。认真贯彻落实教师“两相当”政策，提高教师队伍待遇。安排文化体育和传媒支出8 004万元，支持揭阳学宫、市文化广场等公共文化基础设施建设，支持举办首届特色文化节和市运会等大型群体性文体活动。安排科学技术支出4 316万元，推动全市科技事业稳步发展。

（二）医疗卫生方面

全市共安排医疗卫生支出81 505万元，推动公共医疗卫生事业发展，有效加快公共医疗卫生基础设施建设，改善城乡公共医疗条件。安排补助资金3.73亿元，积极实施新型农村合作医疗制度，在此基础上稳步推进城镇居民基本医疗保险制度。

（三）社会保障和就业方面

全市共安排社会保障和就业支出90 322万元，认真贯彻落实省委、省政府召开的全省产业转移和劳动力转移的精神和就业优惠政策，安排免费技能培训补助资金560万元，实现免费劳动技能培训6 213人次；投入转移就业培训资金3 498万元，安排940万元落实各项失业救助政策。

（四）财政支农方面

全市农林水事务支出55 292万元，有效改善农业基础设施和农村公共基础设施建设，推动农村公共服务事业和农村环境综合治理。认真贯彻落实惠农政策，下达农资综合补贴6 188多万元、良种补贴1 533万元、农机购置补贴480万元、种粮直补409万元，切实减轻农民负担，提高农民种粮积极性，有效促进农业增产、农民增收。大力实施家电下乡、摩托车下乡、汽车下乡和家电以旧换新等政策性工程，及时做好配套资金下达，全年共下达资金3 585万元，真正发挥惠农强农效果。

（五）廉租住房方面

根据《揭阳市市区廉租住房保障管理办法》的规定，市级落实廉租住房建设资金2 500多万元，购建两宗住房建筑面积合计18 688平方米，切实解决市区241户困难户的住房问题。

四、深化体制改革，不断完善财政制度

（一）部门预算改革方面

1. 扩大部门预算改革范围。2009年已扩大到差额拨款单位，有效加强了综合预算管理的力度。

2. 提高预算编制水平。运用财政部统一的编制软件，细化预算编制，实现政府预算编制科学合理、规范透明，进一步完善了预算编制、执行的制衡机制。

（二）国库管理改革方面

1. 完善市直财政国库集中支付改革工作。按照“横向到边，纵向到底”的原则，把符合条件的市直141个预算单位全部纳入财政国库集中支付。同时，将中央、省专项资金补助的37家企业单位纳入集中支付管理。

2. 全面推行市级财务核算信息集中监管改革试点工作。

3. 选择市直5个预算单位作为首批试点单位实施公务卡改革试点工作。

（三）政府采购改革方面

做好2009～2010年度政府采购协议供货商规范管理工作，解决采购人小额零星的采购需求和相当部分物品指定品牌的问题，减少中间环节，降低了采购成本。全市政府采购额41 703万元，比采购人申报的预算节约金额4 665万元，节约率10%。

（四）绩效评价改革方面

协助省财政厅做好相关专项补助资金绩效评价工作，积极探索开展全市专项资金重点评价试点工作，对2007年4月～2010年4月榕江南北河（市区段）水浮莲及漂浮物打捞财政专项资金进行重点绩效评价，为项目预算资金安排和管理提供有效依据。

五、加强财政监督，规范财经秩序

（一）接受人大监督

高度重视并认真研究落实市人大对财政预算编制的审议意见，切实把代表意见和建议吸收到预算编制过程中，主动接受人大对财政工作的监督。

（二）认真做好内部监督检查工作

对局内各科（室）及局属事业单位2008年度的财务收支情况进行检查，通过检查，发现问题，及时整改，进一步规范了财务管理。

（三）加强对外部财政监督

大力落实《揭阳市财政专项资金监督检查暂行办法》，从专项资金的筹集、分配、使用、管理、效益等环节实施监督管理。加强中央扩大内需资金监管，严把资金筹集关、资金投向关、支付流程关、使用管理关、绩效评价关，提高财政专项资金的使用效益。扎实开展“小金库”专项治理工作，发现并取缔“小金库”2个。切实做好2008年度会计决算报表和会计信息检查工作，着力规范财经秩序。

六、加强干部队伍建设，素质效能不断提升

围绕抓落实主题，坚持从严治队，不断加强干部队伍建设，着力提高财政干部队伍的综合素质。

（一）狠抓学习教育

深入开展学习实践科学发展观活动，加强对科学发展观思想理论体系学习，不断增强党员干部贯彻落实科学发展观的自觉性和坚定性，撰写《揭阳市财政局领导班子贯彻落实科学发展观分析检查报告》，形成科学发展观指导下的科学理财指导性文件。认真贯彻省粤东现场会和市委四届六次全会精神，加强对市委、市政府决策部署的学习贯彻，准确把握政策方向，提高财政队伍政治判别力和政策执行力，确保政令畅通、落实。

（二）狠抓作风转变

围绕“切实转变作风，保障科学发展”的主题，统筹兼顾，把机关作风效能建设活动和学习实践活动结合起来，边学边改、边查边改、边议边改，着力转变不适应、不符合科学发展的歪风陋习，不断增强理财队伍抓落实的作风保障。落实“一查四减”制度，精简文会，厉行节约，腾出更多的干部精力和机关财力来抓落实，提高工作效率。加强财政反腐倡廉工作，加强反腐倡廉惩防体系建设，推动规范财政权力规范运作，为科学理财工作提供坚实保障。

（三）狠抓工作落实

对各项工作制定具体工作目标进度，不断强化抓落实的工作责任，并坚持以工作任务锻炼和考验干部，以工作实效考察和提拔干部，形成工作责任催促、用人导向激励相互作用的积极导向效应，促进干部队伍树立“真、实、效”工作理念，群策群力抓好各项财政工作任务落实，提高执行效率和工作质量，确保市委、市政府各项决策部署和重点工作任务落实到位。

（揭阳市财政局供稿，袁丽玉执笔）

云浮市

2009年，云浮市国民经济继续保持快速增长，全市生产总值347.43亿元，比2008年增长10.5%；工业总产值、农业总产值分别实现439.78亿元和146.15亿元，分别比2008年增长9.3%和6.5%；社会消费品零售总额、固定资产投资总额分别实现119.52亿元和240.19亿元，分别比2008年增长18.9%和45.1%；实现进出口总额9.51亿美元，其中出口总额6.16亿美元，分别比2008年增长－17.7%和－13%。实际利用外资0.71亿美元，比2008年增长2.6%。金融机构各项存款余额405.35亿元，比2008年增长20.9%。在岗职工工资总额36.56亿元，比2008年增长10.5%。农村居民人均年纯收入6128元，比2008年增长11.6%。

一、财政预算收支概况

2009 年，云浮市一般预算收入 187 783 万元，比 2008 年增收 21 452 万元，增长 12.9%，税收返还和转移支付补助及省各项补助收入 292 476 万元，转贷财政部代理发行地方政府债券收入 15 031 万元，调入资金 9 062 万元，2008 年结余收入 7 291 万元，财政总收入 511 643 万元；云浮市一般预算支出完成 485 417 万元，同比增支 71 963 万元，增长 17.41%，补助县及上解支出和增设预算周转金等 19 346万元，调出资金 601 万元，财政总支出 505 364 万元。收支对比结余 6 279 万元，全市财政预算实现了收支平衡，略有结余。

2009 年，云浮市市级一般预算收入完成 48 246 万元，比 2008 年增收 1 074 万元，增长 2.28%，税收返还和转移支付补助及省各项补助收入 50 437 万元，转贷财政部代理发行地方政府债券收入 4 963 万元，县（市、区）上划 900 万元，调入资金 1 500 万元，2008 年结余及结转 716 万元，全年市级财政总收入 106 762 万元；市级一般预算支出完成 93 936 万元，同比增支 17 165 万元，增长 22.36%；补助县及上解支出 12 193 万元，调出资金 477 万元，合计总支出 106 606 万元。市级财政预算收支对比年终结余 156 万元，实现了预算平衡。

2009 年，各级财政部门始终坚持以人为本、关注民生，继续解放思想，坚持改革开放，促进财政科学发展、和谐发展，云浮市财政收支平稳增长，财政改革不断深化，财政管理更加规范，完成了财政的各项目标任务。在增收方面主要采取了以下工作措施：一是建立稳固的收入增长监测分析新机制。通过召开财政税形势分析会，对财税形势深入分析，及时准确监测财税变化和收入增长趋势，强收收入征管。二是建立收入监督和检查机制。加强对重点税源的跟踪检查和整改，通过加强对房地产行业交易行为的稽查，取得了一定成效，2009 年云浮市财政局征收契税 2 397 万元，比 2008 年增长 174%。三是进一步规范非税收入管理范围。确保按规定将应纳入预算管理的非税收入全部足额纳入财政预算，积极推进市级非税收入财、税、库、行联网建设，努力提高财政收入质量。在节支方面，一是根据“量入为出，收支平衡”的原则，优化财政支出结构，加强预算控制，硬化预算约束，确保政府正常运作和重点支出的需要，做到花小钱办大事，精打细算，安排好财政资金，切实提高财政资金的使用质量和效益。二是贯彻执行节约行政经费的精神，落实厉行节约八项要求，严格压缩一般行政性开支。2009 年，云浮市厉行节约八项要求项目比 2008 年支出降低 8 476 万元，比 2008 年减少 22.97%，其中市级支出比 2008 年降低 2 466.55 万元，同比减少 25%。

二、财政履行职能促进经济社会发展情况

一是积极争取上级专项资金的支持。进一步加强与省财政厅的业务联系，2009 年向省财政厅借入预算周转借款，每月统筹下拨到各县（市、区）用于保工资发放和保运作，为维护云浮市稳定和发展提供了必要的财力支持；另一方面主动配合相关部门，继续争取上级加大对云浮市各项事业的投入，2009 年，全市各级财政向上级争取专项补助资金 30.55 亿元，比 2008 年增加 6.35 亿元，这些专项资金为云浮市的经济发展注入了动力，促进了云浮市经济和各项社会民生事业的发展。二是迅速落实扩大内需地方配套资金，加大对重点项目的支持力度。中央、省下达云浮市扩大内需项目资金合计 2.06 亿元，为支持云浮市各地扩大内需项目的顺利实施，发挥项目效益，减轻县级配套资金的压力，云浮市通过地方转贷项目配套市、县两级扩大内需资金(1～4 批）1.1 亿元。三是加大基础设施建设资金投入。通过整合专项资金、盘活存量资金，统筹一般预算和基金预算，按照项目建设补助、重大项目资本金、贴息等三种使用性质，进一步加大对 50 项重点工程和基础设施建设的投入，使其尽快产生经济效益，形成云浮市经济新的增长点和财政增收亮点，推动云浮市经济平稳健康较快增长。

三、财政扶持社会惠民事业发展情况

2009 年，在调整和优化支出结构上，云浮市坚持把关注民生支出摆到突出位置，按照整体规划、分步推进、突出重点、配套解决的思路，继续加大三农、教育、卫生、社会保障、公共基础设施建设等方面投入，进一步扩大公共财政覆盖面，逐渐打破城乡二元结构，推进基本公共服务均等化发展。一是支持新农村建设。按照中央加大对农业投入的要求，结合《云浮市农村改革发展试验区规划纲要》，积极争取上级扶持资金，调整支出结构，千方百计多渠道筹措支农资金，实行多元化、多层次投入，增加对农业的总量投入，大力发展现代农业，2009 年全市财政共投入农林水事务支出 49 860 万元，同比增支 15 149 万元，增长 43.64%，市本级财政落实农业项目配套资金 1 133万元。各级财政支农资金促进现代农业建设和农民持续增收，改善了云浮市农村生产生活条件。二是认真做好农资、种粮、油价、家电和汽车摩托车下乡财政补贴工作，2009 年落实农资和种粮直补资金 8 782.41 万元，受益农民 204 万人；及时拨付石油价格改革财政补贴资金 546.59 万元，惠及渔业、林业、城市公交、农村道路客运、出租车司机等多个行业和社会群体；2009 年全市共销售家电下乡产品 20 187 件，兑付财政补贴资金 478.99 万元，销售汽车摩托车下乡产品21 818辆，兑付财政补贴资金 2 744.64 万元，通过及时兑付财政补贴，积极调动农民购买下乡产品，消费拉动内需，惠农强农，也带动了工业生产。三是支持城乡教育发展。不断加大教育的投入力度，推进教育发展，确保教育经费投入。制定了科学合理的投入增长政策，确保教育的法定增长，继续落实政策认真推行免费义务教育健康发展。2009 年，全市教育支出 109 332 万元，比 2008 年增长 14 588 万元，增长 15.4%。四是支持农村合作医疗发展。云浮市财政局积极和会同市卫生等有关部门，在财政资金紧张情况下优先落实农村合作医疗资金，并确保资金安排到位。2009 年，市、县两级

财政预算安排农村合作医疗保障金5 018万元，增长5.11%，其中：市级财政1 405万元，县级财政3 613万元，并在当年5月落实到专户，由于财政扶持资金到位及时，有力地促进了农村合作医疗工作的深入开展，2009年，全市参加农村合作医疗人数200.74万人，参合覆盖率99.51%。2009年，全市有农民住院13.3万人次，补偿金额2.79亿元，使农民得到了实惠，解决了全市农民看病难、看病贵问题。五是支持拓宽就业途径，推进农村劳动力转移。全面落实下岗失业人员免费培训、职业介绍、岗位补贴、社会保险补贴、百万农村青年劳动力转移就业等扶持政策，充分发挥财政经济杠杆促进就业再就业的效能。2009年，云浮市共安排再就业资金和智力扶贫资金600万元（其中市直300万元），促进了再就业工作的开展，据统计，2009年全市新增转移农村劳动力51 203人，组织技能等级培训35 213人，培训后转移就业31 447人，转移就业率达89%，全市新增就业岗位28 944个，城镇下岗失业人员实现再就业9 700人；争取省补助落实云浮市2009年就业和再就业、技工学校建设专项资金补助4 009万元，市级和县级预算安排技工学校在校贫困生生助学金再就业补助资金242万元，大力推进了云浮市技工学校建设，为加快农村劳动力转移就业，切实提高贫困地区农村劳动力素质，实现省劳动力转移政策提供了保障。

四、深化财政改革情况

一是完善实时在线预算监督系统。根据省人大财经工委要求，云浮市实时在线财政预算监督系统联网范围由人大扩大到纪检部门以及审计部门。2009年6月云浮市完成了实时在线财政预算监督系统升级改造，实现预算资金受人大、纪检和审计监督，敞开了“电子钱柜”，使人大代表、纪检、审计人员对预算从“看得到”到“看得懂”转变，促进科学理财、依法理财，有效地预防腐败现象滋生。二是深化国库集中支付改革。2009年云浮市国库集中支付改革实现了“三个100%”和“三个显著提高”。“三个100%”是：全市预算单位100%纳入了国库集中支付；全市财政资金100%纳入国库集中支付改革试点；各县（市、区）100%启动国库集中支付系统。“三个显著提高”是：资金运行效率和使用效益显著提高；预算执行透明度显著提高；预算单位的财务管理意识和管理水平显著提高。云浮市财政局国库支付中心窗口得到市直工委的肯定，被推荐到省参与评选优秀窗口单位。三是推进公务卡支出结算改革。2009年云浮市财政局按照财政部、省财政厅推行公务卡结算改革的总体部署，按照“先试点、后分批纳入”的原则，选定云浮市财政局等10个一级预算单位在2009年6月正式启动上线。同时完善市级公务卡结算操作流程，规范单位现金的提取和使用，指导市直单位制定本单位的财务管理细则，明确公务卡结算的内容、范围、公务卡结算的报销程序、现金的使用范围和监督管理的要求。四是完善政府采购改革。加强对采购机构的监督管理，对重点项目实行现场监督，推行专家评委“管用分离”，确保政府采购专家抽取的公正性和公平性；会同监察、审计、公证等职能部门在管理上进行监督，政府采购过程实现了视频监控，使云浮市政府采购工作真正做到“阳光操作”。经统计，2009年市级政府采购预算金额1.52亿元，实际采购资金1.39亿元，节约资金0.13亿元，节约率为8.61%，节约率比2008年提高了2.53个百分点，政府采购改革工作得到进一步加强。

五、强化财政监督情况

一是坚持“以查促管”原则。抓好财政专项资金监督检查，严厉查处各种违反财政管理制度的行为，通过检查针对发现的问题提出整改意见及建议，并落实整改措施，确保专项资金专款专用并发挥应用效益。二是开展“小金库”专项治理工作。自查自纠阶段，发现违纪单位2户，私设“小金库”金额共23.25万元，移交司法机关处理2人，处理乡科级以下人员2人。重点检查阶段，发现“小金库”1户，金额30.38万元，有关人员正在处理中。三是加强财政投资审核监管工作，认真审核财政性资金投资的项目，核减支出规模，节省财政资金。2009年市财政投资审核中心累计审核工程预、结算项目209个，核定金额7.4亿元，核减结算造价3 477万元。四是继续加强和完善财政票据的管理。坚持以票管费，严格把好票据“领、购、存、销”各个关口，充分发挥财政票据的监控作用，有效地从源头上控制乱收费行为。

（云浮市财政局供稿，叶志荣执笔）

第五部分

市县财政工作专题

深圳市

积极应对金融危机　促进深圳经济平稳较快发展

2008 年下半年爆发的国际金融危机，对国内经济形成了巨大冲击。深圳经济由于外向依存度极高，受到的冲击和影响也特别大。面对金融危机带来的严峻挑战，深圳市委、市政府坚决贯彻中央和省的各项宏观调控政策，科学判断，果断决策，全力以赴保增长、保民生、保稳定。全市财政部门深入贯彻落实积极的财政政策，采取各项有力措施，促进投资、出口、消费三驾马车形成合力，有效地抵御了金融危机的冲击，推动了深圳经济平稳较快发展。

一、主要措施

（一）加大政府投资力度，拉动经济增长

面对国际需求萎缩的不利局面，按照中央部署，深圳市认真贯彻实施积极的财政政策，进一步加大对投资和消费的引导力度，推动经济发展由主要依靠出口拉动向投资、消费和出口协调拉动转变。2009 年，市本级财政安排政府投资计划 596.6 亿元，比 2008 年增长 98.7%；实际下达政府投资计划 538 亿元，比 2008 年增长 114%，是深圳经济特区建立以来前所未有的投资力度。为切实保障政府投资资金的需求，市财政委一方面积极筹措资金，向中央争取代发深圳地方债 24 亿元；另一方面继续实施专项资金存放商业银行方式改革，统筹安排、科学调度财政资金，最大限度地减少政府统贷规模，合理节省政府成本。同时，完善基建资金拨款平台，加快资金拨款速度，2009 年 8 月就已完成全年财政一般预算安排的投资计划。在外部经济不景气的情况下，深圳市政府投资重点投向重大基础设施、生态环保和社会事业等与市民生活息息相关的领域，在完善城市功能、美化城市环境的同时，也有效地促进了深圳产业结构的调整升级，为全市经济企稳好转发挥了积极作用。

（二）加大资金扶持和服务力度，积极为企业纾困解难

在 2008 年下半年国际金融危机开始显现的初期，深圳市委、市政府即对宏观层面作出理性判断，组织百人服务团深入企业调研，并相继出台了一系列政策措施，积极帮助企业克服多方面不利因素的影响。

一是加大产业资金扶持力度。在 2009 年市本级预算中，财政安排支持产业发展的各类资金 90.8 亿元，比 2008 年增加 35.36 亿元，增长 63.8%；在 2009 年超收中，新增安排了落实有关产业政策类支出共 23.2 亿元。全年市本级财政用于扶持产业类的支出占一般预算支出的比重为 20%，比 2008 年增长近 10 个百分点，重点加大了对高科技、金融、总部经济、生物制药、新能源和互联网等产业的支持力度。在加大产业资金投入的同时，财政部门加大对企业的服务力度，上半年即将 80% 以上的产业扶持资金拨付到企业手中。

二是积极实施主打“两个市场”战略。金融危机爆发后，外贸依存度一度高达 260% 的深圳，出口大幅下滑，一大批企业真切地感受到金融危机带来的阵阵寒意，不少企业生产经营出现了巨大困难。为促进经济稳定持续增长，市政府在支持外贸经济发展方面相继出台了《关于优化政府服务促进产业发展的若干措施》、《进一步鼓励外贸出口若干措施》、《关于积极应对国际金融危机保持经济平稳发展的若干措施》等多项政策。市财政委深入研究、梳理企业在金融危机形势下面临的困难和突出问题，切实落实有关税费减免政策，为企业发展提供更为宽松的外部环境。如：设立专项资金引导加工贸易企业扩大内销，鼓励企业建立健全国内市场营销渠道和网络；为企业拓展海外市场提供财政支持，积极推进市政府批准的 16 项外经贸交流推介会和 35 个境外展览的实施，安排用于产品资助、内外展销和推介活动的资金 17.76 亿元；全面落实“家电下乡”、“家电以旧换新”和“汽车以旧换新”等政策，进一步扩大内需；进一步细化政府采购扶持自主创新和循环经济的配套政策，支持采购自主创新、循环经济产品。

（三）大力扶持重点支柱产业，推动产业结构转换升级

一是全力推进源头创新，鼓励科技成果产业化。2009 年，深圳市科技研发资金新增安排 3 亿元，在市科技计划中首次设立了重大产业技术攻关项目，重点攻克制约产业发展的关键课题。对重点领域和重大、关键产业技术攻关计划实行三年统筹考虑、滚动支持。加大科技创新企业上市力度，积极发现和扶持一批优秀的成长型企业。加快国家超级计算中心、国家高新技术产业创新中心、产业创新

研究院、通信技术研究院等一批重大科技基础设施建设，提高源头创新能力，力争在一些制约重点产业发展的关键技术和共性技术上取得新突破。

二是鼓励技术改造和生产转型，推动结构优化升级。金融危机既是挑战也是机遇，深圳市积极鼓励企业进行技术改造和生产转型。2009 年产业技术进步资金预算共安排 3.3 亿元，主要用于企业技术中心类建设、技术改造贴息和企业公共服务平台建设，提升行业创新能力。2009 年技改贴息资金 1.7 亿元，拉动社会技改投入 90 亿元，财政资金拉动社会资金向技术进步活动聚集的效果显著。

三是鼓励发明创造，增强企业核心竞争力。2009 年，知识产权专项资金和标准化战略资金预算安排 1.43 亿元。2009 年深圳市国内专利申请同比增长 13.31%，占广东省专利申请总量 34.7%；深圳市 PCT 国际专利申请 3 110 件，位居全国首位，连续 6 年位居全国第一。

四是落实支持金融支柱产业的发展政策，创建良好的金融生态环境。财政专项资金存放商业银行改革是深圳财政落实市金融业扶持政策，发挥财政经济杠杆作用的一大举措。2009 年作为财政性资金存放商业银行的绩效评价年，市财政部门进一步完善财政专项资金存放商业银行改革，通过对财政资源的公平配置，为深圳市创建一个良好的金融生态环境，推动了规范、公开、公平的市场竞争秩序的建立。与此同时，深圳财政继续落实支持金融业发展的政策，使金融业的发展成为促进其他产业发展的良性循环。

（四）建立完善多层次融资平台，着力解决企业融资难问题

融资难是制约企业发展的重要“瓶颈”，特别是中小企业和民营企业。解决企业融资难是解决经济发展的前置障碍，而这不仅是一个社会经济问题，也是一个全球性的现实问题。深圳市财政委员会本着创新、探索的精神，本着促进推动深圳市经济发展的责任，在深圳市委、市政府的领导下，建立了多层次的融资平台。通过降低贷款风险、设立风险补偿机制、政府引导资金投入等措施，着力发挥财政资金的杠杆作用，撬动更多银行及社会资金参与中小企业融资。

一是面向中小创新型企业，建立了再担保中心。深圳市财政安排再担保资金 10 亿元，于 2009 年 2 月成立了深圳市中小企业再担保中心。再担保资金通过政府投入和风险补偿，发挥增信和分担风险的作用，分担贷款 50% 的风险，降低企业贷款门槛。至 2009 年年底，共有 26 家单位（其中包括市财政委、17 家银行、8 家担保公司）签署了《深圳市自主创新信用再担保体系章程》，受理审批再担保贷款金额 15 亿元。10 亿元再担保资金预计可直接增加企业融资 100 亿元。

二是面向一定规模的中大型企业，建立了重点民营企业互保金贷款风险补偿机制。构建互保金增信平台目的在于吸引银行根据这一平台所提供资金规模形成放大效应，为符合条件的企业提供贷款支持。2009 年，市财政安排 10 亿元搭建企业互保政府增信平台，有效解决重点民营企业中长期贷款难问题。21 家合作银行共承诺 5 年发放贷款 730 亿元，共计有 254 家企业申请互保金政府增信贷款，预审通过 168 家企业贷款，贷款金额 108.9 亿元。预计 5 年内规模将达到 200 亿元，逐步满足企业中长期贷款需求。

三是面向微小企业和初创型企业设立创投引导资金。深圳市财政设立总规模为 30 亿元的创业投资引导资金，2008 ~ 2009 年拨付首期创投引导资金 10 亿元，重点支持互联网、新能源和生物医药产业。该资金重点放在纠正市场失灵方面，解决种子期初创期企业融资困难问题，促进深圳市高新技术产业向创新价值链上端拓展，推动深圳市从制造中心向创新中心转变。

二、主要成效

2009 年是新世纪深圳市发展最为艰难的一年，在极其困难的情况下，深圳市委、市政府按照中央和省的要求，立足深圳实际，采取一系列有效措施积极应对金融危机带来的不利影响，使深圳经济在全国较早呈现回升向好态势，保持了平稳较快发展。

（一）财政收入稳步增长，增速逐季加快

2009 年，深圳市一般预算收入达到了 880.8 亿元，增长 10.1%，在全国城市中继续保持排名第三位，其中税收收入完成 823.2 亿元，占一般预算收入的 93.5%，增长 7.9%。同时，在经济困难的特殊时期，深圳仍呈现了对中央和省较强的贡献能力。2009 年，深圳市实现中央级收入 1 884.5 亿元，对中央、省上解支出 75.1 亿元。同时，深圳市积极响应中央号召，落实灾后对口援建以及省内外对口支援资金 11.3 亿元。深圳服务、回报全国和全省的能力继续提高。

（二）税收对财政增收的贡献度稳步提高，税源结构更趋合理，产业结构继续优化

2009 年，全市地方级税收收入同比增长 7.9%，且呈逐月回升态势，税收对财政收入增长的贡献率为 74.9%，占一般预算收入的比重达 93.5%，仍处于绝对主导地位，四大主体税种至 2009 年 10 月全面实现了正增长，其中增值税继续保持两位数增幅，制造业、金融业、批发零售业税收占税收总量居各行业的前三位。高新技术产业快速发展，在金融危机等多重不利因素的夹击下逆流而上，逐步成为深圳市税收重要增长点。

（三）金融业为深圳经济稳定增长的贡献进一步增加

2009 年全市新引进金融机构 22 家，其中 3 家法人机构，19 家分支机构；全市金融机构总数达到 208 家，其中法人机构 74 家。在 2009 年世界性金融危机持续严重影响的年头，深圳市金融业总资产达到 3.3 万亿元，同比增长

36.9%，实现税收收入294.32亿元，金融业以1%的人员实现了全市14%的GDP和17.5%的税收，成为抵御金融危机的中流砥柱。

（四）扭转了外贸急速下降的趋势

2009年，深圳市外贸出口下降幅度从年初1月份的21.16%逐步缩小至年终的10%以内，成功抵御了金融危机对深圳出口业的重大影响，使深圳市仍保持外贸出口连续17年居全国大中城市的首位。

（深圳市财政委员会供稿，杜　娟执笔）

完善区街财政体制　优化政府资源配置

为推进全区公共财政管理，优化政府财力资源配置，适度增强区政府宏观调控能力，基本保证全区公共服务和社会保障水平的均等化，促进区域均衡协调发展，深圳市龙岗区从2009年开始实施新一轮区、街财政体制改革，对全区各街道统一实行部门综合预算管理体制。

一、龙岗区新一轮区、街财政体制改革的主要做法

根据科学界定街道办事权范围、明确街道支出保障水平、适度增强区政府宏观调控能力以及构建与全区行政管理体制和公共财政发展方向相适应的区街财政管理体制的指导思想，龙岗区借鉴国内区、街财政管理的经验做法，初步测算并综合比较了部门综合预算管理体制、部门预算加税收分成体制和区街税收分成体制等3种备选模式的优缺点，并在认真总结对南湾、坂田街道实行部门综合预算管理改革的试点经验基础上，按照事权与财力安排相统一、集中财力办大事和区域均衡化发展的原则，最终确定了对街道统一建立部门综合预算管理体制的新一轮区、街财政体制改革模式，进而制定了新一轮区、街财政体制改革实施方案以及街道编外人员管理、债务处理、投资体制、卫生和教育经费投入、街属企业改革等“1+6”改革方案，全面带动了龙岗区经济体制改革和社会管理改革。龙岗区对各街道统一实行部门综合预算管理体制改革的主要做法有：

（一）明确街道事权与财力保障范围，实行部门综合预算管理

一是调整街道事权。将街道基本建设投资事权上收由区集中管理，统一规划和安排建设投资项目；将各街道所有公办学校和医疗卫生单位全部上收区集中管理，由区财政统一投入；对街道基本建设投资尚未结清的工程欠款原则上由区财政承担。

二是明确街道收入预算。按照事权与财力安排相统一和“费随事转”的原则，相应上收街道部分预算内财力并将预算外“两规”收入调整为区本级收入，取消“两规”收入区街分成。调整后，街道收入由预算内收入和预算外收入两部分组成，全部纳入部门综合预算管理。预算内收入包括部门预算收入、罚没收入、服务企业工作经费、个人房屋租赁税等；预算外收入包括工缴费、房屋租赁管理费、污水处理费、电力附加分成收入、行政事业性收费等。其中，为鼓励和促进街道做好经济工作、服务好企业，按各街道一般预算支出（权重为40%）、属地税收贡献率（权重为40%）、服务辖区内纳税企业户数（权重为10%）和管理服务人口（权重为10%）等4个因素核定安排各街道一定数额的服务企业工作经费；并建立属地税收增长激励机制，根据街道属地税收区分成部分的增长幅度按超额累进计算方式计提服务企业工作奖励经费，调动街道协税护税的积极性。

三是核定街道支出预算。街道纳入部门综合预算管理的支出包括基本支出和项目支出两部分。区财政按照区编制管理部门核定的编内人员数和区当年制定的部门预算经费定额标准核定街道编内人员基本支出；根据街道机构人员编制数、管辖的土地面积、建成区面积、管理服务人口、社会服务管理强度等因素核定包括行政事务管理经费、专项行动经费、部门预算机动经费以及市政维护费等在内的街道履行职能的基本项目支出。

四是规范街道机动财力的管理。由于纳入部门综合预算保障范围的只是街道编内人员基本支出和街道履行职能的基本项目支出，区核定保障范围外的编外人员支出以及超过区定标准的基本支出和项目支出则由区财政预算内安排的服务企业工作经费、个人房屋租赁税收和街道组织的预算外收入等街道机动财力承担。街道机动财力由街道统筹管理、自行安排支出，全部纳入部门综合预算管理。

（二）加强街道预算管理，强化预算约束

龙岗区2009年度街道部门综合预算总体支出计划安排27.35亿元，其中：预算内资金23.70亿元，预算外资金3.65亿元。年度预算经区人代会审议通过后，及时下达各街道经费预算，同时要求街道进一步细化街道部门预算，严禁街道擅自调整、改变预算用途；及时拨付预算资金，保证街道各项工作顺利进行；严格按预算拨付街道款项，严格临时请款审核，并要求各街道严格执行市里统一规范工资津贴补贴的规定，压缩不必要的开支，指导街道合理安排支出，不断促进街道财务支出结构优化。截至2009年12月31日，累计拨付街道预算内资金24.84亿元，占年初预算的105%，有力地保证了街道各项工作的顺利推进。

（三）完善制度，落实配套管理办法

一是制定街道财政结余资金管理办法，明确规定街道动用财政结余资金必须经区财政核准后纳入部门综合预算安排使用。截至2008年年底，街道财政结余资金共计2.33亿元（不含专项资金结转9.98亿元），其中预算内5 900万元、预算外1.18亿元、街道预算周转金转入5 600万元。2009年共动用街道财政结余资金2.33亿元。

二是制定街道小型基建项目资金管理办法，将未纳入政府投资计划而由财政全额投资的街道50万元以下市政维护维修工程和其他小型零星基建工程纳入区财政预算管理。2009年区财政预算安排街道小型基建项目资金1亿元，并在按照建成区面积、土地面积、道路面积和基建支出等因素科学测算基础上分配下达至各街道。

三是制定基建工程欠款偿还办法，就落实工程欠款特别是解决历史遗留、手续不齐的基建工程欠款的偿还问题作出明确规定，对经区审计部门审计认定或作处理确定的基建工程欠款首先从街道财政结余资金或机动财力中支付，不足部分纳入区基建投资计划在5年内分期分批偿还。截至2009年12月31日，龙岗区共清理偿还街道基建工程欠款4 700万元。

四是建立健全属地税收增长激励机制。投入5 000万元实施促进企业注册登记财政奖励制度，拢聚辖区企业上下游税源；投入5 000万元服务企业工作奖励经费，落实兑现属地税收增长激励政策，增强了街道协税护税积极性。

（四）加强监督指导，规范街道财务管理

制定“统一核算方式，统一核算软件”的街道部门综合预算财务管理新模式，帮助街道尽快从财政总预算会计核算向单位会计核算转变；选定统一的街道财政财务管理软件，构建街道财政财务管理操作系统平台，同时开通街道财政办党政网、电信网，实现财务数据共享和数据大集中，规范街道财务管理；组织对全区各街道财务人员进行财务管理新模式下的预算编制和执行、会计核算、年终决算、财务管理软件操作使用技能等知识培训，提高街道财务管理人员业务水平。

（五）深入调研，积极应对体制运行中的新问题

对全区街道公立医院财政补助情况以及基层公安派出所经费补助和街道市政设施维护管养经费等问题进行深入调研，及时解决了街道财政欠付9家街道公立医院政策性补助7 209万元、基层公安派出所经费缺口5 400万元和街道市政设施维护管养经费等原区街税收分成体制遗留问题，实现了新旧体制的平稳顺利过渡。

（六）精心组织编制2010年街道部门综合预算，促进新体制平稳运行

区财政部门按照有保有压、统筹兼顾和区域均衡化原则，组织各街道编制2010年部门综合预算（草案），全区11个街道计划安排支出共计23.61亿元，其中预算内支出21.01亿元、非税收入及其他收入安排支出2.6亿元。在预算内支出中，基本支出预算根据区编制管理部门核定的人员编制数，按预算定额标准安排9.13亿元；项目支出根据街道机构人员编制数、管辖的土地面积、建成区面积、管理服务的人口数量、社会服务管理强度等安排11.88亿元。

二、龙岗区新一轮区、街财政体制改革的成效和意义

龙岗区新一轮区、街财政体制改革，构建起科学公平、激励先进、与行政管理体制和公共财政发展方向相适应的区、街财政管理体制，适应了龙岗区全面贯彻落实科学发展观和加快城市化进程的要求，是龙岗区公共财政改革的重要一步，切实推动了龙岗区财政管理向民生财政的转变，奠定了龙岗区建设民生政府的基石。

（一）提高了区政府的宏观调控能力，推动了公共财政发展

当前是龙岗再次实现发展跨越的机遇期和加快实现发展转型的关键期，迫切要求区政府适度集中财力，增强宏观调控能力；同时要求统一配置各类政府性资源，着力解决各街道基础设施建设水平差异和街道债务问题。新一轮区、街财政体制改革后，龙岗区本级财力2011年将达到71.52亿元，占全区可支配财力的比重由2007年的57.6%上升到2011年的71.9%。因此，改革将大大增强区财政的统筹能力和区政府的宏观调控能力，在保障街道合理支出需要前提下，实现集中财力办大事的目标，通过逐步加大对基础设施、医疗卫生、教育、文化等设施建设的资金投入，不断完善社会公共服务体系，与经济发展同步协调推进社会各项事业，加快推进龙岗区城市化和特区内外一体化进程。

（二）建立了区财政对街道的财力保障机制，推动了基本公共服务均等化

实行部门综合预算管理体制后，街道不再有一级财政，

不再承担基建支出和归还基建工程欠款，不需对新增事权承担经费；区财政在充分考虑街道实际基础上充分保障街道的正常运转，将街道事权范围内的合理支出纳入统一安排，街道编内人员基本支出与街道履行职能的基本项目支出得到了基本保障；财政预算内安排的服务企业工作经费、个人房屋租赁税收以及预算外收入作为街道机动财力（主要用于区核定保障范围外的编外人员支出以及超过区核定标准的基本支出和项目支出），由街道统筹管理、自行安排支出。这适应了街道作为区政府派出机构的行政管理体制职能定位，真正促使街道一级机构的“虚化”，使街道转变为执行区政府的管理职能和为社区居民提供更好的服务，有利于精简街道机构，提高行政效率，为基本公共服务均等化创造条件。

在此基础上，区财政统管各街道，统一编制预算，将街道事权范围内的合理支出纳入统一安排，按照区统一保障范围和标准对街道进行财力分配，有效地均衡了各街道之间的公共服务水平和社会保障能力，缩小了街道间总财力和人均财力差距；同时统一基本建设投资和学校医院管理，将街道的基本建设投资和所有公办学校和医疗卫生单位全部上收由区集中管理，统一规划和安排建设投资项目和学校医院投入，有效控制了街道新增债务，有利于进一步缩小街道之间的差距进而更好地促进东、中、西的区域均衡，实现整个社会的统筹协调发展。

（三）加大民生财政投入，推动了服务型政府建设

新一轮区、街财政体制改革与部门预算、国库集中支付、非税收入管理、政府采购管理、财政支出绩效评价、财政监督等多个方面的财政改革紧密联系在一起，构成龙岗区公共财政改革的整体，并作为突破口引领了龙岗区街属企业改革、教育管理体制改革、卫生管理体制改革、投资管理体制改革等经济社会全面改革。它推动龙岗财政进一步向民生财政转变，并切实促进了服务型政府建设，为“民生政府”提供了制度保障和推动力量。

一是有保有压，构筑民生财政基础。改革后，龙岗区按照公共财政“有所为，有所不为”的要求，大力压缩行政成本，严控一般性支出，在保障政权机关运转和公共需要基本支出的前提下，将财政支出的重点投向教育、科学技术、文化体育与传媒、社会保障和就业、医疗卫生、环境保护等以改善民生为重点的社会公共事业，着力解决群众最关心、最直接、最现实的民生问题。2009 年，龙岗区一般预算支出完成 92.38 亿元，比年度预算 78.48 亿元增加 13.9 亿元，比 2008 年增长 11.09 亿元，增加的支出主要投向市容环境提升、义务教育免费、公交改革补贴等民生福利方面；全区财政性社会公共事业及民生福利支出 75.8 亿元，占一般预算支出的 82.1%。

二是统一基本建设投资和学校医院管理，强化政府民生职能。改革以服务民生为导向，将街道的基本建设投资和所有公办学校和医疗卫生单位全部上收由区集中管理，统一规划和安排建设投资项目和学校医院投入，初步建立起科学公平的公共产品供给机制，有效发挥了政府公共服务安排者的作用。同时，积极探索“以事定费，购买服务”的社会管理改革，将垃圾清运和市政环卫清扫等公共服务项目外包给社会化、市场化的机构，努力提高公共产品供给的质量和效率。

（四）促进街道加强财政资金管理

部门综合预算管理体制坚持事权与财力安排相统一，通过合理界定街道财政支出范围，保证街道事权范围内的合理支出，将街道支出统一纳入部门综合预算进行规范管理，有利于加强街道财政预算约束，强化预算刚性，促进街道加强财政资金管理；同时规定编外人员经费支出一律由各街道在机动财力中自行承担，为精简街道编外人员、压缩编外人员支出提供了财经制度保证，起到了“釜底抽薪”控制街道编外人员无序膨胀的效果，有利于从根本上压缩街道人员及其他支出，切实降低行政成本，提高财政资金使用效益。改革过程中，要求各街道打好降低行政成本攻坚战，大力压缩人头费，未经区组织人事部门批准不得增设机构、增加人员，并且除原来正式以街道办企业名义招录人员、本地就业人员以及大中专毕业生外，在 2 年内全部清退消化借调人员和不符合规定的临聘人员；大力压缩车辆费、会议费、公务接待费及外出参观学习考察费等 4 项费用，严禁公款旅游以及无明确公务目的和实质内容的一般性出国出境参观考察。同时，区监察、财政、审计等部门联合对街道开展专项检查，查处违规发放津贴补贴和设立“小金库”等行为。通过制度约束和日常监管，各街道逐渐转变了理财观念，逐步走向了依法理财、科学理财和民主理财。

（五）加大了社区投入力度，不断夯实基层基础

改革后，龙岗区进一步扩大公共财政覆盖基层的范围和力度，2009 年将新增财力的 26% 以上投入到社区建设和管理方面，区财政用于维持农村城市化后社区工作站的基本运转、社区公共设施维护、环境卫生等方面的支出为 15.67 亿元（不含社区公共基础设施建设和推进同富裕和扶贫奔康工程支出约 4 亿元及区财政每年从国土基金收入中按比例提取部分经费作为农村城市化后原村民基本养老保险金），比改革前的 2008 年区、街两级财政投入增加了 6.06 亿元。

为进一步深化新一轮区、街财政体制改革，理顺社区、街道和区的关系，实现社区投入与社区股份合作公司完全脱钩，龙岗区目前正以新分设社区为试点，在理清社区股份合作公司与财政各自应负担的支出标准和范围的基础上，按照对社区社会管理和公共服务实行“以事定费、购买服务”的方式，实行社区工作站与股份合作公司脱钩改革，着力推进政企分开，解决社区股份合作公司负担过重的问题。同时，为解决社区基础设施投入不足的问题，龙岗区

2010年预算安排社区投入17.7亿元，占全年一般预算支出的21.27%。此外，为推动社区集体经济转型发展，龙岗区着力整合股份合作公司转型发展资金、同富裕基金、扶贫资金、旧城旧村改造资金等，建立统一的社区产业多元化发展资金，纳入区政府资助资金管理联席会议统一管理，从政策优惠和资金扶持等方面鼓励和帮助社区经济转型发展。

龙岗区新一轮区、街财政体制改革将是一项长期动态管理的系统工程，是一个在实践中不断探索和完善的创新过程。随着财政部门服务的改进和监管的加强，改革遇到的观念障碍和体制机制障碍将不断得到破除，改革优化政府资源配置、打造民生财政的成效将逐步得以显现。

（深圳市龙岗区财政局供稿，赵培诗执笔）

珠海市

多管齐下　积极应对金融危机

作为广东省经济外向度最高的城市，珠海市受国际金融危机冲击尤为严重，企业订单大幅下降，出口明显下滑，企业生产经营异常艰难，经济工作财政面临空前的压力和挑战。

一、金融危机加剧财政收支矛盾

（一）从收入方面看，增收难度加大

从2008年7月起，由于经济下滑和积极财政政策所采取的结构性税费减免措施导致全市一般预算收入增长急剧下滑，2008年上半年累计增幅为34.4%，而全年的累计增幅为21.8%，较上半年下降了12.6个百分点。2009年，财政收入增长仍难改降势，前5月累计增幅仅为1.5%，在双松的财政货币政策刺激下，2009年一般预算收入累计增幅为9.9%，比2008年下降了11.9个百分点，财政收入虽呈现向好趋势，但增幅明显回落。

（二）从支出方面看，支出刚性需求大

2009年，珠海市启动了总投资3 000多亿元的“十大重点建设工程”，其中政府性投资500多亿元，确保重大项目建设资金及时到位成为财政部门的重要任务。民生方面，确保教育、卫生、社保、三农等重点支出需要，增加节能减排、环境治理投入，以及偿还政府债务，支援震区灾后重建等，财政用于保民生、保运转等刚性支出较大，能真正用来投入促经济发展和结构调整的财力很有限，财政调控作用受到制约。

二、多管齐下，全力应对危机

根据市委、市政府的部署，珠海财政部门采取了多项具体措施积极应对金融危机，增强企业战胜危机的信心和能力。

（一）帮扶企业，政策先行

2008年下半年，金融危机发生后，在市场信心处于最低点的时候，市委、市政府及时召集各经济主管部门，出台了《关于进一步发挥财政资金杠杆作用帮助企业稳定生产应对当前困难局面的若干措施》等一系列政策措施，多管齐下帮扶企业，切实减轻企业负担，增强了企业战胜危机的信心。

（二）创新融资渠道，加大投资力度

在外需受到抑制，消费需求相对稳定的情形下，投资对促进经济增长至关重要。为落实“十大重点建设工程”政府性资金及时到位，财政部门积极主动做好融资服务，通过盘活和利用土地资源、国有企业资产、政府其他公共资源，以资产注入贷款、收费收入质押贷款、企业承建政府回购等办法，多渠道筹集资金，有效缓解了项目建设资金难题，为项目建设提供了坚实的财力支持。

（三）加大产业资金投入力度，整合使用产业专项资金

在财政收支矛盾突出的情况下，财政部门厉行节约，坚决压缩一般性开支，加大产业资金投入。2009年，市财政预算安排用于扶持企业发展方面的资金达到5亿元，比2008年增加了1.5亿元，增长了39%，占了市本级一般预算支出的9%，是历年来投入最多的一年。专项资金主要用于支持企业实施科技研发、技术改造、技术创新等。资金投入紧紧围绕“三促进”要求来组织实施，充分发挥财政资金“四两拨千斤”的作用，从而推进经济平稳较快增长。

为更好地发挥产业专项资金的导向作用和乘数效应，财政部门提出了整合专项资金使用新措施，把原来30多项扶持企业发展的专项资金归并设置为八大类，通过握拢拳头重点出击，以更好地发挥财政资金的杠杆作用。

（四）完善中小企业融资平台，带动信贷资本投入

自2005年起，珠海市建立了财政、银行、担保机构和企业“四位一体”共同参与的公共融资服务平台，由政府搭台协助民营企业融资贷款。2008年，市财政拨付3 000万元融资风险准备和贴息资金，累计撬动银行资本4.7亿元借贷给企业进行科技创新、技术改造，财政资金有效放大17倍。2009年，市财政预算安排融资风险准备和贴息专项资金6 000万元，带动10多亿元信贷资金投入到实体经济，中小企业“融资难”得到缓解。

（五）鼓励外贸企业开拓新兴市场，支持加工贸易企业转型升级

为鼓励外贸企业增加出口，稳定出口形势，市政府决定对自2008年11月到2009年12月底止企业出口增量部分按照1美元给予0.02元人民币的奖励；同时对购买出口信用保险的费用给予30%的补贴。在鼓励企业开拓国际市场的同时，也鼓励外贸企业开拓国内市场，对企业参加国内专业展会、发布宣传广告、制作宣传推介材料、参加竞投标等活动给予一定额度的经费资助。

（六）运用财政补贴，扩大居民消费

主要措施包括：对居民“卖旧房买新房”实行定额补贴措施，提高住房公积金贷款额度，贯彻执行中央家电下乡政策，多渠道改善消费环境，刺激扩大内需。

三、化危为机，保增长成效显著

在国家“保增长、扩内需”宏观政策的指引下和市委、市政府的正确领导下，珠海市财政部门认真贯彻实施积极的财政政策，集中财力保增长、保民生，努力克服金融危机对珠海市经济财政的巨大冲击，较好地实现了经济财政平稳运行。2008年全市GDP增长9%，有效抑制了当年经济快速下滑势头。财政收入实现平稳增长，2008年全市地方财政一般预算收入达到92.3亿元，同比增长21.8%，圆满完成全年预算任务。特别是2009年，全市紧紧抓住《珠江三角洲地区改革发展规划纲要》明确珠海为珠江口西岸核心城市的定位和横琴开发的重要机遇，以“交通、产业、城市”三大格局建设为重心，以总投资3 000多亿元的“十大重点建设工程”为抓手，全市上下掀起了大抓项目、大干快上的建设热潮。在遭受国际金融危机巨大冲击的情况下，珠海经济企稳回升，取得了三个“一”的突破：GDP总量首破一千亿元，人均GDP首破一万美元，地方财政一般预算收入首破一百亿元。珠海综合经济实力实现了新跨越。民生支出得到有效保障，2008年、2009年全市用于教育、文化体育和传媒、社会保障和就业、医疗卫生、环境保护、农林水事务等六项民生方面的支出分别达到42亿元和50.5亿元，同比增长24.5%和20%，大大高于同期一般预算收入和支出的增幅，财政保障和改善民生力度不断加大，有力促进了社会事业的全面发展。

（珠海市财政局供稿，张　松执笔）

参与式预算在基层财政的实践

参与式预算是指政府在财政资金的分配环节，通过各种途径吸纳公众参与，听取公众的意见和建议，使政府预算更加公开、民主、透明，资金分配更加科学合理的一种财政预算编制方法。

近年来，在我国政府职能向“责任政府”和“服务型政府”转变的同时，越来越多的社会人士开始关注政府预算制度的改革，一些地方政府正在以开放的心态，不断尝试和探索以适当的方式让更多的公众了解预算、参与预算。珠海市香洲区在预算编制的过程中引入了参与式预算，并进行了有益的尝试。

一、参与式预算方面的实践

（一）主要做法——引入部门预算联合会审机制

1. 精心组织，联合会审。2008年11月，在编制2009年部门预算期间，为强化部门预算的编审工作，提高各单位对部门预算编制的重视程度，增强部门预算编制的科学性、合理性和公开性，区财政局牵头成立了由区财政局、区人大财经工委、区审计局三部门人员及人大代表联合组成的部门预算审核小组，对区教育、城管、民政、劳动、卫生、计生、残联等九个重点预算单位上报的2009年专项项目预算“一上”数据进行联合会审。

2. 审查项目，提出意见。在充分听取各预算单位对所提交的2009年专项项目预算的整体情况介绍，以及对每一项目的可行性、必要性、效益性、资金需求的依据，开支的具体内容、2008年同类项目的实际支出等情况说明后，部门预算联审小组成员根据确保重点、统筹兼顾、民生项目优先的原则，逐一对项目进行梳理，审查有关项目申请依据是否充分、申报资金数额是否合理等，并结合2009年财力状况提出了审核意见。

3. 逐层审批，完善制度。会审结束后，财政部门根据会审提出的预算审核数据向预算单位下达“一下”控制数，预算单位根据控制数对部门预算项目数据进行更新，并根据会审意见对项目说明、政策依据等进行完善后，提交

“二上”数据由财政部门汇总后报政府和人大审批。

（二）取得成效及存在的问题

1. 实施部门预算联合会审取得成效。在对2009年专项项目预算的联合会审中，会审小组在确保政策性重点支出的同时，按轻重缓急压减支出近9 000万元，平均每个单位在原申报资金数额基础上削减了18%的资金。虽然只是九个部门专项经费预算的会审试点，但香洲财政在打破传统预算编制模式，让财政预算更公开化、透明化方面迈出了可喜的一步。

部门预算联合会审让人大财经工委和人大代表以及审计部门提前介入预算过程，全程参与监督，不仅将人大的预算审查与监督职能落到了实处，使预算监督制度不再流于形式，而且通过人大代表的参与，将一部分社情民意反馈给预算单位和财政部门，使财政资金的分配能向公众关心的公共产品和服务倾斜，更好地体现政府预算的公共性。同时，也让人大代表对各部门的职能和来年要落实的各项政策与工作有了进一步的了解，促进了职能部门与人大间的双向交流。

联合会审也提高了各部门对预算编制的重视程度，参与试点的各部门领导至中层业务人员几乎全部参加了审核会议，接受人大代表和审计部门对部门预算的质询。联合会审机制促使预算单位在申报项目资金时更加实事求是，而不是盲目争项目、争资金，有利于提高预算编制的准确性和合理性。

2. 存在问题。部门预算联合会审虽然让人大提前参与到预算过程中，但同时也暴露了现行预算监督机制中的一些弱点。比如香洲区人大财经工委只有一名专职人员，其余五人均为兼职，而区级部门预算涉及近几十个行政事业预算单位，数百个资金项目，靠现有的人员去监督，无疑面临着“小马拉大车”的问题。同时，由于人手和时间有限，财经工委不可能对所有项目进行详细了解，最后只能是抓大放小，把握重点单位和重点项目。另外，虽然联合会审中有人大代表参与，但因数量太少，使预算在反映民意以及体现公众监督方面仍有欠缺。

二、深化参与式预算改革的措施

（一）逐步实现政府各项收入全部纳入预算管理

针对目前财政资金管理存在预算内、外两张皮，部分非税收入仅纳入财政专户管理而脱离预算监管，不利于全面反映政府收支的状况，逐步将政府各项收入纳入预算管理的做法不仅能增强预算信息的全面性和完整性，而且有利于财政部门自身对资金的管理以及人大、审计等监督部门对财政资金的监管，也为以后政府预算信息的公开打下了基础。

（二）继续细化部门预算的编制

现阶段香洲区的部门预算在内容细化上较以往有了很大进步，但离社会公众所要求的“充分、全面、准确、易懂、易考核评价”的目标仍相距甚远。今后香洲区的部门预算编制工作将着力从以下几方面加以改进。

一是在部门预算中增加关于部门主要职能的描述，以及部门对本预算年度中重要工作计划的表述，以增进人大代表或社会公众对各部门职能的了解。

二是根据部门职能和工作特点，由各部门在预算中增设可供衡量其服务表现的指标。

三是将上年实际开支数据、当年预算数据和下年预算数据三者作对比，以便财政部门、政府、人大以及社会公众能清晰地了解财政支出的增减趋势。

四是完善现有的部门预算编制系统，以适应未来进一步细化部门预算对信息数据采集、分类、汇总的技术要求。

（三）按照“先试点，再推广”的原则，逐步公开部门预算信息

以香洲区政府正在构建的“网络问政平台”为依托，公开部门预算并向香洲区的居民征求意见，使公共财政的公共性能真正得到体现。

（四）继续完善部门预算联合会审机制，让人大能充分介入预算过程

一是将部门预算的编制时间从以往的9月份，提前到7月份，为人大参与对各部门一上数据的审核留出充足时间。

二是考虑选择部分人大代表、政协委员经过一定预算知识培训后组成预算审核小组，在人大财经工委的指导下开展工作，收集民意，参加部门预算会审讨论。

三是将部门预算会审机制延伸到预算执行阶段。在香洲区现已实现国库集中支付系统与人大和审计部门实时在线联网的基础上，进一步强化人大对预算执行监督的主动性和常规性。

2008年，财政部出台了《关于进一步推进财政预算信息公开的指导意见》，文中明确了“深化预算管理制度改革，提高财政预算的公开性和透明度，保障人民群众依法参加民主决策、民主管理和民主监督，促进政府财政行为的程序化、规范化、法治化”的指导思想，向社会公众公开政府财政预算将是民主社会发展的必然趋势，顺应这一趋势的要求，财政部门应当以积极的态度，创新的思维和实事求是的精神不断将预算改革推向深入。

（珠海市香洲区财政局供稿，白　瑾执笔）

汕头市

创新监管方式　打造阳光效益型政府采购

政府采购作为公共财政改革的一项重要措施，肩负着反腐倡廉、节约财政性资金的重任，是社会的热点、难点和焦点问题。如何使政府采购监管部门和采购人、供应商、代理机构等采购当事人和谐运作、科学发展，真正做到落实“三公”原则，既提高资金使用效益，又力求防止腐败，是政府采购监管部门一直在不断探索的问题。作为肩负历史使命的政府采购监管部门，必须坚定不移地用科学发展观理论指导我们的工作实践，创新监管方式，打造阳光效益型政府采购。

一、汕头市政府采购的情况和特点

政府采购政策实施近10年来，在实践中不断得到丰富和完善，在国家、省政策的引导和上级财政部门的指导下，汕头市政府采购工作有了长足的发展，呈现了八个方面的显著特点：

（一）政府采购机构逐步完善，队伍不断壮大

市和各辖区财政部门先后建立了政府采购监督管理机构，政府采购监管队伍迅速壮大，业务素质不断提高。按照《政府采购法》的要求，政府采购中心从财政局划出，实现了政府采购监管机构与具体执行机构彻底分开，基本完成了“管采分离”工作，培育和发展了一批具有一定专业水平的采购代理机构。全市已建立了政府集中采购机构8家，还有7家经财政部或省财政厅审批或确认资格的其他采购代理机构参与代理部门类政府采购业务，逐步建立了职责明确、分工有序的运作体系，为政府采购机构的职业化和市场化改革创造了条件，为源头治腐打下了组织基础。

（二）地方政府采购制度框架体系初步形成，运作程序不断规范

市财政局先后制定出台了政府采购运作程序、协议供货管理办法、政府采购信息公告管理暂行办法、政府集中采购目录和限额标准和资金管理办法、禁止指定品牌、关于公开征集聘请汕头市政府采购评审专家及网上注册的通知等一系列规范政府采购工作的制度和管理办法，并在指定媒体上公布，地方性政府采购规章制度框架体系初步形成，为全面推进政府采购制度改革夯实了基础。通过上网公开征集、主动上门请有关单位协助等方式建立和扩充政府采购专家库。目前市政府采购评审专家库近400人，为全市及省直驻汕单位政府采购项目抽取评审专家提供服务。从2007年下半年开始，改变采购人和采购代理机构提前一天抽取专家的做法，中心城区单位抽取专家，在采购人纪检监察部门、监察局和政府采购监督管理部门的监督下，于当天在评审进行的1小时前随机抽取。同时，实行专家与评审项目有利害关系或参与项目技术审核的回避制度，规范了专家抽取使用管理办法。建立了保密制度，对重点或敏感项目向省财政厅政府采购专家库借用专家，最大限度确保评审专家名单保密；2009年启用了广东省政府采购语音自动通知专家系统抽取多地域专家，限定在评审开始前半小时内由市政府采购中心抽取人员和财政局政府采购管理办公室监督人员同时插入密钥才能打印出专家名单，最大限度保证名单保密，促进评审的公正性。对开、评标过程，落实采购人纪检监察部门进行全程监督，财政局与监察局按规定进行监督。

（三）政府采购协议供货制度建立和逐步完善，采购效率不断提高

为了提高政府采购工作的效率，降低采购成本，满足零星采购的多样性，时效性需求，从2007年起，对办公自动化设备、空调等十几类通用类货物，委托市政府采购中心通过公开招标方式确定协议供货供应商及协议供货采购优惠价，实行协议供货制度。制定了《政府采购协议供货采购合同（格式）》和《政府采购协议供货采购合同专用条款》，统一了《政府采购协议供货验收报告》，要求各单位在验收报告中及时反馈物品的质量、服务和价格情况。2008年的协议供货采购优惠率比上年平均提高了4.31个百分点。延伸省财政厅对公务车辆协议供货办法，出台了《关于2008～2009年市直、省驻汕单位公务车辆政府采购实行协议供货办法的通知》，得到采购人的好评。实行政府采购协议供货的2007年采购预算金额3 805.52万元，实际采购金额3 147.61万元，节约资金658.91万元，节约率17.31%。

（四）政府采购工作力度不断加大，政府采购的规模和范围不断上新台阶

市财政局把工作不断推向深入，向所属区推进政府采

购制度，并且落实了省直驻汕头市单位属地管理，采购规模和范围不断扩大。政府采购已覆盖全市及省驻汕头市的党政机关、事业单位和团体组织，集中采购目录不断扩展，包括货物、服务和工程三大类。分散采购项目也纳入采购范围。采购资金方面，预算内、预算外和自筹资金都纳入了政府采购的范围；采购种类方面，由原来简单的办公设备采购，逐步扩展到各类公共设备、交通工具、专用设备、材料、网络工程、市政工程、医疗设备、维修改造工程、审计、银行保险服务、物业管理等种类繁多的采购项目。采购规模不断扩大。2009 年，全市政府采购金额达到 3.44 亿元，比实施《政府采购法》的 2003 年增长 2.78 倍，比实施政府采购的 2000 年增长 18.11 倍。

（五）政府采购政策功能逐步贯彻落实

按照国家政府采购的要求，全市政府采购制度建设的重点逐步向发挥政府采购的政策功能拓展，认真转发并结合实际落实节能环保、自主创新、支持中小企业发展、进口产品审核等政府采购政策。

（六）实施阳光工程，政府采购的社会经济效益显著提升

一是市财政局把信息化作为政府采购阳光工程的突破口。2007 年开通了“汕头市政府采购网”，并且建立了与“汕头市政府门户网”的链接，将采购法规、采购文件、采购结果、投诉渠道、治理商业贿赂采购信息、尤其是协议供货型号、价格更新调整等信息向社会公开，接受社会监督。2008 年市出台了《汕头市政府采购信息公告管理暂行办法》，规范信息公告管理，确保政府采购公开透明。除中国政府采购网、中国财经报外，还增加确定了“汕头市政府采购网”、“汕头市政府门户网”等为信息公告指定媒体，形成了报纸、杂志、网络“三位一体”的信息披露体系。还创新制度，对国家没有明确要求信息公告的非公开招标方式，明确要求采购人或采购代理机构在省、市政府采购指定媒体上发布政府采购信息公告，广泛征集潜在供应商，促进政府采购阳光开展。二是加强对采购代理机构的监督管理。要求代理机构建立内部岗位职能交叉，相互监审的内部管理制度。代理机构要对每个采购活动实行全过程录音、录像，刻录光盘存档备查。评审委员会成员中只能有一名采购人代表，在评审过程中，通讯工具一律关机，统一收藏并由专人集中管理，确保评标过程不受干扰，采购活动阳光地操作，降低因种种因素带来的采购风险，把监管工作落到实处。2009 年市财政局将采购代理机构名单、代理业务范围、资质等级、有效期限等上网公告，促进采购人合理选择采购代理机构类型，规范采购代理机构代理行为。三是积极争取保密部门的配合，堵塞规避阳光采购的漏洞。一些涉及秘密的项目，不适用政府采购，有些单位以此为借口试图回避政府采购，市财政局通过与保密部门衔接，共同研究确定，凡涉及申报秘密的项目，必须书面上报保密部门审核定密，否则必须政府采购，力求堵塞漏洞。

通过实施“阳光工程”，从 2000～2009 年，全市共完成 5638 宗政府采购，采购预算金额 15.48 亿元，实际采购金额 14.17 亿元，节约资金 1.31 亿元。其中：如汕头市港口管理局汕头港广澳港区防坡堤工程可行性研究报告项目，项目预算金额为 1 000 万元，在 5 家颇具实力的国有大公司激烈竞争下，经多轮谈判，以 650 万元成交，节约 350 万元，节约率 35%。

（七）投诉处理工作主动前移，政府采购环境不断净化

针对经常出现的供应商质疑采购人或采购代理机构，市财政局提前介入，及时提醒有关单位审核或修改采购文件，把可能引发投诉的苗头消灭在萌芽状态。为便于供应商投诉，在汕头市政府采购网上公布了投诉电话。对供应商投诉采购人和采购代理机构，受理后按规定在开展调查核实的基础上，认真研究相关法律法规规定，依法依规作出投诉处理决定，对提供虚假材料谋取中标的供应商及时进行了处理，对投诉无效的予以驳回，净化政府采购环境。

（八）建设和谐政府采购氛围，推进政府采购规模跃上新台阶

市财政局建立了政府采购监管日记制度。对采购人或采购代理机构、供应商或相关部门反映的问题，都把它记录下来，收集整理，在一定时间内，分门别类，研究解决，解决不了的请示领导或上级监管机关，及时解决改革过程中出现的新问题，争取最大多数人对政府采购监管工作的理解和支持，推进了工作的和谐开展。

二、政府采购工作亟待解决的问题

在政府采购工作的过程中，仍然存在一些亟待解决的问题。

1. 《政府采购法》自 2003 年实施至今，还没有出台实施细则，一些政府采购法规操作性不强，监管工作难度较大，特别是监管部门对执行单位的违规处罚条款难以操作。

2. 采购代理机构执业水平有待进一步提高。个别采购代理机构人员极少，业务素质不高，难以高质量完成工作任务。由于僧多粥少，政府采购代理机构有些长期处于吃不饱状态，代理业务缺乏良性竞争机制。

3. 评审专家类别数量不平衡，数量相对不足，水平参差不齐，采购人和采购代理机构没有使用好评审专家。由于政府采购品目繁多，部门类特殊项目多，难以满足当前采购项目不断扩大的需要，专家超越专业评审的现象依然存在。采购代理机构没有落实评审专家“管用分离”制度，代理机构和采购人没有使用好评审专家，一小部分专家仅对专业技术熟悉，对政府采购业务不够熟悉，受采购人代表倾向性诱导，影响评审质量。

4. 政府采购预算软化，影响政府采购的有序开展。由

于各地财力参差不齐，许多地方政府采购预算编制不起来，个别采购人内部程序繁琐、内部审批流程太长，临时应急采购现象突出，影响政府采购工作依法有序开展。

三、进一步做好政府采购工作的措施和建议

（一）树立科学的采购观，进一步完善采购制度

建设政府采购监督部门要加强制度建设，在省人大3月1日实施《广东省实施〈政府采购法〉办法》后，要出台工作规范和具体的实施意见，对法规未明确的予以具体规定，确保政府采购法规的可操作性，避免各行其是。

（二）落实应采尽采，扩大政府采购的管理实施范围

要把发展作为政府采购事业的“第一要务”。由于诸多因素影响，一些政府集中采购目录内的项目，至今尚未纳入政府采购。因此，要加大推进政府采购工作的力度，扩大政府采购管理实施范围，特别是要在采购项目和工程项目、分散采购上寻找突破口，对列入政府采购的项目应全部依法实施政府采购。

（三）坚持开拓创新，努力探索新的政府采购运行机制

要敢于打破现有集中采购机构完全按行政隶属关系接受委托业务的格局，允许采购单位在全省区域内择优选择集中采购机构，实现集中采购活动的良性竞争。要创新监管方式，提高财政性资金使用效益。科学界定选择采购方式，多采用极具竞争力的竞争性谈判方式，要少采用询价方式，以降低采购价格；创新协议供货制度，在全省范围统一试行公务汽车的政府采购协议供货省、市、县三级联动制度，以整合资源，节约采购成本，提高采购效率；对印刷、公务车辆加油、保险、维修等服务类项目实行定点采购管理，解决采购效率与规范管理的关系；实行协议供货改革。由三家以上协议供货商实行二次竞价，非协议供货商也可参与报价，根据预算金额大小，按大批量采购优惠价下浮相应比例作为二次报价的最高限价，按最低价成交，防止协议供货供应商“坐地抬价”。

（四）多渠道扩充专家库，探索组建跨市区域性专家库，实行“1小时专家评审圈”

要从高等院校、科研机构、专业部门等多渠道征集扩充专家，整合县级的专家库，在建立地级市统一的政府采购专家库的基础上组建区域性专家库；如建立以汕头为中心，涵盖潮州、揭阳、汕尾等市的广东省政府采购专家库粤东分库，在1小时内实现多市专家资源共享，加强评审活动的管理；采用广东省政府采购语音自动通知专家系统抽取多地域专家，避免见面熟，在距评审最短的时间内打印专家名单，最大限度保证名单保密，促进评审的公正性；建议对抽专家系统进行升级，安装配置到县级监管部门，避免派车、派人到市里抽专家，影响采购效率和监管成本。在推进电子化政府采购进程中，利用网上招投标系统和电子评标系统完成招标、投标、开标和评标，实现政府采购评审专家网上评审，杜绝可能出现的泄密现象发生，确保评审的公平、公正。

（五）强化预算约束，进一步提高政府采购效率和质量

要改变不编预算的习惯，各采购单位要按照《政府采购法》的规定和财政部门预算管理的要求，将政府采购项目全部编入部门预算，做好政府采购预算和采购计划编报的相互衔接工作，确保采购计划严格按政府采购预算的项目和数额执行。同时，要加强监管部门、采购单位和采购代理机构间的相互衔接，促进政府采购按计划落实，通过改进管理水平和操作执行质量，不断提高采购效率。

（六）加快政府采购信息化建设，积极推进电子化政府采购进程

应该将政府采购全过程构成一个统一体，搭起纵向、横向、外围资源共享的立体信息平台。具体来说，信息共享平台纵向上要实现各级政府采购监督管理部门、集中采购机构和采购代理机构的信息共享，横向上实现采购人、供应商、监督管理部门、集中采购机构、采购代理机构以及评审专家的信息共享，外围实现与工商、税务、银行、行业协会等部门的信息共享，只有这样，建立起来的电子化政府采购平台才不是一个孤立的平面系统，而是实现横向、纵向、外围系统无缝衔接的立体系统。按照财政部及省财政厅“五统一”建设目标，加快政府采购信息化进程，建立健全全省统一的电子政府采购平台，逐步实现政府采购业务管理交易全流程电子化操作。建议首先启动省本级和试点地市本级电子化政府采购工作，以政府采购中心为执行平台，选择部分单位先行试点，并对系统进行升级改造，让区、县也可以进行上线电子化采购，逐步在全省各市、县推开电子政府采购平台的上线运行工作，争取在全国率先实现省、市、县三级联动。通过全省共享的电子政府采购系统，实现规模效益最大化，提高政府采购工作的效率和服务水平。实现降低采购成本，增加政府采购透明度，杜绝采购过程中可能出现的腐败现象。

（汕头市财政局供稿，蔡盛壮执笔）

多措并举　力促澄海玩具礼品业壮大壮实

几年来，由于主要原材料价格不断上涨、出口退税率下降、用工成本增加、欧美等主要市场准入门槛不断提高，特别是受2007年玩具召回事件的重创以及2008年国际金融危机的冲击，国内玩具产业面临“玩具行业的冬天”，面对困难和挑战，澄海区积极应对，多措并举，从政策、资金、技术、服务上为企业创造良好的发展环境，充分发挥财政职能作用，力促澄海玩具礼品业壮大壮实，玩具礼品出口逆势飞扬，2009年，全区玩具礼品业实现产值182亿元，同比增长12.3%，玩具礼品业成为促进澄海经济平稳较快发展的支柱产业。

一、走集群化的发展模式，打响“澄海玩具”名号

虽然受主要原材料价格上涨、技术性贸易壁垒等诸多变因的影响，我国玩具产业面临着严峻的竞争环境，但是澄海玩具礼品业仍然保持着逆势飞扬的态势，成为中国闻名的玩具工业生产、出口基地，具有“中国玩具礼品城”称号。这是因为澄海玩具礼品业的发展，不同于珠江三角洲地区以三资、来料加工企业为主的模式，也不同于上海以国有玩具企业为主的模式，而是依靠民资民力自我积累、滚动发展的模式，逐步发展壮大起来的。其主体的几千家企业是本地土壤壮大的中小型民营企业（民营玩具企业约占澄海玩具企业总数的99%，余下的1%才是外资和合资企业），这不仅使澄海玩具礼品业具有生产成本的竞争优势，也使澄海玩具礼品业得以规避受恶意倒闭、外资出逃等不良连锁反应带来的消极影响。澄海玩具礼品行业在澄海政府的积极引导下，走集群化的发展模式，经历了产品集群，形成产业链，发展到打造区域国际品牌，形成企业品牌与区域品牌良性互动的阶段。目前，澄海从事玩具礼品生产的企业有3 000多家，从业人员超10万人，全区玩具礼品业拥有高新技术企业11家、省级民营科技企业26家；拥有专利授权量7 000多件，平均每月有几百种新产品面世，现有各系列玩具工艺礼品花色品种5万多种，其中具有声、光、电功能的中高档玩具产品占全产品的二成以上，具有较强的产品创新能力，在国内外玩具市场中处于领先地位。

二、充分发挥财政职能，力促玩具礼品业壮大壮实

（一）大力扶持民营企业发展，夯实玩具礼品业发展基础

澄海区区委、区政府在“十五”规划时，明确提出要引导玩具产业向集群化发展，出台《关于加快工业发展建设工业强区的意见》等一系列政策措施，根据产业链的需求引进项目，带动整个产业的集群，特别是把产业的上、下游配套项目，或有一定带动能力的“龙头”项目作为鼓励类项目，列入鼓励产业投资目录，对产业的发展给予优惠扶持，营造良好的产业发展环境。根据澄海玩具礼品业主体为民营中小企业的实际情况，澄海区把扶持民营经济的发展作为推动玩具礼品业发展的第一推动力来抓，提出了扶持民营经济发展的工作思路和工作举措，在政策、资金上大力扶持企业壮大壮实，在法律许可范围内为企业开通“绿色通道”，千方百计夯实玩具礼品业的发展基础。

1. 为民营经济的发展提供有力的政策支持。通过出台《关于加快民营经济发展的意见》、《关于扶持中小企业平稳健康发展的意见》等政策措施，从加大对民营企业的财政扶持力度、落实国家税费优惠政策等方面提出了具体扶持措施，为辖区内民营经济的平稳健康发展提供了政策保障。2005年，澄海政府以广东省产业集群升级示范区为契机，进一步加强规划引导，出台了《汕头市澄海区创建广东省玩具礼品产业集群升级示范区工作意见》，明确指出政府要积极扶持产业集群优化升级，推动区域经济社会协调发展，千方百计解决玩具礼品业不断发展产生的用地需求量增长等问题。通过整合有限的土地资源，筹备建设岭海工业园区作为产业集群发展的重要平台，带动凤翔、澄华、广益、莲下四个街道（镇）工业园区的建设。连年来，通过创办“三无”（无乱收费、无乱检查、无乱摊派）工业区，鼓励玩具企业向工业园区集聚，并为企业解决项目发展用地、资金等问题。对在上述镇（街道）工业区设立的企业，实行各项规费减按70%收取，土地出让费用中地方所得部分50%返回给企业，项目地价款实行分期付款等具体扶持措施，同时对规模较大的企业实行用电、用水优惠。

2. 为玩具生产企业切实解决发展资金筹集难的难题。一是运用“政府牵头、人行协调、银企双向选择”的模式，坚持不懈地实施“银企合作”活动，推进担保体系建设。

自2000年4月开始实施以来，已成功组织开展了11批（次）“银企合作”活动，累计帮助469家企业获得银行信贷资金37.8亿元（在2009年第十一次银企合作活动中，共帮助54家民营企业增加信贷资金6.28亿元）。二是按照“上市一批、培育一批、储备一批”的工作思路，采取切实措施，引导、帮助一批成长性良好、经营业绩优秀的企业通过上市融资，加快企业资本运营步伐。为培育本地企业上市资源，储备上市后备资源，专门出台了企业上市融资奖励办法，对已上市的企业给予100万元的重奖，调动企业上市融资的积极性。目前，澄海玩具礼品业已有奥飞动漫、星辉车模2家企业成功上市。

（二）加大扶持资金投入，发挥龙头企业的带动作用

龙头企业有较高的知名度和市场占有率，其生产经营需要大量同其产业有较高关联度的企业与之进行供、产、销各环节的协作配套。重点扶持龙头企业，有利于发挥其优势，带动整个产业的良性发展。因此，澄海区加大投入，大力扶持有实力、上规模、上档次的企业进一步做大做强，出台《澄海区工业、商贸业龙头企业认定办法和扶持措施》等文件，对依法缴足税款的龙头企业给予“四优先”政策，即由区财政给予优先安排区设立的中小企业发展专项资金，优先给予技改贷款贴息补助，由企业主管部门为其优先争取上级资金支持，由有关部门为其优先办理新上项目立项、工商执照和税务登记证年审。在这些政策的扶持下，澄海玩具礼品业中的龙头企业发展迅猛，涌现出奥迪、骅威、金奇、信宁工艺等产值超亿元企业，以及10多家年产值5 000万以上的龙头企业，近百家年产值1 000万元以上的骨干企业。

（三）推进技术平台建设，加快玩具礼品业壮大壮实

1. 致力使玩具生产达到规范、可持续发展的目标。一是重视产品质量，积极推动企业采用国际标准和国外先进标准，实施国际通行的质量管理体系、环境管理体系和产品质量认证。澄海区以推动澄海中小型玩具企业通过产品3C认证为契机进一步加快企业认证步伐，要求区质监局监督玩具企业努力按照国际玩具安全标准、环保标准、质量标准和产品标识等要求组织生产。二是致力创造健康、有序的竞争环境。按国家质检总局要求，2008年，玩具专项整治要做到3个100%，即100%建立企业质量档案，100%签订“产品质量安全承诺书”和100%实施产能核定。为此，澄海区一方面通过相关职能部门，向基层、企业发出《玩具产品质量倡议书》、玩具产品质量有关规定等相关资料，强化玩具生产企业的产品质量环保意识。对全区玩具礼品行业生产经营单位应进行全面清理整治，取缔无证照、不具备生产条件的家庭小作坊，并对生产经营单位进行分类登记，对玩具终端产品生产企业建立质量档案，做到一企一档。另一方面，开展“整顿和规范玩具礼品行业市场秩序”的专项行动，严厉打击行业中制假售假、侵权盗版的违法违规行为。

2. 引导企业走技术创新的发展道路。一是不断拓宽科技投入渠道，建立以财政拨款为引导，以企业自筹投入为主体，以银行贷款为支撑的多元化科技投入机制，逐步加大地方财政对科技的投入，增强企业的研发能力。2009年，区财政预算安排科级三项经费1 800万元、积极帮助企业向上级争取新兴市场开拓和加工贸易转型升级等专项资金1 500万元、争取上级的技术改造贴息资金和技术创新项目补助资金1 000万元。二是着力完善技术服务体系。组建以协调、自律、教育、服务、互助为主要职能的区玩具协会，以及广东世纪专利事务所澄海办事处、玩具礼品工程技术研究开发中心技术等服务机构，为玩具生产企业及时提供有关产业发展信息和标准法规的解释，帮助企业密切注视国际市场动态，建立预警机制，规避风险。2007年7月25日，“澄海玩具技术创新中心”正式挂牌运作，并引进汕头大学、大连三曦智能科技股份有限公司、汕头市精正检测技术服务有限公司三家机构入驻办公，有效地促进高新技术与玩具礼品行业的优化组合，加速技术引进和创新，推进玩具技术的商品化、产业化和国际化。2008年以来，区财政共投入资金70万元扶持区企业发展服务中心和澄华街道产业集群发展服务中心等服务平台建设；2009年，投入资金20万元用于企业发展服务中心主办的玩具礼品升级公共服务平台建设，建成了澄海玩具集群网站，搭建了行业资讯和行业交流两个平台，进一步完善了区中小企业的技术创新和服务体系。经过努力，澄海区获得“国家火炬计划澄海智能玩具创意设计与制造特色产业基地”、“广东省玩具产业集群升级示范区”等称号。

3. 鼓励企业将动漫文化创意引入到产品生产中。玩具产品开发要紧跟市场发展潮流，需要不断加快产品的更新换代。近年来，动漫玩具十分受市场欢迎，动漫玩具成为玩具市场上的畅销产品。从美国、日本两个动漫生产大国的先例可以看到，动漫生产——播出——衍生产品开发——收益——再生产，是一个完整的产业循环链，这条产业链为玩具行业带来了更广阔的市场空间和盈利能力。澄海玩具礼品业之所以成功，就是因为澄海玩具礼品业能按照消费需求的改变进行生产，使产品由传统生产模式向品牌生产模式转变，走与动漫相结合的生产方式，提高产品附加值。为扶持动漫文化产业，2008年澄海区出台《澄海区财政扶持动漫文化产业发展专项资金管理办法》，决定自2008年起到2010年，设立扶持动漫文化产业发展专项资金，每年在财政预算资金中安排600万元支持当地企业发展动漫产业。专项资金采取短期借款、定额贴息和补助三种扶持方式，通过资金有偿使用和无偿使用两种方式，支持企业走动漫玩具的生产道路。2008年2月28日，澄海区政府与央视动画有限公司签订合作协议，建立央视动画项目合作战略伙伴关系，成为央视动画形象玩具产品的指定生产基地。

（四）优化物流环境，提供便利畅通的营销环境

便利的交通条件为澄海玩具礼品业打下良好的物流基础，同时，澄海通过不断优化物流环境，为澄海玩具礼品

业的发展提供便利畅通的营销环境。一是根据玩具礼品业发展的需要，主动承接发达地区相关产业的转移，珠三角、长三角和香港、台湾等地的机械、电子零件等制造商、供应商纷纷到澄海“安营扎寨”，形成一条集加工、设计、零件、设备、包装、物流、研发于一体的完整产业链。二是积极改革审批制度，简化审批手续，推行政务公开，实行“一站式”服务、“一条龙”服务，进一步优化通关环境，畅通产品外销渠道。三是把打造物流市场和展览中心作为主攻方向来抓，充分发挥展会巨大的吸引力和辐射力，有效扩大产品销售渠道。通过精心组织企业参加国际玩博会、专业博览会等各类经贸活动，鼓励和扶持有条件的企业到境外创办公司、设立办事处和建立营销网络。澄海区早在1997年就把“澄海塑料城”专业市场作为玩具市场营销的一个窗口，1999~2009年连续举办十一届中国澄海国际玩具礼品博览会，把临时展览与常年展销相结合，改变展会模式，使展会由“一会”变“三会”，“4天”变“365天”，充分发挥展会的作用，有力地推动着澄海玩具礼品业的发展。每届博览会均吸引了来自欧洲、美洲、中东、东南亚等60多个国家和国内80多个城市客商前来洽谈贸易，成为中国内地最具国际性、商业性、专业性的玩具礼品展会之一。为切实减轻企业负担、调动企业参会的积极性，在第十一届中国澄海国际玩具礼品博览会上，对展览中心一二层的常年摊位费打5折，同时首次拨款110万元对参加本届玩博会的澄海籍企业予以补贴。为有效帮助企业开拓国内外两个市场，2009年，澄海区出台《印发汕头市澄海区2009年支持中小企业开拓国内外市场专项资金使用安排的意见的通知》，区财政安排500万元专项用于支持中小企业参加国内外展览展销开拓、抢占国内外市场。2009年10月，澄海区及时组织企业采取“抱团”方式参加在上海新国际展览中心举办的第八届中国国际玩具展会，本次展会，共有192家企业联手打出“澄海玩具”商标的区域国际品牌，奥飞动漫、广东骅威、群兴、星辉等8家玩具企业产品分别获展会创“星”大赛的金、银奖等奖项。通过这次展会给各地客商留下深刻印象，获得良好的经济和社会效益。

（五）重视品牌价值，大力推介“澄海玩具”区域国际品牌

商标是产品品牌的外在表现，集体商标比单个企业注册的商标更容易被市场感知，可以使企业赢得更多的商机和效益，顺德的家电就是典型的证明。为此，澄海区十分重视澄海玩具的品牌价值，紧紧围绕“建设国际玩具礼品名城、打造区域国际品牌”这一战略目标，扩大和深化“中国玩具礼品城”、“全国科技进步先进区”的品牌效应，通过多种措施引导企业依靠科技进步、品牌创新，走品牌发展之路，不断提升企业的综合竞争力。一是在财政上大力支持，2009年区财政共安排资金80万元用于“澄海玩具”区域国际品牌的推介等工作。二是申请设立了“汕头市澄海玩具礼品国际品牌发展中心”作为专门的管理机构，完成“澄海玩具”集体商标图案的设计以及申报注册工作。三是利用现代电子商务的功能，多渠道、多方式地开展宣传“澄海玩具”的推介活动。通过在中外玩具礼品网和《中外玩具制造》杂志两大玩具行业主要媒体宣传推介“澄海玩具”区域国际品牌；与广东移动澄海分公司合作开设短信平台，在外地访客进入澄海的第一时间发送澄海玩具区域国际品牌宣传信息。四是出台若干扶持政策，鼓励帮扶澄海玩具集群企业创品牌，着力提高产业的核心竞争力，对获得名牌的企业实行奖励，对新增省品牌产品给予30万元的奖励。目前，澄海已经成为“广东省创建区域国际品牌试点地区”、“广东动漫玩具创意产业集群”，全区拥有中国名牌产品4个、广东省名牌产品10个；中国驰名商标4件、广东省著名商标33件。

（六）重视引进开发人才，为玩具礼品业提供智力支持

为解决澄海玩具礼品业缺乏熟练技术工人、高级技术和高级管理人才问题，澄海区高度重视玩具礼品行业相关人才的引进、开发。一是注重人才引进。按照澄海区《关于引进优秀人才来澄工作的若干规定的实施细则》和《关于进一步加强人才工作的若干意见》的有关规定，通过定期举办玩具礼品业人才交流会，为企业引进各类经营管理、技术开发人才，提高从业人员的整体素质。二是重视人才开发。通过发放技术资料、组织人员专场培训等形式，提高澄海玩具企业的管理水平和生产水平。同时，以澄海职业技术教育中心为依托，加强教育投人，通过财政支出的倾斜安排，鼓励职业技术院校的发展（2009年共拨付职教中心省、市两级专项资金3 000万元用于支持职教发展），鼓励学校“开门办学”，推行“工学结合、校企合作、定单式”的培养模式，为澄海玩具礼品业输送各种层次的专业人才。此外，澄海区政府还专门设立了玩具人才基金，用于引进各类人才以及奖励对玩具技术创新和管理创新作出重大贡献的技术人员和管理人员。

三、政企合力，实现行业多赢的良好局面

一方面，在区委、区政府的支持下，企业积极走自主创新、争创品牌的发展道路，企业实力不断壮大壮实，市场份额不断扩大，获得良好的发展空间。企业的健康发展，使投资者投资获得丰厚的利润，企业职工生活、发展需求也获得较大满足。另一方面，作为澄海地方经济支柱产业之一，玩具礼品业的良性发展，为澄海地方经济平稳较快发展作出巨大的贡献。澄海玩具礼品业年产值保持稳步上升的态势，2003~2009年，澄海玩具礼品产业年产值都保持着稳步增长的态势，经济总量不断扩大，70%的产品出口世界100多个国家和地区，2009年，全区玩具礼品业实现产值182亿元，同比增长12.3%。玩具礼品业的壮大壮实，实现澄海地方经济、玩具生产企业、玩具礼品业从业人员各方面多赢的良好局面。

（汕头市澄海区财政局供稿，张　茵执笔）

贯彻落实“三促进一保持”推动海岛经济社会科学发展

2009年，南澳县在国际金融危机持续影响，国内经济增长放缓与周期性结构调整导致经济下行压力增大的挑战面前，县财政部门紧紧围绕县委、县政府提出建设“生态型海洋经济强县”、“东南沿海著名海岛”和构建和谐南澳的目标，正视困难，发挥海岛独具的海洋海岛优势、地理优势和生态环境优势，贯彻落实省委、省政府审时度势作出的“三促进一保持”（促进提高自主创新能力、促进传统产业转型升级、促进发展现代产业体系，保持经济平稳较快发展）重大战略，抢抓机遇、迎难而上、全力推动海岛经济社会科学发展。

一、正确认识存在问题和困难

南澳县是广东省唯一的山区海岛县，区位特殊、交通不便，历史上一直作为军事设防岛，处于半封闭状态，发展条件差，经济基础薄弱，经济总量小，产业发展水平低，财税源非常匮乏，税收收入占GDP比重低，目前财政运行仍十分困难。近几年来，在省、市上级的大力支持下，海岛基础设施建设，从无到有，建成了一批能源、交通、通讯、供水等基础设施和市政设施，有效地改善了南澳的发展硬环境，各项事业得到长足发展。但一些长期制约南澳发展的问题和困难依然存在，主要表现为：一是经济基础薄弱、产业层次低、造血功能相对薄弱。交通、供水等瓶颈问题尚未解决，产业水平的提高和经济总量的壮大受到较大制约。二是财政困难的问题仍然突出，项目资金紧缺。收支仍然存在缺口，资金调度困难，大项目进展受到制约。三是土地资源奇缺，一些项目用地受到用地指标和变更用地功能等问题的制约。四是投资拉动见效还不大，招商引资难度较大，重点项目的前期资金紧缺，有的项目实质性进展不快。五是国有企业包袱沉重，社保欠费多，改制成本高，改善民生任务艰巨。金融危机加大岛内就业再就业压力。

二、正确定位发展目标

南澳县委、县政府主要领导积极应对全国的经济大环境以及南澳县所面临的机遇与挑战，进行深入的分析判断。认为，当前的危机，是危中有机，是传统发展模式之危，科学发展模式之机，虽然国际金融危机对南澳经济发展有一定的影响，但是，由于南澳县的工业比重小，劳动密集型企业、进出口企业少，并且南澳的优势在于海洋海岛优势、地理区位优势和生态环境优势，旅游、风电、渔农业是资源型的特色产业，“免疫力”较强，受影响不大，是一个调整结构、危中寻机、危中奋起、加快发展的良好机遇。国家实施“扩内需，保增长”的政策，以及省市落实“三促进一保持”的部署，对南澳县加快项目建设、实施投资拉动十分有利。同时，省、市对南澳的工作高度重视、大力支持，以及汕头加快发展，南澳“三大跨海工程”实质性建设推进，必将带来经济升温、投资升温的效应。及时提出建设“生态型海洋经济强县”、“东南沿海著名海岛”和构建和谐南澳的目标。

三、贯彻落实 “三促进一保持”的基本做法

南澳县以贯彻落实省委、省政府“三促进一保持”为主线，以省粤东地区（汕头）现场会、粤东地区工作会议和全市干部大会精神为动力，抓住汕头东部城市经济带建设和南澳大桥建设的历史机遇，凝心聚力，破解难题，打好发展基础，走“错位发展”、“差异发展”路子，做活海岛海洋文章，努力走出独具海岛特色的科学发展路子。

一是为推动科学发展，坚持规划先行。按照海岛自身特点和科学发展的要求，高起点、大手笔，适度超前地做好规划工作。按照建设“国家海岛”的规划定位，加紧做好城市建设总体规划、土地利用规划、填海规划、产业发展规划、新农村建设规划、港口和道路规划以及各项控制性规划。尽快规划建设大型停车场及机动车交换中心，在产业布局上着力规划发展“三条产业带”，即主岛东南面的滨海旅游产业带、西北面的临港产业带和中部的生态种养、清洁能源以及生态旅游产业带。

二是提高自主创新能力，增强核心竞争力。南澳县作为广东省的唯一海岛县，海域面积4 600平方公里，为全国科技兴海示范基地之一。在积极实施“科技兴海”战略的基础上，抓好海养新技术、新品种的引进、试验、推广、应用。加强与高等院校和科研院所的联系和合作，借用外脑，解决生产中碰到的技术难题，不断探索和推广海水养殖业的新技术、新品种、新方法。在政策、资金上采取了一系列扶持措施，调动群众的生产积极性，推动养殖生产的发展。渔业一直是南澳主要经济产业，自古以来海岛就

有“一渔败百商”的说法。南澳县把科学治海、生态养殖作为建设“生态岛”、保护海洋生态环境、促进海洋经济可持续发展的有效途径，积极落实有效措施，着力抓好海域规划、养殖区整治和推广科学生态养殖技术三项工作，有效保护了海岛周边海域主要的经济鱼类资源，恢复了鱼类种群的生态平衡；与此同时，南澳县的海水养殖业也实现了从数量扩张型向质量效益及生态型的转变，南澳海洋经济因此步入了良性发展轨道，渔业生产规模和生产效益一年一个台阶。

三是推动传统产业升级，突破资源约束瓶颈。围绕建设生态型海洋经济强县，南澳县充分发挥海洋优势，大力发展海洋渔业，在调整优化渔业产业结构的同时，实施“科技兴海”战略发展海水养殖，使海洋渔业在渔业资源日益枯竭的状况下仍取得较好效益。目前，南澳县海洋渔业从过去以捕为主向以养为主转变，从资源消耗型向可持续发展型转变，成为群众奔康致富的基础和支柱产业。为实现“渔业增效，渔民增收”的目标，南澳县不断加大渔业产业结构的调整力度，推动渔民“转产、转业、转场”。引导渔民开拓新渔场，近年来开拓了台湾浅滩等新渔场；引导渔民把对资源破坏性较大的拖网船作业转向刺、钓和笼捕等作业，既减轻捕捞强度，又增加一批劳力出路，并取得较好经济效益；结合实施渔船报废制度，引导和扶持渔民转向其他产业，加强对渔民转产转业培训的培训力度，尤其是发展海水养殖、水产品加工流通等。特别是发展休闲渔业，将渔业资源、旅游资源和环境资源等进行优化配置，将旅游观光、休闲娱乐、餐饮、健身、科普等与渔业有机结合，是观光型旅游向体验型、竞技型、休闲型旅游转变的有效形式，以推进海洋资源的科学开发利用，努力创建“广东省海洋经济科学发展综合试验示范区”。

四是发展现代产业体系，转变经济发展方式。立足南澳县环境资源优势，坚持走海岛特色发展路子，大力推进“休闲度假”、“生态种养”、“清洁能源”和“对台中转为主的外贸基地”等四大特色产业基地建设。南澳有丰富的自然资源。一为港湾资源。南澳岛岸线曲折，长达77公里，为广东沿海各地之冠，大小港湾66处，其中的烟墩湾，长山尾、竹栖肚、后江湾等七处，可辟建万吨级泊位码头。南澳县通过科学规划利用港口资源和对台优势，加快了临港型产业发展，为争取恢复南澳一类口岸的资格，争取建设造船基地，推动“人流”、“物流”、“油气”中转、补给业务发展，力争把南澳建成粤东乃至广东的对台中转及补给中转站做了大量的工作。二为旅游资源。南澳有保存完好的海岛自然景色，蕴藏着丰富的旅游资源，具有“海、史、山、庙”立体交叉的特征，全岛可供开发旅游的沙滩面积达200多万平方米，拥有青澳湾省级旅游度假区、乌屿省级候鸟自然保护区、黄花山国家森林公园、亚洲海岛第一大风电场等一大批景区景点，岛上已发现的文物古迹50多处，寺庙30处，所有这些构成南澳多姿多彩的旅游景观，是建设旅游岛的理想之地。针对南澳县目前的海岛旅游开发大停留在观光的层次，富有挑战性、刺激性、参与性强和最具海岛特色的旅游项目较少，海洋休闲度假产品的开发还处在起步阶段。为顺应旅游市场发展趋势，大力发展海洋休闲渔业，审时度势发展高端海洋旅游产品（如海钓业、游艇业、邮轮经济等），逐步改变以观光为主的旅游产品结构，提高旅游产品的吸引力。三为水产资源。南澳岛可供开发的渔场5万平方公里，周围近海渔场和台湾浅滩渔场的各种鱼、虾、贝、藻类有1 300多个品种，名贵海产品有鱿鱼、龙虾、石斑鱼、海胆、紫菜等，其中尤以宅鱿、澎菜驰名国内外。沿岛水深10米以内的海域，水质好，浮游生物种群多，避风条件佳，是发展海水养殖的良好基地。四为风力资源。南澳风况属世界最佳之列，年平均风速达到8.54米/秒，有效风速时数达7 000多小时。据专家测算，岛上风力发电总装机容量可达20万千瓦。

五是扩内需促民生，保持经济平稳较快发展。坚持把扩大内需作为保持经济平稳较快发展的根本途径。利用南澳大桥、引韩供水工程、过海电缆等“三大跨海工程”建设的契机，同时投入推进治污、道路、水改、渔港、旅游景点、教育等一批基础设施和民心工程项目建设，并重点推进县城供水管网改造、污水处理厂、公路安保工程、新建西竹路、环城西路等项目建设，加快云澳国家中心渔港、县城新垃圾场等工程的规划设计。狠抓招商引资，做大做强海岛产业堆头。增强“引大项目、促大发展”的意识，做好招商选商工作，加强跟踪服务，狠抓项目建设，全力以赴推进“四个一批”：尽快投产一批在建项目；尽快开工一批完成筹备的项目；尽快规划一批符合南澳发展方向的项目；有计划储备一批项目，避免小打小闹，浪费资源。重点加快推进迎宾馆改造、华庭南岸房地产开发、广东省海巡基地、金东海两万吨货运码头、莱长渡口增资扩产等已经确定推进的项目，做好广东联泰金滩碧海度假区、中环蓝天碧海度假区、美国泰勒养殖加工等项目的前期工作，争取早日上马。主动联络有实力、有诚意的战略合作伙伴，做大做强旅游主导产业。通过对客户加强服务及引导，增强并激发他们的投资信心。

四、贯彻落实“三促进一保持”取得的成效

2009年全县完成GDP 8.01亿元，同比增长11.4%；工业总产值6.4亿元，同比增长6%；农业总产值10.3亿元，同比增长5.8%；一般预算收入4 815万元，同比增长21.5%；社会消费品零售总额9.93亿元，同比增长18.8%；社会固定资产投资总额5.75亿元，同比增长34.7%；外贸出口总额51万美元，同比增长363.6%；人均纯收入3 919元，同比增长4.1%。

（一）特色产业稳步发展

旅游主导产业扎实推进。获得“广东省旅游强县”称号；旅游配套设施不断完善；环岛公路景观带建设顺利推进；完成了云澳外青山“渔家乐”基地规划；成功举办了“南澳岛旅游文化节”、第二届“环南澳岛自行车赛”等活动；加强旅游市场推介促销活动；加强景区景点经营管理；

做好黄金周等假日旅游管理接待服务工作，确保安全无事故。全年进岛旅游人数63万人次，同比增长2%；旅游收入2.08亿元，同比增长4.5%。

生态种养业持续发展。认真落实国家支农、惠农政策，及时发放粮补、油补资金，改善农民生产条件，引导鼓励群众发展生产，保持了生态种养业的稳步发展。全年完成水产品产量14.9万吨，同比增长3.9%；粮食播种7 954亩，总产量3 708吨，新增茶果450亩；林业生态建设加快，完成沿海造林6 500亩，全民义务植树10万株。针对去年的旱情，大力推广旱粮作物，改种玉米、花生等旱粮作物465亩。风电工业有新发展。华能1.5万千瓦项目顺利开工，国电海上风电项目进入测风阶段，全县风电装机容量12.9万千瓦，全年风能发电2.7亿千瓦时。

（二）重点基础设施建设有突破性进展

抢抓国家“扩内需、促增长”的机遇，加快推进各项重点工程建设。南澳大桥工程建设顺利推进，完成投资3.5亿元，占总投资额的32%；引韩工程进入工程总承包招标阶段，力争近期开工；110千伏过海电缆开始送电。云澳国家中心渔港初步设计已通过国家农业部评审；钱阁路、西竹路加紧前期工作，力争近期开工；城防、县城供水管网改造主干管铺设已经完成；环岛公共巴士顺利开通；青澳湾治污工程、后江污水处理厂主体工程完成；公路安保工程等一大批关乎发展和民生的“民心工程项目”顺利推进。

（三）招商引资工作全面推进

狠抓招商引资工作，强化招商引资服务，落实了几个符合南澳产业定位和可持续发展的大型经济项目。全年共接待客户约80批次，350多人次。落实招商引资项目共20个，其中投产项目2个，开工项目7个，签约项目3个。成功举办了南澳招商引资经贸庆典活动，总投资57.13亿元，国电海上风电、生态体育园区、益荣大酒店等项目签约；青澳湾逸景海岸度假村、华能三期1.5万千瓦风电、澳美培苗养殖项目、青澳湾中心广场项目、蓝月湾度假村等7个项目开工建设；金东海货运码头一期工程、县迎宾馆改造项目顺利投产；大唐国际海上风电、长山尾桥头填海、宋井景区整合等在谈项目有效推进。

（四）资产盘活和规划工作稳步推进

切实加强闲置资产的清理、盘活，强化规划工作，确保南澳的科学发展和可持续发展。共收回闲置土地使用权5宗、面积147.3亩；想方设法购买“信达”资产包，解决老桥4 700亩土地遗留问题；国有企业总体改革方案按计划有效推进；“城市发展总体规划”、“土地利用总体规划”、“金滩碧海项目控制性详细规划”等规划基本完成。

（五）财税收入有效增长

切实加强税收征管、积极清缴欠税，确保应收尽收。全年完成财政一般预算收入4 815万元，同比增长21.5%，完成年任务的104.74%，增幅是近十年来最大的，实现了财政收入的持续增长，促进了南澳县各项事业的健康发展，得到县委、县政府的充分肯定。

（六）和谐社会扎实推进

1. 民生保障有效改善。就业再就业工作进一步加强，全年实施技能培训1 240人次，新增就业岗位826人，帮扶就业困难对象实现就业再就业1 206人，农村劳动力转移812人，城镇登记失业率控制在3.3%以内；社会保障和救灾救济工作进一步加强，各项社会保险待遇按时足额发放，共发放离退休人员养老金1 791万元，人均提高养老金标准162元；全面落实最低生活保障制度，享受最低生活保障1 118户次3 001人次，占全县总人口的2.14%；共投入各项救灾救济243.58万元，开展元旦、春节、休渔期间走访慰问困难群众工作；投入10万元，建低保帮建房5户；完成市下达的解决城镇低收入家庭住房困难问题的目标任务；发放种粮和良种补贴资金29.5多万元，渔民柴油补贴1 703万元。

2. 社会事业全面发展。普及九年义务教育成果有效巩固，“普高”工作有力推进，高考再创佳绩，上本科线160人，录入各级各类院校597人。群众体育事业取得新发展。新型农村合作医疗制度和城镇居民医保工作，覆盖全县所有镇、村。卫生防治能力进一步加强，切实做好甲型流感、手足口病的防控救治工作。科技工作进一步发展，申报省、市计划项目12项。人口计生工作顺利通过省、市考核。殡改工作连续9年荣获市“殡改先进县”的称号。

3. 社会管理日益强化。安全生产管理切实加强，确保无重大事故发生。维稳工作有新的局面，群众安全感进一步增强；加强信访工作，处理群众来信84件、来访118批次，社会矛盾得到及时化解。整顿和规范市场经济秩序，强化食品药品监管。休渔制度较好落实。加强环境管理和整治，着力治理县城“脏乱差”问题，维护了海岛的良好形象。

（七）抗旱工作取得阶段性胜利

面对历史罕见的严重旱情，全县立足于防大旱、抗久旱，救大灾，采取有力措施，沉着冷静应对，投入2 382多万元，加强全县水资源的统一调度和管理，挖掘新水源，积极采取工程和非工程措施，扩大供水覆盖面，确保了群众生活生产基本用水需求，保证了重点行业、重点项目的正常运行，维护了正常的社会秩序，实现了“水荒人不慌”的良好局面。

（八）精神文明和民主法制建设取得新成就

贯彻落实《公民道德建设实施纲要》，着力实施《文化大县建设方案》，加强文化设施建设，推进文化大县建设。“南澳Ⅰ号”水下考古抢救性发掘工作正式启动。《绿岛春歌》宣传片和南澳旅游宣传节目，在央视第10频道播出；制作了《海岛春潮涌，南澳正扬帆》电视宣传片。组织开展精神文明创建活动和读书月活动，组织举办“好歌颂中华”歌咏比赛和潮剧演出，组织文化、卫生、科技三下乡活动，提高群众现代化意识和素质。“南澳元宵渔灯赛会”列为省级非物质文化遗产名录。开展新一轮非物质文化遗产普查，共发掘了“灯光照火渔船”、“海柳烟斗”、“舞麒麟”、“沉东京浮南澳”等20多条非物质文化遗产线索。

（汕头市南澳县财政局供稿，陈育林执笔）

佛山市

“三旧”改造为经济社会发展加装引擎

2007～2009年，佛山市“三旧”改造工作以明显的经济效益、社会效益和生态效益，得到各方面的肯定。佛山市的“三旧”改造工作方向对、路子正，对广东乃至全国都具有示范意义。2008年，佛山市被授予“广东省‘三旧’改造试点示范市”称号。“三旧”改造对缓解建设用地紧张状况，统筹城乡发展，为百姓造福、谋利具有积极意义，影响广泛和深远。

一、改造背景

佛山市位于珠三角腹地，是广东省一个以工业为主导、三大产业协调发展、制造业相对发达的城市。2009年全市生产总值实现4 814.50亿元，其中，第一产业增加值95.55亿元，占比2%；第二产业增加值3 028.96亿元，占比63%；第三产业增加值1 689.99亿元，占比35%。

经过30年工业化、城镇化加速发展，一方面，佛山市建设用地总量已占行政区划面积的33%，经济社会发展对土地的巨大需求与有限的建设用地供给之间的矛盾日益凸显，制约着经济的进一步发展。另一方面，又存在含有大片危旧、低矮、残破平房的旧城镇、旧厂房、旧村居，与现代化城市建设不协调。据调查统计，佛山市“三旧”用地约25.3万亩，其中旧城镇约3万亩，旧厂房约17万亩，旧村居约5.3万亩。如何推进经济发展和城镇化，实现新的历史跨越，成为摆在佛山市委、市政府面前的重大课题。经过广泛和深入调研，市委、市政府在2007年6月作出了《关于加快推进旧城镇旧厂房旧村居改造的决定》，全面实施和推进“三旧”改造工作。

二、主要做法

（一）加强领导，层层落实责任

佛山市委、市政府成立了由分管市长任组长、各区以及市相关职能部门领导组成的市“三旧”改造工作领导小组，并设立市“三旧”改造办公室，为常设专职工作机构。各区、镇（街道）也成立“三旧”改造工作领导小组及其办公室，建立了市、区、镇（街道）三级纵向联系机制以及各有关部门之间横向的联系机制，对“三旧”改造工作加强指导、协调和联动。每年制定全市“三旧”改造计划，并分解落实到所辖5个区和全部33个镇（街道），作为各级政府领导班子的工作考核目标之一，充分调动各级政府的积极性和主动性。

（二）科学规划，统筹协调发展

在全面调查摸底基础上，编制“三旧”改造专项规划，并将“三旧”改造规划与新一轮土地利用总体规划、城镇建设规划以及产业发展规划相衔接，在明确“三旧”改造中长期目标基础上，严格界定“三旧”改造范围，在规划图上标注“三旧”改造项目地块，并编制“三旧”改造项目库档案。同时，根据项目性质和所属的区位，确立了旧城镇改造、旧村居改造、工矿厂企改造、生态环境改造、都市农业和现代农业综合开发、主题文化公园建设等六种改造用途，对“三旧”项目进行改造方向上的引导，推动形成若干相对集聚的功能区，从改造目标、改造原则、改造方向、开发强度、开发流程等方面进行规划指引，使“三旧”改造更具科学性、规范性和可行性。2009年10月，《佛山市“三旧”改造专项规划（2009－2020）》正式出台实施，使“三旧”改造更加有序进行。

（三）制定政策，指导和规范工作

佛山市先后制定了《关于加快推进旧城镇旧厂房旧村居改造的意见》、《关于加快推进旧城镇旧厂房旧村居改造的决定及3个相关指导意见》等一系列配套政策文件，并根据省政府《关于推进“三旧”改造促进节约集约用地的若干意见》制定了相关实施意见。政策制定对“三旧”改造工作正确引导，加强监管，规范推进。

（四）加大投入，落实财政扶持政策

佛山市出台了《佛山市财政局关于推进旧村居改造示范村居建设若干问题的实施意见》、《佛山市旧村居改造示范村居建设资金管理办法》，加大财政资金投入，鼓励和引导旧村居改造。一是2007～2009年，市级安排1.2亿元资金用于对全市纳入首批改造的122个村居实行补贴，每一个村居补助100万元。二是2009年，启动旧村居改造“白金30”计划，从2009～2011年，每年评选10个“三旧”改造先进示范进行表彰，每个先进示范项目市级奖励100

万元。三是改造中，对于通过合法手续审批，在集体经济组织所属土地上（包含后来转为国有的土地）合作开发建设房屋的，属拆迁安置部分，以及村居集体自筹资金自行建设的农民公寓，所征税额按政策属本地方留成部分，通过财政支出全额用于所在村居集体农村居民养老保险、农村基础设施建设等。四是对旧村居改造过程中收取的相关行政事业性收费，实行收支两条线管理办法，通过财政全额支出拨付用于旧村居改造示范村居建设；对于经营服务性收费如收费单位属于政府事业单位，由政府财政支付或减免，如属于社会机构服务性收费，相关主管部门加强协调，降低收费。五是旧村居改造示范村居建设规划费用，按照属地原则由区、镇（街）财政负担，并将该费用纳入各级财政预算，其中区级财政负担的规划费不少于总规划费的60%。六是各区财政部门按照属地原则，对自筹资金推进旧村居改造示范村居建设的贷款予以不低于所负担利息30%的贴息。

截至2009年年底，全市各级财政共投入80.6亿元用于“三旧”改造。3年来，全市共启动“三旧改造”面积1.2万亩，启动项目730个；已完成改造新建面积710万平方米，改造项目186个，其中，完成旧厂房改造项目164个，旧村居项目9个，旧城镇项目13个。

（五）引入市场机制，调动社会各界参与

在对“三旧”改造工作正确引导，加强监管，规范推进的同时，佛山市大力推广“政府出政策、所有者（使用者）出土地、投资商出资金”的市场化改造模式，在具体项目建设中实行“谁投资谁收益”，充分调动了社会各界参与“三旧”改造的积极性，实现多方共赢，较好地解决了“三旧”改造所需大量资金的来源问题。截至2009年，佛山市已启动的改造项目成功引入社会资金357亿元。在2009年佛山城市可经营项目投资推介会上，共推出“三旧”改造项目41个，吸引投资额188.58亿元，分别占项目总数（118个）和投资总额（468.9亿元）的34.75%和40%。

（六）因地制宜，鼓励探索创新

区、镇（街道）是“三旧”改造的主战场。佛山市政府鼓励和支持各区、镇（街道）结合自身实际，大胆尝试，摸索出一些富有特色和操作性强的路子，形成了多种改造模式。

1. 在旧城镇改造方面，有引入港资运作的、佛山最大的旧城镇改造项目——祖庙—东华里片区改造模式。该模式最大的特点是政府主导、统一规划、市场运作，创新了政府主导的和谐拆迁、净地出让土地的方式，彻底打破了以往的单体翻建、小修小补的旧城改造模式弊端。

2. 在旧厂房改造方面，有不拆不建、在保留厂房原貌的基础上，进行创造性的整治改造，增加公共配套设施和开敞空间，从而引入新兴产业的“佛山创意产业园”模式，重新赋予了旧厂房新的产业形态和生活形态；有自主改造、自主经营的“澜石金属交易市场”模式，村集体把规模小、档次低、效益差的旧物业改造为大型不锈钢交易市场，形成了巨大的经济效益和社会效益，既实现“拆笼换鸟”，又实现“做大鸟笼”；有政府先行征收，再引入社会资本的“天富来工业城”模式，将原来功能单一的村级工业基地打造成一个工业为主导、居住和公共服务设施配套相对完整的城市新区，营造以工业促进商业、以商业带动工业的和谐发展局面，实现“腾笼换鸟”；有多村联合改造的“南海激表联建仓”模式，整合了10个经济实体的土地，促进了土地连片集聚开发。

3. 在旧村居改造方面，有以环境整治改造为主的“三水西南涌整治模式”，打造了城市标志性生态景观带；有村集体经济投入，改造后的产出利益归村组集体的“夏西村模式”，使农村集体经济组织走上了发展城市型经济；有以土地入股、引入开发商联合改造开发的“石头村模式”，既实现了“拆除旧村居，建设新社区”，又保障了农民长期稳定的收益；有开发商垫资建设，建成后开发商拥有5年租赁经营权，“以地引资、以租抵建”的“凤池村BOT模式”，构建了“借水行舟、互惠互利”的双赢局面。

（七）广泛宣传，营造和谐的舆论氛围

“三旧”改造的顺利推进离不开各级政府及相关部门的支持和配合，更有赖于与切身利益相关的基层群众的认可和理解。各级党委、政府充分利用各种新闻媒体和宣传手段，通过村务公开、专题培训、媒体宣传等形式，引导广大干部、群众、企业充分认识“三旧”改造对佛山发展的重要性和紧迫性，重点宣传政府的扶持政策和利益分配办法，促使其由“政府要我改造”向“我要改造”转变，激发社会各界对“三旧”改造的关注和参与热情。“三旧”改造工作形成了政府重视、社会参与、群众拥护的良好氛围，政府、社会和群众对“三旧”改造形成了高度的共识。

三、主要成效

（一）促进了经济平稳较快发展

“三旧”改造带动了建筑、建材、冶金、轻工、化工、机械、能源等十多个行业、40多个子行业的发展。据初步估算，佛山市25.3万亩“三旧”改造用地共需投资约为6 000亿元，预计可带动相关产业的产值1万~1.2万亿元。

（二）促进了产业结构优化升级

通过对低效“三旧”用地进行改造，实施土地整合，淘汰规模小、效益差、能耗大的企业，腾出土地引进优质大项目、高新技术产业、文化创意产业等，促进产业结构向低能耗、低污染、高附加值的方向转变，推动产业集聚高效发展。全市改造项目中，205个项目是调整产业结构，由二产转三产，其中12个项目是高科技产业，21个项目是文化创意产业。据统计，2007年每平方公里建设用地第二三产业增加值为2.791亿元；2008年每平方公里建设用地第二三产业增加值为3.33亿元，比2007年增加19.3%。

同时，结合节能减排，实现产业转移的项目240多个，引进了44家世界500强企业投资了84个项目，投资额约34.7亿美元，引进87家国内500强企业投资了149个项目，“腾笼换鸟”取得实质性成果。尽管改造淘汰、转移了一大批企业，但由于产业结构得到优化，发展能量得到补充，经济仍保持平稳较快增长。

（三）促进了土地节约集约利用

据统计，已经完成和正在改造的691个项目，改造前占地约3万亩，建筑面积为1 600万平方米，平均容积率约0.8，平均建筑密度约60%；改造后建筑面积将增加2 399万平方米，平均容积率提高到约2.0，平均建筑密度降低到约35%。通过对零散分割的低效用地进行统一规划和整合，大大提高了土地利用效率，缓解了用地紧张矛盾。如禅城区滨海御庭项目，拆旧面积5.8万平方米，新建筑面积达到32.6万平方米，是拆旧面积的5.6倍；又如顺德区天富来工业城新建厂房的容积率是原来的5.65倍，建筑面积从原来的40万平方米增加到226万平方米，产值由原来的10亿元增加到150亿元。

（四）促进了城乡面貌有效改善

据统计，全市已完成改造项目中，49个项目是改善生活环境，预计建设居民住宅608万平方米，新增公共设施用地和城市绿地139万平方米，完善了城乡基础设施建设，改善了城乡面貌和人居环境，推动了城乡一体化建设。如禅城区祖庙—东华里片区改造项目，在对大片的危旧、低矮、残破的平房进行拆除改造的同时，重点保护20多处文物保护建筑和一些有历史价值和传统风貌的建筑和街巷，该项目建成后，将呈现出既有现代化大城市气派又有浓郁岭南历史文化气息的街区风貌。按《“三旧”改造专项规划》，全市“三旧”改造完成后，将新增公共绿地面积837万平方米，区域绿地面积858万平方米，新增基础设施用地面积4 200万平方米，将极大改善城乡面貌，提高城市综合竞争力。

（五）促进了城乡居民收入增加

通过“三旧”改造，改善城乡环境，带动第三产业发展，提升土地和物业的市场价值，改造后村集体收入和就业人数平均增加了200%，促进了城乡居民增加收入，使广大人民群众得到了实实在在的好处。如南海区夏西村“紫金城”项目，每年租金收入360万元，五年后递增20%，村集体收入因此增加20%左右。又如佛山国际家居博览城项目，村集体经济每年获得的土地租金超4 000万元，比改造前提高了5倍，而与之相联的酒店、旅游、商贸、会展、娱乐、餐饮等上下游产业集聚将会给村集体和村民带来丰厚的经济收益。

（六）促进了社会稳定与就业

“三旧”改造扩大了土地对产业的承载容量，给社会提供了更多的就业机会。如南海区天安数码城项目可容纳科技型中小企业500家，提供就业岗位2万个。天富来工业城新建厂房可容纳23家中型企业或700家小型企业，为8万人提供就业机会。禅城区兴建的澜石不锈钢交易中心，创造了1万多个就业岗位。据初步统计，“三旧”改造后，增加就业岗位20多万个，有效促进了社会和谐稳定。

（佛山市财政局供稿　朱锡雄　李志坚执笔）

先行先试　打造镇街预算监管新模式

财政预算是政府的基本收支计划，预算监督是对各级政府预算编制、执行、调整乃至决算等活动的合法性和有效性的监督活动。按照监督主体划分，预算监督包括各级人大及其常委会对预算、决算进行的监督，以及各级政府对下一级政府预算执行的监督等。而对于镇街财政，其作为我国最基层的财政，保障着整个基层政权的运转，涉及基层各项事业的发展。因此，佛山市禅城区高度重视镇街预算监督工作，2009年，在预算监管取得阶段性成果的基础上，根据“科学发展、先行先试”的精神，以镇街为突破口，由区人大常委会、区财政局联合开展调研，在佛山市率先将预算监督主线纵向延伸，积极探索如何完善镇街预算监督机制，成功打造了具有禅城特色的镇街预算监督体系，相关经验获得了市人大常委会的高度肯定。

一、改革背景

（一）镇街经济发展客观要求加强财政预算监管

2006年，禅城区进行行政区划调整，将部分镇与街道合并或直接改设为街道，形成一镇和三街的行政布局。调整后的街道行使原来镇政府的大部分职能，以及一级财政职权，与人民群众的利益息息相关。经过三年多的发展，各镇街都成为独具特色的功能区域，经济建设步伐不断加快，达到比较发达的水平。

2008年，禅城区实施区对镇街财政体制改革，通过财力下移和借助均等化转移支付措施，均衡一镇三街的公共服务供给水平，促进区域平衡发展。2008年，镇街一般预算收入共9.1亿元，比2007年的4.8亿元增长90%，就单个镇街的财力而言，在一定程度上达到甚至超过了我国某些地区的县或市。随着财政资金收支规模的日益壮大，加强镇街预算监督成为禅城区社会经济发展的必然要求。2009年，在全球金融危机影响下，禅城区及各镇街着力加大城市基础设施建设及民生事业投入，通过扩大内需促进经济较快企稳回升，使硬化预算约束、提高预算资金使用效率对地方经济发展的重要意义倍加突显，客观要求进一步加强镇街预算监督。

（二）镇街预算监管存在诸多问题亟待解决

一是镇街预算监督的认识和水平不高。主要表现在：街道对于其预算应接受上级监督及相关预算审查批准的法律规定认识不清晰，加强街道预算监管的主动性不强；基层人大预算监督方面的专业人才相对缺乏，未建立财经类专业性代表小组或预算委员会，一定程度上影响预算监督效果；镇街部门众多，而财政所工作人员较少（一般为4～6名），难以深入开展对预算单位的调研工作，影响了预算审核工作的顺利进行。

二是街道预算监督主体缺位。《预算法》规定："国家实行一级政府一级预算。"但街道作为区人民政府的派出机构，不具备一级财政职能。禅城区的街道经过行政区划调整，由原来的镇转换而来，资金的使用基本由街道办事处自主决定，没有镇政府时期相应一级人大的监督，预算审批权限不明确，在预算监督上存在一个断层。预算审查由街道联席会议讨论通过，以人大街道工委的名义批准，存在集街道预算的决策者、执行者、监督者于一体的情况，造成监督主体缺位。同时，由于镇人大闭会期间缺少常设机构，镇的预算调整和超收安排只能于下一年度提交审查，镇政府也无法按法律规定，做到每年至少两次向本级人民代表大会报告预算执行情况的要求。

三是街道预算审批程序不够明确。我国现行的监督法和预算法等法律法规，主要明确了县（区）以上政府预算监督的要求，对镇街预算监督的规定停留在原则性的层面，没有细则规定。此外，各级政府、人大出台的有关指导文件也没有明确规定，缺乏操作指引，镇街在实际操作中往往存在困惑。特别是对于街道预算的监督问题，缺乏统一、可操作性的实施细则，监督程序笼统，不利于监督工作的有效开展。

四是镇街预算审批的内容不够明细。由于缺乏统一指引，镇街提交镇人大或街道联席会议（领导小组）审查批准的预算只有寥寥简单的几页纸，各部门基本支出情况、项目支出情况不清晰，影响镇人大或街道联席会议（领导小组）对预算的审议质量。

五是镇街预算编制有待规范。多年来，镇街基本能按照规定编制部门预算，但是，预算编制的程序和方法仍存在不规范现象。从预算编制的程序上看，镇级部门预算的编制实行"一上一下"，未能按照"两上两下"的要求进行；从内容上看，有些专项经费细化不够，具体项目支出计划不够清晰；从辅助手段上看，预算编制软件普及率不高，仍停留在人工编制预算的相对落后水平。

二、主要做法

针对镇街预算监督存在的问题，禅城区紧紧抓住"科学发展、先行先试"的契机，在现行法律法规框架下率先推进深化镇街财政监督工作，"达成一个共识、实行三个同步、突出六大特色"，形成有禅城特色的镇街预算监督新模式。

（一）达成一个共识

在开展加强镇街预算监督工作的初期，镇街特别是由镇改设的街道，存在自主理财独立性将受到影响的顾虑。经区人大常委会及区财政局的细心解析，街道党工委、人大街道工委及街道办事处普遍达成一个共识，认识到区人大对街道财政的监督是法律赋予的职能，是科学理财、透明理财的公共财政改革方向，其目的在于进一步用足用好财政资金，有利于镇街提升科学决策水平，统筹安排财政资金，提高财政资金效益。

（二）实现三个同步

一是时间同步。街道部门预算与区本级同步编制、同步送审、同步下达。二是格式同步。街道部门预算、决算按照区本级的格式编制。三是技术同步。镇街部门预算编制统一采用区直部门预算软件，按照"二上二下"的程序编审。基本支出实行定员定额管理，项目支出细化到具体的经济科目和内容。基本支出与项目支出严格分开，项目支出中不列属于公用经费的支出内容。通过"三个同步"，进一步提高了全区预算监管的统一性。

（三）突出六大特色

一是吸纳多方参与体系设计。为完善体系设计，开创性地由市人大、区人大、区财政、镇街人大及财政所多方共同参与研讨，从不同的角度积极探索依法规范人大对镇街预算的监督方式，充分发挥各镇街的主观能动性，反映镇街的民主意见，突出监督体系，凝聚集体智慧，吸纳民主诉求的特色。

二是出台指导性意见。根据《组织法》、《监督法》、《预算法》、《审计法》、《广东省预算审批监督条例》等有关法律法规，在充分论证的基础上，结合禅城区的实际情况，区人大于2008年年底及2009年年初分别出台《关于加强街道财政预算监督工作的意见》和《关于加强镇财政预算监督工作的意见》，区政府于2009年9月出台了《禅城区加强街道财政预算管理暂行规定》，通过具体统一、可操作性强的实施细则，为镇街财政预算管理工作提供规范性的工作指引。

三是确立街道预算监督主体。明确街道作为区政府的派出机构，街道财政预算是全区财政预算的组成部分，街道人大工委作为区人大常委会在街道的派出机构，为常委会审查批准街道预决算服务，负责授权范围内的日常具体监督工作。该定位既发挥街道人大工委熟悉掌握街道情况的基层优势，又强化区人大的统筹监督作用。

四是设立专门监督机构。先行先试，设立镇街专门机构保证预算监督工作顺利开展。其中，镇设立人民代表大会预算审查委员会，成员不少于7人，由镇人民代表大会通过法定程序，从本届人大代表中选举产生。街道设立人大工委财政经济组，一般不少于5人，聘请有财经或审计工作经验的区人大代表或其他专业人员兼任，在街道人大工委领导下依法开展工作。专门机构的设立，加强了经常性监督力度，解决了镇街人大部门法律和预算业务知识有限、人手缺乏的难题，确保预算监督的科学性。

五是明确预算监督范围。明确了镇财政预算监督工作由预算审查和批准、预算执行的监督、决算审查和批准三部分组成；街道财政预算监督工作由预算审查和批准、预算执行的监督、决算审查和批准、街道财政预算监督工作的保障四部分组成。通过进一步细化镇街预算监督的程序及审查内容，规范镇街预算编制的内容和方法，为镇街人大更好地开展预算监督审查工作打下坚实的基础。

六是创新预算审批流程。首先，明确街道财政预算是区本级预算的组成部分，预算编制、调整和决算审批按区有关要求管理，在审批流程上实行“六步走”。以预算草案审批为例，主要程序如下图：

街道预算草案审批流程

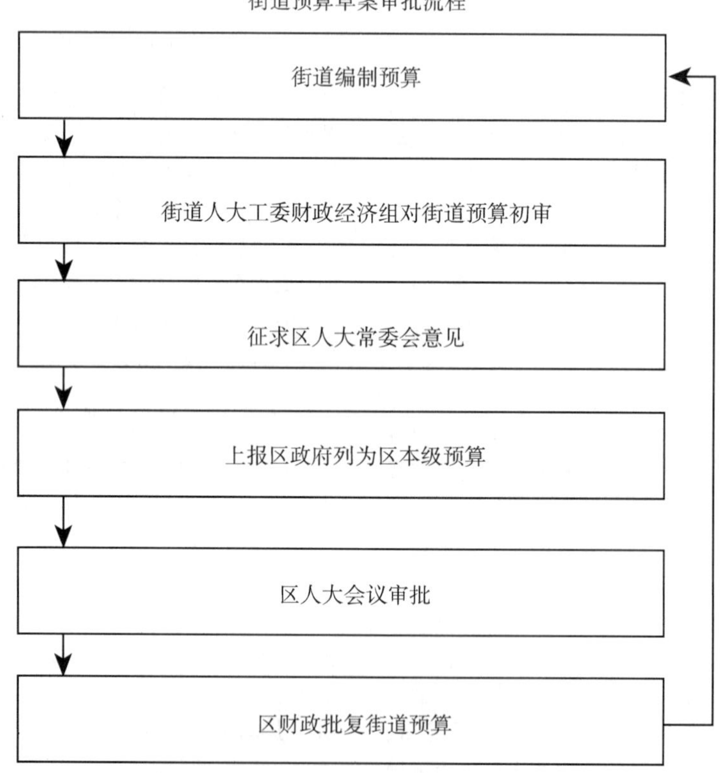

其次，在镇人大闭会期间，发挥镇人大预算审查委员会的监督职能，对预算执行情况负责监督，组织对预算调整草案的初审，确保镇财政预算监督符合法律程序要求。

三、进一步完善禅城区预算监管模式的措施

（一）加强学习培训

区人大常委会和区财政局可通过不定期组织镇街有关部门进行业务培训，不断提高预算监督与被监督双方的业务能力。一是以区人大的两份《意见》和区政府的《规定》为基础，加强对镇街财政所的业务指导，通过进一步细化预算编制，强化预算过程管理，为人大监督工作提供“明白账”。二是镇街人大预算监督成员要加强相关法律和财政预算、财务知识的学习，改变预决算审查中出现的“看不懂”现象，提高自身的履职水平。

（二）推进改革实践

一是按照“三个同步”的要求编制新预算年度的预算。街道办事处要按照区年度预算编制的要求，及时组织召开街道预算编制布置会议，并对各预算单位进行预算编制业务培训，加强单位的思想认识和业务能力，确保单位及时准确上报部门预算计划。二是区财政局积极协助解决镇街

预算编制中遇到的难题。区财政局充分发挥指导协调作用，在镇街预算编制的全过程加强业务指导，明晰街道预算编制的注意事项，组织镇街财政所选择合适的部门预算编制软件，推进预算编制信息化建设，提高预算编制的效率。三是同步推进民主预算和融资预算编制。将融资资金纳入预算编制的范围，扩大预算编制的内涵，提高预算编制的透明度，吸纳利益相关各方多维度参与预算编制过程。通过不断推进改革实践，逐步提高镇街预算编制的完整性和科学性。

（三）强化绩效考核

要不断提高预算编制和预算监督的水平，通过实行绩效约束机制，对预算计划的准确性、及时性和支出管理质量进行考核，并将考核结果纳入政府绩效评估指标体系。

（四）注重调研总结

密切跟进镇街预算监督工作的实践效果，加强对镇街的调研，并在年底对镇街预算监督工作进行总结，加强镇街之间的经验交流，不断完善镇街预算监督体系，改进监督的方式方法，共同推进禅城区镇街预算监督走上科学化、规范化、民主化、法制化管理的轨道。

（佛山市禅城区财政局供稿　许剑禧　左辉明执笔）

强化问责　提高资金使用效率

加强财政专项资金管理，防止财政专项资金被改变用途或被挤占、挪用，是当前财政资金监管的一个难题。佛山市南海区积极探索改善公共管理水平和提高财政资金分配科学性的有效做法，创新性地对财政专项资金实施绩效问责制，有力触动了部门单位树立支出责任，推动了财政专项资金管理模式的转变，从而走出了一条科学理财、阳光理财的新路子。

一、改革背景

（一）财政资金使用效益不高

南海区经济发达，财政收入在全国县级财政排名中名列前茅，目前财政可支配财力规模已超过120亿，而财政专项资金占区财政可支配财力比重接近80%。但长期以来由于受传统管理模式的影响，财政资金管理普遍存在“重收入轻支出、重分配轻管理、重项目轻效益”的问题，存在财政支出规模与支出效果脱节的缺陷。财政预算支出以规模而不是以效益为基本目标取向，部门单位把大量时间和精力放在争项目、争资金上，而投资责任和支出效果却往往无人负责，最终造成财政支出效率较低，项目的投入产出比不高，导致行政成本加大和公共资源的浪费，有的甚至中途搁置、改变用途或挤占、挪用资金。如何保证巨额财政资金的安全高效，已成为摆在政府和财政部门面前的重要课题。

（二）财政处于被动问责的位置

过去资金分配时大家你争我抢，财政部门花大力气搞平衡，但是资金分配以后，用款单位怎样用钱、用钱的效果如何缺乏明确、有效的约束，滥用、乱用现象不可避免，而人大、审计等部门监督财政资金使用情况发现问题时，又反过来要求财政部门承担管理责任，因此，如何明确财政与部门在资金使用上的权力和责任，扭转财政部门被动“挨打”的局面，成为亟待解决的问题。

（三）支出管理需要强有力的制度保障

财政支出和管理的全过程应该是：从预算的编制到执行再到决算，到最后的追踪问效。而大家常说的财政三部曲只是预算、执行、决算，缺少了问效这一环节。自2004年起，南海区在全国率先探索实施财政项目绩效预算改革，同时采取单位自评和专家评价相结合的形式，实施财政支出事后绩效评价，全面提升了资金使用效能。但由于前者侧重预算分配环节，后者对支出后评价只停留在对参考单位的自评材料进行综合评价，同时资金使用的绩效问责制度尚未建立完善，在具体评价中即使发现资金使用没有达到预期目标也无法追究相关责任，这些都在一定程度上使绩效预算改革的成效打了折扣。为此，要真正实现财政支出的事前、事中、事后全闭环管理，堵塞改革漏洞，必须进一步强化财政资金使用的效果和责任，建立相关的监督管理制度，从而为绩效改革扫除障碍，使绩效改革真正收到实效、落到实处。

二、具体做法

2008年，南海区对财政专项资金使用试行绩效问责，并于2009年出台绩效问责暂行办法，形成财政资金追踪问效长效机制，根据设定的绩效目标，对财政支出全过程及使用效果进行衡量比较和综合评判并追究责任，取得了显著成效。

（一）建立绩效问责架构，确保评价公正客观

为割断项目绩效评价过程中可能产生的被评价部门与评价实施者之间的人情关系，确保评价的公正、客观，减少对评价结果的争议，每年南海区人大财经工委、监察局、审计局、财政局、人事局联合组成绩效问责小组，并从绩效评价专家库随机选取专家，根据设定的绩效目标，运用科学、合理的方法，设置、选择合适的指标体系，按照统一的程序、标准和原则，采用公开摇珠方式抽取区财政安排专项资金50万元以上及其他有必要的项目，对其使用情况进行客观、公正的衡量比较和综合评判，判断钱花出去有没有达到预期目标，有没有取得较好的政治效果、社会效益和经济效益，发现并分析资金使用上和管理上存在问题及其形成原因。为有效控制和监督问责结果，防止舞弊现象发生，从2009年开始，南海区还邀请多名人大代表参加现场答辩会，充分发挥社会公众对政府资金管理的监督作用。

（二）规范问责程序，保障评价科学合理

在实施项目绩效问责的过程中，南海区高度注重程序公正，绩效问责的基本程序如下：　是随机抽样。由绩效

问责小组在上一年度单位已进行绩效自评且专家已进行评价的项目中，采取公开随机抽取的形式，确定重点评价的单位和项目。二是现场视察。绩效问责小组和有关专家审阅单位已提交的项目自评材料，集中研究讨论所抽取的项目情况，并视实际需要对项目的进展情况进行实地视察或到单位查阅相关材料。三是召开重点评价会。会议分两个环节进行。第一是单位陈述。由项目单位汇报被评价项目的基本情况，如项目的完成情况、完成质量、组织管理、制度保障、资金使用的合法性、合规性和合理性等。第二是现场答问。绩效问责小组就项目管理、资金使用情况及取得的绩效等进行询问，项目单位一一答辩。四是综合评价。绩效问责小组结合项目资料、现场评价情况，按设定的绩效标准进行评价，形成重点评价报告。五是绩效问责小组将评价意见反馈各单位，出具重点评价报告报区政府，并逐步向社会公开。

（三）建立激励约束机制，强化问责结果应用

为强化绩效问责效果，南海区的绩效问责坚持问责结果与奖优罚劣、行政问责相结合的原则，最大限度杜绝机关单位作风“浪费”。一是建立问责结果在部门预算安排及预算执行中应用制度，以及相应的激励与约束机制，财政部门将问责情况作为今后年度编制部门预算和安排财政资金的重要依据，绩效良好的项目将在同类项目中优先安排，对于绩效差的项目则在下一年度不再予以安排资金。二是建立问责结果反馈整改与奖惩机制。问责工作结束后，问责小组将被问责项目的绩效情况、存在问题及相关建议反馈给被问责单位，并督促落实整改，在问责过程中若发现单位没有必要继续实施的项目资金将予以收回，发现单位虚报项目、截留、挪用财政资金，或管理不善造成资金浪费的，除限期追回有关资金外，将进行内部通报并依照规定追究相关责任。三是建立问责信息共享制度。问责小组除将年度问责情况向区政府报告，由区政府对绩效工作做得好或差劣的单位和个人予以通报外，还将问责结果与年度机关绩效作风与考评挂钩，作为对单位进行绩效作风与考评的内容之一。财政资金使用绩效优良的给予加分，不合格的扣分。此外，对社会关注度高、影响力大的民生项目和重点建设项目支出绩效情况，经区政府批准后，可通过新闻媒介等向社会公开，接受社会公众监督。

三、几点成效

两年来，南海区实施的以财政支出绩效评价为核心的财政资金追踪问效常态制度，在权责体系的科学界定、权力运行的透明、政务信息的公开以及政府职能的转变方面发挥积极作用，它将支出控制的重点从投入转到产出或结果，突出强调财政支出的责任和效益，强化了支出机构承担起对于产出或结果的管理决策的责任，促进了财政专项资金的优化设计，切实提高了财政资金的使用效率。从实际运行情况看，南海推行财政资金绩效问责主要取得了以下几点成效。

（一）支出效益逐步提高

从实践效果看，南海区通过绩效评价，对项目运行和资金使用情况进行跟踪问效，促进了财政支出效益的逐步提高。2008 年、2009 年南海区连续两年抽取项目实施重点评价，对问责结果不好的项目采取核减、追回或停拨专项经费等措施，减少了财政资金的损失浪费。2009 年，问责小组对随机抽取的 8 个财政支出项目开展绩效问责，现场追回水利工程区级配套资金 280 多万元。

（二）资金使用责任明显增强

对于部门单位而言，项目绩效问责既是一种压力，也是一种动力。南海区的绩效问责制度解决了财政使用责任不清晰、责任内容不细化的问题，促使单位自觉建立有效的用财自我约束机制，从本质上实现财政资金使用责任的明确和落实。实施绩效问责后，问责小组对部门单位的花钱效果实行监督，问责结果与奖优罚劣、行政问责相结合，与下年度部门预算安排和年度机关绩效作风考评行政考评相挂钩，这些做法迫使部门单位深刻认识到“谁支出谁负责”的资金使用原则，工作重点由原来的要钱转为用钱，“理财”理念代替了“要钱”观念，单位的工作重心放在项目的运作和管理上，资金使用管理方式不断改进，极大地提高了项目管理和决策水平，改善了项目绩效和综合效益，从而为广大群众提供更多更好的公共产品和更优质的公共服务。此外，财政联同人大、审计及公众对财政资金使用部门进行问效的方式，打破了传统意义上财政资金使用仅由财政部门负责任的状况，改变了财政被动问责的局面。

（三）支出结构得到优化

南海区通过对财政资金投入情况进行绩效问责，把评价结果作为预算安排的重要依据，从资金分配源头上予以规范，进一步管理好财政资金支出的闸门，体现了以结果为导向的理财思想，使部门单位向财政申请款，不再像以前那样，报一个文件说要多少钱就行，而是从一开始就要把资金的绩效目标以及评价结果与预算结合起来，实现绩效与预算的匹配，彻底改变了预算单位申请预算随意要价的做法，强化预算的约束，使财政支出结构得到进一步优化，为促进公共资源有效配置发挥了积极作用。近年来，南海区有效减少了部门单位的不必要支出，坚持集中财力推进各项民生工程和重大项目，把改善民生摆在更加突出的位置，财政资金进一步向公共领域倾斜。2009 年财政用在与人民群众直接相关的教育、医疗卫生、社会保障和就业、保障性安居工程等民生方面的实际支出达 657 024 万元，占一般预算比重 82.46%，城乡社会救助体系日益完善，受到各方的好评。

（四）政府职能实现有效转型

实施项目绩效问责，促使政府的行政理念和模式转变，政府的主要精力由原来的争项目、争资金，转到项目规划、

设计及项目实施和管理上，预算单位更专注于实现本部门主要职能的强化和突出，重心转移到提高部门的服务质量和挖掘潜力上，实现了问责工作由“过错问责”向“绩效问责”拓展，绩效问责作为建设责任政府的重要内容，促进政府工作人员在日常工作中更加谨慎，更加务实，效能政府得以从理论转化为现实。

（五）民主理财水平进一步提高

在绩效问责中，参与的主体除人大机关、监察、人事、审计、财政等机关外，还包括人大代表、专家、中介机构，并邀请新闻媒体参与监督，实现了政府体系外的公民参与问责，切实尊重民意、尊重公众的知情权和监督权，增加了财政支出问责的公开化和透明度，充分体现了公共财政的民主性，切实做到了“让政府的钱花在阳光下”。

四、下一步推进绩效问责工作的思路

受全球和全国经济发展趋势减缓的影响，南海区在今后一段时期财政收入高速增长的前景并不十分乐观，但随着公共财政框架和市场经济体制的确定，财政支出却仍会保持较快增长，财政收支矛盾不可避免。在财政资源总量增长有限的形势下，南海区进一步建立完善包括财政支出绩效问责制度在内的绩效评价体系，提高存量资源的配置效率和效益更显得至关重要。由于这项工作无论在全省还是全国都是一项全新的工作，南海区“摸着石头过河”，难免存在不尽完善之处，如有的部门单位对绩效评价工作的重要性和必要性认识有待提高，评价质量有待提高等，全面建立和完善财政支出绩效问责制度还需要经历一段较长的过程。

（一）加强宣传，强化绩效理念

通过新闻媒体等形式，将绩效评价工作的重要性和必要性进行广泛宣传，让绩效理念深入人心，提高部门单位的绩效意识，争取政府领导的重视和部门单位的支持配合。同时，有选择地在一定范围内披露社会公众关注高的项目资金使用绩效情况，使社会公众了解有关部门公共支出的绩效水平和服务质量，吸引社会公众参与和监督，引导财政资金使用部门和单位努力实现符合社会公众所期望的资金使用效果。此外，还要从机构和人员上予以落实，从评价经费上予以保障，从评价实施的广度和深度上下更大功夫，并作为一项迫切而长期的重要工作任务来抓，把绩效评价工作真正做到实处。

（二）规范评价行为，提高评价质量

首先要不断探索和完善各项制度，推动绩效评价工作走上法制化、科学化和规范化。其次，要对主管部门、中介机构和评价专家进行全面系统的培训，对评价工作存在的问题进行专题研究，提高绩效评价的可操作性和评价人员的综合素质。三是要制定科学合理的评价指标体系，使项目的绩效目标能够量化、具体化，为评价项目的绩效提供技术支持，从而不断提高评价质量。四是进一步完善专家库和评价项目数据库，增强绩效评价的合理性和科学性。

（三）注重结果应用，发挥工作实效

虽然南海区在评价结果应用方面迈出了重要一步，但在信息公开方面还需加大力度，条件成熟时，可在一定范围内公开评价项目实施情况和评价结果，主动接受社会公众监督，增强财政资金使用的公开性和透明度，从而建立起与部门预算相结合、多渠道应用的评价结果应用机制。

（佛山市南海区财政局供稿，梁倩虹执笔）

韶关市

推进生态文明建设　引领山区科学发展

党的十七大报告中指出："建设生态文明，基本形成节约能源资源和保护生态环境的产业结构、增长方式、消费模式"，这是在党的文献中第一次提出了建设生态文明的概念，把生态环境的重要性提高到了"文明"的高度上。胡锦涛总书记强调指出，要把建设资源节约型、环境友好型社会放在工业化、现代化发展战略的突出位置。也就是说，生态文明是以生态产业为主要特征的文明形态。它以人与自然、人与社会和谐共生、良性循环、全面发展、持续繁荣为基本宗旨，以建立可持续的经济发展模式、健康合理的消费模式以及和睦和谐关系为主要内涵，倡导人类在遵循人、自然、社会和谐发展客观规律基础上追求物质与精神财富的创造和积累。

韶关市建设生态文明具体良好的基础和条件。韶关市地处南岭山脉南部，属中亚热带湿润型季风气候区，四季常青，拥有丰富的森林资源和独特的生态系统，是珠江三角洲最重要的生态屏障，目前是全国首批6个生态文明建设试点地区之一。2002年市十届人大第四次会议通过了《关于创建韶关森林生态市的决议》，推进林业由以木材生产为主向以生态建设为主的历史改变；2004年，市十一届人大一次会议通过了《关于综合整治浈江河水污染问题的议案的决议》，2005年又通过了《关于加强武江河流域水污染防治的决议》。不久，市委又明确提出实施"绿色韶关"战略，市委、市政府颁发了《关于加强生态文明建设的决定》。2008年7月，市委十届五次会议通过了《关于解放思想，深化改革，争当全省山区科学发展排头兵的实施意见》，明确提出经过五到十年的努力，将韶关市打造成为全国生态文明建设示范市、广东生态发展主力军、全省"双转移"战略先行区、山区宜居城乡优选地。2009年6月，市政府颁布了《韶关市生态文明建设规划（2008－2015年)》，从制度上和社会经济发展战略上，推进韶关生态文明建设。

韶关市财政部门积极响应市委、市政府的号召，坚持走生态文明发展道路，奋力推动韶关跨越式发展，重点通过增收节支，调整优化支出结构，多渠道筹集财政资金，着力完善基础设施。进一步改善发展条件，着力推进园区集聚发展。进一步提高产业水平，着力加快城市化进程。进一步建设宜居城乡，着力加强生态环保，进一步构建山区发展新优势，着力推进基本公共服务均化，进一步改善民生。经过多年的不懈努力，韶关市生态文明建设初见成效，2009年，全市实现生产总值571.7亿元，比2008年增长10.1%。城乡居民人均收入8 893元、实际增长11.6%，完成重点项目投资192.9亿元，为年度计划的122.9%。全年全市地方一般预算收入突破40亿元大关，增长11.87%，增长速度超过全国、全省平均增长水平。近年来先后荣获"中国优秀旅游城市"、"中国金融生态城市"、"广东省历史文化名城"、"广东省文明城市"、"中国经济科学发展十佳城市"、"国家卫生城市"、"国家园林城市"等称号，是目前全省产业转移和劳动力转移目标责任考核评价唯一一个获"双优"的地级市。

一、完善基础设施建设，构建便捷的综合交通网络

韶关市有天然的区位优势，地处粤、湘、赣结合部，是我国南部沿海通向内地的要冲，是广东进行外引内联、沟通三地经济联系的枢纽地段，铁路、公路、航空、水运齐全。近年来，在市委、市政府的正确领导下，在上级部门的大力支持下，韶关市抢抓珠三角发展的历史机遇，围绕建成国家公路运输枢纽城市的总目标，大力推动各项重点工程项目建设取得可喜成绩，已形成以市区为中心、高速公路为主骨架，国道、省道为干线，县乡道路为脉络，内接珠三角、外连周边省的公路铁路网，为加快构建山区现代化、网络化的综合交通运输体系迈出了坚实的步伐。目前，全市公路通车里程13 000多公里，公路密度71公里/百平方公里。2009年12月底至今为止世界上一次建成里程最长、运营速度最高的高速铁路武广快运专线正式运营，2010年1月14日，中共中央政治局委员、广东省委书记汪洋宣布武广客运专线韶关站正式落成启用。该站房建设面积1.6万平方米，站台3.15万平方米，总投资2.1亿元。武广客运专线建成后，突破性地缩短了韶关到广州、长沙和武汉的时空距离，对进一步加快县域经济发展，培育产业集群，加快新兴制造基地、农产品生产加工基地、旅游休闲基地等"三大基地"建设有十分重要的意义。与新韶关站房相配套工程韶关大道也顺利建成，芙蓉新城区规划建设将进入新的高潮。预计2010年年底还将建成广东省首条非经营性韶赣高速公路。2012年建成赣韶铁路、广

乐高速公路。与此同时，大广高速、昆汕高速、粤湘高速公路韶关段的前期各项准备工作抓紧开展。韶关至贺州铁路列入部省共建项目。这些项目的建设和完工，对加强粤北与赣南、湘南的联系，推动“红三角”乃至整个泛珠三角区域合作，打造粤北区域中心城市，建设全国生态文明试点城市意义重大。

二、加快园区产业聚集，推动韶关绿色崛起、跨越发展

建设生态文明，保护青山绿水，绝不是不发展工业化、城市化，而是走出一条以轻量化、绿色化、生态化、经济增长与环境压力脱钩的“三化一脱钩”为主攻方向，逐步形成节约能源资源和保护环境的产业结构，走出一条符合韶关市实际的经济发展最快、资源消耗最少、群众得到实惠最多的生态文明崛起的科学发展之路。韶关市作为广东省重要经济区域，为破解山区产业发展与生态环保难题，走新型工业化道路的现实途径，就必须要坚持环境友好型发展方向，紧紧抓住全省推进“双转移”的历史机遇，主动对接珠三角等发达地区，以莞韶产业转移园为核心，加快转变经济发展方式，以培育特色产业、形成产业集群为重点，围绕机械制造、电子信息、玩具、化工涂料四大主导产业开展工作，着力引进产业链长、带动区域经济强的大型龙头项目，发展园区产业集群经济，做大做强产业转移园，努力建设一流的示范性工业园区，为入园企业打造优良的融资服务平台、创业服务平台、技术服务平台和物流配送服务平台等，形成重点突出、全面发展的现代生态工业体系。目前莞韶产业园建设初见成效，2009 年共签订项目合同、协议 145 个，同比增长 530%；投资总额 91.65 亿元，同比增长 599.57%；实际到位资金 16.73 亿元，同比增长 76.19%；新开工项目 24 个。预计这些项目投产后年产值达 111.9 亿元，年税收 8 亿元以上。其中，带动性强的龙头企业实现新突破，引进了总投资 30 亿元的比亚迪汽车配件项目，将进一步推动韶关市汽配产业的发展，为汽车产业整车制造打下良好的基础。在融资方面，以莞韶开发公司为融资平台，充分利用省第二批 5 亿元扶持资金，积极与各金融机构联系沟通，撬动银行资金，放大资金融资效应。分别与市建行、市工商行、市农行签订贷款合同，已批准贷款额度 13.3 亿元。此外，成立鼎盛担保有限公司，为中小企业提供政策性融资担保，帮扶企业解决融资难的问题。与此同时县域经济发展提速，南雄精细化工、乳源氯碱化工、仁化有色金属循环经济、始兴制笔研发制造等特色专业园区建设取得明显成绩，围绕特色产业、支柱产业做强做大，园区经济初见效益。乳源铝箔产业基地成为韶关市首个省级产业集群升级示范区。东阳光公司的“HEC”商标成韶关市首个“中国驰名商标”。中国有色金属工业协会授予韶关“中国锌都”称号。市中小企业创业基地成为省中小企业创业示范基地。中共中央政治局委员、省委书记汪洋点名表扬南雄市的“精细化工园”闯出了“南雄思路”、干出了“南雄速度”、体现了“南雄干劲”、打造了“南雄服务”，是广东省山区县、市探索产业集聚的一张名片。

三、大力发展生态服务业，打造旅游休闲度假胜地

2008 年以来，韶关市充分发挥生态资源丰富的特点，坚持生态优生，采取有力举措保护生态环境，实现经济发展与生态建设“双赢”，以“加快发展、扩大总量、优化结构”为主线，提升传统服务业、发展新兴服务业，大力推进休闲旅游等现代服务业的发展，逐步构筑起符合社会经济发展趋势的现代服务业新体系，并使之逐渐成为韶关市新的经济增长点。目前，韶关市委、市政府以“绿色生态环境与禅宗文化交相辉映”为主题，着力抓好“世界地质公园”丹霞山和“禅宗祖庭”南华寺两大龙头景区的开发建设，打造广东旅游航空母舰；精心营造大丹霞生态旅游线（把车八岭、莲花山、小坑等森林公园与丹霞山连接起来）、南岭生态旅游线（把大峡谷、南水与南岭国家森林公园连接起来）、宗教文化旅游线（将南华寺、云门寺等寺庙连接起来）、韶文化旅游线（把韶乐、马坝人遗址、梅关古道、珠玑巷连接起来）和南粤北大门旅游线（把金鸡岭与九泷十八滩连接起来）等五条黄金线路，形成以“名山、温泉、风情、佛韵”为内容的精品旅游线路，全面提升韶关旅游形象。成功举办 2009 广东禅宗六祖文化节和 2009 广东国际旅游文化节韶关分会场系列活动，在第二届中国城市盛典市长（香港）投资峰会上，夺得唯一的“2008～2009 年度中国最具人气的旅游城市奖”。据统计，2009 年接待旅游者人数 1 226.1 万人次、增长 17.4%，旅游总收入 71.4 亿元、增长 35.7%。2009 年 9 月联合国 IUCN 专家组已顺利通过对丹霞山世界遗产提名地实地考察评估。乳源南岭国家森林公园、广东乳源大峡谷、天景山国家森林公园、必背瑶寨四个景区获 2009 年森林生态旅游示范基地殊荣；南雄市珠玑镇入选中国首批 18 个“魅力”小城等。旅游业的发展带动金融、商贸、房地产等相关产业的发展，韶关市被评为“中国金融生态城市”，这是韶关市金融产业发展中新的里程碑。与此同时，房地产业持续较快发展，2009 年，商品房销售面积和销售额分别增长 62.6% 和 82.1%，在 2009 年 12 月由新华社《经济参考报》、商务部中国国际经济技术交流中心和中国城市经济杂志社共同举办“2009 中国经济发展论坛”上，韶关市被评为“2009 中国经济科学发展十佳城市”之一。

四、打响“韶关技工”品牌，做强培训和配置人力资源

技工教育是现代产业的生力军。韶关市是广东省技工教育和职业培训大市之一，技工教育和职业培训有着良好的社会基础和办学基础，全市有 16 所公办技工学校，基本

形成了门类齐全、教学设备和手段较为先进、师资力量较为雄厚的技工教育基地，技工教育的发展不仅可以提高劳动者的素质，其更深层次的战略意义则是为韶关市、乃至全省产业升级和持续发展提供强有力的人力资源支撑。2007年以来，韶关围绕“培训与配置人力资源”这一关键，积极整合职业技工教育资源，努力做大做强做优韶关市职业技工教育产业，重点抓好市区东郊新技工教育基地、十里亭技工教育基地和高技能公共实训基地等的建设，着力打造韶关市职业技术教育品牌，努力形成“学技能来韶关，选技工来韶关，办技校来韶关，兴产业来韶关”的韶关市技工品牌，职业技工教育得到蓬勃发展。2008年9月29日，投资1.66亿元，首期建筑面积8万平方米的韶关市技工教育暨农民工培训示范基地竣工投入使用。同年，占地面积21.2万平方米，建筑面积7.4万平方米，可容纳6 500名学生的韶关市中等职业技术学校新校区也建成投入使用。据统计，2009年，全市中等职业技术教育招生5.8万人，增长36.1%，完成劳动技能培训2.8万人，转移就业9.3万人，分别增长55.0%和40.6%。目前市委、市政府已在韶关学院附近规划20平方公里的技工教育区，并着手组建粤北技工教育集团。

五、大力发展生态经济，构建山区科学发展新优势

结合韶关资源环境特点，探索适合自然条件和经济发展要求的生态经济模式，努力建设优质高效、安全生态的重点服务于珠三角的大城郊型生态经济圈，实现从传统农业向特色农业、高效农业和生态农业的转变。一是积极推进循环农业经济的集约化发展。大力实施《韶关市生态农业发展规划（2008~2015年）》，扶持发展龙头农业、重点建设优质水稻农业生产区、优质园艺农业生态区、黄烟农业经济生态区、优质竹产业生态经济区、优质蔬菜农业生态区，提高农业规模化、专业化、标准化生产水平，建设好面积约100平方公里的粤北现代农业示范园区，加快粤台农业示范区、园区、农产品加工物流中心建设，打造珠三角及港澳地区重要的农产品生产加工基地。2009年，市级农业龙头企业销售收入增长11.1%，带动15.3万农户，户均增收3 968元。农民专业合作社达256个。农业招商引资项目22宗，总投资11.9亿元。获无公害农产品、绿色食品、有机农产品认证的企业（单位）累计达74家。二是充分发挥林业资源优势，建设特色生态林业。加强生态公益林建设，不断总结试点县始兴县的林权改革经验，建立“林权归属清晰、经营主体落实、责权划分明确、利益保障严格、流转规范、监管服务到位”的现代林业产权制度，实施兴林富民、兴林强市的现代林业发展战略，构建布局优化、结构合理、功能协调、效益显著的森林生态系统。三是充分地发挥水利资源的优势。全市有集雨面积100平方公里以上的河流62条，其中1 000平方公里以上的河流8条。多年平均年径流深945毫米，多年平均年径流总量约为176亿立方米，过境水量28.5亿立方米。水力资源蕴藏量约174.49万千瓦。以上市公司广东韶能集团为代表的水电企业在韶关取得长足发展，目前省、市水利重点项目相继在韶关市开工建设，2008年12月初，湾头水利枢纽工程动工，2009年9月乐昌峡水利枢纽工程截流成功，进一步促进韶关生态经济的发展。

六、推进新型城市化建设，构建生态宜居城乡

2008年6月，韶关市被国家环境保护部规划为全国第一批六个生态文明建设试点地区之一，这为韶关市发展带来了新的机遇，注入了新的活力。市委、市政府明确提出，用五至十年时间全力打造“全国生态文明建设示范市、广东生态发展主力军”，充分利用韶关市优良的区域环境和悠久的历史文化资源，把居住环境的改善与生态环境建设有机结合起来，建设具有山水特色、舒适、文明的人居环境，努力把韶关市建设成为山区宜居城乡优选地。在城区建设方面，以建设国家卫生城市和国家园林城市为契机，以三江六岸绿化为主线，近郊生态防护绿地和大面积的风景园林林地为基础，生态走廊、道路、水系绿化为纽带，打造融山、水、林、园、城为一体，点、线、面相结合的生态绿色之城。五年来已投入16亿多元（其中市本级财政投入11.82亿元）实施美化、绿化、亮化工程，其中10.75亿元用于城区道路建设，2亿多元用于三江六岸及城区四大出口建设，2.53亿元新建了两个污水处理厂，1亿元用于公共环境卫生整治等。在农村生态环境建设方面，大力开展“清、洁、美”工程，深入开展生态村创建活动，进一步完善农村基础设施，改善生态环境质量，提高生态文明水平。目前，全市共有11个镇、村、园被命名为“省级生态示范镇（村、园）”，36个自然村“市级生态示范镇（村）”，始兴县被命名为“全国生态示范区”，正在创建国家生态县。新丰县已在开展创建全国生态建设示范试点地区工作。在节能减排方面，大力实施《韶关市环境保护规划（2006－2020）》，采取有力措施防治工业污染，韶钢、韶冶、韶电等脱硫工程建设投产，坪石发电B厂参与的“湿法烟气同时脱硫脱硝成套技术研究与应用”项目通过2009年度广东省科学技术奖一等奖评审；关闭了在城区的韶关水泥厂，把厂区改建为芙蓉山矿山公园的一部分。全市各县（市）建成了不少于一个污水处理厂。在循环经济方面，在调整工业经济结构的同时，在企业内部推进清洁生产和能源再利用实现“小循环”，在工业相对集中的区域实施生态工业示范园（区）建设试点实现“中循环”，在各县（市、区）对区域或企业群间资源进行有效配置实现“大循环”。

（韶关市财政局供稿，刘礼清　杨文乐执笔）

河源市

大力推进行政事业资产管理改革

一、主要做法及成效

近年来，围绕行政事业单位资产管理的改革，河源市财政主要从五个方面着手，做好以下工作：

（一）从资产清查着手，为加强管理提供决策依据

长期以来，行政事业单位国有资产数据不完整、不准确，无法真实反映行政事业单位国有资产的实际情况。针对以上问题，在市委、市政府的高度重视下，河源市财政按照“权属集中、分类管理、收益统一、阳光操作”的总体思路，进行认真组织，周密部署，扎实开展行政事业单位资产清查，对各单位的土地和房产产权和出租房产进行集中管理，对经营性收益实行专户管理，对资产处置实行阳光操作，进一步摸清了全市行政事业单位资产家底，为加强资产管理打下了基础。截至2009年年底，全市1 284家行政事业单位共清查出资产总额126.48亿元，负债总额53.22亿元，净资产72.92亿元。资产盘盈5.94亿元，资产清查损失2.83亿元。通过资产清查，掌握河源市行政事业单位国有资产总量、结构和分布使用状况，为建立资产管理信息系统提供了真实可靠的基础数据；为提高预算编制的科学性，促进合理有效配置、使用、处置国有资产，提高存量资产使用效益提供了决策依据。

（二）从制度建设着手，为加强管理提供制度保障

为了河源市资产管理工作做到有章可循，逐步形成了新的资产管理机制。2005年5月，河源市财政以市政府名义制定了《河源市市直机关事业单位经营性资产管理暂行办法》，对资产的日常管理、配置、处置等方面作出了明确的规范。在具体实施过程中，又先后制定出《市直机关事业单位资产管理及处置意见》、《关于加强市直机关办公用房管理的意见》、《关于严格执行资产清理工作财经纪律的意见》、《固定资产管理责任制》等制度，进一步确立了行政事业国有资产管理是“政府所有、财政统一管理、单位占有使用”的管理体制，明确了资产处置、收入管理的权限和工作程序。这些制度的制定，为履行职责、加强行政事业资产管理奠定了良好的基础。

（三）从规范资产处置着手，充分实现资产效益最大化

管好用好经营性资产和富余、闲置资产，使其充分发挥效益是资产管理部门的当务之急。近年来，河源市财政做了很多探索。一是将市直行政事业单位的富余、闲置的资产收回由财政部门统一管理，从源头规范行政事业单位的经营性收入监管。二是按照“公开、公平、公正”原则有选择地处置市直单位的闲置资产，积极开拓政府资产的经营性收益，在委托具有资产评估资质的中介机构进行资产评估的基础上，通过市产权交易服务中心对商铺、办公楼、土地、车辆等闲置资产进行公开竞价、公开拍卖，争取国有资产效益最大化。三是对资产处置的变价收入和残值收入，根据政府非税收入管理的规定，实行“收支两条线”管理。另外，我市还对行政事业单位不动产进行产权集中管理，将相关不动产证件交由市财政局统一管理。

（四）从整合办公用房资源着手，优化资产配置

按照建设节约型社会的要求和“存量调整、兼顾公平、有效利用、节减支出”的指导思想，2005年，河源市财政针对当时部分单位以办公用房紧张为由提出新建办公大楼的问题进行了认真调研。调研结果表明，造成办公用房紧张的根本原因在于办公用房资源分配上苦乐不均。根据以上情况，河源市财政认真研究，提出“优化办公用房资源配置”的改革思路，并拟定了《关于加强市直机关办公用房管理的意见》，报市政府批转执行，充分发挥了财政职能，合理调整安排市直办公用房存量，较好地解决了部分市直单位办公用房的需要。在整合办公用房资源的同时，还就控制新建办公大楼建设规模为政府当好参谋，向市政府提出的建议，均得到采纳。办公用房资源的优化配置为促进公共资产科学合理安排，提高资产使用效益，节约财政资金发挥了重要作用，同时也取得了良好的社会效益和经济效益。

（五）从信息化建设着手，不断健全和丰富资产管理手段

在资产管理改革进程中，同步开展资产管理信息化建

设，是巩固清理成果的必然要求，也是对行政事业资产实行有效管理的重要手段。为此，河源市财政按照“先试点、后扩大”的要求，扎实推进资产管理信息化试点工作。首先，委托中介机构对部分行政事业单位开展了固定资产信息化管理工作试点，完善行政事业单位资产的配置、使用、处置、评估、统计等各个环节的管理。其次，采用实地盘点实物的核查方法，检查行政事业单位固定资产的会计资料，做到账账核查、账实核查，对固定资产进行全面登记、实物评估、电子信息录入、建立电子档案数据库、数字条形码管理等，推动形成比较完善的固定资产项目管理和资产分类的软件管理系统，准确地反映固定资产构成、使用和分布情况，使整个资产管理过程更加透明，实现了管理的制度化、规范化和流程化。

二、进一步加强行政事业单位资产管理工作的措施

（一）加强行政事业单位固定资产管理购置的监督管理

建立市直各单位资产登记档案及行政事业单位固定资产台账、卡片，及时准确反映行政事业单位固定资产增减变化情况，包括产权登记、界定、变动，资产的使用、处置、评估、统计等。同时，按照“金财工程”要求，继续推进市直资产管理信息系统建设，由原来部分单位的试点转为市直单位全面铺开。

（二）建立健全行政事业单位有关固定资产管理的各项规章制度

制定《河源市行政事业单位国有资产管理暂行办法》以及相配套的资产处置管理办法，积极推进行政事业资产登记、资产处置、收益管理工作的制度化、规范化建设。建立健全固定资产的核算制度，全面对固定资产数量金额进行核算，及时反映河源市当前固定资产的总量、结构，存在状态以及增减等变化情况。继续完善“固定资产管理责任制度”，将固定资产的责任落实到单位及个人，对于单位的仪器、设备等固定资产由专人负责，并及时维护，确保资产处于完好的状态。

（三）加强财政预算、政府采购的管理职能，强化对固定资产的配置管理

在对单位的固定资产全面清产核资的基础上，财政部门在编制预算的过程中，对固定资产购置预算要作全盘考虑，对各部门提出的固定资产购置预算报告，要严格把关，单位各部门的固定资产配置应根据各部门的职能需要，制定合理的固定资产配置标准，综合考虑部门实际需求状况，及目前已占用资产状况等因素，在不影响日常工作的前提下，首先考虑资产在本单位各部门调剂使用，杜绝追随潮流而造成不必要的浪费行为。

（四）加强固定资产的事中、事后监控

1. 在事中监控。一是完善固定资产保管制度，做到购置时有验收，领用时有登记，保证账与实物一致；二是规范固定资产日常核算，健全固定资产总账、明细账、卡片、数字或条形码等资料；三是做到账卡、账账、账实相符，实行定期实物盘查和电子信息系统化技术手段进行管理。

2. 在事后监控。对各单位处置资产（包括调拨、转让、报损、报废）等，按规定的程序进行资产评估，并通过指定的产权交易市场进行挂牌拍卖处置，切实防止国有资产流失；资产处置后要如实进行资产核销账务处理，对残值收入要及时入账。同时，对行政事业资产管理人员加强业务培训，增强国有资产管理意识，提高行政事业资产管理业务水平。

（河源市财政局供稿，李建中执笔）

梅州市

加大财政投入　保障公共需求

2009年，蕉岭县财政部门在蕉岭县委、县政府的正确领导下，坚持贯彻落实科学发展观，按照“领导发展、实现富民、保障平安”的工作思路，凝心聚力，共谋发展，为蕉岭社会经济发展取得新成效。2009年，全县生产总值36.11亿元，增长10.4%；人均GDP 1.71万元，增长10.6%。来源于蕉岭的财政总收入在政策因素减收超过6 000万元的情况下，突破5亿元，实现5.2亿元。财政一般预算收入2.15亿元，增长15.42%，一般预算收入自2005年突破亿元大关5年后再次翻一番；人均财政收入1 018元，增长15.55%，连续5年拿到省、市三项考核奖励。财政切实加大基础设施、农业、社会保障、科技教育、文化事业和环境保护等公共需求的投入，为各项事业的顺利开展提供有力的保障。

一、抓项目推进促基础建设

深入开展“项目建设年”活动，全社会固定资产投资6.69亿元，增长18.62%，直接拉动经济增长0.92个百分点；2009年年初确定的34宗续建及新开工重点项目完成投资5.33亿元，增长45.5%。抓住国家和省实施扩大内需的政策机遇，争取国家和省、市资金4.14亿元，保障了重点项目的顺利实施。国道205线文福至广福、蕉城至步上、蓝坊至石子排等路面大修工程及新铺大桥加固工程如期竣工；完成农村道路硬底化改造48公里；抓紧实施油坑至昂天塘、北礤桥至步上、乌土至石丰径、红星至麻坑等路面大修工程；新铺尖长矮岭等堤围及7宗小型水库除险加固、10宗机电排灌扩容改造、国家农综项目第五期、电网建设、文福现代烟草农业试点工场等工程顺利完成；浦梅铁路蕉岭段完成预可研方案编制。

二、抓工业增长促产业转型

搭建“政银企”合作平台，注册5 000万元，在全市率先成立商信担保投资有限公司，扩宽了中小企业融资渠道。出台激励政策，及时制定了对上市公司、国有企业、民营纳税大户和车船税等财税收入利益导向机制。全年新增规模以上企业6家，总数达到45家；规模以上企业增加值9.96亿元，增长10.6%；企业外贸出口806万美元，增长401%。招商引资成效明显，全年引进招商项目15个，投资总额27.8亿元，有3家企业落户广州（梅州）产业转移工业园，投资总额1.7亿元，其中固定资产投资1.24亿元，实现2009年招商预定目标。水泥产业结构调整步伐加快，油坑建材日产4 500吨旋窑熟料生产线开工建设；塔牌集团2条日产4 500吨旋窑熟料生产线项目完成等量淘汰指标调剂、用地规划调整、资源保障批复及环评大纲编制；加大淘汰落后水泥产能力度，制订了实施方案、确定了关闭时间。技改项目顺利实施，全年实施技改项目21个，投入资金5 800万元，获上级补助997万元，金发纸业薄页纸和金霖竹胶板技改项目竣工试产。

三、抓农业生产促富民增收

全县实现农业总产值11.55亿元，增长6.9%；农民人均纯收入5 591元，增长7.5%。粮食生产实现丰收，总产7.14万吨，增长15.7%。积极推进社会主义新农村建设，每年切块1 000万元用于新农村建设及扶持发展毛竹、名贵树木种植，大力发展富民产业。2009年，县财政再投入名贵树木种植贷款担保基金500万元，融资2 500万元，专项用于种植户购买名贵苗木的贷款支持，由财政给予50%贷款利息奖励。种植名贵树木1.1万亩，建立百亩以上种植示范基地42个；新种毛竹2 300亩，垦复施肥、劈山抚育毛竹10.7万亩；种植烤烟9 700亩、仙人草7 800亩；新建一批山地鸡、优质牛等禽畜养殖基地；新增市级农业龙头企业4家、农民专业合作组织23家；新认证无公害农产品3个、有机食品3个、获国家检验检疫局批准可供香港产品认证3家。蕉岭被确定为“全国水稻生产育插秧机械化技术推广示范县”和“广东省现代农业科技示范县”。

四、抓惠民落实促民生改善

加大改善民生投入力度，全年县财政用于民生领域支出2.52亿元，增长11.3%，占财政总支出的42.4%。保障体系日趋完善，启动了农村社会养老保险，全县参保人数达1.1万人；全县478名在册在编村（居）两委干部全部纳入基本养老保险；妥善解决早期离开国有县以上集体企业职工和困难企业职工养老保险及困难企业退休人员医疗保险等社保遗留问题；提高企业退休人员养老金及离休人员护理费和生活补贴；城乡低保群众实现动态条件下的应保尽保；县财政筹资324万元，统筹解决全县农民参加新型农村合作医疗个人缴费部分，覆盖率达100%，最高保障额由3万元提高到5万元；完成25套廉租住房建设，70户低收入家庭享受住房租赁补贴；家电、汽车、摩托车下乡和以旧换新活动深受群众欢迎，全年交易家电产品4 324台、汽车194辆、摩托车578辆，交易金额2 500多万元，发放财政补贴229万元；认真落实国家和省各项惠民政策，发放粮食直补760万元、能繁母猪补贴363.8万元、农机补贴250万元；筹措水利建设资金3 500多万元，积极支持农村饮水安全工程、城乡水利防灾工程、水利维修养护工程等水利项目工程，完成5个镇的农村饮水安全工程建设，解决5.2万人的饮水不安全问题；募集并发放助学金55.9万元，资助贫困大学生125名、中小学生359名；“规划到户、责任到人”帮扶工作全面展开；就业形势稳定，全县所有行政村均建立村级劳动保障服务站，全县培训农村劳动力3 125人，实现转移就业9 148人，城镇登记失业率为2.3%。

五、抓教育强化促水平提升

教育投入保证“三个增长”，中、小学教师工资福利待遇实现“两相当”。三年投入8 000多万元，全力创建教育强县，蕉岭成为全省首个省教育强县，提前一年实现教育强县目标，6个镇成功创建省教育强镇。全年教育投入10 090万元，增支1 433万元，其中教师工资性支出7 701万元，占本级一般预算收入的35.83%；蕉岭2007～2008年基础教育实绩工作被梅州市考核为优秀等次。普及高中阶段教育，高中阶段毛入学率达85.27%，通过普及高中阶段教育督导验收。蕉岭中学新校区建设进展顺利，蕉岭中学熊德龙体育场改造全面完成，海内外乡亲捐资支持蕉岭中学新校区和华侨中学建设金额达1 420万元。从重点院校招聘35名优秀师范本科毕业生，从江西、福建引进5名高中骨干教师，公开招考83名本省籍应届师范本科毕业生到蕉岭任教，师资结构不断优化。教育均衡发展，县电大被推荐参评全国示范性基层电大。全县高考本科、专科A线、专科B线以上入围率居全市各县（市、区）第一位。

六、抓文化发展促内涵丰富

文化体育与传媒支出872万元，加强文物资源、文化遗产的挖掘和保护，谢晋元故居完成修复和纪念馆重新布展，“莲池舞”、“竹板歌”被列入省第三批非物质文化遗产名录。创作推出《长潭情歌》等文化精品，由中央电视台《走遍中国》栏目组摄制的专题片《故土英魂》在中央电视台播出，进一步丰富了蕉岭的文化内涵。加大了旅游标识牌、景点导览图等旅游基础设施建设力度，进一步完善生态、文化、休闲等旅游配套服务，旅游业发展势头喜人。体育工作取得好成绩，县体育馆完成主体工程建设，蕉岭籍运动员丘洁辉在第十一届全运会中为广东队夺得女子4×400米接力赛冠军，参加梅州市第六届运动会获得8块金牌、7块银牌、14块铜牌的好成绩。

七、抓城乡建设促环境优化

按照“精致、绿色、和谐”要求，加快县城建设步伐，投入1 800多万元，完成重点街道改造及建设；投入797万元，实施了城区供水管网和城区部分地下排水管网改造；投入250万元，抓好了镇山公园、逢甲公园、府前街、桃源东路景观、园艺和绿化改造，选取“绿、花、香、益”的名贵树种在城区栽种，县城文明程度不断提升。积极开展生态镇村创建活动，抓好114个新农村示范点和3个示范区建设，农村面貌发生可喜变化。新建沼气池681个，全县共有沼气池9 412个，覆盖率达34.6%；全县共有村级篮球场118块；探索建立村道路灯管护、农村垃圾收运、小公园养护等长效管理机制，巩固了新农村建设成果；蕉城、三圳评为市生态镇，42个村被评为市生态村。筹措林业生态建设各项资金1 000多万元，建设生态环境体系，实施林分改造工程，完成林分改造1.1万亩，森林质量稳步提升；扎实推进木材加工企业整治，全面完成整治关闭118家木材加工企业的任务；完成全县281名村级护林员组建工作，森林防火责任制得到有效落实。深入实施蕉城城区饮用水资源保护议案，县城饮用水源水质达标率达100%；加强长潭水库饮用水源保护，长潭水库水质持续好转。狠抓节能减排工作，万元生产总值能耗下降4.34%，完成的节能降耗任务，环境质量总体保持良好。

八、抓财政改革促管理创新

财政部门以深入开展学习实践科学发展观活动为契机，组织系统干部到省财政学校进行业务培训，及时开阔视野，转变观念，推动财政管理工作上水平：镇财县管财务核算网上监管及村账镇代管改革做法和经验在全省推广；国库支付系统电子平台建设通过了省财政厅验收，集中支付覆盖面达56%；部门预算改革、财政支出绩效评价改革、国有资产管理体制改革、基建投资审核改革有新成效；同时，深入开展财政专项资金检查、“小金库”清理和规范非税收入管理等工作，落实整改措施，确保了财政监管到位。2009年，县财政局被评为梅州市精神文明建设先进单位，国有资产清查工作被评为省先进单位，连续6年获全县机关作风评议先进单位称号。

九、抓事业进步促社会和谐

公共安全支出3 806万元，增长20.83%。积极探索保障群众“四权”的农村基层治理方式，在蕉岭举办的“农村治理创新与社会实验”全国研讨会上，农村基层治理“蕉岭模式”得到与会国内知名专家学者的充分肯定。建立了镇综治信访维稳中心及镇干部“五天三夜”住镇制度，严格落实党政领导接访、领导约访下访、领导包案、镇村干部“家访”制度，及时解决了一批涉及群众利益的热点难点问题；卫生事业得到加强，全年医疗卫生支出6 614万元，同比增长1 887万元。大力支持疾病预防体系、传染病医疗救治体系建设，实现了全县适龄儿童计划免疫接种全免费，县人民医院住院大楼建设进展顺利。科技工作扎实推进，完成国家可持续发展实验区申报的各项准备工作，上报国家科技部。加强耕地保护和合理开发，新增耕地面积2 684亩，实现全县耕地占补平衡。完善收入分配制度，完成机关事业单位规范津贴补贴和义务教育学校实施绩效工资工作，各项事业不断发展。

（蕉岭县财政局供稿，陈纪江执笔）

积极优化财政支出结构　推进基本公共服务均等化

加快发展社会事业，逐步实现基本公共服务均等化，促进机会公平，是公共财政体制建设的要求。2009年，梅州市梅江区财政局按照建设公共财政的要求，发挥公共财政职能作用，不断壮大财政实力，优化财政支出结构，深化财政管理改革，加大基本公共服务和公共产品领域的投入，有效推动了基本公共服务能力和水平的提高。

一、努力壮大财政实力，提升公共服务供给水平

建设公共财政，支持改善民生，构建和谐社会，实现基本公共服务均等化目标，离不开雄厚的财力保障。2009年，梅江区财政局紧紧围绕组织收入这个中心，加强财源建设，强化税费征管，努力壮大财政实力，为提升公共服务供给水平提供坚实的保障。

（一）有效促进财政经济良性互动发展

一方面，推动产业结构优化升级。贯彻执行好国家和省有关扶持经济发展的政策，积极向上争取扶持发展资金，将上级政策与全区重点产业发展战略有机结合起来，形成支持合力，支持中小企业技术创新、人才培训、市场开拓，帮助企业搭建融资服务平台，扶持特色农产品企业品牌创建、重点企业做好上市筹备工作，推进落后钢铁产能企业转产。另一方面，积极支付承接产业转移工作。抓住省委、省政府加快推进产业转移的机遇，全力支持招商引资工作和企业入驻市产业转移园，扩大招商引资规模，推进产业集群发展，2009年，全区新引进企业（项目）148个，计划投资29.2亿元，并成功引进6个固定资产投资共1.59亿元的项目入驻市产业转移园，有效拓展市区后续财源。

（二）有效实现财政收入历史性跨越

2009年，面对国际金融危机冲击和经济财政的严峻形势，采取有效措施积极应对。一方面，认真落实税收增收措施。着力增加税户、拓宽税基、培育税源，突出对重点税源企业的跟踪管理，理顺和规范房地产、建筑安装、娱乐、饮食、旅馆等服务行业税收征管工作，认真制订实施征收摩托车车船税工作方案，依法打击各种偷、逃、骗税行为，大力清欠堵漏，挖掘增收潜力，扭转了税收收入下滑趋势，实现了稳定增长。另一方面，强化非税收入征管。大力盘活国有资产存量，加强行政事业性收费、罚没收入的收缴和预算管理，有效促进了财政收入任务完成。全年一般预算收入完成2.04亿元，继2006年首超亿元大关后，仅用三年时间再越新关。同时，积极向上争取各类补助收入，得到了上级财政的大力支持，有效扩大财政收入总量，增强公共服务保障水平。

二、深化财政制度改革，提升公共财政管理水平

深入推进各项财政改革，积极构建科学、合理的财政运行机制，为推进基本公共服务均等化提供有效的财政管理工具和手段，确保用好财政资金。

（一）深化部门预算制度改革

在预算编制过程中，遵循优先满足社会公共需求和提供公共产品服务的原则，规范预算资金分配，细化预算支出项目，明确支出类型和支付方式，努力体现公共财政的职能；在预算执行过程中，严控超预算、超范围支出，严肃津补贴纪律，增强预算的约束力；在预算监督过程中，以提高资金使用绩效为导向，强化追踪问效，使预算编制、预算执行与预算监督有机结合起来。

（二）深化国库集中支付制度改革

全力构建财政国库支付系统，提高财政资金支付效率，

进一步规范单位银行账户设置和管理，加快建立国库单一账户体系；研究制定基本公共服务设施建设资金等专项资金纳入国库管理的办法，逐步将符合改革条件的财政性资金纳入国库集中支付。

（三）深化政府采购制度改革

进一步规范政府采购操作管理，健全公开、透明的采购运行机制；完善政府采购信息化运作平台，提高政府采购服务水平；认真落实节能、环保和自主创新产品政府采购政策，促进科技自主创新、推动节能环保发展；严格执行政府采购目录及标准，积极推进公共服务政府采购。

（四）深化非税收入收缴制度改革

全面调查梳理行政事业单位收费项目，明确非税收入管理范围；规范财政票据管理，从征收源头的开票环节控制单位违规收费行为；严格执行非税收入“收支两条线”管理制度，将体现政府职能的非税收入项目全部纳入财政统一管理。

（五）加强对财政资金分配和运行的全过程监督

抓住重大项目、重点资金等关系人民群众切身利益的项目开展检查，提高财政资金使用的规范性、安全性和有效性。加强社保基金管理，严禁挤占挪用。运用行政事业单位资产清查取得的成果，完善资产处置、经营管理办法，确保公共资源用于公共服务。规范津贴补贴管理工作，坚决制止和纠正各类违反收入分配制度的行为，保证社会财富分配的公平、透明。

三、集中财力，加大对基本公共服务领域的投入

在行政事业单位大力开展增收节支活动，倡导勤俭节约之风，严格执行“五个零增长”和“四个减半”的节约规定，控制一般性经费支出，集中财力支持以关注民生为重点的社会建设。2009 年，财政一般预算支出 50 957 万元，其中教育、医疗卫生、社会保障和就业、农林水事务 4 类重点民生项目支出 36 277 万元，占一般预算支出比重达到 71%，加快推进了基本公共服务均等化。

（一）切实促进教育事业优质均衡发展

一是大力争取市委、市政府的支持，在全市县级率先实行教师津贴补贴统发，大幅提高教师的福利待遇，充分调动教师的工作积极性。二是完善义务教育保障机制，对特殊困难学生初中、小学阶段每年分别提供 750 元、500 元生活补助，困难学生初中、小学阶段每年提供 200 元生活补助。三是通过加大财政投入、整合优化教育资源、鼓励社会办学等多渠道筹集资金，大力支持免费义务教育、普及高中教育和职业教育，确保教育事业协调发展，全区适龄儿童入学率达 100%、初中毛入学率达 111.3%、高中阶段毛入学率达 91.3%。四是筹集拨付 4 100 万元，支持学校添置图书及音乐、美术、体育器材，充实电脑、实验仪器、多媒体等现代教学设备，解决生均占地面积、建筑面积以及体育场地不足问题，着力提升教育质量和办学水平，在全市率先实现省教育强区的目标。

（二）着力提高城乡医疗卫生服务水平

积极筹集资金增加对重大传染病防治、公共卫生检测等公共卫生投放，继续实施行政村驻村医务人员财政补贴政策，全面推进街道卫生院转型为社区卫生服务中心，支持梅州市中医院新门诊大楼建设，以改变医院建筑规模较小、医疗业务用房紧张和布局不合理等实际问题，为群众提供安全、有效、方便、价廉的医疗卫生服务，解决群众“看病难”问题。

（三）大力支持社会保障体系建设

进一步加大财政支持力度，推进养老、失业、医疗、工伤、生育保险制度的健全和完善，城镇职工基本养老保险、职工基本医疗保险、失业保险参保率均达到 100%；不断提高村（社区）干部社保、农村老党员津贴、重点优抚对象抚恤生活标准，重点优抚对象生活保障标准全市最高；尽力解决困难家庭住房难问题，70 户低保住房困难户入廉租房，397 户住房困难户获得住房租赁补贴；全面启动“规划到户、责任到人”扶贫开发工作，帮助贫困村、贫困户改善生产生活条件。

（四）加快社会主义新农村建设

筹集拨付涉农资金 3 147 万元，重点支持农田水利、农村基础公共设施建设，改善农民生产生活条件；推动农业规模企业、龙头企业和合作经济组织发展，增加农民收入；认真落实农民种粮补贴、能繁母猪补贴和能繁母猪保险等支农惠农政策，提高农民生产积极性。同时，积极争取中央和省、市扩大内需支农资金 380 万元，有效支持乡镇兽医站、农村饮水扩网工程、农村饮水安全工程建设，解决“饮水难”、“养殖难”等实际问题。

四、统筹兼顾，加大对公共服务薄弱环节的投入

注重从改善民生的细节入手，统筹兼顾，加大对公共服务薄弱环节的投入，实现贫困群体低保、城乡居民医保、城乡居民社保、劳动力就业服务、生活垃圾上门收运服务五大惠民措施全覆盖。

（一）实现贫困群众低保全覆盖

制定完善《梅江区城乡居民最低生活保障制度实施细则》，进一步提高城乡最低生活保障标准，把农村人均年收入低于 1 920 元、城市人均年收入低于 3 000 元的困难人群

全部纳入低保救济。同比2008年，全区低保户数增长63%，人数增长79%，年发放金额增长158%。此外，分散供养、集中供养的五保老人供养标准也分别提高到每人每月250元和350元；福利院人均伙食费每月提高50元。

（二）实现城乡居民医保全覆盖

继续加大财政投入，提高城镇职工、居民基本医疗保险政策覆盖面，并进一步提高农村和城市居民医疗保险最高支付标准。至2009年年底，全区农村合作医疗覆盖率达100%、城镇居民基本医疗保险参保率达95%，基本实现全民医保，同时住院报销比例达到五成以上，使因病致贫、因病返贫现象得到有效遏制。

（三）实现城乡居民社保全覆盖

紧紧抓住省、市大力推进农村社会养老保险工作的有利时机，在全省山区率先启动实施了城乡居民社会养老保险制度，把城镇居民和农村居民一并纳入社会养老保险参保范畴。自2009年8月1日制度启动至12月31日，全区已有10 562人参保。

（四）实现劳动力就业服务全覆盖

在全市率先挂牌成立村级劳动保障服务站，免费对全区45周岁以下的农村中青年劳动力进行职业培训，通过建立远程见工系统、完善劳动力市场、免费提供再就业培训等方式，形成比较完备的促进就业和再就业的政策体系。全年培训农村劳动力3 224人，转移就业8 316人。

（五）实现生活垃圾上门收运服务全覆盖

在全区54个村聘请216名清洁员，全面推行生活垃圾上门收运制度，并改进农村生活垃圾收运方式，实现城乡垃圾统一收集处置，全面改善农村生活环境，让广大农民享受到与城里人一样的卫生保洁服务。

（梅州市梅江区财政局供稿　张远斌执笔）

惠州市

围绕大局　狠抓落实
推动财政工作再上新台阶

2009年，惠州市财政局按照市委、市政府关于开展“狠抓工作落实年”活动的部署，认真组织开展，全局干部职工以高度的政治责任感、积极的精神状态和求真务实的工作作风投入到活动中去，以建设科学发展惠民之州为总目标，以“三促进一保持”为总任务，以贯彻实施《珠江三角洲地区改革发展规划纲要》（以下简称《纲要》）为动力，明确工作目标，落实工作责任，细化工作内容，实行跟踪督办，以扎实有力的工作措施确保各项工作落实，为完善基础设施建设，构建现代产业体系，维护社会和谐稳定，促进全市经济社会平稳较快发展提供坚实的财政保障，取得显著成效。

一、主要做法

在狠抓工作落实年活动中，惠州市财政局围绕市委、市政府中心工作，积极发挥财政职能，狠抓工作落实，全力以赴，推动科学发展惠民之州建设，主要做到“四个始终坚持”实现“四个确保”。

（一）始终坚持领导重视，确保狠抓工作落实年活动扎实有序开展

按照全市“四个年”活动动员大会的总体部署，把领导重视和组织落实作为搞好活动的根本保证。一是迅速成立领导机构。多次召开专题会议研究部署，将狠抓工作落实年活动与基础设施建设年、产业优化升级年和社会和谐稳定年活动结合起来统筹考虑，召开局“四个年”活动动员大会，成立了局“四个年”活动领导小组及其办公室，局主要负责人任组长，班子成员任副组长，各科室（单位）负责人为成员，形成了一把手负总责，分管领导分工负责，一级抓一级，层层抓落实的工作格局。为确保各项工作落到实处，领导小组分设了产业优化升级、社会和谐稳定、基础设施建设和统筹城乡发展四个工作小组，负责具体工作的组织实施，做到组织得力、部署周密、开展有序。二是制定实施方案和责任细化表。紧密结合财政职能和工作实际，科学制定了《惠州市财政局开展“四个年”活动工作方案》和《狠抓工作落实年目标任务责任细化表》，结合市“三会”确定的目标任务、分管市领导抓落实的重点工作和局主要工作，对完成时间、责任领导、责任科室和具体责任人等进行详细规定，形成了覆盖全局、分工明确、责任到人的工作责任制，建立了完善的责任落实和追究制度，做到责任到位、进度到位。三是营造浓厚氛围。通过领导动员，张贴横幅、标语、印发活动简报等形式，大力宣传狠抓工作落实的好做法、好经验。

（二）始终坚持学习交流，确保狠抓工作落实奠定坚实的思想基础

通过丰富的活动载体和学习形式两种途径，促进工作经验交流，促进思想认识提高，最终促进工作落实。一是开展“八项行动”。丰富活动载体，在全局开展“增收节支保任务、扩大融资促发展、统筹城乡发展促平衡、推动产业结构优化促升级、支持基础设施建设保重点、促进社会和谐促稳定、转变作风提效能、规范权力运行建机制”等八项行动，推动各科室（单位）之间争先创优，加强学习交流，对照落实。二是邀请专家辅导启迪思想。为理清财政改革和发展的思路，推动工作落实，先后邀请了市纪委副书记黄少俊、市委党校常务副校长黄石松和省“抗震救灾优秀共产党员”、市卫生局副局长刘庆荣，分别从反腐倡廉建设、对接实施《纲要》、贯彻落实党的十七届四中全会精神、抗震救灾等不同角度为全局干部职工作四场专题辅导报告，帮助干部职工开阔视野，提高思想认识，为狠抓工作落实年活动奠定坚实的思想基础，有力地促进了各项工作落实。

（三）始终坚持深入实际，确保狠抓工作落实形式有新招、出实效

坚持将以人为本作为财政工作的核心，在工作方法上，坚持求真务实，加强调查研究，主动深入基层、深入服务对象、贴近群众，做到问政于民、问需于民、问计于民，畅通民意诉求渠道和反馈处理机制，把人民群众的愿望和要求作为决策的根本依据，呈现出转变作风抓落实的良好局面：政府采购采取送服务上门的方法，深入基层采购单位调研，主动帮采购人协调解决采购执行方面的具体问题；对重点绩效评价项目，深入项目实施单位现场核实、勘察，认真听取项目实施单位意见，合理设定绩效评价指标，力求公正、真实、准确；财务总监寓监督于服务之中，在加

强监管的同时，为业主单位提出项目设计、施工、合同等方面的合理化建议并被采纳，赢得服务对象的理解和支持；会计教育实行集中培训和上门服务的形式，开通网上继续教育学习，取得良好的培训效果，深受广大学员的欢迎；注册会计师协会将一年一度的注册会计师考试报名期间周六、日照常上班工作形成制度，极大地方便报考人员；全局加大力度清理行政审批事项，公开办事程序，简化办事流程，为社会公众提供更加方便、快捷、优质的服务，让人民群众和服务对象得到实惠。

（四）始终坚持制度建设，确保形成狠抓工作落实的长效机制

在推动各项工作的同时注重总结和提炼，结合自身职能，理清工作职责，出台了一系列具有针对性、操作性强的制度和实施办法，形成一批体现科学发展观要求、有利于工作落实的制度成果，逐步建立起狠抓工作落实的长效机制。为支持《纲要》实施，加快惠州市融入珠三角一体化发展步伐，制定《惠州市财政局贯彻〈珠江三角洲地区改革发展规划纲要（2008～2020年）〉实施方案》和贯彻实施《纲要》重点工作分工表；为全面贯彻中央和省有关厉行节约的规定，联合市监察局制定《惠州市机关事业单位行政经费节约考核办法》，细化经费节约考核指标，确保行政经费节约的各项措施落到实处；针对严峻的财政收支形势，加强收支进度分析，建立了收入旬报制度，为领导决策提供更及时可靠的信息；为确保中央扩大内需资金的安全、高效，制定《惠州市市级中央扩大内需投资项目财务总监管理制度》，强化对中央投资项目的监管；为全面推进行政执法责任制，制定深入推进行政执法责任制四项工作实施意见。

二、主要成效

市财政局开展狠抓工作落实年活动中，通过精心组织，周密部署，扎实开展八项行动，实现了“六个抓落实见成效”。

（一）围绕促进财政增收抓落实，在增强财政实力上取得明显成效

2009年年初，受国际金融危机影响，全市财政收入增幅大幅下降。面对严峻的财政经济形势，市财政按照市委、市政府的统一部署，及时采取一系列有效应对措施，确保全年预算收入任务超额完成。首先在思想上，深刻认识国际金融危机是“传统发展模式之危、科学发展模式之机”，危机中蕴涵着机遇，在危机中不失信心，牢固树立从经济到财政的思想，通过加大财政投入，加快经济复苏和科学发展步伐。突出特点是在经济财政困难的形势下，拓宽政府投资思路，扩大融资规模，通过融资加大投入，全年市本级新增融资约105亿元，从中安排扶持国有企业发展资金50亿元，重点项目建设资金40亿元，有效解决建设性项目资金缺口问题，既拉动全市经济增长，又为今后的发展打下基础，为财税增收产生了良好的效应。其次在组织收入上，加强与税务部门的沟通联系，建立领导分片抓收入和指导县（区）财政工作制度，分解收入任务，落实收入责任，深化预算执行分析，加强税源监测，强化收入征管。全年全市实现一般预算收入101.51亿元，突破100亿元大关，比2008年增长30.0%，增幅在珠三角九市中居第一位，在全省居第二位；一般预算收入总量在全省地级以上市中居第六位，实现新的跨越，为市委、市政府中心工作提供了坚实的财力保障。

（二）围绕实施《纲要》抓落实，在对接《纲要》实施上取得明显成效

以实施《纲要》为契机，紧紧围绕《纲要》赋予惠州归属珠三角的国家战略地位的历史性机遇，把贯彻实施《纲要》纳入抓落实的工作重点，在财力上予以保障。预算内安排资金13.9亿元，集中投入对接《纲要》的重点领域和关键环节。同时加强与银行的沟通协调，通过融资贷款等渠道进一步筹集资金，为全面贯彻《纲要》，建设“五大基地”提供财力保障。一是推动深莞惠交通基础设施对接。通过工商银行项目贷款13.5亿元，解决港口、机场和高速公路等交通基础设施建设资金，加快惠深、惠莞沿海等高速公路网建设。二是推动区域环境保护对接。省、市两级财政共安排资金3 460万元，支持区域水质保护和污水治理；通过基础设施贷款资金及地方政府债券资金，安排2.99亿元用于环境卫生治理、截污整治及市区园林绿化建设，推进截污减排。三是推动深莞惠公共服务对接。安排1 000万元，改造升级社会保险信息系统，加快推进深莞惠三市医疗和养老保险一体化合作，推动三市医保服务系统的互联互通和养老保险的无障碍转移。四是推动国民经济和社会发展规划对接。拨付惠州市第二次土地调查配套经费1 000万元，土地利用规划修编经费261万元，支持建立国民经济和社会发展规划、土地利用规划及城乡规划相互衔接的规划体系。五是推动电子信息产业和石油化工基地建设。通过融资安排市东江高新科技开发区开发建设项目资金7.45亿元、大亚湾填海工程项目资金3亿元，全力支持电子信息产业和石油化工基地建设。

（三）围绕“三促进一保持”抓落实，在应对国际金融危机上取得明显成效

通过不断完善强产业、扩投资、稳外贸、扩内需等财政政策措施，刺激经济增长，促进全市经济率先企稳回升。一是落实中央和省、市有关信贷、降费让利等优惠政策措施，免收、减收行政事业性收费达105项。二是加大资金投入和政策引导，推动自主创新和传统产业优化升级。安排技术研究与开发资金4 625万元，支持TCL集团液晶电视模组等一批重点企业项目科技攻关；积极申报国家和省级产业扶持资金，并核拨5 737万元，支持一批大企业关键核心产业发展，提升企业自主创新能力和竞争力；围绕现代服务业发展重点领域和重点行业，整合安排资金2 566万

元，支持现代信息服务业、旅游业、地方金融产业等发展，推动服务业结构优化升级。三是扩大政府投资，支持重点项目建设。投入资金12.3亿元，加快城市基础设施建设，重点保障十三届省运会场馆及金山大桥、东平下沉式通道等重点配套项目建设资金；投入资金5.2亿元，实施城乡水利防灾减灾工程和农田水利基础设施建设；筹集资金3.78亿元用于华罗庚中学二期、市技师学院及市妇幼保健院等项目建设。四是鼓励出口，全力支持企业开拓国际市场。拨付各项外经贸专项资金10 409万元，新设1 300万元专项资金用于2009年一般贸易出口增量补贴和投保出口信用险扶持，全力支持企业扩大出口。五是开拓国内市场，促进消费增长。积极落实“家电下乡”和“汽车摩托车下乡”财政补贴政策，全年全市兑付家电下乡财政补贴资金549万元，汽车摩托车下乡财政补贴资金844万元，推动农村消费升级；拨付南京、武汉、成都和市外经贸产品展销会工作经费1 657万元，积极支持“惠货北上”。

（四）围绕改善民生抓落实，在促进城乡统筹协调发展上取得明显成效

认真落实市委、市政府《关于加快建设科学发展“惠民之州”的决定》以及《惠州市推进发展成果惠及民生实践规则》，不断加大民生领域投入，提高基本公共服务均等化水平。2009年，市本级预算安排民生支出17.3亿元，比2008年增长22.6%。一是大力支持城乡教育优先发展。安排6 815万元，推进免费义务教育，创建教育强区、教育强镇，对市属中等职业学校在校生实行助学金补助，招收农村贫困家庭应届初中毕业生入读中等职业学校，实施农村中小学校舍维修改造等工作；支持加快普及高中阶段教育，着力解决高中教育“瓶颈”问题；安排1 600万元提高山区教师津贴，稳定教师队伍。二是大力支持医疗卫生事业发展。全市财政安排补助资金8 132万元，推动城镇居民基本医疗保险和新型农村合作医疗制度成功并轨，建立起筹资标准稳步增长机制和医疗保险救助制度。三是大力支持完善城乡社会保障体系。安排低保补助资金1 175万元，所有低保对象实现应保尽保；正式启动新型农村社会养老保险工作，博罗县、大亚湾区率先开展试点，大亚湾区城乡居民、博罗县农村居民均可参加保险并按规定享受相应的养老待遇；安排就业资金2 998万元，大力开展免费职业技能培训、职业介绍、职业技能鉴定、社保补贴、岗位补贴等各项促进就业工作。四是加大公共安全投入。投入11 968万元，用于治安视频监控系统、市综治维稳指挥中心、全市公安羁押场所建设和信访维稳、安全生产等工作，维护社会稳定。五是加大财政支农力度。全市财政投入9 645万元支持农村饮水安全工程建设，安排3 701万元实施农村安居工程；市本级投入9 100万元全面完成省下达的行政村公路硬底化任务，安排4 100万元推进农业综合开发、低产田改造、农业龙头企业贷款贴息等，提高农业综合生产能力；省、市两级财政安排资金1 091万元对经济薄弱村干部和村级组织正常运转实施专项补助，加强党的基层组织建设。六是支持完善政策性住房保障体系。投入5 270万元用于廉租房建设，解决城镇中低收入家庭的住房困难。

（五）围绕厉行节约抓落实，压减一般性支出取得明显成效

认真贯彻落实中央和省、市有关厉行节约的各项规定，与市监察局联合制定《市直机关事业单位行政经费节约考核办法》，切实加强对办公费、车辆购置及运行经费、出国（境）费、会议费、培训费、公务接待费等各项支出的考核，严格落实“五个零增长、四个减半”，从严控制行政事业单位运行成本，确保各项公用经费压减指标的落实，为全市保增长、保重点、保民生腾出了财力空间。

（六）围绕机关作风建设抓落实，党建工作取得明显成效

认真落实党风廉政建设责任制，抓好廉洁从政教育，提高党员干部的党性党纪观念和职业道德素养，增强拒腐防变能力；稳妥开展局党总支换届工作，加强党的组织建设，为财政改革发展提供组织保障；加大干部培训力度，组织全市财政系统业务骨干暨南大学培训班，提升干部财政管理水平；不断加强机关作风建设，工作效率和服务质量不断提高，在“万众评公务”活动考核中，群众满意率达97.3%，综合得分名列市直执法部门第三名。

（惠州市财政局供稿　吴淑萍执笔）

创新机制体制　扎实推进部门预算改革工作

为适应经济社会发展和市场经济体制改革的需要，惠阳区财政局稳步推进部门预算改革。主要内容是在区直机关、事业单位全面实行“收支两条线”、“统收统管”物业、规范津贴补贴。目前，已逐步建立起适合本地实际、

框架体系完整、机制体制与监管互相配套、内容有机结合、运转高效有序的部门预算管理体制和财政收支运行机制，推动财政管理走上精细化、制度化、规范化、科学化的轨道。

一、基本做法

（一）创新机制体制，依法加强非税收入监管，实行彻底的“收支两条线”管理

非税收入“所有权属国家，使用权归政府，管理权在财政”。一直以来，惠阳区由于非税收入管理不够完善，相当一部分非税收入游离在一些预算单位中掌握使用。“谁收谁用”，造成了部门之间的“苦乐不均”。为此，区财政局深化非税收入收缴改革，加快非税收入法规、制度建设，努力构建“收入一个笼子、预算一个盘子、支出一个口子”的预算管理新模式，实现非税收入与税收收入统筹使用、统筹安排，把非税收入视同税收，全面实行“收支两条线”管理，依法征管，做到应收尽收。

1. 建立“征、管、用”三分离的非税收入管理体制。区财政局认真贯彻落实省财政厅《转发财政部关于加强政府非税收入管理的通知》等有关规定，制定出台《惠州市惠阳区政府非税收入管理暂行办法》，对非税收入的征收管理、票据管理、监督检查、法律责任等作出具体规定，将非税收入缴入国库或财政专户，纳入部门预算统一管理，支出实行统筹安排，建立非税收入征缴绩效评价制度，严格按照“单位开票、银行代收、财政统管”的模式，全面实行“收支两条线”管理。

2. 建立健全非税收入监管机制。加强非税收入管理制度建设，形成包括征收、预算、执行、监督等制度在内的非税收入管理法规制度体系。实行和完善非税收入政务公开和收费公示制度，定期向社会公布非税收入项目和标准，实行挂牌征收，使缴款单位和个人做到心中有数。建立起非税收入的稽查、举报、违规处罚和责任追究等制度，实现非税收入管理规范化。

3. 建立非税收入责任追究制。各机关、事业单位必须严格执行非税收入的各项政策规定，不得截留和转移非税收入用途。非税收入明显下降的执收单位，应当向区政府和区财政局说明具体原因，对不能说明合理原因的进行重点稽查。对不履行职责，应收不收，应罚不罚的单位，追究主要领导和有关责任人员的责任。

（二）创新工作方法，坚持公平公开，全面加强物业的“统收统管”

惠阳区行政事业单位的物业有两个特点：一是物业总量大；二是产权情况复杂。从2009年1月1日起，惠阳区对全区部门预算单位的物业实行“统收统管”，物业的产权收归区政府所有，授权区新信资产管理办公室统一管理。具体做法如下：

1. 做好“统收统管”物业，坚持“三个原则”。一是坚持政府所有，所有权与经营权分离的原则；二是坚持统一政策，授权管理的原则；三是坚持“收支两条线”管理的原则。

2. 明确界定“统收统管”物业的范围、对象。“统收统管”物业的范围、对象是区级部门预算单位的房产、地产和股权，包括非经营性物业和经营性物业。非经营性物业是指各预算单位占有、使用，未作经营性用途或暂不具备经营条件的物业，含办公用房、未房改的职工宿舍楼及附属建筑物等。经营性物业是指各预算单位除非经营性物业以外的物业。

3. 严格管理物业。

（1）清理、公示物业。2008年11月，区纪委、监察局、财政局联合成立3个物业清理核查小组对区级部门预算单位的物业情况进行全面清理调查，历时2个月。于2009年2月对各预算单位的清查结果，按照原先设定的“惠阳区实行部门预算单位物业调查情况公示表”在各预算单位内部进行公示（包括收益、成本费用、产权状况等）。无上报地产、房产等物业的单位同时在《新惠阳》和惠阳电视台上分别进行公示，广泛接受社会人士的监督。在公示期内，各预算单位再次清理、核对本单位的物业情况。如与原上报数据不一致的，在公示期结束后10个工作日内，对原上报的物业情况进行修改或补充。此后一经发现瞒报、漏报等行为的，按《关于严肃区直机关事业单位全面实行部门预算的纪律》进行处理。

（2）明确统收物业收入的时限。从2009年1月1日起，所有物业收入直接存入区新信资产管理办公室的物业收入专户，区新信资产管理办公室凭开户银行的收款凭证开具发票。物业收入的税金由区新信资产管理办公室负责缴纳，并于每月10日前，将上月的物业收入税后净额缴交到区财政局指定专户。

（3）统收物业。各预算单位的物业经公示清晰后，按照区新信资产管理办公室的要求，填报“惠阳区实行部门预算单位物业调查资料移交表”，于2009年6月30日前办好产权交接手续。物业租赁或合作经营合同于2009年1月1日后到期的，由区新信资产管理办公室统一管理，原物业单位不得续签或另签合约。

（4）统管物业。区新信资产管理办公室对区政府授权管理的物业进行统一分类管理。一是对非经营性物业的管理。统一由区新信资产管理办公室造册登记，原则上安排原物业单位按现状继续使用。二是对经营性物业管理。凡产权明晰，具备转让条件的物业，经区政府批准后按照区国有资产处置程序进行转让；对暂不能转让的物业，由区新信资产管理办公室制订方案，实行统一经营管理。

（5）维护物业。一是审批程序。经营性物业的维护由区新信资产管理办公室提出方案（非经营性物业的维护由使用单位提出方案），经区财政局审核后报区政府审批。二是维护资金。规范津贴补贴前，所有物业的维护资金从区财政专户的该单位物业收入中核拨，结余的物业收入原则上安排给原物业单位使用；规范津贴补贴后，经营性物业的维护资金从物业收入中核拨，非经营性物业的维护资金

纳入部门预算统筹安排。

（三）创新有效措施，提高执行力，确保规范津贴补贴工作稳步推进

认真贯彻落实惠州市人事局、财政局《关于规范县（区）国家公务员津贴补贴问题的通知》精神，由区财政局会同区人事局制定出《惠州市惠阳区规范津贴补贴实施办法》，经区政府批准后执行。《实施办法》规定：从2009年7月1日起规范津贴补贴，实施范围为区党的机关、人大机关、行政机关、政协机关、审判机关、检察机关以及经批准参照《中华人民共和国公务员法》管理的单位。主要做法：一是坚持按劳分配原则，克服平均主义。按照职务高低和责任大小制定标准，适当拉开档次。二是规范设置项目，统一制定标准。归并原有各项津贴补贴，设置规范的津贴补贴项目，一职一薪。三是动态管理，适时调整标准。根据全区经济社会发展水平、财力状况等因素，适时调整津贴补贴标准。具体细节为：

1. 规范津贴补贴项目和标准。归并原来的各项津贴补贴项目，规范后的津贴补贴项目和标准如下：

（1）津贴补贴。在职人员设置工作性津贴和生活性补贴，生活性补贴适当高于工作性津贴；离休人员津贴补贴统一为离休生活补贴；退休人员津贴补贴统一为退休生活补贴。津贴补贴标准以实际职务（岗位）为依据，分档次发放。

（2）四大节日补贴。在职和离、退休人员每人每年发放四大节日补贴。

（3）在职人员“1+3”奖金。“1”是年终一次性奖金，为本人当年12月份的基本工资；“3”是奖金，为本人三个月的基本工资（以本人当年1月份基本工资为基数）。

（4）离、退休人员相应增发生活补贴。在职人员发放“1+3”奖金时，分别按规定增发离、退休人员生活补贴。

（5）保留的项目：公务交通改革性补贴、属于奖励性补贴的计划生育奖励金和年度考核优秀人员奖金、经国家和省批准设立的特殊岗位津贴。

2. 严格按政策规定统一各项津贴补贴。规范津贴补贴后，各部门原自行设立的各种津贴补贴项目一律取消。各部门不得以任何借口、任何名义、任何方式自行发放津贴补贴。各部门只能按照《财政部关于印发行政事业性单位工资和津补贴有关会计核算办法》的规定设立津贴补贴会计科目，用于核算本部门发放的津贴补贴，其他科目一律不得再核算发放津贴补贴。规范津贴补贴所需资金，纳入财政预算，由财政部门以银行卡的形式，随同工资统一发放，不得发放现金，并依法代扣代缴职工应缴纳的个人所得税。同时，对政策性规定的特殊岗位津贴、奖励性补贴、计划生育补贴、年度考核和病假津贴补贴的发放等都作出具体的统一严格规定。

3. 严肃纪律，强化责任追究。为确保规范津贴补贴工作顺利进行，由区纪委、监察局、财政局联合印发了《关于严肃区直机关事业单位全面实行部门预算工作纪律的通知》，明确规定“四不准纪律”和责任追究。“四不准纪律”：实行规范津贴补贴后，各部门预算单位不准利用任何账户、任何资金以任何名义、任何形式发放和变相发放津贴补贴、奖金和实物；不准自行新设津贴补贴项目、自行提高津贴补贴标准和扩大实施范围；不准自行扩大有关经费开支范围和提高开支标准发放津贴补贴、奖金和福利；不准自行出台有关发放奖金方面的奖励政策或规定。对国家、省、市及其有关部门明确的某项工作一次性奖励，必须报请区人事局、区财政局审批后经区政府批准，方可执行。责任追究：凡违反以上规定，情节轻微的对负责单位予以通报批评；情节严重的按照有关规定追究有关责任领导和其他直接责任人的纪律责任；触犯法律的移交司法机关依法处理。

4. 加大规范津贴补贴的检查和“小金库”专项治理工作力度。2009年11月，由区纪委、监察局、人事局、审计局、财政局组成联合检查组加强规范津贴补贴的监督、检查，认真核实各行政事业单位在规范津贴补贴后有无自行发放津贴补贴等情况，对查出违反有关规定的进行限期整改、坚决纠正。同时，加大开展“小金库”专项治理监管力度，加强银行账户清理，对全区355个行政事业单位开展了大规模的“小金库”专项治理工作，对重点单位进行了抽查，对清理出有涉及“小金库”问题的单位进行严肃处理，限期整改，有效地防止滥发奖金、补贴等违纪违规行为的发生。

二、主要成效

全面实行部门预算必然会损害一些“小团体”或个人的利益，但能给绝大多数干部职工带来更多的实惠和激励。彻底实行“收支两条线”管理，实现由“苦乐不均”向“统筹兼顾”的转变；实行“统收统管”物业，确保国有资产的增值保值、不流失，集中财力办大事；规范津贴补贴，规范公务员收入分配秩序，消除各部门之间不合理的津贴补贴水平差距，解决“同工不同酬”的弊端，使公务员津贴补贴水平与单位的国有资产和行政权力脱钩，确保全区各行政事业单位津贴补贴水平合理、规范，促进社会的和谐稳定。

（一）从源头上、制度上消除腐败

在财政管理不完善的情况下，一些部门和单位视政府非税收入为本部门、本单位的自有资金，私设“小金库”，巧立名目滥发补贴的现象时有发生，一些预算外资金，如物业收入、罚没收入等游离于有效监管之外，久而久之容易滋生腐败问题。全面推行部门预算改革工作后，统筹预算内外资金管理，能够从源头上把好资金使用关，从源头上、制度层面上堵塞漏洞，有效保护干部，防止违纪违法行为的发生。

（二）营造干净干事的政务环境

全面推行部门预算管理，实行“一个部门一本预算”，

将部门所有收支，包括部门取得的一般预算拨款收入、预算外资金收入、政府性基金预算收入、其他收入等从不同来源取得的各类收入以及相应安排的基本支出、项目支出等各项支出，都编入部门预算，能够进一步优化政府财力配置。

（三）有利于加强财政资金监管

全面推行部门预算改革工作，对区级部门预算单位的物业、银行账户进行彻底清理，彻底实行“收支两条线”管理，把政府非税收入、罚没收入、各项基金等全部纳入财政预算管理范畴，进行统筹安排。预算资金从离开国库到实际支付，整个过程都在财政、审计等部门的直接监控之下，由过去事后监督变为事前预防和事中控制，有效地避免违规违纪问题的发生，制止财政资金“跑、滴、漏”现象，更加有效地提高财政资金的使用效率。

（四）推动国库集中支付改革进一步深化

至2009年年底全区有94个预算单位财政性资金实行国库集中支付，并不断完善国库资金管理模块系统等硬件建设，规范支付中心工作规程，简化业务流程，实现预算执行监控的明细化、动态化，提高资金支付效率。

惠阳区推进部门预算改革，全面实行“收支两条线”、“统收统管”物业、规范津贴补贴，财政监督更加公开、透明、科学化、精细化，财政管理措施日臻完善、绩效水平进一步提升，财政实力日益增强，确保了财政的稳健运行。2009年，全区财政一般预算收入首次突破10亿元大关，完成11.7亿元，同比增长23.36%，有力地促进了全区经济社会平稳较快发展。

（惠阳区财政局供稿，甘绍磷执笔）

汕尾市

契税成为海丰财政增收新亮点

契税作为财政局征管的一项税种，长期以来，由于一些客观原因，海丰县一直以委托国土、建设部门代征的形式进行。从2004年开始，海丰县财政局充分认识到此项税种对地方财政收入的地位和作用，转变思想观念，摆正工作位置，锐意改革，强化管理，实行财政局源头直接征收的办法，从而，既规范了税收管理，又有效地促进了契税收入的大幅度增长。2004年全县契税实现收入688万元，到了2008年收入达到2 128万元，同比增长5.92%。特别是2009年，海丰县财政局以组织征收契税为中心，以规范管理为主线，实施科学化、精细化管理手段，强化依法治税力度，努力挖掘税收潜力，契税创下历史新高。全年累计组织征收契税收入3 692万元，完成年度征收计划的160.52%，超收1 392万元，比2008年增长73.5%，增收额和增长率均创历史新高，为海丰县财政收入实现“满堂红”提供了强有力的支撑。

一、转变观念，突破工作难点

随着农村税费改革的不断深入，原由财政局直接征收的农业税和农业特产税已相继取消，因而，农业“四税”仅存契税和耕地占用税。在新的财政体制下，作为财政局如何转变职能，调整工作着力点，做好契税和耕地占用税的工作，增加地方财政收入，做强做大财政“蛋糕”，是摆在财政局面前值得深思和研究的课题。为了做好这道题目，从2003年下半年开始，海丰县财政局便根据新形势，就如何强化契税征管手段，改进契税征收模式等问题进行了研究和探讨，并把契税如何由委托代征改为财政局直接征收的工作列入重要议事日程，多次召开专题会议，研究部署财政局直接征收契税的工作，要求务必在2004年实现契税征管工作的重大突破，完成好财政局直接征收契税这一铁任务、硬任务，使其成为财政增收工作的一个亮点。根据部署，负责契税征收具体工作的农业股与时俱进，进一步提高认识，紧急行动起来，将契税的征管工作作为农业股重中之重的工作来抓，组织有关人员深入实际调查研究，切实做好各项前期准备工作。

二、找准“症结”，掌握主动权

2004年以前，海丰县县域经济蓬勃发展，市政建设日新月异，房地产市场十分活跃，契税税基不断壮大，而且市民纳税意识日益增强，但契税收入的增长却停滞不前，每年契税收入在100万元至300万元之间徘徊，这与海丰县经济发展状况很不相适应。县财政局经过深入调查研究，究其原因，主要是契税征管模式存在问题，从委托单位代征的情况来看，存在如下几方面不足：一是财政局与代征部门在工作上缺乏交流与协调，造成财政局对契税征管工作中存在的新情况、新问题不能及时了解和掌握；二是代征部门对契税征收工作重视不够，把关不严，存在漏征和随意减免税的现象，致使国家税收流失；三是税收监管难度大，税款有时不能及时足额入库，甚至被代征单位占用移用。掌握了情况，找到了问题的症结，便找到了工作的着力点和解决问题的突破口，为强化契税的管理，改进契税征收工作，奠定了良好的基础。

三、革新机制，创新征管模式

针对海丰县契税征管存在的问题，县财政局在做好大量调查研究和测算工作的同时，积极争取海丰县委、县政府的重视，在海丰县政府牵头下，多次召开专题会议，并下发了《关于进一步加强我县建筑业、房地产业各税征管工作的通知》，协调了国土、建设等职能部门的工作关系，明确各自职责，为契税代征改为财政局直接征收扫清了障碍。在此基础上，根据《中华人民共和国契税暂行条例》、《广东省契税实施办法》等有关政策规定，结合该县实际，县财政局制定了《海丰县契税征管实施暂行办法》和下列措施：一是规定从2004年7月1日开始，调整契税征管模式，将原委托国土、建设部门代征的契税改由财政局直接征收，比上级要求的时间提前了半年，并在县国土资源局、县建设局分别设立了契税征收窗口，各派驻2名契税征管人员。二是明确契税征管操作规程，即凡该县区域内的土地、房地产权属转移，由纳税人带齐有关资料到县国土、建设部门，经县国土、建设部门查验、评估，如实填列《海丰县土地交易中心估价报告单》、《海丰县房屋买卖（赠与、交换）计税凭据》，送县财政局审定后，向纳税人开具契税完（减、免）税凭证，县国土、建设部门必须凭县财政局开具的完（减、免）税证明（原件），才能办理房、地产权证，并要将完（减、免）税证明（原件）与房、地产权证（副本）等相关资料一并整理归档，进一步规范了财政、国土、建设等部门执行的工作程序和工作职责。三是财政局对契税征管实行征、管、查三分离的办法，县财政监督检查办公室每年至少一次对县国土、建设部门办证纳税情况进行年度稽查，并对契税征收、计税价格等情况进行经常性检查。四是对契税征收原则上实行票款分离，属于税额500元以下的，由征收窗口直接收取现金；属于税额500元以上的，全面委托银行代收款，由纳税人到指定的银行缴纳税款。五是严格土地、房屋计税依据的评估确认办法，设计了《海丰县土地、房屋计税价格财政审定表》，对县国土、建设部门提供评估价格进行审定，确保计税价格真实性、准确性。六是建立信息互通机制，设计制定了《海丰县房、地产权证变动情况表》，要求县国土、建设部门每月终了后的5日内向财政局报送《变动情况表》，以便于对契税征收情况进行核对，有效防止税收走漏，使征管人员对税源资料能清楚明了。七是健全档案管理制度，设计制定了《海丰县契税征收入库登记表》，对海丰县所有土地、房屋的出让、转让、买卖、赠与、交换的情况进行登记装订成册，以备查阅。八是对受理的契税业务实行限时办结制度，为提高工作效率提供了制度保障。此外，为方便广大群众了解政策，便于他们缴纳契税，县财政局还因地制宜，制定了《海丰县缴纳契税办事指南》，一次性告知缴纳契税的有关事项，向社会公开契税的计税依据，征收机关、办理地点和办理时间，以及纳税人应提供的资料，纳税办理程序，违规责任等五个方面。同时开设了咨询、投诉电话、举报信箱，受理纳税人的纳税咨询、投诉和举报。实践证明，采取这种征收模式和管理机制，既规范和完善了契税征管行为，又有效遏制了契税流失的现象，使契税应收尽收，税款大幅增长。

四、严格把关，实施科学化征管

实行财政局直接征收契税后，县财政局征管人员严格执行《中华人民共和国契税暂行条例》、《广东省契税实施办法》和海丰县根据实际印发的具有可操作性的《关于进一步加强海丰县建筑业、房地产业各税征管工作的通知》、《海丰县契税征管暂行办法》等有关文件规定，坚持原则，依法、依规计征，如对符合享受优惠政策的普通住房的应纳税额，按普通住房1.5%的标准计征，门市或超过标准的，按非普通住房3%的标准计征。县财政局还派人参与土地、房屋计税价格评估工作，从源头了解计税依据和评估情况，纠正了过去契税征收中一些不规范的做法。土地契税部分，原县国土部门以面积为计税依据进行定额征收，从2004年开始按契税规定以土地成交价格征收，对部分土地、房屋成交价格或评估价格明显低于市场价格且无正当理由的，参照海丰县标准地价重新由财政局审定。对土地拍卖等重点税源，财政局在源头就参与土地计税价格评估工作，实行专人跟进、跟踪管理的办法，从而使土地契税部分收入大幅度增长；房产契税部分，对个别计税依据有出入或有疑问的，主动与建设部门联系，及时派员实地调查，参照市场价格核定，使房产契税征收公平合理，应收尽收。特别是2009年，因宏观调控、税收等一系列政策性减收及金融危机等不利因素影响，契税税源萎缩，县财政局紧紧围绕海丰县委、县政府的部署，采取灵活有效的征收策略，积极应对国际金融危机等带来的不利影响，实行契税征收工作领导负责制，并落实专人管理。同时认真分析征管中的问题，对辖区内税源进行深入详细的摸底调查。在2009年海丰县各项基础设施配套项目和厦深铁路、鹅埠产业转移园区的建设、各房地产楼盘的相继开工建设的情况下，紧紧抓住有利时机，对各项税源进行分类，密切与建设和国土部门联系，加强日常监管和税源调查，全面清理清查已办理土地、房产变更手续的单位应税情况，严格“先完税后办证”的规定，加大对建筑物资产处置和土地拍卖税收的征管力度，发现一宗，征收一宗，全年实现收入3 692万元，超收1 392万元，实现了契税征收创下历史新高的佳绩。

五、精细管理，优化服务质量

为确保财政局直接征收契税的顺利实施，县财政局从基层财政所抽调业务骨干，在派驻征收窗口前，组织他们进行契税征管业务培训，学习有关契税政策和《海丰县契税征管暂行办法》等有关文件规定，使他们全面掌握操作规程。同时，财政局还不定期举办契税政策和契税征管实践交流会，以交流的形式促进学习，以学习促进契税征管，逐步提高契税征管人员的政策水平和业务能力，使他们能不断适应契税征管工作的需要。对征管环节的各个岗位，县财政局都制定了严格的内部管理制度，落实了岗位责任制，严格审批程序，从局长到征管人员，层层把关。负责契税征管的业务股长和副股长每周不少于2~3天的时间到契税征收窗口了解情况，掌握征收进度，抽查和审核契税的计税依据及政策执行情况，研究改进征管工作的措施和办法，进一步加强对契税征管情况的监督。契税征管人员在任何时候都做到坚守岗位，并对每笔业务做到及时办理、限时办结，这样，既提高了办事效率，又方便了纳税人，让纳税人满意，确保了契税及时足额征收入库。

六、密切配合，打好“组合拳”

契税的计税依据来源于国土和建设部门，因而，协调好这些部门的关系，使之形成合力，是做好契税征管工作的重要环节。基于这种认识，县财政局在对契税征收、管理、检查三个环节进行标准化考核机制，调动农税干部抓收入主动性、创造性的同时，加强协调配合，打好“组合拳”。财政局把协调处理好与国土、建设等部门的关系，作为契税工作的一项重要工作来抓，并得到了这些部门的支持和配合。在改变征管模式时，顺利完成契税清理和接交工作；在做好契税征管的工作上，相关部门及时按规定提供价格评估等相关资料，为契税的征收提供准确的计税依据。同时，相关部门还严格执行“先税后事，先税后证”

的办事程序和规定，按期报送有关表格，并做好对账工作，从而实现部门间工作联动和信息互通，有效防止契税流失。对涉及契税征收过程中出现的问题，县财政局及时进行沟通和协商，共同寻找解决办法，如对在房地产产权证中加盖契税专用章的问题，县财政局经与国土、建设等部门协商后，达成共识，实施了纳税人领取土地使用权证或房地产所有权证后，在备注栏内加盖契税征收机关印章予以确认的办法，从而，堵塞了以前那种“办证无交税”的漏洞，确保了契税足额征收，及时入库。

七、进一步加强和完善契税征收工作的措施

一是要加大税法宣传力度，让广大人民群众特别是纳税人认识到依法纳税是每个公民应尽的义务和责任，从而提高纳税的自觉性。二是要进一步完善信息共享、情况通报制度，通过计算机网络，建立房、地产变动信息平台，实现房、地产变动情况实时在线监控，及时掌握税源变化情况。三是要从源头上积极参与评估工作，加大对房、地产价格的评估力度，科学核定计税依据，切实做到应征尽收。四是要继续加强与国土、建设部门协作与沟通，落实工作职责、严格办事程序、定期公布标准地价和住房平均交易价格，保证契税征收全面、顺利、准确执行。五是要继续深入研究税收政策，研究制定配套措施，促进契税征管走上规范化、制度化的轨道。

（海丰县财政局供稿，林瑞清　郑伟雄执笔）

东莞市

不断加大帮扶镇村力度　扎实推进城乡协调发展

几年来，东莞市委、市政府认真贯彻落实科学发展观，坚持把统筹城乡发展作为全局工作的重中之重，从完善市、镇体制，加强基础设施建设，发展农村公共事业等方面入手，通过各种政策措施优化财政支出结构，不断加大对镇、村的帮扶力度，作出了一系列意义重大、影响深远的战略部署，推动了东莞市城乡基本公共服务的均等化，加快了社会主义新农村的建设，促进了经济社会双转型。2009 年，市财政拨付镇村各项经济社会事业发展的资金共 137.9 亿元，平均每镇 4.31 亿元。东莞市镇、村发展活力不断增强，社会事业发展迈出重大步伐，农（居）民生活质量全面提升。

一、不断完善财政体制，返还镇街各项税费分成 92.2 亿元

从 2001 年起，东莞市推行“取消基数，镇区工商税收见税五五分成”的市、镇财政管理体制，除市级收入外，地方税收收入市、镇平均分配，财政体制更加公平、统一、高效、简洁，大大调动了镇、街发展经济的积极性。

同时，为进一步调动镇、街发展经济、促进财税增收的积极性和主动性，2007～2009 年期间，东莞市建立并完善了促进镇、街经济发展的财政性激励机制，具体是对镇、街工商税收收入的超收部分，进行分档按比例奖励，在五五分成的基础上最高奖励 40%，最低奖励 5%。通过建立健全财政激励机制，促进市、镇两级财力共同增长。2009 年，市返还镇、街各项税费分成 92.2 亿元。

二、安排 2.35 亿元，对村行政管理及公共服务支出给予财政补助

为帮助东莞市农村基层应对金融危机冲击，减轻农村公共管理支出压力，进一步完善村级的补助机制，从 2009 年起，市财政每年投入 2.35 亿元，对村（含社区）行政管理及公共服务支出给予一次性财政补助。具体为对经济综合实力排名靠后的全市一半的村按四个档次实施补助：第一档村每人每年补助 100 元，第二档村每人每年补助 250 元，第三档村每人每年补助 400 元，经济欠发达村每人每年补助 600 元。

2009 年，此项政策惠及全市 285 个村，平均每村补助 82 万元，对缓解农村公共管理支出压力、保障农村基层正常运作、维护农村社会和谐稳定产生了积极作用。实施市财政补助政策后，补助经费在一定程度上弥补了村的收支缺口，农村收不抵支的状况有所改善，截至 2009 年第三季度，全市收不抵支的村比 2008 年年底减少 42 个，减幅达 12%。

三、投入 12.7 亿元，推进教育事业可持续均等化发展

一是投入 10.4 亿元，推进三级办学管理体制向二级办学管理体制转变，减轻村级办学负担。从 2007 年起，东莞市取消村级办学，整合优化教育资源，建立稳固有效的教育经费投入机制，将基础教育全面纳入公共财政保障范围。具体是镇、街高中阶段学校（含职业高中）的办学经费全部由市财政负担；初中经常性办学经费由市财政负担 90%，镇、街负担 10%；小学办学经费由镇、街负担。同时，为了确保镇、街教育经费的投入，对镇、街负担的经常性办学经费超过其上年税收分成 35% 的，由市财政再按比例给予补助。

二是市镇两级财政增加投入 2.3 亿元，用于免收义务教育杂费和借读费。为进一步推动城乡教育事业发展，提高学生受教育待遇，从 2006 年 9 月起，东莞市对户籍九年义务教育在读学生全面实行免费义务教育；从 2007 年 9 月起，东莞市在实施免费义务教育的基础上，免收户籍义务教育阶段学生课本资料费。2009 年，市、镇两级财政增加教育投入 2.3 亿元，对在东莞市义务教育公办学校就读的 12.5 万名外市户籍学生免收书杂费和借读费，生均减负 1 850 元/年，使在东莞市公办学校就读的外市户籍学生也能同样享受到免费义务教育。

四、投入 5.88 亿元，完善社会基本医疗保障，构建城乡一体化的社会保障体系

一是投入 1.4 亿元进一步提高基本医疗待遇。2009 年，将东莞市社会基本医疗保险年度支付限额从 4 万元提高到 10 万元，综合基本医疗保险年度支付限额从 8 万元提高到

15万元，使全市约500万名参保人享受到更高水平的医疗保障；并将东莞市大中专院校在校学生纳入社会基本医疗保险保障范围。

二是投入1.48亿元，完善基本养老保险政策，不断提高农（居）民基本养老保障水平。主要包括：投入1.42亿元，使所有符合条件、没有参加职工养老保险的农（居）民每月可领取200～300元的养老保险金；从2006年起东莞市增加计生养老保险待遇，2009年投入572万元，使独生子女父母、农村纯生二女结扎夫妇、婚后没有生育的夫妇达到退休年龄后，每人每月可领取300元计生养老保险金，进一步提高了农（居）民的养老保障待遇。

三是投入3亿元，进一步加大对困难群众的帮扶力度。从2008年起，东莞市先后提高了多项对困难群众的帮扶标准，其中包括：将东莞市农（居）民最低生活保障标准统一提高至每人每月400元，保障水平居全国前列；市财政全年支出1亿元，将低保家庭在读高中生、大学生的助学金分别提高到每人每年3 000元和7 000元，同时，将低保边缘户在读高中生、大学生纳入助学金补助范围，按低保家庭在读学生助学金标准的50%发放补助，全市共有近3万名高中生和大学生受惠；2009年，东莞市将五保供养标准从原来的每人每月550元提高到每人每月600元，全市共有1 363名五保对象受惠。

五、投入2.19亿元，促进农（居）民就业创业

除安排用于全市创业工程支出外，市财政2009年从创业东莞工程10亿元专项资金中投入2.19亿元，帮助农（居）民提高综合素质和专业技能，实现就业。具体包括：资助失业人员、农村富余劳动力、大中专毕业生、退役士兵、新莞人、摩的司机等各类人员参加职业技能培训和创业培训；建立健全公共就业服务平台，为市民提供全免费的公共就业服务；对免费介绍户籍劳动力成功就业的职业介绍机构、村（社区）劳动服务站提供就业安置补贴；实施岗位培训补贴，鼓励企业吸收本地劳动力并提供岗位技能培训等，努力提升劳动者就业创业技能，为镇、村转型发展提供更高素质的劳动力支撑。

六、每年投入1.3亿元，建立村级生态补偿机制

为缓解因承担生态保护任务对镇、村造成的发展制约，促进东莞市区域协调持续发展，市政府从2008年起，对全市基本农田保护区和林地面积较大的村进行补助，具体为：对农保区面积超出全市平均比例的各村，由市财政对其超出部分，按照每亩每年500元进行补助；对村实有非经济林地，按照每亩每年100元进行补助。

七、投入9.64亿元，加快镇村基础设施建设

一是投入3亿元支持水利基础设施建设和现代农业产业化发展。2009年，继续针对东莞市水利方面存在的薄弱环节，市财政补助镇街2.07亿元建设镇属防灾减灾工程363项。同时，市财政补助镇、街5 520万元支持欠发达镇机电排灌、沙田镇立沙联围茂生东水闸重建、鸿福河整治、东宝河整治和修复水毁等水利工程建设，为农村经济社会的发展提供了有力的防洪安全保障。为进一步提升全市农业发展水平，促进农民就业，从2006年起，市政府通过市、镇两级投入建设一批面积规模大、基础设施完善、产业特色鲜明的现代农业产业园，2009年，东莞市共投入建设资金2 287万元推进10个农业产业园区建设，部分产业园已逐渐发挥全市农业科技成果孵化器和现代农业科技辐射源的作用。

此外，2009年市财政投入1 163万元，加强受损较严重、连片面积较大的农田水利基本建设，共整治镇街受损农田7 758亩。

二是投入3.1亿元推动镇际、村际联网路改造。为紧密镇村之间的联系，拓展和优化城乡发展空间，从2006年起，东莞市逐步开展镇际、村际联网路建设。截至2009年12月底，市财政已拨付补助资金3.1亿元（其中2009年拨付1.01亿元），累计完工里程71.7公里，正在施工路程75.5公里，有力推动了镇、村共同快速发展。

三是投入3.54亿元优化镇村人居环境。2009年，东莞市以创造整洁、舒适、和谐的农村人居环境为目标，积极开展农村村容整治、住房解困等多项工作，具体包括：投入1.13亿元，深入开展农村环境卫生五整治，对全市每村（社区）配置1座高标准的公共卫生间和垃圾转运站给予补助；投入1 904万元，通过危房解危、完善住房设施、提供租赁住房补贴等方式，为2 289户住房困难户提供了较好的住房保障；投入2.05亿元，保障全市34家污水处理厂顺利运营，改善水资源环境；投入1 688万元，支付全市社会治安和出租屋视频监控系统租赁费，维护社会治安，保障人民生命财产安全。

（东莞市财政局供稿，陈绍民执笔）

推动产业创新　促进经济健康发展

围绕省委、省政府提出的扩大内需和“三促进一保持”的战略目标，推进产业结构调整升级，是东莞市落实科学发展观的核心任务。在国际金融危机持续影响的形势下，东坑镇以产业创新为突破口，摸清情况，找准定位，切实解决东坑镇产业结构存在的问题，积极推动转型发展。

一、东坑镇产业基础和存在问题

1979年，乘着改革开放的东风，东坑镇引进了第一家来料加工企业——港浙制衣厂，拉开了东坑工业发展的序幕。在此基础上，东坑镇确立了“工业立镇”的发展目标，通过大力引进外资企业，积极扶持民营企业，工业化、城市化进程快速推进，目前已具备了一定的产业规模和产业优势，但同时也面临一些亟待破解的问题。

（一）从产业组成结构看，主导行业极具潜力但尚需引导

从统计数据看，电子信息、五金制品、纺织服装、塑胶玩具是东坑镇的主导行业。从总产值上看，2007年，东坑镇电子信息占外资工业产业总值68.2%，金属制品占15.6%；从GDP贡献率上看，电子信息为45.6%，纺织服装为21.1%；从企业产生的税收看，电子信息及服装行业产生税收占外资工业税收总额80%；从全镇创造的实际收益看（含一个窗口收费、税收返回、留成、租金、土地管理费），电子信息占全镇企业创造效益总额的38.2%，五金制品15%，纺织服装12.1%，塑胶制品10.2%。另外，富港电子等60家企业是东坑镇各行业中的龙头企业，总产值占外资工业总产值的77.2%，内销额占外资工业内销总额的91.2%，产生税收占外资工业总税收的78.9%。这些主导行业和龙头企业构成了东坑镇工业经济的主体，支撑着东坑镇经济的发展。从调研掌握的情况看，东坑镇主导行业的相当部分企业具备扩大内销、创设品牌、加强研发等就地转型升级的基础条件，具有发展壮大的广泛空间。但是，由于宣传、引导、帮扶不到位，相当部分企业依然停留在简单的加工制造阶段。

（二）从产业创新能力看，研发水平有所提升但缺乏平台

目前，仅有富港等几家规模较大的企业在东坑镇设有研发中心，拥有自主品牌和自主核心技术的企业仅占全镇企业总量的5%。在全镇企业拥有的专利数中，富港电子厂一个厂就占全镇专利总量的60%。虽然东坑镇重视开展产学研活动，但由于相当部分企业对研发工作还不够重视，科技研发投入较少，对政府联系的高校或研究院所缺乏主动性，呈现出平台小而且数量少的特点，使得产学研之间脱节，企业的整体技术水平提升较慢。

（三）从产业发展环境看，政府服务持续改善但服务意识有待加强

多年来，东坑镇通过提高办事效率、禁止乱收费、整治社会治安、保障资源供给、加强环境治理等系列措施，着力优化营商环境，支持企业扎根东坑发展。但是，随着产业结构调整工作的推进，东坑镇对企业主动服务不足的问题开始凸显。如一些部门信息披露不及时，对政府相关政策宣传解释不到位，对企业发展缺乏指引，存在管理“越位”和服务“缺位”并存的现象。

二、东坑镇产业发展面临的形势

产业创新，是指产业创新系统中的政府、企业等各类要素，通过技术、制度的组合创新，结合土地要素等产业资源的综合利用，对特定产业、产业链、产业群实施创新活动，实现产业组织、产业结构、产业布局等质的改变和量的提高。大力实施产业创新，对加快推动东坑镇产业结构调整升级十分重要，也十分迫切。

（一）从宏观经济环境看，产业创新势在必行

为抗击国际金融危机，国家实施了一揽子计划，着力扩大内需特别是消费需求，着力转变经济发展方式、调整经济结构，确保经济平稳较快增长。从中央到地方，陆续出台了一系列举措，大力支持企业转型、产业升级。东莞在应对危机中，积极作为，提出了五个“10亿”计划帮扶企业渡过“金融严冬”，大力促进产业结构调整升级。对于东坑镇来说，国际金融危机造成的倒逼形势让产业创新变得更加迫切。

（二）从全市发展态势看，产业创新适逢其时

一方面，全市上下达成共识。近年来，从中央到省，

产业结构调整都是经济工作的一条主线。东莞市实施“双转型”战略以来，绝大部分的干部群众并不满足于产业发展现状，希望在提升传统产业、引进先进工业和现代服务业、优化产业布局等方面有所作为。尤其进入2008年，全省上下掀起了继续解放思想的热潮，东莞市被确定为汪洋书记的联系点，成为全国深入学习实践科学发展观活动试点城市，积极查摆影响科学发展的各种难题，为突破发展面临的瓶颈问题创造了良好的氛围。另一方面，产业创新基础扎实。全市有16 000多家外资企业，产业链条比较完整，配套能力比较强，这有利于吸引优质项目来莞投资，促进产业升级。这是东坑镇背靠全市版图内的一笔很大的资源财富，有利于借助全市扎实的产业基础和完善的产业链条，推动产业创新。

（三）从东坑发展要求看，产业创新十分迫切

改革开放30年，东坑镇经济高速发展，一个重要原因就在于顺应了世界产业发展的规律，有效承接了港台地区和其他发达国家的产业转移。受外部经济环境的影响，东坑镇原有的比较优势明显减弱。尽管经济增长并未放缓，但已清晰地反映出低端产业转移的趋势。如果我们不主动推动产业创新，通过产业创新解决产业结构存在问题，下一轮的发展就会很被动，因此，从东坑镇发展要求来说，产业创新已十分迫切。

（四）从企业发展现状看，产业创新刻不容缓

在国际金融危机影响下，全球经济增速放缓，各种不稳定、不确定因素增多，东坑镇企业受此影响，订单减少，特别是以美国市场为主的企业，企业生存面对严峻考验；从能源原材料价格走势看，近期国际原材料价格上涨等，直接导致企业成本大幅上升，并通过产业链的整体效应带动，进一步促使上游产品价格上涨，直接影响到中下游企业生产成本的上升；在用工方面，随着国内中西部的快速发展，东莞市虽然已经大幅提高企业员工最低工资标准，但是用工紧缺正成为企业的难题，工人工资不断提高的同时，也进一步增加了企业生产成本，东坑镇目前多为劳动密集型产业，工人工资占企业生产成本比重较高，势必缩减企业利润。从企业发展总体上看，高成本既是挑战更是机遇，为了生存，企业必须从依靠成本优势转化为依靠技术优势，因此，产业创新是企业应对高成本困境的必然选择。

三、东坑镇产业创新转型的基本思路和主要举措

东坑镇从本镇实际出发，按照科学发展观要求，围绕扩大内需和“三促进一保持”的战略目标，牢固树立产业支撑城市和“三零一创”理念，立足就地转型，通过提升核心能力、优化产业资源、转换发展优势，打造具有竞争力和影响力的开放式的产业发展环境、产业发展结构、产业发展体系，探索了一条多元化具有东坑特色的复合型发展新路，全面推动产业创新，促进升级转型，主要是“六抓六促进”。

（一）抓人才载体，促进企业增强竞争力

通过联合电大分校开展企业人力资源订单式培训服务；选择电子科大等大学合作开设富港、奇兴等企业特色培训课程；分批选派优秀大学生、年轻干部到龙头企业挂职锻炼，为企业提供“一对一”贴身辅导服务。通过系列行业人才培养基地的方式，更好地发挥行业协会、技术创新中心、骨干企业等在人才、技术、信息等方面的资源优势，搭建一个公共平台，创造有利条件促进行业人才的成长，为东坑镇推进产学研一体化、科技创新和“三促进一保持”提供更好的智力支持。

（二）抓技术改革，促进企业提高自主创新能力

提高企业的自主创新能力，是有效提升企业竞争力，确保企业可持续发展的关键。一是搭建产学研合作平台。与市科技局、国家创新委合作，邀请清华、同济、电子科大等著名大学的专家教授到东坑镇企业、特别是龙头企业开展产学研对接交流，建立富港博士后工作站，建立先益LED照明灯散热核心技术博士后工作站；促成东莞理工、华中科大等科研服务机构与东坑镇科技型生产企业开展多层次产学研合作。二是引入科技服务中介。引进华中科技、电子科大、东莞理工等科技项目服务中介，协助东坑镇科技型企业进行科技项目立项，创建工程技术中心，承担国家科技创新项目。

（三）抓“双轮并转”，促进传统产业转型升级

在促进传统加工制造业就地转型的同时，适度发展东坑镇现代服务业，形成创新型加工制造业和现代服务业齐头并进的新格局，加速和带动全镇产业创新转型。一方面是推动传统加工制造业向创新型加工制造业转型。针对传统加工业发展理念落后问题，加强对传统加工制造业主的培训，尤其是现代先进管理理念的培训，使其摆脱传统家庭小作坊式的管理理念，培养创新型思维，提高市场拓展能力；针对传统加工业生产技术落后问题，鼓励企业多层次吸收直接投资技术，加大产学研合作，驱动企业技术进步，延伸产业链、增加产品附加值；针对传统加工业产品销售市场萎缩问题，鼓励民企与外企融合对接，建立新型内销服务平台，突破内销市场制约瓶颈。另一方面是适度发展现代服务业。立足东坑现有产业以及企业，围绕工业生产活动的需要，提供优质的商业服务、运输服务、技术性服务和公共服务，适度发展具有东坑镇特色的娱乐服务、通信信息服务、金融保险证券、中介和咨询服务、旅游、房地产等新兴服务行业，逐渐构建东坑镇具有“高增值、强辐射、广就业”的现代服务业体系。

（四）抓服务发展，促进企业便捷融资

在解决中小企业融资难方面，主要促进政银企合作，搭建融资服务平台。成立企业融资服务工作小组，充分利用国家、省、市扶持企业发展的融资政策，促进企业和银

行、融资担保公司合作，争取专项帮扶资金，化解企业融资难题。成立“企业利用资本市场工作小组”，协助理顺富港科技后备上市前产权和财务问题，协助“平谦国际”进入“市后备上市培育对象”行列，引导平谦国际在东坑设立总部，再以东坑总部基地进入中国资本市场。建立融资服务工作机制。选择市内、镇内东莞银行、广发银行、兴业银行等7大银行，广汇担保等市3大融资风险担保机构为合作伙伴，建立企业融资服务机制，为东坑镇企业融资提供长效规范的服务。

（五）抓体系建设，促进产业结构优化升级

以建立现代产业体系为目标，加强自主创新能力建设，加快产业升级步伐。一是在集聚发展上求突破。完善产业规划，调整产业布局，促进集聚发展。大力推进产业招商，积极培育富港电子精密制造技术、歌乐汽车电子音像导航仪等优势产业专业市场，以市场建设推动产业加强横向配套，延长产业链，做大做强现有企业。二是在品牌建设上求突破。鼓励企业参与行业标准制定，推进技术标准化。引导企业练内功，抓质量，积极争创省、国家名牌产品和著（驰）名商标。分期推出观奇、长江、金利怡品牌培育宣传片，不断强化品牌创建力度，共创区域品牌，抢占市场制高点，带动中小企业发展。三是在提升服务上求突破。切实加大对企业帮扶和服务力度，积极落实税费减免各项政策，进一步减轻企业负担。支持企业优化进出口商品结构，促进加工贸易转型升级，增强应对国际市场波动的能力。抓好国家各项优惠政策的落实，积极组织企业参加国内外大型专业展会，帮助企业扩大订单。

（六）抓项目改造，促进经济平稳增长

根据富港、歌乐两大IT龙头企业的发展需要，国土、城建部门优先安排落实富港第四期245亩工业用地，歌乐第三期100亩增资项目用地供地计划。优先协调落实歌乐、奇兴两家市工业龙头企业的市定用电保障计划。鼓励富港、歌乐两大龙头企业进行并购扩张，扩大生产规模，力争用3年时间实现IT产业产值达120亿元，创造GDP 40亿元。做优做精服装特色产业，推动奇兴服装、长江西服引进现代化生产设备，扩大生产规模，协助观奇洋服强化手工艺西服制作技师的培育，进行内部挖潜、品牌策划，不断提升西服手工艺制作的价值，成为东坑在国内外最具影响力的品牌，力争用3年时间，使服装产业产值突破10亿元，创造GDP 2亿元，从而较大限度地提升活力，激发活力，确保经济社会平稳增长。

（东莞市财政局东坑分局供稿，卢淑兰执笔）

中山市

立足构建长效机制　强化支农资金管理

2009年，在受国际金融危机和国家宏观政策的影响，减收因素进一步增多，财政收支矛盾突出的背景下，中山市财政部门坚持以科学发展观为指导，以推进“三农”工作和社会主义新农村建设为中心，以加强资金管理使用和建立健全支农政策体系为重点，狠抓支农项目资金监管，认真履行财政管理职能，有效提高了国家支农项目资金使用管理的安全有效性，为服务地方农业经济发展发挥积极作用。

一、加强制度建设，确保支农资金使用的规范性

实现科学管理，制度建设是基础。近年来，中山市财政部门严格按照资金分配规范、使用范围明晰、管理监督严格、职责效能统一的要求，突出建立健全政策制定、部门执行和监督问效三分离的管理机制，先后制定出台了《中山市财政支农资金管理办法》、《中山市扶持产业发展专项资金管理暂行办法》、《中山市对种植水稻农户实行直接补贴办法》和《中山市主干农路“硬底化”专项补助资金管理使用办法》，将支农资金使用范围、分配、拨付、使用、管理、监督和农业财政支出预算编制、预算执行、绩效考评、监督管理及项目申报、论证、评审、审批等各环节以制度化的形式确定下来，逐步建立科学合理、层次清晰、分工明确、覆盖全面的支农资金管理制度体系。如对扶持产业发展专项资金实行归类集约管理；明确种粮补贴资金实行“一折通”直接兑付给农户，种粮直补工作直接相关的工作经费不得在种粮资金中列支；明确市主干农路“硬底化”项目的实施时间和范围对象、建设标准、资金的筹集和使用以及项目管理措施等，进一步规范了市财政支农项目资金使用的范围，较好地改变了以往支农资金使用中存在的重使用轻管理现象，并有效防患支农资金截留、挪用等问题，促进了财政支农资金管理科学化、制度化、规范化。

二、落实监管措施，确保支农资金安全运行

随着财政支农资金数量的增加、使用领域的扩大，每一笔财政支农资金的使用都涉及广大农民群众的切身利益，备受社会和群众的关注。因此，加强对支农资金使用管理的监督就显得尤为重要。近年来，中山市财政部门着重从项目立项、预算执行、资金拨付等环节入手，不断加大检查力度，提高监督效能，确保财政支农资金使用的安全、规范和有效。一是严把预算细化关。部门预算是增强支农资金管理科学性、规范性、公正性的有效手段，使支农资金的分配、使用、管理更加公开和透明，可以从源头上防止腐败现象的发生，为此，市财政部门严格要求细化部门预算编制。如对水利专项资金，由以往的按建设类别逐步向按建设项目细化批复下达预算，极大地加强了预算指标控制力度，方便对工程项目拨款进度的跟踪和工程结算管理。同时推行滚动预算和中长期预算，大的项目如水利、林业、农业产业化经营等基本制定了3~5年的项目规划，一方面有利于财政资金的安排，另一方面有利于发挥财政资金对支农惠农项目的引导作用，减少短期行为所带来的弊端。二是严把资金拨付关。以推进国库集中支付制度改革为契机，将市农口线预算单位全部纳入了国库集中支付改革范围。严格按照集中支付请拨程序拨付资金。在办理每笔资金时，按照合同对项目实施单位直接拨付，减少拨付环节，防止资金被挤占、挪用和截留现象发生，确保支农资金安全高效使用。此外，采取按工程量分期核拨补助资金办法，对工程类补助资金核拨时，要求预拨工程款必须提供有效的工程合同或总体规划，进度款必须由监理、财政所和相关工程部门确认支付进度，竣工工程按出具的财务决算报告进行资金结算。三是严把监督使用关。对政府购买性支出全部纳入政府采购笼子，对低于公开招标规定金额以下的工程项目，包括设计、监理项目等要求单位进行政府采购，对于工程管养项目、三防物资物料采购等也打包纳入政府采购，进一步完善资金的使用监督。同时，注重项目资金的下达和部门镇、区之间信息沟通，财政部门坚持以文件形式下达资金，并尽可能详细列示项目内容、资金规模和补助办法，便于镇、区财政所的操作，便于支农惠农政策落到实处，防止资金被截留或挪用，同时也有利于日后的监督和绩效评价。

三、坚持绩效优先，提高支农资金使用效益

2009年，全市财政农林水一般预算及基金预算支出

174 911 万元，比 2008 年增长 15%，为切实提高支农资金的使用效益，市财政部门坚持绩效优先原则，突出做好五个方面的工作。一是推行项目资金申报制度。包括建立项目准入规则，将项目的内容、资金规模和申报要求向社会公开，凡符合条件的均可申报，实现公开、公平；制定分类指导办法，对入选项目的企业、组织或农户，按照分类指导的原则，在资金安排上有选择地进行重点扶持或引导，以便更好地达到项目设立的目的；对承担项目的法人，要求提交绩效报告和落实一定的社会责任和效益等。二是严格控制支出，实现收支进度合理化。对 2009 年部门预算中在行政事业性收费、资产租金等预算外资金中安排的支农项目支出，严格审核，按收入进度核拨支出，实现收支进度合理化。三是加强支农资金的跟踪问效。为规范支农资金管理，选取了创办、扶持农业龙头企业项目贷款贴息专项资金、低产鱼塘整治经费、内河整治、镇、区农业现代小区建设配套资金、水产苗种示范基地建设和四旁绿化经费等支农项目资金进行专项检查，确保支农专项资金管理严格到位，拨付及时足额，取得良好效益。四是严把项目验收关。在项目审批立项后，财政部门先预付项目启动资金，然后根据工程进度进行拨款，竣工后进行验收，项目合格按规定程序拨付剩余资金。在项目验收过程中，如发现不合格工程，财政一律不兑现项目资金，并配合相关部门督促施工单位按施工要求进行改进完善，确保工程质量，提高支农资金的使用效益。自城乡水利防灾减灾工程从开始建设以来，中山市已连续 5 年获得省城乡水利防灾减灾工程建设先进单位一等奖称号。五是引入绩效评价。中山市 2009 年选取了 200 万元以上的支农项目共 37 个从项目的立项申请、资金的管理使用到项目的预期效益进行评价，绩效等级优良率达 89%，其中优和良级次的项目均为 16 个。通过推进绩效评价，形成了自我约束、内部规范的支农项目管理机制，促进支农资金的优化配置，将支农资金纳入科学规范的管理轨道。

四、坚持面向基层，建立健全支农政策体系

为全面贯彻落实《珠江三角洲发展规划纲要》，中山市努力完善财政支农保障机制，加快统筹城乡发展，实现城乡基础设施一体化、城乡产业发展一体化、城乡劳动和社会保障一体化、城乡社会事业一体化等一系列发展目标，让公共服务更多地深入农村、惠及农民。一是加大对欠发达地区、弱势群体扶持力度。2009 年，市本级财政预算安排农业生产救灾复产补助经费 200 万元、扶持老区发展经济经费 265 万元、扶持生猪生产发展补助资金 360 万元、中山怀集两地合作支持农民联合创业和发展生猪产业链专项资金 300 万元、对口陆河县扶贫资金 736 万元，继续落实沿海渔民转产转业政策，多渠道多形式安排渔民转产转业项目扶持经费 250 万元。并落实多项措施扶持和稳定粮食生产，安排恢复和发展粮食生产扶持资金 1 130 万元。二是加强引导金融向农村长效供给，建立金融信用支农保障机制。认真贯彻落实中共中央、国务院《关于切实加强农业基础建设进一步促进农业发展农民增收的若干意见》有关精神，增强农业抗风险能力。2009 年，中山继续推进政策性农业保险，预算安排专项资金 649 万元，用于能繁母猪和水稻种植保险等方面，不断扩大农业保险覆盖面，保证农业生产经营持续稳定。三是建立“以工补农，以城带乡”的长效机制，着力推进社会主义新农村建设。为引导和促进城市工业、服务产业进军农业领域，以工业促农业，着手培育农业龙头企业，推动城乡产业融合，实现城乡统筹发展和城乡资源要素的合理配置，开创以“公司 + 基地 + 农户 + 市场”的农产品生产指导、加工作业、销售服务“一条龙”的产业化经营模式，扶持农业龙头企业，鼓励农业高新技术成果向现实生产力转化，从而推动农业高新技术产业化的进程，从根本上提高农业生产经营水平和效益。2009 年，市本级财政安排农产品批发、开拓市场及展览推介配套经费 250 万元、农民专业合作组织建设经费 100 万元、龙头企业贷款贴息和发展资金 350 万元、低产鱼塘整治经费 765 万元、水产品加工与流通资金 300 万元、现代渔业机械化建设资金 200 万元、无公害水产品基地建设资金 197 万元，充分发挥财政资金的杠杆作用，大大提高支农项目的经济和社会效益。

（中山市财政局供稿，邓文杰执笔）

江门市

践行科学发展观　创新政府采购工作

2009年，江门市政府采购工作全面贯彻落实《政府采购法》及有关制度，以科学发展观为指导，贯彻落实《珠江三角洲地区发展规划纲要》，加强作风建设和廉政建设，按照“真抓实干、开拓创新、细化管理、提高绩效”的要求，不断深化各项工作，切实提高采购质量、服务水平和工作效率，积极推进廉政建设。

一、继续扩大政府采购范围，保证政府采购规模始终保持快速稳定增长

2009年，通过加强与各采购单位的沟通协调，认真研究财政预算安排，将更多公益性强、事关群众利益，特别是涉及到教育、社会保障、三农等民生方面的项目纳入政府采购范围，保证政府采购规模始终保持快速稳定增长。据统计，2009年共完成政府集中采购招标项目160个，预算采购金额达到3.45亿元，实际采购支出3.29亿元，节支0.16亿元，节约率为4.64%，采购规模同比增长2.29%；采购项目涉及到节能环保、“三农”、公益、民生、资源共享等，既实现了节支促廉的目的，又推进了社会事业的健康发展。一是行政事业单位一般办公用品供应服务资格、广播电视台呼叫中心服务资格等项目实行全市采购联动，将市本级与各市（区）的项目统一打包招标，形成规模效应，有效节约采购成本，提高工作效率，成为全省同行的“样板”。二是惠及民生的市环保局重点污染源在线监控移动执法系统项目，以及总预算金额达两千多万元，预计三年内完成的市公安局治安视频监控系统建设项目。三是磁共振成像系统、彩色多普勒诊断仪等各类先进技术的卫生医疗设备项目。四是涉及珠三角一体化发展，节约率达到30%的市交通局公路运输枢纽总体规划环境影响评价服务项目。五是政策性水稻种植保险服务项目实现“政府花最少的钱，让农民得到最大实惠”的目标。这些项目的实施，进一步扩大了政府采购范围，积累了采购工作经验，得到社会各界对政府采购制度改革的肯定。

二、从“六个关键点”切入，做好集中采购机构的业绩考核

为促进江门市集中采购机构规范操作、有效提高执业质量，2009年，江门市财政部门联合市监察局、审计局等部门组成考核小组，对江门市政府采购中心2008年度工作情况进行了考核。考核主要采取“一听二看三访四查”的办法，即听市政府采购中心介绍基本情况，看市政府采购中心的采购活动记录，通过调查问卷和座谈会形式访问政府采购活动当事人，查阅有关采购项目资料和内部管理制度。考核的内容共分综合情况、业务基础工作、采购业务开展情况和服务质量四大类。详细考核市政府采购中心对已颁布法律法规和制度的执行情况，重点是考核采购完成情况、采购价格情况、采购产品质量情况、办事效率及用户满意度，全面考核廉洁保障机制建立及运行情况。为保证考核内容的客观公正，主要从“六个关键点”切入做好相关工作：一是从“采购档案”入手，看操作资料的收集与管理工作是否规范。二是从“内控制度”入手，看各操作岗位之间的牵制机制是否健全。三是从“职业道德”入手，看是否真正树立了服务全局的思想素质。四是从“业务水平”入手，看是否适应日益纷繁复杂的采购业务需要。五是从“法规制度”入手，看采购操作是否严格执行财经法纪。六是从采购操作的“实际效果”入手，分析采购操作的业绩或存在问题。经考核，江门市政府采购中心2008年度考核得分为81.5分，综合评价为良好，考核结果在广东省政府采购网、江门政府采购网等媒体上公布，接受社会和群众的监督。

三、加快信息化建设，建立统一的电子化政府采购管理交易系统

电子化建设是江门市政府采购工作的重点，按照广东省财政厅工作要求和全省“金财工程”的统一规划部署，为加快江门市政府采购信息化建设，争取在年内推广使用电子政府采购平台。江门市于2009年11月开始，对协议采购商品试运行电子采购。为促进工作顺利开展，于2009年10月，在五邑大学综合实验楼计算机实验室组织举办了两期电子政府采购平台培训班。第一期有32家协议供货供应商参加培训，第二期有市直137个单位共168人参加培训。通过幻灯片教学演示的形式，以理论知识和上机操作相结合，详细讲解采购需求录入、协议订购流程、网上议价流程、电子反拍流程以及电子合同管理等方面的内容。

主要是使各单位能够了解、掌握电子化政府采购平台的操作流程，从而进一步加快推进江门市电子化政府采购工作。目前已在市直选择部分采购单位开展了试点工作，并力争2010年初在市直全面推广电子政府采购平台，进一步推动江门市电子政府采购工作的发展。

四、创新制度体系，率先建立政府采购协管员工作制度

为进一步加强与各采购单位的联系与沟通，明确工作职责，提高政府采购工作效能，建立和完善政府采购多层次的监督管理体系，2009年江门市建立了政府采购协管员工作制度。政府采购协管员工作制度明确规定，政府采购工作以财政部门为主，以采购单位协管员为辅，在一定区域各司其职。制度对协管员应具备的条件、产生程序、享有的权利与义务、监督检查等都作了明确的规定，同时明确协管员的主要职责，包括负责审阅本部门、单位的政府采购预算和计划并签署意见；办理本部门、单位政府采购事项及相关资料的报送、报批等。根据江门市实际情况，在市直一级预算主管部门负责政府采购业务的有关科室中，挑选具有较高政治素质和较强业务技能的在职工作人员兼任政府采购协管员。2009年10月，江门市财政局举办了政府采购协管员培训班，市直行政事业单位相关职能科室的负责人、政府采购协管员等共170多人参加了培训。分别从政府采购预算和采购实施计划编报、政府集中采购目录、政府采购资金支付等方面进行了培训辅导，进一步提高了各单位政府采购协管员的政策、法规以及实际操作水平。政府采购协管员制度的建立，是对江门市政府采购工作管理的创新和延伸，将为江门市政府采购工作的发展注入新的活力，并有助于政府采购协管员充分发挥自己在本部门、单位的“把门铁将军”监管职责，保证我市政府采购工作健康发展。

五、建立公务用车定点维修企业考核机制，做好对公务用车定点维修的日常监督和管理

为加强市直机关事业单位公务用车定点维修厂的管理，逐步建立完善对公务用车定点维修厂考核机制，规范公务用车维修行为，发挥财政资金的使用效率，促进廉政建设。根据《关于做好2008~2009年度市直公务用车维修政府采购工作的通知》和《2008~2009年度江门市直行政事业单位公务用车维修服务政府采购合同》，江门市财政局联合监察、交通、工商、物价、采购中心等有关部门单位组成了考核小组，制定合理的、标准化的考核制度，在2009年分别于5月和9月对2008~2009年度公务用车维修服务定点维修厂进行考核评分，实行不达标淘汰制度。考核工作主要采取实地检查、抽取资料、现场核准、电话咨询等方式。2009年度对公务用车定点维修厂的考核共进行2次，其中平时考核和年度考核各1次。据统计，两次考核均没有发现未达标的定点维修厂，达标率达100%。通过考核，促进江门市公务用车维修中标维修厂的管理水平、服务水平、维修质量的提高。

六、发挥政府采购的政策功能，多项措施力促政府采购节能、自主创新产品政策落实

通过深入学习实践科学发展观活动，认真贯彻落实上级要求，变被动适应为积极推动，使政府采购成为有效的工具，在落实各项积极的财政政策中发挥作用。2009年江门市财政、信息产业部门共同制定了《江门市绿色（半导体）光源产品政府采购指导意见》，在江门市市直机关、事业单位和团体组织中建立绿色（半导体）光源产品强制采购制度，发挥政府采购支持经济发展的功能，推动全市绿色（半导体）光源产业的发展。同时，将绿色光源等节能产品纳入市直单位2009年政府集中采购目录，要求“财政资金支持的建设项目和政府采购，要优先支持、采用列入节能产品目录的产品，发挥政府对节能的引导作用”。另外，贯彻落实市政府《关于应对当前形势进一步减轻企业负担的意见》的精神，努力减轻中小企业的负担，为企业排忧解难。江门市政府采购工作把减轻企业负担支持企业渡过难关作为侧重点，让更多企业参与政府采购活动，采取措施降低企业在参与政府采购活动的成本，体现政府扶持企业的态度。

七、简政提速，下放政府采购进口产品审核权限

江门市财政部门在落实科学发展观实践活动中，积极探索工作新思路，以人为本，简政提速。根据能放则放的原则，以及行政管理体制改革的工作重点，在全省地市级中首次尝试将政府采购进口产品的审核权限下放给各市（区）财政部门审核并管理。2009年6月，经市政府批复同意，市财政局正式发文通知将该项审核权限下放各市（区）财政局执行。根据通知要求，今后各市（区）财政部门按照有关规定，自行开展所辖区域内的政府采购进口产品审核和监督管理工作。这项审核权限的下放进一步简化了政府采购的有关程序，促进简政提速，提高了工作效率和服务质量，规范了政府采购进口产品审核流程。

八、联合检察机关重点强化政府采购领域职务犯罪预防的监督管理机制

为认真贯彻落实市委印发的《江门市建立健全教育、制度、监督并重的惩治和预防腐败体系实施办法》，进一步加强江门市政府采购的党风廉政建设和反腐败工作，江门市财政、检察两部门联合开展政府采购领域预防职务犯罪工作，重点强化政府采购领域职务犯罪预防的监督管理机制。一方面对有些采购单位反映的政府采购价格偏高、采

购周期长等情况，联合组成调研小组，有针对性地开展调查、分析、研究，从机制、体制、制度上发现问题和寻求对策，制订从源头上预防政府采购职务犯罪的治本方案和措施。另一方面抓好法制宣传和警示教育。通过上法制课、召开座谈会等多种形式开展法制宣传教育，促使从事政府采购工作的干部职工在思想上筑起防范职务犯罪的坚强堡垒，做到警钟长鸣。

九、进一步加强政府采购宣传、培训和调研工作

一是继续利用网站、报纸、杂志及财政信息专报等途径，通过定期或不定期供稿，宣传国家政府采购的有关政策及江门市政府采购的最新动态。还编印《江门市政府采购政策法规文件汇编》，发至市直各采购单位和各市（区）财政部门，促进依法采购意识的提高和加强政府采购法律法规宣传。二是印发政府采购调查问卷，对市公安局、市卫生局等16个市直单位进行专门征集意见。通过调查问卷，收集来自采购单位的意见和建议，对征集的意见和建议进行认真的分析、梳理和归纳，为开展提高政府采购服务质量和工作效率及廉政建设专题调研做好准备。2009年4～5月份市财政局联合市监察局、市人大财经委等有关单位组成提高政府采购服务质量和工作效率及廉政建设专题调研小组，主动到市直部分采购单位和政府集中采购代理机构进行走访座谈，倾听单位负责政府采购业务的管理人员和经办人员的意见和建议。调研小组进行整理和分析，形成《提高政府采购服务质量、工作效率及廉政建设专题调研报告》。三是通过召开全市政府采购工作会议，为各市（区）财政部门、政府采购中心提供交流学习的平台。各单位通过互相交流政府采购工作经验，探讨政府采购有关问题，为进一步深化江门市政府采购制度改革，规范政府采购行为，及时发现、解决工作中存在的问题建言献策。四是派出业务骨干对江门市工商系统进行专门的政府采购知识培训。培训的重点是《政府采购法》中几个常用的概念和一些采购常识，结合常见的、典型的案例进行讲解分析。通过培训，促进了依法采购的意识，进一步提高了依法采购的能力，收到了很好的效果。

（江门市财政局供稿，叶松泽　高晓菲执笔）

创新机制　规范“三资”管理

按照江门市新会区委、区政府的统一部署，2008年7月起，新会区崖门镇作为全区农村集体资金、资产、资源（以下称为“三资”）规范管理的先行点，率先实施农村集体“三资”规范管理试点工作。该镇在村民自治的框架内，保持“三资”原有的所有权、收益权、使用权、审批权、监督权“五权”不变的前提下，以创新农村集体“三资”监管机制为抓手，探索建立健全农村集体“三资”规范管理监督机制，创新规范农村集体“三资”的科学管理模式，切实有效化解农村基层因“三资”管理问题而引发的矛盾，破解管理难题，推进农村基层党风廉政建设，促进农村改革发展和社会和谐稳定。2009年4月，该镇农村集体“三资”规范管理试点工作通过上级有关部门的验收，得到上级的充分肯定和群众的衷心拥护。2009年5月以来，该镇又先行一步，在全面规范农村集体“三资”管理的基础上，突出抓好检查考核环节，做好规范农村集体“三资”管理的巩固提高工作，进一步完善农村集体“三资”规范管理制度体系建设，规范农村集体“三资”管理工作取得显著成效，为全区和全市开展农村集体“三资”规范管理提供了良好的示范，“崖门经验”先后在全区和全市进行了推广。

一、“三资”规范管理的做法

开展农村集体“三资”规范管理试点工作，崖门镇高度重视，把规范农村集体“三资”管理列入党委、政府的重要工作，统一思想，统一部署。镇党委审议通过《崖门镇农村集体“三资”规范管理工作方案》，试点工作分思想动员、调研清理、完善制度、检查验收四个阶段进行，注重抓好组织实施，确保试点工作有序有效运作起来，力促“三资”规范管理工作出成果、上水平。

1. 建立领导机制，确保强势推进。为加强对“三资”规范管理试点工作的组织领导，保证机构、人员、时间、精力四到位，该镇成立以党委书记为组长、镇长为副组长的“三资”规范管理工作领导小组，镇领导班子全体成员为小组成员，领导小组下设9个工作小组，实行领导包片负总责，干部驻村责任制，一级抓一级；同时，领导小组下设办公室，成员由镇纪委、经管站、农业办、财政所等14个镇属部门人员组成，领导小组办公室统筹5个专项小组，分别是：以结算中心为主体的集体资金管理小组、以

经管站为主体的农村生产承包合同和资产管理小组、以建设办为主体的集体建设项目招投标管理小组、以国土资源所为主体的资源管理小组和以财政所为主体的内审小组，各个业务小组明确分工和责任，加强合作，共同推进农村集体“三资”规范管理的各项工作。各村、组也相应成立以村主任和村民小组长为主要负责人的“三资”管理小组，负责本集体内的“三资”规范管理工作。通过建立层级领导机制，形成重要决策镇领导亲自决定、具体工作办公室抓落实的工作格局，使镇、村级分工明确，责任到位，紧密连接，提高办事效率，推动整体工作开展。

2. 建立责任机制，确保责任到位。为确保工作落实，该镇制定《崖门镇集体“三资”管理岗位职责》，从镇、村、组三个层面明晰农村集体“三资”管理部门和人员的岗位职责。第一，对镇级部门和人员，明确工作领导小组、办公室、工作小组及其人员的职责；第二，对村级小组和人员，明确村“三资”管理小组、理财监督小组、村务公开监督小组及其人员的岗位职责；第三，对村民小组和人员，明确村民小组长、出纳员的岗位职责。落实镇、村、组三级责任管理机制，增强各级“三资”管理部门和专责人员的责任感，做到各司其职，各负其责，办事按制度，用权受监督。

3. 建立管理机制，确保有章可循。根据有关政策法规，结合实际，突出抓6个关键环节：一是建立《集体“三资”台账登记制度》，梳理资产和核实债权债务情况，并统一由镇、村两级电脑录入，实行村级资料每月更新，组级资料每季更新的动态监控电算化管理。二是完善《资金管理实施细则》，明确账户、收支、结算、审核、审批、记账和核销等要求。三是完善《资产管理实施细则》和《资源管理实施细则》，规范资产出租、出让和资源开发利用行为。四是完善《农村生产承包合同管理制度》，明确不同类型生产合同的承包期限、承包款缴纳和合同鉴证、合同备案、合同续签等相关要求，并结合实际，实行“两个三统一”、“三个规范”的管理模式。“两个三统一”即：将所有村、组两级合同由村会计站统一主持签订、统一保管、统一电脑录入登记；镇经管站同步将所有村、组两级合同实行统一指导签订、统一备份保管、统一电脑录入登记，形成生产承包合同镇、村两级同时动态电算化对接管理。“三个规范”即：规范村、组两级土地发包工作流程，村或组发生项目发包，统一由村招投标领导小组会同村、组织实施；规范土地发包招投标电子版文书样式；规范管理岗位责任制，建立每月预报待发包合同制度、合同发包出现问题警示制度、已签订合同登记核查制度和审查追踪制度“四项制度”，落实经管站人员分片包干责任制，确保土地项目合同发包依法依规签订。五是完善《农村集体建设项目招投标管理办法》，规范建设项目发包招标、施工监理、工程验收、资金支付等办法。六是规范经济管理秩序，解决“三资”管理最核心的问题。根据上级要求，该镇村组两级全面落实统一银行基本账户、统一村账镇代管和组账村代记、统一成立村经济联合社和组经济合作社，调整充实财会管理队伍，实现镇、村、组管理的无缝对接。

4. 建立约束机制，确保规范有序。建立健全村民监督、职能部门监督和社会监督三项监督措施，构筑事前监督、事中监督和事后监督三位一体的监督体系。一是强化事前监督。明确要求，对集体“三资”的重大事项，如年度预算决算、村民分配方案、大额资金使用、经营项目发包、建设项目招标等，都必须进入议事程序“公之于众”，让村民了解情况，充分讨论，发表意见，使“三资”处置的各项重大事项信息公开、决策民主，有效遏制一些村干部擅自处置集体“三资”的乱作为现象。二是强化事中监督。充分发挥村级民主理财监督小组、镇财政结算中心、经管站和镇招投标领导小组等部门的职能作用，对“三资”管理进行全过程、每个环节的动态监督，及时发现苗头性、倾向性问题，并解决在萌芽之中。全镇138个村民小组都按要求建立组级民主理财小组，实行每季监账工作。三是强化事后监督。定期公开村务、财务和村主任任期经济责任审计情况；138个村民小组都在公众地方建起了组务、财务公开橱窗，实行每季公开组内的财务预决算情况、财务收支情况、债权债务和资产情况、现金收支账目和民主理财情况、社员分配情况、合同登记和承包款兑现情况，以及经营项目发包、建设项目招投标的结果公示，保障村民的知情权和监督权，使村、组两级“三资”管理公开透明，“阳光”操作。同时，镇纪检监察、经管办、财政所、结算中心等部门联合加强对农村集体“三资”规范管理工作检查监督，严肃查处贪污、挪用、挥霍浪费等违纪违法行为，强化部门监督管理。

5. 建立考评机制，确保奖优罚庸。制定《崖门镇农村集体“三资”规范管理量化考核制度》，列入镇委、镇政府的督办项目，实行考评与督办相结合。考核制度和督办机制规定，每年由镇“三资”管理办公室结合镇委、镇政府督办项目和平时检查、年终考评要求，对村、组“三资”工作进行量化考核，并把考核结果与村干部的评先评优和报酬奖金挂钩。对在集体“三资”规范管理工作中不称职的村、组干部，由镇纪委指出其不足，督促整改，加以规范。

6. 完善考核机制，确保巩固提高。进一步完善《农村集体“三资”规范管理量化考核办法》，实行农村集体“三资”规范管理量化考核百分制。将各村“三资”管理工作细化为6大类、30个项目，每季末由镇“三资”办成员单位组成考评组对17个村开展考核，按百分制评分。其中结算中心负责对村、组执行资金管理10项标准和民主理财3项标准执行落实情况检查评分；经管站负责对村、组执行合同管理7项标准执行落实情况检查评分；规划建设办负责对村、组执行建设工程项目招投标规范管理3项标准执行落实情况检查评分；社会事务办负责对村、组执行民主决策3项标准和村务、组务、财务公开管理4项标准执行落实情况检查评分。每检查考核一个村，考评组即时召集由村书记、主任和财会等村委干部参与的考评情况汇报会，公布考评结果，分析存在问题和不足，提出改进方向。据统计，在2009年第三季度的考核中，17个村委中满分的有6个，90 99.5分的有10个。

二、"三资"规范管理的成效

崖门镇"三资"规范管理工作的全面实施和不断完善，促进农村集体"三资"管理各项制度的建立和健全，进一步规范村干部的行为，堵塞农村集体"三资"管理各种漏洞，促进该镇农村集体"三资"规范管理迈上"理财民主化、管理规范化、决策公开化、监督制度化"的轨道。主要成效有：

1. 摸清家底，夯实工作基础。通过清理摸底登记，建立"三资"和合同管理台账，全面掌握全镇 21 个村（社区、场）的资金、债权债务、资产、资源状况，并对"三资"流向实行动态监管，为进一步推进农村"三资"规范化管理奠定坚实的基础。通过清产核资，各村（社区、场）也对本单位的"家底"心中有数，为今后管理好"三资"，有效利用现有资源，促进集体经济发展，提供了有力保证。

2. 强化责任，提高管理水平。实行"三资"规范管理后，明确镇、村、组三级管理人员的权责和分工，强化工作责任，有效提高工作效能。各有关职能部门和工作人员切实依法依规履行职责，有效杜绝违纪违规行为。特别是通过镇、村、组三级联动机制，相互协调、动态管理、监督到位，也调动了村民民主参与、民主管理的主动性，切实提高农村集体"三资"规范管理工作的整体水平。

3. 促进自律，规范依法治村。"三资"规范化管理后，强化管理制度的约束，村、组干部依法行政、按章办事的自觉性明显增强，有效遏制了"暗箱"操作，各村（社区、场）和相关单位按章理事的格局逐步形成，村"两委"以及"两委"干部在村民中的向心力、公信力和满意度得到提升，群众对干部的疑虑和误会逐步消除，提高村、组干部干事创业的责任感，有效改善干群关系。

4. 通报情况，抓典型促后进。坚持每季实行量化考核和检查，促进"三资"规范管理各项制度贯彻执行，镇"三资"管理办通过及时向全镇各村通报检查考核报告，交流情况，树立榜样，促进和帮扶后进村。如镇"三资"办专门在洞南村召开现场会，组织各村村书记、主任认真参观学习洞南村"三资"管理台账的标准化录入，村（组）务、财务公开栏的规范化建设，以及完整、及时公开村务、财务的做法，并分别指出各村的存在问题，提出针对性的整改措施。同时，镇"三资"办各项目组对个别问题较多、工作滞后的村，采用跟踪帮扶的措施，促其跟上全镇的工作步伐。

5. 维护稳定，实现和谐发展。实行"三资"管理之后，逐步建立产权明晰、权责明确、民主监督、规范管理的农村集体"三资"规范管理体制和运行机制，促进集体资产的有效利用和保值增值，保障村民的切身利益，广大群众也切身地感受到"三资"规范管理带来的好处，从而调动民主参与和管理村务组务财务、监督"三资"的热情，使"三资"管理这一过去容易引发干群矛盾的"雷雨区"，如今转变成为农村社会和谐稳定的"晴空区"，为镇委、镇政府发展镇、村经济解除后顾之忧，全镇呈现风气正、干群和、事业兴的新气象，社会主义新农村建设的新成效得到进一步彰显。

（江门市新会区财政局供稿，谢致光执笔）

关注民生　大力推进基本公共服务均等化

基本公共服务均等化是指在一定社会发展阶段，尽可能使居民享受水平大致相当的基本公共服务。推进基本公共服务均等化是加快城乡统筹步伐、缩小区域发展差距以及构建和谐社会的必然要求，也是推进广东省公共财政体制改革的重要目标。近年来，恩平市财政局以社会公共需求为导向，结合财政工作实际，切实确立推进基本公共服务均等化目标，集中财力大力发展惠及民生的社会公共事业，促进社会公共事业又好又快发展。

一、推进基本公共服务均等化的基本情况

2009 年，恩平市财政局坚持以科学发展观为统领，通过以完善公共财政体制为抓手，依法理财、科学理财、民主理财，扩大公共财政覆盖面，有效地推进了区域基本公共服务均等化的进程。

（一）经济社会发展基本情况

1. 发展现状。2009 年，全市国内生产总值 814 677 万元，比 2008 年增长 10.8%；人均国民生产总值 17 550 元，比 2008 年增长 10.75%；人均可支配财力 39 900 元，比 2008 年增长 8.13%；农民人均纯收入 4 261 元，比 2008 年增长 10.95%；义务教育阶段在校学生数 64 524 人，人均教育年限 11.5 年；卫生事业机构（床位数）847 张，人均医疗卫生支出 3 450 元，单位从业人员和在岗职工人数 32 845 人，农村富余劳动力培训后转移就业率 85%；城镇

登记失业人数1 592人，失业率2.62%；社会保险参保人数168 876人，参保率36.38%；城乡居民最低生活保障人数14 112人，占全市总人口3.04%。

2. 地方财政收入情况。2009年，全市财政总收入101 231万元，其中：一般预算收入36 055万元，比2008年增长14.65%，占全市国内生产总值比重为4.43%。一般预算收入中，税收收入29 731万元，占一般预算收入的比重为82.46%。

3. 地方财政支出情况。2009年，地方财政一般预算支出89 861万元，比2008年增长27.99%。其中：教育支出18 008万元，占一般预算支出的比重为20.03%；医疗卫生支出7 213万元，占一般预算支出的比重为8.03%；社会保障和就业支出15 240万元，占一般预算支出的比重为16.96%。

（二）基本公共服务支出基本情况

2009年，恩平市财政投入教育、社会保障、就业、医疗卫生、交通运输、文体体育与传媒等基本公共服务事业的支出共42 390万元，比2008年增加6 646万元，增长18.59%，有力保障社会公共需求，促进基本公共服务事业蓬勃发展。

1. 加大教育事业投入。进一步完善义务教育保障机制，足额安排本级财政分担教育经费1 800万元，推进免费义务教育制度顺利实施。密切配合有关职能部门，共同制定《恩平市中小学校舍安全工程实施方案》，统筹安排落实中小校舍安全工程改造资金1 067万元（上级下达306万元，本级和学校统筹761万元），推进校舍安全工程实施。切实提高教育支出占地方财政支出水平，逐年提高全市预算内教育经费占财政总支出的比重：2007年、2008年、2009年预算内教育经费拨款分别为16 883万元、20 750万元、23 121万元，分别占财政总支出的26.88%、27.64%、33.56%，年均增长17.02%。

2. 提高医疗服务水平。加大财政投入，提高新型农村合作医疗财政资金扶持标准、住院费用补偿比例及封顶线，使农民群众得到更多实惠。2009年，全市新型农村合作医疗财政投入2 485万元，全市农民参合率达到98%，另外拨付合作医疗救助基金63万元。全面落实城镇居民医保政策，让广大群众受益，全年市财政安排城镇居民医保补助资金174万元。着力保障基层医疗卫生服务资金到位，确保农村卫生站改造和卫生站医生补贴落实提高公共卫生服务水平。实施财政供养人员参加城镇职工基本医疗保险改革，从2009年10月份起，将原来享受公费医疗待遇的人员全部纳入享受城镇职工基本医疗保险范围，同时将城镇职工基本医疗保险财政所需资金纳入年度预算支出计划，确保每人每月78元的医疗保险费及时、足额拨付。

3. 扩宽社会就业渠道。严格按照上级要求，加强对农村劳动力培训转移就业专项资金的投入和管理；继续落实下岗失业人员再就业各项政策措施；制订方案保障全市自然村两委干部补贴统一发放；实行退役士兵免费技能培训工程，督促国有集体企业切实提高在岗职工生活福利待遇，解决下岗职工再就业问题；彻底解决各镇（街）历年拖欠教师人员经费问题。2009年，全市农村劳动力培训转移就业专项资金投入751万元，培训农村劳动力9 400人，推荐就业7 133人；下岗失业人员再就业培训财政投入95万元，2 053人接受再培训。

4. 提高社会保障标准。紧密配合恩平市委、市政府全力做好规范全市公务员津贴、补贴改革和实施教师绩效工资“两相当”工作，抓好标准界定，狠抓财税收入，将津贴补贴纳入预算安排，为工作实施打造坚强后盾。从2009年7月1日起，全面实行规范公务员津贴补贴；从2009年9月1日起，义务教育学校教师正式实施绩效工资“两相当”，有效调动了公务员队伍和教师队伍工作积极性。针对城乡低保每月补差标准低的情况，重新核查低保对象人数，再次提高城乡居民最低生活保障线。2009年，城镇低保月补差提高到每人每月100元，受惠人数1 991人；农村低保月补差提高到65元，受惠人数12 121人。另外，恩平市规范公务员津贴补贴待遇后相应提高离退休人员的工资福利标准，增加离退休人员的收入，平均增幅达到每人每年3 349元。

5. 落实支农惠农政策。严格审核发放油价补贴、农机具购置补贴和种粮直补、农资综合直补等财政资金，支持农业发展。积极探索实施政策性水稻种植保险试点和政策性农村住房保险，保障农业生产，促进农民增收和农村发展。全年兑付种粮补贴资金2 148万元，受益农户55 794户，全市水稻种植面积增加到45.33万亩，参加政策性农村住房保险农户83 403户，本级财政配套投入9.59万元；配合市有关部门，完成江门市政策性水稻种植保险试点工作，晚造全市参保农户20 245户，参保面积11.68万亩，本级配套保费投入17.53万元。

6. 加快住房保障建设。进一步增加财政投入，加快城镇经济适用房和廉租房建设力度。在保障城镇廉租住房建设资金储备的同时，采取报账制管理，严把资金支付审核关，加强资金监督管理，提高资金使用绩效。2009年，全市廉租房建设专项资金预算安排345万元，第二期廉租房建设计划为60套，建筑面积3 255平方米，已于2009年11月份竣工验收。截至2009年年底，计划建成经济适用房72套，其中24套已建成，可以投入使用，另外48套经济适用房已经封顶，短期内将会投入使用，将有效缓解全市弱势群体住房难的压力。

二、制约基本公共服务均等化目标实现的因素

恩平市在推进基本公共服务均等化方面迈出了扎实的一步，城乡之间公共服务差距逐步缩小，人民群众满意度提高，生活水平有明显改善，但同时仍存在一些制约基本公共服务均等化目标实现的因素：

（一）地方经济基础差底子薄

恩平市地处珠三角2小时经济圈边缘，交通运输建设滞后，区位优势不明显，开展招商引资硬件不足，整体经

济发展水平缓慢。长期以来以农业经济为主，工业发展滞后，整体经济基础薄弱，经济总量小。2009 年，全市生产总值 81.47 亿元，占江门市比例仅 6.01%，占省比例仅 0.21%；规模以上工业增加值 14.43 亿元，占江门市比例仅 2.06%。

（二）地方融资渠道不够畅通

整体来看，全市的金融服务与融资需求矛盾极为突出，融资渠道少且难度大。一方面缺乏信贷担保中介机构，基层支行贷款审批权上收至地级市分行、省行、总行。另一方面，大多数企业实力规模较小，管理不够规范，银行又难以授信。虽然组建了恩平市锦江投融控股有限公司为产业园建设融资 4 亿元，但其他大多数企业难以通过银行融资，制约了发展。2009 年年末，恩平市金融机构本外币各项存款余额 1 195 201 万元，同比增加 195 141 万元，增长 19.51%，本外币各项贷款余额 146 557 万元，同比增加 73 565万元，增长 100.79%，但存贷款比例仅为 12.26%。

（三）地方财政收支矛盾突出

2009 年，全市地方财政一般预算收入 3.6 亿元，比 2008 年增长 14.65%，但人均财力低于全省、江门市平均水平。尤其是每月保工资、保开门和必要的日常运作支出达 3 500 万元，而全年地方一般预算收入仅 36 055 万元，月收入仅 3 000 万元，全年收支对比缺口 5 945 万元，矛盾仍较为突出。

（四）财政管理体制不够完善

财政管理体制按传统地域划分，纵向、横向事权财权配置不够合理，存在着收入不完整、支出有结构缺陷、欠缺科学的激励机制等问题。未能形成公共财政建设长效机制，县级财政实施公共财政出现被动性，客观造成工作滞后。

三、加快推进基本公共服务均等化的措施

针对存在问题，恩平市以广东省人民政府印发的《广东省基本公共服务均等化规划纲要》（2009 ~ 2020 年）为指导，立足当前，着眼长远，研究制定具体的工作对策，着力通过财政政策为手段，促进逐步建立覆盖城乡、功能完善、分布合理、管理有效、水平适度的基本公共服务体系。

（一）围绕《纲要》目标任务，进一步调整财政工作思路

《广东省基本公共服务均等化规划纲要（2009 ~ 2020 年）》提了总体目标要求，并清晰界定了基本公共服务均等化范围分两大类八项内容，分四个阶段推进，每个阶段有具体及措施。恩平市财政部门要将总体目标任务与财政发展规划对接，调整充实财政发展规划，并结合各个阶段工作，将阶段性工作进行有机衔接，坚持将公共财政改革与推进基本公共服务均等化工作结合，加快推进财政体制改革，为推进基本公共服务均等化提供保障。

（二）以科学发展观为统领，破解发展难题，促进经济发展

经济决定财政，财政反作用于经济。经济基础扎实，经济加速发展，才能保证有必要的财力应对推进基本服务均等化工作。要积极支持和配合恩平市委、市政府加快“两园四基地”（即省示范性产业转移工业园恩平园区、横陂临港新型建材产业园和中国麦克风行业产业基地、纳米碳酸钙产业基地、沙湖新型建材产业基地、高档面料和名牌服装制造业基地）的建设，确保“三大经济引擎”启动显成效。要继续抓好全市扩大内需项目的建设，加大资金投入和监管力度，使扩内需项目早日建成和发挥效益，拉动经济发展。并结合恩平市实际，联合相关部门积极争取上级政策和资金支持，力争再上一批新项目。综合运用各种财政政策、财政手段并整合有限资金，积极支持招商引资环境建设，打造地方经济投资热土，促招商项目加快上马建设或投产，夯实地方财政经济基础，逐步改善财力薄弱的状况，为推进基本公共服务均等化提供了财力保障。

（三）加强财税征管，确保财政收入持续稳定增长

加强财税征管，构建全面协调可持续增长的财政收入体系，确保现有财力用于基本服务均等化支出，对经济基础薄弱的恩平市而言，尤显重要。

1. 加强和规范税收征管，促进度保质量。在完善财税分析、财税联席会议、财税收入动态通报、房地产税收征收一体化、财税征管信息化等财税征管制度的基础上，继续加大力度执行镇委书记镇长约谈抓财税收入制度，依法加强对税收收入的征收管理，严禁越权和擅自减免税收，确保财税收入依时足额缴库。

2. 落实加强财税征管激励措施，调动增收积极性。狠抓《恩平市镇级经济社会发展目标责任制考核实施方案》、《恩平市镇级财政管理体制实施方案》的落实，完善财政税收入征管激励机制，进一步促进镇级财政提升自我“造血”功能，夯实镇级财力。

3. 加强和规范非税收入征管。结合建立完整统一的公共财政预算制度，加强政府非税收入征管，全面推进非税收入集中审核征收，规范“收支两条线”管理，集中政府财力办大事，保障民生必要支出。

（四）加快推进财政改革，完善公共财政体系

1. 继续推进规范行政事业资产管理。成立行政事业资产管理股，健全内设机构，加强对行政事业单位资产管理。推进资产管理与预算管理、资产管理、财务管理、实物管理与价值管理相结合。继续发挥市行政事业资产管理中心作用，尽快全部移交接收行政事业单位经营性资产，统一管理，分类处置，规范经营行为，强化收益管理。规范党政机关事业单位资产处置行为，逐步形成产权清晰、合理使用、高效运营、规范处置、监管到位的管理新格局，确保国有资产的安全、完整和保值、增值。

2. 进一步推进公共财政管理制度改革。加大实施公共财政制度改革力度，完善财政国库集中支付、部门预算、政府采购、财政资金支出绩效评价等工作。财政国库集中支付要在 2009 年全面“上线”的基础上，2010 年探索建立健全监督系统，推进实时在线监督；积极推进实施公务

卡制度改革，力争在2010年试点并逐步全面推开。同时，结合省直管县财政管理制度改革和富县强镇战略实施，进一步推进完善镇级财政管理体制，加强镇级财政管理，规范转移支付制度，促进镇级生财、聚财、理财，提高镇级财政自给水平。

3. 继续完善政府采购管理。完善政府采购制度，调整政府采购目录，拓展政府采购领域，规范采购行为。在采购中严格执行“公平、公开、公正”的原则，加快“阳光采购”建设步伐。

4. 深入推进财政支出绩效评价工作。加强财政绩效评价工作，逐步形成多层次相结合的评价监督体系，把绩效评价结果与预算资金分配紧密结合起来。进一步加强对专项资金、产业园区资金的支出绩效评价，确保资金安全高效。

5. 加强对企业公有资产收益监管。积极探索试行推进国有资本经营预算，加强对市属公有企业的经营考核及效绩评价，提高资产运营效益。

（五）严格控制支出，优化支出结构，加大惠民投入

以推进基本公共服务均等化为目标，集中财力，调整优化支出结构，加大民生投入。一要继续落实好家电、汽车、摩托车下乡和家电以旧换新、政策性农业保险、油价补贴、能繁母猪补贴、种粮补贴等强农惠农政策，促进和改善农民生产生活。二要围绕基本公共服务均等化重点体现于公共卫生、公共教育、公共文化、公共交通、社会保障、就业保障和医疗保障等方面，加大财政投入，完善新型农村合作医疗制度、落实城镇居民医保政策、做好财政供养人员参加城镇职工医疗保险改革、推进免费义务教育、推进镇级卫生院医疗服务改革、失地农民养老保险、免费就业培训和市实施民生系列工程等工作，使民生财政政策惠及更多人民大众。三要贯彻中央“三个大幅度增收投入”的要求，加大农村基础设施建设、公益性建设、农田综合整治、农村“五改”等财政支农资金投入，切实解决“三农”问题，加快城乡经济社会统筹发展步伐。

（六）加强财政监督，提高依法理财水平

基本公共服务均等化，还应在监督机制上作有力保障。要加强财政监督力度，对财政运行全程监控，注重事前调查审核、事中跟踪监控和事后专项检查，充分发挥财政监督的效能。一是加强财政专项资金管理。结合实施部门预算制度、财政国库集中支付制度、政府采购制度、绩效评价制度，重点加强对财政专项资金使用分配的监管，确保资金使用安全、规范、有效。二是加强会计管理和会计监督工作。对单位财务管理、会计核算、会计信息质量和会计中介机构执业质量进行定期检查，维护会计工作秩序。继续推进乡镇财政管理信息化工作，提高信息化管理水平。三是继续抓好财政投资评审工作。紧抓财政投资项目工程概、预、结（决）算的审核工作，提高财政投资效益，更好地为公共财政服务。四是加强对产权交易和政府采购的管理监督，进一步推进“公开、公平、公正”阳光操作。五是加强财政内部监督机制建设，强化财政内部执法监督，落实执法责任制，加大财政政务公开力度，进一步规范财政行为，做到依法行政、依法理财。

（恩平市财政局供稿，吴先进　张素英执笔）

阳江市

积极落实柴油价格补贴工作
做大做强地方特色海洋产业

柴油补贴是国家实行石油价格形成机制改革，从提升石油价格的售后利润中支出部分资金补贴渔业生产活动，以解决广大渔民群众生产、生活的困难。实施渔用柴油补贴是党中央、国务院对弱势群体的关怀，是国家“惠渔”政策的具体表现。2009 年上半年，省财政分别下达阳江市渔业柴油补贴资金共 9 466.2 万元。经测算，阳江市实际应发放渔船 5 206 艘，功率 37.7 万千瓦。通过实施渔用柴油补贴，对推进渔船管理工作，完善渔船安全生产设施配备，规范渔船管理都有着重要意义。

一、基本情况

2009 年省财政下达阳江市第一批次渔业柴油补贴资金共 9 466.20 万元。扣除拆解、风灾及事故沉没渔船，阳江市实际应发放渔船 5 024 艘，功率 37.03 万千瓦，贴补资金 9 157.76 万元。截至 12 月 29 日，全市渔业柴油补贴发放进度情况如下：

（一）前期公示进度（指经渔业部门审核完毕，报财政部门发放补贴资金的渔船）

全市已前期公示渔船 4 790 艘、进度 95.34%，已前期公示渔船功率 36.05 万千瓦、进度 97.36%。其中阳西县已前期公示渔船 2280 艘、进度 94.10%，已前期公示渔船功率 15.03 万千瓦、进度 96.03%；阳东县已前期公示渔船 829 艘、进度 91.50%，已前期公示渔船功率 8.21 万千瓦、进度 96.29%；江城区已前期公示渔船 1 310 艘、进度 99.70%，已前期公示渔船功率 9.48 万千瓦、进度 99.98%；海陵区已前期公示渔船 371 艘、进度 97.38%，已前期公示渔船功率 3.34 万千瓦、进度 98.89%。

（二）补贴资金发放进度（指财政部门已发放补贴资金的渔船）

全市已发放补贴渔船 4 139 艘、进度 82.38%，已发放补贴渔船功率 35.07 万千瓦、进度 94.71%，已发放补贴资金 8 667.02 万元、进度 94.64%。其中阳西县已发放补贴渔船 1 647 艘、进度 67.97%，已发放补贴渔船功率 14.35 万千瓦、进度 91.70%，已发放补贴资金 3 549.75 万元、进度 91.64%；阳东县已发放补贴渔船 829 艘、进度 91.50%，已发放补贴渔船功率 8.21 万千瓦、进度 96.29%，已发放补贴资金 2 028.08 万元、进度 96.15%；江城区已发放补贴渔船 1 310 艘、进度 99.70%，已发放补贴渔船功率 9.48 万千瓦、进度 99.98%，已发放补贴资金 2 338.95 万元、进度 99.98%；海陵区已发放补贴渔船 353 艘、进度 92.65%，已发放补贴渔船功率 3.03 万千瓦、进度 89.83%，已发放补贴资金 750.24 万元、进度 89.83%。

二、主要工作

（一）加强领导，明确职责，落实责任

为确保阳江市渔业柴油补贴发放工作顺利开展，市财政局联合有关部门根据各自职责，密切配合，共同做好柴油补贴发放工作。并实行领导挂点责任制，将责任落实到人，保障柴油补贴工作的顺利开展。各县（区）也相应成立以局长为组长的领导小组，并成立了监督小组、证件审核小组、宣传发动和公示小组，明确各部门和人员的职责分工，确保各项油补工作有人抓、有人负责，避免工作脱节。

（二）广泛宣传，高效服务

利用各种宣传方式，在渔区开展声势浩大的宣传活动，使国家柴油补贴的“惠渔”政策深入人心，做到家喻户晓，人人皆知，为发放工作奠定了良好的基础。阳江市渔船数量较多，特别是半渔农地区小马力渔船分布较广，这给宣传发动、登船核查工作带来较大困难。经反复研究，阳江市决定改变“让渔民走进来”的传统被动办事方式转变成“让我们走出去”的主动服务型方式，进渔村、到码头，开展广泛的宣传发动工作。并通过广播、电视、报刊等媒体以及采取派发宣传资料、张贴标语横幅等方式，使渔民群众充分了解补贴对象、标准、条件、申领程序、监督举报办法等内容，为推动柴油补贴发放工作打下良好的群众基础。

（三）结合实际，制订方案

为确保阳江市渔业柴油补贴发放工作的顺利开展，准、

稳、好地完成发放任务，市财政局与市海洋渔业局联合印发《关于加快开展2009年度渔用柴油补贴发放工作的紧急通知》，确保柴油补贴发放工作顺利进行。

（四）严格把关，认真开展渔船核查

为确保渔业柴油补贴资金公平、公正、合理顺利发放到渔船船主手里，阳江市重点把好“三关”，一是严把核实渔业船舶证书关。渔民首先填写柴油补贴申领表，并经渔委会、镇政府两级盖章认定后，送县（区）海洋与渔业局审核。县（区）局再分别由指定的审核人员进行审核“四证”，只有核实证书合法、有效后才能签字确认。二是严把检查、核对渔船关。审核工作采取谁审核、谁签字、谁负责的岗位责任制。三是严把公示关。建立健全并执行公示制度，充分发挥社会和群众的监督作用。财政部门认真审核补贴对象渔船名单、功率和补贴金额，并在渔民群众相对集中并容易看得见的公共场所（如渔村村委会、渔港、水产品交易市场和渔政办证大厅等）张榜公示（即前期公示）。财政部门将补贴款下达到渔业船舶所有人的银行账户后，渔政部门将再次将已补贴对象的渔船名单、功率和补贴金额在渔民群众相对集中并容易看得见的公共场所（如渔村村委会、渔港、水产品交易市场和渔政办证大厅等）张榜公示（即后期公示）。公示有效时间不少于7天。通过层层把关，层层负责落实，建立健全责任追究制度，举报渠道，保证了补贴资金不被滞留、截留和挪作他用，确保资金按规定发到渔民手中。根据前段时间纪检监察和检察院对阳江市渔用柴油补贴反映出的一些问题，各地采取多种措施加强对油补工作的审核。如闸坡审核渔船出航时间，对无出航签证记录的渔船，应提交证明人证明、渔（村）委会证实属实的出航证明；如阳东县为证实渔政人员核船真实性，每核一艘船，由核船人员、船东在被核渔船上照相存档备查，对船证不符的，发出整改通知书，限期整改。

（五）服务到位，全面推进渔业柴油补贴渔船核查和资金发放工作

按照“严格执法、热情服务”的要求，急渔民之所急，不分节假日，对前来办理油补的渔民群众，都热情接待，及时办理。一是增加油补工作人员。二是油补发放工作人员节假日不休息，加班加点完成工作任务。三是派出人员到外地核船，为渔民节省费用。四是阳东大队将经办人员、工作设备集中到办证大厅，实行“一条龙”服务，提出了“不让渔民为了领取柴油补贴两次踏入渔政办公楼”的工作目标。

三、取得成效

（一）实施渔业柴油补贴，极大地减轻了渔民群众的负担

由于渔业资源的不断减少，渔业生产资料价格的不断上涨，尤其油料价格不断上涨，导致捕捞渔船生产效益的明显下滑。据测算油料费约占渔船生产成本的50%～80%（刺网作业约占50%，拖网作业约占80%），实施油补前，捕捞生产渔船约15%盈利、35%保本、50%亏本，如无油补，渔船的亏损面将达80%以上。实施油补后，捕捞渔船约30%盈利、50%保本、20%亏损。显然实施柴油补贴，极大地减轻了渔民群众的负担，为维护渔民的社会稳定，实现海洋捕捞业的可持续发展发挥了积极作用。

（二）实施渔业柴油补贴，强化了渔业基层组织建设

阳江的海洋捕捞业以群众个体经营为主，各渔（村）委会是渔船最基层的管理组织，负责对渔船的组织管理，负责党、国家的渔业管理政策在渔船的宣传贯彻和安全生产及计生等工作的组织实施，2006年前由于没实行油补政策，部分经济效益差的渔船长期不缴交渔（村）委会的管理费，长期不接受渔（村）委会的管理，乡镇、渔（村）委会对渔船的管理严重弱化，渔业安全的管理、计生等政策难以在渔船上有效实施。实施油补后，在工作方案中明确给予乡镇、渔（村）委会的审核职能，强化乡镇、渔（村）委会的作用，提升了乡镇、渔（村）委会的凝聚力和号召力，有效地推动了渔（村）委会工作的开展。

（三）通过实施渔业柴油补贴，推动了渔船基础管理工作的开展

渔业柴油补贴的对象是证书齐全有效，遵纪守法的渔船。通过制订具体油补实施方案，把油补与渔船的基础管理结合起来，通过油补发放，审核渔船证书是否齐全有效，“三证”记录内容是否一致等，进一步核准完善渔船的持证情况。经审核不合格或达不到要求的渔船要求船东整改完善后，再发放柴油补贴。通过油补审核，完善了渔船的持证情况，清除了一批，“三证”不齐渔船和空挂渔船（有证无船的渔船），使渔船管理的底子更清、情况更明，进一步完善了渔船管理的数据库。

（四）实施渔业柴油补贴，提升渔船的安全性能

各地把渔船的状况作为油补发放的审核条件，如在油补发放时，审核渔船的适航状况、安全设备配置情况、船员（包括职务船员和普通船员）的持证情况、船牌号的标示情况等，对存在问题渔船，必须整改后，才能发放油补，通过油补发放，进一步强化了渔船安全管理，提升了渔船的适航性能。

（五）通过实施渔业柴油补贴，推动了渔船船东互保工作的开展

通过油补发放把关，参加船员人身平安互助保险的船数和人数分别比油补前增加40.1%和36.7%。

四、渔业柴油补贴工作的存在问题

渔业柴油补贴是党中央的一项惠渔政策，这一政策深

受渔民群众拥护和欢迎，值得充分肯定。但在具体发放中仍然存在着一些问题：

1. 政府批复油补工作方案较迟。对油补工作产生一定影响。

2. 半渔农地区的小渔船申领补贴的积极性不高，甚至有些地方出现镇政府审核收费等现象。

3. 对所有渔船实施油补，对一些经营效益差的渔船起到了一定的帮扶作用，导致一些有转产转业意向的渔民暂时会打消转产转业的念头，对实施渔船转产转业工程有一定负面影响。

4. 一些老旧渔船因有油补迟迟不愿意拆解报废，拖一年将多领一年的油补，渔港内的老旧渔船将不断增多，不利于渔港的安全管理和渔港秩序的维护。

5. 单按渔船功率指标发放油补，使个别渔船并不正规投入生产，仅维持短期生产或航行而专为领取油补成为可能。

6. 油补工作经费缺口大，分配不合理。阳江市的渔船多、功率大，省下达的工作经费少，而且只按地方行政区域分配，不是按工作量（渔船数量、功率）大小安排工作经费，分配不尽合理。

五、加强油补工作的建议

为了把渔业柴油补助这一好事做实做好，油补的发放工作需要不断改进，需要将繁重的工作常规化。为进一步推进油补工作，保证油补发放公平、公正、合理，提出如下工作建议：

1. 油补应体现国家的产业政策和资源保护的导向。对破坏资源严重的作业种类，其油补指标可适当降低，有利于资源养护的作业，适当提高油补补助指标。

2. 有关部门要加强油补工作的监督检查，对违规发证、违规供油、对违规划拔油补资金的，将追究的关部门和个人的责任。

3. 加强与纪委、检察机关的沟通。及时向他们汇报柴油补贴发放动态和政策，争取他们对油补工作的理解和支持。同时，可将油补发放的前期公示情况报当地纪委备案。

（阳江市财政局供稿，李珊珊执笔）

扎实推进家电汽车摩托车下乡工作

家电下乡工作是深入贯彻落实科学发展观、积极扩大内需的重要举措，是财政与贸易政策的创新突破。2009 年 3 月 10 日起，根据中央、省和阳江市的部署，结合地方实际，阳春市正式铺开家电汽车摩托车下乡工作。经过近一年的努力，2009 年共对 16 244 台家电、汽车、摩托车下乡产品实施补贴，兑付补贴资金 867.65 万元，其中：家电 8 654 台，补贴 229.36 万元；汽车 588 台，补贴 244.23 万元；摩托车 7 002 台，补贴 394.06 万元。政策得到很好的宣传、贯彻，在拉动内需、促进社会主义新农村建设等方面取得成效。

一、周密组织，明确分工，强化领导，为工作打牢组织基础

阳春市成立了家电下乡工作领导小组，组长为分管副市长，副组长为市府办分管副主任、市经贸局、市财政局主要领导，成员包括市经贸局、市财政局等 13 个单位的分管负责人，并设立了日常办公室，明确了各成员单位的分工职责。机构的成立，为工作开展提供了强有力的组织保证。

二、多形式、强密度宣传，确保政策传达至千家万户

一项新政策如果不积极推动，想取得好成效是不可能的。家电下乡工程实施初期，很多农户不敢相信，对这一新生事物总以为上有政策下有对策，从东走到西，买家没有卖家精，便宜这事轮不到自己。为了彻底打消农户的这种念头，确保惠农政策真正落到实处，由市财政局牵头，各相关部门密切配合，开展了家电下乡推广政策宣传月活动。在活动开展首日，由市长亲自主持，邀请市直相关部门、各镇领导、各财政所所长、商家代表、各村委会主任等 300 多人在阳春市名家电电器有限公司现场兑付启动仪式，并由电视台全程采访报道。活动过程吸引了许多农民朋友围观，纷纷前来询问商品价格、性能、补贴金额、补贴程序，踊跃索取宣传资料。活动月期间，印制 20 万册购买须知、宣传小册子发至各农户，出动宣传车 30 次深入农村宣传。在日常工作中，由各销售网点在店面设立专门宣

传专栏，张贴海报图片，悬挂横幅标语，由电视电台、报纸不定期发布最新信息，报道相关新闻。由经贸、财政部门开通政策咨询热线，一传十，十传百，加入购买行动的多了起来。多形式、有层次、有深度的宣传，营造了强大的宣传声势，使这项惠民政策家喻户晓，人人皆知。

三、建章立制，提高工作的可操作性，保证工作规范、有序展开

工作开展初期，由于政策变动频繁，并且缺乏系统、全面的操作细则，给各环节的衔接、宣传和实际兑付带来混乱，出现了产品销量上不去，补贴发放不到位的现象。为使工作规范、有序开展，阳春市财政、经贸部门梳理各时段上级发布的政策文件，深入到各镇财政所、农村和各销售网点展开调研，根据阳春当地实际制定了《阳春市家电下乡操作细则》，从指导思想、组织领导、部门分工、基本政策、补贴资金申报、审核、兑付的基本流程和相关要求、产品退货、对销售网点的要求、监督检查、违规处罚等九大方面，对整项工作作出明晰的规范。《细则》的出台为整项工作提供了清晰的指导，使工作规范、有序运行。

四、围绕便民惠民的宗旨，大胆开拓创新，改革补贴资金兑付形式

家电下乡工作开展初期，根据省、市的布置，补贴资金采取财政所审核兑付形式，农户在指定网点购买家电下乡产品后，持相关资料向户口所在地财政所申报，财政所审核无误后，将补贴款划入补贴对象存折，整个补贴流程烦琐、费时，正常情况下农户从购买产品到领导补贴款最少需15天，并且要在网点、财政所、银行之间频繁奔走，这给农户带来很大的不便，影响了农户的购买欲望，降低了政策的效用。为解决存在的弊端，阳春市委、市政府本着便民惠民、简捷便利、严密严谨的原则，在广东省范围内率先实行现场兑付办法，创新兑付模式。现场兑付办法改变了过去烦琐的兑付模式，农民在指定网点购买下乡产品后，由网点现场审核、录入信息、留存资料，现场将补贴款兑付给农户，然后由财政所与销售网点结算垫付资金。农户领取补贴款由原来的十多天缩为十多分钟，大大方便了农户，也刺激了农户的消费欲望。现场兑付实施后，家电下乡产品由原来的月销售不足100台猛增至1 000多台。在探索实施新的兑付模式过程中，阳春市财政局不断积累和改进，逐步与所有销售网点签订现场兑付协议书，明确权利义务，规范操作流程，堵塞骗补漏洞。

五、强化监督机制，确保财政资金安全

虽然农民都期盼家电下乡产品补贴兑换手续怎么简单怎么来，但作为一项长达4年的惠农政策，要确保任何一个时间内、任何一个环节都不出问题，监管更显得重要。为构建一个资金安全网，阳春市财政经贸等部门采取多种形式强化监督，实行以家电、汽车、摩托车下乡补贴资金定额看管机制，从资金申报、到拨付、到反馈，形成一套严密的监管机制。看管机制的核心内容是“定额预拨、申报回补、例外分析”。定额预拨是指市财政局根据各镇在一定时期家电、汽车摩托车下乡补贴资金流量及地理位置等因素，确定该镇专用账户下乡补贴资金金额，并按时向各乡镇预拨补贴资金。申报回补则是各镇要将专用账户资金兑付情况定期向市财政局申报，市财政局再对各镇所申报的专用账户定额资金兑付情况进行审核后，对符合政策的已兑付资金回补乡镇财政专用账户。例外分析指的是市财政局在对各镇专用账户资金兑付情况进行监测过程中，一旦发现兑付资金波动幅度较大的，要及时分析原因，防范违规兑付及挪用资金情况发生。在实际操作中，根据家电下乡系统数据，由市财政局工作人员经常性进行疑似骗补分析，对异常数据及时核查。重点对网点进销存情况、销售真实性、兑付的真实性、发票的真实性及税收缴纳情况进行检查，要求家电下乡成员单位每月定期抽检网点不少于10%，发现商户有骗补等弄虚作假行为的，立即取消“家电下乡”销售网点资格，严重的还将予以经济处罚。2009年，未发现骗补行为，保证了财政资金安全。

同时，还采取媒体舆论监督。市宣传部积极组织媒体报道家电下乡工作，对工作中出现的消极现象进行曝光。发动群众监督力量，财政、经贸部门设立投诉电话，并规定对群众的来信来访投诉，限期7个工作日内查清事实，予以处理，并答复举报或投诉者。

六、家电、汽车、摩托车下乡工作取得显著成效

一是有利于扩大农村消费，拉动经济增长。阳春市人口110万，农业人口占全市人口72%，农村家电市场有很大的消费潜力，尤其是随着新农村建设进程加快，农民收入增加，农民的生活水平提高和消费能力增强，农村家电下乡市场需求越来越旺盛。目前已拉动阳春市农村市场消费6千多万元。二是有利于满足农村消费需求，提高农民生活质量，通过家电下乡，能够让农民用得上质量保证、性能可靠、功能完善、物美价廉的家电产品，在满足农村多样化消费需要的同时，可以极大丰富农民的精神文明生活，帮助农民及时了解党和国家政策，获取更多市场信息，学习科普知识和生产技术，提高农民文化素质，促进农民增收。三是有利于建立和完善农村生产、流通服务体系，通过家电实施家电下乡，能引导更多的生产、流通企业关注农村市场，建立和完善面向农村的生产、流通服务网络，改变目前农村流通渠道单一、网点少、服务设施落后的状况，实现城乡市场一体化。四是有利于优化产业结构调整，促进经营机制转变。通过家电下乡，能进一步加强家电生产，流通企业与农村、农民的需求相对接，使生产、流通企业根据农村市场特点，生产、销售适合农村消费的产品，

促进生产、流通协调发展。

家电下乡工作取得预期成效，但仍存在一些亟待改进完善的地方：一是家电下乡信息系统功能不够完善，此外单一密匙操作影响工作效率。二是人员培训不足，特别是对销售网点的培训职责归属不明确，致使网上人员培训不够，影响了信息录入审核和资金兑付。三是补贴范围有限。根据“家电下乡操作细则”规定：家电下乡补贴资金，是指中央财政和省级财政安排的，对农民购买家电下乡产品给予产品销售价格13%补贴的资金。也就是限定了必须是“农业户口”才能享受补贴，“非农”则无缘。实际上现在的镇里其实有相当一部分人在20世经90年代花重金、或由于城市建设而进行了“农转非”，可他们并没有稳定的工作和经济来源；还有城市的大量下岗工人和低保户，他们的经济来源也不多。而这部分人却是家电购买和更新换代的庞大群体。而由于补贴对象的限制，他们只能选择不买、缓买、等待、观望。所以，应该考虑扩大家电补贴的对象，将城镇下岗职工和低保户也纳入补贴范围，进一步拓宽服务领域，让“家电下乡”的阳光普照大地，惠及更多的黎民百姓。

（阳春市财政局供稿，黄远升执笔）

清理化解义务教育“普九”债务促进农村教育事业健康发展

阳东县建县于1988年，现有义务教育学校169所，其中初中17所、小学152所。2008年下半年，阳东县被广东省政府确定为全省清理化解农村义务教育“普九”债务的三个试点县之一，并启动农村义务教育“普九”债务清理化解工作。根据广东省财政厅、广东省委农村工作领导小组办公室、广东省教育厅、广东省审计厅、广东省监察厅、广东省农业厅《关于开展清理化解农村义务教育“普九”债务试点工作的通知》和广东省清理化解农村义务教育“普九”债务试点工作会议精神，为做好农村义务教育“普九”债务化解工作，阳东县坚持早抓早部署，由县财政、教育部门牵头，及时组织人员，深入农村学校，开展基础性调查研究工作，并落实具体措施，部署清理化解“普九”债务工作开展。经过深入了解情况、实地查看、对明实物、核对账册、与债权人核对以及张榜公示等形式，合理界定债务范围，掌握义务教育“普九”负债的项目和负债总额等，及时锁定义务教育“普九”债务，并大力筹措安排资金，对锁定的债务逐步予以清理偿还，使阳东县义务教育学校丢掉“包袱”，轻装上阵，营造了良好的教学环境，促进了该县农村教育事业健康发展。

一、成立机构，健全管理机制

为加强领导，确保清理化解农村义务教育“普九”债务工作的顺利推进，阳东县委、县政府统一部署，成立了阳东县清理化解农村义务教育“普九”债务工作领导小组，组长由主管财贸副县长担任，成员由县府办、县财政局、县教育局、县审计局、县监察局主要负责人组成，领导小组下设办公室，设在县财政局，负责协调开展清理化解农村义务教育“普九”债务日常工作。办公室成员分别从财政、教育、监察、审计等部门抽调人员组成。为确保各级工作的衔接和延伸，做好“普九”债务基层审核和监督工作，各镇也相应组成“普九”债务核查小组，组长由镇政府派员担任，组员分别由镇财政所、中心小学等部门派员参加，负责对所属镇“普九”债务的核查工作。阳东县、镇两级参与“普九”债务核查的工作人员共有45人，并完善人员管理机制，通过健全清理化解农村义务教育“普九”债务工作责任制，做到责任层层分解。人员分工明确，各司其职，各负其责。

二、严肃纪律，做到责任到人

为确保清理化解农村义务教育“普九”债务工作的顺利进行，防止债权人弄虚作假、虚报债权行为，防范核查组工作人员“误报”、“人情填报”等不良现象，阳东县制订了《清理化解农村义务教育“普九”债务实施方案》、《工作实施细则》、《确认偿还义务教育“普九”负债协议书》、《偿还农村义务教育负债申请书》和一系列义务教育“普九”负债登记表，以及提取金融机构人民币贷款基准利率、统一本金和利息的计算方法，明确规定化解义务教育“普九”债务的方法和操守，有效杜绝人为做假机会。同时，完善惩罚监督机制，对有虚报冒领等违纪违法行为的按有关规定追究直接责任人和有关领导的责任，触犯刑律的，移交司法机关处理。为进一步分清责任，各审核组成员和项目学校负责人必须在每个审定项目填报的数据表以及信息表内签字，对确认的债务数据予以负责。

三、全面自查，掌握债务情况

阳东县义务教育“普九”债务是历史遗留问题，主要是1985～1995年间，该县为实现“一无两有”（无危房，有教室，有桌椅）、“危房改造”、“普九”等阶段性学校建设而发生教育负债。具体有如下几方面原因：一是由于体制变化，办学单位随意建设，形成债务。实行“三级办学”的管理模式时，县政府一级管理完（职）中，镇政府一级管理区域内的初级中学、中心小学，管理区（村委会）一级管理区域内的普通小学。义务教育学校的项目建设都是由办学单位自行规划建设，教育行政主管部门对镇、村两级学校的建设无权插手。对于学校怎样建，建筑面积多少，造价多少，教育主管部门基本上没有决定权和参与权。建校的资金基本是办学单位自筹，上级专款只作少量补助。建成后形成的负债，由办学单位自筹资金逐步偿还，未能偿还的资金即构成现在的负债。二是农村教育费附加未能征足，致使学校项目工程建设资金未能如期支付，形成教育负债。统计1993～2002年，阳东县农村教育费附加征收入库率仅为33.8%，这与同期学校建设所需资金投入相差较大。特别是2003年农村税费改革后取消征收农村义务教育费附加，用于义务教育学校偿还负债资金更少，债务越滚越多。三是由于体制改革和政策变动，教育负债逐渐成为县一级的负担。2003年取消农村教育费附加和学校“危改”集资之后，镇村两级无资金偿还债务，造成教育负债有增无减。

为了摸清情况，掌握第一手材料，阳东县义务教育“普九”债务领导小组办公室将广东省文件和自行设计印制的数据表格印发至各镇中心小学，要求各义务教育学校根据“普九”债务情况和有关要求，开展自查，如实填报调查表。县组织人员分别深入到学校进行调查、抽查。经过排查筛选，该县纳入清理化解“普九”债务有10个镇（除北惯镇），共39所学校，涉及偿还债务项目44个，其中教学楼建设项目26个、教工宿舍建设项目5个、学生宿舍建设项目2个、实验楼（室）建设项目2个、附属工程建设项目6个。按原合同签订总造价为2 822.1万元，已偿还债务1 476.2万元，尚欠债务余额1 345.9万元（其中：本金287.6万元、利息1 058.3万元）。

四、核实对象，界定债务范围

（一）明确清理化解义务教育“普九”债务的对象范围

阳东县此次纳入义务教育“普九”债务核实的对象为义务教育阶段学校（有独立法人资格的定点学校，如小学、初中，教学点纳入相关定点学校填报）。非义务教育学校（如高中，职业学校、幼儿园等）及民办学校（包括公办民助学校）不作为这次清理化债核实的对象。

（二）明确清理化解义务教育“普九”债务的时间范围

阳东县“普九”验收时间为1995年12月，界定核查“普九”债务时限为1985年1月1日至1995年12月31日。核定债务范围主要是教学及辅助用房，学生用房、教师宿舍（教师工作用房）、校园维修建设、教学设备购置等纳入学校固定资产与学校建设维护直接相关形成的债务。因1988年阳东建县时，阳江市市级划分阳东县承担部分义务教育“普九”债务，所以偿还义务教育“普九”债务时间延伸到阳东建县前的1985年。最后界定核查阳东县“普九”债务时限为1985年1月1日至1995年12月31日。

（三）核准义务教育“普九”债务的本金及利息计算方法

1. 核查登记，锁定债务范围。

（1）核实资料。一是要求参与核查“普九”债务的工作人员，按照广东省清理化解“普九”债务的规定，统一口径，统一方法，编制统一表册，本着“统一标准，全面清理”的原则，按照《阳东县清理化解农村义务教育“普九”债务实施方案》和《阳东县清理化解“普九”债务工作细则》，认真核查1995年12月之前的合同、协议等原始资料，逐一筛选核定符合范围的项目和债权人，查看工程结算原件，了解合同利息的计算方法，查看支出资金的账簿、原始凭证、发票、收据、借据等，对核查前调查摸底存在“普九”债务的47所学校逐校、逐项、逐笔进行核实、登记，力求每笔债务准确无误，不错不漏，审查面达100%。将不符合本次核查对象和不合时间范围以及资料不全的负债剔除。二是要求学校尽量通知债权人到学校，与县审核组一起核对债务，让债权人全程了解核债的方法和债务的形成结构与本金及利息的计算方法。债权人对核定的债务数额有异议的，必须进行复核，只有得到债务人和债权人充分认可之后，才能形成有效的债务数据表。

（2）核实本金。核实本金是清理义务教育“普九”负债的工作重点，对义务教育“普九”负债的整体总额有着直接的影响。在“普九”期间，为改善办学条件新建校舍、附属设施、维修等，按原始合同或工程决算书形成的总造价，与按政策规定多方筹措所取得的实际资金投入相比（即合理支付工程款），形成的收支差额，再剔除以利转本等不合理因素形成的债务金额，即为“普九”债务本金。核查前，调查“普九”债务本金为287.6万元，核查后，剔除以利转本等的不合理金额，核实本金为224万元，比对减少63.6万元。

（3）核实利息计算。基本原则是：原合同签订要支付利息的，计算利息的利率，高于人民银行同期同类贷款利率的，按照人民银行利率计算；合同签订低于人民银行同期同类贷款利率或不计利息的按照合同约定计算。合同规定超过付款期限付款再加计罚息的，也一律剔除。

2. 统一口径，锁定利息和本金。

（1）明确计算利息的利率。根据国务院农村综合改革工作小组《关于做好清理化解农村义务教育“普九”债务试点工作的通知》（国农改［2008］3号）精神，义务教育“普九”债务利息的计算按照人民银行公布金融机构人民币同期贷款一至三年法定基准利率进行计算。期间凡高于当年金融机构一至三年贷款法定基准利率的部分一律予以剔除。

（2）明确计算利息的期限。计算利息起始时间为工程竣工结算时间，若工程没有竣工结算按该工程完工交付使用时间为起始时点；若工程合同规定有起始计息时间的，该时点比上述早的按上述时点，该时点比上述晚的按该时点；统一计息的终止时点为2008年12月31日。

（3）明确计息的本金。计息本金为工程竣工结算或工程交付使用后所欠工程款的余额（结算或交付使用后每付一笔工程款，先审核该款项是支付工程款还是支付工程款利息的，若不能具体注明时，作为支付工程款随后在余额中减除），同时坚持“分段计息，息不转本，利不滚利”的原则。

（4）明确本金的计算方法。按计息本金规定的方法确定计算本金后，每支付一笔工程款，按未扣减本次工程款前的余额作为计算本金，上次余额至本次支付工程款的期间作为计算期限，并按本时间段所在时点的金融机构一至三年贷款法定基准利率，分段计算。

（5）明确以多支付利息扣回抵顶本金债务。“普九”期间，各义务教育学校在建设项目过程中，普遍存在着利息计算利率不合理和计算期间含糊等现象。有的利息的计算利率都会比人民银行的利率高；有的支付利息的起始时间不清，往往在建设项目未结算或未交付使用，即向工程队支付利息；有的支出利息或本金不清，而出现多支付利息或本金的现象。如该县新洲中学教学大楼西楼工程，结算价为373 586元，合同年利率为24%，计算利息从1995年1月1日起至2008年12月31日止，共计利息为561 927元，本息共935 513元，已支付工程款440 637元。按本次核定原则进行重新计算，其实际结算时间为1995年10月1日，已支付的工程款中没有特别说明全部作为支付本金，按本次核定原则计算，工程款本金支付超67 051元，利息计算为100 973元，剔除利息460 954元；将计算出的利息抵顶多支的本金67 051元后，核定债务为33 922元。

3. 债权确认，张榜公布，接受群众监督。

由各镇清理化解农村义务教育“普九”债务核查小组将县核查小组审核的负债额与承建商核对，核对无异议后，在项目学校门口、村委会门口及学校周边等公众地方进行债务清理结果张榜公示。公示内容包括债务发生时间、用途、债权余额、债权人、债务人、举报电话和受理部门，公示时间不少于5天，公示时设立举报电话，便于接受学校教职工、当地群众对核实学校“普九”债务的投诉，充分发挥广大群众在债务清理中的监督作用。公示结束后对各学校公榜内容拍摄照片，用于存档备查。

4. 签订协议，整理上报材料。

学校“普九”债务公示达到规定时间，相关部门没有收到投诉，学校即与债权人以自愿形式签订偿还“普九”债务协议。县核查组将核查过程中纳入“普九”债务的依据材料，分别按镇、按学校、按项目进行分类整理，提交省级相关部门复查。

阳东县本次核定利息暂计至2008年12月31日止。所有项目按原合同利息计算产生利息余额为1 058.3万元，经过工作组核实后，按政策规定以银行一至三年贷款利率计算利息为309.8万元，减少利息748.5万元。

由于阳东县义务教育“普九”债务形成时间较长，一些建设项目在当年的建设中可能出现多次转包或停建、再建问题，工程款支付对化解债务核查工作带来一定的困难。该县在化解义务教育“普九”债务工作中，以事实为依据，实事求是的原则。本次核实“普九”债务余额，全部为建设学校项目欠款，没有银行贷款和个人集资，核查中未发现“普九”期间设备购置遗留债务余额。经核查，剔除一些不合理因素，最后该县核实“普九”债务余额为533.8万元（其中本金224万元、利息309.8万元），比按合同计算减少812.1万元（其中本金63.6万元、利息748.5万元），减少60%。核查面达到100%。

五、筹措资金，化解偿还债务

义务教育“普九”债务锁定核实后，为尽快化解债务，阳东县及时将有关数据报广东省财政厅核定。并在年度预算转移支付教育专项资金和城市教育费附加中安排资金，清理化解阳东县义务教育“普九”负债。截至2009年12月，阳东县已拨款300万元，兑现了年初对教育“普九”债权人先行偿还债务56%的承诺。下一步，将在该县2010年预算转移支付教育专项资金中再安排资金233.8万元，进而全面清理义务教育“普九”债务。

在偿债资金的管理上，阳东县要求各债权人在银行开设账户，提交县级财政部门。县级财政部门按照学校与债权人双方签订的还款协议，直接将资金拨付到债权人银行账户，并将拨款凭证交送相应的义务教育学校备查，做到偿还一笔，销号一笔。

（阳东县财政局供稿，梁永东　梁世光执笔）

湛江市

推进电子化平台建设　努力打造阳光采购

政府采购电子化是指应用最新的信息技术，通过基于互联网的电子采购平台进行政府采购活动的过程。政府采购电子化最显著的特点就是运用了信息技术，以计算机网络为媒介，打破传统政府采购时间和空间障碍，为政府采购活动提供便利。电子化政府采购不仅带来技术上的改变，更重要的改变传统采购业务的处理方式，增强采购的透明度，降低采购成本，打破地域限制，缩短采购周期，提高了采购效率。广东省电子政府采购平台实施推广工作走在全国的前列。按照广东省电子政府采购平台实施推广“全面规划、分步实施、择优试点、试点先行”的原则，从2009年开始在全省范围内逐步推广电子政府采购平台建设。根据广东省财政厅《关于广东省政府采购平台实施推广有关事项的通知》的精神，湛江市是列入广东省电子政府采购平台实施的七个试点之一。政府采购监管部门高度重视，行动迅速，把这项工作作为落实惩防和预防腐败体系建设，推进政府采购制度改革，加强财政支出管理的一项重要任务组织落实并进行了有益的实践和探索。

一、推行电子化政府采购的必要性

（一）推行电子政府采购平台建设是实现“阳光财政”的必要途径

所谓“阳光财政”，就是按照社会主义市场经济体制、建设社会主义民主政治和建设公共财政的要求，通过建设公开、民主、监督、考评的政府理财行为规范，实现政府理财活动科学化、民主化、法制化的一种制度。打造“阳光财政”是推进政务公开的一项重要措施，其实质是把权利运行公开化，让理财行为在阳光下运作，以利于把社会的监督渗透到权力运作过程中，从而达到监督的经常性、有效性，以防止权力滥用。政府采购是财政支出改革的措施之一，财政资金是人民群众创造的财富，政府采购实际上是花纳税人的钱，群众就应该有权监督政府对财政资金的使用情况。政府采购应当遵循公开透明、公平竞争、公正和诚信原则。政府采购制度重在建立相互监督、制约权力、依法行政的一种机制。随着政府采购规模的迅速扩大，无论是从实际操作上或制度的监管上，传统的模式已满足不了发展的需要，推行电子政府采购是必然的趋势。政府采购实现电子化，将逐步实现从采购结果公开到采购过程公开，增加采购活动的透明度，减少人为因素干扰和“权力寻租”，为政府采购当事人和社会公众提供一个沟通、交流、监督的平台，将深化政务公开和依法行政紧密结合，提供优质、高效、廉洁的服务。

（二）推行电子政府采购平台建设是作为源头治理腐败的重要关口

政府采购作为财政支出的重要方式之一，其直接目的是满足政府管理部门为实现公共管理职能而对某些产品及服务的需求，一定程度上也可以实现政府宏观调控职能，同时也是防范腐败行为、从源头上治理腐败的重要工具。从1999年开始，中央纪委就把推行政府采购制度作为从源头上预防和治理腐败的重要措施之一加以执行。《政府采购法》实施后，强化了对政府采购行为的约束力，增强了有效抑制各种腐败行为的可行性，而推进电子化政府采购改革，更有助于政府采购各项措施落实和公开透明的交易，使政府采购成为名副其实的“阳光下的交易”，从源头上抑制腐败现象的发生，促进廉政建设。

（三）推行电子政府采购平台建设，是政府采购制度“三公”原则的体现

保证政府采购依照“公开、公平、公正”原则规范运行，关键在于建立一个全方位、多层次、科学有效的政府采购运行和监管机制。政府采购改革的深入，政府采购中规模发展与传统采购手段落后之间矛盾日益突出，采购计划执行不到位、采购效率不高、采购过程透明度不高的缺陷越来越明显，电子化政府采购，充分运用网络优势，构筑网上交易流程，达到工作效率高、采购成本低、运作规范的基本要求，实现信息披露公开化、及时化。采购执行机构可通过网站及时发布采购信息、中标结果等信息，采购相关方可以通过网络及时获取所需信息、掌握采购动态，而且达到最大范围的告知，让更多的供应商参与，使政府采购市场竞争更加充分。

（四）推行电子政府采购平台建设，是打造节约型政府的客观需要

湛江市属于广东经济欠发达地区，目前还是“吃饭型

财政”。财政部门坚持把组织收入，增加财政总量的工作作为重中之重的同时，要坚持勤俭办一切事业，充分发挥财政二次分配作用，突出管理创新才能有效解决财力不足与日益增长的支出的矛盾。实行电子化政府采购，采购人通过网络实施采购行为，足不出户完成采购行为，减少中间环节，同时网络化打破地域和行业限制，为中小企业、民营企业提供更多的机会参与竞争，采购人能购买到“质优价廉”的商品和服务，从而节省财政性资金，提高资金的使用效益，体现节约型政府和节约型机关的工作需要。

二、推进电子政府采购平台建设的具体措施

（一）明确思路，加强制度建设

完善制度是实行政府采购电子化的前提，湛江市制订了《湛江市电子平台实施推广建设方案》，确定了实施推动工作的指导思想，实施步骤，实施步骤包括培训、试运行、运用效果评估、全面铺开四个阶段。明确责任分工，这是确保电子采购是否能顺利推进的关键，方案明确了财政部门负责协调、指导市政府采购中心使用政府采购电子平台系统，作为掌管系统管理员的身份，并授权给采购中心使用。市政府采购中心负责日常协议供货采购工作和审核监督商品行情库，协助做好培训工作，分工明确了，推行工作有章可循。

（二）精细组织，重视规划部署

电子化政府采购既是一项复杂的系统工程，又是一项长期的工作。按全省的规划，先个别市试点，再全省铺开，先实现协议供货在网上交易，再拓展到公开招标、竞争性谈判、询价等采购方式，因此，必须要精细组织，分步推进，湛江市成立电子采购平台实施推广领导小组，负责组织领导工作，由分管政府采购的领导担任。职能科室负责具体工作，明确了市政府采购中心作为湛江市执行平台的实施推广试点单位。由于分管领导亲自抓，定期汇报工作进展，及时协调解决工作中存在的问题，统一各方的思想认识，使这项工作有条不紊推进。

（三）组织培训，做好基础性工作

加强宣传，在政府采购网站发布相关信息，印发《关于湛江市政府采购供应商网上注册的通知》，确定集中送审注册资料的时间为七个工作日，完成供应商注册。为确保培训工作的顺利开展，首先要求的是本年度中标协议供货商进行集中时间注册，湛江市目前已在网上注册采购单位110家。属于非中标协议供货商的，经审核资料齐全的，随到随办。同时印发了《关于各行政事业单位协议供货网上政府采购注册等事项的通知》，完成所有市直行政事业单位和部分省管单位的注册工作，注册的采购单位达250多家。分别组织对协议供货商和采购单位进行实际操作的培训。2009年5月中旬前全部完成培训，参加培训的人数400多人次，采取每批培训半天，共举办了10批培训。培训由省财政厅派老师讲课，授课和互动相结合，效果明显，大部分单位很快掌握操作方法。与此同时，投标的供应商在培训后着手做好商品行情的录入工作，市政府采购中心同时对信息进行审核，只有审核通过的信息才予在网上交易。截至2009年年底，湛江市在挂网商品品牌108个，商品信息9151条，配件信息288条，商品行情10 085条，配件3 559条。

（四）环环紧扣，开展试运行工作

湛江市于2009年5月27日印发了《关于湛江市市直单位电子平台试运行的通知》，从2009年6月1日起开始试运行电子平台，成为全省最早启动全省政府采购大平台协议供货交易系统的试点市之一。截至12月底，湛江市电子平台政府采购订单数量1 045宗，已确认的1 038宗，合同总金额1 403万元。为确保试运行工作的顺利开展，主要采取了以下几项措施：

一是加强协调，明确职责。以文件形式明确职责，市财政局负责全市电子政府采购平台实施推广组织领导和电子平台运行的监督管理，指导信息化建设工作。市政府采购中心是政府采购平台实施推广单位，指定专人负责商品信息、行情库的审核工作，确保信息及时更新。市财政局和市政府采购中心定期召开协调会，及时研究解决实施推广工作中存在的问题。

二是规范程序，把好“两道”关口。按照“循序渐进，逐步推开”的原则，在加大宣传力度的同时，把好协议供货采购的“两道”关口。首先，各行政事业单位申报采购计划时，政府采购监管科对凡是采购已经在网上录入并通过审核的商品，都签署“网上采购”的意见。其次，在办理财政资金集中支付时，必须凭电子采购系统打印的“电子合同”才予办理支付手续，积极引导采购单位使用电子采购操作系统。目前，市委办、市委组织部、市纪委、市政协办、市公安局、市财政局、广东医学院、湛江海洋大学等142个部门单位已使用采购电子平台进行交易。

三是主动服务，确保用户及时掌握系统操作业务。在组织好业务培训的同时，在试运行期间，市财政局、市政府采购中心的均设立电子采购业务咨询电话，及时解答各用户的咨询。在政府采购监管科设点提供现场演示和技术指导服务，对业务量较大的单位，还主动上门服务。各用户普遍认同电子采购系统较好解决了传统协议供货采购方式价格不透明、效率低、成本高的问题。

三、推进电子政府采购平台建设的成效

（一）信息公开

系统可查阅商品行情信息、包括办公设备的品牌、型号、市场价格、政府采购上限价、全省各地的成交价、设备的直观图片等等，内容丰富，可比性高，为采购人提供了很多选择。由于采购当事人在网上办理业务，监管部门能即时、直观了解到运行的情况，及时发现问题采取合理

的应对机制完善，充分发挥网上监管的功能。

（二）交易方式多样化

以往采购人采购办公用品，由于商品信息来源单一，价格不透明等因素，无法采购到物美价廉的商品。电子平台有直接订单、议价、反拍等功能。通过使用电子平台采购，可以直接在办公室通过网络下采购订单，对于价格不符合实际的，可以通过议价订购方式，灵活运用“一对一”或“一对多”议价，明显的使采购成本降低，大大节约了政府采购资金，商品也有质量保证，也打破了一些供应商的价格同盟，达到政府采购的目的。

（三）执行主体明确

采购人通过系统与供应商进行订购、议价、反拍等交易活动，最终确定成交供应商，并签订电子合同，明确规定了采购人在操作执行中的主体地位，整个交易过程由采购人自主完成，既有效降低了采购成本，也大大提高了工作效率。过去，社会上反映协议供货的东西价格高，责任不是推到财政部门就是集中采购机构的身上。通过使用这套系统，哪个单位报的预算价高、哪个报价低，选择何种交易方式，一目了然。

（四）提高工作效率，促进机关作风建设

实行电子化采购，商品信息、价格行情录入、审核、议价、合同签订都在网上完成，政府采购当事人在线办理相关业务，缩短采购周期。同时，财政在办理支付环节，按以往的做法，还要对商品的型号、供应商、折扣率进行审核，手续较麻烦，现在可凭采购人和供应商签订的电子合同就直接办理支付，大大提高工作效率。

（五）有利于对政府采购过程的监管

目前湛江市首先启用电子政府采购中协议供货的功能，所有中标的办公设备一律通过网上交易。使用电子采购，是对传统政府模式一种突破。过去，社会上总有一种声音说政府采购协议供货的东西价格贵，采购人不是把责任推到财政部门就是推到集中采购机构身上。实际上协议供货的采购方式主要是解决采购频繁项目的效率问题，通过公开招标确定中标产品的价格只是最高限价，采购人还可以通过议价取得更低的价格，传统的操作中，采购人在采购过程中是否讲价无法监控，直到办理资金支付才得知。使用电子化采购，整个交易过程完全是采购人自主，选择何种采购方式由采购人确定，哪个单位报的预算价高哪个预算价低，财政部门一打开监管平台系统就一目了然，可以实时、直观了解情况，及时发现问题，采取合理的应对机制，充分发挥监管功能。

湛江市电子化采购在广东省电子化政府采购推广工作带了个好头，成效是明显的，下一步将在深度和广度上推进，相关工作逐步向县（市）、区延伸，从使用协议供货功能向公开招标、竞争性谈判、询价等功能拓展。广东省实施《中华人民共和国政府采购法》办法将于2010年3月1日开始正式实施，建设全省统一的电子化政府采购管理交易平台已列入议事日程，湛江市将在电子化采购的实践不断总结经验，努力架设政府采购阳光保障网。

（湛江市财政局供稿，郑　苗执笔）

五个坚持　力推财政经济发展

2009年，吴川市财政局认真贯彻落实科学发展观，积极运用财政政策支持经济发展，全力以赴抓收入，千方百计保增长，努力克服各种困难，圆满地完成了各项财政工作任务，为地方经济发展提供了财力保障。

一、坚持生财有道，支持经济发展有新举措

1. 充分发挥财政杠杆作用，全力支持吴川市重点项目建设和企业发展。积极争取上级财政资金1 300万元，支持深圳龙岗（吴川）产业转移工业园建设；争取上级及本级配套资金1.5亿元支持惠迪再生原料物流园第一期惠迪鞋业国际商城建设；投入195万元支持吉兆湾国际海洋生态旅游度假中心项目建设；拨付4 258万元资金支持全市中小企业和民营企业提高企业自主创新、技术改造能力，力推经济结构调整和产业优化升级；落实好资金支持外贸企业发展，促使外贸进出口总值达8 468万美元，合力拉动经济增长，增加税源后劲。

2. 按照建设“发展型财政”的思路，积极利用好银行信贷政策，搭建好融资平台，走资本运作道路促经济发展。拨付601万元资金支持农信社改革，力促其做大做强，进一步支持地方农业生产和农业龙头企业发展。

3. 落实积极的财政政策，确保经济平稳较快发展。认真落实增值税转型改革，全年为企业减少税费630万元，依法办理企业退税2 471万元，调低小规模纳税人增值税率，为小规模企业减税2 031万元，进一步增强企业可持续发展活力。

二、坚持聚财有法，挖掘财政收入跃上新台阶

1. 落实各项增收措施。坚持实行各镇（街）每月综合增长率通报制度，努力提高各镇（街）抓收入积极性。认真落实专人负责分片抓收入制度，抓好重点税源调研排查和重点行业的税源监控工作，尤其是加强对吴川市房地产开发企业、供电、烟草、船舶运输、餐饮服务等行业的监管。同时，根据行业经济发展实际情况，对某些企业或行业的重点税源重新再定额，切实做到应收尽收，力防税收流失。2009 年，吴川市营业税、企业所得税分别增收 928 万元、653 万元，同比分别增长 23.33% 和 33.87%。

2. 加强车船税征管，确保应收尽收。吴川市学习借鉴先行地区先进经验做法，出台一系列措施，在全市范围内开展摩托车税费清收工作，将车船税代征代缴单位扩大到各镇（街），进一步加强车船税的征收管理，促使吴川市车船税收入比 2008 年同期增收 374 万元，增长 121.82%。同时加大对全市航运船舶的管理力度，努力在航运船舶营业税方面打开征收局面。

3. 强化房地产管理，努力挖掘新税源。研究出台控管办法，进一步对全市房地产及房屋办证工作进行全面清理，重点抓好外出施工企业税收征管、本地建设项目税收征管和私人建房营业税控管，确保建筑营业税及房屋税费收入有大幅度的增长。同时在私人房屋出租及再生资源回收加工行业拓展征税空间，不断挖掘税源。2009 年吴川市房产税同比增收 63 万元，增长 9.65%。

4. 做好土地运营文章，增加财政收入。吴川市通过健全土地收购储备和出让制度，建立健全土地使用税征管底册，进一步强化土地使用税征收管理，通过开征闲置土地管理费，盘活全市闲置土地 11 万多平方米，加快土地流转，增加土地收益。2009 年吴川市城镇土地使用税增收 121 万元，同比增长 25.8%。同时，吴川市财政部门抓住深圳龙岗（吴川）产业转移和吉兆湾国际海洋生态度假中心项目及市内几宗大型楼盘开发建设机遇，密切联系国土、房产部门，提前深入和土地开发商、房地产开发商联系，及早掌握第一手信息资料，通过宣传政策，做好解释说服工作，共征契税 1 388 万元，耕地占用税 4 097 万元，比 2008 年同期增收 3 661 万元，增长 839.68%，拉动地方财政一般预算收入增长 15.7 个百分点。

5. 拓宽非税收入渠道，控管好政府资源。依法依规加强非税收缴和管理，确保按规定将应纳入预算管理的非税收入全部纳入财政预算，增强政府调控能力。2009 年，吴川市通过盘活政府资源，挖掘收入潜力，对全市河砂开采权进行公开拍卖，拍卖收入 2 500 万元。同时，成立吴川市清理非税收入领导小组，在全市范围内开展清理检查财政票据收入工作，主要包括财政票据收入所牵涉的收费、罚没、基金收入。通过检查，促使有关单位补缴非税收入 228.63 万元。

2009 年，吴川市通过狠抓增收节支，财政总收入突破 13 亿元大关。其中地方一般预算收入 28 395 万元（其中：税收收入完成 21 825 万元，占一般预算收入 76.86%，非税收入完成 6 570 万元，占一般预算收入 23.14%），同比增长 21.79%，完成综合增长率 16.33%，在湛江市各县（市）中均排第 2 位，在全省 67 个县（市）中排第 19 位；上划省“四税”增长率为 18.66%，超全省平均水平 9.52 个百分点，圆满地完成了各项财政工作任务，为促进吴川社会经济全面发展作出了贡献。

三、坚持用财有度，财政支出谱写新篇章

1. 筹措资金全力推进市政府“六个三”工程建设。拨付 3 588 万元资金支持城镇污水垃圾处理建设；拨付 874 万元资金支持农村饮水工程建设。同时，筹集资金 720 万元支持打通市区六条路工程建设；拨付 530 万元资金支持沿江路河堤和江心岛生态公园建设，较好地为市委、市政府中心工作服务。

2. 保障和改善民生成效显著，民生保障能力进一步增强。全年财政投入 848 万元实施教师待遇“两相当”和绩效工资，教师工资与公务员津补贴同步同额增资，不断提高民生生活水平；拨付城乡低保资金 2 339 万元；拨付 790 万元资金落实农村五保制度；投入 7 383 万元资金，用于保障新农合和推行城镇居民医疗保障、城乡医疗救助制度；全年兑付农民种粮补贴、家电摩托车下乡补贴等各类补贴共 4 247 万元；拨付 10 274 万元资金落实农村义务教育以及改善农村中小学办学条件。落实农业综合开发 817 万元资金，全力支持“三农”建设。

四、坚持理财有方，推进财政改革创新有新突破

1. 继续深化和完善部门预算改革，提高编制预算合理性和科学性，不断扩大深化国库集中支付改革范围，提高资金使用效益。

2. 积极推进农村财务委托代理记账制工作。全市 193 个村委会已开展农村财务委托代理记账制工作，规范了农村财务核算行为，同时积极做好“村务 e 路通”工作，拓展了“金财工程”建设领域。

3. 继续深化政府采购制度改革，政府采购范围不断扩大。全年政府采购项目 42 个，总预算金额 1 866.4 万元，实际采购金额 1 631.3 万元，节约财政性资金 235.2 万元，节约率为 12.6%，较好地提高了财政资金的使用效益。

4. 积极推进行政事业资产管理改革。出台《吴川市行政事业单位国有资产处置管理暂行办法》，明确了财政与部门间分别实施综合管理和监督管理，促使全市行政事业资产管理逐步走上正轨。

五、坚持管财有效，财政资金管理水平有新进步

1. 严格控制预算追加支出。根据市委、市政府和市人大对预算安排的工作要求，吴川市严把支出关，把资金真

正用在刀刃上。2009年市财政本级预算追加支出1 846万元，比2008年本级预算追加支出的6 708万元，减少4 862万元，减幅72.48%。

2. 调整支出结构，确保民生支出需要。根据轻重缓急调整支出结构，确保全市在民生方面支出60 781万元，占地方一般预算支出65.59%，比2008年增长14.48%。同时，严格控制一般性支出，保证“五个零增长、四个减半”落到实处。2009年全市用于公务购车支出150万元，比2008年购车支出400万元，减少250万元，核减行政费用支出1 556万元。

3. 加强资金管理讲绩效，节约财政资金。吴川市着力加强基建投资财政财务管理，全年审核工程预结算167宗，送审造价14 463万元，审定造价11 121万元，核减金额3 342万元，核减率为23.11%；做好国债及基本建设资金的绩效评价工作，全年绩效评价项目29个，涉及评价金额8 451万元，其中有19个项目被评为优秀，充分发挥专项资金的使用效益。切实加强涉农资金发放管理工作，特别是种粮农民资金补贴、家电摩托车下乡资金补贴全部实行“一卡通”发放管理。

4. 认真开展财政监督和会计检查工作，努力实施依法理财。认真开展中央扩大内需资金、政府采购资金、财政支农资金、收费罚没等财政性专项资金检查和会计质量监督检查工作，有效保障财政资金安全运行和提高财政资金使用效益。扎实开展全市“小金库”专项治理工作，建立和完善了防治私设“小金库”长效机制，促进了党风廉政建设。

（吴川市财政局供稿，龚启图执笔）

努力构架“三合一”平台 全面实现镇财县管信息化

几年来，徐闻县根据省、市财政改革的工作部署，在全县财政系统大力推进信息化建设。经过不懈努力，初步建成了国库支付中心、镇财县管、乡财镇管“三网合一”的县、乡财政网，基本实现了财政业务网上运行和数据信息的共享与交流。信息技术成功切入财政核心业务，使徐闻县理财方式和理财观念发生了根本性变革。

一、镇财县管信息化的必要性

（一）镇财县管信息系统是省政府关于推进镇（乡）财政管理方式改革工作的具体要求

为加强广东省镇（乡）财政管理，建立完善基层政权运转的财政保障机制，进一步规范农村财务管理，加快推进社会主义新农村建设，2007年11月，省政府办公厅《转发省财政厅关于推进镇（乡）财政和村级财务管理方式改革试点工作指导意见的通知》，通知明确提出“镇财县管”模式。2008年省财政厅下发了《关于2008年镇财县管信息系统试点工作的通知》，明确提出了镇财县管信息系统建设是镇财县管工作的主要内容之一，乡镇财政要与县级财政联网，财政支出实行网上申请、审核和查询，提高财政管理水平和工作效率。两次通知均确定徐闻县为改革试点县之一。

（二）镇财县管信息系统是基层财政实现信息化理财的必由之路

随着农村综合改革的深入和其他减收增支政策的出台，乡镇财政收入规模不断萎缩，支出规模不断扩大，具体落实种粮补、农村低保及农村合作医疗等党和国家的惠农政策，支持新农村建设，促进农村各项社会事业和谐发展的相关任务非常繁重，利用网络信息技术实现县、乡财政管理的信息化和网络化是新形势下的必然要求，通过镇财县管信息系统，才能改变传统的“算盘手工算账理财”为现代的“电脑自动记账理财”，推进基层财政信息化建设。

（三）镇财县管信息化系统是实现信息资源共享，推动县、乡财政工作良性运转的有力措施

通过县、乡联网，县、乡两级财政可以在县级统一平台上进行财政财务收支核算管理，财政核心业务核算数据集中统一，县级财政可以有效监督乡镇支出情况，县、乡财政信息、收支数据传递更加时效便捷，县、乡财政收支核算有序规范。通过县、乡联网，应用相关财政财务管理软件核算收支数据，避免了人工核算方式下的疏漏和不规范核算行为。

二、“三合一”平台建设的应用背景

（一）率先实施乡镇财政信息化管理

徐闻县是广东省第一批实施乡镇财政管理信息化建设的试点县，从2002年起在全县15个乡镇分两批陆续建立起结算中心，开展乡镇财政管理信息化建设工作。建立了财务收支审批程序、印鉴及支票的管理办法、会计凭证审核制度、支出申请制度、村财务公开制度。在业务运作的过程中，各乡镇财政结算中心建立了《中心岗位职责》、《计算机操作岗位责任制度》等一系列内控制度。结算中心工作人员业务素质普遍提高，规范了乡镇一级会计秩序，强化专项资金管理。为实施镇财县管信息化系统试点工作打下良好的基础。但由于当时是采用一个结算中心一台服务器的运作方式，随着时间推移，出现了一些亟待解决的问题。在软件方面，随着系统应用范围的扩大和纳入管理的业务量的增多，电脑软件本身的局限性日益显露出来，经常会出现一些错误。在硬件方面，设备的陈旧，频繁的故障，昂贵的维修费，硬件配件的缺乏，供电不稳定，都是徐闻县乡镇结算中心面临比较严峻的问题，不但严重阻碍了工作进展，而且由于不能及时完成账务，也激化了各纳入单位与结算中心的矛盾。

（二）率先推行县级国库集中支付制度改革

2005年，徐闻县在全省县级率先推行国库集中支付制度改革。建立起机房，架设小型国库集中支付网，将国库支付中心、业务股室、代理服务、人民银行联网。2008年，徐闻县推行镇财县管改革，其模式是按照“高度集中财力、强化支出管理、加强财务监管”的理财原则，将政府性资金全部纳入财政预算管理，实行“一个口子入，一个口子出”，由镇（乡）财政部门编制年度收支预算，报县财政局审批的财政收支集中管理方式。

1. 岗位设置。县财政局成立镇财县管中心，专门审核乡镇政府支出。乡镇财政所设有财政所长、乡镇总预算会计。乡镇财政结算中心分为行政组、文教组、村居委会组，各组设会计、出纳各一名。乡镇财政所与2003年成立的乡镇财政结算中心为“一套人马、两块牌子”，主要工作职能转向乡镇财务管理和涉农专项资金的监管。

2. 账户统设。取消镇（乡）财政在金融机构自行开设的所有账户，由县财政部门在各镇（乡）金融机构统一开设财政账户。具体设置三个账户：一是总预算会计户；二是经费支出专户；三是专项资金专户。镇（乡）所有收入先缴入总预算会计户，总预算会计户主要集中乡镇预算外收入后缴县财政专户，再由县专户按不同资金、不同比例返拨镇（乡）总预算会计户。镇（乡）所有预算内工资性支出属县财政全额供养的，由县财政委托代理行统一发放。预算内除统发工资以外的其他支出通过县国库先拨付到总预算会计户，再由总预算会计户拨到“专项资金专户”、“经费支出专户”，由镇（乡）按规定使用。总预算会计户只收不支，“专项资金专户”和“经费支出专户”只支不收。

3. 集中财力。镇（乡）各项收入由镇（乡）财政集中收缴。乡镇的税收收入由税务部门征收后按规定集中缴入县级金库，并由县财政根据财政管理体制明确的收入分配关系相应下划各乡镇。非税收入由乡镇财政集中汇缴入县财政专户。镇属行政事业单位的资产也统一移交镇（乡）财政所集中管理。

4. 集中支付。按照公共财政要求统一编制综合预算，把预算内、外资金全部纳入财政收支预算总盘子，统筹安排使用。镇（乡）所属行政事业单位干部职工工资和离退休经费、农村五保户生活费和低保对象由县财政统发到个人账户。乡镇的资金集中在镇（乡）财政结算中心统一管理的账户内，支出时必须向乡镇财政结算中心报账，接受审核。支出金额较大的要报县镇财管理中心审核后，报财政局主管领导审批。乡镇在年初编制支出计划时，根据统一的标准和办法，按照政府采购目录和限额标准，由乡镇在年度预算范围内提出申请和计划，报县财政局进行审核，经批准后由县采购中心按政府采购程序实施统一采购，采购资金由镇（乡）财政按规定的程序直接支付。对财政供给的行政事业单位、财政投资的基建工程项目以及政府性资金实行财政国库集中支付。

5. 集中核算。镇（乡）财政所、财政结算中心实行一个机构、两块牌子。镇（乡）所属的行政事业单位撤销原财务机构，只设报账员，单位账务统一集中到镇（乡）财政结算中心，实行集中记账、集中核算。

在上述背景下，镇财县管县信息化系统平台建设应用，一方面需要满足县财政局审批监督需求；另一方面需要满足以乡镇为独立核算单位对日常经费、专项资金、村级财务资金的核算需求，减少乡镇财政结算中心硬件故障，节约维修费用，提高工作效率，在此基础上，统一平台，实现县、乡两级数据共享。

三、主要做法

（一）因地制宜，合理选择网络链路

县辖15个乡镇财政所，作为县、乡两级联网，最优网络传输链路为组建专线网络，但由于专线网络线路租赁费昂贵，且县辖半数以上乡镇不具备专线组网条件，因此县财政局选择了租用电信100M数据专线作为县级核心网络接入链路，15个乡镇财政所采用ADSL宽带数据链路访问县级统一平台服务器作为传输线路。

（二）整合软件，满足管理和核算需求

徐闻县乡镇财政结算中心（2003年）、国库集中支付中心（2005年）和镇财县管（2008年）三项改革推行时间不同，采取的软件分别为用友R9、金宇恒和用友R9。由于用友、金宇恒两类软件无法装在同一台服务器，所以我们选择了“三合一”的模式，即将同使用用友R9软件的

国库集中支付软件与镇财县管软件同装在一台服务器上，实现无缝衔接。另外购置两台服务器，将乡镇财政结算中心核算软件升级并把15个乡镇的核算数据进行迁移，集中于一个平台。各个财政所、局属单位远程用户都是终端机，其管理与核算工作都通过B/S网络访问模式登录到后台服务器统一平台后进行的操作，所有数据都存于后台服务器，终端机仅仅为一操作平台。利用超级终端技术，切实有效地解决了各种模式的融合应用，实现了远程用户对设在县级后台服务器的访问及财政财务核算管理应用，真正达到降低成本，提高效率。同时要实现一个操作平台的目标，确保财政信息资源最充分地共享的目的。

（三）强化业务培训，大力倡导业务技能互学互助

改革之初，县财政局先后举办了三期较大规模的会计电算化操作与应用知识培训，抽调5名电算化业务技能较强的工作人员设立指导组，现场指导参训人员上机演练账务，直到能单独完成相关审核、记账、对账、结转、结账及凭证报表打印等日常电算化各个环节的账务处理工作。在财政所人员调配上，力求每个财政所至少有一名计算机知识较为熟练的业务能手，强化在培训和日常工作应用中要做好业务技能传、帮、带，互勉互励，共同进步。

（四）做好调试，稳步推进信息化建设工作

镇财县管改革工作，特别是建立乡财县管会计核算网络信息系统是一项艰巨而复杂的系统工程，一方面需要攻克组建计算机远程网络专业技术方面的难题，另一方面需要实现乡财县管各项工作目标任务。因此，县财政局本着积极稳妥的原则，各乡镇认真做好网络调试工作，确保网络工程得到畅通和各类业务得到准确、稳妥的正常运行后，才将所有资金余额转入乡镇财政结算中心开设的三类专户，设立账套，将按各乡镇的年度预算及收入进度和规定的资金审批程序、审批权限、资金流向办理拨付资金、会计核算等业务。

（五）采取“四大举措”，确保核算网络安全运行

会计数据安全保密，信息系统运行稳定是建立乡财县管会计核算网络信息系统首先考虑的问题。由于乡镇财政所远程用户登录访问电算化服务器是通过ADSL宽带互联网传输链路，开放的互联网链路带来的安全隐患是建立核算网络信息系统平台需要解决问题的重中之重。为此，在确保“三合一”网络信息安全措施上采取了四大举措：

一是服务器配置防火墙。通过防火墙访问控制技术，跟踪监控乡财县管核心业务服务器访问数据包，防火墙规则自动过滤并屏蔽非法数据包和禁止不合法用户访问。为提高镇财县管网络的速度和安全性，我们还安装了用友e地通。

二是建立服务器用户访问两层密约机制。即登录服务器用户密约机制和登录核算账套用户密约机制，授权用户必须输入正确的密码才能登录后台服务器进行账务处理，且两层用户密约机制互相有别。

三是建立异地数据备份机制。后台服务器通过备份机制每天有人备份所有账务数据，周末将备份数据转存于移动硬盘，年末将当年备份数据刻录成光盘形成电子会档案保存，最大程度保障数据安全。

四是建立账务核算操作记录机制。由于远程用户只是一个操作平台，其各种操作不会在远程用户电脑上形成会计数据，其设备的工作状况也不会影响到服务器上的会计数据安全完整，而且远端的操作记录会在服务上形成操作日志。

四、取得的成效

（一）提升了财务核算水平

通过加大镇财县管信息化系统建设的资金投入，配置计算机设备和组织操作培训，统一收支科目的设置，全县乡镇财政结算中心全面实现了会计电算化，财务核算逐步清晰、规范。

（二）有效解决了“一级政府一级财政”的问题

县财政局在改革中坚持“一级政府、一级财政”的原则。主要是明确乡镇财政预算主要由乡、镇财政编制，而不是县乡“共编”或由县财政编制，县财政只是对乡镇预算编制进行指导、审核、监督；在乡镇财政仍保留了政府单位会计，乡镇的公用经费支出仍由乡镇财政管理、核算；明确财税收入仍由乡镇组织，乡镇的债权债务仍由乡镇享有和承担。

（三）促进了依法组织收入

一是国、地税部门征收的各项税款由税务部门直接上解县级国库。二是明确规定乡镇预算外收入缴入乡镇“总预算户”，并由乡镇财政结算员即时通过执收系统软件代理登记收入。三是管住票据，乡镇使用的所有收费票据全部上收到县财政局管理，实行“限量领用、定期缴销、票单同行”的管理办法。四是对截留、隐匿、转移收入的，制定了严厉的处罚和制约措施。

（四）强化县级财政对乡镇资金使用的监控职能，规范了乡镇支出行为

乡镇建立健全内部财务管理制度。日常零星支出由乡镇领导审批，大宗支出项目须经乡镇领导集体讨论决定。每笔镇（乡）财政资金支出需经镇（乡）长、财政所长审批后，总预算会计才能办理拨付。总预算会计户每笔支出金额超15 000元（含15 000元）的，需报县镇财管理中心审核。经费支出专户每笔支出金额超5 000元（含5 000元）的及从专项资金专户支出的，不论金额大小，原始支出凭证均通过扫描仪录入计算机，上传县镇财管理中心审

核，县镇财管理中心在2个工作日给予批复。现在县级财政不到乡镇，也可以在办公室通过网上查询会计凭证、收入支出情况等，全面掌握各乡镇政府财务信息，从网上实现对乡镇单位财务工作的全面监控。

五、存在问题

虽然徐闻县镇财县管信息化系统试点工作取得一定的成效，但在探索改革的过程中也存在的一些问题，值得研究和采取相应的改进措施。

（一）镇财县管和乡镇财政结算中心软件没有兼容

镇财县管、乡镇财政结算两套软件在操作系统和数据库使用上都不兼容，需分装在两台服务器，未能真正实现一个平台上运行，导致县局管理部门无法统一，其中镇财县管部分由镇财县管中心负责，乡镇财政结算中心部分由会计股负责，乡镇财政结算中心终端操作也必须分离，乡镇政府和乡镇其他事业、村委会的财务核算工作需分开管理，增加一台计算机专供乡镇政府使用。

（二）县乡联网存在资金与人才的双重匮乏

信息化建设一方面需要投入大量资金，另一方面需要专业的信息技术人才，县、乡两级财政机构在资金紧缺、人才紧缺这两方面的问题显得尤为突出。建议加大县乡两财政的转移支付力度，加大县乡两级信息技术培训工作力度。

（三）一定程度上加大了改革的运行成本

实行镇财县管改革后，乡、县财政局为此项改革又要配备一定的人力和物力（如计算机、打印设备等），每年还要为各类软件维护和15个乡镇宽带数据通讯费近10万元，这些都使改革运行成本明显增加，使改革的实效大打折扣。

（四）支出监管重于形式

目前徐闻县镇财县管试点改革刚开始，很多工作只能说是从程序上走上了正轨，管理的效应并没有真正发挥出来，特别是在对支出的监管上，目前只能从审批的程序上进行控制，对支出顺序的调整作用发挥并不明显。目前徐闻县“镇财县管”改革实行的是集中核算，县镇财县管中心只有2名工作人员，却要负责15个乡镇政府的支出业务审核，不易了解各乡镇的具体业务情况，不论单位是否发生了该项业务，只要单据合法有效、手续齐全，就可以审核过关，导致了对乡镇财务监督管理无法纵向到底、横向到边。

（五）乡镇运转困难难以化解

目前徐闻县乡镇财政普遍入不敷出，债务包袱沉重，影响了镇财县管改革的正常运行。从目前试点改革运行情况来看，对财力状况好的乡镇，改革的效果明显，对财力差的乡镇，效果并不明显。实行镇财县管改革只是规范了乡镇收支管理，不能从根本上解决乡镇财政的困难问题。

（徐闻县财政局供稿，陈光贤　武龙文执笔）

茂名市

茂名市财政管理信息化建设基本实现“一体化、大集中”

2002年，财政部、广东省财政厅先后出台了关于“金财工程”建设的总体规划，提出了“金财工程”建设的内容、方式、步骤、技术要求等方面的具体意见。“金财工程”是利用先进的信息网络技术，支撑预算管理、国库集中支付和财政经济景气预测等核心业务的政府财政综合管理信息系统。“金财工程”以财政系统纵横向三级网络为支撑，以细化的部门预算为基础，以所有财政收支全部进行国库单一账户为基本模式，以预算指标、用款计划和采购订单为预算执行的主要控制机制，以出纳环节高度集中并实现国库资金的有效调度为特征，从而实现财政收支全过程监管、提高财政资金使用效益。建立和实施“金财工程”是财政管理工作与时俱进和高效运行的要求，有利于规范财政收支管理，增加预算编制与执行工作的透明度，是提高国家宏观经济决策水平的需要。

一、基本情况

茂名市财政局“金财工程”信息化建设始于2004年，同年10月份邀请广州万方兴泰顾问有限公司对信息化建设进行了第一期总体规划，12月初形成第一稿，2005年3月份定稿，同时总体规划通过了相关专家的评审。总体规划将茂名市财政局“金财工程”建设分为三期：

第一期规划包括基础网络设施建设、国库集中支付系统、办公自动化系统和非税收入系统的建设。

第二期规划在第一期实施应用的基础上，将“金财工程”第一期项目应用推向深入。

第三期规划是在第一、第二期规划的基础上建立财政业务数据中心。

2008年以来，茂名市财政信息化建设充分发挥信息技术对财政改革与发展的基础保障作用，坚持“统筹规划、统一标准、资源共享、建用并重”的原则，以统一平台、信息共享为目标，进一步加快网络等信息基础设施建设，不断加大财政业务软件和信息资源开发与利用的力度，全力打造一个管理服务兼备、技术先进高效、业务透明清晰、监控实时全程的财政管理信息平台，促进财政管理的信息化和精细化。

二、主要做法

（一）领导高度重视，为财政信息化建设的改革奠定了坚实的思想基础

茂名市财政信息化建设的改革工作从一开始就得到了局领导的高度重视，并专门成立了由局长亲任组长，分管副局长为副组长，各业务科和信息中心为成员的“金财工程”信息化建设领导小组。2008年，由局长、副局长带领全市财政系统“金财工程”调研组赴四川省财政厅、眉山市财政局、浙江省绍兴市财政局学习考察“金财工程”建设情况，并形成了调研报告，并首次在市十届人大三次会议上做的预算报告中提出：加快推进“茂名市财政信息大平台”建设，按照“横到边，纵到底”的要求，实行市、县、镇三级财政数据大集中，实行财税库银联网，整合信息化资源，实现资源共享和财政的实时监控管理，逐步实现财政管理的科学化、精细化。为实现这个目标，茂名市财政局先后制定出台了《茂名市财政局“金财工程”建设二期规划》和《实施方案》，并邀请社会中具有信息化权威的专家学者组成评审组对方案进行多次论证。2009年1月1日，“茂名市财政信息大平台”正式部署上线运行，标志着茂名市“金财工程”二期建设的正式铺开。

（二）打破“信息孤岛”，推进“一体化、大集中”

建设一个统一的平台是财政信息化发展的必然趋势。财政部门业务门类较多，普遍存在不同业务使用不同软件产品的现象，各系统的开发都是各自为战，信息编码也没有按照统一标准，技术标准和规范无法统一，形成了若干大大小小的“信息孤岛”，系统之间互不兼容，数据难以统一协调，造成了财政关联业务信息不通，资源不能共享，不利于深化财政管理，提高行政效率。因此，茂名市财政局根据“金财工程”的建设标准，结合茂名实际，在第一期基础网络建设的框架上，打造出信息一体化、数据大集中的“茂名市财政信息大平台”。通过平台提供财政服务，

达到了统一平台、统一登录、业务集成和数据共享的目的，使财政部门内部科室和预算单位均从平台上按权限获取共享信息。

（三）整合各财政业务系统，促进财政管理规范化、科学化、精细化

2009年是大平台各业务系统整合最重要的一年。按照平台的标准，将所有财政业务系统根据同样技术标准来规范管理，对已经使用的业务系统按照标准进行整合改造，新建的业务系统完全按照平台的标准进行建设，使所有的业务系统都基于统一的技术来建设，实现了不同业务的紧密衔接，并提供了规范的对外服务。同年3月1日，行政办公系统（OA）正式部署上大平台运行，掀开了茂名市财政局走向信息化、无纸化办公新的一页。5月1日，手机短信平台正式部署上大平台运行。作为办公自动化的一项技术延伸，对于打破地域限制，推动茂名市财政局财政信息大平台踏上移动办公领域具有重要的意义。7月2日，茂名市非税收入管理系统正式整合进茂名市财政信息大平台运行使用。10月19日，部门预算管理系统正式部署上大平台运行。10月20日，茂港区镇财县管信息系统正式上线。11月1日，茂名市财政局公务卡系统正式上线运行。11月16日，财务核算集中监管再纳入一批预算单位，完成了2009年内所有市直属一级单位全部实施财务核算集中监管改革的计划。2009年，茂名市财政局已经建设整合的系统有：部门预算编审系统、国库集中支付系统、财务核算信息集中监管系统、非税收入管理系统、镇财县管系统和行政办公及手机短信平台。随着“茂名市财政信息大平台”建设的顺利实施，有效地梳理了财政管理流程，有力地整合了财政内外部资源，实现了财政资金管理所有相关部门及单位的有效协同管理，促进管理型财政向服务型财政转变，促进财政管理的规范化、科学化和精细化。

（四）集中市、区、镇三级数据，为财政决策提供实时、科学依据

为了节约投资，防止重复建设，茂名市财政局通过整合各财政业务应用系统，建设了统一的财政业务支撑平台，规范了茂南区和茂港区的财政业务系统。目前在茂南区已经建设了部门预算、国库集中支付以及镇财县管系统，在茂港区已经建设了国库集中支付及镇财县管管理系统，两区使用统一的财政业务支撑平台进行登录，根据权限进行办理业务，同时所有财政业务数据均存放在市局中心机房数据库。通过统一财政业务支撑平台，集中三级数据的建设模式，大大减少了基层财政部门信息化建设的投入，也减轻了基层财政部门信息化建设的维护工作，同时也便于上级财政部门及时了解下级财政部门的情况，并可以通过实时与定时采集基层财政相关预算、执行、决算实时财政运行数据，与市级数据一起，进行统计、分析、汇总等，为辅助决策提供科学依据。

（五）完善规章制度，搞好各项运维工作，保障正常系统运作

任何庞大的系统都需要一定的机制来保障和维系。中心机房不仅是整个茂名市财政信息大平台部署的总站，还是所有财政业务系统的数据中心，网络中心，联通全市的财税库银。因此加强中心机房的安全、监控和运维，是保障各项财政业务得以顺利进行的重中之重。同时，加强对茂名市财政局对外网站的建设，严格按照信息上网有关规定，及时更新和发布财政相关的资源和信息，增加了财政政务公开的透明度。与此同时，面对不断扩大的业务系统和数据，茂名市财政局制定出台了《茂名市财政局信息化工作管理制度》：一是制定业务规范和技术标准体系。根据国家电子政务标准以及财政部制定的“金财工程”具体标准，结合本地实际，制定了财政业务和技术标准体系，并以此为基础建立了数据中心。在推行信息化建设过程中，不断扩展和完善涵盖财政业务基础数据规范，核心业务规范、数据交换标准、运行维护标准等方面的标准体系。二是制定信息安全保障体系。通过安全技术体系和安全管理体系的建设，实现物理安全、网络安全、系统安全、应用安全和数据安全，实现财政信息网络的网络隔离、分域防护和多层保护等安全目标。通过这些制度，全面规范信息化建设过程中的保密、网络安全、责任制、机房管理、数据备份和运维等事项。

三、主要成效

（一）实现了财政资金的使用实时动态监管

市级200多家预算单位及两个区的预算单位都纳入国库集中支付和非税收入收缴范围，部门预算、国库集中支付、非税收入管理、财务核算集中监管等系统相互衔接，实现了从预算编制、集中收付、会计核算的全程管理。部门预算系统在市级应用到256个预算单位，实现了从基层预算单位编报预算、主管部门审核、财政部门审核、定额标准测算、项目预算管理、预算批复全过程的信息化处理，大大提高了预算编制的科学性、规范性和准确性。国库集中支付系统在市级应用到256个预算单位，2009年通过系统支付了16.66亿元，实现了支付工作的动态式、过程式监督管理，减少了财政拨款和退库款项的在途时间和划转环节，提高了工作效率，保证了财政资金的安全性和规范性。非税收入管理系统在市级150个执收单位使用，截至目前共启用收费项目1 895项，收缴金额7.85亿元，接收票据近65万张，数据准确率达100%，做到了可随时查询每一个部门、每一个执收单位的收费情况，以及每一张收费票据、每一个收费项目的具体情况，有效遏制了乱收乱罚、截留挪用和坐收坐支等现象的发生，促进了“收支两条线”管理改革的顺利推进。

（二）得到了上级和社会各界的充分肯定和高度赞扬

茂名市财政局连续两年荣获由市信息化工作领导小组办公室授予的“信息化建设先进单位”称号。2009年6月，省财厅信息中心领导就省金财工程纵向网建设事项，参观了茂名市财政局信息建设的成果，并给予了高度的评价和充分的肯定，赞扬茂名市在结合省金财工程要求的同时，创新地提出了“业务一体化、数据大集中”思路和“横到边、纵到底”的要求，并真正落到实处，这在全省乃至全国都是首例，可见茂名市财政局对“金财工程”的重视程度。8月29日，在用友软件与中国财经报社联合举办的“新经济形势下的精细化财政管理研讨会”上，由茂名市财政局撰写的名为《战士指看南粤，更加郁郁葱葱》文章荣获唯一特等奖，并刊登在中国财经报上。

（三）实现了财政业务的网上申请和网上审批

通过一体化建设，形成了指标控制、计划管理、资金支付、信息反馈的管理格局。财政网上办理实现了财政性资金审批电子化，方便了基层和预算单位，提高了工作效率。

（四）办理业务透明化，方便监督

通过一体化平台的建设，茂名市财政局实现了各内部科室的职能规范和各项业务办理流程的梳理，实现了财政资金管理的所有相关部门及单位的有效协同管理，并实现了不同业务科室和业务环节的信息透明，促进了政务公开和服务规范，客观上也提高了办事效率，加强了监督。

（五）提高了财政系统办公自动化水平

通过一体化平台建设，将行政办公系统与业务系统进行了有机结合，通过登录平台既可以行政公文的办理，也可以办理财政业务，客观上促进了财政干部对网络平台的依存，同时也提高了干部的计算机使用水平，进而提高了工作效率。

（六）实现了“四个有利于”

1. 有利于建设“数字化财政”。基于统一的信息化管理平台，为各财政业务系统提供了集成服务，有效地消除了信息孤岛，使各财政业务系统流程顺畅、统一，数据自动流转；基于统一的数据库管理实现数据共享，为实现决策分析提供可能；基于灵活的工作流引擎技术，实现了公文、单据、流程的自由流转，充分保证了财政管理系统能够适应未来业务变动的需求。

2. 有利于建设“服务型财政”。财政一体化系统的建设可以更好地向茂名市财政局内部各部门、各县（市、区）财政局、各预算单位乃至社会公众提供服务。比如通过提供网上预算编报和审批服务，过去半个工作日才能完成的工作，通过登录网上虚拟办公大厅，仅需半小时就可能完成，大大减轻了各预算单位的工作负担，财政服务的质量和效率将大大提高，用户满意度也会直线上升，将给社会公众树立良好的服务财政的形象。

3. 有利于建设“阳光型财政”。在数据大集中和统一管理平台的基础上，财政一体化系统一方面通过事前、事中、事后的预警设定，可以对每一笔资金的来龙去脉进行全程跟踪和有效监管，使财政资金的运行在系统内部实现透明化；另一方面也为人大、审计部门等相关机构监督茂名市总体财政系统资金的运行提供了一个实现的基础，从而向建设阳光财政的方向迈出了坚实的一大步。

4. 有利于建设“节约型精细化财政”。财政一体化是节约型信息系统的价值体现。首先是节约财政管理成本。财政业务借助信息系统来运转，摆脱手工处理，各个环节相互衔接，形成一体，大大提高财政业务管理效率。其次是节约信息化建设成本。茂名市财政局及下级县（市、区）财政统一建设财政业务系统，不再各自为政，从而在保证信息化效果的同时，信息化建设的总体投入相对是更少的。再次是节约信息系统维护成本。在系统维护工作中，只针对一家服务商，避免系统维护的互相推诿，并且由于数据大集中，县（市、区）财政不需要每年投入财力、人力对系统进行维护。

（茂名市财政局供稿，欧　辉执笔）

肇庆市

加快信息化建设
提高财政科学化精细化管理水平

一、加快财政信息化建设的背景

随着财政制度改革的深化，对财政管理的要求日益提高，以信息化手段推进财政制度改革，提高工作效率、管理水平和加强监督，已成为各级财政部门的共识。加快财政信息化建设，改变原有落后的手工操作模式，实现财政收支实时管理、实时监督，使财政管理更加细化，提高信息使用效率，近年更按照中央、省、市厉行节约的有关规定，通过信息化建设提高工作效率和降低差旅费用，把信息化建设工作与财政实际业务有机结合起来是肇庆市财政局信息化建设工作的主要方向。

二、财政信息化建设的主要项目

按照国家和省“金财工程”的总体规划以及市委、市政府的工作部署，肇庆市财政局紧跟信息化发展步伐，逐步建立起一系列的网络信息系统平台。

（一）率先全省建立省、市、县财政纵向联网，确保信息传送安全，节约显成效

在全省率先将财政纵向网建成与互联网物理隔离、从省级财政部门直到市、县级财政部门的财政专网。肇庆市财政根据省的技术要求组织全市的网络建设工作，按照统一规划、统一技术标准的原则制定省市联网和市县联网方案，并同线路运营商取得线路租用优惠，下发给各县（市、区）作为参考，在网络建设中实行信息互通，多番研究对比，定出最优方案。目前，省配设备已到位，线路铺设及调试工作完成，网络已投入使用运行。

为加强市财政局与所属各县（市、区）财政局的数据传输，节省会议成本及往来会议的时间，提高工作质量和效率，充分利用省、市、县财政纵向网的资源，肇庆市财政在纵向网的资源基础上进行了与各县（市、区）财政局视频会议系统的建设。在对广州市国土局、肇庆市地税局等单位现场实地考察，详细了解视频会议室的设计布局要求、设备配置对画面、语音的传输效果等情况后，制订了符合肇庆市实际的系统建设方案，市财政视频会议系统很快进入了建设实施阶段，并已正式上线投入使用。建成后的视频会议系统覆盖市财政局和所属9个县（市、区）财政局，可以满足多种业务的需要，能综合传输处理数据、语音、文字、图表、动态图像，在实践中应用交互式视频会议、实时现场图像传输、远程教学等。结合中央、省、市厉行节约各项规定，充分利用视频会议系统进行工作部署和交流，减少往来会议费用、时间，大大降低了行政成本，提高了工作效率。

（二）市本级财政城域网建设取得重大进展，实现横向联网，强化财政监管

市本级财政城域网建设由一系列的财政收支、管理、监督系统组成，涵盖财政、税务、银行、监管部门等，各系统、各部门横向联网，实现财政业务的实时动态监管。

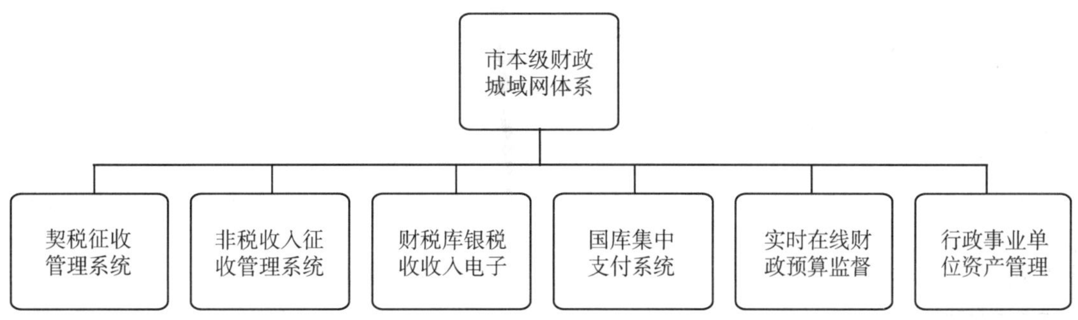

1. 契税征收管理系统。

为应对不断增加的业务量，保证契税收入的及时足额征收入库，肇庆市财政局就相关的业务应用，进行了契税征收管理系统建设。契税征收管理系统的投入使用，实现了和市、区房管部门的房产办证软件系统对接，通过系统可跨部门进行税源资料的查对，实现了管理资源共享，充分依托信息化手段，对税源实施科学化、精细化管理，提高税收征管工作的效率和质量，确保契税收入按时足额入库。

2. 非税收入征收管理系统。

在非税系统的上线建设中，根据系统上线的要求，购置测试服务器、规划做好执收执罚单位 IP 地址分配、VLAN 划分，设置防火墙策略，并就平台使用从接入电脑使用、防病毒、保密等方面制定了管理制度，确保网络、系统的安全运行；协助业务科室进行系统基础数据录入、顺利完成了与 6 家代收费银行、执收执罚单位的系统联调测试，为系统上线运行提供良好的环境；并做好上线单位操作人员的培训工作。从 2009 年 3 月 1 日起，市本级 114 个执收执罚单位已陆续上线运行。单位上线运行后，落实专人跟踪掌握非税收入系统使用情况和上线单位分批上线情况，并实地走访了第一批上线并已稳定运行的 15 家单位，了解系统使用具体情况，及时解决出现的问题。非税收入管理系统上线运行后，执收执罚单位通过登录非税收入管理系统开具缴款通知书，缴款人可到代收款银行市内任一网点刷卡缴费或现金缴费，最大限度地方便了群众。同时，财政部门、执收执罚单位、代收款银行三方对缴费情况可实现实时查询和监控，真正实现了非税收入项目、标准、征缴、票据、资金等全方位的信息化管理和信息共享，大大提高了肇庆市非税收入征管水平和服务质量。

3. 财税库银税收收入电子缴库横向联网。

作为省财税库银税收收入电子缴库横向联网的试点市，财政部门的角色是做好协调工作，肇庆市财政局就系统联网的要求等问题多次与市人行、市国税、地税部门沟通，及时掌握国税、地税部门联网的进展情况和技术要求，制定财政与市人行国库联网的技术方案。目前，肇庆市财税库银税收收入电子缴库横向联网已率先全省上线运行使用。

4. 国库集中支付系统。

为全面推进财政管理制度改革，肇庆市财政局扎实抓好市级国库集中支付系统上线实施工作。为组建市财政国库集中支付系统网络平台，肇庆市财政局组织相关科室和技术人员做了大量的调研和准备工作，到佛山、江门、揭阳等兄弟市参观学习，借鉴建设经验，并结合肇庆市的实际，与市信息中心、市保密局等部门间沟通联系，对运营商的报价进行比较分析，综合分析各公司的资质、实力、技术、服务等多方面因素，整理出 150 多个联网单位的联网地址、联系人、局域网建设情况等详细信息，为组网提供基础数据，制定网络的规划建设方案。

通过公开招投标组建市财政国库集中支付系统网络平台，网络采用裸光纤直连的方式组网，实现了与互联网物理隔离，网络安全稳定，符合财政部和省财政厅规定的网络建设组网要求，而线路租用费仅为 360 元/点/月，在省内同类的线路租用中性价比最高。2009 年 2 月底，网络线路已全部测试开通，目前网络已覆盖市直部门单位、执收执罚单位和 6 家代理银行网点。

市财政国库集中支付系统网络平台构建后，市财政局与人民银行、代理银行、预算单位之间实现了点对点的、物理隔离的联网，肇庆市在市直预算单位中陆续分批应用了国库集中支付系统，为做好国库集中支付系统的管理工作，对系统进行了专门研究，采取了一系列有效措施：（1）落实专人担任系统的超级管理员，如系统出现服务器死机、数据丢失、网络不通等运行意外时，即使用超级管理员的特殊身份来解决系统运行时出现的故障，使系统尽快恢复正常。（2）为保障核心线路的畅通，市财政局与人民银行肇庆市中心支行、代理银行均有两条隶属不同运营商的线路连接（一条是裸光纤，另一条是 SDH 电路），实行了线路备份，如果使用中的一条线路出现中断，即时启用备份线路。（3）将网络按办公楼层划分成 4 个互不影响的 Vlan，一旦出现访问财政国库集中支付系统流量异常激增，立即断开有问题的 Vlan，保护系统不受广播风暴影响而瘫痪。（4）根据具体情况更改路由策略，光纤网络的所有用户（预算单位、人民银行肇庆市中心支行、代理银行等）只允许访问市财政国库集中支付系统服务器及测试所用的单机。（5）系统数据库安装在 UNIX 平台上，组成双机热备，使数据库具有高可用性，当出现一般的服务器或磁盘故障，系统会自动接管发生故障的功能，避免用户的业务中断；当整个数据库发生故障，可以启用一台后备的服务器作为应急服务器使用，将已备份的数据导入后备服务器中。（6）配合业务科室就《肇庆市财政国库集中支付系统故障处理应急预案》作技术支持、保障。此外，还对系统不断地进行完善、优化，市本级实现了国库集中支付网上额度管理、资金清算和对账，既能确保系统内存数据的真实、准确、完整，又能提高工作效率，还可以实时掌握试点单位的每一笔支出，及时和银行对好每一笔账。在市本级系统建设的同时还积极做好县（区）国库集中支付系统上线的实施工作，指导县（区）签订系统实施及运行维护合同，协助县（区）做好相关软、硬件的采购工作，以确保县（区）国库集中系统能按时上线试运行。目前全市各县（市、区）国库集中支付系统已全部上线完毕。

5. 实时在线财政预算监督系统。

为加强对财政预算执行的监督，肇庆市财政局按照“稳步、安全、合规”的原则，积极探索建立市级实时在线财政预算监督系统，通过与人大、纪委等部门间的沟通联系，结合现有的网络条件，制定出系统规划建设方案。为确保系统安全性，为监督系统配置了专用电脑，保证该电脑只用作查询，专机专用，电脑的其他相关功能（如：使用 U 盘、上互联网、使用 IE 浏览器、安装其他软件等）通过技术处理进行屏蔽。为规范操作使用，制定了《系统操作指南》，确保系统的安全应用、高效运行。该系统的开通，实现了人大与政府预算日常信息共享，通过该系统，市人大可以实时查询到纳入国库集中支付试点单位的所有预算安排计划和详细的支出情况，及时发现各部门在预算执行过程中的问题，对于健全惩治和预防腐败体系，完善公共财政框架具有重要作用。

6. 行政事业单位资产管理信息系统试点。

肇庆市财政局针对行政事业单位资产管理信息系统试点，详细了解系统的功能、运行所需要的网络环境等资料，结合实际，提供系统试运行的设备条件，有力推进了行政事业单位资产管理信息系统的铺开建设。

（三）机关办公局域网日趋成熟完善，支持多点同步办理，工作效率大为提高

为进一步推进局机关电子政务建设，实现机关事务管理的规范化、制度化和科学化，2006 年开始，肇庆市财政局在机关事务管理中开发使用办公自动化系统（OA）。为顺利完成系统研发和推进该项目建设，办公自动化系统（OA）建设按照“经济、实用、可靠、先进”的原则进行。在软件的研发工作上，专门到兄弟单位进行参观学习，并就公文、业务处理流程等工作进行了多次讨论和细化、完善，为系统功能的开发准确地提出了业务需求，选准了有实力的研发商，确保软件研发工作扎实有效。在网络的安全建设上，制定了《肇庆市财政局机房管理制度》、《关于规范局办公计算机使用有关事项的通知》等一系列的管理制度，通过硬件对办公网、外网实行严格的物理隔离，对局内 100 多台办公电脑及 30 多台上外网电脑每台实施防火墙绑定机器码，保证办公电脑与上外网电脑不能交叉串用，安装网络防病毒软件，安排专人每周定期更新病毒库，防杀最新电脑病毒，有效地对局办公网络系统进行安全管理。在系统的上线推广上，落实专人，分时、分段对使用人员进行了“一对一”的上线培训，确保使用人员熟悉系统操作，并发出征求意见表，及时了解系统的缺陷与不足，为办公自动化系统（OA）的顺利推开做了充分的准备。

系统上线运行以来，以公文处理为核心，涵盖收发文处理、日程管理、邮件处理、人事管理、资源管理，以及其他有关机关事务管理的各个环节。由于准备工作充分，系统上线运行畅顺，3 个月后即实现了单轨运行。目前办公自动化系统在肇庆市财政局全面应用了两年多，在使用的过程中，针对业务需求的改变不断进行完善、升级，并成功开发了 OA 文件与肇庆市档案局配发的专用软件归档接口，实现了 OA 文件直接归档，建立了公文档案、业务数据和财政法规资料库，为工作资料的内部电子信息化查询提供了平台，有效地提高机关办公效率及行政管理水平。

（四）硬件建设经济、实用、先进，规范系统维护工作，后台支持安全可靠

为配合办公大楼信息化建设工作，提高局机关办公环境和管理水平，满足办公楼内部办公人员在工作和管理方面应用的需求，肇庆市财政局就办公楼信息化设计和建设问题，进行了大量的调研考察，多次到省财政厅信息中心进行学习、参观，了解省财政厅信息化建设的基本情况以及建设项目和方案的制定、实施、组织全过程和具体做法。通过学习考察，使肇庆市财政局对如何做好大楼信息化建设工作有了更深入的认识，学到了许多有益的经验。明确了按照“经济、实用、可靠、先进和适度超前”的原则和“统一规划、分步实施、灵活配置”的指导思想进行大楼信息化建设。针对大楼信息化建设的设计方案，与信息中心、设计方等技术人员进行了多次研究、论证和修改，使设计方案切实符合使用方的需求。在大楼整个信息化系统的实地建设工程中，全程进行了监管，对之前招标文件中不足之处及时进行修改和完善，切实解决在建设工程中出现的问题。信息化各分系统全部运行正常并顺利通过了验收，网络系统、监控系统、广播系统获得局内各科室一致好评，机房更是以高标准的建设要求获得市领导的肯定。同时重视网络系统日常的管理维护、安全防护、保修以及各科室信息点的管理。

1. 日常办公运转、维护工作。

（1）网络丢包、发生故障及时排查处理；

（2）规划、设置每位办公人员的 IP 地址，对每台局办公电脑及上外网电脑实施防火墙绑定机器码，保证办公电脑与上外网电脑不能交叉串用；

（3）每周定期更新防病毒软件的病毒库，防杀最新电脑病毒；

（4）全局办公软件，记账软件及其他应用软件的突发问题的处理；

（5）调试各科室网络打印机、电脑问题；

（6）跟进局域网络流量变化，与相关工程师解决网络广播风暴、提高 OA 访问速度；

（7）电话线路的新开通、调整及故障处理；

（8）回收残旧办公设备，办好移交手续，清点核对移交设备项目，对移交残旧设备做好详细登记工作；

（9）及时更新办公楼大堂显示屏内容。

2. 办公设备的政府采购工作。根据电脑产品阶段性供应情况、更新换代情况、货物价格上下浮动情况、产品维修退换情况制定和及时更新《市财政局办公电脑设备采购指引》；由信息中心对科室购置办公设备提出购买意见和建议，办理采购手续，签订采购合同，进行验收，办公设备安装完毕后，根据具体业务要求进行内部设置，如调试 OA 工作环境，安装杀毒软件，安装业务应用软件等。

3. 财政光纤网络维护。发放、规划、管理 160 个市直单位 IP 资源；及时处理联网单位测试单位无法连通的各类问题，办理联网单位线路迁移手续；了解联网新增单位情况，根据业务需要办理新增加单位分批开通光纤网络手续；配合运营维护商做好线路联通、调试、网络维护工作。

4. 纵向网的建设、管理、维护。与 9 个县（市、区）纵向网络进行联调测试，了解网络运行情况以及出现的各类问题，及时处理应对，确保网络的畅通以及数据的传送。根据业务需要，通过纵向网络向各县、区传输紧急文件，收集各县、区上传的各种文件。根据网络速率问题与运营商或者硬件供应商联系，提出意见，作出参数、IP 地址等数据修改。详细规划，做好各县（市、区）纵向网建设的

指导工作，结合肇庆市的网络现状，切实贯彻落实省的工作要求。

5. 视频会议系统的应用和管理维护工作。会议场所的安排、配备专人实时跟踪会议进行图像的切换和声音的调控等工作。

6. 安防监控。根据监控情况，定期保存监控录像资料。

7. 机房日常维护。定期检测机房环境，日常检查机房温度、湿度是否在安全范围。为了不影响正常工作，做好各项升级、割接、改造、更新工作。解决数据出现的特殊问题，定期删除数据日志，清理系统垃圾，监控硬件运行情况。

8. 做好局信息化方面的咨询、管理工作。对有需要上业务系统的科室提供相关技术数据和建设方案，为使财政业务通过信息化手段进行精细化管理，向规范化发展提供网络平台和技术保障。

三、财政信息化建设的主要成效

经过多年努力，信息化建设成绩显著，已体现出良好的经济效益和社会效益。

1. 市财政办公局域网是具备千兆带宽，支撑财政日常内部办公事务的网络平台，办公局域网与互联网实行物理隔离，共有1 044个信息点。除了在局5楼设计的计算机机房外，还在1、4、5、6、8加设有配线间，各楼层管理子系统均采用主干光纤与主设备间进行连接，确保网络安全及速度。

2. 市财政国库集中支付、非税收入征收管理系统网络平台是按照财政部和省财政厅规定的国库集中支付系统运行网络建设要求组建的城域网。网络采用裸光纤直连的方式组网，与互联网物实行理隔离，目前该网络已覆盖市直一、二级预算编制单位以及执收执罚单位和6家商业银行网点，支撑以国库集中支付系统、财务集中监管系统、实时在线财政预算监督系统、非税收入征收管理系统、财税库银税收收入电子缴库横向联网、行政事业单位资产管理信息系统等系统为核心应用的电子平台。

3. 财政纵向网是按照省财政厅“金财工程”建设要求组建的省级财政部门与市、县级财政部门连接的财政专网，网络与互联网实行隔离，可实现省、市、县之间业务数据、文件的安全传输，承载日后各种业务系统的向下扩展。

三大网络平台的组建，使肇庆市财政具备了“纵”、“横”网络架构，为今后各业务系统的应用以及省、市、县财政数据交换和信息共享提供了网络平台。目前，肇庆市基本搭建起“金财工程”信息化框架，建设了支撑起整个财政主体业务的信息资源共享平台。

四、信息化建设的下一步工作

多年来，肇庆市财政对信息化建设进行整体规划、周密部署，对各网络平台、应用系统进行资源整合，使肇庆市财政信息化水平发生了质的飞跃。今后，在倡导建立“高效、优质、便民”的服务型政府机关的新形势下，肇庆市财政局将以科学发展观为统领，统一思想，真抓实干，继续在全市各级财政部门中积极推广与创新各类信息化管理技术，努力使信息化管理手段紧随公共财政改革的步伐，为财政事业的持续、高速发展铺路搭桥，为全市经济社会全面协调发展增添强大后劲。

（肇庆市财政局供稿，容　洁执笔）

抢抓“双转移”发展机遇
全力打造现代化工业新城

2009年，是世界经济抗击金融海啸的一年，是我国扩大内需调整结构的一年，也是肇庆高新区面临难得发展机遇的一年。肇庆高新技术产业开发区坚决贯彻省委、省政府的“双转移”战略部署，努力争取成为承接产业转移和劳动力转移的天然良港，全力打造新兴现代化工业新城。全年实现GDP 55.03亿元，同比增长31.2%；实现工业总产值220.86亿元，同比增长29.5%；实现财政一般预算收入5.32亿元，同比增长52%；实际利用外资3.11亿美元，总量连续5年高居全省69个省级开发区首位；在2009年《省产业转移竞争性扶持资金中标园区基本情况排名统计表》的18项考核排名中，总体考核成绩位居省产业转移竞争性扶持资金中标园区第一名。

一、抢抓“双转移”机遇

为抓住广东省推进“双转移”战略这个难得的历史机

遇，肇庆高新区全力以赴，积极发挥园区区位、交通、土地等优势，努力争取成为广东省首批示范性产业转移园。2008年8月5日，中山肇庆（大旺）产业转移园成功竞得广东省首批示范性产业转移园，获得5亿元省财政竞争性专项扶持资金。省首批示范性产业转移园的成功竞得，进一步展示了肇庆高新区的发展优势，进一步扩大了肇庆高新区在全省的影响，进一步营造了抢抓机遇、加快发展的良好氛围，提高了知名度和美誉度，进一步加快将高新区打造成为新兴现代化工业城的步伐。

二、高效率使用扶持资金

肇庆高新区坚持“生财有道，理财有方，用财有规”的原则，用好用活管好首批省竞争性扶持资金，将1亿元直接投入园区最迫切的基础设施建设，4亿元分别注入区两个投融资平台和区属国有担保公司作资本金。一方面，提高基础设施建设融资能力。中山（肇庆大旺）产业转移园成功竞得省首批示范性产业转移园后，得到了各大金融机构的高度关注。与国家开发银行广东省分行等六大银行签订了96亿元的项目融资合作意向，截至2009年12月31日，投融资平台新增落实贷款56.18亿元，到位42.23亿元，累计贷款余额为40.2亿元。另一方面，推进园区开发建设。在扶持资金投入放大效应的带动下，在竞标后短短的一年半时间里，高新区园区开发建设、外围交通道路建设和社会公共配套服务设施建设已累计完成投入超50亿元，掀起了打造省首批示范性产业转移园和现代化工业城的开发建设热潮。再一方面，帮扶区内企业融资发展。着眼帮助园区企业解决融资难问题，在扶持资金中拨出3 000万元注册成立区属国有新旺信用担保有限公司，为区内企业融资进行担保，同时在园区年度财政收入中安排1%（共500万元）设立高新区融资担保亏损风险补贴基金。2009年共为企业担保及融资超过9 000万元，为减缓金融危机对企业的冲击，保持企业健康发展提供了有力支持，区内没有一家企业在金融危机中倒闭。

三、高起点规划工业新城

肇庆高新区按照省重点工业园区、首批示范性产业转移园、国家级高新区的总体要求进行高起点规划、高标准建设，着力将高新区建设成为国际化、现代化、生态型的新兴工业城。一是高起点规划发展目标。围绕园区建设成为国家级高新区的目标，充分发挥竞争性扶持资金的放大效应，全面推进园区建设，着力打造广佛后工业区、中央企业落户广东的重要基地、广东先进制造业基地、广东光电产业基地。力争2012年实现工业总产值500亿元，税收25亿元；2015年实现工业总产值1 000亿元，税收达到60亿元，创造就业岗位20万个，为肇庆高新区实现5 000亿元产值目标的重要基础，真正打造成为广东省一流的示范性产业转移园。二是高起点规划产业布局。肇庆高新区重点发展符合国家和省产业发展政策的传统支柱产业，通过制定实施《关于促进产业集群发展的实施意见》，全面承接广东省发达地区支柱产业的扩张转移，目前初步形成了以亚洲最大铝材企业亚洲铝业为龙头的金属精加工、以美国财富500强爱龙威机电有限集团为龙头的汽车机车零部件制造、以硅芯光电科技为龙头的电子信息和先进装备制造四大主导产业，其中金属精加工产业区已被国家科技部认定为国家火炬计划金属加工产业基地；汽车零配件产业区已初步被确定为省市共建先进制造业基地肇庆大旺汽配产业园；电子信息产业区已被国家信息产业部和省信息产业厅分别认定为国家电子信息产业基地和广东省光电产业基地。三是高起点规划园区总体布局。肇庆高新区先后聘请中山大学、香港罗林大都规划顾问有限公司、省城乡规划设计院等多家机构根据未来园区产业规划和建设现代化工业城要求进行园区总体规划。园区的发展确定为“一核六区，十字拓展”的空间结构，以中心服务配套区为核心，金属精加工产业区、汽车机车制造产业区、电子信息产业区，先进装备制造产业区、产学研及配套服务区、物流保税区六大组团围绕中心服务配套区独立发展的空间格局。目前，区内基础设施按照园区总体规划布局逐步完善，海关、商检、银行、学校、医院、五星级酒店等配套服务设施一应俱全，高尔夫度假村、大型商场和高级商务中心将陆续投入建设和使用。四是高起点启动多个片区规划工作。2009年在完成了《总体规划》修编的基础上，启动多个功能片区的规划工作，编制完成了汽车机车产业园控制规划并通过专家评审；编制完成了中心服务区控制规划和城市设计、全区水系景观规划、大旺片区竖向及排水专项规划、热力专项规划等多个专项规划；启动编制了光电产业园、产学研配套区的控制规划和城市设计。各个功能片区规划更加注重前瞻性、现代性、艺术性、文化性，各个功能片区的规划50年不落后。

四、高标准建设基础设施

肇庆高新区围绕建设现代化工业城的要求，按照“先地下后地上”的科学程序，坚持“适度超前”的开发理念，高标准推进各项基础设施建设和配套设施建设。2009年加快推进以“十大基础设施项目”和“十大社会配套项目”为重点的交通、水利、电力、环保、通信等基础设施建设，投入资金近30亿元，固定资产投资增幅近几年来首次实现两位数，达到26.7%，综合竞争力得到质的提升。一是加强园区交通设施建设。2009年重点加快推进主干路网建设，全年新建道路26公里、地下管网35公里，贯穿全区东西、南北的“七纵七横”主干路网已基本形成，园区道路密度超300公里/百平方公里，不仅高居肇庆市之首，更是各省级开发区之翘楚。二是加强产业园区建设。2009年在完成多个产业园区规划后，启动了中心服务区、汽车机车产业园、光电产业园的开发建设，着力打造四大主导产业的载体。三是加强电力供应设施建设。肇庆高新区未雨绸缪，强调电力设施建设的长期性、预见性、前瞻性，2009年新建两座110kV输变电工程，为园区新增重大项目建设投产提供更优质的能源保证。四是加强水利设施建设。肇庆高新区以现代化工业城城市防洪为标准，以“上蓄、中防、下排、外挡”流域体系为主体，以完善区内防洪除涝减灾体系和水资源配置体系为目标，对防洪、治涝、灌溉等水利基础设施进行全面规划和建设，进一步加强了园区防御洪水和内涝的能力，改善园区投资环境。五是加强环保设施建设。肇庆高新区狠抓污水处理厂工程建设，2009 年，第一污水处理厂首期工程与投资 5 亿元的配套管网如期投入使用，成为省级高新区率先实现并网运行的污水处理厂，园区内的生产废水和生活污水实现 100% 收集处理，污水集中处理率和园区污水达标排放率均高居全省示范性产业转移园第一。六是加强城市配套设施建设。2009 年，肇庆高新区建成广东国际赛车场，并成功举办 2009 年中国房车锦标赛第六站总决赛，五星级酒店、创业服务中心、高新企业孵化基地和新水厂建成并投入营业，珠江物流园以及商业街一期、新农贸市场等一批配套设施项目，劳动力市场大楼、交警大楼也即将完工。

五、高质量择商选资

肇庆高新区按照省产业转移区域布局指导意见，围绕打造现代化工业城的目标，把按产业配套引进大项目作为招商引资的重中之重，调整招商引资战略，高质量择商引资，大力实施“产业招商，大项目带动”战略，着力在引“凤凰”上下工夫。突出抓大项目、抓核心技术项目，着力引进世界 500 强、央属和省属大型企业、民营大型企业。一是落实了中国国电、焕发生物科技、李冠成食品、以纯实业、森鹰窗业、理士电动车和风华软磁铁等一批投资超 10 亿元的大型项目。二是成功引进了北京交通大学国家级大学科技园肇庆高新区分园项目、绿色动能风电机产业化项目、LED 照明与平板电视生产基地项目等高科技项目，进一步提升园区自主创新水平。三是加快建设 8 平方公里汽车机车产业园和 6 平方公里光电产业园，并组团赴温州、香港、台湾、日韩、新加坡等地举办专业招商会，洽谈落实了顺达机电、利丰电器、日科科技等一批汽配和光电项目，为汽车机车产业园和光电产业园注入实体。四是成功举办 2009“大旺金秋”经贸洽谈会，签约、奠基、剪彩项目 116 个，投资总额 362 亿元，较 2008“大旺金秋”增加了 14 宗项目、143 亿元投资额。2009 年，肇庆高新区共举办和参加了包括“大旺金秋”在内的各类招商推介会、经贸交流会十多场，通过评审新引进项目 36 个，引资额超 300 亿元。

六、高门槛环保准入

2009 年，肇庆高新区严格按照“现代化工业城”的发展定位，始终坚持保护环境与经济增长并重的理念，提高园区的环保准入门槛，加强环保准入审查，严格环境监管，加大环保投入，切实做到开发建设、产业发展、环境保护和生态建设同步推进。积极发展循环经济，加快打造生态产业链，确保了园区经济社会的可持续发展。一是严格执行环保“一票否决”制，严格按照《工业项目准入标准和评价暂行办法》，把好项目准入关，同时加强建设项目报建和环保设施验收管理工作，对未落实环评的一律不准建设，对环保设施未通过验收的一律不准投产。二是启动创建国家生态工业示范园区。高新区于 2009 年 10 月 30 日全面启动创建国家生态工业示范园区，11 月 28 日，园区 ISO 14000 环境管理体系顺利通过中国质量认证中心和德国 TUV 公司的联合审核，获得 ISO 14000 国内、国外双证书。三是大力推进循环经济试点工作。省经贸委《2009 年广东省节能和循环经济工作意见》将大旺产业转移园列为全省产业转移园循环经济试点。肇庆高新区在建设过程中，遵循循环经济理论和生态工业园建设理论，致力打造绿色产业链，积极推动企业开展清洁生产及中水回用，进一步降低生产过程中资源消耗量，着力打造生态型工业城。

展望未来，肇庆高新区将继续以党的十七大精神为指导，以科学发展观为统领，以广州科学城和苏州工业园为标杆，全面贯彻中央经济工作会议和省委十届六次全会、市委十届八次全会精神，进一步贯彻落实《珠三角区域发展规划纲要》和“双转移”战略，围绕汪洋书记提出的“尽快申报成为国家级高新区和尽快实现 5 000 亿元产值”的目标，积极改革创新体制，一手抓大项目引进，一手抓城市化推进，全力加快现代工业城建设。一是改革招商体制，做大做强产业集群，按四大主导产业，由区领导牵头分别成立产业发展招商公司，加强产业研究，掌握产业动态，形成真正意义上的产业招商，形成产业配套，延长产业链，迅速壮大产业规模，做大做强主导产业。二是改革开发体制，加强基础设施建设。通过改革开发建设体制，对区属的国有企业进行重新定位分类，做到专业分工，独立核算，自负盈亏，定额上缴，实现市场化运作，增强开发园区速度和活力。同时，切实抓好融资工作，进一步落实银行信贷资金，为基础设施建设提供资金保证。

（肇庆高新区财政局供稿，叶铭学执笔）

潮州市

充分发挥财政职能　推进特色产业发展

改革开放以来，潮州市委、市政府高度重视发展以民营经济为主体的特色产业壮大全市经济，通过采取一系列的政策措施引导和扶持，全市初步形成了陶瓷、服装、食品、印刷、塑料制品、电子、不锈钢、水族机电等八大特色支柱产业（以下称“八大特色产业”）。以民营经济为主体的特色产业在全市经济发展中占据重要位置，占据九成以上的民营经济，已成为潮州市工业经济发展的主力军。陶瓷、婚纱晚礼服等产业初步形成了在国内具一定影响的产业集群，成为支撑潮州经济发展的主要力量。2009 年，全市规模以上工业增加值 149.4 亿元，其中，八大特色产业增加值达到 102.82 亿元，占 68.82%。

一、全市特色产业发展的现状

潮州市特色产业现有企业约 2 万多家，2009 年，规模以上工业中的八大特色产业企业单位数 912 家，工业总产值为 379.2 亿元，工业增加值 102.82 亿元。

1. 陶瓷产业。潮州陶瓷生产具有 1 300 多年的历史。改革开放以来，经过不断的技术改造、创新和国内外市场的开拓，逐渐发展成为以枫溪为龙头的陶瓷产业更详，形成了以工艺瓷、日用瓷、卫生洁具、电子陶瓷等具有较强竞争力、门类齐全的陶瓷生产基地和出口基地，陶瓷产业已成为潮州市一大支柱产业。2004 年潮州市被授予“中国瓷都”称号以来，陶瓷产业发展更快，陶瓷工业产值、产品档次、盈利水平均有了明显提高，在国民经济中的地位日益突出。全市陶瓷企业共拥有专利产品近 1 500 个，注册商标 1 000 多个，有 8 家企业进入“中国名牌产品”、“中国驰名商标”。2009 年，陶瓷产业实现总产值 179.65 亿元。

2. 服装产业。以婚纱晚礼服为主的服装产业有着深厚的历史文化底蕴。据史料记载，唐代，潮州便逐渐形成我国四大名绣之一的潮绣。改革开放以来，潮州人将潮绣与现代服装生产结合起来。逐步形成了以简洁大方而又富贵华丽的婚纱、晚礼服为主要产品的外向型服装产业，产品有八成左右外销，主要销美国、加拿大、澳大利亚。西班牙和东南亚等二十多个国家和地区，潮州也成为国内外最大的婚纱、晚礼服生产集聚地和出口基地。2004 年，潮州市被授予“中国婚纱晚礼服名城”称号，2006 年，潮州市荣获“中国服装跨国采购基地”称号。2009 年，服装产业实现总产值 28.25 亿元。

3. 食品产业。潮州市食品生产历史悠久，市委、市政府高度重视食品行业，把它作为一大支柱产业进行精心培育，有效地促进了食品行业的持续快速健康发展。产品结构进一步优化升级，产品也由原来的传统加工型发展到奶粉、豆奶粉、糖果、饮料、营养食品、保健食品、海产品、膨化系列、肉制品加工等现代食品加工门类，质量和档次都有了大幅度的提高，各类产品已畅销全国各地。2009 年，食品产业实现总产值 50.53 亿元。

4. 印刷产业。潮州市的包装印刷行业属新兴产业，主要为本地及国内相关行业提供配套服务，整个行业已形成从油墨、黏合剂生产、薄膜材制经营、电脑设计、电雕制版、凹凸彩印一条龙配套完整的行业结构。产品主要为食品包装材料、药品包装材料、花纸、纸箱。印刷文具、商标、票据、激光纸、激光透明膜等近 30 个品种。2009 年，印刷产业实现总产值 23.01 亿元。

5. 塑料制品产业。塑料制品产业主要是塑料工艺鞋业，是潮州近几年来快速发展起来的一个特色产业，在 2006 年“广东工艺鞋十强”优势企业评选中，潮州占了六强，充分显示了潮州工艺鞋的优势地位。全市塑料产业共获省名牌产品 3 项，省著名商标 3 项，2009 年，塑料制品产业实现总产值 42.33 亿元。

2009 年全市规模以上工业八大特色产业总产值

项目	合计	陶瓷	服装	食品	印刷	塑料制品	电子	不锈钢	水族机电
企业数（个）	912	470	86	82	84	88	11	82	9
总产值（亿元）	379.2	179.65	28.25	50.53	23.01	42.33	16.8	26.47	12.15
增加值（亿元）	102.82	49.04	9.14	13.86	5.05	10.18	6.26	5.83	3.45

6. 电子机电产业。改革开放以来，潮州努力加大资金、技术和设备引进力度，促进了电子机电产业规模的迅速壮大。全市电子机电产品以中低档次产品为主，多为配件产品，整机产品相对较少。其中电子产品大部分为电子元器件。电子接插件、电池等配件，在同行中占较大的市场份额。2009 年，电子机电产业实现总产值 16.8 亿元。

7. 不锈钢制品产业。20 世纪六七十年代，潮安县彩塘镇的五金加工制造业已经十分兴旺，改革开放以来，不锈钢制品待业持续快速发展，成为全市工业支柱产业之一。至 2009 年，潮州不锈钢制品品种达上万个，产品包括不锈钢厨餐具，建筑装饰品、日用品、医疗器械、不锈钢型材、汽车配件等六大类型。全市不锈钢制品产业共有中国名牌产品 1 项，国家免检产品 2 项，广东省名牌产品 4 项；中国驰名商标 1 项，广东省著名商标 9 项。2009 年，不锈钢制品产业实现总产值 26.47 亿元。

8. 水族器材产业。潮州水族机电产业诞生于上世纪 80 年代，饶平县黄冈镇是水族机电企业最早的诞生地和集聚地，全市水族机电产业发展迅猛，一跃发展成为工业经济支柱产业之一，潮州已经发展成为全省乃至全国的重要水族机电产业基地。2008 年，以饶平县黄冈镇大聚集区的水族机电产业被认定为“广东省火炬计划水族器材产业基地”。水族机电产品大部分用于出口，远销欧美、日本、韩国、东南亚、中东、香港、台湾等 80 多个国家和地区，水族器材产业的技术水平在国内处于领先水平，2009 年，水族器材产业实现总产值 12.15 亿元。

二、加快发展潮州特色产业的重要性和必要性

概括起来，潮州八大特色产业的特点有“五高一强”：资本民营化高、产业集中度高、市场占有率高、产品知名度高、产业外向度高、技术推动力强。但是，同时也存在企业生产规模小、现代经营管理理念缺失、企业核心竞争力弱、技术创新能力较低、专业市场形成难、资源和环境制约大、产业配套差、服务体系发展慢等不利因素。潮州市委、市政府针对推进特色产业过程中存在的问题，提出要加快转变经济发展方式，推动产业结构优化升级，把潮州建设成国内特色产业基地，要在全市众多特色产业中挑选出重点扶持和发展的产业，通过技术、品牌和市场的创新，使这一个大特色产业成为经济发展的支柱，使经济发展方式有较大的改善，经济结构得到调整优化，在取得经济快速发展的同时，降低能耗，节约资源，减少污染，走出一条科学发展的新路子。打造“国内重要的特色产业基地”是潮州市第十二次党代会提出的奋斗目标，也是省委对潮州发展的一个战略定位。特色产业是全市经济发展的重要支撑，已成为经济发展大潮中的“旗舰”。只有把产业基地建设好，打造“国内重要的特色产业基地”才有坚实的基础。只有建设好特色产业基地，不断提升特色产业素质，促进特色经济实现总量大、结构优、效益好、后劲足，建设国内重要的特色产业基地方有可能。

三、发挥财政职能，提升特色产业素质，推进特色产业发展

财政职能作为政府调控手段的重要组成部分，以其具有的激励、分配、协调、引导与规范等功能在推进特色产业发展、促进经济发展方式转变中发挥着重要作用。作为财政部门，要在发展潮州特色产业上发挥更大的作用，使之成为潮州市经济发展的重要支撑，必须更加注重财政投入的方向，多方支持企业的发展，积极用活用足财政政策，整合有限的财政资金，通过一系列的方法方式，扎实扶持特色产业发展。最终达到壮大其规模，发挥其作用，创造其效益。千方百计做大总量，提高产业素质和发展水平，把潮州打造成国内重要的特色产业基地。

（一）积极加大财政扶持，加快特色产业的技术创新

建立和完善新型的特色产业科技创新体系技术创新是企业和产业赖以生存的支撑及持久发展的动力。必须从各方面引入资金，特别是财政资金上，要想方设法着力培育扶持一批创新型企业，建立特色产业关键共性技术创新中心、产业集群技术服务平台、骨干企业技术中心“三位一体”的产业技术创新体系，形成具有潮州特色的产业自主创新基本框架。要强化企业技术创新的主体地位，充分发挥现有各类工程技术研究中心、企业技术中心等研发机构的作用，加快各产业共性技术的研究、开发和推广，推进各产业的技术升级。政府、企业要共同通过多种形式与途径，加大投入，加强技术基础建设，增强技术开发能力。加快公共服务平台建设，要为企业技术创新提供使检测、模拟试验等服务，要在各科技专业镇中开展由政府主导组建与地方特色产业相适应、对地方特色产业发展有直接推动的公共服务平台的试点工作，为区域特色产业提供技术中介服务。积极建立多元化的投入体系，充分利用市场机制，调动各方面的积极性，大幅度增加全社会科技投入。积极调整投资结构，建立财政拨款、金融支持和企业积累、社会融资等多渠道、多层次的全社会科技投入体系，建立财政科技投入增长机制，切实落实中央和省有关增加科技投入的各项规定，确保地方财政科技投入增长速度高于财政收入增长速度。善于运用经济杠杆和政策手段，引导和鼓励企业增加科技投入，建立企业科技投入制度，发挥企业科技投入的主体作用，积极引导银行倾斜，支持技术创新项目，继续实施市技术创新专项资金扶持政策，引导银行增加技术创新贷款。

（二）积极加大财政扶持，加快特色产业的品牌创新

实施名牌带动战略，促进特色产业聚集发展是一项长期、复杂的系统工程，是建设国内特色产业基地的一项战略举措。经贸、工商、质监、农业等部门要按照各自的职责开展工作，加强协调，形成合力，优化服务，组织企业

申报，并向国家、省推荐中国、省名牌产品和驰名商标，积极推动名牌带动战略工作的深入开展。按照择优扶强原则，重点选择支柱产业、优势企业，完善品牌培育工作制，加大培育和扶持力度，着重培育中国名牌产品、中国驰名商标和中国出口名牌，支持名牌企业争创世界名牌。财政部门要加大对企业品牌建设的支持力度，重点倾斜和优先支持列入国家和省名牌产品与国家、省驰名商标和著名商标的企业，各级财政部门要配合协同相关职能部门组织企业参加各种洽谈会、博览会、展销会的同时，加大对名牌产品的宣传推介力度，努力提高名牌产品的知名度。

加强跟踪服务，牢固树立“管理就是服务，在服务中管理”的新观念，加强投入，支持开展特色产业中名牌企业的跟踪与服务，以专业化、市场化为原则，建设和完善以品牌宣传、技术咨询、信息服务、人才培训等为主要内容的社会服务体系。建立健全名牌保护机制，加大整顿和规范市场经济秩序的力度，各有关部门要积极发挥职能作用，加强对名牌企业的保护，重拳打击制假、售假案件以及侵犯注册商标、知识产权行为，形成强大的品牌保护声势。在实施品牌战略中，企业既要争创品牌又要经营品牌，努力发展品牌、壮大品牌、打造名牌，实现品牌效益的最大化。要善于做好自身品牌的推广，在营销中正确引导消费，使名牌产品得到广大消费者的认知，要善于做好品牌运作，做到以牌扩业、以牌聚资、以牌引才，通过名牌这一无形资本的有形营运，充分发挥品牌效益，加快企业发展。

（三）积极加大财政扶持，加快特色产业的市场创新

发展特色产业专业市场的发展有利于推动特色产业的集聚壮大，要遵循“产业推动市场，市场带动产业”的发展规律，坚持发展大市场、搞活大流通、建设大商贸的方针，抓住机遇、完善规划、依托产业。因地制宜，加大财政投入，建设一批与产业集聚密切结合的具有产业特色的专业化大市场，推动人流、物流、信息流的大集散，构建产业集群现代物流平台，努力实现专业特色市场与产业集聚的有机结合。要创新市场发展思路。结合潮汕机场、厦深铁路、潮州港建设，并利用已建的汕份高速公路和即将建设的高速公路，选择适当的地点，规划建设与产业集群相配套、相适应的原辅料市场和专业市场，使生产与流通，基地与市场更加紧密结合起来，实现产业发展方式大转变。按照“优势互补、资源共享、市场共建”的原则，整合全市各特色产业基地内各生产企业分散的营销网络资源，建立一批集价格形成、调节供应、信息发布等功能为一体的规模市场，优化市场结构，规范市场竞争，以“协调、扶持、带动、提升”为基本原则，坚持在市场配置资源的基础上发挥财政资金引导和扶持作用，以“政府搭台，企业唱戏”等方式的市场开拓工作，加快市场创新。

（潮州市财政局供稿，李 炼执笔）

揭阳市

深化改革　加强监管

揭阳市财政局认真落实省财政厅《关于2008年在全省范围内开展财务核算信息集中监管改革试点工作的通知》精神，严格按照要求做好改革的各项工作，全面推进财务核算信息集中监管改革。2009年6月，在市直139个财政拨款预算单位全面推行财务核算信息集中监管改革。各试点单位按照统一设置的会计科目，使用统一的会计核算软件，将所有财务信息实时集中到财政部门。财政部门可以通过网络检查试点预算单位的资金使用情况，也可以汇总预算单位财务数据，全面掌握预算单位的会计信息，实现对预算单位预算执行进度、资金流向、支出结构、现金管理等财政资金的监管，从源头上防止和治理腐败具有重要的推动和促进作用。

一、主要做法

（一）领导重视，精心组织

为顺利推进改革试点工作，实现财政的现代化、精细化管理，揭阳市财政局领导高度重视，于2007年成立了以局分管领导为组长、软件开发商、各相关业务科室为成员的“揭阳市财政支出管理电子平台建设工作领导小组”，负责财务核算信息集中监管改革工作。领导小组多次召开会议研究财务核算集中监管改革有关事项，把财务核算集中监管改革摆在突出位置来抓，落实工作责任制，形成级级负责的工作机制。局领导多次到国库支付中心了解、指导财务核算集中监管改革进展工作情况，要求工作人员要强化服务意识，增强工作责任感，认真服务，扎实工作，积极推进财务核算集中监管改革，切实把财务核算集中监管改革试点工作抓紧抓好、抓出成效。

（二）联系实际，制订方案

为确保市级财务核算信息集中监管改革试点实施方案切实可行，在制订方案之前，揭阳市财政局对各预算单位广泛地开展调研。通过电话联系、到预算单位了解财务会计工作现状等形式，广泛听取预算单位意见和建议，找出改革存在的问题和困难。在此基础上制订了《揭阳市市级财务核算信息集中监管改革试点实施方案》。该方案明确了市级财务核算信息集中监管改革试点工作的意义、基本原则、改革内容、职责分工、实施步骤及配套措施。

（三）加强宣传，提高认识

通过召开座谈会、印发《简报》等方式加强对财务核算信息集中监管改革试点工作的宣传，提高预算单位对财务核算信息集中监管改革试点工作重要意义和基本原则的认识，打消预算单位的疑虑，提高参与的积极性，营造了良好的改革氛围，减少了改革阻力。

（四）科学设计，配套软件

揭阳市财政局财务核算信息集中监管的科目体系，是在省财政厅就全省财务核算监管工作推荐的科目体系基础上，结合揭阳市财务核算监管的自身需要，适当调整确定的。在安装设计软件时，采取切实可行的措施，高效高速地完成财务核算信息集中监管系统建设。目前，该系统运行基本稳定，计算数据准确、信息传递及时，功能能够满足市财政局管理和预算单位的核算要求，财务核算信息集中监管系统推行半年以来单位使用率达到90%以上，达到了预期目的。

1. 征询意见，修改软件操作流程。为了使设计的财务核算软件既能全面考虑纳入各试点单位对会计科目设置和对自有资金的管理要求，在保证方便预算单位进行会计核算的基础上，又能兼顾财政部门监管需要，市财政局国库支付中心协同软件供应商通过召开会议，现场演示财务核算信息集中监管系统软件流程与操作步骤，对软件进行分析、交流，让大家提出意见并进行修改完善。

2. 实行试点，完善软件功能。首选10个有代表性的预算单位进行试点。软件实施人员亲自到每个单位安装调试软件，传授操作技能，从中了解财务核算信息集中监管系统在终端设备和网络使用状况、技术支持与服务、财务内控制度和监督管理制度等方面存在的问题，进一步完善了软件功能，优化了系统设置，为全面顺利推行财务核算信息集中监管改革奠定了基础。

3. 结合实际，安装配套软件。（1）利用国库集中支付系统与财务核算信息集中监管系统为同一平台，采取财务核算相关数据从集中支付系统接口提取的方法，即预算单位在通过财务核算信息集中监管系统做记账凭证时，能够直接由集中支付系统数据信息直接生成，减少了单位会计的工作量，同时也可以减少失误，使数据更准确。目前预算单位的财政直接支付支出、授权支付收入、支出的记账凭证都可以直接由国库集中支付系统导数生成。(2) 在核算信息集中监管系统加入固定资产管理模块，这样不但简化单位在处理购置固定资产的会计核算方面的工作，及时反映预算单位的资产情况，也有利于单位的固定资产管理，防止国有资产的流失和挪用。(3) 根据个别单位实行不同的会计科目制度，在原有行政和事业会计账套基础上增设医院、工会、交通等三个单位会计账套，以满足个别单位特殊会计科目的需求。

（五）落实措施，加强系统管理

1. 加强核算系统的终端设备及网络安全建设，建立软硬件配置使用统一标准，以保证会计核算质量和账簿、凭证打印的统一性。

2. 加强技术支持和服务指导，建立一个满足不同层次需求的查询系统，完善操作手册，充分发挥财务信息平台门户网站的沟通作用。

3. 加强与核算系统相关的管理制度建设，制定与核算系统相配套的内部管理制度和岗位责任，并建立财政、审计、监察和信息化管理等部门的联合监督机制。

（六）开展培训，全面实施改革

为统一认识，便于试点单位掌握市级财务核算信息集中监管改革试点工作的情况，提高试点单位会计电算化操作水平，揭阳市财政局协同软件供应商于2009年6月份对市直139个预算单位进行培训，在市本级预算单位全面推行财务核算信息集中监管改革。培训方式是根据单位的实际情况制订培训计划和培训讲师当面授课以及操作员现场提问。培训讲师根据单位对系统的实际操作能力，制定了详细的培训授课内容，对单位的操作流程做详细的演示，授课结束后，让参加培训人员现场提出对系统的操作以及业务疑问，由信息中心业务人员和用友公司技术人员现场解答，这样保证了系统顺利实施上线，操作上疑问降到最低。

（七）加强沟通，跟踪服务

积极加强与各试点单位的沟通联系，保障试点单位顺利开展各项会计工作。

1. 根据各试点单位对试点中反馈的问题，及时组织技术骨干人员上门跟踪服务。帮助试点单位完成历年财务数据从原有财务系统到财务核算信息集中监管系统中的迁移工作；协助试点单位进行账务、报表等处理。

2. 专门召集技术骨干力量，为上门请教的试点单位进行现场操作示范。技术人员认真为前来请教的预算单位会计人员进行现场操作演示，传授财务核算信息集中监管系统的操作方法，直到他们完全掌握操作技能为止。由于工作细致、服务周到，按期全面实施上线，预算单位满意度极高。

二、存在问题

由于财务核算信息集中监管改革刚刚实施，在执行过程中存在以下一些问题有待今后进一步改进及完善。

1. 基层单位登录该系统的电脑部分还用来上网，比较容易中病毒，存在一定的安全隐患。

2. 大多数基层单位做账时，都会比实际的业务慢1～2个月，没能及时进行记账。

3. 在实行财务监管系统前，单位的做账未进行统一、标准化，存在一定的随意性；实施财务监管系统后，收入和支出的区分较以前更加明细，但在针对一些支出时，会计人员不能明确区分收入和支出的类别。

4. 由于目前财务监管系统是实行双轨制，财务监管系统比手工做账更加明细、精确，单位在做账时，有些无法区分明细，部分细节上跟手工账会存在一些细小的差别。

5. 部分预算单位是通过光纤连入财政网，一些单位是通过ADSL连入财政网。通过ADSL连入财政网的单位，在使用该系统时速度比较慢。

（揭阳市财政局供稿，袁丽玉执笔）

建立新型农村合作医疗制度
努力增强农民医疗保障能力

建立新型农村合作医疗（以下简称“新农合”）制度，是新形势下党中央、国务院为切实解决农业、农村、农民问题，统筹城乡、区域、经济社会协调发展，构建和谐社会的重大举措，是一项民心工程。近年来，揭东县委、县政府对新农合工作高度重视，把建立和完善新农合制度作为实践“三个代表”重要思想和落实科学发展观的重要工作来抓。2009年，揭东全县上下紧扣“有效缓解农民医药负担”这一主题，牢牢盯住基金管理这一焦点，千方百计突破资金筹集这一难点，切实抓好定点医疗机构管理这一重点，紧紧锁定参合群众满意这一终点，大胆实践，积极探索。以科学发展观为指导，立足实际，完善政策，强化监管，优化服务，更好地解决参合农民的医疗保障问题，全县新农合工作健康有序推进，有效增强农民医疗保障能力。

一、加大宣传力度，进一步提高参合率

目前，还有相当一部分农民由于受经济条件所限和传统观念影响，健康风险意识、自我保健意识及互助共济观念都比较淡薄，对新型合作医疗持怀疑和观望态度。为了保证新农合制度的顺利开展，全县各级认真做好宣传发动工作，充分利用广播电视、宣传栏、标语等形式，向农民宣传参加新农合制度的意义、必要性，解释参加的办法、参加后的权利和义务、合作医疗经费的筹集、使用和报销等实际问题；宣传新型农村合作医疗制度要达到的目标；宣传中央政府和地方各级政府在新农合制度中发挥的作用以及扶持的力度，解除农民的疑虑和担心；并动员农村干部和党员率先参加新型农村合作医疗，给农民以示范；另外，还通过看得见、摸得着的典型事例的宣传，使农民认识到建立新农合制度的真正意义和好处，从而消除群众思想上的疑虑，提高参合意识，引导农民群众自愿、自觉参合。

在巩固成果的基础上，进一步提高覆盖率，力争实现农村居民人人享有医疗保障，确保农村五保户、低保户等贫困人口全部参加合作医疗。2009年度全县新农合工作稳妥、有序推进，全县参加新农合农民共有878 793人，参合率从2004年的17.6%逐年提高到2009年的99.4%，新农合制度覆盖全县所有行政村。自2005年度起揭东县农村合作医疗办公室都被揭阳市评为“新型农村合作医疗工作先进集体”，2008年度还被省评为“新型农村合作医疗工作先进集体”。

二、完善筹资工作机制，确保落实配套资金

新农合制度的筹资原则是“政府出大头，农民出小头”，体现了政府切实解决农民问题的决心，体现了政府对农民医疗健康状况的深切关注。根据省、市的要求，2009年筹资标准确保达到每人110元。其中：中央、省、市县财政补助资金人均90元；参合农民个人缴费统一为20元。

揭东县是一个农业大县，经济基础薄弱，财政十分困难。县委、县政府对新农合工作高度重视，严格按要求实行县级统筹制度，县财政部门在财力并不充裕的情况下，调整支出结构，增加投入。立足以人为本，千方百计调度资金，做好县级财政补助资金的配套落实工作。2009年，全县新农合筹集资金9 718.2万元，其中，各级财政部门补助7 960.6万元，农民自筹1 757.6万元。按实际参合人数每人21元，县级配套资金达到1 845.46万元，按上级要求于2009年5月底前全部配套到位。

对农村五保户、低保户、孤儿等特困群体，揭东县实行新农合与贫困医疗救助制度相衔接的办法。全县五保户、低保户、孤儿等特困群体共24 795人的个人缴费问题，由农村医疗救助资金全额资助，不让一个贫困农民缺席新农合。

各级财政的补助资金，严格执行财政部颁布的《新型农村合作医疗补助资金国库集中支付管理暂行办法》的规定，直接拨付到新农合基金专户，及时足额到位，杜绝新农合基金被截留、滞留和挪用的现象。政府兑现了对参合农民的财政补助，提升了广大农民对政府的信心。

三、加强新农合基金管理，确保资金安全运行

要保证新农合制度持续健康发展，取信于民，其核心是要管好合作医疗基金，而关键在于坚持实行严格的基金管理制度、费用报销制度，并切实加强监管。为确保新农合基金这一农民群众的救命钱安全运行，使新农合基金能够全部、公正地用在参合农民的医药费补助上，揭东县通过加强管理、提高管理水平、开展经常性检查、实行公示制度、接受监督等形式来加强对基金和定点医疗机构的监督管理。从近年来的情况看，基金运行较为平稳，尚未发现大的违规现象和明显的风险迹象。

（一）制订方案，加强管理

根据上级农村合作医疗的有关政策，切实加强对新农合基金管理，确保其合理使用和运转，制订了《揭东县新型农村合作医疗实施方案》、《关于加强农村合作医疗资金管理的通知》和《揭东县农村合作医疗救助基金管理制度》，印发给各单位认真贯彻执行。

（二）加强培训，提高水平

为进一步提高工作能力和管理水平，县合作医疗办转发了省有关新农合基金财务制度和会计制度文件，并由县卫生局、财政局专门举办“揭东县新型农村合作医疗即时补偿制度培训班”和“揭东县新型农村合作医疗基金管理政策培训班”，对各镇合作医疗办、财政所、定点医疗机构的相关业务人员进行了培训，参加培训人数达600多人次。

（三）严格审核报销补偿程序，规范凭证管理

严格执行新农合报销补偿制度，进一步完善报销审批程序，严格审核报销凭证，报销凭证要按月份装订造册，存档的报销凭证要保证六要素（住院证明、住院票据、住院清单、审批表、个人资料、支票存根）齐全。各镇（街道）参合人员住院补偿情况表要电脑录入存档，并逐月打印上报县农村合作医疗办。

（四）推进新农合管理信息系统建设，实现对资金的有效监控

根据省卫生厅《关于做好2009年参合人员资料录入工作的通知》的要求，全省2009年全面推进B/S结构管理，对参合人员个人资料的质量要求更高，必须保证参合人员

资料准确无误和个人资料完整无缺，否则，定点医疗机构将无法确认住院农民的个人身份，无法进行即时补偿。2009年，全县完成了以信息化管理手段进行补偿、数据统计与数据传输等业务。这项工作既有利于提高工作效率，又实现资金的有效监控。

（五）健全管理监督机制，落实公示制度

各镇（街道）和各定点医疗机构严格执行上级有关基金管理的规定，认真履行管理职能，严格落实资金补偿登记制度，资金使用公示制度，资金管理审计制度，严禁任何单位和个人借支挪用资金及造假凭证、做假账套取资金。参合农民补偿报销情况，必须每月在镇、村、定点医疗机构上墙公布，接受群众监督。进一步健全管理监督机制，接受上级有关部门和人民群众监督，各镇（街道）和各定点医疗机构每月都把合作医疗补偿情况统一在县政府网上公布，确保资金全部、有效地用在农民身上。

（六）加强经常性检查，确保资金安全

县卫生局、财政局经常组织对全县15个镇（街道）合作医疗办和全县各定点医疗机构的报销审核和资金支付情况进行检查核实，对检查中发现的问题采取得力措施，责令及时整改。县卫生局还积极配合上级纪检、审计等部门对各镇（街道）合作医疗资金进行检查审计，确保专款专用。同时成立由监察、财政、审计、卫生、村民代表组成的合作医疗监督小组，负责对辖区内农村合作医疗的资金使用、卫生服务等情况进行监督，及时反馈群众对新农合工作的满意度。

四、调整完善实施方案，切实提高保障水平

按照上级的要求，并结合本县的实际，为进一步提高保障水平，更好解决参合农民看病就医问题，揭东县对报销补偿方案进行了调整完善，制订了《揭东县2009年度新型农村合作医疗工作实施方案》。根据省、市的要求，2009年揭东县参合农民个人缴费统一为20元，补偿封顶线提高到5万元。补偿范围限于社保基本用药目录及诊疗项目。2009年度参合农民在镇（街道）级卫生院、县级医院、县外医院住院费用补偿分别调整为：

1. 本县镇（街道）级定点医院每次住院费用起付线100元，报销比例70%。

2. 本县县级定点医院每次住院费用起付线200元，报销比例60%。

3. 在揭阳市中医院住院费用起付线500元，报销比例50%。

4. 县外医疗机构（指在本县以外的各级公立医疗机构）每次住院费用起付线500元，住院费用报销40%。

5. 不违反计划生育政策，且在本县范围内公立医疗机构住院分娩正常产给予一次性补助200元；剖腹产按住院费用报销比例进行报销。

按不同级别的定点医疗机构设住院补偿起付线。有效地防范挂名住院行为的发生，引导参合农民有病就近治疗，使医疗卫生资源得到更合理利用。进一步优化调整了补偿方案，扩大覆盖面，让参合农民得到更多的实惠，有效减轻参合农民医疗负担。

2009年，全县参加合作医疗农民受惠38 004人次，补偿金额达到8 741.12万元，有效地缓解了农民群众因病致贫、因病返贫问题。

五、全面实行门诊统筹补偿制度，扩大新农合受益面

门诊统筹补偿是新农合制度的新举措，既能扩大受益面，又能进一步减轻农民医疗费用负担。门诊统筹补偿按照“互助共济、因病施治、有病多补、无病不补”的原则，实行“单次限额、全年封顶”的补偿方式。

1. 参合农民在该县本镇（街道）级定点医疗机构门诊就医的，单次每人补偿限额为10元，并实行门诊即时补偿。每人每年门诊封顶线20元，可以家庭为单位合并使用。同时，原参合农民在本县范围内定点医院门诊检查费用停止报销。

2. 在该县范围内定点医院门诊就医的五保户、低保户、孤儿对象，单次每人补偿限额为10元，并实行门诊即时补偿。每人每年累计最高限额100元。

3. 在揭东县人民医院肿瘤科检查产生的费用给予一定比例报销，每次门诊检查费用报销比例70%，每年每人累计最高报销限额不得超过1 500元。

4. 参合农民因病在揭东县中医院门诊就医的，每次报销比例70%，全年累计最高报销限额不得超过200元。

5. 在揭东县慢病站就医的结核病患者，除结控项目规定的治疗费用外，门诊费用给予报销60%，每人每年累计最高报销限额不超过1 000元。

6. 根据省规定的17种特殊病种门诊纳入报销范围，报销起付线500元，报销比例30%，单一病种年报销最高限额为3 000元，两种或两种以上病种年最高限额为5 000元。

2009年，全县一般门诊补偿4 105人次，补偿金额44 427元；特殊病种大额门诊669人次，补偿金额378 626元。

六、推行即时补偿制度，最大限度方便参合农民

按省的要求，为进一步方便参合群众，简化报销审批程序，2009年，揭东县各定点医疗机构已全面实行即时补偿制度，取得了很好的效果，既方便了农民群众看病就医，又留住了宝贵的卫生资源，促进了农村基层医疗机构的可持续发展。

1. 定点医院在为病人办理入院手续时，医院入院处核实住院人员参合身份。确定为参合人员后，按参合人员身份登记入院时间及基本情况。

2. 定点医院每天将参合患者的诊疗项目和相应费用录入HIS系统，通过系统信息生成有关数据并打印存档。

3. 在为患者办理出院手续时，定点医院按揭东县新农合的实施方案进行住院费用结算和办理补偿业务。结算时将住院总费用、个人自付费用、报销补偿费用分别统计。患者只需缴纳个人自付费用，在《新农合住院补偿费用单》补偿栏目签名，即时完成补偿支付。

参合农民出院结算时可当场获得补助，省去了往返医院、新农合经办机构的大量时间和路费。

七、落实农村医疗救助制度，更好地解决贫困农民就医问题

农村医疗救助制度是困难群众最关心、最现实、最迫切的利益问题。为了解决贫困人口的看病就医问题，揭东县在建立新农合制度的同时，同步建立了农村医疗救助制度。通过资助贫困农民参加新农合，并对新农合补偿后个人医药费用仍难以承担的贫困农民，再给予适当的医疗救助，在一定程度上解决了困难农民无力参合和无力支付大额医疗费用的问题。

2009 年，全县住院医疗救助 356 人次，医疗救助金额 542 500 元。

八、加强定点医疗机构管理，提高农村医疗服务水平

揭东县按照省、市有关文件精神，加强对医疗机构的监管，规范定点医疗机构的行为，确保各定点医疗机构严格按照有关用药规定和诊疗范围对参合群众进行治疗，严格控制医药费用增长，杜绝滥检查、滥用药、乱收费等不正当医疗行为，遏止农村医药费用不合理增长，为农民提供安全、有效、价廉的医疗卫生服务。

通过对各镇（街道）卫生院的资金、设备、人力等投入，使卫生院具备与当地经济社会发展水平和农民群众医疗保健需要基本相适应的服务能力，为新型农村合作医疗制度打造一个服务能力较强的平台。既方便了农民群众看病就医，又促进了农村基层医疗机构的可持续发展，留住了宝贵的卫生资源。与过去比，农村医疗卫生服务能力有所提高。各镇（街道）卫生院也把建立新型合作医疗制度作为推动自身改革与发展的重要机遇，通过改革，加强队伍建设、更新服务观念，创新服务模式、节约服务成本，培养和引进适宜人才，积极开展与自身功能定位相符合的医疗技术服务，做到合理检查、合理用药、合理治疗，让农民真正从新农合中更多地受益。

揭东县以便民、利民、为民为出发点，大力推进新农合制度各项建设，有效地增强农民医疗保障能力，逐步解决农民群众“看病难”和“看病贵”的问题，惠及了广大农民群众，提升了广大农民群众对政府的信心，促进了全县经济社会稳定、健康发展，为构建和谐揭东发挥了重要作用。

（揭东县财政局供稿，沈奕雄执笔）

云浮市

更新观念拓宽思路建财源 促进财政健康可持续发展

2009年，新兴县财政工作紧紧围绕县委、县政府提出“努力当好全市建设富庶文明大西关的排头兵，力争成为全省山区县科学发展的示范”的总目标，以科学发展观为指导，认真贯彻落实党的十七大精神和省、市财政工作会议精神，贯彻执行积极的财政政策，更新理财观念，拓宽理财思路，生财有道、聚财有方、用财有度、理财有效，财政收入持续稳健增长，有力地保证了全县工资及时足额发放和各项事业正常运转，为促进经济社会平稳较快发展提供了财力保障。

一、主要成效

（一）财政收入实现了新增长

2009年，新兴县财税部门一方面强化税收征管，加大对重点税源和重点税种的监控和稽查力度，堵塞漏洞；另一方面狠抓非税收入管理，加大了“收支两条线”管理力度，确保实现了财政收入新增长。一是各镇顺利完成任务，收入差距逐步减少。2009年，全县镇级收入（县库部分）完成12 660万元，同比增收13.04%，全县12个镇均超额完成任务，其中税收超过1 000万元的有8个镇，各镇间差距正逐步减少。二是财政收入快速增长，财政实力不断增强。2009年，全县一般预算收入完成45 523万元，同比增收8 220万元，增长22.04%。上划中央“两税”22 244万元，同比增长24.97%；完成上划省“四税”8 816万元，同比增长15.60%，获得了省激励机制奖励；综合增长率为19.83%，在全省67个考核县排名第13位；全县一般预算收入总量、增量、增幅居全市第1名，增幅居全省第34名。三是收入结构日趋合理，质量逐步提高。三大主体税种增值税、营业税和企业所得税稳步增长，分别增长20.40%、17.86%和10.65%；小额税种土地增值税、房产税和印花税大幅增长，分别增长173.95%、52.48%和32.83%。收入质量也明显提高，税收收入完成29 718万元，占一般预算收入65.28%；非税收入完成15 805万元，占一般预算收入34.72%。

（二）财源建设跃上新台阶

通过向上争取补助资金5.36亿元、向金融部门融资5.14亿元用于工业产业化、农业产业化、城镇化建设和旅游业发展（“三化一游”），成效显著。2009年，全县有28个引进项目竣工投产，加快了“双转移”进程，工业总产值132.96亿元，增长19.99%；以“温氏”为龙头的农业产业化发展迅速，仅“温氏”集团实现年销售收入172亿元，增长8.9%，带动县内40 000多户农民销售收入55亿元；六祖故里旅游度假区和金水台温泉2个景区成功创建为国家4A级旅游景区，全年接待游客达259.2万人次，增长15.1%，社会旅游收入17.5亿元，增长14.6%。

（三）财政保障得到了新加强

坚持以人为本的理财思想和公共财政的理财方向，2009年全县一般预算支出完成99 223万元，同比增支16 673万元，增长20.20%。在保工资、保运转的基础上，突出重点，关注民生领域，仅农业、教育、社会保障和就业、医疗卫生这四项涉及人民群众切身利益方面的支出就分别为11 759万元、219 04万元、8 637万元、12 340万元，同比增长79.53%、12.65%、24.13%、13.01%，占一般预算支出的55%。解决了学有所教、老有所养、病有所医、弱有所助的问题，促进了全县经济社会健康、协调、持续发展。

（四）财政改革实现了新突破

创新机制，推进财政各项改革。一是部门预算改革不断深化，财政国库集中支付稳妥推进。2009年，财政对县直74个单位全面实行了部门预算，对全县97个预算单位进行了国库集中支付，并实现了财政内部、预算单位、代理银行、和人行国库联网，确保财政资金规范、高效、安全运行。二是“镇财县管”与农村集体“三资”代理改革取得新成效。“镇财县管”网络运行近一年，实现了县财政对镇级财政资金使用网上支付和实时监控；全县199个村（居）委集体“三资”实行了由镇结算中心代理，277个村小组集体“三资”也由镇结算中心代理，其中河头镇“三资”代理“一、二、三、四”模式得到了全市推广和省财政厅认可。三是政府采购管理不断完善。实行政府采购管理机构与执行机构相分离后，扩大了政府采购的范围，规范了招投标的程序，真正实施了“阳光采购”。

（五）财政管理实现了新提高

加大对财政资金监管管理力度，把日常监督和专项检查有机地结合起来；加强对农业、社会保障、基建等财政专项资金事前、事中、事后的跟踪和专项检查，确保了资金使用安全、规范、高效，推动了经济的发展。

二、主要做法

（一）更新观念，转变思路建财源

2009年年初，县财政局针对全县存在经济总量不大、区域发展仍不平衡，刚性支出较大、财政收支矛盾突出、资金调度困难的问题，解放思想、立足县情，更新理财观念、转变理财思路。紧紧围绕县委、县政府提出“努力当好全市建设富庶文明大西关的排头兵，力争成为全省山区县科学发展的示范”目标和“三化一游”发展战略，树立长短结合观念、工业财源观念、效益型财源观念的“大财政”理财观念，抢抓“要明鹤兴”经济一体化机遇，从服务经济发展的大处着眼，充分发挥财政在经济发展中“四两拨千斤”的作用，积极向上争取项目和资金做好交通、产业、劳动力资源、旅游四个对接，加快了县域经济发展步伐。同时坚持把不锈钢制品、果品加工、皮具、陶瓷、生物制药、纺织服装等六大特色产业作为当前乃至今后一段时期的主攻工业，运用财政的资金、政策、管理和服务等手段，支持企业创国家、省级品牌，提升企业自主创新能力，提升县域经济综合竞争力，为财政增收积蓄了后劲。

（二）突出重点，多元投入建财源

为加快县域经济发展，县财政局抓住发展第一要务，坚持三个“加大力度”，突出重点，争取多方投入建设财源。一是加大了向上争取项目资金的力度。深刻领会中央、省扩大内需文件精神及国家产业政策，准确把握上级专项资金投向，抢抓“要明鹤兴”四地经济一体化机遇，加强与省市财政部门沟通，多向省市反映新兴县财政工作情况和实际问题，让上级部门了解、理解和支持新兴县经济发展；加强与各镇各部门沟通协调，加大了项目资金申报的力度。2009年共向上争取到位项目资金3.13亿元，有力地支持了全县经济发展。二是加大了融资的力度。通过财政担保等方式，向金融部门融资5.14亿元用于工业园区、市政道路等基础设施建设，培育新的经济增长点。三是加大了本级投入的力度。财政本级全年投入4 848万元重点搞好园区基础设施建设，为招商引资、筑巢引凤打下坚实的基础。2009年，新成工业园落实入园项目27个，总投资11.03亿元，其中温氏佳味食品等4个项目竣工投产；恒星电子等10个项目正在建设，加快了“双转移”进程。

（三）创新方法，集中优势建财源

坚持走珠三角延伸发展的特色产业发展道路，充分发挥财政职能，聚集县内外优势资源，建设特色产业集群体系：做大做强以温氏集团为龙头的农业产业化集群，做强做优以不锈钢制品业为重点的工业产业集群，做响做大以禅文化为重点的文化旅游产业集群，做好做旺以商贸为重点的城镇服务业集群，增强经济综合实力，建成县域特色经济强县。

1. 打造以不锈钢餐厨具生产为代表的新型工业化，壮大支柱财源。一是支持企业构建产业公共服务平台，加强品牌建设。支持全县支柱产业不锈钢制品的企业商会平台，为不锈钢制品企业提供政策法规、行业信息、知识产权保护等全面服务，提供一个交流新产品、新工艺、新技术发展空间；引导企业提高知识产权意识，重视自身的品牌建设，在现有省级名牌产品3个，省著名商标5个，国家免检产品1个的基础上，继续争创国家、省级品牌，以提高企业竞争力。二是支持企业挖潜技改和科技创新，为企业提供优质服务。一方面，积极向上争取资金扶持企业发展；另一方面，注重抓企业的财务规范管理，引导企业健康发展，为企业提供优质服务。2009年，投入2 358万元支持县不锈钢制品、服装、果品加工、生物制药等民营企业科技创新、扩大规模和节能减排，提升企业竞争能力，使不锈钢行业发展成为我县支柱产业的“半壁江山”，服装、果品加工、生物制药、陶瓷等行业也迅速崛起。三是抓好产业工业园区建设。按照县总体规划要求，注重可持续发展，支持城南不锈钢制品工业城和东部的凌丰工业园，保障园区内供电、供水充足，基础设施完善，科学合理布局和建设，使园区内企业集不锈钢生产、现代办公、康体娱乐、员工公寓于一体的综合性生态园区。

2. 打造以广东温氏集团为龙头的农业产业化，稳住基础财源。一是加大对农业的投入。2009年，县财政投入资金11 759万元重点搞好农田水利基础设施、农业综合开发、农业产业化、农村沼气、改水改厕、生态文明村等项目建设，大大地改善了农村生产、生活条件，促进了农业增产、农民增收、农村发展。二是落实各项惠政策。坚持以人为本，关注“三农”，不折不扣地落实好各项惠民政策。2009年兑付全县汽车、家电下乡补贴701.94万元，有效地拉动内需，促进经济增长；发放农资综合直补、良种补贴、能繁母猪饲养补贴分别为1 750万元、507万元、853.5万元，使广大农民真正得到了实惠；提高村委会干部工资，村委会支书、主任、一般村干部工资每月由700元、650元、600元增加到800元、750元、700元，年增资额达123万元，为巩固农村基层政权，确保农村大局稳定，促进农村发展打下坚实的基础。三是以温氏集团为龙头，带动辐射全县发展种养业。利用国家项目财政资金，支持广东温氏食品集团有限公司、东宝食品工业有限公司、马林食品有限公司扩大规模和科技创新，推进农业产业化建设。全县已建成了初具规模效益的优质商品粮、优质肉鸡、瘦肉型猪、优质水产、优质水果、蔬菜、农产品加工七大农业商品基地，培育了有地方特色的肉鸡、肉猪、水产、优质水稻、水果、蔬菜六大主导产业，推进了农业产业化经营水平。2009年，全县养殖业产值已超过农业总产值的70%，接近发达农业国家的水平。

3. 打造以禅宗六祖文化为内涵的旅游业，发展后续财源。一是创建4A级旅游景区，吸引中外游客。继续发挥“禅宗”、“温泉”的品牌效应，整合特色旅游资源。通过六祖故里旅游度假区竞争到省旅游扶贫重点项目资金500万元，用于项目改造升级，提升旅游品位；通过筹措资金4.4亿元，重点搞好国恩寺、龙山温泉、金水台温泉、东成青山绿水温泉、飞天蚕生态茶园、藏佛坑、神仙谷等景点的基础设施及配套，吸引更多游客。2009年，六祖故里旅游度假区和金水台温泉2个景区成功地创建国家4A级旅游景区，巩固了2008年成功创建广东省旅游强县的成果。二是借旅游业强势，推动其他第三产业发展。以创建国家4A级旅游景区成功为契机，成功举办了“2009新兴首届旅游美食文化节”和“2009年广东国际旅游文化节云浮（新兴）分会场”，大力宣传本县的旅游文化，使新兴县成为省内知名的休闲度假旅游基地，带动了酒店、餐饮、娱乐、房地产、交通运输业等第三产业的发展。同时，改革了门票和温泉水的管理体制。2009年，全县接待中外游客达259.2万人次，同比增长15.1%，社会旅游收入17.5亿元，同比增长14.6%，温泉水收入315万元，同比增长36%。

4. 打造以青山绿水蓝天为理念的城镇化，培植新生财源。按照公共财政要求，不断加大基础设施等公共领域的投入。2009年，投资3亿元重点搞好沿江北路、较场路等改造；搞好育才北路、文化路等绿化、美化、亮化；搞好新兴江蓄水工程、百合山生态公园配套设施及县城生活污水处理。并完成了县城生活垃圾无害化处理场选址、征地和报批工作，为广大市民创造出一个宜居住、宜旅游、宜投资的环境，吸引了众多的本县和外地商人投资。

（四）拓宽思路，创新机制建财源

注重创新机制，强化管理，拓宽理财思路。一是创新财政管理体制。扎实推进“镇财县管镇用”信息化改革试点工作，通过镇财县管网络的运行，实现县财政对镇级财政资金的网上远程授权支付和监督使用，既规范了镇级财务管理又减轻乡镇财政压力，调动乡镇建设财源的积极性。二是完善县对财税、乡镇奖励激励机制。年初，一方面将全县收入任务分解落实到各镇及财税部门；另一方面，县财政局组织人员到四会、高要、清新等财政局学习交流，吸收其先进的财政管理经验，完善了《新兴县财政税收工作考核奖励办法》，充分调动了县、镇两级挖潜增收的积极性。同时，坚持每月财税联席会议，及时通报收入情况，及时调整工作思路，确保了财政增收的目标。三是健全财政监督机制。加强财政资金的监管，对财政性资金投资建设项目，严把项目建设立项关、建设资金拨付关、项目工程建设关和项目资料管理关；对农业、社会保障、扩大内需、基本建设等专项资金，做到事前、事中、事后全程监督；对财政性资金投入30万元以上的进行绩效评价。同时，通过开展财政专项资金检查、会计信息质量检查，确保了财政资金专款专用和使用安全、规范、高效。

（五）强化服务，创优环境建财源

以机关效能建设为着力点，切实转变职能，树立大局意识、责任意识和服务意识，改进工作作风，努力优化财源建设环境。一是优化税收环境，实现公平纳税。坚持严格执法、热情服务，树立“和谐稽查”新理念，在规范执行税收的优惠政策，扶持产业的同时，深化税法宣传、纳税辅导，加大税收稽查力度，依法治税，努力营造依法诚信纳税的良好环境。2009年，县地税局按照《扶持中小企业发展8项税收优惠政策及办税指引》的有关要求，为69户中小企业减免税款2.4亿元。二是优化投资环境，促进平等发展。通过出台新兴县招商引资的优惠政策，明确了内资创业与外商投资的平等待遇，鼓励民资创业，并对招商引资功臣实行奖励，吸引了商人前来投资。三是优化金融信贷环境，打破融资“瓶颈”。建立政府指导下的中小企业贷款基金，以财政担保等形式，向金融部门融资5.14亿元，支持中小企业的发展，提高企业竞争力，壮大地方的后续财源。

（新兴县财政局供稿，许述华执笔）

第六部分

统计资料

2009 年度广东省一般预算收支决算总表

单位：万元

预　算　科　目	决算数	预　算　科　目	决算数
一、税收收入	31 306 117	一、一般公共服务	6 252 627
增值税	5 802 684	二、外交	434
营业税	10 733 511	三、国防	83 442
企业所得税	5 230 306	四、公共安全	4 329 892
企业所得税退税	0	五、教育	8 032 046
个人所得税	2 389 948	六、科学技术	1 685 017
资源税	78 438	七、文化体育与传媒	1 115 018
固定资产投资方向调节税	0	八、社会保障和就业	4 015 017
城市维护建设税	1 139 121	九、医疗卫生	2 528 509
房产税	1 070 387	十、环境保护	1 007 979
印花税	522 570	十一、城乡社区事务	3 586 252
城镇土地使用税	933 688	十二、农林水事务	2 792 128
土地增值税	1 078 993	十三、交通运输	2 491 301
车船税	249 013	十四、采掘电力信息等事务	1 284 783
耕地占用税	311 359	十五、粮油物资储备管理等事务	813 104
契税	1 753 952	十六、金融监管支出	218 919
烟叶税	12 146	十七、地震灾后恢复重建支出	158 443
其他税收收入	1	十八、预备费	
二、非税收入	5 191 993	十九、国债还本付息支出	45 830
专项收入	819 506	二十、其他支出	2 902 986
行政事业性收费收入	1 640 634		
罚没收入	888 978		
国有资本经营收入	667 808		
国有资源（资产）有偿使用收入	688 877		
其他收入	486 190		
本年收入合计	36 498 110	本年支出合计	43 343 727
上级补助收入	9 079 678	上解上级支出	1 245 287
返还性收入	6 330 469	一般性转移支付	1 065 892
增值税和消费税税收返还收入	3 301 337	体制上解支出	268 282
所得税基数返还收入	1 631 032	出口退税专项上解支出	797 610
成品油价格和税费改革税收返还收入	1 398 100	成品油价格和税费改革专项上解支出	0
其他税收返还收入	0	专项转移支付	179 395
一般性转移支付收入	632 798	专项上解支出	179 395
体制补助收入	0	计划单列市上解省支出	0
均衡性转移支付补助收入	0		
民族地区转移支付补助收入	2 675		
调整工资转移支付补助收入	0		
农村税费改革补助收入	11 858		
县级基本财力保障机制奖补资金收入	49 382		
结算补助收入	20 958		
化解债务补助收入	0		
资源枯竭型城市转移支付补助收入	0		
企事业单位预算划转补助收入	156 410		
成品油价格和税费改革转移支付补助收入	0		
村级公益事业“一事一议”奖励资金收入	0		
工商部门停征两费转移支付收入	53 759		
一般公共服务转移支付收入	15 884		
公共安全转移支付收入	58 280		
教育转移支付收入	239 460		
社会保障和就业转移支付收入	7 655		
其他一般性转移支付收入	16 477		
专项转移支付收入	2 116 411		
专项补助收入	1 740 092		
增发国债补助收入	376 319		
地震灾后恢复重建补助收入	0		
省补助计划单列市收入	0		
财政部代理发行地方政府债券收入	1 090 000	财政部代理发行地方政府债券还本	0
转贷财政部代理发行地方政府债券收入	0	转贷财政部代理发行地方政府债券支出	0
		增设预算周转金	71 281
国债转贷收入	272	拨付国债转贷资金数	363
国债转贷资金上年结余	6 258	国债转贷资金结余	6 167
国债转贷转补助	0		
上年结余	9 678 552		
调入预算稳定调节基金	2 512	安排预算稳定调节基金	364 496
调入资金	1 039 758	调出资金	158 230
1. 政府性基金调入	102 114	年终结余	12 205 589
2. 国有资本经营预算调入	0	其中：本级	6 905 451
3. 预算外调入	232 447	减：结转下年的支出	10 982 495
4. 其他调入	705 197	其中：本级	6 861 394
地震灾后恢复重建调入资金	0	净结余	1 223 094
预算稳定调节基金调入	0	其中：本级	44 057
预算外资金调入	0		
收入总计	57 395 140	支出总计	57 395 140

注：此表由省财政厅国库处提供。

2009年度广东省财政一般预算

预算科目	决算数合计	省级	地级	其中：地级直属乡镇	县级	乡镇级
一、税收收入	31 306 117	6 758 637	13 337 673	883 694	8 334 021	2 875 786
增值税	5 802 684	141 431	2 639 103	253 127	2 152 741	869 409
营业税	10 733 511	3 714 970	4 081 849	228 295	2 230 175	706 517
企业所得税	5 230 306	1 933 739	1 944 126	86 027	1 091 394	261 047
企业所得税退税	0	0	0	0	0	0
个人所得税	2 389 948	611 886	1 197 758	41 830	467 706	112 598
资源税	78 438	0	8 477	100	29 028	40 933
固定资产投资方向调节税	0	0	0	0	0	0
城市维护建设税	1 139 121	0	473 629	46 026	478 807	186 685
房产税	1 070 387	0	403 696	36 578	518 049	148 642
印花税	522 570	0	159 369	18 120	293 268	69 933
城镇土地使用税	933 688	0	391 465	42 301	305 093	237 130
土地增值税	1 078 993	356 611	514 095	28 630	96 094	112 193
车船税	249 013	0	132 407	12 893	73 025	43 581
耕地占用税	311 359	0	123 211	12 166	156 961	31 187
契税	1 753 952	0	1 268 487	77 601	430 460	55 005
烟叶税	12 146	0	0	0	11 220	926
其他税收收入	1	0	1	0	0	0
二、非税收入	5 191 993	513 113	2 457 325	1 339	2 035 646	185 909
专项收入	819 506	46 935	459 724	220	287 445	25 402
行政事业性收费收入	1 640 634	248 700	712 529	1 109	592 897	86 508
罚没收入	888 978	79 852	448 778	6	339 348	21 000
国有资本经营收入	667 808	10 000	310 031	0	327 405	20 372
国有资源（资产）有偿使用收入	688 877	53 682	320 919	0	299 647	14 629
其他收入	486 190	73 944	205 344	4	188 904	17 998
本年收入合计	36 498 110	7 271 750	15 794 998	885 033	10 369 667	3 061 695

收支决算分级表

单位：万元

预算科目	决算数合计	省级	地级	其中：地级直属乡镇	县级	乡镇级
一、一般公共服务	6 252 627	917 944	2 096 273	125 733	2 594 940	643 470
二、外交	434	0	434	0	0	0
三、国防	83 442	19 060	25 298	0	37 044	2 040
四、公共安全	4 329 892	551 768	1 754 793	234 772	1 852 956	170 375
五、教育	8 032 046	933 688	2 393 519	532 339	3 301 126	1 403 713
六、科学技术	1 685 017	129 938	1 022 342	73 387	499 550	33 187
七、文化体育与传媒	1 115 018	165 468	653 321	37 907	268 899	27 330
八、社会保障和就业	4 015 017	333 022	1 371 438	116 777	1 850 436	460 121
九、医疗卫生	2 528 509	204 811	851 897	23 922	1 213 978	257 823
十、环境保护	1 007 979	21 372	602 983	9 623	317 402	66 222
十一、城乡社区事务	3 586 252	3 203	1 972 866	331 335	1 362 142	248 041
十二、农林水事务	2 792 128	422 915	823 005	145 887	1 097 724	448 484
十三、交通运输	2 491 301	720 267	1 450 901	22 115	309 246	10 887
十四、采掘电力信息等事务	1 284 783	161 195	650 794	41 726	445 949	26 845
十五、粮油物资储备管理等事务	813 104	103 901	349 089	5 720	338 194	21 920
十六、金融监管支出	218 919	3 227	211 835	843	3 815	42
十七、地震灾后恢复重建支出	158 443	600	101 726	0	54 152	1 965
十八、国债还本付息支出	45 830	0	41 955	0	3 875	0
十九、其他支出	2 902 986	172 913	1 535 534	5 548	1 018 666	175 873
本年支出合计	43 343 727	4 865 292	17 910 003	1 707 634	16 570 094	3 998 338

2009 年度广东省地（市）县级财政一般

地区	收入合计	税收						
		小计	增值税	营业税	企业所得税	个人所得税	资源税	城市维护建设税
广东省	36 498 110	31 306 117	5 802 684	10 733 511	5 230 306	2 389 948	78 438	1 139 121
广东省本级	7 271 750	6 758 637	141 431	3 714 970	1 933 739	611 886	0	0
广东省地市合计	29 226 360	24 547 480	5 661 253	7 018 541	3 296 567	1 778 062	78 438	1 139 121
广州市	7 026 527	5 823 803	1 375 085	1 516 049	732 282	389 824	2 080	361 118
广州市本级	3 156 266	2 566 081	421 432	627 000	308 908	376 959	0	102 060
广州市区县合计	3 870 261	3 257 722	953 653	889 049	423 374	12 865	2 080	259 058
越秀区	317 248	264 427	27 942	85 205	43 152	0	0	36 840
海珠区	273 658	204 301	26 090	80 396	21 946	0	0	23 325
荔湾区	271 759	211 653	59 523	50 247	14 165	0	0	40 882
天河区	314 982	272 797	39 441	94 983	33 121	0	0	35 423
白云区	295 055	252 779	50 229	93 836	17 674	0	157	28 208
黄埔区	97 078	81 792	22 871	11 049	16 281	0	0	6 494
花都区	377 737	343 078	140 704	95 995	37 596	0	1 851	16 515
番禺区	509 214	405 842	105 524	156 561	51 542	0	0	31 130
南沙区	201 884	177 781	81 345	34 253	24 570	0	0	6 611
萝岗区	741 715	647 042	336 041	79 283	129 312	0	0	16 668
从化市	153 363	118 262	16 547	31 942	11 678	4 701	45	5 037
增城市	316 568	277 968	47 396	75 299	22 337	8 164	27	11 925
深圳市	8 808 168	8 232 207	1 434 687	3 124 844	1 584 705	925 734	0	93 727
深圳市本级	5 807 353	5 334 580	708 186	2 220 174	1 121 817	566 805	0	-32
深圳市区县合计	3 000 815	2 897 627	726 501	904 670	462 888	358 929	0	93 759
福田区	466 962	452 412	37 125	142 764	93 728	60 912	0	18 225
罗湖区	344 188	296 418	26 158	88 647	61 229	42 023	0	10 935
盐田区	132 038	130 029	14 498	66 250	25 338	12 386	0	1 804
南山区	384 507	374 715	75 462	132 183	60 694	39 102	0	15 455
宝安区	895 189	875 564	316 957	276 340	118 802	70 148	0	26 858
龙岗区	777 931	768 489	256 301	198 486	103 097	134 358	0	20 482
珠海市	1 014 106	830 291	223 139	187 233	109 943	44 667	0	51 213
珠海市本级	664 995	537 600	129 896	124 047	68 964	31 167	0	34 638
珠海市区县合计	349 111	292 691	93 243	63 186	40 979	13 500	0	16 575
香洲区	145 929	113 886	31 384	30 724	19 357	6 741	0	7 640
金湾区	96 148	81 059	31 097	12 178	11 330	2 462	0	3 179
斗门区	107 034	97 746	30 762	20 284	10 292	4 297	0	5 756
汕头市	585 353	416 376	117 113	76 330	57 514	18 084	1 394	26 057
汕头市本级	252 124	178 655	43 359	31 527	21 943	8 032	9	9 679
汕头市区县合计	333 229	237 721	73 754	44 803	35 571	10 052	1 385	16 378
金平区	52 821	38 081	11 055	7 712	6 363	2 697	326	2 893
龙湖区	53 088	43 945	12 717	10 354	6 303	2 207	274	2 925
澄海区	86 432	60 122	20 454	9 993	9 179	2 308	194	4 297
濠江区	19 391	12 861	3 730	2 473	1 288	325	227	438
朝阳区	68 392	44 231	12 693	7 874	9 384	1 277	167	3 313

预算收支情况表（1-1）

单位：万元

收入										
收入				非税收入						
耕地占用税	契税	烟叶税	其他各项税收收入	小计	专项收入	行政事业性收费收入	罚没收入	国有资本经营收入	国有资源（资产）有偿使用收入	其他收入
311 359	1 753 952	12 146	3 854 652	5 191 993	819 506	1 640 634	888 978	667 808	688 877	486 190
0	0	0	356 611	513 113	46 935	248 700	79 852	10 000	53 682	73 944
311 359	1 753 952	12 146	3 498 041	4 678 880	772 571	1 391 934	809 126	657 808	635 195	412 246
46 509	464 568	0	936 288	1 202 724	180 091	271 293	197 408	262 365	247 277	44 290
0	410 346	0	319 376	590 185	74 523	130 708	136 243	111 237	119 925	17 549
46 509	54 222	0	616 912	612 539	105 568	140 585	61 165	151 128	127 352	26 741
0	0	0	71 288	52 821	12 047	10 899	3 914	0	25 916	45
7	0	0	52 537	69 357	9 095	24 946	7 881	3 930	22 841	664
3 033	0	0	43 803	60 106	13 456	5 567	1 988	10 031	27 988	1 076
3 923	0	0	65 906	42 185	11 883	9 546	6 972	7 991	4 942	851
1 642	0	0	61 033	42 276	14 630	8 672	4 612	8 698	5 417	247
2 180	0	0	22 917	15 286	2 292	4 467	4 205	3 731	568	23
10 372	0	0	40 045	34 659	7 628	12 440	6 720	60	6 797	1 014
1 984	0	0	59 101	103 372	16 167	38 381	12 612	20 840	11 433	3 939
2 159	0	0	28 843	24 103	3 438	1 590	1 696	16 661	690	28
7 523	0	0	78 215	94 673	4 591	5 552	2 479	78 780	2 581	690
8 560	12 899	0	26 853	35 101	2 871	7 861	3 681	406	8 465	11 817
5 126	41 323	0	66 371	38 600	7 470	10 664	4 405	0	9 714	6 347
0	286 883	0	781 627	575 961	180 427	146 157	133 903	1 757	81 605	32 112
0	286 883	0	430 747	472 773	175 593	139 043	88 602	0	60 473	9 062
0	0	0	350 880	103 188	4 834	7 114	45 301	1 757	21 132	23 050
0	0	0	99 658	14 550	468	0	0	0	4 999	9 083
0	0	0	67 426	47 770	786	0	24 542	0	10 254	12 188
0	0	0	9 753	2 009	162	0	1 718	0	129	0
0	0	0	51 819	9 792	395	2 336	1 442	257	4 393	969
0	0	0	66 459	19 625	2 446	4 778	10 210	1 500	590	101
0	0	0	55 765	9 442	577	0	7 389	0	767	709
0	78 387	0	135 709	183 815	26 319	46 990	23 327	45 698	25 811	15 670
0	67 137	0	81 751	127 395	18 113	32 585	19 284	33 676	10 573	13 164
0	11 250	0	53 958	56 420	8 206	14 405	4 043	12 022	15 238	2 506
0	0	0	18 040	32 043	3 706	6 953	2 139	8 907	8 032	2 306
0	5 150	0	15 663	15 089	1 527	3 480	1 060	3 115	5 707	200
0	6 100	0	20 255	9 288	2 973	3 972	844	0	1 499	0
7 355	30 326	0	82 203	168 977	16 841	50 320	24 338	39 824	3 140	34 514
0	24 783	0	39 323	73 469	8 001	31 560	12 958	2 481	1 371	17 098
7 355	5 543	0	42 880	95 508	8 840	18 760	11 380	37 343	1 769	17 416
30	0	0	7 005	14 740	1 236	3 068	210	0	67	10 159
250	0	0	8 915	9 143	1 248	741	0	6 780	107	267
450	3 100	0	10 147	26 310	2 559	2 281	3 265	14 770	114	3 321
3 404	0	0	976	6 530	188	682	193	2 339	52	3 076
1 707	1 203	0	6 613	24 161	1 750	4 200	3 200	13 154	1 324	533

2009年度广东省地（市）县级财政一般

收 支 部 分

支出合计	一般公共服务	外交	国防	公共安全	教育	科学技术	文化体育与传媒	社会保障和就业	医疗卫生
43 343 727	6 252 627	434	83 442	4 329 892	8 032 046	1 685 017	1 115 018	4 015 017	2 528 509
4 865 292	917 944	0	19 060	551 768	933 688	129 938	165 468	333 022	204 811
38 478 435	5 334 683	434	64 382	3 778 124	7 098 358	1 555 079	949 550	3 681 995	2 323 698
7 899 155	1 134 713	-43	13 591	918 799	1 103 199	323 623	313 712	1 020 727	480 158
3 179 792	377 062	-43	50	327 364	308 596	77 474	208 810	418 045	221 220
4 719 363	757 651	0	13 541	591 435	794 603	246 149	104 902	602 682	258 938
430 420	51 072	0	537	70 309	92 868	13 553	2 417	106 133	28 327
331 454	50 608	0	646	56 112	61 907	8 704	8 471	63 569	20 204
361 307	44 897	0	595	54 334	59 145	9 598	5 181	77 671	21 757
376 919	46 117	0	705	65 242	69 192	32 737	4 282	38 794	22 342
371 388	61 294	0	635	54 934	78 714	10 721	1 472	61 635	20 323
156 584	24 228	0	188	21 677	27 535	4 631	3 619	27 555	6 738
431 894	95 524	0	206	44 514	76 465	10 399	11 835	30 324	22 787
641 316	98 425	0	3 916	88 132	132 094	17 779	8 872	63 056	42 974
237 411	88 501	0	1 103	26 444	19 258	4 477	9 688	10 081	9 810
828 600	90 920	0	3 826	50 634	48 157	122 086	38 777	50 045	30 698
191 755	43 198	0	1 184	21 279	49 375	3 568	1 413	27 390	11 593
360 315	62 867	0	0	37 824	79 893	7 896	8 875	46 429	21 385
10 008 394	1 103 496	0	10 327	852 482	1 366 266	791 591	345 197	414 619	549 917
6 141 621	538 441	0	4 877	314 100	618 689	692 274	264 412	185 368	282 466
3 866 773	565 055	0	5 450	538 382	747 577	99 317	80 785	229 251	267 451
566 189	48 456	0	862	76 568	140 086	55 724	16 211	41 486	45 267
516 113	71 176	0	1 190	68 489	106 876	2 920	3 677	39 049	25 924
189 270	30 459	0	0	25 375	24 234	9 787	8 907	11 689	10 736
514 209	45 152	0	0	67 782	118 314	12 275	15 724	29 541	43 834
1 155 720	204 198	0	302	183 990	202 284	10 182	20 391	61 530	73 357
925 272	165 614	0	3 096	116 178	155 783	8 429	15 875	45 956	68 333
1 213 058	201 491	348	8 635	161 542	232 428	39 466	25 251	114 565	48 095
811 083	130 283	348	6 189	140 816	102 575	26 628	19 806	64 032	32 235
401 975	71 208	0	2 446	20 726	129 853	12 838	5 445	50 533	15 860
168 933	24 982	0	683	10 224	55 142	6 083	1 863	22 681	6 798
100 120	24 761	0	1 539	6 016	28 514	4 413	1 501	9 912	3 656
132 922	21 465	0	224	4 486	46 197	2 342	2 081	17 940	5 406
993 505	168 732	0	2 876	101 843	245 168	13 205	9 619	73 208	86 758
324 895	54 389	0	1 722	60 916	29 490	3 907	5 801	28 815	16 712
668 610	114 343	0	1 154	40 927	215 678	9 298	3 818	44 393	70 046
93 671	19 956	0	180	2 976	32 978	3 505	186	5 913	9 874
86 325	21 115	0	406	4 088	28 101	1 949	677	5 252	5 777
145 655	28 413	0	222	11 758	40 495	2 328	1 289	8 300	13 871
41 878	5 774	0	132	1 539	11 005	428	95	2 700	3 366
153 149	16 572	0	0	10 242	58 746	398	1 017	11 398	19 249

预算收支情况表（1－2）

单位：万元

支出									
环境保护	城乡社区事务	农林水事务	交通运输	采掘电力信息等事务	粮油物资储备管理等事务	金融监管支出	地震灾后恢复重建支出	国债还本付息支出	其他支出
1 007 979	3 586 252	2 792 128	2 491 301	1 284 783	813 104	218 919	158 443	45 830	2 902 986
21 372	3 203	422 915	720 267	161 195	103 901	3 227	600	0	172 913
986 607	3 583 049	2 369 213	1 771 034	1 123 588	709 203	215 692	157 843	45 830	2 730 073
84 904	630 786	210 721	465 099	314 223	195 299	4 995	53 298	119	631 232
33 112	213 203	44 133	428 346	130 572	39 253	3 254	29 845	21	319 475
51 792	417 583	166 588	36 753	183 651	156 046	1 741	23 453	98	311 757
1 107	37 467	51	339	6 104	2 430	0	3 045	0	14 661
983	32 168	1 307	397	4 260	1 707	0	2 444	0	17 967
1 187	44 509	1 219	722	3 164	1 834	0	2 175	0	33 319
1 653	54 149	3 359	789	9 564	2 694	0	2 875	0	22 425
2 508	26 686	18 771	4 833	3 314	2 242	0	2 556	0	20 750
869	12 241	2 992	750	1 680	841	0	964	0	20 076
1 389	52 413	16 966	4 484	36 681	4 502	15	0	0	23 390
7 960	50 643	42 977	7 171	13 023	9 709	1 653	0	0	52 932
1 878	25 969	16 480	1 110	17 868	2 290	0	0	0	2 454
29 647	58 453	22 155	8 011	74 973	118 687	44	6 719	98	74 670
577	5 535	13 964	2 688	6 772	2 467	0	0	0	752
2 034	17 350	26 347	5 459	6 248	6 643	29	2 675	0	28 361
348 046	1 548 368	284 646	628 554	334 127	175 118	171 679	0	10 000	1 073 961
307 081	904 647	214 265	497 619	269 097	169 246	171 619	0	10 000	697 420
40 965	643 721	70 381	130 935	65 030	5 872	60	0	0	376 541
15 260	83 023	3 529	15 345	24 372	0	0	0	0	0
1 853	109 369	2 965	15 000	1 082	0	0	0	0	66 543
4 497	24 562	1 647	0	1 613	451	0	0	0	35 313
9 999	83 341	15 512	23 585	2 134	20	0	0	0	46 996
6 156	188 715	21 085	47 111	33 462	1 500	0	0	0	101 457
3 200	154 711	25 643	29 894	2 367	3 901	60	0	0	126 232
39 542	117 366	45 318	44 539	26 220	21 564	684	10 090	3	75 911
34 870	86 392	31 845	43 877	24 604	19 050	634	7 070	3	39 826
4 672	30 974	13 473	662	1 616	2 514	50	3 020	0	36 085
1 272	19 368	1 943	0	682	859	50	1 300	0	15 003
1 034	7 298	5 204	13	443	374	0	820	0	4 622
2 366	4 308	6 326	649	491	1 281	0	900	0	16 460
37 182	64 839	76 595	34 158	13 639	25 227	429	5 385	155	34 487
26 607	29 555	11 172	27 862	3 736	16 142	364	2 500	155	5 050
10 575	35 284	65 423	6 296	9 903	9 085	65	2 885	0	29 437
476	11 138	2 152	52	1 846	228	0	473	0	1 738
440	7 270	7 036	102	1 461	572	0	464	0	1 615
3 541	4 988	19 307	1 651	2 706	3 028	63	759	0	2 936
100	4 845	5 825	116	818	517	0	150	0	4 468
2 556	4 606	10 933	1 857	2 007	2 706	0	599	0	10 263

2009 年度广东省地（市）县级财政一般

地区	收入合计	税收						
		小计	增值税	营业税	企业所得税	个人所得税	资源税	城市维护建设税
潮南区	48 290	34 865	12 438	5 265	2 606	1 152	160	2 339
南澳县	4 815	3 616	667	1 132	448	86	37	173
佛山市	2 546 988	2 111 497	563 244	467 143	202 590	104 278	351	136 389
佛山市本级	256 451	224 765	44 599	48 058	24 708	16 710	0	15 058
佛山市区县合计	2 290 537	1 886 732	518 645	419 085	177 882	87 568	351	121 331
禅城区	256 687	191 054	37 992	40 938	20 635	14 234	0	12 827
南海区	858 448	683 816	175 361	174 967	71 902	30 435	17	49 083
顺德区	892 899	760 448	244 866	150 764	65 768	33 882	191	44 785
高明区	118 005	102 781	24 819	19 927	8 722	3 460	95	5 086
三水区	164 498	148 633	35 607	32 489	10 855	5 557	48	9 550
韶关市	407 094	292 045	72 432	66 743	18 918	10 420	8 672	34 838
韶关市本级	198 999	128 995	37 605	23 173	5 963	4 033	511	22 977
韶关市区县合计	208 095	163 050	34 827	43 570	12 955	6 387	8 161	11 861
浈江区	17 533	14 570	2 785	6 791	1 316	799	68	1 437
武江区	17 654	13 623	1 876	6 836	1 699	673	401	1 114
曲江区	38 914	32 262	9 095	6 891	2 676	1 199	311	3 029
乐昌市	23 861	19 580	3 264	6 157	1 342	606	459	1 339
南雄市	22 621	18 429	2 201	3 749	1 254	497	610	1 027
仁化县	26 703	21 115	6 914	2 826	706	745	3 448	1 619
始兴县	12 736	9 930	1 551	1 893	829	327	151	394
翁源县	12 686	8 948	1 613	2 770	658	467	409	531
新丰县	11 608	8 799	1 569	2 058	551	336	2 147	424
乳源瑶族自治县	23 779	15 794	3 959	3 599	1 924	738	157	947
河源市	201 839	160 014	35 252	47 347	15 425	5 227	7 320	10 124
河源市本级	63 959	58 241	12 990	15 577	10 299	2 180	354	2 875
河源市区县合计	137 880	101 773	22 262	31 770	5 126	3 047	6 966	7 249
源城区	28 652	23 477	4 443	8 963	1 359	761	224	1 497
东源县	26 045	18 007	4 302	5 729	783	530	903	1 034
和平县	11 525	8 900	1 427	3 753	481	241	146	539
龙川县	24 411	15 356	2 935	4 791	1 112	614	659	873
紫金县	20 851	14 871	2 566	4 191	705	408	482	852
连平县	26 396	21 162	6 589	4 343	686	493	4 552	2 454
梅州市	307 699	231 886	64 265	42 122	22 602	9 536	6 835	34 603
梅州市本级	112 376	73 438	22 845	7 342	4 594	3 172	207	23 113
梅州市区县合计	195 323	158 448	41 420	34 780	18 008	6 364	6 628	11 490
梅江区	20 399	16 083	3 430	4 386	937	759	200	2 451
兴宁市	26 174	21 192	5 599	5 889	1 986	765	110	1 483
梅县	54 866	45 703	12 206	7 678	6 885	1 900	1 091	2 906
平远县	13 393	10 862	4 363	2 151	552	390	625	866
蕉岭县	21 493	17 298	5 050	2 529	2 240	841	2 742	1 121
大埔县	24 585	19 777	3 367	5 822	755	590	1 393	993

预算收支情况表（2－1）

单位：万元

收　入										
收　入				非税收入						
耕地占用税	契税	烟叶税	其他各项税收收入	小计	专项收入	行政事业性收费收入	罚没收入	国有资本经营收入	国有资源（资产）有偿使用收入	其他收入
1 514	1 087	0	8 304	13 425	1 732	7 238	4 052	300	57	46
0	153	0	920	1 199	127	550	460	0	48	14
20 940	240 201	0	376 361	435 491	72 559	196 035	67 376	30 770	28 395	40 356
289	36 318	0	39 025	31 686	2 347	13 198	7 293	0	7 674	1 174
20 651	203 883	0	337 336	403 805	70 212	182 837	60 083	30 770	20 721	39 182
246	30 937	0	33 245	65 633	13 008	18 905	9 956	0	13 262	10 502
989	59 281	0	121 781	174 632	26 866	75 249	21 252	18 045	5 687	27 533
17 405	72 611	0	130 176	132 451	22 403	79 468	20 046	10 035	499	0
1 796	19 550	0	19 326	15 224	2 603	4 634	4 370	2 690	18	909
215	21 504	0	32 808	15 865	5 332	4 581	4 459	0	1 255	238
5 706	19 016	8 328	46 972	115 049	23 285	25 554	22 170	11 979	8 172	23 889
2	10 539	0	24 192	70 004	14 676	14 053	9 676	9 904	1 038	20 657
5 704	8 477	8 328	22 780	45 045	8 609	11 501	12 494	2 075	7 134	3 232
0	0	0	1 374	2 963	0	1 828	223	0	562	350
0	0	0	1 024	4 031	9	169	75	0	3 589	189
464	2 644	0	5 953	6 652	3 207	1 399	488	0	243	1 315
1 285	1 603	1 241	2 284	4 281	1 300	320	2 521	0	140	0
154	919	5 423	2 595	4 192	699	1 086	1 531	825	41	10
1 970	838	0	2 049	5 588	1 179	2 730	1 069	0	510	100
1 081	919	1 262	1 523	2 806	416	114	1 480	450	334	12
283	438	0	1 779	3 738	417	779	2 218	150	34	140
0	413	0	1 301	2 809	283	167	1 334	650	25	350
467	703	402	2 898	7 985	1 099	2 909	1 555	0	1 656	766
4 886	10 521	0	23 912	41 825	5 790	13 169	5 546	813	10 766	5 741
0	4 500	0	9 466	5 718	1 656	1 500	1 982	0	580	0
4 886	6 021	0	14 446	36 107	4 134	11 669	3 564	813	10 186	5 741
0	2 221	0	4 009	5 175	646	248	150	0	17	4 114
420	500	0	3 806	8 038	609	3 122	685	0	3 622	0
452	752	0	1 109	2 625	340	1 345	716	0	224	0
1 200	820	0	2 352	9 055	566	2 979	836	0	4 674	0
2 633	1 007	0	2 027	5 980	988	1 765	729	813	58	1 627
181	721	0	1 143	5 234	985	2 210	448	0	1 591	0
4 294	11 515	3 428	32 686	75 813	20 619	26 837	9 966	7 192	8 491	2 708
1 491	3 046	0	7 628	38 938	11 473	18 859	1 946	950	5 656	54
2 803	8 469	3 428	25 058	36 875	9 146	7 978	8 020	6 242	2 835	2 654
590	385	0	2 945	4 316	1 101	1 073	121	1 309	12	700
783	1 398	83	3 096	4 982	1 174	470	738	2 500	100	0
1 060	3 279	547	8 151	9 163	2 964	2 718	1 346	104	1 567	464
43	320	518	1 034	2 531	747	210	1 257	0	317	0
136	512	433	1 694	4 195	1 099	709	1 241	727	332	87
12	1 771	810	4 264	4 808	727	925	1 210	1 680	50	216

2009 年度广东省地（市）县级财政一般

收 支 部 分

支出合计	一般公共服务	外交	国防	公共安全	教育	科学技术	文化体育与传媒	社会保障和就业	医疗卫生
122 158	16 937	0	157	7 845	40 997	447	400	9 532	16 316
25 774	5 576	0	57	2 479	3 356	243	154	1 298	1 593
2 669 855	386 112	0	3 733	346 650	589 466	84 083	42 079	203 968	109 418
394 143	54 901	0	2 160	64 084	41 448	6 957	19 050	33 433	16 582
2 275 712	331 211	0	1 573	282 566	548 018	77 126	23 029	170 535	92 836
344 282	67 027	0	440	48 936	86 456	11 786	2 791	35 544	13 136
796 806	94 748	0	0	107 771	202 600	21 908	6 581	53 292	39 574
832 320	112 532	0	524	92 008	185 312	33 172	10 053	51 997	20 194
118 887	19 959	0	0	14 681	32 045	3 421	1 581	11 536	8 318
183 417	36 945	0	609	19 170	41 605	6 839	2 023	18 166	11 614
885 895	150 722	0	2 181	65 375	164 614	12 064	12 307	112 238	65 286
356 451	47 085	0	288	32 082	33 869	3 717	6 308	39 078	13 291
529 444	103 637	0	1 893	33 293	130 745	8 347	5 999	73 160	51 995
38 845	6 471	0	294	1 708	13 323	537	141	6 946	2 724
31 646	7 677	0	72	1 577	10 266	407	51	4 425	1 792
67 638	14 219	0	176	3 890	13 150	1 127	773	9 616	6 664
71 603	12 729	0	88	4 802	17 631	1 117	780	10 892	7 546
65 858	12 574	0	311	4 182	19 586	893	635	4 872	7 935
55 112	11 708	0	132	3 564	12 782	815	1 168	6 863	4 996
41 981	8 753	0	235	3 063	8 435	698	355	7 473	5 037
57 561	11 928	0	81	3 547	12 001	280	469	7 816	7 083
41 660	7 239	0	195	3 299	11 086	513	381	7 691	3 653
57 540	10 339	0	309	3 661	12 485	1 960	1 246	6 566	4 565
792 403	110 613	0	671	42 406	171 053	6 652	7 971	115 495	67 631
190 423	24 727	0	363	14 436	29 397	2 801	1 579	9 031	4 835
601 980	85 886	0	308	27 970	141 656	3 851	6 392	106 464	62 796
63 517	13 198	0	0	2 165	11 947	231	2 353	7 270	3 382
124 345	19 394	0	3	5 342	24 958	663	624	21 213	11 639
91 615	12 936	0	0	3 998	21 612	1 156	565	16 463	12 716
132 224	15 319	0	0	5 702	35 148	625	645	26 525	14 876
103 850	10 669	0	305	5 998	30 249	390	1 124	20 888	13 839
86 429	14 370	0	0	4 765	17 742	786	1 081	14 105	6 344
972 618	142 984	0	38	57 363	216 802	9 062	11 627	160 491	87 277
199 588	34 851	0	38	15 924	27 410	2 301	3 429	25 179	7 476
773 030	108 133	0	0	41 439	189 392	6 761	8 198	135 312	79 801
50 957	4 568	0	0	1 275	16 157	430	315	12 565	4 408
145 916	15 439	0	0	8 433	39 235	1 036	1 377	26 263	15 478
130 192	19 258	0	0	6 365	26 043	935	2 162	21 196	12 101
57 800	9 034	0	0	3 680	10 758	1 204	519	10 372	5 163
59 519	13 239	0	0	3 821	10 090	590	872	8 574	5 701
88 803	13 786	0	0	4 095	21 613	1 043	1 167	14 407	9 212

预算收支情况表（2－2）

单位：万元

支出									
环境保护	城乡社区事务	农林水事务	交通运输	采掘电力信息等事务	粮油物资储备管理等事务	金融监管支出	地震灾后恢复重建支出	国债还本付息支出	其他支出
3 032	1 070	16 012	2 237	912	1 603	2	400	0	4 259
430	1 367	4 158	281	153	431	0	40	0	4 158
113 281	212 312	162 577	96 106	100 529	34 308	30 418	23 703	8 207	122 905
24 876	8 314	7 814	41 994	8 130	2 929	30 158	4 925	5 007	21 381
88 405	203 998	154 763	54 112	92 399	31 379	260	18 778	3 200	101 524
6 724	32 401	4 666	5 355	9 300	4 285	30	2 310	0	13 095
36 513	89 006	61 136	8 524	15 777	10 835	80	6 974	0	41 487
40 141	72 091	69 285	37 029	59 294	11 415	150	7 245	0	29 878
2 420	3 735	8 840	1 195	1 843	1 969	0	926	3 200	3 218
2 607	6 765	10 836	2 009	6 185	2 875	0	1 323	0	13 846
34 219	59 631	80 132	43 446	23 379	12 745	452	0	299	46 805
18 152	46 303	16 705	39 589	12 732	4 638	338	0	7	42 269
16 067	13 328	63 427	3 857	10 647	8 107	114	0	292	4 536
247	1 522	1 885	10	2 067	98	0	0	0	872
20	869	2 030	3	1 179	263	0	0	0	1 015
4 426	2 144	8 714	238	1 388	1 109	3	0	0	1
2 070	1 669	9 915	290	749	1 122	0	0	0	203
893	1 529	8 833	303	1 625	1 285	47	0	292	63
2 623	859	6 779	1 339	320	927	0	0	0	237
468	594	4 384	141	767	1 111	0	0	0	467
1 865	1 595	8 306	1 231	488	676	0	0	0	195
507	700	4 726	114	132	606	15	0	0	803
2 948	1 847	7 855	188	1 932	910	49	0	0	680
18 172	28 414	105 422	20 842	11 758	9 157	125	0	0	76 021
6 293	6 404	13 208	15 258	3 896	2 048	60	0	0	56 087
11 879	22 010	92 214	5 584	7 862	7 109	65	0	0	19 934
387	5 374	8 351	170	2 430	1 021	50	0	0	5 188
4 812	520	25 170	2 161	1 427	1 781	0	0	0	4 638
2 527	3 480	12 749	1 426	545	1 044	0	0	0	398
1 787	6 935	17 019	504	406	1 269	10	0	0	5 454
1 207	1 605	12 216	473	956	926	5	0	0	3 000
1 159	4 096	16 709	850	2 098	1 068	0	0	0	1 256
18 208	28 991	134 305	27 142	24 261	18 759	1 304	0	10	33 994
5 471	11 342	14 614	23 198	9 378	6 077	1 227	0	8	11 665
12 737	17 649	119 691	3 944	14 883	12 682	77	0	2	22 329
102	667	2 912	82	1 008	492	5	0	0	5 971
1 821	2 628	24 465	1 112	2 240	1 766	10	0	1	4 612
3 031	2 573	25 662	152	1 621	3 020	0	0	0	6 073
1 158	1 058	10 169	52	3 206	1 287	5	0	0	135
1 308	2 492	9 106	1 559	998	866	24	0	0	279
828	3 127	13 175	174	888	1 725	5	0	1	3 557

2009年度广东省地（市）县级财政一般

地区	收入合计	税收						
		小计	增值税	营业税	企业所得税	个人所得税	资源税	城市维护建设税
丰顺县	19 368	15 488	4 337	3 513	2 962	605	359	955
五华县	15 045	12 045	3 068	2 812	1 691	514	108	715
惠州市	1 015 651	841 425	249 463	195 241	66 220	33 161	6 848	51 691
惠州市本级	507 529	433 163	157 760	87 082	36 842	16 784	1 605	33 927
惠州市区县合计	508 122	408 262	91 703	108 159	29 378	16 377	5 243	17 764
惠城区	161 722	142 720	34 474	37 304	14 342	7 028	687	6 130
惠阳区	117 189	101 156	17 557	27 675	5 640	3 307	333	4 495
惠东县	76 063	50 854	10 491	16 495	2 355	2 126	335	2 438
博罗县	123 769	91 546	23 696	21 368	5 424	3 240	691	3 344
龙门县	29 379	21 986	5 485	5 317	1 617	676	3 197	1 357
汕尾市	197 136	125 105	23 173	21 678	7 071	2 691	1 178	6 715
汕尾市本级	52 854	37 036	10 447	4 971	2 470	826	177	2 125
汕尾市区县合计	144 282	88 069	12 726	16 707	4 601	1 865	1 001	4 590
城区	21 996	19 074	3 446	2 621	1 374	445	52	659
陆丰市	54 893	28 084	2 409	3 289	581	328	522	2 321
海丰县	55 228	34 536	5 911	8 915	2 366	971	215	1 254
陆河县	12 165	6 375	960	1 882	280	121	212	356
东莞市	2 311 556	1 822 650	534 382	446 884	176 786	87 313	62	92 137
东莞市本级	2 311 556	1 822 650	534 382	446 884	176 786	87 313	62	92 137
中山市	1 104 409	1 005 231	281 821	225 667	95 588	43 951	106	47 827
中山市本级	1 104 409	1 005 231	281 821	225 667	95 588	43 951	106	47 827
江门市	836 323	698 247	211 511	135 323	62 530	25 259	2 276	37 339
江门市本级	184 799	160 537	42 934	33 202	13 483	6 522	120	8 722
江门市区县合计	651 524	537 710	168 577	102 121	49 047	18 737	2 156	28 617
蓬江区	93 620	80 942	20 028	17 528	6 765	3 531	62	4 424
江海区	32 155	27 639	9 839	4 566	2 354	723	0	1 482
新会区	186 862	147 054	52 874	22 455	11 944	5 736	1 006	6 866
台山市	116 659	103 133	35 585	18 690	13 021	3 142	37	6 179
开平市	91 986	71 510	21 290	12 960	8 642	2 676	14	4 146
鹤山市	94 187	77 701	23 868	19 213	5 071	2 059	483	4 089
恩平市	36 055	29 731	5 093	6 709	1 250	870	554	1 431
阳江市	201 553	138 376	31 086	39 415	11 290	6 098	1 317	9 838
阳江市本级	88 361	49 571	7 648	15 528	4 009	2 536	204	3 383
阳江市区县合计	113 192	88 805	23 438	23 887	7 281	3 562	1 113	6 455
江城区	19 454	12 622	3 188	4 334	1 124	724	48	1 041
阳春市	36 806	30 513	8 603	7 355	1 948	1 221	739	2 934
阳东县	42 821	33 000	9 286	7 504	3 318	1 081	246	1 836
阳西县	14 111	12 670	2 361	4 694	891	536	80	644
湛江市	526 512	351 985	78 491	94 154	20 966	18 157	916	27 990
湛江市本级	300 425	186 786	44 535	49 333	9 369	9 955	8	15 920
湛江市区县合计	226 087	165 199	33 956	44 821	11 597	8 202	908	12 070

预算收支情况表（3－1）

单位：万元

收　入										
收　入				非税收入						
耕地占用税	契税	烟叶税	其他各项税收收入	小计	专项收入	行政事业性收费收入	罚没收入	国有资本经营收入	国有资源（资产）有偿使用收入	其他收入
34	314	153	2 256	3 880	703	1 422	137	0	431	1 187
145	490	884	1 618	3 000	631	451	1 970	－78	26	0
8 904	77 562	0	152 335	174 226	33 975	68 734	36 574	3 681	8 566	22 696
0	32 296	0	66 867	74 366	16 910	24 780	12 641	2 187	2 457	15 391
8 904	45 266	0	85 468	99 860	17 065	43 954	23 933	1 494	6 109	7 305
0	15 863	0	26 892	19 002	5 533	4 586	2 090	0	1 281	5 512
1 193	14 596	0	26 360	16 033	2 603	4 672	8 494	0	243	21
541	6 500	0	9 573	25 209	3 717	14 042	5 640	0	62	1 748
6 627	7 026	0	20 130	32 223	3 578	19 849	6 214	1 139	1 429	14
543	1 281	0	2 513	7 393	1 634	805	1 495	355	3 094	10
15 132	11 775	0	35 692	72 031	3 456	22 216	7 359	6 273	13 013	19 714
3 538	2 738	0	9 744	15 818	1 317	5 631	2 971	100	135	5 664
11 594	9 037	0	25 948	56 213	2 139	16 585	4 388	6 173	12 878	14 050
4 275	543	0	5 659	2 922	254	657	58	0	33	1 920
5 800	5 785	0	7 049	26 809	481	5 767	2 757	2	12 263	5 539
1 503	2 189	0	11 212	20 692	1 219	7 817	1 213	5 834	513	4 096
16	520	0	2 028	5 790	185	2 344	360	337	69	2 495
46 603	157 533	0	280 950	488 906	60 007	169 365	72 888	58 500	87 446	40 700
46 603	157 533	0	280 950	488 906	60 007	169 365	72 888	58 500	87 446	40 700
19 505	151 089	0	139 677	99 178	28 257	23 913	21 120	10 000	6 212	9 676
19 505	151 089	0	139 677	99 178	28 257	23 913	21 120	10 000	6 212	9 676
22 365	61 382	0	140 262	138 076	25 287	45 186	45 589	16 543	4 699	772
6 207	19 381	0	29 966	24 262	6 910	6 216	8 966	1 300	676	194
16 158	42 001	0	110 296	113 814	18 377	38 970	36 623	15 243	4 023	578
3 214	10 718	0	14 672	12 678	1 884	1 326	8 910	0	558	0
899	1 951	0	5 825	4 516	683	1 103	1 478	0	1 252	0
6 999	8 128	0	31 046	39 808	5 404	15 920	8 493	9 223	518	250
－18	7 873	0	18 624	13 526	4 320	5 160	3 385	－75	532	204
276	3 520	0	17 986	20 476	2 618	7 993	4 147	5 301	298	119
1 094	6 786	0	15 038	16 486	2 496	5 666	7 589	0	730	5
3 694	3 025	0	7 105	6 324	972	1 802	2 621	794	135	0
2 224	16 248	0	20 860	63 177	7 314	28 178	17 072	7 730	2 761	122
1 137	6 595	0	8 531	38 790	3 493	17 194	12 599	3 965	1 418	121
1 087	9 653	0	12 329	24 387	3 821	10 984	4 473	3 765	1 343	1
0	0	0	2 163	6 832	439	4 120	406	1 515	351	1
366	2 758	0	4 589	6 293	1 710	1 954	1 120	1 450	59	0
619	5 325	0	3 785	9 821	1 203	4 676	2 256	800	886	0
102	1 570	0	1 792	1 441	469	234	691	0	47	0
43 718	18 636	20	48 937	174 527	17 015	60 231	29 774	42 168	10 066	15 273
26 088	10 617	0	20 961	113 639	9 492	33 450	11 295	41 763	7 692	9 947
17 630	8 019	20	27 976	60 888	7 523	26 781	18 479	405	2 374	5 326

2009 年度广东省地（市）县级财政一般

收 支 部 分

支出合计	一般公共服务	外交	国防	公共安全	教育	科学技术	文化体育与传媒	社会保障和就业	医疗卫生
97 553	13 832	0	0	6 653	23 626	633	834	18 067	11 358
142 290	18 977	0	0	7 117	41 870	890	952	23 868	16 380
1 347 527	256 219	0	1 988	126 698	258 872	23 766	17 309	137 330	81 785
548 269	103 718	0	53	66 591	49 619	13 089	6 735	52 906	23 766
799 258	152 501	0	1 935	60 107	209 253	10 677	10 574	84 424	58 019
187 282	43 820	0	407	6 728	62 152	3 670	2 669	29 271	11 806
150 132	32 431	0	384	16 994	35 534	2 002	1 940	10 301	8 312
178 769	26 946	0	434	16 935	42 875	2 462	3 224	17 944	15 373
206 585	34 719	0	377	13 902	51 442	2 140	1 670	19 488	16 531
76 490	14 585	0	333	5 548	17 250	403	1 071	7 420	5 997
532 082	71 347	0	0	29 057	124 118	3 926	4 910	60 594	37 875
132 547	20 405	0	0	10 824	11 345	1 262	1 835	10 095	4 064
399 535	50 942	0	0	18 233	112 773	2 664	3 075	50 499	33 811
52 720	7 309	0	0	900	14 186	498	210	6 091	3 493
160 280	17 327	0	0	7 756	45 615	812	1 205	19 249	15 273
135 813	17 196	0	0	7 535	39 284	1 172	1 190	19 238	9 526
50 722	9 110	0	0	2 042	13 688	182	470	5 921	5 519
2 326 216	259 865	0	0	367 266	553 429	112 506	34 772	194 637	44 177
2 326 216	259 865	0	0	367 266	553 429	112 506	34 772	194 637	44 177
1 179 019	118 361	0	0	122 345	296 645	47 839	39 045	95 255	37 684
1 179 019	118 361	0	0	122 345	296 645	47 839	39 045	95 255	37 684
1 110 750	171 866	0	4 744	115 790	232 082	22 519	8 669	141 647	64 133
220 223	33 543	0	2 471	34 922	29 273	5 345	3 073	23 574	9 274
890 527	138 323	0	2 273	80 868	202 809	17 174	5 596	118 073	54 859
124 187	20 388	0	403	15 132	28 224	2 666	752	13 392	3 420
45 009	10 699	0	254	6 461	8 219	855	297	4 952	2 269
239 201	28 588	0	257	18 049	52 550	8 723	1 255	25 887	12 937
161 149	22 048	0	310	11 719	36 229	1 446	536	28 760	12 232
119 632	20 982	0	481	11 434	37 613	1 307	941	12 759	9 487
111 488	19 659	0	392	11 036	21 966	1 381	1 029	17 083	7 301
89 861	15 959	0	176	7 037	18 008	796	786	15 240	7 213
566 367	96 389	0	21	40 257	96 566	6 752	5 716	70 530	41 005
205 368	30 887	0	21	18 350	19 765	2 719	3 319	24 901	7 181
360 999	65 502	0	0	21 907	76 801	4 033	2 397	45 629	33 824
66 364	9 392	0	0	3 035	13 599	562	137	8 127	4 457
126 347	21 128	0	0	6 590	28 700	1 208	625	21 044	14 783
94 436	22 709	0	0	6 366	18 782	1 694	1 085	9 157	8 056
73 852	12 273	0	0	5 916	15 720	569	550	7 301	6 528
1 232 697	179 587	0	3 159	99 028	299 518	6 242	14 161	184 880	119 492
495 565	63 001	0	1 504	55 367	71 532	3 039	9 528	60 740	67 044
737 132	116 586	0	1 655	43 661	227 986	3 203	4 633	124 140	52 448

预算收支情况表（3－2）

单位：万元

支出									
环境保护	城乡社区事务	农林水事务	交通运输	采掘电力信息等事务	粮油物资储备管理等事务	金融监管支出	地震灾后恢复重建支出	国债还本付息支出	其他支出
1 293	2 027	14 399	701	1 523	1 454	0	0	0	1 153
3 196	3 077	19 803	112	3 399	2 072	28	0	0	549
32 962	66 035	132 642	43 867	19 307	28 059	182	19 193	13	101 300
21 311	43 437	23 107	33 800	11 407	14 030	112	19 193	8	65 387
11 651	22 598	109 535	10 067	7 900	14 029	70	0	5	35 913
55	2 228	16 124	1 458	1 626	3 073	30	0	1	2 164
3 205	8 049	15 767	2 839	2 132	2 309	0	0	0	7 933
2 937	7 395	27 917	1 875	1 929	3 105	40	0	0	7 378
4 303	3 778	42 195	3 492	1 781	4 182	0	0	3	6 582
1 151	1 148	7 532	403	432	1 360	0	0	1	11 856
27 482	19 109	76 963	8 067	5 954	6 446	77	0	0	56 157
11 494	3 563	14 765	7 620	3 907	2 397	11	0	0	28 960
15 988	15 546	62 198	447	2 047	4 049	66	0	0	27 197
0	1 151	15 276	43	172	492	0	0	0	2 899
9 250	12 376	23 071	115	760	1 128	64	0	0	6 279
5 040	887	17 519	131	458	1 835	0	0	0	14 802
1 698	1 132	6 332	158	657	594	2	0	0	3 217
37 291	397 440	131 828	73 635	96 328	23 018	0	0	7	17
37 291	397 440	131 828	73 635	96 328	23 018	0	0	7	17
26 860	79 921	162 121	23 081	17 194	13 250	3 608	4 023	26 013	65 774
26 860	79 921	162 121	23 081	17 194	13 250	3 608	4 023	26 013	65 774
18 018	41 095	119 672	52 430	19 753	27 565	173	7 468	25	63 101
3 528	7 633	17 570	34 943	4 495	3 478	78	1 725	17	5 281
14 490	33 462	102 102	17 487	15 258	24 087	95	5 743	8	57 820
473	8 279	4 309	0	3 037	6 056	0	771	0	16 885
3 074	893	1 112	199	1 479	1 298	0	282	0	2 666
2 605	3 180	47 639	7 310	4 751	3 671	36	1 675	7	20 081
1 737	3 271	19 651	2 752	1 900	4 096	0	1 050	0	13 412
1 255	4 198	9 051	1 929	2 028	3 908	53	819	0	1 387
2 231	5 963	12 069	4 154	1 374	2 281	0	832	1	2 736
3 115	7 678	8 271	1 143	689	2 777	6	314	0	653
7 487	16 910	69 705	18 201	10 027	15 910	148	0	261	70 482
4 699	8 312	12 606	17 249	5 046	6 816	18	0	11	43 468
2 788	8 598	57 099	952	4 981	9 094	130	0	250	27 014
30	1 020	6 752	67	465	1 543	0	0	0	17 178
854	4 211	17 000	317	1 225	3 680	50	0	0	4 932
828	1 874	16 064	222	2 394	2 274	80	0	250	2 601
1 076	1 493	17 283	346	897	1 597	0	0	0	2 303
25 657	52 271	123 883	42 091	25 802	18 572	181	6 676	658	30 839
9 934	29 741	28 956	37 998	16 924	9 347	119	6 676	658	23 457
15 723	22 530	94 927	4 093	8 878	9 225	62	0	0	7 382

2009年度广东省地（市）县级财政一般

地区	收入合计	税收						
		小计	增值税	营业税	企业所得税	个人所得税	资源税	城市维护建设税
赤坎区	25 819	17 181	3 870	4 780	396	899	0	1 747
霞山区	30 810	22 364	2 669	7 283	3 258	1 932	0	1 657
麻章区	17 885	14 615	3 658	2 082	383	441	7	1 293
坡头区	12 719	11 266	1 230	1 818	378	389	236	544
雷州市	27 839	20 571	4 783	6 612	1 148	1 009	98	1 534
廉江市	36 635	24 831	6 060	7 282	1 525	891	398	1 799
吴川市	28 395	21 825	3 925	4 906	2 581	819	100	1 251
遂溪县	26 206	19 136	5 313	5 155	915	942	33	1 439
徐闻县	19 779	13 410	2 448	4 903	1 013	880	36	806
茂名市	417 044	243 487	76 719	47 365	10 266	7 932	3 991	42 114
茂名市本级	206 843	131 165	54 487	14 135	5 117	3 991	225	32 175
茂名市区县合计	210 201	112 322	22 232	33 230	5 149	3 941	3 766	9 939
茂南区	30 484	21 082	3 141	5 549	1 761	1 235	675	1 830
茂港区	13 582	9 816	2 225	3 283	637	224	18	608
信宜市	38 767	19 071	3 631	5 045	760	504	1 239	2 033
高州市	49 121	23 310	5 391	6 885	917	902	469	1 929
化州市	36 970	18 713	3 435	4 988	481	432	1 332	1 966
电白县	41 277	20 330	4 409	7 480	593	644	33	1 573
肇庆市	559 151	359 741	64 050	97 505	23 859	12 374	5 696	20 861
肇庆市本级	157 298	119 018	18 227	36 679	7 405	3 868	15	6 912
肇庆市区县合计	401 853	240 723	45 823	60 826	16 454	8 506	5 681	13 949
端州区	58 500	41 127	6 730	13 306	2 807	1 692	0	2 782
鼎湖区	20 023	16 832	4 178	3 997	834	428	9	1 148
四会市	80 913	48 616	11 020	11 950	3 240	1 322	66	3 410
高要市	107 833	67 542	13 014	11 583	5 594	1 799	1 100	3 365
广宁县	31 026	15 392	2 346	3 979	627	780	337	600
德庆县	32 237	16 562	2 954	4 876	985	588	872	911
封开县	28 993	16 114	1 610	6 043	1 473	687	1 882	795
怀集县	42 328	18 538	3 971	5 092	894	1 210	1 415	938
清远市	500 355	364 095	63 584	99 305	27 074	10 302	19 741	17 582
清远市本级	141 262	115 024	13 473	33 706	8 097	3 371	1 160	6 045
清远市区县合计	359 093	249 071	50 111	65 599	18 977	6 931	18 581	11 537
清城区	77 509	59 360	6 636	16 602	3 987	1 660	571	2 978
英德市	83 918	58 121	16 032	11 426	4 099	1 115	9 456	2 841
连州市	38 552	23 778	4 502	5 166	2 354	948	2 675	1 097
佛冈县	48 838	29 902	6 930	9 527	2 876	834	525	1 175
清新县	58 445	47 452	10 010	15 659	3 372	1 227	1 066	1 758
连山壮族瑶族自治县	7 016	4 099	935	1 136	280	212	330	288
连南瑶族自治县	12 547	6 653	1 407	1 075	627	283	1 196	375
阳山县	32 268	19 706	3 659	5 008	1 382	652	2 762	1 025
潮州市	182 457	164 892	61 195	23 725	16 389	7 527	4 799	11 973

预算收支情况表（4－1）

单位：万元

收入										
收入				非税收入						
耕地占用税	契税	烟叶税	其他各项税收收入	小计	专项收入	行政事业性收费收入	罚没收入	国有资本经营收入	国有资源（资产）有偿使用收入	其他收入
2 729	0	0	2 760	8 638	1 189	3 336	291	0	307	3 515
870	0	0	4 695	8 446	607	6 826	646	0	358	9
2 501	1 683	0	2 567	3 270	521	2 259	457	0	33	0
5 293	242	0	1 136	1 453	266	754	212	0	217	4
693	1 408	0	3 286	7 268	1 045	1 159	4 844	60	160	0
938	1 809	20	4 109	11 804	1 102	5 627	4 983	0	92	0
4 097	1 232	0	2 914	6 570	672	1 594	2 640	183	189	1 292
382	690	0	4 267	7 070	1 536	1 556	2 424	162	886	506
127	955	0	2 242	6 369	585	3 670	1 982	0	132	0
1 458	11 621	0	42 021	173 557	12 981	73 913	20 079	19 414	9 843	37 327
0	3 009	0	18 026	75 678	9 322	20 988	6 108	4 195	2 311	32 754
1 458	8 612	0	23 995	97 879	3 659	52 925	13 971	15 219	7 532	4 573
576	1 622	0	4 693	9 402	693	2 739	969	1 359	36	3 606
4	626	0	2 191	3 766	260	2 906	278	0	322	0
242	1 317	0	4 300	19 696	503	7 221	3 444	8 240	268	20
386	2 051	0	4 380	25 811	821	15 800	3 968	4 470	752	0
69	1 138	0	4 872	18 257	631	7 278	2 514	1 150	5 737	947
181	1 858	0	3 559	20 947	751	16 981	2 798	0	417	0
22 418	36 584	0	76 394	199 410	21 111	42 147	21 815	41 193	64 062	9 082
10 449	10 818	0	24 645	38 280	4 975	11 133	4 888	14 487	1 625	1 172
11 969	25 766	0	51 749	161 130	16 136	31 014	16 927	26 706	62 437	7 910
100	5 665	0	8 045	17 373	1 556	4 561	745	4 480	6 031	0
230	2 708	0	3 300	3 191	761	1 754	286	340	49	1
1 600	4 384	0	11 624	32 297	2 452	7 426	2 961	13 423	5 041	994
5 178	7 694	0	18 215	40 291	2 675	7 170	5 129	0	23 456	1 861
3 086	723	0	2 914	15 634	647	3 837	1 046	6 409	24	3 671
274	2 135	0	2 967	15 675	1 005	1 789	2 429	390	10 040	22
21	1 397	0	2 206	12 879	781	1 457	2 010	1 664	6 967	0
1 480	1 060	0	2 478	23 790	6 259	3 020	2 321	0	10 829	1 361
15 127	47 829	370	63 181	136 260	12 093	39 119	20 863	14 907	3 796	45 482
4 563	21 113	0	23 496	26 238	3 826	8 177	5 821	0	1 190	7 224
10 564	26 716	370	39 685	110 022	8 267	30 942	15 042	14 907	2 606	38 258
4 046	11 307	0	11 573	18 149	1 396	2 014	1 501	13 108	130	0
200	5 656	0	7 296	25 797	1 695	7 777	825	0	101	15 399
715	1 416	370	4 535	14 774	809	1 437	2 252	1 299	350	8 627
550	1 832	0	5 653	18 936	907	3 014	3 057	0	301	11 657
2 533	5 007	0	6 820	10 993	1 558	6 473	2 407	500	55	0
271	132	0	515	2 917	306	380	1 340	0	891	0
769	247	0	674	5 894	435	4 414	959	0	26	60
1 480	1 119	0	2 619	12 562	1 161	5 433	2 701	0	752	2 515
2 565	4 846	0	31 873	17 565	8 138	5 359	3 350	－2 005	895	1 828

2009 年度广东省地（市）县级财政一般

收 支 部 分

支出合计	一般公共服务	外交	国防	公共安全	教育	科学技术	文化体育与传媒	社会保障和就业	医疗卫生
40 080	10 992	0	182	2 073	12 006	399	207	6 582	1 762
50 067	9 697	0	165	2 644	17 280	770	241	8 403	1 632
37 410	7 886	0	102	1 322	10 565	538	225	4 586	1 487
36 327	7 097	0	127	1 323	12 632	119	343	5 843	2 274
127 547	16 362	0	177	7 182	47 041	398	765	20 276	9 008
158 118	20 185	0	310	11 624	47 024	291	703	30 487	15 426
92 681	15 593	0	216	5 129	30 134	461	629	13 786	6 627
104 986	13 413	0	224	7 685	29 726	110	710	18 329	8 964
89 916	15 361	0	152	4 679	21 578	117	810	15 848	5 268
982 755	152 402	129	0	66 726	269 553	6 089	10 978	132 538	82 597
289 411	43 609	129	0	26 513	46 155	3 474	5 676	31 892	8 261
693 344	108 793	0	0	40 213	223 398	2 615	5 302	100 646	74 336
70 500	14 171	0	0	6 068	16 985	298	338	9 099	7 746
47 110	6 265	0	0	2 607	13 197	225	236	5 086	5 543
137 903	22 336	0	0	6 838	47 124	688	820	20 742	16 588
160 204	24 519	0	0	8 524	55 124	461	1 251	24 788	15 687
139 699	17 272	0	0	7 420	50 403	416	876	22 185	16 483
137 928	24 230	0	0	8 756	40 565	527	1 781	18 746	12 289
1 069 336	187 043	0	5 375	81 415	215 116	21 464	19 146	117 932	68 368
314 457	42 984	0	1 888	21 137	31 763	8 027	9 099	24 251	13 604
754 879	144 059	0	3 487	60 278	183 353	13 437	10 047	93 681	54 764
77 797	15 640	0	444	10 384	22 483	1 550	904	13 154	3 028
33 663	7 643	0	258	2 837	7 485	570	209	3 561	1 460
121 438	19 595	0	992	10 360	30 345	2 364	2 332	15 505	7 483
160 619	29 294	0	812	14 560	35 884	3 753	2 685	16 114	9 982
81 137	17 072	0	208	5 090	17 906	780	1 440	11 544	7 384
76 536	17 308	0	209	4 743	16 819	1 866	769	9 431	4 368
77 084	16 549	0	421	5 471	18 226	1 102	661	11 006	8 662
126 605	20 958	0	143	6 833	34 205	1 452	1 047	13 366	12 397
1 000 529	176 869	0	3 125	67 951	232 515	7 166	10 003	124 390	84 372
186 708	41 582	0	2 029	15 954	36 522	3 744	3 058	14 791	19 396
813 821	135 287	0	1 096	51 997	195 993	3 422	6 945	109 599	64 976
142 962	22 622	0	0	10 099	34 023	733	497	13 631	7 223
200 497	18 074	0	613	9 992	51 704	341	807	32 209	15 600
93 835	18 914	0	0	6 907	19 732	1 260	605	13 273	7 596
85 854	18 522	0	131	5 755	16 829	86	2 017	9 599	6 777
119 183	25 528	0	313	8 656	32 960	601	567	14 492	11 131
34 185	6 013	0	39	2 749	7 055	78	756	6 471	3 201
42 719	8 544	0	0	2 973	7 471	44	969	7 302	2 688
94 586	17 070	0	0	4 866	26 219	279	727	12 622	10 760
442 984	68 219	0	1 111	24 405	98 958	5 024	4 310	54 302	41 323

预算收支情况表（4－2）

单位：万元

支出									
环境保护	城乡社区事务	农林水事务	交通运输	采掘电力信息等事务	粮油物资储备管理等事务	金融监管支出	地震灾后恢复重建支出	国债还本付息支出	其他支出
0	3 537	467	0	645	112	0	0	0	1 116
3	4 411	3 189	4	723	737	0	0	0	168
9	1 358	6 752	252	1 069	302	0	0	0	957
135	934	2 722	156	1 448	500	0	0	0	674
655	2 479	19 932	1 306	812	1 075	5	0	0	74
3 563	2 756	21 008	692	1 336	2 314	52	0	0	347
3 375	1 973	10 528	288	655	1 606	0	0	0	1 681
4 159	2 307	15 523	567	1 163	1 495	2	0	0	609
3 824	2 775	14 806	828	1 027	1 084	3	0	0	1 756
16 157	49 119	101 919	36 244	13 436	18 296	331	10 543	0	15 698
3 570	31 944	23 707	33 077	6 120	3 760	101	9 853	0	11 570
12 587	17 175	78 212	3 167	7 316	14 536	230	690	0	4 128
600	1 151	10 375	85	1 122	1 936	21	220	0	285
100	813	10 437	0	1 255	1 053	0	112	0	181
3 758	4 019	9 616	297	1 096	2 727	50	0	0	1 204
1 689	3 862	17 071	1 337	1 413	3 866	98	0	0	514
4 105	2 014	12 371	357	1 301	2 833	61	0	0	1 602
2 335	5 316	18 342	1 091	1 129	2 121	0	358	0	342
23 239	51 199	112 683	25 640	18 671	17 832	218	13 022	13	90 960
8 923	25 879	25 012	16 609	6 533	2 482	64	13 022	5	63 175
14 316	25 320	87 671	9 031	12 138	15 350	154	0	8	27 785
52	5 173	804	0	957	995	0	0	1	2 228
1 521	537	4 760	434	698	880	0	0	0	810
4 514	6 072	12 500	2 152	1 346	2 845	0	0	2	3 031
1 953	4 562	19 109	1 710	2 923	4 129	154	0	2	12 993
1 470	3 130	8 249	1 087	934	1 043	0	0	1	3 799
1 127	2 190	11 969	997	1 820	2 594	0	0	1	325
1 653	1 603	8 541	1 235	556	994	0	0	0	404
2 026	2 053	21 739	1 416	2 904	1 870	0	0	1	4 195
23 073	55 055	89 265	18 313	14 016	14 169	50	0	13	80 184
4 259	9 977	9 113	9 220	4 155	2 901	0	0	13	9 994
18 814	45 078	80 152	9 093	9 861	11 268	50	0	0	70 190
279	9 535	9 958	138	1 433	1 391	0	0	0	31 400
7 265	10 858	17 928	3 483	867	3 345	50	0	0	27 361
1 008	7 295	10 322	1 619	1 030	1 164	0	0	0	3 110
2 041	9 242	6 797	2 006	2 827	909	0	0	0	2 316
2 346	3 887	12 739	972	636	1 946	0	0	0	2 409
960	487	5 173	160	499	370	0	0	0	174
2 451	889	4 871	193	1 535	1 108	0	0	0	1 681
2 464	2 885	12 364	522	1 034	1 035	0	0	0	1 739
14 618	14 788	43 664	19 677	7 557	8 680	632	2 205	9	33 502

2009 年度广东省地（市）县级财政一般

地　区	收入合计	税　收						
		小计	增值税	营业税	企业所得税	个人所得税	资源税	城市维护建设税
潮州市本级	90 694	80 623	29 086	15 526	8 788	4 408	2 819	5 038
潮州市区县合计	91 763	84 269	32 109	8 199	7 601	3 119	1 980	6 935
湘桥区	16 410	14 665	3 855	2 394	1 452	872	183	1 016
饶平县	23 571	20 816	8 566	2 712	1 764	395	451	2 454
潮安县	51 782	48 788	19 688	3 093	4 385	1 852	1 346	3 465
揭阳市	288 656	220 573	77 309	33 387	27 029	7 988	857	17 789
揭阳市本级	88 199	67 885	19 857	13 663	7 542	3 194	290	5 872
揭阳市区县合计	200 457	152 688	57 452	19 724	19 487	4 794	567	11 917
榕城区	33 874	25 512	9 245	2 632	3 238	1 357	55	1 688
普宁市	79 542	56 257	23 759	6 841	7 701	1 607	132	5 393
揭东县	48 153	41 907	14 788	4 607	5 497	879	170	2 750
揭西县	17 122	11 954	3 679	2 089	1 362	518	136	769
惠来县	21 766	17 058	5 981	3 555	1 689	433	74	1 317
云浮市	187 783	113 554	23 252	31 081	7 520	7 539	3 999	7 196
云浮市本级	48 246	26 629	3 534	8 575	1 434	1 981	605	3 178
云浮市区县合计	139 537	86 925	19 718	22 506	6 086	5 558	3 394	4 018
云城区	19 406	13 373	1 588	3 852	644	890	272	0
罗定市	34 716	19 484	5 933	4 992	1 331	909	430	1 307
新兴县	45 523	29 718	7 140	6 534	2 950	2 831	89	1 356
郁南县	19 962	11 882	2 493	4 767	790	510	191	824
云安县	19 930	12 468	2 564	2 361	371	418	2 412	531

预算收支情况表（5－1）

单位：万元

收入										
收入				非税收入						
耕地占用税	契税	烟叶税	其他各项税收收入	小计	专项收入	行政事业性收费收入	罚没收入	国有资本经营收入	国有资源（资产）有偿使用收入	其他收入
675	2 981	0	11 302	10 071	3 551	2 583	2 170	－503	450	1 820
1 890	1 865	0	20 571	7 494	4 587	2 776	1 180	－1 502	445	8
1 237	500	0	3 156	1 745	426	1 386	250	－327	10	0
173	525	0	3 776	2 755	1 871	50	772	－100	154	8
480	840	0	13 639	2 994	2 290	1 340	158	－1 075	281	0
15 766	10 132	0	30 316	68 083	10 825	16 812	22 204	8 773	5 752	3 717
2 664	4 367	0	10 436	20 314	3 214	3 917	8 183	2 617	468	1 915
13 102	5 765	0	19 880	47 769	7 611	12 895	14 021	6 156	5 284	1 802
1 435	2 315	0	3 547	8 362	719	3 845	929	560	2 282	27
1 934	2 072	0	6 818	23 285	3 422	4 209	8 259	2 944	2 678	1 773
6 224	544	0	6 448	6 246	1 891	1 885	2 192	70	206	2
1 459	450	0	1 492	5 168	549	2 079	1 971	500	69	0
2 050	384	0	1 575	4 708	1 030	877	670	2 082	49	0
5 884	7 298	0	19 785	74 229	6 181	20 406	6 405	30 233	4 427	6 577
0	2 398	0	4 924	21 617	2 068	3 676	1 144	13 172	1 549	8
5 884	4 900	0	14 861	52 612	4 113	16 730	5 261	17 061	2 878	6 569
2 837	1 077	0	2 213	6 033	441	1 290	876	3 181	35	210
47	1 181	0	3 354	15 232	1 188	5 391	1 056	1 280	36	6 281
351	2 158	0	6 309	15 805	951	3 139	1 207	7 787	2 721	0
543	289	0	1 475	8 080	664	4 505	829	1 939	65	78
2 106	195	0	1 510	7 462	869	2 405	1 293	2 874	21	0

2009年度广东省地（市）县级财政一般

收 支 部 分

支出合计	一般公共服务	外交	国防	公共安全	教育	科学技术	文化体育与传媒	社会保障和就业	医疗卫生
150 078	27 331	0	767	14 238	17 471	2 030	2 999	12 363	7 788
292 906	40 888	0	344	10 167	81 487	2 994	1 311	41 939	33 535
34 120	6 668	0	0	1 030	10 078	392	136	7 122	2 930
116 632	13 648	0	0	4 423	31 670	1 359	708	17 501	13 181
142 154	20 572	0	344	4 714	39 739	1 243	467	17 316	17 424
767 873	119 600	0	1 162	55 804	222 658	4 316	8 004	90 322	81 505
170 210	33 649	0	21	20 052	29 143	1 594	3 361	14 203	7 874
597 663	85 951	0	1 141	35 752	193 515	2 722	4 643	76 119	73 631
54 184	10 693	0	0	3 837	16 056	339	686	9 846	4 426
188 607	21 700	0	351	13 727	66 384	1 132	984	31 704	22 327
120 678	18 119	0	226	6 344	42 091	514	793	12 332	18 149
103 044	18 128	0	309	6 393	34 331	315	1 024	7 609	10 985
131 150	17 311	0	255	5 451	34 653	422	1 156	14 628	17 744
485 417	78 053	0	1 645	34 922	109 332	7 724	4 764	62 327	44 842
93 936	15 599	0	857	11 512	9 383	1 615	1 626	8 849	6 967
391 481	62 454	0	788	23 410	99 949	6 109	3 138	53 478	37 875
42 179	6 975	0	176	2 125	12 987	934	180	6 617	4 457
127 015	19 002	0	0	8 183	37 223	2 110	911	18 017	13 895
99 831	15 314	0	408	5 579	21 904	1 673	979	12 340	8 637
68 881	11 344	0	0	4 033	17 419	613	634	11 392	6 527
53 575	9 819	0	204	3 490	10 416	779	434	5 112	4 359

注：此表由省财政厅国库处提供。

预算收支情况表（5－2）

单位：万元

支出									
环境保护	城乡社区事务	农林水事务	交通运输	采掘电力信息等事务	粮油物资储备管理等事务	金融监管支出	地震灾后恢复重建支出	国债还本付息支出	其他支出
5 812	6 191	5 125	17 161	3 236	3 488	70	2 205	9	21 794
8 806	8 597	38 539	2 516	4 321	5 192	562	0	0	11 708
782	1 622	1 773	3	701	522	0	0	0	361
3 314	1 881	20 146	1 201	1 035	2 158	0	0	0	4 407
4 710	5 094	16 620	1 312	2 585	2 512	562	0	0	6 940
23 460	33 693	55 292	33 156	16 103	13 909	6	2 237	25	6 621
5 470	16 785	11 681	13 679	7 700	2 494	0	689	13	1 802
17 990	16 908	43 611	19 477	8 403	11 415	6	1 548	12	4 819
1 085	1 889	1 138	8	1 223	2 276	0	265	0	417
4 472	1 912	5 805	10 247	2 413	3 110	0	631	6	1 702
3 245	2 296	8 881	878	2 531	1 698	6	347	2	2 226
4 094	4 199	10 032	1 754	1 058	2 496	0	138	0	179
5 094	6 612	17 755	6 590	1 178	1 835	0	167	4	295
16 749	15 707	49 860	16 746	11 304	11 320	0	0	0	20 122
3 370	5 883	3 658	15 086	5 604	2 245	0	0	0	1 682
13 379	9 824	46 202	1 660	5 700	9 075	0	0	0	18 440
115	1 345	3 593	532	694	1 137	0	0	0	312
5 139	1 596	16 140	585	2 171	1 919	0	0	0	124
4 323	4 948	11 646	175	905	2 856	0	0	0	8 144
845	1 200	8 397	207	1 158	1 323	0	0	0	3 789
2 957	735	6 426	161	772	1 840	0	0	0	6 071

2009年度广东省非税收入规模及结构情况表

单位：万元

项目	2009年（决算数）	备注
一、纳入一般预算管理的非税收入小计	5 191 993	
1. 行政事业性收费收入	1 640 634	
2. 罚没收入	888 978	
3. 专项收入	819 506	
4. 国有资源（资产）有偿使用收入	667 808	
5. 国有资本经营收入	688 877	
6. 其他收入	486 190	
二、纳入预算管理的政府性基金收入小计	12 733 335	
1. 农网还贷资金收入		
2. 库区维护建设基金收入		
3. 散装水泥专项资金收入	5 151	
4. 新型墙体材料专项基金收入	35 548	
5. 文化事业建设费收入	83 653	
6. 农业发展基金收入	30	
7. 新菜地开发建设基金收入	7 386	
8. 国有土地使用权出让金收入	10 263 935	
9. 国有土地收益基金收入	158 842	
10. 农业土地开发资金收入	169 652	
11. 新增建设用地土地有偿使用费收入	486 280	
12. 林业建设基金	34	
13. 育林基金收入	14 053	
14. 森林植被恢复费	57 735	
15. 地方水利建设基金收入	333 492	
16. 水资源补偿费收入	167	
17. 残疾人就业保障金收入	66 675	
18. 政府住房基金收入	106 614	
19. 城市公用事业附加收入	220 647	
20. 大中型水库库区基金收入	29	
21. 小型水库移民扶助基金收入		
22. 彩票公益金收入	195 982	
23. 城市基础设施配套费收入	393 854	
24. 其他基金收入	133 576	含国家电影发展基金收入——586万元
三、纳入预算管理的非税收入合计	17 925 328	
四、纳入财政专户管理收入小计	7 356 174	
1. 行政事业性收费收入	4 272 470	
2. 政府性基金收入		
3. 国有资本经营收入		
4. 国有资产（资源）有偿使用收入	150 676	
5. 其他收入	2 933 028	
五、非税收入合计	25 281 502	

注：此表由财政厅综合规划处提供。

2009年广东省地方财政一般预算收入超亿元县（市）统计表

单位：万元

序号	单位名称	一般预算收入	序号	单位名称	一般预算收入
1	增城市	316 568.00	33	广宁县	31 026.00
2	从化市	153 363.00	34	龙门县	29 379.00
3	博罗县	123 769.00	35	封开县	28 993.00
4	台山市	116 659.00	36	吴川市	28 395.00
5	高要市	107 833.00	37	雷州市	27 839.00
6	鹤山市	94 187.00	38	仁化县	26 703.00
7	开平市	91 986.00	39	连平县	26 396.00
8	英德市	83 918.00	40	遂溪县	26 206.00
9	四会市	80 913.00	41	大埔县	24 585.00
10	普宁市	79 542.00	42	龙川县	24 411.00
11	惠东县	76 063.00	43	乐昌市	23 861.00
12	清新县	58 445.00	44	乳源瑶族自治县	23 779.00
13	海丰县	55 228.00	45	饶平县	23 571.00
14	陆丰市	54 893.00	46	南雄市	22 621.00
15	梅县	54 866.00	47	惠来县	21 766.00
16	潮安县	51 782.00	48	蕉岭县	21 493.00
17	高州市	49 121.00	49	紫金县	20 851.00
18	佛冈县	48 838.00	50	郁南县	19 962.00
19	揭东县	48 153.00	51	云安县	19 930.00
20	新兴县	45 523.00	52	徐闻县	19 779.00
21	阳东县	42 821.00	53	丰顺县	19 368.00
22	怀集县	42 328.00	54	揭西县	17 122.00
23	电白县	41 277.00	55	五华县	15 045.00
24	信宜市	38 767.00	56	阳西县	14 111.00
25	连州市	38 552.00	57	平远县	13 393.00
26	化州市	36 970.00	58	始兴县	12 736.00
27	阳春市	36 806.00	59	翁源县	12 686.00
28	廉江市	36 635.00	60	连南瑶族自治县	12 547.00
29	恩平市	36 055.00	61	陆河县	12 165.00
30	罗定市	34 716.00	62	新丰县	11 608.00
31	阳山县	32 268.00	63	和平县	11 525.00
32	德庆县	32 237.00			

注：此表由省财政厅国库处提供。

2009年度来源于广东的财政收入和上划中央“四税”情况表

单位：亿元

来源于广东的财政收入	上划中央“四税”			
	合计	上划“两税”	上划企业所得税	上划个人所得税
9 053.05	3 389.16	2 155.60	875.07	358.49

注：此表由省财政厅国库处提供。

2009年广东省省级财政投资重大项目情况表

单位：亿元

序号	项目名称	省财政总投资	省财政已下达预算	省财政已累计拨款	备　注
	合　计	532.75	440.81	420.55	
一	省高速公路项目资本金	50.23	50.23	50.23	
二	省铁路建设专项资金	94.20	85.44	85.44	
三	珠三角城际轨道交通项目中期票据募集专项资金	100.00	62.09	62.09	
四	揭阳潮汕民用机场项目	4.00	4.00	4.00	
五	省疾病预防控制中心迁建项目	5.06	1.30	0.79	
六	高校教学行政设施贴息贷款一次性清偿资金	149.20	137.61	134.98	根据省府常务会议决定（粤办会函［2007］64号），省财政安排高校教学行政设施贴息贷款一次性清偿资金149.2亿元
七	广东科学中心	19.00	15.27	15.01	
八	文化项目：	24.17	19.97	15.12	
1	博物馆新馆	9.00	7.10	6.40	
2	中山图书馆改造	5.00	2.95	2.33	
3	广东社会科学中心	2.00	2.00	0.47	
4	广东星海演艺集团新址项目	1.05	1.05	0.86	
5	广东演艺中心（含群众艺术馆）	1.20	1.10	0.78	
6	广东粤剧院—粤剧中心演艺大楼	0.95	0.80	0.40	
7	广东粤剧院—粤剧学校排练场	0.30	0.30	0.27	
8	友谊剧院改造工程项目	1.00	1.00	0.66	
9	广东海上丝绸之路博物馆	1.97	1.97	1.64	
10	广东画院	1.00	1.00	0.71	
11	广东文艺职业学院二期	0.70	0.70	0.60	
九	省广播电视微波改造	2.21	2.21	2.08	
十	2010年亚运会省级新建场馆	5.41	5.41	3.44	
十一	亚运会原有省属场馆维修改造项目	5.12	2.64	2.39	
十二	省政法信息网	6.88	5.37	4.35	
十三	十五期间省直粮库建设	6.00	6.00	5.57	
十四	信息化兴农工程	2.45	2.45	2.27	
十五	北江大堤加固达标工程	23.79	13.91	11.21	总投资概算23.789亿元。其中：中央补助资金5.17亿元，省财政补助资金8.914亿元，银行贷款5亿元（银行贷款还本付息资金由省财政安排），自筹资金4.705亿元
十六	乐昌峡水利枢纽工程	20.54	12.42	10.61	总投资概算34.115亿元。其中：中央补助资金4.5亿元，省财政补助资金20.54亿元，银行贷款9.075亿元
十七	潮州供水枢纽工程	14.49	14.49	10.97	总投资概算14.49亿元。其中：省财政补助资金10.87亿元，银行贷款3.6192亿元（银行贷款还本付息资金由省财政从工程发电收益中安排）

注：此表由省财政厅经济建设处和农业处提供资料整理，数据截止至2009年12月31日。

2009年度广东省行政事业单位离退休人员经费支出情况表

离退休人数（万人）			离退休经费（亿元）		
全省合计	省直单位	地市	全省合计	省直单位	地市
55.51	6.47	49.04	192.14	24.30	167.84

2009年度广东省新型农村合作医疗补助情况表

项　目	数　额
筹集资金（万元）	484 173
其中：财政补助（万元）	394 593
农民住院补偿资金（万元）	55 100
参加新型农村合作医疗人数（万人）	4 024
农民住院补偿人数（万元）	265

注：此表由省财政厅社会保障处提供。

2009年度广东省国有企业资产总额

全　省		省　级		地　方	
汇编企业户数（户）	资产总额（亿元）	汇编企业户数（户）	资产总额（亿元）	汇编企业户数（户）	资产总额（亿元）
7 173	20 378.82	1 852	6 338.97	5 321	14 039.85

2009年度广东省国有企业负债总额

全　省		省　级		地　方	
汇编企业户数（户）	负债总额（亿元）	汇编企业户数（户）	负债总额（亿元）	汇编企业户数（户）	负债总额（亿元）
7 173	12 120.10	1 852	3 844.69	5 321	8 275.41

2009年度广东省国有企业所有者权益总额

全　省		省　级		地　方	
汇编企业户数（户）	所有者权益总额（亿元）	汇编企业户数（户）	所有者权益总额（亿元）	汇编企业户数（户）	所有者权益总额（亿元）
7 173	8 258.72	1 852	2 494.28	5 321	5 764.44

注：所有者权益含少数股东权益。

2009年度广东省国有企业资产主要项目构成

单位：亿元

项目	金额
流动资产	8 462.97
非流动资产	11 915.85
其中：长期投资	2 442.20
固定资产	7 332.13
无形资产	884.2
其他资产	1 257.32
资产合计	20 378.82

2009年度广东省国有企业负债主要项目构成

单位：亿元

项目	金额
流动负债	6 793.64
非流动负债	5 326.46
负债合计	12 120.10

2009年度广东省国有企业所有者权益主要项目构成

单位：亿元

项目	金额
实收资本	2 881.09
资本公积	3 155.06
盈余公积	459.58
未分配利润	64.84
少数股东权益	1 710.78
其他所有者权益	-12.63
所有者权益合计	8 258.72

2009年度广东省国有企业主要指标

单位：亿元

项目	金额
汇编企业户数（户）	7 173
资产总额	20 378.82
净资产总额	8 258.72
营业总收入	8 194.73
利润总额	635.82
净资产收益率（%）	6.58
资产负债率（%）	59.47
国有资产总额	6 343.79

2009年度广东省地方国有企业主要指标

金额单位：亿元

地区	汇编企业户数（户）	资产总额	营业总收入	利润总额	净资产收益率（%）	资产负债率（%）	国有资产总额
广州市	1 768	6 464.51	3 179.98	174.96	5.96	62.38	1 934.89
深圳市	699	3 758.34	838.43	201.03	8.38	42.60	1 502.36
珠海市	302	664.05	65.23	22.30	6.26	55.22	283.99
汕头市	297	182.10	80.44	2.11	2.48	86.97	23.73
佛山市	99	939.52	90.96	5.08	1.16	68.81	297.70
韶关市	110	57.01	27.55	0.78	3.80	67.06	17.80
河源市	83	38.42	5.19	-0.65	-5.84	64.74	13.27
梅州市	122	39.21	20.71	-0.08	-1.07	63.29	14.29
惠州市	363	613.45	558.95	14.49	8.31	77.15	55.90
汕尾市	114	26.90	7.33	-0.27	-9.24	87.57	3.46
东莞市	9	166.62	11.67	1.65	1.19	58.40	68.16
中山市	69	359.27	36.73	11.79	9.76	67.40	88.81
江门市	157	120.92	24.40	0.41	0.72	69.30	32.84
阳江市	83	12.28	7.84	0.08	8.03	95.15	0.86
湛江市	179	209.74	114.13	5.98	5.80	62.37	55.02
茂名市	177	47.41	46.96	0.50	2.65	75.34	7.99
肇庆市	152	180.06	71.71	3.85	8.82	76.21	41.72
清远市	56	34.89	7.42	-0.22	-3.94	76.71	8.13
潮州市	176	60.40	8.73	-0.80	6.14	123.40	-14.13
揭阳市	235	43.06	21.54	2.04	10.35	63.85	15.64
云浮市	71	21.69	11.41	0.59	15.49	83.25	3.66

注：以上8个统计报表由省财政厅绩效评价处提供。

2009年度广东省外商投资企业利润总表

单位：万元

项　　目	合　　计		合资	合作	外商独资
		其中深圳市			
一、营业总收入	346 392 573	120 024 099	111 623 981	13 545 999	221 222 593
其中：营业收入	345 659 051	119 690 214	111 251 894	13 546 005	220 861 152
其中：主营业务收入	339 380 334	118 173 047	108 093 013	13 386 904	217 900 418
其他业务收入	6 140 250	1 383 552	3 147 590	163 826	2 828 834
二、营业总成本	325 836 488	113 937 248	104 252 946	12 070 771	209 512 771
其中：营业成本	285 149 756	101 385 654	89 959 829	9 804 670	185 385 257
其中：主营业务成本	280 469 880	100 457 492	87 392 875	9 706 891	183 370 113
其他业务成本	4 546 807	803 190	2 545 296	97 779	1 903 732
营业税金及附加	2 867 419	766 882	1 264 367	500 360	1 102 692
销售费用	16 228 212	4 145 784	5 757 734	540 038	9 930 440
管理费用	18 360 868	6 345 309	5 442 212	886 574	12 032 081
其中：业务招待费	253 429	68 042	64 710	13 460	175 260
研究与开发费	625 565	207 536	300 425	19 713	305 428
财务费用	2 074 548	674 040	969 806	328 454	776 287
其中：利息支出	1 886 424	602 872	943 971	307 154	635 299
利息收入	661 755	229 046	270 511	29 651	361 593
汇兑净损失	35 190	6 636	6 018	-1 091	30 262
Δ资产减值损失	597 293	372 687	435 977	9 004	152 312
其他	128 040	156 864	143 614	1 657	-17 231
加：公允价值变动收益	324 736	261 853	66 851	23 068	234 816
投资收益	2 904 167	1 376 534	1 358 571	78 542	1 467 054
其中：对联营企业和合营企业的投资收益	264 764	155 893	256 756	-1 945	9 953
三、营业利润	23 758 710	7 691 068	8 801 584	1 576 886	13 380 240
加：营业外收入	1 797 883	748 034	828 204	86 606	883 073
其中：非流动资产处置利得	144 199	96 766	35 975	7 349	100 875
非货币性资产交换利得（非货币性交易收益）	4 309	2 152	1 570	263	2 476
政府补助（补贴收入）	454 270	108 169	288 574	22 117	143 579
债务重组利得	27 442	14 363	9 810	347	17 285
减：营业外支出	1 133 002	293 719	441 471	97 616	593 915
其中：非流动资产处置损失	253 663	71 183	71 855	20 023	161 785
非货币性资产交换损失（非货币性交易损失）	-2 302	21	266	1	-2 569
债务重组损失	2 915	380	224	0	2 691
四、利润总额	24 423 591	8 145 382	9 188 316	1 565 877	13 669 398
减：所得税费用	4 372 127	1 217 930	1 437 797	286 791	2 647 539
五、净利润	20 051 464	6 927 452	7 750 520	1 279 086	11 021 858

2009年度广东省外商投资企业补充资料总表

金额单位：万元

项　　目	合　计		合资	合作	外商独资
		其中深圳市			
一、企业基本情况指标					
（一）汇编企业户数	34 577	9 815	5 450	2 079	27 048
其中：产品出口企业户数	18 217	4 162	2 295	730	15 192
先进技术企业户数	2 633	719	729	120	1 784
高新技术企业户数	866	329	337	72	457
（二）合同投资总额	226 729 268	61 892 940	63 512 861	21 336 980	141 879 428
其中：计划外资额	163 644 754	53 193 538	37 116 855	13 819 795	112 708 104
（三）实际投资总额	177 960 267	52 674 610	52 079 608	18 876 448	107 004 211
其中：实际外资额	133 934 717	44 844 697	30 238 717	11 936 174	91 759 826
（四）注册资本	133 741 592	43 220 001	38 824 150	9 802 921	85 114 521
其中：外方	114 021 883	36 775 940	21 024 863	7 882 499	85 114 521
（五）进出口总额	197 697 765	72 736 717	36 939 833	5 051 630	155 706 302
其中：进口总额	86 332 153	33 531 857	15 910 742	2 034 290	68 387 121
出口总额	118 385 344	41 323 034	20 873 001	3 378 645	94 133 698
（六）缴纳税收合计	16 693 293	4 405 992	6 490 571	1 003 993	9 198 729
1. 关税	910 485	182 122	288 828	22 884	598 773
2. 增值税	8 407 089	2 394 313	3 603 236	228 840	4 575 014
其中：进口环节增值税	3 492 400	1 095 550	1 157 730	253 632	2 081 038
3. 消费税	1 087 349	24 260	634 923	233 625	218 802
其中：进口环节消费税	231 700	2 318	39 045	14	192 642
4. 营业税	1 374 270	519 122	404 700	169 793	799 776
5. 企业所得税	3 966 303	1 034 723	1 242 805	267 616	2 455 882
6. 个人所得税	1 031 341	448 488	331 861	33 868	665 612
7. 其他税金	947 797	251 453	316 079	81 235	550 483
其中：土地增值税	227 959	71 174	81 221	30 179	116 559
资源税	10 161	780	2 388	2 742	5 031
印花税	122 857	33 903	42 285	4 620	75 952
契税	20 147	1 065	2 508	4 255	13 384

续表

项　　目	合　计		合资	合作	外商独资
		其中深圳市			
城镇土地使用税	162 598	30 744	52 916	11 939	97 743
其他	404 075	113 787	134 762	27 500	241 813
（七）缴纳中方职工各项社会保险	2 062 269	632 024	615 134	85 180	1 361 955
其中：养老保险	1 466 935	484 562	428 308	58 833	979 793
医疗保险	424 765	102 826	136 883	18 719	269 163
失业保险	48 156	12 030	14 229	2 215	31 713
工伤保险	71 050	17 154	16 631	2 651	51 768
生育保险	26 904	7 778	9 904	1 366	15 633
其他	24 459	7 674	9 179	1 396	13 885
（八）缴纳住房公积金	350 161	56 180	150 733	14 366	185 061
（九）缴纳场地使用费	95 831	36 140	16 004	2 934	76 892
（十）缴纳海域使用金	16 490	505	15 635	7	848
（十一）缴纳土地出让金	722 853	36 997	544 835	27 696	150 323
（十二）实际工资总额	26 085 149	9 252 550	5 304 762	883 720	19 896 667
（十三）全年平均职工人数（人）	14 568 802	2 820 388	7 199 455	483 505	6 885 842
其中：外方职工人数（人）	348 035	84 556	245 897	12 499	89 639
二、利润分配指标					
（一）净利润	20 051 464	6 927 452	7 750 520	1 279 086	11 021 858
（二）可供分配的利润	37 079 160	15 657 659	13 969 114	1 222 676	21 887 370
减：1. 提取法定公积金	434 373	201 503	214 389	23 919	196 065
2. 提取职工奖励及福利基金	75 277	13 427	44 789	1 098	29 390
3. 提取储备基金	690 427	149 201	166 384	19 138	504 905
4. 提取企业发展基金	313 467	22 288	76 555	6 564	230 347
5. 利润归还投资	584 914	209 324	53 552	23 472	507 890
6. 其他	502 427	163 549	247 427	12 589	242 410
（三）可供投资者分配的利润	34 478 276	14 898 367	13 166 018	1 135 896	20 176 362
（四）未分配利润	23 792 540	11 789 883	7 818 644	443 585	15 530 311

2009 年度广东省外商投资企业

项 目	农林牧渔业	采矿业	制造业	电力、燃气及水的生产和供应业	建筑业	交通运输、仓储和邮政业	信息传输、计算机服务和软件业	批发和零售业	住宿和餐饮业
一、汇编企业户数	313	83	24 945	203	376	1 013	824	2 312	478
二、资产总额	976 954	839 305	232 689 091	17 824 534	5 360 751	20 813 674	20 073 423	15 722 878	4 260 720
流动资产	617 758	369 204	148 959 135	5 786 116	4 461 794	4 968 039	11 940 045	12 425 111	1 600 896
其中：货币资金	69 286	106 756	29 900 729	2 260 296	486 318	1 873 229	7 559 777	2 596 570	348 380
应收账款	69 185	97 335	47 794 512	794 970	441 429	967 846	1 741 654	2 768 244	130 816
存货	171 965	101 003	38 146 799	689 482	1 613 880	156 701	299 928	2 298 536	71 564
固定资产原值	284 855	422 745	100 833 054	14 155 298	579 020	13 583 653	12 820 909	1 732 420	2 967 403
固定资产净值	181 360	268 321	61 094 491	6 635 649	331 861	9 544 078	5 672 739	1 051 858	1 732 991
固定资产净额	181 147	268 321	60 412 597	6 547 280	330 247	9 534 969	5 664 911	1 038 885	1 694 331
工程物资	1 927	16	311 225	12 105	91	5 016	76 716	3 166	198
在建工程	36 495	46 977	5 714 710	401 093	135 031	1 969 705	1 168 070	135 607	264 010
固定资产清理	4	23	81 110	−2 885		8 027	66	198	338
无形资产及其他资产	22 602	24 551	5 337 248	1 773 206	58 770	2 868 079	507 949	268 992	209 368
递延税款借项	107	209	634 715	26 588	22 421	21 161	180 135	39 878	2 169
三、负债总额	526 071	418 553	131 540 387	10 297 561	3 707 994	11 884 620	7 856 381	10 802 543	2 906 481
流动负债	406 617	329 973	119 052 236	5 504 210	2 945 630	5 429 313	6 421 861	10 058 807	1 696 277
其中：短期借款	39 452	66 135	20 010 226	1 745 371	195 735	1 361 651	199 128	1 448 004	343 162
应付福利费	393	1 339	324 963	7 140	2 081	8 546	17 184	5 076	2 124
其中：职工奖励及福利基金	119	1 257	180 866	2 322	587	3 730	15 537	832	445
应付账款	62 456	84 710	55 602 728	753 613	522 942	1 071 140	3 386 051	4 301 303	227 766
非流动负债	119 454	88 580	12 488 151	4 793 351	762 364	6 455 308	1 434 520	743 735	1 210 203

分行业资产负债表

单位：万元

金融业	房地产业	租赁和商务服务业	科学研究、技术服务和地质勘察业	水利、环境和公共设施管理业	居民服务和其他服务业	教育	卫生、社会保障和社会福利业	文化、体育和娱乐业
60	1 408	909	382	30	1 060	14	9	158
14 936 233	64 750 133	8 122 943	1 032 119	513 559	7 893 398	23 080	85 138	1 269 243
7 306 820	51 687 743	4 297 740	735 149	262 814	4 993 962	17 144	43 233	352 591
2 396 132	7 427 552	1 404 881	256 989	24 875	1 550 140	5 806	4 181	95 009
45 046	641 992	802 346	90 824	54 816	697 370	2 840	402	21 162
637	19 244 540	159 368	90 454	16 166	291 541	621	1 140	34 592
135 634	3 166 900	745 342	162 126	264 235	1 312 337	4 133	33 988	1 042 620
75 564	2 431 419	504 465	107 655	170 576	738 467	1 411	25 590	609 017
75 564	2 427 209	503 667	107 655	166 111	735 222	1 411	25 590	579 844
	5 347	339	10		15 269	945	1	540
1 159	1 055 864	64 083	73 359	12 270	130 402		10 460	100 983
11	60 505	449	16	2	579			601
20 684	520 784	76 288	17 251	55 147	153 950	30	4 607	139 564
23 358	221 727	6 643	3 048	799	19 925	80		2 957
12 475 103	43 681 318	4 120 834	461 002	419 067	4 742 980	25 004	75 889	701 760
11 341 178	33 404 750	3 499 963	388 001	148 653	4 004 570	24 923	54 528	480 678
101 828	1 947 372	1 150 423	37 330	39 578	524 602			57 849
2 139	23 634	1 125	399	467	1 659	9		361
2 129	13 011	325	255	412	457			331
32 509	2 488 668	297 960	56 948	52 908	349 839	4 500	2 293	56 095
1 133 925	10 276 568	620 871	73 001	270 413	738 409	81	21 361	221 082

续表

项 目	农林牧渔业	采矿业	制造业	电力、燃气及水的生产和供应业	建筑业	交通运输、仓储和邮政业	信息传输、计算机服务和软件业	批发和零售业	住宿和餐饮业
其中：长期借款	100 006	87 244	10 117 086	3 834 002	646 696	6 076 421	71 950	598 560	958 758
应付债券			125 400	214 453			1 000 000		2
长期应付款	10 165	616	1 400 738	125 630	104 895	292 224	38 125	89 981	126 836
递延税款贷项			57 842	24 280	7 081	39 656	1 217	42 631	1 993
四、所有者权益（或股东权益）总额	450 884	420 752	101 148 704	7 526 973	1 652 758	8 929 053	12 217 042	4 920 335	1 354 240
实收资本（或股本）	534 222	398 880	77 060 342	5 169 717	1 152 928	7 095 805	2 118 742	3 923 413	1 905 944
其中：中方	123 635	84 269	14 178 460	2 369 166	393 158	2 986 757	279 826	734 038	673 992
外方	410 587	314 611	62 881 881	2 800 551	759 770	4 109 048	1 838 916	3 189 375	1 231 952
减：已归还投资			22 991	252 245	27 700	127 494		8 730	15 851
实收资本（或股本）净额	534 222	398 880	77 037 350	4 917 472	1 125 228	6 968 311	2 118 742	3 914 683	1 890 093
资本公积	11 352	8 165	6 153 337	920 520	60 335	555 311	1 343 229	365 187	254 724
盈余公积	10 391	20 376	6 165 530	800 571	115 248	548 184	3 994 136	257 131	33 603
其中：法定盈余公积	3 645	696	876 632	308 957	12 518	115 852	287 857	81 991	9 259
任意盈余公积	380		98 988	182 100	965	7 419	131 847	479	258
储备基金	890	1 175	2 025 528	120 370	10 296	142 602	1 573 278	85 287	5 192
企业发展基金	2 292	659	638 494	45 266	7 107	38 045	1 933 902	13 693	3 873
利润归还投资			5 542	25 574		30 704		63	463
提取的其他准备			-15 298						
未分配利润	-104 425	-15 395	12 152 521	1 051 589	344 051	1 082 607	4 782 820	396 117	-842 096
外币报表折算差额		48	-577 201	-170 473		-230 752	-22 246	-15 856	16 584
* 少数股东权益	-656	8 678	228 315	6 489	7 897	4 182	291	3 074	1 332

金融业	房地产业	租赁和商务服务业	科学研究、技术服务和地质勘察业	水利、环境和公共设施管理业	居民服务和其他服务业	教育	卫生、社会保障和社会福利业	文化、体育和娱乐业
369 070	9 275 957	483 631	59 292	176 157	601 206	81	21 361	148 715
	6 064							
3	610 328	73 294	1 559	7 985	123 405			59 813
5 037	197 455	42 568			214			
2 461 130	21 068 815	4 002 109	571 117	94 492	3 150 419	－1 924	9 249	567 483
2 080 653	14 251 957	2 559 199	491 826	294 817	2 524 772	7 335	27 872	657 337
413 021	2 718 409	628 933	85 535	123 528	757 329	45	17 330	173 317
1 667 632	11 533 548	1 930 265	406 291	171 289	1 767 443	7 290	10 542	484 020
	33 057			122 034	16 804			12 158
2 080 653	14 218 900	2 559 198	491 826	172 783	2 507 968	7 335	27 872	645 178
12 998	2 251 198	323 854	13 073	6 353	361 744	420	1	121 920
68 869	696 855	151 782	17 461	15 804	130 342	26	109	23 988
39 477	229 406	4 697	3 052	803	42 163			1 574
2 608	38 550	58			539			
7 033	123 664	109 938	1 630	4 516	39 908		5	13 125
189	41 336	992	9 409	2 683	2 257			6 646
					1 575			1 320
173 894								
229 775	3 874 819	962 821	46 755	－100 447	183 735	－9 705	－18 733	－224 270
－105 058	－459	857	623		－33 533			608
	27 501	1 077	1 380		－62			－14

2009年度广东省外商投资企业资产负债总表

单位：万元

项　　目	合　计	其中深圳市	合资	合作	外商独资
一、汇编企业户数	34 577	9 815	5 450	2 079	27 048
二、资产总额	417 187 175	150 660 728	141 589 895	31 917 067	243 680 213
流动资产	260 825 293	97 845 484	83 569 571	18 707 175	158 548 548
其中：货币资金	58 366 905	20 647 931	21 179 334	2 713 552	34 474 019
应收账款	57 162 789	22 164 309	16 376 764	1 899 145	38 886 880
存货	63 388 914	18 638 707	17 974 073	6 370 034	39 044 807
固定资产原值	154 246 673	37 631 930	54 925 394	14 033 619	85 287 660
固定资产净值	91 177 514	22 440 838	33 906 548	7 631 759	49 639 206
固定资产净额	90 294 961	22 134 658	33 318 141	7 595 015	49 381 805
工程物资	432 912	70 495	258 021	10 064	164 827
在建工程	11 320 278	3 055 639	3 921 590	1 503 145	5 895 543
固定资产清理	149 046	78 944	61 193	1 629	86 223
无形资产及其他资产	12 059 069	5 020 711	4 714 752	2 469 361	4 874 956
递延税款借项	1 205 919	354 598	570 716	150 794	484 410
三、负债总额	246 643 546	91 916 621	85 093 147	20 940 971	140 609 427
流动负债	205 192 169	77 043 505	67 696 577	12 930 306	124 565 286
其中：短期借款	29 267 846	11 311 817	12 523 289	1 639 137	15 105 420
应付福利费	398 640	95 505	213 174	14 519	170 947
其中：职工奖励及福利基金	222 615	24 059	154 116	4 057	64 442
应付账款	69 354 429	24 399 213	18 392 262	2 280 368	48 681 799
非流动负债	41 451 377	14 873 115	17 396 570	8 010 665	16 044 141
其中：长期借款	33 626 192	12 545 998	14 126 161	6 919 844	12 580 187
应付债券	1 345 918	63 777	318 236	24 441	1 003 241
长期应付款	3 065 598	897 595	1 018 413	608 364	1 438 820
递延税款贷项	419 974	213 280	68 516	135 791	215 667
四、所有者权益（或股东权益）总额	170 543 630	58 744 108	56 496 748	10 976 096	103 070 786
实收资本（或股本）	122 255 757	37 742 965	36 878 658	9 668 916	75 708 182
其中：中方	26 740 748	9 212 237	17 691 613	2 612 898	6 436 236
外方	95 515 009	28 530 727	19 187 045	7 056 018	69 271 946
减：已归还投资	639 065	155 013	24 840	595 650	18 576
实收资本（或股本）净额	121 616 692	37 587 952	36 853 819	9 073 266	75 689 607
资本公积	12 763 719	6 015 219	7 452 891	956 317	4 354 511
盈余公积	13 050 405	3 913 753	4 713 230	503 316	7 833 858
其中：法定盈余公积	2 018 580	859 551	1 107 187	74 493	836 899
任意盈余公积	464 192	70 812	271 417	2 031	190 744
储备基金	4 264 436	689 569	841 489	177 077	3 245 870
企业发展基金	2 746 841	156 019	569 221	56 111	2 121 509
利润归还投资	65 241	20 828	2 097	59 581	3 563
提取的其他准备	158 597	166 325	110 280	-	48 317
未分配利润	23 792 540	11 789 883	7 818 644	443 585	15 530 311
外币报表折算差额	-1 136 858	-900 883	-654 498	-7 677	-474 684
*少数股东权益	289 483	168 221	198 271	4 788	86 424

2009年度广东省外商投资企业

项　　目	农林牧渔业	采矿业	制造业	电力、燃气及水的生产和供应业	建筑业	交通运输、仓储和邮政业	信息传输、计算机服务和软件业	批发和零售业	住宿和餐饮业
一、营业总收入	664 331	926 531	271 122 822	8 010 728	2 096 410	6 837 165	13 413 135	23 715 232	1 828 438
其中：营业收入	664 331	926 531	271 094 089	8 010 719	2 096 405	6 837 165	13 413 073	23 715 124	1 828 438
其中：主营业务收入	660 295	918 944	266 000 041	7 907 959	2 083 058	6 755 087	13 231 659	23 354 778	1 808 787
其他业务收入	4 035	7 587	5 078 384	102 759	13 347	82 020	181 413	358 791	24 500
二、营业总成本	657 709	892 936	259 331 753	7 091 754	1 863 968	5 747 255	9 950 636	22 989 600	1 871 802
其中：营业成本	586 078	827 051	232 600 025	6 204 737	1 569 182	4 689 296	6 901 852	20 426 480	696 430
其中：主营业务成本	584 309	825 359	228 477 571	6 130 214	1 564 986	4 655 027	6 743 617	20 367 204	677 712
其他业务成本	1 768	1 692	4 101 229	74 523	4 195	34 269	158 231	56 166	5 998
营业税金及附加	714	11 548	1 139 432	8 997	104 222	129 364	278 454	27 057	92 245
销售费用	20 149	22 619	10 846 903	137 164	51 763	125 869	1 872 449	1 706 333	664 854
管理费用	44 645	27 238	13 214 574	384 913	117 070	546 928	837 208	748 661	368 010
其中：业务招待费	1 293	413	162 134	5 920	2 014	8 279	26 052	15 239	2 937
研究与开发费	1 343	125	578 966	639	2 382	382	26 921	1 975	81
财务费用	5 396	7 411	1 141 102	294 386	20 579	241 363	－124 884	77 006	49 224
其中：利息支出	4 273	4 728	960 230	270 654	12 458	229 102	37 067	57 930	25 500
利息收入	664	187	330 676	29 008	4 841	25 544	166 470	26 461	2 994
汇兑净损失	－69	－103	40 806	2 619	－308	－4 315	404	7 863	492

分行业利润表

单位：万元

金融业	房地产业	租赁和商务服务业	科学研究、技术服务和地质勘察业	水利、环境和公共设施管理业	居民服务和其他服务业	教育	卫生、社会保障和社会福利业	文化、体育和娱乐业
1 288 802	10 459 695	1 637 104	445 762	94 397	3 515 003	26 224	7 715	303 077
589 220	10 455 040	1 636 811	445 707	94 397	3 514 987	26 224	7 715	303 077
555 655	10 195 807	1 613 296	439 015	93 986	3 431 901	26 043	7 653	296 367
33 565	141 086	18 732	3 582	411	83 086	180	62	6 709
1 097 572	8 438 241	1 623 233	383 471	97 990	3 445 274	26 214	13 218	313 862
154 309	6 193 055	1 123 135	246 275	53 312	2 722 844	12 864	5 731	137 102
139 436	6 041 650	1 115 996	245 362	52 186	2 694 492	12 783	5 675	136 301
14 872	56 092	6 443	913	1 126	28 352	81	56	801
49 391	874 504	41 495	25 774	531	54 163	609	214	28 706
31 051	375 557	107 440	18 996	5 713	181 313	4 391	3 110	52 539
438 491	706 865	317 653	92 500	31 197	395 877	8 054	873	80 111
2 664	16 849	2 458	793	45	5 672	10	5	651
2 597	192	123	2 905	50	5 820			1 062
286	280 428	28 260	−629	7 242	34 875	294	3 227	8 981
83	207 828	30 380	1 109	5 375	31 916			7 791
229	59 703	−793	1 749	83	12 997	2		940
236	−9 508	−10	−947	191	−2 225	−2	1	67

续表

项　　目	农林牧渔业	采矿业	制造业	电力、燃气及水的生产和供应业	建筑业	交通运输、仓储和邮政业	信息传输、计算机服务和软件业	批发和零售业	住宿和餐饮业
Δ资产减值损失	727	-2 935	397 959	55 457	936	14 403	25 827	5 997	1 036
其他	-1	3	-19 078	288	203	32	159 729	-3 444	2
加：公允价值变动收益			70 452	43	601	-182	357	6 595	
投资收益	-2 541	220	1 039 294	165 598	142 191	86 428	20 076	115 026	-2 347
其中：对联营企业和合营企业的投资收益	-2 745	-44	164 720	53 679	-3 910	24 613	-327	-5 247	-4 005
三、营业利润	4 080	33 815	12 901 411	1 084 615	375 235	1 176 112	3 482 788	847 275	-45 704
加：营业外收入	6 678	2 793	1 166 208	256 981	9 866	87 844	96 758	45 264	14 656
其中：非流动资产处置利得	1 864	45	112 444	6 056	2 330	11 454	-56	1 878	99
非货币性资产交换利得（非货币性交易收益）	66		2 754		13		177	11	13
政府补助（补贴收入）	1 715	17	201 355	180 405	98	34 409	8 291	1 937	186
债务重组利得			24 905		1 079	769			460
减：营业外支出	4 956	569	728 132	114 917	11 359	19 833	59 697	36 139	16 174
其中：非流动资产处置损失	1 585	7	170 543	10 190	500	6 761	43 256	5 232	7 557
非货币性资产交换损失（非货币性交易损失）	-217		-2 327			28		134	-298
债务重组损失			164	189		13		-69	
四、利润总额	5 802	36 040	13 339 488	1 226 679	373 742	1 244 122	3 519 849	856 400	-47 222
减：所得税费用	2 089	10 234	2 201 474	208 786	53 130	140 738	809 401	193 218	21 071
五、净利润	3 713	25 806	11 138 014	1 017 893	320 611	1 103 384	2 710 448	663 182	-68 294

金融业	房地产业	租赁和商务服务业	科学研究、技术服务和地质勘察业	水利、环境和公共设施管理业	居民服务和其他服务业	教育	卫生、社会保障和社会福利业	文化、体育和娱乐业
23 669	7 350	4 255	551		55 573		63	6 424
-11 752	482	996	4	-4	578	2		
22 416	219 354	4 003	-10		942	2		162
32 512	492 899	552 386	1 104	248	259 684			1 388
-5 480	-6 532	3 993	-46	-27	45 309			810
215 133	2 731 888	570 265	63 385	-3 344	336 483	11	-5 503	-9 236
9 065	41 742	12 630	4 541	15 904	12 335	46	2	14 570
39	7 192	345	1	1	493			14
	30		1 170		74			
4 739	5 300	2 561	993	10 385	1 638			240
	13		13		203			
6 681	105 786	5 592	2 478	1 326	15 703	89	13	3 556
242	1 149	409	30		5 244			959
	307				72			
	2 382		11		225			
217 518	2 667 844	577 303	65 447	11 234	333 115	-32	-5 514	1 777
48 874	581 901	24 222	16 280	2 220	53 253	36	68	5 131
168 644	2 085 943	553 081	49 167	9 013	279 862	-68	-5 582	-3 354

2009年度广东省外商投资企业

项　　目	农林牧渔业	采矿业	制造业	电力、燃气及水的生产和供应业	建筑业	交通运输、仓储和邮政业	信息传输、计算机服务和软件业	批发和零售业	住宿和餐饮业
一、企业基本情况指标									
（一）汇编企业户数	313	83	24 945	203	376	1 013	824	2 312	478
其中：产品出口企业户数	122	33	16 754	27	81	96	144	705	9
先进技术企业户数	30	12	2 208	26	26	25	122	68	10
高新技术企业户数	5	2	731	6	12	1	63	11	1
（二）合同投资总额	793 661	618 116	133 602 835	15 422 084	1 913 917	15 734 146	4 385 340	5 214 453	2 921 677
其中：计划外资额	689 649	501 196	98 390 225	9 564 972	1 448 906	9 191 968	4 202 665	4 557 481	2 303 008
（三）实际投资总额	684 389	486 161	103 232 983	13 307 023	2 050 553	13 989 376	4 030 899	4 335 519	2 369 470
其中：实际外资额	606 714	368 755	77 450 616	8 675 444	1 486 181	7 192 430	3 925 739	3 941 755	1 890 371
（四）注册资本	566 402	420 327	82 094 958	5 251 944	1 202 665	7 137 232	2 201 299	4 189 009	1 963 721
其中：外方	486 092	336 793	71 624 503	2 856 497	958 170	4 538 421	2 080 642	3 857 752	1 554 300
（五）进出口总额	80 770	55 946	189 051 155	1 521 066	91 130	790 077	932 842	3 484 819	18
其中：进口总额	26 201	109 145	81 263 316	961 242	27 977	452 800	453 609	2 115 220	18
出口总额	80 198	23 809	115 010 868	821 072	68 912	369 414	528 907	701 221	
（六）缴纳税收合计	10 892	43 739	11 350 613	555 295	140 229	324 106	1 210 065	1 255 154	121 423
1. 关税	132	7 438	691 965	18 421	224	3 413	608	179 356	73
2. 增值税	6 722	15 951	7 133 108	331 966	17 098	32 707	114 955	654 937	1 847
其中：进口环节增值税	868	11 647	2 783 585	352 799	2 179	19 643	4 410	254 030	
3. 消费税		2 086	889 815			155	2	195 181	
其中：进口环节消费税	1	450	36 417		1	15	1	194 430	217
4. 营业税	823	5 879	95 566	7 158	57 531	127 852	273 871	27 585	87 882
5. 企业所得税	1 952	11 004	2 036 174	173 206	46 061	133 619	800 758	170 623	18 424
6. 个人所得税	949	9 383	617 909	22 777	7 673	37 073	115 026	48 894	8 532
7. 其他税金	1 264	1 381	503 985	24 545	19 316	26 360	19 872	27 471	13 198
其中：土地增值税	156		9 437	3 803	14 776	234	997	316	72
资源税	1	315	9 447	8	319	5			30

分行业补充资料情况表

金额单位：万元

金融业	房地产业	租赁和商务服务业	科学研究、技术服务和地质勘察业	水利、环境和公共设施管理业	居民服务和其他服务业	教育	卫生、社会保障和社会福利业	文化、体育和娱乐业
60	1 408	909	382	30	1 060	14	9	158
2	32	56	58	4	73			21
3	17	18	38	4	24			2
	8	3	8	3	11			1
2 308 509	26 977 574	3 410 886	796 003	474 997	10 962 510	9 849	92 215	1 090 497
2 001 105	23 134 666	3 149 091	729 652	305 974	2 653 170	9 804	50 320	760 903
2 291 837	23 239 590	2 862 996	741 123	472 635	3 016 199	6 540	31 930	811 044
1 988 963	19 905 498	2 619 162	630 066	297 154	2 289 660	6 494	25 150	634 565
2 196 933	19 569 996	2 654 857	528 337	317 416	2 695 061	9 804	47 789	693 842
1 883 879	17 812 277	2 475 091	477 911	227 952	2 234 964	9 758	36 052	570 826
17 952	9 817	233 362	21 831		1 368 098	5 061		33 821
1 172	523	189 280	14 984	2 183	701 317	1 493		11 676
16 780	−19	31 734	32 851	21	673 862	3 568		22 145
118 520	1 169 325	107 080	28 774	8 449	204 497	449	328	44 356
226	119	943	946	57	6 213	3		349
1 089	3 472	5 547	5 504	5 250	75 332	100	1	1 502
1 086	890	3 325	3 389	184	53 790	5		569
	36	52			22			
	56				114			
50 892	475 568	66 888	12 426	420	57 427	254	276	25 973
62 992	412 006	26 629	9 345	2 529	55 289	85	29	5 578
34 183	33 546	44 398	10 341	344	38 443	146	124	1 599
3 320	278 124	7 019	554	192	10 214	8	21	10 953
	197 602	69			414			83
	4	30			1			

续表

项　　目	农林牧渔业	采矿业	制造业	电力、燃气及水的生产和供应业	建筑业	交通运输、仓储和邮政业	信息传输、计算机服务和软件业	批发和零售业	住宿和餐饮业
印花税	125	249	94 224	3 262	1 200	2 544	3 628	7 972	363
契税			9 880	45	3	1 382	108	52	622
城镇土地使用税	277	299	112 692	7 922	1 054	9 364	1 405	1 247	2 332
其他	704	518	268 304	9 504	1 964	12 831	13 733	17 885	9 780
（七）缴纳中方职工各项社会保险	6 078	3 171	1 562 786	28 674	9 777	81 104	114 897	86 495	32 278
其中：养老保险	4 738	2 608	1 124 697	19 747	6 191	54 264	80 668	58 955	21 941
医疗保险	1 023	384	306 330	6 926	2 676	19 642	26 397	19 962	7 899
失业保险	96	66	35 458	481	319	2 159	2 957	2 464	911
工伤保险	126	46	61 062	641	304	1 638	2 306	1 611	638
生育保险	39	32	18 772	500	162	1 484	1 683	1 199	553
其他	56	36	16 467	380	124	1 917	887	2 304	336
（八）缴纳住房公积金	378	804	202 446	15 685	1 314	22 095	45 397	19 023	6 939
（九）缴纳场地使用费	364	224	44 190	533	201	1 947	4 102	4 885	26 377
（十）缴纳海域使用金			1 016	74		15 368		21	2
（十一）缴纳土地出让金	10	3	63 224	246	372 101	37 507	18 494	1	1 392
（十二）实际工资总额	44 784	42 263	21 766 617	220 263	199 702	497 564	880 012	739 880	277 045
（十三）全年平均职工人数	24 343	4 302	12 328 344	53 014	205 410	122 754	103 160	1 215 372	111 450
其中：外方职工人数	175	158	328 155	150	183	2 038	853	2 358	484
二、利润分配指标									
（一）净利润	3 713	25 806	11 138 014	1 017 893	320 611	1 103 384	2 710 448	663 182	－68 294
（二）可供分配的利润	－89 385	4 404	19 328 004	1 996 166	474 854	2 028 907	6 461 274	786 532	－819 597
减：1. 提取法定公积金	1 149	1 298	229 993	12 516	9 575	13 843	6 410	29 428	1 602
2. 提取职工奖励及福利基金	2	12	56 512	2 613	159	1 515	10 497	1 023	177
3. 提取储备基金	170	867	353 035	18 274	10 880	25 736	221 617	17 717	1 659
4. 提取企业发展基金	6	1 589	78 185	7 446	559	2 551	209 308	2 282	171
5. 利润归还投资	1 050		149 709	4 223		9 451	39 036	114 617	51
6. 其他	939	－116	289 551	42 981	－4	21 259	68 284	13 375	1 933
（三）可供投资者分配的利润	－92 701	753	18 171 019	1 908 114	453 685	1 954 552	5 906 122	608 090	－825 190
（四）未分配利润	－104 425	－15 395	12 152 521	1 051 589	344 051	1 082 607	4 782 820	396 117	－842 096

金融业	房地产业	租赁和商务服务业	科学研究、技术服务和地质勘察业	水利、环境和公共设施管理业	居民服务和其他服务业	教育	卫生、社会保障和社会福利业	文化、体育和娱乐业
494	5 973	1 136	103	75	1 441	1	2	65
	7 929	13	45		1			67
9	19 136	602	143	40	2 113			3 963
2 817	47 481	5 168	264	77	6 244	7	20	6 775
15 571	29 637	24 859	15 295	745	44 244	277	145	6 234
10 213	19 851	16 062	10 354	507	31 563	194	91	4 290
4 301	7 417	6 634	3 836	181	9 677	63	19	1 400
477	632	765	188	10	1 005	7	7	154
249	590	387	422	12	833	8	6	171
264	599	423	286	21	772	4	2	111
68	548	589	209	15	395	1	20	108
5 510	9 320	6 479	4 548	187	9 082	28	0	926
7 107	1 400	2 752	235		1 108	48		357
	9							
	226 606		184		3 085			
176 785	329 806	290 821	114 571	6 497	440 246	3 086	2 319	52 890
12 486	70 158	93 657	99 567	1 697	88 452	1 330	1 040	32 266
259	1 392	9 682	221	16	1 631	164	8	108
168 644	2 085 943	553 081	49 167	9 013	279 862	−68	−5 582	−3 354
397 451	4 743 155	1 537 381	80 788	−96 967	483 714	−9 695	−18 680	−209 146
6 844	103 409	2 736	57	2 032	13 186	6		289
	1 911	5	595		250		5	1
5 308	23 225	4 899	382		6 207		1	448
149	9 245	118	1 612		245			
21 270	123 846	507	27 303		93 852			
74 645	−17 729	6 350	431	153	339	3		33
289 235	4 499 247	1 522 766	50 407	−99 152	369 635	−9 705	−18 686	−209 916
229 775	3 874 819	962 821	46 755	−100 447	183 735	−9 705	−18 733	−224 270

注：以上 6 个统计报表由省财政厅外经金融处提供，由于在原表的基础上编辑修正到个位，有些数据有 1 的误差。

2009年广东省国家和省级农业综合开发项目资金安排计划表

项目	任务量（万亩）	总投资						自筹资金	银行贷款	其他	项目单位
		投资总额	财政资金								
			合计	其中：							
				中央财政资金	省级财政资金	市级财政资金	县级财政资金				
总计		103 641.8	68 351.0	30 149.0	31 242.2	3 671.3	3 353.5	34 539.1	500.0	571.5	
一、国家农业综合开发项目		86 481.6	55 584.0	29 093.0	21 331.4	2 763.3	2 396.3	32 999.5	500.0		
（一）土地治理项目（中低产田改造）	50.51	50 500.0	40 400.0	20 200.0	16 250.0	1 975.0	1 975.0	10 100.0			
省直科技推广项目		1 125.0	900.0	450.0	450.0			225.0			
超级稻和蔬菜新品种及其配套技术推广项目		187.5	150.0	75.0	75.0			37.5			省农作物推广总站
稻菜轮作高效种植制度（123种植模式）推广项目		187.5	150.0	75.0	75.0			37.5			省农科院
瓜茄类蔬菜新品种及安全高效生产技术推广项目		143.8	115.0	57.5	57.5			28.8			省农科院
高产优质抗病花生新品种及配套技术推广项目		62.5	50.0	25.0	25.0			12.5			省农科院
珠海市特色玉米及蔬菜新品种及配套技术推广项目		125.0	100.0	50.0	50.0			25.0			珠海市农科中心
江门市优质稻粤晶思苗2号配套技术推广项目		43.8	35.0	17.5	17.5			8.8			江门市农科中心
茂名市花生粤油7号品种和栽培技术推广项目		62.5	50.0	25.0	25.0			12.5			茂名市良种中心
肇庆市优质水稻新品种及栽培技术推广项目		62.5	50.0	25.0	25.0			12.5			肇庆市农科所
肇庆市优质高产水稻新品种及栽培技术推广项目		62.5	50.0	25.0	25.0			12.5			肇庆市良种场
阳江市花生新品种及栽培新技术推广项目		62.5	50.0	25.0	25.0			12.5			阳江市良种中心
揭阳市优质稻和优质甜玉米新品种推广项目		62.5	50.0	25.0	25.0			12.5			揭阳市农科所
汕头市杂交水稻高效栽培技术示范推广项目		62.5	50.0	25.0	25.0			12.5			汕头市农科所
珠海市	1.68	1 525.0	1 220.0	610.0	488.0	61.0	61.0	305.0			
1. 斗门区	1.68	1 525.0	1 220.0	610.0	488.0	61.0	61.0	305.0			
斗门区斗门镇中低产田改造项目	0.53	400.0	320.0	160.0	128.0	16.0	16.0	80.0			

续表

项目	任务量（万亩）	总投资						自筹资金	银行贷款	其他	项目单位
		投资总额	财政资金								
			合计	其中：							
				中央财政资金	省级财政资金	市级财政资金	县级财政资金				
斗门区莲洲镇中低产田改造项目	1.15	1 125.0	900.0	450.0	360.0	45.0	45.0	225.0			
汕头市	3.04	2 975.0	2 380.0	1 190.0	952.0	119.0	119.0	595.0			
1. 潮阳区	0.82	800.0	640.0	320.0	256.0	32.0	32.0	160.0			
潮阳区关埠镇中低产田改造项目	0.82	800.0	640.0	320.0	256.0	32.0	32.0	160.0			
2. 潮南区	1.05	1 025.0	820.0	410.0	328.0	41.0	41.0	205.0			
潮南区胪岗镇中低产田改造项目	1.05	1 025.0	820.0	410.0	328.0	41.0	41.0	205.0			
3. 澄海市	1.17	1 150.0	920.0	460.0	368.0	46.0	46.0	230.0			
澄海区莲下镇中低产田改造项目	0.72	700.0	560.0	280.0	224.0	28.0	28.0	140.0			
澄海区东里镇中低产田改造项目	0.45	450.0	360.0	180.0	144.0	18.0	18.0	90.0			
韶关市	3.41	3 350.0	2 680.0	1 340.0	1 072.0	134.0	134.0	670.0			
1. 始兴县	1.05	1 025.0	820.0	410.0	328.0	41.0	41.0	205.0			
始兴县顿岗镇中低产田改造项目	1.05	1 025.0	820.0	410.0	328.0	41.0	41.0	205.0			
2. 翁源县	1.14	1 125.0	900.0	450.0	360.0	45.0	45.0	225.0			
翁源县官渡镇中低产田改造项目	0.48	475.0	380.0	190.0	152.0	19.0	19.0	95.0			
翁源县鹤仔岗盆地中低产田改造项目	0.66	650.0	520.0	260.0	208.0	26.0	26.0	130.0			
3. 南雄市	1.22	1 200.0	960.0	480.0	384.0	48.0	48.0	240.0			
南雄市黄坑镇中低产田改造项目	1.22	1 200.0	960.0	480.0	384.0	48.0	48.0	240.0			
河源市	3.19	3 125.0	2 500.0	1 250.0	1 000.0	125.0	125.0	625.0			
1. 紫金县	0.90	875.0	700.0	350.0	280.0	35.0	35.0	175.0			
紫金县附城镇中低产田改造项目	0.90	875.0	700.0	350.0	280.0	35.0	35.0	175.0			

续表

项　　目	任务量（万亩）	总投资						自筹资金	银行贷款	其他	项目单位
		投资总额	财政资金								
			合计	其中：							
				中央财政资金	省级财政资金	市级财政资金	县级财政资金				
2. 连平县	1.29	1 275.0	1 020.0	510.0	408.0	51.0	51.0	255.0			
连平县内莞镇内莞河流域中低产田改造项目	0.79	782.5	626.0	313.0	250.4	31.3	31.3	156.5			
连平县内莞镇蓝州河流域中低产田改造项目	0.50	492.5	394.0	197.0	157.6	19.7	19.7	98.5			
3. 和平县	1.00	975.0	780.0	390.0	312.0	39.0	39.0	195.0			
和平县阳明镇中低产田改造项目	1.00	975.0	780.0	390.0	312.0	39.0	39.0	195.0			
梅州市	4.24	4 150.0	3 320.0	1 660.0	1 328.0	166.0	166.0	830.0			
1. 梅　县	1.05	1 025.0	820.0	410.0	328.0	41.0	41.0	205.0			
梅县松源镇中低产田改造项目	1.05	1 025.0	820.0	410.0	328.0	41.0	41.0	205.0			
2. 五华县	1.07	1 050.0	840.0	420.0	336.0	42.0	42.0	210.0			
五华县龙村镇中低产田改造项目	0.52	510.0	408.0	204.0	163.2	20.4	20.4	102.0			
五华县棉洋镇中低产田改造项目	0.55	540.0	432.0	216.0	172.8	21.6	21.6	108.0			
3. 蕉岭县	1.07	1 050.0	840.0	420.0	336.0	42.0	42.0	210.0			
蕉岭县长潭镇中低产田改造项目	1.07	1 050.0	840.0	420.0	336.0	42.0	42.0	210.0			
4. 兴宁市	1.05	1 025.0	820.0	410.0	328.0	41.0	41.0	205.0			
兴宁市福兴街中低产田改造项目	0.54	525.0	420.0	210.0	168.0	21.0	21.0	105.0			
兴宁市刁坊镇中低产田改造项目	0.51	500.0	400.0	200.0	160.0	20.0	20.0	100.0			
惠州市	2.51	2 450.0	1 960.0	980.0	784.0	98.0	98.0	490.0			
1. 惠阳市	1.24	1 200.0	960.0	480.0	384.0	48.0	48.0	240.0			
惠阳区永湖镇中低产田改造项目	1.24	1 200.0	960.0	480.0	384.0	48.0	48.0	240.0			
2. 博罗县	1.27	1 250.0	1 000.0	500.0	400.0	50.0	50.0	250.0			

续表

项　目	任务量（万亩）	总投资						自筹资金	银行贷款	其他	项目单位
		投资总额	财政资金								
			合计	其中：							
				中央财政资金	省级财政资金	市级财政资金	县级财政资金				
博罗县龙溪镇中低产田改造项目	0.67	662.5	530.0	265.0	212.0	26.5	26.5	132.5			
博罗县石坝镇中低产田改造项目	0.60	587.5	470.0	235.0	188.0	23.5	23.5	117.5			
汕尾市	0.99	975.0	780.0	390.0	312.0	39.0	39.0	195.0			
1. 陆丰市	0.99	975.0	780.0	390.0	312.0	39.0	39.0	195.0			
陆丰市甲西镇中低产田改造项目	0.99	975.0	780.0	390.0	312.0	39.0	39.0	195.0			
江门市	4.21	4 125.0	3 300.0	1 650.0	1 320.0	165.0	165.0	825.0			
1. 新会区	1.00	975.0	780.0	390.0	312.0	39.0	39.0	195.0			
新会区司前镇中低产田改造项目	1.00	975.0	780.0	390.0	312.0	39.0	39.0	195.0			
2. 台山市	1.14	1 125.0	900.0	450.0	360.0	45.0	45.0	225.0			
台山市三合镇中低产田改造项目	0.58	575.0	460.0	230.0	184.0	23.0	23.0	115.0			
台山市白沙镇中低产田改造项目	0.56	550.0	440.0	220.0	176.0	22.0	22.0	110.0			
3. 开平市	1.07	1 050.0	840.0	420.0	336.0	42.0	42.0	210.0			
开平市月山镇中低产田改造项目	0.56	550.0	440.0	220.0	176.0	22.0	22.0	110.0			
开平市沙塘镇中低产田改造项目	0.51	500.0	400.0	200.0	160.0	20.0	20.0	100.0			
4. 恩平市	1.00	975.0	780.0	390.0	312.0	39.0	39.0	195.0			
恩平市横陂镇中低产田改造项目	1.00	975.0	780.0	390.0	312.0	39.0	39.0	195.0			
阳江市	1.92	1 875.0	1 500.0	750.0	600.0	75.0	75.0	375.0			
1. 阳东县	0.87	850.0	680.0	340.0	272.0	34.0	34.0	170.0			
阳东县北惯镇中低产田改造项目	0.87	850.0	680.0	340.0	272.0	34.0	34.0	170.0			
2. 阳春市	1.05	1 025.0	820.0	410.0	328.0	41.0	41.0	205.0			

续表

项目	任务量（万亩）	总投资						自筹资金	银行贷款	其他	项目单位
		投资总额	财政资金								
			合计	其中：							
				中央财政资金	省级财政资金	市级财政资金	县级财政资金				
阳春市岗美镇中低产田改造项目	1.05	1 025.0	820.0	410.0	328.0	41.0	41.0	205.0			
湛江市	6.62	6 475.0	5 180.0	2 590.0	2 072.0	259.0	259.0	1 295.0			
1. 遂溪县	1.23	1 200.0	960.0	480.0	384.0	48.0	48.0	240.0			
遂溪县城月镇中低产田改造项目	0.72	700.0	560.0	280.0	224.0	28.0	28.0	140.0			
遂溪县建新镇中低产田改造项目	0.51	500.0	400.0	200.0	160.0	20.0	20.0	100.0			
2. 徐闻县	1.77	1 725.0	1 380.0	690.0	552.0	69.0	69.0	345.0			
徐闻县南山镇中低产田改造项目	1.15	1 125.0	900.0	450.0	360.0	45.0	45.0	225.0			
徐闻县龙塘镇中低产田改造项目	0.62	600.0	480.0	240.0	192.0	24.0	24.0	120.0			
3. 廉江市	1.40	1 375.0	1 100.0	550.0	440.0	55.0	55.0	275.0			
廉江市横山镇中低产田改造项目	0.80	812.5	650.0	325.0	260.0	32.5	32.5	162.5			
廉江市安铺镇中低产田改造项目	0.60	562.5	450.0	225.0	180.0	22.5	22.5	112.5			
4. 雷州市	1.12	1 100.0	880.0	440.0	352.0	44.0	44.0	220.0			
雷州市松竹镇中低产田改造项目	0.51	500.0	400.0	200.0	160.0	20.0	20.0	100.0			
雷州市南兴镇中低产田改造项目	0.61	600.0	480.0	240.0	192.0	24.0	24.0	120.0			
5. 吴川市	1.10	1 075.0	860.0	430.0	344.0	43.0	43.0	215.0			
吴川市塘缀镇中低产田改造项目	0.60	600.0	480.0	240.0	192.0	24.0	24.0	120.0			
吴川市吴阳镇中低产田改造项目	0.50	475.0	380.0	190.0	152.0	19.0	19.0	95.0			
茂名市	6.09	5 975.0	4 780.0	2 390.0	1 912.0	239.0	239.0	1 195.0			
1. 茂南区	1.12	1 100.0	880.0	440.0	352.0	44.0	44.0	220.0			
茂南区公馆镇中低产田改造项目	1.12	1 100.0	880.0	440.0	352.0	44.0	44.0	220.0			

续表

项目	任务量（万亩）	总投资							自筹资金	银行贷款	其他	项目单位
		投资总额	财政资金									
			合计	其中：								
				中央财政资金	省级财政资金	市级财政资金	县级财政资金					
2. 茂港区	1.20	1 175.0	940.0	470.0	376.0	47.0	47.0		235.0			
茂港区羊角镇中低产田改造项目	1.20	1 175.0	940.0	470.0	376.0	47.0	47.0		235.0			
3. 电白县	0.94	925.0	740.0	370.0	296.0	37.0	37.0		185.0			
电白县林头镇中低产田改造项目	0.94	925.0	740.0	370.0	296.0	37.0	37.0		185.0			
4. 高州市	1.79	1 750.0	1 400.0	700.0	560.0	70.0	70.0		350.0			
高州市东岸镇中低产田改造项目	0.64	625.0	500.0	250.0	200.0	25.0	25.0		125.0			
高州市石鼓镇中低产田改造项目	1.15	1 125.0	900.0	450.0	360.0	45.0	45.0		225.0			
5. 化州市	1.04	1 025.0	820.0	410.0	328.0	41.0	41.0		205.0			
化州市林尘镇中低产田改造项目	0.56	550.0	440.0	220.0	176.0	22.0	22.0		110.0			
化州市那务镇中低产田改造项目	0.48	475.0	380.0	190.0	152.0	19.0	19.0		95.0			
肇庆市	3.55	3 475.0	2 780.0	1 390.0	1 112.0	139.0	139.0		695.0			
1. 怀集县	1.04	1 025.0	820.0	410.0	328.0	41.0	41.0		205.0			
怀集县冷坑镇中低产田改造项目	1.04	1 025.0	820.0	410.0	328.0	41.0	41.0		205.0			
2. 封开县	0.92	900.0	720.0	360.0	288.0	36.0	36.0		180.0			
封开县南丰镇中低产田改造项目	0.41	400.0	320.0	160.0	128.0	16.0	16.0		80.0			
封开县金装镇中低产田改造项目	0.51	500.0	400.0	200.0	160.0	20.0	20.0		100.0			
3. 高要市	1.59	1 550.0	1 240.0	620.0	496.0	62.0	62.0		310.0			
高要市莲塘镇中低产田改造项目	0.82	800.0	640.0	320.0	256.0	32.0	32.0		160.0			
高要市大湾镇中低产田改造项目	0.77	750.0	600.0	300.0	240.0	30.0	30.0		150.0			
清远市	2.42	2 375.0	1 900.0	950.0	760.0	95.0	95.0		475.0			

续表

项目	任务量（万亩）	总投资						自筹资金	银行贷款	其他	项目单位
		投资总额	财政资金								
			合计	其中：中央财政资金	省级财政资金	市级财政资金	县级财政资金				
1. 清城区	1.37	1 350.0	1 080.0	540.0	432.0	54.0	54.0	270.0			
清城区东城街中低产田改造项目	0.60	587.5	470.0	235.0	188.0	23.5	23.5	117.5			
清城区飞来峡镇中低产田改造项目	0.77	762.5	610.0	305.0	244.0	30.5	30.5	152.5			
2. 清新县	1.05	1 025.0	820.0	410.0	328.0	41.0	41.0	205.0			
清新县浸潭镇中低产田改造项目	0.50	490.0	392.0	196.0	156.8	19.6	19.6	98.0			
清新县石潭镇中低产田改造项目	0.55	535.0	428.0	214.0	171.2	21.4	21.4	107.0			
潮州市	1.92	1 900.0	1 520.0	760.0	608.0	76.0	76.0	380.0			
1. 潮安县	0.80	800.0	640.0	320.0	256.0	32.0	32.0	160.0			
潮安县磷溪镇中低产田改造项目	0.80	800.0	640.0	320.0	256.0	32.0	32.0	160.0			
2. 饶平县	1.12	1 100.0	880.0	440.0	352.0	44.0	44.0	220.0			
饶平县联饶镇中低产田改造项目	1.12	1 100.0	880.0	440.0	352.0	44.0	44.0	220.0			
揭阳市	1.64	1 600.0	1 280.0	640.0	512.0	64.0	64.0	320.0			
1. 揭东县	1.64	1 600.0	1 280.0	640.0	512.0	64.0	64.0	320.0			
揭东县登岗镇中低产田改造项目	1.15	1 125.0	900.0	450.0	360.0	45.0	45.0	225.0			
揭东县地都镇中低产田改造项目	0.49	475.0	380.0	190.0	152.0	19.0	19.0	95.0			
云浮市	3.08	3 025.0	2 420.0	1 210.0	968.0	121.0	121.0	605.0			
1. 新兴县	0.76	750.0	600.0	300.0	240.0	30.0	30.0	150.0			
新兴县稔村镇中低产田改造项目	0.76	750.0	600.0	300.0	240.0	30.0	30.0	150.0			
2. 郁南县	0.89	875.0	700.0	350.0	280.0	35.0	35.0	175.0			
郁南县连滩镇中低产田改造项目	0.89	875.0	700.0	350.0	280.0	35.0	35.0	175.0			

续表

项　　目	任务量（万亩）	总投资						自筹资金	银行贷款	其他	项目单位
		投资总额	财政资金								
			合计	其中：							
				中央财政资金	省级财政资金	市级财政资金	县级财政资金				
3. 罗定市	1.43	1 400.0	1 120.0	560.0	448.0	56.0	56.0	280.0			
罗定市围底镇中低产田改造项目	0.86	840.0	672.0	336.0	268.8	33.6	33.6	168.0			
罗定市金鸡镇中低产田改造项目	0.57	560.0	448.0	224.0	179.2	22.4	22.4	112.0			
（二）高标准农田建设示范工程项目	2.50	3 300.0	3 000.0	1 500.0	1 200.0	150.0	150.0	300.0			
湛江市廉江市吉水镇高标准农田建设示范工程项目	1.25	1 650.0	1 500.0	750.0	600.0	75.0	75.0	150.0			
云浮市罗定市高标准农田建设示范工程项目	1.25	1 650.0	1 500.0	750.0	600.0	75.0	75.0	150.0			
（三）切块内中型灌区节水配套改造项目		2 499.6	2 000.0	1 000.0	800.0	100.0	100.0	499.5			
惠州市龙门县农业综合开发龙平渠灌区节水配套改造项目		2 499.6	2 000.0	1 000.0	800.0	100.0	100.0	499.5			中央资金2009年下达620万元，其余2010年下达
（四）产业化经营项目		30 182.0	10 184.0	6 393.0	3 081.4	538.3	171.3	22 100.0	500.0		
1. 财政补贴项目		30 182.0	7 582.0	3 791.0	3 081.4	538.3	171.3	22 100.0	500.0		
（1）种养殖基地项目		16 494.0	4 036.0	2 018.0	1 663.0	274.5	80.5	12 158.0	300.0		
揭阳市惠来县1.5万头优质生猪养殖新建项目		1 310.0	290.0	145.0	145.0			1 020.0			汕头市侨丰集团有限公司
韶关市曲江区5万套三黄胡须鸡良种繁育扩建项目		908.0	196.0	98.0	98.0			712.0			广东智威畜牧水产有限公司
韶关市新丰县2万头猪苗繁育基地扩建项目		1 500.0	300.0	150.0	120.0	30.0		1 200.0			新丰顺发农业开发有限公司
珠海市斗门区180万只鸡苗繁育和80万只肉鸡养殖改扩建项目		1 042.0	280.0	140.0	112.0	28.0		762.0			广东省珠海粮油食品进出口公司

续表

项　　目	任务量（万亩）	总投资						自筹资金	银行贷款	其他	项目单位
		投资总额	财政资金								
			合计	其中：							
				中央财政资金	省级财政资金	市级财政资金	县级财政资金				
珠海市斗门区3 000吨出口活水产品生产基地改扩建项目		790.0	190.0	95.0	76.0	9.5	9.5	600.0			珠海市之山水产发展有限公司
汕头市潮南区1.5万头猪苗繁育基地扩建项目		908.0	240.0	120.0	96.0	12.0	12.0	668.0			汕头市德兴种养实业有限公司
湛江市遂溪县2万头安全优质猪繁育扩建项目		1 224.0	300.0	150.0	120.0	30.0		924.0			广东天地食品有限公司
茂名市茂南区100万只优质乳鸽养殖基地扩建项目		680.0	180.0	90.0	72.0	9.0	9.0	500.0			茂名市新振耀投资有限公司
茂名市高州市80万只蛋鸡养殖基地扩建项目		854.0	180.0	90.0	72.0	9.0	9.0	674.0			高州市杨氏农业有限公司
惠州市惠城区万头优质种猪繁育基地新建项目		760.0	190.0	95.0	76.0	19.0		570.0			惠州市源茵畜牧科技有限公司
惠州市惠东县1.2万头生猪标准化规模养殖场扩建项目		1 180.0	280.0	140.0	112.0	28.0		900.0			东进农牧（惠东）有限公司
惠州市惠阳区2万吨无公害蔬菜种植基地新建项目		690.0	190.0	95.0	76.0	9.5	9.5	500.0			惠州市四季绿农产品有限公司
梅州市兴宁市300亩种桑养蚕良种繁育基地建设项目		200.0	70.0	35.0	28.0	3.5	3.5	130.0			兴宁市国锋桑蚕专业合作社
梅州市兴宁市1 000万株软枝良种油茶苗圃基地改扩建项目		579.0	180.0	90.0	72.0	9.0	9.0	399.0			广东鸿利丰农林发展有限公司
清远市清新县千亩鸡骨草等中药材种植基地新建项目		480.0	170.0	85.0	68.0	17.0		310.0			清远市新康中药饮片有限公司

续表

项　　目	任务量（万亩）	总投资									项目单位
		投资总额	财政资金					自筹资金	银行贷款	其他	
			合计	其中：							
				中央财政资金	省级财政资金	市级财政资金	县级财政资金				
清远市连南县900吨溪黄草和100吨白茶种植新建项目		510.0	180.0	90.0	72.0	18.0		330.0			广东和润堂保健品实业有限公司
清远英德市1 400万枚种蛋清远麻鸡种鸡基地新建项目		991.0	240.0	120.0	96.0	24.0		751.0			广东天农食品有限公司
潮州市潮安县3 000亩综合示范场新建项目		1 090.0	190.0	95.0	76.0	9.5	9.5	900.0			潮州市建成农业综合开发有限公司
潮州市饶平县万头粤东黑猪养殖扩建项目		798.0	190.0	95.0	76.0	9.5	9.5	308.0	300.0		潮州市绿岛生态农业有限公司
（2）农产品加工项目		12 895.0	3 356.0	1 678.0	1 342.4	254.3	81.3	9 339.0	200.0		
汕头市潮阳区2万吨水稻烘干设施加工扩建项目		958.0	190.0	95.0	76.0	9.5	9.5	768.0			汕头市粮丰集团有限公司
茂名市茂南区13 000吨猪肉制品加工新建项目		796.0	190.0	95.0	76.0	19.0		606.0			高州市顺达猪场有限公司
茂名市茂南区两万吨罗非鱼生物饲料加工新建项目		860.0	260.0	130.0	104.0	13.0	13.0	600.0			茂名市威科生物工程有限公司
肇庆高要市1 500吨冻罗非鱼片加工改建项目		814.0	196.0	98.0	78.4	9.8	9.8	618.0			高要市振业水产有限公司
梅州市梅江区60万只熟食鸡加工扩建项目		490.0	180.0	90.0	72.0	18.0		310.0			裕丰食品加工（梅州）有限公司
梅州市丰顺县30吨绿茶加工扩建项目		400.0	110.0	55.0	44.0	11.0		290.0			梅州市龙岗马图绿茶股份有限公司

续表

项目	任务量（万亩）	总投资							自筹资金	银行贷款	其他	项目单位
		投资总额	财政资金									
			合计	其中：								
				中央财政资金	省级财政资金	市级财政资金	县级财政资金					
梅州市梅县4 000吨米排粉加工扩建项目		419.0	140.0	70.0	56.0	7.0	7.0		279.0			广东梅县雁球食品有限公司
梅州市蕉岭县5万亩高蛋白优质高产大豆种植加工基地扩建项目		690.0	190.0	95.0	76.0	9.5	9.5		500.0			梅州嘉味鲜食品有限公司
汕尾市城区100吨胶原多肽加工扩建项目		900.0	300.0	150.0	120.0	30.0			600.0			汕尾市五丰水产食品有限公司
河源市东源县100吨优质茶叶加工厂新建项目		402.0	120.0	60.0	48.0	12.0			282.0			东源县上仙湖茶叶开发有限公司
阳江市阳西县2 000吨罗非鱼片深加工新建项目		1 115.0	190.0	95.0	76.0	19.0			925.0			阳西县粤富水产养殖鱼粉有限公司
阳江市阳东县1 000吨优质黑豆加工改扩建项目		590.0	190.0	95.0	76.0	19.0			400.0			广东阳帆食品有限公司
阳江市阳东县8 000吨鸭鹅加工新建项目		1 249.0	260.0	130.0	104.0	26.0			789.0	200.0		广东羽威羽绒实业有限公司
阳江阳春市300吨春砂仁系列功能食品加工扩建项目		890.0	190.0	95.0	76.0	9.5	9.5		700.0			广东绿业工业集团有限公司
揭阳市惠来县5 000吨荔枝浓缩汁及果醋深加工扩建项目		790.0	190.0	95.0	76.0	19.0			600.0			广东帝浓酒业有限公司
揭阳市揭东县3 000吨米粉加工扩建项目		470.0	180.0	90.0	72.0	9.0	9.0		290.0			广东锦丰实业有限公司
云浮市罗定市12 000吨优质米加工扩建项目		1 062.0	280.0	140.0	112.0	14.0	14.0		782.0			罗定市稻香园农业发展有限公司

续表

项　　目	任务量（万亩）	总投资						自筹资金	银行贷款	其他	项目单位
		投资总额	财政资金								
			合计	其中：							
				中央财政资金	省级财政资金	市级财政资金	县级财政资金				
（3）流通设施项目		793.0	190.0	95.0	76.0	9.5	9.5	603.0			
云浮市郁南县3万吨沙糖桔分拣与包装加工扩建项目		793.0	190.0	95.0	76.0	9.5	9.5	603.0			郁南县莞联农产品专业合作社
2. 贷款贴息项目			2 602.0	2 602.0							
珠海农业高新技术示范园项目		3 121.0	121.0	121.0				3 000.0			珠海市农业科学研究中心
蚯蚓深加工国家Ⅱ类新药蚓酶新建项目		3 166.0	166.0	166.0				3 000.0			珠海博康药业有限公司
5万吨特种水产饲料加工项目		1 708.0	58.0	58.0				1 650.0			珠海泓大饲料有限公司
季节性农副产品收购项目		2 845.0	15.0	15.0				2 830.0			广东省珠海市粮油食品进出口公司
优质有机米产业化项目		2 259.0	59.0	59.0				2 200.0			珠海农丰进出口有限公司
年产1 000吨荔枝果酒深加工项目		2 356.0	36.0	36.0				2 320.0			汕头市广东荔宝酿酒有限公司
梭子蟹深加工产业化经营建设项目		6 178.0	178.0	178.0				6 000.0			汕头市侨丰集团有限公司
粮食收购项目		3 298.0	113.0	113.0				3 185.0			惠东县广兴农贸有限公司
生猪基地扩建项目		1 347.0	47.0	47.0				1 300.0			惠东县生源农业有限公司

续表

项目	任务量（万亩）	总投资						自筹资金	银行贷款	其他	项目单位
		投资总额	财政资金								
			合计	其中：							
				中央财政资金	省级财政资金	市级财政资金	县级财政资金				
粮食收购项目		2 672.0	72.0	72.0				2 600.0			惠州市海纳粮油食品有限公司
阳江市 14 500 吨对虾季节性收购加工项目		5 753.0	143.0	143.0				5 610.0			阳江市谊林海达速冻水产有限公司
680 吨羽毛季节性收购加工项目		2 991.0	73.0	73.0				2 918.0			阳江市广东羽威羽绒实业有限公司
收购甘蔗、蚕丝项目		1 590.0	90.0	90.0				1 500.0			化州市笪桥糖业有限公司
收购甘蔗、蚕丝项目		1 060.0	60.0	60.0				1 000.0			化州市耀明糖业有限公司
加工罗非鱼项目		7 731.0	131.0	131.0				7 600.0			茂名长兴食品有限公司
收购稻谷项目		4 380.0	180.0	180.0				4 200.0			茂名市金信米业有限公司
扩大食品、饲料生产项目		1 038.0	38.0	38.0				1 000.0			高州市食品企业集团公司
日产 200 吨专用小麦粉项目		4 516.0	91.0	91.0				4 425.0			开平市开兰面粉有限公司
公司鸡场车间扩建及配套设备采购项目		2 100.0	82.0	82.0				2 018.0			德庆县金福绿色家禽科技发展有限公司
四会市农产品综合批发市场扩建工程项目		2 538.0	38.0	38.0				2 500.0			四会市华贡农科集团公司

续表

项目	任务量（万亩）	总投资						自筹资金	银行贷款	其他	项目单位
		投资总额	财政资金								
			合计	其中：							
				中央财政资金	省级财政资金	市级财政资金	县级财政资金				
出口水产品加工项目		3 611.0	111.0	111.0				3 500.0			雷州市运源水产品有限公司
收购对虾加工原料流动资金项目		3 123.0	123.0	123.0				3 000.0			湛江国联水产开发股份有限公司
收购农副产品（甘蔗）项目		6 137.0	137.0	137.0				6 000.0			湛江市广东恒福糖业有限公司
灾后复产项目		729.0	29.0	29.0				700.0			清远市清城区源潭镇联益畜牧水产养殖场
购买原材料项目		1 660.0	60.0	60.0				1 600.0			英德市创美秸杆纤维有限公司
购买原材料项目		4 723.0	83.0	83.0				4 640.0			英德市五联人造板有限责任公司
10 万立方中密度纤维板生产项目		2 044.0	44.0	44.0				2 000.0			阳山顺龙木业有限公司
新粤式干肉制品肉脯加工项目		2 836.0	49.0	49.0				2 787.0			潮州市广东真美食品集团有限公司
农产品加工设备、农产品收购项目		4 395.0	175.0	175.0				4 220.0			罗定市真丽丝丝绸有限公司
（五）农口部门项目		4 304.1	2 112.0	1 056.0	910.8	48.0	97.2	1 539.6		571.5	
兴宁市农业综合开发合水水库东灌区节水配套改造项目		1 531.5	960.0	480.0	384.0	48.0	48.0			571.5	中央资金 2009 年下达 530 万元，其余 2010 年下达

续表

项目	任务量（万亩）	总投资						自筹资金	银行贷款	其他	项目单位
		投资总额	财政资金								
			合计	其中：							
				中央财政资金	省级财政资金	市级财政资金	县级财政资金				
平远县油茶丰产林基地项目	0.16	401.7	160.0	80.0	64.0		16.0	241.7			平远县林科所
龙川县油茶低产林改造项目	0.20	400.0	160.0	80.0	64.0		16.0	240.0			龙川县林科所
惠来县荔枝示范项目	1.33	430.0	172.0	86.0	68.8		17.2	258.0			揭阳市润亚庄园有限公司
广东省南方甜玉米原原种扩繁育基地建设项目		250.0	200.0	100.0	100.0			50.0			广东省农科院作物所
广东省广州市天河区桑蚕原种良种繁育基地改扩建项目		690.6	220.0	110.0	110.0			389.6			广东丝源蚕业有限公司
广东万羽种鹅繁育基地扩建项目		600.3	240.0	120.0	120.0			360.3			广东智威畜牧水产有限公司
二、省级农业综合开发项目		12 856.2	10 655.0		9 000.0	860.0	860.0				
（一）科技推广项目		400.0	400.0		400.0						
超级稻新品种五优308示范推广项目		30.0	30.0		30.0						广东省农科院水稻研究所
岭南黄鸡3号配套系及其配套养殖关键技术的示范推广项目		30.0	30.0		30.0						广东省农业科学院畜牧研究所
瓜茄类新优蔬菜新品种及配套高效生产技术示范推广项目		35.0	35.0		35.0						广东省农科院蔬菜研究所
粤引早脆梨新品种及套袋技术示范推广项目		30.0	30.0		30.0						广东省农业科学院果树研究所
基于现代传媒手段的水稻“三控”施肥技术示范推广项目		30.0	30.0		30.0						广东省农科院科技情报研究所

注：以上2个表由省财政厅农业综合开发办公室提供。

续表

项　　目	任务量（万亩）	总投资						自筹资金	银行贷款	其他	项目单位
		投资总额	财政资金								
			合计	其中：							
				中央财政资金	省级财政资金	市级财政资金	县级财政资金				
大豆间套作高产栽培技术示范与推广项目		35.0	35.0		35.0						华南农业大学
名特蔬菜周年生产新技术示范推广项目		30.0	30.0		30.0						仲恺农业工程学院农林学院
节瓜新品种冠华3号、冠华4号示范与推广项目		40.0	40.0		40.0						仲恺农业工程学院农学院
鲈鱼池塘高产养殖生态调控技术的示范与推广项目		30.0	30.0		30.0						珠海市水产养殖（淡水）科学技术推广站
优新花卉良种姜荷花、蝎尾蕉的示范推广项目		30.0	30.0		30.0						珠海市花卉科学技术推广站
鲩鱼免疫防病技术科技推广项目		40.0	40.0		40.0						清远市畜牧水产技术推广站
蔬菜新品种示范推广项目		40.0	40.0		40.0						云浮市农业科学研究所
（二）土地治理项目	7.79	9 164.0	9 152.0		7 600.0	790.5	761.5	12.0			
韶关市	0.84	1 008.0	1 008.0		840.0	84.0	84.0				
1. 新丰县	0.34	408.0	408.0		340.0	34.0	34.0				
新丰县马头镇土地治理项目	0.34	408.0	408.0		340.0	34.0	34.0				
2. 乐昌市	0.50	600.0	600.0		500.0	50.0	50.0				
乐昌市廊田镇土地治理项目	0.50	600.0	600.0		500.0	50.0	50.0				
河源市	0.45	430.0	420.0		350.0	35.0	35.0	10.0			
1. 东源县	0.45	430.0	420.0		350.0	35.0	35.0	10.0			

续表

项　目	任务量（万亩）	总投资						自筹资金	银行贷款	其他	项目单位
		投资总额	财政资金								
			合计	其中：							
				中央财政资金	省级财政资金	市级财政资金	县级财政资金				
东源县蓝口镇土地治理项目	0.45	430.0	420.0		350.0	35.0	35.0	10.0			
梅州市	1.11	1 308.0	1 308.0		1 090.0	109.0	109.0				
1. 大埔县	0.39	444.0	444.0		370.0	37.0	37.0				
大埔县高陂镇土地治理项目	0.39	444.0	444.0		370.0	37.0	37.0				
2. 丰顺县	0.38	456.0	456.0		380.0	38.0	38.0				
丰顺县汤西镇土地治理项目	0.38	456.0	456.0		380.0	38.0	38.0				
3. 平远县	0.34	408.0	408.0		340.0	34.0	34.0				
平远县八尺镇土地治理项目	0.34	408.0	408.0		340.0	34.0	34.0				
惠州市	0.67	808.0	808.0		650.0	79.0	79.0				
1. 惠东县	0.30	364.0	364.0		280.0	42.0	42.0				
惠东县铁涌镇土地治理项目	0.30	364.0	364.0		280.0	42.0	42.0				
2. 龙门县	0.37	444.0	444.0		370.0	37.0	37.0				
龙门县龙江镇土地治理项目	0.37	444.0	444.0		370.0	37.0	37.0				
汕尾市	0.96	1 152.0	1 152.0		960.0	96.0	96.0				
1. 汕尾市华侨管理区土地治理项目	0.30	360.0	360.0		300.0	30.0	30.0				
2. 海丰县	0.33	396.0	396.0		330.0	33.0	33.0				
海丰县可塘镇土地治理项目	0.33	396.0	396.0		330.0	33.0	33.0				
3. 陆河县	0.33	396.0	396.0		330.0	33.0	33.0				
陆河县新田镇土地治理项目	0.33	396.0	396.0		330.0	33.0	33.0				
湛江市	0.35	420.0	420.0		350.0	35.0	35.0				

续表

项　　目	任务量（万亩）	总投资						自筹资金	银行贷款	其他	项目单位
		投资总额	财政资金								
			合计	其中：							
				中央财政资金	省级财政资金	市级财政资金	县级财政资金				
1. 麻章区	0.35	420.0	420.0		350.0	35.0	35.0				
麻章区麻章镇土地治理项目	0.35	420.0	420.0		350.0	35.0	35.0				
茂名市	0.40	482.0	480.0		400.0	40.0	40.0	2.0			
1. 信宜市	0.40	482.0	480.0		400.0	40.0	40.0	2.0			
信宜市怀乡镇土地治理项目	0.40	482.0	480.0		400.0	40.0	40.0	2.0			
肇庆市	0.95	1 137.0	1 137.0		920.0	108.5	108.5				
1. 广宁县	0.30	360.0	360.0		300.0	30.0	30.0				
广宁县洲仔镇土地治理项目	0.30	360.0	360.0		300.0	30.0	30.0				
2. 德庆县	0.29	348.0	348.0		290.0	29.0	29.0				
德庆县播植镇土地治理项目	0.29	348.0	348.0		290.0	29.0	29.0				
3. 四会市	0.36	429.0	429.0		330.0	49.5	49.5				
四会市地豆镇土地治理项目	0.36	429.0	429.0		330.0	49.5	49.5				
清远市	1.04	1 195.0	1 195.0		1 020.0	102.0	73.0				
1. 连南瑶族自治县	0.29	319.0	319.0		290.0	29.0					
连南瑶族自治县寨岗镇土地治理项目	0.29	319.0	319.0		290.0	29.0					
2. 英德市	0.40	480.0	480.0		400.0	40.0	40.0				
英德市浛洸镇土地治理项目	0.40	480.0	480.0		400.0	40.0	40.0				
3. 连州市	0.35	396.0	396.0		330.0	33.0	33.0				
连州市丰阳镇土地治理项目	0.35	396.0	396.0		330.0	33.0	33.0				
揭阳市	1.02	1 224.0	1 224.0		1 020.0	102.0	102.0				
1. 揭西县	0.35	420.0	420.0		350.0	35.0	35.0				

续表

项目	任务量（万亩）	总投资						自筹资金	银行贷款	其他	项目单位
		投资总额	财政资金								
			合计	其中：							
				中央财政资金	省级财政资金	市级财政资金	县级财政资金				
揭西县塔头镇土地治理项目	0.35	420.0	420.0		350.0	35.0	35.0				
2. 惠来县	0.35	420.0	420.0		350.0	35.0	35.0				
惠来县周田镇土地治理项目	0.35	420.0	420.0		350.0	35.0	35.0				
3. 普宁市	0.32	384.0	384.0		320.0	32.0	32.0				
普宁市广太镇土地治理项目	0.32	384.0	384.0		320.0	32.0	32.0				
（三）油茶产业项目	1.23	3 292.2	1 103.0		1 000.0	19.0	84.0	2 189.2			
梅州市丰顺县广东泰源农科有限公司油茶示范基地项目	0.15	237.9	99.0		90.0		9.0	138.9			广东泰源农科有限公司
梅州市梅江区万事好种养有限公司油茶示范基地项目	0.15	271.5	100.0		90.0		10.0	171.5			梅州市万事好种养有限公司
河源市东源县绿保生物科技开发有限公司油茶示范基地项目	0.20	320.4	110.0		100.0		10.0	210.4			东源绿保生物科技开发有限公司
河源市绿意投资有限公司油茶示范基地项目	0.15	246.0	99.0		90.0	9.0		147.0			河源市绿意投资有限公司
河源市紫金县林业科学研究所油茶示范基地项目	0.14	250.0	100.0		90.0		10.0	150.0			紫金县林业科学研究所
韶关市仁化县广东富然农科有限公司油茶示范基地项目	0.20	348.5	99.0		90.0		9.0	249.5			广东富然农科有限公司
韶关市林业科学研究所油茶苗木繁育基地项目	0.03	239.5	100.0		90.0	10.0		139.5			韶关市林业科学研究所

续表

项目	任务量（万亩）	总投资						自筹资金	银行贷款	其他	项目单位
		投资总额	财政资金								
			合计	其中：							
				中央财政资金	省级财政资金	市级财政资金	县级财政资金				
清远连州市山马农林发展有限公司油茶苗木繁育基地项目	0.02	638.4	99.0		90.0		9.0	539.4			连州市山马农林发展有限公司
清远市清新县高家庄油茶开发有限公司油茶苗木繁育基地项目	0.02	249.0	99.0		90.0		9.0	150.0			清新县高家庄油茶开发有限公司
云浮市云安县林业科学研究所油茶示范基地项目	0.15	266.0	99.0		90.0		9.0	167.0			云安县林业科学研究所
揭阳市揭东县林业科学研究所油茶苗木繁育基地项目	0.02	225.0	99.0		90.0		9.0	126.0			揭东县林业科学研究所

注：此表由省财政厅农业综合开放办公室提供。

2009年广东省国家农业综合开发项目资金下达表

单位：万元

项目归属	项目	总投资									项目建设地点	项目单位	备注
		投资总额	财政资金					自筹资金	银行贷款	其他			
			合计	其中									
				中央财政资金	省级	地级	县级						
总计		184 194.42	56 464	30 299	35 978.2	3 463.3	3 145.5	123 451.36	500	1 070.96			
省直项目		4 883.9	2 021	805.5	1 215.5	0	0	2 756.9	0	0			
国家土地治理省直科技推广项目		1 125	465	232.5	232.5	0	0	225					
2009 省级土地治理省直科技推广项目			260		260								
2008 省级土地治理省直科技推广项目			150		150								
省供销社	揭阳市惠来县1.5万头优质生猪养殖新建项目	1 310	290	145	145			1 020	0			汕头市侨丰集团有限公司	
省农科院	韶关市曲江区5万套三黄胡须鸡良种繁育扩建项目	908	196	98	98			712	0			广东智威畜牧水产有限公司	
农业部门	广东省南方甜玉米原原种扩繁育基地建设项目（土）	250	200	100	100			50				广东省农科院作物所	
	广东省广州市天河区桑蚕原种良种繁育基地改扩建项目（产）	690.6	220	110	110			389.6				广东丝源蚕业有限公司	
	广东万羽种鹅繁育基地扩建项目（产）	600.3	240	120	120			360.3				广东智威畜牧水产有限公司	
	珠海市	16 581	1 790	1 794	806	98.5	70.5	14 372	0	0			
珠海市直属	珠海市斗门区180万只鸡苗繁育和80万只肉鸡养殖改扩建项目	1 042	280	140	112	28		762	0			广东省珠海粮油食品进出口公司	

注：此表由省财政厅农业综合开发办公室提供。

续表

项目归属	项　　目	总投资									项目建设地点	项目单位	备注
		投资总额	财政资金					自筹资金	银行贷款	其他			
			合计	其中									
				中央财政资金	省级	地级	县级						
技术推广项目	0	125	100	50	50	0	0	25					
	珠海灌区国家资金			480									
	2008年省级科技推广珍珠番石榴测土配方施肥及配套优质高产技术示范推广项目				20							珠海市果树科学技术推广站	
	珠海市水产养殖（淡水）科学技术推广站2009年省级科技推广项目				30								
	珠海市花卉科学技术推广站2009年省级科技推广项目				30								
珠海贴息	珠海农业高新技术示范园项目	3 121		121				3 000				珠海市农业科学研究中心	
	蚯蚓深加工国家Ⅱ类新药蚓酶新建项目	3 166		166				3 000				珠海博康药业有限公司	
	5万吨特种水产饲料加工项目	1 708		58				1 650				珠海泓大饲料有限公司	
	季节性农副产品收购项目	2 845		15				2 830				广东省珠海市粮油食品进出口公司	
	优质有机米产业化项目	2 259		59				2 200				珠海农丰进出口有限公司	

续表

项目归属	项　　目	总投资									项目建设地点	项目单位	备注
		投资总额	财政资金					自筹资金	银行贷款	其他			
			合计	其中									
				中央财政资金	省级	地级	县级						
	1. 斗门区土地治理项目	1 525	1 220	610	488	61	61	305					
珠海市斗门区	珠海市斗门区 3 000 吨出口活水产品生产基地改扩建项目	790	190	95	76	9. 5	9. 5	600	0			珠海市之山水产发展有限公司	
	汕头市	13 437. 5	2 860	1 644	1 149	140. 5	140. 5	10 363. 5	0	0			
汕头贴息	年产千吨荔枝果酒深加工项目	2 356		36				2 320				广东荔宝酿酒有限公司	
	梭子蟹深加工产业化经营建设项目	6 178		178				6 000				汕头市侨丰集团有限公司	
示范推广项目	0	62. 5	50	25	25	0	0	12. 5					
	1. 潮阳区	800	640	320	256	32	32	160					
汕头市潮阳区	汕头市潮阳区 2 万吨水稻烘干设施加工扩建项目	958	190	95	76	9. 5	9. 5	768	0			汕头市粮丰集团有限公司	
	2. 潮南区	1 025	820	410	328	41	41	205					
汕头市潮南区	汕头市潮南区 1. 5 万头猪苗繁育基地扩建项目	908	240	120	96	12	12	668	0			汕头市德兴种养实业有限公司	
	3. 澄海市	1 150	920	460	368	46	46	230					
	韶关市	4 850	2 980	1 490	2 672	226	196	1 870	0	0			
韶关市直属	韶关市新丰县 2 万头猪苗繁育基地扩建项目	1 500	300	150	120	30		1 200	0			新丰顺发农业开发有限公司	

续表

项目归属	项目	总投资									项目建设地点	项目单位	备注
		投资总额	财政资金					自筹资金	银行贷款	其他			
			合计	其中									
				中央财政资金	省级	地级	县级						
	2008 年省级科技推广水稻优良新品种及配套高效栽培技术示范推广项目				20							韶关市农业科学研究所	
	1. 始兴县	1 025	820	410	328	41	41	205					
	2. 翁源县	1 125	900	450	360	45	45	225					
	3. 南雄市	1 200	960	480	384	48	48	240					
	乐昌市 2009 年省级土地治理项目				500								
	新丰县 2008 年省级土地治理项目				260	26	26						
	乐昌市 2008 年省级土地治理项目				360	36	36						
	新丰县 2009 年省级土地治理项目				340								
	河源市	3 927	2 780	1 390	1 712	162	166	1 147	0	0			
河源市直属	河源市东源县 100 吨优质茶叶加工厂新建项目	402	120	60	48	12		282	0			东源县上仙湖茶叶开发有限公司	
林业部门	龙川县油茶低产林改造项目	400	160	80	64		16	240				龙川县林科所	
	1. 紫金县	875	700	350	280	35	35	175					
	2. 连平县	1 275	1 020	510	408	51	51	255					
	3. 和平县	975	780	390	312	39	39	195					
	龙川县 2008 年省级土地治理项目				250	25	25						
	东源县 2009 年省级土地治理项目				350								
	梅州市	9 821.17	6 270	2 705	4 154	408	395	2979.71	0	571.46	0		
梅州市直属	梅州市梅江区 60 万只熟食鸡加工扩建项目	490	180	90	72	18		310	0			裕丰食品加工（梅州）有限公司	

续表

项目归属	项目	总投资									项目建设地点	项目单位	备注
		投资总额	财政资金					自筹资金	银行贷款	其他			
			合计	其中									
				中央财政资金	省级	地级	县级						
梅州市直属	梅州市丰顺县30吨绿茶加工扩建项目	400	110	55	44	11		290	0			梅州市龙岗马图绿茶股份有限公司	
	2008年省级科技推广奥兰柚高产种植技术示范推广项目				20							梅州市农业技术推广中心	
	1. 梅县	1 025	820	410	328	41	41	205					
梅州市梅县	梅州市梅县4 000吨米排粉加工扩建项目	419	140	70	56	7	7	279	0			广东梅县雁球食品有限公司	
	2. 五华县	1 050	840	420	336	42	42	210					
	3. 蕉岭县	1 050	840	420	336	42	42	210					
梅州市蕉岭县	梅州市蕉岭县5万亩高蛋白优质高产大豆种植加工基地扩建项目	690	190	95	76	9.5	9.5	500	0			梅州嘉味鲜食品有限公司	
	4. 兴宁市	1 025	820	410	328	41	41	205					
梅州市兴宁市	梅州市兴宁市300亩种桑养蚕良种繁育基地建设项目	200	70	35	28	3.5	3.5	130	0			兴宁市国锋桑蚕专业合作社	
梅州市兴宁市	梅州市兴宁市1 000万株软枝良种油茶苗圃基地改扩建项目	579	180	90	72	9	9	399	0			广东鸿利丰农林发展有限公司	
水利部门	兴宁市农业综合开发合水水库东灌区节水配套改造项目	2 491.46	1920	530	424	96	96			571.46			中央资金09年下达530万元，其余10年下达

续表

项目归属	项　　目	总投资									项目建设地点	项目单位	备注
		投资总额	财政资金					自筹资金	银行贷款	其他			
			合计	其中									
				中央财政资金	省级	地级	县级						
	大埔县2009年省级土地治理项目				370								
	大埔县2008年省级土地治理项目				270	27	27						
	丰顺县2009年省级土地治理项目				380								
	丰顺县2008年省级土地治理项目				310	31	31						
	平远县2008年省级土地治理项目				300	30	30						
	平远县2009年省级土地治理项目				340								
林业部门	平远县油茶丰产林基地项目	401.71	160	80	64		16	241.71				平远县林科所	
	惠州市	14 896.6	4 620	2 162	2 934	350.5	303.5	9 545	0	499.5			
惠州市直属	惠州市惠城区万头优质种猪繁育基地新建项目	760	190	95	76	19		570	0			惠州市源茵畜牧科技有限公司	
惠州市直属	惠州市惠东县1.2万头生猪标准化规模养殖场扩建项目	1 180	280	140	112	28		900	0			东进农牧（惠东）有限公司	
惠州贴息	粮食收购项目	3 298		113				3 185				惠东县广兴农贸有限公司	
	生猪基地扩建项目	1 347		47				1 300				惠东县生源农业有限公司	
	粮食收购项目	2 672		72				2 600				惠州市海纳粮油食品有限公司	
	1. 惠阳市	1 200	960	480	384	48	48	240					
惠州市惠阳区	惠州市惠阳区2万吨无公害蔬菜种植基地新建项目	690	190	95	76	9.5	9.5	500	0			惠州市四季绿农产品有限公司	

续表

项目归属	项　　目	总投资									项目建设地点	项目单位	备注
		投资总额	财政资金					自筹资金	银行贷款	其他			
			合计	其中									
				中央财政资金	省级	地级	县级						
	2. 博罗县	1 250	1 000	500	400	50	50	250					
	惠东县 2009 年省级土地治理项目				280								
	惠东县 2008 年省级土地治理项目				440	66	66						
	龙门县 2008 年省级土地治理项目				300	30	30						
	龙门县 2009 年省级土地治理项目				370								
惠州龙门	惠州市龙门县农业综合开发龙平渠灌区节水配套改造项目	2 499. 6	2 000	620	496	100	100			499. 5			中央资金 09 年下达 620 万元，其余 10 年下达
	汕尾市	1 875	1 080	540	1 632	93	63	795	0	0			
汕尾市直属	汕尾市城区 100 吨胶原多肽加工扩建项目	900	300	150	120	30		600	0			汕尾市五丰水产食品有限公司	
	1. 陆丰市	975	780	390	312	39	39	195					
	海丰县 2009 年省级土地治理项目				330								
	陆河县 2008 年省级土地治理项目				240	24	24						
	陆河县 2009 年省级土地治理项目				330								
	华侨管理区 2009 年省级土地治理项目				300								
	江门市	8 684. 75	3 335	1 758. 5	1 337. 5	165	165	5 258. 75	0	0			

续表

项目归属	项目	总投资									项目建设地点	项目单位	备注
		投资总额	财政资金					自筹资金	银行贷款	其他			
			合计	其中									
				中央财政资金	省级	地级	县级						
江门贴息	日产200吨专用小麦粉项目	4 516		91				4 425				开平市开兰面粉有限公司	
技术推广项目	0	43.75	35	17.5	17.5	0	0	8.75					
	1. 新会区	975	780	390	312	39	39	195					
	2. 台山市	1 125	900	450	360	45	45	225					
	3. 开平市	1 050	840	420	336	42	42	210					
	4. 恩平市	975	780	390	312	39	39	195					
	阳江市	14 525.5	2 380	1 406	957	148.5	84.5	11 729.5	200	0			
阳江市直属	阳江市阳西县2 000吨罗非鱼片深加工新建项目	1 115	190	95	76	19		925	0			阳西县粤富水产养殖鱼粉有限公司	
阳江市直属	阳江市阳东县1 000吨优质黑豆加工改扩建项目	590	190	95	76	19		400	0			广东阳帆食品有限公司	
技术推广项目	0	62.5	50	25	25	0	0	12.5					
阳江市直属	阳江市阳东县8 000吨鸭鹅加工新建项目	1 249	260	130	104	26		789	200			广东羽威羽绒实业有限公司	
阳江贴息	阳江市14 500吨对虾季节性收购加工项目	5 753		143				5 610				阳江市谊林海达速冻水产有限公司	
	680吨羽毛季节性收购加工项目	2 991		73				2 918				广东羽威羽绒实业有限公司	

续表

项目归属	项　　目	总投资									项目建设地点	项目单位	备注
		投资总额	财政资金					自筹资金	银行贷款	其他			
			合计	其中									
				中央财政资金	省级	地级	县级						
	1. 阳东县	850	680	340	272	34	34	170					
	2. 阳春市	1 025	820	410	328	41	41	205					
阳江阳春市	阳江阳春市300吨春砂仁系列功能食品加工扩建项目	890	190	95	76	9.5	9.5	700	0			广东绿业工业集团有限公司	
	湛江市	22 220	6 980	3 861	3 452	393	363	14 869	0	0			
湛江市直属	湛江市遂溪县2万头安全优质猪繁育扩建项目	1 224	300	150	120	30		924	0			广东天地食品有限公司	
	2008年省级科技推广“海大28”甘蔗新品种示范推广项目				20							湛江市甘蔗良种场	
湛江贴息	出口水产品加工项目	3 611		111				3 500				雷州市运源水产品有限公司	
湛江贴息	收购对虾加工原料流动资金项目	3 123		123				3 000				湛江国联水产开发股份有限公司	
湛江贴息	收购农副产品（甘蔗）项目	6 137		137				6 000				广东恒福糖业有限公司	
	1. 遂溪县	1 200	960	480	384	48	48	240					
	2. 徐闻县	1 725	1 380	690	552	69	69	345					
	3. 廉江市土地	1 375	1 100	550	440	55	55	275					
	廉江市高标准	1 650	1 500	750	600	75	75	150					

续表

项目归属	项目	总投资									项目建设地点	项目单位	备注
		投资总额	财政资金					自筹资金	银行贷款	其他			
			合计	其中									
				中央财政资金	省级	地级	县级						
	4. 雷州市	1 100	880	440	352	44	44	220					
	5. 吴川市	1 075	860	430	344	43	43	215					
	麻章区 2008 年省级土地治理项目				290	29	29						
	麻章区 2009 年省级土地治理项目				350								
	茂名市	25 026. 5	5 640	3 319	2 981	321	302	18 887. 5	0	0			
茂名市直属	茂名市茂南区 13 000 吨猪肉制品加工新建项目	796	190	95	76	19		606	0			高州市顺达猪场有限公司	
技术推广项目	0	62. 5	50	25	25	0	0	12. 5					
茂名贴息	收购甘蔗、蚕丝项目	1 590		90				1 500				化州市笪桥糖业有限公司	
	收购甘蔗、蚕丝项目	1 060		60				1 000				化州市耀明糖业有限公司	
	加工罗非鱼项目	7 731		131				7 600				茂名长兴食品有限公司	
	收购稻谷项目	4 380		180				4 200				茂名市金信米业有限公司	
	扩大食品、饲料生产项目	1 038		38				1 000				高州市食品企业集团公司	
	1. 茂南区	1 100	880	440	352	44	44	220					

续表

项目归属	项目	总投资									项目建设地点	项目单位	备注
		投资总额	财政资金					自筹资金	银行贷款	其他			
			合计	其中									
				中央财政资金	省级	地级	县级						
茂名市茂南区	茂名市茂南区100万只优质乳鸽养殖基地扩建项目	680	180	90	72	9	9	500	0			茂名市新振耀投资有限公司	
茂名市茂南区	茂名市茂南区两万吨罗非鱼生物饲料加工新建项目	860	260	130	104	13	13	600	0			茂名市威科生物工程有限公司	
	2. 茂港区	1 175	940	470	376	47	47	235					
	3. 电白县	925	740	370	296	37	37	185					
	4. 高州市	1 750	1 400	700	560	70	70	350					
茂名市高州市	茂名市高州市80万只蛋鸡养殖基地扩建项目	854	180	90	72	9	9	674	0			高州市杨氏农业有限公司	
	5. 化州市	1 025	820	410	328	41	41	205					
	信宜市2008年省级土地治理项目				320	32	32						
	信宜市2009年省级土地治理项目				400								
	肇庆市	9 052	3 076	1 658	2 960. 4	240. 8	240. 8	5 856	0	0			
肇庆贴息	公司鸡场车间扩建及配套设备采购项目	2 100		82				2 018				德庆县金福绿色家禽科技发展有限公司	
肇庆贴息	四会市农产品综合批发市场扩建工程项目	2 538		38				2 500				四会市华贡农科集团公司	
	1. 怀集县	1 025	820	410	328	41	41	205					
	2. 封开县	900	720	360	288	36	36	180					
	3. 高要市	1 550	1 240	620	496	62	62	310					

续表

项目归属	项　　目	总投资									项目建设地点	项目单位	备注
		投资总额	财政资金					自筹资金	银行贷款	其他			
			合计	其中									
				中央财政资金	省级	地级	县级						
技术推广项目	0	62.5	50	25	25	0	0	12.5					
肇庆市高要市	肇庆高要市1500吨冻罗非鱼片加工改建项目	814	196	98	78.4	9.8	9.8	618	0			高要市振业水产有限公司	
	德庆县2009年省级土地治理项目				290								
	德庆县2008年省级土地治理项目				340	34	34						
	四会市2008年省级土地治理项目				240	36	36						
	四会市2009年省级土地治理项目				330								
	广宁县2008年省级土地治理项目				220	22	22						
	广宁县2009年省级土地治理项目				300								
	清远市	13 512	2 490	1 461	2 831	229	170	10 806	0	0			
清远市直属	清远市清新县千亩鸡骨草等中药材种植基地新建项目	480	170	85	68	17		310	0			清远市新康中药饮片有限公司	
清远市直属	清远市连南县900吨溪黄草和100吨白茶种植新建项目	510	180	90	72	18		330	0			广东和润堂保健品实业有限公司	
清远市直属	清远英德市1 400万枚种蛋清远麻鸡种鸡基地新建项目	991	240	120	96	24		751	0			广东天农食品有限公司	
	2008年省级科技推广金鸡心黄皮栽培技术示范推广项目				25							清远市农业科学研究所	

续表

项目归属	项目	总投资									项目建设地点	项目单位	备注
		投资总额	财政资金					自筹资金	银行贷款	其他			
			合计	其中									
				中央财政资金	省级	地级	县级						
	清远市畜牧水产技术推广站2009年省级科技推广项目				40								
清远贴息	灾后复产项目	729		29				700				清远市清城区源潭镇联益畜牧水产养殖场	
	购买原材料项目	1 660		60				1 600				英德市创美秸杆纤维有限公司	
	购买原材料项目	4 723		83				4 640				英德市五联人造板有限责任公司	
	10万立方中密度纤维板生产项目	2 044		44				2 000				阳山顺龙木业有限公司	
	1. 清城区	1 350	1 080	540	432	54	54	270					
	2. 清新县	1 025	820	410	328	41	41	205					
	阳山县2008年省级土地治理项目				260	26	26						
	连州市2008年省级土地治理项目				280	28	28						
	连州市2009年省级土地治理项目				330								
	连南瑶族自治县2008年省级土地治理项目				210	21	21						
	连南县2009年省级土地治理项目				290								
	英德市2009年省级土地治理项目				400								
	潮州市	6 624	1 900	999	760	95	95	4375	300	0			

续表

项目归属	项目	总投资									项目建设地点	项目单位	备注
		投资总额	财政资金					自筹资金	银行贷款	其他			
			合计	其中									
				中央财政资金	省级	地级	县级						
潮州贴息	新粤式干肉制品肉脯加工项目	2 836		49				2 787				广东真美食品集团有限公司	
	1. 潮安县	800	640	320	256	32	32	160					
潮州市潮安县	潮州市潮安县 3 000 亩综合示范场新建项目	1 090	190	95	76	9.5	9.5	900	0			潮州市建成农业综合开发有限公司	
	2. 饶平县	1 100	880	440	352	44	44	220					
潮州市饶平县	潮州市饶平县万头粤东黑猪养殖扩建项目	798	190	95	76	9.5	9.5	308	300			潮州市绿岛生态农业有限公司	
	揭阳市	3 352.5	1 872	936	2 608.8	173	171.2	1 480.5	0	0			
揭阳市直属	揭阳市惠来县 5 000 吨荔枝浓缩汁及果醋深加工扩建项目	790	190	95	76	19		600	0			广东帝浓酒业有限公司	
品种推广项目	0	62.5	50	25	25	0	0	12.5					
	2008 年省级科技推广“揭薯 16”优质甘薯示范推广项目				25							揭阳市农业科学研究所	
林业部门	惠来县荔枝示范项目	430	172	86	68.8		17.2	258				揭阳市润亚庄园有限公司	
	1. 揭东县	1 600	1 280	640	512	64	64	320					
揭阳市揭东县	揭阳市揭东县 3 000 吨米粉加工扩建项目	470	180	90	72	9	9	290	0			广东锦丰实业有限公司	

续表

项目归属	项目	总投资									项目建设地点	项目单位	备注
		投资总额	财政资金					自筹资金	银行贷款	其他			
			合计	其中									
				中央财政资金	省级	地级	县级						
	惠来县2008年省级土地治理项目				280	28	28						
	惠来县2009年省级土地治理项目				350								
	揭西县2008年省级土地治理项目				290	29	29						
	揭西县2009年省级土地治理项目				350								
	普宁市2008年省级土地治理项目				240	24	24						
	普宁市2009年省级土地治理项目				320								
	云浮市	10 925	4 390	2 370	1 816	219.5	219.5	6 360	0	0			
云浮贴息	农产品加工设备、农产品收购项目	4 395		175				4 220				罗定市真丽丝丝绸有限公司	
	2008年省级科技推广水稻测土配方施肥技术示范推广项目				20							云浮市农业技术推广中心	
	云浮市农业科学研究所2009年省级科技推广项目				40								
	1. 新兴县	750	600	300	240	30	30	150					
	2. 郁南县	875	700	350	280	35	35	175					
云浮郁南县	云浮市郁南县3万吨沙糖桔分拣与包装加工扩建项目	793	190	95	76	9.5	9.5	603	0			郁南县莞联农产品专业合作社	
	3. 罗定市土地	1 400	1 120	560	448	56	56	280					
	罗定市高标准	1 650	1 500	750	600	75	75	150					
云浮市罗定市	云浮市罗定市12 000吨优质米加工扩建项目	1 062	280	140	112	14	14	782	0			罗定市稻香园农业发展有限公司	

第七部分

地方财经法规选编

广东省城镇土地使用税实施细则

（1989年3月25日广东省人民政府以粤府［1989］39号发布　2008年11月28日广东省人民政府第十一届20次常务会议修订通过）《广东省城镇土地使用税实施细则》已经2008年11月28日广东省人民政府第十一届20次常务会议修订通过，现将修订后的《广东省城镇土地使用税实施细则》公布，自公布之日起施行。

第一条　根据《中华人民共和国城镇土地使用税暂行条例》（以下简称《条例》）的规定，制定本实施细则。

第二条　城镇土地使用税（以下简称土地使用税）的征收地区范围：

（一）城市为市行政区（不含建制镇）的区域范围；

（二）县城为县城镇行政区的区域范围；

（三）建制镇为镇行政区的区域范围；

（四）工矿区为工商业比较发达，尚未设立镇建制的工矿园区区域范围。

第三条　凡在第二条所列地区范围内使用土地的单位和个人，为土地使用税的纳税人，应按《条例》及本实施细则规定缴纳土地使用税。

前款所称单位，包括国有企业、集体企业、私营企业、股份制企业、外商投资企业、外国企业以及其他企业和事业单位、社会团体、国家机关、军队以及其他单位；所称个人，包括个体工商户以及其他个人。

第四条　土地使用税以纳税人实际占用的土地面积为计税依据，由所在地主管地方税务机关按照省人民政府确定的适用税额计算征收。

第五条　土地使用税每平方米年税额：

广州、深圳市为1.5元至30元；

佛山、东莞、中山、珠海、江门市为1.2元至24元；

惠州、汕头、湛江、韶关、肇庆、茂名、梅州、清远、阳江、河源、汕尾、潮州、揭阳、云浮市为0.9元至18元；

县城、建制镇、工矿区为0.6元至12元。

第六条　市、县（含县级市、区，下同）财政局和地方税务局根据土地坐落的市政建设状况、经济繁荣程度以及经济发展变化情况，将土地划分为若干等级，在本实施细则第五条规定的税额幅度内确定或适时调整各等级的适用税额标准，报市、县人民政府审核后，上报省人民政府批准执行。

第七条　经省人民政府批准，经济落后地区土地使用税的适用税额标准可以适当降低，但降低额不得超过本细则第五条规定最低税额的百分之三十。经济发达地区土地使用税的适用税额标准需要提高到超出本细则第五条规定的最高税额的，经省人民政府审核后报财政部、国家税务总局批准。

第八条　下列土地免缴土地使用税：

（一）国家机关、人民团体、军队自用的土地；

（二）由国家财政部门拨付事业经费的单位自用的土地；

（三）宗教寺庙、公园、名胜古迹自用的土地；

（四）市政街道、广场、绿化地带等公共用地；

（五）直接用于农、林、牧、渔业的生产用地；

（六）学校、图书馆（室）、文化宫（室）、体育场（馆）、医院、幼儿园、托儿所、敬老院等公共、公益事业自用的土地；

（七）财政部另行规定免税的能源、交通、水利设施用地以及其他用地。

第九条　经批准开山填海整治的土地和改造的废弃土地，由纳税人向所在地主管地方税务机关申请，经市、县地方税务局审核，报省地方税务局（计划单列市地方税务局按程序自行审批）批准后，可从使用的月份起免征土地使用税5～10年。

第十条　个人所有的居住房屋及院落用地，暂缓征收土地使用税。

第十一条　除本实施细则第八、九、十条规定外，纳税人按规定纳税确有困难的，可向所在地主管地方税务机关申请，按规定权限审批后，可酌情给予减税或免税照顾。

第十二条　土地使用税按年计算，分期缴纳，具体的缴纳期限，由市、县地方税务局确定。

第十三条　新征用的土地，依照下列规定缴纳土地使用税：

（1）征用的耕地，自批准征用之日满1年时开始缴纳土地使用税；

（2）征用的非耕地，自批准征用次月起缴纳土地使用税。

在土地利用总体规划确定的城市、村庄、集镇建设用地范围内，为实施城市规划、村庄、集镇规划而统一征地的，在没有确定建设用地单位前，暂不征收土地使用税。确定建设用地单位后，由用地单位按规定缴纳城镇土地使用税。

第十四条 土地使用税由土地所在地主管地方税务机关征收。土地管理机关应向土地所在地主管地方税务机关提供土地使用权和土地占用面积等有关资料，协助地方税务机关加强对土地使用税的征收管理。

第十五条 纳税人应将使用土地的坐落地址、面积、用途等情况，据实向所在地主管地方税务机关申报登记。申报登记后，发生变更地址、新征土地、土地权属转移、土地面积增加或减少等事项，纳税人应在30日内，向所在地主管地方税务机关申报。

第十六条 土地使用税的征收管理，按照《中华人民共和国税收征收管理法》及《中华人民共和国税收征收管理法实施细则》的规定执行。

第十七条 本实施细则自公布之日起施行。

关于严格控制拨付开放性的晚会 展览会 庆典论坛等活动经费的意见

广东省人民政府办公厅2009年1月22日发布（粤府办［2009］5号）

广东省财政厅：

2009年是新中国成立六十周年，开展必要的纪念活动，有利于充分展示新中国成立以来特别是改革开放以来取得的辉煌成就，增强广大人民群众战胜当前国际金融危机影响的信心和坚定不移地走中国特色社会主义道路的决心。但是，以往一些地区和部门举办晚会、展览会、庆典、论坛等活动过多过滥，有的活动没有实质内容，存在铺张浪费、效益不高、群众反映不佳等问题。为切实节约财政资金，将有限的资金着重用于解决民生领域的重点难点问题，有效促进经济平稳较快发展，现就严格控制拨付开放性的晚会、展览会、庆典、论坛等活动经费问题，提出如下意见。

一、认清形势，大力弘扬艰苦奋斗精神，倡导节约风气

2008年下半年以来，全球金融市场动荡加剧，世界经济持续走低。广东省经济对外依存度高，受国际金融危机的影响明显，经济增长放缓，部分企业生产经营困难增大，全省各级财政收入增幅持续回落，收支平衡压力沉重。

严格控制举办开放性的晚会、展览会、庆典、论坛等活动，大力压缩活动经费，是省委、省政府继承和发扬党的优良传统，以实际行动应对危机，与人民群众共克时艰、共渡难关的重要举措；是广东省改进机关作风、加强政府自身建设的重要内容，也是深入学习实践科学发展观和建设资源节约型社会的本质要求。各地、各部门要充分认识当前面临的严峻形势，进一步牢记“两个务必”要求，弘扬艰苦奋斗精神，坚持勤俭节约办一切事情。省直各部门要率先垂范，带头压缩有关活动经费开支。

二、全面清理削减晚会、展览会、庆典、论坛等活动经费安排

各地、各部门特别是各级财政部门要立即对本地区、本部门计划举办或正在举办的晚会、展览会、庆典、论坛等活动的经费安排进行一次全面清理，对缺乏实质意义、内容重复的活动坚决予以取消，财政部门应立即停拨经费，将节省的经费优先用于解决民生领域的重点难点问题。经本级党委、政府批准的重要活动，规模过大、规格过高的，也应重新核定规模和申报经费。对于正在举办的有关活动，要强化预算和财务管理，严格控制资金使用范围，严格执行批准的经费预算，不得随意扩大范围和增加经费开支。

三、严格审批晚会、展览会、庆典、论坛等活动

各类晚会、展览会、庆典、论坛等活动要严格审批，可办可不办的坚决不办，可在小范围举办的决不扩大范围，可合并举办的要尽量合并举办，切实做到严格控制规模。各类活动原则上应由主办单位提出活动名称、依据、范围、规模、形式、经费来源及数额、组织方案等具体内容，报同级党廉办审核后报请本级党委、政府批准，未经本级党委、政府批准的活动不得安排财政资金。

四、停止省级未经批准晚会、展览会、庆典、论坛等活动行政经费安排

除经省委、省政府批准的重要活动外，省级财政停止安排省级部门举办各类晚会、展览会、庆典、论坛等活动经费，2009年部门预算不安排相关经费。

各地财政部门可参照省的做法执行。

五、强化对晚会、展览会、庆典、论坛等活动经费使用的监督检查

各级财政部门要切实加强对各部门举办的各类晚会、展览会、庆典、论坛等活动的监督检查，严格活动经费的审批，坚决制止在举办晚会、展览会、庆典、论坛等活动中弄虚作假、铺张浪费、挥霍公款等行为。

广东省省级国有资本经营预算试行办法

广东省人民政府2009年2月2日发布（粤府［2009］13号）

第一章　总　则

第一条　为完善国有企业收入分配制度，推动国有企业改革发展，促进国有资本合理流动和优化配置，增强政府宏观调控能力，根据《中华人民共和国企业国有资产法》、《企业国有资产监督管理暂行条例》（国务院令第378号）和《国务院关于试行国有资本经营预算的意见》（国发［2007］26号）等规定，结合广东省实际，制定本办法。

第二条　国有资本经营预算，是国家以所有者身份依法取得国有资本收益，并对所得收益进行分配而发生的各项收支预算，是政府预算的重要组成部分。试行省级国有资本经营预算，坚持以下原则：

（一）统筹兼顾，适度集中。统筹兼顾企业自身积累、自身发展，国有经济结构调整以及国民经济宏观调控的需要，适度集中国有资本收益，合理确定预算收支规模。

（二）相对独立，相互衔接。既保持国有资本经营预算的完整性和相对独立性，又与政府公共预算（一般预算）相互衔接。符合广东省国有资本经营管理的实际，并与广东省原有政策规定相衔接。

（三）收支有度，量力而行。坚持收支平衡，预算收入根据省级当年预计取得的国有资本收益以及上年度结余编制，留有余地；预算支出根据预算收入规模编制，做到收支有度、量力而行、不列赤字。

第三条　本办法适用于省国资委直接履行出资人职责的国家出资企业（含监管企业和持股企业）以及其他省属国家出资企业（含省属地方金融企业）。上述企业统称省属企业。

其他省属国家出资企业中未脱钩、脱钩未移交企业以及实行企业化管理的事业单位，条件成熟的逐步纳入省级国有资本经营预算试行范围。

第四条　省财政设立省国有资本收益专户，依法依规收取省级国有资本收益。

第二章　省级国有资本经营预算收支范围

第五条　省级国有资本收益是省国资委以及其他履行出资人职责的机构（统称为省级国有资本经营预算单位，以下称省属预算单位）直接履行出资人职责的企业（即一级企业，下同）上交的国有资本收益，具体收取范围和比例为：

（一）利润收入。国有独资企业按规定上交国家的税后利润。除法律、行政法规另有规定外，以年度合并财务报表反映的归属母公司所有者的净利润为基础，在抵扣以前年度亏损和计提法定公积金后，区分不同的企业类型，分别按0～10%的比例上交。具体收取比例，由省属预算单位根据所监管企业实际情况分别提出方案，经省财政厅审核后，报省政府审定。

（二）股利、股息收入。国有控股、参股企业按照董事会或股东会决议通过的利润分配方案，应付省属国有股东的国有股利、股息，按100%上交。股利、股息收入原则上可用于支持该企业的改革发展。

（三）产权转让收入。国有独资企业产权转让净收入和国有控股、参股企业国有股权（股份）转让净收入，按100%上交。

（四）清算收入。扣除清算费用后的国有独资企业清算收入和国有控股、参股企业国有股权（股份）享有的清算收入，按100%上交。

（五）其他国有资本经营收入，按省政府的决定收缴。

第六条　根据国有资本经营需要以及产业发展规划、国有经济布局和结构调整以及国有企业发展要求，省级国有资本经营预算支出主要包括：

（一）资本性支出。包括向新设省属企业注入国有资本金，向现有省属企业增加资本金，向公司制企业认购股权（股份）等方面的支出。

（二）企业改革费用性支出。弥补省属企业改革成本、处理历史遗留问题等方面的费用性支出。

（三）国有资产监管费用支出。按国家和省政府的有关规定，用于监事会工作经费等国有资产日常监管费用的支出。

（四）其他支出。省政府统筹安排的其他支出，包括必要时用于社会保障等方面的支出。

第三章　省级国有资本经营预算的编制

第七条　省级国有资本经营预算草案由省财政厅组织省属预算单位编制，经省政府审定后，报省人大批准。

第八条　省级国有资本经营预算收入由省财政厅组织省属预算单位，根据省属企业年度盈利情况和国有经济布局、结构调整计划进行测算。

第九条　省级国有资本经营预算草案按以下程序编制：

（一）布置下达。每年9月底以前，省财政厅向省属预算单位下发编报省级国有资本经营预算草案的通知；省属预算单位向省属企业下发编报省级国有资本经营预算草案的通知。

（二）申报计划。每年10月底以前，省属企业向省属预算单位编报本企业国有资本经营预算建议草案（包括编制报告和省属企业国有资本经营预算表等）。

（三）审核上报。每年11月底以前，省属预算单位根据所监管企业编制的国有资本经营预算建议草案，编制本单位国有资本经营预算建议草案（包括编制报告和省属预算单位国有资本经营预算表等）报省财政厅审核。每年12月底以前，省财政厅根据省属预算单位报送的预算建议草案，编制省级国有资本经营预算草案报省政府，经省政府审定后报省人大批准。

第十条　省级国有资本经营预算草案经批准后，省财政厅于预算执行年度的2月底以前，下达省属预算单位；省属预算单位在省财政厅下达本单位预算之日起15个工作日内批复所监管的省属企业，同时抄送省财政厅。

第十一条　省级国有资本经营预算按财政年度编制，自公历1月1日至12月31日。

第四章　省级国有资本经营预算的执行

第十二条　省属企业应当按照《中华人民共和国公司法》等有关法律、法规和企业章程的规定，及时进行利润分配，并在规定时间内向省属预算单位申报国有资本收益：

（一）利润收入：依据经会计师事务所审计后的企业上年度财务报告，于每年6月底前申报。

（二）股利、股息收入：在董事会或股东会决议通过利润分配方案后1个月内申报。

（三）产权转让收入：在签订转让合同后30个工作日内申报。

（四）清算收入：在取得清算收入后两个月内并于清算企业注销登记前，由清算组或管理人负责申报。

（五）省政府决定收缴的其他国有资本收益，按省政府决定执行。

第十三条　省属预算单位负责审核省属企业申报的国有资本收益。在收到省属企业的申报材料后，省属预算单位应在15个工作日内提出审核意见，报省财政厅复核。省财政厅应在15个工作日内提出复核意见。

省属预算单位收到省财政厅的复核意见后，在15个工作日内向所监管的省属企业下达国有资本收益上交通知；省属企业在通知要求的时间内将国有资本收益直接上交省国有资本收益专户，并报告省属预算单位。

第十四条　省级国有资本经营预算支出，由省属企业在经批准的预算范围内向省属预算单位提出申请，经省属预算单位初审后报省财政厅，省财政厅审核后下达资金计划，并按规定将资金直接拨付使用单位。资金计划抄送省属预算单位。省属预算单位的预算支出，由省财政厅审核后，按经批准的预算金额直接拨付省属预算单位。

第十五条　省级国有资本经营预算在执行中因特殊情况需要调整的，由省属预算单位编制预算调整建议方案报省财政厅，由省财政厅按预算调整的有关规定办理。

第十六条　预算年度期间，省属企业应每月编制国有资本经营预算收支月报表报省属预算单位，及时提供有关资料和预算执行结果。省属预算单位应每月分别编制本单位国有资本经营预算收支月报表报省财政厅。省财政厅负责编制汇总的省级国有资本经营预算收支月报表。

第十七条　预算年度结束后，省属企业按照省财政厅下发的编报省级国有资本经营决算草案通知，向省属预算单位编报本企业决算草案；省属预算单位编制本单位国有资本经营决算草案报省财政厅，由省财政厅汇总编制省级国有资本经营决算草案，经省政府审定后报省人大批准。

第五章　省级国有资本经营预算的监督和绩效评价

第十八条　省财政厅负责监督、检查各省属预算单位及其所属企业的国有资本经营预算执行情况，并向省政府报告。

第十九条　省属预算单位负责监督、检查和评价所监管企业的国有资本经营预算执行情况，对在预算执行中违反法律、行政法规和国家方针政策的行为依法予以制止和纠正。

第二十条　省审计厅按规定对省级国有资本经营预算执行情况进行审计监督。

第二十一条　省属企业和资金使用单位要按照规定用途使用和管理资金，并依法接受省财政厅、国资委、审计厅等部门的监督检查，执行有关部门依法作出的监督检查意见。

第二十二条　建立省级国有资本经营预算资金绩效评价制度，评价结果作为下一年度编制资金支出方案的参考依据。省属企业申请使用国有资本收益资金时，应提出资金使用的绩效目标，经省属预算单位审核批复后，作为开展自评和重点评价的依据；省属企业应对资金使用情况开展自评。省属预算单位分别对所监管企业的资金使用情况开展绩效评价。省财政厅会同省属预算单位，对省属企业使用省级国有资本收益资金开展重点绩效评价。

第二十三条　省属企业必须按本办法第五条的规定按时足额上交国有资本收益。对欠交国有资本收益的，省财政厅应会同省属预算单位予以催交；逾期不交的，从逾期之日起按银行同期贷款利率计征逾期费用。凡拖欠、挪用、截留及私分国有资本收益的，按照《中华人民共和国预算法》、《财政违法行为处罚处分条例》（国务院令第427号）、《国有企业领导人员廉洁从业若干规定（试行）》（中纪发［2004］25号）和《广东省国有企业领导人员廉洁自律实施办法（试行）》（粤纪发［2004］9号）等有关规定处理，并在经营业绩考核时作相应处理。

第六章　附　则

第二十四条　本办法自印发之日起实施。《广东省省属国有资产收益收缴管理暂行规定》（粤府办［2005］65号）同时废止。此前广东省有关规定与本办法不一致的，以本办法为准。

广东省中期票据募集专项资金管理实施细则

广东省人民政府办公厅2009年4月16日发布（粤府办［2009］28号）

第一章　总　则

第一条　为规范和加强中期票据募集专项资金管理，提高资金使用效益，确保资金安全，根据《广东省中期票据募集专项资金管理办法》及省级财政专项资金管理有关规定，制定本实施细则。

第二条　本实施细则所称中期票据募集专项资金（以下简称中期票据资金），是指经省政府批准及中国银行间市场交易商协会注册，由广东恒健投资控股有限公司发行中期票据募集并实行专户管理，专项用于珠三角城际轨道交通项目及省政府决定实施的其他重大项目建设的资金。

第三条　中期票据资金的使用和管理，应遵循以下原则：

（一）依法依规，专款专用；

（二）统筹安排，突出重点；

（三）规范管理，注重绩效；

（四）确保信用，防范风险。

第四条　中期票据资金由广东恒健投资控股有限公司提出申请，经省财政厅审核确认后在中期票据簿记行开设专户管理，专款专用，专账核算。未经省政府批准，中期票据资金及利息不得动用、不得对外提供担保及购买理财产品等。中期票据资金划拨实行联合印鉴管理，由广东恒健投资控股有限公司、省财政厅和省国资委三方在中期票据簿记行预留印鉴，作为中期票据资金的联合支付印鉴。

第二章　部门管理及职责

第五条　有关各方应各司其职，各负其责，切实加快推进项目建设进度，按规定管好、用好中期票据资金，确保资金安全，充分发挥资金使用效益。

（一）广东恒健投资控股有限公司负责制订应对信用评级下降、财务状况恶化和其他影响中期票据投资者利益情况的有效措施，加强中期票据资金的日常管理，按时清偿票据本息；会同省铁路建设投资集团有限公司办理拨付手续，定期（按季）提供中期票据资金的使用、结余情况，及时将中期票据资金投资的项目营运收益（以下简称项目营运收益，包括分红、股权转让收益等）及中期票据资金利息（即广东恒健投资控股有限公司专户利息）直接上缴偿债备用金专户，配合省财政厅对中期票据资金使用开展绩效评价。

（二）省国资委负责对中期票据资金使用进行审核、监督，会同省财政厅收缴项目营运收益及中期票据资金利息，配合省财政厅开展绩效评价。

（三）省财政厅负责对中期票据资金使用的审核、监督和开展绩效评价，按照《广东省省级国有资本经营预算试行办法》的规定设立并管理中期票据偿债备用金专户，会同省国资委收缴项目营运收益及中期票据资金利息。

第六条　中期票据资金投资形成的股权由广东恒健投资控股有限公司持有，授权省铁路建设投资集团有限公司统一经营管理。中期票据资金投资形成的资产（如股权、项目运营收益等），未经省政府批准，不得转让或对外提供担保。项目营运收益专项用于支付中期票据本息，除经省财政厅会同省国资委审核并报省政府批准，不得用于其他支出。

第三章　中期票据资金使用管理

第七条　中期票据资金使用应符合中期票据募集说明书规定的用途。如省政府认为需变更用途的，按中期票据发行要求由广东恒健投资控股有限公司提出申请，经省财政厅和省国资委审核后按程序报批，并按规定取得中期票据投资人大会同意、及时公告变更事项、履行信息披露义务后方可实施。

第八条 要发挥资金使用效益，加快中期票据资金安排进度，尽快拨付资金。中期票据资金拨付依次按以下程序办理：

（一）省铁路建设投资集团有限公司根据珠三角城际轨道交通项目建设需要设立项目建设公司并根据建设进度和珠三角城际轨道交通项目各股东出资到位情况，提出详细的用款计划及《资金使用绩效目标申报表》报广东恒健投资控股有限公司、省国资委和省财政厅。

（二）广东恒健投资控股有限公司收到省铁路建设投资集团有限公司的用款计划及《资金使用绩效目标申报表》后，于10个工作日内提出初审意见并连同相关材料报省国资委、财政厅。

（三）省财政厅会同省国资委对经广东恒健投资控股有限公司审核的中期票据资金使用计划进行审核，并提出意见。

（四）广东恒健投资控股有限公司收到省财政厅、国资委审核同意的意见后，于3个工作日内办理拨款手续。中期票据簿记行根据省财政厅、国资委的书面审核意见及加盖广东恒健投资控股有限公司、省国资委和省财政厅三方印鉴的支付凭证，将中期票据资金拨付至省铁路建设投资集团有限公司与省财政厅实行双印鉴管理的铁路建设资本金账户。

（五）省铁路建设投资集团有限公司收到款项后按《铁路建设专项资本金管理办法》有关规定转拨资金。

第九条 经省财政厅、国资委审核批准，中期票据按规定必须支付的发行费用（承销费、登记托管费、兑付费、评级费、律师费）一次性从中期票据资金中预提，按资金支付规定分期审核支付。预提经费不得用于与发行费无关的开支。

第十条 广东恒健投资控股有限公司、省铁路建设投资集团有限公司和珠三角城际轨道交通项目公司应按国家有关规定进行会计处理，专账核算，专款专用。

第四章　偿债备用金专户管理

第十一条 省财政厅按照《广东省省级国有资本经营预算试行办法》设立偿债备用金专户，用于中期票据还本付息。

第十二条 偿债备用金专户资金来源包括项目营运收益、省级国有资本经营预算调入资金及利息收入（含中期票据资金利息、偿债备用金专户利息）。

（一）广东恒健投资控股有限公司及省铁路建设投资集团有限公司应及时将中期票据利息（按年）、项目营运收益直接上缴偿债备用金专户。

（二）项目营运收益和中期票据利息不足以支付中期票据本息的，由广东恒健投资控股有限公司提出申请，经省财政厅、国资委审核并报省政府批准后，省财政厅在省级国有资本经营预算中另行安排资金至偿债备用金专户。

（三）省级国有资本经营预算不足安排的，按政府预算管理有关规定由一般预算依法调出资金至偿债备用金专户。

第十三条 广东恒健投资控股有限公司应在每年中期票据本息兑付日的前30个工作日，向省财政厅提出资金申请，省财政厅审核并报省政府批准后将偿债资金拨付至广东恒健投资控股有限公司，由广东恒健投资控股有限公司负责及时通过中央国债登记公司向投资人还本付息。

第五章　监督与绩效评价

第十四条 建立信息报告制度。广东恒健投资控股有限公司、省铁路建设投资集团有限公司定期（按季）向省国资委、财政厅报送有关珠三角城际轨道交通项目建设的信息资料。报送的信息资料主要包括项目建设进度情况、中期票据资金使用和结余情况、项目竣工财务决算情况等。广东恒健投资控股有限公司、省铁路建设投资集团有限公司、珠三角城际轨道交通项目公司的年度财务决算报告应对中期票据资金使用管理情况进行披露。

第十五条 建立资金监督检查制度。广东恒健投资控股有限公司、省铁路建设投资集团有限公司应自觉接受省财政厅、省国资委和省审计厅的监督，对骗取、挤占或挪用资金等行为，按《财政违法行为处罚处分条例》（国务院令第427号）的规定处理。

第十六条 根据《广东省财政支出绩效评价试行方案》的规定，建立资金绩效评价制度。

（一）项目竣工后一个月内，省国资委、广东恒健投资控股有限公司、省铁路建设投资集团有限公司对项目支出和预定目标的实现情况进行绩效自我评价，自评报告报送省财政厅备案。

（二）对跨年度项目支出，实行项目中期绩效自我评价。每个预算年度结束，省国资委、广东恒健投资控股有限公司、省铁路建设投资集团有限公司对资金使用绩效实施一年一评的中期评价制度，自评报告报送省财政厅备案。

（三）省财政厅视情况组织开展重点绩效评价，对绩效差劣的项目建设单位实施绩效问责。

第六章　附　则

第十七条 本实施细则由省财政厅负责解释。

第十八条 本实施细则自公布之日起实施。

广东省堤围防护费征收使用管理办法

广东省人民政府办公厅　2009年4月16日发布（粤府办［2009］29号）

第一条　为加强广东省堤围防护费的征收、使用和管理，根据《中华人民共和国防洪法》、《中华人民共和国河道管理条例》、《广东省河道堤防管理条例》等有关法律法规，结合本省实际，制定本办法。

第二条　本省行政区域内水行政主管部门管理的江、海堤防工程受益范围内依法成立的企业、事业单位、社会团体以及其他从事生产经营活动的单位和个体工商户，应向本级水行政主管部门缴纳堤围防护费。

第三条　堤围防护费具体征收标准由省物价局、财政厅、水利厅、地税局根据《广东省行政事业性收费管理条例》规定程序另行公布。

第四条　堤围防护费统一由各级地方税务部门代征，由各级水行政主管部门依照行政委托程序向各级地方税务机关办理委托代征手续。

第五条　地方税务机关征收堤围防护费统一使用税收票证，地方税务机关可以委托依法代扣代缴税款的扣缴义务人以及受委托扣缴税款单位，在代扣代缴税款时一并代扣代缴堤围防护费。

第六条　堤围防护费由地方税务机关实行属地随税征收管理，由堤围防护费缴费人向缴税地地方税务机关或营业所在地地方税务机关申报缴纳。

第七条　外省企业来本省临时经营的，在缴纳流转税的同时，应按规定向地方税务机关申报缴纳堤围防护费；本省企业如在外省经营地已缴纳堤围防护费或者与堤围防护费性质相同的费用，并能提供缴费凭证的，可抵扣已在外省缴纳的堤围防护费后，再计算在本省经营地须缴纳的堤围防护费。

第八条　堤围防护费列入企业生产经营成本，在计征所得税时按有关政策规定处理。

第九条　各级地方税务机关征收的堤围防护费参照税款缴入国库的方式及时足额缴入国库，并于每季度终了后6个工作日内编制季度报表报送同级财政部门和水行政主管部门。

第十条　堤围防护费属行政事业性收费，实行收费许可证和收费公示制度。

堤围防护费专款用于水利工程的建设、管理、维护和更新改造。堤围防护费资金使用具体方案由各级水行政主管部门商财政部门按规定制订，并按程序报同级人民政府批准和上级水行政主管部门、财政部门备案。

第十一条　全省实收堤围防护费，省与市、县按1∶9的比例由征收地国库就地分成，并将分成后的收入分别划入相应国库。

第十二条　各级财政部门在征收的堤围防护费中通过预算支出按规定适当安排征收手续费。

第十三条　各级财政部门及水行政主管部门要加强对堤围防护费的支出管理，确保做到专款专用。堤围防护费的征收使用和管理接受本级物价、审计、财政和上级相关部门的监督和检查。

任何单位和个人均不得截留、挪用或者不按照本办法规定征收和使用堤围防护费。对存在违规行为的，应由上级行政主管部门或物价、审计、监察等有关部门责令其限期改正，对直接责任单位和责任人按规定给予相应行政处罚和处分；构成犯罪的，依法追究刑事责任。

第十四条　未经省人民政府批准，地方各级人民政府和各单位无权减免堤围防护费。

第十五条　对逾期拒不缴纳堤围防护费的单位和个人，按国家和省的有关规定给予行政处罚。

第十六条　现行堤围防护费征收使用和管理有关规定与本办法表述不一致的，以本办法为准。

第十七条　本办法自公布之日起施行。

转发国务院办公厅关于进一步加强政府采购管理工作意见的通知

广东省人民政府办公厅2009年6月18日发布（粤府办［2009］40号）

各地级以上市人民政府，各县（市、区）人民政府，省政府各部门、各直属机构：

现将《国务院办公厅关于进一步加强政府采购管理工作的意见》（国办发［2009］35号）转发给你们，经省人民政府同意，结合广东省实际提出如下意见，请一并贯彻执行。

一、完善集中采购业务代理竞争机制，促进集中采购活动的良性竞争

要坚持管采分离原则，在政府集中采购业务代理活动中引入竞争机制，打破集中采购机构完全按行政隶属关系接受委托业务的格局。属于政府集中采购通用类目录的政府采购项目，采购人可以在省、市集中采购机构之间择优选择委托代理机构；属于政府集中采购部门集中类目录和分散类目录的政府采购项目，采购人可以选择省、市集中采购机构或社会代理机构作为委托代理机构。采购人有权自行选择采购代理机构，任何单位和个人不得以任何方式为采购人指定采购代理机构。集中采购机构接受采购人委托办理政府集中采购的项目，不得进行转委托。

集中采购机构在确保完成本级政府集中采购任务的前提下，可以接受采购人委托，代理其他区域政府集中采购目录中的通用类项目和其他政府采购业务。跨区域委托的政府集中采购通用类项目，由项目所属行政区域的政府采购监管部门负责监管。

省财政厅负责制订全省统一的集中采购机构考核标准并组织实施。各地要积极创造条件，促进集中采购机构在良性竞争中发展壮大。

二、大力推广全省统一电子政府采购平台，促进政府采购更加公开透明

各地要积极推进政府采购信息化建设。省财政厅要切实加强对全省政府采购信息化建设工作的统一领导和组织，建设、推广全省统一电子政府采购平台并加强对电子化政府采购工作的管理和监督，实现政府采购监督管理网络化和操作执行电子化，促进政府采购更加公开透明、优质高效。各地要按照省的统一部署，推进全省统一电子政府采购平台在本地区的实施工作，大力推广电子化政府采购。

三、严格预算控制，落实政府采购政策功能

采购人要严格按照《中华人民共和国政府采购法》的规定和财政预算管理要求编制政府采购预算，专项列入本单位下一财政年度部门预算或者申报年度追加预算，并按法定程序报批；在编制政府采购预算时，要认真落实节能环保、自主创新、进口产品审核等政府采购政策，按规定编制节能环保和自主创新产品政府采购预算；要按照经批准的政府采购预算、政府采购实施计划执行政府采购，未纳入政府采购预算和政府采购实施计划的政府采购项目，采购人不得组织实施，财政部门不得拨付采购资金。

四、加强考核培训，提高政府采购从业人员素质

各级财政部门要加强对政府采购从业人员的培训，提高政府采购从业人员的政策法规水平和依法采购意识。要加强对集中采购机构的考核和社会代理机构的监督检查，督促集中采购机构和社会代理机构加强对本机构从业人员的职业素质教育和专业技能培训，提高从业人员的综合素质，依法组织实施政府采购活动。

国务院办公厅关于进一步加强政府采购管理工作的意见

国办发［2009］35号

各省、自治区、直辖市人民政府，国务院各部委、各直属机构：

近年来，各地区、各部门认真贯彻落实《中华人民共和国政府采购法》（以下简称《政府采购法》），不断加强制度建设、规范采购行为，政府采购在提高资金使用效益，维护国家和社会公益，以及防范腐败、支持节能环保和促进自主创新等方面取得了显著成效。但是，个别单位规避政府采购，操作执行环节不规范，运行机制不完善，监督处罚不到位，部分政府采购效率低价格高等问题仍然比较突出，一些违反法纪、贪污腐败的现象时有发生，造成财政资金损失浪费。为切实解决这些问题，全面深化政府采购制度改革，经国务院同意，现就进一步加强政府采购管理工作提出以下意见：

一、坚持应采尽采，进一步强化和实现依法采购

财政部门要依据政府采购需要和集中采购机构能力，研究完善政府集中采购目录和产品分类。各地区、各部门要加大推进政府采购工作的力度，扩大政府采购管理实施范围，对列入政府采购的项目应全部依法实施政府采购。尤其是要加强对部门和单位使用纳入财政管理的其他资金或使用以财政性资金作为还款来源的借（贷）款进行采购的管理；要加强工程项目的政府采购管理，政府采购工程项目除招标投标外均按《政府采购法》规定执行。

各部门、各单位要认真执行政府采购法律制度规定的工作程序和操作标准，合理确定采购需求，及时签订合同、履约验收和支付资金，不得以任何方式干预和影响采购活动。属政府集中采购目录项目要委托集中采购机构实施；达到公开招标限额标准的采购项目，未经财政部门批准不得采取其他采购方式，并严格按规定向社会公开发布采购信息，实现采购活动的公开透明。

二、坚持管采分离，进一步完善监管和运行机制

加强政府采购监督管理与操作执行相分离的体制建设，进一步完善财政部门监督管理和集中采购机构独立操作运行的机制。

财政部门要严格采购文件编制、信息公告、采购评审、采购合同格式和产品验收等环节的具体标准和程序要求；要建立统一的专家库、供应商产品信息库，逐步实现动态管理和加强违规行为的处罚；要会同国家保密部门制定保密项目采购的具体标准、范围和工作要求，防止借采购项目保密而逃避或简化政府采购的行为。

集中采购机构要严格按照《政府采购法》规定组织采购活动，规范集中采购操作行为，增强集中采购目录执行的严肃性、科学性和有效性。在组织实施中不得违反国家规定收取采购代理费用和其他费用，也不得将采购单位委托的集中采购项目再委托给社会代理机构组织实施采购。要建立健全内部监督管理制度，实现采购活动不同环节之间权责明确、岗位分离。要重视和加强专业化建设，优化集中采购实施方式和内部操作程序，实现采购价格低于市场平均价格、采购效率更高、采购质量优良和服务良好。

在集中采购业务代理活动中要适当引入竞争机制，打破现有集中采购机构完全按行政隶属关系接受委托业务的格局，允许采购单位在所在区域内择优选择集中采购机构，实现集中采购活动的良性竞争。

三、坚持预算约束，进一步提高政府采购效率和质量

各部门、各单位要按照《政府采购法》的规定和财政部门预算管理的要求，将政府采购项目全部编入部门预算，做好政府采购预算和采购计划编报的相互衔接工作，确保采购计划严格按政府采购预算的项目和数额执行。

要采取有效措施，加强监管部门、采购单位和采购代理机构间的相互衔接，通过改进管理水平和操作执行质量，不断提高采购效率。财政部门要改进管理方式，提高审批效率，整合优化采购环节，制定标准化工作程序，建立各种采购方式下的政府采购价格监测机制和采购结果社会公开披露制度，实现对采购活动及采购结果的有效监控。集中采购机构要提高业务技能和专业化操作水平，通过优化采购组织形式，科学制定价格参数和评价标准，完善评审程序，缩短采购操作时间，建立政府采购价格与市场价格的联动机制，实现采购价格和采购质量最优。

四、坚持政策功能，进一步服务好经济和社会发展大局

政府采购应当有助于实现国家的经济和社会发展政策目标。强化政府采购的政策功能作用，是建立科学政府采购制度的客观要求。各地区、各部门要从政府采购政策功能上支持国家宏观调控，贯彻好扩大内需、调整结构等经济政策，认真落实节能环保、自主创新、进口产品审核等政府采购政策；进一步扩大政府采购政策功能范围，积极研究支持促进中小企业发展等政府采购政策。加大强制采购节能产品和优先购买环保产品的力度，凡采购产品涉及节能环保和自主创新产品的，必须执行财政部会同有关部门发布的节能环保和自主创新产品政府采购清单（目录）。要严格审核进口产品的采购，凡国内产品能够满足需求的都要采购国内产品。财政部门要加强政策实施的监督，跟踪政策实施情况，建立采购效果评价体系，保证政策规定落到实处。

五、坚持依法处罚，进一步严肃法律制度约束

各级财政、监察、审计、预防腐败部门要加强对政府采购的监督管理，严格执法检查，对违法违规行为要依法追究责任并以适当方式向社会公布，对情节严重的要依法予以处罚。

要通过动态监控体系及时发现、纠正和处理采购单位逃避政府采购和其他违反政府采购制度规定的行为，追究相关单位及人员的责任。要完善评审专家责任处罚办法，对评审专家违反政府采购制度规定、评审程序和评审标准，以及在评审工作中敷衍塞责或故意影响评标结果等行为，要严肃处理。要加快供应商诚信体系建设，对供应商围标、串标和欺诈等行为依法予以处罚并向社会公布。要加快建立对采购单位、评审专家、供应商、集中采购机构和社会代理机构的考核评价制度和不良行为公告制度，引入公开评议和社会监督机制。严格对集中采购机构的考核，考核结果要向同级人民政府报告。加强对集中采购机构整改情况的跟踪监管，对集中采购机构的违法违规行为，要严格按照法律规定予以处理。

六、坚持体系建设，进一步推进电子化政府采购

加强政府采购信息化建设，是深化政府采购制度改革的重要内容，也是实现政府采购科学化、精细化管理的手段。各地区要积极推进政府采购信息化建设，利用现代电子信息技术，实现政府采购管理和操作执行各个环节的协调联动。财政部门要切实加强对政府采购信息化建设工作的统一领导和组织，科学制订电子化政府采购体系发展建设规划，以管理功能完善、交易公开透明、操作规范统一、网络安全可靠为目标，建设全国统一的电子化政府采购管理交易平台，逐步实现政府采购业务交易信息共享和全流程电子化操作。要抓好信息系统推广运行的组织工作，制定由点到面、协调推进的实施计划。

七、坚持考核培训，进一步加强政府采购队伍建设

各地区、各部门要继续加强政府采购从业人员的职业教育、法制教育和技能培训，增强政府采购从业人员依法行政和依法采购的观念，建立系统的教育培训制度。财政部要会同有关部门研究建立政府采购从业人员执业资格制度，对采购单位、集中采购机构、社会代理机构和评审专家等从业人员实行持证上岗和执业考核，推动政府采购从业人员职业化的进程。集中采购机构要建立内部岗位标准和考核办法，形成优胜劣汰的良性机制，不断提高集中采购机构专业化操作水平。

各地区、各部门要全面把握新时期、新形势下完善政府采购制度的新要求，进一步提高对深化政府采购制度改革重要性的认识，切实加大推进政府采购管理工作的力度，加强对政府采购工作的组织领导，着力协调和解决政府采购管理中存在的突出问题，推进政府采购工作健康发展。

关于进一步做好今明两年控制财政支出工作的通知

广东省人民政府办公厅2009年10月9日发布粤府办［2009］110号

各地级以上市人民政府，各县（市、区）人民政府，省政府各部门、各直属机构：

2008年下半年以来，广东省坚持以科学发展观为指导，把保持经济平稳较快发展作为经济工作的首要任务，认真贯彻党中央、国务院应对国际金融危机的一揽子计划，大力推进“三促进一保持”工作。目前，全省经济运行出现积极变化，总体形势企稳向好。但是，经济回升的态势仍不稳定、不巩固、不平衡，特别是财政收入增长困难的局

面短期内难以扭转。为切实做好增收节支工作，严格控制财政支出，确保将有限的财力重点用于保增长、保民生、保稳定等支出，经省人民政府同意，现就进一步做好今明两年控制财政支出工作通知如下：

一、坚持厉行节约，严格控制财政支出增长

各地、各部门要坚决贯彻落实党中央、国务院和省委、省政府的决策部署，切实落实“两个务必”要求，牢固树立过紧日子的观念，坚持勤俭节约办一切事情，坚决制止铺张浪费，形成厉行节约的良好风气。要从严从紧控制财政支出，强化预算控制，落实审核、监管制度。要采取切实可行的措施，严格执行党政机关厉行节约的各项规定，确保实现公务购车和用车经费、会议经费、公务接待费用、党政机关出国（境）费用预算、办公经费预算“五个零增长”；要从严控制重要展览、晚会、庆典和专题活动的规模和数量，停办一般性展览、晚会、庆典和专题活动，使一般性公共服务支出比上年减少。

二、认真做好压支工作，确保财政预算平衡

各地要强化预算控制，坚决压减一般性财政支出，严格控制行政开支。除法律法规规定增长的支出、各级党委政府确定的重大项目支出和民生重点项目支出外，今年原则上不再追加支出预算，增支项目一律暂缓安排。进一步加大财政支出调整力度，加大对公共产品和公共服务的投入，加快推进保增长、调结构、惠民生重点项目建设。要密切关注财政运行情况，采取切实有效措施，及早做好包括预算调整等各项应对工作，解决财政收支矛盾，确保预算收支平衡。

三、科学安排2010年财政预算，调整优化支出结构

受经济运行和政策性减收因素影响，预计明年全省财政收入增长形势依然严峻，加上各项增支因素将继续存在，全年预算收支平衡压力更大。各地要按照积极稳妥、厉行节约、优化结构的原则，科学合理安排2010年财政预算。要把困难估计得更充分一些，把准备做得更周全一些，加大力度落实各项节支措施，原则上一般性支出预算要比2009年度压减5%～10%，将节约的资金集中用于保障中央和省各项重大决策的支出，确保城乡教育、医疗改革、社会保障和就业等重点支出需要，把财力真正用到促进经济社会发展和解决民生重点难点问题的关键领域。

四、进一步加强财政支出管理，提高财政资金使用效益

各地要深入推进财政支出管理改革，全面推进财政科学化、精细化管理，使有限的财政资金发挥更大的效益。要进一步加强预算管理，细化预算编制，创新预算管理体制，推进资产管理与预算编制有机结合，增强预算编制的准确性和完整性。要强化预算执行管理，建立预算支出执行责任制度，提高预算支出执行的均衡性。要加强财政监督，建立健全覆盖所有政府性资金和财政运行全过程的监督机制，全面提高预算执行的透明度，加强绩效考核，提高财政资金的使用效益。

广东省价格调节基金管理规定

第一章　总　则

第一条　为规范价格调节基金的征集、使用和管理，充分运用经济手段调控市场，保持市场价格总水平的基本稳定，根据《中华人民共和国价格法》、《广东省实施〈中华人民共和国价格法〉办法》，结合本省实际，制定本规定。

第二条　本规定适用于本省行政区域内价格调节基金的征集、使用和管理。

第三条　本规定所称价格调节基金，是指县级以上人民政府征集，用于平抑、调节与人民群众生产、生活密切相关的重要商品价格异常波动的专项资金。

第四条　县级以上人民政府可以依法设立并运用价格调节基金，努力保持市场价格基本稳定。

价格调节基金实行分级管理。上级人民政府应当加强对下级人民政府价格调节基金工作的指导、检查和监督。

第五条　价格调节基金的征集、使用和管理，应当遵循统筹兼顾、公开透明、公平与效率相统一的原则。

第六条　政府价格主管部门是价格调节基金的主管机关，负责价格调节基金的政策制定、计划安排和监督管理；

财政部门负责价格调节基金的资金管理；地方税务部门负责价格调节基金的代征、代缴；其他部门在各自职责范围内做好价格调节基金的相关工作。

第二章　征　集

第七条　县级以上人民政府主要通过向社会征收的方式，征集价格调节基金。

第八条　省级价格调节基金征收项目和标准是：

（一）对批发环节的成品油按0.02元/升征收；

（二）对省级电网每年销售电量按0.003元/千瓦时征收；

（三）对批发环节的燃气按0.04元/立方米征收；

（四）对依法应计征水资源费的取水量按0.03元/立方米征收；

（五）对基础电信运营商通信业务收入按0.1%征收；

（六）对确实无法退还消费者的预付通信费按50%征收；

（七）省人民政府批准的其他征集项目。

按照前款所列项目征收价格调节基金的，由省人民政府价格主管部门确定具体的缴纳义务人，并向社会公布。对存在两个以上批发环节的同一商品征收价格调节基金的，不得重复征收。

第九条　市、县级价格调节基金的征集项目和标准由地级以上市人民政府规定，并向社会公布。地级以上市人民政府应当在作出决定之日起10个工作日内报省人民政府价格、财政主管部门备案。

第十条　价格调节基金征集规模应当与当地经济、社会发展状况和市场价格调控需要相适应，对不相适应的征集项目和标准应当及时调整，并向社会公布。

第十一条　依据本规定向社会征收价格调节基金的，由同级人民政府地方税务部门代征。

第十二条　价格调节基金缴纳义务人应当严格按照规定按时足额缴纳价格调节基金。

第十三条　价格调节基金缴纳义务人应当在政府价格主管部门规定的时间内申报应缴数额，并如实报送价格调节基金征收申报表、销售（经营）情况明细表以及政府价格主管部门要求报送的其他有关材料。

第十四条　县级以上人民政府价格主管部门对价格调节基金缴纳义务人的申报材料进行审核后，应当及时汇总、编制《价格调节基金应缴数额明细表》送交同级人民政府地方税务部门；地方税务部门应当按照要求代征价格调节基金，并在规定时间内足额解缴到指定的价格调节基金专户。

价格调节基金缴纳义务人逾期不申报或者不按要求提交申报材料的，政府价格主管部门可以根据有关财务资料核算应缴数额。

第十五条　价格调节基金缴纳义务人有下列情形之一的，可以申请减缴、免缴或者缓缴价格调节基金：

（一）因遭受重大疫情、重大自然灾害、重大突发公共事件造成重大经济损失的；

（二）因其他不可抗力因素造成重大经济损失的；

（三）省、地级以上市人民政府规定的其他情形。

第十六条　申请减缴、免缴或者缓缴价格调节基金的，价格调节基金缴纳义务人应当提交下列材料：

（一）《价格调节基金减缴、免缴或者缓缴申请书》，主要内容包括申请单位名称、理由、相关财务报表，以及申请减缴、免缴或缓缴的数额和起止时间等；

（二）申请单位法人登记证书或者营业执照复印件；

（三）申请单位行政主管部门的意见。

第十七条　申请减缴、免缴或者缓缴价格调节基金的，价格调节基金缴纳义务人应当向同级人民政府价格主管部门提出，其中县级人民政府价格主管部门收到申请材料后应当在3个工作日内报上一级政府价格主管部门。

第十八条　省、地级以上市人民政府价格主管部门应当在收到减缴、免缴或者缓缴价格调节基金的申请之日起5个工作日内作出是否受理的决定，并书面告知申请人，不予受理的应说明理由；需要补正申请材料的，应当一次性告知并限期补正，逾期仍不补正的，可以不予受理。

受理申请的，政府价格主管部门应当会同财政等有关部门在受理之日起20个工作日内提出审核意见，报同级人民政府批准。未经批准，不得减缴、免缴或者缓缴价格调节基金。

第十九条　县级以上人民政府价格主管部门应当对价格调节基金缴纳数额进行定期核查，于次年5月底前完成对上年全年价格调节基金实缴数额的核查，汇算清缴，多退少补。

第三章　使　用

第二十条　价格调节基金适用于以下情形：

（一）对因执行政府依法采取的价格干预措施、紧急措施而受到经济损失的生产者、经营者给予适当补偿；

（二）为平抑基本生活必需品价格的异常波动而给予生产者、经营者适当价格补贴、贷款贴息等；

（三）对因基本生活必需品价格大幅度上涨或者政府提高价格而影响基本生活的低收入群体给予临时价格补贴；

（四）对因遭受自然灾害等不可抗力严重影响的基本生活必需品生产者、经营者，给予临时补贴；

（五）为调控价格、稳定市场，对基本生活必需品等重要商品的储备和生产基地建设，给予补贴、补助或者贷款贴息；

（六）省、地级以上市人民政府为调控价格、稳定市场批准适用的其他情形。

第二十一条　使用价格调节基金，应当由政府价格主管部门会同财政等有关部门提出，或者由需要使用价格调节基金的单位向所在地或县级以上人民政府价格主管部门提出申请，并经县级以上人民政府批准。

批准使用价格调节基金的，应当明确具体的使用对象、使用途径等。

第二十二条　申请使用价格调节基金的，应当提交下列材料：

（一）《价格调节基金使用申请书》，包括申请人名称、项目、使用理由、数额、拨付方式等；

（二）申请人法人登记证书或者营业执照复印件；

（三）具体的使用操作方案；

（四）申请人行政主管部门意见。

第二十三条　县级以上人民政府价格主管部门应当在收到使用申请之日起5个工作日内作出是否受理的决定，并书面告知申请人。需要申请人补正申请材料的，应当一次性告知并限期补正，补正期间不计算在本条规定的受理时限内；申请人超过规定期限仍不补正的，可以不予受理。

受理申请的，政府价格主管部门应当会同财政等有关部门在受理之日起30个工作日内提出审核意见，报同级人民政府批准。

第二十四条　县级以上人民政府价格主管部门应当在同级人民政府批准使用价格调节基金之日起3个工作日内按规定程序向同级财政部门请拨资金。财政部门应当及时拨付；需要分期分批拨付的，按分期的时间拨付。

第二十五条　使用单位应当严格按照批准用途使用价格调节基金，并及时向同级人民政府价格、财政主管部门如实报告使用情况。

第二十六条　省级价格调节基金主要用于全省性的市场价格调控和地区间的平衡、调剂，由省人民政府价格主管部门会同财政等有关部门制订调剂使用方案，经省人民政府批准后实施。

地级以上市、县人民政府需要使用省级价格调节基金对本辖区进行市场价格调控的，可以逐级报请省人民政府审批。

第四章　监督和管理

第二十七条　县级以上人民政府财政部门应当会同同级价格主管部门在国有商业银行开设“价格调节基金专户”，实行“收支两条线”管理，专户存储，独立核算，专款专用，本息滚动结转使用。价格调节基金专户管理银行应当每月向同级人民政府价格、财政主管部门报送价格调节基金的收支统计报表。

县级以上人民政府不得将价格调节基金用于平衡本级财政预算。

第二十八条　征收价格调节基金，应当使用统一的税收票证，以附注的形式注明为价格调节基金。

第二十九条　县级以上人民政府从本级价格调节基金中列支一定数额的征管费用，弥补代征和管理价格调节基金的必要支出。征管费用的具体数额和拨付方式由县级以上人民政府确定。

第三十条　县级以上人民政府应当加强对价格调节基金的监督和管理。审计、监察部门对价格调节基金的征集、解缴、入户、拨付、使用情况每年审计一次，审计结果要及时向社会公示。

政府价格主管部门应当会同财政等有关部门对价格调节基金的征集、使用和管理情况每年开展一次评估，并将评估结果报同级人民政府，并向社会公示。

第三十一条　价格调节基金的缴纳义务人、使用单位等应当如实提供相关情况和资料，不得拒绝提供或者虚报、瞒报、谎报。

第三十二条　县级以上人民政府价格主管部门应当定期向社会公布本级价格调节基金的使用情况。任何单位和个人，有权举报或控告价格调节基金征集、使用、管理中的违法违规行为；认为在价格调节基金的征集、使用、管理中的具体行政行为侵犯其合法权益的，可以依法申请行政复议或者提起行政诉讼。

县级以上人民政府价格、财政、监察、审计、地税等部门应当向社会公布举报投诉办法、投诉电话和通讯地址。

第五章　法律责任

第三十三条　价格调节基金缴纳义务人违反本规定第十二条规定的，由县级以上人民政府地方税务部门责令限期缴纳；逾期仍不缴纳的，从欠缴之日起每日处应缴纳金额0.05%的滞纳金，滞纳金并入价格调节基金，并可依法申请强制执行。

第三十四条　价格调节基金缴纳义务人以欺骗等不正当手段获准减缴、免缴或者缓缴价格调节基金的，批准机关应当撤销减缴、免缴或者缓缴决定，并由县级以上人民政府价格主管部门会同同级财政部门责令限期补缴，可以给予3万元以下罚款；情节严重构成犯罪的，依法追究刑事责任。

第三十五条　价格调节基金使用单位以欺骗等不正当手段获准使用价格调节基金的，由县级以上人民政府价格主管部门会同同级财政、监察、审计部门终止拨款，追回已拨付的资金，并在3年内取消其申请使用价格调节基金的资格；情节严重构成犯罪的，依法追究刑事责任。

第三十六条　价格调节基金使用单位违反本规定第二十五条规定，不按照批准用途使用价格调节基金的，由县级以上人民政府价格主管部门会同同级财政、监察、审计部门责令限期改正，终止拨款，并追回已拨付的资金；情节严重构成犯罪的，依法追究刑事责任。

第三十七条　价格调节基金缴纳义务人、使用单位等违反本规定第三十一条规定的，由县级以上人民政府价格主管部门责令限期改正；逾期仍不改正的，给予通报批评；情节严重构成犯罪的，依法追究刑事责任。

第三十八条　各级人民政府及其有关部门有下列情形之一的，由上级行政机关责令限期改正，对负有直接责任的主管人员和其他直接责任人员依法追究行政责任；构成犯罪的，依法追究刑事责任：

（一）超越权限擅自设立价格调节基金征收项目或者改变征收范围的；

（二）超越权限或者违反规定程序擅自制定、调整价格调节基金征收标准的；

（三）超越权限或者违反规定程序擅自多征、减征、免征或者缓征价格调节基金的；

（四）违反规定改变价格调节基金用途或者有其他违规使用价格调节基金行为的；

（五）违反“收支两条线”管理规定的；

（六）截留、挪用、侵占价格调节基金的。

第三十九条　各级人民政府有关部门的工作人员违反本规定，玩忽职守、徇私舞弊或者滥用职权的，应当依法追究行政责任；情节严重构成犯罪的，依法追究刑事责任。

第六章　附　则

第四十条　价格调节基金征集、使用、管理的具体实施细则由省人民政府价格主管部门会同财政、地税部门制定。

第四十一条　本规定自2010年1月1日起施行。

2009年一次性新增省中小企业专项资金管理办法

广东省财政厅2009年1月15日印发（粤财工［2009］16号）

第一章　总　则

第一条　为贯彻落实省政府《关于进一步加大投资力度扩大内需促进经济平稳较快发展的若干意见》（粤府［2008］98号），规范2009年新增省中小企业专项资金（以下简称专项资金）的管理，发挥财政资金的引导放大效应，缓解当前中小企业生产经营中的融资难问题，促进中小企业转型升级，根据财政专项资金管理的有关规定，制定本办法。

第二条　本办法所称专项资金，是指根据省政府《关于促进中小企业平稳健康发展的意见》（粤府［2008］104号）的规定，2009年省财政一次性新增加的10亿元中小企业专项资金。

第三条　专项资金的使用和管理遵循以下原则：

（一）符合政策，依法依规，公平公正。

（二）统筹安排，突出重点，扶优扶强。

（三）财政引导，多方联动，有效融资。

（四）专款专用，加强监管，突出绩效。

第四条　省财政厅负责专项资金管理，会同省中小企业局审核、下达专项资金计划，办理专项资金拨付手续，对专项资金使用情况进行监督管理和开展绩效评价。

省中小企业局负责项目计划实施，会同省财政厅审核下达专项资金计划，对计划方案实施情况进行监督检查，并配合省财政厅开展绩效评价。

第二章　支持范围和方式

第五条　专项资金支持范围主要包括：

（一）中小企业担保体系建设。鼓励担保机构加大对中小企业贷款担保，提高融资担保能力；减少担保机构担保损失，降低担保机构担保风险；引导担保机构降低担保收费，降低中小企业融资成本；支持珠三角地区担保机构为东西北欠发达地区中小企业开展贷款担保；鼓励东西北地区设立市、县级政策性担保机构。

（二）中小企业贷款融资。支持符合产业和环保政策，有市场、有技术、有发展前景的中小企业贷款；鼓励自主创新能力强、有自主品牌的成长型中小企业贷款融资；鼓励省市共建先进制造业基地中小企业贷款融资；帮助中小企业通过担保获取银行贷款。

（三）中小企业公共服务平台。支持开展各种类型的银担企合作交流平台；支持中小企业产权交易平台建设，开展产权交易活动；支持符合条件的中小企业开展债券融资和上市融资；支持开展中小企业“强企工程”活动及产学研对接活动；支持中小企业创业和服务平台建设。

（四）中小企业奖励。对年纳税额达到一定规模，纳税额增长达到一定比例，吸收本地劳动力较多，创新技术带动行业提升的中小企业，通过以奖代补形式给予奖励（具体办法另行制订）。

（五）省委、省政府决定实施的促进中小企业平稳健康发展的其他事项。

第六条　专项资金支持方式主要采取贷款贴息、以奖代补、无偿补助三种方式。

（一）中小企业担保体系建设视实际情况可采用无偿补助或以奖代补方式。

（二）一般中小企业贷款融资：对直接获得银行贷款的企业采取贴息支持方式；对通过担保机构担保获得贷款的企业采取贴息支持及担保费补助方式。

（三）政银企合作方式融资：由各市中小企业管理部门牵头会同同级财政部门根据当地实际，选择一批成长性好、发展潜力强的中小企业作为扶持对象，通过竞争性方式选择一家或若干家金融机构作为选定的中小企业贷款融资合作方，对选定并获得金融机构贷款的中小企业进行贷款贴息。具体金融机构竞争性选择操作办法由省中小企业局牵头，会同省财政厅另行制订。

（四）中小企业公共服务平台建设一般采取补助方式。

（五）中小企业奖励资金：对本地中小企业，以半年为一个周期进行考核，达到奖励标准的给予奖励。

第七条　专项资金贴息、以奖代补或补助额度根据各地级以上市专项资金使用计划和地方财政资金配套情况，区分不同类型分别确定。省、市财政配套资金比例珠三角地区不低于1∶1，东西北地区不低于1∶0.2。

第八条　已获得当年其他省财政专项资金支持的项目或单位，原则上本专项资金不再予以支持。

第三章　计划审核和资金拨付

第九条　各市县中小企业管理部门会同同级财政部门负责组织本地区专项资金使用计划的制订和实施。

（一）中小企业担保体系建设专项资金使用计划，由各市县对担保机构业务开展情况进行审核确定后提出。

（二）中小企业贷款融资类专项资金使用计划，由各市县对中小企业贷款情况进行审核确定后提出。

（三）政银企合作融资的专项资金使用计划，由各市县根据当地政银企合作融资实际情况，提出本市县的专项资金贴息计划。

（四）中小企业公共服务平台专项资金使用计划，由各市县根据当地中小企业服务体系建设情况，提出本市县的专项资金补助计划。

（五）中小企业奖励的专项资金使用计划，由各市县中小企业管理部门牵头会同有关部门研究提出。

第十条　各市县专项资金安排计划需向社会公示。

第十一条　各市县中小企业管理部门会同同级财政部门将资金使用计划连同本市县财政资金拟立项支持或拟配套支持的意见等材料联合上报省中小企业局和省财政厅，其中，县的项目在上报省时应同时抄报所在地级以上市中小企业局和财政局。省属单位由省主管部门（省资产经营公司）送省中小企业局和省财政厅。省中小企业局和省财政厅根据专项资金计划编制情况及各市配套资金情况等进行确认并确定各市县资金下达额度。

第十二条　省中小企业局联合省财政厅按照资金管理程序下达各市县、省主管部门（省资产经营公司）专项资金计划，省财政厅下达专项资金至各市县财政局、省主管部门（省资产经营公司）。

第十三条　专项资金计划的审核和下达，由省中小企业局、省财政厅根据实际情况和工作进度分批组织和实施。

第十四条　各市县财政部门、省主管部门（省资产经营公司）负责及时拨付专项资金，不得截留、挪用，并督促有关单位按国家规定进行专项资金会计处理。

第十五条　专项资金扶持计划因故取消、因不可抗力而无法继续实施，或继续实施已无必要时，有关承担单位应及时向省中小企业局、省财政厅申报计划终止。

第四章　监督管理和绩效评价

第十六条　省财政厅负责牵头对专项资金的使用情况进行管理和监督，省中小企业局负责牵头对计划实施情况进行管理和监督。各市、县中小企业管理部门和财政部门（省主管部门、省资产经营公司）在职责范围内对计划实施和资金使用情况进行管理和监督。

第十七条　获得专项资金支持的单位应切实加强专项资金管理，并自觉接受财政、审计部门的监督检查。专项资金必须专款专用，不得挪作他用。

第十八条　建立专项资金绩效评价制度。省财政厅会同有关部门按照规定组织开展绩效评价。

第十九条　对专项资金使用、管理中的骗取、挤占、挪用专项资金等行为，按《财政违法行为处罚处分条例》规定处理，并追究有关单位及其相关人员责任。

第五章　附　则

第二十条　本办法由省财政厅会同省中小企业局负责解释。

第二十一条　本办法自发布之日起实施。

广东省家电下乡工作实施方案

广东省财政厅2009年1月19日印发（粤财工［2009］18号）

根据国务院关于全国实施家电下乡、对农民购买家电实行财政补贴的决定，为了切实做好家电下乡工作，结合广东省实际情况，制订如下实施方案：

一、指导思想

家电下乡是贯彻落实十七大精神，践行科学发展观，促进社会主义新农村建设，构建和谐社会的一项重要惠农举措。广东省要抓住机遇，通过实施家电下乡工作，引导建立适合农村消费特点的生产和流通体系，推动生产经营企业到县、镇以下地区建立家电销售网络，构筑农村便捷、顺畅的家电产品销售与服务体系，拉动农村需求，达到提高农村家电商品拥有率、改善农民生活、促进社会主义新农村建设的目的。要以党的十七大精神为指导，坚持扩大内需、统筹城乡发展的方针，坚持实事求是、公正公平原则，坚持操作程序公开透明、严密严谨的原则，坚持操作流程简捷便利、规范管理、为民服务的原则，以政府加强引导、企业承办实施、健全规章制度，确保农民能够买到补贴类家电产品，确保补贴资金农民真正受惠。

二、加强领导，高度重视

家电下乡工作意义重大，关系到广大农民的切身利益，各有关部门要高度重视、加强领导、精心安排、周密组织，切实做好各项工作。省政府成立以佟星副省长为召集人，省经贸委、省财政厅主要领导为组长的家电下乡工作领导小组，成员由省经贸委、省财政厅分管负责人组成，工作办公室设在省经贸委，负责日常工作。

各地级以上市、县（区）政府可相应成立领导机构，统一负责家电下乡工作，并抽调经贸、财政、公安、工商、质量技术监督等部门组成协调小组，做好家电下乡期间的维护市场秩序和安全工作，把这项惠及农民的事情办好。

各级经贸部门要全力以赴做好家电下乡的组织和管理工作，主要领导亲自抓，分管领导具体负责，精心组织，科学安排，切实做好组织协调和销售管理工作。公布家电下乡工作联系电话，加强沟通联系，重大情况及时报告；要设立举报电话并向社会公布，要有专人负责及时受理投诉，为群众解答问题。

三、工作重点和原则

（一）制订实施方案。各地级以上市、县（区）经贸、财政部门要加强配合，认真制订本地具体操作方案，建立组织协调机制，组织进入本辖区的中标企业扎实有效地开展工作。

（二）加强政策宣传。各地级以上市、县（区）经贸、财政部门和中标企业，要将国家惠农政策和各地具体操作办法，以及中标企业承诺和销售服务网点等信息，采取有效方式，及时宣传到位。

（三）做好公告。各地级以上市、县（区）经贸、财政部门要将应当让农民知晓的重要信息及时发布公告。

（四）规范促销活动。由主管部门指导，中标企业运作，开展安全有序、形式多样、为农民所欢迎的家电下乡促销活动。

（五）搞好销售网络体系建设。中标企业加快建立完善适合当地农村消费特点的家电流通和服务网络体系，规范网点建设，统一服务标准，切实保证各地农民能够享受国家惠农政策。

（六）保障补贴兑现。各级财政部门要认真执行家电下乡补贴资金有关管理办法，做好补贴资金测算工作，加强资金调度和补贴资金兑付工作，保证补贴及时足额兑付到位。

（七）加强检查监督。各地级以上市、县（区）经贸、财政部门和中标企业要建立并公布举报、投诉渠道，采取有力措施，加强对中标企业运作和补贴资金兑现的管理、检查、督促，并及时查处违规行为，确保家电下乡工作顺利开展。

（八）做好信息工作。各地级以上市、县（区）经贸、财政部门和中标企业要按要求认真做好家电下乡的信息报送和评价总结工作。

四、家电下乡启动时间

按照商务部、财政部家电下乡工作总体规划，广东省于2009年2月1日起启动家电下乡工作，到2013年1月31日止。

五、补贴资金来源及补贴

家电下乡补贴资金中央财政负担80%，省财政负担20%。财政资金补贴：

（一）补贴对象及标准：广东省具有农业户籍的农民在指定时间内购买规定的家电产品给予财政资金补贴。补贴标准为销售价格的13%。农民每户购买补贴范围内的彩电、冰箱（冰柜）、手机、洗衣机等每类产品不得超过1台（部）。

（二）补贴范围：凡是在“家电下乡”销售网点购买的家电下乡产品可享受财政资金补贴。

（三）补贴产品的品种：彩电、冰箱、手机、洗衣机（具体品牌、规格以商务部、财政部招标公布为准）。

（四）纳入补贴范围的家电下乡产品包括彩电、冰箱（含冰柜）、手机、洗衣机四类，销售最高限价分别为2 000元、2 500元、1 000元、2 000元。

（五）补贴资金的审核与发放：

1. 补贴资金的审核。

（1）家电下乡补贴资金的审核工作具体由县（市、区）财政部门负责。县（市、区）财政部门指定专门机构，提供必要的工作场所和办公设施，选定工作人员负责补贴资金的审核工作，并统一进行培训，制定出切实可行的便民工作制度。

（2）购买人在规定时间内持有关材料到户口所在地乡镇财政所申报补贴。申报补贴时应提供的资料：①购买产品的发票及复印件。②身份证明（即能够证明购买人农户身份的居民身份证及户口本）原件及复印件。③补贴类家电产品专用标识。④购买人储蓄存折（没有储蓄账户的应及时到储蓄营业网点开立账户）。⑤按规定要求申报相关材料。

（3）审核内容：①销售单位是否核准的家电下乡销售网点。②购买产品是否中标的生产企业产品。③购买人提供的身份证明与发票是否一致。④发票价格是否在该产品规定的最高限价以下。⑤产品标识卡与购买产品是否一致。⑥每户每类产品购买数量不超过1台（部）。⑦其他应审核的内容。

（4）审核工作程序：①对符合补贴要求的，审核人员在购买发票上注明“已核”字样并签字，不符合补贴要求的，当即告知当事人。②对符合补贴要求的给予办理，将相关申报资料装订成册，报县（市、区）财政局留作备查。

2. 补贴资金的管理和兑付。家电下乡工作财政补贴兑付方案由省财政厅另行制订。

3. 退货审核。购买人因质量问题需要退货的，在征得销售网点同意并在原销售发票上注明“同意退货”后到原审核处审核。补贴资金尚未发放的，在原销售发票上签署“补贴未发，可退货”意见，并加盖公章；已发补贴的，购买人退回补贴金额，在原销售发票上签署“补贴已退，可退货”意见，并加盖公章。购买人凭家电下乡审核机构签署意见的销售发票到原购买网点办理退货手续。

六、承担家电下乡任务的销售企业

承担家电下乡任务的销售企业具备的基本条件是：（1）具备合法家电流通经营资格及独立承担民事责任，可以是家电零售企业、生产企业或其设立的经销公司或省级代理商、通信运营商；（2）资信状况良好；（3）年家电产品销售额位居本省（市、区）前列，一般在3亿元以上；（4）配送能力覆盖本省（市、区）所有县（市）；（5）销售服务网点原则上覆盖本省（市、区）所有县（市），且网点规模、服务水平等处当地前列。省经贸委会同省财政厅，公平、公正地对本省提出申请的销售企业进行资格审核，同时考虑本地区不同家电产品销售渠道的不同特点，确定推荐企业。家电下乡销售企业需向省经贸委提出申报（附件1），生产企业由国家商务部、财政部负责招标，零售企业由省经贸委会同省财政厅推荐，数量不超过20家企业，国家商务部、财政部通过招标方式在推荐企业中确定。

七、对中标企业的要求

各中标企业要搞好家电下乡促销活动和销售服务网络建设，保证安全促销；严格执行政策和规定，保证诚信经营、货源充足、服务到位，并积极配合经贸、财政部门搞好惠农政策宣传。具体要做好以下工作：

（一）建立机构，制订方案。要建立由企业主要负责人牵头的家电下乡工作领导班子，落实相关工作机构和人员队伍，制订具体操作方案，统筹协调内部各环节工作，做到反应快速、运转高效。

（二）加快家电销售服务网络建设。中标企业进入各市、县、镇要采取多种措施保证对各市、县、镇的销售和服务覆盖面达到100%，保证农民方便购买和就近维修家电。（1）以直营、加盟、授权的形式设立县级和乡镇级销售、服务网点；（2）要充分利用“万村千乡市场工程”网络资源，扩大销售服务网点覆盖面；（3）对暂不具备设立销售网点条件的边远乡镇，要采取组织农民团体购买、设立临时销售点或大篷车送货下乡等形式，方便农民购买；（4）备案的销售网点，要强化二次配送能力，保证配送覆盖所有乡镇。

（三）履行网点备案和责任书签具手续。中标企业要以市、县、镇为单位，完整准确地填报家电下乡中标企业销售服务网点备案登记，附上中标企业营业执照、备案网点营业执照、备案网点税务登记证复印件，到网点所在地的市经贸主管部门备案，备案一批，公示一批。凡未经备案确认的销售网点，以及销售网点跨区（市）县销售，其售出的补贴类产品不享受补贴。中标企业在备案网点要与市经贸主管部门签订家电下乡中标企业销售服务责任书。对销售假冒伪劣商品、以次充好、不能开具正规发票等的网点要及时取消其家电下乡销售网点资格，并追究相应责任。

（四）规范销售服务网点店内设置。凡经备案的销售服务网点，布置应保持企业连锁经营统一规范的标准：

1. 备案销售网点应设立产品销售专柜及演示区，落实专人负责演示、指导，严格禁止不带标识卡的产品进入专销区范围。

2. 备案销售网点必须配备联网终端设备，配备操作人员，保证销售（退货）信息及时通畅传送。

3. 备案销售网点销售补贴类产品必须开具税务部门规定的正式发票。

4. 备案销售服务网点应符合消防、人员疏散等安全要求，不得有安全隐患。已备案的销售服务网点，在当地正式启动销售前，应在备案网点张贴企业签章的家电下乡中标企业销售服务承诺书、家电下乡宣传告示（向农民告知本企业或本网点销售的补贴类家电品种、型号、价格和每户限购数量等）。

（五）规范促销行为。各中标企业要认真执行商务部《零售商促销行为管理办法》和《零售商与供应商进货交易管理办法》，充分利用家电下乡政策，以灵活多样的形式，抓好促销活动，把以乡镇或村为单位组织农民团购活动作为重点。同时，自觉规范促销行为，采取有效措施保证所属各网点认真执行中标产品限价政策，不得提价或变相提价销售。

（六）搞好销售服务。中标企业应本着方便农民申领（退还）补贴的原则，要求各销售网点做到：

1. 增强服务意识。各销售网点要落实导购人员向农民讲解购买补贴类产品注意事项。

2. 准确无误填写票据。对补贴类产品购买人，要准确填写税务发票并提交随机标识卡。填发票可以一人一票多品，但不得多人（多户）共用一张发票。发票除完整清晰填写品名、规格型号、价格、购买日期等外，还须在右上角清晰工整注明购买人姓名、身份证号码、产品标识卡号码，并及时将标识卡号码及产品生产编号录入家电下乡信息系统。

3. 坚持先退补贴后退货原则。对符合“三包”规定要求退货的，销售网点首先依据标识卡号码及产品生产编号查询购买人是否申报或领取补贴。对未申报补贴的，直接进行退货操作，登录退货信息，收回并销毁产品标识卡；对已申报补贴备案但未领取补贴资金的，销售网点应立即帮助联系其原补贴备案机构，注销该购买人的补贴申报备案信息后，办理退货手续。

4. 健全和完善售后服务体系。中标企业要有明确的服务理念和统一的服务标准，做到家电商品销售网点设到哪里，维修服务网点就建到哪里，切实解决农民消费者后顾之忧。

5. 坚持送货上门。免费送货，农家不通公路的，要送货到所在村。

6. 督促所有销售服务网点对所售家电产品做好安装、调试、维修和保养维护等服务工作。

7. 中标企业要建立24小时服务热线，并从企业总部到销售网点，公布投诉电话，落实专门机构和人员，负责受理和限时妥善处理农民消费者投诉。

（七）加强促销安全管理。

1. 强化安全管理。建立安全应急预案，有效防范经营促销场所发生哄抢、踩踏、火灾等安全事故，确保销售场所人身、财产安全。

2. 针对当地农民消费需求抓好适销、畅销货源的采购、调运，建立货源调供应急预案，确保不断档、不脱销。

3. 对突发事件要及时采取有效措施，确保家电下乡工作安全有序进行。

（八）加强协调。生产和销售中标企业之间应密切配合，加强合作，不得恶意竞争。生产和销售中标企业之间要保持平等互助关系，牵头企业要积极发挥龙头作用，本着自愿原则，联合各成员实行联购分销、价格共享等办法，扩大采购批量，争取价格优势。

（九）货源供应及价格。

1. 组织好货源。中标流通企业要制订补贴类家电商品的供应计划，每月底向省经贸委、省财政厅报送。要加强经营网络销售信息沟通和市场预测，及时调整供货计划和组织货源，并搞好商品配送，保证全省各销售网点货源均衡供应，做到不断档、不缺货，满足购买需求，并要制订切实可行的应急预案。

2. 合理制定配送价格。中标流通企业要合理制定家电下乡补贴商品的统一配送价格，不得因实行补贴商品热销而提高供货价格，如发现或举报查实中标流通企业随意提高供货价格的，取消其资格。

3. 严格执行零售价格。各销售网点要严格按照生产企业中标的家电下乡补贴产品零售价格销售，不得随意提高价格，如自行提高价格的，取消其销售网点资格。

附件：1. 家电下乡突发事件应急预案

2. 广东省家电下乡销售（零售）企业资格申报表

附件1：

家电下乡突发事件应急预案

（一）网点供应不及的处理。各级市、县经贸局、财政局在选定乡（镇）购销网点时，要拟订一个备用网点，一旦核准的销售网点出现供应不及和其他紧急情况，可立即启动备用网点，然后报请核准。

（二）网点销售管理。为了防止家电下乡期间集中购买所引发的供货间断、排队争购等情况，为缓解供需矛盾，方便农民购买，各地要采取预约登记、组织团购、送货上门等切实可行的得力措施，确保市场秩序和安全。

（三）市场出现混乱的处理。对出现抢购、挤购等市场秩序混乱的地方，要立即停止销售活动；情况严重的，公安部门要出警维持秩序，采取措施进行梳理整顿，秩序稳定后再开始销售。对群众举报经营设施不足，服务态度差，引起公众不满情绪和经营秩序混乱的网点，市经贸局要立即停止其销售，并取消其家电下乡销售网点资格。

（四）货源出现断档的处理。销售网点出现货源断档，销售中断时，不准关门停业，一方面要向待购者做好解释工作，并作出公告和承诺；另一方面要立即与上一级销售机构或市、县家电下乡协调领导小组紧急报告，采取紧急调运措施，以最快的时间补充货源。对由于货源不能及时补给而引起市场波动和其他不测情况的，要追究有关流通企业和销售网点的责任。

（五）规范促销行为。各有关部门要按照商务部等五部委颁布的《零售商促销行为管理办法》（商务部令2006年第16号）的要求，加强对中标流通企业和销售网点促销行为的监管。任何中标企业和销售网点不得就家电下乡搞限时限量促销；促销活动要与售货现场相分离；组织较大规模促销活动，要制定安全保障、交通疏导等应急处置预案，并报公安、经贸主管部门备案。

（六）对骗取补贴资金行为的处理。对审核发现或群众举报骗取补贴资金行为，要认真查处，追回补贴款，并追究有关人员的责任；情节严重、触犯刑律的，移交司法机关依法处理。

附件2：

广东省家电下乡销售（零售）企业资格申报表

20　年　月　日

企业名称			
企业地址			
企业法人代表		联系电话	
营业执照号		企业性质	
税务登记号		注册资金	
开户银行		银行信用等级	
企业主营商品		年销售额 （3亿元以上）	亿元
总资产	万元	年销售在本省排名	第　位
销售网点本省覆盖（区、县）地区，覆盖率（%）		配送网点覆盖本省（区、县）地区，覆盖率（%）	
省级经贸委审核意见： （盖章） 20　年　月　日		省财政厅审核意见： （盖章） 20　年　月　日	
备　注：			

广东省家电下乡财政补贴资金兑付办法

为促进农村消费，提高农民生活质量，加快社会主义新农村建设，根据《财政部 商务部关于印发家电下乡推广工作方案的通知》（财建［2008］680号）和《财政部 商务部 工业和信息化部关于全国推广家电下乡工作的通知关于开展家电下乡试点工作的通知》（财建［2008］862号）精神，省政府决定对广东省农民购买补贴类家电产品给予财政补贴。为确保家电下乡试点工作有序进行和规范家电下乡补贴资金管理，特制定本办法。

一、补贴原则

家电下乡补贴遵循"公开透明、定向使用、自愿申报、据实拨补"的原则。

二、补贴对象及标准

（一）补贴品种。农户购买家电补贴品种为彩电、冰箱（冰柜）、手机和洗衣机，具体品牌和型号由商务部和财政部招标确定。补贴产品最高限价为：彩电 2 000 元、冰箱（冰柜）2 500 元、手机 1 000 元、洗衣机 2 000 元。

（二）补贴对象。具有广东省农业户籍的农户，在广东省行政区域内于 2009 年 2 月 1 日至 2013 年 1 月 31 日在指定销售网点购买补贴类家电产品，均可享受财政补贴。

（三）补贴标准。财政部门按补贴类家电产品销售价格的 13% 给予补贴。

在一个补贴周期内，每个农户购买补贴范围内的彩电、冰箱（冰柜）、手机、洗衣机每类产品不得超过 1 台（部）。

三、补贴申报和兑付

（一）农户购买补贴类家电产品后，应及时持户口簿、身份证、发票原件、产品专用标识卡、储蓄存折原件及复印件等有关材料到户口所在地乡镇财政所办理补贴申报手续。乡镇财政所对申报材料进行审核：一是购买人提供的身份证明与发票载明的是否一致；二是发票价格是否在该产品最高限价之下；三是产品标识卡与购买产品是否一致；四是其他应审核的内容。

（二）乡镇财政所核实确认后报县（市、区）财政部门。县（市、区）财政部门对销售与购买两个渠道的信息进行比对核实，确定补贴对象，并负责兑付补贴资金。

（三）各乡镇财政所对购买人申报的有关材料进行审核后，应及时编制“广东省家电下乡财政补贴资金审核表”（包括电子文档），每旬汇总一次上报县级财政部门。县（市、区）财政部门于每月终了 5 个工作日内将上月汇总表报送地级市财政部门。各地级以上市财政部门于每月终了 10 个工作日内将本市“广东省家电下乡财政补贴资金审核汇总表”上报省财政厅。

四、补贴资金拨付

（一）补贴资金来源。家电补贴资金中央财政负担 80%，省级财政负担 20%。

省财政厅会同省经贸委根据农业人口、农村家电普及情况、农民购买能力及消费意愿等因素，测算确定各市年度补贴资金规模。

（二）补贴资金拨付。按照测算的年度补贴资金规模，省财政厅及时将中央财政补贴资金的 50% 和省级财政配套资金预拨到市，其余 50% 根据家电补贴工作进度拨付。实际补贴资金超出预算时，中央财政负担部分由省级财政先行垫付。

各地级以上市财政部门应在 10 个工作日内将省预拨的补贴资金分解到各县（市、区）。县（市、区）财政部门应当在 15 个工作日内复核确认“广东省家电下乡财政补贴资金审核表”，并通过家电下乡财政补贴资金专户将资金兑付到购买人专用存款折账户。

五、补贴资金管理

省财政厅对补贴资金支付情况实行动态监管。市、县级财政部门要加强对补贴资金的财务监督检查，任何单位和个人不得以任何理由截留、挤占、挪用补贴资金，不得拖延兑付时间，严禁骗取补贴资金。对违反政策规定的行为，一经查实，财政部门将追回或停止拨付补贴资金，并按《财政违法行为处罚处分条例》（国务院令第 427 号）予以处理；触犯刑律的，移交司法机关处理。

县（市、区）财政部门应设立家电下乡财政补贴资金专户，并对家电下乡财政补贴资金实行专户管理。

市级财政部门于每年 3 月底前核实汇总本市家电下乡补贴资金使用情况，报省财政厅清算。

六、加强领导

财政补贴家电下乡政策，有利于调动农民购买家电积极性，是改善民生、提高农民生活质量的重要举措，关系到农民群众的切身利益。各市、县（市、区）财政部门要加强与商务部门协调和配合，采取有效措施组织家电下乡，方便农户选购和申报补贴，确保补贴政策落实到位。

在家电补贴兑付过程中要严格执行“五不准”，即不准降低补贴标准；不准借机向农民收取任何费用；不准用补贴款抵扣各种收费和债务；不准截留、挤占和挪用补贴资金；不准拖延补贴兑付时间。各级财政部门要加强对补贴兑付工作的监督检查，发现问题及时查处。

广东省省级财政预拨资金会计核算暂行办法

广东省财政厅2009年1月20日印发（粤财库［2009］5号）

第一章　总　则

第一条　为规范广东省省级财政预拨资金（以下简称预拨资金）会计核算，根据《财政总预算会计制度》、《财政部关于政府收支分类改革后财政总预算会计预算外资金财政专户会计核算问题的通知》（财库［2006］25号）及《省级财政对下级财政特定专项补助资金拨付规程》等规定，制定本办法。

第二条　省级财政预拨资金可根据管理需要，按照预算项目信息进行辅助核算，以全面归类反映某项预拨资金的具体情况。

第二章　预拨资金拨付会计核算

第一节　国库集中支付预拨资金会计核算

第三条　省级财政国库集中支付局在省级财政国库集中支付会计账套增设“预拨经费”、“与下级往来”会计科目，核算预算年度内通过国库集中支付方式拨付给省级预算单位及市县级财政的预拨资金，并分设基层预算单位、市县级财政、预算项目及省财政厅业务处室进行明细核算。

（一）预拨给省级预算单位资金

1. 财政授权支付。依据各代理银行每日下午报送的《财政授权支付支出报表》做如下分录：

借：预拨经费

　　贷：已结报支出

2. 财政直接支付。依据代理银行办理业务完毕后返回的《财政直接支付凭证》及《财政直接支付汇总清算通知单》回单做如下分录：

借：预拨经费

　　贷：财政零余额账户存款

借：财政零余额账户存款

　　贷：已结报支出

3. 年终结转“已结报支出”。

借：已结报支出

　　贷：预拨经费

（二）预拨市（县）级财政资金

1. 财政直接支付。依据代理银行办理业务完毕后返回的《财政直接支付凭证》及《财政直接支付汇总清算通知单》回单做如下分录：

借：与下级往来

　　贷：财政零余额账户存款

借：财政零余额账户存款

　　贷：已结报支出

2. 年终结转“已结报支出”。

借：已结报支出

　　贷：与下级往来

第四条　省级财政总预算会计根据国库支付局每旬提供的“预拨经费”、“与下级往来”旬报表作如下分录，同时分设预算单位、地级市财政、预算项目及省财政厅业务处室进行辅助核算。

借：预拨经费

　　贷：国库存款

借：与下级往来——预付款

　　贷：国库存款

第五条　省级行政单位收到省级财政拨付的预拨资金后作如下分录，同时按预算项目进行辅助核算。

（一）财政授权支付。

1. 收到额度时作如下分录：

借：零余额账户用款额度

　　贷：暂存款——省级财政预拨资金

2. 从零余额账户办理支付时作如下分录：

借：暂付款——省级财政预拨资金

　　贷：零余额账户用款额度

3. 提取现金时作如下分录：

借：现金

　　贷：零余额账户用款额度

4. 用现金办理支付时作如下分录：

借：暂付款——省级财政预拨资金

　　贷：现金

（二）财政直接支付。

凭借财政直接支付回单作如下分录：

借：暂付款——省级财政预拨资金

　　贷：暂存款——省级财政预拨资金

第六条　省级事业单位收到省级财政拨付的预拨资金后作以下分录，同时按预算项目进行辅助核算。

（一）财政授权支付

1. 收到额度时作如下分录：

借：零余额账户用款额度

　　贷：其他应付款——省级财政预拨资金

2. 从零余额账户办理支付时作如下分录：

借：其他应收款——省级财政预拨资金

　　贷：零余额账户用款额度

3. 提取现金时作如下分录：

借：现金

　　贷：零余额账户用款额度

4. 用现金办理支付时作如下分录：

借：其他应收款——省级财政预拨资金

　　贷：现金

（二）财政直接支付

凭借财政直接支付回单作如下分录：

借：其他应收款——省级财政预拨资金

　　贷：其他应付款——省级财政预拨资金

第七条　地级市财政依据代理银行提供的《财政直接支付入账通知书》第一联，对所属县（市、区）财政特设专户收到资金作会计分录为：

借：与下级往来——预付款

　　贷：与上级往来——预付款

第八条　市、县（市、区）财政特设专户收到资金时，依据银行入账单和代理银行提供的《财政直接支付入账通知书》第二联进行账务处理，会计分录为：

借：其他财政存款

　　贷：与上级往来——预付款

市、县（市、区）本级使用特设专户预拨资金时，根据资金拨付单据，作会计分录为：

借：预拨经费

　　贷：其他财政存款

第二节　实拨预拨资金会计核算

第九条　省级财政总预算会计根据省财政厅业务处开出的拨款通知单拨付资金，作如下分录，同时分设地级市财政、预算项目及省财政厅业务处室进行辅助核算。

借：与下级往来——预付款

　　贷：国库存款

第十条　地级市财政总预算会计收到预拨资金时，根据收款单及资金拨付文件，作会计分录为：

借：国库存款

　　贷：与上级往来——预付款

市本级使用预拨资金时，根据资金拨付单据，作会计分录为：

借：预拨经费——预付款

　　贷：国库存款

市本级将预拨资金转拨下级财政时，根据资金拨付单据，作会计分录为：

借：与下级往来——预付款

　　贷：国库存款

第十一条　县（市、区）总预算会计收到预拨资金时，根据收款单及资金拨付文件，作会计分录为：

借：国库存款

　　贷：与上级往来——预付款

县本级使用预拨资金时，根据资金拨付单据，作会计分录为：

借：预拨经费

　　贷：国库存款

第三章　预拨资金转账列支会计核算

第十二条　省级财政总预算会计根据省财政厅业务处开出的转账核销通知单及后附指标文件办理转账列支（其中，对于通过集中支付方式拨付的资金，业务处需会签国库支付局核实相关资金实际拨付数后下达预算指标，明确转账列支的指标数）作以下账务处理，分设预算单位、地级市财政、预算项目及业务处室进行辅助核算，同时相应向省级预算单位和地级市财政部门开具转账通知单。

借：一般/基金预算支出

　　贷：预拨经费——预付款

借：一般/基金预算补助支出

　　贷：与下级往来——预付款

第十三条　省级行政单位收到预拨资金相应的预算指标文件后，凭指标文件和省财政厅开列的转账通知单做如下会计分录，同时按预算项目进行辅助核算。

借：暂存款——省级财政预拨资金

　　贷：拨入经费

借：经费支出

　　贷：暂付款——省级财政预拨资金

第十四条　省级事业单位收到预拨资金相应的预算指标文件后，凭指标文件和省财政厅开列的转账通知单做如下会计分录，同时按预算项目进行辅助核算。

借：其他应付款——省级财政预拨资金

　　贷：财政补助收入/事业收入

借：事业支出

　　贷：其他应收款——省级财政预拨资金

第十五条　地级市财政根据省财政厅下达的指标文件及转账通知单办理相应的转列补助收入手续，作会计分录为：

借：与上级往来——预付款

　　贷：一般预算/基金预算补助收入

根据本级财政下达的指标文件相应向本级预算单位和所属市、县、区财政开具转账通知单办理转列支出手续，作会计分录为：

借：一般/基金预算支出

　　贷：预拨经费

借：一般/基金预算补助支出

　　贷：与下级往来——预付款

第十六条　市、县（市、区）财政根据上级财政下达的指标文件办理相应的转列补助收入及支出手续，作会计分录为：

借：与上级往来——预付款

　贷：一般预算/基金预算补助收入

借：一般/基金预算支出

　贷：预拨经费

第四章　预拨资金对账

第十七条　省财政厅国库处、国库支付局与各业务处，省级预算单位、人民银行广州分行、代理银行、下级财政间就预拨资金建立全面的对账制度。

第十八条　省财政厅各业务处室就各处分管的预拨资金建立项目台账登记制度，记录各类预拨资金各年度间的资金拨付和转账列支情况。

第十九条　省财政厅国库支付局与代理银行对账：每旬（月、年）最后一个工作日，代理银行按基层预算单位、预算科目、预算项目及省财政厅业务处室编制《省级财政直接/授权支付支出旬（月、年）报表》报送至国库支付局，国库支付局在3个工作日内完成支出数据对账工作。

第二十条　省财政厅国库支付局与省财政厅业务处室对账：国库支付局于每月（年）度终了后7个工作日内，分业务处室按基层预算单位、预算项目编制《省级财政预拨资金拨付月（年）报表》报送至各业务处室，业务处室根据相关信息做好台账登记工作。

第二十一条　省财政厅国库支付局与预算单位对账：国库支付局于每月（年）度终了7个工作日内，在国库集中支付系统中向所有预算单位发送对账数据，预算单位登录国库集中支付系统（整合版）进行核对和确认。

第二十二条　省财政厅国库支付局与省财政厅国库处总会计对账：国库支付局于每月（年）度终了7个工作日内，分业务处室、基层预算单位和市县财政部门编制《省级财政预拨资金拨付月（年）报表》送国库处总会计对账。

第二十三条　省财政厅国库支付局、省财政厅国库处与人民银行广州分行国库处的对账按现行对账规程以及《关于印发省级财政对下级财政特定专项补助资金拨付规程的通知》（粤财库［2008］27号）进行对账。

第二十四条　省财政厅国库处与省财政厅各业务处对账：每月终了后5天内，国库处根据上月预拨资金分处室反映的资金预拨（转账）时间、摘要（事项）、金额等信息编制对账报表发送经办业务处，经办业务处应在收到对账单5个工作日内根据台账核对报表信息，并将相关情况反馈给国库处。国库处将核对无误的资金预拨（转账）情况提供给预算处及各业务处备查。业务处凭与国库处核对无误的转账情况与相关的预算单位核对。

第二十五条　省财政厅国库处与各地级市财政的对账：国库处按季度与各地级市财政核对预拨资金的预拨及转账列支情况。各地级市财政与其所辖的县（市、区）财政的对账工作，可根据当地具体情况参照执行。

第五章　附　则

第二十六条　本办法自签发之日起生效，未尽事宜，由省财政厅负责制定补充规定。

广东省补充耕地省级补助资金管理暂行办法

广东省财政厅2009年1月23日印发（粤财农［2009］13号）

第一章　总　则

第一条　为规范补充耕地省级补助资金管理，建立耕地开垦激励机制，引导市县（区）科学开发补充耕地，实现全省耕地占补平衡和耕地总量动态平衡，根据省府办公厅《广东省土地开发整理补充耕地项目管理办法》（粤府办［2008］74号）和财政专项资金管理有关规定，结合本省实际，制定本办法。

第二条　本办法所称补充耕地省级补助资金（以下简称省级补助资金），是指经省政府同意，2008年至2012年，由省财政安排专项用于引导和补助市县（区）补充耕地的40亿元补助资金。

第三条　本办法所称补充耕地，是指根据土地利用总体规划和补充耕地专项规划，将未利用地、园地（不含可调整园地）、山坡地以及建设用地改造为耕地的土地。

第四条　省级补助资金管理应遵循以下原则：

（一）规范管理，总量控制；

（二）依法依规，公平公正；

（三）因素分配，注重绩效。

第二章 补助范围、标准、用途

第五条 补助范围

2008年1月1日之后验收合格的补充耕地。包括由省国土资源厅、省农业厅联合核发确认函的市县级自筹资金补充耕地和按省府办公厅粤府办［2008］74号文规定的验收方式由地级以上市国土资源、农业、林业部门联合核发确认函的市县级财政资金及社会资金投资的补充耕地。

第六条 补助标准

经验收合格的补充耕地每亩由省补助2 000元。

第七条 资金用途

省级补助资金专款用于补充耕地和基本农田建设与保护等支出，工作经费按不超过3%的比例据实列支。

第三章 资金申请与分配

第八条 申请程序

补充耕地经核发验收确认函后，由县级财政部门会同级国土资源部门于每年1月、4月、7月、10月底前将申请省级补助资金的请示及相关材料逐级报省财政厅、省国土资源厅。

第九条 申请材料

申请省级补助资金应提交以下材料：

（一）申请文件；

（二）省级国土资源部门会同有关部门进行补充耕地抽查的反馈意见；

（三）补充耕地项目验收确认函。

第十条 资金分配

省级补助资金按照竞争性分配原则进行分配：

（一）按照优胜劣汰的原则，对地级以上市组织专家验收不合格的补充耕地，不予安排省级补助资金。

（二）按照公开、公平、公正的原则，省级抽查合格的补充耕地列入补助范围；省级抽查不合格的，不列入补助范围。

（三）按照时间、效率优先的原则，对又好又快完成的补充耕地，根据补充耕地的质量、面积等因素在40亿元省级补助资金额度内优先给予补助。

第十一条 资金拨付

省级补助资金实行国库集中支付或财政报账制管理。具备国库集中支付条件的，由市县级财政部门实行国库集中支付；暂不具备国库集中支付条件的，按省财政厅《关于印发〈广东省财政支农专项资金报账制实施办法〉的通知》（粤财农［2005］117号）的规定，实行财政报账制管理。

第四章 职责与监督

第十二条 国土资源部门职责

（一）市县国土资源部门职责。

1. 负责制订本级补充耕地专项规划和分年度计划，对其可行性负责；

2. 负责组织实施补充耕地项目，牵头组织有关部门对补充耕地项目进行验收，对其真实性负责；

3. 根据国库集中支付或财政报账制的有关规定，对项目承担单位申请支付资金的资料和报账凭证进行审核，确保资料和凭证的真实性、合规性和完整性；

4. 组织检查项目实施和资金使用情况，按要求开展省级补助资金绩效自评工作。

（二）省国土资源厅职责。

1. 牵头组织省直有关部门对各地级以上市所报补充耕地验收项目进行抽查；

2. 按照公开、公平、公正的原则拟定省级补助资金分配意见送省财政厅审核；

3. 加强对省级补助资金使用情况的监督管理，组织开展省级补助资金的绩效自评工作。

第十三条 财政部门职责

（一）市县财政部门职责。

1. 对申报资料的合规性进行审核；

2. 分配和转下达省级补助资金；

3. 根据国库集中支付和财政报账制的有关规定及时审核、拨付资金。

（二）省财政厅职责。

1. 按规定筹集省级补助资金；

2. 对省国土资源厅提出的省级补助资金分配意见进行合规性审核，及时下达省级补助资金；

3. 加强对省级补助资金的监督管理，按规定组织省级补助资金绩效评价工作。

第五章 监督管理

第十四条 省市县（区）国土资源部门和财政部门应按照职责分工，加强对项目和资金的监督管理。

第十五条 对骗取、截留、挤占、滞留、挪用省级补助资金的行为，将按照《财政违法行为处罚处分条例》及其他法律法规追究有关单位及其责任人的法律责任。

第六章 附 则

第十六条 本办法由省财政厅、省国土资源厅负责解释。

第十七条 本办法自下发之日起执行。

广东省东西北地区污水处理设施建设专项资金绩效管理暂行办法

广东省财政厅2009年1月24日印发（粤财评［2009］19号）

第一章　总　则

第一条　为加强广东省东西北地区污水处理设施建设专项资金（以下简称专项资金）管理，促进资金使用有序规范，提高资金使用效益，确保广东省“十一五”污染减排任务的完成。根据《广东省加快东西北地区污水处理设施建设工作实施方案》和《广东省财政支出绩效评价试行方案》等有关规定，制定本办法。

第二条　本办法所称专项资金，是指省财政预算安排专项用于支持广东省东西北地区污水处理设施建设的资金。

第三条　专项资金绩效管理应当遵循以下原则：

（一）专款专用原则。严格遵照《广东省东西北地区污水处理设施建设专项资金使用管理办法》规定的补助范围和补助标准，专款专用，确保专项资金发挥最大效益，推进污水处理设施建设顺利进行。

（二）绩效导向原则。按照“事前审核、事中检查、事后评价、结果应用”的要求，对专项资金实施全过程绩效控制和管理，各项目承担单位必须落实绩效管理责任，设立明确的绩效总目标及阶段性目标，并根据绩效目标细化设立相应的绩效指标，按照绩效目标使用资金以及开展绩效管理工作，建立绩效问责制度。

（三）规范管理原则。各级财政部门和环保部门必须按职责分工加强对专项资金的管理，按规定的程序和要求规范运作，并加强对专项资金使用的监督检查；项目承担单位必须严格按照批准的用途使用资金，不得挤占、截留、挪作他用。

第二章　职责分工

第四条　专项资金绩效管理工作由省财政厅负责统一组织、协调，省环保局、项目所在地政府、财政部门、环保部门及项目承担单位按职责分工，分级落实绩效管理责任。

第五条　省财政厅负责制定专项资金绩效管理制度规范，监督、检查、审核各地报备的专项资金使用管理等情况，并负责组织实施专项资金绩效的综合评价。

第六条　项目所在地政府为污水处理设施建设的责任主体，对项目承担单位申报材料（包括财政支出项目绩效目标申报表）进行初审，对专项资金的使用绩效负总责，按时按质完成《污水处理设施建设责任书》的目标和任务。

第七条　各有关市财政部门负责制订本地区专项资金使用管理办法，指导、监督、检查本地区专项资金的使用和绩效评价，协助省财政厅开展综合绩效评价管理工作。

第八条　省环保局负责监督广东省东西北地区污水处理设施建设进度，组织完工项目验收，并按照省财政厅的布置和要求，配合省财政厅开展绩效管理工作，负责组织、指导、审核、汇总省级专项资金使用绩效自评工作。

第九条　各有关市县环保部门负责监督本地区污水处理设施建设进度及组织完工项目验收，按照省环保局的布置和要求，负责本地区项目承担单位专项资金使用绩效自评工作，向省环保局和当地财政部门报送专项资金使用绩效自评材料，协助省财政厅开展绩效管理工作。

第十条　各项目承担单位应严格执行项目预算，各项支出严格控制在规定的资金使用范围内，按照有关规定进行会计核算，严格执行现行财务规章制度，接受省财政厅、省环保局及同级政府、财政、环保部门的监督检查，按要求及时报送有关材料，并对所报送材料的真实性、准确性和完整性负责。

第三章　绩效管理的内容

第十一条　专项资金绩效管理的主要目的是，通过对专项资金绩效目标、使用情况、实际效果的有效监控，及时发现问题，改进管理，确保专项资金使用有序规范，提高资金使用效益。

第十二条　对专项资金绩效目标的管理，主要是：

（一）是否根据建设规划设立专项资金的绩效目标，绩效目标是否符合《广东省加快东西北地区污水处理设施建设工作实施方案》和《污水处理设施建设责任书》的要求，能否体现专项资金对当地污水处理设施建设以及污染减排所起的作用，是否科学、客观、可行等。

（二）是否形成具体可衡量目标实现程度的绩效指标，起到有效的监控作用。

（三）是否根据建设规划形成分年度、分阶段项目实施的绩效目标和评价指标，是否制订年度资金使用计划。

第十三条 对专项资金使用的管理，主要是：

（一）资金具体使用情况。资金具体使用是否符合现行财经法规、财务制度及《广东省东西北地区污水处理设施建设专项资金使用管理办法》等规定要求。

（二）资金配套落实情况。是否按照《广东省加快东西北地区污水处理设施建设工作实施方案》有关“省财政补助资金只作为各地政府建设污水处理设施的注资建设资金，其他建设资金统一由中标单位解决”的规定筹措及落实建设资金，项目征地拆迁及“三通一平”工作经费的落实和到位情况；其他社会资金筹措及投入情况等。

（三）财务管理规范落实情况。是否制定本地区专项资金管理办法；专项资金是否实行专户专账管理；各项支出是否严格控制在既定范围和批准额度内；是否按时拨付，专款专用；是否按照国家有关规定进行会计核算；是否有违反现行法律法规和财务管理制度的行为等。

第十四条 对专项资金实际效果的管理，主要是：

（一）专项资金使用的直接产出情况。包括投入的建设项目及其进度，是否按规定期限完成建成污水处理设施并进水调试及通过环保验收等。

（二）各地使用专项资金是否达到预期设定的绩效目标，是否达到污染减排任务的要求，是否对保护当地生态环境起到积极作用等。包括是否确保污水处理厂运行后一年内实际处理污水量不低于设计能力的60%，三年内实际处理污水量不低于设计能力的75%等；新增污水日处理能力及城镇生活污水处理率等是否达到《污水处理设施建设责任书》确定的目标等。

第四章 绩效目标的管理

第十五条 绩效目标的申报要求。立项申请专项资金，必须同时申报所申请资金预期要达到的绩效目标。绩效目标应包括总体目标与阶段（当年）目标，绩效总目标主要围绕《广东省加快东西北地区污水处理设施建设工作方案》规定的实施范围和工作目标，《广东省东西北地区污水处理设施建设专项资金使用管理办法》规定的使用原则、补助范围和补助标准，以及资金安排的预算年度及项目实施的整体规划进行设定；阶段性绩效目标必须结合项目实施分年度、分阶段进一步细化和量化，用具体数据反映，形成具体可衡量的目标任务。

第十六条 绩效目标的申报形式。各项目承担单位向财政部门申请专项资金项目时，必须填报《财政支出项目绩效目标申报表》，内容主要包括：绩效目标确立的依据，绩效目标实现的可行性研究、条件和手段，体现目标实现程度的专业指标及国家（行业）相关标准，上年度资金使用绩效自我评价情况以及省财政厅出具的审核意见，相关数据采集的方式，与绩效目标有关的资料等。

第十七条 绩效目标的报送及审核。各项目承担单位将按要求填写好的绩效目标申报表报送同级财政、环保部门，财政部门会同环保部门对资金使用单位申报的绩效目标是否明确、合理、客观，是否符合本操作规程绩效目标申报要求，以及相关申报材料是否完整等内容进行初审后，上报省环保局、省财政厅，由省财政厅会同省环保局对各地申报的绩效目标进行审核确认。对不符合绩效目标申报要求的，退回申报单位重新申报。

第十八条 绩效目标的应用。经省财政厅审核确认后的绩效目标，作为开展绩效评价工作的重要依据。

项目承担单位逾期没有报送绩效目标的，在组织专项资金绩效评价时，视同资金使用的绩效目标不明确且没有达到预期目标，相应降低项目的绩效等级。

第五章 绩效评价指标和评价方法的选用

第十九条 绩效评价指标选取。在应用基本（通用）指标的基础上，要结合污水处理设施建设项目的特点采用专业（个性）指标，形成专项资金使用绩效自评的指标体系，以检验绩效目标的实现程度。

（一）基本（通用）指标：从《广东省财政支出绩效评价指标体系》中选取基本（通用）的定量指标和定性指标。

定量指标包括资金到位率、资金使用率、支出效果率、财政投入乘数等。

定性指标是用于评价财政支出项目涉及社会稳定和影响、改革与发展、资源配置状况、服务态度和质量等非定量指标因素，是对定量指标的进一步补充。包括支出项目的管理水平、制度建设、进展情况、综合社会贡献度、公众满意度、可持续发展能力提高程度等。

（二）个性（专业）指标：个性（专业）指标的选用要遵循绩效评价科学性、专业性、规范性、系统性、实用性原则，结合污水处理建设项目特点，从《广东省财政支出绩效评价指标体系》以及本年度申报项目绩效目标时提出的目标任务中选取。主要包括：

工期控制指标：主要指项目各阶段建设时限，以各地与省政府签订的《污水处理设施建设责任书》为主要依据。

成本控制指标：主要指项目建设成本和运行成本指标，其中建设成本指标采用“吨水投资”作为个性指标，单位为“元/m^3·日”；运行成本指标主要以“吨水运行电耗”作为个性指标，单位为“kwh/m^3”。

质量控制指标：主要包括工程质量指标和环保质量指标，其中工程质量可用工程质量验收批复来考核，环保质量指标可用环保验收批复来考核。

环境效益指标：是指体现项目环境效益的个性指标，包括新增污水日处理能力（万吨/日）、新增COD削减能力（公斤COD/日）、污水处理负荷率（实际处理污水量/设计处理污水量,%）、万元投资化学需氧量减排量（公斤COD/万元/日）、城镇生活污水处理率等。

第二十条 绩效评价方法选用。根据污水处理设施建设项目的不同情况，从《广东省财政支出绩效评价试行方案》中选用多种评价方法进行综合评价，也可以结合污水处理设施建设项目的特点选用其他合适的评价方法。其中，成本—效益比较法、目标预定与实施效果比较法、横向比较法为必选方法，其他方法为备选方法。

（一）成本—效益比较法。针对财政支出确定的目标，在目标效益额相同的情况下，对支出项目中发生的各种正常开支、额外开支和特殊费用等进行比较，以最小成本取得最大效益为优。

（二）目标预定与实施效果比较法。通过比较财政支出所产生的实际结果与预定的目标，分析完成（或未完成）目标的因素，从而评价财政支出绩效。

（三）横向比较法。将相同或近似的支出项目通过比较其在不同地区间的实施执行情况来分析判断支出的绩效。

（四）历史动态比较法。将历史上各时期的公共支出按一定原则和类别分类排列，分析比较，确定公共支出效率变化的情况。

（五）摊提计算法。研究某项支出通过年度盈余得以回收的时限，即计算投资回收期或投资风险。摊提时间越短，风险越小。

（六）最低成本法。在某项公共支出不易观测或计算其效益大小的情况下，可采取比较多个功能和目的相近的方案，评价和选择成本最低的方案。

（七）因素分析法。通过列举分析所有影响收益及成本的内外因素，综合分析评价的方法。

（八）专家评议与问卷调查法（公众评判法）。通过若干相关领域的专家对财政支出绩效进行分析，同时，设计不同的调查问卷，发给一定数量人员填写，最后汇总分析各方意见进行评价判断。

（九）财政部、省财政部门制订的其他方法。

第六章 绩效评价结果的应用

第二十一条 省财政厅、省环保局及各级环保主管部门、各项目承担单位应根据绩效评价结果，找出项目申报、资金使用和管理等方面存在的问题，分析其原因，提出改进措施，进一步提高资金使用效益。

第二十二条 省财政厅将专项资金绩效评价结果作为以后年度该资金预算安排以及调整和优化以后年度该资金支出结构的重要参考依据。

第二十三条 省财政厅每年将专项资金绩效评价结果在一定范围内进行通报，对绩效良好的地区和项目承担单位进行表扬；对绩效差劣的地区和项目承担单位实行绩效问责：

（一）发现未按规定报送评价项目信息资料，未按要求设立专项资金使用的总目标、阶段性目标及绩效评价指标，未建立专项资金管理规范制度等问题的，给予提醒注意，并责令限期纠正。

（二）发现污水处理设施建设进度未能达到《广东省加快东西北地区污水处理设施建设工作实施方案》和《污水处理设施建设责任书》要求的，给予黄牌警告，并责令限期整改。

（三）发现超过一年未落实资金使用管理要求，或新增污水日处理能力、城镇生活污水处理率、实际处理污水量等没有达到《广东省加快东西北地区污水处理设施建设工作实施方案》和《污水处理设施建设责任书》要求等问题，或擅自更改绩效目标、提供虚假资料或违规骗取省财政扶持资金等问题的，给予红牌处罚，并责令当地财政部门暂停项目资金的拨付，或报经省政府批准，收回尚未使用的资金。

（四）对发现有截留、挤占、挪用专项资金或其他财政违法行为的，依据《财政违法行为处罚处分条例》及其他有关规定处理、处罚、处分。

第二十四条 专项资金使用绩效评价情况经批准后提供给省人大、审计、监察、人事等有关部门。必要时，经报省政府同意后，向社会公布，接受社会监督。

第七章 附 则

第二十五条 专项资金的设立、使用、管理、调整和撤销、监督检查等按现行有关规定执行。

第二十六条 本办法由省财政厅负责解释。

第二十七条 本办法自印发之日起执行。

广东省省级预算单位预拨资金集中支付操作流程

广东省财政厅2009年2月9日印发（粤财库［2009］9号）

（一）为规范纳入财政国库集中支付的省级预算单位预拨资金拨付管理，确保预拨资金安全、高效拨付，现根据《广东省省级单位财政国库管理制度改革实施办法》（粤财库［2002］9号）等有关规定，制定本操作流程。

（二）省级预算单位预拨资金是指在拨款时没有当年预算支出指标来源，在会计记账不列一般预算或基金预算支出，需待预算支出指标分配后办理转账列支手续的款项。

（三）为保证预拨资金顺利支付，防止出现重复拨款的情况，应在系统中设置“正常指标”、“预拨指标”和“转账指标”三种指标类型。在单位指标分配环节，省财政厅（各业务处）将区分各类指标选择正确的指标类型。安排省级预算支出指标时选择“正常指标”类型；安排预拨资金时选择“预拨指标”类型；安排预拨资金对应的预算支出指标时，选择“转账指标”类型。“转账指标”应作指标冻结，只能办理转账手续，不能办理资金拨付，并设置为“单位可见”，方便预算单位查询。预拨资金的拨付由省厅（各主管业务处）在系统上选择保留审核权限。

（四）为便于对账，省财政厅（各业务处）将在已确定来源的预算通知文件中具体注明已办理预拨资金的项目名称及对应的预拨资金通知文号，并在国库集中支付系统分配指标时在摘要栏注明相同内容，预拨资金通知文件同时抄送国库处（支付局）。

（五）为便于资金支付、清算及会计核算，预拨资金按预算项目管理，预拨资金的预算科目设置为“预拨经费”，科目编码为23098，该科目项级按特定项目资金设置。

（六）预拨资金指标不可结转，每年终了，由省财政厅（业务处会同预算处）注销当年未拨付的预拨资金指标。为便于清理预拨指标，省财政厅国库处（支付局）于每年年底提前5个工作日停止预拨资金拨付工作。

（七）为加强管理，省财政厅（各业务处）将对预拨资金按预算项目进行台账管理，国库处（支付局）每年于1月31日前向各相关处室提供《预拨资金预算指标执行情况表》，作为业务处核对指标依据。

（八）预拨资金指标安排后，省级预算单位按照国库集中支付方式划分原则，通过政府采购直接支付、基建直接支付、其他直接支付或财政授权支付方式办理拨付。

（九）实行政府采购直接支付的预拨资金操作流程如下：

1. 省级预算单位先在省电子化政府采购大平台或国库集中支付系统申报政府采购合同，并将纸质合同书提交省财政厅（政府采购监管处）。

2. 合同批复后，预算单位在国库集中支付系统中根据已安排的“预拨指标”申报政府采购直接支付申请，申请的摘要栏应具体注明已办理预拨资金的项目名称及预拨资金通知文号，同时打印《省级财政直接支付申请书》交省财政厅国库处（支付局）。

3. 省财政厅国库处（支付局）对纸质《省级财政直接支付申请书》和网上支付申请进行审核，审核无误后开具《财政直接支付汇总清算通知单》和《省级财政直接支付凭证》，分别送人民银行广州分行和代理银行作为办理清算及支付的依据。

（十）实行基建直接支付的预拨资金操作流程如下：

1. 省级预算单位根据相关规定报送纸质《省级财政投资项目拨款申请书》和其他有关资料，经主管部门及其他相关部门审核通过后送省财政厅相关处室审核，电子申请的摘要栏应具体注明已办理预拨资金的项目名称及预拨资金通知文号。

2. 省级预算单位在国库集中支付系统中，根据已安排的“预拨指标”申报基建直接支付申请。

3. 省财政厅国库处（支付局）对纸质《省级财政投资项目拨款申请书》和网上支付申请进行审核，审核无误后开具《财政直接支付汇总清算通知单》和《省级财政直接支付凭证》，分别送人民银行广州分行和代理银行作为办理清算及支付的依据。

4. 代建项目预拨资金的集中支付请按照省政府《关于印发广东省政府投资省属非经营性项目代建管理办法（试行）的通知》（粤府［2006］12号）规定的职责分工以及省财政厅的有关规定执行。

（十一）实行其他直接支付方式支付的预拨资金操作流程如下：

1. 省级预算单位在国库集中支付系统中根据已安排的“预拨指标”直接申报财政其他直接支付申请，电子申请的摘要栏应具体注明已办理预拨资金的项目名称及预拨资金通知文号，同时打印《省级财政直接支付申请书》交省财政厅国库处（支付局）。

2. 省财政厅国库处（支付局）对纸质《省级财政直接支付申请书》和网上支付申请进行审核，审核无误后开具《财政直接支付汇总清算通知单》和《省级财政直接支付凭证》，分别送人民银行广州分行和代理银行作为办理清算及支付的依据。

（十二）实行财政授权支付方式支付的预拨资金，应在其摘要栏具体注明已办理预拨资金的项目名称及预拨资金通知文号。

（十三）本操作流程自签发之日起执行。

广东省省级财政社保基金定期存款开户银行综合考评实施细则

广东省财政厅2009年2月20日印发（粤财库［2009］10号）

第一条　为公平公正、全面细致考评省级社保基金定期存款开户银行，促进其不断提高服务质量和管理水平，确保省级社保基金定期存款存放安全，现根据《省级社保基金账户开户银行综合考评暂行办法》（以下简称《暂行办法》）等有关规定，制定本实施细则。

第二条　本实施细则适用于省级社保基金定期存款开户银行的综合量化考评（以下简称综合考评）。

第三条　综合考评实行计分制，满分为100分，由省财政厅社保基金评价委员会（以下简称评价委）委员根据评价指标对各开户银行进行量化评分。

第四条　评价委原则上每年年初对现有全部省级社保基金定期存款开户银行上一年度有关情况进行统一考评。年中如确需新增开户银行或开户银行出现影响社保基金存放安全的重大情况，评价委可根据实际需要在年度中间召开会议，对有关银行进行补充考评。

第五条　评价委委员以开户银行提交的自评报告和相关材料，以及省财政厅国库处、社会保障处反映的开户银行日常社保基金管理工作情况，作为量化评分的依据。

第六条　定期存款开户银行应于每年年度结束后30个工作日内，向省财政厅评价委提交自评报告（一式八份），后附监管部门或中介机构出具对本支行（分行）近三个年度的外部审计报告、内审报告及相关情况说明等材料，所有材料应加盖上级分管银行的公章。确实无法提供外部审计报告或内审报告的，开户银行应提供上级分管银行出具的有关本支行（分行）近三个年度内部监督检查情况的说明。

自评报告各部分应根据各项评价指标要求对应设置，即应包括定期存款管理情况、银行制度建设、资产经营状况、支付结算、信息反馈、账户管理、内控机制、对社保业务及其他财政业务的支持和社保基金保值增值情况以及其他需要说明的情况。同时，开户银行根据自身管理情况在《省级社保基金定期存款开户银行综合考评表》进行自我评分。银行自评报告及自我评分将作为评价委考评的重要参考依据。

第七条　省财政厅国库处负责对开户银行的日常业务办理情况及违规情况建立备查登记制度。收到开户银行提交的自评报告后，省财政厅国库处会社会保障处整理银行日常业务办理情况，连同银行自评报告提交评价委作为评分参考依据。

第八条　建立开户银行评分指标体系。该指标体系由安全性指标、服务质量指标、管理协调水平指标、参与财政业务程度指标四项指标构成，总分100分。

第九条　安全性指标（40分）。

（一）建立资金安全保障规范制度情况（6分）：建立保障资金安全的各项业务政策、应急制度和内控程序，能有效控制风险，建立一项相关制度计1分，计满6分为止。

（二）开户银行为国有、国有控股商业银行的省（市）级分行或一级支行，并具备较强的资金头寸调度能力，能确保资金及时支付（6分）。

非国有、国有控股商业银行的，或非省（市）级分行或一级支行的，或因银行头寸调配问题而未能保障资金及时支付的，此项不得分。

（三）资产状况和经营业绩情况（7分）：省财政厅国库处根据所有社保基金开户银行提供的上一年度资产收益率、人均中间业务收入、资产损失率、不良资产率及不良贷款降低率等各项指标，分别计算出各项指标的平均数据。

资产状况和经营业绩的某项指标低于平均指标值5%以内（含5%）的扣0.5分，低于平均指标值5%~10%（含10%）以内的扣1分，低于平均指标值10%~15%（含15%）以内的扣1.5分，低于平均指标值15%以上的扣2分，扣完为止。

（四）内控机制落实情况（4分），其中：

1. 各部门、各岗位、各级机构之间的职责分工合理明确，遵循必要的分离原则（2分）。

2. 银行系统内开展内部审计的情况（2分）。

银行内部岗位设置不明确或未能提供内审报告的，每次扣2分，本项分值扣完为止。

（五）建立信息保密制度（2分）。

未经省财政厅许可，擅自对外提供有关财政收支信息或账户信息的，此项不得分。

（六）建立完备的资金汇划系统，并采取有效措施确保资金汇划系统和内部网络的安全性（5分）。

系统维护、开发或升级不及时，造成工作延误或影响资金安全的，此项不得分。

（七）对开户银行系统发生的涉及资金管理的重大事项能及时向省财政厅通报，共建风险预警机制（5分）。

未能及时通报或隐瞒本银行系统发生的涉及资金管理的重大事项，此项不得分。

（八）提供完善的网上银行服务（5分）。

未能及时配合省财政厅办理网上银行安装、更新等业务，每次扣2分，本项分值扣完为止；未能提供网上银行服务或同一家银行各支行的网上银行未统筹依托一个平台，不能统筹提供网上银行服务的支行，此项不得分。

第十条 服务质量指标（30分）。

（一）办理业务及时、准确、规范（10分）。

未能准确按照省财政厅支付指令办理支付业务，造成资金错划、漏划或迟划的，每次扣4分；未能按照加急业务的办理程序，办理特别紧急支出的，每次扣4分；未能按照人民银行关于定期存款计付利息的有关规定及《关于对养老保险基金活期存款实行优惠利率的通知》（银发[1997]567号）相关规定，及时、准确计付利息的，每次扣4分，扣完为止。

（二）信息反馈及时、信息要素完整、信息内容准确（10分）。

未能妥善保管省财政厅提供的各种财政资金收支单据、预留印鉴或造成其相关资料遗失或损毁的，每次扣4分；未能按规定时间和内容向省财政厅国库部门准确传递单据或单据不齐全的，每次扣4分，本项分值扣完为止。

（三）银行相关工作人员熟悉代办业务相关政策规定，服务态度良好（10分）。

银行相关工作人员对业务政策规定不熟悉或服务态度较差，每次扣3分，扣完为止。

第十一条 管理协调水平指标（15分）。

（一）开户银行及其上级银行对负责社保基金定期存款及账户管理工作的相关人员配置及相应的定期考核情况（5分）。

人员配置不合理，影响社保业务办理的，扣1.5分；开户银行及其上级银行未定期考核有关管理人员相关工作的，扣1.5分；开户银行未按规定出具社保基金定期存款到账（含续存及收回）确认回执的，扣1.5分；确认回执未按规定加盖上级银行公章的，扣1.5分，扣完为止。

（二）开户银行对账户管理中出现的问题主动跟进、及时协调解决的情况（5分）。

对办理业务中出现的问题协调解决不力，造成工作延误的，每次扣3分，扣完为止。

（三）自评报告提交及时，内容完整，清晰客观（5分）。

未及时向省财政厅国库部门、社保部门提交自评报告的，此项不得分；提供的自评报告未有上级分管银行盖章确认，或自评报告有关内容不真实、不完整的，每项每次扣3分，本项分值扣完为止。

第十二条 参与财政业务程度指标（15分）。

（一）参与省级社保业务情况（10分）：考评银行对省级社保业务的支持情况：

1. 参与社保基金征收业务（2分）。

2. 社保待遇资金发放业务的情况（4分）：

（1）参与社保待遇资金的发放（2分）；

（2）参与社保待遇社会化发放并提供优质的管理、服务和便利条件（2分）。

3. 参与社保调剂金收缴业务（2分）。

4. 开户银行根据有关政策规定提供最优惠利率，长期积极配合财政部门最大限度地实现社保基金的保值增值（1分）。

5. 参与其他财政社保业务（1分）。

（二）参与省级财政其他业务情况（5分）：考评银行对省级财政其他业务的支持情况：

1. 参与省级国库集中支付业务（1.5分）。

2. 参与省级非税收入收缴业务（1.5分）。

3. 参与省财政专户管理业务（1.5分）。

4. 参与其他财政业务（0.5分）。

第十三条 各评价委委员独立计分，各委员计分的算术平均分作为定期存款开户银行的最终得分。各开户银行的最终得分将作为当年安排省级社保基金定期存款的重要参考依据。考评结果低于80分的开户银行将不参与当年新增社保基金的分配。

第十四条 本实施细则由广东省财政厅负责解释，自印发之日起实施。《暂行办法》与本规定不符的，以本实施细则为准。未尽事宜，另行制定补充通知。

广东省省级财政专项资金支持项目竞争性安排暂行办法

广东省财政厅2009年2月23日印发（粤财工〔2009〕58号）

第一章　总　则

第一条　为加强省级财政专项资金管理，规范省级财政专项资金支持项目竞争性安排，探索财政专项资金分配新途径，提高财政专项资金使用效益，促进广东省经济社会又好又快发展，根据国家、省有关法律、法规及省府办公厅《转发省财政厅关于省级财政专项资金试行竞争性分配改革意见的通知》（粤府办〔2008〕18号）等规定，制定本办法。

第二条　省级财政专项资金支持项目实施竞争性安排适用于本办法。

本办法所称竞争性安排，是指通过竞争性方式确定某项省级财政专项资金所支持的具体项目和项目承担单位的各项工作的总称。

第三条　省级财政专项资金竞争性安排领域和项目根据实际情况可采取由省政府或由省主管部门会同省财政厅研究确定，也可采取向社会公开征集意见后再组织论证、评议和审定。

由省政府或省主管部门会同省财政厅研究确定竞争性安排领域和项目，是指按照省政府的统一规划和部署，根据财政专项资金的扶持重点、方式和范围，由省政府或者省主管部门会同省财政厅通过研究讨论或组织有关专家进行论证，确定每年省级财政专项资金竞争性安排领域和项目。

向社会公开征集竞争性安排领域和项目，是指省政府或者省主管部门组织对社会各界在充分调研的基础上提出的竞争性安排领域和项目的意见进行论证、评议、审定。

第四条　本办法所规定的竞争性安排的方式包括招标投标和专家评审。

第五条　省财政厅是省级财政专项资金竞争性安排的管理部门，负责确定实行竞争性方式安排的专项资金额度；制定竞争性安排方法，组织和协调竞争性安排工作；独立或者会同省主管部门按照竞争性安排工作方案组织实施专项资金竞争性安排工作。

省主管部门按照分工会同省财政厅组织实施其所主管的专项资金竞争性安排工作。

第六条　竞争性安排应当遵循公开、公平、公正原则。任何单位或个人不得违反规定干预竞争性安排的组织和实施。

第二章　实施主体及其他当事人

第七条　省财政厅是竞争性安排实施主体。纳入竞争性安排的资金属于由省财政安排并由省财政厅、省主管部门主管的，省财政厅和省主管部门是竞争性安排实施主体。

第八条　省财政厅、省主管部门应当根据确定的省级财政专项资金竞争性安排领域和项目范围，采用本办法规定的竞争性安排方式确定具体的省级财政专项资金支持项目。

竞争性安排的服务性工作，可以按照本办法的规定，委托具有相应资质的社会中介组织或者符合相应条件的其他事业单位、行业组织代理进行。上述社会中介组织、其他事业单位和行业组织统称为代理机构。

第九条　省财政厅每两年通过招标方式选择若干家竞争性安排服务性工作候选代理机构并报省政府确认。被选择并经确认的代理机构应当向省财政厅出具统一格式的《省级专项资金支持项目代理机构承诺书》。具体办法由省财政厅另行制定。

第十条　每项竞争性安排服务性工作代理机构，由竞争性安排实施主体按照项目实际需要从候选代理机构中选定。

第十一条　委托代理机构实施竞争性安排服务性工作的，竞争性安排实施主体应当与被指定的代理机构签订书面委托协议，约定双方的权利义务，代理服务费用及支付方式应当按国家有关规定确定。

委托竞争性安排服务性工作代理机构所需费用从对应的省级财政专项资金或者省主管部门现有资金中安排。

第十二条　竞争性安排实施主体应当按规定组织专家参加评标或者评审工作。

第十三条　竞争性安排专家库由省财政厅组建。竞争性安排实施主体应当在组织实施竞争性安排工作前制订相关的专家遴选方案，在专家库中随机遴选专家。

第十四条　项目评标评审专家组应当由技术和财务方面的专家组成，成员人数为9人以上单数。

第十五条　参加评标评审的专家应当符合下列条件：

（一）从事相关专业领域工作满8年并具有高级职称或者同等专业水平；

（二）熟悉有关竞争性安排方式的法律法规，并具有与竞争项目相关的实践经验；

（三）本人愿意以独立身份参加评标评审，忠于职守，并接受实施主体及监管单位的监督管理。

第十六条　评标评审专家组成员应当客观、公正地履行职责，遵守职业道德，自愿签署承诺书，对所提出的评标或者评审意见负责。

第十七条　评标或者评审意见统一以书面评标委员会现场考察组或者评审专家组的名义披露。评标评审专家组成员个人不得透露对参评文件的评审和比较、参与竞争单位的推荐情况以及与评标评审有关的其他情况。不得擅自向实施主体以外的单位透露评标评审情况。

专家组成员以外的参与评标评审工作的人员，不得透露所了解的有关评标、评审情况。

第三章　招标投标

第十八条　竞争性安排招标一般采用公开招标；不适宜公开招标的，可以实行邀请招标。

第十九条　本章所指招标人是指按照本办法组织实施省级财政专项资金竞争性安排的实施主体。

第二十条　投标人是指按照招标文件的要求参加投标竞争的依法设立、具有法人资格的单位、企业或其他组织。符合招标公告要求的投标人，均可参加投标。

第二十一条　投标人参加投标必须具备下列条件：

（一）与招投标文件要求相适应的技术条件；

（二）招投标文件要求的资格和相应业绩；

（三）资信情况良好；

（四）健全的财务管理机构和财务管理制度；

（五）招标文件或国家有关法律法规规定的其他条件。

第二十二条　采取公开招标的，招标人应当在省财政厅指定的媒体上向社会发布招标公告。招标公告应当载明下列事项：

（一）招标项目名称；

（二）招标项目的性质和数量；

（三）投标人的资格要求；

（四）获取招标文件的办法、地点和时间；

（五）投标及开标的时间和地点；

（六）其他应当公告的事项。

第二十三条　采取邀请招标的，招标人应当向3个以上（含3个）具备承担招标项目能力的机构发出投标邀请书。

第二十四条　招标人在招标公告、投标邀请书发出后，不得擅自终止招标。

第二十五条　招标文件由招标人发布。对专业性较强的重点项目，招标人应当对有投标意向的单位和组织进行资格预审后发出招标文件。招标文件应当载明下列事项：

（一）投标人须知；

（二）招标领域或者项目名称；

（三）项目实施的内容、目标、进度及时间等要求；

（四）中标方对项目应承担的义务和责任；

（五）投标人资格条件、投标人文件要求；

（六）评标方法、评标程序、评标标准和废标条款；

（七）投标人应当提供的有关资格、项目备案（核准、审批）情况和资信证明文件；

（八）提交投标文件的方式、地点和截止日期；

（九）其他按规定和实际需要应当说明的事项。

第二十六条　投标人取得招标文件后，应当按招标文件要求编写投标文件，并在规定期限内向招标人提交完整的投标文件。

第二十七条　自招标文件发出之日起至投标人提交投标文件截止之日止，一般不少于20日。招标人对招标文件所作的修改、补充或者澄清应当在投标截止时间至少15日前，以书面形式通知所有招标文件收受人，并将其作为招标文件的组成部分；对招标文件有重大修改的，应当适当延长投标文件截止日期。

第二十八条　招标的开标仪式应当公开进行。

第二十九条　招标评标分书面评标和现场考察两个阶段，由竞争性安排实施主体按照有关规定组织进行。

第三十条　招标人应当按规定成立书面评标委员会和现场考察小组，分别负责书面评标和现场考察工作，推荐入围候选单位和中标候选人。

第三十一条　书面评标委员会和现场考察小组由专家组以及招标人代表组成，成员人数为9人以上单数，其中专家人数不得少于成员总数的2/3。评标委员会和现场考察小组重复兼任成员不得超过1/3。

第三十二条　书面评标委员会按照招标文件确定的评标标准和方法对投标人提交的投标文件进行书面评标。书面评标应当包括下列内容：

（一）所投项目建设的必要性和在省内经济发展的重要性评价；

（二）项目内容的先进性和成熟程度；

（三）项目可行性；

（四）项目承担单位的基本评价（注册资金、财务报表、建设资金等）；

（五）财政资金补助的必要性和资金使用的合理性；

（六）项目前期工作条件评价（备案或核准、审批、环评、用地、城市规划、消防等）。

第三十三条　书面评标委员会根据书面评标结果，提出第一阶段书面评标报告报送招标人。

第三十四条　招标人在接到第一阶段书面评标报告之日起7个工作日内，根据评标报告确定书面评标入围单位，并组织现场考察小组进行现场考察。

第三十五条　现场考察应当提前3天通知入围单位现场考察核实时间，并按照招标文件确定的评标标准和方法组织现场考察工作。现场考察应包括下列内容：

（一）项目前期工作条件核实；

（二）投标书文件附件及证明材料原件核实；

（三）建设场地和已有基础或项目进度考察；

（四）项目负责人及团队评价；

（五）项目资金落实情况核实；

（六）项目内容核实；

（七）书面评标中提出的需核实的其他内容。

第三十六条　现场考察小组应当根据评标结果，提出现场考察报告。招标人应当认真分析综合评标情况及考察报告，并按规定确定中标单位。

第三十七条　招标人应当在中标单位确定之日起5个工作日内，向中标方发出《中标通知书》，同时向未中标的投标人发出《招标结果通知书》。

第三十八条　中标单位接到中标通知书后，应在规定时间内与招标人签订项目合同书。招标人根据招标结果下达项目资金计划。

第四章　专家评审

第三十九条　专家评审工作由竞争性安排实施主体组织实施，专家评审服务性工作可以委托代理机构代理实施，代理机构应当在省财政厅通过招标方式选定的候选代理机构中按照项目实际需要指定。

第四十条　竞争性安排实施主体应当发布项目申报通知，公布对象视专项资金扶持范围而定。

第四十一条　项目评审办法由竞争性安排实施主体制订。项目评审办法公布对象为专家组成员。

第四十二条　项目申请人是指按照项目申报通知要求参加项目评审的依法设立、具有法人资格的单位、企业或者其他组织。项目申请人必须符合申报通知的规定和要求。

第四十三条　项目申请人应当按照申报通知编写申报材料，并在规定期限内向竞争性安排实施主体提交。

第四十四条　评审专家组应当按照项目评审办法确定的评标标准和方法对项目申请人提交的申报材料进行评审。

第四十五条　评审专家组应当依据评审结果，向竞争性安排实施主体提出评审意见。

第四十六条　竞争性安排实施主体在接到评审意见之日起10个工作日内确定入围单位。

第五章　监督管理

第四十七条　项目审批部门、行政监督部门对招标活动和专家评标、评审活动进行全过程监督；监察机关依法对参与招标投标活动的国家机关及其工作人员实施监察，对有关行政部门及其工作人员履行职责情况进行检查，并依法调查处理违纪违法行为。

第四十八条　省级财政专项资金支持项目竞争性安排活动工作人员有下列行为之一的，由省主管部门、省财政厅或者省监察厅按管理权限给予行政处分；违反法律法规的，移送有关主管部门或司法机关处理：

（一）不按规定程序进行竞争性安排工作的；

（二）隐瞒竞争性安排工作真实情况的；

（三）串通参与竞争者以排斥其他参与竞争者的；

（四）索贿受贿的；

（五）与参与竞争者串通骗取财政资金的；

（六）泄露有关评标评审情况的；

（七）其他有碍公平竞争原则的。

第四十九条　参与竞争的单位或者有关人员有下列行为之一的，由省主管部门和省财政厅根据招标文件的规定决定投标无效或者不予评审，相关单位或个人3年内不得再参与竞争省级财政专项资金竞争性安排项目；应当依法追究行政或者刑事责任的，移送有关主管部门或司法机关处理：

（一）不如实编制参评文件的；

（二）串通参评的；

（三）采用不正当手段妨碍、排挤其他参与竞争者的；

（四）向组织方或代理机构的工作人员行贿的。

第五十条　竞争性安排服务性工作人员有徇私舞弊、违反协议等行为，应按法律规定依法追究行政或者刑事责任的，移送有关主管部门或司法机关处理。

第五十一条　专家组成员有徇私舞弊、违背承诺等行为，应按法律规定依法追究行政或者刑事责任的，移送有关主管部门或司法机关处理。

第六章　附　则

第五十二条　项目的实施管理、资金使用、项目验收、项目调整等按省级财政专项资金管理办法的有关规定执行。固定自筹投资项目按现行基本建设程序进行管理。

第五十三条　招标投标工作中，本办法未作规定的其他事宜，按照《中华人民共和国招标投标法》和《广东省实施〈中华人民共和国招标投标法〉办法》有关规定执行。

第五十四条　建立项目绩效评价制度，省直主管部门和项目单位必须按照《省级财政专项资金竞争性分配绩效管理暂行办法》的规定开展绩效评价工作。

第五十五条　本办法由省财政厅负责解释。

第五十六条　本办法自颁布之日起施行。

广东省省级现代服务业发展引导专项资金管理暂行办法

广东省财政厅2009年2月28日印发（粤财工［2009］6号）

第一章　总　则

第一条　为规范省级现代服务业发展引导专项资金（以下简称服务业发展资金）的管理，提高资金使用效益，加快广东省服务业发展，优化服务业结构，特制定本办法。

第二条　从2008年至2010年，省财政每年安排服务业发展资金10 000万元。重点用于综合引导全省服务业发展，为国家服务业发展引导资金配套，重点用于支持广东省现代流通服务业和“万村千乡”市场工程建设等项目。

第三条　服务业发展资金的管理和使用应遵守国家有关法律、法规和相关规章制度，遵循公开透明、择优支持、专款专用、加强监督的原则。

第四条　省发展改革委、省经贸委会同省财政厅负责相关的服务业发展资金的监督、管理和使用，其中：

（一）省发展改革委根据国家发展改革委的要求，负责组织国家资金项目上报；会同省财政厅制定省级资金重点支持综合引导全省服务业发展项目的具体范围、补助标准和方式，发布项目指南，组织项目申报、评审，编制下达年度项目计划，对项目实施情况进行监督检查，并组织验收；与省财政厅共同开展服务业发展资金的绩效评价。

（二）省经贸委会同省财政厅制定重点支持广东省现代流通服务业和“万村千乡”市场工程建设等项目资金的范围、补助标准和方式，发布项目指南，组织项目申报、评审，编制并下达年度项目计划，对项目实施情况进行监督检查，并组织验收，与省财政厅共同开展服务业发展资金的绩效评价。

（三）省财政厅负责资金预算管理，会同省发展改革委、省经贸委会审下达项目计划，负责下达资金计划，办理资金拨付手续，对资金使用情况进行监督检查、绩效评价。

第二章　支持范围、条件和支持方式

第五条　服务业发展资金的申报单位为在广东省境内注册，具有独立法人资格、健全的财务管理机构和财务管理制度、配备合格财务管理人员的企业及其他有关单位。申报项目应对加快本地区服务业发展具有较强的示范和带动作用，并至少符合以下一项条件：

（一）项目列入省级以上国民经济和社会发展规划、省服务业发展规划或省年度重点建设项目计划；

（二）能够为产业发展提供有效的公共服务，对提升本地区产业竞争力具有重要的作用；

（三）能够提供有效的生活服务，对促进消费、满足群众生活服务需求具有重要作用；

（四）能够实现规模化、产业化经营，对提高服务业增加值和扩大就业具有明显的成效；

（五）能够创立服务业品牌，或创新经营方式和服务业态，形成本行业竞争优势。

第六条　服务业发展资金采取补助或定额贴息的扶持方式。服务业发展资金补助是指根据项目的实际情况，给予该项目一定数额的资金支持；定额贴息是指根据项目贷款实际发生额以及同期银行贷款利率，给予一定数额的贴息。

第三章　项目申报审查与资金拨付

第七条　省发展改革委、省经贸委按照本办法规定的职责分别在当年会同省财政厅按规定提出相关的年度服务业发展资金支持项目计划申报要求。

第八条　服务业发展资金支持项目的申报由市、县发展改革局（委）、经贸局（委）分别会同财政局组织进行。

各市发展改革局（委）会同财政局按照规定，组织本地区符合条件的企业（或其他申报单位）申报项目、填写《广东省省级现代服务业发展引导专项资金申报表》（见附表），并对申报项目进行初审和加具意见后，按系统分别上报省发展改革委和省财政厅。部门省属企业（或其他申报单位）的项目，按照规定填写《广东省省级现代服务业发展引导专项资金申报表》，由省属企业集团（主管部门）进行初审和加具意见后，分别上报省发展改革委和省财政厅。

各市、县经贸局会同财政局按照规定，组织本地区符合条件的企业（单位）申报现代流通服务业和“万村千乡”市场工程建设项目、填写《广东省省级现代服务业发展引导专项资金申报表》，并对申报项目进行初审和加具意见后，按系统分别上报省经贸委和省财政厅。其中，县（县级市）的项目在直接报省的同时，应抄报所在地级以上市经贸、财政部门备案。省属企业（单位）的项目，按照规定填写《广东省省级现代服务业发展引导专项资金申报表》，由省属企业集团（主管部门）进行初审和加具意见后分别上报省经贸委和省财政厅。

第九条　省发展改革委、省经贸委分别会同省财政厅按照国家、省有关服务业发展重点项目计划申报要求，组织对各地申报的项目进行评审；对通过评审的项目，及时下达项目计划，并由省财政厅下达资金计划。

第十条　根据下达的资金计划，省财政厅按规定办理资金拨付手续。其中纳入国库集中支付的项目，省属项目资金由省财政厅实行集中支付，市县项目资金通过财政部门逐级下拨，并由同级财政部门实行集中支付；未纳入国库集中支付的项目，省属项目资金由省财政厅直接拨付到项目主管部门（省属经营企业集团），市县项目资金由省财政厅通过财政部门逐级下拨。

省属企业集团（主管部门）和市县财政局收到服务业发展资金后，对于定额贴息项目，必须核实项目单位取得银行正式贷款后才予核拨。其中取得全部贷款的，贴息补助资金全额拨补；取得部分贷款的，按取得贷款进度比例核拨贴息补助资金。

第四章　监督检查

第十一条　建立服务业发展资金绩效评价制度。省财政厅根据有关规定，组织对服务业发展资金开展绩效评价。

第十二条　建立服务业发展资金检查制度。省发展改革委、省经贸委、省财政厅根据各自职责，按规定对服务业发展资金扶持项目实施情况进行监督检查。对项目的监督检查应依法进行，不得干预用款单位正常的经营活动；被检查的用款单位应主动配合检查人员做好相关工作，提供相应的文件、资料，不得阻碍检查工作的正常进行。

第十三条　项目单位应对服务业发展资金实行专账核算、专账管理，专款专用，不得截留、挪用。对骗取、截留、挪用服务业发展资金等行为，依照国务院《财政违法行为处罚处分条例》的有关规定处理。

第五章　附　则

第十四条　本办法自印发之日起施行。省财政厅、省发展改革委、省经贸委于2006年4月19日印发的粤财工［2006］64号文同时废止。

第十五条　本办法由省财政厅会同省发展改革委、省经贸委负责解释。

附表：广东省省级现代服务业发展专项资金申报表

附件1：

广东省省级现代服务业发展引导专项资金申报表

申报单位（盖章）：　　　　金额单位：万元

<table>
<tr><td colspan="8">一、项目承担单位基本情况</td></tr>
<tr><td>单位名称</td><td colspan="5"></td><td>单位性质</td><td>□全民；□集体；□民营；
□个体；□外资；□中外合资</td></tr>
<tr><td>详细地址</td><td colspan="5"></td><td>邮政编码</td><td></td></tr>
<tr><td>注册时间</td><td></td><td>电话</td><td></td><td>传真</td><td></td><td>联系人</td><td></td></tr>
<tr><td>法人类型</td><td colspan="5">□企业法人；□事业法人；□社团法人；
□民办非企业法人；□其他</td><td>法人代表</td><td></td></tr>
<tr><td>开户银行</td><td colspan="2"></td><td>账号</td><td colspan="2"></td><td>信用等级</td><td></td></tr>
<tr><td colspan="8">二、上年度主要经济指标</td></tr>
<tr><td>营业收入</td><td colspan="2"></td><td>利润</td><td colspan="2"></td><td>税金</td><td></td></tr>
<tr><td colspan="8">三、上年度财务状况</td></tr>
<tr><td>资本金总额</td><td></td><td>资产总额</td><td></td><td>流动资产总额</td><td></td><td colspan="2"></td></tr>
<tr><td>固定资产总额</td><td></td><td>固定资产净值</td><td></td><td>负债总额</td><td></td><td>资产负债率</td><td></td></tr>
<tr><td colspan="8">四、申请项目基本情况</td></tr>
<tr><td>项目名称</td><td colspan="2"></td><td>起止年限</td><td colspan="2"></td><td>项目责任人</td><td></td></tr>
<tr><td>项目总投资</td><td colspan="2"></td><td>已自筹资金</td><td colspan="2"></td><td>已到位贷款</td><td>（附证明）</td></tr>
</table>

续表

项目基本情况（另附）	内容包括建设背景、建设内容、总投资及资金来源、技术工艺、建设条件、资金使用的绩效目标、项目对行业发展及增加社会就业等贡献，以及申请补助政策依据等。				
申报补助资金			申报贴息资金		
新增销售收入		新增利润		新增税收	
五、审核意见					
企业所在地发展改革部门、经贸部门审核意见					（盖章）
企业所在地财政部门审核意见					（盖章）
省属单位主管部门审核意见					（盖章）

农村免费义务教育市县负担资金集中支付流程

广东省财政厅2009年3月9日印发（粤财库［2009］14号）

第一条 为进一步完善省级财政对下级财政特定专项补助资金集中支付流程，明确农村免费义务教育市县负担资金的集中支付流程，根据《省财政厅国库集中支付业务办理规程》（粤财办［2006］22号）、《关于印发省级财政对下级财政特定专项补助资金拨付规程的通知》（粤财库［2008］27号）等文件的有关规定，制定本流程。

第二条 农村免费义务教育市县负担资金（以下简称农村义教市县负担资金）是指珠江三角洲地区以外县（市、区，含江门恩平市）负担的并由省财政在其转移支付资金中划出与省补助款一同下拨的农村免费义务教育资金。

第三条 在省级预算执行管理系统（以下简称“系统”）“省对下级特定专项补助资金”支出类型下增设“农村义教市县负担资金”支出类型，用于标识农村义教市县负担资金的财政直接支付。

第四条 农村义教市县负担资金清算科目使用“一般性转移支付支出（科目编码：2300202）”。

第五条 省财政厅国库支付局账务处理。

（一）依据代理银行提供的《财政直接支付凭证》回单联和《财政直接支付入账通知书》的第三联进行账务处理，会计分录为：

借：与下级往来——直接支付——省对下级特定专项补助资金——农村义教市县负担资金

贷：财政零余额账户存款

（二）将《财政直接支付汇总清算通知单》与人民银行国库划款凭证核对无误后，进行人行划款清算的账务处理，会计分录为：

借：财政零余额账户存款

贷：已结报支出

（三）年终转账会计分录：

借：已结报支出

贷：与下级往来——直接支付——省对下级特定专项补助资金——农村义教市县负担资金

第六条 省财政厅总预算会计账务处理。

根据省财政厅国库支付局每旬报送的《省级财政直接支付省对下级特定专项补助资金支出旬报表》（拨款数据列示至地市级，地市级拨款数包含市本级和所属县区的拨款数），与人民银行广州分行划款凭证核对无误后记账，会计分录为：

借：补助支出

　　贷：国库存款

拨款后由国库处总会计组通知执行组作相应处理。

第七条　地级市财政部门转账列支的账务处理。

对于农村义教市县负担资金，地级市财政依据代理银行提供的《财政直接支付入账通知书》第一联及省财政厅下发的指标文件进行账务处理，会计分录为：

借：补助支出

　　贷：补助收入

第八条　地级市、县（市、区）财政部门收到农村义教市县负担资金及相应指标文件的账务处理。

（一）特设专户收到农村义教市县负担资金时，依据银行入账单和代理银行提供的《财政直接支付入账通知书》第二联进行账务处理，会计分录为：

借：其他财政存款

　　贷：与上级往来

（二）根据省财政厅下发的指标文件，进行确认收入处理，会计分录为：

借：与上级往来

　　贷：补助收入

第九条　农村义教市县负担资金的对账等工作，按照省财政厅《关于印发省级财政对下级财政特定专项补助资金拨付规程的通知》（粤财库［2008］27号）执行。

第十条　本流程自印发之日起实施。

关于新型农村合作医疗省财政补助资金拨付办法有关问题的通知

广东省财政厅2009年3月16日印发（粤财社［2009］41号）

各地级以上市财政局、卫生局（不发深圳），珠海、佛山、中山、东莞、湛江市社保局：

为完善广东省新型农村合作医疗（以下简称新农合）资金（不含新农合救助资金）拨付办法，提高省财政补助资金审核下达速度和不影响中央财政新农合补助资金的申报工作，确保各地新农合工作的顺利开展，根据财政部、卫生部《关于调整中央财政新型农村合作医疗补助资金拨付办法有关问题的通知》（财社［2008］321号）“地方各级财政部门要按照当年筹资标准，将中央财政当年预拨资金及地方各级财政当年补助资金于5月底前足额拨付到位”等有关要求，经研究，现就有关问题通知如下：

一、市县镇财政补助资金的拨付

各地财政部门要按照当年筹资标准和《广东省新型农村合作医疗补助资金国库集中支付管理暂行办法》（粤财库［2008］25号）的要求，将中央财政、省财政当年预安排资金及市县镇财政当年补助资金于5月底前足额拨付到位。

二、申请材料的报送

各地财政、卫生（或社保）部门应于每年6月10日前以市为单位联合将申请材料报省财政厅、省卫生厅审核。申请材料包括：

（一）申请报告：所辖县（市、区）新型农村合作医疗的制度开展、制度设计、资金收缴和财政补助资金安排等情况。

（二）申请表：《市申请——年度中央、省财政新型农村合作医疗补助资金表》（详见附件）。

（三）相关凭证（复印件，须加盖单位公章）：

1. 市、县、镇财政补助资金当年下达预算文件（或领导批示）。

2. 市、县、镇财政当年补助资金（含财政补助农民个人缴费资金）拨入财政专户的凭证（含拨款通知书、银行对账单）。

3. 农民个人缴费拨入财政专户的凭证（银行对账单）。

4. 统筹地区财政专户上年年末和当年5月31日银行对账单。

5. 当年1～5月财政专户总账。

三、省补助资金的拨付

省财政补助新农合资金采取“年初预安排，年中结算”的办法。具体操作程序是：

（一）预拨

每年1月份，省财政按上年参合人数和当年新农合补助标准的50%预安排当年补助资金。

（二）结算

每年6月份，省财政根据当年补助标准、各地当年参加新农合的人数、各地当年财政补助资金到位率，对年初预安排的补助资金进行结算。如因地方资金到位率未达到100%，影响省财政和中央财政不能足额拨付补助资金的，由各地财政予以补足，以保证新农合资金的完整性。以后年度省财政、中央财政不再对有关统筹地区上年补助资金进行结算。

四、有关具体要求

各地财政部门要按照当年筹资标准和省财政厅《关于印发〈广东省新型农村合作医疗补助资金国库集中支付管理暂行办法〉的通知》（粤财库［2008］25号）要求，将市县镇财政当年新农合补助资金于5月底前足额拨付到位。市财政和卫生（或社保）部门要加强对上报申请材料的审核工作。

市县卫生（或社保）要在2月底前完成本年度农民参合情况的汇总、审核工作，核实参合人数、农民个人缴费等情况。

地方各级财政、卫生（或社保）部门应严格按照有关规定，及时上报申请省财政补助资金有关材料。对故意虚报参合人数和地方各级财政补助资金到位等情况骗取上级补助资金的，除按规定追究有关单位和人员的责任外，省财政厅、卫生厅在核定省财政补助资金时将据实扣减。

2009年政银企合作专项资金项目实施办法

广东省财政厅2009年3月18日印发（粤财工［2009］54号）

为贯彻落实省政府《关于促进中小企业平稳健康发展的意见》（粤府［2008］104号），加强政银企合作，发挥财政资金的引导放大效应，缓解当前中小企业面临的融资难问题，促进中小企业平稳健康发展，根据《2009年一次性新增省中小企业专项资金管理办法》的有关规定，制定本办法。

一、资金使用原则

（一）扶优扶强原则。重点支持符合产业和环保政策，有市场、有技术、有发展前景，可获得银行贷款的中小企业。

（二）竞争性支持原则。省中小企业管理部门联合省财政部门采取竞争性方式公开选择合作金融机构，择优支持符合条件的中小企业贷款。

（三）政银企联动原则。各地级以上市、县（市）中小企业管理部门、财政部门、省资产经营公司推荐符合条件的中小企业向合作金融机构申请贷款，省财政对获得贷款的中小企业给予贴息补助。

（四）注重诚信、防范风险原则。获得合作金融机构贷款的中小企业要遵循诚实守信原则，合作金融机构要完善信贷风险预警机制，加强对信贷各环节中各种风险的研判、监测、防范和处置，有效防范化解信贷风险。

（五）绩效导向原则。各地级以上市、县（市）和省资产经营公司必须落实绩效管理责任，设立明确的绩效总目标及阶段性目标，开展绩效管理工作，建立绩效问责制度。

二、合作内容及方式

（一）资金来源

在2009年省财政一次性新增10亿元中小企业专项资金中，安排6亿元作为政银企合作专项资金，为金融机构与中小企业搭建融资合作平台。力争发挥财政资金的乘数效应，拉动中小企业融资贷款100亿~200亿元。

（二）合作方式

由省中小企业局、省财政厅通过公开招投标选择若干家金融机构作为贷款融资合作方。由各地级以上市、县（市）中小企业管理部门牵头会同同级财政部门、省级资产经营公司根据省下达的支持企业控制数，选择1 000户以上成长性好、发展潜力强的中小企业作为扶持对象。被选定的金融机构依据金融管理规定自行审定扶持企业，为被选定扶持的中小企业提供贷款融资。贷款融资方式包括短期贷款、中长期贷款或其他贷款。省财政对选定2009年获得金融机构贷款的中小企业给予贷款贴息补助。

（三）贴息补助方式

1. 对一年（含）以内短期贷款，贴息补助资金于当年一次性补助到企业。贴息补助额按照以同期国家基准利率计算的贷款利息发生额的60%贴息给予补贴。贷款额度在2 000万元以内的，按实际贷款额计算，贷款额度在2 000万元以上的，按2 000万元贷款额计算。

2. 对2年（含）以内中长期贷款，贴息补助资金于贷款利息发生第一年起分两年补助给企业。每年贴息补助额按照当年以同期国家基准利率计算的贷款利息发生额的50%贴息给予补贴。贷款额度在1 500万元以内的，按实际贷款额计算，贷款额度在1 500万元以上的，按1 500万元贷款额计算。

3. 对2年以上的中长期贷款，贴息补助资金于贷款利息发生第一年起分两年补助给企业。第一年贴息补助额按照当年以同期国家基准利率计算的利息发生额的50%给予补贴，第二年贴息补助额按照剩余年份以同期国家基准利率计算的利息发生额的50%给予补贴。贷款额度在1 200万元以内的，按实际贷款额计算，贷款额度在1 200万元以上的，按1 200万元贷款额计算。

三、合作金融机构的产生方式

（一）合作金融机构的基本条件包括：

1. 符合国家金融和信贷政策，在金融监管部门没有不良信贷记录。

2. 能依法依规提供优质服务，服务理念先进，具有较高贷款审批效率及结算效率。

3. 有专门的中小企业信贷机构、信贷产品和人员，有具体可行的中小企业贷款计划、工作方案和目标。

4. 金融组织机构完善，有相应的信贷服务网点。

5. 愿意按不高于同期国家基准利率为被选定扶持的中小企业发放贷款，具有优先成为合作金融机构的资格。

6. 与省中小企业管理部门或财政部门签订中小企业融资合作协议的金融机构，具有优先成为合作金融机构的资格。

7. 已贯彻银监部门对中小企业的信贷措施，对中小企业贷款实施“三单”管理（单列规模、单独考核，单列客户名单、单独管理、单独统计，单独定价、合理浮动）的金融机构，具有优先成为合作金融机构的资格。

（二）合作金融机构的产生

选择若干家金融机构作为中小企业贷款合作对象，合作金融机构由省中小企业局、省财政厅通过公开招投标的方式确定，省中小企业局、省财政厅是合作金融机构招投标的招标人，由国有商业银行广东省分行、股份制商业银行总行（分行）、省级农村信用合作社作为投标人参与投标。招标人按照以下程序组织招投标：

1. 招标人在媒体上向社会发布招标公告。

2. 自愿参加招投标的金融机构按招标公告要求编写投标文件，并在规定期限内向招标人提交完整的投标文件。

3. 投标期限满后，招标人公开进行招标的开标仪式。

4. 招标评标采用书面评标和现场答辩两种方式同时进行。招标人按规定成立评标小组，由评标小组负责评标工作，推荐中标候选人。

5. 评标小组按照规定的评标标准和方法对投标人提交的投标文件进行书面评标。评标小组根据书面评标结果，推荐入围候选人报送招标人。

6. 入围候选人进行现场答辩，评标小组根据设定的投标条件对投标主体进行合作资格审核，对具备合作资格的投标主体，由招标人确定为中标单位。

7. 中标方应在规定时间内与招标人签订合作协议。

（三）未中标的金融机构（含分支机构），在全省入选扶持的企业中（包括优选和备选），如已与其中200家以上的企业在2008年存在融资贷款合作关系，则自动入选合作金融机构。

四、扶持企业的产生

（一）扶持企业的条件

1. 依法在工商部门注册登记，具有独立的法人资格；

2. 符合国家产业和环保政策，有市场、有技术、有发展前景的成长型中小企业；

3. 符合原国家经贸委等部门联合下发的《中小企业标准暂行规定》（国经贸中小企业［2003］143号）的中小企业；

4. 有良好社会信誉，法人治理结构规范，财务管理制度健全，经济效益较好，会计信用和纳税信用好，能按期偿还银行贷款；

符合上述条件的企业中具备下列条件之一的，优先给予支持：

1. 省重点装备制造企业、省技术创新优势企业、省市共建先进制造业产业依托企业、省最具成长型中小工业企业500强；

2. 有自主品牌、自主知识产权的中小企业；

3. 产业转移园区内的中小企业。

（二）扶持企业的产生

全省计划推荐优选企业1 000户，推荐备选企业1 000户。具体如下：

优选企业（1 000户）：珠三角地区每个县（市、区）推荐优选企业10户，合计约400户；东西北地区每个县（市、区）推荐优选企业6户，合计约450户；东莞、中山两市各推荐优选企业20户，合计40户；每个地级以上市推荐市直优选企业（不含区）5户，合计100户；省级资产经营公司下属中小企业合计10户。

备选企业户数分配情况同上。

各地级以上市、县（市）对照可支持的中小企业条件，严格遵循公开、公正、扶优扶强的原则，对本区域范围内的中小企业进行初步筛选，产生优选企业及备选企业名单向社会公示，同时上报省中小企业局、省财政厅备案，县（市）中小企业名单上报省备案时，须同时报各地级以上市备案。

各地级以上市、县（市）与中标金融机构当地分支机构衔接，向金融机构同时推荐优选企业及备选企业，并由金融机构根据信贷条件进行审批确定。

省级资产经营公司下属中小企业由省资产经营公司筛选推荐。

入选优选企业但未通过金融机构审核的，扶持企业的剩余名额在备选企业中择优替补。

列入各地级以上市、县（市）和省资产经营公司扶持对象，并于2009年获得合作金融机构贷款的中小企业，均可申请政银企合作专项资金支持。

五、资金的申请、审核与下达

（一）申报程序

1. 地方计划由各地级以上市、县（市）中小企业管理部门会同同级财政部门审核后上报省中小企业局和省财政厅，同时抄送当地地级以上市中小企业管理部门、财政部门备案。

2. 省资产经营公司下属中小企业资金计划由省资产经营公司审核后直接上报省中小企业局、省财政厅。

（二）申报材料

1. 各地级以上市、县（市）中小企业局会同同级财政局或省资产经营公司上报文和资金计划汇总表（详见附件），资金计划汇总表须加盖当地中小企业管理部门及同级财政部门或省级资产经营公司公章。

2. 各企业与合作金融机构签订的贷款合同及贷款划账有效证明；通过担保贷款的一并提供担保合同。

（三）审批

省中小企业局和省财政厅对各地级以上市、县（市）及省资产经营公司上报的项目进行审核，确定扶持项目及资金数额，下达专项资金扶持计划。省财政厅根据专项资金扶持计划下达专项资金。

六、实施程序及进度

（一）3月中下旬，省中小企业局、省财政厅确定具体的实施办法，并下发通知，发布金融机构招标公告，由各地级以上市、县（市）、省资产经营公司、筛选本地区、本系统扶持企业。

（二）3月下旬至4月上旬，省中小企业局、省财政厅按照招投标方式确定合作金融机构。各地级以上市、县（市）、省资产经营公司分别初步确定本地区、本系统扶持企业，并向合作金融机构衔接推荐。

（三）4月中旬开始，合作金融机构与选定的企业签订贷款合同，发放贷款，各地级以上市、县（市）、省资产经营公司分别将本地区、本系统贷款贴息资金计划汇总上报省中小企业局和省财政厅。

（四）6月份，省中小企业局、省财政厅下达专项资金计划；省财政厅下达专项资金。

七、管理监督

（一）政银企合作中银企双方的产生遵循公开、公平、公正的原则，项目审批部门、行政监督部门、媒体按规定对政银企合作活动进行监督。监察机关依法对参与政银企合作活动的行政部门及其工作人员实施监察，对有关行政部门及其工作人员履行职责情况进行检查，并依法调查处理违纪违法行为。

（二）对政银企合作活动中违反有关规定的工作人员，由省中小企业局、省财政厅或者省监察厅按管理权限给予相应的处理、处分；应当依法追究行政或者刑事责任的，移送有关主管部门或司法机关依法处理。

（三）对在政银企合作活动中采取不正当竞争的单位或有关人员，由省中小企业局、省财政厅取消其参与资格，3年内不得再参与省级财政专项资金扶持项目；应当依法追究法律责任的，移送有关主管部门或司法机关依法处理。

（四）对骗取专项资金等财政违法行为，按《财政违法行为处罚处分条例》规定处理，并追究有关单位及其相关人员责任。

（五）建立专项资金绩效评价制度。省财政厅会同有关部门按照规定组织开展绩效评价，接受监察、审计部门及社会监督，促使财政资金管理更加公开透明。

（六）各级中小企业管理部门应根据绩效评价结果，针对资金使用和管理等方面存在的问题，分析其原因，提出并落实改进措施，进一步提高省财政扶持资金的使用效益。

广东省城乡水利防灾减灾工程建设省级财力性奖补资金管理办法

广东省财政厅2009年3月20日印发（粤财农［2009］56号）

第一章　总　则

第一条　根据省政府常务会议决定，从2007年冬起，决战三个冬春，全面完成全省城乡水利防灾减灾工程（以下简称防减灾工程）建设任务。为引导和促进欠发达市县加大防减灾工程建设资金筹集力度，加快防减灾工程建设自筹资金落实进度，省级财政安排市县防减灾工程建设财力性奖补资金（以下简称“财力性奖补资金”）24亿元。为规范财力性奖补资金的申报审批和使用管理，根据省政府常务会议决定和有关规定，制定本办法。

第二条　本办法所称的财力性奖补资金，是指省级财政根据市县防减灾工程自筹资金落实情况，以奖励方式安排给有关市县，专项用于防减灾工程或其他水利工程建设

（省不指定具体项目）的补助资金。

第三条　有关市、县应通过多种渠道和方式足额筹集防减灾工程应由市县筹集的资金。主要筹资渠道和方式包括：

（一）市、县本级财政安排的预算资金投入；

（二）根据有关规定征收的市县级水利建设基金和水利规费（如水资源费、堤围防护费等）等财政性资金投入；

（三）利用当地政府资源筹资，如通过土地资源拍卖、以地换堤、水利工程经营权拍卖、河道采砂开采权竞投方式投入；

（四）通过社会各界捐资、向金融机构贷款融资方式投入；

（五）采取 BT（建设—转让）方式、BOT（建设—拥有—转让）等方式投入。

第二章　奖补范围、标准、条件和方式

第四条　奖补范围

除广州、深圳、珠海、佛山、东莞和中山 6 市外，全省其余有防减灾工程项目建设任务的 15 个地级市以及下属有关县（市、区）。

第五条　奖补标准

财力性奖补资金按列入防减灾实施范围的工程分类补助：

（一）市、县城市防洪工程按初步设计批复的堤围长度每公里补助 40 万元。

（二）大中型水库除险加固、江海堤围、中型以上穿堤闸坝和中型以上排涝泵站，按项目初步设计批复概算投资中由市县自筹资金的 10% 补助。

（三）肇庆市景丰联围和江门市江新联围、韩江梅州段 180 公里重点堤围等 3 宗项目，按照省政府常务会议决定的补助额度补助。

第六条　奖补条件

财力性奖补资金以防减灾工程建设市县自筹资金实际到位情况作为安排的前置条件。自 2003 年底实施防减灾工程建设以来，有关市、县政府实际已筹集到位的防减灾工程建设资金，凭资金落实有效凭证（复印件），按相关奖补标准安排财力性奖补资金。防减灾工程建设市县自筹资金落实的有效凭证包括：

（一）市、县本级财政性资金下达文件或资金拨付凭证。

（二）项目建设资金贷款合同（协议）文本及贷款提款凭证。

（三）通过土地资源拍卖、以地换堤、水利工程经营权拍卖、河道采砂开采权竞投、BT（建设—转让）方式、BOT（建设—拥有—转让）等方式筹集项目资金的合同（协议）文本，以及资金拨付项目建设的有关凭证。

（四）社会各界捐资、其他渠道筹集资金的有关凭证，以及资金拨付项目建设的有关凭证。

上述需提供的有效凭证的复印件，必须按项目隶属关系，由项目所属市县财政局和水利（水务）局出具“与原件相符”证明，并加盖公章确认。

实际到位的防减灾工程建设市县自筹资金，由省水利厅会同省财政厅对有关筹资有效凭证审核后确认。

第七条　奖补方式

（一）按列入防减灾实施范围的工程及相关奖补标准计算有关市、县财力性奖补资金的可安排额度。

（二）财力性奖补资金，按实际到位的防减灾工程建设市、县自筹资金占市、县应自筹资金的比例，在可安排额度中同比例拨付。市、县应自筹资金为防减灾工程招投标确定的总投资，减除省级以上（中央和省）应补助资金（包括按工程统一补助标准计算的省级以上应补助资金，以及按本条第（一）项计算可安排的省级财力性奖补资金额度）后需市县筹集的资金部分。

（三）防减灾工程建设市、县自筹资金实际到位时间截止至 2010 年 6 月 30 日，市县向省申报财力性奖补资金时间截止至 2010 年 7 月 15 日。因超过自筹资金实际到位截止时间仍不能提供自筹资金落实有效凭证而没有拨付的财力性奖补资金，由省统筹调整安排。

第三章　资金用途和资金拨付

第八条　资金用途

财力性奖补资金专项统筹用于防减灾工程建设以及其他水利工程建设，包括支付工程款、贷款贴息、归还项目借贷款等。市县在安排财力性奖补资金时，必须优先安排用于防减灾工程项目；在确保防减灾工程建设所需资金的前提下，方可统筹用于其他水利工程建设支出，但不得用于非水利工程项目建设，不得用于行政事业经费支出，不得用于办公楼等楼堂馆所建设。

第九条　资金拨付

（一）财力性奖补资金按季度申报和拨付。每季度终了后 15 个工作日内，由防减灾工程所属市县水利（水务）局、财政局联合向省水利厅、省财政厅提出申请，并附防减灾工程建设市县自筹资金落实有效凭证（复印件）。经省水利厅会同省财政厅审核确认后，由省财政厅拨付。

（二）财力性奖补资金实行专户管理。由省财政厅按防减灾工程隶属关系，直接拨付至有关地级市或县（市、区）设立的水利建设资金专户。

（三）财力性奖补资金拨付给市属水利项目的，一律由市财政实行国库集中支付；拨付给县（市、区）水利项目的，原则上由县（市、区）财政实行国库集中支付，确不具备国库集中支付条件的，按省财政厅《关于印发〈广东省财政支农专项资金报账制实施办法〉的通知》（粤财农［2005］117 号）的有关规定拨付。

第四章　部门职责

第十条　水行政主管部门

（一）省水利厅职责。包括：

1. 会同省财政厅组织市县申报财力性奖补资金；

2. 会同省财政厅审核防减灾工程市县自筹建设资金凭证；

3. 加强资金使用的监督管理，组织抽查财力性奖补资金使用情况，督促市、县水利部门按规定用途使用；

4. 督促市、县按期实施完成防减灾工程建设。

（二）市、县水利部门职责。包括：

1. 多渠道筹集防减灾建设资金；

2. 会同财政部门按规定申报财力性奖补资金，并对报送资料的真实性负责；

3. 负责组织实施城乡水利防灾减灾工程项目；

4. 根据国库集中支付和财政报账制的有关规定，对项目承担单位申请支付资金的材料和报账凭证进行审核，保证材料和凭证真实、合规和完整；

5. 组织检查项目实施和资金使用情况。

第十一条 财政部门

（一）省财政厅职责。包括：

1. 筹集财力性奖补资金；

2. 对省水利厅提出的财力性奖补资金安排计划，以及防减灾工程市、县自筹资金有效凭证进行合规性审核；

3. 及时下达财力性奖补资金；

4. 加强对财力性奖补资金的监督管理。

（二）市、县财政部门职责。包括：

1. 筹集防减灾工程建设财政性资金；

2. 对财力性奖补资金申报材料的合规性进行审核，并会同同级水利部门联合申报财力性奖补资金的有关材料；

3. 按规定及时拨付财力性奖补资金；

4. 根据国库集中支付和财政报账制的有关规定及时审核、拨付资金；

5. 加强对财力性奖补资金的监督管理，督促水利部门和项目建设单位按规定使用财力性奖补资金。

第五章 监督管理

第十二条 监督管理

（一）财力性奖补资金应优先用于防减灾工程建设，任何单位和个人均不得截留、挤占或挪用财力性奖补资金，不得将财力性奖补资金用于非水利工程项目建设，不得在未确保防减灾工程建设所需资金的前提下就动用财力性奖补资金用于其他水利工程建设。

（二）各级财政、水利部门按职能分工对财力性奖补资金的使用、拨付及管理情况进行检查监督，对出现截留、挤占或挪用财力性奖补资金等违反本条第（一）款规定行为的单位和个人，将按照国务院《财政违法行为处罚处分条例》（2004 年国务院令第 427 号）的规定进行处罚；同时，省不再拨付相关单位和所在市、县（市、区）余下未拨的财力性奖补资金，并暂停安排相关单位和所在市、县（市、区）其他有关水利资金。

第六章 附 则

第十三条 本办法由省财政厅和省水利厅负责解释。

第十四条 本办法自印发之日起实施。

中小企业贷款贴息专项资金管理办法

广东省财政厅2009 年4 月30 日印发（粤财工［2009］124 号）

第一章 总则

第一条 为规范中小企业贷款贴息专项资金管理，发挥财政资金的引导放大效应，缓解当前中小企业生产经营中的融资难问题，促进中小企业转型升级，根据省政府《关于进一步加大投资力度扩大内需促进经济平稳较快发展的若干意见》（粤府［2008］98 号）和《关于促进中小企业平稳健康发展的意见》（粤府［2008］104 号）及财政专项资金管理的有关规定，制定本办法。

第二条 本办法所称中小企业贷款贴息专项资金（以下简称“专项资金”），是指从 2009 年省财政一次性新增中小企业专项资金以及中小企业发展专项资金滚动计划中安排的，专项用于中小企业贷款贴息的资金。

第三条 专项资金的使用和管理应遵循以下原则：

（一）依法依规，公平公正；

（二）统筹安排，额度控制；

（三）注重诚信，防范风险；

（四）加快推进，突出重点；

（五）财政引导，放大效应；

（六）专款专用，加强监管。

第四条 省中小企业局负责项目计划实施，会同省财政厅审核下达专项资金计划，对计划方案实施情况进行监督检查，并配合省财政厅开展绩效评价。

省财政厅负责专项资金管理，会同省中小企业局审核、下达专项资金计划，办理专项资金拨付手续，对专项资金使用情况进行监督管理和开展绩效评价。

第二章　支持范围和方式

第五条　专项资金用于对广东省中小企业在本省内的银行获得的贷款给予贴息。

第六条　企业申请贷款贴息资金类型包括以下两类：

（一）一般性贷款融资贴息，即对直接获得银行贷款或通过担保机构担保获得贷款的企业采取的贴息支持方式。

（二）中小企业技术改造和技术创新贷款贴息，即对有市场、有技术、有发展前景的中小企业技术改造和技术创新项目获得的银行贷款优先给予贴息的支持方式。

第七条　同一笔银行贷款只能申请其中一种贷款贴息类型；已获得其他省财政专项资金贴息的银行贷款，本专项资金不再予以支持。

第八条　新贷款贴息方式按以下规定执行：

（一）对1年（含）以内短期贷款，贴息补助资金于当年一次性补助到企业。贴息补助额按照同期国家基准利率计算的贷款利息发生额的50%贴息给予补贴。

（二）对2年（含）以内中长期贷款，贴息补助资金于贷款利息发生第一年起分两年补助给企业。每年贴息补助额按照当年以同期国家基准利率计算的贷款利息发生额的40%贴息给予补贴。

（三）对2年以上的中长期贷款，贴息补助资金于贷款利息发生第一年起分两年补助给企业。第一年贴息补助额按照当年以同期国家基准利率计算的利息发生额的40%给予补贴，第二年贴息补助额按照剩余年份以同期国家基准利率计算的利息发生额的40%给予补贴。

同一企业累计贷款贴息补助额最高不超过50万元。

第三章　资金申请和审核

第九条　申请贷款贴息的企业须符合以下条件：

（一）依法在工商部门注册登记，具有独立的法人资格；

（二）符合国家产业和环保政策，有市场、有技术、有发展前景的成长型中小企业；

（三）符合原国家经贸委等部门联合下发的《中小企业标准暂行规定》（国经贸中小企业［2003］143号）的中小企业；

（四）有良好社会信誉，法人治理结构规范，财务管理制度健全，经济效益较好，会计信用和纳税信用好，能按期偿还银行贷款。

第十条　申报数量按以下规定执行：

全省计划扶持企业数量约1 000户，具体为：珠三角地区每个县（市、区）企业申报数量限10户，合计约400户；东西北地区每个县（市、区）企业申报数量限6户，合计约450户；东莞、中山两市各市企业申报数量限20户，合计40户；每个地级以上市市直企业（不含区）申报数量限5户，合计100户；省级资产经营公司下属中小企业申报数量合计限10户。

第十一条　申报程序：

（一）地方贴息计划由各地级以上市、县（市）中小企业管理部门会同同级财政部门汇总审核后上报省中小企业局和省财政厅；县（市）申报材料应同时抄送当地地级以上市中小企业管理部门、财政部门备案。

（二）省资产经营公司下属中小企业贴息计划由省资产经营公司审核后直接上报省中小企业局、省财政厅。

第十二条　提出专项资金申请时应按以下规定提供申报材料：

（一）各地级以上市、县（市）中小企业局会同同级财政局或省资产经营公司的申报文件和资金计划汇总表，其中资金计划汇总表也须加盖当地中小企业管理部门及同级财政部门或省级资产经营公司公章。

（二）各企业与银行签订的贷款合同有效文本；通过担保贷款的一并提供担保合同。

（三）其他需要提供的相关材料。

第十三条　省中小企业局和省财政厅对各地级以上市、县（市）及省资产经营公司上报的资金计划进行审核，确定贷款项目及资金数额，下达专项资金扶持计划。省财政厅根据专项资金扶持计划下达专项资金。

第十四条　省中小企业局联合省财政厅按照资金管理程序下达各市县（市）、省主管部门（省资产经营公司）专项资金计划，省财政厅按照资金管理程序将专项资金下达至各市县（市）财政局、省主管部门（省资产经营公司）。

第十五条　专项资金计划的审核和下达，由省中小企业局、省财政厅根据实际情况和工作进度分批组织和实施。

第十六条　各市县（市）财政部门、省资产经营公司负责及时拨付专项资金，不得截留、挪用，并督促有关单位按规定进行专项资金会计处理。

第四章　监督管理和绩效评价

第十七条　建立专项资金绩效评价制度。省财政厅会同有关部门按照规定组织开展绩效评价，并接受监察、审计部门及社会监督，促使财政资金管理更加公开透明。

第十八条　各级中小企业管理部门应根据绩效评价结果，针对资金使用和管理等方面存在的问题，分析其原因，提出并落实改进措施，切实提高专项资金的使用效益。

第十九条　获得专项资金支持的单位应切实加强专项资金管理，并自觉接受财政、审计部门的监督检查。专项资金必须专款专用，不得挪作他用。

第二十条　对专项资金使用、管理中的骗取、挤占、挪用专项资金等行为，按《财政违法行为处罚处分条例》规定处理，并追究有关单位及其相关人员的法纪责任。

第五章　附　则

第二十一条　本办法由省财政厅会同省中小企业局负责解释。

第二十二条　本办法自印发之日起实施。

关于公布广东省若干废止和失效的增值税规范性文件目录的通知

广东省财政厅2009年5月5日印发（粤财法［2009］66号）

各地级以上市财政局、国家税务局（不发深圳）：

根据《财政部 国家税务总局关于公布若干废止和失效的增值税规范性文件目录的通知》（财税［2009］17号）、《财政部 国家税务总局关于资源综合利用及其他产品增值税政策的通知》（财税［2008］156号）、《财政部 国家税务总局关于再生资源增值税政策的通知》（财税［2008］157号）、《财政部 国家税务总局关于全国实施增值税转型改革若干问题的通知》（财税［2008］170号）、《财政部 国家税务总局关于金属矿非金属矿采选产品增值税税率的通知》（财税［2008］171号）、《财政部 国家税务总局关于部分货物适用增值税低税率和简易办法征收增值税政策的通知》（财税［2009］9号）的规定，省财政厅、省国税局对相关税收规范性文件进行了清理，现将废止或失效的相关文件明确如下：

一、根据《财政部 国家税务总局关于公布若干废止和失效的增值税规范性文件目录的通知》（财税［2009］17号），废止或失效文件14件

（一）《转发财政部 国家税务总局关于运输费用和废旧物资准予抵扣进项税额问题的通知》（粤税发［1994］153号）

（二）《转发财政部 国家税务总局关于城镇公用事业附加应纳入增值税计税销售额征收增值税的通知》（粤税发［1994］315号）

（三）《转发财政部 国家税务总局关于对煤炭调整税率后征税及退还问题的通知》（粤税发［1994］314号）

（四）《转发财政部 国家税务总局关于加强商业环节增值税征收管理的通知》（粤财法［1998］11号）

（五）《关于加强商业环节增值税一般纳税人管理的补充规定》（粤国税发［1998］110号）

（六）《转发财政部 国家税务总局关于贯彻国务院有关完善小规模商业企业增值税政策的决定的通知》（粤国税电［1998］023号）

（七）《关于贯彻执行财税字［1998］113号文补充意见的通知》（粤国税函［1998］335号）

（八）《转发财政部 国家税务总局关于调整增值税运输费用扣除率的通知》（粤国税发［1998］168号）

（九）《转发财政部 国家税务总局关于棉花进项税抵扣有关问题的补充通知》（粤财法［2001］118号）

（十）《转发财政部 国家税务总局关于提高农产品进项税抵扣率的通知》（粤财法［2002］7号）

（十一）《转发财政部 国家税务总局关于加油机安装税控装置有关税收优惠政策的通知》（粤财法［2002］17号）

（十二）《转发财政部 国家税务总局关于增值税一般纳税人向小规模纳税人购进农产品进项税抵扣率问题的通知》（粤财法［2002］61号）

（十三）《转发财政部 国家税务总局关于报废汽车回收拆解企业有关增值税政策的通知》（粤财法［2003］41号）

（十四）《转发财政部 国家税务总局关于购进烟叶的增值税抵扣政策的通知》（粤财法［2006］142号）

二、根据《财政部 国家税务总局关于资源综合利用及其他产品增值税政策的通知》（财税［2008］156号），废止文件8件

（一）《转发财政部 国家税务总局关于对部分资源产品免征增值税的通知》（粤国税发［1995］194号）

（二）《转发财政部 国家税务总局关于继续对部分资源综合利用产品等实行增值税优惠政策的通知》（粤国税发［1996］087号）

（三）《转发财政部 国家税务总局关于部分资源综合利用及其他产品增值税政策问题的通知》（粤财法［2001］131号）

（四）《转发财政部 国家税务总局关于部分资源综合利用产品增值税政策的补充通知》（粤财法［2004］23号）

（五）《转发国家税务总局关于建材产品征收增值税问题的批复》（粤国税办转字［2003］208号）

（六）《转发国家税务总局对利用废渣生产的水泥熟料享受资源综合利用产品增值税政策的批复》（粤国税办转字

［2003］207号）

（七）《转发国家税务总局关于明确资源综合利用建材产品和废渣范围的通知》（粤国税办转字［2007］127号）

（八）《转发国家税务总局关于利用废液（渣）生产白银增值税问题的批复》（粤国税办转字［2008］52号）

三、根据《财政部 国家税务总局关于再生资源增值税政策的通知》(财税［2008］157号)，明确如下

（一）废止文件5件。

1.《转发财政部 国家税务总局关于废旧物资回收经营业务有关增值税政策的通知》（粤财法［2001］59号）。

2.《转发国家税务总局关于加强废旧物资回收经营单位和使用废旧物资生产企业增值税征收管理的通知》（粤国税发［2004］162号）。

3.《转发国家税务总局关于中国再生资源开发公司废旧物资回收经营业务中有关税收问题的通知》（粤国税办转字［2004］114号）。

4.《转发国家税务总局关于加强废旧物资增值税管理有关问题的通知》（粤国税办转字［2005］200号）。

5.《转发国家税务总局关于废旧物资回收经营企业使用增值税防伪税控一机多票系统开具增值税专用发票有关问题的通知》（粤国税发［2007］75号）。

（二）部分废止文件1件。

《转发〈国家税务总局关于加强海关进口增值税专用缴款书和废旧物资发票管理有关问题的通知〉》（粤国税函［2004］131号）关于废旧物资发票管理的规定。

四、根据《财政部 国家税务总局关于全国实施增值税转型改革若干问题的通知》(财税[2008]170号)，废止文件1件

《转发财政部 国家税务总局关于印发〈汶川地震受灾严重地区扩大增值税抵扣范围暂行办法〉的通知》（粤财法［2008］89号）。

五、根据《财政部 国家税务总局关于金属矿非金属矿采选产品增值税税率的通知》(财税[2008]171号)，废止文件3件

（一）《转发财政部 国家税务总局关于调整金属矿、非金属矿采选产品增值税税率的通知》（粤税发［1994］180号）；

（二）《转发财政部 国家税务总局关于调整工业盐和食用盐增值税税率的通知》（粤财法［2007］103号）；

（三）《转发国家税务总局关于有色金属焙烧矿增值税适用税率问题的通知》（粤国税发［1994］114号）。

六、根据《财政部 国家税务总局关于部分货物适用增值税低税率和简易办法征收增值税政策的通知》(财税[2009]9号)，明确如下

（一）废止文件8件。

1.《转发财政部 国家税务总局关于调整农业产品增值税税率和若干项目征免增值税的通知》(粤税发[1994]152号)。

2.《转发财政部国家税务总局关于自来水征收增值税问题的通知》（粤税发［1994］155号）。

3.《转发国家税务总局关于调整部分按简易办法征收增值税的特定货物销售行为征收率的通知》（粤国税发［1998］272号）。

4.《转发国家税务总局关于商品混凝土实行简易办法征收增值税问题的通知》（粤国税发［2000］79号）。

5.《转发财政部 国家税务总局关于旧货和旧机动车增值税政策的通知》（粤财法［2002］30号）。

6.《转发国家税务总局关于自来水行业增值税政策问题的通知》（粤国税发［2002］149号）。

7.《转发国家税务总局关于商品混凝土征收增值税有关问题的通知》（粤国税办转字［2007］147号）。

8.《转发财政部国家税务总局关于二甲醚增值税适用税率问题的通知》（粤财法［2008］71号）。

（二）部分废止文件1件。

《转发国家税务总局关于印发〈增值税问题解答（之一）〉的通知》（粤国税发［1995］257号）第二条。

广东省淘汰落后水泥生产能力省财政补助资金管理办法

广东省财政厅2009年5月11日印发（粤财工［2009］130号）

第一章　总　则

第一条　为规范和加强省淘汰落后水泥生产能力财政补助资金管理，提高资金使用效益，根据省府办公厅《印发广东省淘汰落后水泥生产能力实施方案的通知》（粤府办［2008］5号）以及省级财政专项资金管理的有关规定，制定本办法。

第二条 本办法所称省财政补助资金，是指省财政给予补助、由地方政府包干统筹用于淘汰落后水泥产能的职工安置、关闭拆除生产线等善后工作相关支出的资金。

第三条 省财政厅会同省经贸委负责对省财政补助资金进行管理和监督。

省经贸委负责组织验收各地落后水泥产能淘汰情况，提出省财政补助资金安排计划并按程序报批，配合省财政厅实施监督检查和开展绩效评价。

省财政厅负责省财政补助资金的预算管理，配合省经贸委组织验收各地落后水泥产能淘汰情况，办理资金拨付手续，对资金使用情况实施监督检查和绩效评价。

第二章 补助原则、范围与标准

第四条 省财政补助资金管理遵循地方政府负责、省财政适当补助和早退多补、迟退少补的原则。

按照地方政府负责、省财政适当补助原则，地方政府应负责按照省政府的统一部署，按期完成落后水泥产能淘汰任务。省财政定额补助到地级以上市，由地方政府包干统筹用于淘汰落后产能退出工作。

按照早退多补、迟退少补，实行省财政补助与地方落后水泥产能淘汰规模、时间挂钩，补助标准逐年递减，鼓励落后水泥产能尽早淘汰。

第五条 省财政对《淘汰落后水泥生产能力责任书》及粤经贸函［2008］1850号所约定的粤北山区、东西两翼地区完成的淘汰落后水泥产能给予补助。补助地区包括清远、韶关、河源、梅州、惠州、肇庆、云浮、阳江、湛江、茂名、江门和潮州等市。

以下四类水泥生产企业不列入省财政补助范围：

（一）无生产许可证的企业；

（二）《国务院办公厅转发国家经贸委关于清理整顿小玻璃厂小水泥厂意见的通知》（国办发［1999］49号）下发后列入关闭淘汰范围而近年又重新投入生产的企业（生产线）；

（三）《工商投资领域制止重复建设目录（第一批）》（原国家经贸委令第14号）施行后未经批准新建的机立窑；

（四）《国务院办公厅转发发展改革委等部门关于制止钢铁电解水泥行业盲目投资若干意见的通知》（国办发［2003］103号）印发后，未经批准擅自对机立窑扩径改造的水泥生产线。

第六条 省财政补助资金具体补助标准为：2007年关闭淘汰的补助15万元/万吨产能，2008～2009年关闭淘汰的补助10万元/万吨产能，2010年关闭淘汰的补助5万元/万吨产能。

第三章 资金申报与审核

第七条 已关闭的落后产能生产企业完全丧失生产能力、已淘汰的落后产能生产线拆除窑体后，申报单位可按程序申请省财政补助，并按规定提交申报资料。

第八条 申报淘汰落后水泥产能省财政补助资金，由申报单位向所在地经贸、财政部门提出申请，地级以上市经贸、财政部门初审、汇总后，联合上报省经贸委和省财政厅。

第九条 省经贸委负责及时组织验收各地落后水泥产能淘汰情况，会同省财政厅提出省财政补助资金安排计划，报省政府批准后下达。

第四章 资金拨付与会计处理

第十条 省财政厅根据省财政补助资金安排计划按规定办理资金拨付手续，资金拨付情况同时抄送省经贸委。

第十一条 地方财政部门应设立淘汰落后水泥产能财政补助资金专户，对补助资金实行专户管理，专账核算。地方财政部门收到省财政补助资金后，应及时足额下拨申报单位，确保落后水泥产能关闭淘汰到位，省财政补助资金拨付到位。

第十二条 申报单位收到省财政补助资金后，应按国家有关规定进行会计处理，专账核算，专款专用。

第五章 监督检查与绩效评价

第十三条 建立省财政补助资金检查制度。省财政厅会同省经贸委等有关部门对淘汰落后水泥产能省财政补助资金使用管理情况进行检查。对弄虚作假骗取、挤占、截留或挪用省财政补助资金等行为，可视情节轻重给予通报、撤销项目补助、追缴项目全部财政资金，并按照《财政违法行为处罚处分条例》（国务院第427号令）的规定进行处理、处罚、处分。

第十四条 建立省财政补助资金绩效评价制度。省财政厅根据有关规定，对淘汰落后水泥产能省财政补助资金的使用开展绩效评价。

第六章 附 则

第十五条 本办法由省财政厅会同省经贸委解释。

第十六条 本办法自印发之日起施行。

广东省重大科技项目专项资金管理暂行办法

广东省财政厅2009年5月31日印发（粤财工［2009］166号）

第一章　总　则

第一条　为规范广东省重大科技项目专项资金的管理，提高资金使用效益，根据省政府《印发广东省省级财政专项资金管理暂行规定的通知》（粤府［2006］37号）、《财政部 国家计委 国家经贸委 科技部关于印发〈产业技术研究与开发资金管理办法〉的通知》（财建［2002］30号）等文件规定，制定本办法。

第二条　本办法所称重大科技项目专项资金（以下简称专项资金），是指为支持广东省产业发展中重大、共性、关键技术研究与开发，推动技术成果转移扩散等高水平重大科技项目，省财政专项设立的产业共性技术、创新药物筛选和评价、节能减排与可再生能源等专项资金。

第三条　专项资金的使用和管理，遵循以下原则：

（一）依法依规，公平公正；

（二）规范管理，专款专用；

（三）统筹安排，突出重点；

（四）加强监管，注重绩效。

第四条　省财政厅负责专项资金管理，审核、下达专项资金计划，办理专项资金拨付手续，会同省科技厅对专项资金使用情况进行监督检查和开展绩效评价工作。

省科技厅负责编制年度工作计划，发布项目指南，对项目计划实施情况进行监督检查；会同省财政厅组织项目申报、评审、招标、验收等工作，审定、下达专项资金项目计划，配合省财政厅开展绩效评价工作。

第二章　专项资金支持重点和开支范围

第五条　专项资金围绕全省重点领域、重点产业的重大科技需求，重点支持以下项目：

（一）对广东省产业发展具有重要支撑作用的关键核心和共性技术攻关；

（二）具有自主知识产权的重大科技成果在广东境内的转化和产业化以及重大创新产品的应用推广；

（三）核心装备及重大战略产品的研发和产业化示范；

（四）重大科技示范工程及科技创新平台建设；

（五）国家重大科技专项在广东的配套项目；

（六）其他符合重大科技专项资金使用范围的项目。

第六条　申报专项资金的项目应当在广东境内实施且符合专项资金支持范围，申报单位必须是依法在我国境内成立，具有独立法人资格、健全的财务管理机构和财务管理制度的科研机构、高等学校、内资或者内资控股企业及其他有关单位。

第七条　专项资金的支持方式采取补助的方式。项目预算经费由省财政厅会同省科技厅视年度专项资金预算情况采取一次性编制预算、滚动支持或一次支持方式。

第八条　专项资金的开支范围包括项目管理费、项目费、其他费用：

（一）项目管理费：是指有关单位为管理重大科技项目而发生的支出。主要包括：编制项目指南，组织项目的评审、招标、后评估等过程中支付的费用。此项费用由省财政厅按规定核定后使用。

（二）项目费：是指重大科技项目研究开发过程中所发生的费用，一般包括：人工费、设备费、燃料动力费、租赁费、试验费、材料费、委托开发费、鉴定验收费等。

（三）其他费用：经省财政厅批准开支的与重大科技项目研究开发有关的其他支出。此项费用由省财政厅按规定核定后使用。

第三章　项目申报和审核

第九条　省科技厅会同省财政厅制定和发布年度《广东省重大科技专项申报指南》，明确年度重点支持范围和具体要求。

第十条　项目申报单位按照本办法和年度申报指南的要求，准备和提供相应的申请材料或投标文件，并保证申请材料真实可靠。申请项目须具备以下条件：

（一）项目符合国家、省产业政策及申报或招标指南的要求，实施地和成果转化地在广东省境内；

（二）申报单位两家以上的，须合作基础良好且签订了合作协议；

（三）申报单位具有较强的技术实力或者较高的科研水平，并有一定人员、资金或设备投入；

（四）项目资金预算合理可行；

（五）地方财政承诺提供并落实足额配套经费；

（六）省财政厅、科技厅认为应当具备的其他条件。

第十一条　项目申报单位属省属单位的，由省级有关部门组织申报，并对申报项目资料审核后向省科技厅和省财政厅推荐。属市县单位的，由所在地同级科技部门会同财政部门组织申报，并对申报项目资料审核后向省科技厅和省财政厅推荐；市县单位项目在申报省科技厅和省财政厅的同时，应抄报所在地级以上市科技部门和财政部门备案。

第十二条　省科技厅会同省财政厅组织专家或委托中介机构组织专家（包括同行专家、财务管理专家、科技管理专家及科技发展战略专家）对项目申请或投标材料进行评审和论证。评审和论证结果作为重大科技专项立项决策以及总预算控制的重要依据。

第十三条　省科技厅会同省财政厅根据评审和论证意见进行综合平衡，审定支持项目及其预算，下达专项资金项目计划或中标通知书，并通知项目承担单位编制项目预算。

第四章　资金拨付和会计处理

第十四条　省财政厅根据下达的项目资金计划，按规定办理资金拨付手续。属省属单位的，直接拨付到省级有关部门；属市县项目的，由省财政厅通过财政部门逐级下拨。已纳入国库集中支付的项目承担单位，由各级财政部门实行国库集中支付。

省级有关部门和市县级财政部门收到专项资金后，必须及时下拨到项目承担单位，不得截留、挪用。

第十五条　省级有关部门、市县级财政部门拨付资金后，应督促项目承担单位按有关规定进行会计处理。

项目承担单位收到补助资金，应作为专项应付款反映，并分别按照企业、行政或者事业单位会计制度，进行核算。形成资产部分，计入资本公积，不能形成资产部分，按现行有关会计制度规定处理。国家另有新规定的，从其规定。

第五章　监督和检查

第十六条　省科技厅负责项目的日常监督管理和验收工作，制订项目监督管理和验收的工作规范，组织实施项目监督管理和验收工作，分析总结项目执行情况。省财政厅负责对专项资金的管理、使用进行监督检查，参与项目的验收工作。

第十七条　地级以上市科技部门、财政部门负责当地专项资金项目的日常监督管理工作，并向省科技厅、省财政厅定期报告项目的执行情况。

第十八条　建立专项资金管理、使用检查制度。省科技厅、省财政厅按规定对项目实施情况进行检查，发现问题及时纠正。对项目的监督检查应依法办事，不得违法干预项目承担单位的正常工作。

第十九条　建立专项资金绩效评价制度。省科技厅按规定对专项资金使用情况实施绩效自评，省财政厅视情况组织开展重点绩效评价。

第二十条　对专项资金使用、管理中发生的擅自改变专项资金用途，或者骗取、挪用专项资金等行为，按《财政违法行为处罚处分条例》规定进行处理、处罚、处分。

第六章　附　则

第二十一条　本办法由省财政厅会同省科技厅负责解释。

第二十二条　本办法自印发之日起实施。

实施促进经济平稳较快发展的积极财政政策资金管理办法

广东省财政厅2009年6月10日印发（粤财预［2009］75号）

为贯彻党中央、国务院扩大内需政策措施，落实省政府《关于进一步加大投资力度扩大内需促进经济平稳较快发展的若干意见》（粤府［2008］98号）的要求，经报请省政府同意，省财政统筹使用2009～2012年各项支持经济社会发展的资金，同时多方筹措资金，集中投入财政性资金近1 000亿元，加大投入力度，有效促进经济平稳较快发展。

为加强资金管理，提高资金使用效益，保证实施积极财政政策各项资金安全、高效运转，根据《中华人民共和国预算法》、《中华人民共和国预算法实施条例》、《广东省预算审批监督条例》以及预算管理有关制度规定，制订本资金管理办法。

第一章　总　则

第一条　实施促进经济平稳较快发展的积极财政政策资金（以下简称“资金”），是指经省政府批准，纳入滚动预算安排，在2009年集中拨付使用的相关省级财政专项资金。

第二条　资金管理应遵循以下原则：

（一）依法设立。纳入积极财政政策实施范围的各项资金，必须具有明确的法律、法规、规章或政策规定的安排依据。需由预算安排的，应在各预算安排年度按预算编报审批程序报经省人大审议，依法依规设立。

（二）规范管理。资金的使用单位、主管部门和各级财政部门，必须按照国家法律法规的要求加强对资金的管理，制订相应的管理办法，明确资金绩效目标、使用范围、使用时限、分配办法、审批程序和监督评价等，资金的使用单位应严格按照程序申请、请拨资金，按照经批准的用途开支款项，不得挤占、截留、挪作他用。

（三）滚动安排。资金实行滚动预算管理，根据中央和省实施扩大内需、促进经济增长政策的情况集中拨付使用，集中发挥使用效益。省级各有关部门应编制滚动资金使用计划，按照确定的投向及重点明确支持项目，并视项目实施需要对以后年度安排的资金采取预拨、垫付等方式提前拨付资金；资金使用单位按照批准的滚动资金使用计划使用和管理资金；各级财政部门在科学分析、合理预测的基础上做好资金调度安排工作。

（四）注重效率。在严格管理的前提下采取有效措施提高资金分配和使用的效率，按照“特事特办、急事急办”的原则，加快资金拨付进度，尽快发挥财政资金的使用效益。

（五）保障安全。按照“事前审核、事中检查、事后评价”的要求，严格实施对资金使用全过程的监督控制，把资金的分配使用、监督检查与绩效评价结合起来，确保资金按规定用途合理使用，发挥促进经济平稳较快发展的积极作用。

（六）围绕中心任务、突出安排重点。保持经济平稳较快发展是广东省当前的首要任务，扩大内需是保增长的根本途径，有效扩大投资需求和消费需求是扩大内需的中心工作，加快推进重大项目建设是扩大内需工作的重中之重。广东省财政资金的安排必须围绕扩大内需的中心工作，突出以重大项目建设为重点。资金管理工作应与相关管理部门充分沟通，紧密结合中央和省相关投资政策，才能与中央的有关政策配合协调、形成合力，发挥政府投资的示范带动作用，避免财政资金的分散使用。

第三条　省财政厅负责资金的年度预算编报、滚动资金使用计划审核、资金拨付、绩效评价和监督管理等工作；省级各有关主管部门负责本系统年度预算和滚动资金使用计划的汇总编报、资金申请、拨付和使用的审核，以及管理监督等工作；各有关预算单位和项目实施单位负责按照滚动资金使用计划申请和使用资金，并按规定做好有关会计核算工作。

第二章　计划管理

第四条　省级有关预算单位、主管部门根据省政府批准的纳入积极财政政策实施范围的各项资金及实施年限，结合中央和广东省扩大内需政策的实施情况以及本部门、本单位的工作实际，科学、合理编制滚动资金使用计划，内容包括各年度预算资金安排数额、扶持方向及安排项目等，报省财政厅审核。滚动资金使用计划的编制具体要求，省财政厅另行布置。

第五条　省财政厅对各部门报送的滚动资金使用计划进行汇总审核，报请省政府批准后批复给省级有关部门。对于个别拨付时间要求较紧的资金，可单项报请省政府批准。

第六条　滚动资金使用计划一经省政府批准，原则上不得擅自调整。确需调整的，由省级有关部门以正式公文的形式书面向省财政厅提出申请，详细说明变更内容、背景、原因等有关情况。省财政厅审核后批复省级有关部门执行，变更范围较广、金额较大的重大事项变更，需专项报请省政府批准。

第七条　纳入滚动资金使用计划的资金，需纳入以后年度预算分年安排的，在每一预算安排年度，由省级有关预算单位、主管部门按预算编报程序规定，向省财政厅报送年度预算收支计划。省财政厅汇总各部门、各单位预算收支计划后，将有关资金列入省级预算草案（其中，属于省级单位使用的资金列入年度部门预算），按预算审批监督程序报请省人大批准。

第三章　资金申请

第八条　根据批复后的年度预算及滚动资金使用计划，各项目实施单位根据项目建设进度，经主管部门汇总审核后，向省财政厅提出资金拨付申请，其中，需纳入国库集中支付的资金应按国库集中支付程序办理申报。

第九条　省级有关部门（单位）应尽早落实好资金使用的各项前期工作，需调整资金原有支出结构和使用方向、实施重点扶持的，应尽早按程序办理报批手续；资金扶持项目需办理项目论证、规划选址、用地审批、环评审批等前期工作的，有关部门（单位）应按规定程序尽早办理落实。项目各项前期工作按照法律法规规定的要求办理审批后，符合开工、动工条件的，方可申请拨付财政资金。

第十条　以财政性资金为还款保证，由项目实施单位或其主管部门向商业银行贷款的，有关部门和单位要按照法律要求签订贷款协议，确定还款计划。

第四章　资金拨付

第十一条　在滚动资金使用计划内，省财政厅根据用款单位性质、预算管理级次以及用款进度，结合项目前期工作审批情况，办理预算下达和资金拨付手续：

（一）用款单位属省级单位的，对已纳入国库集中支付范围的款项，应按照国库集中支付有关规定办理资金拨付，其中属政府采购范围的，应按照政府采购的有关规定办理；对未纳入国库集中支付范围的款项，由省财政厅将款项拨付到省级单位或用款单位。

（二）用款单位属市县单位的，由省财政厅向其所属地级以上市财政局下达资金文件，地级以上市财政局收到文件后办理预算下达和资金拨付；纳入集中支付的省级财政对市、县（区）级财政特定专项补助资金，按照国库集中支付有关规定办理。

（三）用款单位属中直驻粤单位或其他与省财政没有正常经费划拨关系的，由省财政厅直接将款项拨付到用款单位或采取集中支付的方式将款项拨付到承建单位或设备供应商。

第十二条 省级各有关部门（单位）、各级财政部门应按规定及时足额将资金拨付到项目建设单位，确保资金及时发挥效益，严禁人为滞留、挤占或挪用资金。

第十三条 资金扶持项目需安排配套资金，各单位、各部门和各级财政要加强资金来源管理，确保配套资金及时足额到位。配套资金不落实或长期不能到位的，财政部门有权缓拨或停拨资金。

第五章 资金使用

第十四条 省级主管部门和预算单位必须加强对资金使用的管理，严格执行预算，将专项资金的各项支出切实控制在省政府批准的使用范围，并按照国家有关规定进行会计核算，严格执行国家及省的财务规章制度。资金安排是基建支出的，必须明确预算安排要以投资项目的计划为先导。

第十五条 预算年度终了后，资金使用单位应根据年度决算的工作要求，及时将资金支出情况按预算科目编列年度财务决算报表，报送各级财政部门。

第十六条 对于以前年度已预拨、垫付的资金，省人大审议通过当年预算并经省财政厅批复后，省级有关部门、地市财政局应及时办理转账列支手续。对于年度预算安排与实际资金拨付存在差异的，应按省人大批准的预算办理账务调整手续，必要时按规定程序追缴已拨付的资金。

第十七条 对于地方财政配套资金来源不能落实或明显超过项目建设单位或地方财政承受能力的，项目审批单位要相应调减项目，压缩投资规模。省级有关主管部门相应调整滚动资金使用计划，按程序报批。

第十八条 省级有关主管部门和各级财政部门要建立资金使用情况汇报制度，定期向省财政厅汇总报送本部门、本地区资金拨付和使用情况，具体要求另行通知。

第六章 绩效评价和监督检查

第十九条 建立项目绩效目标审核制度。用款单位申报专项资金时应提出项目预期要达到的绩效目标及相关评价指标，经主管部门初审后，报省财政厅审批批复，作为开展绩效评价工作的重要依据。

第二十条 省级主管部门要按照规定和要求，组织各资金使用单位对专项资金使用绩效进行自评。必要时，省财政厅可组织对项目资金使用情况进行重点绩效评价。

第二十一条 省级主管部门要加强对本部门（本系统）管理使用资金情况的检查，及时反映和纠正存在的问题。项目建设单位要定期向上级主管部门和同级财政部门反馈资金使用过程中发现的情况和问题。

第二十二条 各级纪检监察机关负责对资金的管理使用情况，以及有关部门履行职责的情况开展专项检查，对违纪违法的单位和个人要追究党纪政纪责任；各级发展改革部门负责监督检查建设项目计划的执行，并按规定开展项目稽查工作；各级财政、审计等监督部门对省级部门及用款单位在资金预算执行、资金使用和财务管理等方面进行监督检查，如发现有截留、挤占、挪用省级财政专项资金或其他财政违法行为的，依据《财政违法行为处罚处分条例》及其他有关规定处理，并追究该部门（单位）和责任人员的法律责任。

第七章 附 则

第二十三条 本规定由省财政厅负责解释。

第二十四条 本规定自公布之日起实施。

广东省水利工程管理单位体制改革省级财力性奖补资金管理办法

广东省财政厅2009年6月10日印发（粤财农［2009］286号）

第一章　总　则

第一条　为引导和促进市县加大资金筹集力度，彻底解决广东省水利工程管理单位（以下简称“水管单位”）体制改革历史遗留问题，进一步促进水管单位管理水平的提高，确保有关水利工程安全，省级财政安排市、县水管单位体制改革财力性奖补资金（以下简称“财力性奖补资金”）。为规范财力性奖补资金的申报审批和使用管理，根据有关规定，特制定本办法。

第二条　本办法所称的财力性奖补资金，是指省级财政根据全省市县解决水管单位历史遗留问题（主要指解决职工社保欠费问题，下同）自筹资金的落实情况，以奖补方式安排给有关市县，专项用于解决水管单位体制改革历史遗留问题的补助资金。

第三条　有关市县应通过财政预算安排、足额征收水利规费以及通过社会捐款等多种渠道和多种方式足额筹集应由市县自筹的资金，加快解决水管单位体制改革历史遗留问题。

第二章　奖补范围、标准和方式

第四条　奖补范围

除珠江三角洲地区广州、深圳、珠海、佛山、东莞、中山6个市以外的全省其余15个市列入水管单位体制改革范围的水利工程管理单位。

第五条　奖补标准和方式

（一）奖补标准。列入水管体制改革范围的水管单位，按其职工社保欠费总额的50%，作为有关市县财力性奖补资金的可安排额度。职工社保欠费总额以2007年各市县水利部门报送省水利厅审核统计的社保欠费额为准（不含滞纳金，下同）。

（二）奖补方式。

1. 以自2005年启动水管体制改革以来，有关市、县政府（水行政主管部门或管理单位）为解决水管单位职工社保欠费实际已落实到位的资金作为安排的前置条件。

2. 由市、县水利部门会同级财政部门向省水利厅、省财政厅提出申请，提供社保部门出具的已补缴职工社保欠费的收费证明复印件、缴费职工花名册（由社保部门加具“与原件相符”意见，并盖公章确认）等有效凭证。

3. 由省水利厅会同省财政厅对有关有效凭证进行审核，省按审核确认的补缴金额，在有关市县财力性奖补资金的可安排额度内等额安排财力性奖补资金。

4. 市、县实际补缴水管单位职工社保欠费资金截至2011年12月30日，市、县向省申报财力性奖补资金时间截至2012年2月29日。因超过截止时间仍不能提供有效凭证而没有拨付的财力性奖补资金，由省统筹调整安排。

第三章　资金用途和资金拨付

第六条　资金用途

财力性奖补资金专项用于解决水管单位职工社保欠费等体制改革遗留问题，不得用于其他用途。

第七条　资金拨付

（一）财力性奖补资金按半年申报和拨付。每年上半年和下半年终了后30个工作日内，由市县水利（水务）局、财政局联合向省水利厅、省财政厅提出申请，并附市县实际补缴水管单位职工社保欠费的有效凭证，经省水利厅会同省财政厅审核确认后，由省财政厅拨付。

（二）财力性奖补资金实行专户管理。由省财政厅按隶属关系，直接拨付至水管单位所属的有关地级市或县（市、区）设立的水利资金专户。

（三）财力性奖补资金拨付给市属水利工程管理单位的，一律由市财政实行国库集中支付；拨付给县（市、区）水利工程管理单位的，原则上由县（市、区）财政实行国库集中支付，确不具备国库集中支付条件的，按省财政厅《关于印发〈广东省财政支农专项资金报账制实施办法〉的通知》（粤财农［2005］117号）的有关规定拨付。

第四章　部门职责

第八条　水行政主管部门

（一）省水利厅职责。包括：

1. 会同省财政厅组织市县申报财力性奖补资金；

2. 会同省财政厅审核市县补缴水管单位职工社保欠费

有效凭证；

3. 加强对资金使用的监督管理，组织抽查财力性奖补资金使用情况，督促市县水利部门按规定用途使用；

4. 督促市、县按期解决水管单位历史欠账问题。

（二）市、县水利部门职责。包括：

1. 多渠道筹集解决水管单位职工社保欠费资金；

2. 会同财政、社保部门按规定申报财力性奖补资金，并对报送资料的真实性负责；

3. 根据国库集中支付和财政报账制的有关规定，对水管单位申请支付资金的材料和报账凭证进行审核，保证材料和凭证真实、合规和完整；

4. 组织检查资金使用情况。

第九条 财政部门

（一）省财政厅职责。包括：

1. 筹集财力性奖补资金；

2. 对省水利厅提出的财力性奖补资金安排计划，以及市县提供的有效凭证进行合规性审核；

3. 及时下达财力性奖补资金；

4. 加强对财力性奖补资金的监督管理。

（二）市、县财政部门职责。包括：

1. 筹集解决水管单位职工社保欠费财政性资金；

2. 对财力性奖补资金申报材料的合规性进行审核，并会同同级水利部门联合申报财力性奖补资金；

3. 按规定及时拨付财力性奖补资金；

4. 根据国库集中支付和财政报账制的有关规定及时审核、拨付资金；

5. 加强对财力性奖补资金的监督管理，督促水利部门和水管单位按规定使用财力性奖补资金。

第五章 监督管理

第十条 监督管理

（一）财力性奖补资金只能用于解决水管单位职工社保欠费，任何单位和个人均不得截留、挤占或挪用财力性奖补资金。

（二）各级财政、水利部门按职能分工对财力性奖补资金的使用、拨付及管理情况进行检查监督，对有截留、挤占或挪用财力性奖补资金等违反本条第（一）款规定行为的单位和个人，按照国务院《财政违法行为处罚处分条例》的规定进行处罚；同时，省不再拨付相关单位和所在市、县（市、区）余下未拨的财力性奖补资金。

第六章 附 则

第十一条 本办法由省财政厅和省水利厅负责解释。

第十二条 本办法自印发之日起实施。

广东省农村中小学校舍维修改造长效机制专项资金管理暂行办法

广东省财政厅2009年6月15日印发（粤财教［2009］85号）

第一条 根据《国务院关于深化农村义务教育经费保障机制改革的通知》（国发［2005］43号）和省政府《关于贯彻落实国务院深化农村义务教育经费保障机制改革的意见》（粤府［2006］130号）的精神，为保障广东省农村（含县镇）义务教育阶段公办学校（含特殊学校，以下简称农村中小学）校舍安全，持续改善办学条件，省政府决定，从2008年起建立农村中小学校舍维修改造长效机制。为确保长效机制的落实，加强农村中小学校舍维修改造专项资金（以下简称专项资金）管理，提高专项资金使用效益，根据《财政部、教育部关于印发〈农村中小学校舍维修改造专项资金管理暂行办法〉（试行）的通知》（财教［2006］6号）等有关规定，结合广东省实际，制定本办法。

第二条 专项资金主要用于义务教育阶段农村中小学教学及教学辅助用房、办公用房、生活用房等校舍的维修改造，重点用于C、D级危房改造，不得用于偿还债务或挪作他用。农村中小学的范围根据学校所在地确定。省财政厅、省教育厅可根据实际需要统一调整专项资金的用途。

第三条 专项资金由省、市、县三级财政预算安排。

专项资金根据上年度农村中小学教育事业统计的在校生人数和规定的补助标准予以安排。2008年，补助标准为小学生每生每年30元、初中生每生每年50元，2009年后生均标准每年相应增加10元，到2013年小学生每生每年80元，初中生每生每年100元。有条件的市、县可以适当提高补助标准。

东西两翼和粤北山区14个地级市的县（市、区）及江门恩平市的专项资金，按上述标准由省财政负担

50%，市、县负担50%，江门台山、开平市由省财政负担35%，市、县负担65%（市、县具体承担比例由地级市明确）。珠三角地区的专项资金由地方自行承担，省财政将根据财力状况以及校舍维修改造成效等情况，给予适当奖励。

各级财政安排的专项资金纳入教育财政专户统一管理。省财政承担资金应于每年5月底前全部拨付到各县（市、区）教育财政专户，市、县承担资金最迟应于省补助资金到位后一个月内足额拨付到相应教育财政专户。珠三角地区的专项资金参照省财政到位时间执行。

第四条 专项资金实行计划管理和项目管理，安排和使用程序如下：

（一）学校申请。每年1月底前，当年需要维修改造校舍的学校应向县（市、区）教育行政部门提出申请，填报《广东省农村中小学校舍维修专项资金申请书》（附表1），提交县级以上（含县级）房屋安全鉴定部门出具的《中小学校舍安全鉴定报告》或其他相关材料。农村中小学校舍安全鉴定所需经费在学校公用经费中开支。

（二）编制计划。县（市、区）教育行政部门根据学校申请，结合专项资金规模，按收支平衡、略有结余的原则，区分轻重缓急，在全县（市、区）范围内统筹规划，于每年4月底前编制本年度农村中小学校舍维修改造计划报同级财政部门。

（三）下达预算。根据县（市、区）教育行政部门编制的维修改造计划，县（市、区）财政部门于5月底前下达专项资金预算。

（四）组织实施。校舍维修改造的组织实施以县为主，具体由县（市、区）教育行政部门或者当地政府指定的部门（机构）负责组织实施；有维修改造项目的学校负责及时提供施工场地、加强师生安全教育，协助做好工程质量监督工作。

（五）资金拨付。专项资金实行财政分账核算管理，封闭运行，按专项资金支出计划和项目建设进度拨付资金，集中支付，直接支付给工程施工单位、商品供应商和服务提供者，不得下拨至乡镇和学校。

第五条 市县财政、教育部门和项目学校应严格按专项资金项目预算执行。

年度中发生维修改造计划之外的应急性校舍维修任务，市县财政、教育部门应调度资金先予维修，再列入下年度维修改造计划。

第六条 负责校舍维修改造组织实施工作的部门或机构，要严格按照国家规定的程序和有关建筑工程技术标准、规范和管理制度，组织工程管理和质量监督，确保工程质量。农村中小学校舍的维修改造要因地制宜，本着安全、经济、实用的原则，严格按照国家相关法律及规范的要求组织实施。建筑设计、施工、监理单位必须具有国家认定的资质，要坚持先勘察、后设计、再施工。

第七条 农村中小学校舍维修改造资金实行项目公示、工程预算和竣工决算审计制度，严格控制支出，提高资金使用效益。县级财政、教育部门要按照《政府采购法》和《招标投标法》等有关规定，对校舍维修改造项目实行政府采购。

第八条 建立校舍安全预警体系，认真落实校舍定期查勘鉴定制度。农村中小学要加强校舍日常安全检查，发现险情及时报告当地教育行政部门。地方各级教育部门要掌握本地区中小学校舍安全情况，并及时列入维修改造计划，组织维修改造。

第九条 建立校舍安全管理目标责任制度和资金使用情况汇报制度。每年5月份，县（市、区）级教育部门应将本年度维修改造计划（包括附表2、3、4）报地级以上市教育部门备案，地级以上市教育部门汇总后，于5月底前报省教育厅备案；次年1月底，县（市、区）级教育、财政部门应将上年度维修改造项目完成情况（包括附表2、3、4）和资金使用情况报地级以上市教育、财政部门，地级以上市教育、财政部门汇总后，于2月15日前报省教育厅、省财政厅。

第十条 建立校舍维修改造资金使用的绩效评价制度。对资金落实到位和维修改造成效突出的地区给予奖励，在安排下一年度专项资金时予以倾斜；对因工作不力、保障措施不到位，市、县承担的资金不按时到位，或挤占、挪用、截留专项资金，造成校舍安全责任事故的县，将扣减专项资金，并按照《财政违法行为处罚处分条例》等有关规定进行查处。

第十一条 市、县财政、教育部门可以依据本办法，制定实施细则，并报省财政厅、省教育厅备案。

第十二条 本办法由省财政厅、省教育厅负责解释，自公布之日起施行。

附表：1. 广东省农村中小学校舍维修专项资金申请书

2. ________年度______县（市、区）农村中小学危房校舍拆除计划及完成情况统计表（略）

3. ________年度______县（市、区）农村中小学危房校舍维修项目计划及完成情况统计表（略）

4. ________年度______县（市、区）农村中小学新建项目计划及完成情况统计表（略）

附表1：

广东省农村中小学校舍维修专项资金申请书

申报学校（盖章）：　　　　　　　　　　　　　　　　　　　　　　　　　　　年　　月　　日

学校地址		负责人		联系电话	
在校生（人）		班数（个）		现有校舍（平方米）	
危房名称		建筑面积（平方米）		危险等级	
危房结构形式		危房用途		危房使用状态	
维修改造性质		计划维修改造时间		总投资（元）	
维修改造内容					
申请专项资金（元）					

说明：

1. 在校生：指义务教育阶段学生人数；
2. 现有校舍：不包括拟拆除的危房和产权属于个人的房改房；
3. 危险等级：依据《中小学校舍安全鉴定报告》填写；
4. 危房结构形式：可分为框架结构、砖混结构、砖木结构、土木结构等；
5. 危房用途：按照《农村普通中小学校建设标准（建标109－2008）》中的项目构成分类填写；
6. 危房使用状态：可分为在用和闲置；
7. 维修改造性质：可分为拆除重建和维修加固；
8. 维修改造内容：属拆除重建的，应填写计划新建校舍的用途、建设规模、建设地址、建设用地落实情况、计划开工时间和竣工时间等；属维修加固的，应填写主要维修加固方案，包括维修加固部位、工程量、计划开工时间和竣工时间等。可另附具体维修方案。

关于自然灾害生活救助资金管理的暂行办法

广东省民政厅　广东省监察厅　广东省财政厅　广东省审计厅

2009年6月25日发布（粤民救［2009］12号）

第一章　总　则

第一条　为加强自然灾害生活救助资金（以下简称救灾资金）的管理，规范资金使用行为，保障灾民基本生活，维护灾区社会稳定，根据国家和广东省有关法律法规及财务规章制度，制定本办法。

第二条　全省行政区域内救灾资金的管理，适用本办法。

第三条　救灾资金是指：中央和地方各级财政安排的用于自然灾害生活救助资金，包括自然灾害救灾应急资金、生活补助资金、灾民倒塌住房恢复重建补助资金、救灾物资储备资金等项资金。

第四条　救灾资金使用管理遵循以下基本原则：

（一）分级管理，分级负担；

（二）专款专用，重点使用；

（三）公开、公平、公正。

第二章　救灾资金使用范围与标准

第五条　救灾资金的使用范围：

（一）解决灾民无力克服的衣、食、住、医等生活困难；

（二）紧急抢救、转移安置灾民；

（三）灾民倒塌房屋恢复重建；

（四）紧急采购、运输生活类救灾物资；

（五）储备、运输生活类救灾物资（中央和省下拨的救灾资金除外）；

（六）国务院和省人民政府规定可直接用于灾民救助的其他支出。

第六条　自然灾害生活救助标准：

（一）紧急转移救济费每人每天一般不超过10元。

（二）口粮救助：每人每天500克大米。

（三）衣被救助：保证灾民有衣穿，重点救助御寒衣被。

（四）伤病救助：根据伤病和家庭困难程度适当救助。

（五）省、市、县（市、区）各级财政对因灾全倒户恢复重建给予适当补助。

国家出台新救助标准时，按国家的新标准执行。

第三章　工作职责

第七条　各级财政部门负责编制本级救灾资金预算，审核救灾资金分配方案，并会同本级民政部门严格按本办法第十四条的规定下拨资金。

第八条　各级民政部门负责核查灾情并制订救灾资金分配方案。

第九条　各级审计部门负责审计救灾资金管理使用情况。

第十条　各级监察部门参与救灾资金监察，并对违法违纪人员及时进行查处。

第十一条　各级财政、民政、审计、监察等部门应加强配合，做好救灾资金的监督检查工作。

第四章　救灾资金申请、拨付、发放程序

第十二条　市、县（市）遭受重、特大自然灾害，省级予以适当补助。省级救灾资金应由地级以上市人民政府向省人民政府申请，或地级以上市民政、财政部门联合向省民政厅、省财政厅提出书面申请。

救灾应急资金请示内容：紧急转移安置灾民数量、因灾倒塌房屋数量、需衣被救济人口数量、需治病救济人口数量、损坏房屋数量，地方各级政府已投入和计划安排的新灾救济资金数量。

冬春灾民生活救助资金请示内容：农作物受灾情况、因灾减产粮食数量、缺粮人口数量、缺粮数量、需口粮救济人口数量、需救济粮数量、需衣被救济人口数量、需治病救济人口数量、地方各级政府已投入和计划安排的救助资金数量。

第十三条　救灾资金由民政部门根据核查后的灾情提出分配方案，会同本级财政部门共同下拨。

第十四条　救灾资金拨付时限：

（一）救灾应急资金：

1. 地级以上市财政、民政部门应在收到省财政厅、省民政厅救灾资金后5个工作日内下拨到县级；

2. 县级财政、民政部门应在收到地级市救灾资金后5个工作日内下拨到灾区；

3. 乡（镇）人民政府（街道办事处）接到县级救灾资金后5个工作日内发放到户（人）。

（二）冬春灾民生活救助资金和灾民倒塌房屋恢复重建补助资金：

1. 地级以上市财政、民政部门应在收到省财政厅、省民政厅下拨资金后6个工作日内下拨到县级；

2. 县级财政、民政部门应在收到地级市救灾资金后6个工作日内下拨到灾区；

3. 乡（镇）人民政府（街道办事处）接到县级救灾资金后8个工作日内发放到户（人）。

第十五条　救灾资金发放，实行“三公开、一监督”制度。乡（镇）人民政府（街道办事处）社会事务办负责组织村（居）民委员会在村（居）务公开栏，公开以下内容（公示时间不得少于3天）：

（一）张榜公示灾民的姓名、受灾情况；

（二）张榜公示各项救助标准；

（三）张榜公示有救助对象签名的救灾资金台账。

（四）自觉接受社会和群众监督。

第十六条　救灾资金实行社会化方式发放。灾害救助对象持灾民临时救助卡到乡（镇）人民政府（街道办事处）或者县级人民政府民政部门指定的银行（信用社）领取灾民救助金。交通不便地区的灾民和无能力领取救灾资金的老弱病残人员，可以书面委托亲属或者村（居）民委员会成员代领；对个别无法书面委托的，发放单位可在核实登记后发给代领人，乡（镇）人民政府（街道办事处）核实登记，并在发放15日内上门随访确认。

第十七条　救灾资金发放要建立专账，完善资金申请、审批、领取等手续。补助资金发放要登记造册，内容包括：受灾人员姓名、家庭住址、身份证号码、发放金额、发放物资数量等情况，并做到账册清楚，账表相符。

第五章　救灾资金管理和监督检查

第十八条　各级财政、民政部门要切实加强救灾资金管理，对救灾资金实行专账核算，结转使用，不得擅自扩大救灾资金使用范围，确保专款专用和重点使用。

第十九条　救灾资金分配使用实行报告和检查制度。市、县（市、区）财政、民政部门应按要求及时向上一级财政、民政部门报告救灾资金的下拨和发放情况；各级财政、民政等部门应加强对灾区救灾资金使用管理情况进行检查，及时处理和纠正存在的问题。

第二十条　救灾资金管理使用情况应自觉接受各级审计部门和财政部驻广东专员办事处的监督检查。

第六章　违纪行为惩处

第二十一条　各级民政、财政部门及参与救灾资金发放的单位和个人，违反本办法构成犯罪的，依法追究刑事责任；违反本办法有下列行为之一，未构成犯罪的，对单位给予通报批评，对个人给予行政处分并由发放单位追缴违规使用的救灾资金。

（一）救灾资金下拨或者发放不及时，影响灾民生活，造成严重后果的；

（二）滞拨、截留、拖欠、冒领、骗取救灾资金的；

（三）虚列、虚支或者改变救灾资金用途的；

（四）因管理不善致使资金遗失的；

（五）其他弄虚作假、滥用职权、玩忽职守、徇私舞弊的。

第七章　附　则

第二十二条　各地可根据本办法制定实施细则。

第二十三条　本办法由省民政厅会同省监察厅、省财政厅、省审计厅负责解释。

第二十四条　本办法自2009年7月25日起施行。

广东省基础教育以奖代补资金管理暂行办法

广东省财政厅2009年7月29日印发（粤财教［2009］136号）

第一条　为规范省财政基础教育以奖代补资金（以下简称“以奖代补资金”）的分配与管理，支持各地加大基础教育投入，引导资金合理投向，提高基础教育资金管理水平，推进义务教育经费保障机制改革，促进基础教育事业健康发展，制定本办法。

第二条　以奖代补资金是指省财政为褒奖教育财政工作成绩显著、基础教育发展良好的地级以上市、县（市、区）而专门安排的资金，主要用于各地基础教育特别是农村义务教育中小学改善办学条件，不得用于人员经费和偿还债务等方面的开支。

第三条　以奖代补资金的分配，坚持客观、规范、公平、效率的原则，主要考虑以下几类因素：

（一）财力因素（50%），包含2个子因素：

1. 人均财力状况（30%）。差异系数计算公式：全省人均可支配财力除以某地区人均可支配财力/∑全省人均可支配财力除以某地区人均可支配财力。

2. 中小学教育支出（20%）。差异系数计算公式：某地区基础教育支出/全省基础教育支出。

（二）中小学发展规模因素（30%），包含3个子因素：

1. 学校数（10%）。差异系数计算公式：某地区学校数/全省学校数。

2. 在校学生规模（10%）。差异系数计算公式：某地区中小学在校学生数/全省中小学在校学生数。

3. 生均校舍面积（10%）。差异系数计算公式：某地区生均校舍面积/∑某地区生均校舍面积。

（三）其他因素（20%）

主要考核各地普及高中阶段教育、义务教育经费保障机制、中小学校舍维修改造长效机制、中小学教师工资福利待遇保障机制等各项基础教育工作开展情况和效果，结合资金监督管理、材料是否及时上报等方面的情况，综合考虑对各地奖补资金的分配。

第四条　以奖代补资金控制数计算公式为：控制数=以奖代补资金总额×∑（某地区各因素差异系数×各项因素所占比重）

第五条　各地收到省财政厅下达的以奖代补资金控制数后，于每年6月底前以地级以上市财政局文件上报备选项目学校申报项目资金（表格附后）。在申报项目资金时，同时申报项目资金绩效目标。

第六条　省财政厅根据各地上报的备选项目学校，结合控制数下达资金预算。

各地获得的省财政以奖代补资金，要按照申请资金文件中所规定的用途全部安排用于项目学校，不得用于平衡预算。

第七条　省财政对以奖代补资金的使用情况实施绩效评价。各地财政部门要按照《广东省财政支出绩效评价试行方案》等文件的规定和要求，于每年6月底前将上一年以奖代补资金使用情况和绩效自评报告上报省财政厅。省对资金落实到位和资金使用成效突出的地区将给予通报表扬；对因工作不力、措施不到位，挤占、挪用、截留、滞留资金，或弄虚作假、套取资金的，将严肃查处，情节严重的，省财政将扣减奖补资金，并依法依规追究相关责任人员的责任。

第八条　本办法由省财政厅负责解释，自印发之日起　　施行。

关于省级基层预算单位全面推行公务卡改革有关事项的通知

广东省财政厅2009年6月29日印发（粤财库［2009］31号）

省直有关单位，中国工商银行广东省分行、中国农业银行广东省分行、中国建设银行广东省分行、交通银行广州市分行：

经报省政府批准，省级公务卡改革自2008年1月正式启动后，已在省级一级预算单位本部全面推开。截至2009年5月底，115家一级预算单位共开办公务卡约1.1万张，持卡消费约6万笔，金额约8 200万元，其中办理公务支出8 100多笔，金额超过1 600万元。目前，此项工作已取得预期成效。按照中央纪委、财政部和中国人民银行2008年1月联合召开的全国公务卡改革试点电视电话会议提出的改革目标和要求，为进一步深化国库集中支付制度改革，充分发挥公务卡在规范财政财务管理，提高公务支出透明度等方面的作用，公务卡改革将在省级所有基层预算单位全面推开。现将有关情况通知如下：

一、将省级所有基层预算单位（含今年新增的省粮食局、省电力应急办两个一级预算单位）共723个单位（名单详见附件1）全部纳入公务卡改革范围；纳入公务卡结算的资金范围为各单位实行国库集中支付的财政性资金。请各单位严格按照《关于印发〈广东省省级预算单位实行公务卡结算试点实施方案〉的通知》（粤财库［2007］15号）（附件2）、《关于省级公务卡试点单位使用国库集中支付系统（整合版）办理公务卡网上报销还款有关事项的通知》（粤财库函［2008］56号）（附件3）、《关于省级公务卡改革试点单位办理公务卡网上报销还款有关事项的补充通知》（粤财库函［2008］109号）（附件4）等有关文件规定执行。各单位启动公务卡改革的时间最迟为2009年8月31日。

二、各预算单位要充分认识省级公务卡全面推广工作的重要性和紧迫性，高度重视，加强组织领导，精心部署安排，确保改革各项工作落到实处。

（一）准确把握公务卡改革的内涵实质、政策性要求和业务流程，扎实做好公务卡改革的宣传解释工作，确保单位财务人员及时掌握公务卡业务操作规程，单位工作人员熟练掌握公务卡的使用方法和注意事项，确保公务卡改革有序开展。

（二）根据粤财库［2007］15号文件的相关要求，选择本单位零余额账户开户行作为公务卡发卡行，并与发卡行就双方之间的需求和服务签订代理公务卡结算业务服务协议，同时组织本单位工作人员正确填写公务卡申领资料，签署单位工作人员与银行之间的公务卡领用协议，统一办理公务卡，确保公务卡及时发放到个人。

（三）公务卡报销流程涉及预算单位财务管理的诸多方面，各单位要结合有关文件精神和本单位财务管理实际情况，适时制定符合本单位实际需要的公务卡管理操作规程，督促本单位工作人员规范使用公务卡，以减轻单位财务工作量，确保公务卡改革顺利实施。

三、省级一级预算单位要及时向下属基层预算单位转发和传达本通知的有关内容，部署、指导并督促下属基层预算单位积极启动和开展公务卡改革工作。

四、各代理银行应严格履行粤财库［2007］15号、粤财库便［2008］79号等文件对发卡行的职责要求，及时跟踪落实代理协议的签订以及公务卡的统一办卡、发卡工作，按照规定的时间和要求及时反馈相关信息。

五、为使纳入公务卡改革的基层预算单位熟悉和掌握公务卡结算试点的政策性规定和业务操作，省财政厅将分批次举办省级公务卡改革动员会和培训班，具体时间、地点另行通知。

六、各基层单位及代理银行在执行中遇到重要情况和问题，请及时向省财政厅国库处（支付局）反映。联系电话：83170356，83170378。

附件：1. 纳入公务卡改革范围的基层预算单位名单
2. 关于印发《广东省省级预算单位实行公务卡结算试点实施方案》的通知（粤财库［2007］15号）（略）
3. 关于省级公务卡试点单位使用国库集中支付系统（整合版）办理公务卡网上报销还款有关事项的通知（粤财库函［2008］56号）（略）
4. 关于省级公务卡改革试点单位办理公务卡网上报销还款有关事项的补充通知（粤财库函［2008］109号）（略）

附件 1：

纳入公务卡改革范围的基层预算单位名单（按预算单位编码由小到大排序）

序号	单位编码	单位名称	序号	单位编码	单位名称
1	101002	广东省委机关幼儿园	35	109004	广东省测绘产品质量监督检验中心
2	101003	广东省委办公厅接待办	36	109005	广东省土地勘测规划院
3	103002	广东省人民政府接待办公室	37	109006	广东省土地整理中心
4	103005	广东省育才幼儿园一院	38	109011	广东省国土资源信息中心
5	103006	广东省育才幼儿园二院	39	109012	广东省国土资源档案馆
6	103012	广东省人民政府机关门诊部	40	109013	广东省国土资源厅机关服务中心
7	103013	广东省港澳流动渔民工作办公室	41	109015	广东省地质环境监测总站
8	104003	广东省发展和改革委员会信息中心	42	109016	广东省矿产资源储量评审中心
9	104005	广东省产业发展研究院	43	110002	广东省散装水泥办公室
10	105002	广东省经济贸易委员会信息中心	44	110003	广东省建设工程造价管理总站
11	105005	广东省技术推广站	45	110004	广东省建设执业资格注册中心
12	105006	广东省电子电器产品监督检验所	46	111002	广东省价格成本调查队
13	105008	中国国际中小企业博览会事务局	47	111003	广东省价格监测中心
14	105009	广东省节能监察中心	48	111004	广东省物价局价格认证中心
15	106002	广东省佛教协会	49	111005	广东省海外价格采集分析中心
16	106003	广东省天主教爱国会	50	111006	广东省价格政务服务中心
17	106004	广东省基督教三自爱国会	51	112002	广东省无线电监测站
18	106005	广东省伊斯兰教协会	52	112003	广东省信息中心
19	106006	广东省道教协会	53	114001	广东省地方税务局稽查局
20	106007	广东省民族研究所	54	114002	广东省地方税务局直属税务分局
21	107002	广东省财政职业技术学校	55	114003002	广东省地税局系统
22	107003	广东省财政科学研究所	56	114004	珠海市地税局
23	107004	广东省政府采购管理办公室	57	114005	汕头市地税局
24	107006	广东省财政信息中心	58	114006	佛山市地税局
25	107008	广东省财政厅国库支付局	59	114007	韶关市地税局
26	107009	广东省财政厅投资审核中心	60	114008	河源市地税局
27	107010	广东省财政厅票据监管中心	61	114009	梅州市地税局
28	107011	广东省注册会计师协会	62	114010	惠州市地税局
29	107012	广东省农业综合开发评估中心	63	114011	汕尾市地税局
30	107013	广东省省直行政事业单位物业管理中心	64	114012	东莞市地税局
31	108009	广东省事业单位登记管理局	65	114013	中山市地税局
32	108010	广东省人才服务局	66	114017	江门市地税局
33	108011	广东省人事考试局	67	114018	阳江市地税局
34	109003	广东省国土资源厅测绘院	68	114019	湛江市地税局

续表

序号	单位编码	单位名称	序号	单位编码	单位名称
69	114020	茂名市地税局	105	117022	清远市工商局
70	114021	肇庆市地税局	106	117023	潮州市工商局
71	114022	清远市地税局	107	117024	揭阳市工商局
72	114023	潮州市地税局	108	117025	云浮市工商局
73	114024	揭阳市地税局	109	118001	广东省质量技术监督局系统
74	114025	云浮市地税局	110	118002	广东省生产许可证审查服务中心
75	114026	广州市地税局	111	118003	广东省计量科学研究院
76	114027	广东省地税局纳税人服务中心	112	118004	广东省标准化研究院
77	114028	广东省地税局信息中心	113	118005	广东省质量技术监督局举报投诉中心
78	115004	广东省环境监测中心	114	118006	广东省产品质量监督检验中心
79	115005	广东省环境辐射研究监测中心	115	118008	广东省特种设备检测院
80	115006	广东省环境保护职业技术学校	116	118009	广东省质量技术监督局信息中心
81	115007	广东省环境保护宣传教育中心	117	118010	广东省 WTO/TBT 通报咨询研究中心
82	115008	广东省环境监察总队	118	118011	珠海市质量技术监督局
83	115009	广东省东深水质保护监理站	119	118012	汕头市质量技术监督局
84	115010	广东省环境保护局机关服务中心	120	118013	佛山市质量技术监督局
85	115011	广东省废物管理中心	121	118014	韶关市质量技术监督局
86	117001	广东省工商行政管理干部素质教育中心	122	118015	河源市质量技术监督局
87	117002	广东省工商行政管理局经济检查总队	123	118016	梅州市质量技术监督局
88	117003	广东省消费者委员会	124	118017	惠州市质量技术监督局
89	117005	广东省工商行政管理局信息中心	125	118018	汕尾市质量技术监督局
90	117007	珠海市工商局	126	118019	东莞市质量技术监督局
91	117008	汕头市工商局	127	118020	中山市质量技术监督局
92	117009	佛山市工商局	128	118021	江门市质量技术监督局
93	117010	韶关市工商局	129	118022	阳江市质量技术监督局
94	117011	河源市工商局	130	118023	湛江市质量技术监督局
95	117012	梅州市工商局	131	118024	茂名市质量技术监督局
96	117013	惠州市工商局	132	118025	肇庆市质量技术监督局
97	117014	汕尾市工商局	133	118026	清远市质量技术监督局
98	117015	东莞市工商局	134	118027	潮州市质量技术监督局
99	117016	中山市工商局	135	118028	揭阳市质量技术监督局
100	117017	江门市工商局	136	118029	云浮市质量技术监督局
101	117018	阳江市工商局	137	119002	国家知识产权局专利局广州代办处
102	117019	湛江市工商局	138	119003	广东省专利信息中心
103	117020	茂名市工商局	139	120003	广东省旅游职业技术学校
104	117021	肇庆市工商局	140	120004	广东省旅游局机关后勤保障中心

续表

序号	单位编码	单位名称	序号	单位编码	单位名称
141	120005	广东省旅游质量监督所	177	150016	广东省文化馆
142	122002	广东省人民政府法制研究所	178	150017	广东省文化艺术信息中心
143	124001	广东省华侨职业技术学校	179	150018	广东舞蹈学校
144	124003	广东华侨博物馆	180	150019	广东粤剧艺术大剧院广东粤剧
145	124004	广东省华侨华人港澳同胞接待服务中心	181	150020	广东省文化厅机关服务中心
146	125002	广东省一〇一工程管理处	182	150022	广东省文化厅幼儿园
147	125003	广东省人防通信站	183	150099	广东省文化厅（系统财务）
148	126002	广东省打击走私联络站	184	151003	广东省计划生育宣传教育中心
149	127002	中共广东省直属机关党校	185	151004	广东省计划生育药具管理站
150	128002	广东省财经职业技术学校	186	151005	广东省人口信息中心
151	128003	广东省电子商务高级技工学校	187	152005	广东省当代文艺研究所
152	131003	广东省宋庆龄基金会	188	152006	广东文艺职业学院
153	138002	广东省老干部活动中心	189	152007	广东省书法院
154	138003	广东省干部疗养院	190	153002	《作品》杂志社
155	138004	广东省老干部休养所	191	156002	南方医科大学
156	138005	广东省老干部综合服务中心	192	156003	华南农业大学
157	138006	广东省关心下一代工作委员会办公室	193	156004	华南师范大学
158	138007	广东省省属改制或退出市场企业离休干部管理服务中心	194	156005	广东外语外贸大学
159	139002	广东青年干部学院	195	156006	广东工业大学
160	139003	广东省青少年研究中心	196	156007	广东海洋大学
161	139004	广东省青年志愿者行动指导中心	197	156008	湛江师范学院
162	140002	广东女子职业技术学院	198	156009	韩山师范学院
163	143003	广东省公安厅幼儿园	199	156010	汕头大学
164	143004	广东省公安厅交通管理局	200	156011	广东医学院
165	150002	广东美术馆	201	156012	广东药学院
166	150004	广东省立中山图书馆	202	156013	广东技术师范学院
167	150005	广东省博物馆	203	156014	广东商学院
168	150006	广东省艺术研究所	204	156015	仲恺农业工程学院
169	150007	广东省文物考古研究所	205	156016	广州体育学院
170	150008	广东省文物鉴定站	206	156017	广州美术学院
171	150009	广东省星海音乐厅	207	156018	星海音乐学院
172	150010	广东粤剧艺术大剧院广东粤剧院	208	156019	广州航海高等专科学校
173	150011	广东歌舞剧院	209	156020	广东金融学院
174	150012	广东话剧院	210	156021	广东轻工职业技术学院
175	150013	广州交响乐团	211	156022	广州中医药大学
176	150015	南方歌舞团	212	156023	广东工贸职业技术学院

续表

序号	单位编码	单位名称	序号	单位编码	单位名称
213	156024	广东教育学院	250	156067	广东省电子技术学校
214	156025	广东广播电视大学	251	156068	广东省科学技术职业学院
215	156026	汕头大学医学院	252	156069	广东省贸易职业技术学校
216	156027	茂名学院	253	156070	广东省民政学校
217	156028	肇庆学院	254	156071	广东交通职业技术学院
218	156029	惠州学院	255	156072	广东省科贸职业学院
219	156030	韶关学院	256	156073	广东省对外贸易职业技术学校
220	156031	嘉应学院	257	156074	广东省科技职业技术学校
221	156033	广东邮电职业技术学院	258	156075	广东省财经职业学院
222	156035	广州潜水学校	259	156090	中山大学
223	156037	广东省电化教育馆	260	156091	暨南大学
224	156038	广东省高等学校毕业生就业指导中心	261	156092	华南理工大学
225	156039	广东省教育后勤产业办公室	262	159002	广东省新闻出版高级技工学校
226	156040	广东省外语艺术职业学院	263	159003	广东省新闻出版局信息中心
227	156041	广东实验中学	264	160002	广东省航海模型队
228	156042	广东省教育厅教育教学研究室	265	160003	广东省滑水队
229	156044	广东省教育信息中心	266	160005	广东省黄村体育训练基地
230	156045	广东省教育装备中心	267	160006	广东省船艇训练基地
231	156046	广东教育发展研究与评估中心	268	160007	广东省体育局机关服务中心
232	156047	广东省教师继续教育指导中心	269	160008	广东省足球运动中心
233	156048	广东省学生助学工作管理中心	270	160009	广东省重竞技体育训练中心
234	156049	广东省教育考试院	271	160010	广东省青少年训练竞赛中心
235	156050	广东省电力工业学校	272	160011	广东省社会体育中心
236	156051	广东省经济贸易职业技术学校	273	160012	广东省体育场馆器材设备中心
237	156053	广东省理工职业技术学校	274	160013	广东省体育信息中心
238	156054	广东省工业贸易职业技术学校	275	160014	广东省体育对外交流中心
239	156055	广东省石油化工职业技术学校	276	160015	广东省奥林匹克体育中心
240	156057	广东机电职业技术学院	277	160016	广东体育职业技术学院
241	156058	广州美术学院附属中等美术学校	278	160017	广东省体育运动技术学院
242	156059	星海音乐学院附属中等音乐学校	279	160018	广东海上项目训练中心
243	156060	华南师范大学附属中学	280	162006	广东省广播电影电视局机关服务中心
244	156061	华南师范大学附属小学	281	162010	广东省广播影视艺术服务中心
245	156062	广东纺织职业技术学院	282	163002	广东省科技信息中心
246	156063	广东建设职业技术学院	283	163003	广东省对外科技交流中心
247	156064	广东轻工职业技术学校	284	163004	广东省技术经济研究发展中心
248	156065	广东省陶瓷职业技术学校	285	163005	广东省科学技术情报研究所
249	156066	广东省商业职业技术学校	286	163006	广东省计算中心

续表

序号	单位编码	单位名称	序号	单位编码	单位名称
287	163007001	广东省科学院（本部）	323	163024	广东省航运科学研究所
288	163007002	广州地理研究所	324	163025	广东省机械研究所
289	163007003	广东省昆虫研究所	325	163026	广东省水利水电科学研究院
290	163007004	广东省生态环境与土壤研究所	326	163027	广东省老年医学研究所
291	163007006	广东省科技图书馆	327	163028	广东省心血管病研究所
292	163007007	广东省科学院幼儿园	328	163029	广东省工程技术研究所
293	163007008	广东省微生物研究所（广东省微生物分析检测中心）	329	163030	广东省医疗器械研究所
294	163007009	广东省科学院自动化工程研制中心	330	163031	广东省化学纤维研究所
295	163008001	广东省农业科学院（本部）	331	163032	广东省家禽科学研究所
296	163008002	广东省农业科学院水稻研究所	332	163033	广东省粮食科学研究所
297	163008003	广东省农业科学院蔬菜研究所	333	163035	广东省药物研究所
298	163008004	广东省农业科学院植物保护研究所	334	163036	广东省医学情报研究所
299	163008005	广东省农业科学院作物研究所	335	163037	广东省钢铁研究所
300	163008006	广东省农业科学院果树研究所	336	163038	广东省林业科学研究院
301	163008007	广东省农业科学院良种试验场	337	163039	广东省农业机械研究所
302	163008008	广东省农业科学院图书馆	338	163040	广东省安全科学技术研究所
303	163008009	广东省农业科学院职工子弟小学	339	163041	广州半导体材料研究所
304	163008011	广东省农业科学院科技情报研究所	340	163042	广东省造纸研究所
305	163008012	广东省农业科学院畜牧研究所	341	163043	广东省电子技术研究所
306	163008013	广东省农业科学院兽医研究所	342	163044	广东省建筑科学研究院
307	163008014	广东省农业科学院生物技术研究所	343	163045	广州有色金属研究院
308	163008015	广东省农业科学院蚕业与农产品加工研究所	344	163046	广州机械设计研究所
309	163008016	广东省农业科学院土壤肥料研究所	345	163047	广州甘蔗糖业研究所
310	163008017	广东省农业科学院花卉研究所	346	163050	广东省计划生育科学技术研究所
311	163008018	广东省农业科学院茶叶研究所	347	163051	广东省体育科学研究所
312	163010	中国广州分析测试中心	348	163052	广东省实验动物监测所
313	163011	广东省生产力促进中心	349	163057	广东科学中心
314	163014	广东省大埔陶瓷工业研究所	350	163058	广东省科学技术厅机关服务中心
315	163015	广东省市场研究所	351	164002	广东省社会科学院港澳研究中心
316	163016	广东省陶瓷研究所	352	165002	学术研究杂志社
317	163017	广东省枫溪陶瓷工业研究所	353	165003	广东社会科学大学
318	163019	广东省食品工业研究所	354	166002	广东年鉴社
319	163020	广东省发展和改革研究所	355	170002	广东省青少年科技中心
320	163021	广东省石油化工研究院	356	170003	广东省科学馆
321	163022	广东省中医研究所	357	170004	广东工程职业技术学院
322	163023	广东省建筑材料研究院	358	170005	广东科技报社

续表

序号	单位编码	单位名称	序号	单位编码	单位名称
359	170006	广东省科普信息中心	395	174009	广东省结核病防治研究所
360	170007	广东省科技咨询服务中心	396	174010	广东省精神卫生研究所
361	171002	广东省交通征费管理中心	397	174011	广东省健康教育研究所
362	171003001	广东省公路局本部（行政财务）	398	174012	广东省口腔医院
363	171003003	广东省公路局本部（系统财务）	399	174013	广东省医学实验动物中心
364	171004001	广东省航道局（本部）	400	174014	广东省卫生医疗对外合作服务中心
365	171004002	广东省珠海航道局	401	174015	广东省卫生统计信息中心
366	171004003	广东省中山航道局	402	174018	广东医学院附属医院
367	171004004	广东省粤西航道局	403	174019	汕头大学医学院第一附属医院
368	171004005	广东省粤东航道局	404	174020	汕头大学医学院第二附属医院
369	171004006	广东省阳江航道局	405	174021	汕头大学医学院附属肿瘤医院
370	171004007	广东省西江航道局	406	174022	汕头大学精神卫生中心
371	171004009	广东省韶关航道局	407	174023	广东省医药采购服务中心
372	171004010	广东省南沙航道局	408	174030	汕头大学医学院眼科中心
373	171004011	广东省江门航道局	409	174031	广东省皮肤性病防治中心
374	171004012	广东省广州航道局	410	174032	广东省医学学术交流中心
375	171004013	广东省佛山航道局	411	174033	广东省生物制品研究所
376	171004014	广东省东莞航道局	412	174034	广东省卫生厅幼儿园
377	171004015	广东省东江航道局	413	174035	广东省卫生厅机关服务中心
378	171004016	广东省梅州航道局	414	174036	广东省第二人民医院
379	171004017	广东省北江航道局	415	174037	南方医科大学南方医院
380	171005	广东省交通工程质量监督站	416	174038	南方医科大学珠江医院
381	171006	广东省交通工程造价管理站	417	174039	广东药学院附属第一医院
382	171007	广东省琼州海峡轮渡运输管理办公室	418	174801	中山大学附属第一医院
383	171008	广东省交通工会委员会	419	174802	中山大学附属第二医院
384	171009	广东省交通技工学校	420	174803	中山大学附属第三医院
385	171011	广东省交通医院	421	174804	中山大学附属肿瘤医院
386	171013	广东省交通档案信息管理中心	422	174805	中山大学附属口腔医院
387	171014	广东省交通厅本部（系统财务）	423	174806	中山大学中山眼科中心
388	174002	广东省医学会	424	175002	广东省食品药品职业技术学校
389	174003	广东省人民医院	425	175003	广东省药品检验所
390	174004	广东省卫生监督所	426	175004	广东省食品药品监督管理局信息中心
391	174005	广东省疾病预防控制中心	427	175005	广东省药品不良反应监测中心
392	174006	广东省职业病防治院	428	175006	广东食品药品职业学院
393	174007	广东省妇幼保健院	429	175008	珠海市药品监督管理局
394	174008	广东省泗安医院	430	175009	汕头市药品监督管理局

续表

序号	单位编码	单位名称	序号	单位编码	单位名称
431	175010	韶关市药品监督管理局	466	178015	广东省军用供应站
432	175011	河源市药品监督管理局	467	178017	广东省老龄工作委员会办公室
433	175012	梅州市药品监督管理局	468	179002	广东省残疾人康复中心
434	175013	惠州市药品监督管理局	469	179003	广东省残疾人职业培训中心
435	175014	汕尾市药品监督管理局	470	179004	广东省残疾人劳动就业服务中心
436	175015	东莞市药品监督管理局	471	179005	广东省残疾人辅助器具资源中心
437	175016	中山市药品监督管理局	472	179006	广东省培英职业技术学校
438	175017	江门市药品监督管理局	473	180002	广东省就业服务管理局
439	175018	佛山市药品监督管理局	474	180003	广东省职业技术教研室
440	175019	阳江市药品监督管理局	475	180004	广东省劳动就业服务管理中心
441	175020	湛江市药品监督管理局	476	180005	广东省劳动保障信息中心
442	175021	茂名市药品监督管理局	477	180006	广东省劳动和社会保障厅机关服务中心
443	175022	肇庆市药品监督管理局	478	180007	广东省劳动保障举报投诉中心
444	175023	清远市药品监督管理局	479	180008	广东省劳动保障电话咨询服务中心
445	175024	潮州市药品监督管理局	480	180009	广东省南方高级技工学校
446	175025	揭阳市药品监督管理局	481	180010	广东省高级技工学校
447	175026	云浮市药品监督管理局	482	180011	广东省岭南工商第一高级技工学校
448	175028	广东省医疗器械质量监督检验所	483	180012	广东省工商技工学校
449	176002	广州中医药大学附属骨伤科医院	484	180013	广东省城市建设高级技工学校
450	176003	广东省第二中医院	485	180014	广东省机械技工学校
451	176004	广州中医药大学第一附属医院	486	180015	广东省国防科技高级技工学校
452	176005	广东省中医院	487	180016	广东省粤东商贸技工学校
453	177001	中国红十字会广州备灾救灾中心	488	180018	广东省工业高级技工学校
454	177003	中国造血干细胞捐献者资料库广东省管理中心	489	180019	广东省职业技能鉴定指导中心
455	178004	广东省荣誉军人康复医院	490	180020	广东省职业训练局
456	178005	广东省民政厅机关服务中心	491	180021	广东省社会保险基金管理局
457	178006	广东省杨村复退军人精神病医院	492	180024	广东省工伤康复中心
458	178007	广东省杨村社会福利院	493	180025	广东省轻工业高级技工学校
459	178008	广东省少年儿童救助保护中心	494	180026	广东省粤东高级技工学校
460	178009	广东省西樵山复退军人医院	495	180027	广东省电子信息技工学校
461	178010	广东省杨村救助安置站	496	185002	广东人民广播电台
462	178011	广东省救助安置中心	497	185003	广东电视台
463	178012	广东省救灾物资储备中心	498	185004	广东省广播电视技术中心
464	178013	广东省民间组织管理登记服务中心	499	186001	广东省粮食局本部
465	178014	广东省区划地名档案馆	500	190002	广东省核工业地质局 291 大队

续表

序号	单位编码	单位名称	序号	单位编码	单位名称
501	190003	广东省核工业地质局 292 大队	536	193015	广东省地质科学研究所
502	190004	广东省核工业地质局 293 大队	537	193016	广东省物料实验检测中心
503	190005	广东省核工业地质调查院	538	193018	广东省佛山地质局
504	190006	广东省核工业地质局机械研究所	539	193019	广东省珠海工程勘察院
505	190008	广东省核工业华南技工学校	540	193020	广东省工程勘察院
506	190009	广东省核工业地质局测绘院	541	193021	广东省地质工程公司
507	190010	广东省核工业地质局档案馆	542	193022	广东省地质矿产局探矿机械厂
508	192002	广东省有色金属地质勘查局九三一队	543	193023	广东省地质矿产局招待所
509	192003	广东省有色金属地质勘查局九三二队	544	193024	广东省地质建设工程集团公司
510	192004	广东省有色金属地质勘查局九三三队	545	193025	广东省地质勘查局鼎湖地质疗养院
511	192005	广东省有色金属地质勘查局九三五队	546	193026	广东省地质勘查局机关服务中心
512	192006	广东省有色金属地质勘查局九三八队	547	193029	广东省地质调查院
513	192007	广东省有色金属地质勘查局九四〇队	548	194003	广东省外经贸厅机关服务中心
514	192008	广东省有色金属地质勘查局测绘队	549	194004	广东省外经贸厅配额许可证事务中心
515	192009	广东省有色金属地质勘查局地质勘查研究院	550	194005	广东省投资促进局
516	192010	广东省有色金属地质勘查局储运站	551	194006	广东省口岸应急指挥中心
517	192011	广东省有色金属地质勘查局职工学校	552	194007	广东省对外贸易经济信息中心
518	192012	广东省有色金属地质勘查局地质工程中心	553	194008	广东省 WTO 事务咨询服务中心
519	192013	广东有色工程勘察设计院	554	194010	广东省对外经济贸易发展研究所
520	192014	广东省有色金属地质勘查局机械厂	555	197002	广东省潮州供水枢纽管理处
521	192015	广州金地物业有限公司	556	197003	广东省水利厅工会委员会
522	192016	广东省有色金属地质勘查局招待所	557	197004	广东省飞来峡水利枢纽管理局
523	193002	广东省地质勘查局 703 地质大队	558	197005	广东省水利厅机关服务中心
524	193003	广东省地质勘查局 704 地质队	559	197006	广东省水利厅综合经营管理中心
525	193004	广东省地质勘查局 705 地质队	560	197007	广东省水利水电技术合作交流中心
526	193005	广东省地质勘查局 706 地质队	561	197009	广东省北江防洪调度中心
527	193006	广东省地质勘查局 719 地质队	562	197010	广东省北江流域管理局
528	193007	广东省地质勘查局 722 地质队	563	197011	广东省水利厅农村机电局
529	193008	广东省地质勘查局 723 地质队	564	197012	广东省水利水电工程质量安全监督中心站
530	193009	广东省地质勘查局 756 地质队	565	197014	广东省水利厅水政监察总队
531	193010	广东省地质勘查局 757 地质队	566	197015	广东省水利电力职业技术学院（含技校）
532	193011	广东省地质勘查局水文工程地质一大队	567	197016	广东省防汛防旱防风总指挥部办公室
533	193012	广东省地质勘查局地球物理探矿大队	568	197017	广东省水库移民工作办公室
534	193013	广东省地质测绘院	569	197018	广东省韩江流域管理局
535	193014	广东省矿产应用研究所	570	197019001	广东省水文局（本部）

续表

序号	单位编码	单位名称	序号	单位编码	单位名称
571	197019002	广东省水文局广州分局	606	199012	广东省野生动植物保护管理办公室
572	197019003	广东省水文局佛山分局	607	199013	广东省森林资源管理总站
573	197019004	广东省水文局江门分局	608	199014	广东省林火卫星监测中心
574	197019005	广东省水文局肇庆分局	609	199015	广东省生态公益林管理中心
575	197019006	广东省水文局茂名分局	610	199017	广东省国有林场服务总站
576	197019007	广东省水文局湛江分局	611	199018	广东省森林公安局
577	197019008	广东省水文局韶关分局	612	199019	广东省西江林业局
578	197019009	广东省水文局惠州分局	613	199020	广东龙门南昆山省级自然保护区管理处
579	197019010	广东省水文局梅州分局	614	199021	广东粤北华南虎省级自然保护区管理处
580	197019011	广东省水文局汕头分局	615	199022	广东新丰云髻山省级自然保护区管理处
581	197021	广东省水利水电建设管理中心	616	199024	广东车八岭国家级自然保护区管理局
582	197022	广东省西江流域管理局	617	199025	广东阳春百涌省级自然保护区管理处
583	197023	广东省东江流域管理局	618	199026	广东佛冈观音山省级自然保护区管理站
584	198003	广东省水产学校	619	199028	广东南澳候鸟省级自然保护区管理处
585	198004	广东省海洋与渔业服务中心	620	199029	广东惠东古田省级自然保护区管理处
586	198005	广东省海洋与渔业环境监测中心	621	199030	广东湛江红树林国家级自然保护区管理局
587	198006	广东省大亚湾水产试验中心	622	199031	广东省自然保护区管理办公室
588	198007	广东省水生动物疫病预防控制中心	623	199032	广东象头山国家级自然保护区管理局
589	198008	惠东港口海龟国家级自然保护区管理局	624	199033	广东英德石门台省级自然保护区管理处
590	198010	广东省渔政总队	625	199034	珠海淇澳－担杆岛省级自然保护区管理处
591	198011	广东省海洋与水产自然保护区管理总站	626	199035	广东大雾岭省级自然保护区管理处
592	198012	珠江口中华白海豚国家级自然保护区管理局	627	199036	广东罗浮山省级自然保护区管理处
593	198013	大亚湾水产资源省级自然保护区管理处	628	199037	广东河源新港省级自然保护区管理处
594	198014	雷州珍稀海洋生物国家级自然保护区管理局	629	199038	广东江门古兜山省级自然保护区管理处
595	198016	广东徐闻珊瑚礁国家级自然保护区管理局	630	199039	广东封开黑石顶省级自然保护区管理处
596	198017	广东南澎列岛海洋生态省级自然保护区管理处	631	199040	广东大埔丰溪省级自然保护区管理处
597	199003	广东南岭国家级自然保护区管理局	632	199041	广东七目嶂省级自然保护区
598	199004	广东省林业调查规划院	633	199042	广东海丰公平大湖省级自然保护区管理处
599	199005	中央农业广播电视学校广东省林业办公室	634	199043	广东曲江罗坑省级自然保护区管理处
600	199006	广东省林业基金管理办公室	635	199044	广东乐昌杨东山十二度水省级自然保护区管理处
601	199007	广东省林业信息与宣传中心	636	199045	广东龙川枫树坝省级自然保护区管理处
602	199008	广东省森林病虫害防治与检疫总站	637	199046	广东连平黄牛石省级自然保护区管理处
603	199009	广东省林业种苗与基地管理总站	638	199047	广东陆河南万红锥林省级自然保护区管理处
604	199010	广东省林业科技推广总站	639	199048	广东紫金白溪省级自然保护区管理处
605	199011	广东省林业职业技术学校	640	199049	广东仁化高坪省级自然保护区管理处

续表

序号	单位编码	单位名称	序号	单位编码	单位名称
641	199050	广东东源康禾省级自然保护区管理处	674	200016	广东省农业环保与农村能源总站
642	199051	广东乳源大峡谷省级自然保护区管理处	675	200017	广东省扶贫开发领导小组办公室
643	199052	广东郁南同乐大山省级自然保护区管理处	676	200019	广东省农业干部学校
644	199053	广东梅县阴那山省级自然保护区管理处	677	200021	广东省优质农产品开发服务中心
645	199054	广东潮安凤凰山省级自然保护区管理处	678	200022	广东省绿色食品办公室
646	199055	广东连山笔架山省级自然保护区管理处	679	200024	广东省农民体育协会
647	199056	广东省林业工会委员会	680	200025	广东省花卉协会
648	199057	广东省野生动物救护中心	681	200026	广东省农村经济学会
649	199058	广东阳春鹅凰嶂省级自然保护区管理处	682	200027	广东省农学会
650	199059	广东怀集大稠顶省级自然保护区管理处	683	200030	广东省疫苗供应站
651	199060	广东连南板洞省级自然保护区管理处	684	200031	广东省种子储运中心
652	199061	广东惠东莲花山白盆珠省级自然保护区管理处	685	200032	广东省优畜中心
653	199062	广东蕉岭长潭省级自然保护区管理处	686	200034	广东省农村信息中心
654	199063	广东怀集三岳省级自然保护区管理处	687	201003	广东省广州监狱
655	199064	广东和平黄石坳省级自然保护区管理处	688	201004	广东省韶关监狱
656	199065	广东乐昌大瑶山省级自然保护区管理处	689	201005	广东省梅州监狱
657	199066	广东西江烂柯山省级自然保护区管理处	690	201006	广东省坪石监狱
658	199067	广东始兴南山省级自然保护区管理处	691	201007	广东省北江监狱
659	199068	广东兴宁铁山渡田河省级自然保护区管理处	692	201008	广东省清远监狱
660	199069	广东省森林公安局雷州林区分局	693	201009	广东省东莞监狱
661	199071	广东河源大桂山省级自然保护区	694	201010	广东省番禺监狱
662	200004	广东省植物保护总站（含生防站、病虫测报站）	695	201011	广东省英德监狱
663	200005	广东省种子总站	696	201012	广东省武江监狱
664	200006	广东省农业展览馆	697	201013	广东省乐昌监狱
665	200007	广东省乡镇企业科技服务中心	698	201014	广东省怀集监狱
666	200008	广东省农业机械鉴定站	699	201015	广东省阳江监狱
667	200009	广东省农业机械推广站	700	201016	广东省连平监狱
668	200010	广东省土壤肥料总站	701	201017	广东省惠州监狱
669	200011	广东省农业良种示范推广中心	702	201018	广东省揭阳监狱
670	200012	广东省农村财务管理办公室	703	201019	广东省四会监狱
671	200013	广东省动物防疫监督总所	704	201020	广东省高明监狱
672	200014	广东省兽药与饲料监察总所	705	201021	广东省阳春监狱
673	200015	广东省畜牧技术推广总站	706	201022	广东省女子监狱

续表

序号	单位编码	单位名称	序号	单位编码	单位名称
707	201023	广东省未成年犯管教所	716	202010	广东省未成年劳动教养人员管理所
708	201024	广东省司法警察医院	717	202012	广东省法制教育所
709	202003	广东省三水劳动教养管理所	718	202014	广东省三水戒毒康复管理所
710	202004	广东省南丰劳动教养管理所	719	203002	广东省防雷减灾管理办公室
711	202005	广东省戒毒劳动教养管理所	720	203003	广东省人工影响天气办公室
712	202006	广东省第二戒毒劳动教养管理所	721	203004	广东省气象影视中心
713	202007	广东省女子劳动教养管理所	722	401002	广东省政府采购中心
714	202008	广东省增城劳动教养管理所	723	402001	广东电网大面积停电事件应急领导小组办公室本部
715	202009	广东省劳动教养工作管理干部学校			

广东省政策性农村住房保险保费补贴资金管理暂行办法

广东省财政厅2009年7月29日印发（粤财农［2009］206号）

第一条 根据广东省人民政府与中国人民财产保险股份有限公司广东省分公司签订的《广东省政策性农村住房保险协议》（粤金［2009］34号，以下简称《协议》）、省府办公厅《关于开展政策性农村住房保险的通知》（粤府办［2009］27号）以及省政府《印发广东省省级财政专项资金管理暂行规定的通知》（粤府［2006］37号）有关规定，为规范政策性农村住房保险保费补贴资金管理，特制定本办法。

第二条 本办法所指政策性农村住房保险保费补贴，是指按照《协议》规定，由省市县三级财政对保险经营机构开展的政策性农村住房保险业务，按照保费的一定比例，为投保的农户提供直接补贴。

第三条 补贴对象

广东省政策性农村住房保险保费补贴对象是与保险经办机构签订保险单自愿参加保险的农户。投保户应为广东省范围内具有广东省农业户籍的常住农户。

第四条 保费补贴比例

（一）省财政提供保费补贴的政策性农村住房保险业务，其保险责任为《协议》中规定的责任，保险金额为每户每年10 000元，珠三角地区保费为每户5.6元/年，欠发达地区保费为每户8.3元/年［珠三角地区包括广州、深圳、珠海、佛山、中山、东莞和江门（恩平除外）7市，其余地区为欠发达地区，下同］。

（二）欠发达地区保费补贴资金由省财政负担4元，市县财政负担2.3元，农户自负2元。市、县财政具体负担比例由各地级以上市确定，各地级以上市负担比例不得低于市、县负担总额的50%；珠江三角洲地区保费资金由农户和市县财政共同承担，具体负担比例由各地级以上市确定，其中农户负担比例不得高于保费总额的20%。

（三）政策性农村住房保险保费由各级财政和农户按照上述比例共同承担，市县财政可根据实际提高补贴比例。由于各市县或农户自行增加保险责任而提高的保费，省财政不予补助。

第五条 资金拨付

（一）省级保费补贴资金由省财政厅根据经省金融办核定的保险经办机构受理的农户实际参保情况和补贴比例直接拨付至省级保险经办机构。具体拨付办法如下：

1. 省级保费补贴资金按季度拨付。为便于年终结算，第四季度保费补贴资金分两次拨付，10月至11月补贴资金于当年年底拨付，12月补贴资金于下年第一季度终了后拨付。

2. 各地级以上市保险经办机构汇总填报本市政策性农村住房保险承保明细季报表（附件1），经市金融办核实确认并签署盖章后，于每季度终了7个工作日内报送省级保险经办机构及省金融办（10月和11月的承保明细表应于12月2日前报送，12月的承保明细表连同下年第一季度的承保明细表，于季度终了7个工作日内一并报送）。

3. 省级保险经办机构应认真审核汇总各地级以上市上报的承保明细表，报省金融办审核并签署盖章后，于每季度终了后12个工作日内将广东省政策性农村住房保险承保明细季度汇总表（附表2）报送省财政厅（10月和11月的承保明细表应于12月5日前报送，12月的承保明细表连同下年第一季度的承保明细表于季度终了12个工作日内一并报送），省财政厅审核后办理资金拨付手续。

（二）市、县保费补贴资金由市县财政部门直接拨付至市县保险经办机构，具体拨付办法由市县财政部门制定。

第六条　资金管理

（一）各级财政承担的政策性农村住房保险保费补贴资金，应列入同级财政预算，确保足额安排、及时拨付。年度执行时，如因投保数量超过预计数而出现保费补贴资金不足时，各级财政应及时安排补足。

（二）各地级以上市财政部门应于每季度终了一个月内将市本级和所辖县（市、区）保费补贴资金季度安排、使用、拨付等情况报省财政厅。

（三）省财政厅、省金融办和广东保监局将定期对政策性农房保险开展情况和保费补贴资金拨付使用情况进行监督检查，并视情况对未及时足额落实补贴资金以及资金拨付进度缓慢的市、县给予通报批评。

第七条　各部门责任

（一）保险经办机构责任。

1. 向农户宣传普及农房保险知识，明确告知保险责任范围、补贴政策等内容。

2. 配备专门的“政策性农村住房保险服务团队”，负责保险标的所在地的出单承保、防灾防损、查勘理赔等服务工作。严格按照《协议》的规定，快速定损和赔付，使受灾农户能够尽快进行灾后重建。

3. 配备专门的数据统计人员，及时向政府有关部门报告政策性农房保险承保、理赔等相关数据信息。对报送政府有关部门的承保情况和保费补贴清单的真实性、准确性负责。

（二）保险监管部门责任。

1. 及时了解广东省政策性农村住房保险工作进展情况，建立健全政策性农村住房保险工作机制，加强对全省政策性农村住房保险工作的协调与沟通。

2. 完善政策性农村住房保险监管体系，加强对政策性农村住房保险的承保、理赔、服务等环节的监管，加强风险防范。采取有效措施防止惜赔、少赔、拖延不赔、擅自更改保险条款费率等损害农户利益和扰乱市场秩序的行为。

（三）农房保险牵头部门（金融部门）的责任。

1. 对保险公司提供的承保明细表认真审核，并签署盖章确认。

2. 指导各市、县开展政策性农房保险工作，及时向当地政府报送农房保险开展情况，并在适当范围内通报。

3. 加强对保费补贴资金的监管，协同财政、保监部门对保费补贴资金拨付和使用情况进行监督检查。

（四）财政部门责任。

1. 各级财政部门应按照规定的负担比例，及时足额落实本级政策性农村住房保险保费补贴资金。

2. 加强政策性农村住房保险保费补贴资金监管，确保资金专款专用。

第八条　责任追究及处罚

（一）各部门（单位）及有关人员必须各尽其责，因未认真履行职责造成影响政策性农村住房保险工作顺利实施或财政资金流失等后果的，将追究有关部门（单位）及相关人员责任。

（二）各级财政、农房保险牵头部门（金融部门）和保险监管部门应加强保费补贴资金监管、确保专款专用。如发现提供虚假材料骗取保费补贴资金等违规行为，将按《财政违法行为处罚处分条例》（国务院令427号）等国家有关规定严肃处理。情节严重的，移交当地纪检监察部门和检察机关处理。

第九条　本办法由省财政厅、省金融办、广东保监局负责解释。

第十条　本办法自印发之日起执行。

附表：1. ____市政策性农村住房保险承保明细季报表

2. 广东省政策性农村住房保险承保明细季度汇总表

附表1：

________市政策性农村住房保险承保明细季报表

统计日期：××××年××月××日至××××年××月××日　　　　单位：户、万元

县（市、区）别	本季承保户数	本季保险金额	本季保险费	本年度累计承保户数	年度累计承保率	当期报损农户数	当期已赔付金额
全市合计							
市本级							
×县							
……							
合　计							

保险经办机构负责人：　　　　市金融办负责人：

保险经办机构盖章：　　　　市金融办盖章：

年　月　日　　　　年　月　日

填表说明：

1. 累计承保率＝累计承保户数/农户总数。
2. 本表用电脑打印填报。

附表 2：

广东省政策性农村住房保险承保明细季度汇总表

统计日期：××××年××月××日至××××年××月××日　　　　单位：户、万元

市别	本季承保户数	本季保险金额	本季保险费	本年度累计承保户数	年度累计承保率	当期报损农户数	当期已赔付金额
全省合计							
一、珠三角地区							
……							
二、欠发达地区							
……							

人保财险广东省分公司负责人：　　　　省金融办负责人：
人保财险广东省分公司盖章：　　　　省金融办盖章：
年　月　日　　　　年　月　日

广东省省级水产品质量安全专项资金管理办法（修订稿）

广东省财政厅2009年7月29日印发（粤财农［2009］218号）

第一条　根据省政府《印发广东省省级财政专项资金管理暂行规定的通知》（粤府［2006］37号）精神和《农产品质量安全法》等法律法规有关规定，为加强和规范省级水产品质量安全专项资金的分配管理，提高资金使用效益，结合广东省实际，特制定本办法。

第二条　资金来源

本办法所指的专项资金是省级财政预算安排的水产品质量安全管理专项资金。

第三条　扶持范围

省级监管部门，东西两翼、粤北山区等14个地级市和江门恩平市、台山市、开平市，纳入《广东省水产品质量安全监测体系建设规划》的各级检测机构及承担省水产品质量安全检测以及基础研究任务的检测、科研机构及大专院校等。

第四条　资金用途

用于水产品质量安全体系建设、水产品质量安全监控、水产品质量安全培训、水产品质量安全基础研究、水产品质量安全专项执法、水产品质量安全信息体系与网络监管保障体系建设等支出。具体为：

水产品质量安全体系建设项目包括水产品质量检测检验实验设备配置、流动检测设备、检测采样车辆购置、质量安全可追溯系统建设等。

水产品质量安全监控项目包括水产品药物残留、有毒有害物质检测，生产水域有毒有害物质监控及调查，水产品质量安全事故应急处理等。

水产品质量安全培训项目包括水产品质量安全技术培训、执法培训、实验室仪器管理培训等。

水产品质量安全基础研究项目包括渔业环境及水产品有毒有害物质残留规律及其安全限量基础数据研究及危害性分析、风险评估研究、质量安全公共管理软科学研究等。

水产品质量安全专项执法项目包括开展各项水产品质量安全执法行动等。

水产品质量安全信息体系与网络监管保障体系建设项目包括水产品质量安全信息监管和服务的网络平台建设、维护及管理等。

第五条　资金分配

专项资金采用因素法进行分配。分配因素包括：水产品的养殖面积、产量，抽查检测样本的数量等。

第六条　项目申报

（一）项目申报单位按照本办法和项目申报指南的要求，填报项目申请书，经同级海洋渔业部门会同财政部门审核同意后，由地级以上市海洋渔业部门和财政部门审核汇总并统一上报省海洋渔业局和省财政厅。

（二）省海洋渔业局根据省级财政专项资金管理和竞争性分配的要求，会同省财政厅通过公开招标委托中介机构或组织相关行业专家对项目申报材料进行评估审查，并根据专家的评审意见提出年度资金安排计划，于每年6月底前报送省财政厅。

第七条　资金下达和拨付

省财政厅根据用款单位性质、预算管理级次办理资金下达和拨付手续：

（一）安排给省级有关部门（单位）的资金，由省财政按照国库集中支付有关规定办理支付手续。

（二）下达有关市、县（市、区）的资金，各地级以上市财政局应在收到省下达资金发文后7个工作日内将资金指标转下达给有关县（市、区）财政局或同级项目承担单位，并将下达文件抄送省财政厅（农业处）备案。安排给市县项目承担单位的资金具备国库集中支付条件的，采取国库集中支付管理；暂不具备国库支付条件的，按省财政厅《关于印发〈广东省财政支农专项资金报账制实施办法〉的通知》（粤财农［2005］117号）的规定，实行财政报账制管理。

第八条　部门职责

（一）海洋渔业部门职责。

1. 省、市、县海洋渔业行政主管部门应对所申报资料的真实性、可行性和合规性负责。

2. 市、县海洋渔业主管部门职责：对本级项目单位申报资料的审核结果负责；及时了解项目实施、资金到位、资金使用等情况，加强项目资金的监督和管理，根据国库集中支付以及财政报账制有关规定，对有关凭证严格审核，确保支付金额、内容以及相关资料、凭证的真实、合规和完整；负责本级专项资金绩效评价自评工作。

3. 省海洋渔业局职责：会同省财政厅对各地申报的项目引入竞争机制，通过招标委托中介机构或组织专家按公平、公正、公开的原则进行论证、评审，严格规范评审程序，及时向省财政厅提出项目资金分配方案；根据国库集中支付有关规定，对所属省级事业单位申请支付资金的资料和报账凭证进行审核，确保支付金额、内容以及相关资料、凭证的真实、合规和完整。组织项目验收，定期发布水产品质量安全信息，开展专项资金绩效评价自评工作。

（二）财政部门职责。

1. 省、市、县财政部门对同级海洋渔业部门申报项目进行合规性审核，及时下达拨付资金。

2. 市、县财政局职责：对同级海洋与渔业主管部门提出的项目进行可行性审核，对项目是否规范等进行合规性复核。配合同级海洋与渔业主管部门向上一级部门申报项目资金。及时将省和市本级安排的专项资金指标下达至下一级财政部门或同级项目单位，严格按照国库集中支付和财政报账制度规定及时审核拨付资金，对专项资金拨付、使用以及管理情况开展专项检查，加强监管，确保资金运行安全有效，将资金拨付、使用以及项目实施情况定期报上一级财政部门备案。

3. 省财政厅职责：负责对省海洋渔业局提出的资金分配方案进行合规性审核，对比各年度资金安排情况，按照资金安排公平合理的要求，会同省海洋渔业局组织竞争性资金分配的招投标工作，审核年度水产品质量专项资金安排计划，保证地区间资金安排额度公平合理。及时下达专项资金，按照国库集中支付规定及时拨付资金；加强对专项资金拨付、使用的监管，组织绩效评价。

（三）项目承担单位职责。

1. 对申报项目及其报告的合法性、真实性以及可行性负责。

2. 严格按照所在市县海洋与渔业主管部门审定的项目实施计划认真组织实施，按期完成。确保专项资金专款专用，及时提供报账凭证，并确保报账凭证真实、完整。

3. 组织实施项目，确保绩效，严格按照财政预算资金管理规定，专账核算、专人管理。

（四）中介机构或评审人员职责。

承接项目评审及项目申报材料审核的中介机构及专家和工作人员，应严格遵守职业道德，认真履行审核责任，并对作出的评审结论负责。

第九条 绩效评价

（一）通过省级水产品质量安全监督检测体系建设资金的投入，将广东省水产品抽检合格率稳定在98%左右，主要水产品养殖区的监控率达到100%，杜绝使用禁用药物行为。构建起广东省水产品质量可追溯信息管理系统，实现质量可溯源、责任可追究。建立起高效、科学、公正和保障有力的渔产品质量安全监管体系。

（二）专项资金按照《关于印发〈广东省财政支出绩效评价试行方案〉的通知》（粤财评［2004］1号）和有关规定开展绩效评价。

1. 省、市、县财政部门和海洋渔业部门负责组织实施绩效评价工作，按《广东省财政支出绩效评价试行方案》和《广东省海洋与渔业局专项资金绩效评价工作管理（暂行）办法》的要求，对项目开展综合评价，及时向有关部门通报结果，并将评价结果作为下一年度资金安排的依据之一。

2. 各项目申报（承担）单位按照申报指南和绩效评价有关规定和要求，在项目申报时设计科学合理的绩效指标（如设备交付使用率、抽检样本量及分布计划完成程度、检测准确度、支出项目的资金管理水平等），设定所要达到的绩效目标，并在项目完成后主动开展绩效自评，按时向管理部门提交自评结果。

第十条 会计核算

本专项资金应按照有关会计制度、财务制度和预算管理规定进行专账核算、专人管理。

项目承担单位必须设立本专项资金的收入、支出明细账，并按支出的具体范围设置多栏式辅助账，详细核算各项支出情况。合同、发票等支出凭证必须真实、完整、规范。按照有关规定年终编报支出决算。

第十一条 监督管理

（一）市、县财政、海洋与渔业主管部门应及时了解、监督项目实施和资金使用情况，各地级以上市应于次年的6月底前将年度项目实施和资金使用情况报省财政厅、省海洋渔业局。

（二）任何单位和个人不得以任何理由截留、挤占或挪用专项资金。各级海洋渔业、财政、审计和监察部门应按职能分工定期或不定期对专项资金的使用、拨付以及管理情况进行监督检查。如发现有截留、挤占、挪用专项资金等违法行为的单位和个人，将按照国务院《财政违法行为处罚处分条例》（国务院令第427号）的有关规定进行处理、处罚、处分。

第十二条 本办法由省财政厅、省海洋渔业局负责解释。

第十三条 本办法自印发之日起执行。省财政厅、省海洋渔业局2007年印发的《广东省省级水产品质量安全专项资金管理办法（试行）》（粤财农［2007］314号）同时废止。

广东省省财政鱼病防治专项资金管理办法（修订稿）

广东省财政厅2009年7月29日印发（粤财农［2009］222号）

第一条　根据省政府《印发〈广东省省级财政专项资金管理暂行规定〉的通知》（粤府［2006］37号）以及省财政厅《关于印发〈广东省财政支农专项资金报账制实施办法〉的通知》（粤财农［2005］117号）有关规定，为加强和规范省财政鱼病防治专项资金（以下简称“专项资金”）的分配管理，提高资金使用效益，结合广东省实际，特制定本办法。

第二条　资金来源

本办法所指的专项资金是指省级财政预算内安排的鱼病防治专项资金。

第三条　扶持范围

全省水产养殖主要区域，重点是东西两翼、粤北山区等14个地级市以及江门恩平市、台山市、开平市。对承担重大水生动物疫病监测预警、防疫监督管理、防控技术基础研究及重大水生动物疫情应急处理技术支撑的省属单位和驻粤科研院校等给予补助。

第四条　资金用途

用于省、市、县三级水生动物防疫检疫体系、基层鱼病诊疗体系、水生动物疫病监测网络、水生动物病害防治与水产技术推广信息平台建设，水生动物疫病防控，水生动物疫病防控技术基础研究和水生动物疫病应急处理等。具体为：

水生动物防疫检疫体系与基层鱼病诊疗体系建设项目：包括省、市、县水生动物防疫检疫实验室和基层鱼病诊疗机构（鱼病医院）的改造与仪器设备配置，水生动物防疫检疫专用车和鱼病巡回诊疗车购置，检疫实验室的认证认可等。

水生动物疫病监测网络、水生动物病害防治与水产技术推广信息平台建设项目：包括水生动物疫病监测点及监测设施建设，水生动物病害防治与水产技术推广信息传输网络平台建设、维护及管理，水生动物病害防治与水产技术信息收集、分析、发布等。

水生动物疫病防控项目：包括重大水生动物疫病监测与预警预报，水生动物疫病专项监测与精准监测，重大水生动物疫病和大宗养殖品种多发病、暴发病的防控技术、免疫技术的攻关研究与试验、示范、推广应用等。

水生动物疫病防控技术基础研究项目：包括重大水生动物疫病流行病学调查、检疫技术、风险评估技术研究，种苗质量检测技术研究，检疫操作规范制定等。

水生动物疫情应急处理项目：包括重大水生动物疫情、新发现病害和暴发性病害的应急处理，自然灾害后水生动物防疫工作，疫区（点）的监控、扑杀和消毒，应急物资（采购），防疫检疫人员应急处理技术培训等。

第五条　资金分配

（一）水生动物防疫检疫体系、基层鱼病诊疗体系、水生动物疫病监测网络、水生动物病害防治与水产技术推广信息平台建设项目分配因素包括：水产养殖面积、地区类别、年度绩效评审结果等。

（二）水生动物疫病防控项目分配因素包括：水产养殖面积，病害发生面积，过境流通防疫检疫、自然水域野生水生动物疫病监测、增殖放流任务，绩效评审结果等。

（三）水生动物疫病防控技术基础研究项目分配因素包括：疫病爆发流行风险系数和技术先进性、必要性与可操作性等。

（四）水生动物疫病应急处理项目分配因素包括：受灾面积、损失情况、疫病发生风险系数等。

第六条　项目申报

（一）项目申报单位按照本办法和项目申报指南的要求，填报项目申请书，经同级海洋渔业部门会同财政部门审核同意后，由地级以上市海洋渔业部门和财政部门审核汇总并统一上报省海洋渔业局和省财政厅。

（二）省海洋渔业局根据省级财政专项资金管理和竞争性分配的要求，会同省财政厅通过公开招标委托中介机构或组织相关行业专家对项目申报材料进行评估审查，并根据专家的评审意见提出年度资金安排计划，于每年6月底前报送省财政厅。

第七条　资金下达和拨付

省财政厅根据用款单位性质、预算管理级次办理预算下达和资金拨付手续：

（一）安排给省级有关部门（单位）、驻粤科研院校的资金，由省财政厅按照国库集中支付有关规定办理支付手续。

（二）下达有关市、县（市、区）的资金，各地级以上市财政局应在收到省下达资金发文后7个工作日内将资金指标转下达给有关县（市、区）财政局或同级项目承担单位，并将下达文件抄送省财政厅（农业处）备案。安排给市县项目承担单位的资金具备国库集中支付条件的，采取国库集中支付管理；暂不具备国库支付条件的，按省财政《关于印发〈广东省财政支农专项资金报账制实施办法〉的通知》（粤财农［2005］117号）的规定，实行财政报账制管理。

第八条　部门职责

（一）海洋与渔业部门职责。

1. 省、市、县海洋与渔业主管部门应对专项资金申报材料的合规性、真实性负责。

2. 市、县海洋与渔业主管部门职责：对本级项目单位申报材料的审核结果负责，并及时了解项目实施、资金到位、资金使用等情况，加强项目资金的监督和管理，根据国库集中支付以及财政报账制有关规定，对有关凭证严格审核，确保支付金额、内容以及相关资料、凭证的真实性、合规和完整；负责本级专项资金绩效评价自评工作。

3. 省海洋与渔业主管部门职责：对各地申报的项目引入竞争机制通过招标委托中介机构或组织专家按公平、公正、公开的原则进行论证、评审，严格规范评审程序，及时向省财政厅提出项目资金分配方案；根据国库集中支付有关规定，对所属省级事业单位申请支付资金的资料和报账凭证进行审核，确保支付金额、内容以及相关资料、凭证的真实、合理和完整。加强项目资金的检查和管理；开展专项资金绩效评价自评工作。

（二）财政部门职责。

1. 省、市、县财政部门对同级海洋与渔业主管部门申报的专项资金项目进行合规性审核。

2. 市、县财政局职责：对同级海洋与渔业主管部门提出的项目进行可行性复核；配合同级海洋与渔业主管部门向上一级部门申报项目资金；及时将省安排的专项资金指标下达到下一级财政部门或同级项目单位，严格按照国库集中支付和财政报账制规定及时审核拨付资金，对专项资金拨付、使用以及管理情况开展专项检查，加强项目资金监管，确保资金运作安全有效；将资金拨付、使用以及项目实施情况定期报上一级财政部门备案。

3. 省财政厅职责：负责对省海洋渔业局提出的资金分配方案进行合规性审核，对比各年度资金安排情况，按照资金安排公平合理的要求，会同省海洋渔业局组织竞争性资金分配招投标工作，审核年度专项资金安排计划，保证地区间资金安排额度公平合理。及时下达专项资金指标，按照国库集中支付规定及时拨付资金；加强对专项资金监管，组织开展绩效评价工作。

（三）项目承担单位职责。

1. 对申报项目及其报告的合法性、真实性以及可行性负责。

2. 严格按照省海洋与渔业局审定的项目实施计划认真组织实施，按期完成。确保专项资金专款专用，及时报账，并保证报账凭证真实完整。

3. 每季度定期将项目实施进度和资金使用情况报同级海洋与渔业主管部门。项目完成后及时将项目执行情况和资金使用情况报省海洋渔业局和省财政厅。

（四）中介机构或评审人员职责。

承接项目评审及项目申报材料审核的中介机构及专家和工作人员，应严格遵守职业道德，认真履行审核责任，并对作出的评审结论负责。

第九条　绩效评价

（一）通过省级鱼病防治专项资金的投入，基本建立省、市、县三级水生动物防疫检疫体系；全省免疫防病示范区从2008年17万亩增加至2013年的60万亩；基本掌握对虾、海水鱼、珍珠、鲍、扇贝、罗非鱼、草鱼、鳗鱼、鲈鱼、鳜鱼、鮰鱼、鲶鱼、淡水虾等优势养殖品种的重大病害流行情况、检测技术、防控技术和免疫技术有重大突破，草鱼免疫注射率从35%增至70%，到2013年全省水生动物的发病率和死亡率平均下降2亿~3个百分点，每年减少直接经济损失2亿~3亿元，减少间接损失4亿~5亿元；制定主要养殖品种一、二类疫病检疫检测技术操作规程；建立起广东省水生动物疫病应急预警机制，鱼病远程监测诊断与水产技术信息网络基本覆盖主产区，监测面积从2008年的15万亩到2013年扩大到55万亩，监测面积占养殖总面积的10%左右，对列入疫病名录的疫病实施专项监测，达到服务科研、服务生产、支农惠农的长期目标。

（二）专项资金按照《关于印发〈广东省财政支出绩效评价试行方案〉的通知》（粤财评［2004］1号）和有关规定开展绩效评价。

1. 省、市、县财政部门和海洋渔业部门负责组织实施绩效评价工作，按《广东省财政支出绩效评价试行方案》和《广东省海洋与渔业局专项资金绩效评价工作管理（暂行）办法》的要求，对项目开展综合评价，及时向有关部门通报结果，并将评价结果作为下一年度资金安排的依据之一。

2. 各项目申报（承担）单位按照申报指南和绩效评价有关规定和要求，在项目申报时设计科学合理的绩效指标（如免疫防病示范区面积、水产品免疫注射率、监测面积、支出项目的资金管理水平等），设定所要达到的绩效目标，并在项目完成后主动开展绩效自评，按时向管理部门提交自评结果。

第十条　会计核算

专项资金应按照有关会计制度、财务制度和预算管理规定进行专账核算、专人管理。

项目单位必须按不同的专项分别设立对应的收入、支出明细账，并按支出的具体范围设置多栏式辅助账，详细核算各专项的支出情况。合同、发票等支出凭证必须真实、完整、规范。按照有关规定年终编报支出决算。

第十一条　监督管理

（一）市、县财政、海洋与渔业部门应及时了解、监督项目实施和资金使用情况，各地级以上市海洋与渔业部门于当年12月25日前将年度项目实施和资金使用情况报省财政厅、省海洋渔业局。

（二）任何单位和个人不得以任何理由截留、挤占或挪用专项资金。各级海洋与渔业、财政、审计和监察部门应按职能分工定期或不定期对专项资金的使用、拨付以及管理情况进行监督检查。如发现有截留、挤占或挪用专项资金等违法行为的单位和个人，将按照国务院《财政违法行为处罚处分条例》（国务院令第427号）的有关规定进行处理、处罚、处分。

第十二条　本办法由省财政厅、省海洋渔业局负责解释。

第十三条　本办法自印发之日起执行。省财政厅、省海洋渔业局2007年印发的《广东省省级鱼病防治专项资金管理办法（试行）》（粤财农［2007］352号）同时废止。

转发财政部　国家林业局关于印发《育林基金征收使用管理办法》的通知

广东省财政厅2009年8月14日印发（粤财农［2009］239号）

各地级以上市财政局、林业局：

现将《财政部　国家林业局关于印发〈育林基金征收使用管理办法〉的通知》（财综［2009］32号，以下简称《办法》）转发给你们，并结合广东省实际，提出如下补充修改意见，请一并贯彻执行。

（一）广东育林基金暂按林木产品销售收入的10%计征。

（二）2009年度已列入预算的育林基金支出，由于征收标准的降低所造成的资金缺口，由各地林业部门商同级财政部门协商解决。以后年度各级林业部门行政事业经费由同级财政部门通过部门预算予以核拨，不得从育林基金中列支。

（三）广东省有关育林基金征收使用的具体实施办法将由省财政厅、省林业局联合另行制定下发。

（四）《办法》自2009年7月1日起开始执行，执行之后多征收部分，予以退回。

广东省2009年地方政府债券预算管理办法

广东省财政厅2009年8月25日印发（粤财预［2009］129号）

第一章　总　则

第一条　为规范中央代发地方政府债券资金管理，提高资金使用效益，根据《预算法》、《预算法实施条例》、《广东省预算审批监督条例》以及国务院《关于发行2009年地方政府债券有关问题的通知》（国发［2009］2号）、《财政部关于印发〈2009年地方政府债券预算管理办法〉的通知》（财预［2009］21号）等规定，制订本办法。

第二条　本办法所称中央代发地方政府债券（以下简称“债券”），是指为贯彻落实扩大内需政策措施，保持经济平稳较快发展，经国务院批准同意，以广东省人民政府为发行和偿还主体，由财政部代理发行并代办还本付息和支付发行费的2009年地方政府债券，债券期限为三年。

债券收入全部纳入省级预算管理，部分用于省级项目支出，部分转贷地级以上市政府使用。债券转贷资金收支全额纳入地方各级财政预算管理。

第三条　债券预算管理应遵循以下原则：

（一）依法安排。根据国务院批准广东省的债券发行额度，结合广东省经济社会发展的实际需要，科学确定债券资金使用的投向，按照预算编报审批程序报经省人大审议，依法依规安排使用。

（二）规范管理。债券资金的地方政府、主管部门以及使用单位必须按照国家法律法规的要求加强对资金的管理，制订相应的管理办法，明确资金绩效目标、使用范围、使用时限、审批程序、还本付息办法以及监督评价等，应严格按照程序申请、请拨债券资金，按照经批准的用途开支款项，不得挤占、截留、挪作他用。

（三）注重效率。债券资金的使用应在严格管理的前提下采取有效措施提高资金分配和使用的效率，加快资金拨付进度，最大限度地发挥债券资金的使用效益。

（四）保障安全。按照“事前审核、事中检查、事后评价”的要求，严格实施对债券资金使用全过程的监督控制，把资金的分配使用、监督检查与绩效评价结合起来，确保资金按规定用途合理使用。

（五）按时偿付。债券资金是以省政府名义向财政部申请代理发行的，能否按时偿付本息直接影响到广东省的信誉。利用债券资金的地区和单位应统筹规划项目融资方案，及早落实债券资金还本付息资金来源；地方政府和主管部门应采取有效措施督促项目单位按时足额偿还本息。

第四条　省财政厅负责债券资金发行额度申报、预算编报、项目计划审核、资金拨付、绩效评价和监督管理等工作；地级以上市政府和省级有关主管部门负责本地区（系统）利用债券资金项目计划的汇总编报、资金申请、拨付和使用的审核、管理监督以及督促偿还本息等工作；各有关预算单位和项目实施单位负责按照批准的债券资金计划使用资金，按时偿付债券本金和利息，并按规定做好有关会计核算工作。

第二章　债券发行

第五条　2009年地方政府债券按以下程序申报发行：

（一）根据省政府批准的债券资金分配方案，省财政厅相应编制省级预算调整方案，报省人大常委会审查批准。

（二）省财政厅向省级有关部门（或地市政府）布置申报债券资金项目计划，内容包括债券资金扶持项目的具体安排方案、还本付息计划等。债券资金项目计划的编报，要充分体现科学发展观的要求，积极促进经济结构调整和发展方式转变。资金主要用于中央投资地方配套的公益性建设项目及其他难以吸引社会投资的公益性建设项目支出，严格控制安排用于能够通过市场化行为筹资的投资项目，不得安排用于经常性支出和党政机关办公楼等楼堂馆所项目。

（三）省人大常委会审查批准预算调整方案后，省财政厅向财政部申报债券发行计划建议。

第六条　财政部批准广东省债券发行计划后，省财政厅与省级有关主管部门和有关地级以上市政府签订地方政府债券借款（转贷）协议（转贷各市协议需地市级财政部门副署），明确债权、债务关系和还本付息责任。经双方正式签署的借款（转贷）协议作为省财政拨付债券资金的依据。

第七条　根据财政部的规定，2009年地方政府债券发行费为发行面值的0.5‰。该发行费在债券发行收入中一次性抵扣，相应按比例抵减有关地区、有关部门转贷资金使用数额。

第三章　资金使用

第八条　省级有关主管部门和有关地级以上市财政局应在批准的债券资金分配额度内制订债券资金项目计划（含具体项目安排方案、还本付息计划等），报省财政厅审核；省财政厅审核后将债券项目资金计划批复给有关部门、有关地区。债券资金项目计划一经批复不得擅自调整。

第九条　用地方政府债券发行收入安排支出的部门和单位应按规定将支出纳入部门预算和单位预算，严格按照预算制度管理。

第十条　财政部代发债券发行收入拨付到广东省后，省财政厅将其纳入省级预算管理，向省级有关部门和有关市财政局下达预算安排文件，并根据用款单位性质、预算管理级次以及用款进度，结合项目前期工作审批情况，办理资金拨付手续：

（一）用款单位属省级单位的，省级有关部门应及时通知资金使用单位，根据经批准的债券资金项目计划、项目建设进度等，经主管部门审核后向省财政厅提出资金拨付申请，省财政厅按照国库支付有关规定办理资金拨付。

（二）用款单位属市县单位的，由省财政厅按预算级次将债券资金拨付到有关地级以上市财政局。有关地级以上市财政局应按规定将资金及时拨付到用款单位。

第十一条　有关部门、有关地区必须加强对债券资金使用的管理，严格执行债券资金项目计划，将资金的各项支出控制在批准的使用范围内，不得随意变更资金用途，并按照国家有关规定进行会计核算，严格执行国家及省的财务规章制度。

第十二条　预算年度终了后，债券资金使用单位应根据年度决算的工作要求，及时将资金支出情况编列年度财务决算报表，经主管部门汇总审核后报送省财政厅。

第十三条　利用债券资金项目需安排配套资金的，有关部门、有关地区应加强资金来源管理，确保配套资金及时足额到位。

第十四条　有关部门、有关地区应建立债券资金使用情况汇报制度，定期向省财政厅汇总报送本部门、本地区债券资金拨付和使用情况，具体要求另行通知。

第十五条　债券项目中属于基本建设用途的项目，其安排使用应纳入基本建设计划管理，计划的安排应符合有关管理程序，做好与有关部门的衔接，做好与投资项目基建投资计划的衔接。

第四章　还本付息

第十六条　省级项目使用的债券资金，由省级有关主管部门负责债券资金的统借统还；转贷有关市使用的债券资金，由有关地级以上市财政负责统借统还。

第十七条　债券资金自财政部向广东省计收利息日起

开始计息。

第十八条 利用债券资金的主管部门和项目实施单位应按照批复的债券资金项目计划，统筹规划好项目投融资方案，及早落实安排还本付息资金。

第十九条 省财政厅根据财政部规定的还本付息办法，及时通知省级有关部门和有关地级以上市财政局当期利息和本金的缴付金额。

第二十条 省级有关部门和有关地级以上市财政局应及时督促还款单位按要求偿还债券本息，并负责将本部门、本地区应偿付的债券还本付息资金及时足额上缴省财政，由省财政上缴中央财政。

第二十一条 债券还本付息资金来源包括项目营运收益、财政性资金、其他政府融资资金等。

第二十二条 在利用债券资金项目实施过程中，由于特殊原因导致本部门（地区）可能出现不能按时偿付债券资金本息的，省级有关部门和有关地级以上市财政局应及时向省财政厅书面报送有关情况和处理建议。在省财政厅书面正式批复之前，有关部门（地区）应采取其他有效手段确保按原计划及时足额偿还债券本息。

第二十三条 对于未按时上缴债券资金本息的，省财政厅将按照中央财政规定的办法以及逾期情况计算罚息，并按规定对省财政垫付的还本付息资金及应收罚金实施财政扣款。

第二十四条 债券资金在分配和拨付过程中所产生的利息，按照财政性资金存款有关规定执行。

第五章 绩效评价和监督检查

第二十五条 利用债券资金项目应按规定实施绩效评价。用款单位应提出利用债券资金项目预期要达到的绩效目标及相关评价指标，经主管部门初审后，报省财政厅审批批复，作为开展绩效评价工作的重要依据。

第二十六条 有关地区、有关部门应按照规定，组织各资金使用单位对债券资金使用绩效进行自评；省财政厅根据工作实际需要决定并组织对项目资金使用情况进行重点绩效评价。

第二十七条 省级主管部门和有关地级以上市财政局应加强对本部门（本地区）管理使用资金情况的检查，及时反映和纠正存在的问题。项目建设单位应定期向上级主管部门和财政部门反馈债券资金使用过程中发现的情况和问题。

第二十八条 纪检监察机关负责对债券资金的管理使用情况，以及有关部门履行监管职责的情况进行监督检查；财政部门对本地区（部门、单位）债券资金使用和财务管理等方面进行监督检查；审计部门将本地区（部门、单位）债券资金管理和使用情况纳入本级财政预算执行审计范围，进行审计监督。如发现有截留、挤占、挪用债券资金行为、监管失职行为或其他财政违法行为的，由纪检监察机关和财政、审计部门，按照职责权限，依据《财政违法行为处罚处分条例》及其他有关规定处理，并追究该部门（单位）和有关责任人员的责任。

第六章 附 则

第二十九条 本规定由省财政厅负责解释。

第三十条 本规定自印发之日起实施。

广东省城镇廉租住房保障省级专项补助资金管理办法（修订）

广东省财政厅2009年8月25日印发（粤财农［2009］262号）

第一章 总 则

第一条 根据国务院《关于解决城市低收入家庭住房困难的若干意见》（国发［2007］24号）、省人民政府《关于切实解决城镇低收入家庭住房困难的实施意见》（粤府［2008］3号）的规定，省财政设立廉租住房保障专项补助资金（以下简称“省级补助资金”），帮助欠发达地区解决符合城镇廉租住房保障条件家庭的住房困难问题。为加强对省级补助资金的管理，提高财政资金使用效益，特制定本办法。

第二条 本办法所称的符合城镇廉租住房保障条件的家庭，是指城镇家庭人均收入低于当地最低生活保障线的150%、人均住房建筑面积在10平方米以下的城镇低收入住房困难家庭。

第三条　按照现行分税制财政体制事权与财权相统一的原则，解决城镇低收入家庭住房困难工作属市、县事权，应以市县为主解决。市、县人民政府应按照省人民政府粤府［2008］3号文有关规定，从财政一般预算、住房公积金增值收益和土地出让净收益中安排廉租住房保障资金。省财政视财力情况安排专项补助资金帮助欠发达地区解决符合城镇廉租住房保障条件家庭的住房困难问题。

第四条　省级补助资金分配原则：

（一）公正公开，奖优罚劣。

（二）注重实绩，因素分配。

第二章　补助范围、资金用途

第五条　补助范围

东西两翼、粤北山区14个地级市及江门市的恩平市、开平市、台山市。

第六条　资金用途

专项用于廉租住房保障开支，包括收购、改建和新建廉租住房，向符合廉租住房保障条件的城镇低收入住房困难家庭发放租赁补贴和相关建档、核查等支出。建档、核查、管理等支出，本着节约、实用、适度的原则，根据实际情况一次性安排，主要用于廉租住房保障对象的调查核实、住房保障信息系统和电子档案系统的建设等支出，但不得用于人员补贴、购置交通工具及办公场所维修及补充行政管理经费等。市、县不得从省级补助资金中计提工作经费。

第三章　资金申报

第七条　省级补助资金申报程序

县级负责廉租住房保障工作的部门（以下简称“住房保障部门”）、财政部门于每年2月底前将申请省级补助资金文件及相关材料报地级市住房保障部门、财政部门；地级市住房保障部门、财政部门审核汇总后于每年3月底前报省建设厅、省财政厅。

第八条　省级补助资金申请要求

（一）申请文件主要内容包括：城镇符合廉租住房保障条件的住房困难家庭户数、上年度廉租住房供应和发放租赁补贴情况、本年度廉租住房保障工作计划情况及申请省级补助资金要求等。

（二）申报材料包括：

1. 经市、县人民政府同意的廉租住房建设计划和资金安排计划。

2. 新建廉租住房或改建公房用作廉租住房的项目立项批准文件；收购现有住房用作廉租住房的房屋购买计划或合同等相关证明。

3. 上年度城镇廉租住房保障工作完成情况表、上年度城镇廉租住房保障省级专项补助资金收支情况表、本年度城镇廉租住房保障工作计划情况表（见附件1、2、3）。

第四章　资金分配、下达和拨付

第九条　省级补助资金的分配

（一）省级补助资金按因素法进行分配，分配因素包括：

1. 符合廉租住房保障条件的城镇家庭总户数（以各市2007年以来住房保障、民政等有关部门组织入户调查并公布的数据为准）。

2. 本年度廉租住房保障工作计划（以省人民政府与地级以上市人民政府签订的工作目标责任任务为准），主要包括：本年度计划新增廉租住房实物配租户数（含新建、改建、收购用于廉租住房的，下同），本年度计划廉租住房保障租赁补贴户数。

3. 上年度廉租住房保障工作完成情况（以省对各市组织考核时核实的数据为准）。主要包括：上年度新增廉租住房实物配租户数，上年度廉租住房保障租赁补贴户数。

4. 解决城镇低收入家庭住房困难目标责任制完成情况。仅对上年度完成省人民政府与地级市人民政府签订的解决城镇低收入家庭住房困难目标责任任务较好且经省组织考核为优秀的地级市进行补助，其他地区不补。

（二）对经省组织考核为不合格等次的地级市，根据《广东省解决城镇低收入家庭住房困难工作目标责任考核办法的通知》（粤府办［2009］24号）的规定，相应核减省级补助资金；对经省组织考核为优秀的地级市，相应增加省级补助资金。

第十条　省级补助资金审核和下达

省建设厅对各地申报材料进行审核，提出省级补助资金分配意见送省财政厅；省财政厅审核同意后，将省级补助资金直接下达给到有关市财政部门，抄送省建设厅和有关地级市住房保障部门。

地级市财政部门在收到省级补助资金下达文件后的20个工作日内会同级住房保障部门，按预算级次分配下达资金，并抄送省财政厅、省建设厅备案。

第十一条　资金拨付

省级补助资金实行国库集中支付或财政报账制管理。具备国库集中支付条件的，由市县财政部门实行国库集中支付；暂不具备国库集中支付条件的，按省财政厅《关于印发〈广东省财政支农专项资金报账制实施办法〉的通知》（粤财农［2005］117号）的规定，实行财政报账制管理。

第五章　部门职责

第十二条　住房保障部门职责

（一）市、县住房保障部门职责。包括：

1. 负责会同民政部门对城镇低收入住房困难家庭进行资格审查，制订廉租住房建设总体规划和分年度计划，对其真实性、可行性负责。并会同同级财政部门组织好省级补助资金的申报工作，对申报材料中有关廉租住房实物配租、租赁补贴发放和上年度省级补助资金收支等数据的真实性、准确性负责。

2. 制订省下拨给本市、县的省级补助资金的分配及使用方案，送同级财政部门审核。

3. 负责组织实施廉租住房建设工程项目建设和廉租住房租赁补贴工作。

4. 根据国库集中支付或报账制的有关规定，对廉租住房保障项目承担单位申请支付资金的资料和报账凭证进行审核，确保资料和凭证的真实性、合规性和完整性。

5. 组织检查项目实施和资金使用情况，按要求开展专项补助资金绩效自评工作。

（二）省建设厅职责。包括：

1. 对各市、县所报廉租住房实物配租、租赁补贴发放等情况进行审核，按照公开、公平、公正的原则拟定省级补助资金分配意见送省财政厅审核。

2. 加强对省级补助资金使用情况的监督管理。

3. 组织开展对全省使用省级补助资金的绩效进行自评。

第十三条 财政部门的职责

（一）市县财政部门职责。包括：

1. 对申报省级补助资金有关资料的合规性进行审核。

2. 按照规定落实本级应安排的廉租住房建设资金。

3. 分配和下达省级补助资金。

4. 根据国库集中支付和财政报账制的有关规定及时审核、拨付资金。

（二）省财政厅的职责。包括：

1. 按规定筹措省级补助资金。

2. 对省建设厅提出的省级补助资金分配意见进行合规性审核，及时下达专项资金。

3. 加强省级补助资金的监督管理，组织省级补助资金绩效评价工作。

第六章 监督管理

第十四条 各级住房保障部门和财政部门应按职能分工，加强对项目和资金的监督管理。各地级以上市廉租住房保障工作存在职能交叉的，应由对县一级廉租住房保障工作进行综合协调的部门牵头负责。

第十五条 违反本办法规定，骗取、滞留、截留、挪用项目资金或者有其他财政违法行为的，财政部门将按照《财政违法行为处罚处分条例》以及相关法律、法规规定处理。

第七章 附 则

第十六条 本办法由省财政厅和省建设厅负责解释。

第十七条 本办法从2009年起实施，在省财政补助资金设立期限内执行。省财政厅、省建设厅2008年9月印发的《广东省廉租住房省级补助资金管理办法》同时废止。

广东省地方税务局 广东省财政厅关于贯彻《检举纳税人税收违法行为奖励暂行办法》若干问题的通知

广东省地方税务局 广东省财政厅2009年8月28日发布

（粤地税发［2009］193号）

各市地方税务局、财政局：

为了贯彻《检举纳税人税收违法行为奖励暂行办法》（国家税务总局令、中华人民共和国财政部令第18号，以下简称《暂行办法》）的有关规定，鼓励检举税收违法行为，结合广东省实际情况，提出如下贯彻意见，请一并执行。

一、《暂行办法》第九条规定的检举伪造、变造、倒卖、盗窃、骗取除增值税专用发票以及可用于骗取出口退税、抵扣税款以外其他发票的，按照以下标准对检举人计发奖金：

（一）查获伪造、变造、倒卖、盗窃、骗取上述发票10 000份以上的，给予5万元以下的奖金。

（二）查获伪造、变造、倒卖、盗窃、骗取上述发票8 000份以上不足10 000份的，给予4万元以下的奖金。

（三）查获伪造、变造、倒卖、盗窃、骗取上述发票6 000份以上不足8 000份的，给予3万元以下的奖金。

（四）查获伪造、变造、倒卖、盗窃、骗取上述发票3 000份以上不足6 000份的，给予2万元以下的奖金。

（五）查获伪造、变造、倒卖、盗窃、骗取上述发票1 000份以上不足3 000份的，给予1万元以下的奖金。

（六）查获伪造、变造、倒卖、盗窃、骗取上述发票不足1 000份的，给予5 000元以下的奖金。

二、依照《暂行办法》第九条的规定，地方税务局就查获地税发票部分进行奖励。如查获国税发票，市、县（区）地方税务局应及时向同级国家税务局通报，并就查获地税发票部分按比例进行奖励。国、地税奖励合计不超过《暂行办法》第九条规定的最高金额。

三、依照《暂行办法》第十一条的规定计发奖金，查补入库税款金额在5 000万元以上的税收违法举报案件，市地方税务局应及时通报同级国家税务局，并作为重大案件报告省地方税务局，由省地方税务局向省国家税务局进行通报。

四、县（区）局稽查局单个案件的奖励金额不足5 000元的，由稽查局报分管局领导审核后报局长审批；单个案件奖励金额在5 000元以上的，由局长办公会议审批，并报市局稽查局备案。

市局稽查局单个案件奖励金额在5 000元以下的，由稽查局局长审批；单个案件奖励金额超过5 000元，1万元以下的，由稽查局局长审核，报市局分管局领导审批；单个案件奖励金额超过1万元，5万元以下的，由稽查局报分管局领导审核后报局长审批；单个案件奖励金额超过5万元的，由局长办公会议审批，并报省局稽查局备案。

省局稽查局单个案件奖励金额在1万元以下的，由稽查局局长审批；单个案件奖励金额超过1万元，5万元以下的，由稽查局报省局分管局领导审核后报局长审批；单个案件奖励金额超过5万元的，由省局务会议审批。

五、各级地方税务局应将奖励举报费用列入当年支出预算，专门用于对检举纳税人税收违法行为的检举人进行奖励。检举奖励资金来源，按照《暂行办法》有关规定执行。

六、各市地方税务局应当对奖励资金使用情况编写年度报告，于次年2月底前报告省地方税务局稽查局。

七、本通知所称“以上”、“以下”均含本数。

八、本通知自2009年11月1日起施行。

关于对广东省城市和农村公共交通车船2009年度减半征收车船税的通知

广东省财政厅2009年9月2日印发（粤财法［2009］128号）

各地级以上市财政局、地方税务局：

按照《中华人民共和国车船税暂行条例》的规定，经省政府同意，为继续鼓励和扶持城市、农村公共交通的发展，对广东省城市、农村公共交通车船2009年度减半征收车船税。

请遵照执行。

广东省农业综合开发科技推广项目管理暂行办法

广东省财政厅2009年10月11日印发（粤财农综［2009］67号）

第一章　总　则

第一条　为提高农业综合开发项目区科技推广水平和财政资金的使用效益，切实管好用好该项资金，发挥科技进步对现代农业发展的促进作用，根据《国家农业综合开发资金和项目管理办法》（财政部令第29号）、国家农业综合开发办公室《关于加强农业综合开发土地治理项目科技推广费管理工作的指导意见》（国农发［2006］13号）和《广东省省级农业综合开发资金和项目管理暂行办法》（粤财农综［2008］28号）等，结合实际，制订本办法。

第二条　本办法所指的农业综合开发科技推广项目，是指为提高土地治理项目效益，促进项目区现代高效农业发展，每年由省在国家农业综合开发土地治理项目科技推广费（含省级配套资金）中集中部分资金，或从省级财政农业综合开发专项资金中按比例安排科技推广项目资金，分别用于国家和省级农业综合开发项目区优良品种和先进、适用技术示范推广的项目（以下分别简称"国家农业综合开发科技推广项目"、"省级农业综合开发科技推广项目"）。

第三条　国家农业综合开发土地治理项目科技推广费总额以省为单位，每年安排不超过当年土地治理项目财政投资总额的8%，其中省级集中安排的科技推广项目资金不超过当年全省科技推广费总额的30%；随项目下达到县的科技推广费不低于当年全省科技推广费总额的70%。国家农业综合开发土地治理项目区当年没有具体推广内容或当地科技推广服务单位不具备条件的可以不安排科技推广费或提出推广项目由省安排。省级农业综合开发科技推广项目资金按省级农业综合开发专项资金的5%左右安排。

第四条　农业综合开发科技推广项目安排和使用应遵循以下原则：

（一）专款专用，专项用于土地治理项目区的农业科学技术示范、推广。

（二）集中投入，突出解决项目区关键技术和品种推广。

（三）注重普及应用，扶持先进、适用、成熟的新品种和综合配套技术推广。

（四）注重示范，鼓励多单位联合开展多品种、多技术综合配套推广。

（五）服务项目区广大农民群众，提高农民素质，促进农民增收。

（六）竞争择优安排，提高资金使用效益。

第二章　项目扶持内容

第五条　农业综合开发科技推广项目扶持推广的农业科技成果必须是通过省级以上部门或省级授权委托的地市级鉴定、认定的新品种、新技术，且应投资少、见效快、适用范围广。

第六条　国家农业综合开发科技推广项目扶持的基本内容：

（一）粮、油、糖、蔬菜、瓜果、花卉等优新良种示范推广及其繁育技术。

（二）测土配方和科学施肥技术。

（三）作物高效栽培技术。

（四）土壤改良和培肥地力技术。

（五）农作物病、虫、草、鼠害防治技术与农药减量技术。

（六）节水农业技术。

（七）生态农业技术。

第七条　省级农业综合开发科技推广项目作为国家农业综合开发的补充，除上述第六条规定的范围外，项目区和相关地区农民迫切需要推广的畜禽、水产、蚕桑、南药、多年生林果以及现代设施农业技术，可以列入推广内容。

第八条　国家农业综合开发科技推广项目原则上安排在国家农业综合开发县实施；省级农业综合开发科技推广项目优先安排在省级农业综合开发县实施。项目主要面向土地治理项目区农民进行推广，当年安排的科技推广项目，推广示范点（示范田块）应重点安排在当年或上一年的土地治理项目区内，技术培训则可扩大到全县范围。

第九条　种植示范基地的规模，水稻面积不少于500亩，蔬菜、旱粮、花生及其他经济作物面积不少于300亩。种植示范基地的经营模式可以是农户（示范户）自营、与农户合营联办、承担单位利用自有土地或向农户租用土地种植经营的方式。养殖示范基地则只能是农户自营的经营模式。

第三章　项目资金使用范围、比例和标准

第十条　农业综合开发科技推广项目财政资金主要用于示范、培训、指导以及咨询服务等推广工作环节中发生的生产资料费、培训费、检测化验费、小型仪器设备费、差旅费、劳务费等。

国家农业综合开发科技推广项目资金具体使用范围、比例和标准为：

（一）生产资料费。支出总额一般不低于项目财政资金额的27%，主要用于以下几方面：

1. 用于购买建设示范基地所需的种子、种苗、肥料、农药、农膜等费用的补贴；

2. 用于建设示范基地租用土地当年的租赁费用的补贴；

3. 用于较大面积推广（指示范基地以外的农户，面积要求达到1 000亩以上）种植新品种的种子、种苗等费用的补贴。

生产资料费的补贴标准为：种子、种苗可全额补贴；肥料、农药、农膜的补贴比例一般不超过购入价的50%，示范基地属项目单位自有或向农户租用土地种植经营的其补贴比例不超过购入价的30%。土地租赁费的补贴比例为50%以内。

（二）培训费及现场观摩费。支出总额一般不低于科技推广项目财政资金额的20%。用于举办技术培训班和召开现场观摩会所发生的教材资料费、相关音像制品制作费、房租费、场地和设备租用费、伙食费、交通费等相关费用，总额控制在每人每天250元以内。培训场地尽可能选择或租用单位内部的会议室、招待所以及镇、村的培训室、会堂等场所，以节约支出。

（三）检测化验费。支出总额原则上不高于科技推广项

目财政资金额的5%，主要用于测土配方施肥中土样采集、化验分析、数据处理等费用；用于检测作物、食品中有害物质残留的费用。

（四）小型仪器设备费。支出总额原则上不高于科技推广项目财政资金额的5%，用于购置推广工作必需的小型仪器设备的费用，单件小型仪器设备购置费原则控制在1.5万元以内，相同设备不得超过两台。连续承担农业综合开发科技推广项目的单位，原则上不得连续安排购置相同类型的仪器设备。

（五）差旅费。支出总额原则上不高于科技推广项目财政资金额的20%，主要用于科技人员到项目区开展推广工作的交通、食宿等费用。

1. 住宿费：科技推广人员到项目区的住宿费标准上限为具备高级职称者每人每天300元，中级职称以下者每人每天150元，据实列支；

2. 工作餐费：伙食补助费标准上限为每人每天150元，据实列支，可凭出差地的餐饮发票在控制标准内据实报销，不得发放伙食补助；

3. 交通费：租用车辆者租车费据实列支；使用自有车辆的燃油费、路桥费，据实列支。

（六）劳务费。支出总额原则上不高于科技推广项目财政资金额的20%，主要用于推广工作中发生的专家（含聘请外单位或协作单位的农科人员）现场咨询、指导费、讲课费和雇佣人工费。专家劳务费按高、中级职称专家每人每天分别不超过500元和300元；雇用工人劳务费按当地劳务市场的工资标准开支。

（七）项目检查验收费。用于项目检查验收、示范点公示牌制作和宣传等费用，支出总额控制在项目财政投资的3%以内，据实列支。

（八）基层协作单位经费。根据项目实施需要，在上述使用范围和控制比例内，可安排一定费用给协作单位。本费用的具体开支内容、标准和数额需在与协作单位签订的实施协议中予以明确，并在项目立项后将实施协议报省农发办备案。

省级农业综合开发科技推广项目资金除可用于上述范围外，还可用于：

1. 养殖示范农户（场）的种苗、兽药、疫苗等费用的补贴；

2. 现代设施农业技术示范所需的先进生产设备、设施的投资补贴。

第十一条　国家农业综合开发科技推广项目资金不得用于：

（一）各级农发办事机构和项目承担单位与项目无关的日常办公费支出。

（二）科技成果转让费、购买专利费。

（三）推广多年生林果、畜牧水产养殖品种和技术的费用。

（四）进行基础性农业科学研究以及非成熟品种、技术的试验费用。

（五）示范田块基础设施、大棚设施等建设费用。

（六）农民接受培训的误工费和示范基地的生产性劳务费。

（七）其他与土地治理项目科技推广措施无关的费用。

省级农业综合开发科技推广项目不受上述第三、第五款限制。

第四章　科技推广项目申报、立项与实施

第十二条　承担单位。科技推广项目主要承担单位是具备科技实力、人员力量和推广工作条件的农业院校、农业科研院所、农业技术推广服务机构；有一定推广能力的县级农技推广部门和乡镇农技站可以作为协助单位参与。

第十三条　项目申报。每年由省农业综合开发办公室（下简称省农发办）向全省有关单位发布当年的科技推广项目申报指南，提出当年重点推广的品种、技术和项目实施计划方案的编写要求及其需上报的材料等，项目承担单位根据申报指南和本办法的相关规定，编制农业综合开发科技推广项目实施计划方案，并报市级农发办和财政局审核后联文向省农发办提出立项申请（市级农科部门）或直接向省农发办提出立项申请（省级农科部门）。

第十四条　项目评审与审批立项。农业综合开发科技推广项目实行竞争立项，项目必须经省农业综合开发机构组织的专家评审并通过后方可立项，并按照绩效优先的原则进行择优选择。

国家农业综合开发科技推广项目作为土地治理项目的组成部分，须由省农发办上报国家农发办审核同意后方可立项；省级农业综合开发科技推广项目由省农发办审批立项。

第十五条　项目实施。科技推广项目立项后，如需要基层（县、镇）农技推广部门共同参与推广工作的，项目承担单位应与基层农技推广部门协商，制订具体的推广工作方案，并签订项目实施协议，明确各方的权利、责任、义务和考核办法；需支付一定费用给协作单位的，必须明确具体的开支内容、标准和数额，其开支范围和标准不得超过上述第十条规定。项目实施协议需报省农发办备案。

第十六条　科技推广项目必须严格按照批复的项目实施计划组织实施，如确需变更，必须报省农发办批准。在保证项目各项推广工作任务按计划完成的前提下，允许资金在不同的支出单项间作合理的变动调整，但其幅度不得超过该单项投资的15%，否则视同变更项目计划，必须报省农发办批准。

第十七条　科技推广项目实施期原则上为一年，因不可抗力影响项目的实施，或其他客观原因，导致项目不能在规定期限内完成，承担单位应在原执行期限结束前，向立项单位提出延期申请，一般允许延期一次，期限最长不超过一年。

第五章　财务管理

第十八条　科技推广项目财政资金必须实行专人管理、

专账核算、专款专用。省级科技推广部门承担的项目实行国库集中支付，地级推广部门承担的项目实行国库集中支付或报账制管理。主管单位财务部门和管理部门负责审核支出内容是否符合规定，审核票据、凭证是否真实、完整、合法。同级财政部门不定期核查。

第十九条　科技推广项目承担单位报账时，须根据项目实施计划提供相应合法票据及能证明该项支出的相关原始资料。

（一）生产资料费：购买生产资料的原始发票；发放的种子、种苗、肥料等生产资料的名称、数量、发放日期，发放人、领取人的签字等。

（二）土地租赁费：土地租赁合同以及土地所有者开具的租金收据。

（三）培训费及现场观摩费。培训或观摩会议通知、现场照片（培训或观摩会议的横幅要写上年度）、参加人员的签到表；讲课人员讲课费的签领表（单）、教材资料、相关音像制品制作、房租、场地和设备租用及用餐、交通等相关费用支出凭证（发票）。

（四）检测化验费。检测单位开具的发票或其他有效凭证，要注明检测的样品名称、样品数量、检测内容和单价。

（五）小型仪器设备费。购置仪器设备的发票，要注明设备名称、型号、数量和单价。

（六）差旅费。租（乘）车发票，租用本单位车辆的，需提供详细的派车单，包括用车人、目的地、时间、起始里程数、收费价格、司机签名等；使用本单位车辆的燃油费、路桥费发票；食宿发票（专家背书签名）。

（七）劳务费。劳务提供者的签收单，专家咨询费提供专家签名单（附证明人签字）及能证明发生该项劳务的相关凭证。

（八）项目检查验收费。项目检查验收工作中相关环节发生的费用和制作公示牌、宣传工作等支出凭证。

（九）基层协作单位经费。根据推广工作协议，需由基层协作单位完成相关工作，并需支付相关费用的，其开支的内容、标准、数额应严格按照协议执行，基层协作单位向项目承担单位提供报账凭证，由项目承担单位报账，不得以拨代报。

第六章　监督检查及验收

第二十条　各级财政部门、农业综合开发办公室、项目承担单位主管部门要按照国家和省有关规定，加强对科技推广项目实施情况和资金使用情况的监督检查。项目承担单位要遵守国家和省有关规定，认真组织实施，严格按有关规定使用好资金，并对项目经费实行单独核算，密切配合财政、农业综合开发等部门的监督检查。

第二十一条　每个科技推广项目都应进行单独验收。科技推广项目的验收一般分两个阶段进行，一是在示范基地的作物收成前，由项目承担单位牵头组织当地（市、县）农发管理部门和农技推广部门的专家，对示范基地的建设情况进行现场验收（阶段性验收）；二是在全面完成项目实施工作后进行项目验收（全面验收）。

第二十二条　科技推广项目由项目实施所在地的地级市财政部门和农业综合开发办公室负责进行验收，对跨市实施的项目由项目承担单位主管部门负责验收。省农发办对验收结果进行抽查。在项目实施工作全面完成后，项目承担单位应及时向负责项目验收的有关部门提出项目验收申请。验收组人员除农业综合开发管理部门的有关人员外，还应聘请承担单位以外的相关专业技术人员参加。

第二十三条　科技推广项目的验收内容主要包括资金使用和管理情况、计划任务完成以及预期效益的实现情况等三大方面。

第二十四条　项目承担单位申请验收应提供项目立项批文、项目实施方案、项目实施情况报告（内容包括项目实施工作情况、各项计划任务完成情况、示范基地验收情况、资金管理及使用情况、预期效益的实现情况、存在问题与建议等）、经费决算表（加盖财务部门印章）、开展有关工作和经费支出的相关证明材料等。

第二十五条　存在下列情形之一的，项目应不予通过验收。

（一）完成计划任务低于80%，或关键指标（示范基地建设规模、技术培训等）未完成。

（二）提供的验收资料、数据不真实。

（三）项目经费存在挪用、违规使用等重大问题。

（四）超过计划执行年限一年以上且事先未经批准的。

（五）项目承担单位不配合验收工作的。

第二十六条　对弄虚作假、截留、挪用或挤占项目经费等财政违法行为，依照《财政违法行为处罚处分条例》（国务院令第427号）和财政部《农业综合开发财政资金违规违纪行为处理暂行办法》（财发［2005］68号）等规定处理。

第二十七条　对未能通过验收的单位，除责令整改、按计划完成工作任务或取消项目、退回项目财政资金外，两年内不得申报农业综合开发科技推广项目。

第七章　附　则

第二十八条　随项目下达到县的科技推广费，其使用管理参照本办法执行。

第二十九条　产业化经营项目科技推广费相关费用使用标准参照本办法执行。

第三十条　本办法由省财政厅负责解释，自发布之日起施行。

广东省农村财会人员财政支农政策培训工作考核评价办法（试行）

广东省财政厅2009年10月15日印发（粤财会［2009］75号）

第一条　为了加强对全省农村财会人员财政支农政策培训工作（以下简称“培训工作”）精细化、科学化管理，切实把培训工作做好、作出成效，根据中华会计函授学校《关于印发〈农村财会人员财政支农政策培训实施方案〉和〈农村财会人员财政支农政策培训工作考核评价办法（试行）〉的通知》（中函校［2009］8号）及省财政厅《关于开展农村财会人员财政支农政策培训的通知》（粤财会［2009］51号）精神，特制定本办法。

第二条　培训工作考核评价坚持实事求是、客观公正的原则。

第三条　省财政厅农村财会人员教育培训工作领导小组办公室（以下简称省领导小组办公室）依据本办法，对各市、县（市、区）组织开展培训工作情况进行考核评价。

第四条　考核评价项目主要包括“组织领导”、“计划实施”、“培训经费”、“培训管理”、“质量控制”、“培训保障”6项，考核评价内容细分为18项。具体考核评价标准为：

（一）组织领导。

1. 建立了培训工作协调领导机构，对培训工作有统一部署，组织有力。

2. 有专人负责管理、组织开展此项工作。

3. 积极参与或协助省领导小组办公室组织工作会议、师资培训、教学研讨等活动。

（二）计划实施。

1. 制订了切实可行的年度培训计划，并按规定及时报送省领导小组办公室。

2. 根据省领导小组办公室下达的年度培训计划组织开展培训工作，计划执行情况良好。

3. 按规定及时、完整报送年度培训工作总结及自评材料。

（三）培训经费。

1. 按粤财会［2009］51号文的要求，培训经费得到落实。

2. 培训经费使用、管理规范，无挤占、挪用等违规行为。

（四）培训管理。

1. 按照省领导小组办公室提出的年度培训内容组织培训。根据工作需要对培训内容进行调整、补充的，及时报省领导小组办公室备案。

2. 制订了具体的培训工作实施方案，建立了培训管理制度。

3. 及时总结培训工作中好的经验、做法，提出好的意见、建议，积极报送工作信息、动态。

（五）质量控制。

1. 制定了明确的教学目标和教学要求。

2. 积极配合或选派教师参与省领导小组办公室教研组工作。

3. 根据培训工作需要组织本级师资培训，开展教学研讨活动。

4. 建立、健全学员培训档案，有专人管理、登记学员培训情况。制定了学员培训考核办法并组织实施，措施到位。

5. 及时组织学员培训情况及教师教学情况调查，针对发现的问题制定改进措施并取得实效。组织实施培训后的跟踪反馈和业务规范指导活动并取得实效。

（六）培训保障。

1. 及时征订和下发培训教学资料。

2. 及时检查和督导各培训点做好培训保障工作。

第五条　考核评价工作采取当地自评和上级考评相结合的形式，分为自评和考评两个环节，采用百分制量化考评。

（一）自评：

1. 各市、县（市、区）应按照本办法的相关标准进行自评。

2. 各市、县（市、区）最迟要在每年10月底前完成当年的培训计划，及时按规定组织自评工作。

3. 各市、县（市、区）在完成年度培训计划后10个工作日内，将年度工作总结及自评材料上报省领导小组办公室。内容包括：

（1）年度培训工作总结。

（2）年度培训计划完成情况表。

（3）年度培训工作自评表及自评情况说明。

（4）自评指标涉及的相关文件、管理制度、学员花名册、工作信息动态等。

（5）下年度培训计划表。

（二）考评：

1. 省领导小组办公室在培训开展期间对各市、县（市、区）的培训工作进行督导、抽查。

2. 省领导小组办公室在收到各市、县（市、区）自评报告后，组织对各市、县（市、区）培训工作进行考核。

3. 省领导小组办公室根据考核情况对各市、县（市、区）的培训工作进行评价，提出改进培训工作的建议，并对存在的重点问题进行追踪检查。

4. 全省通报考核评价结果，并根据考评结果，结合培训规模和地区财力差异安排省级财政“以奖代补”资金。得分在60分以下（不包括60分）的地区不安排省级财政“以奖代补”资金。

第六条 考核评价工作一般采取听取汇报、查阅记录、实地调查、随机抽查等方式进行。

第七条 各市、县（市、区）应认真执行上述各项报告制度，及时上报与培训有关的情况和重要信息，确保整体培训工作信息畅通。

第八条 本办法由省领导小组办公室负责解释。

第九条 本办法自颁布之日起施行。

关于中央补助地方科技基础条件专项资金申报办法

广东省财政厅2009年10月21日印发（粤财教［2009］251号）

第一条 为加强中央补助地方科技基础条件专项资金（以下简称专项资金）管理，充分发挥中央专项资金对改善地方科技基础条件的支持和指导作用，提高资金使用效益，根据《中央补助地方科技基础条件专项资金管理办法》，结合广东省实际，制定本办法。

第二条 专项资金由中央财政设立，用于支持市、县（市、区）科协事业发展、改善地方科协基础条件、提高地方的科技普及水平。

第三条 申报专项资金应遵循以下原则：

（一）择优支持、适当倾斜原则。对符合以下条件的，给予适当倾斜和重点支持：自我发展能力较强，管理工作好，科普基础条件相对落后的市、县（市、区）科协和粤东西两翼、北部山区；用款单位财务管理制度健全，领导和财务人员能胜任项目管理工作，具备资金使用效益高的单位。

（二）专款专用原则。专项资金必须坚持专款专用，不得挪用、截留或挤占，不得抵顶单位行政事业经费等。

第四条 申报专项资金的补助范围主要是市、县（市、区）科协下属单位的科普仪器设备购置和基础设施维修改造等。

第五条 专项资金的申请应具备的条件：

（一）符合当地科协事业发展的要求和专项资金支持的范围。

（二）具有明确的绩效目标和项目可行性论证意见。

（三）项目承担单位具备较好的组织实施能力和条件。

（四）相应的配套资金能够落实到位。

第六条 专项资金申请按以下规定进行：

（一）由市、县（市、区）财政局和市、县（市、区）科协联合向省财政厅、省科协上报专项资金项目。

（二）申请专项资金必须符合本办法规定的条件，并填报《中央补助地方科技基础条件专项资金项目申报书》一式四份（格式附后，以下简称《项目申报书》）。

（三）市、县（市、区）财政局承诺为项目实施提供配套资金等支持的，专项资金项目申报单位，应在项目申请时，对配套资金的来源、数额、形式和支持内容作出说明，并提供相应的配套证明。项目下达后，承诺的配套资金必须按项目实施进度足额到位。

（四）专项资金《项目申报书》于每年的3月10日至4月20日报省科协（计划财务部）。

第七条 专项资金的评审及申报按以下规定进行：

（一）省财政厅、省科协组织对专项资金项目评审，负责对各地级以上市科协和县（市、区）财政局上报的专项资金项目进行审核，审核的内容主要包括：申请项目的依据充分性、目标设置合理性、组织实施能力与条件、预期社会经济效益、项目预算合理性等。根据审核情况，将符合要求的项目纳入当年专项资金支持范围。

（二）根据评审意见确定专项资金项目及经费补助额度，由省财政厅向财政部申报。

（三）申报的专项资金经财政部批准后，由省财政厅下达至有关市、县（市、县）财政部门，再由当地财政部门通知申报单位，按国库集中支付有关规定执行。

第八条 项目执行中应建立项目负责人制度，项目负责人全面负责项目实施中的各项工作。项目承担单位应按照项目申报书中的承诺，为项目的顺利实施提供条件和保障。

第九条 项目承担单位应按照专款专用原则对项目资金实行单独核算和管理。

第十条　项目承担单位必须严格按照省财政厅批复的项目和经费预算执行，不得自行调整。项目执行过程中，因实施的环境和条件发生重大变化确需调整的，按申报程序履行报批手续。

第十一条　项目的组织执行和管理工作由项目市、县（市、区）级科协、财政局负责。项目完成后，应及时组织验收，并将总结报告上报省财政厅、省科协，并接受财政、审计、科协等部门对专项资金的监督检查。

第十二条　省财政厅、省科协对申报获批的专项资金实行追踪问效制度，按照绩效评价的有关规定对专项资金项目进行绩效评价，绩效评价结果将作为以后年度专项资金立项审批和预算安排的重要参考依据。

第十三条　本办法由省财政厅、省科协负责解释，自印发之日起施行。

附件1：

中央补助地方科技基础条件专项资金
项目申报书

项目名称：____________________

项目单位：____________________

项目负责人：____________________

申报日期：____________________

项目单位属地：　省（自治区、直辖市、计划单列市）

中华人民共和国财政部制《项目申报书》说明

一、《项目申报书》由项目负责人组织填写，所有内容必须客观真实。

二、封面填写说明

1. “项目名称”：应当按照规范的用语表述。

2. “项目单位”：名称用全称填写，不能省略，须加盖单位公章。

3. “项目负责人”：应填写项目单位直接组织实施该项目的责任人。

三、《项目申报书》内容编写说明

1. “项目负责人”：同上。

2. “项目单位”：同上。

3. “现有固定资产总值”、“仪器设备总值”：指项目申请单位现有固定资产和用于研究、科普宣传等仪器设备的原值。

4. “现有房屋总面积”、“办公用房面积”：指项目申请单位现有房屋和办公用房的建筑面积。

5. “项目类型”：根据申报项目的内容，在所属选项后的“□”中划“√”。

6. “项目总预算”：包括项目申请单位申请中央财政专项资金补助和配套资金数额。

7. “项目概况”：简要填写项目申请单位工作现状，项目主要申请理由、实施内容、预期社会效益情况以及项目预算情况。

8. “项目绩效目标”：填写项目房屋修缮、设备购置、基础设施维修改造的数量、质量和效果等的目标，以及为实现上述目标的具体时间进度安排。绩效目标的内容应具体、明确。如基础设施维修改造的标准、使用功能及效果指标，设备购置的数量、性能及效用指标等。

9. “项目阶段性绩效目标”：申请专项资金金额较大、项目内容较复杂的，应根据申请项目的具体内容和特点填写项目的分阶段绩效目标。

10. “项目采购方式和内容”：根据国家有关规定和申报项目的具体情况填写。

11. 仪器设备购置、基础设施维修改造的支出预算应结合项目实际情况，根据国家有关规定和行业定额标准及合理的市场价格等测算编制。

四、《项目申报书》要求统一用A4纸打印、装订，用9号信封封装。

五、《项目申报书》报省级财政部门一式三份。

<table>
<tr><td>项目名称</td><td colspan="3"></td></tr>
<tr><td>项目单位</td><td colspan="3"></td></tr>
<tr><td>项目负责人</td><td></td><td>联系电话</td><td></td></tr>
<tr><td>单位地址</td><td></td><td>邮政编码</td><td></td></tr>
<tr><td>现有职工总数</td><td>人</td><td>其中：科研人员</td><td>人</td></tr>
<tr><td>现有固定资产总值</td><td>万元</td><td>其中：仪器设备总值</td><td>万元</td></tr>
<tr><td>现有房屋总面积</td><td>平方米</td><td>其中：办公用房面积</td><td>平方米</td></tr>
<tr><td>项目类型</td><td colspan="3">1. 仪器设备购置□　　2. 基础设施维修改造 □</td></tr>
<tr><td>项目总预算</td><td>万元</td><td>其中：申请中央财政拨款</td><td>万元</td></tr>
<tr><td colspan="4">一、项目概况</td></tr>
<tr><td colspan="4">二、项目绩效目标和阶段性绩效目标</td></tr>
</table>

<table>
<tr><td>项目绩效目标</td><td colspan="6"></td></tr>
<tr><td rowspan="5">项目阶段性绩效目标</td><td>实施阶段</td><td>年度</td><td>目标内容</td><td>阶段预算（万元）</td><td>其中：中央财政补助（万元）</td><td>时间（月）</td></tr>
<tr><td>第一阶段</td><td></td><td></td><td></td><td></td><td></td></tr>
<tr><td>第二阶段</td><td></td><td></td><td></td><td></td><td></td></tr>
<tr><td>第三阶段</td><td></td><td></td><td></td><td></td><td></td></tr>
<tr><td>……</td><td></td><td></td><td></td><td></td><td></td></tr>
</table>

<table>
<tr><td colspan="5">三、项目采购方式和内容</td></tr>
<tr><td colspan="5">采购方式：1. 政府联合集中采购　　2. 部门组织采购　　3. 单位分散采购</td></tr>
<tr><td>采购内容</td><td>数量</td><td>单价（元）</td><td>金额（万元）</td><td>采购方式</td></tr>
<tr><td></td><td></td><td></td><td></td><td></td></tr>
<tr><td></td><td></td><td></td><td></td><td></td></tr>
<tr><td></td><td></td><td></td><td></td><td></td></tr>
<tr><td></td><td></td><td></td><td></td><td></td></tr>
<tr><td></td><td></td><td></td><td></td><td></td></tr>
<tr><td></td><td></td><td></td><td></td><td></td></tr>
<tr><td></td><td></td><td></td><td></td><td></td></tr>
</table>

广东省省属职业技术教育经费预算管理改革试点暂行办法

广东省财政厅2009年10月28日印发（粤财教［2009］287号）

为贯彻落实省委、省政府关于建设教育强省的决定，加快广东省职业技术教育发展，根据《中共广东省委 广东省人民政府关于大力发展职业技术教育的决定》（粤发［2006］21号）和《印发广东省大力发展职业技术教育实施纲要（2006～2020年）的通知》（粤府［2007］11号）要求，特制定本办法。

一、总体思路

按照大力发展职业技术教育的决定，从2008年起，省属公办职业院校（含技工学校，下同）经费按照学校类别和现有的财政预算关系，以在校生人数为基数，逐步探索实行以生均综合定额为主的预算管理体制改革。从2008年起，在若干所院校中先行试点，待试点取得经验后再逐步扩大范围。

二、指导思想

（一）职业院校经费的增长要与扩招的增长相适应。

（二）职业院校经费供给方式要与改革发展要求相适应。

（三）职业院校经费需求要与财政承受能力相适应。

三、改革原则

适应发展，促进改革；先行试点，分步实施；整体推进，重点突破。

四、改革内容

参照省属高校生均综合定额的做法，改革现行职业院校（试点，下同）经费基数加增长的拨款方式，逐步实行以生均综合定额拨款为主的管理办法，即按照学校全日制在校生人数、专业折算系数和生均综合定额等因素核定职业院校主要的预算经费。科学合理地安排财政资金，调动职业院校扩招积极性，扩大职业院校办学自主权，促进职业技术教育的发展。

（一）试点学校

2008年实行生均综合定额试点的院校为广东轻工职业技术学院、广东工程职业技术学院和广东省国防科技高级技工学校3所院校。2009年起逐步扩大试点范围。

（二）学科专业折算系数

职业院校学生按不同专业分为四类，折算系数分别为：（一）文史、财经、管理专业为1；（二）理工、外语、师范专业为1.2；（三）医学、体育、农林、地矿、航海等艰苦专业及民族生为1.4；（四）艺术类为1.6。

技工学校学生按不同专业分为两类，折算系数分别为：高耗材工种为1.2，普通工种为1。

（三）计算方法

鉴于各学校2007年正常经费基数水平差距较大，为使改革工作平稳过渡，同时又逐步缩小各学校原基数之间的差距，正常经费核定实行经费基数按学制逐年递减，新增经费按生均定额核定的办法。具体为：

（1）以2007年为基点，即以2007年正常经费为基数，按学校的学制逐年递减。职业院校为三年学制，经费分三年逐年递减，年均减少三分之一。

（2）根据近三年省属职业技术院校经费生均支出水平，并考虑省级财政的承受能力，核定2008年高职院校新增的正常经费生均基准定额为3 500元/生，高级技工学校和国家级重点中职学校下浮10%（取整后为3 200元/生）、普通中职与技校下浮15%（取整后为3 000元/生）。

（四）核定公式

2008年学校正常经费＝2007年招生学生×2008年生均定额＋2007年经费基数×2/3

2009年学校正常经费＝2007年招生学生量＋2008年招生学生×2009年生均定额＋2007年经费基数×1/3

以后年度以此类推。

2007年前入学的在校学生毕业以后，即三年以后，职业技术院校经费全部按学校的全日制在校生人数核定，具体核定公式为：

n年学校正常经费＝（n－1）年在校生×n年生均定额

（五）预算编报程序

职业技术院校经费预算管理改革后，职业技术院校经费预算编报相应调整。在编制下一年度预算前，学校按要求准确填列有关数据，分别报省教育厅、省劳动保障厅、省财政厅审核，省财政厅核定并下达学校的正常经费预算控制数，学校据此编制年度预算，分别报省教育厅、省劳动保障厅审核后送省财政厅核定。

关于加强和规范预算单位零余额账户资金管理事项的通知

广东省财政厅2009年11月3日印发（粤财库［2009］44号）

省直各单位，各代理银行：

省级财政国库管理制度改革工作实施以来，大部分省级预算单位（以下简称“预算单位”）均能按照国库改革有关规定，加强账户管理，规范资金使用，推进改革工作正常有序开展。但也存在少数单位未能严格规范使用资金的情况，如未经省财政厅批复擅自办理财政资金垫支与归垫，违规从单位零余额账户向本单位关联的实有资金账户转拨资金等。为进一步加强和规范预算单位零余额账户资金管理，严格预算执行，现就预算单位零余额账户资金使用有关事项通知如下：

（一）省财政厅印发的《广东省省级单位财政国库管理制度改革实施办法》（粤财库［2002］9号）已明确规定，预算单位零余额账户只用于办理预算单位财政性资金授权支付（包括退库）业务，不得用于办理非财政性资金或预算单位其他资金的收付业务，请严格遵照执行。

（二）除按规定可划拨至本单位相应账户的工会经费、党团经费、职工福利费、住房公积金，以及符合有关规定的其他资金外，预算单位零余额账户不得违规向本单位或与本单位有关联的上下级预算单位银行账户划拨财政资金。

（三）财政全额承担经费的预算单位日常委托的银行代缴业务应通过其零余额账户办理。非财政全额承担经费的预算单位，可通过其他银行账户委托银行代缴有关费用后，凭缴费凭证复印件，从其零余额账户中将相应资金归垫回委托代缴银行账户。

（四）委托银行代发工资的预算单位，应与代发银行签订委托代发协议，凭协议有效页复印件，可从其零余额账户中将工资资金划至代发银行指定的内部账户。

（五）因财政资金指标尚未（结转）下达、根据特殊情况需提前垫付财政资金的预算单位，应向省财政厅提交垫支申请，经批复同意后方可从其他银行账户垫支。并于相关指标下达（结转）后5个工作日内，按照实际垫支情况，填写《财政资金归垫申请表》，附垫支银行存款明细账复印件及归垫申请函送省财政厅。省财政厅审批后开具《财政资金归垫批复书》（简称《批复书》），单位凭《批复书》到代理银行办理资金归垫手续。

省财政厅以前印发文件与本通知内容不符的，以本通知内容为准。各单位应严格按照上述规定及国库管理制度改革相关文件要求，切实加强和规范零余额账户资金管理各项工作。各授权支付代理银行应全力配合做好监管和服务工作。省财政厅将进一步加大对预算单位零余额账户资金使用的监督检查，对存在违规划拨财政资金问题的预算单位进行通报，并依据有关考评办法对未能履行好监管职责的相应代理银行进行处理。

广东省国际金融组织和外国政府贷款债务偿还信用评价暂行办法

广东省财政厅2009年11月9日印发（粤财债［2009］36号）

第一章　总　则

第一条　为进一步规范和加强国际金融组织和外国政府贷款的债务管理工作，保证按时足额偿还政府对外债务，维护广东省的对外信誉，根据财政部的有关规定，制定本办法。

第二条　承担国际金融组织和外国政府贷款还款责任或者提供还款保证的地级以上财政部门和省级有关部门的债务偿还管理工作适合本办法。

第三条　本办法下列用语的含义：

（一）贷款，是指国际金融组织贷款和外国政府贷款中由地级以上财政部门和省级有关部门（以下简称“债务人”）承担还款责任或者提供还款保证的贷款；

（二）国际金融组织贷款，是指财政部经国务院批准代表国家向世界银行、亚洲开发银行、国际农业发展基金、欧洲投资银行等国际金融组织统一筹借并形成政府外债的贷款，以及与上述贷款搭配使用的联合融资；

（三）外国政府贷款，是指财政部经国务院批准代表国家向外国政府、北欧投资银行及日本国际协力银行等统一筹借并形成政府外债的贷款，国务院批准的参照外国政府贷款管理的其他国外贷款，以及与上述贷款搭配使用的联合融资。

第四条　债务人应严格履行与省财政厅签订的国际金融组织和外国政府贷款的《转贷协议》和《还款保证书》，按时足额还本付息付费，不发生拖欠。

第二章　信用评价的等级

第五条　债务人借用的国际金融组织和外国政府贷款的清偿情况的信用评价等级分为优、良、中、差四个等级：

（一）优级：指债务人在评价等级当期内，能按我厅发出的《还本付息付费通知单》规定的还款日期偿还债务的情况；

（二）良级：指债务人在评价等级当期内，在不超过我厅发出的《还本付息付费通知单》规定的还款期限10天以内还款且不需要省级财政垫付偿还欠款的情况；

（三）中级：指债务人在评价等级当期内，在超过我厅发出的《还本付息付费通知单》规定的还款日期10天还款且需要省级财政垫付偿还欠款的情况；

（四）差级：指债务人在评价等级当期内，不按我厅《还本付息付费通知单》规定的还款日期还款的，且需省级财政垫付并通过财政扣款或通过法律途径追偿的情况。

第三章　信用评价的方法

第六条　信用评价的方法是根据债务人每半年债务清偿情况进行评价。对债务人每半年债务清偿情况进行的评价叫当期评价，每一期的综合评价将结合上期评价结果和本期评价进行综合考核，债务清偿情况不断改善，信用评价等级也越来越高；反之，债务清偿情况不断恶化，信用评价等级会越来越低：

（一）当期债务清偿能按优级的标准还款，而上期信用评价等级为良，本期的综合信用评价等级则提高为优；反之，上期信用评价等级为优，当期的债务清偿按良级标准还款，则本期的综合信用评价等级则降低为良；

（二）当期债务清偿能按优级的标准还款，而上期信用评价等级为优，则本期的综合信用评价等级仍为优；反之，上期信用评价等级为差，当期的债务清偿仍属差级，则本期的综合信用评价等级则仍为差；

（三）有关信用评价结果情况如附表所列：

附表：

信用评价结果情况表

当期评价 / 本期综合评价 / 上期评价	优	良	中	差
优	优	良	良	中
良	优	良	中	差
中	良	良	中	差
差	中	中	中	差

第四章 信用评价的结果的奖惩

第七条 信用评价的结果的奖惩如下：

（一）当期信用评价等级为优级，按财政部对国际金融组织和外国政府贷款减免的利费的100%进行减免；

（二）当期信用评价等级为良级，按财政部对国际金融组织和外国政府贷款减免金额的利费的80%减免；

（三）当期信用评价等级为中级，不予减免国际金融组织和外国政府贷款利费；同时对债务人发出警示，适当控制相关债务人新增债务审核；

（四）当期信用评价等级为差级，向相关债务人发出警告，停止在建项目的支付报账，相应控制债务人新项目贷款审批。

第八条 对于债务人不按期还款被扣罚的利费，用于奖励优级单位，原则上一年奖励一次。奖励金的使用按财政部的有关规定执行。以上奖励的考核年度为每年度的7月1日至次年度的6月30日止。

第五章 信用评价等级的报告与使用

第九条 省财政厅将对债务人信用等级进行动态监测，每半年向相关市政府和省级有关部门通报一次债务人的信用评价等级情况，根据债务人的信用评价等级给予表扬或者提出批评。同时对债务人信用等级为中或差的按第七条（三）或（四）有关规定办理，并通过适当方式指导和协助债务人改善地方政府和省级有关部门的外债管理。

第十条 本办法由省财政厅负责解释。

第十一条 本办法从2010年1月1日起开始执行。

广东省国家和省级农业综合开发县绩效评价办法（试行）

广东省财政厅2009年11月10日印发（粤财农综［2009］68号）

第一章 总 则

第一条 为进一步推进农业综合开发财政资金竞争性分配改革试点工作，加强对农业综合开发县的绩效考核，完善奖优罚劣的开发县管理机制，提高农业综合开发管理工作水平，根据《农业综合开发项目财政资金竞争性分配改革试点方案》（粤财农综［2008］45号）、《广东省财政支出绩效评价试行方案》（粤财评［2004］1号）和《广东省国家农业综合开发县管理实施细则》（粤农综［2005］58号）的有关规定，制定本办法。

第二条 本办法所称国家和省级农业综合开发县绩效评价（以下简称“绩效评价”），是指省财政厅按照科学合理的评价原则，选择合适的评价内容、设置统一的评价指标和标准，运用科学合理的评价方法，对广东省国家和省级农业综合开发县管理工作及其效果进行全面、客观、公平、公正、公开的衡量比较和评价的管理行为。

第三条 绩效评价的对象包括广东省国家农业综合开发县和省级农业综合开发县。

第四条 绩效评价的原则。

（一）统一领导原则。绩效评价工作由省财政厅统一领导，省财政厅农业综合开发办公室牵头，会同绩效评价处、监督检查局、农发评估中心等处室组织实施。

（二）公平、公正、公开原则。绩效评价工作从评价对象的实际出发，实事求是、公平、公正、公开地评价开发县管理的绩效情况。

（三）科学规范原则。绩效评价从开发县的资金管理、项目管理、综合管理和效益情况等方面，按照规范的程序，采取定量分析为主，定性分析相结合的评价指标标准，客观公正地确定评价结果。

第二章 绩效评价的内容和方法

第五条 绩效评价的基本内容。

（一）资金管理情况。包括财务会计制度执行情况、财政配套资金落实情况、专项费用使用情况、有偿资金管理情况、投资计划完成情况等。

（二）项目管理情况。包括项目规划情况、项目库建立情况、项目规划设计及可行性研究报告编制情况、项目管理制度执行情况、项目计划执行情况、工程质量情况等。

（三）综合管理情况。包括开展调查研究情况、上报文件材料的时效性及质量情况、开展宣传工作情况等。

（四）项目效益情况。包括改善生产条件状况、新增生产能力状况、新增农业生产总值及增加值情况、带动农民增收情况、促进产业发展情况、群众评价情况等。

第六条　绩效评价的方法。

（一）专家实地考察评价。从中介机构聘请财务、农业、水利等方面的专家组成专家组，深入开发县，对开发县管理的有关内容，按照本办法规定的内容、指标及评分标准进行评价。

（二）日常工作综合评价。根据各开发县农业综合开发工作的日常记录情况，按照绩效评价办法规定的内容、指标及评分标准进行评价。

第三章　绩效评价的指标和标准

第七条　绩效评价满分为100分，采用倒扣分制，每一单项扣完为止。

第八条　有下列严重情形之一的开发县，评价结论直接评为“不合格”，并按情节性质的严重程度，评定出低于60分的评分结果。

（一）财政资金既未实行县级报账制又未实行国库集中支付制度的；财政资金管理未实行专账核算、专人管理和专款专用的“三专”制度的。

（二）以开发县为单位，在一个项目年度内挤占、挪用项目财政资金累计在10万元以上的。

（三）由于项目申报失实、选项不准、实施不力等原因，致使项目建设失败，造成财政资金损失严重的；存在以旧顶新、以虚充实、提供虚假材料等弄虚作假行为，情节严重的。

（四）未按要求逐级报经省级农发办事机构或国家农发办批准，超越权限擅自调整已批复的项目实施计划（包括变更整个项目的建设内容、项目的建设地点、实施单位和调整项目部分建设内容），情节严重的。

（五）因项目建设出现群体性事件或施工纠纷，造成恶劣影响的。

（六）不配合考评组工作，拒绝提供相关资料的。

第九条　评价标准（详见附表）。

（一）资金管理（35分）。

1. 财务会计制度执行（15分）。

（1）“三专”管理及会计核算（3分）。财务管理不规范、会计核算不清晰的扣1～2分；执行“三专”制度欠规范的扣1～2分；未严格执行“三专”制度，情节严重的，直接评为不合格。

（2）报账及资金拨付程序（3分）。报账资料不完整的，每次扣0.5～1分；报账程序、手续不规范的扣1～2分；既未实行县级报账制，又未实行国库集中支付制度的，直接评为不合格。

（3）挤占、挪用财政资金情况（3分）。挤占、挪用财政资金1万～3万元、3万～6万元、6万～10万元的分别扣1分、2分、3分。以开发县为单位，在一个项目年度内挤占挪用项目财政资金累计在10万元以上的直接评为不合格。

（4）大额现金支付情况（3分）。以项目为单位，大额支付现金累计1万～10万元、10万～20万元、超过20万元的分别扣1分、2分、3分。

（5）白条入账情况（3分）。以项目为单位，白条入账涉及金额累计1万～10万元、10万～20万元、超过20万元的分别扣1分、2分、3分。

2. 资金配套（7分）。

（1）财政资金配套（5分）。未配套比例达到1%～25%、25%～50%、50%～75%、75%～100%分别扣2分、3分、4分、5分。

（2）自筹资金落实（2分）。自筹资金未落实比例1%～30%、超过30%的分别扣1分、2分。

3. “三费”使用（4分）。以项目年度为单位，项目管理费、科技推广费、工程监理费使用任何一项费用超出比例扣1分；以每张记账凭证为1次，每一次使用不规范或超出使用范围扣0.5～4分。

4. 有偿资金管理（3分）。欠款率达到1%～25%、25%～50%、50%～75%、75%～100%的分别扣0.5分、1分、1.5分、2分。

5. 投资完成（7分）。从项目建设期满之日算起，投资未完成率1%～20%、20%～40%、40%～60%、60%～80%、80%～100%的分别扣1分、2分、3分、5分、7分。

（二）项目管理（35分）。

1. 前期准备（5分）。

（1）编制发展规划及项目库建设情况（2分）。未编制发展规划扣1分，规划质量欠高扣0.5分；未建立项目库扣1分，项目库建设欠完善扣0.5分。

（2）编制规划设计方案、可行性研究报告和扩初设计方案情况（3分）。土地治理规划设计方案质量、产业化可行性研究报告质量及项目申报成功率、各类项目扩初涉及方案的质量各占1分，酌情扣分。

2. 制度执行（15分）。

（1）按批复的项目计划实施情况（4分）。擅自调整项目计划涉及金额1万～25万元、25万～50万元、50万～75万元、75万～100万元分别扣1分、2分、3分、4分，擅自调整项目计划涉及金额100万元以上的直接评为不合格。

（2）编制工程预决算情况（2分）。编制工程预算、决算各占1分，没编制其中一项的扣1分，其中一项质量不高的扣0.5分。

（3）工程招标和监理情况（2分）。工程招标或监理单位选择违反公平公正有关规定，存在暗箱操作行为的扣2分，手续欠完善的扣1～2分，档案资料欠完善的扣1分。

（4）工程验收情况（2分）。未严格执行验收工作制度，验收准备及验收工作质量不高的扣0.5～2分。

（5）资产的登记和移交情况（2分）。未严格执行资产登记移交制度，移交手续欠完善扣0.5～2分。

（6）工程管护情况（2分）。管护制度、资金、人员每项不落实扣0.5分，工程管护不到位每处扣0.5分，工程管护不到位造成损毁严重的扣2分。

3. 建设任务和工程质量（15分）。

（1）年度任务完成情况（7分）。从项目建设期满之日算起，任务量未完成率1%～20%、20%～40%、40%～60%、60%～80%、80%～100%的分别扣1分、2分、3分、5分、7分。

（2）以旧顶新、以虚充实（3分）。每处以旧顶新问题扣1分，扣完该项分值为止。情节严重的直接评为不合格。

（3）工程质量情况（5分）。每处工程质量问题扣0.5～2分，扣完该项分值为止。存在渠道不通畅、偷工减料等质量问题的直接扣满5分。

（三）综合管理（15分）。

1. 机构及人员（3分）。人员配备不足的扣1分，虽有设置固定农发办事机构但没有落实编制的扣2分，没有设立农发办事机构的扣3分。

2. 上报文件材料（2分）。不按时、不按要求报送文件、材料或报送质量不高的每次扣0.5分。

3. 宣传工作（2分）。未设置标识标牌扣2分，标识标牌不规范每处扣0.5分，未严格执行公示制度扣1～2分。

4. 调查研究（2分）。未完成上级布置调查研究任务的扣2分；调查研究质量不高的每次扣1分；上级未布置任务时，全年未开展专题调查研究的扣1分。

5. 综合性检查及验收（2分）。配合上级检查准备工作不充分每次扣1分；上级检查、验收中发现存在问题的扣0.5～2分。

6. 整改工作（2分）。按照各项审计、检查规定的整改要求和时间，存在问题整改不到位的每个问题扣0.5～2分。

7. 统计及决算（2分）。不及时上报统计或决算报表的每次扣1分，统计或决算报表存在错误的每处扣0.5分。

（四）项目效益（15分）。

1. 改善生产条件（3分）。新增灌溉面积、改善灌溉、新增除涝面积、改善除涝面积、节水灌溉面积、新增机耕面积等全部相关指标达到或超过预期效益目标的得满分，每项相关指标比计划减少10个百分点扣0.5分。

2. 新增生产能力（2分）。粮食、蔬菜、糖料、种畜、种苗、肉、蛋、奶、水产品、加工农产品、饲料、储藏保鲜农产品等全部相关指标达到或超过预期效益目标的得满分，每项相关指标比计划减少10个百分点扣0.5分。

3. 经济效益（2分）。新增农业总产值、农业增加值、利税等全部相关指标达到或超过预期效益目标的得满分，每项相关指标比计划减少10个百分点扣0.5分。

4. 带动农民增收（2分）。带动农民户数、受益农民年收入增加总额、增加农民就业机会全部相关指标达到或超过预期效益目标的得满分，每项相关指标比计划减少10个百分点扣0.5分。

5. 促进产业发展（2分）。形成特色产业，促进优势农产品发展较好的满分，促进特色产业发展不明显的酌情扣分。

6. 群众满意度调查（4分）。抽样调查一定数量的群众，群众满意率100%的满分，满意率80%～100%、60%～80%、60%以下的，分别扣1分、2分、4分。

第四章　绩效评价结果的应用

第十条　绩效评价结果作为分配下一年度农业综合开发中央财政和省级财政投资指标的重要依据之一。

第十一条　绩效评价中得分排末三位的开发县暂停开发县资格一年（下一项目年度）。暂停开发县资格一年后，若整改到位，农业综合开发工作取得明显进步的，原则上恢复开发县资格。若恢复开发县资格的当年度项目在次年绩效评价中再次排列末三位的，则直接取消开发县资格。

第五章　附　则

第十二条　本办法由广东省财政厅负责解释。

第十三条　本办法自印发之日起实行。

附表：广东省国家和省级农业综合开发县绩效评价表

关于省级预算单位预拨资金转账核销有关事项的通知

广东省财政厅2009年12月10日印发（粤财库［2009］37号）

各省级预算单位：

根据《关于印发省级预算单位预拨资金集中支付操作流程的通知》（粤财库［2009］9号），2009年起省级预算单位预拨资金纳入国库集中支付改革范围。为进一步完善省级预算单位预拨资金集中支付流程，规范预拨资金转账核销管理，现将有关事项通知如下：

一、预拨资金转账核销

预拨资金转账核销，是指预拨资金预算来源确定后，按经核实确认的预拨资金实际拨付数，核销预算指标并将已拨付的预拨资金转账列支的过程。

二、核实确认预拨资金实际拨付数

（一）核实确认当年度预拨资金实际拨付数。

1. 当年度预拨资金办理转账核销时，预算单位根据省财政厅的通知停止使用预拨资金并清理相应的在途直接支付申请和授权支付凭证，省财政厅将同时在国库集中支付系统（以下简称支付系统）中冻结预拨指标以及对应的用款计划。

2. 预算单位收到省财政厅清理直接支付申请的通知后，应尽快将尚在部门内部审核的直接支付申请撤审并删除。国库处（支付局）已受理的直接支付申请经审核无误后予以支付；经审核有误或要件不齐全的直接支付申请退回预算单位，预算单位收到后应做删除处理。

3. 预算单位收到省财政厅清理授权支付凭证的通知后，应尽快办结已开票或已发送到银行的授权支付凭证，并将未发送到银行的授权支付凭证在支付系统中进行撤审并删除。3个工作日后，省财政厅国库处（支付局）通知代理银行将未支付的授权支付凭证全部退单，预算单位收到后应做作废处理。

4. 清理在途直接支付申请及授权支付凭证后，省财政厅国库处（支付局）将冲减预拨资金用款计划余额，并按支付系统数据核实确认当年度预拨资金实际拨款金额及预拨指标余额。

（二）核实确认以前年度预拨资金实际拨付数。

省财政厅根据预拨资金台账及《预拨资金预算指标执行情况表》核实确认以前年度预拨资金实际拨付金额。

三、核销预算指标及转账列支

省财政厅根据核实确认的预拨资金实际拨付数安排预算指标（转账指标）并同时在支付系统中核销。预算单位收到预算通知文件后，凭预算通知文件将已拨付的预拨资金转账列支。

四、预拨指标余额处理

当年度预拨资金办理转账核销时，若预拨指标尚未支付完毕，省财政厅业务处将在支付系统中收回预拨指标余额。

五、预拨资金转账列支后资金退库处理

（一）预拨资金在转账列支后，预算单位不能再对预拨资金授权支付凭证进行冲减、调账操作。若通过授权支付方式支付的预拨资金发生退库，预算单位应按省财政厅业务处指定的正常指标，选择对应的授权支付凭证办理冲减（不选择原预拨资金授权支付凭证办理冲减）。

（二）预算年度中预拨资金转账核销后发生直接支付退库的，按正常流程办理退库，预算单位选择该预拨指标尽快重新申请支付。

广东省小型病险水库除险加固项目及专项补助资金管理办法

广东省财政厅2009年12月11日印发（粤财农［2009］415号）

第一章 总 则

第一条 为切实加强广东省小型病险水库除险加固项目及专项补助资金管理，根据财政部、水利部《关于印发重点小型水库除险加固项目管理办法的通知》（财建［2007］1025号）等有关规定，特制定本办法。

第二条 本办法所称项目，是指列入广东省3年规划的小型病险水库除险加固项目；所称专项补助资金，是指中央和省级财政专项安排用于列入广东省小型病险水库除险加固专项规划项目的补助资金。

第三条 中央补助资金适用本办法规定，除中央另有规定外。

第四条 小型病险水库除险加固项目实行项目管理，按照各市负总责、由各地履行工程建设程序、有关部门监督检查、限期完成的原则实施。

市、县（市、区）人民政府是所辖小型病险水库加固项目的行政责任主体。各地级市人民政府对所辖全市小型病险水库除险加固工作负领导责任，各县（市、区）人民政府对所辖行政区域内的小型病险水库除险加固工作具体负责，并组织有关主管部门做好项目的实施工作。各县（市、区）应明确项目责任人，应成立项目建设领导小组，负责工程建设期间的组织领导、自筹资金的落实和有关协调工作。

第五条 按照“现行分税制财政体制事权与财权相统一，以及水利工程分级管理，分级负责”的原则，小型水库除险加固工作属市县事权，所需资金应以市县为主解决；省视财力情况安排专项资金按照政策对有关小型病险水库除险加固项目给予适当补助，发挥引导和促进作用。

第二章 前期工作

第六条 小型病险水库除险加固项目的前期工作按以下要求进行：

（一）初步设计：小（一）型水库大坝安全评价和初步设计由具有水利水电勘测设计乙级以上（含乙级）资质的单位承担；小（二）型水库大坝安全评价和初步设计由具有水利水电勘测设计丙级以上（含丙级）资质的单位承担。

项目设计报告编制必须符合省水利厅制订的《广东省人大议案小型水库除险加固工程设计报告书编制指引（修订本）》的规定，项目设计的工程防洪标准必须达到现行国家《防洪标准》（GB50201－94）规定的标准。设计要针对安全评价中大坝、溢洪道、输水设施等存在影响水库安全运行的主要病险情，立足于主体工程脱险，经过论证选用经济合理方案。

（二）项目审核：省水利厅会同省财政厅委托中介机构组织专家对项目初步设计及概算进行审核，并由省财政厅对专家审核结果进行抽查复审。

（三）项目审批：小（一）型水库、重点小（二）型水库除险加固项目由地级市水利（水务）局审批，其他小（二）型水库除险加固项目由县（市、区）水利（水务）局审批，每宗工程的批文必须附省专家组的审核意见和投资审核表。

第七条 市、县（市、区）级水行政主管部门要加强对当地小型病险水库除险加固项目前期工作的质量管理，建立项目前期工作管理责任制度，将前期工作各环节责任落实到人，实行责任追究制。

第三章 补助范围、标准和用途

第八条 补助范围

专项补助资金的补助范围是列入广东省3年规划的小型病险水库除险加固项目。

第九条 补助标准

51个山区县为省审定总投资的80%，东西两翼和粤北非山区县（市、区）以及江门的恩平、台山市为省审定总投资的60%，除广州、深圳、珠海、佛山、东莞、中山等6个市以外的珠江三角洲经济区为省审定总投资的20%。

第十条 资金用途

专项补助资金用于列入广东省3年规划小型病险水库

除险加固项目有关浇砼护坡、填土培厚、坝体灌浆补强，输水涵管和溢洪道维护等有关支出。

第四章　专项资金安排和拨付

第十一条　审核下达

（一）省水利厅根据省财政厅投资审核中心对有关病险水库除险加固项目概算的抽查复审结果，提出省级专项资金安排计划（落实到具体补助项目）送省财政厅。省财政厅审核同意后，将资金下达给有关市、县（市、区）财政部门，抄送省水利厅、有关市水利（水务）局和有关县（市、区）财政局。

（二）市级财政部门在收到资金下达文件的5个工作日内，将资金预算指标转下达给有关县（市、区）财政部门，抄送市水利（水务）局和有关县（市、区）水利（水务）局，同时报省财政厅、省水利厅备案。

第十二条　资金拨付

根据省财政厅、人民银行广州分行《关于设立水利建设资金专户有关问题的通知》（粤财库［2006］42号）的规定，专项补助资金由省财政厅（国库处）直接拨付至各市、县（市、区）设立的水利建设资金专户。市属项目资金，一律由市财政局实行国库集中支付；县（市、区）属项目，原则上由县（市、区）财政局实行国库集中支付，确不具备国库集中支付条件的，应按省财政厅《关于印发〈广东省财政支农专项资金报账制实施办法〉的通知》（粤财农［2005］117号）的规定拨付。

第五章　建设管理

第十三条　小型病险水库项目严格按规定的工程建设程序进行建设管理，落实“三制”（项目法人责任制、招标投标制、建设监理制）。

（一）各市、县（市、区）政府要严格按照有关规定和程序组建和完善项目建设管理机构，选择符合任职条件的人员担任项目法人代表和技术负责人，严格按照工程项目等级、重要性和技术复杂程度确定建设管理人员的数量、质量。技术负责人要具备水利工程中级及以上职称，财务负责人要具备会计师以上职称。各地可根据实际积极探索和推行集中建设管理模式。

（二）各级财政、水行政主管等部门要加强对招标投标行为的监督管理，维护招标投标秩序。要严格按照有关规定规范招标、评标和定标行为，严格控制邀请招标，严禁转包和违法分包。

（三）监理单位必须具备相应的监理资质。要通过公开招标的方式确定监理单位。要选配足够和符合要求的监理力量承担小型病险水库项目的监理任务。确实难以落实监理单位的，可采取多座小型水库监理业务打捆后公开招标的方式确定监理单位。监理人员必须全部持证上岗。

第十四条　项目施工要实行公开招标（可采取多座小型水库打捆招标）。施工单位应具备水利水电工程施工三级及以上资质。加固项目要履行开工报批手续。开工报告由市、县水行政主管部门审批，报省水利厅备案。

第十五条　项目法人、监理、设计及施工单位要按照有关规定，建立健全工程质量、安全管理和监督体系，严把质量和安全关，确保工程质量、安全和进度。

第十六条　项目单位要严格按照《基本建设财务管理规定》（财建［2002］394号）和《国有建设单位会计制度》（财会字［1995］45号）及其补充规定等国家有关财经法规进行项目管理和核算，并按照规定编报年度财务决算及竣工财务决算。项目单位要严格按照规定使用专项资金，进行专账管理，任何单位和个人不得截留、挤占、挪用、转移建设资金。

第十七条　各有关单位在小型病险水库除险加固项目实施过程中，要做好各阶段的资料收集、整理和建档工作。

第六章　工程验收

第十八条　小型病险水库项目建设各阶段、各个环节的验收工作参照《广东省关于解决小型水库安全隐患问题议案小型水库除险加固工程验收办法》（粤水农［2003］78号）的规定执行。各地要按照有关规定，加强工程建设档案管理，档案管理不合格的不得通过竣工验收。

小（一）型水库及重点小（二）型水库项目竣工验收由市（地级）水利（水务）局组织，一般小（二）型水库项目竣工验收由县（市、区）水利（水务）局组织。

各市人民政府组织有关部门及时对省下达的年度计划项目完成情况进行检查验收，并形成年度计划完成情况的检查验收报告报省水利厅、省财政厅。省水利厅、省财政厅将组织有关部门进行抽查。

第十九条　项目竣工验收后，要及时办理交接手续，完善各项管理措施，积极推进水库管理体制改革，建立长效、良性运行机制。完成除险加固并已消除险情的水库，因管理不善，维修养护不到位，再次成为病险水库的，将追究有关责任人的责任。

第七章　部门职责

第二十条　财政部门职责

（一）市县财政部门职责。

1. 配合市县水利部门对申报材料的合规性进行审核。

2. 转下达省级补助专项资金预算指标。

3. 根据国库集中支付和财政报账制的有关规定及时审核、拨付资金。

4. 积极筹措落实财政性资金，确保资金及时、足额到位。

5. 督促项目建设单位做好项目财务管理工作，加强资金管理，提高财政资金使用效益。

（二）省财政厅职责。

1. 对专家审核意见进行抽查复审。

2. 对省水利厅提出的专项补助资金年度安排计划进行合规性审核，及时下达专项补助资金。

3. 加强专项补助资金的监督管理，并组织绩效评价工作。

第二十一条　水行政主管部门职责

（一）市县水行政主管部门职责。

1. 按要求组织申报专项补助资金的有关材料，并对其真实性、可行性负责。

2. 负责组织实施小型病险水库除险加固项目。

3. 根据国库集中支付和财政报账制的有关规定，对项目承担单位申请支付资金的材料和报账凭证进行审核，确保材料和凭证的真实性、合规性和完整性。

4. 督促项目建设单位做好项目财务管理工作，加强资金管理，提高财政资金使用效益，并组织检查项目实施和资金使用情况，按要求开展绩效自评工作。

5. 负责组织进行工程竣工验收，验收报告等有关材料及时报省水利厅备案。

6. 配合财政部门积极筹措落实自筹资金，确保自筹资金及时、足额到位。

（二）省水利厅职责。

1. 委托有关部门对各市申报专项补助资金的有关材料的真实性和可行性进行核查。

2. 按照公开、公平、公正的原则拟定专项补助资金年度安排计划送省财政厅审核。

3. 加强项目实施和专项补助资金使用的监督管理，组织抽查项目实施和资金使用情况，组织开展绩效自评工作。

第八章　监督管理

第二十二条　建立项目建设月报制度和通报制度。有关市级水行政主管部门将所辖地区小型病险水库除险加固项目的进展和专项补助资金收支及结余情况于每月5日前报省水利厅、省财政厅，省水利厅、省财政厅将对各市项目建设情况不定期进行通报。

第二十三条　各级财政、水行政主管部门按职能分工对专项补助资金的安排、使用及项目进度、质量、建设、管理等进行监督检查。建立专项补助资金拨付和项目建设、管理跟踪制度，确保工程建设质量及资金使用安全和投资效益。对于违反相关规定造成损失应依法追究有关责任人员的责任。

第二十四条　对于违反规定，截留挪用、虚报项目骗取专项补助资金或其他违规行为，将按照国务院《财政违法行为处罚处分条例》（国务院令第427号）等有关规定严肃处理，并依法追究有关责任人员的责任。

第九章　附　则

第二十五条　本办法由省财政厅、省水利厅负责解释。

第二十六条　本办法自发布之日起施行。

关于公布广东省若干废止和失效的营业税规范性文件的通知

广东省财政厅2009年12月31日印发（粤财法［2009］164号）

各地级以上市财政局、地方税务局（不发深圳），顺德区财税局：

根据2009年1月1日起施行的《中华人民共和国营业税暂行条例》（中华人民共和国国务院令第540号）和《中华人民共和国营业税暂行条例实施细则》（中华人民共和国财政部 国家税务总局令第52号），以及《财政部 国家税务总局关于公布若干废止和失效的营业税规范性文件的通知》（财税［2009］61号）、《国家税务总局关于公布废止的营业税规范性文件目录的通知》（国税发［2009］29号），我们对现行广东省营业税规范性文件进行了清理，现将废止或失效的省级规范性文件和文件条款的目录予以公布，自2009年1月1日起执行。

一、废止或失效文件16件

1. 《转发财政部 国家税务总局关于对中国人民保险公司办理的出口信用保险业务不征营业税的通知》（粤税发［1994］162号）。

2. 《转发财政部 国家税务总局关于对机动车驾驶员培

训业务征收营业税问题的通知》（粤地税发［1995］240号）。

3.《转发财政部 国家税务总局关于营业税几个政策问题的通知》（粤地税发［1995］196号）。

4.《转发财政部 国家税务总局关于金融保险业以外汇折合人民币计算营业额问题的通知》（粤财法［1996］23号）。

5.《转发财政部 国家税务总局关于调整部分娱乐业营业税税率的通知》（粤财法［2001］50号）。

6.《转发财政部 国家税务总局关于经营性公墓营业税问题的通知》（粤财法［2001］75号）。

7.《转发财政部 国家税务总局关于明确调整营业税税率的娱乐业范围的通知》（粤财法［2001］98号）。

8.《转发财政部 国家税务总局关于明确〈中华人民共和国营业税暂行条例实施细则〉第十一条有关问题的通知》（粤财法［2001］107号）。

9.《转发财政部 国家税务总局关于对中国出口信用保险公司办理的出口信用保险业务不征收营业税的通知》（粤财法［2002］80号）。

10.《转发财政部 国家税务总局关于金融企业应收未收利息征收营业税问题的通知》（粤财法［2003］4号）。

11.《转发财政部 国家税务总局关于下岗失业人员再就业有关税收政策问题的补充通知》（粤财法［2003］18号）。

12.《转发财政部 国家税务总局关于调减台球 保龄球营业税税率的通知》（粤财法［2004］71号）。

13.《转发财政部 国家税务总局关于香港大公报广告收入营业税政策的通知》（粤财法［2004］127号）。

14.《转发财政部 国家税务总局关于纳税人以清包工形式提供装饰劳务征收营业税问题的通知》（粤财法［2006］118号）。

15.《转发财政部 国家税务总局关于建筑业营业税若干政策问题的通知》（粤财法［2007］16号）。

16.《转发财政部 国家税务总局关于香港商报和经济导报广告收入营业税问题的通知》（粤财法［2007］30号）。

二、部分废止文件1件

《转发财政部 国家税务总局关于医疗卫生机构有关税收政策的通知》（粤财法［2000］53号）中广东省补充的有关营业税内容。

第八部分

财经文选

关于广东省开展新型农村社会养老保险试点财政补助政策的说明

（节选）

省财政厅厅长　刘　昆

一、关于财政补助政策

按照《实施办法（稿）》，财政对新农保的补助分为两部分，一是财政对缴费的补助；二是财政对基础养老金的补助。

1. 对缴费环节的补助

《实施办法（稿）》除了规定农村居民按100元·人·年至500元人·年自愿选择一个档次缴费外，明确要求广东省各级财政对个人缴费给予适当补助，具体采取定额补助的方式。广东省各级财政对缴费环节的补助主要有两项政策：

一是对农民个人缴费每人每年补助不少于30元，是对参保缴费人的普惠制政策，全部计入个人账户，作为将来计发个人账户养老金基础。

珠三角地区对个人缴费的补助（不含惠州、肇庆市，下同）全部由市、县（市、区）负担，东西两翼和粤北山区（含江门的恩平、开平和台山市，其中对开平和台山按省对东西两翼和粤北山区补助标准的70%给予补助，下同）对个人缴费的补助由省、市、县（市、区）三级政府共同负担，其中省按最低补助标准（每人每年30元）补助1/3，即省补助每人每年10元，其余部分由市、县（市、区）各负担一半。市县可根据实际情况决定提高补助标准，由市县财政自行负担。

二是对农村重度残疾人等缴费困难群体，按最低缴费标准（即每人每年100元）给予部分或全部补助，具体办法由统筹地区人民政府确定。这是对困难群体的特殊照顾，实行这一政策后，农村重度残疾人等困难群体可以少交甚至不用个人缴交保险费用。

上述对缴费环节补助的规定，明确了基本要求和主要政策，较好地体现统一性和公平性，符合广东省各级财力状况的实际，可以有效解决试点地区之间经济发展水平、农民收入水平和政府财力水平差异较大的矛盾，从制度设计上确保新农保试点能够取得好的成效。

2. 对基础养老金的补助

即对60岁以上老人领取养老金的补助。该项补助由中央、省、市、县（市、区）四级财政共同承担。具体有三种情况：

第一种情况是，按省确定的养老金标准（每人每月55元），在剔除中央补助的每人每月27.5元后，其余的27.5元，珠三角地区全额由市、县负担解决，东西两翼和粤北山区地区，省给予每人每月13.75元的补助，市、县（市、区）各负担其余13.75元的一半。

第二种情况是，鉴于各地经济发展水平、消费水平等的差异，统筹地区人民政府可以根据实际情况适当提高基础养老金标准，但提高部分所需资金由统筹地区人民政府负担。

第三种情况是，为鼓励参保农民长期缴费，增加个人账户积累，《实施办法（稿）》明确，各统筹地区人民政府可以制定鼓励措施，采取对缴费超过一定年限的参保农民适当加发基础养老金的办法，引导中青年农民积极参保、长期缴费，这部分资金由统筹地区人民政府解决。

二、关于新农保基金的管理

广东省的《实施办法（稿）》对新农保基金的管理要求也很明确，就是新农保基金要纳入社会保障基金财政专户，实行“收支两条线”管理，单独记账、核算，专款专用，任何单位和个人不得挤占挪用或从中提取费用。特别需要强调的是，个人缴费、集体补助和各级财政补助都作为新农保基金纳入财政专户管理，各项养老金待遇均从新农保基金中列支。同时，为保障参保农民的合法权益，新农保经办机构和工作经费应由同级财政部门根据实际工作需要和有关支出标准，列入财政预算合理安排，严禁从基金中提取，各级财政补助应按实安排，不能挤占个人缴费资金。

三、财政部门支持新农保试点工作的要求

（一）及早介入，详细测算，积极参与试点实施办法等配套文件的制定工作，进一步完善相关政策

要认真测算，参与制订本地新农保个人缴费标准、地方政府对参保农村居民缴费补贴的标准、试点地区基础养老金标准、养老保险待遇领取条件、地方财政新农保补助资金的分担比例、资金到位时间等具体政策。要妥善做好新农保制度与被征地农民社会保障、农村计划生育家庭奖励扶助政策、农村五保供养、社会优抚、农村最低生活保障等政策制度的衔接配套工作。

（二）统筹兼顾，确保做好新农保财政补助资金的预算安排和分配下达工作，规范申请拨付程序

各级财政部门在明确本地财政补助办法的基础上，要尽早在预算中追加安排相应的补助资金。补助资金要确保足额安排，及时分配下达，为新农保工作的顺利开展提供有力保障。同时，积极做好明年新农保试点财政补助资金的预算安排工作。另外，要切实加强新农保财政补助资金管理。省财政厅将根据财政部的要求和精神，制订和完善新农保财政补助资金管理办法。统筹地区财政部门也要抓紧制定本地的新农保财政补助资金管理办法，按照科学化、精细化的要求，规范补助资金预算安排以及申请拨付程序，确保科学、合理，符合实际。

（三）规范管理，确保基金安全

建立健全新农保基金财务会计制度，加强基金管理。全国统一的新农保基金财务会计制度将由国家统一制定。在此之前，各地要切实加强基金管理，试点地区暂按照国家现行的社会保险基金财务、会计制度的规定，认真做好新农保基金财务管理工作。新农保基金要纳入社会保障基金财政专户，实行“收支两条线”管理，防止挤占、挪用，确保基金的安全、完整。

（四）严格把关，认真审核有关基础数据，加强监督检查

要积极会同有关职能部门认真探索有效的基础数据审核手段，充分利用公安部门的户籍管理信息以及人口计生等部门的人口统计数据，加强对试点地区参保农村居民、符合待遇领取条件农村居民的人数和年龄等基础数据的审核，要采用现代科技手段，防止提前领取或虚报冒领等套取财政补助资金情况的发生。同时，还要会同有关部门认真做好资金跟踪检查和追踪问效工作，不能简单地“一拨了之”。对工作中发现的技术性问题，要认真会同有关部门及时研究相应的解决办法；对检查中发现的违规问题，要及时予以纠正，并按有关规定严肃处理。通过严格监管，促进新农保试点工作的顺利开展。

（本文系作者于2009年9月14日在全省新型农村社会养老保险试点工作会议上的发言，部分内容有删节）

履行职责　加大投入
全力支持广东省医药卫生体制改革

（节选）

省财政厅厅长　刘　昆

一、统一思想，进一步增强支持医药卫生体制改革的责任感

深化医药卫生体制改革，是关系城乡居民健康，关系千家万户幸福的重大民生问题，是维护社会公平正义、提高人民生活质量的重要举措，是贯彻落实科学发展观、促进全面小康社会建设的一项重要任务。财政作为党和政府执政的重要物质基础，支持深化医药卫生体制改革，义不容辞、责无旁贷。

改革开放以来，我国医药卫生事业进行了一系列改革，在前面几轮的改革中，广东省各级财政部门按照省委、省政府部署，围绕解决群众“看病难、看病贵”问题，不断加大医药卫生投入力度，支持实施了新型农村合作医疗、城镇居民基本医疗保险、城乡医疗救助制度建设以及城乡

基层公共医疗卫生服务能力提升工程，建立和完善了覆盖城乡的医疗卫生服务体系，医药卫生事业取得了长足的发展，为深化医药卫生体制改革打下了良好基础。但是，我们也要看到，当前医药卫生体制深层次的一些问题仍然没有能从根本上解决，并出现了一些新的问题，广东省医药卫生保障水平与人民群众的需求相比还有较大差距。广东省按照国家深化医药卫生体制改革的要求出台的实施意见和实施方案，就是为了缓解或解决这些问题。

国家和省医改的实施意见和实施方案，把基本医疗卫生制度作为公共产品向全民提供，对公共财政的保障能力提出了新的更高要求。各级财政部门一定要充分认识医药卫生体制改革的重要意义，统一思想、提高认识，按照省委、省政府的部署，切实履行职责，全力支持医药卫生体制改革。同时，各级财政部门也要认识到广东省作为沿海经济相对发达省份，虽然财政收入总量居于全国前列，但是区域发展严重不平衡，人均财力仅是处于全国平均水平，因此，各地在制订财政投入政策时要充分考虑当地财政承受能力，因地制宜，坚持可持续发展。

二、加大投入，为深化医药卫生体制改革提供财力保障

医改资金投入是保证深化医药卫生体制改革顺利推进，实现目标的关键之一。广东省的医改意见和实施方案，对加大财政投入提出了明确要求，各级财政部门要切实按照国家和省医改文件的要求落实资金，确保改革顺利实施。

（一）要分级负担，建立政府主导的多元化投入机制

按照分级负担的原则划分省和地方各级政府卫生投入责任。市、县（市、区）政府承担主要责任，省级卫生投入主要向经济欠发达地区倾斜。各级财政部门要在明确划分政府、社会与个人卫生投入责任的基础上，切实加大财政投入力度，提高政府卫生投入占经常性财政支出的比重，提高政府卫生投入占卫生总费用的比重，新增政府卫生投入重点用于支持公共卫生、农村卫生、城市社区卫生和基本医疗保障。同时，要注意发挥市场机制的作用，通过财政政策和资金杠杆，引导带动社会资金加大投入，调动各方面力量，集中解决当前医药卫生领域面临的突出问题，促进全省医药卫生事业又好又快发展。

（二）要克服困难，想方设法筹集医改资金

今年以来，面对金融危机对经济增长社会发展带来的困难，在省委、省政府的正确领导下，财税收入呈现逐步向好趋势，增幅逐月提升，但财税收入的基础尚不稳固，省级收入仍处在负增长状态，完成全年预算存在较大压力。针对这种情况，全省各级财政部门需树立过紧日子的思想，进一步抓好增收节支工作，确保医改重点支出需要。经初步测算，2009～2011年广东省各级财政需要新增医改投入420亿元。为了全力支持医改，省财政已经对今明两年的支出结构做了调整，确保医改支出的需要。各市财政部门也要克服困难，根据省的医改意见和实施方案，下决心调整财政支出结构，做好今明两年医改资金的预算调整和安排工作，确保医改任务的完成。

（三）要确保重点，切实落实近期几项医改资金

各市县财政部门要按照广东省医改的工作步骤，尽早向当地政府反映情况，切实落实近期几项医改新增资金。

一是基本公共卫生服务资金。按照省的要求，2009年，经济欠发达地区基本公共卫生服务经费标准达到人均15元（中央1.5元，省财政6.75元，市、县财政6.75元），珠江三角洲地区达到人均25元以上，全省达到人均19元以上；2011年，经济欠发达地区达到人均20元（中央2元，省财政9元，市、县财政9元），珠江三角洲地区人均30元以上，全省人均24元以上。2009年中央和省财政补助已下达到各市，其中，省财政补助3.81亿元。

二是重大公共卫生服务项目。今年中央共下达开展15岁以下儿童乙肝疫苗群体性预防接种、农村妇女孕前和孕早期补服叶酸、贫困白内障患者复明、农村改水改厕、农村妇女乳腺癌、宫颈癌检查及农村妇女住院分娩共6个重大公共卫生服务项目。省财政补助约6 500万元。

三是新农合和城镇居民医保提高财政补助标准。2010年，各级财政对经济欠发达地区城镇居民医保和新农合的补助标准提高到每人每年120元（中央、省财政2010年补助78元，2011年提高到84元；市、县财政2010年补助42元，2011年补助36元），珠江三角洲地区（不含惠州、肇庆市和江门市的恩平、开平、台山，下同）达到200元以上，全省平均水平达到130元以上。2010年，省财政将安排城镇居民医保和新农合补助资金37.24亿元，2011年安排40.44亿元。

三、强化措施，确保深化医药卫生体制改革顺利推进

医药卫生体制改革是一项复杂的系统工程，政策性强、牵涉面广、实施难度大，各级财政部门必须高度重视，强化措施、稳妥推进，确保把这项民心工程抓细、抓实、抓好。

（一）要创新投入机制

政府投入既要保证量的“增加”，更要强化机制创新。实践证明，通过政府购买服务方式支持医药卫生事业发展，不仅可以推动医疗卫生机构收入分配机制改革，变“养人办事”为“办事养人”，而且也是财政支出改革的方向和趋势。各级财政部门要在认真总结经验的基础上，继续解放思想、积极探索、大胆实践，着力在创新投入机制上下

工夫，让有限的财政资金发挥更好的效益。

（二）要精心搞好测算

各级财政部门要认真学习国家和省有关医改文件精神，准确把握政府卫生投入政策，结合当地实际，在客观分析现状与未来发展目标的基础上，围绕落实广东省医改方案确定的目标任务，认真测算所需资金，完善资金保障措施，及时安排和拨付资金，确保圆满完成省委、省政府提出的医改目标。

（三）要强化绩效考评

各级在确保资金及时足额到位的基础上，要逐步完善绩效考评机制、考评办法和评价指标体系，不断加大绩效考评工作力度。同时，强化对绩效考评结果的利用，将绩效考评结果作为政府对公共医疗卫生服务提供者拨款的主要依据，引导各方面在关注投入的同时，更为关注产出，切实提高政府投入效果，为居民提供经济、便捷、高效的基本医疗卫生服务。

（四）要加强监督管理

在推进医改工作中，各级财政部门要提高医改资金使用效益，强化“花钱”的责任意识，形成“花钱”看结果的管理理念；要严肃财政纪律，推进财政资金的科学化、精细化、规范化、阳光化管理；要加强政府卫生投入资金分配和医疗卫生机构收支活动的事前审核、事中控制和事后监督，完善监督体系，提高医疗卫生机构财务收支和资金使用情况的透明度，努力保障各项资金安全、规范、高效使用。

（本文系作者于2009年11月23日在全省深化医药卫生体制改革动员大会上的发言，部分内容有删节）

以党建工作新成效推动财政事业新发展

（节选）

省财政厅厅长 刘 昆

当前，广东省全面实施《珠江三角洲地区改革发展规划纲要》，积极应对国际金融危机，推进“三促进一保持”的各项任务十分繁重，党的十七届四中全会全面部署了当前和今后一个时期加强和改进党的建设的重大任务，对我们进一步加强党的建设提出了新的更高要求。新一届直属机关党委和纪委要切实增强抓党建工作的“主业”意识，继承和发扬上一届直属机关党委的优良作风，带领全厅各党组织和广大党员，全面推动我厅机关党建工作不断迈上新台阶。

一、坚持把加强思想建设、服务科学发展作为机关党建工作的基本任务，切实增强贯彻落实科学发展观的政治自觉性

一方面，要加强学习，深化认识，坚定推动科学发展的信念。只有牢固树立科学发展的理念，坚定科学发展的信念，推动科学发展才能最终变成现实。要广泛开展形势政策教育，推动全厅党员干部更加准确全面地理解和把握科学发展观的重大意义、科学内涵、精神实质和根本要求，真正学深学透，学懂弄通，做到以学习求理解，以理解促行动，使理论武装的成效切实转化为推动科学发展的坚定意志，转为增强党性修养、提高思想觉悟的自觉行动，转化为践行公共财政理念、加快财政改革与发展的强大动力，切实用科学发展观统领财政各项工作。另一方面，要联系实际，把握规律，不断提高推动科学发展的能力。只有把科学发展观的根本要求转化为党员干部推动科学发展的能力，才能实现科学发展上水平。要紧密联系实际，准确认识财政改革发展面临的机遇和挑战，准确把握经济社会发展对财政工作的基本要求，围绕党的执政能力建设和先进性建设，围绕财政业务工作职责和任务，把科学发展的基本理念与财政工作的具体实践有机结合起来，努力在实践中认识和把握规律，增强运用科学规律推动发展的自觉性，不断提高推动科学发展的能力和水平。

二、坚持把改革创新、开拓进取作为机关党建工作的不竭动力，不断增强机关党建工作的生命力

首先，要敢于创新。各基层党组织特别是党组织主要负

责人，要大胆实践，大胆探索，切实增强创新意识，根据机关党建工作面临的新情况和新问题，敢于突破陈规，不断创新党建工作理念和思路，努力用改革的办法破解难题，用创新的思路寻求发展；其次，要善于创新。面对新形势、新任务、新要求，要研究和探索机关党建工作自身规律和特点，不断丰富党建工作内容，拓展党建工作内涵，创新党建工作机制，激发党建工作的生机和活力，努力做到开展活动有新载体、落实任务有新举措，不断增强党建工作的时代感和感召力。与此同时，创新必须注重特色，要紧紧扣住财政改革发展主题，从大局着眼，小处入手，善于抓住党建工作中的重点和难点问题，把新思想、新手段、新载体运用于党建工作中，不断提升机关党建各项措施的实际成效。

三、坚持把以人为本、提高素质作为机关党建工作的重要目标，着力加强党员干部队伍建设

要紧紧抓住基层组织建设这个基础，提高基层党组织的创造力、凝聚力和战斗力。党的基层组织建设是党的全部工作和战斗力的基础。要按照重在建设、重在平时、重在实效的原则，加强基层党组织建设，健全组织体系，增强基层党组织的创造力、凝聚力和战斗力，充分发挥基层党组织凝聚人心、推动发展、促进和谐的作用。要按照领导干部“一岗双责”的要求，落实第一责任人的责任，努力把基层党组织建设成为团结带领干部群众推进财政事业发展的战斗堡垒。要紧紧抓住党员队伍建设这个关键，进一步提高党员素质。要把党员教育、管理和服务有机结合起来，既要加强对党员干部的严格要求，严格管理，严格监督，又要引导广大党员干部牢固树立“执政为民、勤政有为、善政务实、廉政有责”的理念，并将这一理念贯彻到财政惠民实践中，贯彻到推动财政改革发展各项工作中。

四、坚持把求真务实、注重实效作为机关党建工作的基本要求，不断提高机关党建工作水平

始终围绕推动科学发展、促进社会和谐这一中心和大局，坚持把机关党建工作放到经济社会发展的全局去思考、去谋划，放到当前财政改革与发展的大背景下去部署、去推进，找准厅直属机关党建工作融入财政中心工作的切入点和结合点，努力实现以党建促业务、以业务巩固党建成果。

1. 把机关党建落实到完善财政工作思路上。要将完善财政工作思路、形成科学理财理念作为机关党建工作的中心和重点，围绕推动形成“生财有道、聚财有方、用财有规”和集中财力办大事的理财理念和工作思路，确定党建工作目标方向，落实党建任务措施，努力以先进的党建理念、开阔的眼光视野、科学的思路方法引领财政工作实践，以新的认识、新的举措和新的成效推动财政促进发展、改善民生工作思路的深入实践和丰富完善。

2. 把机关党建落实到财政惠民实践上。在当前经济发展面临严峻困难的情况下，要把推动解决民生问题作为党建工作的重要目标，通过加强理想信念和党的宗旨教育，切实增强党员干部为人民群众做好事、办实事的情感和责任，并将之贯彻到财力的分配和使用中，最大限度地减少经济下行给人民群众生活带来的不利影响。

3. 把机关党建落实到促进财政改革中厅机关党建工作。要围绕公共财政改革发展方向，在深化财政改革中发挥引领和保障作用。要始终秉持寓机关党建于财政改革实践的理念，结合巩固学习实践科学发展观活动成果，进一步推动财政部门思想大解放，深化对财政改革的认识，加快推进体制机制和收支管理等重点领域和关键环节的改革步伐，进一步巩固和深化体制机制创新和财政改革成果。

五、坚持把健全机制、完善制度作为机关党建工作的根本保障，形成加强机关党建工作的长效机制

1. 要着力发挥各级党组织抓党建的关键作用，进一步完善机关党建运行格局。各级党组织要定期听取党建工作汇报，研究决定党建工作重要问题；领导班子成员要根据各自分工，经常深入联系点调研指导，以点带面推动工作，完成好党建工作各项任务。

2. 要着力完善机关党建的制度体系，进一步提高机关党建科学化、制度化、规范化水平。要进一步健全党员经常受教育、永葆先进性的长效机制，建立党员党性定期分析制度，构建党员联系和服务群众工作体系，充分发挥基层党组织推动发展、服务群众、凝聚人心的作用。要探索建立党内基层民主制度，扩大党内基层民主多种实现形式，推进党务公开，完善党员向上级党组织反映情况、表达意愿的有效途径，切实保障党员权利。

3. 要着力加强考核评价和督促检查，进一步落实机关党建工作任务。要按照科学发展观的要求，从财政工作实际出发，进一步完善机关党建工作考核评价机制，探索建立体现科学发展观和正确政绩观要求的机关党建考评办法，努力增强考核评价的科学性和可操作性；进一步完善机关党建工作与业务工作一同部署、一同落实、一同考核、一同评议的措施和办法，促进党建工作目标的实现；进一步加强对机关党建工作的督促检查，发现问题及时解决，确保重点任务落实。直属机关党委要认真履行领导直属机关党的工作的职能，加强对各级党组织的指导和联系沟通，积极推进党建工作责任制的落实。

（本文系作者于2009年11月27日在省财政厅厅直机关第三次党代会上的讲话，部分内容有删节）

在全厅深入学习科学发展观活动暨“转变作风抓落实”主题实践活动动员大会上的讲话

（节选）

省财政厅副厅长　曾志权

一、精心组织，扎实推进，我厅学习实践活动取得明显成效

（一）联系实际，统筹兼顾，学习调研有声有色

一是统一思想广泛发动。在省委召开学习实践活动动员部署大会后，我厅就迅速召开厅党组（扩大）会议，组织传达学习会议精神，研究贯彻落实意见，并成立了厅学习实践活动领导小组和工作机构，制定了工作方案，明确职责分工，建立了主要领导亲自抓、分管领导具体抓，层层负责，狠抓落实的工作机制。

二是突出重点深入学习。厅各党支部（党委）共组织110多次集中学习会，全厅党员干部精学精读、学深学透。另外，组织召开了处级、科级党员干部、团员青年和离退休党员座谈会6场，在全厅广泛开展“深入学习实践、推动科学发展”大讨论。坚持结合实际辅导学，先后邀请省委党校、省社会科学院等机构专家学者做专题辅导报告4场次；厅领导班子成员也分别到联系点或分管处室做专题辅导报告，开展“讲一天”活动。

三是深入调研力求实效。按照“看一次点”的要求，厅领导班子成员深入市县、乡镇基层，听取基层意见；结合城乡基层党组织互帮互助活动，创新开展“百名财政干部下基层”实践活动，共有37个党支部超过680人次参与其中。按照“算一次账”的要求，召开座谈交流会，深入查找不符合不适应科学发展的问题。同时，着力在转化应用调研成果上下工夫，确定了七个方面共25个子专题的调研转化内容，并明确了各专题的负责厅领导和牵头处室，落实工作责任，切实把学习的收获、调研的成果转化为谋划发展的正确思路和推动工作的具体举措。

（二）精心组织，稳步推进，分析检查扎实深入

一是重在边议边改，内外并举广询良策。在征求意见的广度和深度上狠下功夫，通过在厅门户网站发布公开信、发函征求上级部门意见、听取省人大代表和专家学者意见建议等十个渠道广泛深入征询、听取各方面意见建议，并对征求到的意见建议进行认真梳理汇总，落实整改措施，力争在短期内办好一两件群众看得见、摸得着的实事，使干部群众感受到学习实践活动带来的新变化。

二是重在形成共识，开好领导班子民主生活会。厅党组成员紧扣科学发展主题，开展谈心活动和批评与自我批评，开诚布公地谈班子和个人贯彻科学发展观存在的不足。针对分析检查出的差距和不足，进一步明确了推动广东财政科学发展的思路举措。省委指导检查组第二组对我厅领导班子民主生活会给予了充分肯定，认为我厅领导班子民主生活会准备充分，主题鲜明，既总结了经验，也查摆了问题，理清了思路，达成了共识。

三是重在“广、准、清、实”，写好领导班子分析检查报告。充分吸收厅领导班子专题民主生活会和“两代表一委员”和社会评机关提出的意见建议，在找准问题原因、明确整改方向上下工夫，形成了学习实践科学发展观的五大共识，总结了十六大以来贯彻落实科学发展观五个方面的成绩，查找了与科学发展观要求相比的六大差距，剖析了七个方面的原因，并明确了贯彻落实科学发展观的总体思路和33条具体措施，真正使分析检查报告成为推动广东省财政科学发展的指导性文件。

（三）确定目标，明确任务，整改落实注重实效

一是突出抓好组织保障，把加强领导、落实责任贯穿始终。第一，坚持领导率先垂范。各级领导干部充分发挥表率示范作用，带头进行深入学习，带头开展专题调研，带头进行分析检查，带头谋划工作思路，带头抓好整改落实。同时，建立了厅领导干部联系点制度，党组成员全程参与联系点的学习实践。各处室（单位）主要领导也充分发挥示范带动作用，形成一级抓一级，层层强化组织保障的良好局面。第二，坚持加强分类指导。在活动总体目标确定的前提下，区别学习实践活动的不同对象，相应明确

目标任务，有的放矢，增强针对性，确保学习实践活动效果最大化。第三，坚持加强督导检查。学习实践活动办公室认真履行职责，发扬奋发有为、务实求真的良好作风，建立督促检查制度，及时掌握工作进展情况，充分调动党员干部的积极性，明确个人在学习实践活动中的任务和要求，要求每一名党员干部都要参加学习调研、撰写体会文章等，增强责任感，提高全厅党员干部参与程度。

二是突出营造活动氛围，把宣传引导、全员发动贯穿始终。第一，紧扣主题。将宣传重点放在学习实践活动中广东省财政促进发展、改善民生等方面的思路、措施和成就，并通过展示成果，更好地推动活动深入开展。如紧扣深化财政体制改革的主题，通过《南方日报》、广东电视台宣传报道广东省推动新一轮财政体制改革的总体思路，营造创新体制、推动改革的氛围。第二，丰富载体。学习实践活动启动以来，就在厅互联网站和机关局域网开设专栏，及时反映活动进展情况。同时，通过编印活动简报、汇编学习资料、主流媒体宣传、张贴横幅标语等形式，对活动进行全方位、多角度的宣传报道。活动期间，共编发活动简报近100期，《南方日报》等主流媒体报道10余篇次，在厅内挂贴横幅和标语共50多条，形成了强大的舆论合力。第三，拓展范围。充分发挥厅机关工会、厅直属机关团委、厅妇委会联系干部群众、团员青年、妇女干部职工的桥梁纽带作用，协助厅学习实践活动领导小组做好对干部群众的宣传引导工作，努力做到全员发动、全员参与。

三是突出创新活动载体，把丰富形式、增强实效贯穿始终。在省委“五个一天”活动的基础上，增加了以“财政干部论科学发展”为主题的“写一篇”活动，创新性地开展“六个一”活动，要求全厅党员干部结合自身工作实际，撰写一篇学习体会文章。整个活动期间，全厅超过210名党员干部提交了心得体会文章。又如，为了理清问题，找准学习实践活动的着力点和突破口，我厅创新活动载体，在全厅开展征集“找一个问题，提一条建议”的“两个一”活动。全厅党员干部积极参与，活动期间，共收到党员群众意见和建议110余条。再如，结合广东省财政工作实际，在全省财政系统组织开展以“深入学习实践科学发展观，推动广东财政工作大发展”为主题的征文活动，对当前财政工作中的热点、难点问题进行理论政策探讨，提出具有现实可操作性的政策建议。同时，在全厅范围组织开展学习实践科学发展观主题演讲活动，带动广大党员干部积极思考，全身心投入到学习实践活动中。

四是突出贯彻群众路线，把依靠群众、转变作风贯穿始终。首先，发动群众参与。深入全省市县、乡镇基层，采取会议座谈、实地考察等形式，广泛听取基层干部群众对推动广东省财政科学发展的建议，了解民情，征求民意，汇集民智；主动邀请省人大代表、基层群众代表，征询对财政改革与发展的真知灼见。其次，确保群众知情。通过征求意见、座谈走访、民主评议、简报信息等多种形式，确保学习实践活动全过程公开透明，使群众能够“看得见”、“摸得着”、“够得上”。同时，建立以群众满意为重点的目标导向机制，将学习实践活动成效与维护和实现群众切身利益密切相连，激发群众关注和参与学习实践活动的积极性。再次，接受群众评议。在学习实践活动中，厅领导班子虚心接受群众评议，有效保障群众监督，为进一步找准问题，剖析原因，制定措施奠定了基础。同时，全力配合做好省委组织开展的“两代表一委员”和社会评机关活动。从反馈的结果来看，对我厅机关作风的满意度较高，基本反映了社会各界对我厅学习实践活动和全省财政工作的认知和评价。

五是突出财政实践特色，把解决问题、推动工作贯穿始终。按照科学发展观的要求，充分发挥财政职能作用，力促发展、力纾民生、力保稳定，力推科学发展上水平、人民群众得实惠。特别是针对日趋严峻的国际金融危机的巨大考验，本着重在实际成效的原则，以知难而进、奋发有为的精神状态面对挑战，以科学的态度和创新的思维破解难题，着力构建有利于科学发展的财政体制机制，创造性地落实中央和省委、省政府扩大内需、改善民生、促进增长的一系列重要决策部署，并使之见到实效，扎实推进“三促进一保持”，促进经济社会又好又快发展。

第一，在理解把握科学发展观上有新提高，形成了学习实践科学发展观的五大共识。通过将近半年的学习和实践，全厅党员干部进一步深化了对科学发展观科学内涵、精神实质和根本要求的认识，进一步增强了深入学习实践科学发展观的自觉性和坚定性，并形成了五个方面的共识，即坚持用科学发展观统揽财政工作全局，把发展作为财政工作的第一要务，把以人为本作为财政工作的核心，把全面协调可持续作为财政工作的基本要求，把统筹兼顾作为财政工作的根本方法，努力构建有利于科学发展的财政体制机制。

第二，在增强科学发展能力上有了新进步，取得了破解科学发展难题的明显成果。通过学习实践活动，全厅党员干部应对复杂困难局面、推动科学发展的能力显著提高。如，坚持把学习实践活动与应对国际金融危机、促进经济平稳较快发展紧密结合起来，研究制定了落实扩大内需、促进增长决策部署的十项财政措施，统筹投入财政性资金1 000亿元，从十个方面入手，统筹兼顾，突出重点，促进经济平稳较快发展；研究制定了促进现代产业体系建设的财政措施，充分运用财政政策手段和奖补激励措施，未来五年内共安排60亿元编制滚动预算，支持提高自主创新能力，加快构建现代产业体系；牢固树立“预则立”的思想，未雨绸缪、主动应对，制定实施了一系列增收节支政策措施，尤其是面对困难形势特别注重做好“节支”文章，严格落实“五个零增长”和“四项减半”政策等。又如，坚持把创新体制机制贯穿始终，在深化认识、深入调研的基础上，初步形成了调整完善省以下财政体制的总体思路；创新财政投入机制，通过采取BOT形式，省财政投入25亿元一揽子补助欠发达地区污水处理厂建设，有效解决城市污水处理厂等公用事业建设资金缺口难题；按照“科学发展、先行先试”的要求，大胆创新，率先尝试改革财政资金分配方式，开展了包括产业转移扶持资金在内的省级财政专项资金竞争性分配改革，引起了外省市和社会各界的高度关注和广泛好评。据不完全统计，活动期间，共解决影响和制约科学发展的突出问题23个，建立修订政策制度48项，出台保增长方面的重要措施13项。

第三，在确保人民群众得实惠上有了新成效，保障和改善民生的范围不断扩大，标准不断提高。始终把人民群众得实惠作为学习实践活动的目的，坚持民生优先、民事先办的理念，把解决民生突出问题作为应对危机保增长的出发点和落脚点，不断加大财政投入力度，使广大人民群众在保持经济平稳较快发展中得到更多实惠。据不完全统计，活动期间共出台保民生、保稳定方面的重要措施37项。2009年预算安排用于改善民生、提供公共服务以及均衡区域公共服务水平方面的各项支出达到1 111亿元，占全年省级财政支出的75.46%，比上年提高了1.76个百分点。在加大投入力度，扩大、提高保障和改善民生范围和标准的同时，更加注重建立健全长效机制，抓紧编制《广东省基本公共服务均等化规划（2009～2020）》，从公共医疗卫生、公共文化、公共教育、公共交通、生活保障、住房保障、就业保障、医疗保障等八个方面着手，缩小城乡、区域之间基本公共服务水平差距。

第四，在机关党建工作上有了新面貌，推动了党员干部作风的明显转变。通过开展学习实践活动，以改革创新精神加强和改进机关党建工作，使我厅机关党建工作更加符合科学发展观的要求，实现了“三个巩固”，即巩固班子建设成果、巩固基层建设成果、巩固党员队伍建设成果的目标。通过学习实践，全厅党员干部呈现出“四个新面貌”，党员干部精神状态、人文素养和机关作风呈现新的面貌；财政工作在思想观念、创新意识、体制机制、干部队伍素质、工作方式方法等方面呈现新的面貌；机关工作效率、工作质量和服务水平等方面呈现新的面貌，推动财政工作软实力持续增强；党员干部作风呈现新面貌，广大党员干部真正做到为民、务实、清廉，自觉发扬党的光荣传统和优良作风。

二、以学习实践活动为新的起点，深入开展“转变作风抓落实”主题实践活动

一方面，要在转变作风上实现“六个强化、六个提高”。一是要强化宗旨意识，进一步提高为民理财能力。在工作方法上，要主动深入基层、贴近群众，问政于民、问需于民、问计于民，把人民群众的愿望和要求作为决策的根本依据；在价值取向上，要树立正确的政绩观，积极为人民群众办实事、做好事、解难事，当前尤其要坚持民生优先、民事先办的理念，最大限度地减少经济下行给人民群众生活带来的不利影响。二是要强化大局意识，进一步提高服务全局能力。在谋划长远工作上，自觉培养战略思维和世界眼光，善于从大局出发观察、分析和判断问题，始终把财政工作放到全省工作大局下来思考、来推动，在战略上按照改革、发展、稳定的次序谋划工作，在战术上按照稳定、发展、改革的次序部署工作。在完成当前工作上，自觉把思想和行动统一到省委、省政府的各项决策部署和厅党组的具体安排上来，主动服务，总体谋划，既要保证本职工作有所突破，又要对其他工作坚持做到统筹考虑、统筹推进。三是要强化实干意识，进一步提高科学理财能力。坚持把贯彻落实科学发展观与财政工作实践紧密结合起来，不断提高干事成事能力，进一步研究解决影响财政事业科学发展的主要矛盾和问题。同时，紧跟形势发展变化，不断增强应对复杂形势的能力，创造性地贯彻落实好中央和省委、省政府各项决策部署，为推动科学发展、促进社会和谐服务。四是要强化进取意识，进一步提高改革创新能力。按照公共财政的要求，大胆创新，不断实现在体制调整、机制转换、制度创新等方面的重大突破，使财政工作更好地服务和支撑于经济社会各项事业发展。五是要强化责任意识，进一步提高执行力。切实加强事业心和责任感，把精力集中到做实事上，把功夫下到抓落实上。不断追求进步，保持干事成事的精神状态，从小事做起，一件一件抓落实，一项一项见成效。六是要强化廉政意识，进一步提高拒腐防变能力。注重道德修养，培养健康情趣，恪守职业道德，自觉践行社会主义荣辱观，常修为政之德，常思贪欲之害，常怀律己之心，常明荣辱之辩。

另一方面，在抓落实上实现“六个见成效”。一是在推进“三促进一保持”上抓落实见成效。围绕“三促进一保持”这一首要任务，实施积极的财政政策，保增长、扩内需、调结构、促转型相结合，扩大投资、拉动消费、促进外贸转型升级，提高自主创新能力、建设现代产业体系多措并举，在应对危机的同时加快科学发展。二是在贯彻落实《珠江三角洲地区改革发展规划纲要》上抓落实见成效。围绕“科学发展、先行先试”这一核心，用足用活《纲要》的各项政策措施，充分发挥财政职能作用，加快珠三角一体化和现代产业体系建设，编制实施珠三角地区基本公共服务一体化规划，推动资源配置由按行政区域配置向按经济区域配置转变，提升珠三角，带动东西北，促进区域协调发展。三是在推动基本公共服务均等化上抓落实见成效。抓紧编制《广东省基本公共服务均等化规划(2009～2020)》，争取及早颁布实施，率先探索建立保障和改善民生的长效机制。同时，落实好中央和省各项补贴政策，按照“多予、少取、放活”的方针，支持农村改革发展，推进城乡一体化发展。四是在推动机制体制创新上抓落实见成效。抓住经济危机中的变革机遇，进一步增强改革的紧迫感，以基本公共服务均等化和主体功能区规划为主轴，建立完善财政配套政策体系，促进各级政府财力与事权相匹配；同时，加快公共财政支出管理改革，着力构建绩效优先、约束有力、规范透明的支出管理体制。五是在增收节支上抓落实见成效。牢固树立从经济到财政的思想，认真分析经济对财政的短期影响和长期趋势，把抓好增收节支工作作为财政工作的重要任务抓紧抓好，确保全年预算任务目标完成，并不断增强预算管理的完整性和统一性。同时，发扬艰苦奋斗作风，坚持“两个务必”，认真落实

“四个减半”、“五个零增长”等各项措施，抓紧制订实施对各部门经费节约情况量化考核办法，确保全年财政收支平衡。六是在加强党的建设和机关建设上抓落实见成效。进一步改进党的作风，加强思想作风、领导作风、工作作风、生活作风及学风建设，以党风促政风，以党建促业务。同时，加强机关建设，牢固树立行政管理成本意识，清理减少审批事项，大力提升机关服务效能，推进学习型、创新型、服务型机关建设，确保省委、省政府重要工作任务落到实处。

厅“转变作风抓落实”主题实践活动从2009年2月底开始，至2009年12月底基本完成，分学习检查、整改提高和总结评议三个阶段组织进行。

一是学习检查阶段。从2009年2月底至4月底，安排2个月左右时间。重点是抓好学习动员和对照检查两个环节的工作。一方面，强化学习动员，在全厅党员、干部、职工中广泛进行思想发动，切实提高对开展主题实践活动重要性和必要性的认识，切实增强以优良作风抓落实的自觉性和积极性。同时，通过中心组学习、专家辅导、研讨交流等多种形式，广泛开展学习宣传教育活动，进一步增强抓好工作落实的信心和决心，以饱满的精神状态落实省委、省政府各项工作部署，形成心齐实干、共渡难关、开拓创新的良好氛围。另一方面，在深入学习的基础上，组织开展“三检查”即对影响广东省财政科学发展、影响工作落实以及群众和基层反映强烈的作风顽症进行对照检查活动，提升以优良作风抓落实的业务能力和水平。厅各党支部（党委）要结合所在处室（单位）工作职责，组织到基层和服务部门，征求对我厅和本处室加强机关作风建设的意见和建议，开展“问计于民，问需于民，问政于民”活动，增强各项财政政策和措施的针对性和实效性。

二是整改提高阶段。要落实省委、省政府各项工作部署，扎实推进“三促进一保持”，为广东省落实科学发展观作出贡献；要坚持“两个务必”，大力弘扬艰苦奋斗精神，坚持勤俭办事，减少行政经费支出，实现“四个减半”、“五个零增长”的目标；要建立完善督查制度，认真落实深入学习实践科学发展观整改落实方案，确保完善财政体制、强化财政调控以及保障和改善民生等七个方面52条整改项目和措施落实有力，收到实效。

三是总结评议阶段。从2009年11月上旬至2009年12月下旬，安排2个月左右时间。这一阶段是重点抓好经验总结工作。要及时正反两方面典型，对好的典型进行总结，通过简报、网络、经验交流座谈会等方式给予推广，使典型经验迅速形成示范效应，尽快转化为全厅推动工作落实的动力和具体行动。结合对作风不好、抓落实不力的存在问题和落后典型给予警示，切实分析原因，研究对策，抓紧整改，加强督查。厅直属机关党委要结合学习实践活动中的表现，组织一次“两优一先”评选活动，对主题实践活动中涌现出来的优秀党员、优秀党务工作者和先进基层党组织，在全厅范围进行表彰。

同志们，2009年是抓落实年，必须有良好的作风为保障，确保广东省财政改革发展在抓落实中推进。厅各级党组织要从战略和全局的高度出发，切实把转变作风抓落实作为推动工作的重要抓手，精心组织，周密部署，以此提高党员干部执行力，推动重点工作落实，以作风的明显转变取信于民。

一是加强领导，落实责任。要加强组织领导，厅领导小组成员要结合厅领导分工建立联系点制度，深入联系点参加活动、研究指导工作。各党支部（党委）要充分发挥党组织的作用，积极创新活动载体，结合业务和岗位特征，实行分类指导，提出有针对性的具体活动要求，确保活动取得实效。要抓好责任落实，建立健全领导带头抓落实、重点工作明确目标进度、责任追究奖惩等制度，切实将转变作风抓落实的共同责任具体转化为各部门和每个人的责任，形成一级抓一级、人人抓落实的工作机制。

二是统筹兼顾，“干”字当先。当前广东省进入了改革与发展的关键时期，财政工作任务十分艰巨。开展活动要坚持统筹兼顾的方针，学会“弹钢琴”，既要创新活动的有效载体，切实解决好“抓而不紧”的问题，又坚持“干”字当先，切实解决形式主义、“走过场”的问题。要正确处理好“转变作风”与“抓落实”的关系，转变作风是为了更好地抓落实，抓好落实也是转变作风的具体体现和现实要求，绝不能把手段当成目的。厅各党支部（党委）要把转变作风与抓好工作落实真正统一起来，加强惠民实践，切实在主动服务、提高效率、健全制度等方面抓落实见成效，将作风的转变体现到各项具体工作落实中去。

三是宣传发动，形成合力。要利用厅内网站、活动简报、横幅标语及主流媒体等途径，并通过中心组学习、专家辅导、研讨交流等方式，多层次、多角度地进行宣传发动，为转变作风抓落实营造良好氛围。厅各党支部（党委）要积极挖掘工作中先进典型和有效做法，对好的典型进行总结推广，形成示范效应，尽快转化为推动工作落实的动力和具体行动。同时，充分发挥厅党组领导核心作用、厅各党支部战斗堡垒作用和党员先锋模范作用，引导全体党员、干部、群众积极投入到主题实践活动中来，形成人人转变作风、个个狠抓落实的良好局面。

四是集中精力，重点突破。厅主题实践活动方案已明确转变作风抓落实的任务目标，既有转变作风的明确要求，又有推动落实的重点任务，从思想建设到能力建设、从作风建设到业务建设提出了全方位的要求。要紧紧围绕确定的目标，集中精力进行重点部署、重点督导、重点突破，凝聚共识，形成合力；厅各党支部（党委）要强化管理创新，健全机制制度，完善激励约束，真正做到重实际、务实事、求实效，对上不搞形式主义，对下不搞官僚主义，埋头苦干抓落实、一心一意谋民利，确保活动取得实实在在的成效。

五是狠抓整改，务求实效。转变作风的关键在于整改。开展转变作风抓落实主题实践活动，要与实施学习实践科学发展观整改落实方案结合起来，与树立和弘扬汪洋书记提出的弘扬六个方面的新风正气结合起来，认真查找机关作风中存在的突出问题，查找制约科学发展、影响工作落实、群众和基层反映强烈的各种作风顽症，切实在找准问题、落实整改、构建机制三个环节上下工夫，深入剖析原因，制定整改方案，确定整改时限，落实责任人，有针对性地抓好整改，使作风转变取得实实在在的成效。

（本文系作者于2009年2月17日在省财政厅深入学习实践科学发展观活动总结暨“转变作风抓落实”主题实践活动动员大会上的讲话，部分内容有删节）

深入学习实践科学发展观 努力开创机关党建工作新局面

省财政厅副厅长　曾志权

一、过去四年的主要工作

本届党委自2005年选举产生以来，不断加强党的思想建设、组织建设、作风建设、党风廉政建设和执政能力建设，以党建促业务，以业务成绩检验党建成果，实现了“三个巩固”即巩固班子建设成果、巩固基层建设成果、巩固党员队伍建设成果的目标，为我厅深入开展保民生、促发展、抓改革各项工作提供了强大动力和组织保障。我厅直属机关党建工作取得了较好成绩，多次受到财政部和省委、省直机关工委的表彰。2006年，被财政部授予“全国财政系统党建工作新风奖”、“全国财政系统先进基层党组织事迹宣传活动组织奖”；2008年被省委授予“先进基层党组织”的荣誉称号，党建创新项目《健全基层党组织考评机制》荣获省委组织部“固本强基创新成果奖”、省直机关工委“机关党建创新成果奖”。2009年9月，我厅作为省直机关的唯一代表，在全省机关党建工作会议上作了经验介绍。回顾四年来我厅机关党建工作，主要体现在“五个突出”。

（一）突出加强思想建设，以先进理论武装头脑，把党的思想政治优势转化为推动工作的强大动力

1. 抓重点，强化领导表率作用。一是协助厅党组开展好中心组理论学习，定好计划，选准重点，提出专题，并做好学习情况宣传工作。二是加强厅直属机关党委思想建设，抓好党委委员班子建设，各党委委员带头刻苦学习、埋头苦干，带头深入基层建立联系点、调查研究，带头分析检查、整改落实，带头研究理论、讲授党课，不断提高党委领导班子思想政治建设水平，发挥领导思想建设的核心作用。三是加强厅各党支部书记思想建设，落实各党支部书记为支部思想政治工作的第一责任人，牢固树立不抓思想政治建设就是失职、抓不好思想政治建设就是不称职的思想，不断增强思想政治工作的针对性、主动性、实效性，营造心齐实干的良好氛围。

2. 抓学习，全面提高党员政治素质。一是注重学习的多样性。将上级要求和我厅实际相结合，组织全厅党员干部学习贯彻“三个代表”重要思想、科学发展观，深入学习党的十六大、十七大会议精神和省委九届、十届全体会议精神，切实把党员干部的思想和行动统一到中央和省委的部署上来；同时，将学习融于工作之中，积极组织学习做好财政业务工作必需的财经、法律等知识，扩大党员干部的知识面，研究解决重大的现实问题，将学习成果体现到破解制约财政科学发展难题和构建有利于科学发展的财政体制机制上来，达到学以致用的效果。

二是注重学习的有效性。将集体学习与个人自学相结合，积极组织处级干部培训班、专题辅导报告会、党支部专题学习会等多种集体学习形式；将职业道德教育作为提高党员干部能力素质的重要抓手，坚持以“为民、务实、清廉”为主题，以加强作风建设、转变政府职能为重点，紧紧围绕以良好的职业操守推动财政改革发展这一目标，深入开展职业道德教育，引导全厅党员干部牢固树立依法理财、民主理财、为民理财的观念，形成良好的职业道德操守。同时，为个人自学创造有利条件，开展理论学习做到有必读书目、有文件精神、有专题报告、有学习资料，激励党员干部学得进、愿意学、自觉学。

三是注重学习的长期性。将长期学习和专题学习相结合，建立健全学习制度，形成了党组中心组学习、各支部组织学习、干部自学、集中学习研讨交流的互动机制，在全厅掀起读书热潮，形成人人善于学习、勤于思考、勇于探索的学习氛围；同时，紧贴时代特点和工作需要，适时开展了《党章》学习教育活动、“理想、责任、能力、形象”教育活动、社会主义荣辱观学习教育活动、纪念党的十一届三中全会召开30周年活动等专题学习教育活动，不断增强党员干部学习的自觉性和主动性，使学习成为一项任务、责任和需要。

3. 抓主题，增强思想建设的针对性和实践性。一是通过开展先进性教育活动，全厅党员干部进一步牢记党的性

质、纲领、宗旨和党员义务、权利，进一步增强了党性修养，坚定了理想信念，提高了践行党的宗旨的坚定性。

二是通过开展排头兵主题实践活动，全厅党员干部增强了当好排头兵的紧迫感、责任感和使命感，较好地树立起排头兵意识，增强了“追兵就是标兵，对手就是老师；增强忧患意识，事事领先一步”的思想意识。

三是通过开展“三服务一促进”主题实践活动，在服务基层意识、服务大局意识、工作质量和效率等方面实现了“三个新提高”，党组织的战斗力和党员的先进性进一步发挥，为民办事、务实干事的风气在我厅蔚然成风。

四是通过开展民主评议党员工作，坚定了党员干部理想信念，解决了党组织和党员中存在的突出问题，激发了广大党员学先进、争当先进的热情。

五是通过开展解放思想学习讨论活动，以学习促进思想解放和观念更新，以解放思想查找思想建设的薄弱环节，切实形成了思想大解放的浓郁氛围，增强了学习工作的世界眼光和战略思维，创新推动科学发展的新思路、新路径。

六是通过开展学习实践科学发展观活动，全厅党员干部在学习中推动实践，在实践中深化认识，进一步深化了对科学发展观科学内涵、精神实质和根本要求的认识，增强了学习实践科学发展观的自觉性和坚定性，形成了落实科学发展观的共识。

（二）突出加强组织建设，以创新强党建，把基层党组织建设作为推动科学发展的战斗堡垒

1. 狠抓厅直属机关党委建设不放松，充分发挥党委领导作用。2005 年以来，因人员变动及工作需要，增补了 1 名厅直属机关党委专职副书记，并制定实施《广东省财政厅直属机关第六届党委工作制度（试行）》，明确党委工作目标、职责、分工和议事规则等，促进了各项工作的制度化、规范化。

2. 狠抓支部建设不放松，充分发挥基层党组织的战斗堡垒作用。为加强基层党组织建设，四年来，我厅共批准新成立党支部 4 个，增补支委 24 人，支部换届选举 31 个，更改支部名称 1 个；共组织厅处级党员干部 30 人次和入党积极分子 700 多人次参加党校培训，共审批发展新党员 358 名，机关党组织得到了很好的发展。同时，积极开展城乡基层党组织建设互帮互助活动，以“五个一”活动为载体，积极为挂钩帮扶村党支部办好事实事。2008 年，我厅 48 个党支部分别与惠东县白花镇 26 个村支部、安墩镇 22 个村支部结对共建，帮扶困难党员 129 户、慰问困难群众 81 户、帮助贫困学生 108 名，共赠送慰问金 11.3 万元。通过“一帮一”结对共建，创新基层党建机制。

3. 狠抓党员教育管理不放松，充分发挥党员干部先锋模范作用。配合厅党组认真贯彻执行干部选拔任用各项规定，着力抓好党员教育管理，为党的优秀人才脱颖而出创造条件，建设一支讲党性、重品行、作表率的先进党员干部队伍。特别是在历次主题党建活动中，以党的先进理论为指导，广大党员干部通过对自身思想、工作和作风等方面的情况进行深入剖析、分析原因、查找差距，从世界观、人生观、价值观上剖析思想根源，撰写党性分析材料或学习心得，提出整改措施，切实增强了党性修养、坚定了理想信念，强化了“为民理财”的宗旨意识。

4. 狠抓制度建设不放松，创新党建工作机制。一是贯彻实行厅直属机关党委委员调研制度，每位委员每年选择不少于 3 个党支部（党委）为联系点并参加其组织生活和开展调研，使厅直属机关党委的工作更贴近工作实际、贴近党员干部思想。二是建立健全“广东省财政厅基层党组织建设考评机制”，促进了基层党组织建设的程序化、规范化，增强了基层党组织加强自身建设、争先创优的内在动力。三是完善兼职政工工作制度，发挥兼职政工干部的桥梁纽带作用，协助了解干部群众思想，及时解决问题、化解矛盾，增强党建工作针对性，推动我厅形成思想政治工作上下联动，齐抓共管的良好局面。四是认真落实党建工作责任机制，实行领导干部“一岗双责”制，抓好落实“三会一课”制度，按规定过好组织生活和民主生活会。

5. 狠抓机关文化建设和精神文明建设不放松，营造团结和谐的氛围。厅直属机关党委坚持把机关文化建设和精神文明建设作为党建工作的重要内容，开展了一系列富有特色、生动活泼的主题活动，努力在机关营造良好的工作氛围，推动形成心齐气顺、风正劲足、民主和谐的生动局面。开展了如送戏下乡、文艺汇演、歌唱比赛、演讲比赛等丰富多彩的文体和文明机关创建活动，通过经验交流、评选表彰和组织开展向困难群众送温暖献爱心等活动，丰富机关生活，不断把机关文化建设和精神文明建设引向深入，切实增强机关文化软实力。2005 年，厅预算处、省财政职业技术学校被评为广东省文明单位；2006 年，厅党委办、预算处、国库处（支付中心）被省直机关排头兵实践活动领导小组授予省直机关“部门排头兵”称号；2007 年，厅预算处被评为广东省精神文明建设先进单位；2008 年，厅机关工会被评为“全国模范职工之家”。

（三）突出加强作风建设，以党风带政风，不断增强党的推动工作抓落实的凝聚力、号召力和战斗力

1. 大力弘扬优良作风，加强和改进党的作风建设。

（1）积极发展党内民主。协助厅党组落实重大事项民主决策制度；协助开展好厅党组成员参加非分管单位党支部组织生活工作，四年来厅党组成员先后参加了 80 个非分管单位党组织支部生活会，约与 1 000 人次的党员、干部进行直接交流；协助厅党组做好领导干部民主生活会有关工作，督促落实各项整改措施，尤其是在历次党建主题活动民主生活会中，厅领导班子均开展了健康、严肃的批评与自我批评；各支部也组织开好民主生活会，做到会议有主题、讨论有深度、查找问题不偏不漏、分析原因不虚不浅，领导带头批评与自我批评，党员干部积极参与，讲实话、出实招，提了许多意见建议，民主集中制得到了较好地贯彻落实；同时，认真实行领导干部与一般干部谈心制度，

既推动了工作也增进了团结。

（2）积极推进党务公开试点工作，制定实施《广东省财政厅党务公开试点工作实施方案》，明确了必须公开的九大类37项40个项目的党务公开内容及公开方式，促进了党务公开的标准化、程序化和制度化，拓宽了党内民主渠道，保障了党员民主权利，促进了党群团结，推进了决策的民主化和科学化。

2. 以党风带政风，加强和改进机关作风建设。

（1）坚持理论联系实际，针对人民群众最关心、最直接、最现实的利益问题，由领导带头，深入基层开展调研，仅在学习实践科学发展观活动中，就确定了七个方面共25个子专题的调研转化内容，切实把学习的收获、调研的成果转化为谋划发展的正确思路和推动工作的具体举措。

（2）大力弘扬了艰苦奋斗的作风。按照“两个务必”的要求，严格控制一般支出，从俭办一切事业。2009年面对国际金融危机的冲击，制定实施了一系列增收节支政策措施，尤其是面对困难形势带头做好“节支”文章，坚持“常事严办”，落实“五个零增长”和“四项减半”政策。

（3）大力弘扬了密切联系群众之风。贯彻落实群众路线，倾听群众心声、关心群众疾苦，诚心诚意为群众谋福利。在历次主题党建活动中，厅各级党组织充分利用各种资源优势，采取专题讲座、业务培训、座谈会、服务小组等多种渠道、多种方式，积极送政策、送文化、送技术、送温暖到机关、下基层，践行立党为公、执政为民的宗旨。

（四）突出加强党风廉政建设，以制度规范管理，积极营造干净干事的工作氛围

1. 加强纪律学习教育。筑牢党员干部拒腐防变思想防线开展一系列纪律学习教育活动，组织党员干部学习《党章》和“三个条例”，学习社会主义核心价值体系等，使党员干部牢记党的宗旨，增强纪律观念和廉政意识，树立社会主义荣辱观，党员干部党性觉悟、政治素养和精神品质不断提高。

2. 坚持标本兼治，建立健全惩防腐败体系。按照“标本兼治、综合治理，惩防并举、注重预防”方针，坚持教育、制度、监督、惩处并重，建立健全财政部门惩治和预防腐败体系，推动廉政建设和反腐败工作深入开展。在制度方面，以党风廉政建设责任制为抓手，着力推进制度建设，不断完善规章制度，加大制度执行力，积极发挥制度的整体合力，有效推进党风廉政建设；在监督方面，以监督检查为手段，加强对权力运行的监督，把监督检查作为工作的关键环节，紧紧抓住易于滋生腐败的重点环节和部位，综合运用多种监督手段，加强对权力运行的监督，防止权力失控、决策失误和行为失范；在惩处方面，把做好信访工作和查办案件作为从严治党、惩治腐败的重要手段，以法律法规为准绳，切实做到有诉必核，有案必查，加大查办案件工作力度，注重维护纪律的严肃性。四年来，厅机关纪委共收到群众来信、来访、电话举报共292件（含重复件47件），立案5件，发挥了重要的监督、惩治和教育作用。

3. 加强源头治腐，完善财政管理机制体制。积极深化财政改革、开展源头治腐，加快推进部门预算、国库集中支付、政府采购、“收支两条线”管理、行政事业资产管理、绩效评价、会计核算监管、财政监督等各项财政改革，做到有布置、有检查、有总结，有效发挥了财政管理制度改革的源头治腐作用。

（五）突出财政特色，将机关党的建设融入业务工作，实现以党建促业务、以业务工作检验党建成果

1. 以党建促业务，确保财政工作方向正确、措施有力。

（1）增强了工作预见性和前瞻性。牢固树立了“预则立”思想，破除思维定式和传统发展路径依赖。尤其是2008年以来，通过开展专题调研活动和深入分析经济财政形势，先后制定实施了加快推动“双转移”、促进广东省加工贸易转型升级、促进现代产业体系建设、落实积极财政政策、构建省级四大融资平台等财政措施，有力支持了广东省扩内需、调结构、保增长、应对危机挑战的各项工作。

（2）增强了工作系统性和科学性。在科学发展观的指导下，历次党建活动制定实施的整改落实方案紧扣财政工作实际，涵盖了财政收、支、管、调的各个方面，正确处理改革、发展、稳定的关系，创新财政管理机制体制，深化财政改革，充分体现财政工作的系统性与科学性。特别是在学习实践科学发展观活动整改落实阶段，所制定的整改方案明确了完善财政体制、强化宏观调控以及保障和改善民生等13个方面的85条整改落实措施，取得重大成果，得到省政府领导的充分肯定。

（3）促进了财政工作的惠民实践。通过增强党员干部宗旨意识、落实“以人为本”，使广大党员干部牢固树立了执政为民、民生优先、民事先办的理念，不断加大民生投入力度、拓展保障范围、提高保障标准，完善保障民生的政策体系，主动“买单”、解决民生问题，把执政为民的要求体现在财力的分配和使用中，使人民群众在经济发展中得到更多实惠。

2. 以工作实绩检验党建成效，推动科学发展、促进社会和谐。

（1）财政收入持续增长。2005～2008年，来源于广东的财政收入年总量从4 430亿元增加到8 473亿元，年均递增24.1%；全省地方一般预算收入从1 807亿元增加到3 310亿元，年均递增22.4%，已连续18年居全国各省、市、自治区首位。

（2）支出结构不断优化。财政支出保障水平不断提高，结构不断优化，“取之于民、用之于民”特征逐渐显现。2005～2008年，全省财政民生投入5 592亿元，占全省一般预算支出的比重从2005年的40.36%提高到2008年的52.65%。

(3) 资金使用注重绩效。通过一系列创新性的制度安排，财政分配既重公平，又讲效率，科学发展导向充分体现，财政资源配置进一步优化，财政资金使用的绩效观念和责任意识明显强化。

(4) 调控能力不断增强。财政支持经济社会发展的重心和方式发生了积极转变，财政“四两拨千斤”的杠杆作用充分发挥，科学调控能力明显增强，成为省委、省政府推动经济社会加快科学发展重要而有效的调控手段。

(5) 改革力度不断加大。财政监管力度不断加大，多项改革取得突破并走在全国前列，一个结构合理、管理规范、约束有力、讲求绩效、适应社会主义市场经济发展要求的公共财政管理体系基本形成。

回顾四年来的工作，我们深深体会到：

第一，加强党的建设，必须高举旗帜、把握主线、全面推进。要高举中国特色社会主义伟大旗帜，坚持不懈地用中国特色社会主义理论体系武装全党、指导实践；同时，紧紧把握广东省经济社会发展的阶段性特征，切实把科学发展观的要求贯穿于党的建设工作，使之成为党建工作的根本指针和衡量标准，全面推进党的思想建设、组织建设、作风建设、制度建设等各项工作。

第二，加强党的建设，必须加强领导、强化党建“主业”意识。通过加强对党的建设的领导，认真履行党建工作责任制，切实解决党建工作“抓而不紧”的问题；通过强化党建工作的“主业”意识，把党建与业务工作一起谋划、一起部署、一起落实，围绕中心，服务大局，切实以党建促业务，以业务成绩检验党建成效。

第三，加强党的建设，必须创新载体、找准党建与业务结合点。党建与业务相结合，必须围绕中心、找准结合点，在各项主题党建活动中，努力探索体现时代性、富有实效性的新形式、新载体，使党建工作常抓常新，不断赋予新的内涵和时代特色。

第四，加强党的建设，必须求真务实、凸显财政特色。党的建设的过程，就是更好地将党的基本理论、基本路线、基本纲领、基本经验贯彻于部门工作，更好地为建设和发展中国特色社会主义的过程。必须理论与实践相结合，把党建工作落实于完善财政工作思路、开展惠民实践、推动财政改革发展上，体现财政特色。

第五，加强党的建设，必须与时俱进、注重创新。党建工作不仅要贯彻实施党的路线方针政策，还要制定正确的工作方法。必须以改革创新精神，不断顺应新形势、研究新情况、解决新问题，探索提高党的执政能力、保持和发展党的先进性的工作机制和有效途径，为机关党建注入新的活力。

第六，加强党的建设，必须以人为本、加强干部队伍建设。党的干部是党的路线、方针、政策的主要贯彻执行者，是实现党的领导的决定性力量。必须高度重视党员干部队伍建设，以思想政治教育增强党性，在业务工作中提高素质，建设一支政治坚定、能打硬仗的高素质干部队伍。

二、今后的工作任务

(一) 坚持以思想建设为引领，努力建设马克思主义学习型党组织

始终以思想建设为根本，按照科学理论武装、具有世界眼光、善于把握规律、富有创新精神的要求，切实增强学习的责任感和紧迫感，努力在全面系统掌握马克思主义理论特别是中国特色社会主义理论体系上走在前面，在学习掌握现代科学知识上走在前面，在弘扬理论联系实际的马克思主义学风上走在前面，推进建设马克思主义学习型党组织。

(二) 坚持“以党建促业务、以业务检验党建”，不断探索党建工作新途径、新方法

结合财政工作新形势、新任务，促进党建工作与业务工作的深度结合，把促进解决业务工作的热点、难点问题作为机关党建工作的重点，不断拓宽机关党建工作的内涵和载体，在实现党建目标中履行职责，以工作实效检验机关党建工作，不断提高服务中心、大局的能力。

(三) 坚持以改革创新为动力，不断提高机关党建科学化、民主化水平

进一步解放思想、改革创新，不断深化对新形势下机关党建工作特点和规律的认识，探索创新党建工作思路、工作方式、工作机制和工作载体，努力在以科学理论指导机关党建、以科学制度保障机关党建、以科学方法推进机关党建上见实效；加强党内民主建设，保障党员民主权利，推进基层党组织建设，激发党员干部活力，进一步增强党组织创造力、凝聚力、战斗力。

(四) 坚持以执政能力建设为主线，建设善于推动科学发展、促进社会和谐的干部队伍

围绕提高机关党的执政能力和水平，加强领导干部能力建设，完善干部选拔任用机制，着力提高各级领导班子总揽全局、协调各方的能力，加强对年轻优秀干部的培养，为优秀人才脱颖而出创造条件，努力建设一支党性强、作风正、工作实、业务精，经得起考验的领导干部队伍。

(五) 坚持以作风建设为保障，进一步加强党风廉政建设

按照以党建促业务、以廉政促业务的要求，进一步改进作风。各级领导要带头加强作风建设，发挥表率作用，特别是要加强调查研究，增强出台政策措施的针对性和可操作性；进一步改进学风，全厅干部要树立正确的世界观、权力观、事业观，做到作风正派、清正廉洁、情趣健康；扎实开展“转变作风抓落实”主题实践活动，切实落实“六个强化、六个提高”，提高党员干部执行力，推动重点

工作落实；进一步加强党风廉政建设，建立健全教育、制度、监督并重的惩治和预防腐败体系，规范权力运行。

（六）坚持党建“主业”意识，不断加强党建工作领导

全面贯彻实施《中共中央关于加强和改进新形势下党的建设若干重大问题的决定》，进一步完善机关党建领导体制和工作机制，提高领导机关党建的能力和水平。厅各级党组织要进一步增强抓党建的“主业”意识，牢固树立“围绕中心抓党建、抓好党建促发展”的工作理念，切实对党建和业务工作的同部署、共落实；坚持以党建带“三建”，充分发挥工、青、妇组织桥梁纽带作用，开展精神文明建设活动，努力构建和谐机关。

（本文系作者于2009年11月27日在中共广东省财政厅直属机关第六届委员会上的工作报告，部分内容有删节）

在平凡岗位上体现价值

——在省财政厅新录用人员培训班上的讲话

（节选）

省财政厅副厅长　曾志权

一、价值的定义和内涵

在词典里，价值一词有两个含义。一是本义，指体现在商品里的社会必要劳动，是个量的概念，比如我们说固定资产价值多少，用的就是这个本义；二是引申义，指积极作用，比如我们说一本书很有参考价值，用的就是引申义。在《资本论》里，价值的定义是：一种事物，能够满足另一种事物的某种需要的属性。《资本论》对价值的定义用的就是词典里价值的引申含义，我们今天讨论的价值就是这个层面上的。大家要在平凡岗位上体现的价值，宏观上讲，就是要通过各自在平凡岗位上不懈努力，发挥推动经济社会发展、满足人民需求愿望的积极作用。如何理解价值的内涵，我们不妨从历史变迁和现代价值取向去深刻领会。

（一）历史上价值取向的变迁

从古至今，人们的价值取向随着社会变迁而不断改变。

在封建时代，对封建传统文化影响深远的是儒家思想，因此封建时代以儒家思想的“仁”为价值取向，其所倡导的价值是：仁、义、礼、智、信、忠、孝、廉、耻、节等，《论语》中“仁”共出现109次，除了一处“仁”作人民的“人”讲外，实际上是108次，这足以说明“仁”在儒家思想体系中居于十分重要的地位，可以说儒家最核心的价值取向就是“仁”，《论语》中诸如“克己复礼为仁”、“仁者先难而后获，可谓仁矣”、“夫仁者，己欲立而立人，己欲达而达人”等理念，为封建社会人们的价值取向打下了深深的烙印。

北宋杰出的政治家、文学家范仲淹，两岁丧父，家境贫寒，但从小读书十分刻苦，他曾一人离家去附近山上的寺院里读书。累了就用冷水洗脸，饿了就用稀粥充饥。有人曾经问起范仲淹的志向，他说：“吾不能为良相，必为良医，以医可以救人也。”范仲淹从政以后，提出并实施了许多兴国利民的革新措施，以实现自己在《岳阳楼记》中所立下的“先天下之忧而忧，后天下之乐而乐”的人生价值取向。通过范仲淹的例子，我们可以非常清晰地看到儒家思想所倡导的“仁”的价值取向对范仲淹影响颇深：首先，范仲淹在艰苦条件下发奋苦读，成就一番事业，这正是儒家“克己复礼为仁”思想的实践结果；其次，范仲淹如果不能做良相为民请命，就要行医治病救人的理念，恰恰体现了儒家“己欲立而立人，己欲达而达人”的理想追求；最后，范仲淹“先天下之忧而忧，后天下之乐而乐”的观念显然是儒家“仁者先难而后获”思想的延续。

毋庸置疑，儒家思想“仁”的价值取向不仅在封建时代起到深远影响，就算到了今天，对于当代社会依然具有重要的借鉴意义，我们年轻同志要注意取其精华、弃其糟粕，在传统文化中吸收有助于我们为人处世的养分，做到如鲁迅先生所提倡的——在批判中继承传统。

到了新民主主义革命时期，以“五四运动”为起源，中国开始以追求马列主义真理为价值取向。“五四运动”被认为是中国现代历史上许多重大事件的思想源头，它引发了各种新思潮进入中国，其中最为引人注目的就是马克思主义在中国的传播。1921年，毛泽东同志等12人代表全国各地的共产主义小组在上海举行中共第一次全国代表大会，中国共产党诞生，以毛泽东同志为代表的中国共产党人，在艰难曲折的革命过程中，坚持马克思主义普遍真理同中国具体实际相结合，既取得了中国革命实践的伟大成功，又在实践中使理论获得了丰富和发展。中国共产党人在追求马列主义真理的过程中涌现出无数可歌可泣的英雄人物，方志敏同志就是其中的杰出代表。

方志敏同志是伟大的马克思主义战士，忠诚的马列主义真理实践者和传播者。他于1923年3月加入中国共产党。他把马克思主义普遍真理与赣东北实际相结合，创造并积累了一整套建党、建军和建立红色政权的经验，毛泽东称之为“方志敏式”根据地。1934年11月，方志敏同志任红十军团军政委员会主席期间，在皖南遭国民党军重兵围追堵截，在被7倍于己的敌军围困的情况下，顽强抵抗、浴血奋战两个月，终因寡不敌众，于1935年被俘。被捕时，两个国民党士兵搜遍方志敏全身，除了一块手表和一支钢笔，只有两个铜板。敌兵无法相信，堂堂共产党领导，竟如此穷酸。这正如方志敏所说：“清贫，洁白朴素的生活，正是我们革命者能够战胜许多困难的地方”。在狱中，方志敏同志面对敌人的严刑拷打和威逼利诱，他正气凛然，坚贞不屈，写下了《清贫》、《可爱的中国》等广为传诵的文章。1935年8月，方志敏同志被国民党反动派残酷杀害，英勇就义时才36周岁，他将满腔热血和年轻的生命毫无保留地献给了追求马列主义真理的伟大事业。

方志敏同志追求马列主义真理的执著，对革命事业无比忠诚的崇高品质，充分体现了新民主主义革命时期共产党人所追求的价值取向，那就是为了国家和民族的存亡，为了共产主义理想信念甘于抛头颅、洒热血，献出自己的一切，包括生命，其核心就是追求马列主义真理。这在新民主主义革命时期具有一定的代表性和普遍性，这一点，我们通过书籍、影视片等都可以了解到。最近有一部名为《风声》的影片也是讴歌那个时代的革命先辈。新民主主义革命时期价值取向的核心是追求马列主义真理，正是在这种价值取向指引下，马列主义之花才终于盛开在了中国大地上，千千万万的马列主义真理追求者们实现了他们的价值！

（二）科学发展观引领下的价值取向

我们党从诞生之日起，就把马克思主义确立为自己的指导思想，并在长期奋斗当中，坚持把马克思主义基本原理同中国的具体实际相结合，产生了毛泽东思想、邓小平理论和“三个代表”重要思想三大理论成果，指导了中国革命建设和改革取得了举世瞩目的成就。科学发展观是马克思主义基本原理同我国具体实际和时代要求相结合的产物，是马克思主义的发展观。科学发展观是同马克思列宁主义、毛泽东思想、邓小平理论和“三个代表”重要思想既一脉相承又与时俱进的科学理论，科学发展观紧密结合中国特色社会主义的伟大实践，吸收人类文明进步的新成果，站在历史和时代的高度，创造性地回答了为什么发展、怎么样发展的重大问题，赋予马克思主义关于发展的理论以新的时代内涵和实践要求。

科学发展观的核心是以人为本，在科学发展观引领下，社会价值取向由物本主义转向以人为本。要全面理解以人为本的深刻内涵，我们不妨对物本主义作一番客观的审视。

物本主义把人的价值归结为物的价值，把人的作用归结为物的作用，把人与人的关系归结为物与物的关系，认为物决定人的命运，发展的根本动力是物。这是一种“见物不见人”、“重物轻人”的发展观，又称为唯经济增长发展观。唯经济增长发展观的理论来源主要是古典经济学代表人物亚当·斯密和大卫·李嘉图等关于经济发展即生产增长，生产增长即国民财富增长的观点。虽然我们不能说唯经济增长发展观从一开始就完全忽略了人文精神，但这一发展观下，经济的增长并没有带来其他社会目标的实现，最终在背离人文精神的轨道上越走越远。

人文精神是在追问人的存在的合理性或对人的存在进行理性探索的过程中产生的。人文精神体现的是一种普遍的人类自我关怀，是人类对人生价值、人生意义和人类命运的关注。科学发展观是人本主义发展观，是全面、协调和可持续的发展观，体现的是人文精神在当代社会的新境界。科学发展观的核心是以人为本，坚持以人为本的价值取向，一是要在社会发展中突出以人为主体、以人为本位，始终把人民群众作为经济社会发展的价值主体，牢固确立人民群众在发展中的主体地位。二是要坚持万物人为本，万事民为先，要在经济社会发展中，始终坚持以人为根本，以人为中心，把为最广大人民群众谋利益作为最高的价值追求，把实现人的全面发展作为最高价值理想，逐步满足人们日益增长的物质文化需要。三是要将以人为本落实到行动上，坚持全心全意为人民服务的宗旨，深入基层、深入实际、深入群众，为群众诚心诚意办实事，尽心尽力解难题，坚持不懈做好事。希望大家在今后的学习、工作中深入领会，理解并深刻把握好科学发展观引领下的价值取向。

（三）新时期在平凡岗位上体现价值的必要性

从历史上价值取向的变迁我们不难看出，随着时代的发展，人们思想认识的丰富和提高，人们所要实现的价值也是在不断发展进步。到了今天，我们所要追求的是科学发展观引领下的价值取向，建设社会主义核心价值体系。社会主义核心价值体系，是社会主义中国的精神旗帜，有如下几个特点，一是社会主义核心价值体系是社会主义意识形态的本质体现；二是社会主义核心价值体系是我们全党全国各族人民团结奋斗的共同思想基础；三是社会主义核心价值体系是实现科学发展、社会和谐的推动力量；四是社会主义核心价值体系是国家文化软实力的核心内容。社会主义核心价值体系是有机统一的整体，其灵魂是马克思主义指导思想，其主题是中国特色社会主义的共同理想，其精髓是民族精神和时代精神，其基础是社会主义荣辱观，这整个体系包括很多内容，希望大家有空多学习一下相关内容。

财政工作既是很重要的工作，也是很平凡的工作，特别是大家所从事的是平凡的工作岗位，所以我们要提倡的是不以“官大小、钱多少”来衡量价值，而应以做好本职工作，服务人民群众来体现价值。汉末三国时期，刘备托孤时说过，“勿以恶小而为之，勿以善小而不为”。孙中山先生也曾说过，“要立志做大事，不要立志做大官”。雷锋同志的甘做螺丝钉精神等，都从不同的侧面强调做事优先。

那么，身为新时期政府机关工作人员的年轻同志们，应该怎样认识在平凡岗位上体现价值的必要性呢？我认为，这是由下面三个方面的因素决定的：

一是由新时期年轻人的历史责任决定的。新时期年轻人，特别是年轻干部是肩负重任的一代，大有作为的一代，是全面建设小康社会的生力军。伟大的时代召唤着当代青年，宏伟目标激励着当代青年。积极投身社会主义物质文明、政治文明和精神文明建设，努力在全面建设小康社会的实践中建功立业，是历史赋予当代青年的神圣责任。具体来说，新时期年轻人需要承担的最重要的历史责任有两方面，一是承担着共产主义接班人的历史责任，二是承担改革开放和社会主义现代化建生力军、主力军和创造者的历史责任。要切实承担起上述历史责任，就要树立新时期适应科学发展的价值取向，并在不断的工作实践中加以历练。正如财政部廖晓军副部长在去年“五四”青年节和青年干部座谈时的讲话所强调：“青年是成长的群体，发展的群体。科学发展观是指导青年发展的强大思想武器，掌握好了它，青年的人生之舟就扬起了风帆，就能沿着正确的航向乘风破浪，勇往直前。所以对于成长、发展中的青年人来说，认真学习、深刻领会和积极践行科学发展观，意义重大，十分重要。希望青年同志能够认清时代发展的方向、保持与时俱进的思想状态，树立适应科学发展的价值取向和人生追求，在财政本职工作中努力践行科学发展观，做推动科学发展理念、符合科学发展观要求的一代新人”。廖部长的讲话，为在座各位年轻同志追求科学发展的价值取向指明了方向。当代青年人由于受成长经历限制，社会实践较少，经验不足，价值取向多样。大家要有效承担起历史责任，必须牢固树立新时期科学发展的价值取向，在平凡岗位上实现价值。

二是由政府机关工作的职业性质决定的。改革开放以来，在商品经济大潮的冲刷洗礼下，现代人的价值观难免会受到各种冲击，容易导致优秀传统和理想信念淡薄，追名逐利、以权谋私、“一切向钱看”等低俗腐朽思想有所抬头。最近有媒体披露，在我们刚走出校门的年轻人中，有部分人存在上述思想，有些人在择业时将工资水平作为首要条件，某些进入机关工作的同志将待遇和职位的高低看成衡量个人价值的全部指标等情况，这些急功近利的价值取向一旦使人生偏离正确的航向，实现自我价值也就无从谈起了。大家现在的身份都是政府机关工作人员，政府机关工作人员必须依照法律，法规和其他有关规定履行公共事务。履行公共事务就是为了实现公共利益、公共需要、公共使用或公共目的所从事的事务，政府机关工作人员职业性质主要体现在其履行公共事务的职能。进入新时期，我们政府的职能逐渐转变为服务型政府，这对政府机关工作人员提出了新的要求，我们必须以甘于奉献、服务社会为导向，从职业本质出发体现自我价值。履行好公务职责，要求我们必须在平凡岗位上体现价值。

三是由人的自我实现的需求动机决定的。美国心理学家马斯洛提出的需求层次理论，把人的需求分成生理需求、安全需求、社交需求、尊重需求和自我实现需求五类，依次由较低层次到较高层次排列。实现自我价值实际上属于需求层次理论中的第四层次：尊重需求。该层次强调的是自我尊重、被他人尊重、实现成就等要素，人人都希望自己有稳定的社会地位，要求个人的能力和成就得到社会的承认。尊重的需要又可分为内部尊重和外部尊重。内部尊重是指一个人希望在各种不同情境中有实力、能胜任、充满信心、能独立自主。总之，内部尊重就是人的自尊。外部尊重是指一个人希望有地位、有威信，受到别人的尊重、信赖和高度评价。马斯洛认为，尊重需要得到满足，能使人对自己充满信心，对社会满腔热情，体验到自己活着的用处和价值。马斯洛的理论，虽然带有资本主义的烙印，但也有一定的科学借鉴作用。社会主义制度与资本主义制度在人与人之间的关系有着本质的区别，但每个人积极工作、奋发有为而得到组织的认可、群众的认可等拼搏精神一样存在并受到崇尚。所以说，要使自身尊重需求得到满足，完成自我实现，要求大家必须在平凡岗位上体现价值。

二、立足财政本职，明确岗位价值

古语云“在其位，谋其政”，大家选择了从事财政事业，就要立足于财政职能的角度，一方面要从大处着眼、关注宏观政策，紧跟经济财政改革与发展的方向，另一方面要从具体工作做起，抓好每一个细节。

（一）财政职能在推动经济社会发展所起的重要作用

我们所从事的财政事业，事关治国安邦、强国富民，是国家宏观调控和政府全面履行职能的重要物质基础、政策手段和体制条件。宋朝苏辙说：“财者，为国之命而万事之本。国之所以存亡，事之所以成败，常必由之。”，财政首先是经济范畴，财政通过以强制性为主要特征的手段，集中一部分社会资源用于满足社会公共需要；财政又是一个政治范畴，它是随着阶级社会的产生而产生的，是与国家政权与生俱来的，是为国家政权服务的，是政治的经济表现。无论在经济范畴还是政治范畴，财政都发挥着重要的职能作用，主要体现在四个方面：

第一，资源配置职能。资源配置职能就是将一部分社会资源（即国内生产总值）集中起来，形成财政收入；然后通过财政支出分配活动，由政府提供公共物品和服务，引导社会资金的流向，弥补市场的缺陷，最终实现全社会资源配置效率的最优状态。在市场经济中，财政不仅是一部分社会资源的直接分配者，而且也是全社会资源配置的调节者。这一特殊地位，决定了财政的资源配置职能既包括对用于满足社会共同需要的资源直接分配，又包括对全社会资源的间接调节两个方面。具体表现在：一是调节社会资源在政府部门和非政府部门之间的配置。主要是调整财政收入在国内生产总值中所占的比重，使之符合优化资源配置的要求。二是在政府部门内部配置资源。主要是根据不同时期政府职能的变化，通过财政对自身支出结构的调整，将财政资金分别用于满足各种社会公共需要，如保证国家安全和社会秩序稳定以及经济正常运行等方面的需要。三是对非政府部门资源配置的调控。尽管非政府部门的资源配置活动主要是由市场来完成的，但财政作为弥补市场机制缺陷的主要手段，通过财政资金的分配以及制定和执行有关政策，可以引导非政府部门的资金投向。如对某些需要发展的产业，在市场机制难以引导资金投入时，财政可通过提供补贴或税收优惠等手段，鼓励和支持其发展。

第二，收入分配职能。收入分配职能是指财政收支活动对各个社会成员收入在社会财富中所占份额施加影响，以实现收入分配公平的目标。在政府对收入分配不加干预的情况下，一般会以个人财产的多少和对生产所做的贡献大小等因素，将社会财富在社会成员之间进行初次分配，这种分配可能是极不公平的，而市场对此无能为力，只有依靠政府的力量，对这种不公平现象加以调整。财政收入分配职能的实现方式有四种：一是划清市场分配和财政分配的范围和界限。原则上讲，属于市场分配的企业职工工资、利润、租金和股息收入等，放手让市场机制发挥作用；财政分配的范围是医疗保险、社会福利和社会保障等。二是规范工资制度。主要是由财政供给的国家公务员的工资制度和类似的事业单位职工的工资制度。凡应纳入工资范围的收入都应纳入工资总额，取消各种明补和暗补，提高工资的透明度；实现个人消费品分配的商品化，取消变相的实物工资等等。三是加强税收调节。比如通过个人所得税，调节个人劳动收入和非劳动收入，使之维持在一个相对合理的差距之内，实现社会基本公正；通过企业所得税，调节不同企业的利润水平；通过遗产税、赠与税，调节个人财产分布等等。四是通过转移性支出，如社会保障支出、救济支出和补贴等，使每个社会成员得以维持基本的生活和福利水平。

第三，调控经济职能。财政的调控经济职能，是指通过实施特定的财政政策，促进较高的就业水平、物价稳定和经济增长等目标的实现。财政调控经济职能的实现方式有四种：一是在经济发展的不同时期，分别采取不同的财政政策，实现社会总供给和总需求的基本平衡。当经济下滑的时候，社会总需求不足，失业增加，这时政府应采取扩张性的财政政策，增加财政支出，同时减少税收，以便刺激总需求的扩大，消灭失业现象；当经济膨胀的时候，社会总需求过度，会引起通货膨胀，这是政府应采取紧缩性的财政政策，减少财政支出，同时增加税收，以便抑制总需求，消灭通货膨胀。二是通过发挥累进的个人所得税制度的“内在稳定器”作用，帮助社会来稳定经济活动。如累进的个人所得税使税收在经济萧条时趋于下降，从而有利于经济的复苏；在通货膨胀时趋于上升，从而有利于经济的降温，这是保证经济健康运行、减轻经济周期性波动的一个重要因素。失业救济金制度也有这样的功能。人们被解雇后开始领取失业补助金，当他们重新找到工作时，失业补助金停止支付，从而有利于经济的稳定。三是通过财政投资和补贴等，加快农业、能源、交通运输、邮电通信等公共设施和基础产业的发展，为经济发展提供良好的基础和环境。四是逐步增加治理污染、生态保护以及文教、卫生等方面的支出，促进经济和社会的可持续发展。

第四，监督管理职能。在财政的资源配置、收入分配和调控经济各项职能中，都隐含了监督管理的职能。在市场经济条件下，由于利益主体的多元化、经济决策的分散性、市场竞争的自发性和排他性，所以需要财政的监督和管理。特别要看到，我国是以公有制为基础的社会主义国家，必须保证政令统一，必须维护国家和人民的根本利益，这就更需要强化财政的监督管理职能。一是通过对宏观经济运行的监督管理，跟踪、监测宏观经济运行指标、及时反馈信息，发出预警信号，为国家宏观调控提供决策依据，从而为经济正常运行创造良好的市场环境。二是通过对微观经济运行的监督管理，规范经济秩序。主要是建立健全和严格执行财政、税政、会计法规，为市场竞争提供基本的规则，当好市场裁判，保护企业之间的正当竞争；同时严肃财经纪律，依法治税，依法理财，保证国家财政收入。三是通过对财政工作自身的监督管理，不断提高财政分配效益和财政管理水平。

由财政的基本属性和职能可见：财政对于国家兴衰和社会各项事业发展起到非常重要的作用。

具体到我们厅的工作，在发挥财政职能，推动全省经济社会又好又快发展方面，多年以来，在省委、省政府的重视和支持下，在厅党组的正确领导下，广东省财政工作亮点多多、成效显著，受到了省委、省政府领导的肯定和广大人民群众的赞扬，我举几个比较典型的例子：一是在促进经济发展方面有三个例子。第一，通过实施激励型财政机制，促进广东省县域经济发展。为调动县域加快发展经济财政的积极性，改变广东省东西两翼和粤北山区县域经济发展落后的局面，从2004年起广东省实施了“确定基数，超增分成、挂钩奖励、鼓励先进”的激励型财政机制，激励、帮扶、约束并举，有效发挥了省财政转移支付对经济发展的激励作用，增强了县域的机遇意识、实干意识和效益意识，有效提高了县域财政收入水平，促进了县域经济财政加快发展。2003～2008年，全省县均一般预算收入从1.3亿元增加到3.64亿元，增长了1.8倍；一般预算收入超亿元县从30个上升为63个；县均财力增加2.94亿元。第二，扶持民营经济和中小企业渡过金融危机难关。2003～2008年，共安排扶持中小企业发展专项资金约12亿元，促进广东省中小企业的发展壮大。国际金融危机发生后，积极应对，在2009年一次性新增40亿元支持中小企业发展和扩大出口，解决全省中小企业生存、经营和发展的难题，有效帮助中小企业渡过难关，促进广东省经济平稳较快发展。第三，积极推动产业和劳动力“双转移”，合理调整产业结构和资源配置。从2008年起，集中投入400亿元资金，从八个方面推动产业和劳动力“双转移”。随着财政资金的集中投入、各项政策措施的逐步推行，产业和劳动力双转移的效应已经开始显现，推动了产业和劳动力资源在全省范围内的合理配置，为广东省下一轮大发展奠定了良好的基础。二是在服务民生，突出公共财政特征方面，如实施免费义务教育，医药卫生体制改革，完善基本养老、新农合、新农保、低保、社会济困扶贫等社会保障制度。三是在维护国家安全、保持社会稳定等方面发挥了重要作用。

以上三个方面，是我们厅发挥财政职能推动全省经济社会发展所起作用中的主要内容，大家在今后的工作中会慢慢体会到财政工作的重要作用和现实意义。

（二）具体工作岗位的平凡性及体现的价值

我们所从事的财政事业是一项集体干事创业的大事业，但具体到我们厅每一个工作岗位，又显得非常普通，特别是我们刚参加工作的年轻同志，可能日常从事的都是看起来平凡而琐碎的事务性工作，诸如复印文件、发送传真、打印凭证、装订材料等，可能有些同志心里会因此产生疑虑，堂堂大学生干这些活是不是大材小用了呢？我要提醒大家的是，这些貌似很不起眼的工作，要把每一个细节做到完美是非常不容易的，而且我们每一项工作背后隐藏的意义和影响是非常深远的。打印一张小小的支付凭证很简单，但要每时每刻确保所有凭证万无一失，就不简单了，同时要理解支付凭证上信息的含义、理解数字背后的政治，那就更加不简单了。政府机构做的事情虽然是由一些很零碎的小事构成，但是它产生的效果是一般工作所不能比拟的。正如刘昆厅长所说：“在社会上工作，影响的可能只是一个点，但在政府部门工作，影响的是一个面。”你们同学中有在外企工作的，他努力完成业绩，根本上来说是为所在企业增加利润、创造效益，而来厅工作的同志，比如，你参与了一项惠农财政政策的草拟或实施，就这一项工作来说，可能影响到数以万计的广大农民，可以创造非常巨大的社会效益，点的作用和面的效果之间的差距是一目了然的。

广东的经济总量全国第一，GDP全国第一、财政收入连续18年居全国之首，这些成绩的取得凝聚着我们财政人的汗水和心血，当人民安居乐业无后顾之忧时、当我们省经济社会又好又快发展时、当国家和民族日益繁荣富强时，我们每一位同志都会感到由衷的欣慰，因为我们的工作价值体现了，我们自身的价值实现了。本人在财厅工作了23年，也参与了一些财政改革工作，如：国企改革、农村税费改革、财政体制改革、粮食流通体制改革等。每看到一项改革取得成功，都为财政工作所产生的成就感而激动自豪。

在平凡的岗位上体现价值，并且作出不平凡的业绩，是我们人生价值实现的途径。在这方面，涌现出了许许多多的杰出楷模，他们的精神和事迹不断激励着我们，上海的水电工徐虎、北京的公交车售票员李素丽就是其中的杰出代表人物。

徐虎同志自1975年从事水电工工作，踏实肯干，服务周到，被住户投票评选为“上海市优秀社会服务工作者”，1985年新闻媒体把他誉为“服务明星”。1995年6月他制作了3只“特约报修箱”，挂在居委会、电话间墙上。多年来，他开箱3 191次，义务为居民修理2 155处，其中74处并不是他的管区，他花费了6 382小时的业余时间为民排忧，共收到表扬信350多封。李素丽同志是北京市公交公司21路公共汽车售票员，在这个平凡的岗位上，李素丽根据乘客的不同需求，给他们最需要的服务。10多年来，李素丽用自己日复一日的劳动和无私奉献的精神给人们带来真诚的笑脸、热情的话语、周到的服务、细致的关怀，被群众誉为“盲人的眼睛、病人的护士、乘客的贴心人、老百姓的亲闺女”。

通过这两位同志的先进事迹，我们不难发现有这样的共同点：一是他们所从事的工作都是最平凡、最不起眼的工作；二是他们都非常热爱自己的工作，把工作作为毕生的事业，数十年如一日地全心全意去完成；三是他们平凡岗位上创造出的不平凡，都体现在他们对工作高度的责任心，体现在他们甘于奉献、热心服务的精神，体现在广大老百姓的满意和赞扬之中。做到这些平凡中的不平凡，实属不易，我们年轻同志们要发扬他们的高尚道德情操和敬业精神，从自己做起、从小事做起、从起点做起，努力践行在平凡中实现价值，力争在平凡的岗位上作出不平凡的成绩。

三、做好本职工作，体现自我价值

那么，我们如何在平凡岗位上体现价值，要从哪些方面努力呢？我认为，总的来说，是要做到“三树立、四培养、五转变”。

（一）树立正确价值观，提升思想认识

思想是行为的先导，具备了正确的价值观，是自我价值体现的有效思想保障。在实际工作中，大家要坚持做到“三树立”，切实提升思想认识。

1. 树立坚定的理想信念。强大的精神动力，是我们干事创业的思想保障，而精神动力的产生不是没有根源的，是需要理想信念作为源头，“问渠那得清如许，为有源头活水来”，坚定的理想信念推动我们自我价值的实现。

我们这里提的理想信念是指社会主义和共产主义的理想信念，它是我们每一位政府机关工作人员必须首要树立的政治观念。早在1937年，毛主席就在《中国共产党在抗

日时期的任务》一文中写道："共产党人决不抛弃其社会主义和共产主义的理想，中国共产党有自己的政治经济纲领。其最高的纲领是社会主义和共产主义"。胡锦涛总书记经常强调："社会主义和共产主义的理想信念，是共产党人最崇高的追求和强大的精神支柱，也是我们党的政治优势"。2009 年 9 月份召开的党的十七届四中全会也明确指出要加强党的建设，其中思想建设是非常重要的一项内容。

社会主义和共产主义的理想信念，对我们党和国家各项事业的推进具有举足轻重的重大战略意义。我们应该清楚地认识到，正确的理想，是推动社会进步的重要力量，是人们知难而进、走向成功的重要精神支柱，也是我们在平凡中实现价值的精神动力。淡忘理想信念而只顾眼前，就会失去前进方向；离开现实工作而空谈远大理想，就会脱离实际。古往今来，凡有作为的人，无不具有坚定的理想信念，而且大多立志于年轻之时，追求于一生之中。

对于在座各位进入政府机关工作的青年干部来说，要树立坚定的理想信念，前段时间，黄华华省长在暨大讲课时，勉励年轻人要坚持做到四方面，我认为讲得非常科学、合理、到位，很值得我们年轻人努力学习，具体是：一是立志为先，做一个志存高远的人。要驻牢献身于改革开放和现代化建设伟大事业的远大志向，时刻提醒自己不偏离实现远大志向的轨道。二是修身为本，做一个品德高尚的人。要政治过硬，要始终以邓小平理论和"三个代表"重要思想为指导，深入贯彻落实科学发展观，坚持贯彻党的基本路线，坚定不移地走建设有中国特色社会主义的道路。三是报国为怀，做一个爱国爱民、执著奉献的人。要牢固树立服务祖国、服务人民的意识，在服务中体现良好情操，在实践中充分发挥自己的才干，为小康社会建设走上新的台阶贡献自己一份力量，自觉地把自己实现价值的人生目标同祖国和民族的前途命运联系起来。四是博学为基，做一个热爱学习、善于创新的人。

2. 树立崇高的职业道德观念。所谓职业道德，即从事一定职业的人们在自己特定的工作中，思想和行为方面应该遵守的道德规范。正如恩格斯所言："实际上，每一个阶级，甚至每一个行业，都各有各的道德。"在我国，职业道德是社会主义精神文明建设特别是社会主义公民道德建设的重要内容之一。各行各业都有其特定的职业道德，政府机关工作人员更应率先垂范，培养崇高的职业道德，既是职业性质的要求，也是自我价值实现的必备素质。

政府机关工作人员由于其地位和作用以及职业活动的特殊性决定了不仅要模范遵守一般公民应该遵守的道德规范，而且必须符合与其从事的工作性质密切相关的更高层次的职业道德规范。政府机关工作人员要培养崇高的职业道德，应从"公"、"实"、"廉"、"俭"四个方面苦练内功。

一是"公"，"公"即一心为公、公而忘私、公道正派。"公"既是政府机关工作人员与国家和政府关系的本质体现，也是政府机关工作人员思想、行为、作风等各方面的最主要的道德规范。政府机关工作人员是中央和地方各级人民政府行使国家行政权力、执行国家公务、实施国家行政行为的主体。这个根本属性决定了政府机关工作人员的职业行为必须无条件服从国家意志，处处考虑和维护国家和政府的尊严和利益。林则徐曾以"苟利国家生死以，岂因祸福避趋之"的人生信条自勉，其实就是对"公"的很好诠释。

二是"实"，"实"即实事求是，一切从实际出发；说实话，办实事，做老实人。实事求是是政府机关工作人员在行使行政管理权力，执行公务时必须遵循的又一主要的职业道德行为规范。邓小平同志指出："实事求是，是无产阶级世界观的基础，是马克思主义的思想基础。过去我们搞革命所取得的一切胜利，是靠实事求是，现在我们要实现四个现代化，同样要靠实事求是"。政府机关工作人员肩负着上传下达以及管理政务的重任，要使政策"从群众中来又到群众中去"真正反映人民的意志，首要的是一切从实际出发，忠于事实。尊重客观规律。只有这样才能从中得出事物中固有的而不是臆造的规律性，才能制定出合乎实际的政策。否则就会贻误社会主义建设事业，损害人民的利益。敢说实话就是敢于面对现实，不回避现实，不哄骗上级，不欺骗人民群众。勇于道出事实的真相。也正因为这样，敢说实话的政府机关工作人员最终总是得到群众的好评和赞扬。办实事，是要求公务员必须以全心全意为人民服务为出发点，想方设法为人民多办实事。切忌那种为了摆花架子、做表面文章而不惜劳民伤财的投机取巧行为。

三是"廉"，即"清正廉洁"。古语云"公生廉、廉生威"。廉的道德规范是：一身正气，两袖清风，洁身自好，不贪财，不利用职务和工作的便利中饱私囊，不利用职权索贿受贿、贪赃枉法。清正廉洁的职业道德规范既是政府机关工作人员公正无私执行公务的需要，也是消除政府机构腐败现象的重要保证。政府机关工作人员的职能是执行公务，职责是代表国家依法组织和管理国家的事务，维护国家和公众的利益。政府机关工作人员要真正做到以一心为公，全心全意为人民服务为标准去执行公务，就必须保持洁身自好、清正廉洁。因为只有遵守清正廉洁的行为规范，执行公务时才能保持公道正派。清正廉洁的职业道德，是政府机关工作人员在任职期间必须遵循的廉洁从政的指导思想和基本原则，是政府内部的行为规则，为政府机关工作人员不断提高自己的政治素质，培养廉政品质提供了标准。清正廉洁的职业道德规范也是国家制约和监督政府机关工作人员的权力和行为，使其办事不偏不私、公平正直，实现政府机关廉政建设的有力手段。

四是"俭"，即生活俭朴、反对奢侈。生活上艰苦朴素，勤俭节约，反对奢侈和浪费，这是中华民族世代相传的美德，也是我们党的优良传统。因此，保持和发扬艰苦朴素精神，坚持勤俭节约原则理所当然应该是政府机关工作人员职业道德规范的重要内容。我们党的性质和肩负的历史使命决定了作为人民公仆的政府机关工作人员必须具备艰苦朴素、勤俭节约的职业道德行为规范。只有这样，才能切实保证用好人民给予的权力。从而精打细算，把有限的财力和物力真正用到为人民谋福利的刀刃上，不浪费一分钱，我想，我们从事财政工作的同志更加应该做到这点。有了艰苦朴素、勤俭节约这个"法宝"，就能使政府机关工作人员保持“两袖清风”的淡泊之节，真正成为人民的公仆，就能使我们的政府永远是人民的政府，是为人民服务的政府。反之，如果政府机关工作人员追求享受，贪图安逸，唯利是图，其结果只能是损害党和政府的形象，败坏政府机关工作人员的声誉并丧失人民群众的信任，甚至走上犯罪的道路。

如果大家能扎实做好以上“公”、“实”、“廉”、“俭”这四点，那么也就具备了体现价值的必备素质。

3. 树立务实为民的理念。务实为民，突出反映了时代的呼声、人民的呼声、建设和发展中国特色社会主义的呼声，不仅有强烈的现实针对性，而且充分反映了党中央对新历史条件下党建的高度重视和清醒认识。十七大报告在阐述党的建设的总体布局时，对党建提出了三个要求：为民、务实、清廉，大家走进厅办公楼就会发现非常庄严的六个大字：“为民、务实、清廉”，为民务实既是党的召唤，也是厅对广大干部职工的要求。

务实为民是我们党“立党为公、执政为民”的本质要求。同志们进入到政府机关工作，就必须清醒地认识到，这只是党和政府为我们提供了一个为人民服务的机会和平台，大家一定要不孚重望，不辱使命，抵御诱惑，淡泊名利，真正树立求真务实的工作作风，真心实意地当好人民的公仆，从我们厅的职能来说，做到为民务实就是要“为人民当好家、理好财”，就是要变“管理型”政府机关为“服务型”政府机关，就是要紧密联系群众，实事求是思考解决问题。我们的工作是否能够体现务实为民，关键要看是否真正做到了“权为民所用，情为民所系，利为民所谋”。要树立为民务实的工作作风，必须紧密联系实际，做到以下几个方面：一是积极主动地解决各项工作所面临的实际问题，解决群众的热点和难点问题；像焦裕禄、孔繁森这几位党的好干部，凭什么赢得了人民的爱戴？凭的就是一颗为民服务的真心；二是狠抓落实，坚决克服热衷于做表面文章，只“绘图”不“施工”，思想浮躁，急功近利，脱离实际、脱离群众等官僚主义作风；三是坚决克服靠教条或经验来处理解决群众的问题，从主观愿望和臆断出发来认识和对待问题，导致主观和客观分离、理论和实际脱节等主观主义作风，要做到具体问题具体分析论证，力求找到最适当的处理方式，力求工作方法得当、工作效果显著。

作为政府机关工作人员，是为民谋幸福，还是为己谋私利，群众心中都有一杆秤。深怀爱民之心，恪尽为民之责、善谋为民之策、多办利民之事，是党性的要求，是每一名政府机关工作人员应尽的责任，也是实现自我价值的目标要求。

（二）培养良好精神风尚，夯实品质基础

国之兴，在于政；政之得，在于人。机关干部的素质如何，很大程度上决定着党的领导水平和执政水平。党的十七大报告强调指出：“全党同志特别是领导干部都要讲党性、重品行、作表率。”这是我们党着眼新形势、新任务，对党员干部的政治品格、思想境界、精神状态和工作作风提出的新要求。我们年轻同志要培养良好的精神风尚，注重“正气、朝气、才气、大气”的“四气培养”，不断夯实品质基础。

1. 培养正气。正气是为人之本，是一种公道正派的高尚气质。中华民族历来崇尚光明磊落、刚正不阿的气节。文天祥《正气歌》中讲：“天地有正气，杂然赋流形。下则为河岳，上则为日星。于人曰浩然，沛乎塞苍冥。”古今中外，一个没有正气与正义的民族，是难以长久存续的；一个缺乏正气支撑的社会，也不可能形成强大的凝聚力和战斗力。

古人云：其身正，不令则行；其身不正，虽令不从。深入贯彻落实科学发展观，认真落实党的十七大提出的讲党性、重品行、作表率的要求，党员干部必须堂堂正正做人，清清白白为官，踏踏实实做事。风气正，则人心齐、事业兴。

我们年轻干部要立足以下几个方面培养正气，一是始终牢记全心全意为人民服务的宗旨，牢记“立党为公、执政为民”的思想，深刻认识到我们执政的基础是人民，我们党和政府的权利是人民赋予的，要不辱使命、不负重托，我们要坚持公道面前率先垂范，正义面前勇当标兵，公正面前铁面无私；二是按照新时期社会主义荣辱观的要求，坚持“八荣八耻”，坚持以集体主义为原则，以爱祖国、爱人民、爱劳动、爱科学、爱社会主义为基本要求，大力弘扬新风正气，敢于同邪恶势力和不正之风作坚决的斗争，坚持以良好的作风凝聚人心，以优秀的品德赢得信任。

2. 培养朝气。朝气就是一种积极向上、锐意进取、奋发有为、开拓创新的精神，它是年轻干部强烈的事业心、责任感的生动体现。年轻干部如果没有这样一股气，小康社会建设就不大可能有跨越、有发展、有进步。当前，经济社会发展、维护社会稳定，都面临着繁重艰巨的任务，如何化“危”为“机”，如何变压力为动力，团结一心，共克时艰，需要我们各级机关干部始终保持蓬勃朝气和昂扬斗志，一方面要做到无论工作多么艰难，无论情况多么复杂，都要以积极进取的态度、百折不挠的勇气和充满激情的干劲去面对，努力创造骄人业绩，年轻同志更要发挥新鲜血液的作用，充分展现年轻人的朝气，作出表率，增强我们厅的活力，进一步优化我们干事创业的氛围；另一方面要注意保持朝气的持续性，大家刚到厅里工作，新的起点，新的环境，比较有新鲜感，做到朝气蓬勃不难，但机关工作相对来说是比较单调的，有些还比较枯燥，待新鲜感褪去，在日复一日的工作中要把这种积极的、朝气蓬勃的状态长期保持下去并不容易，我们要注意提高思想认识、摆正心态、甘于在平凡岗位上体现价值，也要有开拓进取、力求把平凡工作作出不平凡业绩的朝气。

3. 培养才气。才气是一种智慧，一种素质，是人生的一个亮点，是工作生活的一个厚重积累，是干部应有的品格和魅力，也是贯彻落实科学发展观的重要保证。年轻干部的能力素质和水平如何，将直接影响到一个单位、一个部门乃至一个地区未来建设和发展的成败。榜样的力量是无穷的，在才气方面，我们年轻人要好好向厅长刘昆同志学习。刘昆厅长爱好学习，勤于思考，注重实践锻炼，知识面很广，是全省机关干部中公认的才子。这几年来，全

省财政各项工作能取得如此骄人的成绩，与刘昆厅长才华横溢有密切关系。

我们年轻同志要培养才气，就要加强学习。一是要向书本学习，学习基本理论知识和文化，为自身发展打下坚实理论基础，这个基础对一个人的发展影响深远，好比是一栋房子的地基，地基的深浅和牢固程度决定着建筑的最终高度，所以大家要多读书、好读书、读好书。在繁忙的工作之余，刘昆厅长每年都要看二三十本书。二是要向身边的人学，所谓“三人行必有我师”，亲友、老师、同事等，每个人都有值得我们学习的才能和智慧，都有很多宝贵经验，身边人的智慧和经验，这对于我们工作、生活少走弯路、少碰钉子具有重要的借鉴价值，我们要虚怀若谷地多和他人交流，向他人请教。三是要在实践中学，捧着游泳教材而不下水练习的人是不可能掌握水性的，才气的养成同样离不开实践，我们要在实践中多积累经验、掌握方法、探索规律，增长才干。同时要注重把所学的知识和经验，运用到实践中，在实践中得到锻炼和检验，从而又提高我们的认知水平。

4. 培养大气。大气是指一个人胸襟宽广，思考问题洞明事理，深明大义，办事大方得体。在中国革命和建设的历史上，一大批无产阶级革命家和中国特色社会主义建设者，把握社会发展规律的远见卓识，领导亿万人民艰苦创业的非凡能力，热爱祖国、热爱人民的伟大情怀，排除万难、无私奉献的坚强意志和崇高品德，就是广大党员干部应该学习的大气。这种大气源于内而形于外，是机关干部必备的政治素质，所以我们要注重培养大气，一方面要目光远大，放眼全局，放眼未来，不拘于一时的成败得失。另一方面要心胸宽广、能够容人，容得下才能比自己高的人，容得下和自己意见不同的人，容得下进步比自己快的人，正确处理好自己和他人、个人和集体、个人和国家、人民的关系。

（三）转变行为方式，锤炼职业素养

大家刚经历完十几年的寒窗苦，现在真正算走入了社会，走上工作岗位，这是非常关键的时刻，面临人生重大转折点。身份的转变促使自我发生转型。你们现在从学校到机关，从学生到政府机关工作人员，所面对的环境截然不同，将面临很多重大的转换，包括思维方式、生活方式、作风的转换等，机关有一整套规范的运作模式，包括做人、做事的要求，而这些知识你们在书本上很难学到，从某种程度来说，你们今天才真正步人社会。这一关走得好不好，不仅对你们本人有重大的影响，对我们将来的财政事业，甚至是我们政府管理和改革都可能产生重大影响。这里，我要跟大家讲“五转变”，希望大家在尽量短的时间内完成。

1. 从“学校人”到“职业人”的转变。这次参加培训的同志，大多数是独生子女，都是80年代出生的，从小受父母、家人、师长的宠爱，许多事情可能都还依赖家长，身上仍保留不少“学校人”的特点，如情绪化、以自我为中心、自立性不强等等。但是，现在你们参加工作了，机关对工作人员的要求是不变的，它是不会因为你是独生子女、是父母的掌上明珠而改变。要适应机关的环境，只能是大家尽快转换角色，迅速使自己的个性成熟起来，一要从“情感人”转换为“理性人”，从注重个人好恶转换为敬业精神，从被情绪左右转换为被职业驱动；二要从“个人导向”转换为“团队导向”，从重个性转变为重标准，从讲独创转变为讲协作，从独行转变为合作。

2. 从“他人监管”到“自我控制和自律”的转变。大家原来在学校的时候，虽然生活方式比较自由，但毕竟还接受学校的管理，老师和辅导员们会监督你们的学习和生活。参加工作了以后，除了上班在单位以外，组织的监督管理难以延伸到方方面面，其他时间都靠你们自己去把握。这就需要你们进行自我管理。要注意做到“慎独”，古人非常倡导“慎独”的道德精神，非常适合对公务员的要求，所谓“慎独”，就是说“在独处无人注意时，自己的行为更要谨慎”。我觉得“慎独”精神对大家非常重要，现在大家都是独立的社会人，他人难以每天监督你，但是，越是在无人监督的情况下，大家越要谨慎地注重自己的修养和行为，珍惜自己的时间，加强自我管理，正确处理好工作、学习、生活的关系，培养健康的生活情趣，保持良好的道德情操。作为机关工作人员，要以“慎独”为内在要求，外在注意做到慎言、慎行，我们要清醒地认识到，我们的所说所为影响着党和政府在人民心中的威信。

3. 从“兴趣导向”向“责任导向”转变。在学校，学习生活有相当一部分是凭借自己的兴趣。但是，参加工作了以后，我们的行为准则就变成了“职责所在、义不容辞”：你所在岗位的事情，就是你的职责，不管你是否喜欢，你都要努力地去完成好。这就要求我们牢固树立责任意识，变“兴趣导向”为“责任导向”，从追求快乐转变为追求责任，从兴趣所在变为承担责任，从个人利益变为团队利益。可以说，能否做好那些自己不喜欢做、但组织上认为需要你做的事情，是一个人是否成熟的标志之一，也是一个人能否取得人生成功的重要因素。“职业人”最需要的就是敬业精神。你们刚参加工作，所从事的日常事务性的工作居多，有一些工作未必是你们的兴趣所在，但大家既然是“职业人”了，就一定要明确这是自己的职责，组织要求你做，你就必须服从组织安排，保持良好的心态和高度的敬业精神，认真完成好组织交给的各项工作。

4. 从“强调自我”向“集体成就”转变。现代人特别是年轻人当中，有一种表现自我个性，强调自我的风气，这在一般看来不是什么大问题，甚至可以看成是“有个性”的特点，但是“强调自我”和政府机关运作规律是不相契合的。政府部门是个人的自我表现必须体现在集体的荣誉和成就之中这样一个机构。为什么呢？因为政府本身就是一个依法行政的机构，是由一系列的部门和单位构成的，具体到一个部门又是由各个处、科、岗位所组成，政府要发挥作用，不是靠个体来表现，只能靠政府这个集体发挥作用来实现。所以说，我们作为一个政府机关工作人员，在表现自我、强调自我的时候，在体现自我价值的时候一

定要注意，政府这个机构需要我们一方面考虑问题要从集体角度出发、力戒以自我为中心的思想，多换位思考、多设身处地地为他人和集体着想，这样我们的思维方式才能更加有效，我们考虑问题也会更加全面，我们个人气质也会越发的成熟稳重起来；另一方面就是要服从组织、服从集体，然后在集体的成就中来体现自我的价值，我们政府机关工作人员所实现的价值一定是要体现在集体之中，就算是评选“先进个人、优秀分子”这些看似个人性质的奖项，我们可以肯定，获得这些奖项的提前是：获奖者所在的集体一定也是先进的、优秀的。刘昆厅长在给国库支付局的题词中写道：“在集体成就中体现自我。”2007 年 10 月份，我也以这题目为新进我厅工作人员作了近 3 个小时的交流探讨。

5. 从“自由松散”向“遵规守纪”转变。我们党和政府非常注重纪律建设。党的纪律是党的生命。我们党 80 多年的奋斗历程表明：如果没有严明的纪律，党就不可能生存和发展。毛泽东在创立革命根据地时期，就制定了“三大纪律、八项注意”，他在《反对自由主义》等著作中都多次论述纪律的重要作用。在进入改革开放的新时期后，胡锦涛同志明确要求共产党员必须“坚持遵守党的纪律，身体力行地维护党的团结统一”。对于刚进入厅工作的同志来说，务必要从自由松散的纪律观念向遵规守纪转变，要注重培养自身良好的组织纪律性。一是要抓紧学习党和政府关于组织纪律的有关规定，如《中华人民共和国公务员法》、《国家公务员行为规范》等。以《中华人民共和国公务员法》为例，其规定的公务员的纪律有十六项内容，包括政治纪律、工作纪律、廉政纪律以及道德纪律等，不仅涵盖与公务员履行职务相关的行为准则，而且还包括公务员日常生活的行为准则，这是与其他特定社会组织的纪律制度所不同。二是要将组织纪律性体现到行动上，做到令行禁止、严格遵守各项组织纪律，服从组织安排，认真负责地完成好组织交给的各项任务。

同志们，在新的时代精神召唤下，在科学发展价值取向的指引下，我们要坚持社会主义核心价值体系，希望大家立足本职岗位，勤奋工作、刻苦学习、甘于奉献、勇于创造，力争在平凡的岗位上作出不平凡的成绩、体现自己的人生价值！

（本文系作者于 2009 年 12 月 9 日在省财政厅新录用人员培训班上的讲话，部分内容有删节）

加强会计监督　规范会计行为
促进广东省会计信息质量不断提高

（节选）

省纪委驻省财政厅纪检组长　邓桂明

一、要充分认识加强会计监督工作的重要意义

（一）会计信息关系到国家宏观调控政策的制定、落实和社会的诚信建设

国家和省扩大内需、促进经济增长政策措施的落实，需要财政提供必要的资金保障，而财政收入的主要来源是税收，真实准确的会计信息是税收依法征收、应收尽收的基础和保障。所以，会计信息真实与否，影响到政府的决策，影响到政策的实施，关系到是否诚信为民的问题，也关系到政府能否取信于民，能否得到广大人民群众的支持，共克时艰的大问题。可见会计工作不是几个数字的简单问题，会计数字里面有经济、有财政、有政治，也有社会。

（二）会计信息的质量关系到企业的发展

广东省近几年检查发现，一些企业会计信息质量不高，个别企业会计信息甚至严重失真，影响了企业的生存和发展。分析问题产生的主要原因：一是企业经营者及财务人员遵纪守法的意识淡薄，有法不依，有章不循；二是企业未建立有效的内部控制制度，或者内部控制制度未落到实处，形同虚设；三是利益驱动，单纯追求考核指标、小集体及个人利益；四是会计监督乏力。无论是行政监督、社会监督还是企业内部监督都不到位。因此，要加强对企业的会计监督，督促其建立健全有效的内部控制制度，规范会计行为，强化经营管理，控制经营风险，增强依法经营的意识和观念，奠定持续健康发展的坚实基础。

（三）会计信息失真问题比较突出，加强会计监督工作势在必行

2008年，仅地市、县区财政部门就查出财政违法、违纪、违规金额3.73亿元，资产不实2.93亿元，所有者权益不实0.99亿元，损益不实0.25亿元，查补财政收入0.58亿元。就目前的情况看，我们认为会计信息失真的可能性也进一步加大：一是由于受经济危机的影响，社会需求减少，企业融资困难，经营状况恶化，企业经营业绩可能明显下降，部分企业经营者出于经营业绩的考虑，可能粉饰报表；二是有的企业可能利用不实的会计信息争取国家保民生、保稳定的政策、资金扶持；三是由于经济危机的影响，对外依赖性较强的外贸企业以及在境外有投资项目的企业，经营可能受到较大影响，有的甚至出现亏损，企业经营者出于经营业绩的考虑，可能利用不实的会计信息掩盖真实的经营情况，等等。因此，当前加强会计监督工作也势在必行。

二、要正确认识会计监督工作是《会计法》赋予财政部门的重要职责

会计监督工作是《会计法》赋予财政部门的重要职责，会计信息质量检查是会计监督工作的重要内容，也是财政监督工作的重要组成部分。加强企业会计信息质量检查，规范其会计核算，督促其提供真实、完整的会计信息，是财政部门依法行政、参与经济管理、履行市场监管职责的一种手段，是保障企业经营管理和业务发展正常有序进行的重要举措，是整顿和规范市场经济秩序的重要方式，也是防范企业经营风险、规范管理行为以及经济活动的关键环节。对维护市场经济秩序、整顿和规范会计秩序有着重要的作用。

广东省不断加大会计信息质量检查工作力度，取得了明显成效。据统计，2004年以来，省财政厅已对31户省管企业进行了检查，查出各类违法、违规、违纪问题金额87.33亿元，其中资产不实1.67亿元，负债不实0.52亿元，所有者权益不实0.7亿元，收入不实6.93亿元，费用不实3.67亿元，利润不实2亿元，补缴税款2.83亿元。检查发现，会计信息失真问题普遍存在，有些甚至比较严重。如单位内控制度薄弱，资金账户管理混乱，设账外账、公款私存、原始会计资料被销毁；为追求业绩虚增利润、虚列收入、少列支出；合并报表不全面和重大会计事项不披露；收入挂往来账，偷逃国家税费，等等。对检查发现的问题，省财政厅依法进行了处理处罚。财政部门通过开展会计监督检查，依法查处会计造假行为，达到“发现一个问题，完善一项制度；检查一户企业，规范一个行业”的目的，维护了国家财税秩序，对全面提升会计信息质量，促进企业健全制度，加强内部管理发挥了积极作用。

三、要认真做好2009年会计信息质量检查工作

第一，认真做好自查。企业自查的时间为2009年2月20日至2009年3月20日。自查的对象为省管企业及下属各级企业。自查是给企业一个自我检查、自我纠正的机会，各单位应认真对待，不要敷衍了事。对自查发现的问题要及时纠正并采取措施规范管理。

第二，积极配合省财政厅的抽查和重点检查工作。省财政厅计划从2009年5月开始派出检查组对相关企业进行抽查和重点检查。抽查对象除省管一级企业外，还包括其所属2～3家企业。对自查不认真、不全面或不报送自查情况的单位，省财政厅将列为重点检查对象。被抽查和重点检查的企业，应积极配合检查工作，为检查组提供必要的工作场所，指定一名联络员，加强与检查组的沟通，及时提供相关工作资料。在抽查、重点检查期间，请相关企业尽量不安排财务人员特别是联络员出差，以方便检查组开展工作。

第三，主动抓好整改工作。省财政厅将向被检查企业下发处理决定，各被检查企业要严格按照处理决定整改，并在规定的时间内报送整改情况。从往年情况来看，绝大多数企业能按照要求进行整改，并按时将整改情况报省财政厅，但也有个别企业整改不到位，未向省财政厅报送整改情况的。为履行好政府行政监督职责，省财政厅从今年起建立整改跟踪回访制度，确保企业整改情况的督促落实，对整改不力的企业将予以通报，并继续列为以后年度重点检查对象。

此外，为了保证检查效果，不断扩大会计信息质量检查的覆盖面和社会影响力，省财政厅将参照财政部的做法，逐步建立检查公告制度。不仅检查单位实行查前公告，检查结果也将向社会公告。对严重违法违纪案件及时向社会曝光，加强社会舆论监督，提高会计造假的成本，让造假者不敢轻易造假，形成强有力的社会震慑力，有效扩大会计监督的社会影响，树立行政监管权威。

（本文系作者于2009年2月20日在省管企业会计信息质量检查工作会议上的讲话，部分内容有删节）

解放思想 开拓创新 以科学发展观统领广东省财政监督工作

（节选）

省纪委驻省财政厅纪检组长 邓桂明

一、真抓实干，2008 年全省财政监督工作取得显著成效

2008 年，全省各级财政监督部门对 2 819 户单位进行了检查，查出财政违法、违规金额 9.73 亿元，纠正财政违法、违规金额 1.91 亿元，查补财政收入 2.10 亿元。

（一）财政收入监督检查取得新成效，财政收入稳定增长得到保证

2008 年，广东省各级财政部门共对 695 户单位开展了收入监督检查，查出财政违法、违规金额 1.48 亿元，查补财政收入 1.16 亿元。

（二）财政支出监督检查进一步加强，财政资金使用的安全性、规范性及有效性得到有力保障

2008 年，共对 802 户单位进行了监督检查，查出财政违法、违规金额 4.48 亿元，查补财政收入 0.35 亿元。广东省各地通过加强对财政资金管理使用情况的监督检查，确保各项财政政策落到实处，从源头上遏制违法违规问题的发生，确保财政监督为财政改革和管理工作服务。

（三）会计监督力度不断加大，会计工作秩序进一步规范

2008 年，全省共对 586 户单位的会计信息质量进行了检查，查出财政违法、违规、违纪金额 37 300 万元，查补财政收入 5 816 万元。财政部门通过开展会计信息质量检查，大力加强监督检查执法力度，促进建立健全单位内部控制制度，促进提高会计信息质量，有力维护了我国的社会主义市场经济秩序，保障国民经济持续、健康、稳定的发展。

（四）注册会计师行业行政监管扎实推进，行业诚信守法的意识进一步增强

省财政厅加大对注册会计师执业质量的监管力度，坚持以保障注册会计师行业的健康发展为出发点，以恢复社会公众对注册会计师行业的信心为目标，通过加大对少数社会影响恶劣的违规行为的处罚力度，保护大多数诚信守法的注册会计师和会计师事务所，整顿和规范会计秩序，促进和保障注册会计师行业健康发展。2008 年，重点对 8 家会计师事务所的执业质量进行了检查，对检查发现的违法违规行为，根据问题性质，依法分别作出暂停执业、责令整改、没收违法所得等处理。

（五）内部监督工作效果良好，内部监控防线进一步筑牢

2008 年，全省各级财政部门共对 467 户内部单位和下属单位进行了检查。如，珠海市积极开展局机关内部监督检查工作，从财政内部完善监督机制，牢固构筑财政内部监控防线。佛山市对国库集中支付资金实行在线监督，建立国库集中支付资金监控周报制度。河源、惠州、中山、韶关、梅州、潮州等市也加大了财政内部监督检查力度，通过检查，及时发现和堵塞漏洞，取得了良好效果。

（六）财政监督干部队伍建设进一步加强，干部业务素质和工作质量不断提高

2008 年，省财政厅通过继续开展“送课到基层”活动，加大对基层财政监督干部的培训。广州、韶关、梅州、潮州、佛山、惠州和汕尾等也积极举办了业务培训班，有效地保障了财政监督工作的顺利开展。据统计，截至 2008 年年底，全省省、市、县三级财政部门均已设置监督检查机构，共配备财政监督干部 504 人，其中具有本科以上学历 272 人，具备中高级专业技术资格 152 人。

（七）财政监督信息报送工作成效明显，工作交流机制进一步健全

为了及时、准确掌握各市、县财政监督工作动态，交流推广工作经验，督促指导各地开展工作，2008 年，省财政厅制定了《广东省财政监督信息报送管理办法》。各市、县积极踊跃报送财政监督信息。在大家的共同努力下，2008 年省厅共向财政部报送财政监督信息 33 篇，在全国

37个厅局中数量位居第3名，被财政部采用9篇，名列第6位，受到财政部的通报表扬。希望大家再接再厉，为推进财政监督工作多作贡献。

二、改革创新，2009年财政监督工作要上新台阶

（一）要积极围绕“三促进一保持”这个目标认真开展财政监督工作

2009年，广东省各级财政部门要紧紧围绕省委、省政府决策部署的“三促进一保持”这一目标开展财政监督检查工作，确保贯彻落实中央与省委关于“扩内需、调结构、促发展、保民生”的经济工作方针政策。各级财政部门分管领导和监督部门也要围绕这一工作目标，认真谋划监督检查项目，狠抓工作落实，力争取得好成效。

（二）要紧密围绕财政中心工作，突出抓好两个重点

全省各级财政监督部门要紧紧围绕财政中心工作，进一步解放思想，开拓创新，突出抓好两个重点：一是重点抓好财政专项资金的监督检查，确保财政资金的安全高效使用；二是加强制度和能力建设，充分发挥财政监督在健全财政政策体系、深化财政体制改革、优化财政支出结构、推进依法理财等方面的保驾护航作用，努力提高财政监督工作的保障能力。

（三）要认真履行监督职能，扎实开展三个方面的专项执法检查

1. 进一步加强财政支出监督检查，确保民生资金的安全有效使用。财政支出监督检查仍然是2009年的工作重点。今年，计划重点组织对农业、教育、医疗卫生、社会保障等民生资金使用和管理情况的监督检查，关注财政资金使用的合规性、真实性和效益性，加大对违法违规问题整改的追踪问效力度，保障民生资金安全、有效使用。目前，省厅监督办已着手制定工作方案，确定2009年具体检查项目。

2. 加大对会计信息质量监督检查力度，进一步整顿和规范市场经济秩序。按照财政部统一部署并结合广东省实际情况，继续加强会计信息质量检查工作，紧紧围绕经济社会发展和财政工作重点、难点和热点问题，选取会计基础工作比较薄弱及社会反响较大的企业和行政事业单位进行重点检查。目前省厅正组织省属企业开展自查，下半年再组织重点抽查。

3. 继续加强对注册会计师执业质量监管。一是委托有能力的地市对所在地区部分中小会计师事务所执业质量进行检查，强化财政部门对注册会计师行业的行政监管，促进注册会计师行业的健康发展。二是对有关部门移交的并涉嫌违规的会计师事务所进行重点检查处理，并公开通报处理结果，发挥警示教育作用。

2009年，省财政厅将对全省财政监督检查工作统一部署，统一考核。近期下达各地市的检查项目，各地要认真组织，抓好落实。此外，根据中央纪委二次全会决定精神，今年在全国范围内开展“小金库”专项治理工作，在财政部的统一部署下，全省各级财政部门要认真做好清理准备，力争圆满完成专项治理工作。

（四）要以开展深入学习实践科学发展观活动为契机，着力构建四个财政监督工作机制

一是财政监督工作宣传教育机制。要通过加强培训学习、信息报道、工作交流、情况通报、案件剖析等强化国家财政法律、法规和政策、纪律的宣传教育，构建财政监督大宣教机制，把监督工作融入宣传教育之中，形成监督关口前移。

二是监督检查工作联动机制。财政监督要通过参与协调经济责任审计联席会议、人大实时在线监督联席会议、对口支援地震灾区资金物资监督检查工作机构和会同纪检监察、审计、纠风等部门组织开展联合执法检查、专项检查等方式，构建监督检查联动机制，形成监督工作合力。

三是监督检查协调协助机制。协调全省各级财政监督部门，通过划分任务、明确职责、加强督促指导等措施，建立上下联合监督检查、授权委托组织检查和协助跟踪检查等形式，构建上下互动、工作联网、信息沟通、相互支持、激励促进的监督检查协调协助机制，确保监督工作落实到位。

四是监督执法问责机制。通过依法责令整改、批评通报曝光、给予行政处罚、移送纪检监察或司法机关处理等执法手段，构建财政监督执法问责机制，落实责任追究制度。

（五）要加强组织协调和工作督导，落实五项工作措施

全省各级财政监督部门要树立工作“一盘棋”思想，在落实上下工夫；上级部门要加强对下级工作的协调、指导和督促，落实五项工作措施，扎实推进财政监督检查工作。一是制定好财政监督检查工作方案，明确省市县三级财政监督检查任务，落实工作责任。二是加强调研和工作交流，保持上下互动、信息沟通、相互促进。三是充分发挥省市县三级财政监督工作的积极性和主动性，保证检查工作到位。四是结合工作实际，科学有效地运用财政监督检查四个工作机制，确保检查工作取得成效。五是综合运用工作指导、情况通报、重点检查、奖罚并举、责任追究等方式方法，狠抓监督检查工作任务的落实。

（六）要实施工作考评，提高财政监督管理工作水平和效能

目前，省财政厅拟制定《广东省财政监督部门管理工作评比试行办法（征求意见稿）》。该《办法》把开展财

政监督工作检查情况，监督检查机构设置是否完善、人员配备是否到位、监督干部队伍廉政建设情况，是否按规定时间报送省厅下达检查项目的检查处理报告，是否按规定时间报送省厅检查处理意见的整改落实情况，是否认真协助省厅开展检查、调研或相关工作等作为量化考评内容。每年年底先由各地级市对照评分标准自评，省厅对各地级市自评材料进行核实复评，并按照年终总得分顺序评出10个“广东省财政监督管理工作先进单位”予以通报表扬。同时将评比结果作为省厅每年安排财政监督检查经费的重要参考因素，做到安排从优，激励先进。希望大家比学赶帮，力争上游。

（本文系作者于2009年2月23日在全省财政监督业务培训班上的讲话，部分内容有删节）

围绕中心　应对挑战
促进广东省财政外经金融工作科学发展

（节选）

省财政厅副厅长　欧　斌

一、解放思想，改革创新，广东省财政外经金融工作成绩显著

2008年是极不寻常的一年，面对频发的自然灾害和突发事件，特别是全球金融海啸和严峻的世界经济形势，广东省外经贸和地方金融首当其冲，遇到了前所未有的困难和挑战。尽管困难很大，任务很重，但我们财政外经金融系统的同志们能够坚持以科学发展观统揽全局，解放思想，改革创新，积极研究新情况、新问题，探讨应对的新办法和新措施，做了大量艰苦的工作，付出了辛勤的汗水，取得了显著的成绩。

（一）认真落实省委、省政府战略决策，积极推进外经外贸工作

1. 落实省委、省政府“双转移”政策，促进广东省外资和产业“双提升”。一是支持改善外商投资环境，引进外资的质量水平得到进一步提升。2008年全省各级财政部门积极支持改善外商投资环境，省财政共安排优化投资环境专项资金7 000多万元，各地财政也陆续制定出台了扶持政策，着力创新招商引资方式，大力引进先进制造业、高新技术产业和现代服务业。2008年全省实际吸收外资192亿美元，比上年增长11.9%，服务业成为吸收外资的新增长点，实际吸收外资增长14.4%，占全省实际吸收外资的37.2%。二是修改完善吸收外资奖励专项资金管理办法，引导产业结构级次的提升。增加加工贸易转型升级奖（包括加工贸易企业内销奖励、加工贸易产业转移奖励）和服务外包发展先进奖两项奖励，积极引导加工贸易企业通过增资扩产、自主创新、延长产业链、扩大内销和梯度转移等多种方式，加快转型升级。2008年全省加工贸易进出口额达4 171美元，增长3.4%。加工贸易内销取得突破性进展，仅东莞市外商投资、加工贸易企业内销金额就达1 600多亿元。

2. 采取有效措施，推动广东省企业“走出去”。由于广东企业大部分面向欧美市场，而欧美市场这几年的经济发展波动比较大，对广东外贸经济的影响冲击也比较大。省委、省政府去年在新的经济形势下特别强调要开拓东盟市场，要求财政部门采取有效的措施政策来扶持。省财政按照省委、省政府的部署，就如何推动广东省企业走向东盟市场作研究，修改完善了企业“走出去”资金管理办法，扩大扶持范围和提高资助标准，2008年核拨支持企业“走出去”资金8 000多万元。截至2008年年底，全省累计在90多个国家和地区设立非金融类企业2 022家，其中2008年核准新设境外企业218家。

3. 创新措施及时应对，稳定外贸进出口。一是“以奖代补”出口退税，协调区域发展。2008年省财政继续实行出口退税“以奖代补”政策，减轻粤北山区和东西两翼13市4县地方财政出口退税超基数负担，鼓励广东省山区和东西两翼各市扩大出口，有力地促进了这些地区外经贸发展。2008年各市进出口增速前三位依次是梅州44.4%、湛江29.3%和河源26.5%；实际吸收外资增速前三位依次是揭阳39.3%、韶关21.4%和汕尾19.4%。二是支持口岸建设，进出口通关顺畅。根据省政府的批复，2008年安排有关单位口岸建设资金1亿元，有力地支持广东省各地改善口岸配套设施建设，促进广东省外向型经济发展。2008年，全省口岸出入境旅客2.8亿人次，入出境交通运输工具

1 869万辆次，占全国的八成以上；口岸进出口货运量3亿吨，占全国的1/4。三是落实省委、省政府决策部署，全力应对金融海啸冲击。出台实施了一系列稳定外贸进出口的财政政策，充分发挥财政资金的引导作用，调动各地区、各企业扩大出口的积极性，推动广东省外贸进出口在高基数的基础上继续保持平稳增长。2008年全省外贸进出口总额6 833亿美元，比上年增长7.8%，其中出口总额4 041亿美元，比上年增长9.4%，连续23年位居全国第一。

（二）推进金融体制改革，防范化解金融风险

1. 积极推进农村信用社改革试点。核拨农信社改革专项扶持资金1.21亿元；开展农村信用社改革扶持专项资金财务核查，向省政府报送了核查报告；配合农信社的改革，特别是对省联社提出的农信社股金分红缺口问题作了认真研究，提出方案，利用原安排的资金4.4亿元，对农信社股金分红缺口延长补助2年。通过财政部门政策、资金的扶持，广东省农信社改革取得了可喜的进展，包括票据兑付工作的基本完成，不良贷款余额的下降，特别是2008年全省农信社总收入356亿元，比上年增长28.36%，较改革前的2004年增长132.69%，实现经营利润108.52亿元，比上年增长31.1%，较改革前的2004年增长6倍多。

2. 积极防范和化解金融风险。一是认真做好地方金融机构财务重组工作。配合做好广东发展银行改革重组后续工作、粤财控股处置广发行不良资产包的监管工作、城市商业银行重组的有关工作，对汕头市商业银行、广州市商业银行重组过程中出现的问题提出处理意见等。二是配合做好地方金融机构清理整顿工作。配合粤财控股处置省财政在华信公司的债权，配合做好广东省停业整顿城信社和信托公司退市工作，在城市信用社退市过程中，省财政不断根据新情况为省政府提出决策的意见和方案，包括如何奖励、如何退市等，目前全省城信社已基本退出市场。三是做好被处置金融机构个人债权甄别收购工作。通过这几方面的工作，有效化解了金融风险，维护了金融和社会秩序的稳定。

3. 积极支持金融创新和广东资本市场发展。一是建立有效的激励机制，促使金融产业快速发展壮大。与省金融办共同研究制定建设金融强省相应的配套措施和扶持政策，2008年省财政安排5 000万元，对服务优良、具有创新意识的金融企业和防范金融风险成绩卓著地区给予表彰和奖励。省政府召开表彰会议，授予25个单位“金融创新奖”，授予深圳等15个市（县、区）人民政府“金融稳定奖”。二是积极支持开展新型农村金融机构试点。支持创新农村金融组织形式，鼓励条件成熟的地方积极开展设立村镇银行、小额贷款公司和农户资金互助合作组织试点。目前广东省小榄镇村镇银行已于2008年年底正式开业，恩平市村镇银行发起工作已基本完成。三是积极支持广东省重点经济建设项目融资。切实推进全省政策性担保体系建设，以广东粤财投资控股公司为依托，成立省级中小企业再担保公司，注册资本金20亿元，其中省财政注资10亿元，粤财控股公司通过处理资产包回收资金注入10亿元，支持广东省重点经济建设项目发展。四是积极做好企业发行中期票据支持广东省重点建设项目的可行性研究工作。

（三）加大帮扶力度，有力促进广东省旅游业发展

2008年广东省各级财政部门大力支持旅游业发展，加快旅游产业、旅游基础设施和配套设施建设，积极开发旅游市场，旅游业成为广东省国民经济新的增长点。去年省财政共投入5 000万元旅游扶贫资金用于贫困地区和欠发达地区的旅游开发建设；投入3 000万元旅游景点建设资金用于旅游景点配套设施建设；投入2 000万元用于旅游宣传促销；连续几年安排资金用于举办广东国际旅游文化节暨泛珠三角旅游推介大会。由于对旅游业帮扶力度很大，这几年广东旅游业保持了良好的发展势头，在全国有一定的影响力，国家旅游局把唯一一个国民休闲旅游计划工作试点放在广东，省政府专门组织了启动仪式。

各级财政也不断加大对旅游业的扶持力度，如清远、梅州、韶关等市财政都安排不少资金支持旅游业发展，以财政资金引导社会资金投入，开发新的旅游景点，带动各方面的建设。2008年，全省口岸入境旅游人数1亿多人次，国内旅游人数3亿多人次，比上年增长2.6%，居全国首位。全省实现旅游总收入2 000多亿元，比上年增长11.9%；旅游创汇91.75亿美元。

（四）深入开展调查研究，为领导决策谏言献策

1. 开展深化农信社改革调研。针对省农信联社提出的农信社股金分红缺口问题，组织有关部门深入梅州、潮州等市进行开展调研，并形成调研报告，建议对全省（珠三角地区除外）有股金分红缺口的农信社继续给予增资扩股补贴补助2年，获省政府采纳。

2. 开展旅游扶贫专项资金调研。为扎实开展解放思想学习讨论活动，推动广东省旅游扶贫工作不断深入，组织开展了旅游扶贫专项资金调研，先后到韶关、梅州、河源、揭阳和潮州等5市开展调研工作。认真研究如何发挥公共财政职能，扶持欠发达地区发展，使旅游扶贫资金的使用更有针对性。

3. 开展促进现代服务业发展调研。根据汪洋书记批示精神，为深入贯彻落实科学发展观，转变经济发展方式，推动广东省经济平稳较快发展，牵头开展了促进广东省现代服务业发展财政政策的调研。先后到广州、佛山、东莞和深圳等市，以及省金融办、省外经贸厅、省发展改革委和省旅游局等省直有关单位进行调研，形成了《关于促进广东现代服务业发展财政政策的调研报告》。提出广东省促进广东现代服务业发展的财政政策措施，大部分得到省政府的采纳。

4. 开展支持广东省航空事业发展调研。为促进南方航空公司多为广东创造税收，深入南方航空公司开展调查研

究，制定2009～2011年中国南方航空股份有限公司航空事业专项补助方案报省政府审定。根据省财政厅《关于给予中国南方航空股份有限公司航空事业专项补助有关问题的复函》和南方航空公司2007年缴纳有关税收的情况，2008年审核拨付南方航空公司航空事业补助款5 921万元。

5. 开展加工贸易转内销调研。根据厅领导指示精神，认真开展加工贸易转内销的调研工作，先后到东莞市、省外经贸厅、省统计局、广州市外经贸局等单位进行调研，为广东省下一步出台有关扶持政策提供决策依据。

二、认清形势，应对挑战，努力促进广东省财政外经金融工作科学发展

（一）分析形势，明确思路

2009年是广东省经济发展最困难的一年，外经贸和地方金融发展形势将更加严峻。随着国际金融危机日益由发达国家向发展中国家蔓延、由虚拟经济向实体经济渗透，全球经济正遭遇1929年世界经济大萧条以来最严峻的挑战。综观国内外形势，今年广东省外经贸发展将面临真正的“严冬”。对此，我们一定要有清醒认识和充分估计。

1. 要清醒认识外经贸的挑战和机遇。广东积极应对国际金融危机影响、推动经济平稳较快发展的关键时刻，中央批准实施《珠江三角洲地区改革发展规划纲要》，为广东省改革发展、先行先试进一步指明了方向，注入了强大动力。省委、省政府全力支持外经贸发展，去年年初率先启动实施“新十大工程”，在应对危机上赢得了主动权。下半年以来又制定出台扩大投资、促进经济平稳较快发展的16项政策措施，专门成立维护企业稳定发展协调小组，近期又制定出台《广东省支持港澳台资企业应对国际金融危机和加快转型升级若干政策措施》，共九个方面30条具体措施。这些都是在严峻形势下的有利条件，为我们推进转型升级、加快转变外经贸发展方式提供了机遇。

2. 要高度重视金融业的风险和机遇。受经济增长放缓、实体经济特别是中小企业经营困难的影响，2009年，金融业可能经历寒冬，潜在的风险特别是系统性风险需要高度警惕。包括经济下行风险对银行业的影响将会进一步加大，在经济下滑过程中，企业亏损面增加，势必引发银行不良贷款反弹等问题。资金紧张的中小银行、农村信用社的经营状况将可能更加困难，很容易引起连锁反应，从而在局部地区将引发金融风险。保险业的风险也比较突出。受自然灾害的影响，部分保险公司理赔压力巨大，偿付能力不足问题相当突出。在利率逐步下调过程中，保险公司的资金管理运用风险、利差损失风险将可能进一步加大等等。这些都对广东省金融风险监管带来很多问题。

在高度重视风险的同时也要看到金融业发展的机遇，随着境内外金融资源的流动性增强，金融市场化和金融开放进程加快，区域经济环境如CEPA、泛珠三角区域分工与合作等，有利于广东省的区域经济龙头和区域金融中心的发展，这些因素都为广东省金融业提供了良好的发展机遇。

总体上看，不管是外经贸形势还是地方金融形势，2009年都是最艰难的一年。但同时危机中也充满着机遇。我们要在认真分析形势的基础上，明确工作思路，结合广东省财政外经金融工作的实际，注重发挥财政职能，应对金融海啸冲击，促进加工贸易转型升级，保持外贸出口增长，深化金融体制改革，推动金融业发展，加强和改进金融监管，防范化解金融风险，保持广东省外向型经济和地方金融平稳较快发展。

（二）突出重点，狠抓落实

在认清形势、明确任务的基础上，2009年广东省财政外经金融工作要突出重点，抓好落实，努力取得新的成绩。

1. 支持外贸发展，力保出口增长。统筹目前较为分散的各项外贸扶持资金，构建外贸发展促进机制，实行分类扶持、突出重点的扶持政策。整合现有外贸扶持资金9亿元，加大对“两新”产品出口、稳定外贸出口、推动企业“走出去”、招商引资、出口退税“以奖代补”及口岸优化升级建设等的支持力度。用活用好2009年新增安排10亿元加工贸易企业转型升级专项资金，制定促进加工贸易转型升级和扩大内销的财政引导政策，重点扶持加工贸易企业在粤设立研发创新公共服务平台、研发机构、总部或地区总部，工艺技术设备改造的国内贷款贴息，自主品牌建设，扩大内销等。加快转变广东省外贸发展方式，促进广东省外贸平稳较快发展。

2. 探索财政支持金融促进经济稳定增长的措施有所创新。研究相关财政政策措施，充分发挥资本市场融资功能，发挥财政资金的杠杆作用，引导信贷资金加大对广东省经济建设的投入力度；完善广东建设金融强省专项激励资金管理办法，对服务优良、具有创新意识的金融企业和防范金融风险成绩卓著地区给予表彰和奖励，不断改善广东省金融环境，促使广东省金融产业发展壮大；省财政注资10亿元资本金成立省级担保公司，为广东省中小企业和区域经济发展提供再担保服务，支持中小企业发展和广东省重点项目建设；支持发展村镇银行、贷款公司和农村资金互助社等多种形式的新型农村金融机构，探索加强对中小信用担保公司、村镇银行、小额贷款公司等实施有效财务监管的方式方法，督促企业不断规范财务管理，提高风险意识；配合做好广东省地方金融机构重组和停业整顿信托公司退出市场工作，维护全省社会秩序和金融秩序稳定；进一步加强对金融企业财务状况的跟踪分析，探索建立金融企业财务风险监管指标体系，防范和化解金融风险。

3. 加大支持力度，力促广东旅游业发展跃上新台阶。在扩大旅游产业规模的同时，更加注重优化旅游产业结构、提升旅游产业质量和效益。整合旅游扶持资金，积极支持在国际旅游市场的宣传促销和推介工作，大力培育和创新旅游品牌；创新旅游投资体制，积极引导国内外资金特别是民间资本参与旅游开发。安排落实资金支持办好2009年

广东国际旅游文化节，打造广东旅游文化发展新品牌。切实履行监管职责，严格按照资金管理办法规定的程序，加强对旅游专项资金的监管，对现行扶持旅游业发展的各项财政资金、政策措施进行跟踪分析，切实提高资金使用效益，积极探索促进广东省旅游业发展的财政政策。

4. 创新机制和手段，深化农村金融体制改革。按照国务院确定的"明晰产权关系，强化约束机制，增强服务功能，国家适当扶持，地方政府负责"的农信社改革总体要求，进一步深化广东省农信社改革，理顺农信社等地方金融机构财务管理体制，加强对农信社等地方金融机构的资产与财务管理，支持农信社为农村稳定、农业发展、农民致富发挥应有的作用，为广大农民提供更加优质便捷的金融服务。同时，积极支持开展适合广东省农业生产特点的农业保险试点工作，进一步完善农村金融体系服务功能，研究探索适合广东省农业生产特点的农业保险运作模式，按照既能有效推动农业保险业务的开展，又能有效防范风险的要求，探索建立中央、省和各市上下联动的政府支持农业保险的模式。

5. 不断加强学习，提高干部综合素质。我们要从思想上、制度上、管理上采取有效措施，尤其是要结合"转变作风抓落实"主题实践活动，致力打造一支政治坚定、业务精通、纪律严明、作风过硬的财政外经金融管理队伍。

一是要不断加强学习。我们每位同志都要正视自己的知识、能力与需要之间的差距，增强学习的紧迫性和自觉性，工作再忙也要安排时间加强学习，努力学习理论、政策、业务以及新的知识，不断提高思想水平和业务技能。

二是要不断改进工作作风。规范工作程序，严格工作纪律，进一步树立财政外经金融干部科学理财、依法理财、为民理财、廉洁服务、勤政高效的良好形象。

三是要加强廉政建设。综合素质的提高是方方面面的，财政外经金融系统的同志们要牢固树立马克思主义的世界观、人生观、价值观，树立正确的权力观、地位观、利益观和社会主义荣辱观，讲党性、重品行、作表率，增强拒腐防变和抵御风险的能力。

（本文系作者于2009年2月26日在全省外经金融工作座谈会上的讲话，部分内容有删节）

落实资金　强化管理
促进公共卫生服务均等化

（节选）

省财政厅副厅长　欧　斌

一、提高认识，统一思想

本次医改对公共卫生高度重视，第一次把公共卫生服务体系与医疗服务、医疗保障、药品供应保障体系并列，作为构成基本医疗卫生制度的四大体系，加强建设；第一次提出基本公共卫生服务均等化的目标，逐步缩小城乡居民基本公共卫生服务的差距。这充分体现了广大人民群众的愿望和要求，充分体现了我们党执政为民的理念，充分体现了国家"预防为主"的卫生工作方针。

免费提供基本公共卫生服务，实施重大公共卫生服务项目，既是保障和改善民生的重要内容，也符合公共财政的内在要求，是各级财政部门的责任所在，我们要高度重视，把思想和行动统一到国家和省委、省政府有关医改的决策部署上来，确保实施重大和基本公共卫生服务项目顺利启动、稳步实施、取得实效。

二、想方设法，切实保障实施重大和基本公共卫生服务项目的资金

根据各级财政部门的承受能力，经省医改领导小组同意，广东省实施重大和基本公共卫生服务的财政补助标准和各级政府分担比例，明确如下：

（一）免费提供基本公共卫生服务项目

按照《国务院关于印发〈医药卫生体制改革近期重点实施方案（2009~2011年）〉的通知》（国发［2009］12号），2009年人均基本公共卫生服务经费不低于15元，2011年不低于20元。中央财政按广东省截至2007年年底的城镇和农村人口数9 449万人、人均补助1.5元（按10%的比例），下达广东省2009年基本公共卫生服务专项补助资金14 174万元，用于按规定项目免费为城乡居民提

供基本公共卫生服务。扣除中央财政对广东省补助10%后，其余90%的所需经费广东省各级财政补助比例为：省财政对经济欠发达地区补助50%（其中，对江门开平、台山市补助35%），经济欠发达地区市县两级财政各负担25%；珠三角地区所需经费自行负担。即：省财政每年对经济欠发达地区2009～2010年人均补助6.75元，2011年人均补助9元。2009年省财政已安排对经济欠发达地区专项补助资金3.81亿元。

（二）实施重大公共卫生服务项目

2009年，中央财政共补助广东省开始开展15岁以下儿童乙肝疫苗群体性预防接种、农村妇女孕前和孕早期补服叶酸、贫困白内障患者复明、农村改水改厕、农村妇女乳腺癌、宫颈癌检查及农村妇女住院分娩共6个重大公共卫生服务项目，按照现行财政体制，省级财政对广东省欠发达地区14个市及江门市恩平、台山、开平市予以补助（其中：开平、台山两市按经济欠发达地区的70%的标准给予补助），其余地区（即珠三角地区）由当地市、县级财政负担的原则，省财政将安排补助资金约6 500万元。具体经费安排原则如下：

一是补种乙肝疫苗所需的疫苗和注射器购置费由中央财政解决。二是农村妇女孕前和孕早期补服叶酸，贫困白内障患者复明，农村妇女乳腺癌、宫颈癌检查三项，剔除中央财政补助后，省财政对经济欠发达地区补助50%（其中，对江门开平、台山市补助35%），市县两级财政各负担25%；珠三角地区其余所需经费自行负担。三是改水改厕项目中，中央财政补助每户改厕300元，省财政对经济欠发达地区每户改厕再补助100元。四是农村孕产妇分娩项目中央财政补助每例50元，省财政对经济欠发达地区每例再补助50元（开平、台山两市按70%补助）；地方财政有条件的可给予适当补助，不足部分列入农村合作医疗报销范围解决。五是各项工作经费按照财权和事权相统一的现行财政管理体制，由当地财政负责解决。

在中央和省加大公共卫生投入力度的同时，地方各级财政部门应根据当地公共卫生工作的需要，结合中央和省财政补助资金，克服困难，尽快调整支出结构，想方设法落实资金，并及时将资金拨付到有关机构和个人。绝不能出现因为资金不到位，而影响推进基本公共卫生服务均等化的情况。

三、强化管理，切实保障实施重大和基本公共卫生服务项目的绩效

各级财政部门在落实资金的同时，要强化资金管理，坚持“两手抓”。一是要完善制度，规范操作。各级财政部门要会同卫生行政部门建章立制，进一步健全相关制度，规范项目实施办法和程序，将项目责任细化到单位、个人，并制定相关资金管理办法，对财政资金实行科学化、精细化管理，确保责任到位、资金到位、制度到位。二是要加强考核，强化监管。从中央和省近年来开展的公共卫生资金检查的情况来看，不少地方存在验收、考核、评价机制不完善，重预算轻执行，重资金轻监管的问题。随着实施重大和基本公共卫生服务项目，公共卫生投入力度将不断加大，对财政资金的规范化管理提出了更新、更高的要求，必须相应在做好考核评价、切实加强监管上下工夫。三是要公开透明，接受监督。重大和基本公共卫生服务面向基层、面向老百姓，每一项服务最终要落到老百姓身上。实施重大和基本公共卫生服务项目要公开透明，积极创造条件，把项目的具体内容、服务规范、补助标准等情况向社会公开，接受群众监督，促进服务质量的不断提高。

为详细了解广东省实施重大和基本公共卫生服务项目的资金使用绩效和监管情况，省财政厅将会同省卫生厅进行绩效评价，并定期和不定期开展资金监督检查。

实施重大和基本公共卫生服务工作，时间紧、任务重，意义重大，各级财政部门将在各级党委、政府的领导下，在省医改领导小组和办公室的统筹协调下，与有关部门密切配合，尽快启动基本公共卫生服务工作，把工作抓紧抓实，把医改的这两项重点任务落到实处，努力尽快让老百姓得到实惠。

（本文系作者于2009年9月2日在省政府启动重大和基本公共卫生服务项目电视电话会议上的讲话，部分内容有删节）

统一思想 狠抓落实 努力开创财政社会保障工作的新局面

（节选）

省财政厅副厅长 欧 斌

一、统一思想，正确判断财政社会保障工作的新形势

正确判断当前以及未来一段时间国内外的形势、财政社会保障工作形势非常重要。

（一）国内外经济发展企稳回升，又充满着很多不确定因素

今年下半年以来，有人认为国际金融危机最坏的时期已经过去，经济增长的增速已经回稳。但是，经济学家认为，国内外经济发展今年还不能复苏，明年也未必能，主要是因为目前还有很多不确定的因素，特别是近段时期以来出现了国际经济贸易大幅度下降，全球范围爆发甲型H1N1流感，主要发达国家出现通货膨胀等一些变数。

国内的经济发展正处在企稳回升的关键时期，形势好于预期，但是基础还不牢固，困难挑战不少。特别是外需方面的下降，在相对比较长的时期还会影响我们，国际贸易保护壁垒很可能会推迟经济复苏的势头。因此，经济增长要恢复到原来的两位数还比较难。

（二）未来财政收支面临更大的困难和矛盾

今年以来，面对金融危机对经济增长社会发展带来的困难，全省各市财政、税务部门切实加强收入征管，大力推动财政收入的增长，财政支出以“全力保增长、保民生、保稳定”作为重点，保证了社会经济健康稳定发展。当前广东省经济增长呈现出积极的迹象，对地方财政增长产生明显的拉动作用。1～8月份，经济形势继续积极向好，政策性减收因素减弱，财政收入增幅继续提高，一般性支出压支效果比较明显，重点支出保障有力，全省财政运行呈良好的态势。

但是，金融危机对经济和财政收入的影响还比较明显，当前外需严重萎缩的情况尚未改变，经济财政运行存在较多不确定因素，减税减费的政策短期内还将持续影响地方财政收入，今年要完成财政收入较快增长特别是完成省级收入目标，仍面临着较大困难。省政府常务会议对下半年广东省财政增收节支工作提出了四点要求：一是正确分析财税形势，采取有针对性的措施，着力加大税收征管力度、挖掘增收潜力，保障省级预算平衡。二是加大固定资产投入力度，把推进重大项目建设作为重中之重来抓。发挥投资对经济增长和税收增加的拉动作用。三是进一步抓好增收节支工作，确保民生等重点支出需要。四是加快探索实施新一轮财政体制改革方案，完善省以下财政体制。

（三）财政社会保障工作任务更重，要求更高

1. 深化医药卫生体制改革政策。改革开放以来，我国医药卫生事业进行了一系列改革，广东省在前面几轮的改革中，医药卫生事业取得了长足的发展，医疗卫生服务体系基本建立，城乡医疗保障覆盖面不断扩大，保障水平不断提高、医疗环境不断改善。但是，医药卫生体制深层次的一些问题仍然没有能从根本上解决，并出现了一些新的问题：城乡和区域医疗卫生事业发展不平衡，药品生产流通秩序不规范，政府财政投入不足，区域的差异导致老百姓新的“看病难，看病贵”问题。特别是医药卫生事业的发展水平与人民群众的需求及经济社会发展要求不相适应的矛盾还比较突出。为了缓解或解决这些问题，国家出台了《中共中央国务院关于深化医药卫生体制改革的意见》和《国务院关于印发〈医药卫生体制改革近期重点实施方案(2009～2011年)〉的通知》，并将在今年陆续出台《关于完善政府卫生投入政策的意见》、《关于全面实施城镇居民基本医疗保险的意见》等25个配套文件。

2. 新型农村社会养老保险试点政策。国务院决定，从2009年起开展新型农村社会养老保险（以下简称新农保）试点。新农保按照“保基本、广覆盖、有弹性、可持续”的基本原则，主要内容有两项：一是实行基础养老金与个人账户养老金相结合，财政全额资助最低基础的养老金；二是实行个人缴费、集体补助、政府补贴相结合的筹资办法，地方财政对农民缴费实行补贴。中央财政对中、西部地区按照最低标准给予全额补助，对东部地区补助50%。

确保同一个地区农民领取的养老保险金水平相同，体现新农保的基本性、公平性和补助性。2009年试点覆盖面为全国10%的县（市、区、旗），以后逐步扩大试点，在全国普遍实施，2020年之前基本实现对农村适龄居民的全覆盖。

除了以上两项重大的改革外，还有在当前的形势下扩大就业再就业、困难企业职工医保、大学生医疗保障等任务。近两年民生方面改革任务非常繁重，与其他的工作相比具有政治性强，涉及面广，时间又紧的突出特点。对于广东一个人口大省，在现在的财政收入形势下，完成任务的难度很大。

二、加强学习，准确把握财政社会保障工作的新政策

新的形势提出了新的任务和要求。为了贯彻落实好中央的重大战略决策，为进一步提高全省财政社会保障系统的理论和政策水平，我们要加强学习。

首先要强调加强学习文件和理论。党的十七届四中全会是在面对国际金融危机，国内“扩内需、调结构、保增长、保民生、保稳定”的形势下召开的一次非常重要的会议。会议通过了党的建设的一个纲领性文件——《中共中央关于加强和改进新形势下党的建设若干重大问题的决定》。党的建设是推进党和国家事业新的发展并取得胜利的重要法宝，我们一定要全面领会十七届四中全会的精神，不断增强做好本职工作，促进加强党的建设的责任感和紧迫感，用我们的实际行动，良好的作风来落实加强和改进党的建设的各项要求，推进十七届四中全会的重大部署和各项任务的贯彻落实。

其次是学习财政社会保障方面的有关理论和政策。我们要在工作的过程中一边学习一边探索，努力把握财政社会保障工作的规律，把握政策要点，提高政策水平。这次会议请了5个市的同志有针对性、比较集中地交流了他们在财政社会保障工作的经验，5个市都做了充分的准备讲得很好。这些年，各地财政社会保障的同志辛勤劳动、努力探索，切合实际开展工作，作出了巨大的努力，也取得了显著的成绩。各个市县区都可以通过大会发言和发给大家的材料，把各地好的经验、做法学习借鉴，结合各地实际把财政社会保障工作做得更好。

三、认真落实，努力创建财政社会保障工作的新机制

（一）突出三项重点

1. 深化医药卫生体制改革。深化医药卫生体制改革是当前以及今后一段时期，至少三年我们财政社会保障工作的一项重头戏。省财政厅初步测算，即将出台的《广东省医药卫生体制改革近期重点实施方案（2009~2011）》（征求意见稿）将提出广东省各级财政2009~2011年医改新增投入资金420亿元。各市县财政部门要按照广东省医改的工作步骤，切实落实2009年和2010年国家和省明确要求的新增资金。

一是基本公共卫生服务资金。按照国家的要求，2009年达到不低于人均15元，2011年达到不低于20元。中央财政按广东省截至2007年年底的城镇和农村人口数9 449万人、人均补助1.5元（按10%的比例），下达广东省2009年基本公共卫生服务专项补助资金14 174万元，用于按规定项目免费为城乡居民提供基本公共卫生服务。扣除中央财政对广东省补助10%后，其余90%广东省各级财政补助比例为：省财政对经济欠发达地区补助50%（其中，对江门开平、台山市补助35%），经济欠发达地区市县两级财政各负担25%。2009年、2010年省财政每年对经济欠发达地区需安排补助3.81亿元。

二是重大公共卫生服务项目。今年中央共下达开展15岁以下儿童乙肝疫苗群体性预防接种、农村妇女孕前和孕早期补服叶酸、贫困白内障患者复明、农村改水改厕、农村妇女乳腺癌、宫颈癌检查及农村妇女住院分娩共6个重大公共卫生服务项目。省财政补助经济欠发达地区约6 500万元。

三是新农合和城镇居民医保提高财政补助标准。国家要求2010年提高到人均120元。各级财政部门要按照省政府的要求，尽早向当地政府反映情况，确保资金落实。

2. 新型农村社会养老保险。

一是要及早介入，详细测算，积极参与试点实施办法，以及配套文件的制定工作，进一步完善相关政策。二是要统筹兼顾，确保做好新农保财政补助资金的预算安排和分配下达工作，规范申请拨付程序。三是要规范管理，确保基金安全。在全国建立统一的新农保基金财务会计制度之前，各地要切实加强基金管理，试点地区暂按照国家现行的社会保险基金财务、会计制度的规定，认真做好新农保基金财务管理工作。四是要严格把关，认真审核有关基础数据，加强监督检查。

财政入口补助方面，广东省经济欠发达地区对个人缴费的补助由省、市、县（市、区）三级政府共同负担，其中省按最低补助标准每人每年30元补助1/3（江门台山、开平按经济欠发达地区补助标准的70%给予补助），即省补助每人每年10元，其余部分由市、县（市、区）各负担一半；珠三角地区对个人缴费的补助全部由市、县（市、区）负担。

财政出口补助方面，对全省10%试点的地区，按省确定的养老金标准每人每月55元，在剔除中央补助的每人每月27.5元后，省财政对经济欠发达地区给予每人每月13.75元的补助（江门台山、开平按经济欠发达地区补助标准的70%给予补助），市、县（市、区）各负担其余13.75元的一半；珠三角地区全额由市、县负担解决。地方政府可以根据实际情况提高基础养老金标准，提高部分的资金由地方政府负担。

3. 扩大和促进就业工作。按照国务院常务会议部署就

业工作的有关精神，各级财政部门要认真做好三项工作：一是进一步推动各项政策措施的贯彻落实。实施积极的就业政策以来，国家和省出台了一系列促进就业的政策，当前，各级财政部门要积极主动配合有关部门，加大政策落实和工作推进力度，关注就业形势的变化，研究实际工作中的突出问题。二是重点抓好高校毕业生群体就业工作。落实好各类企业招用、科研项目聘用高校毕业生政策，支持鼓励高校毕业生到基层就业、自主创业和应征入伍。三是加快实施特别职业技能培训计划，强化培训的针对性和有效性。全面落实培训补贴政策，做好返乡农民工的职业技能培训，对农民工培训资金要统筹规划，进一步提高培训资金的使用效益。

（二）做好两项保障

1. 保障资金的落实。近几年省财政对社会保障的投入大幅度增加，各级财政部门应从讲政治的高度，按照财权与事权相统一的原则，承担地方财政责任，调整财政支出结构，多渠道筹措资金，严格按照中央和省的有关要求，切实落实财政社会保障资金。特别是今年新出台的深化医药卫生体制改革和新型农村社会养老保险试点政策，对财政资金投入省都作了具体的明确的要求，需要的资金规模也较大，各地一定要克服困难，想方设法落实资金，按照工作要求尽快下达资金，确保广东省工作任务的完成。

2. 保障资金安全。各级财政部门对财政社会保障资金的监管总体是好的，但是也存在一些问题。有些不法商人或中介机构通过钻政策管理上的漏洞，来套取骗取财政专项补助资金。比如，培训环节发现收购劳动者身份信息，假培训；技能鉴定环节发现组织人员代替参训者考试，试卷笔迹雷同；推荐就业环节发现伪造就业证明等。

针对这些资金管理上的问题，各级财政部门一定要引起高度重视，要针对存在的问题和漏洞，采取有效措施。一是要建立管理制度和运行机制。制度的建立是资金管理的基本保障，要切合地方实际完善制度，充分发挥制度的保障作用，强化资金管理各个环节的可控性和约束力。二是要有一些新的理念，新的方式。充分发挥社会舆论对资金监管的作用，比如，有条件的地方通过媒体公开公示补助对象、举报电话等有关信息。三是要建立内控机制。注重事前调查审核、事中跟踪监督和事后专项检查相结合，加强对财政社保资金运行全过程的监督。不断强化资金规范、精细、科学管理，加大一些案件的查处力度。四是要建立追踪问效机制。要开展资金的绩效评价工作，防止有的基层单位弄虚作假，挪用资金。

（本文系作者于2009年9月21日在全省社会保障工作座谈会上的讲话，部分内容有删节）

认清形势　开拓进取
推进财政国库管理工作再上新台阶

（节选）

省财政厅副厅长　沈梅红

一、充分肯定广东省财政国库管理工作取得的显著成效

按照构建公共财政管理体制的要求和财政部的统一部署，广东省各级财政部门紧紧抓住国库制度改革、资金安全管理、预算执行分析三个工作重点，以科学化、精细化管理为目标，扎实推进财政国库管理工作，在保障财政资金安全、提高资金的运行效率，加强财政运行分析、为各级党委、政府重要决策提供决策参考，深化改革、规范管理，推动依法理财、科学理财、民主理财等方面取得明显成效。

（一）财政国库管理制度改革有新突破

国库集中支付改革在各县（市）、区全面铺开。除实施财政专项转移支付集中支付、公务卡等改革外，还创造性地提出了推行财政支出管理电子平台和财务核算信息集中监管等项改革，国库集中支付运行机制不断健全完善，国库集中支付改革取得突破性进展，国库集中支付制度在财政财务管理中的基础性地位进一步得到巩固。

1. 国库集中支付改革基本实现“纵向到底、横向到边”目标。改革覆盖面不断扩大，改革的范围不断延伸、改革的资金规模不断增加、改革工作基础不断夯实。省本级、21个地级以上市、121个县（市）、区全部实施了改革，约占八成共13 000多个县级以上预算单位纳入改革范围；改革的资金范围从一般预算资金逐步延伸至预算外资

金；改革的资金规模不断增加；全省国库集中支付资金总量从2005年的702.28亿元增加到2008年的2 315.37亿元，已占总支出七成左右；省、市、县三级都全面建立财政国库管理和执行机构；涵盖账户管理、会计核算、资金清算、内部控制等内容的国库集中支付制度体系基本建立。

2. 财政支出管理电子平台建设有序开展。作为开创性工作，自2008年全省财政工作会议上部署，在江门会议上布置启动。电子平台建设工作顺利实施，系统功能不断完善。在国库支付系统建设方面，实现了支付业务与指标的一一对应和业务数据的实时查询。21个地级以上市的国库支付系统运行情况良好，40个县（市）已经上线运行。部分市县还结合本地实际，积极创新。茂名通过“财政信息大平台”建设，实现业务数据规范集中存储和统一分析；中山通过电子身份认证及电子签章系统建设，提高财政业务电子数据的安全性。在财务核算信息集中监管系统建设方面，集核算、比对纠错、分析、预警于一体的综合性系统已初步建成，系统覆盖面在省、市两级不断扩大。截至2009年6月，省级分三批将93个预算单位纳入了改革范围，其中省地税局在利用财务核算信息集中监管系统对全局所属500多家单位实施财务集中监管中进行了有益地探索。20个地级以上市以及台山市开展了改革试点。

有效加强对预算单位执行进度、资金流向、支出结构、现金管理等的监管，强化财政精细化管理。财政支出管理电子平台的推广使财政国库管理信息化普及到县级，大大提高了各级财政部门对预算资金执行全过程的监控能力和财政资金运作时效性，也有利于实现全省纵向预算执行信息“同源采集”，确保信息反馈的全面、准确和及时，符合预算执行管理的要求。

3. 专项转移支付资金国库集中支付机制逐步建立。广东省先后将中央农村义务教育经费保障机制改革资金、能繁母猪保险费、新型农村合作医疗、家电下乡补贴资金和省级农村免费义务教育免学杂费专项、水利建设资金等纳入国库集中支付范围，初步建立起专项转移支付资金国库集中支付基本框架和运行机制，加强了专项资金拨付管理，提高了资金拨付效率。2009年上半年，省财政厅通过国库集中支付拨付专项转移支付资金达60.18亿元。

4. 公务卡试点改革稳步实施。省级公务卡改革试点覆盖到所有一级预算单位；20个地级以上市本级也先后启动了改革试点。其中，先行一步的深圳市已形成相对成熟的公务卡管理运行机制；珠海市利用会计集中核算的优势，迅速实现市本级近300家预算单位全面启用公务卡结算工作目标。截至2009年6月，全省公务卡改革1 471个试点单位共开卡117 940张。

（二）国库管理水平有新提高

在财政资金安全管理方面，牢固树立财政资金安全防范意识，把财政资金安全管理是国库工作的永恒主题，重视健全资金安全各项制度，重视落实安全管理责任，重视创新财政资金安全管理方式和手段，把监管关口前移，做到内部约束规范有序、监督管理环环相扣。如广州、中山采用电子印鉴管理系统；东莞市实行财政资金双审核签章办法；江门市在国库工作中引入ISO管理规定；曲江区建立内部制衡第三方对账制度。省级财政部门充分发挥财务核算信息集中监管系统的预警和防范功能作用，利用相关信息发现问题，及时纠正不规范操作或违规行为。今年还统一部署组织各级财政部门开展财政资金安全检查工作，并把现金管理纳入省级单位自查范围，系统功能作用发挥与加强管理有机结合。

在总预算会计管理工作方面，重视总预算会计管理工作，把它作为国库管理和预算执行的重要组成部分、作为财政工作的基础放在重要位置。扎实做好财政总预算会计工作，努力提高财政资金运用效率、防范和化解财政风险，在科学设置各类账套、严格会计基础工作规范、落实会计岗位责任制、规范核算工作和会计信息报告、加强财政决算编制工作和人员培训等方面不断取得新进步。

在银行账户管理方面，通过建立国库单一账户体系，改变以往预算单位分散、多重设置账户的现象。在进行预算单位银行账户清理的基础上，制定预算单位银行账户管理相关制度规定，严格预算单位银行账户年检和审批、备案管理；规范并统一财政专户管理；强化对代理银行的管理，对零余额账户开设管理制定制度办法，严格按照政府采购方式和程序选择国库集中支付业务代理银行，明确各方职责；建立代理银行年度考评制度和激励机制，对代理和开户行的支付结算水平、信息反馈质量、服务质量等方面进行考评，保障财政资金存放的安全和规范。

在主动为中心工作服务方面，主动履行资金管理、账户管理、核算管理职责，围绕政策措施的实施，积极主动开展工作：一是积极做好地方政府债券的发行核算工作。及时制定地方政府债券会计核算办法，明确了各级财政总预算会计对地方政府债券收入、支出、还本付息等事项的核算要求。二是积极做好扩大内需资金的核算管理工作。充分发挥国库集中支付“库款直达”优势和财政国库动态监控的事前威慑、事中监控、事后查处的机制优势，保证资金拨付进度，并利用预算项目信息反映积极财政政策资金的有关支出情况。三是积极做好各类融资平台的资金核算管理工作。承担筹集财政资金、负责预算执行、反馈预算执行信息等职责，积极提出意见建议，在规范资金管理、提高资金使用效益、正确反映资金信息等方面发挥了重要作用。

（三）预算执行分析工作有新进步

1. 积极主动，及时分析把握当前财政经济运行态势。受金融危机进一步深化的影响，在国内经济增速显著放缓，对广东省财政经济运行造成了较大冲击和影响严峻形势下，各级财政部门非常重视做好财政运行分析工作，从年初起就关注掌握财政收支数据的变化，采取措施及时汇总报告、深入分析财税运行态势，找准当前财政运行中存在的突出问题，研究提出解决问题的思路和措施，研究部署下一步工作。

2. 加强研究，努力提高预算执行分析水平。抓住报表报送、日常分析、专题分析等重点环节，着力提高预算执行分析工作水平。一是分析工作有了新思路。注意创新工作方法、破除路径依赖；注意加强与有关地市以及相关部门的联系和沟通；注意深入、全面掌握第一手资料，深化和细化了预算执行分析内容；注意加强对基层单位预算执行分析的指导，促进各级财政预算分析水平的提高。二是分析方法有了新手段。除了运用好定性、定量分析图表描述等传统方法外，更在预测分析方法上探索新手段、新模式。如采用数学模型对分月财政收入情况进行预测，通过整理挖掘现有的经济指标和财政数据，运用现代的计量经济方法，挖掘建立各种经济指标和财政收入指标之间的关系，实现对地方一般预算收入等主要财税收入项目的月度、季度和年度预测。三是分析报告有了新进步。通过加强日常分析、大力开展专题分析，使预算执行分析报告有了新进步。大部分地市都能够及时根据经济社会形势的发展变化，写出针对性、时效性较强的分析报告。不少专题报告和日常分析报告被选入财政部国库司编辑的《地方预算执行专题材料汇编》中。正是由于大家的共同努力，在2008年财政部全国地方预算执行分析工作评比中，广东省首次获得一等奖。

二、清醒认识广东省财政国库管理工作面临的困难和问题

一是部分地区和单位对财政国库管理制度改革的重要性认识不足，影响了国库改革的进程和整体效果。二是信息技术以及配套系统建设相对滞后。仍有相当部分县(市)、区财政未实现与预算单位、代理银行间的联网；预算外资金国库集中支付也没有形成统一的操作模式。三是总预算会计管理工作有待进一步加强。四是预算执行分析质量和水平有待进一步提高。

三、努力推动广东省财政国库工作再上新台阶

(一) 准确把握当前的财政形势，进一步加强预算执行分析工作

今年以来，受全球经济进一步衰退的影响，国内和省内经济增速明显放缓，全省财政收入延续了2008年下半年以来增幅回落的态势，广东省财政工作面临着一系列新情况、新问题，财政收支平衡、财政管理改革深化面临着前所未有的压力和挑战。面对新形势和新问题，广东省各级财政部门以科学发展观为统揽，解放思想，坚持生财有道、聚财有方、用财有规和集中财力办大事，以“三促进一保持”为首要任务，实施积极的财政政策，破除路径依赖，狠抓增收节支，扩大公共投资，着力保障民生，陆续出台了一系列重大政策措施，积极应对当前财政经济运行中各种困难，努力消除不利因素影响，财政运行出现向好迹象。

一是财政收入逐步回升。前6个月收入环比增长，截至6月份广东省地方一般预算收入累计增长2.25%，扭转了1～5月份累计收入同比负增长的态势，比1月份增幅提高了8.68个百分点。二是各级次各区域收入增长协调。上半年省、市、县三级一般预算收入分别增长－9.88%、4.93%、7.54%；分区域比较，珠三角地区、东西两翼、粤北山区三大区域一般预算收入分别增长4.8%、9.28%、11.93%，均比一季度有所提高。全省21个地级以上市一般预算收入上半年全部实现了正增长，有7个市做到“时间过半、任务过半”。广东省的财政收入总量在全国仍排在第一位，与第二位江苏省的差距有200亿元左右。三是节支效果明显，全面保障重点支出。上半年全省一般公共服务支出增长5.52%，增幅比上年同期下降6.91个百分点；省级一般公共服务支出同比减少4亿元，下降11.92%。与此同时，交通、环保、水利、医疗、农林等重点支出增幅远高于各项支出的平均水平。四是非税收入增长不均衡，部分市非税收入比重过高。上半年非税收入实现增收的有20个市，增幅在30%以上有10个市，有4个市非税收入增幅在50%以上，有4个市非税收入占一般预算收入比重超过30%，需要引起关注。

为了能够向各级领导提供更及时、准确和有预见性的研究分析决策参考，我们应该在创新方法、提高质量、提高水平上狠下工夫，进一步强化预算执行分析工作。要继续坚持原来行之有效的方法如及时报送数据信息、加强横向部门的沟通联系、开座谈会、作专题分析、抓重点热点问题。尤其在抓重点热点问题上，各地要下工夫提高分析工作的深度和广度。要善于把握财政收入增减变动的内在规律，采用科学的分析方法和分析手段，提高我们的预见性和前瞻性，提高我们对形势的预判能力，提高时效性和科学性。

(二) 正确认识国库管理工作面临的新挑战，积极探索国库管理新路子

1. 加强财政资金安全管理制度建设。财政资金规模越大，账户越多，风险越大，对财政资金安全管理要求越高。因此，各级财政国库部门要把财政资金安全问题提到更加重要位置，进一步强化资金安全意识。抓好资金安全管理长效机制；抓好责任落实；抓好制度和工作机制落实，特别是抓财政总预算会计基础工作规范，抓财政资金管理关键岗位和风险点内部控制制度以及岗位责任督察制度落实。

2. 积极研究实行“省直管县”后的会计核算管理工作。财政部近日发布《关于推进省直接管理县财政改革的意见》，明确提出了省直接管理县财政体制改革的总体目标。广东省即将对“省直管县”进行部署。这对各级财政国库部门提出新的要求，也将考验我们的管理能力和水平，要及早研究实行“省直管县”后关于上下级财政间的资金往来、会计核算、决算编报、结算事项办理等工作制度和工作规程，为改革顺利实施做好相关准备。

3. 积极研究地方政府债券和融资平台实施后的会计核算管理工作。地方政府债券和融资平台的实施，不仅涉及

资金量大、核算工作繁杂，而且还本付息期限长、管理环节多，必然对各地财政预算管理提出更高、更具体的要求，要认真研究制定本级财政地方政府债券以及融资资金的会计核算规程，保障会计核算和资金调度及时准确。

4. 积极探索权责发生制和国库现金管理工作。权责发生制是目前评价政府财政受托责任履行情况的必备手段，有条件的地方可组织力量研究部分事项实行权责发生制会计核算和财务报表编制问题，研究实行权责发生制的范围、程度、步骤、项目、试编权责发生制财务报告。开展国库现金管理是健全现代财政国库管理的必然要求和高层次目标。在资金紧张、收支矛盾突出的形势下，开展国库现金管理、提高资金使用效益显得更为重要。有条件的地方可开展现金流分析研究、收集整理现金流量基础数据、建立国库现金流量数据信息库等工作。此外，对国资经营收益、社保基金管理模式等也可进行探索研究。

5. 积极推进财税库银税收收入电子缴库横向联网工作。2009 年，广东省以市级为突破口，将湛江、阳江、汕尾、汕头、韶关、珠海、江门、潮州、河源等 10 市国税部门以及清远、肇庆 2 市地税部门纳入试点范围。下一阶段，各级财政部门要按照财政部“争取于 2010 年前在全国范围内推进横向联网工作全面开展”的要求，担负起横向联网工作牵头单位的责任，主动加强与税务机关、人民银行的协调配合，进一步扩大试点，抓紧财税库银横向联网的上线运行，同时要积极研究如何有效利用电子数据，逐步建立起有深度、有广度、多维的税收收入分析报告制度，为预算执行分析服务。

（三）把握机遇，全面推进国库管理制度改革

广东省财政国库管理制度改革在全国一直都处于领先地位。改革的目标已明确，工作已作部署，下一步对于既定的改革任务要如期完成，对于新增的改革任务要积极探索，推进财政国库管理制度改革向纵深发展。

1. 继续深化完善国库集中支付改革。计划于 2010 年将所有县级以上预算单位纳入改革范围；同时积极开展预算外资金集中支付试点工作，争取在 2012 年实现改革资金类型的全面覆盖。结合“省直管县”的发展要求，在加强系统推广、规范业务流程方面积极创造条件，在保证财政资金安全的前提下，建立健全县级国库集中支付制度。

2. 推进财政支出管理电子平台建设。所有县（市）、区在 2009 年全部完成本级国库支付系统的实施和上线工作，并扩大纳入系统运行的预算单位和资金范围，开展广东省各级财政部门预算执行数据的“同源采集”工作；继续扩大财务核算信息集中监管系统在市、县两级的实施范围，积极探索市级财政预算执行信息和单位会计信息的匹配和自动比对，逐步实现系统在所有市一级预算单位的实施运行和预算执行数据信息在省、市两级纵向汇总对接。

3. 全面推行公务卡改革。积极完善公务卡相关系统建设，规范结算程序，进一步转变用卡观念、改善受理环境、提高发卡银行服务能力和水平、提高操作规范性，研究制定监督制约机制，加强对公务消费明细信息的动态监控，力争到 2010 年在省、市两级全面推行公务卡管理，有条件的县（市）、区也要研究推广使用公务卡。

4. 有序开展财政国库动态监控改革和财务核算信息集中监管改革。2009 年省级财政要通过政府采购向社会公开招投标方式启动国库动态监控系统建设工作，并加快推进系统上线，基本建立起省级财政部门预算执行动态监控机制；2010 年、2011 年分别启动市级和县级财政国库动态监控改革工作，争取在 2012 年全面建立覆盖广东省各级财政的预算执行动态监控体系，促进全省纵向预算执行信息的“同源采集”。要继续推进财务核算信息集中监管改革，在 2009 年将省一级预算单位和符合网络条件的基层行政事业单位全部纳入改革试点范围，并以财政支出管理电子平台为依托，进一步扩大各市试点范围，其中纳入试点范围的一级预算单位必须占本级一级预算单位的 50% 以上，争取 2012 年实现所有市一级预算单位全部纳入改革范围。同时，具备条件的县（市）、区也要按照有关改革精神，积极探索开展财务核算信息集中监管改革试点。

（本文系作者于 2009 年 7 月 23 日在全省国库工作会议暨 2009 年上半年全省预算执行分析会议上的讲话，部分内容有删节）

充分发挥公共财政职能
积极支持公共文化服务体系建设

省财政厅副厅长　沈梅红

加快公共文化服务体系建设，是保障人民群众基本公共文化权益，提升广东省文化软实力的重大举措。2003 年，广东省将公共文化服务体系建设纳入建设文化大省的重点内容；2005 年启动了以公共文化服务体系建设为主

要内容的扶持东西两翼文化建设工程；今年又出台《关于加强提升文化软实力的实施意见》，明确提出建设文化强省的新的战略目标和定位。这次专门召开全省加快公共文化服务体系建设工作会议，进一步明确目标、部署任务，十分及时，意义重大。为我们进一步做好各项工作指明了方向。我们将认真学习领会，全力抓好贯彻落实。

一、进一步提高认识，深刻把握加快公共文化服务体系建设的重大意义，增强工作主动性

构建现代的公共文化服务体系，既是繁荣社会主义先进文化的必然要求，也是推进基本公共服务均等化，切实维护好、实现好、发展好人民群众基本文化权益的重要途径，对于促进人的全面发展、提高全民族的思想道德和科学文化素质，建设和谐社会，具有重要的意义。特别是在当前受国际金融危机冲击，广东省经济社会发展面临严峻复杂形势的关键时期，加快推进公共文化服务体系建设，被赋予了更加重要的现实意义。我们认为，加快公共文化服务体系建设，有利于促进提高文化领域自主创新能力，提升文化产业层次，是加快产业结构转型升级，推进“三促进一保持”的重要途径；有利于繁荣文化消费市场，刺激人民群众文化消费需求，是扩大内保增长，增强广东省科学发展持续性和竞争力的必由之路。加快公共文化服务体系建设，是提升广东省文化软实力，保障人民群众基本文化权益，推动广东省在新的历史起点上实现新一轮大发展的正确决策。

构建公共文化服务体系，是公共财政应有的题中之义。落实各项政策措施，管好用好财政资金，为加快公共文化服务体系建设提供财力保障，是财政部门义不容辞的责任。因此，财政工作更加自觉地贯彻落实科学发展观，更加自觉地坚持依法科学为民理财原则，更加自觉地把思想统一到省委、省政府的重要决策上来，把行动统一到此次会议的具体部署上来。更加自觉地支持公共文化事业发展。通过加大财政投入力度、完善财政保障机制等措施，保障和维护人民群众公平享受公共文化服务的基本权益，满足人民群众精神文化需求，保障人民群众享有公共文化服务机会的均等、享有公共文化资源的均衡配置和供给，享有大体相当的公共文化服务水平和质量。总之，我们要全力以赴，不折不扣地把加快公共文化服务体系建设的各项要求落到实处。

二、进一步发挥财政职能作用，落实好支持公共文化服务体系建设的各项政策措施，增强工作有效性

财政是促进经济和社会各项事业发展的物质基础。近年来，按照省委、省政府的决策部署，省财政始终把推进公共文化服务体系建设作为基本公共服务均等化战略实施的重要内容，作为增强长远发展后劲的重要方面加以推进，科学界定公共文化服务体系建设内容，正确把握人民群众对公共文化服务的需求状况，优化整合公共文化服务资源，不断加大对农村文化设施投入，不断扩大公共财政覆盖的范围。财政投入重点向基本公共文化领域倾斜、向农村倾斜、向基层倾斜。省市县财政投入机制形成，人民群众基本文化权益保障状况得到更大改善，形成了相对比较完善的公共文化服务体系。2003～2008 年，全省各级财政加大对文化、文物事业经费投入，集中支持了基层的一系列惠民文化建设工程：流动图书馆建设工程、广播电视无线覆盖工程、文化信息资源共享工程、农村基层文化设施建设工程、广播电视“村村通”建设工程、农村电影放映“2131 工程”、“农家书屋”建设工程等。为确保新时期文化服务体系建设各项目标的实现，还要在以下几个方面努力：

（一）优化财政支出结构，不断加大对文化软实力建设投入力度

按照“民生优先、绩效优先、大事优先”的理财原则，财力要按以人民群众根本利益为依据，不断优化支出结构，集中更多的财力投入文化惠民工程，最大限度地提供公共文化产品，提高基本公共服务能力。2003～2008 年省级财政累计投入文化、文物事业经费 22.5 亿元，其中，2008 年比上年增长 25%。

（二）集中财力办大事，把有限的财力资源投入公共文化建设的重点领域和关键环节

在促进公共文化事业发展上以不均衡投入方法解决均衡问题，通过连续不间断的集中投入，解决公共文化产业发展中的关键问题和薄弱环节，实现重点突破。

（三）财力“下沉”，促进公共文化设施向基层覆盖

积极发挥省级财政调控作用，不断加大对欠发达地区基层转移支付力度，财力支出向基层倾斜，使公共文化建设获得扎根群众的强大生机与活力。

（四）财政支出向农村倾斜，丰富农民公共文化生活

按照保民生、保稳定的要求，财政支持公共文化建设更加注重维护弱势群体基本文化权益，推进乡村文化设施和文化工程建设，在保障和改善民生中逐步打造文化品牌。

三、进一步突出重点，确保完成新形势下加快公共文化服务体系建设目标任务

（一）突出长远规划，将公共文化服务体系建设纳入基本公共服务均等化范畴

公共文化服务体系的基本性、公益性、均衡性和多样

性，决定了其必然是基本公共服务的重要内容，公共文化服务和资源要公平分配，公共文化设施和公共文化资源要均衡布局，使人人能享受到政府提供的同等程度的公共文化服务。前一阶段，按照省委、省政府的决策部署，省财政厅牵头编制基本公共服务均等化规划。目前规划文本已经省政府常务会议审议通过，正在报省委常委会审定。规划将公共文化服务体系建设纳入基本公共服务的范围，并明确了公共文化服务体系建设的总体目标、工作任务和保障措施。下一步，我们将结合贯彻实施即将出台的全省基本公共服务均等化规划，加大投入力度，创新投入机制，完善配套措施，健全公共财政投入保障长效机制，加快建成覆盖城乡的公共文化服务体系，使基本公共文化服务全面、平等地惠及全省人民。

（二）突出机制完善，稳步有序推进公共文化服务体系建设

根据当前及未来一个时期推进基本公共服务均等化的要求，落实各级财政职责，指导各地认真做好加快公共文化服务体系建设各项重点工作的资金测算和预算编制工作，及时安排、拨付资金，确保公共文化服务体系建设有序推进。改进公共文化投入方式，切实保障实施重大文化工程、购买重要文化产品、开展重要文化活动所需资金。进一步完善公共文化服务体系的财政保障措施，探索多渠道的资金筹措机制，研究对不同类型文化事业单位实行有区别的财政投入政策，综合运用政府购买服务、“以奖代补”、绩效与奖励结合等方式，形成以财政投入为主、社会积极参与的稳定的公共文化投入机制，不断提高财政保障效率。切实加强对支持公共服务体系建设各项财政资金的全过程监督管理，完善对公共文化事业财政投入的绩效评价机制，确保资金真正发挥引导作用，有效促进公共服务体系建设。

（三）突出抓好落实，加强沟通协调，合力完成好公共文化服务体系建设各项工作任务

构建完善的公共文化服务体系，是一项庞大的系统工程，涉及面很广，需要各方的密切协同配合。下一步，我们将继续加强与省直有关部门的沟通协调，各司其职，密切配合，上下联动，合力完成好省委交给的工作任务。同时，协调各方紧紧围绕加快公共文化服务体系建设的总体目标和重点任务，巩固八项工作，实施六项工程。

1. 需要继续巩固的八项工作

（1）广播电视村村通工程。到2010年年底全面实现20户以上的已通电自然村广播电视村村通。到2020年基本实现农村广播电视户户通。

（2）加快推进文化信息资源共享工程建设。到2010年基本建成覆盖城乡的文化信息资源共享工程服务网络。

（3）乡镇综合文化站和基层文化阵地建设工程。组建集书报刊阅读、宣传教育、文艺演出、科普教育、体育和青少年校外活动等于一体的乡镇综合文化站。到2010年基本实现乡镇有综合文化站、村有文化活动室、社区有文化中心。

（4）实施农村电影数字化放映“2131”工程，到2010年基本实现全省农村一村一月放映一场电影的目标。加强农村影院的更新改造，增加农村电影固定放映点。推广电影数字放映技术，在农村逐步实现由胶片放映向数字放映的转变。

（5）开展农村数字化文化信息服务。重点支持边远贫穷地区乡镇、村基层服务点建设。

（6）推动服务“三农”的出版物出版发行。重点支持和培育一批服务“三农”为主的出版单位，增加农民群众买得起、读得懂、用得上的通俗读物的品种和数量。发展农民书社等农民自助读书组织，为农民群众读书提供方便。继续实施送书下乡工程。以政府采购形式，每年集中招标采购一批适用于农村的图书，直接配送到国家扶贫开发工作重点县的乡村文化站（室），方便农民群众阅读。改进报刊订阅发行工作，缩短发送时间，使农民群众及时看到报刊。

（7）加强乡村文化设施建设。坚持以政府为主导，以乡镇为依托，以村为重点，以农户为对象，发展县、乡镇、村文化设施和文化活动场所，构建农村公共文化服务网络。到2010年，实现县有文化馆、图书馆，乡镇有综合文化站，行政村有文化活动室。

（8）加大文化资源向农村的倾斜。对重要的公共文化资源进行合理调整，逐步增加为农村服务的资源总量。

2. 继续实施的六项工程

（1）实施提高公民素质工程，推进义务教育均衡发展。

（2）实施文化精品工程，提高广东省文化艺术水平。

（3）支持文化体制改革，重点解决改革成本、职工安置等问题。

（4）实施文化产业提升工程，支持文化产业发展。

（5）实施文化“走出去”工程，扩大岭南文化影响。

（6）实施吸引培养高层次人才工程，吸引培养高端文化人才。

到2012年，基本建立起与广东省经济水平、人口状况和服务要求相适应，结构合理、发展平衡、网络健全、运行有效、惠及全民的公共文化服务体系，文化建设各项主要指标达到全国领先水平，建成城市“十五分钟文化圈”和农村“十公里文化圈”。

加快公共文化服务体系建设，事关广东省长远发展，做好这项工作意义重大。当前，方向已经指明，事业任重道远。我们将认真贯彻落实这次会议精神，按照省委的统一部署，认真履行职责，发挥职能作用，把工作做细、做实，确保省委决策贯彻落实到位，为广东省科学发展提供良好支撑。

（本文是作者2009年8月28日在广东省加快公共文化服务体系建设工作会议上的讲话，部分内容有删节）

后金融危机时代广东省产业集群发展模式研究

（节选）

暨南大学产业经济研究院

一、绪论

（一）集群的概念和意义

1. 集群的概念。“集群”这个专有名词来源于英文中的 Cluster，最早由产业集群（Industrial Cluster）概念简称而来。根据美国波特教授的定义，产业集群是一组在地理上靠近的相互联系的公司和关联的机构，它们同处或相关于一个特定的产业领域，由于具有共性和互补性而联系在一起。产业集群具有专业化协作的特征。集群也反映了企业及其相关机构在商务联系基础上所存在的地理群居现象，还代表特定的社区，那里的人们存在着有利于创新的联系，这种联系基于各方对法律规范的遵守，或是基于对某种文化习俗和人际关系的传统认同。

2. 集群的意义。竞争力的基础是不断地进行产品创新和制程创新，以及灵敏地应对迅速变化的消费需求。在由传统的“福特式”大规模生产方式（受标准化商品和服务所支配，用标准化生产方法、廉价熟练劳动力和价格竞争）向“柔性专业化”生产方式（面向客户的生产和服务，运用灵活通用的设备和适应性强的熟练劳动力）转变的过程中，集群处于领导地位。发展集群可以提高生产过程和公司组织的灵活性，提高适应技术变化的能力；同时可以发展公司之间的合作和产学研之间的合作，从而引入新技术，开发新产品。

（二）研究意义

改革开放以来，随着各种经济理论、学说与经济发展实践运作的进一步深化结合，广东省经济的综合竞争力不断提升，表现出强大的生命力和发展潜力。然而，金融危机的产生，使广东经济发展模式的一些潜在问题得以暴露，如外向型经济的优势主要体现在加工组装环节，对国外核心技术和关键部件高度依赖，附加价值难以较大幅度提高，相应地实现经济增长投入的物耗、能耗也比发达国家高得多，也导致了与发达国家利益分配格局的不对等。不仅如此，广东工业的技术结构与发达国家相比，仍存在较大差距，产业创新能力有进一步削弱的危险。

本课题选取区域经济中的产业集群进行研究，正是目前具有较强操作性理论研究的焦点所在。首先，从区域经济和产业集群相结合的角度来研究后金融危机时代广东产业集群发展模式，对于把握目前产业集群理论和区域经济理论的研究热点，从理论上丰富产业经济学和区域经济学的理论。其次，通过将产业经济和区域经济理论方法综合运用到实证研究中，特别是对地方经济的实体考察，达到理论指导实践的目的。最后，通过发展产业集群的比较来研究广东省和国际产业集群的差距，有利于从实证中把握经济领先区域的发展规律，为广东产业集群的发展提供经验和借鉴。

二、广东产业集群发展历程与目前困境

（一）广东产业集群发展历程

新中国成立后，由于广东地处沿海，处于当时的战略考虑，国家在广东的大型工业性投资很少，“一五”计划中156个重点项目广东一个都没有，直到改革开放前，广东工业底子还非常薄弱。从20世纪70年代末80年代初起，由于以港资为主的大量低技术制造业涌入，“三来一补”和三资企业大量设立；90年代中后期以后，主要是港商、台商等以OEM形式将电子信息产业的劳动密集型工业向广东转移，同时一批跨国公司进入广东，珠三角的“世界工厂”地位逐渐形成，成为中国乃至世界的重要出口加工制造业基地之一。

广东东莞位于珠江东岸，加以东莞的地理位置处在香港、深圳同广州之间的经济走廊，可以成为技术转移的聚集地和新的生长点；更重要的是东莞在改革之初拥有28万海外华侨，65万人在香港打工。在十一届三中全会之前，东莞的工业基本上是一张白纸，一无资金，二无设备，三无科技人才，四无经营管理经验，而“三来一补”则不用投资和购置机器，只提供土地、劳动力和简易开工场所就行。所以东莞最初“三来一补”的小企业大都是利用原有

的祠堂、会堂、饭堂办起来的。

1997年亚洲金融危机爆发，东南亚国家货币大幅度贬值，我国承诺人民币不贬值，广东因外向型经济依存度较高，受到较大的冲击，尤其是那些“两头在外”、“大进大出”的加工工业，全省外贸出口和利用外资出现了“双下滑”。为改变外贸出口的严峻局面，1999年国家正式赋予私营企业进出口权，当年上半年广东私营企业进出口猛涨，比1998年同期增长3.6倍。亚洲金融危机暴露了外经贸发展中的深层次矛盾，广东意识到发展重点应该转向技术含量高、产品附加值高、竞争力强的产业。广东省委、省政府为克服亚洲金融危机对广东经济造成的困难，在调查研究中发现东莞、深圳、佛山、中山等地在市场机制下形成了电子信息、电器机械等产业，并且已经具有一定的规模。为了引导广东产业结构的优化升级，使其更符合广东的实际，1998年粤发［1998］16号文提出：“加快建设和重点发展电子信息、电器机械、石油化工等三大支柱产业。应用高新技术改造提高纺织服装、食品饮料和建筑材料等三大传统产业。扶持汽车、医药和森工造纸等一批有发展潜力的产业”。

2000年广东省工业总产值12 480.93亿元，其中重工业产值仅有5 873.09元，占工业总产值的47%。至2007年广东省工业总产值增加到55 252.86亿元，其中重工业产值已经达到34 031.74亿元，8年间重工业产值增长了4.8倍。重工业产值是轻工业产值的1.6倍，占工业总产值比重上升到61.6%。广东在由轻型产业结构向重型产业结构转型的过程中，电子信息、汽车、钢铁、石油化工、机械装备已经成为拉动经济增长的主要动力。意味着广东新一轮的经济增长已经进入以重化工业为主导的高速增长期，必须不失时机地推进新一轮产业结构调整和优化升级，这样才能把广东打造成世界重要制造业基地。

（二）广东产业集群所面临的困境

1. 产业集群处于价值链低端。此次全球金融危机的爆发给广东造成了比较大的困难，大量的中小企业倒闭，外贸进出口连续下降，工人失业，经济增长率下滑。笔者认为这些现象只是问题的表象，目前的困境是30年来比较优势发展战略某种程度路径依赖的体现。有关经济史的研究显示，经济发展一旦选择了高效增长或低效增长道路，在相当长的时间内这一道路会产生自我强化的倾向。

广东30年的工业化进程是从“三来一补”大进大出的轻纺工业加工贸易起步，虽然也吸引了电子信息、汽车、机械等高新技术产业，但靠的是代工、贴牌去加工、组装这些产品。广东产业水平还处于国际产业链低端，工业产品仍以低技术含量和低附加值的土地、劳动、资本产品为主，产业关键核心技术主要来源于国外，具有自主知识产权的产品和品牌少，产业缺乏核心竞争力。所以虽然广东表面也拥有高新技术产业且规模较大，但实际上大部分是处于生产价值链的低端，产业结构呈现出“虚高度化”现象。

2. 企业自主创新能力弱。进入全球价值链，对于发展中国家来说提供了学习的机会，但如果仅成为劳动密集型产品或部件的供应者，并不能保证登上能力增长的自动扶梯（王缉慈，2001）。当前，我国制造业正经历着转型阵痛期。改革开放以来，我国制造业借助先行一步的市场化改革，不断完善企业的微观治理结构，同时吸引了大量国外资本和技术流入制造业，最终大大提高了竞争力。20世纪90年代初以来，中国各地区特别是沿海发达地区因开放而大量吸收了跨国公司的直接投资、产业转移和外包订单，使那些劳动密集型的、低附加值的、加工贸易为主的制造业得到了迅速成长。

从创新能力看，广东IT领域的专利85%来自国外，高新技术企业对外依存度在70%以上。在新产品的开发项目上，广东产品的产值占工业产值的比重只有15.6%，排在全国第11位。从科技基础和科技人才看，2006年广东国家级实验室8个，低于北京62个、上海26个、江苏13个，排在全国第9位。2007年广东每百家企业只有4.8家有R&D活动、4.3家有科研机构，均低于全国平均水平；规模以上工业科技活动人员仅占企业平均人数的1.7%，低于浙江、山东和全国，仅是江苏的一半多一点。

由于广东高等教育事业的发展一直落后于经济的发展，所以广东高层次的人才匮乏，技能型人才严重不足。目前，广东高层次人才与人口的比例仅为0.14%，低于上海的0.15%，远远低于美国的1.56%、德国的2.47%和日本的4.94%。2003年年底，广东高级技工及以上技能人才20.4万人，总量均不及浙江、江苏和辽宁省的一半。高级技工占全省技能人才队伍总数的4.3%，略高于全国4%水平，但明显低于上海9.4%和北京7.3%的水平。此外，高层次人才的就业也多偏向于国有科研机构或国有大中型企业，而作为自主创新主体的企业却缺乏高层次人才和技术带头人，人力资源积累水平低。

3. 中小企业融资难。中小企业对广东经济作出了重要的贡献，但是长期以来，存在许多因素造成中小企业经营上的困难，阻碍着中小企业的良性发展。中小企业融资是其中一个重要的因素。中小企业的融资有内源融资和外源融资两种。内源融资的资金来源主要是两部分：一是企业自身的积累和储蓄；二是暂时闲置的可周转资金，形式包括有企业盈利留存、折旧基金、资本金等。外源融资是企业吸收其他经济体的闲置资金，使之转化为自己投资的过程，要通过金融媒介的作用来实现。外源融资又分为直接融资和间接融资，直接融资是指通过金融市场融通资金，如发行股票、债券等；间接融资是指通过金融中介机构如银行、保险、信托投资、互助基金等获取资金。在邵国良、王满四2004年对广东中小企业融资渠道实证分析中发现，中小企业资金来源主要是靠内部融资，占42.7%，而外部融资中银行借款是企业最大的融资渠道，占36.8%，这两个比重说明广东中小企业在其发展过程中主要是靠自有资金解决资金融通问题，而其单项资金的最大来源是银行贷款说明外源融资渠道单一性（占外源融资的63.1%），同时也说明了银行贷款对企业的重要性。

4. 资源与环境约束。广东作为全国“先行一步”的省份，不仅改革开放、经济发展在全国先行，而且出现问题、遭遇资源约束也在全国最早。30 年的改革开放，广东经济在持续快速增长的同时，资源和环境也付出了很大的代价。主要表现在以下几个方面：

首先，根据历年《广东统计年鉴》反映的数字可以从总量上看出广东 30 年来在资源和环境上付出的代价。广东废水排放量从 1980 年的 15.13 亿吨增加到 2005 年的 63.84 亿吨，25 年间增长了 4.22 倍；工业废气排放总量从 1985 年的 1 796 亿标立方米增加到 2005 年的 13 447 亿标立方米，20 年间增长了 7.5 倍。

其次，能源资源自给率问题。改革开放 30 年，广东人口数量迅速增长，2008 年底常住人口达到 9 544 万人，但同时广东又是资源穷省和消耗大省，摊薄了人均财富和资源，全省拥有的人均常规资源储量不到全国平均水平的 1/20。从 2005 年开始广东省本地生产能源总量从巅峰的 4 524.97 吨开始绝对量下降，早于 2000 年广东本地能源自给率就已经开始下降。2006、2007 两个年度，自给率分别下降了 4.4%、3.2%。2007 年，广东能源供应量为 21 912.11 吨标准煤。

再其次，水资源问题。2008 年，广东省级水质监控断面中，满足Ⅲ类标准的断面比例为 68.1%，满足Ⅳ类标准的断面比例为 13.8%，满足Ⅴ类标准的断面比例为 7.8%，超过Ⅴ类标准的断面比例为 10.3%。近岸海域达到一类海水水质标准比例为 57.3%，减少 1.3 个百分点；达到二类海水水质标准比例为 21.5%，减少 1.3 个百分点；达到三类海水水质标准比例为 10.3%，增加 3.2 个百分点；达到劣四类海水水质标准比例为 6.8%，减少 0.5 个百分点。严重污染海域面积 3 400 平方公里，减少 0.5%。

5. 龙头企业的缺失。由于广东产业集群的企业大都采用 OEM 生产方式给国际大公司提供产品，不少“广东造”产品都是贴牌“贴”出来的，在国际市场上比较少见广东自主品牌产品。与广东强势产业相比，名牌的数量无疑显得过于单薄，以至于形成了今天“产业强、品牌弱”的状况，远远落后于上海、浙江、江苏等省市。有些具有品牌意识的企业从 20 世纪 90 年代初开始注意品牌的培养，比如华为、格兰仕、格力等，这些企业在国内外具有一定的实力与知名度，但是对于广东省庞大的企业群体而言，仍显得过于单薄。如佛山市均安镇，全市规模以上企业有 200 多家，产业工人 9 万多人，其中 80% 以生产牛仔服装为主，每年生产牛仔服装有 8 000 多万件，产值达 35 亿元，年销售收入约 30 亿元人民币，却分属于 600 多个商标与品牌，平均每家企业的年产值不到 2 000 万元，收入也仅刚过 1 000万元。

6. 政府决策规划问题。2005 年广东省颁布《关于广东省粤北山区及东西两翼与珠江三角洲联手推进产业转移的意见》，开始在广东省山区及东西两翼地区筹建产业转移园，此后也陆续公布了一些相关的配套措施。几年来，政府在推动产业转移方面的政策，已经出台了不少，但还是不够配套，有些政策基本上还是作为政策方针的原则性规定，而产业转移的效果也一直不理想，这里面作为制定产业转移规划的主导力量——政府负有不可推卸的责任。产业集群中的企业是依靠相互协作发挥其集团优势在竞争中取胜，而企业目前的转移多是单独的行为，在无配套企业随同前往的情况下，企业对是否迁移是十分慎重的。

首先是山区和东西两翼本身基础设施落后，生活设施也不完备，交通运输成本高，信息流通也不方便。许多地方自然环境恶劣，交通落后，小城镇和乡村聚落在空间上都很分散。这种投资环境就其本身而言，对于珠三角地区的出口导向型企业是并不具备多少吸引力的。地方政府若想吸引企业前往，首先水、电、路、电信等基础设施要完备。

其次是资金和用地方面，山区和东西两翼与珠三角发达地区相比，经济社会发展相对落后，地方财政更是“吃饭型”财政，资金短缺，难以筹集到大笔资金用于园区开发建设。根据《广东省经贸委关于印发〈广东省产业转移园认定方法〉的通知》，要认定为省级产业转移园，园区总体规划面积须达到 400 公顷（6 000 亩）以上，目前全省产业转移园均达到这一标准。

三、金融危机背景下广东产业集群的实证研究

（一）广东产业集群经济发展的现状和趋势

1. 广东产业集群经济发展的现状。在珠江三角洲地区的 404 个建制镇中，目前已明显形成产业集群经济现象的约占 25%，即 100 个左右。但这种算法慢慢已经开始显露出其不科学的地方。这种计算方法明显以行政区划（建制镇）为计算单位，这样不尽科学，因为产业集群是一种经济现象，就其发展现状和趋势来看，早已突破行政区划的范围。

2. 广东产业集群经济发展的趋势。

（1）区域特征明显。产业集群产业链的延长突破了市、县（区）、镇的行政范围，成为由产业链（包括一个产业的上、中、下游，产供销、科工贸之间的衔接，三次产业间的联系等）紧密联系的经济区，除珠江东岸电子信息产业、西岸电气机械产业成为涵盖几个市的两大产业集群外，佛山石湾区和南海南庄的陶瓷产业集群、南海金砂及其周边地区的五金制品产业集群，顺德伦教（木工机械）、龙江（家具制造）、乐从（家具销售）的家具产业集群都已形成上百亿元产值，上中下游产业链衔接，产供销一条龙的产业地区集聚形态。

（2）信息化特征明显。实物经济和虚拟经济的结合，信息化、网络化同产业经济实体、研究开发及市场运作的结合更为紧密，以信息化带动一、二、三产业发展的效应更为显著，产业集群经济的壮大又反过来推动信息化的发展和普及，从已批准为产业集群技术创新的试点镇看，它们都建有信息平台，网络发展也很快，珠三角腹地产业集

群经济发育最好的是东莞、顺德、中山、南海，这些地方同时也是信息化进程最快的市，入网用户都以十万计，一个只有7万多人的东莞石龙镇也有网民2 000多户，深圳有110多万网民，广州70有多万，这一发展势头正方兴未艾。

（3）逐渐向珠三角以外地区扩展。产业集群经济的发展已从珠江三角洲地区向广东的东西两翼地区扩展，东翼的潮汕三市兴起了陶瓷（潮安枫溪）、食品（潮安庵埠）、玩具（澄海澄城）、服装和化妆品（潮阳）产业集群；西翼有阳江刀剪（1 200多家企业、50多亿元产值，分别占全国的50%、60%，出口占全国的80%）、云浮石材产业集群以及包括茂名、湛江两市，北起云开大山南麓南至濒临琼州海峡的雷州半岛南端的绿色产业集群（北部有300多万亩荔枝、龙眼、香蕉果林，中部数十万亩北运蔬菜基地，南部菠萝、芒果、红江橙等几十万亩热带果林）等。

（二）广东各地区产业集群经济的发展情况

1. 中山小榄镇产业集群发展情况。

（1）发展概况。中山市小榄镇位于珠江三角洲中部，镇域总面积75.4平方公里，其中城区面积13平方公里。户籍人口15.5万人，另有常年在镇内生活、工作的外来人口10多万人。小榄镇自古为珠江三角洲的一个商贸集散地，改革开放以来，小榄人充分发挥了聪明才智，经济建设稳步快速发展，使小榄镇成为广东省中心镇、中山市工业强镇和区域商贸中心。2003年，全镇经济总收入235亿元，比上年同期增长30%，其中工业销售收入205亿元，比上年增长30%；税收总额12.6亿元；金融机构各项存款余额116亿元；三大产业比例为1.5∶63∶35.5；全镇出口创汇首次突破10亿美元。

（2）小榄镇五金制品产业。经过多年的发展，小榄镇的五金企业的格局大体上可分为以下10小类：锁类、燃气具类、脚轮类、铰链类、金属压铸类、喷涂电镀类、模具类、卫浴制品类、其他五金制品类、其他五金配件类。目前，逐步形成了以锁具、燃气具为龙头，上下游产品及各类配件齐全的产业群，涌现出一批以“固力”、“华锋”为首的制锁企业，以“华帝”、“长青”为首的燃气具企业，以“史丹利”、“高天”为首的铰链企业，以“威卡”、“万里”为首的脚轮企业，以“力高”为首的电动工具制造企业，以“广合”为首的钣金制造企业，以聚龙“圣雅伦”为首的指夹钳家用护理产品，以台湾“晓纮”为首的饰物礼品企业等。

（3）小榄镇电子音响产业。近几年，小榄镇政府结合本地资源优势确定了“以电子音响产业”为主导的经济规划和发展战略。在2000年，规划用地2万亩的小榄工业区就被定为全国企业科技园区，是一个以电子音响产业为龙头的综合性开发区，经过2年多时间的建设，工业区已初具规模，一批具有相当规模的电子音响企业及其相关配套企业已经进驻，逐步形成小榄电子音响基地的产业链条。2003年，电子电器音响类企业978家，其中年销售额超500万元的规模企业123家；行业销售收入63.4亿元，占全镇工业销售收入的30.1%。

（4）小榄镇锁具产业。锁具产业是五金制造业中的支柱产业。小榄镇的锁具产品在全国一向都保持较高的市场占有率和出口率，早在1986年小榄镇就被誉为中国“南方锁城”。2003年，在中山市政府委托广东易明市场策划公司所作的《中山市主要工业品全国市场份额、行业排序、竞争能力和发展潜力的2003年上半年数据报告》中，“固力”品牌锁占全国市场份额第一，“华锋”品牌锁占全国市场份额第三。2004年4月，中国五矿化工出口商会正式授予小榄镇“中国五金制品（小榄锁具）出口基地”称号。

（5）经验借鉴。小榄镇不断创造有利条件和环境，力图将传统的产业集群经济提升为集技术研发、生产制造、市场交易、会展物流等功能于一体的现代化的产业集群。

① 完善产业集群的结构并促进产业集群的升级。近年来，小榄镇重点引进龙头企业，如今已经拥有7个世界知名音响品牌、2003年销售额达8亿元的美加科技有限公司于2000年在小榄镇落户，形成以大企业为核心的产业链配套分工合作体系，引领了小榄镇电子音响行业的向前发展。此外，小榄镇加强龙头企业的培育，在坚持名牌战略和鼓励创新的同时，着力培育一批技术先进、主业突出、行业优势明显、拥有知名品牌、具有较强竞争力的骨干企业；制定相关的优惠政策措施，有目的地培育、扶持部分质优企业发展，将现有的1个10亿元以上企业、1个5亿元以上企业发展到2005年的5个10亿元以上企业、10个5亿元以上企业。

② 发展生产支援性的服务产业，打造产业发展支撑平台。小榄镇在原有产业支撑体系的基础上，进一步建设完备的产业发展支撑平台。近年来，小榄镇成立了“小榄镇五金制品行业技术中心”，促进五金行业高新技术的开发应用；组建了“汉信现代设计制造服务中心”，加强中小型五金企业对先进适用技术的消化吸收，进而带动产业的改造升级；同时积极创造条件，吸引行业大中型企业的研发中心落户。其次是打造行业性市场交易中心，成立了五金物流配送中心，并计划建设国际化的行业电子商务平台。此外，引进中介机构，提高地方的产业服务能力。

③ 打造产业聚集区，促进规模企业聚集。为保持小榄镇主导产业和支柱产业的竞争优势，引进有实力、有高科技项目的企业来小榄创业、发展，2000年开始规划建设占地2万亩的产业聚集区。该区以高起点规划、高标准建设、高强度投入、高效益产出为目标，通过打造高档次的产业发展平台，引导传统制造企业集中发展，既产生集聚效应、配套效应、规模效应，又可以提高产业档次，形成主导产业并产生带动效应，它将成为小榄镇未来经济发展的增长点。

④ 通过引导和扶持协会的发展，促使支柱产业的良性发展。镇政府先后引导和扶持了“小榄五金塑电行业分会”、“小榄印刷包装行业分会”、“小榄建筑装饰业商会”以及“中山市小榄锁业协会”的成立和发展。一方面通过行业协会促使企业在行业自律、知识产权保护、联合采购、

联合应对国际经济贸易纠纷等方面不断进步，引导集群发挥集体力量开拓市场、创建品牌，促进行业的良性发展；另一方面通过与国家级的行业协会合作，使企业在行业标准和行业规则制定、行业信息、行业交流、最新技术和产品等方面取得更大优势，并发挥协会对公共政策的推动作用，促使公共政策更好地为产业集群发展服务，有效地推动集群经济发展。

2. 东莞虎门服装产业的产业集群。

（1）发展概况。虎门坐落在珠江口东岸，位于东莞市南部，地处穗、深、珠和省、港、澳经济走廊的交汇点，面积170平方公里，辖28个村，3个居委会，常住人口11万人，外来人口100万人。2003年全镇实现生产总值53.2亿元；财税收入20.1亿元。在镇委、镇政府的正确引导、大力扶持和精心培育下，虎门这块昔日名不见经传的南国海滨港口弹丸之地，一跃成为蜚声海内外的纺织服装生产基地。2002年，荣获中国纺织工业协会授予“中国女装名镇”称号，成为38个全国第一批纺织产区一体化产业集群试点地区。事实上，早在20世纪90年代初，虎门镇政府已经清醒认识到虎门服装产业出现成行成市的发展势头，经过充分的调研，确立了“服装兴镇”的指导思想，决定把服装业作为镇经济发展的龙头产业、支柱产业来抓，逐步引导、规范服装生产制造业。

（2）经验借鉴。

① 以服装为龙头，加强产业链的配合。加强产业链的配合可以避免因产品服务雷同而造成的压价竞争，确保整个行业的竞争优势。目前，全镇已形成较完善的产业链：拥有上规模的制衣厂1 000多家（其中外商厂300多家、民营厂600多家），另有织布、定型、拉链、漂染等配套工厂近百家，年服装生产能力逾2亿件（套）；全镇有50多家服装的宣传及推广策划媒介，专业服装网站两个，其中经权威流量评估机构美国Alexa（亚马逊）专业网站评估，富民服装网站的日访问量在全球纺织服装类网站中排名第二。

② 以企业为主体，加强“产政研”的结合。纺织产业基地建设要强调企业主体性的同时，加强“产政研”，即产业界、政府和科研机构之间的合作。强调企业主体性的理由在于产业集群中企业的两重性。一方面它是产业集群的构成者和创造者，共同创造信息、专业化制度、区域品牌等集体财富；另一方面它又是产业集群的受益者，能够分享集群的区域品牌、客源以及因交易费用的降低而产生的效益。政府部门在“产政研”结合中可发挥两方面作用：一是发挥桥梁作用，为企业和科研机构建立一个信息交流和沟通的平台；二是为业内企业提供一个公平竞争的环境。在“产政研”这一组合中，虎门政府的行政作为目的就是要使政府的有形之手与市场无形之手的有效对握，达到资源最优化配置。

③ 以文化为底蕴，大力发展品牌战略。品牌的建设包括“虎门服装”这个大品牌、中型的市场品牌和小型的服装品牌，这些都离不开文化的支撑和铺垫。打造服装名城，就要追求时尚，引导服装生产企业实现品牌经营，提高虎门服装文化韵味。为此，镇政府提出：实施品牌工程，打造虎门四大品牌。这四个名牌：一是打造虎门服装企业的名牌产品、驰名商标、著名商标；二是通过高质量举行每年一届的中国（虎门）国际服装交易会，打造“中国（虎门）国际服装交易会”名牌；三是通过虎门服装企业的品牌和交易会的品牌构筑“虎门服装”这一品牌，并使之成为国内外驰名的品牌；四是通过打造虎门服装产业的品牌，推动虎门服装产业的大力发展并带动其他产业的协同发展，打造“大虎门”这张亮丽的名片。

④ 以“引智”为依托，增强企业创新能力

任何一个产业集群都要经历诞生、发展和衰亡的过程，而导致产业集群衰亡的一个重要原因是企业缺乏内部创新机制。企业的创新能力包括技术创新、产品创新、管理创新以及经营理念的创新等，所有这些都离不开人。因此，大力吸引和培养人才是纺织产业基地建设的关键。目前，全镇70多万人中服装从业人员达40多万人，全镇有服装中专学校及广东省服装研究中心各一所，服装设计师1 200多名。而虎门镇政府在吸引人才和培养人才方面做了许多工作。

3. 顺德乐从家具业的产业集群。

（1）发展概况。乐从以家具、钢铁和塑料等三大专业市场为主导的商贸经济十分发达，尤其是连绵十余里的乐从家具市场，商铺总面积达280多万平方米，容纳了国内外3 000多家厂家和经销商，从业人员达5万多人，展销各类家具数万种，产品远销全国30多个省市和港澳台地区及美国、中东、欧洲等国外市场，在世界家具业界有着广泛的影响力，2004年3月被中国轻工业联合会和中国家具协会授予了“中国家具商贸之都”的荣誉称号。乐从镇现已形成家具成品、原辅材料、木工机械、五金配件和化工涂料的生产与销售一条龙完整的产业链。

（2）经验借鉴。

① 举办国际家具博览会，吸引外资。自2002年下半年开始筹办第三届中国（乐从）国际家具博览会以来，乐从镇就全力推动乐从家具市场及家具产业的国际化转型，提出了“汇聚世界家具精品，打造国际交易平台”的口号，不仅扩大了乐从家具的知名度，而且吸引了大批国际家具专业买家前来采购，从而有效地促进了家具产品出口贸易。2003年，乐从家具市场促成出口额大幅上升至8亿多美元，约占全国家具出口总额的11%，占了当年市场促成总销售额的40%。

② 以生产高端产品为定位。乐从镇家具市场内还出现了大批进口家具原辅材料和国外高档次家具产品的罕见现象。2003年，小榄镇的家具木材专业市场进口家具木材达8万多立方米，进口金额超过1亿元。皇朝家具集团、罗浮宫欧美家居广场等大经销企业也频频到意大利、法国等国家采购高档家具产品，充实和丰富了市场销售的家具品种，使乐从家具市场的品位与竞争力大为提高。

③ 政府对当地产业的支持。政府对乐从镇家具产业大力支持，即立足于乐从家具产业的发展现状，把握佛山城市中心组团新城区建设机遇，大力发展现代家具物流业，引导乐从家具市场实现从国内市场向国际化市场、从传统

商贸向现代商贸的跨越；家具生产企业逐步向集约工业区集中，加大技术创新及结构调整力度，加强市场监管和服务，在巩固和发展国内市场的前提下，稳步开拓国际市场，扩大出口，全面提升乐从家具产业的规模和档次。

（三）珠三角产业集群发展近年来的成功经验总结

1. 扶持中小企业成长。地方政府在战略思想上变“增长优先”模式为“就业优先”模式，建立完善就业统计制度，以新增就业量为衡量地方官员的重要指标，降低投资准入门槛和企业、个人投资成本，切实支持、保护中小企业。从短期看，增长率会低一些，但是可以解决就业，有利于经济的长期可持续发展。政府可以结合广东的具体情况，在政策制定、政府项目实施、知识产权保护、科研成果商业化等方面有所作为，制定保护中小企业的条例、法规，为中小企业创造更好的信息咨询、法律和会计服务，对成功企业给予经济或政策上的嘉奖，从行动上鼓励、支持中小企业创立发展。政府也要注重对中小企业产业结构的调整，主动对中小企业投资和选择产业进行引导，发布相关行业的技术标准和行业发展趋势，引导中小企业退出某些不适合中小企业投资的行业，在适合中小企业经营的产业中，要限制中小企业对一些低端产业过度投资，鼓励发展适合现阶段的、具有比较优势的产业，鼓励中小企业发展成为装备制造业的配套企业。

2. 提高区域金融服务能力。政府应该设立专门为中小企业服务的中小金融机构，应该大力支持建立担保机构等金融中介组织，为中小企业提供融资担保等中介服务，在加强监管的同时，鼓励金融机构对中小企业提供金融服务。同时应该在政府的统筹安排下，建立企业的社会信用体系，从企业资信的征信、评估、查询到公示，形成一个完整的中介服务体系，建立企业的信用数据库，包括企业的完税状况、守法状况、财务状况、产品质量状况、企业法人资信状况等等，维护良好信用环境，解决中小企业融资难的问题。

3. 组建行业协会等中介服务机构。珠三角目前处于由政府主导型经济向市场主导型经济转变，在这个转变过程中，相当大的一部分原属于政府的职能将转移至行业协会和相关的中介组织，但是由于广东市场经济不成熟，民间还没有足够的凝聚力自发产生这些服务机构。在这种条件下，地方政府主动出面，创建行业协会等中介服务机构，政府官员以协会负责人的身份组织开展各项活动，随着协会自身功能的不断完善，逐渐摆脱其行政身份，使协会成为企业真正需要的自治组织。

4. 建设具有广东特色的专业市场。专业市场从经济学的意义上讲可以说是近似完全竞争的市场，众多的卖方和买方聚集在一处，价格完全由买卖双方通过谈判后自己决定，通常是指以一个或几个相关的产品为主要商品，根据市场经济的规则进行交易的自由批发市场。专业市场的建设需要企业和政府的共同努力。浙江义乌的“中国小商品城”在最初的发展阶段，很大程度上依靠乡镇企业和个体企业的创造精神和自助努力，但政府部门的支持也起了相当大的作用。当然政府的限制也不能过多，在专业市场建立后，政府应该制定严格的法律规范和市场运行规则，并逐渐退出。

四、国际典型产业集群实证研究

经过对发达国家产业集群的分析来看，各国产业集群形成的共同特征具体表现在以下几个方面。

（一）提高生产率

由于存在外部经济，产业集群的形成可以降低生产和交易成本，从而提高以地区为基础的企业生产率。在产业集群内，各种相关企业相互集中在一起，进行灵活的专业化分工，不仅可以降低原料和产品的运输成本，节约生产时间，还能减少能源和原料消耗，减少库存量，从而降低生产成本。同时，由于存在信息溢出效应、专业化供应商、熟练劳动力市场以及社会化的市场组织网络，各种企业的地理集中也能够降低信息搜寻和交易成本。企业的地理集中以及建立在信任和规范基础上的分工合作关系，也有利于降低企业之间的合作成本，尤其是合同谈判和执行成本。

（二）刺激企业创新

集群不仅有利于提高生产率，也有利于促进企业的创新。这种创新具体体现在观念、管理、技术、制度和环境等许多方面。一般地讲，集群对创新的影响主要集中在以下方面：首先，集群能够为企业提供一种良好的创新氛围。由于存在着竞争压力和挑战，集群内企业需要在产品设计、开发、包装、技术和管理等方面，不断进行创新和改进，以适应迅速变化的市场需要。其次，集群有利于促进知识和技术的转移扩散。

（三）促进企业增长

集群对新企业的进入和企业增长都有着重要的影响。一方面，良好的创新氛围、激烈的竞争环境以及完善的地方配套体系，使集群在吸引新企业进入方面具有竞争优势；另一方面，地理集中性和良好的外部环境，不仅鼓励产业新手的出现，也有利于现有企业的增长和规模扩张。Audretsch 和 Feldman（1996）发现，一个地区的激烈竞争环境对新企业来说是加入的吸引力。意大利银行也发现，即使在经济衰退时期，意大利产业区所创造的工作机会、实际工资水平和投资回报都比其他地方高（王缉慈，2002）。

（四）增强竞争性

竞争是创造竞争力的重要源泉。只有通过竞争才能创造现实的竞争力。在产业集群内，由于各种竞争对手相互集中在一起，面对面地进行竞争，由此形成了一种独特的竞争环境，产业信息交流、透视敌手及互动强化的机会不断出现。因此，企业的集聚必然加剧企业间的竞争程度，而这种竞争程度的加剧，反过来又将促使企业进行创新，降低成本，提高产品和服务质量，从而增强整个集群的竞争优势。

（五）形成区域品牌

由于产业领域比较集中，各产业集群所生产的一些主要产品，一般都在全国甚至世界市场上具有较强的竞争力，占有较高的市场份额，享有相当的知名度。如美国好莱坞制造的影片，硅谷生产的IT产品，印度班加罗尔设计的软件，温州生产的打火机等，都在世界上具有较好的声誉。随着产业集群的成功，集群所依托的产业和产品不断走向世界，自然就形成了一种世界性的区域品牌。这种区域品牌是由企业共同的生产区位产生的，一旦形成之后，就可以为区内的所有企业所享受。因此，区域品牌同样具有外部效应。这种区域品牌效应，不仅有利于企业对外交往，开拓国内外市场，确定合适的销售价格，也有利于提升整个区域的形象，为招商引资和未来发展创造有利条件。

五、政策建议

（一）通过重组与整合，在发展中提高产业集群的创新能力和竞争力

首先，加强产业集群内部的专业分工，形成弹性生产体系，进一步发挥集群内部的规模经济和范围经济效应，形成集群竞争力。内部的精细分工是国际上成功产业集群所以成功的重要经验。浙江温州的小小标牌产业就已经衍生出18道工序，并且每一道工序都由独立的中小企业承担，从而集聚了成百上千家企业，上下游企业之间基本上采取市场采购的方式获得产品。正是这种生产组织模式，推动着标牌产业的不断创新和精致化，推动着其产品走向世界。

其次，加强与关联产业和支持产业的横向联结，形成集群创新的社会化基础。这一战略的核心，要求在集群中形成由中介服务机构、科技服务机构、教育培训机构组成的社会化服务体系，这样的体系具有强大支撑作用，包括克服中小企业技术创新能力不足、自主知识产权缺乏等不足，以及促进市场的规范运行，等等。但建立法律服务机构、会计师服务机构等中介服务机构以及与产业相关的教育培训机构的必要性，尚未得到充分认识和重视。其中一个原因是，许多产业集群不位于大中城市，而是位于乡村地区。对这一不足的克服，需要有政府行为介入。

最后，加强产业集群内部的自组织，培训有创新精神的企业家，制定和执行行业规范，培养自律、诚信的集群经营氛围，限制企业之间的过度竞争，尤其是没有约束的仿冒以及恶性价格竞争等。目前，许多产业集群所在地（包括各种园区）的管理主要由政府进行，集群的自组织程度不高，行业规范和自律意识的形成受到限制。在比较成熟的产业集群中，应尽快建立基于产业集群的同业公会等民间组织，以便使集群内各企业的行为规范化、自律化，形成诚信的氛围，同时在群内开展各种培训、信息咨询等公共活动，提供具有准公共品性质的服务，帮助集群提升创新能力和竞争力。迈克尔·波特高度重视同业公会等民间组织，并把它们纳入他分析集群竞争力来源的“钻石体系”。事实也是如此。浙江温州的眼镜行会和烟具行会，在打击假冒伪劣、应对国际贸易纠纷中，便在日益发挥着政府难以替代的重要作用。

（二）正确定位政府职能，充分发挥政府的支持作用

首先，在推动产业集群发展的过程中，要考虑以产业集群政策替代产业政策，以更为完整、科学、可行的产业集群政策替代简单的产业布局安排。这是因为，与产业政策相比，产业集群政策要综合考虑一个地方的资源条件，要把经济、政治、社会与文化的整体发展纳入相关政策的考量范围，只有这样，政府的经济社会发展政策才能有切合实际的载体。

其次，在推动产业集群发展的过程中，政府的首要职能是创造基础条件，消除任何阻碍集群提升创新能力和竞争力的因素。在具备发展产业集群的地方，政府的首要职责是提供必要的基础设施，创造优惠条件引导企业在具有优势的地点集聚，但要改变单纯依赖土地经营以及在提供优惠政策方面进行比拼厮杀的恶性竞争做法，把注意力更多地放在营造整体政策环境上面，包括取消各种不合理收费、简化手续、改革管理制度、提供优良的公共服务等。在以园区形式集聚企业的过程中，应当充分认识到产业集群的基础不仅仅是规模企业，更包括大量的中小企业。政府在引导企业集聚的过程中，既要在企业规模准入条件上保持一定的开放性，又要根据本地资源特点保持一定的产业选择性，从而促使产业集群最终能够形成弹性专精的生产体系，为提升集群竞争力创造条件。

最后，在推动产业集群发展的过程中，政府要不断帮助集群发展和完善社会化服务体系和自组织体系。这是政府推动产业集群发展的经常性职能之一。为此，一方面要采取优惠措施，积极推动产业集群内部的中介服务体系与科技服务体系的发育发展，包括建立法律、会计、仲裁、信息咨询、测试等方面的中介服务机构，为市场经济体制的有效运作提供润滑剂；要进一步改革金融体系，切实解决私营企业贷款难的问题，可以考虑像欧美发达国家那样成立政策性的中小企业银行，专门负责解决中小私营企业融资问题，还可以考虑开放民间金融；要建立或帮助建立各种科技研发与科技咨询机构，并帮助企业与大学及科研院所建立经常性的联系，形成科技创新体系，弥补中小企

业创新能力不足的缺陷。另一方面，还要适时建立或帮助建立各种教育培训机构，大力开展职业技术教育，为在产业集群中形成高素质的劳动力队伍创造条件。政府还可以发挥引进生产技术人才和经营管理人才的作用，帮助企业解决人才缺乏问题，并在帮助企业留住技术人才和熟练工人方面提供指导。在产业集群发育成熟的地方，要及时推动集群提高自组织程度，引导集群内的企业成立同业公会之类的民间组织，由此推动集群的自我管理、自我服务、自我规范。

（三）提高工业园区整体竞争力

1. 需要降低入园企业商务成本。商务成本的降低，主要涉及到上述管理体制与财税政策的相应调整，需要各级政府部门与工业园区的通力合作。建议在协调各方利益的基础上，现阶段可主要从降低工业土地价格水平，控制用工成本，简化并下放审批权限，减少清理行政性收费，设立工业园区针对性优惠财税政策方面入手。土地价格的降低可以通过减免征收耕地开垦费，采取多样化吸劳养老方式、分摊降低吸劳养老成本，增加园区用地指标、实行指标单列，不规定园区土地批租最低价格标准等方式实现。控制用工成本，可通过在园区推行社会保障制度改革，按照低于城保的镇保标准，将职工多层次纳入社保范围；对使用外来劳动力，则免收外劳管理费等手段实现。清理行政性收费应包括：取消一切未经市主管部门审核立项的收费，如外商投资企业咨询费；根据变化了的情况，减免撤销对园区企业规划、建设过程中的诸多费用，如审图费、征地管理费等；试点园区实行零收费等措施。总而言之，在一切可以改进、创新的领域，想方设法降低商务成本。

2. 改善整体招商形象与手段。国际经验表明，建立统一高效的招商平台，是优化区域整体招商形象的必要条件。例如，新加坡的企业发展局、香港贸发局、泰国投资促进委员会、韩国大韩贸易投资振兴公社等国外投资促进机构，均发挥了招商平台的重要作用。它们都具有政府背景，拥有很强的权威性，所涉及的业务范围非常广泛。并且，通常采取企业化管理与人才激励机制，有效为外商投资企业服务。当前，广东省尚未形成权威高效的统一招商平台。各工业园区自行招商，无序竞争，为取得项目不惜互相压价，实际上则损害了广东省的全局利益。由于没有统一部门进行有效管理，信息传递渠道不畅通，有时甚至因此而导致项目流失。为此，建议借鉴国外先进经验，在市外资委统一领导下，以投资促进中心、外商服务中心、企业及开发区协会为核心，整合全市资源，建立统一的权威招商平台，通过建立、完善其内部信息资料库和项目库，加强对外商投资及工业园区的管理、服务。在优化其信息服务功能的基础上，可与各工业园区、各中介服务咨询机构分工协作，通过互联网、广告、展示会等灵活多样的方式与手段宣传广东省。

3. 完善产业规划，形成整体错位发展。针对目前我国工业园区所面临的来自内外两方面的激烈竞争压力，建议在充分发挥各园区自身优势的前提下，明确各园区的产业导向，形成错位发展，减少各园区之间内部可能发展的恶性竞争。在整体上形成多特色，较全面的发展格局，建立一致对外的整体竞争优势。当前许多工业园区在主导产业选择上存在不同程度的雷同现象。许多工业园区的产业选择并没有建立在科学论证的基础上。重点产业选择的雷同，必然导致内部之间在引资工作上的激烈竞争。同时，也不利于相关产业群的形成。经过多年的发展建设，政府与各市级工业园区应重新审视相关发展目标，根据自身与竞争对手的现状特点，制订出切实可行的产业发展规划。

（四）形成产业集群自身的特色产业和品牌

1. 要进一步发挥创造性地整合本地资源的良好机制，克服没有限制地跟风仿冒的弊端，真正形成产业集群自身的特色产业和品牌。对本地特色资源进行深度挖掘并加以创造性的整合，无疑是一种战略性的举措。目前，一些地方已经意识到这一战略的重要性，并开始采取相应的措施。例如，扬州、泰州、南通等苏中三市正在根据本地特点思考和实施差异化竞争战略，可望在不久的将来能够杀出长三角产业重构的重围，形成三大各具特色的产业集群。从国际上产业集群发展的经验看，嵌入性或植根性是产业集群能够取得成功和绵绵不绝的发展潜力的关键，这意味着，不仅当地的特色物质资源应当成为集群发展的基础，其特有的历史社会文化资源也应当被整合到产业集群的资源体系之中，这是真正形成产业特色的关键，是解决国内各产业集群之间存在的产业重构和过度竞争问题的关键，也是解决区域性与全球性之间的矛盾的关键。

2. 强化技术创新，形成有深厚技术创新能力支撑的区域品牌。鉴于目前我国大多数产业集群都属于从事劳动密集型产品生产的传统产业，在这些产业领域运用好这一战略尤其重要。对传统产品的生产经营而言，创新和精致化是形成品牌的关键，且不说进入国际市场，即使要应对我国市场从卖方市场转变为买方市场的变化，也不得不实现创新和精致化。为此需要运用各种现代化的技术对整个生产经营体系进行重组和改造，包括把相关的前道和后道工序都纳入其中，形成相对完整的产业链。在这方面，广东省南海市西樵镇的纺织服装产业集群、浙江永康五金产业集群都创造了加快技术创新以及把信息技术运用于传统产业以提高产品质量和档次的成功经验。

3. 加强品牌建设。集群企业要增强商标意识，及早注册商标，增加顾客对产品的认知度。实施品牌战略，加强品牌策划、宣传和推广，提升品牌的知名度。努力为顾客提供满意的产品，使顾客得到超值享受，提高品牌的美誉度。加强与顾客的联系和沟通，构建完善的服务体系，培育顾客对品牌的忠诚度。重视知识产权体系建设，及时申请专利，加强防御性商标的注册，加大维权打假力度，维护企业的合法权益。在加强企业品牌建设的同时，要积极探索以产业集群为载体，注册集体商标，创建区域品牌，共享品牌宣传和营销网络。

（五）逐步向全球化的价值链的纵深推进

1. 引进外资与开拓海外市场是这一战略的两个相辅相成的方面。需要注意的是，在引进外资时，一要让引进的外资能够弥补本地产业集群在核心技术方面原本存在的空白，从而能够提升其国际竞争力。在这方面，浙江嘉兴的经编产业集群在引进日资和台资时，创造了可资借鉴的经验。二要考虑让引进的外资能够有效拉长本地产业集群的产业链，从而能够有效推动本地产业集群的成长壮大，同时也提升其竞争力。三要注意外资企业与本土企业之间的融合。在开拓海外市场方面，我们需要走向世界的勇气与胆识，需要有积极参与国际竞争的理念，也需要具有国际竞争力的精致化产品。

2. 提升市场定位。集群企业要实施差异化战略，细分国内市场，针对特定顾客群提供满意的产品。完善营销网络，建立快速反馈机制，及时对顾客需求作出响应。积极开拓国际市场，逐步提高出口层次。在依靠初级生产要素创造竞争优势的条件下，OEM不失为提高管理水平，接受高标准检验，增加资金积累的好路子。获得一定经验后，要成立自己的设计和研发部门，从OEM升级为ODM。当国内品牌营销和加工出口经验丰富，羽翼丰满时，应从ODM升级为OBM（Original Branded Manufacture），以自有品牌出口。当然，这种演进过程不是固定不变的，有条件的企业可以坚持OEM和自有品牌两条腿走路，逐步提高自有品牌出口比重。

（六）强化工业园区发展规划

新加坡政府从一开始就将裕廊确定为全面发展的综合型工业区，对其进行合理而妥善的规划。根据地理环境的不同，将靠近市区的东北部划为新兴工业和无污染工业区，重点发展电子、电器及技术密集型产业；沿海的西南部划为港口和重工业区；中部地区为轻工业和一般工业区；沿裕廊河两岸则规划为住宅区和各种生活设施。为充分发挥裕廊工业区的综合功能，新加坡政府于1969年9月在裕廊码头内设立自由贸易区，将裕廊工业区建成既是工业生产基地，同时也是转口贸易区的综合园区。在整体开发建设过程中，政府从一开始就特别关注环境保护问题，有计划地保留10%的土地用作建设公园和风景区。目前，该园区内已建成十多个公园，有世界著名的飞禽公园、中国式公园、森林公园等，使裕廊成为风光别致的工业区兼旅游区，被称为“花园工业镇”。可见，规划对于工业园区的发展具有重要意义。目前，仅有少数地区等对工业园区规划较为重视，2002年宁波市政府拨专款制定工业园区规划，上海市也制定了工业区域布局调整的专项规划。

在工业园区和产业集群的规划建设中，有意识引导园区企业之间相互利用废料，建立起本地工业系统内物质—能量循环利用的网络。在本地对生态环境保护共识的基础上，促进废料再生利用的信息交流。要求集群成员在技术上共同关心和参与到优化本地环境系统的工作中去。工业园区的目标不仅是提供投资环境以吸引外资，更重要的是为入园企业提供良好的经营环境，提升企业竞争力，带动本地供应商网络的发展，从而提升城市竞争力，为培养本地下一代有竞争力的企业做准备。根据地方产业集群要求而建设和经营工业园区，在企业间建构产业联系以获得园区的可持续发展。大力宣传产业集群的发展机制，使那种盲目投入巨额资金，不切实际发展所谓“硅谷”、“药谷”、“光谷”，片面建设硬件设施和营造区域形象的问题在一定程度上得到控制（当然从体制上解决问题不是宣传所能奏效的）。必须看到，创新动力并不能依靠大规模的硬件基础设施投入，能够激励创新的软环境往往不是依靠大量资金投入就能够形成的。

（七）转变工业园区经营策略

1. 加强与相关部门合作，加大对市场的调研力度。调查发现，当前市级工业园区普遍缺乏对国内外市场的深入研究，招商热情很高，但由于缺乏相关信息，针对性措施不够。按照市场营销理念，企业在确定自身发展目标前，应对产品市场进行深入调研，结合自身优势与不足，细分市场。工业园区虽不同于一般企业，但也应通过与相关中介、咨询等服务机构及政府职能部门合作，深入了解当前国际国内投资发展趋势，产业转移构成状况，外商需求与心理，竞争对手状况、国家相关政策的调整等信息，做到知己知彼，为自身错位发展目标与营销方式的确定提供可靠依据。青浦园区对日本中小投资企业与国内民营企业合作可行性的研究，值得重视。

2. 扬长避短，明确自身营销方式与对象。在深入了解投资市场与竞争对手的基础上，各市级工业园区应根据自身特点，扬长避短，确定自身主要的营销招商方式与对象。首先，应明确自身发展的优劣所在，在优化投资环境的基础上，营建高效、精练、规范的招商营销机构，并与相关社会化中介服务机构和市级招商平台机构如投资促进中心、开发区协会等建立密切联系，以获取必要的信息与帮助。其次，可采取新颖实用的营销手段，如刊登广告、雇佣顶尖经纪人、举办研讨会、开办自身特色互联网站等宣传自身特色优势，吸引潜在投资对象。最后，通过为已入园企业提供优良管理服务产生广告效应，以此间接方式吸引外来企业投资。

3. 强化服务功能，培育特色产业集群。世界著名工业园区经验表明，为园区企业提供优良服务是成熟工业园区管理的核心所在。目前，上海市市级园区首先应通过与中介机构、研究机构、政府职能部门的合作，为入园企业解决运营过程中遇到的各种难题，尤其是外商最关注的合作伙伴的寻觅问题。在条件成熟时可尝试建立自己的企业信息库，用以提供相关产业链上下游企业信息。根据自身的产业发展导向，有选择地引导相关产业的企业入园投资，并通过组织研讨会、交流会、园区企业管理层的联谊活动等，增进园内产业相关企业的相互了解、信任与合作，促进特色产业集群的形成。形成特色产业集群之后，其良好的自我运行与促进机制也将成为工业园区新的引资亮点。

广东省城乡基本公共服务均等化研究

（节选）

省财政厅农业处

一、城乡基本公共服务均等化的内涵与标准

（一）城乡基本公共服务均等化的内涵

1. 城乡基本公共服务均等化的定义。城乡基本公共服务均等化就是指城乡居民作为一国的平等公民，在财政待遇上是平等的，在享受政府提供的基本公共服务时应大体一致、大致等量。它的内涵包括：第一，全体公民享有基本公共服务的机会和原则应该均等。第二，全体公民享有基本公共服务的结果应该均等。第三，在提供大体均等的基本公共服务的过程中，尊重社会成员的自由选择权。

2. 城乡基本公共服务均等化的范围。现阶段基本公共服务均等化应包括四方面的内容：一是就业服务和基本社会保障等基本民生性服务的均等化；二是义务教育、公共卫生和基本医疗、公共文化等公共事业性服务的均等化；三是公益性基础设施和生态环境保护等公益基础性服务方面的均等化；四是生产安全、消费安全、社会安全、国防安全等公共安全性服务方面的均等化。陈海威（2007）对基本公共服务范围的界定是：底线生存服务、公众发展服务、基本环境服务、基本安全服务。安体富（2007）把公共服务分为基本公共服务和一般公共服务；认为基本公共服务是指直接与民生问题密切相关的公共服务，主要包括教育、卫生、文化、就业、社会保障、生态环境、公共基础设施、社会治安。综合而言，将城乡基本公共服务均等化范围界定在义务教育、基本医疗、社会文化、就业和社会保障、基础设施五个方面具有广泛代表性。

（二）我国基本公共服务的城乡差距及其成因

1. 我国基本公共服务的城乡差距。改革开放30年来，我国在经济领域取得了举世瞩目的成就。但二元经济社会结构的存在，伴随着经济的快速增长，造成城乡居民收入分配差距的迅速扩大。1978年我国基尼系数为0.317，但从2000年开始基尼系数已越过0.4的警戒线并逐年上升，2006年已升至0.496，2007年为0.47。其中，在城乡居民收入方面，2000年，全国城镇居民人均可支配收入为6 280.0元，农村居民人均纯收入为2 253.4元，城镇居民人均可支配收入是农村的2.78倍；2008年，城镇居民人均可支配收入达15 781元，农村居民人均纯收入达4 717元，城镇居民人均可支配收入则是农村的3.35倍。在工业化、城市化过程当中，工业和服务业收益大于农业，这是很明显的，由此带来的差距具有一定的客观性，但政府给城乡居民提供基本公共服务上却不应当有过大的差别。而事实上，我国城乡在基本公共服务方面的利益差异，突出表现在基础教育、基本医疗卫生、社会保障、基础设施建设四个方面。

（1）基础教育城乡差距。一是经费投入的差距。经费不足一直是制约农村义务教育发展的突出问题。近几年，政府财政向农村倾斜，加大了对农村义务教育的投入，但城乡之间义务教育投入方面仍存在一定的差距。2007年我国城市小学和初中生均预算内事业费支出分别是农村的1.35倍和1.55倍；城市小学和初中生均预算内公用经费支出分别是农村的1.32倍和1.39倍。2008年全国普通小学和初中生均预算内事业费支出分别为2 757.53元和3 543.25元，分别比上年增长了24.94%和32.24%，其中：农村普通小学和普通初中生均预算内事业费支出分别为2 617.59元和3 303.16元，分别比上年增长了25.59%和35.75%，但城乡之间仍存在差距。

农村中小学生均经费低于城市中小学，使得农村基础教育长期面临经费紧张的困境，学校校舍建设、教学用品的配备和办公经费的开支资金不足，正常教学工作的开展受到影响，使得城乡基础教育不在同一起跑线上开展。

二是办学条件的差距。近年来，国家在农村义务教育阶段的学校危房改造中投入了大量资金，农村中小学校舍数量和质量都有了较为明显的提高，但城乡办学条件的差

距突出地表现在城乡生均教学仪器设备值方面。全国1/3以上地区的中小学生均教学仪器设备值的城乡差距继续扩大，小学生均教学仪器设备值城乡之比为2.9∶1，全国初中生均教学仪器设备值的城乡比平均为1.4∶1。2007年，城市小学生均校舍建筑面积、生均拥有微机数量和生均固定资产总值分别是农村小学的1.33倍、2.67倍和1.73倍，而农村小学生均危房面积则是城市小学的7.67倍。城市初中生均校舍建筑面积、生均拥有微机数量和生均固定资产总值分别是农村初中的0.96倍、1.60倍和1.52倍，而农村初中生均危房面积则是城市初中的5倍。

三是师资水平的差距。由于农村教学条件比较艰苦、教师待遇比较低下等原因，教学经验比较丰富的高职称教师等优质教育资源向城市和县镇集中，农村高职称教师比重与城市和县镇相比仍有较大差距。2007年在城市小学教师中，拥有本科及以上学历的教师占全体教师的40.16%，高中及其以下学历的教师占全体教师的14.71%，而在农村小学教师中，这一比例分别为8.62%和36.65%；在城市初中教师中，拥有本科及以上学历的教师占全体教师的71.96%，高中及以下学历的教师占全体教师的0.97%，而在农村初中教师中，这一比例分别为41.40%和3.25%。从总体上看来，城市中小学教师拥有高学历的比例要远远高于农村中小学教师拥有高学历的比例；而农村中小学教师拥有低学历的比例又远远大于城市中小学教师拥有低学历的比例。城乡中小学教师学历间存在的差距，必然会导致教学质量的差异。

即便城乡学生接受同等层次的义务教育，受条件所限，农村的教育质量仍不及城市，延伸到后义务教育阶段，1998年以来高校扩招的成果主要由城市居民子女分享，农村与城市人力资本的差距没有得到有效遏制，城乡之间无形中形成教育的“断裂带”。

（2）基本医疗卫生城乡差距。

一是卫生投入的差距。1990～2006年，虽然城乡人均卫生费用都有较大增长，但城乡人均卫生费用之间的差距却在扩大。2006年，中国人均卫生总费用城市为1 145.1元，农村为442.4元，城市为农村的2.59倍。

城乡居民个人卫生费用负担也有差别，农村居民人均纯收入不足城镇居民人均可支配收入的1/3，但农村居民个人承担的医疗保健支出占其全年消费性支出的比重（7.87%）却高于城镇居民（7.56%）。

二是医疗卫生资源分布的差距。2006年，城镇居民每千人拥有的医疗人员数和床位数分别为3.6人和2.5张，而农村居民每千人拥有的医疗人员数和床位数分别为1.2人和0.8张。与1990年相比，城乡每千人拥有的医疗人员数比率到2006年有所缩小，但是城乡每千人床位数比率到2006年还在扩大。2006年县及县以上医院综合病床使用率为72.4%，而主要为农民服务的乡镇卫生院则仅有42.2%。

在城市和县级以下医院拥有的医疗设备方面。先进医疗设备大多配置在城市医院。以100万元以上医疗设备分布为例，2006年，全部卫生机构共有100万元以上医疗设备总计40 459台，市级卫生机构拥有35 638台，占88.1%；而县级卫生机构只有4 821台，仅占11.9%，是农村地区的7倍以上；特别是乡镇卫生院只有523台，仅占1.29%。

在饮用水安全方面，城市居民饮用水的安全性较高，而在农村不安全饮用水占较高比例。近几年来，虽然农村加快了改水的步伐，截至2006年年底，全国累计农村改水受益人口已达86 629.3万人，改水受益人口占农村总人口的91.1%，但农村自来水普及率也仅为61.1%。

三是卫生服务的差距。育龄妇女和儿童是卫生服务的特殊人群，也是卫生服务需求量最大的人群。2003年第三次国家卫生服务调查发现，城乡儿童疫苗接种率依然存在差距，但较发达的农村地区的接种率与城市相当，有的甚至超过城市平均接种率。挑战主要来自贫困农村地区，这些地区与富裕农村地区和城市相比，都存在巨大的差距。四类农村地区的乙型肝炎疫苗接种率只有城市的1/3。

2. 社会保障城乡差距。一是城镇企业职工养老保险制度与农村社会养老保险制度的区别。前者强调风险共担和社会公平，较多地体现了社会保险原则；后者突出个人的养老责任，以土地保障和家庭保障为主。城镇和农村养老保险参保人数出现不同的走势。2002～2006年，城镇养老保险参保人数从14 736万上升到18 766万，增长27.35%；而农村养老保险参保人数从5 462万下降到5 374万，下降1.61%。

二是城乡居民实行不同的基本医疗保障模式和运行机制。城镇职工参加基本医疗保险，由用人单位和个人共同缴费，实行社会统筹和个人账户相结合的管理模式；城镇非从业人员和中小学阶段的学生等人员参加城镇居民基本医疗保险，以家庭缴费为主，政府给予适当补助，属自愿行为；农民参加新型农村合作医疗，以家庭为单位，由个人、集体和国家三方出资，属自愿行为。

在待遇上，城镇职工基本医疗保险根据医疗费用所处的不同区间来分别给予经济补偿；城镇居民基本医疗保险以大病统筹为主，城镇居民基本医疗保险基金重点用于参保居民的住院和门诊大病医疗支出，有条件的地区可以逐步试行门诊医疗费用统筹；新型农村合作医疗则以大病统筹为主，重点帮助农民提高抵御大病的经济能力。这种制度性差别，使城镇职工和农村居民医疗保险水平的差距过于悬殊。2005年，城镇职工医疗保险人均基金收入1 079元，新型农村合作医疗人均基金收入只有42.09元，前者是后者的约26倍；城镇职工医疗保险基金人均支出781.88元，新型农村合作医疗基金人均支出34.50元，前者是后者的23倍。

三是农村最低生活保障制度建设滞后。2007年，我国建立了农村最低生活保障制度，将符合条件的农村贫困人口纳入保障范围，重点保障病残、年老体弱、丧失劳动能力等生活常年困难的农村居民。虽然农村低保人数增加比较快，但与城市最低生活保障制度相比，农村最低生活保障制度建设滞后，保障范围、保障程度也远远落后。截至2006年年底，享受最低生活保障的人数，城市为2 240.1万，农村为1 593.1万，城市比农村多647万人；城市最低生活标准和最低生活保障平均支出水平分别为169.6元和83.6元，分别是农村的2.39倍和2.42倍。

3. 基础设施建设城乡差距。改革开放以来，我国对基础设施进行了投资体制的改革，主要是引入了多元投资主体，并积极引导私人经济主体等投资经营公共基础设施，但城乡经济发展水平的差距决定了农村私人投资主体的缺乏，而城市投资主体出于自身利益的考虑很难将资金投入农村，导致农村公共基础设施投资远远落后于城市。城乡基础设施方面的差距反过来又造成城乡差距的全面拉大。

二、启示与借鉴

（一）提供均等化基本公共服务：各国政府的重要职能

各国都将提供均等化的基本公共服务与促进人类发展紧密相连，看做是社会发展与进步的重要内容，并将其作为政府重要职能之一。第二次世界大战结束以后，西方国家此起彼伏的社会矛盾迫使政府职能逐步转向公共服务和社会管理，陆续实行了一系列旨在促进公共服务均等化的重要举措，有效缓解了社会矛盾，实现了经济社会的均衡发展。比如，欧洲许多国家通过强制的保险覆盖，建立基本医疗服务，降低弱势群体的费用分担比例，确保全民享受均等化的基本公共服务。

长期以来，我国政府尤其是地方政府公司化行为倾向严重，仅仅关注辖区内“经济蛋糕”是否做大，而不关心是否实现公平分配，政府工作偏离为人民提供最基本、均等化公共服务的轨道。借鉴各国经验，进一步强化政府公共服务职能，真正落实政府执政为民的理念，应成为今后各项改革的逻辑起点。

（二）政府纵向间基本公共服务责任应分工明确

我国拥有中央、省（自治区、直辖市）、市、县、乡（镇）五级政府，是世界上政府层级最多的国家，各级政府之间的公共服务责任划分至今没有得到有效解决。地方政府承担了大部分公共服务的支出责任，但由于不同地区间的经济发展水平不一，距离基本公共服务均等化的要求相去甚远。政府间公共服务责任的界定应以公共产品的层次性为依据，同时借鉴他国经验。对于那些外溢性较强，与人民群众生产生活息息相关的基本公共服务如义务教育、基本医疗卫生、养老保障和最低生活保障等应由中央和省级政府承担主要的支出责任，县乡政府承担具体的供给管理责任。逐步改变基层政府支出责任过重、中央与省级政府支出责任相对较轻的非对称分权格局。

（三）各级政府拥有与事权相匹配的收入来源

我国面临的挑战之一是政府间财力与事权的非匹配。在现行公共服务体系分工中，提供基本服务的职能主要由省级以下政府承担，而收入主要集中在中央政府手中。由于财政转移支付体系不完善，许多地方政府根本没有财力提供最基本的服务。借鉴各国在提供基本公共服务方面的经验，中央与地方分享的税种如增值税、所得税等可适当增加地方政府占比，确保地方政府的财力能跟上当地民众对基本公共服务的需求。

（四）通过立法保障基本公共服务均等化

我国在《宪法》及一般性法律中对基本公共服务均等化虽有所涉及但并未引起足够的重视，各级政府的偏好依然是经营城市及发展能够带动GDP和财政收入增长的产业。中央政府出台的各项促进基本公共服务均等化的方针、政策在地方并未得到有效执行，或执行后的绩效较差。因此，从建设法治国家，构建社会主义和谐社会的高度出发，应借鉴各国立法经验，加快推动基本公共服务均等化立法进程，完善公共服务领域的各项法律法规，以法律促进政府转型，建立惠及全民的基本公共服务体系，实现人人享有均等化基本公共服务的战略目标。

（五）均等化的基本公共服务有助于经济增长和竞争力的提高

我国从经济发展和财政实力来看，完全有能力为全体居民提供低水平的、全覆盖的基本公共服务体系。通过提供基本教育服务来提升农村地区的人力资本；通过提供基本的医疗卫生服务和社会保障服务解除社会弱势群体的后顾之忧，带动全社会由“失衡”发展走向“均衡”发展。

三、广东城乡公共服务均等化的研究与实践

（一）广东省城乡差距现状分析

在经济方面，经济发展水平差距。

① 劳动生产率差距。广东省第一产业在全省生产总值中的比重明显下降，1978年第一产业占全省生产总值的比重为29.8%，到2007年下降至5.4%。也就是说，占全省47.74%的农村人口只分享不到6%的经济成果。农民人均纯收入相对比重（农民人均纯收入除以全省人均生产总值）则大幅度下降，从1978年的52.23%下降至2007年的16.96%。农民人均纯收入中农业生产性收入比重也是大幅度下降的，从1990年的57.7%下降至25.6%。

从源头上看，城乡劳动生产率差距是导致城乡收入悬殊的直接原因。1978年全省劳动生产率为863元，其中第一、二、三产业劳动生产率分别为363元、2 352元和1 668元，第一产业劳动生产率与全省平均数高低相差2.37倍；2007年全省劳动生产率为57 535元，其中第一、二、三产业劳动生产率分别为10 676元、75 668元和78 746

元，第一产业劳动生产率与全省平均数高低相差5.39倍。广东城乡劳动生产率拉大了差距，引起农业的三个比重的持续下降，致使城乡居民在收入、生活水平以及社会发展等方面形成明显差距。

② 人力资本差距。广东省第二次全国农业普查，全省农村从业人员受教育程度集中于初中和小学。从农村常住户从业人员看，小学文化程度占29.26%，初中文化程度占56.35%，高中及以上文化程度仅占12.06%；在农村本地户籍从业人员中，具有小学文化程度的占本地户籍农业从业人员的28.67%，初中文化程度占58.25%，高中及以上文化程度仅占10.85%。从农村劳动力外出务工情况看，2007年外出务工的劳动力占总劳动力比重是26.9%，其中，外出务工的劳动力中，绝大部分是初中文化程度，占70.1%；其次为高中及以上文化程度，占20.6%。表明外出务工的劳动力中大部分是农村中具有较高素质的劳动力，使得本来文化素质不高的农村劳动力"雪上加霜"。不仅如此，从农村三次产业劳动力素质结构看，在专业技术方面，2007年从事第一产业的劳动力中，受过各种专业培训的劳动力仅占5%；从事第二、三产业的劳动力中，受过各种专业培训的劳动力仅占25.7%。以上表明广东省城乡居民在科学文化素养方面存在着巨大差距，不仅不利于广东省社会主义新农村的建设，更不利于广东省城乡之间的和谐发展。

③ 社会投资差距。广东省农村固定资产投资额占全社会固定资产投资总额的比重偏小，1995年为16.81%，2000年为16.18%，2006年和2007年比重分别达到18.61%、21.58%，比重有所上升。但与城镇相比，同期城镇固定资产投资额占全社会固定资产投资总额的比重均在75%以上，可见农村固定资产投资额远不及城镇。

从农村贷款看，2003年到2007年广东省农业贷款占各项贷款余额比重偏小，并呈下降趋势，其中2003年比重为2.46%，2005年为2.1%，而2007年下降到1.61%。

从财政支出看，2001～2006年广东省财政用于农业的支出占财政总支出比重维持在2%左右，比重偏小，难以适应现代农业发展的要求。

④ 产业发展差距。第一、二、三产业平均增长速度。用第一、二、三产业平均增长速度的差异来揭示工农业之间、城乡之间发展不平衡，这个指标具有一定的意义，但使用时应十分谨慎，因为第一产业发展慢有其必然性，第二、第三产业的一部分在农村。尽管如此，第一、二、三产业之间的平均增长速度差异过大，仍是城乡发展不协调的重要反映（见表1）。

表1　广东地区生产总值及第一、二、三产业平均增长速度比较　单位：%

时期	地区生产总值	第一产业	第二产业	第三产业
1979～2007	13.8	5.5	16.6	14.4
1991～2007	14.6	3.9	18.0	13.7
1996～2007	12.5	3.7	14.4	12.1
2001～2007	13.6	3.6	16.0	12.6

三次产业贡献率。在三次产业贡献率方面，2007年第一产业贡献率仅为1.2%，而第二、三产业贡献率分别达到59.9%、38.9%，第一产业贡献率远远低于第二、三产业，表明第一产业对GDP增长的贡献作用不大。

⑤ 居民生活质量差距。

第一，城乡居民收入差距。1978年以来，广东省城乡居民收入随着经济的高速增长大幅提高。广东省城镇居民人均年可支配收入从1978年的412.13元提高到2007年的17 699.30元，提高41.95倍；同期农村居民人均年纯收入从1978年的193.25元提高到2007年的5 624.04元，提高28.1倍。从平均增长速度看，广东省城镇居民人均年可支配收入为13.84%，同期农村居民人均年纯收入12.33%，城镇居民收入增长速度明显快于农村居民。从城乡收入比（以农村居民收入为1，下同）看，广东省城乡收入比从1978年的2.13扩大到2007年的3.15。

从城乡居民收入差异系数看，1979年到1988年广东省城乡居民收入差异系数始终未高于0.5，表明广东省城乡处在由二元结构状态向城乡一体化过渡时期；但1989年以来，广东省城乡居民收入差异系数一直高于0.5，2007年达到0.68。可见，在居民收入上，城乡之间表现出明显的二元经济结构。

第二，生活消费差距。在城乡居民收入差距不断扩大的同时，广东省城乡居民的生活消费差距也呈不断扩大之势。

a. 城乡居民消费绝对量差距。广东省城镇居民人均年生活消费支出从1978年的399.96元提高到2007年的14 336.87元，提高34.85倍；同期广东省农村居民从184.89元增加到4 202.32元，增加21.73倍。城镇居民生活消费支出增长速度明显快于农村居民，导致消费差距明显扩大。广东省城乡居民生活消费支出比由1985年的2.29扩大到2007年的3.41。由此可见，广东省城乡居民生活消费差距比收入差距还大。

b. 城乡居民消费恩格尔系数。恩格尔系数是居民生活消费支出中食品开支所占的比重，是国际上用来衡量居民生活水平状况的重要指标。目前，联合国划分世界各国贫富标准就是采用恩格尔系数。一般认为，恩格尔系数在30%以下者为最富裕生活；在30%～40%之间者为富裕生活；在40%～50%之间者为小康水平；在50%～60%之间者为勉强度日；在60%以上者为绝对贫困。1978年以来，广东省城乡居民的恩格尔系数均有了较大的下降，但农村明显慢于城镇。2007年，广东省农村恩格尔系数为49.7%，城镇为35.3%，农村比城镇高14.4个百分点。

从城乡恩格尔系数差异度来看，2007年广东省城乡恩格尔系数差异度为14.4%，表明广东省城乡居民生活质量差异大，二元结构特征非常明显。

第三，家庭财富差距。城乡居民在财富方面的差距主要表现为耐用消费品、财产性收入等方面的差距。

在耐用消费品消费方面，2007年广东省居民家庭每百户拥有率：彩电，农村为111.72台，城市为154.2台；洗衣机，农村为34.7台，城市为98.88台；电冰箱，农村为31.68台，城市为94.33台。至于家用汽车、家用电脑、空调、组合音响等的差距就更大。

在财产性收入方面，1995年广东省城镇居民人均财产性收入297.38元，同期农村居民人均财产性收入仅为50.06元，城乡之比为5.94∶1；而2007年城镇人均财产性收入320.75元，农村是312.59元，城乡之比却缩小到1.03∶1。

第四，社会负担差距。在社会负担方面，在不考虑城镇居民“捐赠”支出和农村居民“隐性负担”的情况下，城镇居民的税费负担明显轻于农村居民。1999年广东省农民社会负担总额6.48亿元，比上年增加0.28亿元，增长4.0%。农民不仅要交纳农业特产税和耕地占用税等农业税，还要交纳乡和村各种合理和不合理的收费。2005年广东省取消了农业税，从而在一定程度上减轻了农民负担。

2. 环境方面。

（1）自然环境差距。与城市居民相比，农村居民对自然环境的依赖程度更高，同时破坏性也更大。不仅如此，在积极推进工业化的过程中，往往是以自然环境的破坏为代价来换取经济上的成果。这样一来，对当地环境依赖性很强的农村居民，由于环境的退化其生活将进一步陷入困境。

（2）社会环境差距。

① 教育投入差距。教育资源在城乡的分配上呈失衡状况，城乡居民受教育程度差异明显。城乡教育资源分配失衡主要源于两种不同的教育投资体系，城市的教育以政府为主，农村基本以农民自己投资为主。目前在一些经济欠发达地区，个别家庭无力提供子女上学的费用，初中生辍学状况堪忧，致使农村青少年接受教育的程度和质量远落后于城镇。多数农村劳动力缺少就业必需的技能、技术，限制了农业剩余劳动力的转移领域，增加了农村劳动力资源开发利用实现充分就业的难度。

② 社会保障差距。全省农村常住户参加社会保障项目的户数方面，五保户户数10.18万户，占农村家庭户总数的0.97%；低保户户数24.68万户，占2.36%；参加农村社会养老保险的户数仅占3.51%；参加农村新型合作医疗的户数达到74.97%。

2007年广东省农村最低生活保障人数为138.3万人，农村最低生活保障金支出为72 069万元，而城镇最低生活保障人数为37.89万人，城镇最低生活保障金支出为53 834万元。但从人均最低生活保障金看，2005～2007年广东省各年城镇人均最低生活保障金分别是同期农村人均最低生活保障金的两倍多。

③ 基础设施差距。从农村乡镇拥有设施情况看，全省有二级以上公路通过的乡镇占71.52%，已经完成农村电网改造的乡镇占83.81%，有邮电所的乡镇占97.23%，有储蓄所的乡镇占96.28%，有公园的乡镇仅占26.15%，有广播、电视站的乡镇占95.15%，有职业技术学校的乡镇仅占13.42%，有医院、卫生院的乡镇占99.48%。在上述指标中，有些指标在95%以上，但在质量方面，与城市相比，其水平远不及城市建设水平。此外，在污水排放和垃圾处理方面，全省生活污水经过集中处理的镇占22.59%，有垃圾处理站的镇占48.42%，实施垃圾集中处理的村占29.56%，有沼气池的村占27.58%，完成改厕的村占52.15%。农村缺乏必要的污水排放和垃圾处理设施。从对农村公共产品总体投入看，其比例远远低于同期农业在广东省地区生产总值中的贡献比例，与农业在国民经济中的地位和作用极不相称。

④ 信息化建设差距。全省农村家庭每100户仅拥有电脑5.87台，大大影响了农民获取信息的渠道。在农村信息建设过程中，广大农民对信息缺乏正确的理解与认识，加上农业信息技术专业人才不足，更加剧了农村信息普及和农民使用信息的难度，农民难以做到对信息的真正传递与接纳。

⑤ 就业差距。城乡居民在就业方面的差距主要表现在：一是不公平的城乡就业政策。多年来，在就业管理上形成的“先城镇、后农村”，“先本地、后外地”的政策惯性仍在起作用，造成城乡劳动力的不公平就业，例如，增加对外来劳动力的收费项目和标准。二是不公平的就业服务制度。职业介绍机构和技能培训机构多集中于城镇，为城镇劳动力和企业提供供求信息；农村中则缺乏就业服务机构，影响了农村劳动力及时按照市场供求信息调整流向和及时作出进行技能培训的决策。

此外，城乡之间就业差距还表现在三次产业从业人员的比例方面。广东省第二次全国农业普查表明，在全省农村常住从业人员方面，从事第一产业的人员占48.49%，从事第二产业的占33.60%，从事第三产业的占17.91%。与农村相比，城镇居民绝大部分从事第二、第三产业。

⑥ 科技水平差距。广东省不少基层农村，科技人员和适用的科技成果严重缺乏，科技投入严重不足。财政科技投入很低，甚至没有预算安排。基层农村科技管理部门的办公条件很差，基层农村科技管理部门人员素质普遍较低，专业技术人员严重缺乏。2006年广东省年末农业技术人员78 493人，其中，初级占75.10%，中级占20.49%，高级占4.41%。

城乡差距过大对广东省的经济和社会发展带来了许多负面影响，这些问题已经成为广东城乡协调发展、区域协调发展和经济社会协调发展三大全局问题的矛盾汇集。无论是全面落实科学发展观，还是构建和谐广东，遏制和扭转日益扩大的城乡差距，都是十分必要的。

四、率先实现城乡基本公共服务均等化的政策建议

（一）打破城乡二元公共服务结构，建立城乡统一的公共服务体制

城乡居民基本公共服务严重失衡的主要原因在于城乡二元公共服务结构，积极推进城乡基本公共服务均等化，首先必须创新制度设计，打破城乡分割的二元公共服务结构，完善城乡一体均衡发展的制度环境，改变城乡二元制度和政策与城乡分治的管理模式，尽快建立城乡统一的公共服务体制。

1. 建立城乡统一的义务教育体制。促进城乡义务教育均衡发展，必须按照中央提出的“明确各级责任，中央地方共担，加大财政投入，提高保障水平，分步实施”的原则，逐步将农村义务教育全面纳入公共财政保障范围，从制度上保障农村孩子都享有接受义务教育的机会。同时要保障农民工子女接受义务教育的权利，使农民工子女与所在城市义务教育阶段的孩子享受同等政策。

2. 协调城乡公共医疗卫生事业的发展。保障公民享有卫生保健和基本医疗服务，是推动城乡协调发展的重要基础条件。当前缩小城乡公共医疗服务差距，积极发展农村公共医疗卫生事业，一是要增加财政对农村公共卫生体系建设投入，逐步建立农村公共卫生经费保障机制，提高农村重大疾病预防控制能力。二是加快建立新型农村合作医疗制度，做好扩大试点工作，认真落实合作医疗财政补助资金，完善筹资机制，加强基金管理。三是逐步探索建立城市医疗卫生机构对口支援农村的机制，不断提高农村医疗卫生服务水平。

3. 逐步建立城乡可衔接的农村社会保障体系。建立一个健全、完善、惠及全民的农村公共服务体系，有利于全面落实科学发展观，统筹城乡经济社会发展，缩小地区和城乡间发展的差距。为实现城乡基本公共服务均等化的第一、二阶段目标出发，亟须加快建立农村养老保险制度、公共就业制度和完善农村最低生活保障制度。按照“低水平、广覆盖、适度保障”的原则，建立农村居民最低生活保障制度。着力推进农村五保供养、特困户救助等制度建设，积极探索建立符合农村特点的养老保障制度。建立健全农村最低生活保障标准自然增长机制，逐步提高农村最低生活保障标准，最低生活保障标准应随着城乡居民收入以及经济发展水平提高而提高。考虑到物价指数增幅，建立农村低保户物价上涨一次性动态补贴制度，当物价下降到正常水平后，取消补贴。保证低保户基本生活不受物价上涨的影响。

4. 统筹城乡劳动力就业，促进农村剩余劳动力转移。就业是民生之本，缩小城乡就业差距，首先，要建立城乡统一、公平竞争的劳动力市场，统一城乡就业政策和管理体制，取消对农民进城就业的各种限制，建立保护农民工合法权益的长效机制，营造公平的就业环境；其次，加强对农民的职业技能培训，增强农民的就业竞争力；再其次，加快职业中介机构建设，为农民进城就业提供优质服务，为统筹城乡劳动力就业创造便利条件。

5. 统筹城乡基础设施建设，改善农民的生产生活条件和农村面貌。认真搞好农村基础设施建设规划，将农村基础设施建设纳入城市长远发展规划，加快公共基础设施建设向农村的延伸，公共服务向农村覆盖，不断改善农民的生产生活条件。从规划上、制度上、建设上全面促进公共交通、供水供电、网络通信等基本公共服务的城乡衔接。

（二）完善公共财政制度，扩大公共财政覆盖农村范围，建立农村公共服务体系建设的财政支撑体系

1. 把更多的财政资金投向农村公共服务领域，公共服务均等化是公共财政“公共性”的重要体现。在推进公共服务均等化，构建社会主义和谐社会进程中，财政支出必须坚持以人为本，把更多财政资金投向公共服务领域，满足人们对公共产品的需求，让更广大的群众共享改革发展成果。一是适应我国进入工业反哺农业、城市支持农村新阶段的要求，今后应在新农村建设中，调整国民收入分配格局和财政支出结构，使国民收入和财政支出更多地向农村倾斜，不断增加农业和农村的投入，扩大公共财政覆盖农村的范围，建立健全财政支农资金稳定增长机制。农村金融要继续深化改革，不断改善服务，加强对新农村建设的支持，逐步形成农村基础设施建设和公共事业发展的稳定资金来源。

二是调整财政支农资金分配结构，扩大农村公共服务支出比重，加大在教育、卫生、文化、就业再就业服务、社会保障、生态环境、公共基础设施、社会治安等方面的投入，以均等化为目标，逐步缩小城乡间基本公共服务的差距。

2. 转变政府职能，强化政府在基本公共服务供给上主体和主导作用。一是加快建立统筹城乡的公共财政制度框架。各级政府要按照财政“存量适度调整、增量重点倾斜”的原则，逐步扩大财政对农村地区道路、饮水、电网、通讯等基础设施的投资比例。二是完善义务教育以政府投入为主的义务教育财政制度。明确义务教育经费由政府承担，各级政府义务教育财政拨款的增长应当高于财政经常性收入的增长，逐步形成满足义务教育需求的公共教育财政投入体制和机制。建立义务教育专项转移支付制度。三是强化农村医疗服务能力建设。支持经济欠发达地区农村卫生基础设施和医疗卫生队伍建设。建立稳定的筹资机制和财政扶持资金增长机制，不断提高新型农村合作医疗筹资水

平和保障水平。四是明确各级政府在促进全省农村基本养老保险工作方面的责任。加大省级财政对经济欠发达县（区）的转移支付力度，明确省、市、县（区）三级政府在农村基本养老保险方面的责任。五是完善城乡社会救助体系。提高最低生活保障补助水平，增加省财政对经济欠发达地区保障补助比例。

（三）深化体制改革，提高政府基本公共服务供给能力

1. 强化政府为农村提供公共服务的职能，加快建成能够适应促进农村社会发展的服务型政府体系。加强和改善农村公共服务是政府的主要职责，要解决农村公共服务供给严重不足的问题，必须创新政府管理理念，明确政府职能，健全政府职责，完善公共服务体系，强化社会管理和公共服务，努力建设服务型政府，切实把工作重心转到对农民和各类经济主体进行示范引导、提供公共服务以及营造发展环境上来，构建适应农村经济社会发展状况、符合新农村建设需要的新型农村公共服务体系，扩大公共产品和公共服务的覆盖范围。要按照转变职能、权责一致、强化服务、改进管理、提高效能的要求，注重履行社会管理和公共服务职能，将公共服务作为政府的首要和核心职能，切实强化政府在公共产品供给中的主体责任。要进一步理顺乡镇机构的设置，明确界定乡镇政府的公共服务职能，使其真正成为能够为农民提供公共服务的主体之一。要根据公共产品的性质，明确各级政府的供给职责，切实加大公共财政对农村建设的支持力度，确保政府公共支出的社会效益最大化，逐步缩小城乡居民享有的公共服务和生活水平的过大差距，以实现城乡公共服务的均等化。

2. 深化体制改革，提高政府基本公共服务供给能力。一是积极推进行政管理体制改革。改革城乡分割、部门分割的行政管理体制，整合和优化现有行政资源。如在居民饮水方面，将全省水源、供水、用水、节水、排水、污水处理，以及农村水电等所有涉水事务实行城乡统一管理，“一龙治水”，建立一种综合性、全局性、系统性城乡一体水务管理新体制。在农村公共交通方面，可以实行城乡统一管理和统一税费政策，由交通系统作为行业主管部门，实行统一领导、统一规则、统一建设、统一管理。二是积极推进财政体制改革。加强绩效管理和评价制度建设，推进县乡财政管理体制改革，明确县乡之间各种分配关系和财政管理责任与权限。三是积极推进社会管理体制改革。探索建立城乡统一户籍登记管理制度。探索建立城乡统一社会服务管理体制，整合医疗卫生、社会保障和救助、劳动就业等方面公共资源，构建覆盖全民的社会服务网络。四是积极推进公共服务机构改革。公共服务机构改革，应将主要承担行政职能的转为行政机构，或将行政职能划归行政机构；主要从事公益服务的，强化公益属性，整合资源，完善法人治理结构；已经具备市场化条件的营利性事业单位改为企业。政府可以通过授权委托、契约合同、购买服务等方式，把部分公益性、服务性、社会性的公共服务职能转给社会组织承担。

（四）统筹城乡一体化发展，建立城乡统一的公共服务分配制度，强化体制保障

要积极推进城乡基本公共服务均等化，必须加快建立有利于改变城乡二元结构的体制机制，建立城乡统一的公共服务体制和公共产品供给体系，加快实施工农业和城乡协调发展战略。党的十七届三中全会把加快形成城乡经济社会发展一体化新格局作为根本要求，并提出了建立城乡经济社会发展一体化体制机制的时间要求。按照这一要求，广东要率先探索建立有利于农村公共服务体系建设的国民收入分配政策，实行城乡一体化的公共产品供给制度，在公共财政资源配置上，统筹考虑城乡发展，加大对农业、农民、农村发展的支持力度，使城乡居民均等享受公共财政所提供的公共产品。取消对农民带有歧视性的体制障碍、制度障碍和政策限制，给农民以公平的国民待遇，建立起城乡统一的劳动就业制度、户籍管理制度、义务教育制度、公共卫生和新型农村合作医疗制度、统筹城乡基础设施建设的农村社会保障制度，加快建立覆盖城乡居民的社会保障体系，逐步提高保障水平。

在合理划分财权与事权、明晰各级政府的农村公共产品供给责任的基础上，改革现行的农村公共产品供给决策程序，建立公共产品的需求表达机制。改革现行的农村公共产品供给决策程序主要从以下方面进行：要建立公共产品的需求表达机制，使农民群众对公共产品的需求意愿得以体现。要进一步推进农村基层民主制度建设，在村民委员会制度和乡人民代表大会制度的基础上，建立由全体农民或农民代表对本社区内事关公众切身利益的建设项目的投票表决制度，使农民能通过直接或间接的渠道充分表达对公共产品需求选择的意见。对于范围涉及县或地区大型的农村公共产品供给的决策，应建立专家听证制度，并在此基础上由本级人民代表大会投票决定。其次，改革乡镇级领导人的产生办法。探索乡镇级领导人的直选制度，使村级、乡镇级领导人都是由本社区居民民主选举产生。通过选举约束，促使他们以农民的政治支持最大化为行为目标，真正对本地社区选民负责，把争取本地选民的利益放在首位。再其次，改革村级、乡镇级领导人的绩效考核体制。改变自上而下的压力型政绩考核体制，要设计一套以农村公共产品供给情况为重点考核内容、由本地民众为考核者的绩效考核体制，迫使其从追求上级政府支持最大化转向追求社区内农民支持最大化。

（五）深化县乡财政体制改革，着力提高基层政府公共服务能力

1. 以城乡基本公共服务均等化为目标推进县乡财政体制改革。广东农村基本公共服务供给不到位，在很大程度上在于部分县级财力严重不足。要解决这一问题，需要在

统筹中央地方关系的同时，加快推进县乡财政管理体制改革，提高基层政府的基本公共服务能力。

（1）积极探索推进省直接管县的财政管理体制。在条件成熟的地区，可以由省直接调整与县的财政关系，减少政府间财政关系的层级，避免地市一级对县级财力的集中与控制，使县级政府能够将更多的财力用在农村公共服务上。

（2）积极推进乡镇财政管理体制改革试点，进一步规范和调整县与乡之间的财政关系。对经济欠发达、财政收入规模小的乡镇，试行由县财政统一管理乡镇财政收支的办法；对一般乡镇实行“乡财县管乡用”方式；对经济较发达、财政收入规模较大的乡镇，可以保持现行财政体制不变，并鼓励集体经济投资本地公共产品供给。

（3）按照城乡基本公共服务均等化的要求，强化省级政府调节地方财力分配的责任。增强省级财政对市县级财政的指导和协调功能，逐步形成合理、平衡的纵向与横向财力分布格局，逐步强化基层政府供给基本公共服务的体制保障能力。

2. 以为农民提供基本而有保障的公共服务为目标，解决乡镇政府职能定位。农村税费改革后，全国各地都在探索乡镇机构改革，但到目前为止尚未有根本性的突破。乡镇一级政府到底是撤销还是保留，或者演化为一个自治体，还没有明确的说法。其中重要的原因在于乡镇政府改革战略目标的模糊性，使得许多方面的传统关系如党政关系、县乡关系、乡村关系、乡镇政府与上级部门的关系、部门与部门的关系、财权与事权的关系等缺乏一个明确的方向。在市场经济条件下，政府有四大职能，经济调节、市场监管、社会管理和公共服务。事实上，经济调节职能在中央，市场监管发展的方向是垂直管理，至于社会管理和公共服务，在统筹城乡发展的背景下，主要的决策和规划至少应当在县级以上政府。在这种情况下，乡镇政府只能是公共服务的执行者和社会事务的管理者。面对农村基本公共服务的现实压力，广东乡镇政府作为与农民最接近的一级政府，应当把为农民提供基本而有保障的公共服务作为自己的主要职能。在这个前提下，才能够结合本地实际情况，决定乡镇机构的去留，决定乡镇机构组织形式、管理机制和运作机制。

3. 优化农村公共资源，上下联动，整体设计乡镇机构改革。乡镇机构改革最重要的目标是合理配置农村公共资源，创新农村公共服务体系。湖北咸安的经验表明，在政府合理承担改革成本的前提下，变“以钱养人”为“以钱养事”，不仅可以使乡镇机构编制得到有效的控制，还可以降低成本，提高效率，走出一条构建农村公共服务体系的新路。要严格实行政事分开，剥离“七所八站”的行政职能。将原来由“七所八站”承担的行政管理职能，一律上收到乡镇政府直接执行。实现“七所八站”的整体转制。除国税、地税、国土等国家垂直管理的站所和公安、林业、交通等县级延伸派驻单位之外，其他“七所八站”要按照自主经营、自负盈亏、自我约束、自我发展的原则，依法注册登记成为具有企业法人性质的经济实体或社会中介服务组织。建立公共服务委托代理机制，采取政府将基本公共服务“项目化、数量化”的办法，逐项约定服务内容、质量要求、价格标准、考核办法和结算方式等，面向社会公开招标，实行合同管理，结算由政府“埋单”。

从近几年的实践看，乡镇机构改革上需要有县乃至省、市行政管理体制改革的跟进，下需要推进与乡镇对接部门的职能转变和机构调整。可以采取“分步走”的改革战略，由省统一制定规划，结合实际有序推进。

（六）创新农村基本公共服务供给方式，实现城乡基本公共服务供给主体多元化

充分发挥市场与社会的力量，提高公共服务供给效率。公共服务的提供主体与供给主体的多元化、供给渠道的多样化，应该是公共服务供给的趋势。政府作为公共服务供给的主体，并不排斥公共服务提供主体与方式的多元化。农村公共产品的供给具有多主体和多层次性，在明确政府在基本公共服务中承担最终责任的前提下，要正确认识和处理政府主导和社会参与的关系，在以政府为主体的情况下，充分发挥市场、社会力量，形成公共产品供给主体多元化的格局。根据广东外资和民间资本相对充裕的实际，政府要营造有利于各类投资主体公平有序竞争的社会环境，进一步建立完善基本公共服务的社会参与机制。要按照“谁投资、谁受益”的原则，允许和鼓励私营企业生产和经营公共产品，积极引进民间资金和外资为公共产品生产服务，以改善公共服务质量，降低管理成本，强化公共产品生产和供给的竞争性，提高公共服务的运作效率和专业化水平。要充分利用社会组织形式灵活、多样，活动具有自发性等优势，积极鼓励其他社会组织和社团为农民提供公共服务，着力形成政府与社会团体相互竞争与合作的公共服务提供机制，在其他主体无法充分发挥作用的某些基本公共服务供给环节起到更重要的作用。

（七）建立推进城乡基本公共服务均等化的保障机制

一是建立基本公共服务绩效评价和监督机制。要在公共财政分配领域引入一次分配竞争机制，提高财政资金使用效益。要探索建立省级对地方基本公共服务财政投入与保障问责制。应当尽快把基本公共服务数量和质量指标纳入政府绩效考核体系；将基本公共服务绩效评估与干部选拔、任用和内部激励联系起来。二是建立基本公共服务均等化的多元参与机制。在纯公共产品的供给方面，如城市道路、水利设施等，运用BT、BOT等模式，实行委托代理制。在准公共产品的供给方面，如水源工程、地下管网、城乡公共交通等，政府可以运用特许经营、签约外包、服务购买契约、财政补贴或价格补贴等手段，鼓励支持社会资本参与运营。三是创新公共财政投入保障和可持续机制。积极探索地方政府发行公共服务债券的可行性，利用政府债券广泛筹集社会资金；积极探索开征新的地方税种调节

区域和城乡公共服务差距，充分发挥税收政策的杠杆作用。四是建立区域协调发展、城乡帮扶机制。建议定期召开区域协调联席会议，促进珠江三角洲发达市与欠发达市结对帮扶，形成以城带乡、以沿海带山区、珠江三角洲带东西两翼和粤北山区协调发展新格局。结合主体功能区划要求，探索建立珠江三角洲与东西两翼、粤北山区区域之间生态补偿新机制。

关于支持中小企业发展财政政策的研究

（节选）

茂名市财政局、茂名市财政学会

中小企业的存在与发展是现代市场经济的一个普遍现象。无论在发达国家还是在发展中国家，中小企业都在各自的经济发展中发挥着极其重要的作用，在国民经济结构和社会稳定中占有极其重要的地位。中小企业是我国国民经济中一支重要而活跃的力量，已是我国国民经济不可或缺的组成部分。改革开放30多年来，我国的中小企业得到了迅猛发展，为经济社会发展、促进劳动就业、拉动民间投资、推进技术创新、优化经济结构、促进公平竞争、活跃市场作出了巨大的贡献。但是，近年来特别是在当前国际金融危机的背景下，我国中小企业的发展也面临着融资难、结构性招工难、财政支持力度不足、社会服务体系不健全、信息与人才缺乏、企业管理水平低、市场竞争能力弱、整体素质有待提高等一些不容忽视和回避且亟待解决的老问题，同时又面临不断产生的新问题的压力。20世纪80年代以来，西方许多国家就纷纷采取各种政策措施扶持和保护中小企业的发展。从发达国家的工业化进程和国内发达地区来看，在众多政策措施中，财政政策对中小企业的发展起着举足轻重的作用。因此，如何正确认识我国中小企业发展的现状和所面临的问题，进一步从财政政策方面为中小企业的长足发展提供有利的外部环境，仍然是很值得研究和探索的重大课题。

本课题组对珠江三角洲发达地区和茂名地区中小企业的发展情况，进行了广泛深入的调研，在借鉴发达国家和国内发达地区在财税政策上扶持中小企业发展成功经验的基础上，紧密结合茂名的实际，提出了支持中小企业发展的一系列财政政策建议。

一、动机与依据：支持中小企业发展财政政策的研究背景

中小企业是我国国民经济和社会发展的重要力量。大力发展中小企业，对于增强我国经济增长活力、拓宽就业渠道、保持社会和谐稳定以及建设创新型国家，具有重要的战略意义。为促进中小企业健康发展，根据中央有关决策部署，中央财政综合运用资金、税收、政府采购、财务制度等多项政策工具，从不同角度入手，为中小企业营造公平和宽松的发展环境。

（一）全面理解和把握课题研究的基本概念

1. 中小企业的理论界定。“中小企业”这个概念，是根据企业规模的大小来定义的，是相对大型企业而言的。对中小企业的界定，国际上所设定的参照系一般有三个因素：实有资本、企业职工人数、一定时期的经营额。世界各国所设定的参照标准各不相同，大多数国家只用其中的两项，个别国家三项都用。各个国家所用三项因素的数量标准不同，在不同的发展阶段对界定标准的选择也是不同的。

按照法律规定，为贯彻实施《中华人民共和国中小企业促进法》，2003年国家经贸委、国家计委、财政部、国家统计局研究制定了《中小企业标准暂行规定》。《规定》中的中小企业标准上限即为大企业标准的下限，国家统计部门据此制定大中小型企业的统计分类，并提供相应的统计数据。具体工作数量标准见表1。

2. 财政政策的含义及其作用。财政政策作为政府宏观调控的重要政策工具，具有“四两拨千斤”的作用，对中小企业发展的影响特别明显。比如，广东省中山市是中小企业的发展相当成功的地方。之所以这样，一个很重要的因素就是财政政策的扶持。据调查，中山市财政局从2004年起对财政扶持中小企业发展的专项资金使用实施了绩效评价，结果表明：2004年市财政投入技改贴息资金2 790万元，带动企业完成技改投资18.31亿元，财政资金的放大和引导效应达1∶65，当年企业新

表1　　**我国中小企业标准暂行规定**

行　业	职工人数	销售额	资产总额	备　　注
工　业	300～2 000	3 000万～3亿元	4 000万～4亿元	中型企业须同时满足三项指标下限，其余为小型企业
建 筑 业	600～3 000	3 000万～3亿元	4 000万～4亿元	
批发和零售业	100～200	3 000万～3亿元		中型企业须同时满足两项指标下限，其余为小型企业
	100～500	1 000～1.5亿元		
交通运输和邮政业	500～3 000	3 000万～3亿元		
	400～1 000	3 000万～3亿元		
住宿和餐饮业	400～800	3 000万～1.5亿元		

注：本规定适用于工业、建筑业、交通运输和邮政业、批发和零售业、住宿和餐饮业。其中，工业包括采矿业、制造业、电力、燃气及水的生产和供应业。本标准以外其他行业的中小企业标准另行制定。

增销售收入、上缴税金、净利润分别达66.77亿元、3.96亿元和4.69亿元。2005年市投入技改贴息资金3 623万元，比上年度增长29.85%，带动企业完成技改投资27.42亿元，财政资金的放大和引导效应达1:76，当年企业新增销售收入、上缴税金、净利润分别增长24.55%、22.14%和42.69%。

（二）中小企业的存在与发展具有客观必然性

任何一种经济形式，都是依据一定的社会经济条件而存在与发展的。据有关研究表明，从20世纪八九十年代以来，在经济全球化、科技进步的背景下，世界经济进入到少数企业向大型化发展与众多的以专业细化为导向的企业小型化趋势并存的垄断竞争阶段。大型企业虽然是现代工业社会的重要标志，但它不仅不排斥中小企业的存在与发展，而且它们之间恰好是相互依存的；一个企业或一种产品的最佳生产规模，既能扩大，又能缩小，特别是在后工业社会和信息经济条件下，市场需求具有低稳定性的特征；在产品的生命周期缩短、更新换代加快的新形势下，生产经营重点向多品种、小批量和市场营销转变，分散化、非标准化生产成为典型方式，因而中小企业的地位和作用就显得越来越突出。世界中小企业的快速发展，具有其独特的客观条件。

现代市场经济具有需求多样化、生产系列化、市场细分化和产品差异性的特点。无论在何种市场中，仅依靠大企业的垄断是无法满足消费者需求不断扩张的需要的。在一个细分化的市场中，并不是所有的商品都需要通过规模来取得效益，而是通过品种、质量、色泽、艺术性、便利性以及消费水平等要素来取得市场的。当代世界经济已经进入到了一个多品种、小批量生产的新时代，中小企业完全可通过产品的差异性形成自己的优势取得市场中的地位。比如，在汽车市场中，日本汽车的价格低廉，是由于日本汽车是采取系列化生产，在一家组装厂之下，有成千上万家中小企业充分利用“精、专、特、新”的优势，为其提供品质优良、价格低廉的零部件。这种分工合作的系列化生产体制，既创造了中小企业大量存在的空间，也造就了日本汽车价格的低廉，从而形成了强大的市场竞争力。在市场体系中，只有中小企业占主体，才能形成多元化的利益主体从而展开有效的竞争，才能算是真正的市场经济。随着我国社会主义市场经济体制的逐步成熟和完善，国有经济将逐步从竞争性领域退出，必然大量创造中小企业存在与发展的空间。因此，我们要完善市场经济体制，在全国范围建立起完整的市场经济体系，就要鼓励、支持、引导中小企业健康、快速发展起来。

（三）中小企业在经济社会发展中具有举足轻重的作用

国内外经济发展的实践表明，中小企业的大量存在是一个不分地区和发展阶段而普遍存在的现象，是经济发展的内在要求和必然结果，是保证正常合理的价格的形成、维护市场竞争活力、确保经济运行稳定、保障充分就业的基本前提和重要条件。无论是在高度发达的市场经济国家，还是处于制度变迁的发展中国家，中小企业已经成为国民经济的支柱，加快中小企业发展，可以为国民经济持续稳定增长奠定坚实的基础（见表2、表3）。党的十五届四中全会《关于国有企业改革和发展若干重大问题的决定》就明确提出：要重视发挥各种所有制中小企业在活跃城乡经济、满足社会多方面需求、吸收劳动力就业、开发新产品、促进国民经济发展等方面的作用。这是在我国党和国家的正式文件对中小企业重要作用的最早期、最权威、最概括的表述。

从表2和表3可以看出，中小企业的重要作用，可以从很多方面来概括和体现。这里主要从以下几个方面来分析研究：

表 2　　**世界各国中小企业概况（2002 年）**　　单位：%

国家	占企业总数	提供就业机会	产值/GDP
美国	98.8	>50	>50
日本	99.0	>78	>50
欧盟	99.6	70	55
印度	90.0	—	>40
中国	99.5	城镇 75	50.5

表 3　　**我国中小企业发展在全国的位置情况**　　单位：%

年份＼项目	国内增加值	工业总产值	销售收入	实现利税	出口总额	就业机会	社会零售额	发明专利	开发新产品
2002	—	60	57	40	60	75	—	—	—
2006	58	—	—	50.2	68	>75	59	—	—
2008	60	—	—	53	70	>75	—	65	80

资料来源：以上数据根据有关统计资料整理而成。

1. 中小企业是推动国民经济持续发展的中坚力量。随着我国社会主义市场经济的发展，中小企业作为市场竞争机制的真正参与者和体现者，量大面广，分布在国民经济的各个领域，在很大程度上是经济发展的基本动力，日益成为经济增长的主要因素，反映了经济分散化、多样化性质的内在要求。同时，中小企业以其灵活而专业化的生产和经营，给配套的大企业带来协作一体化的好处，大大节约了成本，减少了风险，增强了盈利性，对国民经济发展的贡献越来越大（对 GDP 的贡献率：1979 年不到 1%，2005 年则达到了 20% 以上）。据统计，20 世纪 80 年代以来，中小企业的年产值增长率一直保持在 30% 左右，远远高于总的经济增长速度（“十五”期间，国民经济年均增长 9.5%，而规模以上中小工业企业增加值年均增长 28% 左右）。据第三次全国工业普查资料显示，“八五”期间国内生产总值净值的 30%，工业净增加值的 50%，来自于各种类型的中小企业，1996 年中小企业的工业增加值占全部独立核算工业的 56% 以上。20 世纪 90 年代以来，工业新增产值的 76.7% 是由中小企业创造的。如目前我国的食品、造纸和印刷行业产值的 70% 以上，服装、皮革、文体用品、塑料制品和金属制品行业产值的 80% 以上，木材、家具行业产值的 90% 以上，都是由中小企业创造的。1998 年我国工业企业生产总值增长 18%，其中大型企业增长率为 5% ~8%，而同期中小企业增长率超过 30%。1988 ~ 1998 年仅中小企业数增加了 214 万个，占全部工业新增企业个数率超过 99.3%；中小企业总产值增加了 45 785 亿元，占全部工业总产值新增额的 63.08%；在每年 1 500 亿美元左右的出口总额中，中小企业均占到约 60%。中小企业所创造的产值占 GDP 的比例，从 1978 年的不到 1% 增加到 2001 年近 47.5%，2005 年国内 GDP 增量的 60% 以上来自中小企业。目前，我国在从事跨国投资和经营的 3 万户国内企业中，中小企业占到 80% 以上。根据广东省统计局的资料，2003 年全省各行业工业企业有 24 494 家，其中大、中、小企业占企业总数的比重分别为 0.74%、12.7% 和 86.56%，中小企业所占比重合计为 99.26%。2009 年上半年，全省工业增加值 6 995.5 亿元中有 4 981.6 亿元是由小型企业贡献的，小型工业对同期全省规模以上工业增加值贡献率由 66.3% 提升到 71.2%。由此可见，即使是在目前国内经济发展最为活跃、最具影响且最有实力的广东省，中小企业仍然是推动当地经济发展和社会进步的中坚力量。

2. 中小企业是扩大劳动就业和促进社会稳定的重要基础。中小企业一大特点，就是面广量大、投资少、开业快、经营灵活，对劳动者劳动技能要求低，且大部分是从事劳动密集型产业，因而吸纳劳动力的容量相对较大，能创造更多的就业机会。据测算，对于相同的固定资产投资，中小企业占用资产仅 17%，吸纳就业量却达 74%，吸纳的就业容量为大型企业的 14 倍，而对于相同的产值，中小企业吸纳的就业容量为大型企业的 1.43 倍。目前，我国中小企业就业人员占城镇就业总量的 75% 以上；在工业领域，中小企业全部就业人员 1.1 亿人，占全部工业就业人数的 83%。1992 ~2000 年，个体、私营企业新增就业人员 4 777 万人，年均净增 600 多万人，占全社会新增就业岗位的 3/4。随着大企业技术构成和管理水平的不断提高，加上企业的优化重组，大企业已经很难再提供新的就业岗位，富余人员和下岗、失业人员和农村待转移剩余劳动力会越来越多，我国面临的新增劳力和存量劳力就业与再就业的压力越来越大。解决这批人员的就业或再就业问题，主要靠中小企业的发展。中小企业稳定发展，就可以稳定一支庞大的产业队伍。中小企业的这种吸纳就业和再就业人员的蓄水池功能，对缓解经济增长方式的转变与扩大就业的矛盾，对社会的稳定起到了重要的作用，是国家长治久安的根本保证。

3. 中小企业是解决“三农”问题和增加地方财政收入的重要途径。“三农”问题，历来都是我国经济和社会发展中的重要问题。支援农业发展，增加农民收入，促进农村建设，对于茂名这个农业大市来说，尤其具有特殊的现实意义。一方面，我国的中小企业相当部分是乡镇企业或个体、私营企业，大多分布在中小城市和农村城镇。这些中小企业把分散的农户集中起来实现大规模、集约化生产，吸纳了大量农村剩余劳动力，使他们有了相对稳定的非农收入来源，也增加了农业和农村自我发展的资金来源。1978 年以来，我国从农村转移出来的 2.3 亿劳动力主要是由中小企业吸纳的。这不仅有利于社会稳定，而且对我国农村工业化、农村城镇化进程起到了巨大的推动作用。从西方发达国家和我国沿海发达地区城市化进程来看，工业化和城镇化过程都离不开中小企业发展的促进。另一方面，中小企业是地方财政收入的主要来源。据统计，我国中小企业实现利税占全国的比例，从 2002 年的 40% 提高到 2006 年的 50.2%，2008 年达到了 53%，不仅占了半壁江山，而且呈上升趋势；尤其是在县域经济中，各级地方政府 80% 的财政收入来源于中小企业。中小企业的发展，直接为地方财政提供税源。例如，2005 年，浙江省共有各类中小企业 112.1 万家，从业人员 1 241.5 万人，占全省企业从业人员的 82.7%；实现营业收入 3 万亿元，上交税金 700 亿元，创造的税收收入占全省 70% 以上。事实上，哪个地区的中小企业效益好，那里的财政收入就比较宽松，群众的负担就比较轻，干群关系就比较协调，社会稳定也有了牢固的基础。

4. 中小企业是科技创新和成果转化的重要源泉。科技创新大致可分为四个方面：产品创新、服务创新、工艺创新和管理创新。中小企业往往是一个国家技术进步的重要载体，是推动科技尽快转化为生产力的重要力量。这不仅体现在中小企业呈现出以知识和技术密集型取代传统的劳动密集型、资本密集型的发展趋势，而且由于中小企业经营灵活、高效的特点，把科学技术转化为现实生产力所耗费的时间和精力的环节也大为缩短。在 20 世纪许多新产品是小企业发明创造的，如复印机、胰岛素、真空管、青霉素、直升机、彩色电影、圆珠笔等。20 世纪主要发明的 60% 是由独立发明人或小企业贡献的，因为高科技产业是高风险产业，大企业一般注重常规生产，不愿意去冒风险，而中小企业往往成为科技转化为生产力的“实验田”。在美国，比较重视中小企业的技术创新能力，自 20 世纪初到 70 年代，美国小企业完成的科技发展项目占全国的 55%；进入 80 年代以后，大约 70% 的创新是由小企业实现的，小企业的人均创新发明是大企业的 2 倍。在科技创新中，小企业对服务创新的贡献率最高，达到 38%；其次是产品创新为 32%；对工艺创新和管理创新的贡献率分别为 17% 和 12%。我国中小企业中的高新技术企业，在科技创新、技术开发等方面意识强、行动快，成为名副其实的技术创新生力军。2008 年中小企业的发明专利和开发新产品分别占全国的 65% 和 80%。据悉，深圳市首批认定的 9 家“深圳国家科技成果产业推广示范企业”竟全是中小企业；中小企业占深圳市考核认定的 94 家技术先进型企业的 76%，占 124 家高新技术企业的 90%。浙江省“十五”期间，中小企业累计开发新技术、新产品、新工艺 4 万多项，技术进步在中小企业经济增长中的贡献率提高到近 50%，成为浙江经济发展最具活力的增长点。

5. 中小企业是商品出口和外贸经济的重要力量。世界各国的中小企业的产品出口，活跃了国际市场。日本在 20 世纪 50 ~ 60 年代的经济腾飞时期，中小企业产品出口的比重达 40% ~ 60%，对日本成为世界贸易大国奠定了坚实的基础。据有关资料显示，目前中国 99% 以上的出口企业为中小企业，对外贸易总额的 60% 由中小企业创造。2001 ~ 2008 年有出口实绩的中小企业数量增长了 3 倍，超过 2 万家中小企业实现了国际化的“零”突破，其中累计出口额超过 1 500 万美元的企业达 1 664 家；中小企业外贸出口额逐年增长，由 2001 年的 941.2 亿美元增长到 2008 年的 3 607.5 亿美元，增长 383.28%。我国的众多中小企业利用机制灵活优势和低劳动力成本优势，生产出口了大量劳动密集型产品，为我国出口创汇的提高和外贸事业的发展作出了重大贡献。我国的对外出口产品中，工业制成品的比重逐年增加。其中一些大宗出口产品，如服装、手工业品、五金工具、轻工、纺织、玩具等产品，主要靠中小企业提供。例如广东，私营企业出口高速增长，已经成为外贸领域的生力军。据海关资料显示，广东省作为全国外贸大省，2005 年 1 ~ 6 月，全省私营企业累计完成出口 126.6 亿美元，同比增长 62.8%，比全省出口增速高 39.3 个百分点，占同期全省出口的 12.4%，比重比 2002 年的 7.4% 提高了 5 个百分点；对全省出口增长的贡献率为 25.2%，比 2002 年提高了 4.1 个百分点；全省民营进出口企业达 33 838 户，比 2002 年新增加 27 638 户，两年半的时间增加了 4.5 倍。又如，居中西部之首的四川省，2003 年中小企业在全省外贸总额中的比重已达 51%，其中，出口和进口额分别占 51.7% 和 50.2%，占据半壁河山；从出口发展速度和贡献率比较，国有企业出口比上年增长 20.3%，民营企业激增 1.1 倍，三资企业和集体企业分别比上年增长 40.9% 和 26.7%；国有企业、三资企业和集体企业分别为四川外贸出口增长贡献了 2.1、4.8 和 1.7 个百分点，民营企业贡献了 9.1 个百分点，成为全省外贸出口的重要推动力。

（四）中小企业发展存在亟待解决的突出问题

目前，在国际金融危机严重冲击的大背景下，我国中小企业的生存与发展遇到了前所未有的困难，包括土地的制约、能源原材料价格上涨、劳动力成本上升、发展资金短缺、出口退税政策的调整、人民币对美元升值的影响、环境成本内部化、中小企业同质化带来的恶性竞争、世界经济放缓、国外需求明显下降、出口面临重大挑战等“新老难”问题交织在一起。比较突出的问题表现在如下几方面：

1. 扶持力度不够，政策落实缺位。一是缺乏长期和系统的发展战略与规划。目前，我国还没有一个专门独立的系统机构从事中小企业这一群体的管理。各省市自治区的乡镇企业局、中小企业局、工商管理局及中小企业协会等机构，只是从区域上、行业上对本区域的中小企业加以管理的，而并非从全局的角度审视不同产业的中小企业的发展。政府对中小企业的规范管理、领导人及职工的教育培训、企业档案及信用制度的建立扶持不够，企业发展战略、产业投向指南、产品市场信息、信息资源网络引导提供不够，为中小企业承担风险的能力不强。二是创业条件难。据了解，在我国成立有限责任公司最低出资额为50万元，而德国只要25万元，德国人均收入却相当于中国人均收入的50倍，中国老百姓一般办不起企业；准入时间长，企业登记注册最快得一个星期，有的地方长达两个月；在市场经济发达国家，注册登记只有2～3个审批环节，而我国则多达20个左右；生存周期短，绝大多数中小企业市场竞争能力不强，生命力比较脆弱，生存周期一般只有3～5年。三是政府的行政职能重审批而轻服务，导致出台的许多关于中小企业发展的政策常常因可操作性不强而落实不到位；对中小企业乱收费、乱摊派等现象比较突出，加重了企业负担，阻碍了中小企业的健康发展。四是缺乏公平的发展环境。同大企业相比，中小企业在享受技改项目立项、财政支持、税收优惠、信用等级评定等政策上处于劣势，得不到足够的重视。比如，现行的增值税制度人为地把纳税人分为一般纳税人和小规模纳税人，凡达不到销售标准（商业企业年销售额达180万元，工业企业年销售额100万元以上）的纳税户，不管企业会计是否健全都被界定为小规模纳税人，这种界定把很大一部分中小企业都划入了小规模纳税人之列。而小规模纳税人较高的征收率（工业6%，商业4%）使其实际税负远高于一般纳税人（工业4%，商业2.5%）。

从2009年3月一项中小企业发展状况的问卷调查（下称样本调查）结果来看，社会对中小企业发展环境的总体评价、政府的服务、信用环境、市场环境以及法律环境的评价为“一般”的比重最多，分别占44%、43%、42%、51%和44%（见图1）；中小企业希望改善的环境因素中，政策环境排在第一位（见图2）。另据有关调查，珠江三角洲中小企业对外部环境的总体评价都不高，其中最不满意的是金融政策，其次是税收政策和行业协会的作用发挥问题，在法律法规和政府行为方面也有不少抱怨；对目前中介服务的评价也普遍不满意，其中最不满意的是资金筹措、税收咨询、市场信息等方面的中介服务。

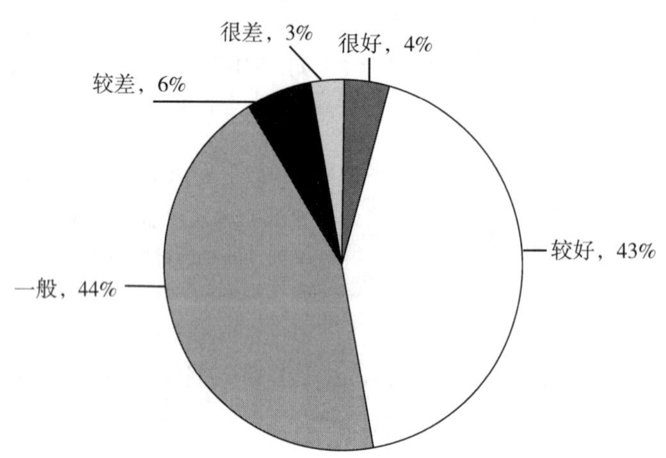

图1　样本企业整体外部环境评价比例

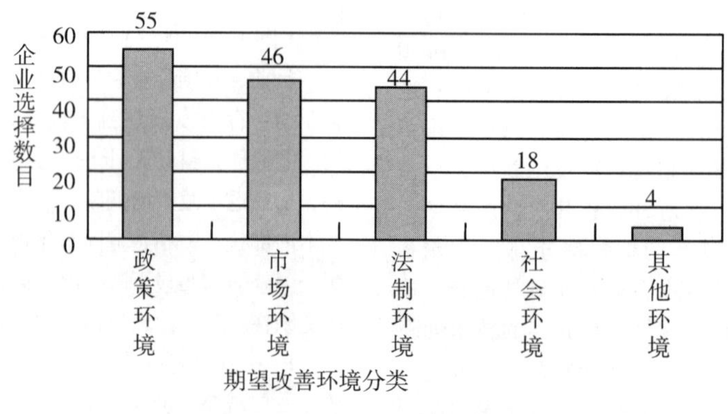

图2　企业对环境改善的期望顺序

2. 融资渠道不畅，发展资金短缺。融资渠道不畅，融资难度加大，资金短缺是阻碍中小企业发展最突出的“瓶颈”问题。从外部环境来看，我国对中小企业的金融服务和金融支持系统不健全、信用担保体系不完善，担保资本金规模过小，缺乏规模效应，银行等金融机构对中小企业“惜贷”；从企业自身来看，产权制度不明晰；财务制度不健全，财务账目透明度不高；财务数据失真，银行与企业信息不对称；中小企业整体素质不高；自身实力有限，抗风险能力相对较弱；社会信任度低，运作不规范，难以达到金融机构贷款要求，即使贷到款规模也很小，远远不能满足发展的需求。

据黑龙江省2006年对1 096户企业的问卷调查，全省中小企业贷款需求满足率较低。全年被调查企业有贷款需求的855户，占被调查企业户数的78.0%，贷款需求金额为137.7亿元；实际得到贷款户数227户，满足率为20.7%；实际贷款金额33.7亿元，满足率为24.5%。这种情况，在全国具有普遍性。据样本调查表明，企业资金来源单一，融资难度加大，融资成本上升，资金不能满足发展的需要（见图3、图4、图5）。

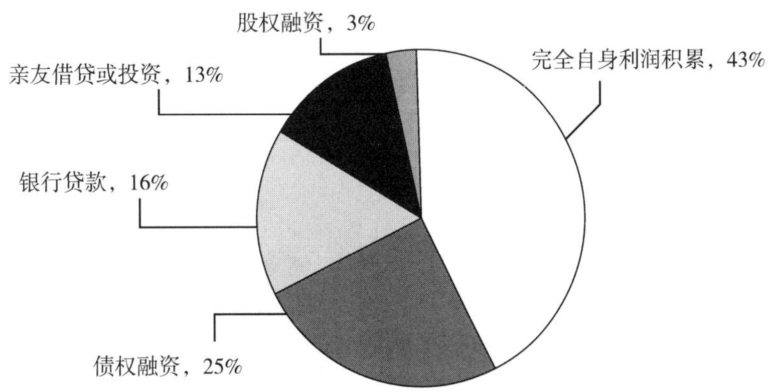

图3 样本企业当期的融资结构

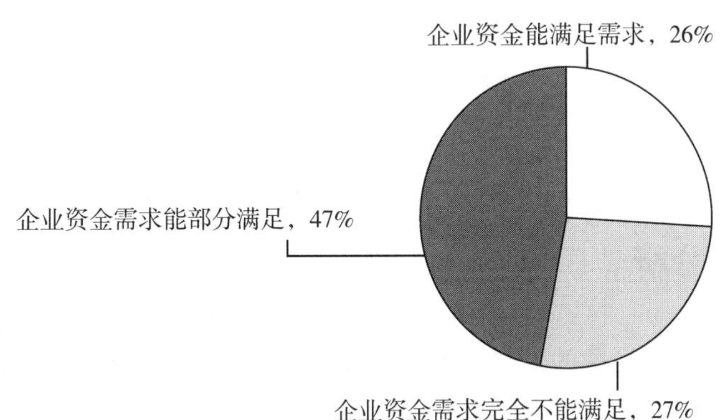

图4 样本企业资金能否满足需求比例

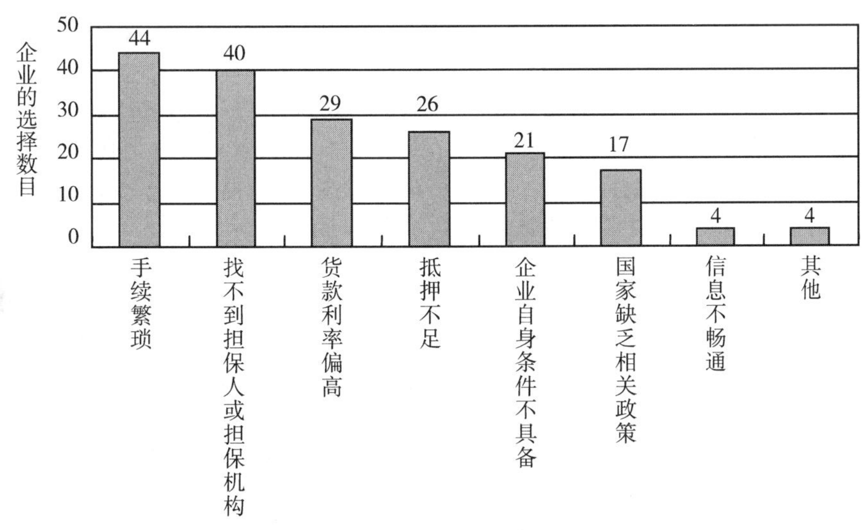

图5 企业融资困难因素排序

据有关机构对珠江三角洲中小企业的最新调查，有60%的中小企业感到资金紧张，其中民营中小企业接近70%的资金需求来自股东个人积蓄和内部员工集资；从金融机构融资的利率，小于5%的企业比重为7%，在5%～10%的为69%，在10%～20%的为13%，在15%～20%的为6%，有5%的企业融资利率大于20%，说明中小企业的整体融资成本是比较高的。

3. 整体质素不高，创新能力不足。我国中小企业的快速发展主要是以低技术水平和外延扩张为特征，生产技术和装备水平比较落后，人员素质较低，人才资源匮乏，技术创新严重不足，技术创新能力与水平不够，技术创新存在的障碍与问题较多：一是技术创新所需资金严重不足。二是技术创新所需的技术、设备、人才、信息缺乏。据有关调查，目前珠江三角洲中小企业设备的技术水平，处于国际先进水平的不到1%，处于国内先进水平的为41%，处于国内中等水平的为47%，处于国内落后水平的为11%；从业人员的学历水平普遍偏低，发展面临人力资源紧缺问题，大部分企业对现有员工的素质和工作状态的评价一般，只有1/3的企业表示满意或比较满意，科研技术人才、管理人才不足，最缺乏较高素质的综合型人才、专业人才和外向型人才（见图6）。

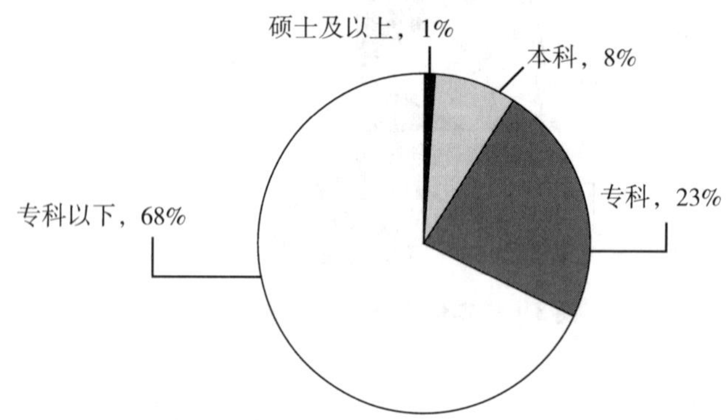

图6　样本企业从业人员学历结构分布

二、经验与借鉴：国内外支持中小企业发展政策的案例分析

（一）国外政府鼓励中小企业发展的财政政策

国外很多国家的政府都对中小企业的发展提供财政支持。从各国的实践看，财政支持的主要手段是税收优惠和财政补贴。税收优惠一般适用于所有的中小企业，而财政补贴则只对符合要求的项目，如新建企业、人力资源开发项目、研究开发项目以及出口业务等。

1. 主要发达国家对中小企业的税收支持。对中小企业从税收上给予扶持和支持是西方发达国家税收政策的重要组成部分。在发达国家的工业化和信息化的过程中，税收政策对中小企业的发展起了极其重要的作用。

美国。美国联邦政府在对中小企业实行税收优惠政策方面的做法比较灵活，经常调整税法，采用的主要措施有：一是公司所得税最高税率已从46%降为33%，最低税率降为15%，个人所得税税率降低到25%。二是雇员在25人以下的企业，依照个人所得税税率缴纳，而不是按公司所得税税率纳税；实现的利润，可选择一般的公司所得税法纳税，也可选择“合伙企业”办法将利润并入股东收入缴纳个人所得税，避免了重复纳税。三是把资本收益税的最高税率从28%降至20%，对创新型的小型企业将其资本收益税率减半按14%征收，刺激资本流向中小企业。四是对年收入不足500万美元的小型企业实行长期投资减免税，对投资500万美元以下的企业给予永久性投资税减免。小型企业的应纳税款如果少于2 500美元，这部分应纳税款可100%用于投资抵免。五是购买新的设备，使用年限在5年以上的，购入价格的10%可抵扣当年的应纳税额；若法定使用年限为3年者，抵免额为购入价格的6%。六是对中小企业实行特别的科技税收优惠，企业可按科研经费增长额抵免税收。七是准许小型企业实行加速折旧和特别折旧制度。八是地方政府对新兴的中小高新技术企业，减免一定比例地方税。

日本。日本对中小企业的税收优惠政策也比较全面：一是早在20世纪80年代政府就规定，对资本额在1亿日元以下，而年度应税所得额在800万日元以下的，法人税税率降为28%（大企业的税率为37.5%）。二是对试验研究费用超出销售额3%的或创业未满5年的中小企业，减收6%的法人税或所得税。三是允许中小企业设立改善结构准备金，对于提取的准备金，不计入当年应税所得，年度终了使用有结余后可交回再提。四是促进中小企业新技术的投资，给予相当于购置价7%的法人税特别税额扣除，还有强化中小企业技术基础的法人税税额扣除。五是对进行新技术和设备投资以节约能源、回收利用和利用新能源的中小企业，在设备折旧等方面提供优惠政策。六是对年课税销售额不足5 000万日元的中小企业，实行折扣征收消费税的边际扣除制度。

英国。英国政府利用税收政策对中小企业实施了一系列优惠措施：一是凡投资者创办中小企业，其投资额的60%可以免税，每年免税的最高限额是4万英镑。二是将年产出低于30万英镑的小企业的公司税率由24%降低到20%这一历史最低水平，比大企业低10个百分点，并正在拟定继续为小企业减轻赋税的计划。三是从1983年起，印花税从2‰削减到1‰，征税起点从2.5万英镑提高到3万英镑。四是取消投资收入税和国民保险附加税。五是豁免资本税，历届政府的资本税豁免额从25%、50%、75%到100%不等。六是从2000年4月起，年利润不足1万英镑的公司，所得税适用10%的优惠税率。

法国。法国中小企业众多，政府实行了较为全面和完善税收优惠政策来支持中小企业的发展。一是全部取消中小企业缴纳的公司所得税的附加税，把利润税税率从33.33%降至19%。二是中小企业用一部分所得再投资，这部分所得可减按19%的税率征收公司所得税。三是建立了“研究开发投资税收优惠待遇”制度，规定中小企业研发投资比上一年增加的可以免缴相当于研发投资增加额25%的公司所得税（1985年提高到50%）。四是对中小企业转为公司时的资产增值暂缓征税，并允许企业将亏损结转到新公司。五是新办小企业在经营的前4年非故意所犯错误，可减轻税收处罚，并可适当放宽缴纳的时间。六是凡雇员达到或超过10人的中小企业，在5年内可以逐步减轻建筑税和运输税。七是中小企业的财产继承税可缓交5~10年。八是对中小企业以专利、可获专利的发明或工业生产方法等无形资产投资所获利润的增值部分，可以推迟5年纳税。

德国。德国政府给予中小企业的税收优惠政策主要有：一是提高课税收入的最低标准，增加非课税收入的折扣、回扣。二是将所得税的最高税率降至53%，最低税率降至19%。三是从1990年1月起，如果小企业的周转额不超过2.5万马克（以前为2万马克）的话，将免征周转税。四是对手工业行业的中小企业免征营业税。五是中小企业凡是购置设备或者建造大楼，只要1/3是用于科研开发的，可以享受一定的税收减免优惠。六是对大部分中小手工业企业免征营业税，并将营业税起征点从2.5万马克提高到了3.25万马克。

2. 国外政府鼓励中小企业发展的财政政策。

（1）支持研发项目，促进技术创新。外国政府对中小企业研究与开发的资助，主要形式是设立政府专项基金，通过制定中小企业技术创新与开发计划，对符合条件的中小企业给予专项补贴。美国的“小企业创新研究计划”，要求年研究开发经费在1亿美元以上的联邦政府机构，要按一定比例拨出专款，用于资助小企业的创新研究；研究开发经费在2 000万美元到1亿美元之间的联邦政府机构，每年要为中小企业确定科研项目和目标。日本规定，中小企业进行设备现代化改造，可实行特别折旧，第一年可提30%，对技术含量高的中小企业所购入或租借的机器设备减免所得税。法国规定，中小企业为提高产品质量、改进技术工艺等提出首次咨询要求时，政府资助80%的咨询费用。英国制定了一项为期12年的支持中小企业技术进步的计划，拨款84亿英镑帮助中小企业更新设备和开发高新技术。德国制定了“中小企业研究与技术政策总方案”，对中小企业与学术界的研究合作，除给予所需费用的低贷款外，每年还补助3万马克；对开发新产品的中小企业给予50%的研究费补助，并协助其将科技成果转化为商品，尽快投入生产；通过“东部地区合作研究开发计划”，向东部地区中小企业提供资助，资助额达项目费用的50%。土耳其规定，中小企业进行研究开发所需的费用，每半年可凭发票向技术发展基金会和科技研究理事会核销一次，企业获得该项资助的金额最高可达该企业研究开发总费用的50%。比利时颁布第196号法令，鼓励国家科研人员到中小企业参加为期4年的研究开发运动；在资助工业基础研究项目时，对中小企业研究项目的资助可达80%；对非盈利性单位的特定项目的资助额可达100%。

（2）开发人力资源，增强发展后劲。为支持中小企业聘用优秀人才、加强员工培训，很多外国政府制定了专项政策。德国政府在全国各地建立有众多的技术管理培训中心，免费为中小企业管理人员和工人提供多种培训。法国规定，中小企业主一旦选择了专业人才，政府承担头一年50%的聘用费用（一般需要20万法郎）。土耳其政府鼓励中小企业雇用大学本科毕业生，企业雇用他们的前半年的税前工资由政府承担70%，同时还设立了培训资助基金，为企业人员培训支付50%的费用。马来西亚政府设立了“人力资源发展基金”，成立了马来西亚先进科学技术与机械研究中心，企业派员工到研究中心参加自动化操作培训，可向“人力资源发展基金”申请100%的津贴。比利时政府与银行、科研机构、大学和企业联合制定专用于中小企业技术和管理人员培训计划；对中小企业创办者进行为期1~3年的系统培训，部分津贴由政府提供；对中小企业执行带薪培训人才方面的资金投入。

（3）鼓励新建企业，增加社会就业。中小企业是典型的“就业经济”，很多国家对新建或扩大投资的中小企业都予以财政扶持。法国规定：新建中小企业可免3年的所得税，并在社会福利税收方面对新增雇员的企业给予减免优惠；同时按中小企业提供就业机会的多少，给予财政补贴。比如，举办工业中小企业，而且企业方向符合政府的地区发展政策和工业发展政策，每提供一个人的就业机会，政府就给予2万~4万法郎的财政补贴。除了政府财政补贴以外，还有就业地区发展补贴，对3年内增加投资30万法郎以上和增加职工6人以上的中小企业每增加5名就业人员，由地方财政部门补贴1.2万~1.5万法郎。德国规定：在落后地区新建的中小企业可以免交5年营业税，对新建的中小企业所消耗完的动产投资，免征50%的所得税，对中小企业使内部留存资金进行投资的部分免征财产税。韩国明确规定新创办的中小企业所得税实行“三免二减半”（前3年免税，后2年减半征税）。

（4）支持企业出口，拉动经济增长。很多国家为鼓励出口，对中小企业制定了出口退税和出口补贴政策。近年来，由于直接的出口补贴受到了越来越多的限制，各国政府支持出口的方式逐步变得复杂而隐蔽。尽管如此，出口退税和出口补贴仍是最常用的财政手段。土耳其政府对中小企业所进行的海外市场调研活动，每个项目最多可给予

7 500 美元的资助，一个企业每年可获资助 1.5 万美元，获得该项资助的累计金额最多可达 7.5 万美元；中小企业在境外设立商店和分销中心，第一年租金的 50% 和第二年租金的 30% 可由政府资助，但每个企业一年所获得的该项资助不得超过 3 万美元；对中小企业在产品质量和环保标准等的国际认证、专利申请以及参加国际博览会等方面也提供一定的资助。比利时设立了“费拉瓦—亚洲基金”和“瓦隆援助基金”，除了为中小企业提供各种免费或低成本的信息和咨询外，还资助中小企业到国外实地考察、洽谈生意、参加展览会、交易会等国际经贸合作与交流活动，基金可为有困难的中小企业提供 30% ~50% 的国际旅行费用。韩国制定了支援中小企业出口的中长期方案，主管中小企业的政府中小企业厅在全国各道、市设立支援中小企业出口中心，负责向企业提供咨询服务，协助企业获得 ISO 等国际认证；政府有关部门选了 1 万家中小企业的 5 万多种产品，在因特网上建立“中小企业馆”主页，向国内外宣传，并牵头组织中小企业与贸易代理商洽谈，以扩大企业的贸易机会。日本政府资助建立了小企业的情报网络和小企业的数据库，向小企业提供国内外有关的市场信息、技术信息、调查资料等，小企业可以免费查询政府储存在电脑资料库中的各种信息和数据资料。

三、国内部分地区中小企业发展的政策措施

近年来，在国家宏观财政政策的指导下，各省、市在贯彻落实国家政策的过程中，紧密结合各自的实际，充分发挥公共财政的作用，制定出台了一系列扶持中小企业发展的政策措施。

1. 广东省——全国经济发展最为活跃、最有实力的省份。广东是改革开放的试验区，中小企业迅猛发展，实现了从偏远落后省份到国内经济发展“第一世界”的转变，2008 年经济总量已连续 23 年居全国第一，主要经济指标长期排在全国前列。广东省坚持按照“政治平等、政策公平、法律保障、放手发展”方针，大力优化政策、政务、法制、市场、舆论“五个环境”，重点支持科技型、外向型、吸纳下岗职工再就业型、农产品加工型“四类企业”，促进了全省民营经济的大发展。一是出台扶持政策措施。2003 年省委、省政府出台了《关于加快民营经济发展的决定》及《广东省财政扶持中小企业发展专项资金管理办法》、《关于放宽民营资本投资领域的实施办法》、《关于促进个体私营经济加快发展的实施意见》等 12 个配套文件，政策上在经营领域、市场准入、土地使用、人才吸纳、资金扶持、税收优惠、对外交流、做强做大等八大领域实现了突破，为民营经济发展提供了有力的政策支持。2004 年出台了《关于推进广东省中小企业社会化服务体系建设的意见》和《关于加快广东省中小企业信用担保体系建设的意见》，提出了广东省中小企业服务体系建设和担保体系建设的指导思想、原则、基本框架、重点内容和措施，突破了政策性障碍；2007 年出台了《广东省促进中小企业发展条例》；2008 年 12 月出台了《关于促进中小企业平稳健康发展的意见》，从缓解融资难、加大财税支持、改善服务等方面提出有针对性的政策措施。这些办法、意见的制定和实施，形成了扶持民营经济发展的政策体系。二是加大资金扶持。省委、省政府决定，从 2003 年起连续五年从省财政拿出 20 亿元支持民营经济发展。其中包括从 2003 年起连续五年，每年增加 5 000 万元科技三项费用，每年安排 2 500 万元外向型民营企业发展资金，每年安排 5 000 万元民营农产品加工企业发展资金，每年安排 2 亿元中小企业发展专项资金；从 2003 年开始连续三年，每年安排再就业资金 5 000 万元；2003 年，对山区和东西两翼 14 个市每个市一次性安排 3 000 万元支持民营企业园建设。2008 年省财政决定新增 22 亿元中小企业发展专项资金，帮助中小企业攻坚克难。2008 年、2009 年，省财政厅实行通过招投标等竞争方式安排扶持欠发达地区产业转移资金的做法，启动了产业转移扶持资金竞争性分配改革，分 5 批每批安排 15 亿元，共 75 亿元 15 个标（每标 5 亿元）用于扶持东西两翼和粤北地区产业转移工业建设。

2. 浙江省——全国中小企业最为发达、最具影响的省份。浙江省是我国中小企业发展非常成功的省份。从 1999 年以来，浙江中小企业的增加值、销售收入、实现利润、上交税收、出口创汇等 7 项经济指标，已连续 7 年位居全国各省（市区）首位。2005 年，浙江省各类中小企业已占全省企业资产总量的 82.6%，营业收入的 71.7%；中小企业创造的生产总值占全省总量的 60% 以上，工业增加值占全省的 80% 以上。浙江省对于中小企业发展的财政性支持，在国家宏观财政政策的指引下结合自身财政特点，经过十多年的探索实践，逐步形成了一套财政支持体制与机制。目前，浙江公共财政初步建立了对中小企业发展的直接支持机制和间接支持机制。财政直接支持机制，主要以对中小企业发展的直接资金支持为主，各级财政单独或者融合设立与企业微观运行层面包括综合发展、技术、外贸、人才等具体关联的资金，结合相应的各级主管职能部门制定科学合理的选择标准，甄别出各运行层面的优秀中小企业，按规定从依托财政资金设立的各专项资金中安排资金，对中小企业进行直接的资金补助、贴息或配套。直接财政支持机制下，中小企业直接获得了运行发展所需的各类资金补助，使其发展所需资金困境获得一定程度的缓解。同时，各类资金的支持是具有政策导向性的，引导中小企业朝着培育企业可持续成长能力和核心竞争力的方向努力，并吸引企业关联金融机构对符合产业发展方向的成长型中小企业给予积极支持。财政间接支持机制，则立足于充分调动市场化或半市场化运行的中间机构力量，包括各类银行、担保公司、征信机构、区域服务平台等，这些机构已经基本具备一定的市场化判断能力和操作基础，财政资金可以借助这个渠道，一方面进一步支持这些机构的业务发展，提升机构的服务能力、影响力和公信力；另一方面使众多需要资金和服务的真正合格中小企业获得有力的信贷和服务支持。

3. 珠三角——全省经济发展最为充分、最集财富的地区。珠三角是广东省中小企业较为发达的地区，近几年来发展尤为迅猛，社会财富大量涌现，在全省的地位尤为突出。2006 年，广东省东西两翼和粤北山区的人均 GDP 只有珠三角的 25%；在全省地方财政一般预算收入中，珠三角占 67.0%。这在很大程度上得益于珠三角各地市采取的一系列强有力的扶持政策。例如：

中山市。为扶持中小企业发展，应对金融危机，采取了一系列的有效措施。一是市委、市政府出台了《关于努力保持经济平稳较快发展的若干意见》，为中小企业发展创造良好政务环境。2006 年市财政安排政策性扶持资金 1.393 亿元；2007 年安排 2 亿元，其中资助类专项资金 17 000万元，奖励类专项资金 3 000 万元。二是多渠道缓解中小企业融资难问题，出台了《中山市重点中小企业融资扶持资金管理暂行办法》和《关于进一步发展资本市场推动企业上市的意见》，建立了中山市重点中小企业名录（先后两批，第一批 694 家企业，第二批近 400 家企业正在审批之中），由市财政拨出 1 亿元专项资金，对中小企业实行贷款贴息，对信用担保公司实行贷款风险金补偿，对成绩显著的金融机构实行奖励；在重点中小企业名录中，推荐了 40 家有品牌、有技术、有市场、成长性好的企业为省政银企合作专项资金扶持对象，其中有 23 家企业 2009 年贷款 4.74 亿元，获批省财政专项资金 1 025 万元；修订了《中山市工业发展专项资金管理暂行办法信用担保项目实施细则》，提高了给予为小企业提供担保融资服务的担保机构风险补助和对与担保机构合作的金融机构奖励的最高额度，加入了对中小企业典当融资的扶持内容，鼓励企业典当融资；分期分批组建小额贷款公司；成立了中山市产权交易中心，对缺乏资产抵押，但发展前景好、有技术和品牌的企业，由市中小企业服务中心帮助这些企业在市产权交易中心或广东中小企业产权服务平台上进行产权融资。三是依照有关政策减免中小企业税费，先后制定了《中山市困难企业认定试行办法》、《中山市困难企业享受补贴政策试行办法》，规定被认定为困难的企业可以三选一优惠补贴，即“月岗位补贴每人 616 元”、“培训补贴每人 200 元”、“社会保险补贴先缴后补”。四是扶持企业技术改造和技术创新，每年安排财政专项资金 3 400 万元，对企业技术改造和技术创新项目给予补助。五是鼓励龙头企业做大做强，出台了《印发〈中山市工业发展突出贡献企业评定办法（试行）〉的通知》，对工业发展突出贡献奖的企业给予一次性金奖 300 万元，银奖 200 万元，铜奖 100 万元，并为获得“工业发展突出贡献企业”称号的企业配套了技改扶持、产品通关、土地购置、人才引进、职工子女入学等一系列优惠政策。六是支持中小企业开拓国际国内市场，市政府与拱北海关签下《携手共进帮扶企业合作备忘录》，推出支持企业发展 9 条措施，财政拨款 6 000 多万元对完成出口调控目标的镇区和重点出口大户企业给予奖励；设立专项资金 1 500 万元，对参与开拓国内外市场的企业给予展位费补助。

惠州市。近年来市财政安排 3 800 万元用于扶持中小企业发展，带动项目总投资 130 992 万元，带动贷款 46 335 万元，年新增产值 506 643 万元，年新增利润 79 202 万元，年新增税收 34 574 万元，年新增出口创汇 18 064 万美元，新增就业人数 24 896 人。一是出台一系列扶持政策，先后制定出台了《关于加快民营经济发展的实施意见》、《关于支持鼓励民营经济发展的若干措施》、《关于促进中小企业平稳健康发展的意见》等一系列鼓励扶持中小企业发展的政策文件及配套政策措施达 40 多项，在中小企业经营领域、市场准入、土地使用、人才吸纳、资金扶持、税收优惠、对外交流等方面为中小企业和民营经济发展提供了有力的政策支持。二是设立中小企业发展专项资金，从 2005 年起，市财政每年安排资金 1 000 万元，制定了《惠州市财政扶持中小企业发展资金审核管理办法》，明确资金扶持对象、使用范围、支持方式和申报程序，建立项目定期报告制度、检查制度和项目验收制度。三是设立全民创业发展资金，制定了《惠州市加快推进全民创业五年行动纲要》和《惠州市财政扶持全民创业发展资金管理暂行办法》。从 2008 年起，市财政每年安排 500 万元用于支持、引导中小型民营企业进行创业。四是鼓励中小企业建立科技创新平台，对被评定为国家级、省级和市级工程技术中心的，市财政分别给予 100 万元、50 万元、30 万元配套经费补助。五是推动企业自主创新，对获得中国驰名商标、中国名牌产品和省著名商标、省名牌产品以及市知名商标、市名优产品的企业，市财政分别奖励 100 万元、15 万元、5 万元。六是拓宽企业融资渠道，市财政注资 3 000 万元成立惠州市信用担保有限公司；对在国内成功上市的本市民营企业，市财政给予一次性奖励 300 万元。七是奖励纳税、出口大户和科技创新。从 2008 年起，对在本市年度纳税前 5 名的企业，市财政各奖励 10 万元；对一般贸易项下年度自营出口排名前 10 位的生产型民营企业，市财政分别奖励 10 万元；对新获评“国家科学技术‘五奖’”、“中国专利金奖”的企业分别奖励 50 万元，对新获评“中国专利优秀奖”、“省专利金奖”和“省部级科学技术进步二等奖以上”的企业市财政分别奖励 15 万元。

四、思路与对策：茂名支持中小企业发展的财政政策建议

茂名作为广东省欠发达地区，地方财政相对比较紧张，如何利用有限的公共资源，充分发挥财政“四两拨千斤”的功效，促进中小企业的快速发展，我们认为必须结合国家宏观发展形势和本地区的财政环境，借鉴国内外财政支持中小企业发展的经验，以创造性地贯彻国家财税政策和广东省区域政策为主，以提供公共产品如公共政策、公共信息、公共创业平台、公共创新体系等服务为主，坚持创新与贯彻相结合，量力而行，尽力而为，体现财政支持与宏观政策的协调性。

（一）把握前提：认清发展现状，找准问题症结

与发达地区和周边相比，茂名市中小企业经济总量、发展潜力、服务环境的差距仍然十分明显。全市促进中小企业工作的资源比较缺乏，扶持企业发展的政策措施还有待整合和加强，政府管理和服务的体制机制有待进一步创新；民营经济和中小企业办事难、融资难等问题还未能根本解决，需要采取有力措施不断改善、在不断发展中解决。主要表现在：

1. 总量规模偏小，管理水平不高。2008 年全市新登记私营企业 1 008 户，注册资金 76 205 万元，平均 75. 6 万元/户；个体工商户 16 265 户，注册资金 32 530 万元，平均 2 万元/户；截至 2008 年年底，全市私营企业发展到 8 144 户，注册资金 708 441 万元，平均 86. 98 万元/户；个体工商户 189 927 户，注册资金 391 250 万元，平均 2. 06 万元/户。整体素质有待进一步提高，管理手段落后、信息化水平不高，管理效率低的比较多。

2. 发展方式粗放，产业层次较低。茂名市中小企业大都集中在传统的第三产业和加工制造业，自主创新能力不强，具有核心技术、自主知识产权的极少。研发投入极少，高投入、高消耗、高污染、低效益的发展模式尚未根本转变。产业结构不尽合理、优势行业不多，2008 年民营经济三次产业比例为 13. 7∶33. 6∶52. 7，龙头带动型的企业少。在中小型工业企业中，大多集中在石油化工和乙烯后加工、农副产品加工、矿产资源深加工三大产业。产品结构单一，一般性的初级加工产品多、深加工和高科技、高附加值产品少，特别是能够直接进入大型商场的商品少。

3. 发展“瓶颈”较多，经营十分艰难。一是茂名市尚未成立政策性担保机构，商业性担保机构少之又少，很难争取国家和省担保体系建设资金扶持，民营工商中小企业融资难及资金紧缺问题非常突出。据不完全统计，2009 年茂名市仅进出口企业流动资金缺口达 5 亿元。二是资源约束压力加大。能源供应紧张，生产资料价格波动大，企业的生存发展空间非常小。用工难、用地难等问题依然存在，不少地方出现招工难现象。三是劳动密集型企业和外向型企业目前运作十分艰难。新的《劳动合同法》实施后，强制性的社保费人均增加 260 元/月，政策性成本增加 15%；原材料价格大幅度波动，生产成本难控制；加上世界金融危机的影响，市场萎缩，大多数企业无法正常生产经营。据统计，2008 年全市关闭、停产和外迁企业 340 家，涉及员工 3 760 人。

4. 政务环境欠佳，政策难以落实。2003 年以来，茂名市包括各县（市、区）共出台了 22 个文件，但不少单位行动迟缓，“慢、拖、扣”现象突出，出台的政策不落实；一些执法部门检查过多，处罚太滥，企业疲于应付；市场进入门槛过高，审批环节过多，“事难办、门难进、脸难看”和“吃、拿、卡、要”的现象突出；服务的部门少，社会化服务体系和信用担保体系不健全。这些问题已严重挫伤了中小企业发展的积极性，影响了政府的形象。

（二）抓住关键：强化职能转变，落实扶持政策

目前，从中央到地方为促进中小企业的发展，制定出台了不少扶持的财政政策，但贯彻落实得不够理想。究其原因，主要有思想认识、机制约束、资源欠缺、宣传不够、透明度不高、督查不力等方面。因此，强化政府职能的转变，认真落实好各项扶持政策，是茂名市支持中小企业发展的关键环节和首要任务。在当前和今后一个时期，财政作为引导改善中小企业发展环境的主要政府职能部门，要以学习贯彻国务院《关于进一步促进中小企业发展的若干意见》为契机，着重抓好几方面工作：

1. 理顺多头管理体制，强化政府服务职能。把各级中小企业局从经贸局内设机构中剥离出来，改设为政府派出机构，从财政上配足人员、经费和办公设备；将工商局、工商联、外经贸局、科技局等部门对相关中小企业的指导和管理职能归并纳入其中，整合资源，形成合力，避免政出多门、职责不清、多头管理、上下不顺等现象，从而增强为中小企业服务的能力，体现财政间接上对中小企业发展的支持。

2. 加大政务公开力度，发挥政策导向功能。现在已出台的支持中小企业发展的财政政策很多，但问题在于企业和老百姓知之甚少、不知如何运用，加上部分执行者政策水平不高、吃不透把不准，从而导致政策束之高阁、难以落实。因此，由市中小企业局牵头，会同财政、工商、税务、经贸、外经贸、农业、科技、金融等部门，对现行的扶持中小企业发展的各项财政政策，分门别类进行归纳整理，以最简单明了的方式汇编成册、绘制成图，广泛向社会、企业公开宣传；以此为教材，举办中小企业有关管理人员、财会人员学习培训班，组织专业人员深入企业宣讲辅导，最大限度地把政策交给企业，引导和促进中小企业的快速发展。

3. 财政加大支持力度，增强落实政策后盾。与珠三角地区相比，茂名财政对中小企业的专项支持力度差距不小，仍存在很大的扩展空间。2008 年，市财政只安排了 200 万元作为中小企业发展专项资金，实施项目 15 项。其中，技术改造和技术创新项目（全部为贷款贴息）8 项，资金 150 万元；服务体系建设项目 6 项，资金 40 万元；担保体系建设项目 1 项，资金 10 万元。因此，财政应当充分发挥“有形之手”的作用，弥补市场“无形之手”的不利因素，不断加大对中小企业发展的财政支持力度，同时明确财政重点支持的是中小企业面临风险最大、受制约最严重、市场失灵最突出的创业与技术创新、两个体系建设、国际市场开拓等三个方面，促进中小企业发展方式的转变。同时，落实奖励政策，对在本市年度纳税前 10 名的企业、自营出口完成任务的企业，对新获评“国家科学技术‘五奖’”、“中国专利金奖”、“中国专利优秀奖”、“省专利金奖”和“省部级科学技术进步二等奖以上”的企业，由市财政分别给予奖励。

4. 改进现行税收征管，简化依法纳税程序。中小企业

往往缺乏处理复杂会计报表的专业技术人员，而我国现行的“增值税”和“所得税”两个税种不分企业规模大小，都按同一纳税期限、纳税程序进行管理，无形中增加了规模小、账簿不规范的中小企业报税、缴税的成本和难度。因此，在税收征管中要做好管理服务，体现公平执法，方便纳税，营造良好的纳税环境。一是大力加强税法知识和建账建制的辅导培训，提高中小企业财务人员业务水平和职业道德，以利扩大建账面。二是广泛开展税法宣传，利用媒体、办税大厅免费提供税法宣传，提供税务咨询服务，以利中小企业能及时获得税收法规变动的可靠信息，促使其依法遵章纳税。三是积极推广税务代理服务，为中小企业提供税务咨询、税务代理，尽量减少因不了解税收法规而造成的纳税差错。四是改进对中小企业的征收办法，积极扩大“查账征收”范围，尽量缩小“核定征收”的比重。同时，设定一定的标准，对于符合标准的中小企业实行简化纳税申报程序和缴纳程序，采取按半年或一年缴纳的方式，不但可简化这些企业的纳税手续，也有利于降低纳税成本。

5. 落实政府采购制度，扩大政府购买份额。鼓励与扶持生产“精、尖、特、优”产品的中小企业发展壮大，提高采购中小企业货物、工程和服务的比例，进一步提高政府采购信息发布透明度，完善政府公共服务外包制度，为中小企业创造更多的参与机会。可以学习美国对中小企业的采购采用扶持手段：搁置购买，即政府参与合同招标，选出适合于中小企业的合同项目搁置一边，待小企业投资；拆散合同，即从专项合同中分离出一般性合同，或将一个单一合同分成多个小合同，确保小企业有参加投资的机会。同时，如果合同招标方对小企业实现合同的能力或信用有怀疑，政府可以颁发能力证书，表明该企业有满足合同要求的能力。

6. 加强指导督促检查，确保政策落实到位。一是按照《关于建立茂名市促进民营经济发展联席会议制度的通知》的要求，坚持和健全市促进民营经济发展联席会议制度，完善议事规则，定期研究讨论民营经济发展工作，建立促进民营经济发展的长效机制和工作制度，加强对民营经济工作的统一领导、组织协调和监督。二是建立茂名市促进中小企业发展的考核制度和考核指标体系，把落实中央、省和市扶持中小企业政策，促进中小企业发展的情况，作为各级政府政绩考核的重要内容，作为每年“两会”的重要议程进行述职和审议。三是组织联合考核组，定期对各地及相关职能部门解决中小企业融资难、用地难、用电难、立项难和办事难等突出问题，进行指导检查，督促落实促进中小企业发展政策。督促投资、工商、税务、质检、环保等部门树立管理就是服务的理念，拓展服务领域，改进服务方式，最大限度减少审批事项、简化办事程序、推行政务公开、提高行政效能，切实为企业和投资者提供便捷有效的服务。四是完善《茂名市民营企业投诉中心运作规则》，落实好《茂名市民营企业投诉中心受理办法（试行）》和《关于组织民营企业评议政府职能部门实施办法（试行）》，积极沟通协调和反馈意见，在全社会形成一种维护中小企业合法权益、促进公平发展的良好环境。

（三）突出重点：构建服务平台，突破发展瓶颈

1. 构建全民创业服务平台，拓展中小企业发展领域。一是加快小企业创业园区建设步伐，继续加大政府引导和扶持力度，改善创业和发展环境，努力实现投资主体多元化、运作形式市场化、管理方式企业化，进一步提升创业基地的孵化功能，降低小企业的创业成本和创业门槛。如，工商行政管理部门通过采取放宽市场准入限制、下放登记管辖权限、提升服务效能等措施，依托互联网，在全系统工商所实行个体工商户就地委托登记工作，实现工商所核发个体营业执照。二是积极推进创业辅导行动，建立健全市、县（市、区）两级创业辅导服务网络，创新辅导形式，拓展辅导领域，建立创业辅导的长效机制。

2. 构建新型融资服务平台，缓解中小企业融资难题。一是搭建银企沟通平台，推动银企合作。在“茂名市中小企业服务网”、“茂名企业信用网”上设立互动式银企信息交流平台，向金融机构推荐企业和项目资金需求情况，通过链接金融网站向企业宣传最新金融产品和办事程序，建立起政银企信息共享机制，构建茂名市中小企业融资服务平台。联合举办大型中小企业融资及金融产品推介会，组织全市八大银行及担保公司设置摊位与企业代表进行面对面对接沟通和签约。二是金融机构积极改善对中小企业的服务，提高贷款审批效率。国有商业银行、股份制银行、城乡信用社都要建立小企业金融服务专营机构（窗口），完善中小企业授信业务制度，逐步提高中小企业中长期贷款的规模和比重。对商业银行开展中小企业信贷业务实行差异化的监管政策。三是创新金融产品和服务方式。完善财产抵押制度和贷款抵押物认定办法，采取动产、应收账款、仓单、股权和知识产权质押等方式，缓解中小企业贷款抵质押不足的矛盾。鼓励各商业银行结合中小企业融资需求特点探索多种模式开展信贷业务：大力推广“信贷工厂”模式，对中小企业贷款的申报、审批、发放、风控等环节按照流水线作业方式实行批量操作；积极推广“评分卡”模式，银行通过打分方式综合评估客户信用和授信状况；规范推广“地缘信贷”模式，支持地方金融机构，发挥地缘人缘优势，通过“老相识＋新技术”的办法，了解客户，完善信息，测评风险，扩大社区客户信贷范围；加快推广“四眼信贷”模式，对资信良好、信贷能力强的中小企业发放信用贷款，实行双人审贷，四只眼睛监管，努力提高信贷审管效率。四是大力发展金融事业，拓宽融资渠道。加快研究鼓励民间资本参与发起设立村镇银行、贷款公司等股份制金融机构的办法，积极支持民间资本以投资入股的方式，参与农村信用社改制为农村商业（合作）银行、城市信用社改制为城市商业银行以及城市商业银行的增资扩股。支持、规范发展小额贷款公司，鼓励有条件的小额贷款公司转为村镇银行。五是建立小企业贷款风险补偿制度。完善小企业信贷考核体系，提高小企业贷款呆账核销效率，

建立完善信贷人员尽职免责机制，对金融机构发放小企业贷款按增量给予适度补助，对小企业不良贷款损失给予适度风险补偿。

3. 构建技术支持服务平台，促进发展方式切实转变。一是加大市财政对中小企业技术改造和技术创新项目的投入力度，支持民营企业建立科技创新体系、引导民营企业加强产学研合作。二是改善和提高技术服务水平。支持质监部门通过免费为企业提供有关技术咨询、全面贯彻落实技术标准战略、做好生产许可证的取证服务工作、加强企业能源计量工作、为企业快速办理特种设备使用登记业务。积极帮助企业开通标准信息服务"绿色通道"，邀请有关专家为企业免费安装标准查询系统，实现国内外标准全文或题录的快速查询。三是引导整合社会资源，支持对中小企业开展技术合作服务。加快推进为块状经济服务的重点区域创新平台和重点企业技术中心建设，搭建共性技术和关键技术攻关平台，为中小企业提供技术创新支撑。支持专业服务机构为中小企业提供合同能源管理、节能设备租赁等服务。支持中小企业与大型企业开展多种形式的经济技术合作，建立稳定的供应、生产、销售等协作关系。支持大型企业通过专业分工、服务外包、订单生产等方式，加强与中小企业的协作配套，积极向中小企业提供技术、人才、设备、资金支持，及时支付货款和服务费用。

4. 构建信息咨询服务平台，引导中小企业健康发展。一是积极推动中小企业信息化联盟建设，为中小企业搭建经济实用、资源共享的信息化服务平台，开发和推广适合中小企业的信息化应用系统，实现信息资源共享，提升中小企业的信息化水平。二是完善茂名中小企业信息网建设，建设电子商务服务平台（www.mm0668.com.cn），支持各县（市、区）分网的建设，健全全市中小企业信息网。三是加强与中国中小企业信息网和广东省中小企业信息网的互动，扩大信息资源，搭建政企沟通桥梁，形成政府、服务机构、中小企业三者之间的信息互动机制，为广大中小企业提供国家政策法规、产业导向、行业动态、技术改造支持、投融资、市场预测等信息服务，以满足企业信息沟通、内部办公、生产管理和服务营销等方面的需求，并通过互联网更广泛地对外宣传茂名中小企业。

5. 构建市场开拓服务平台，拓展两个市场发展空间。一是支持建立各类中小企业产品技术展示中心。二是采取财政补助、降低展费标准等方式，支持中小企业参加国家、省举办的技术交流、产品展览及中国国际中小企业博览会等各类展览展销活动。充分利用这些平台，加强中小企业对外交流与合作，促进中小企业与国内外其他中小企业的交流与合作，开阔中小企业管理者的国际视野，提升参展企业的知名度。三是引导企业利用现代电子商务手段，开展网上洽谈、网上成交等出口业务，开拓国际市场，指导企业加入中国制造网、阿里巴巴网，组织企业的网页与局网页连接，发送到在线广交会及香港贸发局的网页，为中小企业拓展市场发展空间，构建市场开拓平台。

6. 构建人才培养服务平台，促进中小企业智力开发。以国家三年内培训100万中小"老板"为契机，加大财政支持力度，制定实施《茂名市中小企业培训工作方案》，建立中小企业人才培养基地，充分发挥行业协会和专业培训机构的作用，广泛开展政策法规、职业道德、企业管理、市场营销、专业技能、客户服务等各类培训，重点抓好上岗培训、再就业培训、高级管理人员和高新技术专业人才的培训。出台扶持中小企业员工在岗及转岗技能培训的各项优惠政策，如对中小企业开展职工培训给予适当的补助或奖励等。

（四）提供保障：完善担保体系，增强发展后劲

1. 支持建立政策性担保体系，引导担保行业全面发展。一是筹集资金，设立地方财政出资和企业联合组建的多层次中小企业融资担保基金和担保机构。充分发挥政策性的担保职能，重点面向科技创新型、出口创汇型、服务贸易型中小企业开展业务。同时，按照国家政策为市内中小企业信用担保机构提供再担保服务，促进其提高资信水平、扩大银行授信额度，拓展担保业务规模。二是各级财政要加大支持力度，综合运用资本注入、风险补偿和奖励补助等多种方式，提高担保机构对中小企业的融资担保能力。落实好对符合条件的中小企业信用担保机构免征营业税、准备金提取和代偿损失税前扣除的政策。三是国土资源、住房、城建、金融、工商等部门要为中小企业和担保机构开展抵押物和出质的登记、确权、转让等提供优质服务。四是由政府牵头，构建中小企业信用担保监管体制，防范担保体系的系统性风险。加强对融资性担保机构的监管，引导其规范发展。鼓励保险机构积极开发为中小企业服务的保险产品。

2. 健全完善商业性担保体系，增强为企业的担保实力。一是借鉴惠州市的做法，推动民营、企业互助和外资担保机构的发展。2009年2月，惠州由市财政注资3 000万元、吸收民间资本参与成立了惠州市信用担保有限公司，前期登记注册资本为9 900万元，最终注册资本为2亿元。该公司按照"政府引导、社会参与、规范经营、市场运作"的模式，以互助性、商业性为主导，按照股权多元、三权分立、专业团队运作、市场化经营的运作模式，建立现代企业法人治理结构，与中行、建行、工行、农行、交行、广发行签订了合作协议，获得授信额度5亿元，提供了1.5亿元的贷款担保。二是拓宽担保资金的来源，大力发展市场化的担保机构。要在政府投入的引导下，逐步形成以企业投入为主体、民间资本和境外资本共同参与的多元化投资格局。鼓励现有中小企业担保公司吸收有意向的国外资本进入，用国外的先进经验和管理运作担保资金。鼓励相互担保，通过中小企业间的自愿联合，单个企业共同出资建立担保基金，然后利用该基金为每个参与的中小企业做担保，通过集体的力量，化解银行贷款风险。根据担保机构的不同性质，建立各种有效的资金来源机制：政策性担保机构可以吸收银行和社会捐助来增加担保资金；商业性

担保机构可以采取吸纳基金会员，实施增资扩股、吸纳新股东等方式增加担保资金；企业互助性担保基金可以吸收企业和社会捐助增加担保资金。

3. 支持资信评级机构的发展，提升担保行业信用水平。资信评级是专业信用担保体系规范发展的需要，是金融机构确定是否与担保机构合作及合作程度的重要参考。开展对担保机构的信用评级，解决企业信用信息不对称问题，是政府依法监管，提高中小企业信用意识和提升信用能力，促进担保业规范有序健康发展的重要基础。一是探索建立统一的担保机构资信评级制度，逐步推开资信评级工作，建立担保机构诚信档案，完善信用信息共享机制，督促担保机构注重自身信用建设，提升资信水平。二是参与担保机构信用评级的各信用评级机构，应坚持独立、公正、客观、科学的原则设定评级方法体系，执行《中国人民银行信用评级管理指导意见》规定的评级程序和评级要素、标识及含义，采用宏观与微观、动态与静态、定量与定性相结合的科学分析方法，评定各评级对象的信用等级。三是依法加强监管和扶持。财政部门依据评级结果，加强对担保机构的风险管理。对资信等级高的机构，在资本金扩充和风险准备金拨补方面予以优先安排；各级中小企业局对信用状况良好的担保机构加大扶持力度，对不规范、等级低或不参加评级的，不得推荐享受财税优惠和评先评优等扶持，并加大监督制约力度；行业协会从配合政府管理的目的出发，根据评级结果实施分类指导和自律管理。

4. 推动和健全风险补偿机制，增强担保抵御风险能力。建立以政府财政为主导的外部补偿机制，保证中小企业信用担保机构具有长期稳定的补偿资金来源，是政府扶持中小企业信用担保业的一项重要政策。从国外的情况来看，专业性担保机构的代偿损失的补偿主要依靠政府为主的补偿机制。如美国小企业局的担保风险纳入联邦财政预算，日本信用保征协会担保风险损失的70%由政府成立的中小企业信用保险公库给予补偿，英国规定出现索赔经确认合理，符合《小企业贷款法》的条款，将由政府赔付贷款人85%的损失。一是政府建立起累进增拨资本金和风险补偿机制。每年从财政预算中按担保总额3%～8%比例的安排资金，建立担保风险化解补偿基金，补偿政策性担保机构因赔付造成的担保基金的损失，以保证担保机构有长期稳定的补充资金来源。可以采取政府财政预算资金注入增加资本金、优惠税率、利润返还等方法支持担保公司业务发展，担保公司为企业担保出现代偿，经调查符合有关规定，由政府建立的补偿基金中代赔付一定的比例。二是规范、完善中小企业信用担保机构的“以奖代补”制度，对运行良好、管理规范、社会效益显著的担保机构给予一定的奖励，提升担保机构的担保实力。三是对担保公司按当年新增担保额进行风险补偿。如财政每年按信用担保公司对单个企业在300万元以下贷款担保业务额的3%核定风险补偿金，对300万～500万元贷款担保业务额的按2.5%核定风险补偿金，500万～800万元贷款担保业务额的按2%核定风险补偿金。小额贷款公司凡对单个企业发放贷款200万元以下的，市财政按其当年新增发放贷款额的1%核定风险补偿金。四是提取担保风险准备金。即从担保收入中提取一定比例的资金，用于代偿和坏账处理。信用担保机构的风险准备资金，除了按财政部有关文件规定执行外，还可采取股权性投入的方式扩资，充分吸纳社会其他渠道的资金，使企业、银行和其他金融机构、中小企业协会、商会等成为担保机构的股东，扩大风险准备金的数量，以增加担保机构的实力和抵御风险的能力。

产业结构调整促进财政可持续发展研究

——佛山市产业结构调整典型案例分析

（节选）

省财政厅办公室

一、近年来佛山市推进产业结构调整的主要做法

多年来，佛山市得改革开放风气之先，经济和社会各项事业快速发展，城市综合实力不断增强，形成了独具特色的产业体系，其中顺德、南海经济发展在国内外具有较大影响。但与此同时，佛山经济粗放型发展模式没有得到根本性转变，自主创新能力不足，产业层次较低，并在发展中存在各自为政、规模不经济的弊端，城市化的滞后阻碍了工业化的进程。为此，佛山市委提出

了“产业强市、文化名城、现代化大城市、富裕和谐佛山”的全市统一奋斗目标，开展了顺应规律、影响深远的一系列决策调整和战略布局，以提高城市综合竞争力为核心，以结构调整、资源整合为主要任务，凝聚人心力量，推动建设广东第三大城市，取得了显著成效。在这一大背景下，佛山“产业强市”发展方针的确立，从内到外，从体制到政策，从规模到层次，全方位推进佛山产业资源整合、结构调整和优化升级，加快了新型工业化和现代产业建设进程，实现了跨越式发展，GDP从2001年的1 000亿元提升至2005年的2 000亿元，至2008年突破4 000亿元，达到4 300亿元。佛山市推进产业发展的做法主要包括以下四个方面。

（一）破除产业发展体制障碍，以行政区划调整为契机整合资源、构建统一大市场、打造现代化大城市

工业化、产业化与城市化、现代化相伴相生，市场经济的竞争在一定程度上是大城市间的竞争。改革开放以来，佛山工业化、产业化进程为城市化、现代化奠定了物质基础，但近年来佛山城市化滞后于工业化的进程，难以充分实现对资源要素的集聚和优化配置。为打破行政区划对生产资源要素自由流动、产业错位发展的体制障碍，提升佛山整体竞争力，经国务院批准，2003年1月8日进行行政区划调整，将原来佛山所属四县两区重组为市辖禅城区、南海区、顺德区、三水区和高明区等五个区，佛山抢抓机遇，整合资源，统一市场，制定实施了一系列构建现代化大城市的发展战略，全力打造广东第三大城市。

一是以规划统领发展，理顺行政管理体制。牢固树立“规划是发展的引领”、“区、镇是城市建设发展的主战场”的科学发展理念，推进“统一规划、统一标准、统一安排、属地实施”，理顺行政管理体制。一方面，强调规划在城市建设中的引领作用，弱化行政区划在城市管理中的作用，市政府主要集中精力进行城市战略决策和宏观协调管理，避免各区在行政区域内配置资源，促进资源整合和要素顺畅流转；另一方面，简政放权，市辖五区管理权限基本不变，市级不仅不向区镇集中财力和资源，而且积极推进向区、镇政府下放管理和审批权限，提供发展的宽松环境，充分调动区镇发展的积极性。据统计，截至2008年年底市政府共四批向区一级下放行政管理事项322项。2003～2008年，南海区、顺德区发展加速，生产总值分别从524.24亿元、582.12亿元增加到1 490.75亿元、1 560.60亿元，年均分别增长23.25%、21.80%。

二是城市组团发展，打造城市品牌。围绕打造现代化大城市，顺应城市化发展规律，避免“摊大饼”式的发展模式，加快农村城镇化、农民向城市迁移，作出推行“2+5”组团式城市发展的重大决策，在原有发展基础上，以重点产业园区布局和人口分布为中心，在“十一五”期间建设两个100万人口以上的新城区和5个30万～50万人口的新城区，包括禅桂中心组团、容桂次中心组团和狮山组团、西南组团、西江组团、大沥盐步组团、九江龙江组团等5个中心城镇，进一步确立区镇经济发展主战场的地位和作用，通过人口、产业向组团集中，使各个组团成为新一轮财富聚集的发展平台，提升佛山在珠三角乃至全国的影响力。组团式发展按照产业集群的形成及在此基础上人口的集聚进行功能区划分，进一步打破了行政区划的限制，如狮山组团将狮山工业园区与乐从工业园区进行整合，西江组团将西樵与荷城进行整合等，有效地促进了产业集聚和集约发展。

三是整合城市资源，构建统一市场。推动组团式城市发展，确立“城市有形、经济无界、行政有边、生活无量”的发展理念，抓紧编制实施城市概念规划、城市总体规划、城镇体系规划等一系列重大规划，对各项产业发展、土地利用、专业市场、货运港口、交通运输等进行资源整合和优化布局，推进城市组团的产业协调发展、基础设施无缝对接和城市服务功能的统筹安排，实行公用事业、基础设施建设、城市可经营项目、服务领域的开放和国有企业改革，形成城市公用事业建设营运管理的市场化、社会化的新体制，形成统一大市场。近年来，佛山市已完成对“2+5”组团的路桥收费站、公交营运线路、教育资源、电信邮政网络、党校和政府系统干部培训机构、新闻传媒、公用事业资源的有效重组整合，大大推进了现代化大城市环境和投资营商环境建设。通过放开城市建设的各个领域，进行公开操作和公平竞争，把城市优势资源、存量资产转化为流动的发展资金，引导民间投入，大大加快了城市化建设进程。

四是以大投入促进城市化、产业化大发展。2003年以来，按照城市建设发展规划的总体要求，佛山市积极谋划推进“十大工程”建设，以大气魄、大手笔，仅2003～2006年就投入1 900多亿元推动城市建设，包括交通干线路网工程、城际快速轨道交通工程、生态环保工程、能源工程、水利工程、现代化组团式城市建设工程、工业园区工程、信息化工程、省运会工程和科教文卫工程等，基本搭建了一个现代化大城市的基本框架，并促进了固定资产投资的大幅增长，增强了产业发展后劲。特别是佛山一环快速干线的全线贯通，不仅搭建了大佛山五纵九横路网核心骨架，为建设一个紧密联系的大佛山奠定了基础设施基础，更成为广佛都市圈重要的南北通道和经济走廊，促进产业资源要素流转畅通。

（二）提升产业集聚和发展层次，把镇和园区作为产业发展的主战场

行政区划调整后，佛山明确了“产业立市”的发展方针，把产业的发展作为城市建设及各项事业发展的重要基础加以推进，全力打造“佛山制造”产业品牌，紧紧围绕产业做大规模做强实力的发展目标，抓住工业园区和专业镇两大载体建设，提升产业集聚度和发展层次，推动了佛山产业的跨越式发展。

一是积极推进专业镇和产业园区发展，成为产业发展

的主要载体。佛山市在行政区划调整之初，就深刻地把握了区镇发展产业经济的主体地位，赋予区镇更大的自主发展权限，支持和鼓励南海顺德快速提升、高明三水跨越发展、禅城集聚发展，继续保持和激发区镇经济发展的活力；并以工业园区为主要依托，集中财力投入园区基础设施建设，推进专业镇发展壮大，将原有村级工业园区逐步整合到镇级工业园区，各镇形成产业品牌并逐渐向市、区级产业园区内集聚，通过工业园区的改造和整合，改变过去工业发展沿江、沿路分散布点的产业布局模式。2004 年，佛山市对全市各类工业园区进行了大刀阔斧的重组整合，将原有的100 多个园区整合为21 个重点园区，最终调整为6大产业园区。至2007 年，佛山共建成23 个国家级特色产业基地、6 个省级产业基地、6 个省产业集群升级示范区和28 个工业类专业镇，产业集群集约化发展取得了显著成效。据统计，2008 年，佛山市规模以上工业总产值超过1 万亿元，比2003 年增长了3 倍多，实现了跨越式增长，其中约有一半来源于工业园区，60% ~70% 来源于各主要产业集群。

二是做大民营经济，成为产业发展的主体。长期以来，佛山十分注重鼓励和发扬民间经商贸易传统，2003年进一步把民营经济作为经济发展的战略重点，使得佛山在既不是经济特区，又不是沿海港口城市的条件下，主要依靠自身、立足本土，取得了经济发展的骄人成绩。近年来，佛山重点抓好各项扶持民营经济发展的政策落实，营造良好的政策环境，包括支持和鼓励信用担保行业发展，实施“中小企业成长工程”，从2003 年起每年安排1.3 亿元以上扶持民营企业发展，帮助中小企业解决“融资难”、成长风险大等困难，支持中小企业围绕大型企业和重点项目发展配套工业，鼓励中小企业与国际公司合资合作、技术创新和创建品牌等，推动民营企业国际化、品牌化、现代化、集聚化发展。2007 年，佛山市进一步实施了企业“五阶段”发展战略，从更细化的微观操作层面，围绕企业发展夯实基础、创造品牌、注册专利、制定标准、让他人为我做贴牌生产等“五个阶段”进行扶持，加快产业转型升级步伐。经过多年努力，佛山市民营经济迅猛发展，成为经济发展的主导力量，并呈现内源型、抗风险能力强的特征。据统计，2003 年以来佛山规模以上民营工业年均增长30% 以上，至2009 年上半年对工业增长贡献率达56.5%。

三是实施大企业发展战略，构建产业生态群落。在产业发展达到较大规模的基础上，佛山市进一步从全局、从长远谋划，努力引进和打造一批带动辐射性强、产业关联大、具有国际竞争力的大项目、大企业，逐步形成以大企业为龙头，中小企业专业化分工、产业化协作、集群化发展的健康产业生态群落。为此，佛山市对各工业园区进行跨区整合和合作，预留并规划建设承载特大型项目、特大型企业的发展用地，出台优惠政策，瞄准国际大企业、大集团、央企等加大招商引资力度，抓一批大项目落户佛山。仅“十五”期间佛山就引进世界500 强企业16 家、项目38 个，超过2000 年前引入数的总和。至2008 年，42 家世界500 强企业在佛山投资82 个项目，79 家国内500强企业投资128 个项目；佛山市产值超1 亿元企业达1 500多家，其中1 亿 ~100 亿元的企业有250 家左右，100 亿 ~1 000 亿元的企业有6 家，美的等一批家电企业和东鹏等一批陶瓷企业在佛山建立了总部基地，格兰仕、普立华、顺特电气等一批企业成为国内乃至国际同行知名的龙头企业。

（三）促进产业转型升级，提升产业竞争力

近年来，佛山市以世界眼光和战略思维谋划产业发展，既巩固传统产业优势，又顺应产业发展的趋势、规律，实行产业结构调整和转型升级，打造新的经济增长点。

一是抓住国际产业转移和广东产业重型化趋势，发展装备制造业等新兴产业。新世纪以来，以跨国公司为主导引发了新一轮国际产业转移和要素流动，国内外大公司大企业抢占区域市场步伐加快，为佛山产业发展和结构调整提供了战略机遇。佛山市抢抓机遇，按照全省产业高级化和适度重型化的总体布局，主动承接下游产业，延伸产业链，加快各类装备制造业基地建设，发展新的支柱产业。如，抓住世界制造业向我国加快转移特别是日资三大汽车制造企业落户广州的机遇，以发展汽配产业为突破口，大力吸纳先进装备制造项目落户；陆续引进发展一批新兴产业大项目，包括顺德太阳能产业基地、三水光伏产业基地、南海新兴电光源产业基地、奇美电子液晶显示器等，加快了制造业结构调整。据统计，至2008 年，佛山规模以上装备制造业完成工业总产值2 330.84 亿元，约占规模以上工业的22%，轻重工业比例达1∶1.17，呈现适度重型化特征。

二是抓住产业核心竞争力，发展品牌经济和高新技术产业。顺应市场经济规律，在产业集聚度达到较高水平的情况下，从产业发展的面上进行政策引导和搭建公共服务平台，内强技术、外树品牌，形成整体竞争优势，支撑整个地区产业的持续快速增长。实施名牌带动和技术标准战略，每年投入超过1.5 亿元，加快各区镇产业的重组优化、集聚和提升，创建“顺德家电”、“乐从家具”、“大沥铝型材”、“西樵纺织”、“石湾陶瓷”、“澜石不锈钢”等一大批区域品牌和行业品牌，依托专业镇推进“白坭电子电器产业基地”、“沧江新材料产业基地”等特色产业基地建设，并通过建立各类检验、检测中心，主动参与国际、国家和行业标准的制定，帮助企业突破国外企业知识产权与技术标准障碍，巩固和提升品牌战略地位。同时，积极推进企业自主创新和核心产业技术的引进、消化、吸收和再创新，每年从科技发展专项资金预算中提取30% ~50% 用于推动企业自主创新，通过加强产学研合作、建设中小企业服务平台、建立孵化基地等，引进先进项目和技术，提高自主创新能力，初步形成了以电子信息、新材料、光机电一体化、环保家电和设备等行业为主导的高新技术产业群。据统计，至2009 年，佛山市共有高新技术企业209 家，企业技术中心59 家，行业性、区域性技术创新中心21 个，科

技企业孵化器7个，省级特色产业研究开发院3个，国家级的质量监督检验中心14个，省级质量监督检验站16个，国际检测机构1个；共创建中国驰名商标25件、中国名牌产品65个、广东省著名商标261件、广东省名牌产品217个，成为全国品牌经济强市。

三是抓住产业发展规律，推进现代产业体系建设。佛山积极推进产业集聚化、高级化、信息化发展，加快传统制造业向先进制造业转型，逐步探索了一条适合本地的现代产业发展道路。首先，正确处理传统产业和现代产业的关系，提出“没有落后的产品，只有落后的工艺”，积极淘汰一批落后产能，改造提升一批传统产业，仅2007～2008年就淘汰“双高”企业622家，实施“百亿千项”技改创新工程，投入276.76亿元对家用电器、陶瓷、纺织服装等传统产业进行改造提升和转移生产环节，促进了传统产业转型升级。如，2008年佛山禅城区建筑陶瓷产量比2006年下降了38.89%，但产值和税收却分别增加了33.3%，出口总值增长了60%。其次，大力发展先进制造业，打造“3＋9”产业基地，促进传统产业向现代制造和高端发展，推动新兴产业和高新技术产业加快发展，努力建设陶瓷、家电、平板液晶显示“三大世界级特色产业基地”和专业机械装备、金属材料加工与制品、家具、新材料、汽车及零配件、食品及饮料、轻纺、节能环保、医疗保健等“九大国家级特色产业基地”，跻身中国先进制造业重要城市行列。2008年以来，重点围绕贯彻实施《珠江三角洲地区改革发展规划纲要》，推进27个重要产业基地建设和139个大项装备工业项目建设，加快现代产业体系建设。再次，着眼于产业发展配套，大力发展生产性服务业。大力推动金融创新，把千灯湖金融高新技术服务区建设成为实施金融强省战略的基础平台，成为辐射亚太地区的现代金融业后援服务基地和区域性金融商务区，目前已成功引入AIA、PICC、中国人寿等国内外金融巨头；大力发展现代物流业，建设华南重要的物流中心、配送中心、采购中心，积极引入电子商务平台，提升现代物流业发展水平；大力发展文化产业，建设陶瓷公园、陶瓷大道，举办陶瓷博览会，建设“岭南天地”现代街区，开发“云东海”湖综合生态旅游区，在三水设立世界名牌商品折扣店，发展休闲型消费服务业等。2009年上半年，佛山第三产业比重同比提高0.8个百分点，达33.7%。

（四）拓展产业发展空间，全面融入广佛都市圈和珠三角区域发展进程

佛山将产业发展纳入全省乃至全国的大局去谋划，不限于在本市行政区域内配置资源，不盲目追求产业的高端化，而是在发展的比较中清晰定位，积极融入光佛都市圈发展进程，承接广深、港澳等地区的辐射和带动，全面参与泛珠三角区域合作与发展，在城市建设和产业配套方面加强与广州等周边城市的合作，在建设现代制造业基地方面加强与珠三角各市合作，在资源配置方面加强与泛珠三角各地合作，赢得了发展的比较优势和广阔空间。

一是重点推进广佛同城化。按照“资源共享、错位发展、优势互补、合作共赢”的原则，以交通基础设施一体化为切入点，加快广佛同城化进程，推进广佛轨道、广佛地铁建设，实行两市年票互认，实现道路基础设施上与广州白云机场、新火车站、南沙港对接，启动城镇空间等专项规划和重要战略地区同城整合规划，大力发展与广州优势产业配套的产业，主动融入广州以汽车制造、石油化工和电子信息为代表的现代重化工产业链，推进基本公共服务同城化，共建“广佛优质生活圈”。同时，广佛、广佛肇、佛江等多层面区域合作框架协议的陆续签订及实质性工作的开展，使佛山全面融入珠三角经济圈，为佛山市调整产业布局创造了良好条件。

二是积极推进产业和劳动力“双转移”。按照省委、省政府的战略布局，顺应产业结构调整和梯次转移的规律，积极推进产业和劳动力“双转移”，2009～2012年市财政每年投入2 000万元，各区相应设立专项资金，鼓励部分产业生产环节向外转移，为决策、研发、营销、设计为核心的总部经济腾出空间，优化产业布局；加快陶瓷、水泥、漂染、小铝型材熔铸、玻璃、电镀、采石和发电企业的整治提升和关停，推进节能减排，腾出空间发展先进制造业和现代服务业，优化产业布局和就业结构。同时，增强“先富帮后富”的政治意识和责任意识，加大对口帮扶产业转移工业园区建设的支持力度，2008～2012年投入不少于5亿元用于扶持佛山（清远）产业转移园和佛山（云浮）产业转移园的建设。

二、佛山市产业结构调整促进了财政收入的持续增长

近年来，由于产业结构调整较早、发展方式转变较快，佛山经济实现了平稳较快增长，在此基础上，财政收入也保持了较好的发展。1997～2008年，佛山市财政收入呈现出持续、稳定、高速增长，年均增长19.63%，同时保持了与经济发展的协调性、一致性。2008年以来，受国际金融危机的影响，佛山市财政收入仍实现了可持续的增长。2008年，佛山市一般预算收入228亿元，增长17.19%；2009年，佛山市一般预算收入累计完成254.70亿元，同比增长11.72%（若剔除税收政策性减收12亿元后，完成266.7亿元，按同比口径增长16.98%），在国际金融危机的冲击下仍保持了平稳较快发展的势头。遵循“产业—经济—财政”的传导路径，我们对产业结构调整促进财政收入增长的影响进行深入分析，并从中归纳出若干经验和启示。

（一）佛山产业结构变化与财政收入变化的相关性分析

首先，在总量上，佛山市财政总收入与经济发展体现了协调一致性（见表1、图1）。除了2004年度数值稍有不

表 1　　佛山市财政收入弹性系数测算结果

年度＼类别	财政总收入（万元）	财政收入增长率（%）	GDP（万元）	GDP 增长率（%）	财政收入对 GDP 弹性系数
2002	850 041	17.57	13 285 468	13.4	1.311194
2003	951 357	15.87	15 784 876	17.4	0.912069
2004	952 864	16.28	19 180 422	18.3	0.889617
2005	1 308 480	18.28	23 831 836	19.4	0.942268
2006	1 570 622	20.03	29 281 591	19.3	1.037824
2007	1 945 430	23.86	36 051 142	19.2	1.242708
2008	2 279 940	17.19	43 333 044	15.2	1.130921
2002～2008 年均值					1.07

注：计算时的原始数据以佛山市提供数据和统计年鉴为基础。

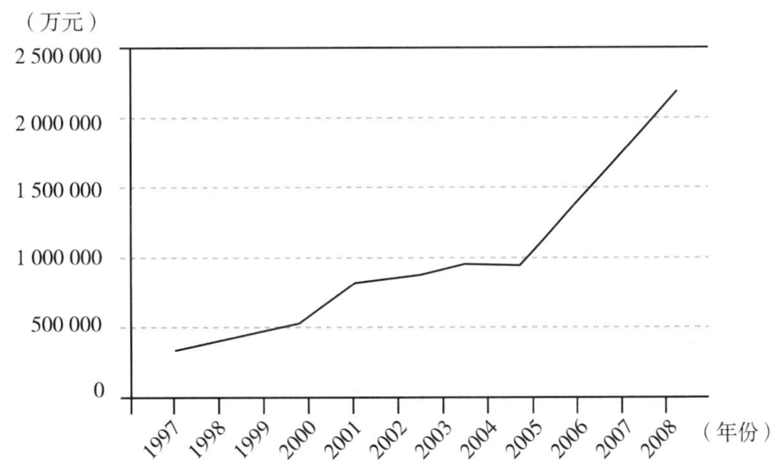

图 1　佛山市财政收入趋势线

稳外，佛山市财政收入对各经济变量的弹性系数均值基本上在 1 附近，呈现比较稳定趋势，这说明近年来，佛山市财政收入与经济社会发展在相对协调的状态下运行，特别是 2002 年以来佛山市加大产业结构调整力度后，同时考虑调控政策对经济作用的滞后效应，2005 年以后的系数值表明了财政与经济发展持续协调性。2002～2008 年财政收入对 GDP 弹性系数均值为 1.07，反映了 GDP 每增加 1 个百分点，财政收入基本也是增加 1.07 个百分点，经济财政实现了协调发展。

其次，在结构上，佛山市产业结构调整对财政收入产生了积极影响（见表 2、图 2）。2002～2008 年，分第一、二、三产业来分析，财政收入与经济发展也是总体协调的。财政收入对各次产业的收入弹性，反映了财政收入与各产业之间的敏感程度和稳定性关系。由于佛山市财政收入主要来源于第二、三产业，在这里做重点讨论。经测算，佛山市财政收入对第二、三产业弹性系数均值分别为 1.16 和 1.48，说明第二产业的产值每增加 1 个百分点，财政收入将增加 1.16 个百分点；第三产业的产值每增加 1 个百分点，财政收入将增加 1.48 个百分点，呈现高度的正相关性，其政策含义十分明显，即实现佛山市未来较长一段时期财政收入可持续发展的关键在于以先进制造业与现代服务为主的现代产业体系的构建和发展。

表2　　佛山市财政收入对三次产业产值的弹性系数测算结果　　单位：万元

类别 年度	第一产业税收收入	财政收入对第一产业弹性系数	第二产业税收收入	财政收入对第二产业弹性系数	第三产业税收收入	财政收入对第三产业弹性系数
2002	13 002	0.452104	1 238 731	0.151826	1 238 364	0.140308
比重（%）	5.2		49.74		49.73	
2003	10 879	3.724673	1 406 655	0.541771	1 313 562	0.889474
比重（%）	4		51.5		48.1	
2004	3 227	-0.0528	1 571 426	0.007009	1 625 926	0.010776
比重（%）	1		49.1		50.8	
2005	3 391	18.66038	1 796 206	1.54218	1 810 000	2.628222
比重（%）	0.9		49.76		50.14	
2006	1 988	40.06817	2 375 016	0.859832	1 928 741	1.391256
比重（%）	0.52		55.16		44.79	
2007	2 233	-34.091	2 773 167	1.033059	2 701 593	1.668788
比重（%）	0.4		50.63		49.33	
2008	21 296	11.4631	3 389 837	0.988199	2 887 352	1.457174
比重（%）	0.34		53.82		45.84	
均值		5.96756		1.156988		1.482658

资料来源：计算时的原始数据均来自《佛山市统计年鉴》（2000～2008）和2009年统计公报。

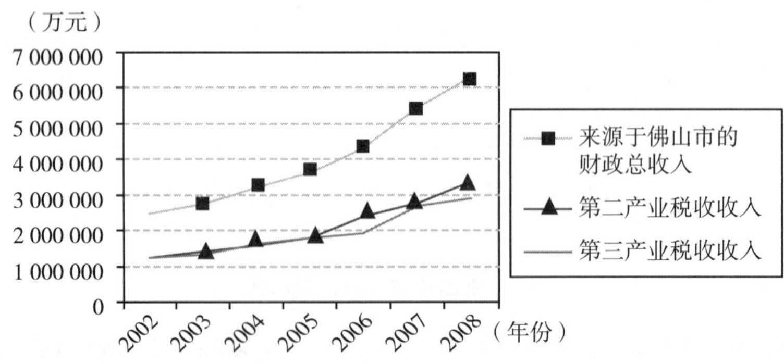

图2　2002～2008年佛山市财政总收入在第二、三产业的分布情况

再次，在趋势上，佛山市产业结构的调整将导致收入结构的变化（见表3、图3）。各次产业对财政收入的贡献是不一样的，佛山市财政收入对三次产业的弹性系数（1.48）高于二次产业的弹性系数（1.16）就说明了这一点。但是，从平均增长率的角度来看，佛山市第二产业税收收入比较稳定，虽然第三产业税收收入的平均增长率比第二产业稍高，但波动较大，具有不确定性。这说明在佛山市今后的税收收入结构中，以制造业为主的第二产业税收收入的稳定增长是佛山市财政收入稳定增长的主体和决定性因素，而佛山市第三产业税收收入具有较好的长期增长趋势，可以成为经济财政新的增长点。另外，佛山市第二产业税收增长率与第三产业税收增长率变化趋势呈反方向波动，这说明佛山市需进一步深入研究和调整第三产业发展的方向，使第三产业的发展更好地为第二产业服务，成为工业制造业发展的助力。

表3　　佛山市税收增长结构性比较　　单位：%

年度	第一产业税收增长率	第二产业税收增长率	第三产业税收增长率
2003	-0.16328	0.135561	0.060724
2004	-0.70337	0.117137	0.237799
2005	0.050821	0.143042	0.113212
2006	-0.41374	0.32224	0.065603
2007	0.123239	0.167641	0.400703
2008	8.536946	0.22237	0.068759

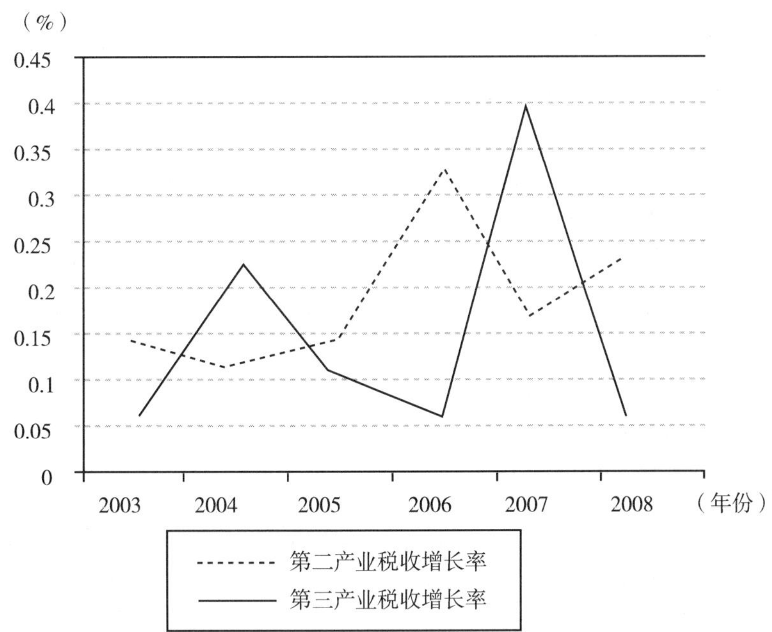

图3　佛山市2003~2008年第二、三产业税收增长率比较

（二）佛山市产业结构调整促进财政可持续发展的启示

经过以上分析，我们得出结论：近年来佛山市保持了经济财政发展的良好态势，十分关键的一条是佛山市谋划产业发展见识早、行动快，一系列战略决策具有预见性、前瞻性，顺应产业发展规律，强化政府引导，在推动产业结构调整升级方面先行一步，占据了产业发展的制高点，并对财政可持续发展产生了积极的促进作用，再一次验证了“经济决定财政，财政反作用于经济”的基本原理。结合佛山市推动产业结构转型升级的一系列政策措施，我们可以得到以下几点启示：

第一，财政的可持续发展有赖于收入结构的不断优化，产业结构调整升级是财政可持续发展的重要决定因素。财政收入在三次产业中的分布结构是不同的。从产业结构看，第一产业的税负稳定但水平较低，对财政收入的影响较低；第二产业比重较大，对经济增长的贡献率、对财政收入的贡献也大；第三产业的快速崛起，逐渐成为财政收入新的增长点。广东省珠三角经济发展已进入工业化的中后期，必须着眼于全国产业布局和产业国际化竞争的需要，加快推动第二产业走上高级化、适度重型化轨道，不断提高对财政收入的贡献率。同时，要处理好第二、三产业间的关系，两者之间并不是割裂地发展的，第二产业是第三产业发展的基础和土壤，第三产业应围绕服务第二产业来发展壮大，两者是相互依存、互促互进的，在融入所在区域经济圈，实现与周边城市错位发展的前提下，第二、三产业应有所侧重，而且首先要发展好第二产业。

第二，财政的可持续发展有赖于产业层次提升，推进现代产业体系建设是提高产业税收实现能力的根本途径。促进产业结构调整的根本任务是提升产业发展水平，增强产业竞争力，根本方向是建设现代产业体系。这是由产业发展从参与国际低端竞争向参与高端竞争逐步转变的客观规律决定的，因此也是培植财源、增强财政发展后劲的现实途径。按照建设现代产业体系的方向，现代产业、先进制造业和现代服务业应分别成为第一产业、第二产业、第三产业的主体。坚持制造与创造相结合，制造业与创造业相配套，信息化与工业化相融合，立足本地发展阶段和实际，以提升产业国际竞争力为目标，以集聚发展、创新发展、品牌带动为路径，精细发展第一产业，优化发展第二产业，加快发展第三产业。第二产业要重点发展资金技术密集、关联度高、带动性强的现代装备、汽车、钢铁、石化、船舶制造等产业，形成支柱产业，坚持走新型工业化道路。第三产业要重点发展金融业、现代物流业、会展业、商务服务业、科技服务业、服务外包业、文化创意产业和总部经济等生产性服务业，提升生活型服务业，发挥其投资少、资源约束小、就业容量大、财政贡献高的优势。

第三，财政的可持续发展有赖于产业的可持续发展，必须加快转变发展方式、提升产业附加值。无论是从产业发展的可持续性，还是从现行财税征管制度体系分析，促进产业转型升级、建设现代产业体系，总的就是要转变发展方式，由主要依靠增加物质资源消耗向主要依靠科技进步、劳动者素质提高、管理创新转变，即要努力提升产业附加值。一方面，改造提升传统优势产业。只有落后的技术和工艺，而没有落后的产品。传统产业也可以通过技术改造、产业链拓展、部分产业环节转移、规范管理等提高附加值。另一方面，大力发展高新技术产业和新兴产业。从根本上讲，依然是技术革命决定着产业发展的方向，站在技术的制高点才能抢占产业链的高端，实现产业发展的高附加值。要引导生产要素向优势地区、产业基地和产业园区集聚，促进形成产业特色鲜明、配套体系完备的高技术产业群，重点发展电子信息、生物、新材料、环保、新能源、海洋等产业。

第四，财政的可持续发展有赖于政府有力推动，必须充分发挥财政政策促进产业结构调整的作用。经济决定财政，财政支持和调控经济发展。财政政策作为地方政府调控的重要手段，不仅具有经济调节和“熨平”经济波动的作用，而且对经济空间布局的改善和产业结构优化升级具有重要意义。在市场经济条件下，运用财政政策引导生产资源在不同产业及行业间流动，相应地影响其他投资主体的投资方向和存量资产的重新组合，对促进产业结构优化升级具有不可替代的作用。同时，与市场经济和推动科学发展的要求相适应，公共财政支持经济发展的重点和方式应适时调整。一是要调整财政支持的重点。坚决退出一般性竞争领域，从分散投入到集中财力办大事，保重点领域需要，将支持重心放在促进经济发展方式转变以及经济发展的关键领域和重点环节，包括大力支持基础设施建设，加大科技投入，支持企业自主创新等。二是要转变财政支持的方式。主要通过补贴、贴息、搭建公共服务平台等间接手段，配合行政性的产业规划、市场准入、政策指引等，引导企业主体经济行为。三是要创新财政支持的手段。财政资金的投入要以最大化投入产出比为原则，利用政府信用和政府资源，创新投融资方式，采取BOT、TOT等方式放大财政投入的乘数效应；将财政手段与金融手段相结合，在短期内加大对重点经济领域的投入；不仅在产业供给环节进行支持引导，而且可以在需求环节进行补贴引导，如当前实行的“家电下乡”、“以旧换新”政策；在财政分配领域引入激励机制，进行竞争性分配，提高资金使用效益，促进科学发展思路的形成等。另外，适时调整完善财政体制，创新财政转移支付手段，优化体制环境，调动各级政府加大财政支持产业结构调整的积极性。

三、政策建议

佛山市促进产业结构调整的成功实践，既是按市场经济规律办事的结果，又体现了政府引导调控的作用，其中财政杠杆引导是其中重要的政策手段之一。当前，广东省正处于应对危机、推动科学发展的关键时期，加快调整产业结构、构建现代产业体系十分重要而紧迫，不仅是当前保增长、扩内需的需要，而且关系到为更长时期又好又快发展打好坚实基础。为发挥省财政对促进产业结构优化升级的积极作用，借鉴佛山产业结构调整的经验做法，结合广东省应对危机过程中加快推动科学发展的战略布局及实施积极财政政策的要求，现提出以下政策建议。

（一）以广佛同城化为突破口，优势互补，加快推进珠三角区域经济一体化进程

国家出台的《珠江三角洲地区改革发展规划纲要》，为广东省在新的起点上实现新一轮大发展提供了历史机遇，而推进珠三角区域经济一体化，是广东省落实《规划纲要》最有效的措施手段和重要抓手，需要在珠三角整体区域范围内进行重新产业布局和结构调整。为满足扩大政府公共支出的需要，加快《规划纲要》部署的各项重点工程项目建设，省财政在中央代发地方政府债券的基础上，利用国有资本收益、交通、水利三大融资平台，近期（2009年内）新增融资550亿元左右，中期融资1 000亿元左右，投入广东省轻轨建设资本金、高等级公路建设、港珠澳大桥省级投入、水利建设新增支出以及省政府确定的其他重点支出等方面，促进珠三角资源共享、优势互补、错位发展。近期将进一步抓好与有关部门的沟通协调，加快各项专项资金拨付进度，切实发挥资金效益。同时，积极推进珠三角基本公共服务一体化，从资源共享、制度对接、待遇互认、要素趋同、流转顺畅、城乡统一、差距缩小、指挥协调等方面入手，打破行政区划对人流、物流流转顺畅的体制障碍，鼓励人力资源在区域内自由地流向最能发挥其特长和优势的地方，为经济一体化发展的劳动力、资金、技术、信息等要素自由流动和聚集创造条件。

（二）加大力度调整投资结构，扶优扶强，发挥资金在产业升级和优化中的作用

顺应经济结构调整和产业升级的客观规律，发挥财政引导作用，加速珠三角地区经济结构调整和产业升级的步伐。一是鼓励“腾笼换鸟”，吸引承接高端产业。以财政政策为引导，鼓励珠三角地区通过产业转移，转出低端产业，

吸引国内外现代服务业、先进制造业、高新技术产业等大型企业进驻。二是鼓励产业转出，加快腾出发展空间。以财政政策为引导，鼓励珠三角地区通过产业转移，引导传统劳动密集型产业、资源型产业、资本密集型产业中的加工制造环节等企业转移到广东省欠发达地区。三是鼓励扩展产业链，发挥龙头带动作用。通过税收返还奖励，引导珠三角企业地区总部在全省范围扩展产业链，有效发挥龙头带动作用。

（三）顺应产业梯度转移规律，“腾笼换鸟”，加快推动劳动密集型企业和传统产业制造环节向欠发达地区转移

创新财政扶持手段，如通过奖励资金引导和激励等，以产业转移园区建设为载体，加快产业转移步伐，促进欠发达地区培育优势产业，加速形成新的经济增长极。一是鼓励产业转移园区加快发展。以财政政策为引导，鼓励欠发达地区产业转移园加大基础设施建设投入，承接符合产业政策、环境保护要求的产业，集聚发展。二是鼓励吸引国内外大型企业。出台奖励政策，鼓励欠发达地区引进符合主体功能区划和可持续发展要求的大型企业集团。三是鼓励培育优势产业。以财政政策为引导，鼓励欠发达区培育形成具有一定规模的优势产业集群，扩大国内市场份额。四是鼓励实施品牌战略。以财政政策为引导，鼓励欠发达地区发展适应产业结构和消费结构升级要求的品牌。

（四）优化积极财政政策制度设计，激励引导，加快现代产业体系建设

通过财政直接扶持、税收优惠和奖励引导，把握广东省构建现代产业体系的关键领域和薄弱环节，加快广东省总部经济和金融产业的发展，促进现代服务业和先进制造业发展，提升产业层次。一是大力发展总部经济。通过税收优惠政策吸引大型企业、跨国企业、高科技企业等到广东省设立企业总部，形成新的经济增长点，增强广东省发展后劲。二是鼓励地方产业发展“双轮”齐驱。通过设立专门奖励项目等形式，对各地提高服务业和工业固定资产投资比重给予奖励，有效激励地方发展现代服务业和先进制造业的积极性。三是促进金融业加快发展。完善信用担保体系，继续支持省级大型担保公司为广东省加快基础设施建设和经济发展提供贷款担保和再担保。以财政政策为引导，鼓励金融制度创新和机构创新，促进广东省信贷、资本、保险市场和地方龙头金融企业发展壮大；出台奖励政策，鼓励市县地方政府完善金融生态环境、防范金融风险。四是大力发展直接融资。鼓励广东省企业合理利用直接融资工具，多方筹集资金、吸收国内外先进管理经验，增加产业整体竞争力；发展直接融资，对省内企业到国内外证券市场成功发行公司股票进行奖励。

（五）以提高产业科技含量和附加值能力为核心，转型升级，不断提高经济发展对财政收入的贡献率

充分利用经济危机淘汰落后生产能力的“倒逼机制”，发挥财政杠杆和引导作用，加快推动产业转型升级，淘汰落后产能和生产力，促进产业升级换代。一方面，围绕产业转型升级，集中扶持重点领域自主创新，将2009～2012年省级装备制造业专项资金、中小企业发展专项资金等资金共60亿元编制滚动预算，调整使用方向，重点扶持具有创新能力、创新产品、成长性好的行业和企业；将2009～2012年省级重点产业转移园区专项、珠三角产业转移奖励、重点产业发展专项共120亿元集中安排使用，推动产业转移和重点主导产业发展。另一方面，促进中小企业转型发展和加工贸易转型，进一步加大财政对中小企业技术改造和技术创新的贷款贴息、补助的帮扶力度，鼓励小额贷款、信用再担保行业发展，帮助解决中小企业融资难、经营难问题；加大对扩大出口、开拓新兴国际市场的商品出口的支持力度，促进来料加工企业的转型升级，帮助中小企业渡过难关。

广东省省级财政国库集中支付改革实践与成效分析*

（节选）

省财政厅国库处

第4章 广东省省级财政国库集中支付实践剖析

一、广东省省级财政国库集中支付实施范围

广东省省级财政国库集中支付的实施范围包括资金范围和单位范围。

1. 资金范围。按照现代财政国库管理制度的要求，实施国库集中支付的资金应包括所有财政性资金，即预算内资金和预算外资金。但由于目前省级预算外资金与预算内资金分设不同的账户核算（预算内资金在人民银行国库单一账户；预算外资金在商业银行预算外资金专户），执行不同的会计核算制度，改革初期暂不将预算外资金纳入国库集中支付范围，预算外资金直接从专户拨付到预算单位银行账户。

2. 单位范围。凡与广东省财政厅发生经费核拨关系的省级预算单位，均纳入财政国库集中支付实施范围。

预算单位从单位性质可分为行政单位和事业单位。行政单位是指具有国家行政编制、依法履行社会公共事务管理职责的行政机构，如卫生厅、财政厅等。事业单位是指具有国家事业编制、依法提供社会公共服务的组织机构，一般可分为以下三类：一是行政类事业单位，即直接承担政府行政职能、为政府提供服务的事业单位，主要从事监管、资质认证、质检、鉴证及机关后勤服务等方面的事务，如证监会、药监局等；二是公益类事业单位，即承担公共事业发展职能、为社会提供服务的事业单位，如作协、文联、宗教团体等；三是生产经营类事业单位，即从事非商事业，具独立财产，承担中介沟通职能，为市场和企业服务的事业单位，主要以从事科教文卫等社会事业和与公共基础设施建设、公用事业服务相关的事务为主，如公立医院、大学科研机构、博物馆等。

另外，从财政资金所占经费的比例可分为全额核拨单位和部分核拨单位。行政单位均为全额核拨单位，部分核拨单位则以事业单位为主。

* 由于篇幅限制，在此只节选第4章和第5章内容进行刊登。

二、广东省省级财政国库集中支付执行机构

2003年，广东省财政厅国库支付中心（后改名国库支付局）正式挂牌。国库支付中心是广东省省级财政国库集中支付的执行机构。主要职能是：组织财政国库集中支付业务开展，制定合理试点方案，完善国库管理信息系统，受理单位用款计划和用款申请，办理财政直接支付，监控财政资金运行，确保资金安全。国库支付中心内设4个组（信息组、审核组、支付组和核算组）。

1. 信息组。信息组负责组织和完善国库管理信息系统建设，为财政国库集中支付业务开展提供技术支撑。

2. 审核组。审核组负责受理预算单位的用款计划和用款申请，在预算指标范围内批复单位用款额度和用款申请。审核组是单位使用财政资金的事前监督环节。

3. 支付组。支付组根据审核组批复的用款计划，向单位零余额账户下达用款额度；根据审核组批复的用款申请，向代理银行开具支付凭证，办理财政直接支付；统一管理省级预算单位银行账户，是单位使用财政资金的事中监督环节。

4. 核算组。核算组接收代理银行提供的单位支付信息和人民银行提供的国库清算信息，生成会计凭证和报表并向信息组反馈业务动态，是单位使用财政资金的事后监督环节。

三、广东省省级财政国库集中支付账户设置

广东省省级财政国库单一账户体系由国库单一账户、财政零余额账户、单位零余额账户、预算外资金账户和特设专户五类账户组成，以国库单一账户为核心，见图4－1。

1. 国库单一账户。即广东省财政厅在人民银行广州分行开设的国库存款账户，用于记录、核算和反映预算内资金收支，按日对代理银行零余额账户发生的支出进行清算。国库单一账户由广东省财政厅管理和使用。

2. 财政零余额账户。即国库支付局在商业银行开设、

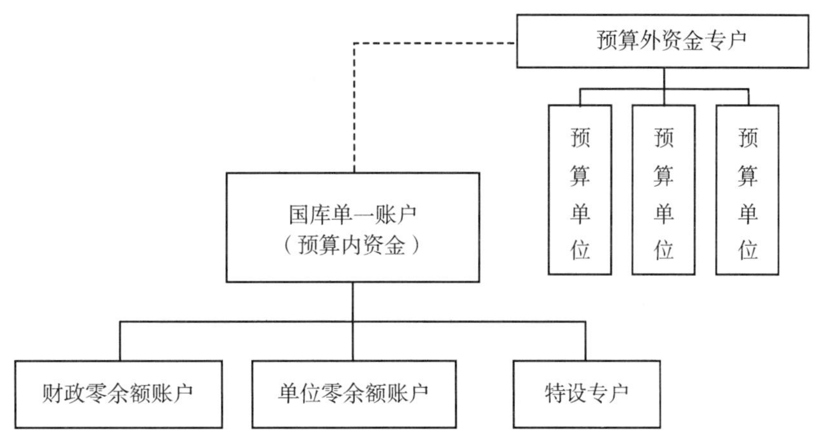

图4－1　广东省省级财政国库单一账户体系结构

用于办理财政直接支付的专用账户，账户每日发生的支出与国库单一账户清算，日终余额为零。账户管理权和使用权归国库支付局。

3. 单位零余额账户。即国库支付局为预算单位在商业银行开设、用于单位办理财政授权支付的专用账户，账户每日发生的支出与国库单一账户清算，日终余额为零。账户管理权归国库支付局，使用权归预算单位。每个预算单位只能开设一个单位零余额账户。

4. 预算外资金专户。即广东省财政厅在商业银行开设、用于记录和核算预算外资金收支的专用账户。预算外资金专户按资金类型、预算单位设置分类账，由广东省财政厅管理和使用。

5. 特设专户。即广东省财政厅为预算单位特殊专项资金开设的专户。用于记录、核算和反映特殊专项资金收支活动，与国库单一账户清算。特设专户管理权归广东省财政厅，使用权归预算单位。

四、广东省省级财政国库集中支付资金运作模式

广东省省级财政国库集中支付实行财政直接支付和财政授权支付相结合的资金运作模式。财政直接支付主要用于预算单位的大额专项支出，如统发工资支出、基本建设支出、政府采购支出及其他重大专项支出等；财政授权支付主要用于预算单位的日常小额经费支出。2009年省级国库集中支付资金4 997 460万元，其中财政直接支付2 881 980万元，占58%；财政授权支付2 115 480万元，占42%，各支出类型结构见图4－2、图4－3。

1. 财政直接支付。财政直接支付流程见图4。国库支付局根据预算单位用款申请，在预算指标范围内，向代理银行开具财政直接支付凭证，同时向人民银行提供清算额度；代理银行根据支付凭证指令，通过财政零余额账户将资金直接支付到收款人，日终与人民银行国库单一账户清算。财政直接支付适用于统发工资支出、基本建设支出、政府采购支出及其他重大专项支出。

在财政直接支付中，预算单位和代理银行不发生直接联系，国库支付局掌握资金支付的最后环节，对不符合预算规定的用款申请有权拒绝。在实际支付发生前，财政资金仍保留在国库单一账户中；实际支付发生后，财政资金与财政零余额账户清算。

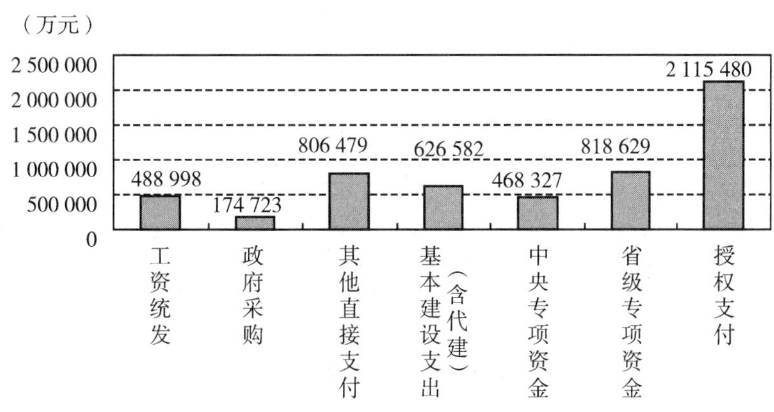

图4－2　2009年省级国库集中支付金额构成

资料来源：根据国库支付局内部资料整理。

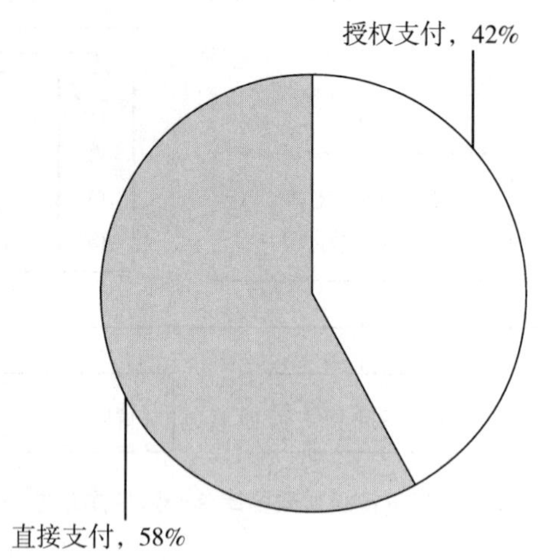

图4-3　2009年广东省省级财政国库集中支付比例构成

资料来源：根据国库支付局内部资料整理。

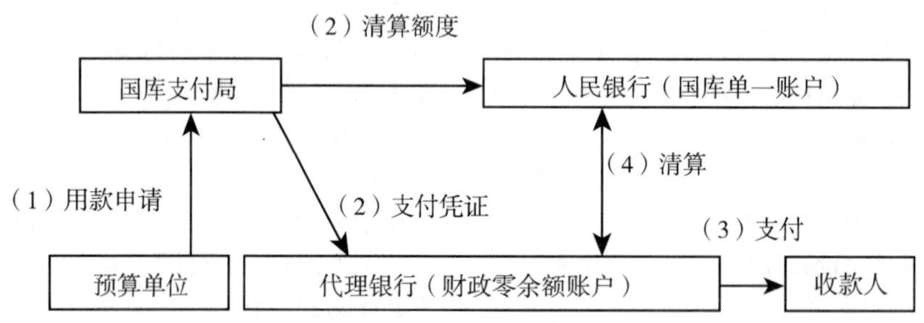

图4-4　财政直接支付流程

2. 财政授权支付。财政授权支付流程见图5。预算单位向国库支付局提交用款计划，国库支付局在预算指标范围内，根据用款计划的金额向代理银行下达用款额度，同时向人民银行提供清算额度；预算单位在额度范围内向代理银行提交财政授权支付凭证，代理银行根据支付凭证指令通过单位零余额账户将资金支付到收款人，然后与人民银行国库单一账户清算，每日终了将支付信息反馈省财政。财政授权支付适用于预算单位的日常小额经费支出。

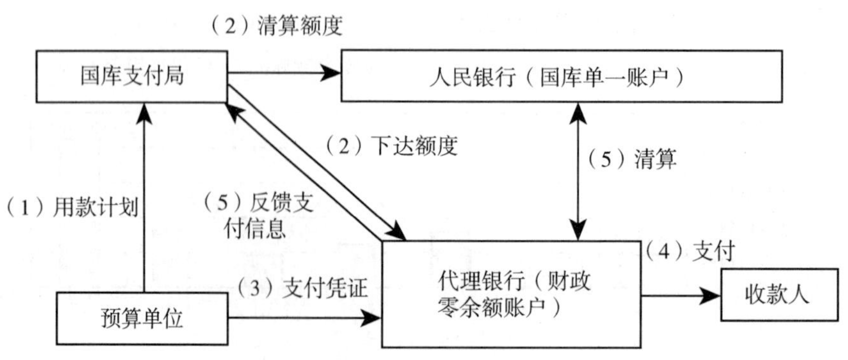

图4-5　财政授权支付流程

在财政授权支付中，单位零余额账户接收的是用款额度，而非真实拨付的财政资金。与财政直接支付一样，在实际支付发生前，财政资金仍保留在国库单一账户中，实际支付发生后，财政资金与单位零余额账户清算。

五、广东省省级财政国库集中支付会计核算

为适应省级财政国库集中支付的改革要求，广东省财政厅制定了《广东省省级单位财政国库管理制度改革试点资金会计核算暂行办法》（粤财库［2002］13 号），并与预算单位、人民银行、代理银行建立了严格规范的对账机制。

（一）广东省省级财政国库集中支付会计核算制度

1. 国库支付局。国库支付局会计核算见表 4－1。国库支付局会计是广东省财政厅总预算会计的延伸。根据财政国库集中支付管理的特点，在资产类、负债类分别设置“财政零余额账户存款”、“已结报支出”会计总账科目，其下设立预算支出明细账。“财政零余额账户存款”科目核算省财政厅国库支付局在代理银行办理财政直接支付的业务。本科目贷方，记录省财政厅国库支付局当日办理的支付数；借方，记录当日国库存款账户划入冲销数。“已结报支出”科目核算财政国库资金已结清的支出数额，当日业务结束后，本科目余额应等于一般预算支出与基金预算支出之和。年终转账时，作相反的分录，借记本科目，贷记“一般预算支出”、“基金预算支出”科目。

2. 预算单位。预算单位会计核算见表 4－2。在资产类增设“零余额账户用款额度”会计总账科目，用于核算财政授权支付业务。“零余额账户用款额度”科目用于核算预算单位在财政下达授权支付额度内办理的授权支付业务。本科目借方，记录收到财政下达的授权支付额度；本科目贷方，记录授权支付的支出数。单位零余额账户结余的用款额度年终统一注销，作相反会计分录处理。财政直接支付会计科目维持不变。

表 4－1　国库支付局会计核算

	财政直接支付		财政授权支付	
	借	贷	借	贷
代理银行付款	预算支出	财政零余额账户存款	预算支出	已结报支出
人民银行清算	财政零余额账户存款	已结报支出		

表 4－2　预算单位会计核算

		借	贷
财政直接支付		经费支出	拨入经费
财政授权支付	收到用款额度	零余额账户用款额度	拨入经费
	发生资金支付	经费支出	零余额账户用款额度
	结转年终额度	拨入经费	零余额账户用款额度

（二）广东省省级财政国库集中支付对账制度

省财政厅国库支付局、中国人民银行广州分行省国库、预算单位以及代理银行之间建立了全面的对账制度，在认真处理各项账务的基础上，加强对账工作，定期、及时地与有关部门和单位核对账务。

1. 国库支付局。省财政厅国库支付局在处理完当月账务后，分别与经管业务处、代理银行和一级预算单位核对账务。国库支付局通过网络系统提供预算单位的支付情况给各经管业务处，经管业务处据此在季度终了 10 日内、年度终了 20 日内对分管的预算单位的预算指标、用款额度进行核对，并将核实结果通知国库支付局。国库支付局与代理银行核对由代理银行提供的“财政零余额账户”当月对预算单位的财政直接支付数。国库支付局与一级预算单位核对该一级预算单位分“类”、“款”、“项”的预算支出数，其中包括财政直接支付数、财政授权支付的额度数、支出数、余额数。

2. 预算单位。预算单位在处理完当月账务后，就“单位零余额账户”与代理银行核对财政授权支付的支出数。经双方签章后的对账单由预算单位随同月份会计报表逐级上报。当日终了，预算单位计算当日现金收入合计数、现金支出合计数和结余数，并将结余数与实际库存数核对，做到账款相符，并编制“库存现金日报表”。

年终，省财政厅和预算单位设置 10 天的整理期，用于处理未达账项等事宜。在整理期结束后，国库支付局、预算单位之间、上下级预算单位之间的各有关账务达到完全一致，不再有未达账项。

第 5 章　广东省省级财政国库集中支付成效分析

广东省省级财政国库集中支付于 2003 年 1 月正式启

动，经过七年的改革，至2009年基本实现“纵向到底、横向到边”的目标。七年来国库集中支付改革的实践充分证明，国库集中支付制度是与我国经济体制相适应，符合公共财政发展要求的财政管理制度。

一、广东省省级财政国库集中支付成效分析

广东省省级财政国库集中支付的实施目标，是建立国库单一账户体系，财政性资金通过国库单一账户体系支付到收款人，从而提高资金使用效率，加强资金运作监控。本节将分别从财政资金使用效率和财政资金运作监控两方面，对2009年广东省省级财政国库集中支付的总体资金使用成效进行分析。

（一）分析指标的建立

建立财政资金使用效益的测量指标，首先要引入资金的时间价值。所谓时间价值，就是指同样面额的资金在不同的时期具有不同的价值。一般来说，近期的100元比远期的100元更有价值，因为中间存在时间差，而时间差会产生利息。财政资金是具有时间价值的。换句话说，如果预算单位12月份才发生真实支付行为，财政部门就无需在1月份过早地将资金拨付出去，因为那样只会使资金长期沉淀在单位银行账户，不会对财政部门产生任何价值（甚至有被挪用的风险）。资金沉淀率、资金使用率、资金节约率和资金支付率，正是在资金时间价值的基础上建立起来的。

1. 资金沉淀率和资金使用率。资金沉淀率是指传统支付方式下，财政资金沉淀在预算单位银行账户资金总额与财政部门实拨资金总额的比例。例如财政部门给预算单位实拨项目经费10万元，实际上预算单位只用了8万元就完成了该项目。剩余的2万元财政资金就滞留在预算单位银行账户（没有被财政部门收回），资金沉淀率则为20%。在财政实拨资金方式下，结余资金沉淀在预算单位银行账户的情况普遍存在。

资金使用率是指预算单位实际使用资金总额与财政部门实拨资金总额的比例。反映了预算单位对财政资金的使用效率。如上面的例子中，预算单位对财政资金的使用率为80%，即财政资金没有被完全使用在预算执行中。资金使用率与资金沉淀率的关系为：资金使用率 = 1 - 资金沉淀率。资金沉淀率越高，财政资金的使用效率越低。

2. 资金支付率与资金节约率。资金支付率是指国库集中支付方式下，某一时期的财政支出总额与财政下达额度的比例。如财政部门给预算单位下达10万元用款额度，预算单位实际支出8万元，由于未使用的用款额度仍留存在国库单一账户，因此财政部门实际支出也是8万元，资金支付率为80%。

资金节约率是指国库集中支付方式下，某一时期的财政剩余额度与财政下达额度的比例。同样是上面的例子，预算单位实际支出8万元，财政剩余额度2万元，则资金节约率为20%。由于国库集中支付下的财政下达额度，反映了财政实拨资金方式下的财政实拨资金，所以财政剩余额度可以理解为财政应拨未拨而节省下来的资金。资金节约率与资金支付率的关系为：资金节约率 = 1 - 资金支付率。

（二）成效分析

在过去的财政实拨资金方式下，财政部门将资金拨付到预算单位银行账户，国库的实际开支与预算单位的实际开支是不一致的。一般情况下，国库列支的时间比预算单位早，列支的金额比预算单位多。往往造成剩余的资金沉淀在预算单位银行账户，不但容易导致财政资金被挤占挪用，而且也产生了机会成本（原本这部分资金可用于其他需要的领域）。而实施财政国库集中支付后，财政资金通过国库单一账户体系运作，只有当预算单位实际发生支出时，财政部门才将资金从国库（或专户）拨付出去，而且不流经预算单位银行账户，直接支付到最终收款人，资金拨付效率自然提高。下面我们将以2009年度广东省省级财政国库集中支付资金执行情况为研究对象，以四项量化指标对广东省省级财政资金成效进行分析。

2009年，广东省省级财政累计批复用款计划额度5 194 782万元，实际支出计划额度4 997 460万元，占总用款计划额度的96.2%。用款额度构成如表5-1所示。

表5-1　　2009年广东省省级财政用款计划额度构成情况

用款计划额度构成		额度（万元）	比例（%）
按支付方式分类	直接支付	2 881 980	55
	授权支付	2 312 802	45

2009年全年累计向预算单位下达用款额度5 194 782万元（平均每月432 899万元）；预算单位全年累计实际支出4 997 460万元（平均每月416 455万元）。预算单位全年实际支出金额比财政下达总额度少197 322万元。2009年广东省省级财政各月额度下达和国库支付（清算）情况见表5-2。

根据表5-2所列数据以及前述资金沉淀率、资金使用率、资金支付率与资金节约率的计算要求，按实行国库集中支付与传统支付方式两种模式，整理生成了2009年广东省省级财政各项指标情况见表5-3。

表 5－2　　2009 年广东省省级财政资金使用情况　　单位：万元

月份	累计额度	当月额度	累计支付	当月支付	累计结余额度
1	665 260	665 260	496 860	496 860	168 400
2	803 014	137 754	632 061	135 201	170 953
3	1 385 847	582 833	1 044 491	412 430	341 356
4	1 712 111	326 264	1 400 798	356 307	311 313
5	1 906 243	194 132	1 611 668	210 870	294 575
6	2 473 658	567 397	1 858 953	247 267	614 705
7	2 562 566	88 908	2 150 943	291 990	411 623
8	2 879 754	317 188	2 465 383	314 439	414 371
9	3 501 281	621 527	3 081 203	615 820	420 078
10	3 741 167	239 886	3 288 433	207 230	452 734
11	4 138 420	397 253	3 675 595	387 162	462 825
12	5 194 782	1 056 362	4 997 460	1 321 865	197 322
平均		432 899		416 455	

表 5－3　　2009 年广东省省级财政各项指标情况　　单位：%

月份	国库集中支付方式下的资金支付率	国库集中支付方式下的资金节约率	国库集中支付方式下的资金使用率	国库集中支付方式下的资金沉淀率	传统支付方式下的资金使用率	传统支付方式下的资金沉淀率
1	75	25	100	0	75	25
2	79	21	100	0	79	21
3	75	25	100	0	75	25
4	82	18	100	0	82	18
5	85	15	100	0	85	15
6	75	25	100	0	75	25
7	84	16	100	0	84	16
8	86	14	100	0	86	14
9	88	12	100	0	88	12
10	88	12	100	0	88	12
11	89	11	100	0	89	11
12	96	4	100	0	96	4
平均	83	17	100	0	83	17

1. 资金沉淀率与资金使用率。由于国库集中支付下的财政下达额度，反映了财政实拨资金方式下的财政实拨资金。如表 5－2、表 5－3 所示，假设在不实施国库集中支付的情况下，2009 年财政部门需拨付预算单位财政资金累计 5 194 782 万元，而全年预算单位实际使用资金 4 997 460 万元，年底将有 197 322 万元沉淀在预算单位银行账户，资金沉淀率为 4%。由于财政资金按月拨付（用款额度按月下达），因此资金沉淀率每个月都会存在，一般是由高到低逐月递减，年平均资金沉淀率为 17%。即在不实施国库集中支付的情况下，财政部门每月拨付 100 元将有 17 元沉淀在预算单位银行账户。年平均资金使用率为 83%（1－资金沉淀率），反映财政资金没有被完全用于预算执行。传统支付方式下的资金使用率与资金沉淀率如图 5－1。

实施国库集中支付后，财政部门向预算单位下达用款额度（而非实拨资金），预算单位发生实际支出前，财政资金保留在国库；预算单位发生实际支出后，财政部门才将资金拨付出去，从而确保了财政列支与预算执行的一致性。由于财政资金直接到达最终用款人，不经预算单位银行账户，因此资金沉淀率为零；财政资金完全用于预算执行中，资金使用率为 100%，见图 5－2。

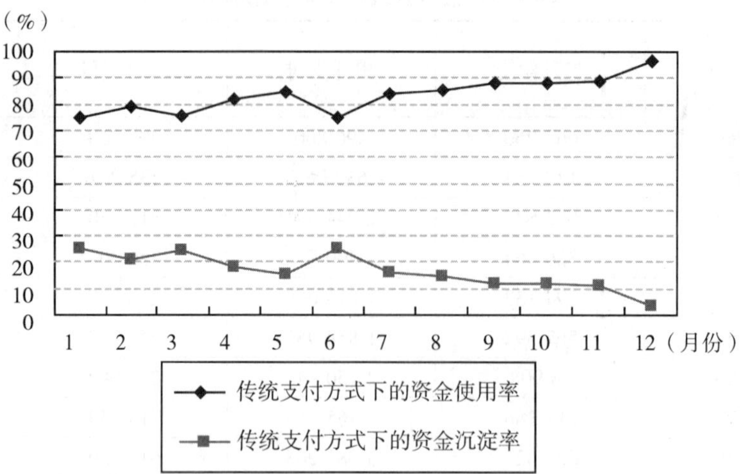

图5－1 传统支付方式下的资金使用率与资金沉淀率

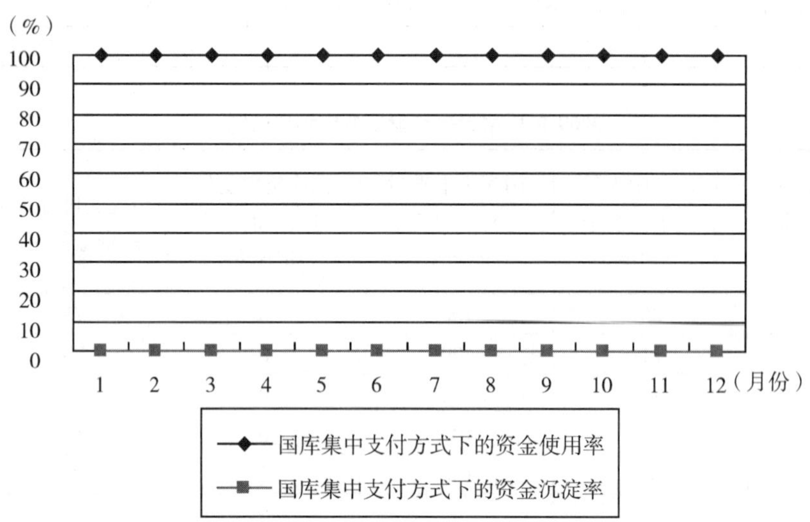

图5－2 国库集中支付方式下的资金使用率与资金沉淀率

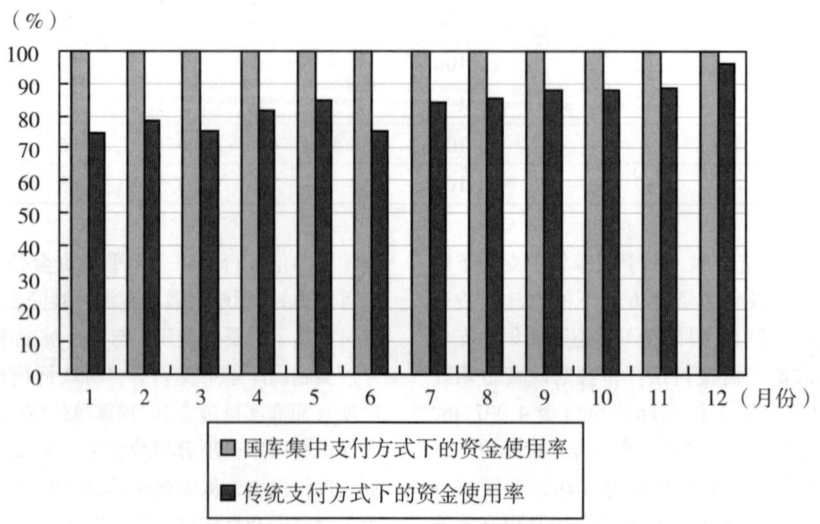

图5－3 国库集中支付方式与传统支付方式下的资金使用率比较

2. 资金支付率与资金节约率。实施国库集中支付后， 预算单位累计使用资金4 997 460万元，即财政支出总额为

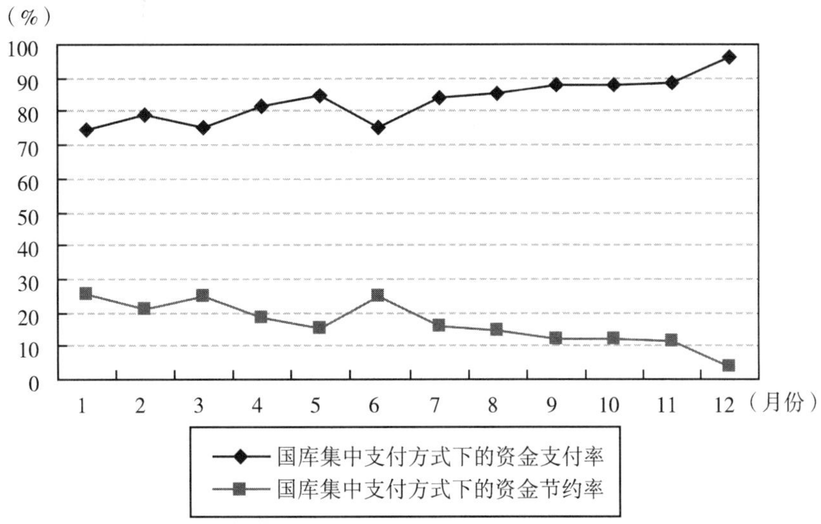

图5－4 国库集中支付方式下的资金支付率与资金节约率

4 997 460万元，而财政累计下达额度5 194 782万元，所以资金支付率为96%，财政用款额度结余197 322万元，资金节约率为4%。由于实施了财政国库集中支付，原本财政部门应该支出5 194 782万元（累计下达额度），实际上只支付了4 997 460万元，以往的财政资金沉淀率变为财政部门的资金结余。数据显示，资金支付率是递增的趋势，资金节约率则逐月递减，见图5－3。综合全年计算，平均资金支付率为83%，平均资金节约率为17%。过去财政部门需要拨付100元才能完成的预算执行内容，现在只需要拨付83元就可以完成了，节约近1/5的财政资金，见图5－4。

二、实践总结与建议

（一）改革实践总结

按照中央的统一部署，广东省自2003年起，按照“先试点，后推广，分步实施”的原则，由点到面，循序渐进，扎实有序地推进国库集中支付制度改革。2005年，在省、市两级稳步推进的基础上，县级国库改革取得实质性进展，国库集中支付改革在各县（市）、区全面铺开。2007年以来，除实施财政专项转移支付资金纳入集中支付、公务卡试点等改革外，广东省还创造性地提出了推行财政支出管理电子平台和财务核算信息集中监管等改革，国库集中支付运行机制不断健全完善，国库集中支付改革取得突破性进展，国库集中支付制度在财政财务管理中的基础性地位进一步得到巩固，改革取得阶段性成果。

第一，有利于增强财政资金调度能力。实行国库集中支付改革后，所有的财政性资金全部由财政部门国库集中管理和统筹使用，使财政部门成为政府的资金管理中心，有利于增强宏观调控能力，促进财政支出向保证重点、结构合理、管理规范、廉洁高效的方向发展。国库单一账户建立后，所有财政资金的进出都经过这一账户，央行和各级财政可以借此准确掌握财政资金的全貌，有利于财政政策和货币政策的有机结合。

第二，有利于提高国库资金的使用效率。国库集中支付制以国库资金的实际支付为基准，改变了“以拨列支”的做法，使信息反映真实。资金直接支付到供应商或用款单位，有效减少了资金拨付环节，促进了支付过程的规范化管理，提高了资金的使用效率。

第三，有利于强化对国库资金的监督和预算约束。国库支付系统的建立和统一运行，使财政部门可以严格监督财政资金从收缴、拨付到最终支付的全过程，预算约束进一步深化。

第四，有利于提高会计信息质量。在国库集中支付制度下，各预算单位都建立了内部财务管理制度，对单位内部财务活动进行控制和监督。各预算单位的各项支出，由国库支付局统一办理结算与管理，统一编制财务报表，使会计信息质量大大提高。

（二）进一步完善改革的建议

1. 强化财政资金安全管理

（1）存在问题。国库集中支付改革的实施，显著提高了财政资金运行效率和使用效益，也从制度和机制上保证了财政资金管理的安全性。但是，在当前各项财政改革还没有完全到位、新旧管理制度特别是操作机制相互交错的转化时期，容易存在资金管理的风险隐患和缝隙。目前财政资金风险的主要表现形式有：一是操作风险。在国库集中支付方式下，财政国库部门处于资金清算的第一线，特别是在直接支付方式下，财政资金由财政部门直接支付到最终收款人。由于财政部门对最终收款人信息的不完全掌握，若在业务过程中因财政部门和代理银行的操作人员不严格执行规章制度、不规范操作等引起支付错误时，可能会引起国库资金的流失，财政部门难以对财政资金的走向进行有效跟踪。二是管理风险。在授权支付方式下，财政部门每个季度向预算单位下达用款额度，代理银行对预算单位是否按规定正确使用资金进行监督。由于财政部门只能事后对预算单位和代理银行的账目进行检查，对代理银行和预算单位难以进行及时有效的监督，使资金在使用上存在一定的风险。另外，在推进改革过程中，发现部分单位的现金支付仍处于财政动态监控之外。一些预算单位通过各种方式套取现金，设置账外账，规避监管，成为财政资金支付管理的一个“盲区”。三是系统风险。随着国库集中支付改革的深入推进，对国库业务系统的依赖程度将逐步提高，国库业务系统一旦出现病毒入侵或系统故障等，将会造成业务数据的丢失，增加了国库资金风险。

（2）改革建议。财政资金安全是财政国库部门的一条“生命线”，这条“生命线”如果出了问题，将直接影响到国家大政方针的有效落实，影响到预算的执行。为了保证财政资金的安全，下一步应通过强化国库管理基础性工作，切实加强财政资金的安全管理。一是建立内控制度，规范操作程序。财政部门、代理银行、预算单位应建立健全内部管理机制和外部监督机制，用制度来堵塞漏洞和防范风险，确保资金及其信息运行安全。二是监管关口前移，防患于未然。财政资金拨付给供应商或劳务提供者前，财政部门应会同政府采购部门对预算单位的资金申请、所提供的购销合同、商品供应者或劳务提供者的资质及收款账户的真伪进行全面鉴定。财政资金从国库直接支付给供应商或劳务提供者或授权给单位拨付后，应采取有效措施对财政资金走向进行跟踪。三是建立事前事中事后一体化的财政国库动态监控机制。财政部门要进一步加大监控力度，通过财政国库动态监控系统，实时监控财政资金支付全过程，及时发现和有效查处违法违规违纪问题，加强国库集中支付内控管理和外部监督，从而防范和控制财政资金支付风险，促进财政资金安全、规范和有效地支付使用。四是全面推行公务卡改革。积极完善公务卡相关系统建设，规范结算程序，以符合国库集中支付制度改革的方向、有利于方便预算单位用款、有利于提高财政资金使用的透明度为原则，大力推行公务卡改革，力争到2010年年底在省、市两级全面推行公务卡管理。五是加强国库业务系统的安全建设，完善国库业务系统的各项功能，及时对系统数据和业务数据进行备份，从而防范和规避国库资金和计算机系统风险。

2. 加快国库管理信息系统建设。

（1）存在问题。广东省省级财政国库集中支付实施以来，国库管理信息系统建设始终与改革同步进行，有力发挥了技术支撑作用。该系统于2003年下半年正式投入使用，期间根据业务进程进行多次修改、补充和完善。从原来预算指标的手工输入和导盘录入，到目前成功与财政预算指标管理系统接口，实现了“指标控制支出”的财政资金网络管理流程；从原来预算单位手工填写、申报用款计划和用款申请，到目前成功与预算单位用款申报系统联网，实现了用款计划和用款申请的网上申报，提高了工作效率。然而，与目前业务发展的速度和规模相比，广东省省级财政国库管理信息系统网络建设仍未达到预期的目标。由于内外条件所限，网络构建还比较滞后，体现在国库自身的信息化程度不高。目前办理国库集中支付的系统功能有待完善，操作便捷性有待加强。随着改革的深入推进，预算外资金也将纳入国库集中支付改革范围，届时资金规模将进一步增大，系统的网络化建设需求日益迫切。

从横向上看，沟通国库部门、预算单位、支付执行机构和代理银行间电子化信息系统不完善，没有完全实现联网。不仅应用软件不一致，存在大量重复劳动，而且数据口径不统一，无法实现共享。在财政直接支付流程下，国库支付局根据单位用款申请办理资金支付，人民银行进行清算，代理银行向国库支付局返回支付和清算信息，全部通过人工进行；财政授权支付流程下，国库支付局根据单位用款计划下达用款额度，单位办理资金支付，人民银行进行清算，代理银行向国库支付局返回支付和清算信息，亦未能实现全程网络化，一定程度影响了资金支付和清算效率。

从纵向上看，国库集中支付改革的投入成本较大。据测算，仅一个市（县）级安装国库集中支付系统，购买服务器等专用设备、为预算单位配备微机、票打机、加密设备等，对单位进行培训等费用支出就需投入近千万元。省财政虽然尽可能加大对市县改革的支持力度，但也只是“杯水车薪”。且预算部门上下级单位之间的网络也不发达，越到基层这种情况越突出，高额成本投入制约了信息系统建设步伐和质量。

（2）改革建议。没有强大的网络技术支撑，广东省省级财政国库集中支付最终的顺利实施难以想象。国库集中支付目的是为了提高资金使用效率，强化资金使用监督，同时亦要简化业务操作、方便单位用款。一方面，需进一步提高国库支付局、人民银行、预算单位和代理银行系统的信息化管理水平，加快国库管理信息系统网络化建设，在防范资金风险的基础上，建立国库管理信息系统与代理银行零余额账户管理系统的接口，充分利用银行清算系统，实现银行清算系统信息与国库管理信息的网络化，实现用款额度的网上下达与监控，通过国库支付局、人民银行和代理银行的系统连接，实现资金支付和清算数据的网络传递，提高资金支付和清算效率，以及支付信息的实时反馈。

另一方面，充分考虑国库集中支付制度改革的成本投入和各市、县的资金承受能力，区别不同地区、不同级次给予一定的财力补助，以加快各地区因改革投入不足影响改革整体进度的问题。

3. 加强预算单位银行账户管理。

（1）存在问题。建立国库单一账户体系是实施财政国库集中支付改革的核心和基础。推行国库集中支付后，由于财政资金统一在国库单一账户体系核算，预算单位实有资金银行账户功能将逐渐减弱。广东省自实施改革以来，分别于2003年、2006年和2009年开展省级预算单位银行账户清理工作，有效规范了单位银行账户的管理，国库单一账户体系建设已取得了重要进展，但深化和完善的任务依然很重。当前比较突出的问题主要是：一是单位违规开户现象仍有发生。一些单位未经省财政厅批复，擅自开设银行账户，部分银行出于自身利益，未能认真进行审查，为预算单位违规开设账户提供便利。二是银行账户档案管理有待完善。一些单位开设（变更、撤销）银行账户后不及时进行备案，财政部门不能实时、全面了解预算单位账户信息，一些账户长期游离于财政部门监管范围外。三是信息化建设有待加强。预算单位银行账户管理工作量大、时效性强，必须进一步加大信息化建设，通过系统管理，提高申报、审批和备案效率。

（2）改革建议。由于财政国库集中支付仍处于推广和完善阶段，由此决定了预算单位实有资金银行账户在一定时期内仍将继续存在。对这部分留存的银行账户，财政部门需进一步加强管理，强化监控。一是进一步加大有关银行账户管理制度规范的宣传力度，强化预算单位和银行对账户规范管理的意识，尽可能争取各预算单位和银行对财政改革的支持和配合；二是改善国库集中支付预算执行管理系统功能，进一步提高预算单位银行账户审批效率。在现有的国库集中支付预算执行管理系统中增加预算单位银行账户管理模块，将预算单位银行账户的申报、审批纳入系统管理，实行网上申报、审批，以提高预算单位银行账户的申报、审批效率；三是继续完善预算单位银行账户备案管理。在预算执行系统银行账户备案模块中增加账户备案操作指引，引导预算单位及时、准确地备案账户信息。同时规范预算单位银行账户资料档案管理，做好账户管理的基础工作；四是建立健全预算单位银行账户年检制度。每年财政部门对预算单位保留的银行账户进行审核认定，对存在不合格账户的单位，财政部门督促其及时整改，逐步规范预算单位银行账户的设置，从而实现对预算单位银行账户的长效管理。

4. 优化国库集中支付流程

（1）存在问题。广东省国库集中支付制度改革实施以来，制度框架已经基本建立，有效提高了财政资金的使用效率，但同时由于部分业务流程过于繁琐、复杂，流经环节过多，从而加大了预算单位和财政部门的工作量。例如在现行国库集中支付制度下，预算单位既要根据批复的预算按季填分月用款计划，还要根据用款计划于使用时提出申请，增加了业务工作量。又如在统发工资支付流程中，工资支出计划每月须由预算单位上报、主管部门和业务处审核，增加了业务处的工作量，且实际意义不大。因此制定更加科学严密的改革实施方案和可行性强的具体操作办法，是改革顺利推进的重要保障。今后一段时间改革的重点将在制度的完善和各项程序以及具体流程的优化上。随着财政管理体制改革的深入发展，尽可能地优化国库集中支付流程，提高财政资金的使用效率，将是今后改革的一个方向。

（2）改革建议。财政国库集中支付是一项复杂的系统工程，和其他各项财政改革相互配套、不可分割，由于涉及多方利益关系，使用面广，同时使用效果受单位财务人员素质的影响，其操作程序应力求简便快捷，有序而行。对此我们的改革思路是：一是结合七年来的实际运行情况，在充分论证和保证资金安全的基础上，进一步完善管理制度，尽量简化不必要的业务流程；二是按照资金管理规范、安全、有效的原则，简化内部工作流程，提高工作效率，以充分体现国库集中支付制度的优越性；三是继续加强与部门预算管理处室的协调与沟通，共同探讨缩短项目支出审核流程的办法，提高项目支出审核的工作效率。

5. 扩大纳入国库集中支付资金范围

（1）存在的问题。按照收入来源的不同，财政性资金分为预算内资金和预算外资金。预算内资金以各种税收收入、国有资产经营收益、罚没收入和部分行政事业性收费为主，预算外资金则以尚未纳入预算管理的行政事业性收费为主（如教育收费）。预算外资金是国家财政性资金，不是部门和单位的自有资金，但这部分资金最大的特点就是其来源的广泛性与任意性，其用途也很繁杂，几乎涵盖了所有支出项目，这就决定了预算外资金管理的难度与力度。目前预算外资金尚未纳入预算管理，其收入上缴财政专户，实行“收支两条线”管理，支出由同级财政部门从财政专户拨付单位使用。由于目前预算外资金存放在商业银行，预算外资金纳入国库集中支付将面临商业银行间的资金清算问题，如何解决与现行人民银行和商业银行间清算业务的衔接是预算外资金实行国库集中支付操作的一个难点，见图5-5。

根据国库单一账户体系的建设要求，财政国库集中支付的资金应包括所有财政性资金，即预算外资金和预算内资金。而目前预算外资金仍维持原有的支付方式管理，不利于构建完整的国库单一账户体系。同时，由于预算单位为接收、使用财政部门划拨的预算外资金，在国库单一账户体系外保留相应的银行存款账户，给这部分财政资金的使用留下了更多的自由操作空间，加大了财政部门对资金监管的难度。

（2）改革建议。现阶段预算外资金在整个财政性资金中占有相当的比重，预算外资金的管理是否严格到位将直接影响到国库集中支付制度改革能否真正取得实效。随着省级财政国库集中支付改革的不断推进，预算外资金将逐步纳入国库集中支付范围。实施国库集中支付，不但可以加强预算外资金监管，提高预算外资金使用效率，而且有利于预算单位银行账户管理规范化。一是对于本身按规定应纳入预算内管理的资金，如各类基金、部分行政性收费等，应严格纳入预算内，收入直接全额缴入国库，以逐步缩小预算外资金的规模和比重，直至最终实现真正意义上的国库集中支付；二是应进一步强化落实预算外资金收支两条线管理制度，所有预算外收入的收取，原则上都应实行“票税分离、计算机联网、银行代收、财政管理”办法，收入一步缴入财政专户；三是借鉴预算内资金的支付清算管理模式，实行零余额账户与预算外资金专户的实时清算，从而实现预算外资金从专户直接拨付到最终收款人，减少资金的中间流转环节。同时逐步撤销、归并单位为预算外资金核算而保留的银行存款账户，进一步优化预算单位银行账户结构，完善财政国库单一账户体系。

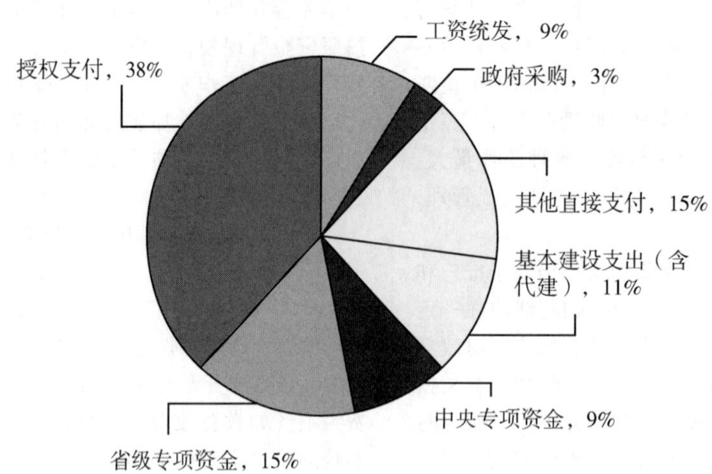

图5－5　2009年省级国库集中支付比例构成

6. 建立对代理银行的激励约束机制。

（1）存在问题。主要是代理银行服务不到位，相关人员业务水平有待提高。2009年广东省财政厅对五家代理银行的服务质量通过向预算单位发放问卷调查、实地调研等方式开展了年度考评。据统计，代理银行服务主要存在以下问题：一是代理银行管理存在上热下冷的现象，个别营业网点服务态度不好，用款信息传递不及时；二是代理银行对营业网点人员培训不够，业务人员服务能力不高。2009年广东省省级代理银行服务质量问卷调查分数统计（满分50分）见图5－6。

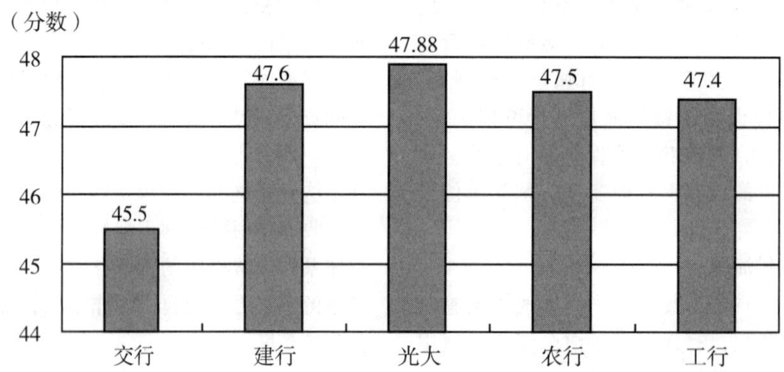

图5－6　2009年广东省省级国库集中支付业务代理银行服务质量问卷调查分数统计

（2）改革建议。要建立对代理银行的监督机制，量化对代理银行的考评指标，细化考评办法，对其违规操作行为视情况给予通报、扣减代理费、取消代理资格等相应处罚，以保证代理银行服务质量。同时督促和监督代理银行加强对营业网点的培训，着手研究鼓励性和惩罚性措施，促使营业网点改善服务态度，提高服务质量。

7. 加强改革宣传和业务技能培训

（1）存在问题。国库集中支付改革是对财政预算执行的一次根本性变革，反映的是财政业务的全貌。从业务角度讲，要求预算单位财务人员要从预算编制入手，熟悉本单位预算经费的每一项构成、财政用款的管理程序，熟悉从指标、计划、用款到账务处理的全过程。从技术角度讲，要求预算单位财务人员要能够熟练掌握国库集中支付管理系统的操作。但在实践过程中，真正既熟悉业务又能熟练操作系统的不多，大多数情况是老会计熟悉业务不懂系统操作，年轻会计懂系统操作却不通业务，越到基层这种情况越具有普遍性。

（2）改革建议。国库集中支付改革是一个庞大的系统工程，需要加强财政与各相关部门的协调沟通，统一认识，统一步调，调动各部门参与改革的积极性，减少改革阻力。财政部门今后既要加大对改革的宣传力度，也要通过定期培训、走访单位等形式，了解并解决预算单位在实践操作中遇到的困难和问题，提高自身的业务能力和服务水平，争取各部门对财政政策的理解、支持和配合，为国库改革的进一步推进扫清障碍。

促进广东省资产评估机构专营化发展的政策研究

（节选）

广东省财政厅工贸发展处

一、近十年来广东省资产评估管理工作的主要情况

（一）"两会"（注册会计师协会和资产评估协会）合并后广东省资产评估管理情况

2000 年，根据国家部署，参照国家中国注册会计师协会与中国资产评估协会合并模式，省评协与广东省注册会计师协会合署办公，广东省注册会计师协会在行使资产评估行业自律管理职能的同时，还受广东省财政厅（以下简称省财政厅）委托，行使资产评估行业的行政管理职能。广东省注册会计师协会一方面认真履行资产评估机构设立行政审批职能，严把审核准入关，加强资产评估机构的资质年检和执业质量检查。另一方面认真做好注册资产评估师注册准入审核工作和年检工作，协助开展注册资产评估师考试工作，加强注册资产评估师后续教育培训工作。

（二）省评协重新单设后广东省资产评估管理情况

2005 年年初，财政部令《资产评估机构审批管理办法》出台，该《办法》明确了省级财政部门和省级行业协会在资产评估机构审批、监管工作上的职能分工。同时，省评协重新从广东省注册会计师协会中分设出来。

根据管理职能分工，省财政厅行使资产评估行政管理职能，一是有效实施新管理法规，建立健全资产评估管理体制。《资产评估机构审批管理办法》发布后，为了更好地贯彻执行该办法，履行审批管理职能，在遵循《资产评估机构审批管理办法》和《行政许可法》基本原则的基础上，结合广东省实际情况，省财政厅以规范性文件下发了《关于贯彻落实财政部〈资产评估机构审批管理办法〉有关问题的通知》，对全省资产评估机构审批管理提出具体贯彻意见。二是依法行政，严把审批准入关。《资产评估机构审批管理办法》发布后，该《办法》提高对资产评估机构设立条件的要求，省财政厅严格执行规定，认真履行审批管理职能，公开办事程序和流程，增加审批过程的透明度，在省财政厅的网站上及时公布相关信息，接受社会监督，在规定时限内完成行政许可行为。

省评协对资产评估充分发挥行业自律管理职能，并积极配合省财政厅做好资产评估机构审批工作，充分发挥行业协会在机构管理方面的作用。广东省资产评估行业管理工作一直以"服务、管理、监督"为核心，推动全省资产评估行业稳步发展。省评协在行业自律管理上充分发挥联结政府、社会、机构的"桥梁"作用，切实做好了资产评估行业的执业人员资格考试、资格准入、后续教育培训、质量监管等各项工作，为行业提供优质的服务，认真做好行业"领跑员"、"服务员"角色。

二、专营化发展中，广东省资产评估机构现状及存在问题分析

从 2005 年开始资产评估机构逐步实行专营化。专营化初期阶段，资产评估机构面临生存问题，深入剖析资产评估机构的生存现状和存在问题，将为广东省资产评估行业今后的"找出路、谋发展"提供重要的信息。

全省资产评估机构收入整体情况分析。资产业务收入是资产评估机构的生存和持续发展的重要来源，资产评估业务收入是资产评估行业生存和发展状况的重要考核指标。

1. 全省资产评估机构近几年总收入的对比情况。2008 年是资产评估机构专营化发展的转折年度，通过 2006 年度、2008 年度、2009 年度全省资产评估机构业务收入情况，可以考察转折前后年度机构业务受专营化政策影响的变动程度（见表 1）。

表 1　　**2006 年度、2008 年度、2009 年度全省资产评估机构收入情况**

年度	资产评估机构数量（家）	注册资产评估师数量（不完全统计）（人）	资产评估业务收入（亿元）
2006	268	1 850	2. 71
2008	155	2 000	2. 9
2009	168	2 000	3

在严格执行资产评估机构专营化政策情况下，虽然广东省有 100 多家资产评估机构退出了资产评估行业，但是全省总体资产评估业务收入并未受到影响，并呈现较平稳发展的态势。

2. 广东省资产评估收入在全国行业的情况。广东省作为经济大省，经济实力全国第一，经济活跃，地位重要，但资产评估机构无论是从业务收入、评估师数量等方面都未能与广东省的经济实力相配。2008 年度，广东省资产评估业务收入为 2. 9 亿元，占全国总收入的 7% 左右，仅为北京 9. 2 亿元的 1/3，与上海 2. 9 亿元持平，比江苏 2. 4 亿元略高。

3. 资产评估收入地域分布情况。按资产评估机构在全省地域分布情况，广东省资产评估收入地域分布较为集中，全省资产评估业务收入 90% 以上集中在珠江三角洲、深圳等经济较发达地区，呈现分布极不平衡的态势。其中，2009 年度珠江三角洲地区（含广州，不含深圳）的 95 家资产评估机构共实现资产评估收入 2. 1 亿元，占全省总收入的 70%。从平均每家资产评估机构实现年度收入情况来看，最高的是珠江三角洲地区 221 万元，最低的是粤西地区 58 万元，而前者是后者的 4 倍，收入差距非常大。具体情况如表 2。

表 2　　**广东省资产评估收入地域分布情况**

地区	机构数量	资产评估收入（万元）	平均每家资产评估机构实现年度收入（万元）	占总收入的比例（%）
珠江三角洲地区	95	21 000	221	70
深圳	44	6 500	148	22
粤东地区	13	1 650	127	5
粤北地区	4	354	89	1
粤西地区	12	695	58	2
合计	168	30 199	180	100

4. 广东省资产评估收入中房地产估价等其他业务收入的情况。在我国评估市场上，占据主要地位的三大评估执业资格是资产评估、房地产估价和土地估价，这三大行业分别由财政部门、建设部门、国土资源部门进行管理。长期以来，资产评估、房地产估价、土地估价等多种评估资格并存，评估业务条块分割问题严重。目前，由于全国房地产市场活跃，房地产估价、土地估价业务在评估市场上的需求也相应最多，财政部系列的资产评估业务范围在规定上虽然是涵盖最广、最全面的，但是由于部门间的限制性规定不断出台，近年来资产评估机构已难以涉足房地产、土地估价业务，实际意义上的资产评估业务在萎缩。

2009 年广东省资产评估收入前十名的资产评估机构（不含深圳市）中，注册地在广州市的有 9 家，资产评估收入超过 1 000 万元有 4 家，同时具有房地产估价资格的资产评估机构有 7 家，其中房地产土地估价收入占总收入 50% 以上的有 6 家，而全省资产评估收入排名最高的广州银信房地产土地估价收入占总收入已达到 85%。由此可见，资产评估机构主营业务收入并非以资产评估收入为主，资产评估机构专营化发展面临的业务拓展困难不容忽视。

三、存在的主要问题

（一）资产评估机构专营化程度不足

目前，广东省资产评估机构尚处于专营化的初级阶段，许多机构专营化程度不足，主要体现在：一是资产评估机构独立性不强。虽然 2008 年广东省资产评估机构全面完成了专营化工作，但是实际上仍有部分资产评估机构尚未实现资产财务、档案、人员、场地等方面的真正独立。许多由会计师事务所分立出来新设立的资产评估机构与原会计师事务所的关系仍十分密切，未能实现实际意义上的独立。甚至有些资产评估机构名义上虽然具有独立法人，但实际上仍然“依附”在会计师事务所，接受会计师事务所的管理和控制。二是注册资产评估师专职化程度不高。长期以来，资产评估业务属于会计师事务所的一项副业，许多注册资产评估师拥有多种执业身份，对资产评估的专业化发展带来一定的限制。根据中国资产评估协会的规定，注册会计师在达到视同“专职”标准的情况下，可以继续从事注册资产评估师业务。因此，部分资产评估机构在人员上难以达到独立配备，人员兼职的情况仍然存在。目前，由于许多资产评估机构处于分立初期，特别是在资产评估业务范围狭窄的现状下，资产评估收费偏低，大部分资产评估机构还处在仅能维持生存的水平上，机构正常运转面临许多困难，资产评估评估行业对高素质人才的吸引力不足，执业队伍缺乏发展后劲。如果不切实落实注册资产评估师这支执业队伍的专职化和后备力量，将难以保证行业拥有一支可持续发展的队伍，也不利于资产评估机构专营化发展。

（二）资产评估机构长期存在的“散”和“小”问题和地区性发展不平衡现象

从本部分的资产评估收入地域分布情况（见表2）可见，广东省资产评估机构主要集中在广州市、深圳市等经济发达地区，经济欠发达地区的资产评估机构在数量、收入上都远远落后于经济发达地区，生存困难问题更为突出。相比较于2008年以前的资产评估机构数量268家，专营化工作结束后广东省资产评估机构数量减少到155家，机构减少率达到42%。但是我们仍然看到，广东省资产评估机构收入不高，规模小的情况普遍存在，而且由于生存空间较为狭窄，许多资产评估机构对规模推进缺乏积极性，执业质量也难以得到有效的提升。2009年资产评估机构收入超过1 000万只有4家（不含深圳），这是与财政部向全国资产评估行业提出机构做大做强的指导方针不相适应的。

（三）资产评估机构执业中存有低价竞争、执业道德观念不强等不良现象，机构风险抵御机制不健全，机构内部治理体制不完善

资产评估机构执业低收费问题是影响资产评估行业发展的重要因素，由于在本部分前面内容对该问题已有详细分析和阐述，此处不再赘述。资产评估行业目前仍存在着一些尚待解决的问题，影响着评估行业的健康发展。

1. 执业队伍的道德素质不高。由于资产评估执业队伍存在专职化不强、收费偏低等问题，许多执业机构和执业人员对行业可持续发展的信心不足，执业道德素质约束力不高。一些执业机构为了生存或谋取利益，不顾风险和质量要求，以低成本执业，达到短期谋利的目标，从而导致社会对资产评估行业的认可度和公信力难以提高。

2. 风险抵御能力不强。2009年财政部出台《资产评估机构职业风险基金管理办法》，其目的就是提高资产评估机构风险抵御能力。虽然制度上对资产评估机构的风险抵御提供了一定的制度保障，但是机构的风险抵御还主要来自于机构自身风险意识的加强。一直以来，资产评估管理都将职业风险摆在重要的地位，但是在行业的许多实际案例中，许多出现执业质量问题而受处罚的资产评估机构，主要还是由于执业过程中抱有侥幸心理，风险防范意识薄弱，为取得业务迁就客户，没有充分发挥中介机构的鉴证作用而造成的。当真正出现执业问题时却又无力承担，最终导致机构解散、终止，而付出无法弥补的代价。

3. 资产评估机构内部治理不完善。目前，资产评估机构内部管理存在着许多“瓶颈”，制约了资产评估机构的发展，有些问题甚至直接或间接导致个别资产评估机构的解体。从现阶段资产评估机构的管理现状来看，许多机构的治理层和管理层的主要精力都投入到业务争取和开拓上，对于内部治理的重视程度不高，许多内部管理制度流于形式，甚至连与内部管理运行机制密切相关的公司章程（合伙协议），许多机构都全盘照搬《公司法》或《合伙企业法》的有关条款，并没有根据机构的实际情况来制定，一旦出现问题，出资人经常会发现，自己签订的章程（合伙协议）无法维护自己的合法权益，或是难以解决纠纷问题，以致出资人之间的矛盾加剧，形成胶着状态。而作为中介服务行业的资产评估机构往往是以“人合”为基础，如果机构的责、权、利都没有得到全面的落实，这种“人合”就难以发挥其应有的作用，也难以促使机构在规模上得到进一步地提升。

（四）评估行业中存在的多头管理、条块分割问题难以得到有效解决，严重制约着行业的健康发展

长期以来，评估行业中存在的多头管理、条块分割的问题，许多资产评估机构都曾有过出具了房地产、土地等单项资产评估报告而不被认可的情况。由于部门间出台的限制性规定，使许多执业机构和执业人员左右为难，而又万般无奈。近年来，许多资产评估机构都在反映着同一问题，就是机构的名称越来越长，比如一家同时具有资产评估、房地产估价和土地估价的机构，其名称上必将包含着“资产评估与房地产土地估价”等字样，这种机构名称上的要求，不仅给机构了带来许多困扰，也使客户无法理解，势必给社会公众带来不好的影响。而机构名称只是三大评估执业资格分割问题的一个具体的体现，市场上的重复执业，执业质量标准不一，执业竞争激烈，部门拉锯等问题难以有效解决，这种状况一方面严重影响了资产评估行业的生存和发展空间；一方面也一定程度上打击了资产评估执业机构和人员开拓业务的积极性；另一方面还影响了评估市场的和谐发展。资产评估行业要发展就应从大局出发，打破这种条块分割的不和谐局面，实现评估的统一大发展。

四、促进广东省资产评估机构专营化发展的管理政策研究及建议

（一）广东省资产评估机构专营化面临的发展形势

资产评估行业在新经济形势下具有良好的发展机遇，但市场经济环境的变化也对资产评估行业提出了更高的要求。因此，资产评估行业未来充满了机遇和挑战。当前，广东省资产评估机构面临的形势主要表现在以下四方面。

1. 社会主义市场经济体制的建立和完善为资产评估行业的发展奠定了坚实的基础。资产评估作为专业化市场中介行业，是伴随着社会主义市场经济的建立和完善而发展起来的。改革开放以来，广东省资产评估行业队伍不断壮大，素质不断提高，执业准则和管理制度逐步完善，业务范围和服务对象日益扩大，社会监督作用进一步增强。广东省资产评估行业为防止国有资产流失、维护产权交易各方的合法权益，发挥了重要作用，推动了广东省的国有企业改组、改制工作。同时，资产评估行业在经济体制改革、建立社会主义市场经济过程中得到长足的发展，成为广东省经济发展的重要中介服务行业。广大的注册资产评师和资产评估机构通过独立、客观、公正的执业活动积极为政府、客户提供准确、及时、有效和合法的信息资料，为推动广东省经济结构调整、提高经济增长质量，促进社会事业的发展起了至关重要的作用，成为自政府职能转变后一支重要的社会监督力量，为全省经济发展作出了积极贡献。伴随着我国市场经济体制改革的深入，资产评估从无到有，业务范围、种类、数量日益扩大，目前资产评估中介服务已经涉及经济社会发展的许多重要领域，如设立三资企业，国有企业的改组改制、并购上市，产权或股权的转让，土地使用权和房地产买卖，实物资产出资，资产债务重组，抵押贷款，司法执行以及不良资产的处置等等，在国民经济建设、国有企业改革、市场机制完善等方面作出了积极贡献。

2. 经济快速发展，对资产评估管理提出了更高的要求，资产评估行业面临着机遇和挑战。改革开放 20 多年来，广东省经济社会发展取得了举世瞩目的成就，为资产评估行业创造了日益扩大发展的空间，大量的经济活动离不开资产评估，资产评估行业的业务范围、种类、数量都将加速发展。当前，广东省资产评估行业正面临良好发展机遇：一是资产评估行业的建设和发展，得到了党中央、国务院及财政部，省委、省政府、省财政厅的高度重视。二是广东省经济持续、快速发展为资产评估行业提供了良好的平台和广阔的空间。随着经济改革的不断推进，小康建设的不断加快，广东省的社会经济发展水平将进一步提高，资产评估行业的发展空间也将进一步拓展。三是资产评估行业自身发展为更好地服务于全省经济建设打下了基础。广东省资产评估队伍从小到大、由弱变强，形成了一定的规模。

3. 管理体制改革为机构管理工作提供了组织保障。市场经济是法制经济，健全的法制是市场经济健康发展的重要基础。作为市场活动重要参与者的资产评估行业，必须建立在法制的基础之上。资产评估机构是资产评估行业市场的主体，评估机构的资质水平直接影响资产评估的质量。为了加强资产评估机构的管理，保证评估机构独立、客观、公正执业，促进资产评估行业规范、健康发展，国务院决定将资产评估机构的设立审批纳入行政许可范畴，这是行政管理部门管理评估活动的重要举措，也是当前建立健全资产评估管理体制的内在要求，有利于理顺行政监管和行业监管的关系。

近年来，财政部积极推动新的行政管理与行业自律性结合的资产评估行业管理新体制的建立，这种新的管理体制有利于行业管理，符合市场经济对中介行业的管理方向，有利于发挥行政管理和行业自律管理两方面的积极性，整合监管资源，变分力为合力，提高政府行政的效率，减少行政风险。将管机构和管人有机结合，才能真正建立制约机制。行政管理和行业自律管理在同一领域从不同方面发挥作用，不仅有利于增强和加大管理功能，还能增加社会对资产评估行业的关注和重视程度，提升行业公信力。

4. 资产评估相关法制建设得到一定的完善。近年来，财政部加强了资产评估管理的法制建设。2005 年，《资产评估机构审批管理办法》是资产评估行业第一部以部长令颁布的管理办法。接着，18 项资产评估准则相继出台，分属基本准则、具体准则、评估指南和指导意见四个层次，涵盖了企业价值、无形资产、不动产、机器设备等各类资产，进一步完善了资产评估执业规范。2009 年以来，财政部或财政部联合相关部门相继印发了《资产评估机构职业风险基金管理办法》、《资产评估收费管理办法》、《关于推动资产评估机构做大做强做优指导意见》等专项管理文件和指导意见，为进一步加强资产评估机构规范管理奠定了制度基础。

（二）加大力度推进资产评估机构专营化发展，促使机构真正走向独立

虽然资产评估机构面临着生存空间狭窄、业务条块分割等困难，但是专营化发展是资产评估机构必须坚持的发展道路。资产评估机构要实现专营化经营，就要真正实现独立。目前，广东省大部分都是中小型资产评估机构，独立经营的艰辛是不可避免的。推动资产评估机构专营化发展的具体措施是：

1. 树立执业机构和执业人员对行业的信心。一方面，管理部门在政策上，为资产评估机构专营化发展创造良好的执业环境，使执业机构和人员能专心致志地做业务、谋发展。另一方面资产评估机构需要抱有一种持久战斗的耐心，不退却、不动摇。全心全意地将资产评估作为自身奋斗的事业，全心全意地投入到行业发展工作中。

2. 促进资产评估机构做专做精做优。资产评估机构应当在发展道路上探索机构的自身特色，做到“专、精、优”：“专”就是走专业化道路，深化专项领域服务；“精”是通过细分市场，寻找出差异化服务的空间；“优”是提高服务质量，创新服务类型和技术手段。同时，资产评估机构还应当完善内部治理结构，以服务取胜，不断挖掘市场需求，争取更多客户和开拓更广阔的市场。

3. 重视执业队伍后备力量培养，抓好队伍建设。一方面资产评估机构应当在行业人才培养中发挥基础性作用。各资产评估机构应当建立人力资源制度，进一步优化激励约束机制、考核分配制度，加快培养资产评估机构中的管理团队和业务骨干，形成以事业留人、待遇留人和感情留人的良好氛围。另一方面行业主管部门应当大力抓好资产评估队伍建设，加强执业人才综合素质培养，抓好人才储备，优化队伍结构，为广东省资产评估行业发展提供人才保障。

（三）推进资产评估机构做大做强的政策研究

1. 创新机构合并、兼并模式。根据《财政部关于推动评估机构做大做强做优的指导意见》，广东省一直积极探索完善资产评估机构做大做强做优的政策措施。资产评估机构通过合并、兼并重组等强强联合方式，可以达到资源整合、扩大规模。在采用原有吸收合并等方式的基础上，建议可考虑在有条件的省市实行资产评估机构集团化管理试点，即以品牌为核心要素，在一个省市选择一至两家实力强、执业素质高的大型资产评估机构作为核心机构，集合一些有意向合作的中小型机构加盟，形成以品牌为纽带，实行自主出资、自主经营、统一理念、统一质量标准的管理模式。

2. 优化资源配置，提升核心竞争力，创建广东省资产评估品牌。重点扶持数家大型资产评估机构加快发展，在人才、品牌、规模、技术等方面提供一定的引导，实现资产评估机构的核心竞争力的提升。核心竞争力有四要素，即资源要素、能力要素、整合能力和顾客价值。其中，核心资源是基础，能力是重点，整合是关键，不断学习、创新为顾客提供更大价值则是目标。培育机构核心竞争力，一是要加强信息资源的积累、管理及应用，包括信息资源、人力资源、客户资源和无形资源。二是要完善内部管理制度，尤其是管理架构和薪酬激励制度，明确职位职责，提高骨干技术力量的福利待遇，让他们权责相符、责酬相称，为机构创造更大的价值。三是加强技术创新和市场研究，不断开拓新的业务领域。四是加强对资源整合能力的建设，为社会创造价值，服务于经济社会。通过加强上述核心竞争力的培育，对全省大型机构的竞争实力进行分析，有针对性地找到1～2家大型资产评估机构进行品牌培育，在符合法规政策的基础上，给予一定的政策扶持。

3. 适度扶持中型机构的规模扩展，实现机构的规模化经营。鼓励执业质量优良、治理结构机制科学的中型资产评估机构根据自身实际情况，选择相应规模扩展模式：一是自身积累。通过评估机构自身积累，拓展业务范围和招纳人才，稳步发展壮大。二是建立分支机构。通过异地设立分支机构实现异地拓展业务，以扩大资产评估机构的地域范围。三是兼并或合并。包括吸收合并、新设合并等方式，短期来实现规模的扩展，资源的整合。四是实现“走出去”。资产评估行业国际化尚未全面开展，现阶段主要是加强对外技术交流和合作，特别是与港澳评估机构合作完成高端业务。近日，《粤港合作框架协议》已经正式签订，粤港资产评估服务也属于合作范围，广东省借财政部正在开展《资产评估机构审批管理办法》修订工作的机会，积极提出修订建议，在许多扶持资产评估机构规模经营政策上，如资产评估机构出资模式、建立港澳两地资产评估行业的交流和合作平台等方面，争取得到财政部的支持，使许多先进理念能在广东省资产评估行业内先行先试，促进广东省资产评估机构“走出去”。

（四）进一步完善后续监管的配套制度，加强资产评估机构内部控制，提高资产评估机构抵御风险的能力

1. 加强资产评估机构后续监管，规范机构管理。

（1）建立资产评估机构年度检查制度，对资产评估机构实行年度检查制度和定期实地抽查制度，以规范资产评估机构管理。进一步完善执业质量检查制度，提高资产评估执业质量。

（2）切实推进资产评估机构诚信档案制度，尽快开发资产评估机构诚信档案管理系统，建立资产评估机构诚信评级及公开披露制度，通过倡导诚信，提高资产评估机构的职业道德和执业质量，从而促进整个行业的社会公信力和认可度的提高。

（3）完善分支机构规范管理的规定，进一步细化资产评估机构与分支机构的控制关系、权利与责任、收益与风险的划分规定。

（4）加大惩处力度，优化执业环境。严惩资产评估行业中存在的通同舞弊、挂名签名、兼职执业等违法违规行为。建立资产评估机构退出机制，给资产评估机构加个“紧箍咒”，严惩违规行为，及时撤回不符合设立条件的资产评估机构的行政许可，对严重违规的资产评估机构依法吊销资格。

2. 规范资产评估机构内部管理。

（1）建立团队型管理队伍，提升资产评估机构的凝聚力和团队精神。资产评估机构是智力型的中介服务机构，充分发挥机构从业人员的积极性、主动性和创造性，协同合作，变“分力”为“合力”，才能为机构带来最佳效益。团队型管理队伍的建立需要的主要因素有：

一是建立机构文化。资产评估属于专业性很强的行业，机构成员大部分是具有高学历的专业人士，他们对工作环境的文化氛围的要求必然较高。如果一家机构没有建立自己的核心文化，那么这家机构的员工容易出现目标不明确、人心涣散的现象。因此，建立专业性强、特色鲜明

的机构文化是提升机构凝聚力、防止机构人才流失的重要保证。

二是建立科学的管理模式。建立以人为本的管理策略，赋予员工管理参与权和监督权，增强每位员工的归宿感和责任感，使员工在协同合作中产生火花，形成的机构整体“合力”远远超出员工个体“能力之和”。

（2）充分发挥机构领头人的作用。作为机构的领头人应当做到以下三点：

一是具有创新精神。机构的负责人应不断更新管理观念，以适应多变的经营环境，积极主动地追求新知识、新理念，不断提高自身修养和专业素质，严格自我要求，真正做到“以己律人”，以蓬勃向上的精神引领队伍向目标迈进。

二是具有敏锐的洞察力。处于21世纪的信息时代，信息瞬息万变，如果不能及时把握有用的信息，机会可能会瞬息间溜走。为此，凭借敏锐的洞察力挖掘出有用的信息，抢先于竞争对手抓住有利时机，才能在竞争中脱颖而出。同时，凭借敏锐的洞察力还能预见经营可能遇到的风险，及时制定规避风险的措施，以达到“防患于未然”。由此可见，敏锐的洞察力是机构领头人不可缺少的能力。

三是具有很强的协调能力。“人合”是资产评估机构和谐管理的基础，“人合”必然离不开“协调”，而“协调”的执行人首先就是机构的负责人，他负责团队的整体协调，涉及每个层面、每位员工，作用至关重要，效果最为明显。因此，协调能力对于一位优秀的机构负责人而言是非常重要的，也是资产评估机构和谐管理的前提要求。

3. 优化人员组合结构。资产评估机构以“人合”为基础，优化人员组合结构尤为重要。

第一，有利于保证评估质量和评估效率。资产评估涉及会计、机械、建筑等多种专业知识，执业机构对员工的专业要求较高。执业过程中，机构通常会根据业务项目的要求对多种专业人员进行组合，以业务小组的形式完成评估任务，业务小组则根据专业特长对执业人员进行分工，真正做到各施所长、各尽所能，从而有效地提高评估质量和评估效率。

第二，有利于充分发挥员工个体潜能。目前，大部分机构的规模都不大，员工数量也不多，优化人员组合结构的应有作用由此可能不太明显，但是对员工个体而言，通过优化人员组合结构使员工个体潜能提到充分发挥，从而获取的成就感对于员工则有非常重要的作用。它有利于机构形成融洽的工作环境，每位员工在和谐的工作氛围中找到合适的定位，以积极主动的态度对待自己的工作，发挥个体最大效能，并通过协同合作，形成“合力”最大化。

（五）改善资产评估执业环境，研究开拓资产评估业务新领域

1. 进一步加强与有关部门及其他评估协会的沟通。由于历史原因，评估行业内部有多种执业资格，由多个政府部门管理，分别执行不同方面的业务。多头管理的弊端很多，由于执业标准不一致使执业人员难以公正执业，另一方面由于行业管理标准不一致难以创造公平竞争的环境。因此，评估行业主管部门应加强沟通，求同存异，共同发展。遇到问题要主动沟通，既要坚持原则，也要处理好各方关系，为促进行业发展，机构执业质量提高创造条件。

2. 开拓资产评估业务新领域。资产评估服务于社会经济，为积极拓展资产评估服务领域，强化资产评估市场体系建设。要加强与有关部门协调沟通，认真研究国家各项改革政策，深入挖掘市场需求，创新资产评估服务类型。在巩固已有市场和关注法定业务的同时积极探索新的资产评估业务增长点，协调推进知识产权评估、林权评估、行政事业资产评估、金融资产评估和非货币资产出资评估、中小企业融资评估、产业转移资产评估等工作，扩大资产评估业务范围。

3. 加快推进资产评估收费制度改革工作。2009年年底，国家发展改革委和财政部联合印发《资产评估收费管理办法》，为资产评估机构切实改变低收费现状提供了制度上的保证。目前，广东省资产评估收费制度正在抓紧制定，新收费标准将是以广东省经济发展水平为基础，与资产评估行业发展相适当，也将切实解决广东省资产评估行业低收费的问题。

（六）通过加大监管、宣传和指导力度，提高资产评估机构执业质量和社会公信力

1. 加强行政监管，提高监管效能。财政部门是资产评估行业的行政监管部门，健全行业监管跨部门沟通协调机制，主动做好沟通工作，加强与国有资产管理部门、建设部门、国土部门、工商行政管理、物价、银行等部门的沟通协调，逐步实现以下目标：一是打破多种评估资格的专业壁垒，改善市场分割局面；二是进一步规范资产评估项目招投标行为，营造公平竞争的评估市场；三是建立评估行业监管部门的信息共享制度，不断提高监管效能。

2. 加大宣传、指导力度。与律师、注册会计师等中介行业相比，资产评估行业的社会认知度尚不太高，建议通过专业报刊、新闻媒体等宣传工具，加强资产评估行业的执业性质、职能作用、先进事迹、优秀专业人才等方面的宣传，提升行业形象和社会公信力，营造理解、支持、尊重资产评估行业的良好执业氛围。

城乡协调发展中的基本公共服务财政均衡性研究

（节选）

湛江市财政局

一、广东省基本公共服务财政均衡方面存在的问题

（一）区域与城乡间的不均衡

《广东省基本公共服务均等化规划纲要（2009～2020年）》，将基础服务类，包括公共教育、公共卫生、公共文化体育、公共交通和基本保障类，包括生活保障（含养老保险、最低生活保障、五保）、住房保障、就业保障、医疗保障共八大方面公共服务均等化作为实现城乡、区域和群体间基本公共服务均等化的目标，分阶段性实施。可以说，这是省贯彻党的十七大精神的创新举措。但这目标的实施，最大的困难就在财力的保障，或者可以说是政府间财力的均衡。

广东省主要有四大经济区域，分别为珠三角九市，东、西翼和山区。通过对省内四大经济区域的比较，可以看出各方面资源在区域间分配不均的程度。珠三角地区经济发达，城市化程度高，农业人口不到29%，地区生产总值、一般预算收入和支出均占全省总量的七八成，几乎囊括了大部分资源，公共服务水平高。相比之下，东、西翼和山区普遍经济欠发达，财力基础薄弱，相对而言，所能享受的公共服务水平远远落后于发达地区。

广东省区域的不均衡在很大程度上反映了城乡发展的不平衡及城市化水平方面的差异。从2008年的统计数据可以看出，城市化水平越高的地区，经济越发达，财政资源分配越充裕。2008年，珠三角地区整体GDP更是占全省的83.3%，在财政资源配置方面，其财政一般预算收入和一般预算支出均约占全省比重68%，与欠发达地区区域间的差距十分明显。其中，人均财政收入最低的西翼仅为珠三角的7.2%，人均财政支出最低的粤东仅为珠三角的15%。

一般预算收入差别最大的是珠三角和西翼两个地区，也可以说分别代表了城市与农村的水平。即使是两个地区的农村，差别也甚大。为了更好地说明两大区域间差距问题，以下又分别选择该两个地区的农业人口比重较高的地区进行相关指标比较。广州的从化市是该地农业人口最多的县级市，人均GDP、人均财政收入和人均财政支出分别为28 246元、2 110元和3 296元。同一时期，粤西的湛江市人均GDP、人均财政收入和人均财政支出分别为15 297元、667元和1 609元。

从化虽在广州市处于低水平，但相对于欠发达地区来说，上述三项指标仍然比湛江市的高。因此，可以说在广东省内，最大的不均衡应该是区域间的不均衡。因此，要缩小城乡差距，首先解决区域发展的不平衡问题。

经济发展因素对促进城乡基本公共服务均等化财力具有保障作用。按照实现基本公共服务总体适度均衡的要求，据预计数，2009～2020年，全省共需投入基本公共服务领域的财政资金24 812亿元，年均增长15.4%，年均新增投入292亿元。

这一巨大的数额，要有强大的财力作保证，各级政府也要相应加大投入力度。除了省级财政外，要实现城乡基本公共服务均等化，最基础的保障条件是各区域间政府基本财力的相对均衡。根据省社科院的调查，推进基本公共服务均等化最大的困难在财力，“地区之间、城乡之间财政实力的不平衡，将直接影响到均等化的落实”。新阶段统筹城乡发展、推进城乡一体化的重要目标是实现社会的最大公平，确保社会上的每个人都享有最基本的权利并均等地享有社会经济发展的成果，这就要求政府必须从公平的视角为城乡建立平等的发展机制，通过系统的基本公共服务均等化的制度安排与制度创新，加快统筹城乡公共产品供给，积极推进城乡公共服务均等化目标的实现。

（二）欠发达地区财力存在较大困难

省内的粤东、粤西和粤北山区，城镇化水平较低，经济发展较落后，财力薄弱，财政支出中上级的转移支付所占比重较高。以地处粤西的湛江为例。湛江位于广东省西南部，户籍人口714万人，常住人口681万人，其中农业人口占七成。2009年全市财政一般预算收入仅52.65亿元，一般预算支出达121.84亿元。

1. 教育方面，2008年的数据显示，湛江市投入教育的各项财政支出27.09亿元，占当年一般预算支出111.01亿元的24.41%，远远高于全省的平均数（18.61%）和全国平均数（15%）。五个县（市）中，财政投入教育的支出

占财政支出的比例最低的达到24.41%，最高的高达34.34%。以雷州市为例，当年全市财政支出13.69亿元，其中教育支出4.55亿元，占财政支出的为33.25%。

2. 医疗卫生方面，从2003年开展农村合作医疗保障制度工作以来，参合率从4.6%发展到2007年的77.4%。市财政资金投入不断加大，从2003年的77.7万元增加到2007年的3 591万元，受惠农民达150多万人。2007年10月试行城乡居民基本医疗保险一体化，启动城镇居民基本医疗保险，2008上半年全市35.7万人参保，2008年下半年65.88万人参保。

3. 社会保障方面，纳入城乡居民最低生活保障人数增加，2008年为15.7万人，比2003年增长近48%。以“低标准、广覆盖”为原则，城乡低保标准执行标准分别为180元和100元，做到应保尽保。2003年市财政下达对各县（市、区）低保补助资金295.36万元，2008年则超过1 400万元。

4. 在公共交通方面，经过筹措资金，湛江市农村路面硬底化建设一年上一个台阶，农村的公路建设取得了显著的成效，2003～2008年，共完成县通镇二级公路469.58公里，完成镇通建制村路面硬化建设8 225.2公里。

在现有的经济条件和资源配置的情况下，欠发达地区财政收入增长缺乏后劲，收支矛盾突出，要达到实现基本公共服务均等化水平，有较大的难度。以湛江市从2003～2009年财政一般预算收入、一般预算支出和获得省级财政转移支付的相关统计数据，并通过统计工具，对到2010年的未来值进行时间序列预测，以现有的经济条件下，如没有其他强有力的经济支撑作用，各项指标增长渐趋缓慢。

观察期中，湛江市的上述三大指标增长不协同，特别是在2005年，一般预算收入增长率远远高于一般预算支出和转移支付补助的增长率，以后各年差别缩小，在2008年几乎归于一点。但这以后，通过预测，未来的几年内，三大指标增长虽然协同，但越趋缓慢。对欠发达地区而言，推进城乡基本公共服务均等化缺乏财力保障机制。以湛江市为例，在教育、医疗卫生、社会保障和公共交通方面，已形成较大的资金缺口。

（三）现行转移支付制度仍需改进

我国中央政府一直关注这种地方财力差异并采取了转移支付的办法来缓解地区间财力不平衡的问题，实行分税制改革以来，在保留改革前结算补助等转移支付项目的同时，建立产逐渐完善政府间转移支付制度。现行中央对地方的转移支付分两类：一类是财力性转移支付。主要目标是促进地区间公共服务均等化，包括一般性转移支付、民族地区转移支付、调整工资转移支付和农村税费改革转移支付等。另一类是专项转移支付，旨在实现特定政策目标，实行专款专用，包括一般预算专项拨款、国债补助等。由于研究目的，在此专门研究财力性转移支付。

财政转移支付制度向欠发达地区倾斜，可以弥补欠发达地区对基本公共服务事业投入的不足，缩小地区间基本公共服务均等化水平的差距。以湛江市为例，2003年至2008年，各年获省财政转移支付均超过当年的地方财政一般预算收入，除专款和一次性补助，属均衡性的转移支付有税收返还、专项补助、一般性转移支付、农村义务教育和农村税费改革补助等，约占转移支付的60%，远低于加拿大的均衡性转移支付93.3%的比例。因此，有必要提高均衡性转移支付的比重，有利于缓解地方政府支出压力，通过设置合理的公共服务产品，以提高均等化水平。

二、对省级政府的财政政策建议

建设公共财政制度重在确立辖区财政观念，以基本公共服务支出责任与财政能力平衡的原则取代传统的财权与事权均衡的原则。省级政府在平衡辖区内政府间财政能力中发挥应有的作用。

（一）合理各级政府划分收入与支出范围

县乡财政是国家财政的重要组成部分，是加强基层政权建设、维护社会稳定、提高基层政府基本公共服务能力的物质基础。城乡之间基本公共服务的差异源于各级政府间基本公共服务供给能力的差异。目前广东省区域间、城乡间公共服务差距较悬殊，欠发达地区基层政府财政相当困难，转移支付制度总体设计存在缺陷，形式过多且结构不合理。事实上市县级政府是政策的最终执行者，一方面承担了庞大的事权，另一方面上级出政策规定用途的地方支出过多，庞大的事权与现行财权和相应的财力极不对等。针对这些问题，在促进全省经济快速稳定发展的同时，借鉴先进管理经验，通过研究在分税、分级财政体制下，从体制机制层面和政策设计层面入手深化财政分配关系改革，不断完善财政均衡制度，规范政府间收入和支出责任划分，建立均衡性财力转移支付制度，进一步增强基层政府提供公共服务的能力，缩小区域间、城乡间的差距，促进城乡协调发展。

1. 完善激励型财政机制，促进县级财政培育和发展地方财源。欠发达地区由于受地理的、历史的、主观的、客观的因素影响，发展滞后，基础较差，经济相对落后。虽然提高了地方财政增收的积极性，出现很多县（市）超越当地经济发展的超常规增长，但是对地方财政持续发展问题经受严峻的考验。在欠发达地区，县（市）在产业结构没有优化，第二、三产业比例不高的情况下，只能靠强化征管和在非税收入上做文章，财政增长后劲不足。在现行体制激励下收入的稳定增长并未能从根本上缓解财政困难，财政收入总量少，比重小，财政收支矛盾仍十分突出。

在激励型财政机制下，综合增长率三大指标中，市县上划中央“两税”收入增长率、上划省“四税”收入增长率权重分别占30%、55%，而地方一般预算收入增长率仅占15%。应当加大一般预算收入的权重，建立可持续发展的考核制度，促进欠发达地区县乡加强财政管理，培育和发展本地税源，缓解财政困难。

同时，适当调整和规范省和地方的收入划分。原则上，市县政府都应该有自己大宗、稳定、与事权相呼应的税源，改革完善地方税体系。与经济发展相关度较高的增长较稳定的税种划为共享税，其他的作为地方税，建立起以“属地分税为基础，财权事权相统一，财政收支相对等”的彻底的分税制财政管理体制，促进地方财力的可持续增长。

2. 积极推进镇（乡）财政管理体制改革。农村税费改革后，省对县乡设立了“农村税费改革补助”。但县乡财政的困难还没有从根本上改变。以廉江市为例，税改前，廉江市向农民征收的税费为13 826万元，税改后得到的农业税补助为1 374万元，省市的转移支付为6 802万元，两项相加有8 176万元，比原来减收了5 650万元。作为与农民最接近的一级政府，镇（乡）政府的职能定位对保障农村基本公共服务供给至关重要。欠发达地区承担着比发达地区更多的公共基础建设、社保、教育等及历史上由于财力所限而未能承担起的公共支出任务。历史欠账较多，任务繁重，矛盾错综复杂，庞大的事权与现行财权和相应的财力极不对等。

在目前“乡财县管乡用”试点的基础上，应使农村政府在事权配置缩小的情况下，解决农村财政因收支不对称而导致的公共服务水平低下问题。无论是乡镇机构设置、财政体制改革、组织形式调整，还是管理机制、运作机制的改变，都要有利于基本公共服务职能的履行。进一步规范县财政对乡镇财政的指导管理，拓宽财政管理领域，加大投入为发展壮大镇域经济创造良好城镇硬环境和社会软环境，增强乡镇财政能力，保证乡镇正常运转。加强支出管理，有效堵塞管理漏洞，规范乡镇支出。

3. 建立各级政府间收入与支出合理比例，规范地方配套资金。中央实行分税制后，广东省1996年对市县实行了“分税分成，水涨船高”的财政管理体制；2004年实施的激励型财政机制。上述政策和措施的实施，对广东省建立收支稳定增长机制，规范政府间财政分配关系，增加地方对中央的贡献份额起到重要作用。

省级政府预算收入在全省中的比重虽有所下降，但是支出比重则偏低。相比之下，除市级财政收入与支出比重基本平衡外，县乡级财政的收入与支出比重则失衡。通过考察2003年和2008年两年的数据，可以看出，5年间，省级收入比重从41. 34%下降2. 83个百分点，但支出比重也相应下降。而县级财政收入与支出比重则不相符合（见表1）。应该按照基本公共服务均等化的要求，规范和加大县对乡镇的财政转移支付，使乡镇政府履行基本公共服务的事权与财力相匹配。

表1　　2003年和2008年广东省各级政府预算收支及比重

比较项目		2003年		2008年	
		预算收入	预算支出	预算收入	预算支出
全省		791	1065	1880	2216
省级政府	绝对数（亿元）	327	232	724	426
	比重（%）	41. 34	21. 78	38. 51	19. 22
市级政府	绝对数（亿元）	234	314	484	573
	比重（%）	29. 58	29. 58	25. 74	25. 86
县级政府	绝对数（亿元）	230	518	672	1217
	比重（%）	29. 08	48. 64	35. 75	54. 92

注：以上数据已剔除深圳、珠海、佛山、东莞和中山五市，该五市无县区指标。

目前，地方配套资金负担沉重。以湛江市为例，湛江市财政是“吃饭型”财政，配套资金负担沉重严重影响了湛江市经济的发展。建议在要求配套时，充分考虑地方财政实际情况和事权财权相结合的原则，使地方有财力保障，推进基本公共服务均等化。

2008年省对经济欠发达地区的低保资金投入按城市40%、农村60%给予补助，市级财政按城市5%、农村10%给予补助，县（市、区）尚要负担城市45%、农村30%的低保资金投入，由于县（市）财力不足，农村人均年收入1 200元以下的困难群众列入农村低保对象的工作进展缓慢，有部分县（市）至今尚未把农村年人均收入1 200元以下困难群众列入农村低保对象。按2008年6月湛江市实有的低保人数测算，全年湛江市各级财政需投入最低生活保障资金13 488万元，市应配套1 503万元、县（市、区）应配套4 947万元。

社保、医疗体制改革、农村免费义务教育、基础设施的改造等各项工作地方财政都需要安排一定规模的配套资金。虽然这些都是便民、利民、惠民的政策，但同时也增加了地方财政的压力。在充分考虑各地的财政能力基础上，合理确定省与地方的负担比例，引导地方政府将公共资源配置到社会管理与基本公共服务领域。

（二）完善省以下财力均衡性转移支付制度

事实上，实行财政转移支付制度是各国解决地区差距的通行做法，也是各国缩小地区差距、实行地区公共服务水平均等化最基本的手段。我国地区间政府财力差异因地区经济发展差异而在很长时间内存在，均衡性转移支付在相当一段时期仍将在基本公共服务均等化中发挥不可替代的作用。例如，近些年省在新型合作医疗、义务教育等方面的专项转移支付就有效地解决了许多问题。通过考察目前省财政对地方的财力性转移支付组成结构，并结合广东省的经济实力，借鉴西方发达国家先进的均衡性转移支付系统，以促进基本公共服务均等化为导向创新财政转移支付制度，从方式和方法上进一步完善政府间转移支付制度显得十分必要。

1. 制定完善转移支付制度的原则。西方发达国家在市场经济的自然演进过程中逐步建立了公共服务型政府，并通过公共服务均等化政策实现了公共服务在不同区域和不同人群之间的公平获得。尤其是20世纪70年代以来，以提高公共服务的水准和建立覆盖全民的公共服务体系为重要取向的西方国家行政改革运动不仅反映了世界各国政府面向公共服务型建设的历史趋势，也为其他国家推进公共服务均等化积累了经验。

均衡转移支付制度的总体结构、数量、规模、运行方式、计算方法、监督管理等都必须做到有法可依、有法必依，要制定相应的转移支付法来加以规范。制订均衡转移支付制度的原则为：

一是公平性。政府最重要的职能是改进居民福利，人口因素应成为重要的参考因素。在制定转移支付政策时，要考虑实现全省范围内的公共服务供给水平均等化，应使每一个处于平等地位的人都得到“平等的财政对待”。

二是客观性。在设计转移支付制度时，应尽可能使所选因素及数据具有客观性，减少人为操作，应尽可能公式化、公开化，标准的设定是在综合考虑财政资金总盘子和经济社会各领域实际需求的基础上确定的。

三是稳定性。转移支付制度必须有其相对的稳定性，如3~5年，便于各级政府制定较为长期的计划，且具有高度的法制约束性和法制保障性。

2. 完善均衡性转移支付的办法。省级政府在区域经济社会协调发展中处于重要地位。对于区域间由于自然禀赋、文化及各方面发展因素的差异而造成的省以下各地间财力差距大的现象，省级政府承担着均衡本行政区域内财力差异的职责。分税制改革后，省级政府通过集中财力，发挥省级政府的调控职能，逐步规范政府间收支分配，建立省对下转移支付制度，在缩小辖区内财力发挥着重要作用。但由于目前在支出责任方面缺乏明确的、操作性强的规定，转移支付力度不够，制度不完善，区域间的财力仍存在较大差异。因此，在均衡区域间财力差异还需探讨各种方式和方法，用以完善省以下财政管理制度，规范收入支出范围，加大转移支付力度，提高落后地方政府提供公共产品的能力，以促进区域间、城乡间协调发展。

一是提高省级财政纵向转移支付占全省GDP比重。2008年广东省财政一般预算收入为3 310亿元，其中省级收入占41.34%。向下级政府的转移支付447.68亿元，而当年全省GDP为35 696亿元，转移支付占全省GDP比重1.25%。按照西方发达国家经验，这一比例较高。如澳大利亚全国财政收入的75%来自东南部沿海地区，自有来源财政收入联邦占80%，联邦收支存在较大的盈余，纵向财政不均衡较突出，为弥补州和地方政府的财政收支缺口，实现公共服务均等化，联邦政府将1/4的支出用于转移支付，占GDP的4%。如果按这一方法计算，2008年广东省财政转移支付占全省GDP比重应该为2.07%。

二是设立均等化转移支付。目前广东省为均衡地方财力而设立的转移支付制度中，一般性转移支付主要按照各地标准财政收入和标准财政支出差额以及转移支付系数计算。可以在目前转移支付项目的基础上，设立均等化转移支付款，目的是针对财力水平低于一定标准的地方，以确保有足够的财力提供合理的公共服务。实施这一关键是对标准的测算，财政能力的测算标准可以选取中等收入的地方一个财政年度人均财政收入能力。加拿大的均等化转移支付机制是对个人所得税、企业所得税、销售税和财产税等30余种财政收入按照平均税率测算出一个省的财政收入能力。

在实践中，以2008年为例，广东省中等财政收入可以选取从收入排名第9位及以后的汕头、湛江、肇庆、清远、韶关、茂名等6个市来计算标准人均财政收入。该6个市的财政一般预算收入合计为250.61亿元，人口共2 856.85万人，从中计算出标准人均财政收入为877.24元。

由此，该年中人均一般预算收入低于877.24元的市有河源、梅州、汕尾、阳江、湛江、茂名、潮州、揭阳、云浮等9市。这些市得到的均等化转移支付是按人口计算能达到人均财政收入877.24元水平。

三是设立横向转移支付。如果单纯依靠纵向转移支付来熨平不同区域的财力差距，不仅加重省级政府的财政负担，更重要的是财政在参与国民收入的再分配兼顾公平的原则没有充分体现。

在横向转移支付的实践中，德国联邦财政体制在这方面的均衡制度中独具特色。其操作程序是，先测量各州的财政指数，通过统计增值税及其增值税前的税收能力，扣除港口税，再运用平衡指数进行对比，确定各州是接受转移支付还是作贡献。这一横向的转移支付在澳大利亚联邦成立初期的实践中，曾遭到两个富裕州的不满，提出更多的支出要解决如一些城市移民等问题，其后联邦政府进行一次对各州财政需求的总体评价，并最终达成协议，建立了覆盖包括各富裕州的财政均衡性制度。由此可见，建立科学合理的财政指数和平衡指数是这一政策得以贯彻执行的重要环节。

目前广东省在“双转移”的过程中，通过“珠三角”发达地区对粤东、粤西、粤北等欠发达地区的产业转移，支持欠发达地区的基础设施建设、产业转移园建设。这些主要体现产业政策要求。在省内财力均衡方面，需要在建立横向财政转移支付制度方面进行探索。针对四大经济区域的发展状况，加大省级财政统筹力度，通过适当的再分配财政手段，通过“珠三角”发达地区对东、西翼和粤北山区等欠发达地区的资金转移，缩小区域间财政能力的差距，发挥横向转移在实现地区间相互支持，协调发展，共同富裕方面的作用。

要加大省以下财力差异调节力度和省对地方一般性转移支付力度，完善激励约束机制，强化省级政府调节省以下财力分配的责任意识，增强省级财政对市县级财政的指导和协调功能，逐步形成合理的纵向与横向财力分布格局，增强基层政府行使职能的财力保障能力，以事权定财力，以责任定财力，对加强的职能要增加财力支持，对弱化的职能要减少支出，体现财力支出向公共服务倾斜、向基层倾斜。同时，要增强省级财政对市县级财政的指导和协调功能，逐步形成合理、平衡的纵向与横向财力分布格局，逐步强化基层政府供给基本公共服务的体制保障能力。

三、欠发达地区的财政政策选择

（一）培植地方财源，创造公平的竞争环境

要充分发挥地理位置的优越性，大力发展工业经济。以港口为中心大力建设工业园区，制定土地、资金和引进人才的优惠政策，建设以产业转移为导向的“承接式”发展模式，以广州（湛江）产业转移园承接石油化工、港口物流、钢铁等优势资源的加工及综合利用等产业。

1. 全力支持钢铁项目配套项目的建设，为钢铁项目建设提供有利的外部环境。举全市之力，想方设法，多方筹措资金，推进钢铁项目配套项目的各项工作顺利开展。积极参与拟定有关措施办法，制定建设征地拆迁补偿及安置和项目被征地农民培训就业和社会保障试行办法，为征地拆迁等钢铁基地项目前期工作提供了政策保证。目前进入前期阶段的有为钢铁项目提供供水工程的鉴江供水枢纽工程、疏港大道海大路口至蔚津港等配套项目。财政部门加强机关作风建设，优化公共服务功能，进一步简化行政审批程序，加大工作力度，加大交通基础设施的投入，加强财政资金管理与监督。

2. 推动重工业的战略化改组、优化与升级。根据钢铁项目建设需要及传统工业的发展前景，制订优惠政策，积极引导重工业实行结构优化和调整。一是加大财政技术改造投入，提高企业技术水平。财政要加大科技投入，使研究与开发（R&D）经费增长速度高于GDP的增长速度。支持东兴炼油厂等重工业企业的完善与发展，促进企业的创新与改造，优化技术结构和产品结构。二是通过财政贴息、税收优惠等手段，积极鼓励企业采用高新技术和先进适用技术，如企业采用新技术的大型机器设备可以享受加速折旧的财务核算办法，或是研究和采用新技术的费用可以列入税前抵扣等，提高企业科技转化为生产力的能力。

3. 全面发展轻工业，积极支持发展高新技术产业。一是明确财政支持企业科技创新的政策，加快电子信息和新材料等高新技术产业的发展，集中资金大力支持传统轻工业突破发展过程中的“瓶颈”，增强企业科技创新的动力。二是积极拓展R&D融资渠道，支持中小企业技术创新。重要的就是完善风险投资机制，财政出资并支持建立健全创新基金，促进企业、特别是中小企业高科技成果的产业化。

4. 综合运用财政政策，促进劣势国有企业改制与重组。按照优胜劣汰的原则，淘汰落后的生产力。对于产品质量低劣、资源浪费严重污染严重的企业，对于资源枯竭的矿山，产品无市场、扭亏无望的企业，彻底清理并停止其财政补贴、贴息等扶持的政策，加大依法破产力度，以节约有限的资源，集中发展有希望的企业，把存量调整跟优质的增量发展和淘汰落后生产力有机地结合起来，实现资源重新配置。

5. 培育良好的公平竞争的市场环境，引导优质生产要素注入。缩小区域间、城乡间收入差距，最为有效的办法就是加快培育更加开放、更有利于自由流动的要素市场。通过劳动力和其他要素的自由流动平抑不同地区的工资差异。因此，引导资金、技术等生产要素、农村富余劳动力向县级工业园区转移，增强经济实力。通过人口和生产要素的合理流动，促进区域协调发展，逐步缩小城乡发展差距。

（二）支持和提升农业结构，提高农业综合开发能力

1. 加强农业和农村基础设施建设投入。湛江市是全省人口大市。农业和农村的发展至关重要。充分、合理地利用财政政策手段，多渠道增加投入，重点加强农村公共基础设施建设的投入与支持，包括道路、电网建设和改造、供水和通信等基础设施建设，改善农村生产、生活以及市场环境条件。切实加强农业和农村基础设施及生态环境建设，加大对水利排灌、江河治理、主要堤坝和防洪抗旱系统建设投入，加大对农业生态环境的投资力度，包括水土保持、土地改良。

2. 加大农业科技投入，促进农业产业化，支持农业结构优化调整。加大对农业科研的投入，发挥海岸线长的优势，发展海洋渔业，加大以优化品种、提高质量、增加效益为中心，积极调整水产养殖业的品种结构和品质结构。加大农业科技推广体系建设及农业科技培训的财政支持。

3. 要继续扶持农产品基地建设，发展有竞争力的优势农产品，促进农业产业化。继续培育一批农业高科技企业，并注重对农产品加工的配套建设投入，综合地发挥基地在农业结构调整中的作用。同时要充分利用财政贴息、税收优惠等政策，支持具有优势的农产品的发展，支持和发展有竞争性的农产品、畜牧业和林果业，促进农产品加工转化增值，推进农业产业化的发展。

4. 加大对农村社会化服务体系建设的投入与支持。提高农业气象、自然灾害的预测和防范能力，增加对农业产品信息网络和营销组织建设投入，健全农产品信息网络营

销组织体系，建立和完善农产品信息网络，促进农产品生产、加工、运销的信息服务建设，为提高农产品的附加值服务。

（三）大力发展以商贸物流业为主的现代服务业

现代服务业是在工业化高度发展阶段产生的，其具有高成长、高增值、高科技含量和强辐射性，国际发达国家的经验表明，一个地区的人均 GDP 达到 3 000 美元阶段，发展现代服务业将成为经济增长的重要支撑。根据省委、省政府《关于加快建设现代产业体系的决定》中制定的发展目标，到 2012 年，全省三次产业结构趋于合理，服务业占三次产业的比重为 50% 左右。湛江市 2009 年三次产业的比重为 19.8∶47.4∶32.8。为此，要积极调整服务业管制框架及其政策，根据钢铁项目发展需要，建立现代服务业集聚功能区，制订优惠税收政策，如科研单位和大专院校服务于各行业以及农业技术推广机构服务于农业生产需要的技术成果转让、技术培训、技术咨询、技术服务、技术承包取得的技术性服务收入暂免征收企业所得税，确保服务业占全市生产总值比重稳步增长，结构进一步优化，优势行业竞争能力明显增强。

1. 优先发展商贸物流业。发展港口运输业，构建以大港口为核心的区域性综合交通体系，加快促进民营商贸发展，加快以国贸、世贸和水产品交易为中心的商贸区发展，培育大型商贸企业集团。扶持出口贸易发展，同时，大力发展物流业，充分发挥地理优势，吸引来自泛珠三角和环北部湾经济区域的物流和商务流，保持商贸物流业在服务业增加值中的比重。

2. 大力发展大文化产业。湛江市作为人口大市，近几年，教育科学文化卫生事业的发展继续加强发展，特别是实施免费义务教育后，大力发展教育文化产业，实施职业培训计划，大力实施名校集团化战略，让优质教育平民化、普及化，建设文化大市。

3. 推动现代旅游业发展。根据行业生命周期理论，旅游业作为“无烟工业”和朝阳产业，目前仍处于行业上升阶段。以提升“彩色湛江”的旅游品质为核心，充分利用本地丰富的旅游资源，重点发展滨海生态旅游业，成为珠三角旅游目的地，推动旅游产业健康发展。

4. 加强政银企合作建设，发展金融保险业。湛江市各大国有商业银行等各金融机构齐全，加强机构管理，提高服务水平，并积极引进外资金融机构，促进竞争，使湛江市成为珠三角金融市场各部分及其配套清算系统的重要成员，并作为粤西地区金融核心区。

（四）解决农村建设的资金问题

1. 就缩短城市与边远经济落后地区的距离。交通是阻碍城乡协调发展中重要问题。“路通财通”，农村地方公路网布局的形成和完善，整体通行能力的进一步提高，在经济发展中的作用已经突显。农村公路的改善，拉近了农村与市场中心的距离，农业成本特别是运输成本降低，提高了农业综合效益。同时，道路的修通还使单一的以粮食生产为主的农业结构向多元化结构转化，形成了一大批以市场为导向的旅游、瓜果、蔬菜、水产养殖等产业开发区。

湛江市将农村公路路面硬化建设市级配套补助缺口资金项目列入《湛江市 2009～2013 年市级融资计划》，做好资金安排，确保完成省下达的“十五”、“十一五”期间二级公路建设及镇通村农村公路路面硬化建设计划任务。同时地方政府也要尽最大可能地筹措农村公路建设资金。如：继续加大鼓励农村公路沿线受益单位捐助农村公路建设；鼓励利用冠名权、路边资源开发权、绿化权等方式筹集社会资金投资农村公路建设，鼓励企业和个人捐款用于农村公路建设。

2. 重点要促进县域经济发展。进一步明确县域经济的功能定位和发展目标，完善各项配套设施，积极推动各县（市）发展各类工业园区建设。充分利用各地优势，通过制定优惠政策，分别发展临港型石化工业、家用电器工业和饲料、农海产品加工为主的特色工业园，支持园区面向民营企业，统筹规划民营企业用地，积极引导民营资本加快进入，对技术进步、投资额大的项目安排技改贴息，加大对民营经济的扶持力度。

3. 加强资金管理促进农村教育事业发展。“百年大计，教育为本”。对农业人口众多的地区，要加大对教育的投入，加强资金管理，确保各项资金充分发挥效益。建立健全教育发展经费专户封闭管理机制，各县（市、区）设立“教育发展资金专户”，将教育费附加收入、农村税费改革转移支付补助用于教育发展的资金、农村中小学预算内生均公用经费全部纳入“教育发展资金专户”，实行专户管理，封闭运作，从运作机制上确保各级教育发展资金到位。

广东省行政政法系统行政管理支出问题研究

（节选）

省财政厅行政政法处

一、广东省行政政法系统行政管理支出的现状

（一）行政管理支出增长仍然较快

行政管理支出绝对数增长较快。改革开放特别是近年来，虽然行政管理支出的增长速度得到一定程度的控制，但支出的绝对数，呈现出不断上升的趋势，行政管理支出占整个财政支出的比例居高不下（见图1、图2和表1）。

广东省行政支出的增长基本与财政支出的增长同步，行政成本占整个财政支出的比重在经历前期的加速增长以后，近年来呈现出一定的震荡。背后的原因就是随着机构改革的推行，行政支出占财政支出的比重就下降，但经过一段时间以后，占比又大幅反弹，呈现出一定的向上刚性。这说明：一方面行政成本加速增长的态势已经得到遏制了，但另一方面行政成本又有可能随时反弹，向上的刚性非常强。因此，控制行政成本的工作还不能放松，思想上不能麻痹大意，各项改革措施要继续推进深化，以防止行政成本出现反弹。

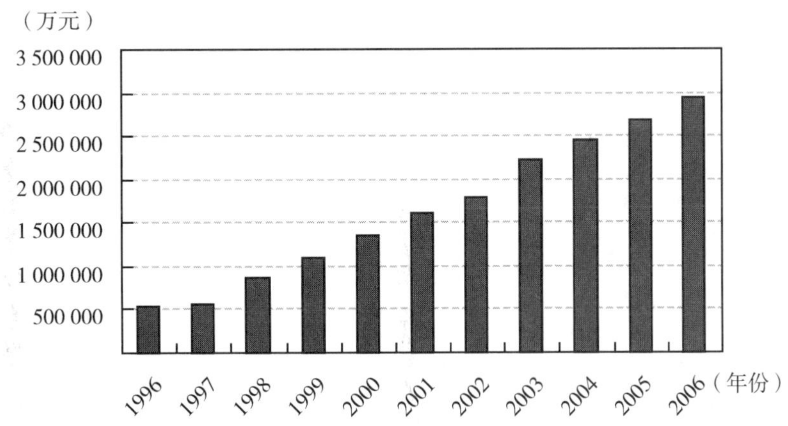

图1 1996～2006年广东政法系统行政管理费实际支出情况

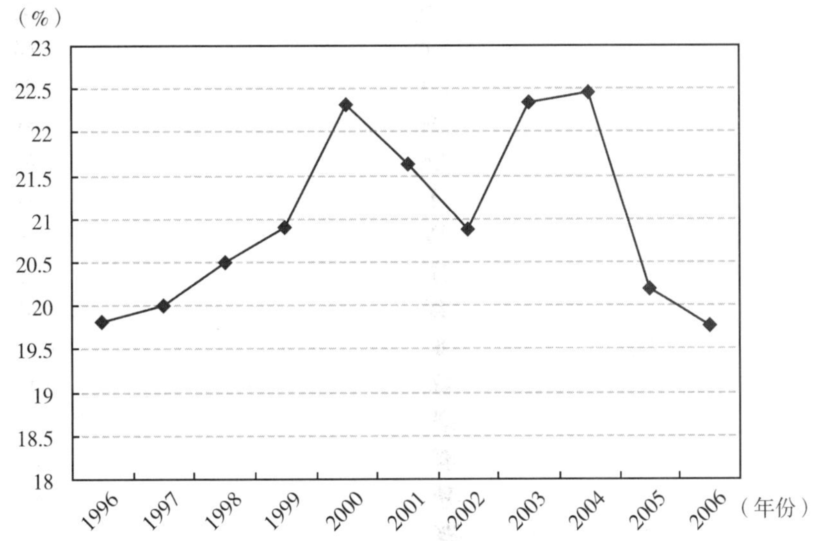

图2 1996～2006年广东省政法系统行政支出占财政支出比重变化

表1　　广东省财政支出、政法系统行政支出、政法系统行政支出占财政支出的比重

年份	财政支出（亿元）	财政支出增长比（%）	政法系统行政支出（亿元）	政法系统行政支出增长比（%）	政法系统行政支出占财政支出的比重（%）
1996	602.09	15.6	119.35	—	19.82
1997	658.34	11.6	131.67	10.32	20.00
1998	823.43	18.62	168.92	28.29	20.51
1999	966.47	17.1	202.12	48.17	20.91
2000	1 066.29	10.4	238.04	17.17	22.32
2001	1 318.79	22.1	285.29	19.85	21.64
2002	1 519.97	15.26	317.31	11.22	20.87
2003	1 694.93	11.51	378.86	19.4	22.35
2004	1 852.59	9.3	416.11	9.83	22.45
2005	2 287.54	23.48	462.18	11.07	20.2
2006	2 553.34	11.54	504.82	9.22	19.77

（二）公用经费支出增长过快

目前，在行政管理支出中公用经费支出所占的比重较大，公用经费支出增长过快是造成行政管理支出增长过快的主要原因之一。在公用经费支出中，比重大的是公车消费支出、办公费支出、公务招待费支出和出国访问培训支出等。

从1996～2006年，政法系统人均公用经费方面的支出增加了4倍，整个政法系统的支出增加了3倍（见图3），人均公用经费方面的支出快于整个人均总支出。

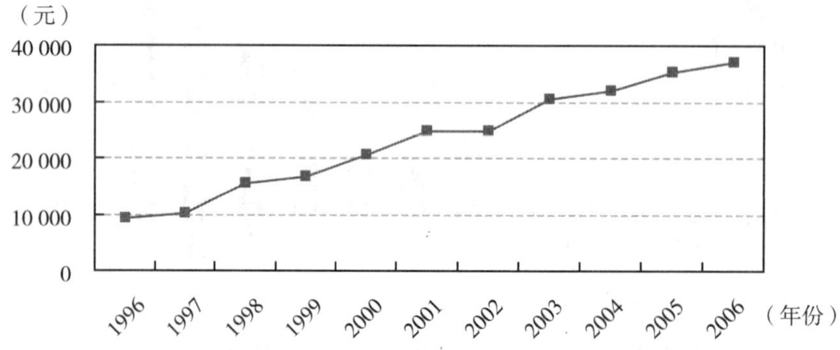

图3　1996～2006年广东省政法系统行政管理费人均公用支出情况

尽管上述数据只是对行政政法系统的分析，对其他部门的情况由于缺乏相应的数据无法进行比较分析，但总体情况跟政法系统基本类似，通过行政政法系统的数据能够基本反映出总体行政成本的状况。

（三）政府运行成本高

政府行政运行的主要任务，在于通过各项公共管理措施治理社会，推动整个社会协调有序地运行和发展。在西方市场经济相对成熟的国家，市场资源配置的基础性作用发挥较好，政府职能界定清晰明确，行政运行成本也较低；反之，行政运行成本就偏高。

衡量政府行政运行成本高低的指标是政府的投入产出比，常用的指标是国内生产总值与行政管理支出的比例。我国GDP从1995年的6万亿元增加到2001年的将近11万亿元，而同期行政管理费支出从873亿元增加到2 198亿元。我国政府在1995年以1元的行政经费，产出了69.6元的国内生产总值。到了2001年，这个数字下降到49.9元，政府部门运行成本越来越“昂贵”。

从广东的实际看，广东省的行政运行成本比全国的平均水平稍低，但同发达国家比，同样是偏高很多的。广东GDP从1995年的5 933亿元增加到2001年的12 039亿元，而同期行政管理费支出从42.9亿元增加到120.3亿元。① 在1995年，广东省政府部门以1元的行政经费，产出了138.3元的国内生产总值，到2001年，这个数字为100.1元，广东省的政府运行成本也是越来越“贵”。

政府运行成本高的一个重要方面是行政效率不高。我国传统的政府运行模式，往往只注重追求规模扩张，而对

① 数据来源于《广东统计年鉴1996》，《广东统计年鉴2002》。

开展工作需要付出的成本考虑不多。在实际工作中，对政府官员进行考核的主要指标仍然是与 GDP 有关的系列数字，政府的一些主要官员为了实现这些指标，置行政项目的经济效益与社会效益于不顾，不惜耗费大量人力、物力、财力，搞重复建设，造成行政稀缺资源的无意义浪费，从而无谓地提高了行政成本。包括许多发达地区在内的大中城市，缺乏长远规划和协调机制，比如电信、自来水供给、城市排污管理和交通等部门，将城市道路挖了修，修了挖，翻来覆去，资金使用效率低下，推高了行政成本，降低行政效益。

二、广东省行政政法系统行政管理支出成本增长的原因分析

（一）行政管理支出的增长具有一定的合理性

1. 随着经济的发展，政府职能相应扩大，公务员人数和相应的办公用房、办公设备等必然有所增长。政府行政规模与社会经济发展保持一定的同步增长，这是社会经济发展的必然现象。

2. 随着经济的发展，公务员的工资和福利随着全社会居民收入的提高而提高，这也属于行政经费的正常增长。

3. 随着社会发展和科技进步，为了提高行政效率，行政政法系统办公模式向电子化、网络化方向发展，政法部门的执法装备和特种设备也在不断增加，办公条件逐步改善，管理手段现代化水平不断提高，这一块增长也属于行政成本的正常增长。就广东实际情况来说，近几年广东政法网的建设仅省本级就投入近 7 亿元，建设后还每年投入维护费用。另外公安指挥系统的建设、出入境网络系统的建设、法院办案系统的建设等，增加的投入也较多。这些都促进了行政成本的增加，但是这些系统的建设有利于提高办事效率，适应经济社会发展的新要求，虽然现在投入增加，但是这种投入是阶段性的，但在今后若干年都可以发挥作用，有利于今后行政成本的节省。

4. 经费渠道和部门预算口径变化导致的行政管理支出也属于正常范围。如“收支两条线”管理改革后，党政机关原用行政事业性收费和罚没收入等预算外资金安排的支出改由预算安排，列入行政经费等，也导致了行政政法系统行政管理支出成本的增加。

但是，行政管理支出超出了同期 GDP 和财政支出增长幅度，占一般预算支出的比例从 2000 年的 9.4% 上升到 2006 年的 10.1%，一直呈现上升趋势，这显示行政成本的增加除了上述合理因素之外，其背后还存在一些非正常的因素。

（二）存在导致行政管理支出增长的较多不合理因素

1. 政府职能转变尚未完全到位。目前，我国社会主义市场经济体制还不完善，政府职能与市场机制的边界划分不清，计划体制下的观念和做法、全能政府的观念根深蒂固。每当遇到一些问题和困难时，首先想到的解决办法往往是依靠计划和行政命令，无论是观念上，还是行动上，都自觉不自觉地靠政府干预来解决问题。这种传统的带有旧体制惯性的行政管理和不成熟的市场经济体制相互作用，必然会通过行政过程中行政行为的人力、物力、财力和耗费的增加即行政成本升高表现出来。

从广东的实际来看，政企不分、政资不分、政事不分现象仍然大量存在，政府管了许多不该管也管不好的事情，“大政府、小社会”直接导致了行政管理成本居高不下。另一方面，政府部门之间职责不清、责权不明、交叉执法，这样的结果就是：一是人浮于事、多头执法，对有利可图的工作争权夺利，甚至滥用职权，而对社会公益性、服务性工作则相互推诿；二是增加了行政运行成本，降低了行政效率。

2. 对机构和人员控制缺乏严格的法律限定，有一定的随意性。与全国一样，广东的政府机构设立也是根据政府职能的增加而不断增加，而没有通过法律的途径明确规定财政供养人员的数量规模。一旦新出现一些社会和经济管理职能，就通过新设立部门、机构和人员来管理，而原有的一些职能和机构又不能及时撤销和兼并，“旧的不去，新的已来”。出现了新的问题和职能，首先考虑的是设立新的机构来处理，而不是把它归于既有的机构来完成，建立了新的职能和机构，就必须养人，必须有事可做，这样就增加了机构和财政供养人员。对于新旧机构之间的扯皮矛盾，又需要成立新的机构来协调，长此以往，导致机构和人员严重臃肿。

在政府机构内部，由于存在“大而全、小而全”的思想和观念，机构设置贪大求全，内部部门分工过细，设置过全，只考虑部门自己方便，不考虑社会成本和交易费用。因此，很多可以通过市场化、社会化方式来解决的后勤、物业、交通、保安等服务都采取了成本更高的内部解决方案，导致政府机构和人员膨胀，行政成本增加。同时，由于我国五级政府的架构，在部门设置上讲究“上下对口”，上下一般粗，客观上就造成了机构的庞大和人员的臃肿。

3. 政府决策行为不够科学。与全国一样，广东省行政政法部门的行政决策的科学性尚需进一步提高。在决策时，一些行政领导者还习惯于拍脑袋，缺乏调查研究和严密的科学论证，导致重复建设现象严重，成本高昂。一些政策执行者缺乏高度的思想政治觉悟，对于不利于自己或小团体利益的决策，以不合作的态度进行抵制。另外，间断行政提高了行政成本。在广东省的行政过程中，还个别存在着政策不连续、行政行为不连贯、有始无终的行政现象，这样的间断行政也造成了人、财、物的大量浪费，大大提高了行政成本。

4. 财政资金支出效率不高。由于没有有效的法律法规监督，缺乏科学的管理和财务约束机制，加上有的行政管理部门缺乏自觉节约费用的概念，因而造成财政资金使用增多，资金使用效率不高，而政府机构履行职能的效能却在下降的实际情况。比如党建网的建设，有利于政务公开，

宣传党的方针和政策。但是各级政府条块分割严重，各自为政，都在独立的建设，没有通过科学的规划和协作，实现共建共享，使投入的资金重复建设，效率不高。等等，诸如此类情况还比较普遍。

5. 监督机制尚不健全。

主要体现在以下三个方面。

第一，对官员的评价考核机制不尽合理。现行的考核评价机制重数据、轻实际，重形式、轻内容，重近利、轻远虑，重速度、轻规划，造成各地形象工程、政绩工程纷纷上马，重复建设亦层出不穷。对盲目发展带来的负面影响缺乏严格有效的测评机制和责任追究制。一些项目上马的时候，往往只注重能拉动多少 GDP 的增长，增加了多少税源，新增了多少就业岗位，忽视了对环境生态的评估与保护，但这种长远的影响所造成的巨额成本，最后买单的还是政府，这是行政总成本增长的重要原因之一。

第二，财政监督体系也不太健全。监督中重财政支出规模和合法性，轻支出投入结果与产出效益的现象较为普遍。对政府行政支出的过程监管、效益评估和事前约束重视不足，行政支出中的市场意识、成本意识和效率意识不强，造成行政成本控制效率不高。同时，对行政成本的细节控制不严，造成巨大浪费。高昂的行政成本在很多时候都和行政管理的细小环节有关，如会议费、接待费、小车费、电话费等业务行为的开销。在政府对基本公共产品和公共服务的投入尚不能完全保证的情况下，在公车上耗费巨大且都能得到资金保证，这从一个侧面也说明了政府财政支出的错位。

第三，行政成本不是考核各级政府及部门业绩的主要指标，无形之中纵容了各级政府部门不计行政成本的行为。

三、广东省控制行政政法系统行政管理支出增长的相关建议

（一）强化成本效益意识，营造节约的社会氛围，减少和杜绝不必要的浪费

广东作为我国改革开放的先行地，市场经济体制逐步完善，市场经济的观念和意识也已深入人心，在政府部门倡导成本效益观念的条件已经具备，因此在公共管理部门，应该引入市场化意识，按照建设“节约型社会”的要求，减少和杜绝不必要的浪费，促进广东行政政法系统行政管理支出成本降低和优化。

（二）转变政府职能，深化行政体制改革

1. 政社要分开。长期以来，我们实行的是政府全能管理，“单位办社会”，使得社会组织功能发展不完善、不健全。实行政社分开，就是要把一些政府承担的社会管理事务交给民间社会组织去办，鼓励建构新社会管理组织，促进市民社会的形成。

对广东来说，应该发挥区位优势和先行优势，学习和借鉴毗邻的新加坡、中国香港等国家和地区在社会事务管理、城市管理方面的先进经验和科学管理方法，提高我们的管理水平，降低行政成本，提高行政效率。例如，把能够市场化运行的领域（如某些公共产品和服务），通过竞争，交给私营部门运行，使其成本接近和达到市场形成的边际成本；还有就是让专业管理者管理行政，运用准市场的、定量化的、契约化的管理方式，把成本控制在有限目标之内。

2. 政事要分开。在计划经济时期，政府同时充当所有者、经营者、管理者的多重角色，致使国家包办的事业过多，这样也降低了行政效率，加大了行政成本。实行政事分开，首先应该从法律上明确行政部门和事业单位的界限，确定哪些机构为行政部门，哪些组织为事业单位，避免行政人员和编制减少而事业单位的人员和编制却相应增加的行政成本“虚假精简”；其次要加快行政机关后勤管理体制的改革，推进机关后勤服务社会化进程，把行政机关内与行政职能无关的部门逐步剥离，使其精干高效；再次，政府要改变对国有事业单位统一拨款、统一管理的状况，把那些能在市场中独立运营的事业单位实行市场化经营，对其余的单位也要逐步实现任务目标管理。

3. 深化政府机构改革。今后广东省这方面工作的重点是：一是进一步推进政府组织结构扁平化改革，使组织结构由传统的金字塔形转为扁平形。从广东的实际情况来看，目前广东省的县（区）域经济相当发达，可以借鉴兄弟省市如浙江的做法，由省直管县，给予县（区）级更大的经济自主发展权利，这样既可以促进县域经济的发展，也可以降低行政成本，还可以为将来广东省政府层级的改革作铺垫；二是要严格控制各级机关的机构设置，加强和完善从事经济调节和社会事物的机构，撤销那些直接从事或干预微观经济活动和社会事务的结构，将相近的机构予以合并；三是要严格控制各级机关事业单位的人员编制，特别是对由财政负担工资和办公经费的各类机关及事业单位的人员编制，区别不同情况按系统作出刚性的规定。

（三）建立科学决策机制，分清责任，规范行政行为

1. 实行社会听证制度，完善决策制约机制。在听证过程中，公民和不同的利益集团与行政决策主体平等地坐在一起共同商讨行政决策的目标、方案，分析、论证决策的可行性和资源约束条件，从而约束、限制决策主体滥用公共资源，达到有效控制行政成本的目的，同时使政府决策民主化得以充分体现，从而也使政府的行政行为更加公正、合理，公民也容易接受。这样，政府决策在执行过程中将减少阻力，降低行政的执行成本。

2. 遵循专家咨询制度，减少决策失误。政府进行重大决策前，要最大限度地组织相关专家群体，集思广益，并虚心听取专家、智囊团的意见，认真研究不同意见，实事求是地揭示决策被选方案的利弊得失，客观公正地评价、评估方案，彻底改变当前咨询、论证流于形式的现状，提

高政府决策的科学性，以减少重大决策失误的损失。

3. 建立健全重大决策失误责任追究制和追踪制。建立健全重大决策失误责任追究制和追踪制，对政府主要领导人进行离任审计，就是从法律的角度来规范和约束政府决策者的行为，提高政府官员的责任心和工作效率，降低行政成本。

（四）加快财政管理制度改革，提高资金使用效果

财政的分配职能要求政府在与社会再生产规模相适应的前提下，尽量降低实施正常职能所需的费用成本，提高有限资金的使用效果，成为真正低成本、高效率的“廉价政府”。因此应该加快财政管理制度改革，提高有限的财政资金的使用效果，降低行政成本。

1. 深化预算管理改革。为实现行政政法系统行政管理支出成本的有效控制，必须强化财政部门对政管理支出成本的管理职能，健全财政管理制度，从而规范财政开支，强化预算约束，提高资金使用效果。

（1）改革预算编制，严格执行预算控制。预算控制是行政成本控制的方式之一，即从财力上、经费上对各级政府行政活动成本进行控制。要全面推行部门预算，预算直接编制到部门，下达到部门，部门所属二级单位的预算全部归口到部门管理，一个部门的预算要全面反映该部门的各项收支。要进一步完善零基预算，制定科学的定员定额标准，对一切行政管理活动，无论过去是否进行过、是否有先例，一律无例外地逐个重新进行成本测算和人员、经费使用的效益分析。

（2）实行预算论证制度。由社会各有关方面的代表和专业技术人员组成预算论证委员会，对年度预算编制的科学性和合理性进行论证。预算论证委员会论证后的预算方案，经政府审核后，按规定程序报同级人民代表大会审查批准。预算经人民代表大会审议通过后，要汇编成册，以适当形式向社会公开。

（3）严格预算执行。预算一经人民代表大会批准，即具有法律效力，必须严格执行，原则上不再调整。确应安排而当年预算未能安排的，列入预算项目库，待下一年度预算统筹安排；确需当年追加的，定期（每半年或每一季度）由政府领导集体研究决定，对数额较大或涉及面广的预算追加实行听证制度，成立预算追加听证委员会。预算追加的情况要适时进行公布，增强预算的公正性和透明度。

2. 完善政府采购制度。政府采购的核心内容就是通过招标方式进行交易，不仅可凭借量大的优势获得价格上的优惠，节省财政开支，还因招标形式的透明和公开性有效地消除幕后交易，“黑箱”作业，从源头上抑制公共采购中的腐败现象，是控制行政成本的重要途径。当然，政府采购制度还需不断完善，需要政府和市场双方协调和促进，以形成适应广东省情的政府采购体系，促进广东行政成本不断下降。

3. 深化国库集中收付制度改革。深化国库集中收付制度改革，可以减少财政资金运行的中间环节，将资金收付全过程置于财政监督之下，有利于防止财政资金被截留、挤占和挪用，减少单位乱收乱支行为，降低行政成本。将财政资金存量集中起来由财政掌握，也有利于提高财政资金使用效益。目前要改变国库对财政资金不计息、财政对国库代理不计报酬的做法，对国库单一账户体系内的财政资金统一计息，财政部门相应地建立激励机制，以调动财政部门与国库部门改革的积极性。要建立财税国库横向联网工程，将财政、税务、国库、银行的集中收付业务与目前分散的核算方式统一起来，实现信息一次录入、多方使用、数据共享，以达到提高财政国库管理工作效率和财政资金使用效率的目的。

（五）大力开展行政经费节约活动，控制不合理的经费支出

近年来尽管我国财政收入持续快速增长，但相对于经济社会的发展要求来说，还远远满足不了资金支出的需求。尤其是2008年以来，受国际金融危机的影响，我国经济发展面临着国际国内的严峻挑战，财政在保增长、扩内需、调结构、促民生等方面的任务进一步加重，财政收支将面临更为严峻的形势。在这种背景下，必须大力开展行政经费的节约活动，以减少行政经费支出，切实降低行政政法系统行政管理支出成本，缓解财政收支紧张形势，把资金用于更需要的领域去。

1. 大力控制一般性支出费用。对于人员经费支出部分，要严格执行机构编制规定，防止因增人增编引起的行政经费过快增长。同时加强公务用车管理，减少公务用车支出，加强会议费、差旅费和接待费支出管理，严格控制出国（境）经费支出。通过多种措施控制一般性支出费用。

2. 建设资源节约型机关，减少经费支出。按照建设节约型机关的要求，各级党政机关要进一步形成资源节约的良好习惯，节约用电、节约用水、节约用纸、节约燃油。通过节约降低党政机关的日常消耗性支出，提高公用经费的使用效益。

（六）完善监督考核机制，提高资金使用效率

1. 进一步加强省人大的预算监督作用。加强人大对预算的监督制约，一要完善人大代表的任职制度，提高人大代表的素质，增强人大代表的责任心；二要强化人大监督的严肃性，加大预算的刚性约束，人大批准的预算草案不经人大会议的审查同意，不允许变动，对变动的部门要追究责任；三要加强执法检查，要定期举行部门预算执行情况的报告会，及时发现存在的问题，各部门对发现的问题要按期整改，并按时向人大汇报整改的进展情况。

2. 加强对官员行政行为的考核。要结合全省实践科学发展观的活动，进一步完善对官员的考核奖惩制度。一是让官员树立科学发展观，纠正过去不科学的发展观念；二是要建立科学的考核指标，指标可包括以下几方面：经济发展速度指标、民生指标、社会发展指标和可持续发展指

标等；三是把行政成本效益指标纳入考核范围；四是完善对官员的奖励惩罚制度，把官员的晋升和考核指标联系起来。

3. 财政部门加强对财政资金运用的监督管理。广东省目前开展的绩效评价和绩效预算走在全国的前面，尤其是南海区开展的绩效预算，被财政部原部长刘仲藜誉为“一个伟大的实践”。南海区绩效预算的实践证明：通过绩效预算方式，实现“人为分钱”向“制度分钱”的财政分配方式的重大转变，不仅可以提高财政资金的使用效率，降低行政成本，而且可以大大提高部门的工作水平。据统计，2007 年南海区通过推行绩效预算，节约的资金达到 15%。而且通过绩效预算方式，让更多老百姓参与和了解预算资金的分配，使财政资金分配方式朝着科学化和民主化的方向发展，通过优先选择重点项目、人民群众关心的项目和绩效高的项目，把有限的财政资金用在刀刃上，充分发挥了资金的使用效果，极大地降低了行政成本。

4. 充分发挥舆论监督、群众监督和行政监督的作用。在今后的工作中，一是要广开渠道、广开言路，让群众有反映问题的途径；二是要正确对待、及时解决群众提出的问题，定期反馈，以免挫伤他们的积极性；三是要制定相应的规章制度，使之有规可循。此外，要充分发挥行政监督的积极作用，行政监督主要是加强审计部门的监督作用。审计监督虽属于事后监督，但通过对前一个年度预算执行情况的审计，发现其中存在的问题，可以在一定程度上降低问题再次发生的可能性，避免无谓消耗。

“控制行政成本，提高行政效率”是一项长期而艰巨的任务，是一项系统工程。只有通过深化改革，创新体制机制，按照科学发展观的内在要求，通过各种综合措施，通过各级政府和各个部门的共同努力，才能控制行政政法系统行政管理支出成本的过快增长，逐步将过高的行政成本降下来，才能不断巩固已经取得的成果。未来随着我国社会主义民主制度的逐步健全，社会主义市场经济体制的逐步完善，“高效率、低成本”的政府运行目标一定能够在广东和全国实现。

城乡基本公共服务均等化研究

（节选）

梅州市财政局

一、当前广东城乡基本公共服务的现状分析

广东城乡基本公共服务的不均等现状。

从广东的现实情况来看，城乡发展不平衡制约了公共服务均等化。一方面，30 年改革开放推进了城镇化发展，广东城镇化率不断提高，全省城镇化率达到 60.68%，比全国平均水平高出 17.69 个百分点。其中珠江三角洲城镇人口比重为 77.32%，达到世界中等发达国家水平。另一方面，农村发展远远落后于城市，公共财力的不足使得农村地区越发陷入基本公共服务缺乏的困境。城镇与农村、经济较发达地区城镇与欠发达地区城镇的差别也越来越大。

1. 基本公共服务资源差距大。2007 年，广东农业人口 3 894.02 万人，占总人口的 47.7%，农业人口仍然占有相当比重。现有的农村基本公共服务资源分布情况主要是：

在农村基础设施方面，2007 年年末，全省 6.49% 的乡镇地域内有火车站，71.52% 的乡镇地域内有二级以上公路通过，97.23% 的乡镇有邮电所，96.28% 的乡镇有储蓄所，26.15% 的乡镇有公园，90.91% 的乡镇有综合市场，21.47% 的乡镇有农产品专业市场。全省 81.00% 的镇实施集中供水，22.59% 的镇生活污水经过集中处理，48.42% 的镇有垃圾处理站。全省 97.55% 的村通公路，99.82% 的村通电，99.65% 的村通电话，98.34% 的村能接收电视节目。38.14% 的村饮用水经过集中净化处理，29.56% 的村实施垃圾集中处理，27.58% 的村有沼气池，52.15% 的村完成改厕。32.25% 的村地域内有 50 平方米以上的综合商店或超市。

在农村社会服务方面，2007 年年末，全省 13.42% 的乡镇有职业技术学校。95.15% 的乡镇有广播、电视站，99.4.8% 的乡镇有医院、卫生院，95.32% 的乡镇有敬老院。95.57% 的村在 3 公里范围内有小学，70.96% 的村在 5 公里范围内有中学。34.49% 的村有幼儿园、托儿所，22.83% 的村有体育健身场所，19.29% 的村有图书室、文化站，15.68% 的村有农民业余文化组织。82.53% 的村有卫生室（站、所），85.05% 的村有行医资格证书的医生，24.11% 的村有行医资格证书的接生员。

2007 年，广东城镇人口 5 962.31 万人，占总人口的 63.1%。现有的城镇基本公共服务资源分布情况主要是：

在基础设施方面，2007年年末，全省21个地级市市区建立了完整的市区道路交通体系，道路通达率和公交化（指两地之间的交通车流水发车，达到一定的密度）通车率100%，省会城市到全省21个地级市全部建通了高速公路。邮电局（所、室）、农贸市场、综合购物市场、体育健身场所等遍布社区街道，城市用水普及率84.92%，城市污水处理率41.45%，城市生活垃圾无害化处理率62.87%，城市燃气普及率78.96%，每万人拥有公共交通车辆12.96辆。

在公共服务方面，至2007年年末，全省21个地级市拥有普通中学1 986所，小学5 321所，电视台24个，公共图书馆129个，剧场、影剧院225个，医院、卫生院1 599个，医院、卫生院床位数155 774张，医生100 605人。基本养老保险参保人数达1 541.94万人，基本医疗保险参保人数达1 397.40万人，失业保险参保人数达1 114.62万人。

2. 城镇地区基本公共服务的供给水平高于农村地区，人均可支配收入水平高于农村地区，而基本公共服务的消费价格又低于农村地区。从公共产品和服务的拥有量来看，城镇地区拥有的公共产品和服务资源高于农村地区。从固定资产投资来看，用于城镇的固定资产投资额从1995年的1 935.97亿元增加到2007年的7 525.46亿元，用于农村的固定资产投资额从1995年的391.25亿元增加到2007年的2 071.49亿元，固定资产投资仍倾向城镇。从社会保障方面来看，以养老、失业、医疗、工伤、生育等五部分为支柱的社会保险制度尚未覆盖到全省广大农村居民。

从收入方面来看，城镇地区人均可支配收入水平高于农村地区。2007年，全省城乡居民总收入达到12 513.8亿元，其中，城镇居民人均可支配收入达到17 699.3元，总收入10 552.89亿元；农村居民平均每人纯收入达到5 624.0元，总收入1 960.91亿元；总收入分别比2000年增长1.27倍和0.38倍；但是，2002～2007年，广东农民人均收入年均递增7.5%，比全国平均递增速度10.8%低3.3个百分点。虽然广东城乡居民收入绝对数在增加，但城镇居民人均可支配收入和农村人均纯收入占GDP比重却呈现下降趋势（见表1）。广东城乡收入差距比从2000年的2.67∶1扩大到2007年的3.15∶1。

表1　　广东城镇居民人均可支配收入和农村村居民人均纯收入占人均GDP的比重

年份	人均GDP（元）	城镇居民人均可支配收入（元）	农村居民人均纯收入（元）	农村人均纯收入占人均GDP的比重（%）	城镇人均可支配收入占人均GDP的比重（%）
2005	24 438.0	14 769.9	4 690.5	19.2	60.4
2006	28 332.0	16 015.6	5 079.8	17.9	56.5
2007	32 713.0	17 699.3	5 624.0	17.2	54.1

从支出结构来看，城镇居民人均用于教育文化服务的支出占其总支出的比重为14.6%，而农村居民的比重是7.8%；从供给能力来看，以城乡拥有的医院床位为例，2007年全省共有医院床位23.4万张，其中县及县以上拥有的医院床位达17.5万张，占了75%以上。城乡之间在基本公共服务供给上的失衡和消费能力的差距，使农村居民尤其是农村贫困群体难以获得基本的公共服务。

从社会保障来看，2007年，城镇与农村最低生活保障贫困人口比例为21∶79，农村最低生活保障人口占绝大多数。但是城镇和农村居民最低生活保障金支出分别为5.4亿元和7.2亿元，城镇最低生活保障金人均1 420元，而农村只有521元。

二、不均等的社会环境因素

新中国成立初期特殊的历史背景使中国采取了优先发展工业的赶超战略，为了保证这一战略的实施，国家采取了“先工业后农业”、“先城市后农村”、“先工人后农民”的政策，形成了城市和农村两套不同的社会管理方式，即二元社会管理体制。在基本公共产品和服务的提供上，也是严格按照二元社会管理体制来进行的。一套是城市所需要的公共基础设施由国家来提供；另一套是农村公共基础设施主要靠农民自身解决，国家仅给予适当补助。这种体制区别如表2。

表 2　　二元社会管理体制区别

制度	城　镇	农　村
户籍制度	以城镇户籍享有比较完善和健全的城镇公共服务和社会福利	以“农业”和“非农业”户口把中国公民划分成标志鲜明的两个类别。“农业”户口的公民除考取国家正规大中专院校以外，原则上不能转成“非农业”户口，从而没有权利迁入城市定居和寻找职业
住宅制度	城市居民大都有廉租房、经济适用房等政府提供的保障性住房，也可以通过商品房市场来购买住宅，保障性住房实质上是福利补贴	农民的住宅投资主要农民自己解决，少数富裕农村由村集体解决一部分
燃料供应制度	城市居民享受国家低价供应的气体燃料和固体燃料	农民一靠以市价购买煤炭，二靠使用植物燃料。由此又导致了农业生态环境的恶化
供水制度	城市居民享受国家低价供应的符合健康标准的饮用水	农民主要靠自己解决用水问题，严重不符合健康标准
供电制度	城市居民享受国家供应的低价电力	农村用电价格贵过城市，仍然有一部分农村没通电
教育制度	城市中小学教育基本是国家投资	农村中小学教育基本是农民自己投资
医疗制度	市民基本享受公费医疗或医疗保险，在现代化医院就医	农村居民基本自费医疗，在简陋的卫生所或个体经营的医疗点就医
就业制度	国家负责市民的就业安排和培训	不负责农民的就业安排和培训
社会保险制度	城市就业者享受社会保险，如退休养老金以及企业破产后的救济金（失业保险金）	从事农村生产者不享受社会保险，没有退休养老金

这一管理体制沿袭了近60年，即使是1978年以后改革开放的30年，仍然没有从根本上改变这样管理体制。农村在“人民公社”集体管理期间，公共服务的主要职责也由集体组织承担，但在改革开放以后，由于财政体制等原因，大多数乡镇政府无力承担公共服务，农村基本公共服务处于缺失状态。

由于管理体制不同，在基本公共服务的供给政策方面，城镇和农村也有着明显不同的做法。供水制度是对城乡政策区别状况一个很现实的例证。在供水体制中，城乡用水是分别由不同行政管理部门来主管的。城市供水是城市建设的一部分，由建设部门来管理，农村用水主要是由水利部门来管理。长期以来，这种城乡分治的供水体制一直没有得到改变。不同的管理要求，导致城乡供水质量差别较大。

1. 公共用水建设政策不同。城市供水是指城市公共供水和自建设施供水，是由城市自来水供水企业以公共供水管道及其附属设施向单位和居民的生活、生产和其他各项建设提供用水。而农村用水，主要是村镇供水工程，指的是为解决村镇居民生活和企业生产用水，在村庄（含居民点）、乡集镇、建制镇修建的永久性供水工程，包括乡镇集中供水工程、跨行政村的集中供水工程（以下简称跨村工程）、单个行政村或自然村的集中供水工程（以下简称单村工程）、分散供水工程（包括单户工程和联户工程）。

在公共用水方面，城市自来水的普及率达到100%，且水质都达到安全饮水标准；乡镇（含农村）自来水还未能达到100%的普及率，且在一些地区，还存在饮用水氟超标、砷超标苦咸水、污染水等不安全问题。2007年全省农村饮水不安全人数为1 664.8万人，比国家确定的人数（1 645.5万人）超出19.3万人，占全省农村总人口的26.3%。目前广东有72.44万住户反映获取饮用水存在困难，占6.91%。使用管道水的住户614.49万户，占58.65%。473.92万户的饮用水经过净化处理，占45.23%；205.93万户的饮用水为深井水，占19.66%；280.20万户的饮用水为浅井水，占26.74%；41.66万户的饮用水来源于江河湖水，占3.98%；3.98万户的饮用水为池塘水，占0.38%；0.81万户的饮用水来源于雨水，占0.08%；41.22万户的饮用水来源于其他水源，占3.93%（见表3）。

2. 城乡饮用水标准政策不同，城镇标准高于农村标准。目前，城市饮用水执行国家《生活饮用水卫生标准》，共有35项指标。2005年2月，建设部颁布《城市供水水质标准》，该标准检测项目101项。新标准增加了对有机污染物和农药的检测项目，有机物指标从2种增加到27种。针对水处理中消毒剂的使用，增加了对消毒副产物的检测项目，并作出严格限制。而农村饮用水执行1991年全国爱卫会、卫生部制定的《农村实施（生活饮用水卫生标准）准则》。由于各地经济发展不平衡和饮水水质的实际，该标准仅有20项指标。

3. 投资方式不同。城市用水过去主要由国家投资，现在仍然是以国家投资为主，民营、外资为辅的方式。而农村用水过去主要是由国家、集体、个人各自承担。在水利部《关于加强村镇供水工程管理的意见》中，规定的投资方式主要有：（1）以国家和集体投资为主新建的乡镇集中供水工程和跨村工程；（2）以国家和集体投资为主新建的单村工程；（3）由私人投资或股份制修建的集中供水工程；（4）私人投资的分散供水工程。

表3 **广东省饮用水情况** 单位：%

	全省	珠江三角洲9市	东翼	西翼	山区5市
获取饮用水困难住户的比重	6.91	3.17	10.04	9.83	6.36
使用管道水住户的比重	58.65	80.03	65.19	32.55	50.41
按饮用水水源分的住户构成					
净化处理过的饮用水	45.23	72.70	60.37	10.91	29.87
深井水	19.66	6.61	13.12	43.76	19.50
浅井水	26.74	15.07	21.07	40.01	33.83
江河湖水	3.98	2.30	3.36	3.56	6.89
池塘水	0.38	0.36	0.32	0.25	0.57
雨水	0.08	0.08	0.02	0.03	0.16
其他水	3.93	2.87	1.74	1.48	9.19

资料来源：http://www.gdstats.gov.cn/tjgb/t200804 07_54755.htm。

三、主要问题

（一）城乡基本公共服务差距较大且有进一步拉大趋势

1. 城乡生活水平差距呈现拉大趋势。2004～2007年，城镇居民人均消费水平高出农村3.66倍、3.45倍、3.55倍和3.89倍。显然这一差距高于1995年和2000年水平，有逐渐扩大趋势。另外，2007年全省城镇居民食品类支出占消费性支出的比重（恩格尔系数）为35.3%，比1978年的66.6%下降31.3个百分点；农村居民家庭恩格尔系数为49.7%，比1978年的61.7%下降12个百分点，显然农村地区较城镇下降趋势更慢，二者差距正在扩大（见表4）。

表4 **广东省城乡居民人均消费水平对比**

指　标	单位	2004年	2005年	2006年	2009年
居民人均消费水平	（元）	8 800	9 821	10 829	12 663
城镇居民	（人）	12 409	13 624	14 913	17 448
农村居民	（人）	3 386	3 947	4 205	4 490
倍数		3.66	3.45	3.55	3.89

2. 城乡基本公共服务的差距明显。公共交通方面，城乡公路等级、投入及服务水平差距大。据我们在惠州的调研，惠州城市道路以及市区连接县城公路均实现了一级化，但作为占全市公路里程88%的农村公路，目前90%是四级以下的公路，9 226公里的农村公路中仍有5 184公里的砂土路（见表5）。

表5　　2007年惠州公共交通城乡差距

	城镇	农村
公路等级	100%一级化	1%的一级公路，3%的二级公路，6%的三级公路，90%的四级以下公路
资金投入	每年投入亿元	2003年至今只补助了2亿多元
公共交通资源（每百平方公里道路）	70%～80%	20%～30%

在饮用水方面，城镇居民都能用上自来水，而农村饮用水基础设施较差，不安全问题突出。课题组在云浮新兴县了解到，在该县农村居民中，能用上自来水的只有近墟镇部分农村村民，其余的均饮用未经任何处理的浅层地下水或地表水，取水方式为手摇泵抽水、到近村河流挑水、用竹片等简易方式在山溪引水三种方式为主。县内12个乡镇，共115条行政村，334条自然村，26 143户，约有12万人存在饮水安全问题。据肇庆市至2007年4月底的统计，饮水不安全人口数96.51万人，占全市农村人口的28.6%。

基础教育设施方面，从表6看，农村学校设施设备与城镇学校差距最大的还是仪器设备。许多农村学校的教学设备远没有达到国家规定的标准。相当一部分农村寄宿制学校学生宿舍仍然不足，至今还有两个人挤一张床铺的现象，与城市寄宿制学校学生宿舍有冷热水供应、空调等条件不可同日而语。

表6　　2007年广东城镇与农村学校基础设施设备比较

项　　目	城镇小学	农村小学
生均校舍建筑面积（m^2）	6.5	6.3
生均图书（册）	20	15
生均仪器设备总值（元）	962	267
运动场达标率（%）	62	29
体育器材达标率（%）	65	23
音乐器材达标率（%）	58	13
美术器材达标率（%）	56	12

公共医疗卫生设施方面，广东省大部分城市街道建立了社区卫生服务机构，社区卫生服务中心覆盖率达到95%以上；但欠发达地区有7个镇未设置卫生院，有380家未达卫生院基本建设标准，欠缺建筑总面积约24万平方米，还有824个村没有卫生站，其中欠发达地区632个村。

社会保障方面，城镇地区养老保险参与率、医疗保障补偿率和最低生活保障比重远远高于农村地区。2007年，城镇成年人口基本养老保险参与率为53.36%，而农村成年人口的基本养老保险参与率仅为6.35%；城镇企业退休人员月人均养老金额达到1 053元，而农村养老保险的人均养老待遇仅256元。在基本医疗保障补偿方面，城镇职工基本医疗保险的补偿率为68.7%，城镇居民医疗保险的补偿率为55.75%，而新型农村合作医疗的补偿率为34%。2007年，农村和城镇的最低生活保障人数比为3.65:1，农村和城镇的最低生活保障家庭户数比为3.80:1，但农村和城镇的居民最低生活保障金支出比为1.34:1。在社会救济方面，农村传统救济对象人数只占全省社会救济对象人数的18.3%。

（二）城乡公共服务需求全面快速增长与基本公共服务不到位的矛盾突出

近年来，广东的恩格尔系数有所下降，城市的恩格尔系数，从2000年的38.6%下降到2007年的35.3%；农村的恩格尔系数，从2000年的49.8%下降到2007年的49.7%。与此同时，基本公共服务的需求在全面迅速增长。主要体现在：

一是对公共服务需求的主体在不断扩大。一方面，城市中低收入群体、农民工在公共医疗卫生、义务教育、就业、社会保障等方面的诉求和公共需求迅速增加，并且日益强烈；另一方面，农村地区的潜在需求已开始成为现实的需求，例如农民特别是失地农民和被征地农民在医疗保障、养老保障、基础阶段教育等方面的需求正在逐步凸现。

二是公共服务需求的结构正在发生深刻变化。随着经济社会的发展，农村对公共服务的需求颠覆了传统模式，从完全依靠自有土地保障转变为依靠外来资金保障。同时，无论是城镇还是乡村，对基础设施、教育、医疗卫生、社会保障等方面的需求占社会总需求比重越来越大。

三是公共服务需求的数量在不断增长、层次在不断提高。有专家估计，过去10年城镇居民在教育、医疗、社会保障等方面年均公共服务需求的提高比重，大体相当于过去5年公共服务需求比重的总体增幅。同时，人们对公共服务质量的要求也在不断提高。

公共服务需求的全面快速增长与基本公共服务不到位的矛盾突出表现在以下几个方面：

1. 基础设施不能适应城乡经济迅猛发展的需求。例如，随着经济的不断发展，广东对电力的需求也在不断扩大。2003年以来，广东经济进入新一轮增长周期，2007年GDP总量比2002年增长2.6倍。与此相应，电力需求增长迅猛，电力短缺的状况再度出现，最大电力缺口从2003年的130万千瓦一直扩大到2007年的623万千瓦，广东成为全国最缺电省份之一。数据显示，广东电网统调负荷72次刷新纪录，全社会用电负荷从2002年的2 900万千瓦迅速飙升至2007年最高的5 580万千瓦。据《广东省无电地区电力建设规划》统计，至2006年年底还有无电村884个，覆盖面涉及全省55个县（市郊），278个乡镇，41 790户农户，人口201 397人。据河源供电部门统计，2007年河源全市供电量比2006年增长26.4%；用电最高负荷比2006年增长26%，电量和负荷增幅均为全省首位。与此同时，该市“十一五”（2006～2010年）期间重点规划建设的“1.8.28”工程（建设1个500千伏项目，8个220千伏项目，28个110千伏项目）仅完成投资计划的28%，全市农网改造面也仅完成55%。

2. 城乡对义务教育需求出现了新的变化。农村义务教育规模过大。2007年，广东省有3 894.02万农村人口，平均受教育年限还不到8年。从义务教育在校生的总量来看，2007年广东农村初中生788.5万、农村小学生376.3万，共1 164.8万，占全省义务教育在校生总人数的77.63%，占全国农村初中、小学在校生的8.63%。农村义务教育的规模过大，给城乡义务教育的均衡发展带来了沉重的人口压力。同时，广东省城乡义务教育还面临着非户籍常住人口义务教育学生数迅速增长的巨大压力，2007年全省非户籍义务教育学生244万人，比2006年净增38万人，占全省义务教育在校生总人数的16.3%。在初中升高中的需求中，部分欠发达地区只有50%左右，普及高中阶段教育的缺口还相当大。

3. 医疗卫生服务质量与有效性要求越来越高。健康水平对中低收入群体、特别是贫困人口的威胁相当大。疾病与贫困有着必然的关系。贫困人口由于长期营养不良、卫生环境恶劣、超负荷体力劳动等原因，患病概率较大。一旦患病必然导致“因病致贫”。目前，广东省贫困人口332万，而且绝大部分都在农村贫困地区。由于经济贫困及医疗卫生知识的贫乏，贫困人口面对的医疗费用不断上涨，难以获得有效的医疗卫生服务。据课题组赴肇庆市德庆县新墟镇历麻村委会黄峰岭咀村谢桂新农民家的访问了解到，谢桂新长期有患静脉炎、肺结核、肝胃等疾病，住过院，新型农村合作医疗给予了一定的补助，但是平常的门诊没法报销，每次到村医看病要花15～30元的药费（平均每天药费11元左右）。限于村医的医术及本人对自身疾病的认识与保健条件，谢桂新的病没有得到根治，只能靠着老婆种3亩柑橘的收益维持一家三口人的生活及医疗费用。贫困人口的医疗卫生问题已成为贫困地区人群生活水平提高和健康状况改善的一个严重的制约因素。

4. 社会保障水平无法适应城乡居民生活水平日益提高的要求。目前，社会保障面临着三大问题：一是城镇社会保障的覆盖面不广。据统计，截至2007年，全省近一半的第二、三产业从业人员没有基本养老保险。二是农村的社会保障严重缺失，如农民的养老保险至今尚未有制度性安排。三是社会保障水平不高，基本养老保险待遇、基本医疗保险待遇和最低生活保障补助水平都比较低。

（三）公共财政提供基本公共服务的能力十分有限

1. 公共财政对基本公共服务投入的总体水平不高。尽管广东经济总量、财政收入等都位居全国第一，但从全国各省市基本公共服务投入的评价情况来看，广东在基础教育、公共卫生、社会保障方面的排名分别仅为第12、第6和第14名，远低于浙江、江苏，有些方面甚至低于经济实力与广东有较大差距的内蒙古、湖南、山西，且绩效等级都在C或C等以下。这和广东省的经济实力是非常不相符的，说明广东省基本公共服务的水平还不高（如表7）。

表7　部分省区市主要基本公共服务基准评分等级情况及排名

省（市）	基础教育		公共卫生		社会保障	
	排名	绩效等级	排名	绩效等级	排名	绩效等级
北京	1	A	2	B	2	C
上海	2	B	1	B	1	B
天津	3	B	5	C	4	D
浙江	4	B	3	C	9	D
江苏	5	C	4	C	6	D
内蒙古	7	C			12	D
湖南	11	C				
山西					11	D
广东	12	C	6	C	14	D

2. 公共财政体制作用尚未得到充分发挥。公共财政体制的目标就是推进基本公共服务的均等化，但目前还存在着较多问题。一是从财政收入看，收入构成中仍存在着一些不规范的项目，如预算外行政收费、土地开发收入以及国有企业利润的处置等，使财政预算还有很大的空间可够挖掘。二是从财政支出看，支出结构出现了较严重不平衡状况，偏重经济建设投资与行政性支出，轻社会公共服务事业；偏重城市轻农村等。三是财政收支对实现社会公平正义、激励发展与效率、缩小社会贫富差距所具有的再分配杠杆作用未能得到很好发挥。例如，财政对基础教育、医疗卫生、社会保障的支出严重不足，转移支付制度的公平性、有效性与制度化都有待增强。四是财政收入、支出，预算编制与绩效考核的规范化、制度化的程度都有待于进一步提高。

3. 公共财政资金的供给效率有待提高。在基本公共服务基础薄弱的情况下，近年来广东省在基本公共服务方面的财政支出快速增长，全省2007年仅基础教育、公共卫生和基本医疗服务与社会保障三项基本公共服务的支出占一般预算支出的1/3强，特别是东西两翼和粤北山区三项基本公共服务的支出已占一般预算支出的43.3%。但是全省基本公共服务的水平并没有随着财政投入的大幅增长而快速提升，其中一个主要因素就是当前对基本公共服务投入与效益产出缺乏有效的整合与监督，效益产出的资源分散、障碍多、成本高、速度慢。省级财政对教育、医保和救助等转移支付资金利用率较低，以特困居民的社会救助为例，如资金沉淀率达50%，使用效率极低。因此，一方面是低标准、低覆盖，另一方面是资金使用不出去，这一矛盾反映了目前广东省供给效率较低。

四、主要原因

从基本公共服务存在的城乡差距较大、需求未能得到满足以及公共财政体制还不够完善等问题来看，这些问题有的是属于历史欠账，有着较为复杂的体制原因；有的是在社会发展中逐步显现出来的，与经济发展模式以及人口变动状况有关。总体上说，形成上述问题的原因较多，也较复杂，但从综合角度来分析，主要有以下四个方面的因素。

（一）城乡二元结构阻碍了城乡基本公共服务均等化发展

1. 城镇居民与农村居民享受的公共政策不同，势必导致农村基本公共服务的弱化。这里以医疗救助政策为例。医疗救助是在各种医疗保险后，针对特困群体以及因病致贫的低收入群体门诊、住院和大病费用给予救济的制度，医疗救助是社会医疗体制的最后安全线，具有保底功能。但是由于二元体制的存在，在救助标准和救助方式上城镇与农村有较大不同，城镇特困居民所享有的救助明显高于农村居民，这就在制度上形成了基本公共服务不均等现象（如表8）。

表8　广东城乡医疗救助对比

	城　镇	农　村
救助标准	门诊：120～360元；住院：最高报销2 000～30 000元	门诊：80～120元；住院：最高报销1 000～20 000元
救助方式	1. 门诊；2. 住院；3. 大病；4. 全额资助参加城镇居民医疗保险	1. 门诊；2. 住院；3. 大病；4. 全额资助参加新型农村医疗

2. 基本公共服务制度设计的缺失，势必导致农民享有的公共服务是弱质和不被保障及面临风险的。例如，在义务教育方面，现行的学校评估政策人为地引导和制造出学校新的差异。特别是评选示范性初中和实验小学，客观上推动了基层政府和社会对原有基础较好的学校重点关注、集中投入、增加资源，拉大了校际的差距，尤其是城乡的学校差距；同时，通过高薪聘用优秀教师的手段，把优质人才集中在城镇学校，致使城乡师资配置失衡，直接导致城乡教育的不均衡。在社会保障方面，就农村居民而言，政府没有能够针对市场的缺陷制定并完善相应的农村社会保障制度。例如，长期以来，在制度设计上，城镇企业职工由政府负责养老保险；在农村，农民只能靠承包土地养老。随着城镇化速度的加快，失地农民的增多，农民的养老保险制度的缺失，农民面临着新的风险。在基础设施方面，例如农村客运，被赋予了比城市客运更多的税负（"两税七费"），使得本来成本就高的农村客运更加没有投资的价值，而长期处于发展滞后的状态中。

3. 资源配置集中在城镇，势必导致农村基本公共服务设施的薄弱。城乡投入差别巨大。以2004～2007年近四年的城乡固定资产投资情况来看，固定资产投资主要集中在城镇，城镇固定资产投资额占总投资额分别是84.99%、84.29%、81.38%和78.42%，而农村固定资产投资除2007年外，均不到20%。

（二）公共财政体制的不完善制约了农村基本公共服务的供给

1. 财政分权的不合理成为阻碍公共支出有效性的重要因素。目前，按照现行财政管理体制，各级政府间财政关系的特点是分权程度相对较高，且不平衡。这种体制下，支出决策的分权程度大大高于税收收入，地方政府在制定税率方面没有自主权。结果中央政府和省级政府为了缩小其与下级政府之间的财政收入差距，必须安排大量的转移支付。这种转移支付并没有解决地方公共支出的严重不平衡。根本原因就在于地方政府所承担的责任和拥有的财权不对称，地方政府承担着没有资金来源的财政支出责任。由于基本公共服务过多地下放给地方政府，降低了财政分权本来可以带来的效率；同时，政府的行政管理层级过多，增加了政府财政负担。基层政府，如乡镇一级，规模太小，直接导致了地方用于基本公共服务等领域的支出比例相对偏低，无法有效提供基本公共服务。

2. 地方可支配财政不足严重制约着基本公共服务均等化推进。基层政府的可支配财政收入水平与公共服务供给构成了极大的矛盾。不仅经济欠发达地区如此，在一些经济相对发达地区，问题同样突出。以佛山市高明区为例，高明区2007年人均GDP达到10 000美元，较为富裕。该区低保金主要由区镇两级财政承担（佛山市市级财政不承担），区财政占40%，镇财政占60%；此外，教育投入、居民门诊医疗保险、居民基本医疗保险等需要由镇级财政配套，全年资金额约在1.2亿元，而该镇2007年财政收入1亿元，即使全部用于基本公共服务，仍然不足。市级财政情况也不乐观。以清远市为例，清远市2006年全市地方财政总收入404 494万元，其中，中央、省税收返还28 391万元，所得税基数返还5 957万元，农村税费改革转移支付补助15 479万元，取消农业税补助4 240万元，缓解县乡财政困难补助5 673万元，转移支付补助、专款和省的一次性补助收入140 033万元，省专项拨补及省批复上年决算增加补助68 996万元，调入资金3 186万元。从其总收入构成中可以看出，清远市级财政收入60%以上来自转移支付、补助等，因此，若要其再补助到基本公共服务中去，有相当大困难。目前，广东面向落后农村的基本医疗保障、基本养老保险、义务教育经费等都是通过转移支付方式，由省财政承担大半比例，而市县（镇）需在自身财政中各承担一部分，而相当一部分地方的经费来源中，只有省级财政资金能够到位，地方配套资金往往不能保证到位。

3. 公共服务多部门管理效率不高、资源分散，影响了公共服务资金支出的最优配置。以社会保障为例，在现行的行政管理体制下，社会保障的公共服务被肢解在政府各部门中，导致社会保障服务运行效率偏低，行政成本偏高。例如，在社会保障中的医疗保险，有卫生部门负责农村居民的医疗保障"新型农村合作医疗"，有社会保险基金管理局负责的城镇居民医疗保险，有民政部门负责的特困人口的医疗保险，等等。在统一的医疗保险框架下，各部门制定的标准不同、待遇不同，不仅难以衔接，而且也妨碍了人员的身份变换；同时，每个部门都有一套人马，一套计算机系统，使政府行政成本大大增加，运行效率不高，影响资金的最优配置。

（三）区域发展差距制约了基本公共服务均等化

区域发展的不平衡带来了经济实力、资金投入、提供方式、运营机制等方面的差距。从广东省的情况看，这一差距过于悬殊，既导致了贫困的发生和扩大，也导致了基本公共服务严重缺乏，扩大了基本公共服务的区域差距。

区域因素是广东的现实困难。2006年，广东区域差异系数达到0.77，高于全国0.67的平均水平。2000～2007年，珠江三角洲占全省GDP的比重由75.2%上升到79.7%，而粤东西北欠发达地区却由24.8%下降到20.3%；人均GDP从2.7～3.7倍扩大到3.5～4.5倍；2007年全省城市居民人均可支配收入17 699.30元、农村居民人均纯收入5 624.04元、山区农民人均纯收入4 531元。广东省城乡收入差距比从2002年的2.8:1扩大到2007年的3.15:1；2004年城市与山区农民的差距比为3.4:1，2007年扩大为3.91:1。

经济发展的不平衡带来的最直接的影响是区域财政收入不均衡，使不同地区公共服务供给能力有较大差异。从区域分布来看，广东珠江三角洲的地方财政收入占全省比重大，基本公共服务的供给能力和供给水平远远超过东西两翼和粤北山区。

2007年，珠江三角洲地区生产总值占全省比重为

79.7%，地方财政收入占全省比重为67.6%。尽管东西两翼和粤北山区财政收入的增长速度超过了珠江三角洲，但总量上却远远小于珠江三角洲。东西两翼和粤北山区的经济发展相对缓慢，三者的地区生产总值总和占全省比重仅为20.3%，地方财政收入总和占全省比重仅为10.0%。可见，珠江三角洲基本公共服务的供给能力远远超过东西两翼和粤北山区。

地区经济发展和财政收入的不均衡性，导致各地区公共服务的供给水平出现明显差异。2007年全省用于基础教育、公共卫生和基本医疗服务、社会保障三项基本公共服务的财政支出为984.26亿元，其中，珠江三角洲地区占53.3%，超过了一半；而东西两翼、粤北山区分别仅占17.6%、18.1%。至2007年年底，全省常住人口9 449万人，其中珠江三角洲地区常住人口4 724.96万人，约占全省常住人口的50.0%；东西两翼地区常住总人口3 133.16万人，约占全省常住总人口的33.2%；粤北山区户籍人口为1 590.88万人，占全省总人口的16.8%。从财政投入和人口比重的对比看，珠江三角洲地区基本持平，但东西两翼和粤北山区财政投入所占比重远低于其占全省人口的比重。如：全省平均每千常住人口拥有医院床位2.19张，其中最高的广州市达到5.8张，而最低的茂名市仅为0.89张，最高额与最低额的比值（即极差率）为6.52。可见，珠江三角洲基本公共服务的供给水平远远强于东西两翼和粤北山区。

（四）人口流动数量巨大增加了城乡基本公共服务均等化的难度

从广东过去30年的经济特征和社会管理特点来看，大量外来人口的高频流动和务工就业，对基本公共产品和服务的均等化带来了现实冲击。

1. 一些地区常住非户籍人口远远高于户籍人口。2007年，东莞市，户籍人口171.26万人，常住人口达到694.72万人，净流入523.46万人。这使得满足本地民众的需求与外来人口的需求产生冲突，公共财政的范围和领域受到挑战，因此，这类地区政府的选择是，一方面，将外来流动人口排除在公共产品和服务享有之外，减少实际获得服务的受益者；另一方面，政府更愿意在不负担投入的情况下以市场化方式提供公共产品和服务，使得公共产品和服务更加缺乏。这不仅是指如供水供电等一般的公共产品，也包括教育、卫生等事业型公共服务。如外来工子女的教育问题，现在才开始加以解决。

2. 由于人口外流，欠发达地区的基本公共服务被忽略。2007年，广东农村外出务工劳动力870.31万人。在欠发达地区，青壮劳动力基本外出务工，当地主要是一些老人、妇女和小孩。当地政府急于改变经济发展环境，会更注重投资经济环境，减少当地的基本公共服务投入，或者仅仅把基本公共服务供给当作一种“形象工程”。

3. 广东省外出务工的人员难以享受基本公共服务。广东省外出务工人员主要集中在省内从业。广东省籍流动人口主要是从东西两翼和粤北山区流出，而珠江三角洲地区是净流入，广东省籍流动人口占全部流动人口数的31%。这就给公共服务均等化提出一个挑战，即如何确保相当一部分外出务工的农村青年享有公共服务。以财政承担来看，这些外出务工人员也属于广东省财政应负担的对象范围，但是，外出务工人员在异地是享受不了基本公共服务的。如新型农村合作医疗、医疗救助、子女的义务教育等，都有地域的限制。

人口流动在一定意义上也可以显示公共服务均等化程度。均等化程度越高，经济动因而出现的人口流动就会越少。公共服务在区域、城乡均等化程度越低，大量的人口就越会向经济机会较多和公共服务水平较高的地区流动。广东促进城乡基本公共服务的困难和挑战也集中在这一点，基本公共服务均等化的发达地区可能会吸引更多外来务工人员，从而使得当地政府供给不堪重负，对公共财政构成挑战。

五、推进基本公共服务均等化的意见和建议

（一）创新制度设计，完善城乡一体均衡发展的制度与政策环境

1. 逐步改变城乡二元制度和政策，改变城乡分治的做法。

（1）建立城乡一体化的新型户籍管理制度。以户籍管理制度改革作为破解二元结构的突破口，逐步取消农业户口与非农业户口的分类管理办法，实现农民身份根本转变，逐步取消附加在户籍制度上的公共服务功能，建立健全解决进城农民在就业、培训、就医、定居、社保、子女入学等方面的制度和政策，促进进城农民安居乐业。积极探索实行以具有合法固定住所、稳定职业或生活来源为基本条件的准入制户口登记和迁移户籍管理制度，既允许生活基础在城市、城镇的农村居民迁往城市、城镇，也允许生活基础在农村的城市、城镇居民迁往农村。

（2）做好城乡一体化公共基础设施规划编制工作。公共基础设施是城乡经济社会发展和居民生产生活改善的重要载体。加强农村公共基础设施建设，促进城乡基本公共服务均等化，要加紧修编制定全省城乡一体化规划体系，重点是加快编制城乡公共交通、供水供电、网络通信等专业规划，指导城乡各项公共基础设施同步建设、协调发展，促进城乡经济社会全面协调可持续发展。加强农村公共基础设施建设，促进城乡公共基础设施一体化管理，政府是主导力量，但同时也要利用社会资源，拓展城乡基本公共服务均等化的途径。

（3）统一城乡学校的资源配置标准。建立规范化或合格的中小学基础设施标准并按此进行建设，是克服城乡差别、校际差别的重要前提。第一，要合理布局。各县（市、区）要结合城乡建设发展规划和人口变动状况，合理调整学校布局。使学校设在人口相对集中、生源有保障的地点，确保学校具有一定规模，有利于学校可持续发展。第二，继续改造薄弱学校。结合中小学布局调整，逐步撤并规模

过小、设点分散的学校和教学点。同时，每年确定一定比例的薄弱学校，作为重点改善的对象。通过分期分批逐年改造，逐渐缩小农村与城市中小学校的办学差距。第三，推进规范化学校建设，合理配置教育资源，使每所中小学校都能按照基本标准，拥有大体均等的办学条件，从而在义务教育领域形成一个公平竞争的平台。争取经过3～5年的努力，使全省初中、小学校舍与装备基本实现标准化配置。

（4）建立健全多层次的医疗保障体系，逐渐实现城乡一体化的全民医疗卫生保障制度。通过非保险机制重点保障基本医疗，建设覆盖城乡居民的基本卫生保健制度。向全体居民提供安全、有效、方便、价廉的公共卫生和基本医疗服务，免费提供公共服务；按成本收费提供基本医疗服务。在农村地区，发展新型农村合作医疗制度，通过非保险机制重点保障基本医疗。同时引入商业保险解决大病风险问题。鼓励珠江三角洲等地区的富裕农民参加。健全医疗救助制度，不仅应将农村最低生活保障对象和农村吃、穿、住、医、葬“五保”户纳入救助范围，还应逐步把贫困农户纳入医疗救助范围。部分贫困农户在遭遇大病后，即使在合作医疗资金补偿后仍存在较大经济困难，可以通过健全大病医疗救助制度得到救济。要加大对医疗救助资金的投入，建立医疗救助与慈善事业的衔接机制，充分发挥医疗救助的平台作用，积极引导和协助慈善机构通过医疗救助平台，开展多种形式的慈善医疗救助。在新型农村合作医疗制度的建设过程中，还应考虑逐步缩小与城市医疗保障制度的差距，逐步与城市医疗保障制度建设接轨，实现医疗保障城乡一体化，建立覆盖全民的医疗保障制度。

（5）建立健全覆盖城乡的基本养老保险制度。从全省范围看，目前尚存在制度空白区，迫切需要建立适用于普通农民和未就业的城镇居民的城乡居民基本养老保险制度，同时要完善现有的城镇企业职工基本养老保险制度和被征地农民基本养老保险制度，加快推进机关事业单位养老保险制度改革，使社会养老保险制度真正惠及全省城乡居民。

2. 加快立法进程，将基本公共服务均等化纳入法制轨道。目前，在基础设施、基础教育、医疗卫生、社会保障内容与结构、范围与规模、水平与标准、数量与质量，以及基本社会公共服务所需的公共资金与公共来源、数量与分配结构等方面，缺少法律法规。在一些重要的领域也只有行政法规而无法律。同时，当不少决策、目标与法律在贯彻实践中遇到障碍，例如，有法不依、执法不严时，并没有相应的措施予以纠正、追究与惩罚。因此，必须尽快着手制定全省基本公共服务均等化的法律法规，建立健全基本公共服务的地方法律法规体系。应以宪法对公民基本权利的规定为依据，围绕基础设施、义务教育、公共卫生与基本医疗、基本社会保障基本公共服务等领域，形成比较完善的具有广东地方特色的地方基本公共服务体系规章。要整合现有法律法规体系，提升基本公共服务的法律层次。要加快基本公共服务重大项目立法进程，将基本公共服务纳入法制化轨道，为城乡公共基础设施建设基本公共服务体系营造良好的、平等的政策制度环境。

（二）加大财政投入，强化政府在基本公共服务供给上的主体和主导作用

1. 强化地方政府公共服务职责。转变政府职能，把政府精力主要集中到规划引导、研究政策、统筹协调、制定和完善各项制度和法规上，建立与市场经济相适应的宏观调控体系。集中履行好促进社会全面协调发展、调节收入分配、化解社会矛盾、维护社会公正、保持社会稳定、强化市场监管等职能，重点加强人口、资源、环境、危机等方面的管理，建立健全城乡一体化的基本公共服务体系。要强化地方政府公共服务职责。目前地方政府拥有公共服务机构设置与公共资源分配和使用的决策权，但在决策上和执行上都缺乏来自机构外部的强制性的要求、规范和问责。因此，要强化地方政府对建设城乡一体化的基本公共服务的责任意识，地方政府必须履行决策与法律职责，并承担决策与立法后的失误或不作为的责任。

2. 加快建立覆盖广大农村的公共财政制度。

（1）扩大对农村地区道路、饮水、电网、通讯等基础设施的投资。当前农村基础设施建设投资需求与资金供给的矛盾十分突出。必须认真贯彻工业反哺农业、城市支持农村和“多予少取放活”的方针，下决心调整国民收入分配格局，扩大公共财政覆盖农村的范围。第一，省、市、县各级政府要按照财政“存量适度调整、增量重点倾斜”的原则，逐步扩大财政对农村地区道路、饮水、电网、通讯等基础设施的投资比例。第二，建立和完善政府间基础设施财政转移支付制度。要根据“事权与财权”相对称的原则，合理划分、科学确定各级政府农村基础设施供给的事权和财权，通过财政转移支付，使两者相统一。第三，鼓励社会各界参与农村地区基础设施建设，吸引更多的银行资金、企业资金和其他社会资金投入农村基础设施建设，建立多元化农村基础设施建设投入机制。第四，探索建立农村基础设施建设投资稳定增长机制。

（2）完善义务教育以政府投入为主的机制，建立与公共财政体制相适应的义务教育财政制度。深化农村义务教育经费保障机制改革，将农村义务教育全面纳入公共财政保障范围，逐步建立义务教育实行“经费省级统筹，管理以县为主”的义务教育财政制度。第一，明确义务教育经费由政府承担，各级政府义务教育财政拨款的增长应当高于财政经常性收入的增长，并使按在校学生人数平均的教育费用逐步增长，保证教师工资和学生人均公用经费逐步增长，逐步形成满足义务教育需求的公共教育财政的投入体制和机制。第二，建立义务教育专项转移支付制度。义务教育转移支付制度，应以相对公平为原则，确定标准的教育经费基数，确定教职工编制和收入水平，确定公用经费定额，确定图书、仪器设备、教学设施标准，确定危房标准和年检制度等。高于标准基数的不进行转移支付，低于标准基数的给予适当的经费支持。第三，调整公共义务教育财政投入的结构，建立科学的义务教育财政转移支付制。主要是向欠发达地区倾斜、向农村义务教育倾斜。

（3）加大财政倾斜力度，强化农村医疗服务的公益性。在各级财政加大医疗卫生投入的基础上，调整投入结构，重点向农村倾斜。加大财政转移支付力度，支持经济欠发达地区农村卫生基础设施、基本装备、基本人力建设。按国家标准3～5年内完成农村卫生机构规范化建设。完善农村公共卫生和基本医疗筹资机制，探索农村医疗卫生服务收支两条线管理，保证农村医疗卫生机构人员和工作经费，农村医疗卫生人员工资收入和生活待遇不低于教师和同级事业单位工作人员水平。把经济欠发达地区的农业镇改成街道的卫生院纳入广东乡镇卫生院建设和改革当中，享受省财政补贴。同时，动员社会力量，拓宽筹资渠道。建立稳定的筹资机制和财政扶持资金增长机制，不断提高新型农村合作医疗筹资水平和保障水平，包括逐步提高农民缴费水平，力争到2015年接近城镇居民医疗保险筹资水平，在乡镇卫生院住院费用报销比例应达到70%以上，补偿封顶线达到5万元以上，扩大大病统筹补偿范围，推行门诊统筹制度，切实提高合作医疗受益面。门诊统筹的补偿标准达到基本门诊费用的30%以上，有条件的地方达到50%以上。

（4）加大省级财政投入力度，明确各级政府在促进全省农村基本养老保险工作方面的责任。财政资金的支持是发展农村基本养老保险的必要条件，但各地的财政能力差异很大，像其他公共服务一样，如果省里仅出政策，而没有相应的资金予以保障，要实现全省农村基本养老保险的均衡发展是不可能的。因此，必须明确省、市、县（区）三级政府的责任，加大省级财政对经济欠发达县（区）的转移支付力度。省级政府在农村基本养老保险方面的主要责任应该是制定政策和资金支持，基层政府的主要责任应该是落实政策，尽量促使符合条件的人参保。

（5）加大公共财政投入，完善城乡社会救助体系。从国内外的实践情况来看，社会救助是由政府直接实施管理并不断加大公共财政投入的一种制度安排。中国社会救助资金也主要来源于国家公共财政投入，近年来中央财政在城市低保上的投入连年翻番，但广东最低生活保障资金从2003年的3.03亿元增加到2006年的9.37亿元，仅占财政支出的0.37%，低于全国平均水平，因此，要继续加大投入，使城乡困难群众更多更好地享受到公共财政均等的惠泽。要继续提高最低生活保障救助标准。从2009年起，各县（市、区）将城乡最低生活保障标准提高至人·年2 500元（人·月208元），一步到位。不断增加资金投入，目前，14个经济欠发达地区和恩平市需要最低生活保障资金83亿元，其中城镇29.4亿元，农村53.6亿元。按照省财政对经济欠发达地区最低生活保障资金城镇补40%，农村补60%的比例计算，省财政需要补助资金43.92亿元，2007年省财政下拨最低生活保障资金3.217亿元，需要新增安排40.703亿元。进一步提高省财政对经济欠发达地区的补助比例。巩固广东最低生活保障成果、提高最低生活保障补助水平，实现广东保障补助水平高于全国平均水平特别是沿海省市平均水平，建议增加省财政对经济欠发达地区的低保资金补助比例，在2009年1月提高10个百分点的基础上，从2009～2012年，省财政每年再提高补助比例5个百分点，2012年省财政最低生活保障资金补助比例达到城镇60%，农村80%。

（三）深化体制改革，提高政府基本公共服务供给责任和能力建设水平

1. 积极推进行政管理体制改革。利用大部制的改革机会，积极探索归并有益于城乡一体化管理的行政机构及整合行政资源。例如，在社会保障方面，可整合新型农村合作医疗、城镇医疗保险、医疗救助等职能，由政府社会保障职能部门统一承担管理职能，从而整合资金资源、人力资源、信息网络资源，构建管理平台，科学设定城乡统一的、可衔接的保障标准，真正实现社会保障全民覆盖。在居民饮水方面，将全省水源、供水、用水、节水、排水、污水处理，以及农村水电等所有涉水事务实行城乡统一管理，“一龙治水”，建立一种综合性、全局性、系统性的城乡一体水务管理新体制。在农村客运方面，可以实行城乡统一管理，税费政策城乡统一，由交通系统作为行业主管部门，实行统一领导、统一规则、统一建设、统一管理。

努力减少行政层级，扩大“省管县”体制试点范围，争取在减少行政层级方面有新的突破。不断探索完善适应城乡统筹发展要求的行政管理体制，为基本公共服务均等化提供体制保障。

2. 积极推进财政体制改革。推进县乡财政管理体制改革，建立和完善农村公共财政制度。县乡财政管理体制作为县乡财政分配的基本制度，是县级政府用以加强县乡之间各种分配关系和财政管理责任与权限的重要手段。

3. 积极推进社会管理体制改革。积极推进城乡户籍制度改革，探索建立城乡统一的户籍登记管理制度，建立健全解决进城农民在就业、培训、就医、定居、社会保险、子女入学等方面的制度和政策，促进进城农民安居乐业。探索建立城乡统一的社会服务管理体制，整合医疗卫生、社会保障和救助、劳动就业等方面基层资源，建立统一联合的基层社会服务机构，构建覆盖全民的社会服务网络，形成遍布城乡的政府和社会联结点，使有需求的群众能及时得到服务。

4. 积极推进公共服务机构改革。目前，中国的公立服务机构如学校、医院等都是以事业单位的形式存在。改革开放以来，政府财政对公共服务支出的绝对量是增加的，但相对量却是下降的。大多数公共服务机构从财政渠道得到很少的资金，迫使公共服务机构依靠自筹资金、收取费用而生存和发展，不可避免地产生了大量的趋利性行为，背离了政府必须提供基本公共服务的目标。因此，公共服务机构改革应当提到议事日程。应将主要承担行政职能的，转为行政机构或将行政职能划归行政机构；主要从事公益服务的，强化公益属性，整合资源，完善法人治理结构；已经具备市场化条件的营利性事业单位改为企业。通过公共服务机构的分类改革，政府可以通过授权委托、契约合同、购买服务等方式，把部分公益性、服务性、社会性的

公共服务职能转给社会承担。

（四）建立保障机制，缩小不断扩大的城乡差距

1. 建立公共财政投入保障和可持续机制。一是调整公共支出制度，逐步实现公共财政最优配置，主要用于满足城乡居民基本公共服务的需要。在现代国家，公共支出的主要功能应该是弥补市场失灵，组织提供公共产品，满足社会公共需要。目前，在财政预算中，资本性支出和行政管理费在公共支出总额中一直占有相当大的比重。应当通过政府职能的转变，规范各级政府财权、事权配置，提高公共管理水平和效益，进一步向民营资本开放基础设施建设项目，使公共财政有相当大的空间降低资本性支出和行政管理费支出的比例，同时能够创造条件增加用于城乡居民和社会发展领域的基本公共服务的支出，并保障基本公共服务支出随着经济增长而同步增长。二是合理划分各级政府公共服务的职责，并加强其公共服务能力建设。明确省级政府与市县政府的事权财权的合理职能分工，加强公共服务能力的建设。明确省级政府在农村基础设施、义务教育、公共卫生和基本医疗、社会保障投资中的主体地位。三是加快建立覆盖广大农村的公共财政制度。按照“存量适度调整、增量重点倾斜”的原则，不断加大各级政府对农业和农村增加投入的力度，逐步建立以工促农、以城带乡的长效机制。四是规范和完善转移支付制度。清理和规范专项转移支付，增加一般性转移支付比例，使整个转移支付制度符合基本公共服务均等化的总体要求。五是拓宽财源，积极探索地方政府发行公共服务债券的可行性，利用政府债券广泛筹集社会资金；积极探索开征新的地方税种调节区域和城乡公共服务差距，利用税收政策均衡区域发展和公共服务的供给能力。

2. 建立城乡一体化的统筹管理、资源整合机制。例如，要整合社会保障资源，强化社会保障机构的执行能力，建立健全覆盖城乡的社会保障管理服务体系。目前的社会保障政策制定、具体经办不仅过于分散，而且待遇互不衔接、门槛不同，从而导致效率不高，受保群体之间相互攀比。应探索实行职能有机统一的大部门体制，解决社会保障职能交叉、资源分散的问题，整合城乡保障职能，将现有的劳动就业服务、民政最低生活保障、新型农村合作医疗等机构进行整合、扩充，形成基层社会保障服务大平台，向社会提供各项社会保障服务。要建立健全社会保障的管理服务专业化队伍，建立社会保险经办工作人员与参保对象动态配比的机制。要根据覆盖城乡居民的社会保障体系的新要求，规划建设容量大、处理能力强、传输速度快、网络覆盖面广、信息安全可靠的社会保险信息管理系统和容灾系统。要努力解决农民工的身份歧视问题。农民工在就业、公共医疗、社会保障及子女教育方面的基本公共服务需求长期被漠视，严重违背了公平的原则，因此，要把农民工保障纳入基本公共服务体系中考虑。

3. 建立基本公共服务绩效评价和监督机制。要坚持绩效导向，提高政府资金使用效益。要按照“体现政府职能，公平配置资源；科学编制预算，强化预算约束；提高资金使用效率，增强公共支出透明度”的要求，以效益为导向，围绕预算管理、资金分配、资金支付、资产管理、绩效评价、监督问责、结果反馈等环节，不断拓宽各项财政改革的广度和深度，保障基本公共服务的建设。要在公共财政分配领域引入一次分配竞争机制，对资金利用率高、服务效率高、服务网络健全的地方给以鼓励，提高财政资金使用效益。要建立省级对地方严格的基本公共服务财政投入与保障的问责制。应当尽快把基本公共服务数量和质量指标纳入政府绩效考核体系中，并且大幅度提高其权重；将基本公共服务绩效评估与干部选拔、任用和内部激励联系起来。

4. 建立基本公共服务均等化的多元参与机制。要形成政府和社会共同建设基本公共服务体系的合力。一是积极解决好政府与社会组织在公共服务中的体制机制互联问题。要在制度和法律上明确社会组织在公共服务体制中的地位和作用。目前社会组织的审批注册制度与双重管理的制度，已不适应、不利于社会组织的发展。要尽快开展事业单位机构改革，将事业单位机构改革置于整个公共服务体制建设框架下统筹设计，把公益性、服务性、社会性的公共服务职能转给具备条件的社会组织，发掘社会的潜力，充分发挥社会力量在基本公共服务体系中的作用。二是建立多元化的城乡公共基础设施投入新机制。在对纯公共产品的供给方面，如城市道路、水利设施等大型资本密集型项目可通过公开招标，运用 BT（Built - Transfer，建设—移交）、BOT（Built - Operate - Transfer，建设—运营—移交）等融资方式，实行委托供给制度。在对准公共产品的供给方面，如水源工程、管道煤气、地下管网、城乡公共交通等，可采取投资主体多元化的方式拓宽供给渠道，政府可以运用特许经营、签约外包、服务购买契约、财政补贴或价格补贴等手段，面向社会资本开放，参与供给。要努力探索出一条既能减轻财政压力和群众负担，又能提高公共基础设施质量的新路子。

5. 建立区域协调发展、城乡帮扶机制。一是建立健全合作帮扶机制。定期召开区域协调联席会议，促进珠江三角洲发达市与欠发达市结对帮扶，形成以城带乡、以沿海带山区、珠江三角洲带东西两翼和粤北山区协调发展新格局。二是建立区域之间生态补偿新机制。结合主体区域功能区规划，探索建立珠江三角洲与东西两翼、粤北山区区域之间生态补偿新机制，协调区域间基本公共服务均衡发展。

（五）均衡配置人才，实行人才待遇区域性城乡一体化

1. 建立教师队伍城乡合理配置和流动制度。要建立科学合理的县域内中小学教师配置机制；建立中小学校长、教师定期轮换制度，并逐步扩大轮换区域和提高轮换比例；建立县域内城乡一体化的教师收入分配机制。要完善县域内中小学教师收入统筹分配机制，实现县域内义务教育阶

段学校全部收入由县统筹，逐步实现县域内同级同类学校教师的基本工资及各类补贴、奖金等收入基本一致。提高农村教师待遇，确保农村教师在医疗、养老保险、住房公积金等方面的待遇与城镇教师基本一致并得到落实。要提高农村中高级职务教师岗位津贴标准，设立艰苦贫困地区教师岗位津贴制度，对在边远地区农村中小学任教的教师给予较高的生活补助。

2. 建立农村卫生队伍保障制度。要出台优惠政策，招聘执业医师到乡镇卫生院工作，吸引人才流向农村基层卫生院。要通过开展招聘执业医师试点工作，使每个乡镇卫生院至少有3名执业医师。要开展农村卫生技术人员学历教育，允许他们分阶段完成学业，满足农村在职卫生技术人员的学历教育需要，探索实行农村卫生定向招生、定向分配。要加强对农村卫生技术人员的考核和评估；制定落实农村卫生人才职称优惠政策，在专业实践能力考试、职称评审等方面给予倾斜；开展人才帮扶。可参照教育部门的做法，通过返还大学学费等优惠措施，引导和鼓励高校毕业生到农村基层工作。要进一步完善城市医院对口帮扶农村卫生院机制，继续组织做好二级以上医院派出医师对口帮扶县医院、乡镇卫生院工作。

（六）发挥非政府组织作用，实现城乡基本公共服务供给主体多元化

非政府组织（NGO）是指不以营利为目的，主要开展各种志愿性的公益或互益活动的非政府的社会组织。主要包括社会团体（互益性社会中介组织）与民办非企业单位（公益性服务实体社会中介组织）。近年来，广东非政府组织发展迅速。据统计，2007年，全省社会团体达到6 700个，民办非企业达到8 009个。非政府组织具有创新性、灵活性强，与基层联系密切、了解基层实际情况以及成本低、效率高等优势。这些优势使非政府组织在满足困难群体的需求、解决社会问题方面具有政府与市场不可替代的作用。充分发挥非政府组织作用，建立非政府组织与政府公共服务部门的公共服务合作关系，将会进一步拓宽公共服务供给渠道，缓解政府供给能力不足，形成政府和社会基本公共服务多元参与机制。

1. 建立完善相关法规，为非政府组织健康发展创造良好的法制环境。一是用法律形式明确以上各类非政府组织的性质、职能、组织形式、活动范围、经费来源等。广东是全国事业单位改革试点省。应结合全省事业单位改革，从法律制度上保证非政府组织领导体制、人事制度和机构设置的独立性，从机构形式和组织制度上，摆脱非政府组织与政府部门的从属关系和在人、财、物方面的利益关系上，割断政府和非政府组织的“脐带”，实现真正的脱钩。二是明确非政府组织成立的必备条件、登记制度及程序，资本构成。应改变现行法规中带有的控制、限制的基调和繁琐的手续规定及其制度性框架，将非政府组织纳入法律制度体系并对其进行规范化管理。三是依法确立统一的非政府组织监管部门。要明确政府在管理非政府组织中的权利和义务，划定政府部门管理失责的法律责任，制定细化的法律条款明确其行政处罚权及限度等。

2. 创新公共服务方式，非政府组织与政府共同参与基本公共服务供给。建设公共服务型政府，提高公共服务的质量与水平是当前行政管理体制改革的方向。创新政府公共服务方式是其中一个重要内容。加快建立以政府为主导、包括非政府组织在内的各种社会力量共同参与的公共服务供给格局是公共服务方式创新的必然趋势。一是除法律法规有明确规定外，基本公共服务的一些领域，如城乡道路、公共交通等，政府可以通过竞争性采购招标，以合同方式，委托非政府组织参与供给，并根据非政府组织提供服务的数量和质量，按照一定的标准进行评估后支付费用。政府可以通过减税、免税、财政补贴和财政转移支付等多种方式鼓励非政府组织参与全省城乡基本公共服务的有效供给。二是鼓励引导包括非政府组织在内的各种社会力量通过捐赠、赞助以及出让命名权等方式，参与城乡基本公共服务的供给。三是利用非政府组织的资金、技术、管理、智力等资源，发挥其灵活性和应变能力强等独特优势，在城乡基本公共服务发展项目中进行协作。四是在决策过程中导入民间机制。各类非政府组织代表不同行业，不同方面的群体，在制定出台基本公共服务相关政策过程中，可以通过咨询会、听证会等多种形式，吸收采纳非政府组织的意见和建议。

3. 加强引导培训监督，提高非政府组织公共服务专业化供给水平。充分发挥非政府组织作用，实现公共服务供给主体的多元化和供给方式的多样化，政府必须加强引导，全面提高非政府组织参与公共服务供给的能力和水平。一是组织建立完善的治理结构，通过健全理事会制度、民主机制、参与机制，从制度上确保组织的自律。还可实行会员代表大会制度，发挥好各专业委员会的作用，从体制上强化其自律意识。二是健全非政府组织从业人员行业准入机制。要加强对非政府组织从业人员文化知识、专业技能等方面的培训；实行从业人员执业资格制度，设立非政府组织从业人员专业资格考试，适当提高门槛，全面提升从业人员文化水平、业务素质。三是完善非政府组织外部的监督机制。要建立和规范包括独立的评估机构、公正客观的媒体监督态度、畅通的公众监督渠道和实效性的政府监督在内的一整套外部监督体系，树立非政府组织的社会公信度。

（七）重点领域突破，以点带面推动基本公共服务均等化

1. 全面持续改善义务教育农村办学条件。2007年，广东省全面改造了农村中小学现有C、D级危房，校舍面貌焕然一新，生均校舍面积明显提高。但是，农村中小学教室配置仍不齐全，卫生条件比较差，实验室、功能室的仪器设备仍十分缺乏，运动场、教师工作用房等缺口比较大。到2011年，全省独立建制的农村中小学将基本实现“三室一场五有”：即设置标准配置的课室、满足教学需要的实验

室（小学功能室）、阅览室和运动场，运动场的建设要达到《国家学校体育卫生条件试行基本标准》要求；有符合卫生标准的饮用水、符合安全卫生标准的厕所、可供教师工作休息的住房，寄宿制学校还要有符合安全标准的学生宿舍、符合卫生标准的学生食堂。按照规范化学校建设等标准测算，广东省经济欠发达地区“三室一场五有”建设资金总需求约为168.792亿元。按照义务教育经费保障“中央地方共担、省级统筹、管理以县为主”的要求，“三室一场五有”建设所需的资金省、市、县共同承担。为调动经济欠发达地方积极性，最大程度发挥省级财政资金的效益，建议省级财政每年安排一定资金，对欠发达地区建设或建设完成“三室一场五有”的市县进行奖励和补助。2009～2012年省财政分别安排“三室五有”建设奖补资金0.5亿元、1亿元、2亿元、2.5亿元，4年共6亿元；每年安排“一场”奖补资金0.5亿元，共2亿元；两项4年共8亿元。通过奖励补助措施，可加快推进义务教育阶段全省农村规范化学校建设配置步伐，逐步实现义务教育资源配置均等化。考虑到“三室一场五有”建设资金需求量大、欠发达地区承受力弱、各个项目的急需程度不同等实际情况，拟将“三室五有”和“一场”分别考核和奖励补助，奖励补助范围为广东省14个欠发达地区市及江门恩平市共89个县（市、区）。

2. 组建直属政府管理的社会保障事务局。组建直属政府管理的社会保障事务局，具体管理城乡各项社会保险、新型农村合作医疗、最低生活保障、社会救济、老龄服务等社会保障事务。之所以提出广东省组建由政府直接管理的社会保障服务管理机构，主要是由于广东社会保障业务规模庞大，而且直接关乎民生。据统计，截至2007年年底，广东社会保险结存基金占全国总量的17%、参保服务对象占全国的11.9%，新型农村合作医疗的参合对象占全国的5.6%，没有一个省的规模可与广东相比。覆盖城乡的社会保障体系建成之后，参保人数和资金规模会更大。由于社会保障服务管理的专业性强，基金核算的精细化要求高，对信息系统的依赖程度深，这一机构应该实行省以下垂直管理，使用全省集中式信息管理系统，业务运作走专业化、行业化管理路线。这也是国际上规范社保基金管理、防范运行风险的有效做法。壮大服务队伍，加强体制建设和创新，已是摆在眼前的重要课题。做好社会保障服务管理工作，在服务型政府中占有举足轻重的地位，如果仍然委托部门进行块状管理，显然已经不适应规模化、现代化的管理发展趋势。为保证足够的管理力量，必须建立社保工作人员与保障对象动态配比的机制，按比例配备社保服务管理机构的工作人员。具体比例可参照国际、国内经验，并结合广东实际情况确定。根据社会保障服务管理工作的特点，社会保障服务管理工作人员可分成三类进行管理：一是各级领导和管理岗位，按公务员法管理，执行公务员的工资标准；二是会计师、经济师、工程师、法律顾问等专业技术岗位，实行专业技术聘任制，执行专业技术薪酬标准；三是服务性岗位，实行劳动合同制，执行事业单位工人的工资标准。对一些相对独立的事务性、辅助性工作，还可以采取政府购买服务的方式，进行服务外包。在经费保障方面，必须考虑社会保障服务管理工作的特点，建立正常的保障机制。社会保险机构所需要的经费可分为两大类：一是人员经费，包括工作人员的工资、福利费用和办公经费。这部分经费可按照机关单位的一般标准进行核定。二是业务发展经费，包括基础建设经费、信息系统（含容灾系统）建设和维护运行经费、业务管理服务经费（信息采集、基金征收、待遇发放、业务档案管理、对账单寄发、生存认证、稽核反冒领等所需费用）。这部分经费与所管理服务的人数、基金量密切相关，可采取按比例配比核定的方法。改革广东省社会保障管理体制，构建统一的社会保障服务管理平台，及早建设一个直属政府领导的、统一经办各项社会保障业务的服务平台，确已是当务之急。

3. 建立符合实际的农村养老保险制度。

（1）农村基本养老保险不宜采用完全积累模式，而应采用部分积累模式。农村基本养老保险模式的选择，既要考虑当前，也要考虑长远。完全积累的个人账户模式，虽然可能对长期的持续发展有利，但由于要一代人养两代人（即既要给现有的老人支付待遇，又要为自己未来的养老进行全额积累），需要投入的资金量非常大。如果投入资金不足，唯有降低保障水平。目前广东实施完全积累个人账户模式的被征地农民基本养老保险制度的地方（包括珠海市），农民普遍反映待遇水平太低，从而影响了制度的推行。另一方面，完全积累的个人账户模式对基金保值增值的要求也比较高，在中国当前资本市场发育很不成熟的情况下，这是一个一时难以解决的问题。各种情况表明，农村养老保险只能与城镇职工养老保险一样，选择部分积累的模式，具体积累率也应该大体与城镇职工基本养老保险的积累率相当。否则将来难以实现城乡一体化管理。目前广东城镇职工基本养老保险基金的积累率为38%，因此广东农村基本养老保险的积累率以40%左右为宜。

（2）农村养老保险的待遇水平要适度，以能够保障农民的基本生活为度。如果待遇标准过低，不能有效保障老年农民的基本生活，对农民将没有吸引力。而如果待遇标准过高，超出各方的承受能力，制度将不可持续。世界银行的经验表明，一个典型的全职职工强制性税后收入的替代率约为40%时，其退休收入才能维持该职工退休后的生活水平。但如果平均替代率高于60%，制度将不具有可持续性（参见罗伯特·霍尔茨曼：《21世纪的老年收入保障——养老金制度改革国际比较》）。这一经验虽然是对城镇职工养老保险制度而言的，但对农村养老保险也有借鉴作用。

（3）农村养老保险的个人缴费标准要考虑农民的实际缴费能力，起点不宜过高，缴费方式要有弹性。农民的收入具有季节性、不稳定性的特征，而且收入水平总体不高，不同群体收入差距大。因此客观上要求农村养老保险缴费标准和缴费方式要灵活有度。实践证明，农村养老保险的年缴费标准为当地农民人均纯收入的8%～30%为宜，在此范围内可设置不同档次，允许农民自由选择缴费标准。至于农村集体经济对个人的补助标准，则不宜硬性规定。因为目前农村仍然是以家庭联产承包责任制为主，各地农村的集体经济的发育程度不一致，如果硬性规定农村集体经济的补助标准，一些集体经济能力差的乡村难以落实，实际上会剥夺部分群众的参保权利，甚至会引发干群矛盾，影响社会和谐。在缴费周期上，应可以按月、按季或者按年缴纳，甚至可以一次性缴纳多年的费用。这虽然会造成一定的管理难度，但符合农村的实际需要。

（4）财政对个人的补贴标准要公平合理，以避免出现“马太效应”。财政要对农村养老保险进行补贴，这已经成了共识。但补贴额多大，尚未有定论。经验表明，要保持农村养老保险制度的吸引力，财政补贴额应大体相当于养老金需求总额的50%～60%。至于财政补贴的方式，定额补贴要比定比补贴合理。所谓定额补贴，是指不管个人缴费水平多高，财政补贴额都一样；定比补贴，则是财政补贴按个人缴费金额进行“配比”，个人缴费额越高，财政补贴额就越高。定比补贴的方式，会将初次分配中的不合理因素带到二次分配中，使富人占有更多的公共财政资金，不利于社会公平。但为避免“逆向选择”，可设置一定的约束条件，如家庭捆绑式参保、不按时缴费者不予补贴等。至于财政对个人的缴费补贴是否应实时到位问题，在确保待遇支付和个人缴费部分完全做实的情况下，可以由各地根据自身情况确定。

4. 强化农村卫生服务体系建设。

（1）实施“一村一站”、“一镇一院”、“一县三院”建设。建议在2010年前完成每村一个卫生站的建设和欠发达地区乡镇卫生院的全面改造建设，2012年前完成欠发达地区县人民医院、县中医院和县妇幼保健院改造建设。

（2）深化改革，加强管理。要加强农村卫生的各项规章制度建设，促进农村卫生规范化管理。可重点加强卫生院自身规范化管理，提高服务质量，同时，强化对村卫生站的管理和业务指导。应推行乡镇卫生院公开招聘院长、“收支两条线”及镇村一体化建设和管理。应把财政补贴和工作考核紧密结合起来，保证农村公共卫生和基本医疗服务的供给质量。

（3）加强新型农村合作医疗管理机构建设和监管。应重点加强县（市、区）、乡（镇）两级新型农村合作医疗管理机构建设，落实工作经费。应加强监督检查，保证资金安全；加强医疗机构管理，确保基金支出合理；加强信息化管理，全面实现县内定点医疗机构住院费用即时补偿。

5. 提高广东城乡最低生活保障标准和补助水平。由于广东区域经济发展不平衡，经济欠发达地区困难群众多，需要救助的人数多，需要资金投入多。据2008年6月统计，14个经济欠发达地区和恩平市最低生活保障人数161.12万人，占全省最低生活保障人数的82.9%，虽然2008年省财政对经济欠发达地区最低生活保障资金补助比例增加了10个百分点，在一定程度上缓解了困难地区的压力，但当地财政承担本级最低生活保障资金压力仍较大。针对以上广东最低生活保障工作存在“有的县市最低生活保障标准和补助水平偏低，经济欠发达县市落实本级负担最低生活保障资金有困难”的问题，下一步解决广东城乡最低生活保障标准偏低问题的意见如下：

（1）根据广东情况，提出两个方案。方案一：从2009年起，各县（市、区）将城乡最低生活保障标准提高至每人每年2 500元（人·月208元），一步到位。全省需要提高城镇最低生活保障标准的有69个县（市、区），需要提高农村最低生活保障标准的有98个县（市、区）。根据广东最低生活保障标准的提高幅度、困难家庭收入情况和江苏、浙江等沿海省市最低生活保障补助水平情况，要求各县（市、区）最低生活保障补助水平城镇月人均不低于200元、农村不低于150元。方案二：从2008年起，争取用五年时间，逐步将城乡最低生活保障标准提高至每人每年2 500元。其中2008年年底将最低生活保障标准提高至1 500元；2010年将农村最低生活保障标准提高至每人每年2 000元，将城镇最低生活保障标准提高至每人每年2 500元；2012年将农村最低生活保障标准提高至每人每年2 500元。同时根据广东最低生活保障标准的提高幅度、困难家庭收入情况和沿海省市最低生活保障补助水平情况，相应提高最低生活保障补助水平，达到城镇每月每人均不低于200元、农村不低于150元。

（2）最低生活保障资金估算。按照目前广东最低生活保障人数和补助水平计算，预计全年开支最低生活保障资金不低于17亿元。据初步估算，将城乡最低生活保障标准提高至人·年2 500元以后，广东最低生活保障人数将达到500万人，除现在已保障180万人外，估计新增320万人，其中城镇100万人，农村220万人，按城镇每人每月补助200元、农村每人每月补助150元计算，需要资金63.6亿元。另外，提高最低生活保障标准后，原最低生活保障对象中最低生活保障标准低于每人每年2 500元的人员有125万人，需要相应提高最低生活保障补助水平。按照2008年2月广东经济欠发达地区最低生活保障平均补助水平（城镇补助102元，农村补助51元）为基础计算，其中，城镇21万人，平均每人每月需要增加补助98元；农村104万人，平均每人每月需要增加补助99元，共需要14.9亿元。

以上三项合计，全省一年需要最低生活保障资金95.5亿元，其中需要新增加最低生活保障资金78.5亿元（城镇26.5亿元，农村52亿元）。14个经济欠发达地区和恩平市需要最低生活保障资金83亿元，其中城镇29.4亿元，农村53.6亿元。按照省财政对经济欠发达地区最低生活保障资金城镇补40%，农村补60%的比例计算，省财政需要补助资金43.92亿元，2007年省财政下拨最低生活保障资金3.217亿元，需要新增安排40.703亿元。

（3）进一步提高省财政对经济欠发达地区的补助比例。由于广东地区经济发展很不平衡，提高最低生活保障标准和增加最低生活保障人员后，经济欠发达地区需要负担最低生活保障资金大幅增加。如果省财政按照现行补助比例对经济欠发达地区补助，经济欠发达地区负担最低生活保障资金压力大。为进一步落实资金、巩固广东最低生活保障成果、提高最低生活保障补助水平，实现广东保障补助水平高于全国平均水平特别是沿海省市平均水平，建议进一步增加省财政的投入，将省财政对经济欠发达地区的最低生活保障资金补助比例，在2008年1月提高10个百分点的基础上，从2009～2012年，省财政每年再提高补助比例5个百分点，2012年省财政最低生活保障资金补助比例达到城镇60%，农村80%。按此补助比例计算，省财政需要补助资金60.52亿元。

国有资本经营预算研究

（节选）

广东外语外贸大学财经学院

国有资本经营预算是国家以所有者身份依法取得国有资本收益，并对所得收益进行分配而发生的各项收支预算，是政府预算的重要组成部分。建立国有资本经营预算制度对增强政府的宏观调控能力，完善国有企业收分配制度，推进国有经济布局和结构的战略性调整，集中解决国有企业发展中的体制性、机制性问题，具有重要意义。

一、各地进行国有资产经营预算的具体做法

目前已制定并出台国有资本经营预算管理办法的有北京、上海、重庆、江苏、吉林、安徽、河北、湖北、深圳等省市，已组织开展国有资本经营预算工作的有北京、上海、重庆、河北、湖北、武汉、深圳、四川等地。国有资本经营预算工作情况，各地差异较大，比较有代表性的省市的做法如下。

（一）北京的做法

北京市国有资本收支预算由国有资产监督部门负责单独编制，主要包括国有权益变动预算、收益预算、投资预算、资产处置预算等。包括国有资本收支预算和国有资本经营预算管理两部分。从政府角度讲，建立国有资本收入预算和国有资本支出预算组成。国有资本收入预算包括国有资本收益、融资收入、政府其他预算结转收和其他收入，国有资产支出预算包括国有资本再投入等。国有资产管理部门负责国有资本收益的收缴（按税后利益的20%）、监管、国有资本收支预算编制工作，其草案经市政府审核批准后执行，其预算执行、调整和决策工作由国资委负责。国有资本收支预算资金实行财政专户管理，参照基金管理方式，列收列支，不和财政公共预算相互平衡，收益收缴落实情况与企业经营者的年薪挂钩。从企业角度讲，建立企业国有资本经营预算，包括国资委所属各企业。

（二）上海模式

2005年1月上海市政府批准了市国资委提交的《上海市国有资产收益收缴试行办法》，标志着上海市国有资产收益收缴及预算管理工作全面开展，从2006年开始上海全面实行国有资本经营预算，国资收益收缴工作也全面正式了其具体工作思路是建立一个国有资产经营预算体系，分企业集团国有资产经营和市本级国有资产经营两个层次预算。企业集团国有资产经营预算又分为产业集团、政府投资公司、科研院所三种类型进行管理，市国资委作为出资人，是国有资本经营预算的管理主体，其中本级预算由市国资委独立编制，主要根据收缴的国有资本收益安排支出预算；企业集团预算主要由各集团公司编制，市国资委负责审批和监督执行。收益主要用于国有经济发展，包括科教兴市、产业结构调整，同时适当安排部分资金解决国企改革、国资监管和应对突发事件所必要的支出以及市政府确定的其他必要支出。

（三）武汉的方法

近年来，武汉市国资委先后制定发布了《关于开展国有资本经营预算工作试行意见》、《武汉市国有资本经营预算收支表及编制说明》、《关于对经营预算执行中重大事项实行报告、审批和备案制度的通知》、《市属国有资产营运机构投资监管办法》等一系列文件，2006年又印发了《武汉市企业国有资本收益管理暂行办法》，将27家出资企业全部纳入国有资本经营预算范围。武汉市的预算管理分市本级国有资本经营预算和营运公司汇总预算组成，纳入财政预算并向人大报告后执行。其中，市本级预算由市国资委根据收益收缴情况编制，其国有资本收益和支出实行国库集中支付，财政根据国资部门确定的支出进度拨款并负责监管。营运公司预算由各公司编制，市国资委负责审核和监督执行。目前，武汉市对出资企业的资本收益按净利

润的30%收取。

广州市从2001年起开展国有资本收益收缴工作，在市国资委成立之前由市财政直接收缴。2005年市国资委成立后，由市国资委负责国有资本收益收缴，并开始编制市本级国有资本经营预算。其管理模式与武汉市相同，均纳入财政预算，由国资部门负责国有资本收益的收缴和使用，财政部门负责管理，对出资企业层面的预算管理方式也与武汉相同。

此外，云南省、南京市将国有资本经营收益管理与企业财务管理相结合，近两年已逐步创造出一套行之有效的国有资产收益收缴和管理办法，逐步将国有资本经营收益、行政事业单位经营性国有资产有偿使用收入，以及户外广告经营权、城市公共客运经营权和道路、桥梁、公园、隧道、广场等城市公共资源冠名权有偿出让收入纳入财政规范管理。

二、国有资本经营预算中遇到的难点问题

近年来，全国部分省市的国资委开始在所出资企业推行国有资本经营预算制度，总的做法是：以收付实现制为基础，对出资企业的现金收支活动进行列收列支反映，收入主要包括国有资产收益、产权转让收入、融资收入和其他收入四大类。支出主要包括国有资本营运支出、投资支出、融资支出、其他支出四大类。预算结余是所出资企业的货币资金汇总数。通过国有资本经营预算制度，反映出资企业的资金来源、占用和结余情况。但是由于出资企业所面临的经济体制、会计环境和所发生的经济业务发生了巨大变化，单纯以收付实现制为基础难以反映国有资本的来源、使用及效益情况，因而也带来国有资本经营预算制度的现实困境。主要表现在：

（一）收付实现制与出资企业的现行会计基础存在矛盾

在传统的计划经济体制下，企业不过是国家的一个预算单位，利润上缴国家，亏损由国家弥补，维持简单生产和扩大再生产所需资金由国家划拨，国家和企业主要是缴拨款关系，与此对应的预算制度的会计基础是收付实现制。但是随着社会主义市场经济体制的确立，企业已经不再是国家的一个预算单位，企业成为自负盈亏的经济主体，所需资金也由企业自己筹集，企业依据法律规定，以权责发生制为会计基础。因此，沿袭传统观念以收付实现制为基础建立的国有资本经营预算制度，必然与企业现行会计基础存在较大矛盾和冲突，不仅难以操作，而且难以控制。国资委与出资企业是出资与被出资的关系，不可能再回到缴拨款关系的老路。

（二）预算收支反映的内容和结果不够全面

收付实现制下建立的国有资本经营预算制度，从报表形式上来看，仅仅是出资企业现金流量预算表的简单叠加和汇总。而在一个预算年度内，出资企业还会发生大量的非货币性交易，例如收到抵债资产和商品、以股权换股权、资产置换、资产损失核销等，这些业务没有纳入国有资本经营预算，也就无法真正反映出资企业的国有资本营运过程全貌。目前推行的国有资本经营预算，其预算结余数是出资企业的货币资金余额，而仅仅反映资金余额，对于判断出资企业效益、资产保值增值情况，还远远不够。

（三）收支核算不够准确

收付实现制下，预算收入仅反映当年实现数，而对于出资企业的历年收益结余没有反映。分期支付的重大产权转让收入，仅仅只是反映了当年实际收到数。国有资本营运支出中，固定资产折旧费、资产减值准备等没有反映，无法对出资企业营运成本进行科学的核算。对于重大投资形成的资产和股权没有进行账面反映和处理，没有通过合并会计报表，反映国有资本的放大效应。

（四）没有反映真实的负债情况

在现行收付实现制下，只反映当年的融资收入和还本付息的支出，对于出资企业的担保等形成的或有债务没有反映，也无法知晓出资企业目前的债务规模和水平，无法获得全面的债务信息，不利于出资人制定宏观决策和债务风险的防范。

（五）国资委层面没有一套完整的账务处理程序

目前在收付实现制下建立的国有资本经营预算制度，已经开始规范国有资产收益的收缴和管理工作。对于国有资产收益的使用，国资委也没有形成一套完整的账务处理程序，使得对于国有资产收益的预算会计处理很不规范。

建立国有资本经营预算制度，以权责发生制作为会计基础，提供的会计信息将更加全面。从西方国家的政府预算和会计处理的实践来看，推行以权责发生制为基础的预算和会计改革已经在部分国家实施权责发生制能够全面反映政府的资产和负债，可以更好地帮助经济决策，确定债务规模，从而使得预算管理更加科学合理。

一是实行权责发生制可以实现与出资企业会计基础的有效对接。目前国资委所出资企业大都实行企业会计制度，并以企业会计报表体系编制企业财务预算。实行以权责发生制为基础的国有资本经营预算制度，可以实现经营预算报表和企业财务预算报表的对接，而且在预算收支的会计处理科目和账务处理程序上保持一致性，既有利于预算有关科目信息的获取，也有利于对于预算的会计处理。

二是实行权责发生制有利于政府出资人职能的落实。国资委的成立，标志着国有资产出资人职能和政府公共管理职能的分开。国资委受政府委托实施对出资企业固有资产的监督管理，这就要求国资委按照企业的规则办事。权责发生制作为企业会计确认基础，能够很好地反映损益，实现收入成

本的配比，对提高企业的经营效益有很大的促进作用。国有资本经营预算以权责发生制为基础可以较好适应政府出资人职能的内在要求，实现以绩效为导向的管理。

三是实行权责发生制可以全面反映出资人所拥有经济资源的来源、使用及其效果。权责发生制不仅可以反映出资企业拥有的经济资源存量，而且对于预算年度形成的增量资产也能作出客观记录。权责发生制下成本与费用的配比，能够对各项预算收支作出更加科学的评价，从而正确引导政府对国有资产经营管理的正确决策和客观评价，实现经营收益最大化。

四是实行权责发生制可以全面反映资产和债务状况，防止政府的债务风险。采用权责发生制有利于加强对国有资产的管理和监督，有效避免资产一旦购置或建造完成就脱离监管视野，提供了关于资产的全面信息。目前，地方政府没有发债权，一般都是通过将所出资企业的资产作为抵押或担保取得银行贷款，并责成出资企业完成政府任务。因此，地方政府都存在隐性债务问题，通过实行权责发生制，能够真实反映企业目前的债务规模、抵押担保等或有债务状况，准确揭示存在的债务风险，合理制订偿债计划，杜绝隐患。

随着社会主义市场经济体制和财政管理制度改革的逐步深化，现行预算会计制度的不适应性日益突出，会计核算的内容较窄，会计核算以收付实现制为基础有一定的局限性，会计科目功能不足和财务报告制度不完备等，这也给国有资本经营预算带来不利的影响。

三、广东的国有资本经营预算难题的破解

（一）明确国有资本经营预算的主体，理顺国有资产管理部门与财政部门的关系

预算编制主体的问题本质上是预算编制的组织体系问题。根据《预算法》的规定：编制政府预算是财政部门的职责，政府预算的唯一编制主体是财政部门。

确定财政部门编制国有资本经营预算，并不是否定国资部门的作用，国资部门不仅是国有资本经营预算编制的重要参与者，更是国有资本经营预算执行的首要承担者。另外，国资部门是代表政府履行出资人职责、负责监督管理企业国有资本的直属特设机构。通过对国有资本经营预算的汇总编制，财政部门可以了解和预测国有资本发展现状、发展趋势，对国有资本经营收益和国有资本结构进行必要的调节，达到优化配置资源的目的。这就要求广东的财政部门和国资部门充分沟通，整体规划，以确保预算的顺利编制和执行。

（二）明确国有资本经营预算和政府公共预算都是政府预算的组成部分

国有资本经营预算是政府作为资本所有者的代表，以资本所有权为分配依据，以竞争性市场为其活动范围，对国有企业的收益进行占有和支配，用于支持实施产业发展规划，国有经济布局和战略性结构调整。依此使作为国有资本所有者的政府，通过其出资人代表的资本经营监督管理机构，履行出资人的权力和职责，确保国有资产保值增值，合理配置国有资本。而政府公共预算是政府作为社会管理者，凭借政治权力经由非市场的渠道以税收为主要形式进行分配，用于为全社会提供具有社会公共领域的投资性支出。从而使作为行使公共权力的社会管理机构的政府更好地完成公共服务型政府的任务，也使公共财政能专注于履行公共职责，解决好社会的民生问题，为社会创造平等的竞争环境。

公共财政与国有资本在国民经济发展中的定位是不同的：一是公共财政要满足社会的公共需要，主要的评价是社会效率提升和社会福利最大，国有资本效率评价主要体现在国有企业效率提高和国有资产保值增值上。满足社会公共需要，就要以满足整个社会的公共需要为口径，来界定一个国家的财政职能范围，这是自然而然的事情。在满足社会公共需要这个总的基本特征之下，财政的职能范围主要包括三点：一是生产或提供公共物品及服务、调节收入分配和促进经济稳定增长。二是公共财政要立足于非盈利性，而国有资本要以营利为目的。国家或政府的收入与支出安排，必须以公共利益的最大化作为出发点，也就是说政府收支的运作不能想着赚钱，不能讲经济方面的投资，否则，就会走上政府和企业行为交叉、政企不分的轨道。而国有资本应当体现市场经济的资本特征，以投资收益最大化为出发点。三是收入行为模式不同。公共财政和国有资本经营预算的收入管理要以法制为基础。财政的收入来源主要是税收，而国有资本的收益来源主要是投资收益，依据是《公司法》。四是财政支出和使用是直线方式，其考核和评价的标准与国有资本有明显的不同。国有资本的运转体系是循环的。通过“投资—生产运营—收益—再投资”的循环体系达到保值增值的目标。尽管国有企业的具体管理可以由某个具体部门负责，但从总体上来说，国有资本的管理仍在国家财政统一之内。

（三）明确国有资本经营收益的收缴应由财政部门进行，并逐步法制化

国有企业向国家上缴利润是其应尽的义务。从实践上说，国有企业上缴利润已经具备了比较充分的基础。近年来，国家在支持国有企业改革和发展方面采取了一系列政策措施，取得了明显成效，现代企业制度初步建立，企业历史包袱基本解决，企业利润已相当可观。国有企业从总体上已经走出困境，步入正常发展轨道。

加紧修法立法，法律是社会行为的基础，国有资本收益收缴与预算是我国国民经济发展中的重要改革，没有法律为基础很难解决很多有争议的问题，因此建议一方面应该在试行的基础上建立正式的国有资本收益收缴与预算的法规制度；另一方面可以修改《公司法》等相关法律以形

成一整套法律制度建立统一的预算管理，从效率角度来讲，凡是放在一个盘子里，才能保证全国人民的财政收入按照统一的优先顺序进行配置，最大限度地满足公共开支的需要。如果分开盘子就不可能有统一的优先顺序。国有资本经营预算这样一个概念本身就隐含着一层含义，来自国有资本经营的收入应该再用回到经营国有资本的开支。开支也用于国有资本经营，所以这里已经隐含了“取之于国企用之于国企”的概念。实际上国有企业改革成本都是应该用财政预算支付的，而且事实上现在在很多地方完全可以用统一的财政预算支付。比如，辽宁的职工安置早已由财政预算统一开支，并不是由国资委自己掏腰包开支的。国资委只是政府的一个部门，如果我国的预算制度是“部门预算”，每一个部门的开支都应纳入统一的预算。因此，应该将国有资本预算与公共预算相衔接，建立统一的预算体系。

国有资本经营收益的上缴势在必行，收缴部门在《意见》中已十分明确，由财政部门收缴国有资本收益才符合规定要求。

国有资本经营收益上缴的一个关键问题是收缴比例的确定，各地的标准有很大的不同，如武汉、深圳市按不低于企业税后利润的30%征收，北京、上海市按企业税后利润的20%征收，中央本级的国企又按5%和10%两档征收（烟草、石油石化、电力、电信、煤炭五个资源性行业上缴10%，钢铁、运输、电子、贸易、施工等竞争性行业上缴5%，军工、转制科研院所三年内暂不上缴）。中央和各地上缴比例的依据，目前还不得而知。因此，当务之急是制定颁布国有资本经营收益上缴比例的法规制度，使财政部门的收缴工作有法可依，以避免收益收缴过程中产生不必要的争议。考虑国有企业改革正处于攻坚阶段，制约国有企业改革的主要瓶颈还在于改革成本筹集问题。因而，在预算实施的前期，广东应适度降低收益上缴比例，增加留利和支出比例，以弥补国有企业改革成本的巨大缺口。

还要对未上缴利润的使用情况进行审计，巨大的未上缴利润的使用情况公众是要有知情权的，比如说6万亿元利润没有上缴，可能很多都花了，可能再投资了，也可能发奖金了。关键在于这么大数额公众要知道是怎么花的。所以这里要强调审计，不仅是信息披露的问题。信息披露是企业自己披露，审计是外部中立机构进行审计。对从1994年以来的13年未上缴的6万亿元利润是怎么花的，公众是有知情权的，是要进行审计的。按照目前国资委的规定，5%上缴或者10%上缴，90%没上缴或者95%没上缴，要有附带条件就是怎么花的，是需要审计的，还有以后未分配利润授权管理层使用的话也要进行审计，这是比信息披露更强的要求。

（四）夯实国有资本经营预算会计核算的基础

国有资本经营预算编制必须建立在企业内部财务预算的基础上，而在实际编制中，部分经营机构财务管理薄弱，经营预测能力较差，有的甚至根本没有建立规范的企业内部财务预算，直接影响了国有资本经营预算的准确性。因此，夯实国有资本经营预算会计基础就相当重要了。

国有资本经营预算在编制过程中将按照企业的预算制度、科目来进行编制，但最终国有资本经营预算将纳入政府预算当中。因而，要重新构建与企业会计制度相衔接的国有资本经营预算报表体系。主要包括国有资本经营损益表、现金流量预算表、非现金收支预算表、国有资本社会责任预算表、国有资本经营预算报告等方面。改进预算编制技术，采用科学的预测方法，为预算编制提供可靠的数据基础。还要注意信息技术在预算编制中的运用，实际上就是引进预算编制软件代替手工操作，以提高预算编制的准确性。

要夯实预算的基础，还必须制定符合国有资本经营预算的会计基础和会计政策。在出资企业全面推行企业财务预算制度。财务预算是一系列专门反映企业在预算年度内预计财务状况和经营成果，以及现金收支等价值指标的各种预算的总称。财务预算具体包括现金预算、投资预算、融资预算、收入费用预算、预计利润表、预计利润分配表和预计资产负债表等内容，出资企业的财务预算就是企业层次的国有资本经营预算。应依据企业上年度的会计指标和企业的年度发展规划科学制定企业层次的国有资本经营预算，企业层次的国有资本经营预算要经过企业董事会审议，并按照《公司法》的规定上报国资委审批执行。出资企业承担政府指令债务和投资项目的，制定的融资预算和投资预算要提请政府专题审议。以出资企业的财务预算为基础，确立国资委层面财务报表的各项预算指标。这是建立国资委层面国有资本经营预算的主要内容。出资企业的财务预算报经国资委审批后，国资委依据出资企业的各项财务预算指标，对国资委层面的财务报表的各项预算指标进行合理的预计，主要包括国有投资收益、转让收益、投资指标等。由于国资委自身的费用仍在财政公共预算的范围内，暂不纳入国有资本经营预算反映。同时，国资委要对出资企业的财务预算表进行汇总统计，并作为出资企业的预算方案提交政府人大审核。这样，国资委提交政府和人大审议的国有资本经营预算报表包括两个层面：一是国资委层面的财务预算报表；二是汇总的各出资企业财务预算报表。在一定范围内，有选择、有步骤地采用修正的收付实现制和修正的权责发生制相结合的形式，把改革的重点放在政府财务报告的改革上，从原来单一的预算执行情况报告扩展为以报告政府预算执行结果为重点，要为广泛地反映政府财务状况和财务效率的综合性财务报告。

总之，要进行国有资本经营预算涉及财政部门与国有资产管理部门及国有企业方方面面的关系，各预算科目之间的资金往来也存在千丝万缕的联系，就需要广东省的有关各方面给予特别重视与协调，以保证这项工作有条不紊地开展下去，达到其实施的初始目的。

改善公共服务 构建和谐社会

牛津大学当代中国研究中心主任、教授 黄佩华

（根据录音整理，有删节）

一、关于公共服务的国际投入与中国实际的分析

（一）教育

中国的人均收入还是比较低的，同时中国对教育的投入占GDP的比例也是偏低的，连越南都比中国高很多。人类对教育的需求量是随着收入的增长而增长的。用经济学术语讲，教育跟收入弹性是相关的。你的收入越高，你的教育需求量就越大。

（二）卫生

卫生支出占GDP的比重，美国是全世界最高的，达15%；日本和英国投入是8.2%；其他发展中国家，如泰国政府投入是3.5%，中国投入是4.7%。用另外一个口径来说，中国的投入差不多达到GDP的6%。按人均折美元算，中国还是偏低的。再看政府卫生支出占政府预算比重，美国已经有21.8%的财政支出用于卫生，中国政府投入只占政府预算支出的1%，这是非常低的。但是换一个角度来看，在卫生支出中，政府占的比重是多少呢？在一般的西欧国家，卫生占80%以上。日本也一样，所有的卫生支出82%是政府投入的，其他的包括社会保险、个人出资，只占到了18%。发展中国家如泰国，也有2/3的卫生支出由政府投入，社会保险和个人投入只有1/3。中国的情况则相反，政府投入占39%，大部分是社会保险和个人投入。而且，现在社会卫生保险还比较弱。在中国，个人投入分量比较大，这是中国在卫生支出方面的弱点。

（三）社会保障

失业保险，养老保险，养老金属于社会保障的支出。奥地利、瑞士、法国、波兰、意大利、希腊、比利时、德国都是欧洲比较富裕的国家，他们在社保方面投入占GDP的比重非常大。换句话说，就是全世界生产的1/5都投入到养老保险、失业保险等社会保障中。然而这个数值对于美国而言就太多了。美国在社会保障投入不到GDP的8%。西欧觉得美国是一个很残酷的国家，对老人责任负担的不够，但是我们觉得他们花得太多了，可能应该维持在10%～15%的水平上比较合理。再看2007年中国社保占GDP只有2.2%，因为社保养老保险只是城镇一部分人可以享受，没有覆盖到农村。中国70%的人口在农村，所以大部分人没有享受到社保的福利。对于社会保障支出，每个国家的政府都是很谨慎的。虽然让所有的公民都可以享受社保福利是建立和谐社会非常重要的一部分，但出台具体的政策需要谨慎地考虑。

二、基本公共服务事权的划分

（一）社保的责任划分

首先，社保成本是公共福利里面最高的，通常支出占GDP百分之十几，没有一个国家是由地方政府来承担的，因为一般地方政府的财力无法承担那么大的开支。中国现在的做法是一种很反常、很特殊的做法。一般的公共财政学者都觉得这是错误的定位。其次，除了成本高，地方政府不能承担，另外一个就是反周期的一种支出。失业保险什么时候开支大？是经济衰退，失业率上升的时候。地方政府要平衡他们的财政收入和支出，就没有能力承受反周期的开支。再则就是行政管理能力，当然各个国家的实际状况都不太一样，但是一般来讲，比较复杂的一些行政事业也不能放在地方，而且社保这一项，你老的时候，住的地方不一定是你年轻时工作、吃、住的地方，放在地方级一定要有一个全国的框架，让他们可以享受，可以不影响劳动力流动等。所以一般来讲，社保是全国性供给。最后就是要顺应客户。教育在一般的国家都是由地方政府供给的，因为学校的管理最好能够比较靠近孩子和家长们，能够顺应他们的需要，也可以接受他们的一些监管等。但是基本教育如小学、初中、高中在社区和基层地方，政府实施管理时，融资方面往往需要上级政府给予支持。

（二）教育支出的责任划分

在大多数国家教育都是地方政府提供的，教育支出占

地方政府支出绝大多数。据悉，教育支出已经占了香港特区政府一般预算收入支出的2/3；在英国，教育是地方政府预算支出的1/3。英国只有两级政府，中央政府和地方政府，而且英国属于集中制国家，英国的财政收入，90%是中央的，地方收入只有10%，所以教育支出目前放在地方，资金是来自中央政府给他们转移支付来支持的，早几年，甚至是小学、中学的教育支出都是由中央级政府直接给学校拨款。总的来说，教育的钱是来自于中央财政的。在美国，教育主要是由州和地方政府共同承担的责任，而且一般情况下，州政府负担一半，地方政府负担一半。加州是全美国最大的一个州，也是人口最多、比较富裕的一个州，2007年一般预算有40%都用于教育（小学六年、初中三年，高中三年）。另外有12%用于高等教育。加州的很多高校：加州大学，加州州立大学等，加起来教育就占了州际支出的55%。在阿肯色州可能是倒数2～3名的州，他们的州际预算有53%，用于幼儿园到高中的投入，还有16%是高校教育投入，加起来共有68%投入教育。中国教育是地级政府的责任，到2001年之前，农村的义务教育是放在乡级政府的，2001年以后就逐步的到县级政府。中央级投入只占了6%，省级投入是15%，地市是18%，现在县、乡两级加起来是61%，差不多占2/3的教育支出。这表明了县、乡两级投入到义务教育阶段，中央和省级投入到高校，绝大部分是高校一些研究单位的经费等。地市也有高校和高中，但经费主要由基层政府承担1～9级都放在最低两级。中央只有3%，基层占21%，这就造成中国对教育支出方面整体投入的降低。中国在教育方面的平均投入在全世界要偏低的，低的原因之一就是这么重要的公共服务设定为基层政府的责任，而他们的财力不够，所以限制了投入的能力。各级政府在教育上的比例跟其他的国家相比，县乡级投入后财力21%左右，这跟美国州政府相比是很低的，美国的县级，社区的教育投入，没有太多其他的支撑，所以在地方级以上的教育预算投入是80%以上。

从全国的财政趋势来看，自1986年开始，即80年代改革一开始，财政收入下降得非常厉害，中央可支配的收入，在90年代，分税制出台后，直到1995年、1996年才逐步上升。

随着可用中央收入的下降，中央可以用的转移支付量也在下降。在90年代中期，从1994、1995、1996、1997几年，都维持在GDP2%以下的。在很长的一段时间内，中国的地方政府基本上是自筹运转。地方政府要承担很重的一些公共服务责任，带来的结果就是地区间的差异拉得越来越大。富的省、市（直辖市），如上海、北京、广东、浙江、江苏，在小学生义务教育经费的支出投入就多一点，其中包括教师的工资等。在上海，小学可以享受比较优越的条件。2004年，上海平均一个孩子可以得到的财政收入是6 000元。穷的省，如贵州的一个小学生能够享受的财政投入只有700元左右。所以从最富的到最穷的省差距的是10倍。广东省内差距也是非常大的。在广东省富的地区和穷的县，平均教育支出差不多相差40倍，城乡差距大导了社会的不公平。

中国的中央政府，每收1元财政收入有0.6元多转移到地方政府，转移支付占中央等级收入的60%，但对于管理这项资金的人数却很少，跟美国比差得非常远。一般来讲，公共财政领域应尽量少用转移支付，把财权直接交给地方政府。需要多少钱，给他们多划分一些财政收入，让他们自己征税，因为他们自己征税能把钱用得好一点。转移支付是花别人的钱，不够就向别人多要一点，激励性比较弱，所以应该尽量少用转移支付。但是转移支付也是非常重要的，应该怎么用才能弥补横向及纵向的不平衡呢？可以在财力划分方面解决。

三、关于收入来源选择的效率和公平的问题

（一）效率

效率的作用是提供公共产品。但是，国防是需要成本的，政府要想办法为国防投入融资。融资要考虑效率性的问题。

（二）公平

政府与企业创业有很多相似的地方，也有一些不同之处。相似的是它们都要产出公共服务产品。一是要收费，为公民市民提供服务；二是要支付成本，而且要想方法来支付成本。不同之处在于政府有强制权力，让全国人民付费。因为有了这个强制权力，政府有权力通过倾斜性手段将公共服务，提供给特定的群体。

（三）使用费

很多国家的地方政府都比较依靠收使用费来维持、支撑。从经济理论基础上看出，有一些使用费是很有利的。对社会筹资，可以提供更多的钱进行必要性的服务，减少预算赤字，减轻纳税人的负担，让服务受益者承担他们应承担的成本。另一个就是让服务的成本增加透明度。人们觉得收费太高了，可以考虑这个收费和服务社会需不需要。如果大家都觉得成本太高了，不愿意支付这个成本的时候，这个服务就可以取消了。如果政府免费提供，就没有人知道这个成本是高与否，何况免费提供会导致过多的需求和浪费。收使用费是对使用者的服务需求进行约束，使用者会考虑使用这个服务的价值，使得提供者更加商业化地对消费者进行导向型的管理，最后可以鼓励市场的竞争发展。政府提供收费服务，也刺激了民营企业竞争提供这种服务。如果民营企业的成本比政府的会低，则会推动政府部门提高自己的收入。

以竞争性方式实现财政资金的绩效管理

——广东省“双转移资金”分配的实践案例分析

广东省财政科学研究所　黎旭东　危　然

一、引言

根据中共中央政治局委员、广东省委书记汪洋同志要求，2008年5月24日，广东省政府出台了《关于推进产业转移和劳动力转移的决定》及7个配套文件，“双转移”战略正式启动。5月29日，广东省委、省政府提出拿出400亿元支持“双转移”，其中75亿元用于建设一批产业转移园，每年投入15亿元。2008年8月5日由6个地级市通过公开竞争的方式展开角逐，梅州、肇庆、河源3市最后胜出，分别获得了5亿元扶持资金，至2009年9月15日第5批评审会，广东省75亿元产业转移资金分配结束。五次产业转移竞争性扶持资金的结果是：梅州市、河源市分别获得10亿元，肇庆市、韶关市、清远市、阳江市、潮州市、汕头市、云浮市、揭阳市、江门市、湛江市和茂名市分别获得5亿元。广东省的“财政专项资金竞争性分配改革”在全国首开先河，创造性地在省级财政专项资金分配中引入竞争性方式。

二、广东“双转移”专项资金竞争性分配的内容及成效

广东省产业转移园竞争性资金分配按照两权不变（不改变现行专项资金的分配格局，不改变省级主管部门对财政专项资金的分配权、管理权，不影响省级主管部门的行政管理职能和管理责任）和绩效优先两大原则进行精心设计，稳妥操作，不断推进。从竞争性资金分配的改革内容看，这种方式创造了新的分配模式，树立了财政资金使用的绩效观念，引导各市形成了新的发展思路，促进欠发达地区加快形成新的增长极。

（一）竞争性分配方式的主要内容

1. 制定竞争流程、评审办法和程序。为确保竞争性分配改革的顺利实施，根据公开、公正、公平和绩效导向、简便易行的原则，制定了明确的竞争流程，明确产业转移扶持资金竞争性分配改革的工作流程为“要件准入，专家评审，政府批准”三个阶段。在程序设计方面，将整个专家评审会分为投影演示、公开演讲、现场答辩、总结性陈述、专家评分等环节进行。在指标体系设计方面，从有利于促进地方形成科学发展的思路、制定有效可行的发展措施和提高财政资金的使用效益等角度出发，制定了6个一级指标、21个二级指标和62个三级指标，既注重科学导向，又坚持实事求是，具有可操作性。在评分办法设计方面，采用“对判断因素加权”和“对专家意见加权”相结合的评分方式，既注重指标的导向作用，又力求尽可能简便、易行。

2. 组建评审专家库，召开专家座谈会。按照单位推荐、财政厅审核和省政府批准等程序组建专家库，履行对各候选产业转移工业园区的评审职责。专家库有环境保护类、经济增长类、财税金融类、发展规划类、区域经济类专家以及省推进产业转移和劳动力转移工作领导小组成员单位推荐的专家共86名。组织召开专家座谈会，让专家准确把握产业转移扶持资金实施竞争性分配改革的关键所在，同时明确专家评审要做到“思想重视、统一认识，精心组织、周密部署，通力协作、尽职尽责，完善制度、规范程序”。

3. 召开竞标工作布置会。组织召开竞标工作布置会，对各参评市参与竞标工作进行动员部署，统一思想认识，介绍整个评审工作组织安排情况，明确参与竞标的工作要点以及具体要求。

4. 召开评审预备会。组织召开专家评审预备会，对专家评审会各项工作进行具体布置。预备会按照“公开、公平、公正”的原则，使用福利彩票电动摇号机进行摇号，依程序抽取6个参评市出场顺序和评审专家组专家。整个抽取过程由省政府办公厅、审计厅、监察厅派出监督人员进行全程监督，所有抽取结果当场公示，并严格履行签字确认程序。评审专家抽取程序结束后，抽取的评审专家立即签署承诺书，将手机暂时交由会议专家服务组封存保管，并入住相对独立的住房区域，实行较为严格的封闭式管理和全方位服务。专家服务组对各位专家实行“一对一”的贴身服务，帮助专家协调会议事宜、提供咨询、安排饮食服务等。

5. 召开专家评审会。一是参评市陈述。由参评市依次进行投影演示、公开演讲、现场答辩和总结性陈述。投影演示为5分钟，公开演讲为10分钟，现场答辩为35分钟，

总结性陈述为3分钟。陈述环节均由参评市市长演讲并带领强大的智囊团进行答辩。会场设置醒目的计时器，并提供倒数10秒的声音提示，确保竞标严格按程序进行。二是评审专家评分。在参评市总结性陈述完毕后，评审专家分别对参评市的6个一级指标进行逐个评定打分。三是现场宣布得分情况。专家评审意见经审定确认后，现场公布各参评市得分情况。参评市按得分高低进行排序，以前三名作为中标参评市。

6. 强化社会监督。在省内主要新闻媒体公开发布公告，邀请广大媒体参加产业转移竞争性扶持资金专家评审会，同时，还邀请了省政府办公厅、省监察部门和审计部门派员监督评审工作，切实将评审工作全过程置于社会的监督之下，确保“公平、公正、公开”的原则贯彻整个改革过程始终。

7. 实施全过程绩效管理。对竞争性分配资金实施全过程绩效监控，使绩效评价管理从事后评价向项目绩效预算编制的“上游”环节延伸，涵盖申报、评审、使用（执行）、评价运用各环节，真正把跟踪问效、绩效问责制度的执行落到实处。广东省财政厅在实施《广东省产业转移竞争性扶持资金绩效管理暂行办法》中，明确对专项资金的使用，事前进行绩效目标备案、事中实施绩效督查和跟踪问效、事后综合绩效评价和绩效问责，并在办法中首次提出问责惩罚措施。

8. 实施专家后评价管理。对专家评审质量进行总结，通过有关专家评审考核指标体系对各专家的评审质量进行考核分析，评估专家的评审工作是否基本符合公平原则。通过专家的评审质量分析，适当淘汰不适宜参加评审工作的专家代表，不断优化专家库的人员构成，切实保证评审工作的客观、公正、科学。

（二）竞争性分配的实践成效

广东省产业转移扶持专项资金实行竞争性分配的主要目的，就是在分配环节引入竞争性机制，在明确扶持范围及预期绩效目标的基础上，通过招投标和专家评审等方法，在众多备选项目中选择最能实现专项资金绩效目标、使用效益最高或实施成本最低的项目。通过竞争性分配方式，将财政专项资金分配从“一对一”单向审批安排，转向“一对多”选拔性审批安排，建立“绩效优先，多中选好，好中选优”的项目优选机制，从而在阳光下透明地实现财政资金的优化配置。通过产业转移扶持资金竞争性分配改革，将原来五年内每年每市1亿元分散和平均分配，变成集中、竞争性分配，优者可多得，促进了产业转移扶持资金从平均分配向竞争性分配转变，产生了较好的成效。

1. 促进各地更加科学规划和谋划产业园区发展。产业转移扶持资金竞争性分配改革将原计划平均分配的75亿元扶持资金改为竞争性分配，并且允许中过标的园区继续参加竞争，大大激发各地按照科学发展观要求深入分析本地经济社会发展优势及不足，认真研究、积极谋划和规划产业园区建设和发展，努力把推动科学发展的正确思路转化为加快发展的有效措施和现实行动。

2. 提高了财政资金的使用效益，竞争性扶持资金的带动效应明显。省产业转移竞争性扶持资金有效带动了地方政府及社会资金对产业转移园区的投入，截至2009年年底，75亿元省产业转移竞争性扶持资金带动乘数达1∶12.18。

3. 加快了全省产业转移园区，特别是欠发达地区产业转移园区的发展。通过公开竞标获得示范性转移园区的认定和5亿元的竞争性扶持资金，欠发达地区进一步把握机遇、变压力为动力，迅速制定并实施了一系列推动产业转移园区建设的政策和措施，全省产业转移园区建设在短时间内快速推进，取得阶段性成果。

三、竞争性方式的深层解读：以竞争性方式实现财政资金的绩效管理

竞争性分配方式强调“以结果为导向”来分配财政资源，是对传统的投入控制预算分配方式的重大变革。这种分配方式强调财政资金的稀缺性，从而强力引入了竞争性分配财政资金的方式，其实质就在于通过竞争性方式实现财政资金的绩效管理。这种分配方式不仅能提高财政资金分配的有效性，使资金使用主体形成自我约束和自我改进的机制，更能提高资金使用主体的执行力，加强政府管理的有效性，是对传统的财政分配理念和分配实践的重大创新。

（一）竞争性方式强化了地方政府的发展主体责任

由于我国采取的是渐进式的改革路径，在市场化改革过程中，在市场主体尚未发育成熟、市场各项规章制度并不完善的情况下，一个高效、负责任的地方政府在一定的时期内往往能够促进一个地方经济建设的快速发展。但在现实中，很多地方政府发展意识不强，发展措施不多，政府整体绩效低，导致经济发展比较落后，这些地方政府不是去转变思想观念，提高发展能力，而首先想到的是寻求上级政府的援助，上级政府如果没有予以满足，还落下救援不力的口实，背负道德良心的谴责。矛盾论指出，在事物发展中外因是变化的条件，内因是变化的根据，外因通过内因而起作用。因此，一个地方的发展根本取决于地方本身，地方政府首要的是通过发挥自身主观能动性，在充分挖掘自身内在潜力和优势的前提下，再来充分利用各种外在的有利条件，提高发展能力，才能真正实现高效、快速的发展。竞争性方式是根据申请资金的绩效进行分配，谁的绩效高就先分给谁，分配理念的竞争机制的引入使得贫穷地区无法再按照以往的“比穷”的观念来获得财政资金。过去贫穷地区只是一味地向上级哭穷，通过依赖上级的财政扶持来发展，而缺少自身谋发展的观念，导致贫穷地区长期无法摘掉贫穷落后的“帽子”。随着竞争性机制的引入，财政分配将根据项目的合理性，可行性以及效益性

进行分配，各地方要想获得财政资金必须要有有利于当地发展的项目，且项目要经过各方面的专家评审认定。因此，以竞争性方式分配财政专项资金，强化了地方政府主体责任，促使其解放思想，开拓创新，以负责任的工作态度和有效的工作方法，引进或开创具有发展性的项目，从而获得资金扶持。

（二）程序正义是对各地方政府形成正向激励的关键所在

以往专项资金的分配一般由相关部门和财政部门协商后决定，分配过程不公开，造成部门单位将财政资金视为“唐僧肉”，虚报冒领的情况十分普遍。在信息不对称的情况下，财政部门只好采取“头戴三尺帽，拦腰砍一刀”的简单分配办法。这种做法无法发现真实的支出需求，反过来又诱导部门单位进一步提供不真实的需求信息，而财政资金的使用效果却无人关注。竞争性分配引入专家评审机制，建立专项资金分配程序和规则，整个过程遵循“公平、公正、公开”的评审原则，在完整的制度化过程中科学分配资金，实现了向透明公开的转变。省政府主管财政的副省长和省财政厅领导都高度重视评审工作的制度化和规范化，把“三公”原则作为竞争性分配方式的“生命线”。五次“双转移”专项资金的分配都在阳光下进行，权利的寻租被彻底规避。专家评审的方式是对各市申报的方案进行比较后得出的最佳选择，专家的评审打分结果是决定资金安排的首要依据，公平、开放的过程使全部参评市的项目在统一、公平的评审标准流程下运行，“公平、公正、公开”的评审原则是保证“游戏规则”稳定运行，使专项资金发挥最高的效率和效益的关键点。财政部门本身不参与项目的评审过程，并邀请广大媒体和省政府办公厅、省监察部门和审计部门派员监督评审工作，扩大了整个评审过程的监督，使关系、人情等影响制度正义性的消极因素无法产生作用，从而对各地方政府形成正向激励，迫使各地方政府把主要精力放在转变发展观念、做好发展项目上，通过提高自身的发展绩效，建立以绩效为导向的行政方式，使其重视对发展绩效的设计、预测和控制，而不是把绩效作为数字游戏，仅仅追求形式上的定量化和规范化。

（三）竞争性方式有力推动了各地加强财政管理基础工作的积极性

在传统的预算分配方式下，各部门单位都是先申报预算，待预算批准后，把钱要到后，再来想怎么花这笔钱，这样导致的一个后果是做事没有计划，没有重点，花钱没有明确的方向，钱花完后，资金使用的效果可想而知。竞争性分配方式，要求参评各市在申报项目时，必须说明项目发展理由，为完成项目的实施计划或者是可行性报告，说明事情有多大？准备怎样做？有否相应的管理力量和管理办法，遇到问题如何解决？完成这一工作事项将能够实现什么样的工作目标？资金使用的翔实计划安排，达到预定目标所需的基本预算资金经费，必须原原本本、详详细细、老老实实地算清楚、说清楚。只有规范的、科学合理的申报项目才能得到专家的认可，顺利拿到资金。通过这种机制倒逼地方政府改变工作思路和理念，加强基础管理工作，提高工作的预见性，细化工作的安排，才能拿到资金。评审专家有环境保护类、经济增长类、财税金融类、发展规划类、区域经济类专家等，可以利用自身的专业优势给参评各市提出专业的意见和建议，促使各市形成科学的发展路径和发展方法，从而提高资金的最终使用效果。可以说专家评审提问答疑的过程，就是落实科学发展观的一次教育过程。

（四）竞争性方式建立了财政资金使用的制约机制

竞争性分配方式，在资金分配环节，参评各市先要说明白“事情准备怎样做”，“作出什么结果”，在项目申报时必须将工作计划或者实施方案作出来，工作目标是由各市自己提出来，就是要贯彻“以绩效目标为导向”的管理要求。有了计划、实施方案，自己承诺了绩效目标，在资金分配环节就强化了用钱责任，迫使各用钱主体形成自我约束机制。资金使用后，在绩效评价环节，针对部门单位在预算中申报的内容，即实施方案、目标和预算的翔实安排，对项目实施完成后预算的准确度和资金使用的规范性、财务管理情况、项目绩效完成情况等方面结合资金申报配比进行评价，从而保证绩效资金申报环节的各项措施能够执行到位，通过绩效目标的完成程度来评价用钱主体花钱的效果。用事后的评价机制来保证事前预算的各项措施不致“虚化”，从过程和结果一头一尾的完整环节强化了用钱主体各项责任的落实，形成一个对财政资金从申请、使用到评价的全过程的监督，从而强化了要钱用钱的责任感，建立了资金使用效果的制度约束，规范了用钱主体的行为，促进了资金使用效果的提高。

（五）竞争性方式兼顾了财政资金分配和使用中的效率和公平

按照通常的认识，政府的支出主要用于公平，而效率主要依靠市场机制去实现，公平和效率之间总是表现为一对矛盾体。通过竞争方式的引入，可以将有限的财政专项资金发挥出更大的现实效益，强化资金分配和使用的绩效观念。从这个角度看，省级财政资金竞争性分配是以效率为价值取向的，它具有明显的财政激励特点。但通过这种激励作用，财政资金竞争性分配客观上却能够促进落后地区的发展，提高其财政能力，以竞争方式代替平均分配方式，最终实现以不均衡的发展手段解决发展中的不均衡问题，这样从发展的角度来说，拉近了不发达地区与发达地区的差距，实际上有利于公平的实现。所以，这种制度设计实际上兼顾了公平与效率，符合了公共财政改革的方向。

（六）竞争性方式提高了政府部门单位的执行力

我国当前政府管理中时常出现“上有政策、下有对策”的现象，政府部门执行力不强。通过竞争性分配方式，要求部门先申报花钱详细的立项依据、可行性方案、资金使用计划及绩效目标等，在这种管理制度下，部门申请财政资金不再“狮子大张口”，而转为细化工作内容，设计合理的绩效目标，提高预算的准确性，按照工作的实际需要申请资金。因为如果不这样做，自己不预先把事情想清楚，就不可能通过专家的评审。资金使用后还要进行绩效评价，绩效问责和绩效审计，在这么多的外在约束的压力下，要钱的主体自然就会把主要精力花在想工作、干工作和落实各项政策措施上，在工作和资金使用当中存在的各种问题由于重视也能很容易得到解决。这样通过竞争性方式实现财政绩效管理，提高政府各部门的管理能力，有效解决政府预算单位的政策执行力问题，从制度上解决一些政府部门官僚主义，不负责任，不作为，工作能力低下的问题，对于“上有政策，下有对策”的不良政风同样可以起到有效的遏制作用。最终的效果是从管理上改变了上级部门“单一的被动管理”和“上有想法下面没有办法”的局面，充分提高了政府各部门和单位的政策执行力。

广东实行的“双转移”竞争性扶持资金评审是在确立总的财政可分配资金量的前提下分批分配，这样既满足了财政资金在宏观分配的计划性，又实现资金的再分配上使用效率得到保障。因为在资金再分配过程中首先对产业园区的评审制定了高要求的标准，且对于那些已经获得扶持资金的产业园区还要进行后期的投入审查，保证资金使用到位，必然大大提高了资金的分配效率和使用效率，也解决了资金稀缺所带来的资金不足的问题。通过已经获得扶持的13个省级产业转移园的竞争性分配方式，在全省形成了整体推动效应和示范效应，带动和促进了全省产业转移园区的快速发展。据广东省财政厅绩效评价处初步统计，在省示范性产业园的带动下，2009年13个市GDP完成10149.8亿元，工业增加值4431.38亿元，税收375.53亿元，分别同比增长11.9%、11.9%和18.24%。超过全省平均水平2.4、3.6、8.8个百分点，促进了这些地区经济财政保持较快增长，初步形成新的经济增长点，成为广东省应对世界经济衰退影响的“缓冲带”。

四、进一步发展和完善专项资金竞争性分配的思路

实施财政专项资金竞争性分配机制，是公共财政支出管理的一项重大改革。目前改革毕竟处于起步阶段，要从探索试点走向全面成功，成为一项成熟的公共支出管理的制度安排，还需要不断发展完善，稳妥、系统推进这项改革。

（一）以竞争性分配试点为契机，在全省推进财政绩效管理工作

从实践效果看，竞争性分配强化了地方政府的发展主体责任，提高了发展的主动性和积极性，通过讲绩效使其形成了自我约束和自我改进机制，通过执行力的提高贯彻了上级政府和本级政府的发展理念和发展思路以及各项政策措施，并且较好地兼顾了公平和效率的关系。因此，今后应该借竞争性分配试点的这股“东风”在全省推进财政资金绩效管理工作。一是加强理论研究，理清实施财政资金竞争性方式分配的现实条件及适应范围。对于适合这种分配机制的支出领域和支出项目，要积极、稳妥推广这项机制的覆盖面。在进一步扩大省级改革试点范围的基础上，鼓励、引导、指导有条件的市县开展财政专项资金竞争性分配改革；二是认真总结实践经验，以“双转移”财政专项资金竞争性分配为契机，在全省推进财政资金的绩效管理，以制度建设为先导，试点推开，及时总结，逐步完善，稳扎稳打，步步为营，建立财政资金使用的绩效制度约束，提高财政资金使用效果。

（二）不断提高竞争性分配评价工作的有效性

现有的竞争性分配是专家根据设定的指标进行打分综合后排序以决定谁能获得扶持资金。但是财政支出的最终目的是为了提高社会公民的福利，因此如何通过指标设计引导资金使用主体注重提升整体公共服务质量、实现科学发展尤其是通过整套评价体系引导和调动其发展的积极性和主动性，都需要进一步研究解决。从整个改革的内容和流程看，评价打分是一个关键环节，因此提高评价工作的有效性是整个改革工作的重点所在。一是提高专家评审的公正性；重点在于对于专家的采用、管理和考核。要不断壮大专家队伍，建立完善的专家库的建立，施行动态管理。专家的范围越广，数量越多，对于抽取时将越公正，其评审结果越真实。二是加大前期评审力度，对所有参评项目做实地考察和进行项目绩效预估，做到真正为项目实施地，为广东的经济发展造福。三是科学设计指标，完善评价体系，以项目评价为切入点，引导地方政府或者部门走上科学发展之路，强化激励措施，推动地方政府或者部门提高发展的积极性和主动性。

（三）构建多元化的评审主体

公共财政支出以及所有公共事务的最终决定者都应该是其公民，现有的竞争性分配引入了专家的评价，但还没有引进社会中介机构和社会公民的评价。随着现代服务型政府的建立和社会公民意识的提高，财政预算越来越得到社会各界的广泛关注。为了促进财政专项支出的程序公正和资金使用效果的提高，应当实现评审主体的多元化，适当增加专业机构、社会公众等外部评审机构，引入社会公民的评价，提高评价结果的公正性、透明度和有效性。

(四) 完善相关制度

目前，广东省财政厅已制定了《省级财政专项资金支持项目竞争性安排暂行办法》、《省级财政专项资金竞争性分配绩效管理暂行办法》等一系列管理制度，但财政专项资金竞争性分配评审程序、评审办法、评价指标体系、专家管理和评估规范及具有针对性的绩效评价管理规则等配套制度有待完善。今后应进一步完善以绩效导向、第三方评价、追踪问责为重点的竞争性分配机制；完善以绩效为核心的参评程序、评审办法和评价体系，完善评审工作制度和评审指标体系；完善相应的绩效评价管理办法及信息管理制度；完善绩效管理基本制度和责任机制，探索建立健全财政支出项目全过程绩效机制的制度规范。

(五) 抓好绩效管理

尽管各市在申报时都提供了详细的内容和目标，但是如何加强绩效管理，针对实施中的问题进行绩效监管和整改，形成有效的绩效问责与激励机制。彻底改变过去普遍存在的“重资金，轻绩效、轻管理”的传统观念，还有待强化。今后需要进一步推进专项资金全过程绩效监管工作，在资金申请、使用环节，对其合规性、合理性、预期目标实现程度等进行督查和评价，并根据评价结果实施相关绩效问责机制。建立定期通报制度，向社会公布资金的使用和园区建设的进展情况，将绩效管理贯穿于专项资金分配和使用的全过程。

财政资金的绩效管理说到底就是政府部门用钱单位的工作绩效，这是提高财政资金使用绩效的前提和应有的逻辑关系，单纯就财政资金来论绩效是没有出路和不得要领的。

(原文载《财政研究》2010 年第 2 期)

第九部分

财政机构人员

2009 年省财政厅机构变动情况

按照新一轮地方政府机构改革精神，广东省人民政府办公厅 2009 年 9 月 1 日下发《印发〈广东省财政厅主要职责内设机构和人员编制规定〉的通知》（粤府办［2009］93 号），对省财政厅主要职责内设机构和人员编制作了新的规定。

广东省财政厅主要职责内设机构和人员编制规定

根据《中共广东省委、广东省人民政府关于印发〈广东省人民政府机构改革方案〉的通知》（粤发［2009］8 号），设立广东省财政厅，为省人民政府组成部门。

一、职责调整

（一）取消和调整已由省人民政府公布取消和调整的行政审批事项。

（二）将资产评估执业人员资质管理的职责和资产评估专业技术资格考试有关具体工作交给相关社会组织。

（三）将省人民政府金融工作办公室承担的地方国有金融资产监督管理职责划入省财政厅。

（四）加强推进基本公共服务均等化，合理调整优化财政支出结构，建立统一、规范、透明的财政转移支付制度的职责。

（五）加强推进省直接管县（市）的财政体制及乡镇财政和村级财务管理改革的职责。

二、主要职责

（一）贯彻执行国家和省有关财政、税收工作的方针政策和法律法规，组织起草财政、税收、政府采购、国有资产管理、资产评估、财务会计、政府债务管理等方面的地方性法规、规章草案。

（二）拟定财政发展战略、中长期财政规划，参与分析预测宏观经济形势，参与制定各项宏观经济政策，提出运用财税政策实施宏观调控、综合平衡社会财力和推进基本公共服务均等化及主体功能区规划的建议，执行中央与地方、国家与企业的分配政策。

（三）承担省级各项财政收支管理的责任。负责编制年度省级预决算草案并组织执行；受省人民政府委托，向省人民代表大会报告省级和全省预算及其执行情况，向省人民代表大会常务委员会报告决算；制定行政事业单位开支标准、定额，审核批复省级部门（单位）的年度预决算，完善转移支付制度，拟定省对市县财政管理体制并组织实施。

（四）制订全省财政和预算收入计划，管理和监督各项财政收入，负责组织耕地占用税、契税的征收和管理。

（五）负责省级非税收入及各项政府性基金管理。拟定彩票管理制度，监管彩票市场，按规定管理彩票资金；管理政府债务、政府主权外债业务，防范财政风险；管理财政票据，管理财政预算内行政机构、事业单位和社会团体的非贸易外汇，监督省驻穗行政事业单位住房基金使用，参与监管住房保障和住房公积金。

（六）组织制定本省国库管理制度、国库集中收付制度及财政总预算会计核算制度，负责省级财政资金调度和财政总预算会计工作，制定政府采购政策、制度并监督管理，监管省级行政事业单位会计核算工作。

（七）负责制定行政事业单位国有资产管理制度。负责本级行政事业单位和行政单位未脱钩经济实体、事业单位创办的具有法人资格的企业等国有资产监管；组织拟定国有资本经营预算制度，负责省级国有资本经营预算编制、执行和监督，负责省属金融企业国有资产管理；组织开展企业、行政事业单位等会计决算报表及公共资源统计分析评价工作。

（八）负责各项省级财政专项资金的安排和监督管理，拟定重要物资储备的财政政策，编制省级社会保障预决算草案并组织执行，管理省级财政社会保障支出，监管社会保障资金，拟定社会保障资金财务制度、基本建设财务制度、企业财务制度和农村财务制度。

（九）参与财政性资金项目安排总量研究，组织调度财政性基本建设资金，参与审核财政性资金投资项目工程概算，承担财政性资金投资项目工程预算、结算和竣工财务决算审核工作，对财政性资金建设项目实施财务监管，负责制定代建项目财务管理制度，参与工程造价管理，负责农业综合开发管理工作。

（十）监督检查财税等方面法律法规和政策的执行情况，检查、处理、反映财政收支管理中的重大问题，提出加强财政管理的政策建议，承担财政支出绩效管理工作。

（十一）管理全省会计工作，依法指导和监督注册会计师和会计师事务所的业务，指导和管理社会审计工作，依法监管外国及港澳台地区会计师事务所在本省境内的有关业务。

（十二）管理资产评估行业，指导和监督评估机构和注册评估师的业务，办理监管范围内涉及国有产权权益的资产评估项目备案和核准。

（十三）承办省人民政府和财政部交办的其他事项。

三、内设机构

根据上述职责，省财政厅设21个内设机构：

（一）办公室（与机关党委办公室合署）

负责文电、会务、机要、档案等机关日常工作；承担信息、宣传、保密、信访、政务公开、机关财务和资产管理等工作；负责机关和指导直属单位党群工作。

（二）法规税政处

起草有关地方性法规、规章草案；承担有关规范性文件的合法性审核工作；承担有关行政处罚听证、行政复议和行政应诉工作；承担国家赔偿费用管理工作；承担有关法制宣传教育工作；牵头拟定有关地方税收政策；研究提出税制改革、税种增减、税目税率调整以及关税、进口税收政策等方面的建议；承担和组织税收调查研究有关工作。

（三）预算处

研究提出财政发展战略和财政政策，编制中长期财政收支计划；拟定地方性政府债务管理的政策；承担预算管理制度的制定和执行工作；代编年度全省预决算草案，编制年度省级预决算草案和办理预算核拨；管理省级财力；拟定省级部门预算管理制度；承担省直部门预算的审核、批复、调整工作；承担省财政与中央财政结算、对市县财政总决算的批复等工作；拟定省对市县财政管理体制方案。

（四）地方财政处

参与拟定省对市县财政管理体制方案并组织实施，负责拟定省对市县财力性转移支付方案；承担地方政府性债务管理工作，指导市县开展相关工作；承担省级有偿资金和防范化解金融风险准备金管理工作；承担省财政与市县财政结算和转移支付资金拨付工作；指导乡镇财政管理体制改革工作；指导、监督市县财政收支平衡工作。

（五）国库处

拟定国库管理及财政总预算会计核算制度；承担省级财政资金调度和财政总预算会计工作；分析全省预算执行情况；汇总编制全省财政总决算；统一管理省财政资金账户；统一管理省级预算单位银行账户开立、变更和备案；承担国债兑付及相关管理工作；研究和推行国库集中收付制度；指导下级财政总预算会计工作。

（六）综合处

承担交通、物价等方面的部门预算有关工作；分析预测宏观财经形势；拟定全省非税收入管理制度和政策，承担省级非税收入收支管理工作；承担政府性基金立项的审核、报批工作，参与行政事业性收费项目、标准的审核工作；承担罚没财物收入管理工作；拟定彩票管理制度，承担彩票收益分配和市场监管工作；承担国土、海域、矿产、彩票公益金等专项收入和政府性基金的管理工作；承担交通、交警专项资金收支管理工作；承担财政票据的管理工作；监督省驻穗行政事业单位住房基金使用，参与监管住房保障和住房公积金。

（七）行政政法处

承担行政、政法等方面的部门预算有关工作；拟定行政性经费的财务管理制度和开支标准；承担省安排的现役部队、武装警察部队专项资金等方面经费管理工作；提出有关收入分配政策和改革方案的建议；承担行政、政法部门因公出国（境）经费审核工作；承担行政、政法部门办公场所修缮、车辆及设备购置等专项经费管理工作；承担出差和会议定点饭店采购及日常管理事务；承担统一着装管理工作。

（八）教科文处

承担教育、科技、文化等方面的部门预算有关工作；承担教育、科技、文化、出版、广播电视、体育、计生、档案、地震及其他部门事业经费管理工作；承担义务教育经费保障机制改革的具体工作。

（九）工贸发展处

承担工交、地质、安全生产、电力等方面的部门预算有关工作；参与拟定国家与企业分配政策和产业政策；承担工交、商贸等企业财务制度的制定和管理工作；组织拟定国有资本经营预算制度，承担省级国有资本经营预算编制、执行和监督工作；承担资产评估行业监管工作；承担省财政支持现代产业、环境保护、安全生产等服务经济社会发展的财政专项资金的管理工作；拟定粮食等重要物资储备的财政政策，承担有关资金管理工作。

（十）农业处

承担农业、林业、海洋渔业、水利、国土、气象、扶贫等方面的部门预算有关工作；承担契税、耕地占用税的征收管理工作；承担农口部门有关专项资金及基建项目管理工作；拟定财政支农资金管理办法；承担村庄规划、廉租住房保障专项补助资金管理工作。

（十一）经济建设处

参与投资体制改革和财政性资金计划安排；参与国债资金的安排、审核和监督；参与审核财政性资金投资项目工程概算，承担财政性资金投资项目工程预算、结算和竣工财务决算审核工作；承担财政投资重大工程项目的财务监管和其他项目财政性投资的财政监督工作；拟定代建项目财务制度；参与工程造价管理。

（十二）社会保障处（与省社会保险基金财政管理办公室合署）

承担社会保障和就业、医疗卫生等方面的部门预算有关工作；拟定社会保障资金财务管理制度；承担社会保障资金财政监管工作；编制省级社会保障预决算；拟定养老、医疗、失业、工伤、生育等社会保险基金财务管理制度；承担社会保险基金财政监管工作；审核全省社会保险基金预决算，参与研究社会保险制度改革和制定相关政策；参与社会保险基金收缴、拨付、核算等管理工作。

（十三）外经金融处

承担外经贸、旅游等方面的部门预算有关工作；拟定和执行涉外、地方金融的财政政策；指导和监督外经贸、旅游、外商投资、境外企业执行财务会计制度；承担有关涉外收入的监缴和管理工作；承担地方金融机构财务监管和省属金融企业国有资产管理工作；承担非贸易外汇管理工作。

（十四）会计处

承担全省会计管理工作；承担会计人员从业资格核准和会计电算化指导监督工作；指导代理记账工作；承担依法核准会计师事务所及其有关业务的工作；承担注册会计师行业的有关监管工作；协同有关部门做好会计专业技术资格考评工作。

（十五）绩效评价处

承担财政支出绩效管理工作；承担会计决算工作；拟定财政资金支出绩效评价管理的有关政策和制度；拟定财政支出绩效评价指标体系、评价标准及业务规范；组织实施财政支出绩效评价；组织开展企业、行政事业单位等会计决算报表汇总和分析工作，提出建立公共资源统计报告制度和建立公共资源数据库的建议。

（十六）行政事业资产管理处

组织拟定本级行政事业单位资产配置及资产费用标准，参与提出有关年度预算计划；承担省级行政事业单位国有资产配置、处置和对外投资、出租、出借、担保等事项审批工作；承担本级行政事业单位国有资产收益监缴工作；承担行政单位未脱钩经济实体、事业单位创办的具有法人资格的企业以及省级文化企业国有资产管理工作；承担产权登记、产权界定、产权纠纷调处、资产评估、资产清查、统计报告等工作。

（十七）农业综合开发办公室

拟定农业综合开发项目、资金管理和财务管理制度；组织编制农业综合开发计划及中长期规划、年度预算和决算；承担财政性农业综合开发资金安排及管理；开展项目前期准备和申报工作；按计划组织项目实施，检查项目和资金的执行情况，组织项目竣工验收。

（十八）农村财务管理处

指导、监督农村财务管理工作；指导、监督农村财务公开与民主管理工作；承担村组民主理财小组成员的培训工作；承担农村集体经济审计监督与管理工作；监督村级债务管理工作。

（十九）政府采购监管处

拟定政府集中采购目录、政府采购限额标准；参与审核省级政府采购预算；管理省级政府采购方式；承办政府采购代理机构乙级资格的认定工作；监督管理省级政府采购活动；处理政府采购供应商投诉；对省级集中采购机构进行考核；承担全省统一电子政府采购平台建设和管理工作。

（二十）监督检查局

依法对财政收支进行监督检查；依法对国家机关、社会团体、企业、事业单位和其他组织会计信息质量进行监督检查；依法对注册会计师行业进行监督检查；依法处理相关违法违规问题。

（二十一）人事教育处（与离退休人员服务处合署）

负责机关、直属单位人事管理、机构编制、劳动工资、离退休人员服务、安全保卫等工作；拟定并组织实施财政系统教育培训规划；管理厅属学校。

四、人员编制

省财政厅机关行政编制242名。其中：厅长1名、副厅长5名，正处级领导职数24名（含机关党委专职副书记1名）、副处级领导职数49名。

五、其他事项

（一）广东省财政厅国库支付局为省财政厅直属行政单位，正处级。配合建立和完善国库单一账户体系；负责财政资金用款计划的审批和下达；负责国库集中支付资金的审核、拨付和会计核算；协助开展国库支付系统的建设和管理工作；监管省级行政事业单位会计核算；建立和完善财政资金动态监管机制，建立财务信息监管网络系统。核定行政编制55名，其中：局长1名、副局长4名。

（二）设立广东省财政厅国际金融组织债务管理办公室（广东省世界银行贷款业务办公室），为省财政厅直属行政单位，正处级。按规定办理国际金融组织和外国政府贷款等贷款业务；承担地方政府外债管理；指导、监督国际金融组织和外国政府贷款、赠款项目的申报、组织实施及债务偿还工作；拟定国际金融组织和外国政府贷款、赠款等规章制度和管理办法，参与研究拟定地方政府债务管理、省级政府性债务及债务融资管理、防范和化解地方政府债务风险等规章制度和管理办法。核定行政编制20名，其中：主任1名、副主任2名。

（三）国有资产管理的职责分工。省财政厅负责监管省属行政事业单位国有资产、省属金融企业国有资产、行政单位未脱钩经济实体、事业单位创办的具有法人资格的企业等国有资产；省财政厅委托省国有经营性文化资产监督管理办公室监管省直宣传文化系统企业的国有经营性文化资产。省人民政府国有资产管理监督委员会负责监管省人民政府授权的省属经营性国有资产。

六、附则

本规定由省机构编制委员会办公室负责解释，其调整由省机构编制委员会办公室按规定程序办理。

2009年省财政厅领导及厅属各单位领导名单

一、厅领导

党组书记、厅长：刘　昆
党组副书记、副厅长、厅直属机关党委书记：曾志权
党组成员、纪检组长：邓桂明
党组成员、副厅长：欧　斌
党组成员、副厅长：沈梅红
党组成员、副厅长：郑贤操
党组成员、副厅长：戴运龙
党组成员、副巡视员：危金峰

二、厅机关各处室领导

（一）办公室

主　任：张仿松
副主任：邹善杰　胡建斌　肖映波（兼）

（二）法规处

处　长：徐迎建
副处长：陈昭永　林　斌

（三）预算处

处　长：李秋萍
副处长：姚　露　冯宝璇

（四）国库处

处　长：卢小娟
副处长：戴穗生

（五）综合处

处　长：彭明官
副处长：云　峰

（六）行政政法处

处　长：辜东方
副处长：翟登军

（七）教科文处

处　长：苏凤玲
副处长：詹俊青

（八）工贸发展处

处　长：孙祖通
副处长：陈锡荣　刘雄威

（九）农业处

处　长：叶梅芬
副处长：周丽娟　施映民

（十）经济建设处

处　长：曾毓昌
副处长：谢　慈　刘付杰

（十一）社会保障处（与广东省社会保险基金财政管理办公室合署）

处　长：钟　凯
副处长：陈瑞雄
广东省社会保险基金财政管理办公室主任：刘小聪
广东省社会保险基金财政管理办公室副主任：陈蔚兰

（十二）外经金融处

处　长：郑亚吉
副处长：邱立新

（十三）会计处

处　长：邹清莲
副处长：古小丽　陈胜文

（十四）绩效评价处

副处长（主持全面工作）：林　华
副处长：袁　明　汤如武

（十五）行政事业资产管理处

处　长：吴金华
副处长：林树发

（十六）农业综合开发办公室

主　任：蒋育燕

（十七）农村财务管理处

处　长：何谢带
副处长：刘瑞麟

（十八）政府采购监管处

处　长：肖红梅
副处长：张　平　崔桂秋

（十九）监督检查局

局　长：周修群
副局长：黄　山　杨新枝

（二十）人事教育处

处　长：朱莉萍
副处长：彭钿基　袁　庆

（二十一）机关党委办公室

主　任：钟　炜
副主任：黄志伟

（二十二）省纪委和监察厅派驻厅纪检组、监察室

主　任：张穗汉
副主任：郑定标

（二十三）离退休人员服务处

处　长：缪东山
副处长：柳捍国

（二十四）国库支付局

局　长：戴穗生
副局长：张毓斌　康颖朝　陈　苹

（二十五）国际金融组织债务管理办公室（广东省世界银行贷款业务办公室）

主　任：黎树源
副主任：曹玉英　刘　捷

三、厅属各单位领导

（一）机关服务中心

主　任：肖映波
副主任：黄大权　朱学荣

（二）省直行政事业单位物业管理中心

主　任：郭　为
副主任：洪清阳　吴小林

（三）投资审核中心

主　任：邝　慧
副主任：谭捍卫　曹远潮

（四）票据监管中心

主　任：宁攻坚
副主任：李小玲

（五）省财政信息中心

主　任：刘　菡

副主任：谭煜筹　李建业

（六）省财政科学研究所

所　长：黎旭东
副所长：陈坤城　张　槟

（七）省农业综合开发评估中心

主　任：容康栋（兼）
副主任：江振河

（八）省注册会计师协会

秘书长：丁跃文
副秘书长：李柏生　黄南昌　李楚雄　葛　芸

（九）省资产评估协会

副秘书长（负责秘书处的全面工作）：黄　山
副秘书长：陈桓考

（十）省会计函授职业技术学校

校　长：邹清莲（兼）
副校长：黄腾达

（十一）省财政职业技术学校

校　长：张新华
副校长：林　斌　黄志泉　张贤基

2009年各地级以上市财政局（委）领导名单

一、广州市

党委书记、局长：张杰明
副局长：吴国伟、谭曼青
纪委书记、纪检组长：杨新来
副局长：段彩英　朱建华

二、深圳市

党组书记、主任：乔家华
党组成员、副主任：钱　勇　伍秀琼　汤暑葵
张福通　黄亦平　王虎善
党组成员、机关党委书记：刘友亮

三、珠海市

局　长：张　松
副局长：吴小濠　张柏峰
支付中心主任：黎达强
纪检组长：李九泉
副局长：戴伟辉

四、汕头市

党组书记、局长：官惠林
党组成员、副局长：黄业龙　卢永健　谷元新　李　宁
党组成员、纪检组长：许文颖
党组成员、副调研员：马振文

五、佛山市

党组书记、局长：焦文庆
党组副书记、副局长：宰建平
党组成员、副局长：麦昌顺　钟永平
党组成员、纪检组长：陈志保

六、韶关市

党组书记、局长：林　嘉
党组副书记、副局长：何新云
党组成员、副局长：潘　穗　胡敏倩　谢运洪
党组成员、纪检组长：陈树川
党组成员、总会计师：肖少康

七、河源市

党组书记、局长：梁国华
党组成员、副局长：黎志强　刘丽常　杨　森　贺新彬
党组成员、纪检组长：何仕军

八、梅州市

党组书记、局长：李　钢
党组副书记、副局长：丘燕玲
党组成员、副局长：古惠常　张梓明　卓小玫　王新奕
党组成员、纪检组长：蓝天良

九、惠州市

局　长：游水生
副局长：李政良　陈雪梅　刘子尧
纪检组长：黄秀珍

十、汕尾市

局　长：黄　聪
副局长：陈兴初　詹伟忠　赵小川

十一、东莞市

党组书记、局长：詹文光
党组成员、副局长：陈锐康　王锐江　叶树平　谢　涛
党组成员、纪检组长：李长福
党组成员：王　标

十二、中山市

局　长：黄国庆
副局长：苏长桥　吴竹科　林　东　黄健华
纪检组长：袁凯斌

十三、江门市

党组书记、局长：马跃敏
党组副书记、副局长：林英才
党组成员、纪检组长：李达成
党组成员、副局长：陈　灵　梁炎浓　汤惠红

十四、阳江市

局　长：许培业
党组书记：谢英杰
副局长：张建社　范正荣　冯秀恳　陈小敏
纪检组长：钟志强

十五、湛江市

党组书记、局长：梁　培
党组成员、副局长：张玉坚　周荣生　刘启进　庞彩虹　高祺金

党组成员、纪检组长：张蔚蓝
党组成员：李　光　王　区　胡毅华

十六、茂名市

党组书记、局长：李小迪
党组副书记、副局长：杨德贤
党组成员、副局长：张龙衍　钟旗军　邹继党
党组成员、纪检组长：麦俊球
副局长：张　梅
党组成员：邓华顺

十七、肇庆市

党组（党委）书记、局长：刘惠明
副局长：梁寿元　唐建明　刘小良　钟国祥
纪检组长：何健荣
副调研员：赵少芬
党委副书记、纪委书记：麦伟刚

十八、清远市

党组书记、局长：刘汉球
党组成员、副局长：陈能然　罗良品　朱昭斌
副局长：邵　军
党组成员：冯小华
党组成员、纪检组长：胡灿阳

十九、潮州市

局　长：朱智朝
副局长：苏岳良　刘燕君　林景雄　刑玉荣
纪检组长：陈章发

二十、揭阳市

党组书记、局长：詹汉池
党组副书记、副局长：方海宏
党组成员、副局长：陈若波　陈锡轩　洪创基
党组成员、纪检组长：陈少雄
党组成员：王耿明

二十一、云浮市

党组书记、局长：梁锦波
党组成员、纪检组长：陈华坚
党组成员、副局长：刘洁洲　魏荣新　叶章森

2009年各市、县、区财政局领导名单

一、广州市

（一）越秀区财政局

局　长：徐卉瑜
党委书记：梁淑宁
副局长：陆伟刚　蔡　薇　陈伟雄

（二）海珠区财政局

局　长：张日麟
副局长：张慧英　谢　强

（三）荔湾区财政局

书记：刘自本
局　长：胡秀珍
副局长：谢彦校　谭知勇　何　敏　雷智文
副调研员：高小奇　杨木源

（四）天河区财政局

局　长：张瑞萍
副局长：吴　杰　黎文涛　黄永常

（五）白云区财政局

局　长：韦作群
副局长：欧阳慧敏　李转珠

（六）黄埔区财政局

党委书记、局长：麦耀东
副局长：陈国清　陈红燕　郑　炜
党委副书记、纪委书记：乐　鸿
结算中心主任：徐家科
副调研员：卞玉兰

（七）花都区财政局

局　长：邱乐伟
副局长：赖颖明　潘宪泳
财监分局局长：梁达信

（八）番禺区财政局

局　长：袁泽新
副局长：余　菁　周健民　陈志明

（九）南沙区财政局

南沙开发区财政局局长、南沙区财政局局长：曾燕萍
南沙开发区财政局副局长、南沙区国资局局长：蒋建军
南沙开发区财政局副局长：沈　超
南沙区财政局副局长：卢　翦
南沙区国资局副局长：吕丹雄

（十）萝岗区财政局

局　长：雷新国
副局长：陈俩国　赵国生　梁玉军

（十一）从化市财政局

局长、书记：潘锦峰
副局长、副书记：黎伟洲　何耀源
副主任科员：刘小明　苏锐祥

（十二）增城市财政局

局　长：张国新
党委书记：吴金城
副局长：温演源　范　辉　毛敢良　林　利
副主任科员：李焕柯

二、深圳市

（一）福田区财政局

局　长：李健盛
副局长：张　红　叶有励　刘红非　潘晓文

（二）罗湖区财政局（国资委、集资办）

局　长：罗战忠
副局长：文　政　黄志红　丘宇辉

（三）盐田区财政局

局　长：莫熙玲
副局长：李接贤　张秋娴

（四）南山区财政局

局　长：江宁鹏
副局长：吴伟军　马键珍　温靖宇

（五）宝安区财政局（国资委）

局　长：李献荣
副局长：刘柏稻　饶诚进　李纪文　王映芬

（六）龙岗区财政局

局　长：李跃飞
副局长：刘少明　许少帆　杨　艳

（七）光明新区发展和财政局

局　长：王湘闽
副局长：麦耀明　雷琳娜

（八）坪山新区发展和财政局

局　长：张宗武
副局长：朱焕扬　黄泽文

三、珠海市

（一）香洲区财政局

局　长：黄　峻
副局长：杨素芬　黎希健　李晓伟

（二）金湾区财政局

局　长：欧阳水平
副局长：李健明　宋　芬

（三）斗门区财政局

局　长：吴坤荣
副局长：陈长球　赵买祥

（四）高新区财政局

局　长：叶　丹
副局长：谭春欢

（五）高拦港区财政局

局　长：王晨辉
副局长：陈少忠　黄慧媚

（六）横琴新区财金事务局

局　长：阎　武

（七）万山区财政局

局　长：梁小雄
副局长：江炳高

（八）保税区财政局

副局长：林卫红

四、汕头市

（一）金平区财政局

局　长：汤华新
副局长：潘玉蓉　吴宏豪　张　宏　王　淳

（二）龙湖区财政局

局　长：高义隆
副局长：陈一峰　蔡俊鸿　谢玉泉

（三）澄海区财政局

局　长：叶逸群
副局长：陈亚边　许建民　王睦雄　蔡懿祥

（四）濠江区财政局

局　长：黄玉生
副局长：林钦明　詹泽鹏　陈洸杰

（五）潮阳区财政局

党组书记、局长：郑文伟
党组成员、副局长：蔡文华　邱建瑞　翁健璇

（六）潮南区财政局

党组书记、局长：蔡钰夫
党组成员、副局长：张林财　吴茂财　吴喜良

（七）南澳县财政局

党组书记、局长：章旭光
党组成员、副局长：吴彬市　柯鹏城　章俊峰

五、佛山市

（一）禅城区财政局

党组书记、局长：林剑伟
党组成员、副局长：钟灵辉
党组成员、纪检组长：陈金水
副局长：许雪蘅
党组成员：陈先鸿　贺洪涛

（二）南海区财政局

党组书记、局长：江启强
党组成员、副局长：梁爽泰　吴淑仪　高小勇　崔永诗
党组成员、纪检组长：李孔健

（三）顺德区财税局

党组书记、局长：关世良
党组副书记、常务副局长：黎敏秋
党组成员、副局长：梁学文　欧树光　黎劲康　陈炳宜
党组成员、纪检组长：卓伟文
党委委员、局务委员：陈建豪　刘红文　劳伟源　苏伟林

（四）高明区财政局

党组书记、局长：黄志明
党组成员、副局长：李宝辉　麦玉卿　蒋　卫
党组成员：练明娇

（五）三水区财政局

党组书记、局长：彭建国
党组成员、副局长：蔡日棠　彭家文　钱静瑜

六、韶关市

（一）浈江区财政局

局　长：张玉花
副局长：肖　伟　周　斌　黄远花

（二）武江区财政局

局　长：孙理鸣
副局长：李新科　陈雪廷　华新凤

（三）曲江区财政局

局　长：张以荣

党总支书记：欧新远
副局长：林春花　吴远清
领导班子成员：陈孔明

（四）乐昌市财政局

党组书记、局长：邱才郁
党组成员、支部书记：谷安辉
党组成员、副局长：陈志雄　邓秀英　林永红　邓　斌　雷东山

（五）南雄市财政局

局　长：袁元桃
党组书记：姚仁钰
副局长：曾冠华　丘隆全　杨建雄　马新路
领导班子成员：王功林

（六）仁化县财政局

局　长：刘建发
党总支书记：黄德明
副局长：赖海光　周群信　李庆明

（七）始兴县财政局

局　长：陈伦煌
副局长：卢少英　刘达然　陈社好
工会主席：冯志刚

（八）翁源县财政局

局　长：叶有昌
副局长：冯　炬　沈鹏飞　肖春兰
党总支书记：张伙添

（九）新丰县财政局

局　长：吴武超
副局长：卢阳俊　吕松媚　陈参恒

（十）乳源瑶族自治县财政局

局　长：禤继文
副局长：何　娟　李智军　盘良叁

七、河源市

（一）源城区财政局

党组书记、局长：刘小平
党组成员、副局长：李建生　许红卫　潘　瑛
党组副书记：廖永新
党组成员、纪检组长：叶丽华

（二）东源县财政局

党组书记、局长：许小强
党组成员、副局长：钟声辉　杨　波　赖启平　张桂平
党组成员、纪检组长：廖三妹
党组成员、财贸系统党委副书记：朱志青

（三）和平县财政局

局　长：陈仕华
党组书记：周才旺
党组成员、副局长：邹鉴洲　陈仕相　骆周俊
党组副书记：罗春生
党组成员、纪检组长：曾石冲

（四）龙川县财政局

党组书记、局长：卢洪元
党组成员、副局长：李文强　杨洪德　邹思伟
党组副书记：邹消强

（五）紫金县财政局

党组书记、局长：黄廉基
党组成员、副局长、纪检组长：邹伟光
党组成员、副局长：龚子岳　杨练雄　戴小洪　彭定山

（六）连平县财政局

党组书记、局长：曾耀棠
党组副书记：黄康心
党组成员、副局长：麦永生　郑志强
党组成员、财税局党委副书记：谢智良
党组成员、纪检组长：张楚彬
党组成员：黄伟均　吴忠强　余建辉　卓亚山

八、梅州市

（一）梅江区财政局

局　长：丘孝东
副局长：翁学勤　李森庆
财税系统党委副书记：黄立明
副局长：孙　蔚

（二）兴宁市财政局

局　长：彭志洪
党组副书记：肖小思
副局长：张永坚　刘海波　罗　镁
纪检组长：肖福辉
工会主席：张展岑

（三）梅县财政局

局　长：李义明
副局长：林　红　杨坤芳　刘火云　梁志英　李华新
纪检组长：肖　梅
党组成员：谢岳辉　吴淦泉　罗文兴

（四）平远县财政局

局　长：赖彬洪
副局长：马名远　姚　玲　凌曼红
纪检组长：曾　平

（五）蕉岭县财政局

局　长：刘仁忠
副局长：赖建平　黄伟忠　林小琼
农财办主任：林峰明

（六）大埔县财政局

局　长：黄从发
副局长：黄敬春　刘志达　刘广明　刘建成　饶文玲
纪检组长：胡振奋

（七）丰顺县财政局

局　长：罗健威
副局长：杨家业　冯建忠　蔡少颢
纪检组长：李百桓

（八）五华县财政局

党组书记、局长：朱汉军
党组副书记、副局长：胡远乃
副局长：陈清龄　朱建芳　古振常
纪检组长：曾胜良
党组成员：张　裕

九、惠州市

（一）惠城区财政局

局　长：王崎峰
党组书记：林建雄
副局长：林伟群　马建安　刘佩斯
纪检组长：蔡志权

（二）惠阳区财政局

局　长：曾国华
党委副书记：罗金玲
副局长：罗建明　杨文峰　曾伟荣
纪检组长：周秀霞

（三）惠东县财政局

局　长：周　权
副局长：黄满琪　叶定光　黄伟坚　陈玉强
纪检组长：张海燕

（四）博罗县财政局

局　长：刘水金
副局长：王贵光　陈　可　朱石麟　王天树
纪检组长：邹东平

（五）龙门县财政局

局　长：刘树容
副局长：黄碧炎　李秀林　廖敏贤
纪检组长：梁小敏

（六）大亚湾财政局

局　长：黄伟强

副局长：何艳军　阙光虎
纪检组长：钟国强

十、汕尾市

（一）城区财政局

局　长：吕丰民
副局长：刘贵文　蔡奋雄

（二）陆丰市财政局

局　长：吴　声
副局长：林一纲　李汉涛　郑镇鹏

（三）海丰县财政局

局　长：林国文
副局长：林建秀　苏启良　刘　宁

（四）陆河县财政局

局　长：刘兴旺
副局长：丘洪楼　叶杰雄　彭伟通

（五）华侨区财政局

局　长：舒　怀
副局长：沈展峰　彭家岸

（六）红海湾财政局

局　长：颜常青
副局长：缪世勇　马秋萍

十一、东莞市（略）

十二、中山市（略）

十三、江门市

（一）蓬江区财政局

局　长：苏炳裕
副局长：廖炳华　叶春兰
纪检组长：司徒民强

（二）江海区财政局

党组书记：肖汉华
党组副书记、局长：李文聪
党组成员、副局长：李卓鹏　赵英梅　梁玉梅
党组成员、纪检组长：邓北江
党组成员、资产办副主任：徐明强

（三）新会区财政局

党组书记、局长：郑根长
党组成员、副局长：林健松　苏伟雄　冯国沛
党组成员、纪检组长：许建平

（四）台山市财政局

党组副书记、局长：伍仲晃
党组副书记、副局长：李伟概
党组成员、副局长：李　文　谢福海
党组成员、纪检组长：冯剑波

（五）开平市财政局

党组书记、局长：熊天恩
党组副书记、资产办主任：谭贤富
党组成员、副局长：张天富　罗志雄　林培进
党组成员、纪检组长：杨素华

（六）鹤山市财政局

党组书记、局长：崔常平
党组成员、副局长：吕海鹰　宋超英
党组成员、副局长、纪检组长：李活文
党组成员、资产办主任：易立言

（七）恩平市财政局

党组书记、局长：吴月波
党组成员、副局长：郑立科　吴伟锋　卢土庆
党组成员、纪检组长：郑奕欣
党组成员：吴先进

十四、阳江市

（一）江城区财政局

局　长：戴锐心
副局长：雷法恩　关　永　阮　敏　林进允

（二）阳春市财政局

局　长：黄洪格
党委书记：陈少明
党委副书记：吴茂郊
副局长：李　健　钟　毅　叶　雨

（三）阳东县财政局

局　长：黄华冠
副局长：冯小玲　卢慧敏　钟德伟　阮永春

（四）阳西县财政局

局　长：陈德统
副局长：岑长处　李孟新　梁永雄　张　海

（五）海陵区财政局

局　长：冯兆绘
副局长：黄福保　陈才波　程振挺

（六）高新区财政局

局　长：陈　勇
副局长：林景周　陈志权

十五、湛江市

（一）赤坎区财政局

局　长：郑光宇
党支部书记：杨志良
副局长：曾剑鸣　郭永欢

（二）霞山区财政局

局　长：郑开康
副局长：李巨波　何义明

（三）麻章区财政局

局　长：张向阳
副局长：冯　波　杨　奇　吕珠明

（四）坡头区财政局

局　长：林志强
党支部书记：张古银
副局长：李　劲　林茂粒　钟日南
纪检组长：郑建辉

（五）雷州市财政局

局　长：吴　玉
副局长：邓兴球　莫颂军　苏　兄
纪检组长：官锦程
工会主席：周　荣

（六）廉江市财政局

局长、党组副书记：罗　岗
党组书记、副局长：颜海涛
党组成员、副局长：何　寿　刘启新　江维峰
党组成员、纪检组长：罗　柏
党组成员：陈　聪　潘　立

（七）吴川市财政局

局　长：龚启图
副局长：易东生　万尚泉　李永华
纪检组长：詹伟雄

（八）遂溪县财政局

局　长：周　宝
副局长：余遂荣　朱家燕　罗　益
纪检组长：邹进强

（九）徐闻县财政局

党组书记、局长：李　乐
副局长：李　咏　林　培　符　坚　吴宗燕
党组副书记、纪检组长：杨运強

党组成员：张安典

（十）经济技术开发区财政局

局　长：陈　怀
副局长：伍红林

（十一）东海岛经济开发试验区财政局

局　长：赵秋林
副局长：吕洪涛　梁德发
纪检组长：尤兆建

十六、茂名市

（一）茂南区财政局

局　长：杨康权
副局长：曾　扬　柯业涌　谭国立　罗　龙
副书记：朱国华
总会计师：黄剑铭

（二）茂港区财政局

党组书记、局长：崔万爵
党组成员、副局长：杨裕全　陈径天
党组成员、副书记：周建明
党组成员、纪检组长：邓小扬

（三）信宜市财政局

党组书记、局长：梁耀杰
副局长：张　海　刘　钿　罗魏冰　原喜怀
党组副书记：吕澜业
纪检组长：冯广胜

（四）高州市财政局

党组书记、局长：刘耀海
党组成员、副局长：余苏松　甘　钊　黄　颖
副局长：邓振杰
党组成员、纪检组长：曾焕志
党组成员：刘　瑞　付志昂　钟建亮

（五）化州市财政局

党组书记、局长：刘付军
党组成员、副局长：郑建伟　李学周　蔡志坤
吴　龙　卢一鹏
党组副书记：王信志
党组成员、纪检组长：朱秀华
党组成员：李盛芳　吴伟亮

（六）电白县财政局

党组成员、局长：田业海
党组成员、副局长：赖志谋　李国焕　陈　勇　吴伟华
党组副书记：黄红源
党组成员、纪检组长：张　田
党组成员：邓　光　周炳豪　周　宁　陈经杰
谢　平　林　尧

十七、肇庆市

（一）端州区财政局

局　长：郑智超
副局长：张玉娥　赵万金　张国安
党组成员：李培杰　卓　越

（二）鼎湖区财政局

局　长：谢东权
副局长：卢振亮　陈立据　梁东夷
副书记：葛晓玲

（三）四会市财政局

局　长：李　剑
副局长：梁　明
党委副书记：赵强辉
副局长：冼一兵　欧沛荣　何旭辉
局班子成员、公共资产管理中心主任：卢伟文

（四）高要市财政局

局　长：冯广庆
副局长：李小玉　陈智伟　谢海明
党委副书记：翟鉴宽　伍时宁　张　涛　赖广华（兼）

（五）广宁县财政局

局　长：潘岐华
副局长：陈家泉　卢松文

（六）德庆县财政局

局　长：杨海燕
副局长：谢锡平　陆建华　何汉标
副书记：欧锦泉　闲家坚　黄志坤　江军球
党组成员：徐燕文　聂继安　陈志明

（七）封开县财政局

党组书记、局长：叶军尤
党组副书记：林志伟　孔　坚
副局长：梁华新　苏金荣　康清平

（八）怀集县财政局

局长、国资委主任：李宗泽
副局长：陈剑锋　岑金兴　盘卫平
党委书记：李　敏
党委副书记：林兴家　阮英洪
国资委副主任：蔡小桥　李　志

（九）高新区财政局

党组书记、局长：邝俊民
党组成员、副局长：陈　德　冼美群

十八、清远市

（一）清城区财政局

局　长：练桂华
副局长：黎　力　郑劲峰　黄翠珊

（二）英德市财政局

党组书记、局长：朱少鸿
党组成员、副局长：邓　洁　何久航　吴亮明　吴基丽
党组成员：刘学军

（三）连州市财政局

局　长：成茂军
副局长：杨　伟　周春艳　聂耀雄

（四）佛冈县财政局

局　长：冯庆洲
副局长：何高者　梁浩锋　罗　杰
纪检组长：黄建中

（五）清新县财政局

局　长：陈永常
副局长：罗永康　陈映徽　江聪慧

（六）连山壮族瑶族自治县财政局

局　长：张伟平
副局长：黄志光　甘海燕

（七）连南瑶族自治县财政局

局　长：黄伟峰
副局长：李　洪　盘振云

（八）阳山县

局　长：王　建
副局长：邹小玲　黄子民

（九）清远市经济开发区财政局

局　长：罗钦辉
副局长：罗阳柱

十九、潮州市

（一）湘桥区财政局

局　长：佘维昭
副局长：翁焕利　洪标然　洪永标　何创光

（二）饶平县财政局

局　长：黄潮才
副局长：张德强　郑以民　黄实得

（三）潮安县财政局

局　长：成思钿

副局长：林建安、雷佩霞、苏锡伟

（四）枫溪区财政局

局　长：赖楚群
副局长：陈林英　江慧群

二十、揭阳市

（一）榕城区财政局

局　长：卢少通
副局长：杨称杰　黄济勇　林　瑛

（二）普宁市财政局

党组书记、局长：林杰丹
党组成员、副局长：李秋琼　吴粤林
党组成员、纪检组长：陈国盛
党组成员：王楚鹏

（三）揭东县财政局

党组书记、局长：洪培藩
党组成员、副局长：黄冀生　章合武　卢伟彬
孙洁辉
党组成员、纪检组长：谢壮松
党组成员：蔡宏生　罗林燕

（四）揭西县财政局

局　长：邱旭辉
副局长：许越明　李扬惠　蔡育群
纪检员：李凤权

（五）惠来县财政局

党组书记、局长：吴俊平
党组成员、副局长：欧阳周　唐　泽　朱　晓
党组成员、纪检组长：施惠芳
党组成员：钟坤和　陈宏镐

（六）东山区财政局（非建制区）

党组书记、局长：林少鸿
党组成员、副局长：刘宏伟　杨劲华（兼纪检组长）
涂德建

（七）市试验区财政局（非建制区）

局　长：魏炳江
副局长：洪亮春　林志鸿　黄可彬　林丽明

（八）大南山侨区财政局（非建制区）

局　长：钟　国
副局长：郑建彬　黄明来

（九）普侨区财政局（非建制区）

局　长：蔡如龙
副局长：李焕峰　黄坤松

二十一、云浮市

（一）云城区财政局

局　长：阮其华
副局长：邓成金　万远宁　梁桂友
纪检组长：余金培

（二）罗定市财政局

局　长：李　军
纪检组长：尹荣灿
副局长：陈　成　谭炳权　区淑芝　梁敏嫦

（三）新兴县财政局

局　长：黄定昌
党组副书记：何之宏
副局长：黎卓民　麦锦雄　麦树忠
纪检组长：冼勇锋

（四）郁南县财政局

局　长：吴　越
副局长：蔡　勇　黄重阳　李家婷

（五）云安县财政局

局　长：麦瑞坚
副局长：陈荣生　刘贤鉴　叶一帆
纪检组长：黄坚洪

2009年度全省财政系统职工情况统计表

一

项目	合计	分布			
		省（区、市）厅局	市（地、州）局	县（市、区）局	乡（镇）所
合计	24 211	1 262	3 794	9 117	10 038
%	100	5.21	15.67	37.66	41.46

二

项目	行政职务						专业职务			
	合计	厅级以上	处级	科级	一般干部	工勤人员	合计	高级	中级	初级
合计	24 211	26	567	3 276	15 151	5 191	8 767	197	2 744	5 826
%	100	0.11	2.34	13.53	62.58	21.44	100	2.25	31.30	66.45

三

项目	性别		民族		政治面貌			
	男	女	汉	其他	党员	团员	民主党派	其他
合计	14 967	9 244	24 011	200	15 446	1 358	73	7 334
%	61.82	38.18	99.17	0.83	63.80	5.61	0.30	30.29

四

项目	年龄					文化程度				
	35岁以下	36~45岁	46~54岁	55~59岁	60岁以上	研究生	大学本科	大专	中专	高中及以下
合计	8 046	9 625	5 548	985	7	724	7 662	10 493	2 058	3 274
%	33.23	39.75	22.92	4.07	0.03	2.99	31.65	43.34	8.50	13.52

五

项目	参加工作时间						
	1949 年 10 月～1957 年	1958～1965 年	1966～1970 年	1971～1980 年	1981～1990 年	1991～2000 年	2001 年以后
合计	1	3	421	4 380	7 918	8 106	3 382
%	0.00	0.01	1.74	18.09	32.70	33.48	13.97

六

项　目	变　化　情　况				
	上年实有人数	本年实有人数	增加或减少总数		
			合计	绝对增加数	绝对减少数
合计	23 613	24 211	598	1 358	760
省（区、市）厅局	1 246	1 262	16	52	36
市（地、州）局	3 733	3 794	61	149	88
县（市、区）局	8 596	9 117	521	811	290
乡（镇）所	10 038	10 038	0	346	346

七

项　目	人　员　性　质										
	行政	其中：公务员数	事　业				企业	聘用制			
			合计	财政补助	其中：参公管理	经费自理		合计	行政	事业	企业
合计	12 256	10 561	11 159	10 649	6 001	510	60	736	386	298	52
省（区、市）厅局	695	672	446	367	71	79	0	121	51	34	36
市（地、州）局	2 221	2 041	1 474	1 241	763	233	60	39	28	11	0
县（市、区）局	5 653	5 014	3 281	3 125	1 722	156	0	183	98	69	16
乡（镇）所	3 687	2 834	5 958	5 916	3 445	42	0	393	209	184	0

第十部分

大事记

1月

1月4日 厅党组书记、厅长刘昆参加在广州举行的广东省纪念《告台湾同胞书》发表30周年座谈会。

△厅党组副书记、副厅长曾志权前往北京参加全国财政工作会议。

△厅党组成员、副厅长欧斌陪同黄龙云常务副省长在广州会见中国建设银行范一飞副行长一行。

1月5日 省财政厅转发财政部、国家发展改革委、水利部《关于印发〈水资源费征收使用管理办法〉的通知》。

1月5~7日 厅党组书记、厅长刘昆参加在广州召开的中国共产党广东省第十届委员会第四次全体会议。

1月6日 厅党组成员、纪检组长邓桂明参加在广州召开的省政府向环境保护部污染减排第十五核查组汇报广东省2008年污染减排情况的会议。

1月7日 厅党组书记、厅长刘昆参加在广州召开的省委、省政府领导班子和领导干部年度考核测评会议。

1月7~8日 厅党组成员、副厅长欧斌陪同省委常委、副省长肖志恒到阳江、茂名调研。

△厅党组成员、副厅长沈梅红到北京参加由财政部召开的燃油税改革有关工作会议。

1月8日 省财政厅转发财政部、国家发展改革委、交通运输部、监察部、审计署《关于公布取消公路养路费等涉及交通和车辆收费项目的通知》。

△厅党组成员、纪检组长邓桂明参加在广州召开的省委统战工作联席会议。

1月9日 省财政厅与省交通厅、省国家税务局、省地方税务局、中国人民银行广州分行联合转发财政部、中国人民银行、国家税务总局、交通运输部《关于实施成品油价格和税费改革有关预算管理问题的通知》。

△ 厅党组副书记、副厅长曾志权参加在广州召开的省援藏援疆工作联席会议。

△厅党组成员、副厅长欧斌参加在广州由财政部召开的为城乡困难群众发放一次性生活补贴工作的视频会议。随后，省财政厅举行为全省低保对象增发一个月低保补助的新闻通报会。

△厅党组成员、副厅长郑贤操参加省委、省政府春节慰问团赴汶川慰问。

1月12日 省财政厅转发财政部《关于小额贷款公司执行〈金融企业财务规则〉的通知》。

△ 厅党组成员、副厅长欧斌参加在广州召开的省农民工工作联席会议。

△厅党组成员、副厅长沈梅红前往北京参加现代农业产业技术体系建设工作会议。

△ 省财政厅顺利完成10个副处级领导职位竞争上岗工作，经厅党组任命，胡建斌等10位同志走上新的副处级领导岗位。

1月13日 省财政厅社保处简单同志被省政府评为“全省就业工作先进工作者”。

1月14日 省财政厅转发财政部《关于印发〈地方政府外债指标监测暂行办法〉的通知》。

△ 厅党组副书记、副厅长曾志权陪同省委副书记、省长黄华华到江门调研深入开展科学发展观活动并开展春节“送温暖”慰问活动。

1月16日 厅党组成员、副厅长沈梅红副厅长陪同副省长万庆良到揭阳开展春节“送温暖”活动并到普宁调研。

1月19日 厅党组成员、副厅长郑贤操陪同省委常委、常务副省长黄龙云到湛江开展春节“送温暖”活动。

1月20日 厅党组书记、厅长刘昆，厅党组副书记、副厅长曾志权，厅党组成员、纪检组长邓桂明，厅党组成员、副厅长欧斌、沈梅红、郑贤操参加在广州召开的中国共产党广东省第十届纪律检查委员会第三次全体会议。

△ 省财政厅印发《2008年省与各市财政年终结算事项及办法》。

△ 省财政厅上报省政府《关于报送〈广东省成品油价税费联动改革实施方案〉的请示》。

1月21日 省财政厅举行学习实践活动转入整改落实阶段工作会议，全面总结财政厅学习实践活动分析检查阶段的工作情况，对整改落实阶段工作进行布置。厅党组书记、厅长、厅学习实践活动领导小组组长刘昆讲话，省委指导检查组第二组组长、省委第一巡视组组长陈均伦到会指导，厅党组副书记、副厅长\厅学习实践活动领导小组副组长兼办公室主任曾志权主持会议，厅党组成员、纪检组长邓桂明，厅党组成员、副厅长欧斌、沈梅红、郑贤操出席。

△省财政厅印发《省财政厅节约行政经费开支暂行规定》。

1月22日 厅党组书记、厅长刘昆参加在广州举行的广东省人民政府与中国科学院全面战略合作签约仪式和领导小组第一次全体会议。

△省财政厅印发《广东省省级财政预拨资金会计核算暂行办法》。

1月23日 省财政厅与省国土资源厅联合印发《广东省补充耕地省级补助资金管理暂行办法》。

1月24日 省财政厅印发《广东省东西北地区污水处理设施建设专项资金绩效管理暂行办法》。

2月

2月1日　省财政厅与省国家税务局、省地方税务局、中国人民银行广州分行联合转发财政部、中国人民银行、国家税务总局《关于修订2009年政府收支分类科目的通知》。

△省财政厅与省监察厅联合印发《关于重申省直行政事业单位富余职工住房处置有关问题的通知》。

2月1~3日　厅党组书记、厅长刘昆参加在广州召开的省委理论学习中心组《珠江三角洲地区改革发展规划纲要》专题研讨班，厅党组副书记、副厅长曾志权，厅党组成员、纪检组长邓桂明，厅党组成员、副厅长欧斌、沈梅红、郑贤操参加1日的报告会。

2月2日　省委组织部同意，设立中共广东省注册会计师协会工作委员会。

2月3日　厅党组成员、副厅长郑贤操参加在广州召开的省政府听取汶川县汇报灾后恢复重建工作会议。

△省财政厅转发财政部《关于印发〈外国政府贷款管理规定〉的通知》。

2月4日　省财政厅上报财政部《关于广东省2008年财政运行及年终结算问题的报告》。

2月5日　省财政厅转发财政部、国家税务总局《关于财政性资金 行政事业性收费 政府性基金有关企业所得税政策的通知》。

2月6日　厅党组书记、厅长刘昆，厅党组成员、副厅长欧斌陪同省委常委、副省长肖志恒到佛山南海考察广东省职业技能鉴定中心南海基地建设情况。

△厅党组副书记、副厅长曾志权参加在广州举行的广东省全面实施家电下乡新闻发布会。

2月9日　厅党组书记、厅长刘昆参加在广州举行的省委、省政府工作汇报会。

2月10日　厅党组书记、厅长刘昆陪同省委副书记、省长黄华华到省水利厅调研。

△沈梅红副厅长参加在广州召开的全省依法修志工作暨2009年地方志工作电视电话会议。

△省财政厅印发《省级预算单位预拨资金集中支付操作流程》。

2月11日　厅党组书记、厅长刘昆参加在广州举行的政协第十届广东省委员会第二次会议各界别委员代表座谈会。厅党组副书记、副厅长曾志权出席在广州举行的省政协第十届二次会议开幕大会，省财政厅获选承办提案先进单位。厅党组成员、副厅长沈梅红参加在广州召开的政协第十届广东省委员会第二次会议。

2月12日　全省财政工作会议在广州召开，会议传达了全国财政工作会议精神，总结2008年全省财政工作情况，研究落实省委十届四次全会精神，部署安排2009年全省财政工作。省委常委、常务副省长黄龙云出席会议并讲话，厅党组书记、厅长刘昆在会上作工作报告，厅党组副书记、副厅长曾志权，厅党组成员、纪检组长邓桂明，厅党组成员、副厅长欧斌、沈梅红、郑贤操参加会议。

2月13日　厅党组书记、厅长刘昆前往北京参加在财政部举行的听取财政系统全国人大代表、政协委员对预算报告意见座谈会。

△厅党组副书记、副厅长曾志权在广州向省委指导检查组汇报省财政厅学习实践科学发展观第三阶段情况。

2月13~17日　厅党组书记、厅长刘昆参加在广州召开的广东省十一届人大二次会议。

2月16~18日　厅党组成员、纪检组长邓桂明前往北京参加全国财政反腐倡廉建设工作会议。

2月17日　厅党组副书记、副厅长曾志权参加在广州召开的省委保密委员会第一次会议。

2月18日　由省政府批准组建的广东省中小企业信用再担保有限公司正式成立，这是省委、省政府为贯彻落实中央决策部署，积极应对全球金融危机冲击、审时度势实施积极财政政策而作出的又一重要举措。国家工业和信息化部副部长欧新黔，副省长宋海、佟星，省财政厅党组书记、厅长刘昆出席了在广州举行的广东省中小企业信用再担保有限公司成立暨战略合作签约仪式。

2月19日　厅党组成员、纪检组长邓桂明前往北京参加部分省市财政资金安全管理工作座谈会。

2月20日　厅党组副书记、副厅长曾志权参加在广州召开的省直有关部门落实2009年党风廉政建设和反腐败工作分工会议。

△厅党组成员、副厅长欧斌陪同省委常委、副省长肖志恒到云浮调研。

2月24日　省财政厅转发财政部《关于印发〈金融类国有及国有控股企业绩效评价暂行办法〉的通知》。

2月25日　省财政厅在广州召开全省财政反腐倡廉建设工作会议，会议传达贯彻中纪委十七届三次全会、省纪委十届三次全会和全国财政反腐倡廉建设工作会议精神，总结2008年全省反腐倡廉建设工作情况，研究部署2009年全省财政反腐倡廉建设工作。各地级以上市财政局纪检组长或分管纪检监察工作的局领导、监察室主任，省财政厅全体党员干部和厅属各单位班子成员，以及省纪委驻财政厅纪检组授权管理单位纪检组长或纪委书记、纪检监察部门负责人参加了会议。省纪委副书记丘海到会指导并讲话，厅党组书记、厅长刘昆出席会议并讲话，厅党组副书记、副厅长曾志权主持会议，厅党组成员、纪检组长邓桂明，厅党组成员、副厅长欧斌、郑贤操出席会议。

△省财政厅转发财政部《关于公布2008年全国政府性基金项目目录的通知》。

2月26日 厅党组成员、纪检组长邓桂明参加在广州召开的研究协调推进实时在线财政预算监督系统建设工作会议。

△厅党组成员、纪检组长欧斌参加在清远举行的全省财政外经金融工作座谈会。

△省财政厅联合省教育厅转发财政部、教育部《关于印发〈进城务工农民工随迁子女接受义务教育中央财政奖励实施暂行办法〉的通知》。

2月27日 省财政厅召开深入学习实践科学发展观活动暨“转变作风抓落实”主题实践活动动员大会，厅党组副书记、副厅长曾志权，厅党组成员、纪检组长邓桂明，厅党组成员、纪检组长欧斌、郑贤操出席会议。

3月

3月1日 省财政厅上报省政府《关于建立省级融资平台的请示》。

3月2日 省财政厅上报省政府《关于成品油税费改革后中央与深圳市直接办理相关结算事项问题的请示》。

3月3~13日 厅党组书记、厅长刘昆参加在北京召开的十一届全国人大二次会议。

3月4~6日 厅党组副书记、副厅长曾志权率队到汕头、潮州、河源、梅州调研产业转移工业园产业集聚发展专题工作。

3月11日 厅党组成员、副厅长沈梅红参加在潮州召开的全省财政绩效管理工作会议。

3月12日 厅党组副书记、副厅长曾志权参加在广州举行的第三批省示范园竞标候选园区评选会议。

△省财政厅印发《农村免费义务教育市县负担资金集中支付流程》。

3月12~13日 厅党组成员、副厅长郑贤操参加在高要举行的全省农村财务管理现场会议并在高要调研。

3月13日 厅党组成员、副厅长欧斌参加在广州召开的推进横琴开发工作领导小组会议。

3月16日 省财政厅上报财政部《关于成品油税费改革实施有关问题的请示》。

3月17日 省财政厅转发财政部《关于实行新型农村金融机构定向费用补贴的通知》。

△省财政厅印发《广东省产业转移竞争性扶持资金评审办法》和《广东省产业转移竞争性扶持资金评审要点》。

3月18日 厅党组副书记、副厅长曾志权参加在广州举行的广东省重点水利建设项目贷款竞争性谈判。

△厅党组成员、副厅长欧斌参加在深圳召开的省政府2月份进出口形势分析会和外经贸工作（深圳）现场办公会。

3月19日 厅党组副书记、副厅长曾志权率队到省财政厅干部驻村帮扶点——惠州市惠东县白花镇长塘村指导第四批与第五批驻村工作组交接工作。

△厅党组成员、副厅长沈梅红参加在广州召开的全省义务教育学校实施绩效工资会议。

3月20日 厅党组书记、厅长刘昆，厅党组副书记、副厅长曾志权，厅党组成员、纪检组长邓桂明，厅党组成员、副厅长沈梅红、郑贤操参加在广州召开的2009年度全省会计管理工作会议暨全省先进会计工作者表彰大会。

△厅办公室被财政部评为2008年度全国财政信息工作先进单位，钟炜被评为全国财政信息工作先进组织者，范小花、鲁锦锋被评为全国财政系统优秀信息员。

△省财政厅联合省水利厅印发《广东省城乡水利防灾减灾工程建设省级财力性奖补资金管理办法》。

3月23日 省财政厅上报省政府《关于报送广东省新增成品油消费税收入分配方案的请示》。

△省财政厅转发财政部、教育部《关于进一步加强农村义务教育经费保障机制改革资金管理的若干意见》。

3月24日 厅党组书记、厅长刘昆参加在广州召开的省市县政府机构改革工作电视电话会议。

3月25日 厅党组书记、厅长刘昆，厅党组副书记、副厅长曾志权，厅党组成员、纪检组长邓桂明，厅党组成员、副厅长欧斌、沈梅红、郑贤操参加在广州举行的广东省第三批产业转移竞争性扶持资金专家评审会。

3月26日 厅党组书记、厅长刘昆参加在广州召开的十一届29次省政府常务会议暨省实施《珠江三角洲地区改革发展规划纲要（2008~2020年）》领导小组第一次会议。

△省财政厅上报省政府《关于深圳市上解省财政新方案的请示》。

3月27日 省财政厅与省卫生厅联合印发《广东省省财政补助免疫规划资金管理办法》。

3月27~28日 厅党组成员、副厅长沈梅红参加在湛江市举行的第24届广东省青少年科技创新大赛开幕式并在湛江调研义务教育经费保障情况。

3月29~31日 厅党组成员、副厅长欧斌参加在广州召开的广东省高校毕业生就业工作联席会议。

3月30日 厅党组成员、副厅长沈梅红前往北京参加研究事业单位实施绩效工资有关问题会议。

3月30~31日 厅党组成员、副厅长郑贤操参加在广州召开的中央扩大内需促进经济增长政策落实检查组部署第二阶段检查工作会议。

4 月

4 月 1 日 厅党组副书记、副厅长曾志权参加在广州召开的研究中央代地方发行债券以及第五批援疆项目资金问题会议。

4 月 3 日 省财政厅转发财政部、国家税务总局、民政部《关于公益性捐赠税前扣除有关问题的通知》。

4 月 7 日 厅党组成员、纪检组长邓桂明参加省纪委在广州召开的“深入推进惩治和预防腐败体系建设的意见和建议”专题调研座谈会。

△ 省财政厅转发财政部《关于印发〈太阳能光电建筑应用财政补助资金管理暂行办法〉的通知》。

4 月 8 日 省财政厅转发财政部《关于加强扩大内需投资财政财务管理有关问题的通知》。

4 月 9 日 省财政厅上报财政部《关于报送〈广东省 2008 年度财政性资金投资基本建设项目决算报表〉的报告》。

4 月 10 日 厅党组副书记、副厅长曾志权参加在北京召开的全国深化医药卫生体制改革工作会议。

△厅党组成员、副厅长欧斌参加在广州召开的全省村务公开和民主管理“难点村”治理工作电视电话会议。

4 月 11 日 厅党组书记、厅长刘昆参加在广州召开的广东省贯彻实施《珠江三角洲地区改革发展规划纲要》动员会。

4 月 13 日 厅党组书记、厅长刘昆分别参加在广州召开的传达国务院召开的深化医药卫生体制改革工作会议精神会议和黄华华省长任期经济责任审计进点会。

△厅党组副书记、副厅长曾志权参加在阳江举行的全省利用园地山坡地补充耕地工作现场会。

△厅党组成员、纪检组长邓桂明参加全国纠风工作电视电话会议（广东分会场）和全省纠风工作电视电话会议。

△省财政厅转发财政部《关于进一步加强利用国际金融组织贷（赠）款资金因公出国（境）管理的通知》。

4 月 14 日 厅党组书记、厅长刘昆列席省政府常务会议，汇报关于 2009 年中央代发地方政府债券资金分配和管理有关问题的情况。

△省财政厅与省建设厅联合印发《关于印发〈广东省新型墙体材料专项基金征收使用管理实施办法〉的通知》。

4 月 15 日 刘昆、曾志权、邓桂明、欧斌、沈梅红等厅领导参加在广州举行的《广东省基本公共服务均等化规划（2009～2020 年）》（第二次呈报稿）征求各市意见座谈会。

△厅党组成员、副厅长欧斌陪同省委常委、副省长肖志恒在北京向财政部汇报广东省近期劳动保障和卫生方面的重点工作。

4 月 16 日 厅党组书记、厅长刘昆分别参加在深圳举行的广东省扩大内需促进经济增长政策落实工作深圳现场会、在广州召开的领导干部会议，陪同中共中央政治局委员、省委书记汪洋在广州会见法国外贸国务秘书。

△厅党组成员、副厅长欧斌陪同中共中央政治局委员、省委书记汪洋，省委副书记、省长黄华华在广州会见商务部部长陈德铭一行并参加双方签署合作协议仪式。

△省财政厅转发财政部《关于当前应对金融危机加强企业财务管理的若干意见》。

4 月 17 日 省财政厅上报省人大常委会《关于 2009 年省级财政预算调整方案的报告》。

△省财政厅转发财政部、工业和信息化部《关于汽车摩托车下乡产品标识及使用规范等有关问题的通知》。

4 月 19 日 厅党组书记、厅长刘昆陪同黄华华省长在广州宴请越南阮晋勇总理一行。

4 月 21 日 省财政厅与省审计厅、省地方税务局联合上报省政府《关于规范省属企业所得税入库级次及征管关系的报告》。

4 月 22 日 厅党组书记、厅长刘昆，厅党组成员、副厅长欧斌在财政部汇报广东省财政社保工作。

4 月 22～23 日 纪检组长邓桂明参加在武汉召开的全国政府采购管理工作会议。

4 月 23 日 厅党组成员、副厅长沈梅红参加在广州举行的向省人大汇报 2009 年省级财政预算调整方案会议。

4 月 24 日 中央治理“小金库”工作领导小组在北京召开全国“小金库”治理工作电视电话会议。会议由工作领导小组副组长、中央纪委副书记张毅主持，工作领导小组组长、财政部部长谢旭人对在党政机关和事业单位开展“小金库”专项治理工作进行动员部署。省委各部委、省直各单位、省各人民团体分管领导及财务部门负责人参加广东分会场电视电话会议。全国电视电话会议结束后，广东分会场继续开会，会上，省财政厅党组书记、厅长刘昆就全省“小金库”治理工作讲话。

△厅党组副书记、副厅长曾志权参加在广州召开的全省一季度经济形势分析会。

△省财政厅转发财政部《关于汽车摩托车下乡补贴审核有关事项的通知》。

△省财政厅与省纪委等 11 个部门联合印发《关于进一步加强党政干部因公出国（境）管理工作的规定》。

4月25日 省财政厅冀春燕同志被省委、省政府授予“广东省劳动模范”称号。

4月27日 省财政厅转发财政部、国家测绘局《关于印发测绘生产成本费用定额及有关细则的通知》。

△省财政厅转发财政部 商务部《关于做好2009年度支持承接国际服务外包业务发展资金管理工作的通知》。

4月27~28日 厅党组成员、副厅长郑贤操陪同副省长李容根到汶川考察，检查援助汶川灾后重建工作。

4月28日 厅党组书记、厅长刘昆参加在广州举行的全省依法治省工作暨法治城市、法治县（市、区）创建动员大会。

△厅党组副书记、副厅长曾志权参加在广州召开的省政府听取中央扩大内需检查组意见反馈会。

4月29日 厅党组书记、厅长刘昆参加在广州举行的研究贯彻落实中央扩大内需促进经济增长政策检查组的反馈意见会议。

5月

5月4日 省财政厅转发财政部、国家税务总局《关于提高轻纺电子信息等商品出口退税率的通知》。

5月5~6日 厅党组成员、纪检组长邓桂明参加省纪委派驻财政厅纪检组授权管理单位纪检监察工作座谈会。

5月7日 省财政厅紧急成立应对甲型H1N1流感防控工作协调组。厅党组书记、厅长刘昆任组长，厅党组成员、副厅长欧斌任副组长。

5月9日 省财政厅印发《关于安排第一批防控甲型H1N1流感专项资金的通知》。

5月11日 厅党组成员、副厅长欧斌参加在广州举行的全省促进出口政策宣讲会。

5月12日 厅党组成员、副厅长欧斌参加在广州举行的向省人大财经委汇报广东省社会保险基金2008年决算和2009年第一季度预算执行情况会议。

△省财政厅与省工商局联合上报国家工商行政管理总局、财政部《关于2007、2008年度工商行政管理专项补助经费使用情况的报告》。

△省财政厅印发《关于印发广东省新增成品油消费税收入分配方案的通知》。

5月14日 厅党组书记、厅长刘昆主持在广州举行的广东省治理“小金库”工作领导小组第一次工作会议。厅党组成员、纪检组长邓桂明参加会议。

5月15日 厅党组成员、副厅长沈梅红参加在广州举行的省政协调研组“完善省部（院）产学研合作机制，推进自主创新”座谈会。

5月16~17日 厅党组成员、副厅长郑贤操巡视2009年度全国会计专业技术资格考试广州、佛山考区。

5月18日 厅党组书记、厅长刘昆陪同省委副书记、省长黄华华检查北江防汛工作。

△厅党组副书记、副厅长曾志权参加在广州举行的省对口支援地震灾区灾后恢复重建工作领导小组（扩大）会议。

5月19日 厅党组副书记、副厅长曾志权，厅党组成员、纪检组长邓桂明参加在广州召开的扩大内需促进经济增长政策落实和资金监管工作会议。

5月19~20日 厅党组书记、厅长刘昆参加广东省党政代表团赴湖南、广西学习考察。

5月20日 厅党组成员、纪检组长邓桂明参加财政部纪检组在广州召开的全国部分省（市）控制行政成本和规范行政事业单位国有资产收支管理座谈会。

△厅党组成员、副厅长沈梅红参加在广州召开的省直部门财政支出绩效自评工作布置会。

5月21日 厅党组副书记、副厅长曾志权参加在广州举行的全省建议提案办理工作会议。

5月22日 厅党组书记、厅长刘昆参加在广州举行的广东省人民政府欢迎浙江省政府代表团来粤考察宴会。

△厅党组成员、纪检组长邓桂明参加在广州举行的省政府采购研究会成立大会。

△省财政厅与省人事厅联合上报省政府《关于表彰2008年度落实省激励型财政机制先进单位等问题的函》。

△省财政厅转发财政部等部门《关于印发〈家电下乡操作细则〉的通知》。

5月23日 厅党组书记、厅长刘昆参加在广州举行的粤浙两省经济社会发展情况交流会。

5月25日 厅党组书记、厅长刘昆参加省节能减排工作领导小组会议。

5月26~27日 厅党组书记、厅长刘昆参加在梅州召开的全省产业转移和劳动力转移工作会议。

5月31日 厅党组副书记、副厅长曾志权参加在广州举行的研究交通融资招投标方案会议。

△厅党组成员、副厅长欧斌参加在广州举行的首届广东外商投资企业产品（内销）博览会协调会。

△厅党组成员、副厅长郑贤操参加在江门召开的全省信访工作会议。

6 月

6 月 1 日 厅党组书记、厅长刘昆陪同中共中央政治局委员、省委书记汪洋到顺德区调研顺德行政管理体制改革工作。

△省财政厅上报省政府《关于广东省四项涉农补贴工作专项检查情况的报告》。

△省财政厅上报财政部《广东省 2008 年度金融企业财务决算报表》。

6 月 2 日 厅党组成员、纪检组长邓桂明参加在广州召开的贯彻落实《中共中央纪委关于推进惩治和预防腐败体系建设的检查办法（试行）》电视电话会议。

△世界银行执行董事会批准广东职业技术教育项目，项目利用世界银行贷款 2 000 万美元。

△省财政厅报送省编办《广东省财政厅主要职责内设机构和人员编制规定》。

6 月 2～4 日 厅党组成员、副厅长欧斌参加在北京举行的全国财政厅局长依法行政培训班。

6 月 2～5 日 刘昆、曾志权、邓桂明、沈梅红、郑贤操等厅领导参加在广州举行的全省促进县域财政发展工作会议暨市长、县（市、区）长公共财政与应对金融危机专题培训班，省委常委、常务副省长黄云龙出席会议并讲话，省委组织部副部长林存德出席会议并作开班动员，厅党组书记、厅长刘昆作题为“应对金融危机条件下的公共财政”专题讲座。全省地级以上市分管财政工作市领导、财政局局长，各县（市、区）长或分管财政工作的副县（市、区）长以及省有关单位、中直驻粤有关单位负责人参加会议和培训。

6 月 4 日 厅党组书记、厅长刘昆分别参加在广州召开的省编委会议和省深化医药卫生体制改革领导小组会议。

6 月 8 日 厅党组书记、厅长刘昆参加在广州举行的省人民政府与中国南方电网有限责任公司加快电网建设战略合作框架协议签字仪式。

△厅党组副书记、副厅长曾志权参加在广州举行的省推进产业转移和劳动力转移工作领导小组第四次会议。

6 月 9 日 厅党组书记、厅长刘昆，厅党组成员、副厅长欧斌参加在广州举行的世界银行“缩小广东城乡贫富差距”课题研究成果报告会。

6 月 10 日 厅党组副书记、副厅长曾志权参加在广州召开的全省加快革命老区乡镇卫生院建设工作会议。

△厅党组成员、副厅长沈梅红参加在广州举行的少数民族自治县自治条例修订座谈会。

△省财政厅印发《关于印发〈实施促进经济平稳较快发展的积极财政政策资金管理办法〉的通知》。

6 月 12 日 省财政厅转发财政部、国家发展改革委《关于开展“节能产品惠民工程”的通知》。

6 月 12～16 日 厅党组书记、厅长刘昆参加省委、省政府在汕头、汕尾、潮州、揭阳举行的粤东地区现场会。

6 月 15 日 厅党组副书记、副厅长曾志权，厅党组成员、副厅长沈梅红参加在广州举行的广东省产业转移竞争性扶持资金评审专家座谈会。

△省财政厅报送省纪委《关于报送加快建设农村党风廉政信息公开平台分工方案的复函》。

△省财政厅与省纪委、省监察厅联合印发《关于采取有力措施贯彻落实厉行节约“八项要求”的通知》。

6 月 17 日 厅党组副书记、副厅长曾志权参加在广州举行的省级交通建设融资评审会议。

△厅党组成员、副厅长欧斌陪同财政部副部长王军在东莞调研医改工作进展情况。

△厅党组成员、副厅长郑贤操陪同副省长李容根到博罗县调研 124 师搬迁工作。

6 月 18 日 厅党组书记、厅长刘昆，厅党组成员、副厅长欧斌参加在广州召开的广东省深化医药卫生体制改革工作情况汇报会。

△接省委组织部通知，免去韩晓进同志省财政厅巡视员职务，退休。

6 月 18～19 日 厅党组成员、纪检组长邓桂明参加广东省治理“小金库”工作领导小组办公室在广州举办的全省“小金库”治理工作培训班开幕式及闭幕式。

6 月 19～28 日 广东省分别在东莞和深圳首次设置专门考场，面向香港居民举办会计从业资格考试，本次考试共有 41 名香港居民报名参加。厅党组成员、副厅长欧斌、郑贤操分别巡视了东莞和深圳的考场。

6 月 22 日 厅党组书记、厅长刘昆参加在广州举行的《广东省人民政府、清华大学全面开展产学研合作协议》签约仪式。

△省财政厅上报财政部、国家发展改革委、交通运输部、监察部、国务院纠风办、审计署《关于广东省全面清理涉及交通和车辆收费情况的报告》。

△由财政部代理发行的 2009 年广东省政府债券（85 亿元人民币）在中央国债登记结算有限公司进行竞争性招标，厅党组成员、副厅长沈梅红在中央国债发行室现场观察招标投标过程，并确认招标结果。

6 月 22～23 日 厅党组成员、纪检组长邓桂明陪同财政部财政资金安全检查组到韶关、广州进行检查。

△厅党组成员、副厅长沈梅红在北京现场观察“财政

部国债发行招标系统”招投标过程。

6月22～24日　厅党组成员、副厅长欧斌陪同省领导参加在香港举行的2009粤港经济技术贸易合作交流会。

6月23日　厅党组书记、厅长刘昆受聘为华南理工大学兼职教授，并应邀在华南理工大学作题为“应对金融危机下的公共财政”的学术报告。

△厅党组副书记、副厅长曾志权参加在广州举行的研究省重点项目财政资金需求和省属国企参与央企投资项目股权证券化工作方案会议。

6月24日　厅党组副书记、副厅长曾志权参加财政部国防司民用运力国防动员经费补助补偿专题调研会。

6月25日　厅党组成员、副厅长沈梅红在广州向省人大财经委汇报广东省2008年省级决算草案。

△省财政厅印发《关于印发〈广东省产业转移竞争性扶持资金评审办法〉和〈广东省产业转移竞争性扶持资金评审要点〉的通知》。

6月25～26日　厅党组书记、厅长刘昆厅长陪同中共中央政治局委员、省委书记汪洋到韶关市考察省委机关旧址。

6月26日　厅党组副书记、副厅长曾志权列席省府常务会议，汇报《广东省基本公共服务均等化规划（2009～2020年）（第三次呈报稿）》；主持在广州举行的第四批产业转移竞争性扶持资金竞标工作布置会。

△省财政厅与省国土资源厅联合转发财政部、国土资源部《关于调整部分地区新增建设用地土地有偿使用费征收等别的通知》。

△省财政厅转发财政部等部门《关于加大汽车下乡政策实施力度的通知》。

△省财政厅转发财政部等部门《关于印发〈汽车摩托车下乡操作细则〉的通知》。

6月29日　厅党组书记、厅长刘昆参加在广州举行的《广东省人民政府 中国进出口银行战略合作协议》签约仪式。

△厅党组成员、副厅长沈梅红参加在广州举行的中国进出口银行广东省分行开业典礼。

6月30日　省财政厅印发《关于省级基层预算单位全面推行公务卡改革有关事项的通知》。

7月

7月1日　厅党组副书记、副厅长曾志权参加在广州召开的建立省直单位住房改革资金经费补充长效机制会议。

7月2日　厅党组书记、厅长刘昆参加在广州举行的广东省人民政府与中国气象局共同推进珠江三角洲气象防灾减灾工作协议签约仪式。

△厅党组成员、副厅长欧斌参加在珠海举行的广东省人民政府、中国航空工业集团公司全面战略合作协议签约暨中航通用珠海产业基地开工奠基仪式。

△省财政厅印发《关于印发〈广东省2009年地方政府债券财政总预算会计核算办法〉的通知》。

7月6日　厅党组成员、副厅长沈梅红参加在广州召开的省人大听取省政府关于广东省贯彻实施民族区域自治法及配套法规、散居少数民族保障条例情况汇报会。

7月6～8日　厅党组成员、副厅长欧斌陪同副省长万庆良到财政部汇报工作。

7月7日　省财政厅转发财政部《关于印发〈财政票据检查工作规范〉的通知》。

7月8日　厅党组书记、厅长刘昆在广州向省人大财经委汇报广东省2009年上半年预算执行情况。

7月9日　刘昆、曾志权、邓桂明、郑贤操等厅领导参加省财政厅纪律教育学习月活动动员会。

7月9～10日　厅党组成员、副厅长欧斌陪同省委常委、副省长肖志恒到财政部汇报工作。

7月10日　厅党组书记、厅长刘昆参加实施国家基本公共卫生服务项目启动电视电话会议（广东分会场）。

△刘昆、曾志权、郑贤操等厅领导参加在广州召开的广东省第四批产业转移竞争性扶持资金专家评审会。

7月13日　厅党组书记、厅长刘昆参加在广州召开的广东省政府参事决策咨询会。

△厅党组副书记、副厅长曾志权陪同省委常委、常务副省长黄龙云在广州、佛山开展粮食清仓查库工作。

△省财政厅印发《关于印发〈广东省基础教育以奖代补专项资金管理暂行办法〉的通知》。

7月14日　厅党组书记、厅长刘昆参加在广州召开的省深化医药卫生体制改革领导小组第二次会议。

△厅党组成员、副厅长欧斌参加在广州召开的省推进横琴开发工作领导小组会议。

△省财政厅联合省科技厅印发《关于印发〈广东省政府采购自主创新产品清单〉（2009年第一期）的通知》。

7月15日　厅党组书记、厅长刘昆和厅党组成员、副厅长沈梅红参加在广州召开的财税工作座谈会。

7月16日　省财政厅转发财政部、工业和信息化部《关于印发第二批汽车摩托车下乡生产企业及产品目录的通知》。

7月16～17日　厅党组书记、厅长刘昆参加在广州召开的省委十届五次全体会议。

△厅党组成员、副厅长郑贤操参加在山东省威海市召开的全国财政经济建设工作会议。

7月18日 厅党组副书记、副厅长曾志权参加在珠海召开的省委、省政府工作汇报会。

7月20日 刘昆、曾志权、邓桂明、欧斌、沈梅红、郑贤操等厅领导参加厅党组（扩大）会议，传达学习省委十届五次全会精神，研究部署贯彻落实工作。

△国家发展改革委将广东省城乡一体化及农民工培训项目列入世行贷款2010～2012财年规划备选项目。项目贷款额为8 000万美元。

7月21～22日 厅党组成员、副厅长欧斌参加在香港召开的香港与珠三角9市落实《珠江三角洲地区改革发展规划纲要（2008～2020年）》交流会。

7月22日 厅党组副书记、副厅长曾志权在清远参加严格实行“收支两条线”促进公正司法重点建议调研。

7月22～24日 厅党组成员、副厅长沈梅红参加在汕头召开的全省财政国库工作会议暨2009年上半年全省预算执行分析会议。

7月23日 厅党组副书记、副厅长曾志权陪同省委副书记、省长黄华华到省物价局调研。

△厅党组成员、纪检组长邓桂明参加在广州召开的财政部电子化政府采购工作座谈会。

△厅党组成员、副厅长郑贤操参加在广州召开的省重点项目建设工作领导小组会议。

△国务院、世界银行和广东省人民政府正式签署世行贷款广东职业教育改革与培训项目《贷款协定》和《项目协议》，该项目贷款额2 000万美元，用于支持广东省的技工教育改革。

7月23～24日 厅党组书记、厅长刘昆参加在北京召开的全国财政厅（局）长座谈会。

7月24日 省财政厅联合省海洋渔业局印发《关于印发〈广东省省级水产品质量安全专项资金管理办法〉的通知》。

△省财政厅印发《促进机电产品 高新技术产品出口资金操作管理办法》。

7月27日 厅党组书记、厅长刘昆参加在广州召开的全省领导干部会议和省委全体（扩大）会议。

7月27～28日 厅党组副书记、副厅长曾志权参加在云南省昆明市召开的全国政法经费保障体制改革工作会议。

△厅党组成员、副厅长欧斌率检查验收组在河源参加社会保险基金专项治理检查验收。

7月28日 厅党组成员、副厅长郑贤操陪同省委副书记、省长黄华华到省国土资源厅调研。

7月28～30日 厅党组书记、厅长刘昆列席在广州召开的省十一届人大常委会第十二次会议。

7月29日 厅党组书记、厅长刘昆陪同省委副书记、省长黄华华到省司法厅调研。

△省财政厅转发财政部《关于停止对国际赠款收取有偿使用费的通知》。

7月29～30日 厅党组成员、纪检组长邓桂明在清远、河源开展“小金库”专项治理巡查督导工作。

7月30日 厅党组成员、副厅长欧斌陪同中共中央政治局委员、省委书记汪洋同志在广州参加“八一”拥军慰问活动。

8月

8月2～15日 厅党组成员、副厅长欧斌参加副省长万庆良率领的广东省政府代表团出访古巴、阿根廷、巴西。

8月3日 厅党组书记、厅长刘昆参加在广州召开的治理东江污染工作会议。

△省财政厅印发《关于印发〈欠发达地区义务教育中小学校实施绩效工资政策落实“两相当”省财政奖补方案〉的通知》。

8月4日 厅党组书记、厅长刘昆陪同省委副书记、省长黄华华到省林业局调研。

△厅党组书记、厅长刘昆和厅党组成员、纪检组长邓桂明参加在广州召开的全省落实党风廉政建设责任制推进惩防体系建设汇报会暨反腐败协调小组工作会议。

△厅党组副书记、副厅长曾志权参加省人大代表视察珠三角交通一体化工作情况并出席在中山召开的省政府向省人大代表汇报珠三角交通一体化工作情况会议。

△省财政厅印发《关于编制积极财政政策滚动资金使用计划的通知》。

8月7日 厅党组副书记、副厅长曾志权参加在广州召开的省人大专题调研组听取广东省加大支农惠农力度、发展农村经济和社会事业等情况汇报会。

8月11日 厅党组副书记、副厅长曾志权参加在深圳召开的全省推进自主创新工作现场会。

8月13日 厅党组书记、厅长刘昆参加在广州召开的增强县镇经济社会管理工作座谈会。

△厅党组成员、副厅长沈梅红陪同省委副书记、省长黄华华到省民政厅调研。

△省财政厅转发财政部办公厅、商务部办公厅《关于2009年度中小商贸企业发展专项资金使用管理有关问题的通知》。

△省财政厅转发财政部办公厅、商务部办公厅《关于

2009年促进服务业发展专项资金使用管理有关问题的通知》。

△省财政厅联合省林业局转发财政部 国家林业局《关于印发〈育林基金征收使用管理办法〉的通知 》。

8月17日　省财政厅上报财政部《广东省2008年度外商投资企业财务报告》。

8月17～25日　厅党组成员、副厅长沈梅红陪同副省长李容根到西藏林芝地区慰问考察。

8月18日　厅党组副书记、副厅长曾志权副陪同中共中央政治局委员、省委书记汪洋同志在深圳调研产业升级和政府机构改革情况。

△厅党组成员、副厅长郑贤操参加在广州召开的财税工作座谈会，陪同省委常委、常务副省长黄龙云会见中科招商投资基金公司董事长，参加在广州举办的全省农村财会人员财政支农政策培训工作动员大会暨第一期骨干师资培训班。

△省财政厅转发财政部、民政部、国家体育总局《关于贯彻落实〈彩票管理条例〉的通知》。

8月18～19日　厅党组书记、厅长刘昆厅长参加在北京召开的全国新型农村社会养老保险试点工作会议。

8月20日　厅党组书记、厅长刘昆参加在广州召开的关于"推进珠三角一体化的对策与建议"省长与专家座谈会。

△省财政厅联合省建设厅印发《关于印发〈广东省城镇廉租住房省级专项补助资金管理办法〉的通知》。

8月21日　厅党组书记、厅长刘昆参加在广州召开的散裂中子源工程建设领导小组第一次会议。

8月24日　厅党组书记、厅长刘昆参加在广州召开的推进湛江市重大项目建设及产业转移工作座谈会。

△世界银行和韩国政府同意向广东省赠款35万美元，用于开展减少广东城乡贫富差距项目研究工作。

△省财政厅转发财政部《关于进一步改进家电下乡补贴资金审核兑付工作的通知》。

8月25日　省财政厅印发《关于印发〈广东省2009年地方政府债券预算管理办法〉的通知》。

△省财政厅转发财政部、国家发展改革委《关于印发〈2008年全国性及中央部门和单位行政事业性收费项目目录〉的通知》。

8月25～26日　厅党组成员、副厅长郑贤操参加在广州举办的广东省2009年度国家农业综合开发高标准农田建设示范工程项目竞争立项评审会。

8月25～27日　厅党组副书记、副厅长曾志权在梅州市五华县调研有关扶贫开发及驻村帮扶工作。

8月26日　厅党组成员、副厅长欧斌参加在河源召开的省政府外经贸工作现场办公会。

△厅党组成员、副厅长沈梅红参加在广州召开的全省有线广电网络和新华书店改革重组工作领导小组成员（扩大）会议。

8月26～28日　厅党组书记、厅长刘昆陪同黄华华省长到四川省汶川县考察对口援建工作。

△厅党组成员、纪检组长邓桂明在惠州、揭阳开展"小金库"专项治理巡查督导工作。

8月28日　厅党组副书记、副厅长曾志权参加在广州召开的第五批省示范园竞标候选园区评选会议。

8月29日　省财政厅联合省国土资源厅转发财政部、国土资源部《关于新增建设用地土地有偿使用费征收等别执行政策问题的通知》。

8月31日　省财政职业技术学校李建华老师被广东省职业技术教育学会授予2009年广东省省属中等职业中学"优秀德育工作者"称号。

△省财政职业技术学梁显胜老师被授予2009年广东省省属中等职业学校"优秀班主任"称号。

9月

9月1日　厅党组副书记、副厅长曾志权在省财政厅向省人大视察组汇报我厅办理省人大代表建议情况。

△省财政厅转发财政部《关于印发〈财政支出绩效评价管理暂行办法〉的通知》。

△省财政厅印发《关于印发〈广东省第五批产业转移竞争性扶持资金评审办法〉和〈广东省第五批产业转移竞争性扶持资金评审要点〉的通知》。

9月2日　厅党组书记、厅长刘昆参加在广州召开的省委、省政府工作汇报会。

△省财政职业技术学校黄莉老师被中国职业技术教育学会授予首届"中国职业院校教学名师"称号。

△省财政厅转发财政部、国家税务总局《关于专项用途财政性资金有关企业所得税处理问题的通知》。

△省财政厅上报财政部《关于广东省地方财政收入情况分析的报告》。

△省财政厅上报财政部《关于新企业所得税法及配套政策实施情况的调研报告》。

△省财政厅印发《关于调整中央代发地方政府债券转贷资金预算的通知》。

9月3日　厅党组书记、厅长刘昆参加在广州召开的广东、甘肃经济社会发展情况座谈会。

△厅党组副书记、副厅长曾志权参加在广州召开的全省林业工作会议。

△厅党组成员、副厅长沈梅红向省人大财经委汇报省

级财政转移支付情况。

△省财政厅转发财政部、商务部《关于印发〈中小外贸企业融资担保专项资金管理暂行办法〉的通知》。

9月4日 省财政职业技术学校吴作歆老师被教育部授予“全国优秀教师”、“全国优秀中小学德育工作者”称号。

9月7日 厅党组书记、厅长刘昆参加在广州召开的珠三角一体化五个规划编制工作会议。

9月8~10日 厅党组成员、副厅长郑贤操参加在广州召开的全省农村集体经济重点审计工作会议。

9月9~10日 厅党组书记、厅长刘昆陪同国务院调研组在深圳、佛山参加事业单位体制改革调研并参加在广州召开的事业单位改革工作情况座谈会。

9月10日 厅党组副书记、副厅长曾志权陪同中共中央政治局委员、省委书记汪洋同志会见林芝地区代表团。

△厅党组成员、副厅长沈梅红分别参加在广州举行的广东省庆祝2009年教师节暨表彰优秀教师大会、全省解决中小学代课教师和教师工资福利待遇问题工作进展情况新闻发布会。

△省财政厅上报财政部《以转型创新应对金融危机 为实现“三促进一保持”作出积极贡献——广东省2008年度国有企业运营情况分析》。

9月10~11日 厅党组成员、副厅长欧斌参加在山东省潍坊市召开的全国税政工作会议。

9月14日 厅党组副书记、副厅长曾志权副厅长参加在广州举行的广东省第2期领导干部区域经济发展专题培训班开班仪式。

9月14~15日 厅党组书记、厅长刘昆参加在广州召开的全省农村社会养老保险试点工作会。

9月15日 刘昆、曾志权、邓桂明、欧斌等厅领导参加在广州举行的广东省第五批产业转移竞争性扶持资金专家评审会。

9月16日 厅党组副书记、副厅长曾志权陪同省委常委、政法委书记、省公安厅厅长梁伟发同志在五华、龙川等地检查督导工作。

△厅党组成员、副厅长沈梅红参加在广州召开的省政府与江苏省区域经济协调发展考察学习组座谈会。

△省财政厅联合省公安厅转发财政部、公安部《关于进一步加强看守所经费保障工作的通知》。

9月17日 厅党组书记、厅长刘昆应邀到华南理工大学为2009年广东省领导干部“政府公共服务与绩效管理研讨班”授课。

9月18日 刘昆、曾志权、邓桂明、欧斌、沈梅红、郑贤操等厅领导参加在广州举行的“迎国庆·叙旧情”老领导座谈会。

9月21日 厅党组书记、厅长刘昆参加在广州召开的广东省传达贯彻党的十七届四中全会精神大会。

△厅党组副书记、副厅长曾志权在省财政厅向省政务公开联席会议第三考核组汇报我厅政务公开工作情况。

△厅党组成员、副厅长欧斌参加在广州举办的全省财政社会保障工作座谈会暨业务培训班。

△省委组织部通知，省委批准：戴运龙同志任省财政厅党组成员、副厅长，试用期一年。

9月21~22日 厅党组成员、副厅长沈梅红参加在珠海召开的财政部预算司地方政府债务管理国际研讨会暨地方政府性债务管理座谈会。

9月22日 厅党组书记、厅长刘昆列席在广州召开的省十一届人大常委会第十三次会议。

9月23日 厅党组成员、副厅长欧斌在香港参加商务部、香港特区政府和广东省政府落实CEPA及服务业先行先试宣讲会。

△厅党组成员、副厅长沈梅红参加在珠海召开的部分市财政运行情况分析座谈会。

9月24日 厅党组成员、副厅长郑贤操在东莞为公共财政与应对金融危机专题培训班授课。

9月25日 厅党组副书记、副厅长曾志权参加在广州召开的省直单位非税收入征管工作会议。

9月28日 厅党组书记、厅长刘昆参加在湛江召开的粤西地区工作会议。

△厅党组副书记、副厅长曾志权参加国家发展改革委全国“十二五”规划编制工作电视电话会议（广东分会场）。

9月28~29日 厅党组成员、副厅长郑贤操参加在河源召开的全省财政经济建设工作会议。

9月29日 厅党组副书记、副厅长曾志权参加在肇庆举行的广肇城际轨道交通佛山至肇庆段项目开工仪式。

△厅党组成员、副厅长沈梅红参加在广州召开的广东省文化体制改革工作情况汇报会。

△省财政厅转发财政部、交通运输部《关于规范成品油价格和税费改革资金管理有关问题的通知》。

10月

10月9日 厅党组书记、厅长刘昆列席省委十届第91次常委会议，汇报《广东省基本公共服务均等化规划纲要（2009~2020）》和《广东省基本公共服务均等化规划纲要（2009~2020）》的起草说明和主要内容。

△厅党组书记、厅长刘昆和厅党组成员、副厅长沈梅红在广州陪同省委常委、常务副省长黄龙云会见审计署广州特派办领导。

10月10日　刘昆、曾志权、邓桂明、欧斌、戴运龙等厅领导参加厅扶贫开发“规划到户、责任到人”对口帮扶工作动员会。厅党组副书记、副厅长曾志权主持，厅党组书记、厅长刘昆作动员讲话。

10月12日　厅党组副书记、副厅长曾志权参加在广州番禺召开的农村财政理论研讨会。

△厅党组成员、副厅长欧斌参加在北京召开的财政部和人力资源社会保障部征求对社会保险基金预算意见座谈会。

10月13日　厅党组书记、厅长刘昆和厅党组成员、副厅长欧斌陪同省委常委、副省长肖志恒到财政部汇报工作。

△厅党组成员、副厅长欧斌参加在北京召开的部分省份医改工作座谈会。

△厅党组成员、副厅长沈梅红参加在广州召开的2008年度省级预算执行审计查出问题整改工作会议。

10月14日　省财政厅转发《财政部关于印发〈新农村现代流通服务网络工程专项资金滚利办法〉的通知》。

10月15～17日　厅党组书记、厅长刘昆前往梅州市五华县开展“规划到户、责任到人”对口帮扶工作。

10月16日　厅党组成员、副厅长郑贤操参加在广州召开的中央扩大内需促进经济增长政策落实检查组与省政府研究部署第三轮检查工作会议。

10月18～19日　厅党组成员、副厅长欧斌参加在北京召开的财政部会计师事务所深入学习实践科学发展观活动动员大会。

10月19日　厅党组成员、副厅长郑贤操参加在广州召开的审计署广州特派办关于广东省贯彻实施中央扩大内需促进经济平稳较快发展有关政策措施情况及效果专项审计调查情况的报告（交换意见初稿）交换意见会。

△省财政厅印发《关于印发〈广东省国际金融组织和外国政府贷款债务偿还信用评价暂行办法〉的通知》。

10月19～21日　厅党组成员、副厅长欧斌陪同副省长李容根在北京学习考察民政工作。

10月19～31日　厅党组书记、厅长刘昆参加省政府代表团随同省委副书记、省长黄华华出访越南、印度尼西亚、澳大利亚。

10月22日　厅党组成员、副厅长戴运龙参加在广州召开的公开遴选省政府工作部门副厅级干部任职人员廉政教育会议。

10月22～23日　厅党组副书记、副厅长曾志权参加在重庆召开的国务院事业单位改革试点工作座谈会。

10月23日　厅党组成员、纪检组长邓桂明参加在广州召开的全省干部监督工作会议。

10月26日　厅党组副书记、副厅长曾志权陪同中共中央政治局委员、省委书记汪洋会晤科威特石油公司代表团和中国石油化工集团公司代表团，并参加广东省人民政府中国石油化工集团公司　科威特石油公司代表团谅解备忘录签署仪式。

10月28日　厅党组副书记、副厅长曾志权陪同中共中央政治局委员、省委书记汪洋参加与中央扩大内需促进经济增长政策落实检查组交换意见会。

△厅党组成员、副厅长郑贤操参加在湛江召开的全省农业综合开发工作会议。

10月29日　厅党组副书记、副厅长曾志权在广州向财政部党组成员、纪检组长贺邦靖同志汇报广东省资产评估工作。

△厅党组副书记、副厅长曾志权陪同中共中央政治局委员、省委书记汪洋会见法国经济工业和就业部部长拉嘉德一行。

10月30日　厅党组副书记、副厅长曾志权参加在广州召开的扩大内需战略研究工作进展情况汇报会。

10月　广东省21个地级市本级全面推行公务卡改革试点工作，并在部分有条件的县（区）开展试点工作。

△省财政厅荣获财政部“二〇〇八年度全国社会保险基金决算”一等奖。

△省财政厅向财政部申请利用全球环境基金（由世界银行代理）赠款500万美元建设广东省绿色货车示范项目获财政部及全权环境基金批准立项。

11月

11月1日　厅党组书记、厅长刘昆在广州陪同省委常委、副省长肖志恒会见财政部党组成员、纪检组长贺邦靖。

11月2日　厅党组书记、厅长刘昆陪同省委副书记、省长黄华华到韶关指导抗旱救灾工作。

△厅党组副书记、副厅长曾志权参加在广州召开的省扶贫开发领导小组成员会议。

△厅党组成员、纪检组长邓桂明参加广州召开的财政部财政监督办法立法调研会议。

△厅党组成员、副厅长郑贤操参加在广州召开的中央扩大内需促进经济增长政策落实检查组与省政府意见反

馈会。

11月3日 厅党组副书记、副厅长曾志权陪同省委常委、省委秘书长徐少华到河源调研。

11月4~5日 厅党组副书记、副厅长曾志权在河源、惠州开展基层组织工作经费保障调研。

11月5日 省财政厅转发《财政部关于进一步加强地方政府性基金预算管理的意见》。

11月10~11日 厅党组成员、副厅长欧斌陪同省委常委、副省长肖志恒到云浮调研。

11月11日 厅党组书记、厅长刘昆在广州陪同省委副书记、省长黄华华会见前来出席广东省开展国际友城交往30周年庆祝活动的希腊、荷兰、美国、澳大利亚和越南等国客人。

11月12日 厅党组成员、副厅长沈梅红在广州参加广东省迎接2010年广州亚运会动员大会。

11月13日 厅党组书记、厅长刘昆参加在北京召开的国务院公共卫生与基层医疗卫生事业单位实施绩效工资工作会议。

11月13~15日 厅党组成员、副厅长欧斌在北京参加财政部财政政策应对金融危机国际研讨班。

11月14日 厅党组书记、厅长刘昆在广州陪同省委副书记、省长黄华华会见前来出席广东省开展国际友城交往30周年庆祝活动的土耳其和菲律宾等国客人。

11月16日 厅党组副书记、副厅长曾志权参加在广州召开的全省堤围防护费和水资源费征收工作会议。

△厅党组成员、副厅长沈梅红代表省财政厅参加2010~2012年国库支付业务代理银行签约仪式。

△省财政厅组织开展向“大沙村扶困基金”募捐活动，刘昆、曾志权、邓桂明、欧斌等厅领导带头捐款。

11月16~18日 厅党组成员、副厅长郑贤操率检查组赴汕头、潮州检查中央扩大内需政策落实情况。

11月17日 省财政厅转发《财政部 商务部关于印发〈家电下乡中标企业考核及管理办法〉的通知》。

11月17~19日 厅党组成员、副厅长沈梅红在韶关、清远督导产业转移竞争性资金落实情况。

11月19日 省财政厅转发《财政部关于印发〈外国政府贷款转贷管理办法〉的通知》。

11月20日 省财政厅转发《财政部关于编制2010年地方财政预算的通知》。

11月22日 厅党组书记、厅长刘昆参加在深圳举行的省委、省政府工作汇报会。

11月23日 厅党组书记、厅长刘昆参加在广州召开的全省深化医药卫生体制改革动员大会。

△省财政厅财税库银横向联网第一期系统建设完成联调测试并正式上线。

11月24日 厅党组书记、厅长刘昆列席在广州召开的省十一届人大常委会第十四次会议。

△厅党组副书记、副厅长曾志权参加在北京召开的部分省市财政厅（局）长座谈会。

11月24~25日 厅党组成员、副厅长郑贤操出席在东莞举办的全省财政投资评审业务培训班开班仪式。

11月25日 厅党组书记、厅长刘昆厅长列席在广州召开的省政府常务会议，向会议汇报了关于上报广东省开征地方教育附加方案的请示和关于调整广东省娱乐业营业税税率有关问题的签报意见。

11月26日 厅党组书记、厅长刘昆参加在广州召开的散裂中子源工程建设领导小组第一次会议。

△厅党组副书记、副厅长曾志权参加在广州召开的关于促进粤北山区跨越发展的指导意见征求意见座谈会。

△广东省第十一届人民代表大会常务委员会第十四次会议审议通过《广东省实施〈中华人民共和国政府采购法〉办法》。

△省财政厅转发《财政部关于进一步完善对种粮农民直接补贴工作经费管理办法的通知》。

11月27日 省财政厅召开中共广东省财政厅直属机关第三次代表大会。全厅133名党员代表参加了会议，会议听取了厅直属机关第六届党委工作报告，选举产生了新一届直属机关党委委员、纪委委员。会议由厅党组成员、纪检组长邓桂明主持，厅党组书记、厅长刘昆在会上讲了话，厅党组副书记、副厅长、厅直属机关党委书记曾志权同志代表厅直属机关第六届党委作了工作报告，厅领导沈梅红、郑贤操、戴运龙参加了会议。

△省财政厅上报省人民政府《广东省省级财政支出项目绩效管理情况报告》。

11月30日 厅党组书记、厅长刘昆参加在广州召开的中共广东省委全体（扩大）会议。

△厅党组副书记、副厅长曾志权参加在广州召开的建立稳定规范的基层组织工作经费保障制度专题座谈会。

12月

12月1~4日 厅党组书记、厅长刘昆参加广东省党政代表团赴四川、重庆学习考察。

12月2日 厅党组成员、副厅长欧斌参加在安徽合肥召开的财政部门基层医疗卫生机构综合改革经验交流会。

△厅党组成员、副厅长沈梅红在北京为审计署全国审计业务培训班授课。

△厅党组成员、副厅长郑贤操出席在广州召开的全国农业综合开发项目评审培训班开班式。

12 月 2～4 日 厅党组成员、纪检组长邓桂明到汕尾、汕头等地督查专项资金检查情况。

12 月 4 日 厅党组副书记、副厅长曾志权参加在广州召开的加快推进东西北地区污水处理设施建设协调会议。

△厅党组成员、副厅长欧斌在广州陪同副省长万庆良会见巴西联邦众议院议员威廉·巫一行。

12 月 5 日 举办省财政厅第十一届全民健身运动会，厅党组副书记、副厅长曾志权出席开幕式并致辞，厅党组成员、副厅长戴运龙出席开幕式。

12 月 7 日 省财政厅转发《财政部关于修订 2010 年收支分类科目的通知》。

△省财政厅转发《财政部 中国人民银行关于修订 2009 年转移性收支科目的通知》。

12 月 8 日 厅党组书记、厅长刘昆参加在广州召开的省委、省政府关于扩大内需的决定稿征求意见座谈会。

△省财政厅印发《关于印发〈广东省省级与下级财政往来资金管理暂行办法〉的通知》。

12 月 9 日 厅党组副书记、副厅长曾志权出席省财政厅新录用人员培训班开班仪式并作题为《在平凡岗位上体现价值》的讲话。

△厅党组成员、副厅长郑贤操在揭阳陪同副省长万庆良督办 2009 年重点项目建设工作。

12 月 10 日 省人大视察组在省人大常委会副主任钟阳胜率领下到省财政厅视察工作。厅党组书记、厅长刘昆向视察组汇报了广东省 2009 年预算执行和财政工作情况，以及 2010 年预算草案编制情况和 2010 年工作思路。欧斌、沈梅红、郑贤操、戴运龙等厅领导参加了汇报会。

△省财政厅印发《关于全面实施家电下乡销售网点代垫补贴工作的通知》。

12 月 11 日 厅党组书记、厅长刘昆列席在广州召开的省政府常务会议，向会议汇报了《关于生态优化区域实施生态激励型财政机制的意见》、《关于优化开发区域和重点开发区域继续实施激励型财政机制的意见》、《广东省推进省直管县财政改革试点方案》和《关于建立推进基本公共服务均等化横向财政转移支付的指导意见》等方案意见稿，供省政府决策。

△厅党组成员、副厅长戴运龙参加在清远召开的广东亚行贷款节能减排促进项目管理培训班暨研讨会。

12 月 14 日 厅党组书记、厅长刘昆，厅党组成员、纪检组长邓桂明参加在广州召开的省直纪检监察派驻机构统一管理工作会议。

△厅党组副书记、副厅长曾志权参加在广州召开的省事业单位分类改革领导小组会议。

12 月 14～15 日 厅党组成员、副厅长戴运龙陪同财政部、民政部、公安部、中国福利彩票发行管理中心联合调研组到广州和肇庆调研广东省开展“中福在线”即开型彩票整改工作和发行销售情况。

12 月 15 日 厅党组成员、副厅长沈梅红参加在广州举行的省直物管中心与粤财投资控股有限公司物业委托管理合同（第二期）签字仪式。

△厅党组成员、副厅长郑贤操参加在珠海举行的港珠澳大桥开工仪式。

12 月 16 日 厅党组书记、厅长刘昆参加在珠海召开的全省深化体制改革工作会议。

12 月 17 日 厅党组副书记、副厅长曾志权参加在深圳召开的广东省与中科院科技合作座谈会。

12 月 18 日 厅党组成员、副厅长欧斌参加在广州召开的落实援助企业稳定工作岗位补贴政策协调会议。

△厅党组成员、副厅长戴运龙参加在广州召开的省治理教育乱收费厅际联席会议成员单位会议。

△省财政厅与省委宣传部联合印发《关于印发〈广东省文化产业发展专项资金管理暂行办法〉的通知》。

12 月 21 日 厅党组成员、纪检组长邓桂明参加在广州召开的广东省党政机关事业单位违规私设“小金库”典型案件通报会。

△省财政厅上报省人大常委会《关于落实省十一届人大常委会第十一次会议决议情况的报告》。

12 月 21～22 日 厅党组成员、副厅长欧斌陪同省委常委、副省长肖志恒到汕头、潮州调研。

12 月 22 日 厅党组书记、厅长刘昆到省人力资源社会保障厅参加关于农村社会保障体系建设专题全国人大代表集中视察活动。

△刘昆、沈梅红等厅领导参加落实中等职业学校农村家庭经济困难学生和涉农专业学生免学费工作视频会议。

12 月 23 日 厅党组成员、副厅长沈梅红参加在清远召开的全省行政事业资产管理工作会议。

△省财政厅转发《财政部关于印发〈外国政府贷款采购工作管理办法〉的通知》。

12 月 24 日 刘昆、曾志权、邓桂明、欧斌、沈梅红、郑贤操、戴运龙等厅领导参加省财政厅 2009 年度厅党员领导干部民主生活会。

12 月 25 日 厅党组书记、厅长刘昆参加在广州召开的省政府全体（扩大）会议，向会议汇报了 2009 年财政预算执行情况和 2010 年财政预算草案。

△省财政厅上报省政府《关于 2009～2011 年省级财政新增医改投入测算的情况汇报》。

12 月 27～28 日 厅党组成员、副厅长郑贤操参加在珠海举行的广东省高级会计师评审会。

12 月 28 日 厅党组成员、副厅长欧斌参加在天津召开的部分地区财政部门医改座谈会。

12 月 30 日 厅党组成员、副厅长欧斌陪同省委常委、副省长肖志恒到顺德调研。

△厅党组成员、副厅长沈梅红向省人大财经委汇报广东省 2009 年预算执行情况和 2010 年预算草案。

12 月 31 日 省委常委、常务副省长黄云龙受中共中央政治局委员、省委书记汪洋，省委副书记、省长黄华华的委托，代表省委、省政府到省财政厅亲切看望、慰问财政干部。在听取省财政厅工作汇报后，黄云龙指出，在省委、省政府的正确领导下，广东省大力推动实施“三促进一保持”战略，取得了显著成效，实现了年初确定的经济社会发展目标。以此为支撑，财政工作也取得了突出成绩，体现出如下特点：一是财政运行态势逐步向好，财政收入实现了平稳较快增长。二是财政收入结构优化，在经济财政形势严峻特别是国家实施结构性减税政策的情况下，实现了税收收入和财政收入同步增长。三是民生支出占财政比例较大，省委、省政府提出的民生优先的要求得到了充分贯彻落实。四是实施了一系列改革创新，特别是财政资金竞争性分配改革得到了进一步深化，在探索财政分配新路子上迈出了关键一步。

△省财政厅上报省委《关于广东实行省直管县财政改革的建议》。

△省财政厅转发《财政部关于开展工程质量监督工作经费落实情况专项检查的通知》。

12月　省财政厅党委办公室被省委、省政府评为“广东省文明单位”。

第十一部分

媒体报道

把预算做细 让代表看懂

600多页，近120个部门，每个部门下面又分基本情况说明、收支与预算总表、预算支出明细表。翻到“教育类”预算，可以发现下面还列出了2009年在职业教育、普通教育、成人教育等方面的投入。

这是刚刚结束的广东省十一届人大二次会议上，人大代表们拿到的《广东省2009年省级部门预算草案》。

“看不懂、看不完、看了也不知道钱究竟花到哪儿了……这些问题代表们提过很多次。”谈到这份厚厚的预算案，广东省人大财经委有关负责人说，“近年来，广东的预算审查和监督一直注重解决这些问题，希望代表们能够迈过‘专业’这个门槛，通过认真履行审查和监督的职能，使得政府花钱变得更加公开、透明和民主。”

最多的“类”下有数十“款”

今年的广东省人大会议上，代表们发现，预算草案编制又有大变化，不光是预算草案变成了“电子书”，增加“项目支出明细表”内容的电子查询，以往仅仅列出大类别收支数字的下面，首次清晰地列出了一款款具体的收支内容。

“由‘类’到‘款’，这是今年预算草案的最大突破。”广东省人大财经委预算监督室主任黄平表示。

何谓由“类”到“款”？“以往，提交省人大会议审查的预算草案仅仅将收支项目和数字列到‘类’这个级别。例如，医疗卫生类，仅仅写明这一类别要花多少钱，再无其他。今年则细化到‘款’。”省人大代表张招兴说。

据了解，预算编制的项目分为“类”、“款”、“项”等几个级别，涵盖范围依次递减，但细化程度依次加深。黄平举例说：“比如‘国防安全’类，除了列出该类要花多少钱外，还要具体列出这个领域中公安、武警等各支出多少钱。”

翻开《广东省2009年省级部门预算草案》，每一个大类别下有具体的“款”，少则十数，多则数十，清晰可查。政府收支信息反映了政府及其各个部门的所有活动，预算草案的细化、预算信息的公开，为人大代表履行审查监督职能创造了条件。

草案从几页纸变“电子书”

“在省九届人大开始的时候，预算草案我记得还只是两三页纸，农业多少、工业多少等等。”广东省人大代表辛瀑回忆。

改变从2001年开始。当年5月，广东开始实施全国第一个由省人大起草通过的地方预算监督条例——《广东省预算审批监督条例》，规定除政府各部门预算外，其他专项支出，如劳动社会保障、农业等资金，以及转移支付资金、大型专项资金等支出也都要提交人大审查。那一年，广东省政府首次尝试编制相对细化的预算案，7个省级部门的预算向人大代表公开。

而2003年，囊括了102个部门内容的年度预算交到代表手上，“第一个感觉是很沉，有审查的感觉了。”当年的一位代表回忆。

2004年，广东省十届人大二次会议，预算案列出115个省级部门预算，审查金额突破225亿元人民币——这一年，几页纸的预算草案成了一本厚3厘米、重1.5公斤的“预算草案册”，涉及部门、项目、支出等详细内容，预算审查迈出重大一步。

而就是这个细化了的预算案，引发了一场大讨论。代表们注意到4家省直机关幼儿园用了2000多万元的财政拨款，代表在省财政厅询问会上说的一句话“公共财政养公务员没错，但不能连公务员的子女也养起来”广为流传。

此后几年，广东省预算草案在人大代表们连声的“看不懂”中，发生更多的改变。“代表们对预算问题抠得越来越细，预算草案做得一年比一年完备。”张招兴说。

2006年，预算草案在“省级重点支出保障及主要项目安排情况”上，比以往更为具体、详尽，并首次给每笔开销具体立项，说明“做什么”、“达到什么效果”。2007年，预算草案封面上首次去掉“秘密”二字，意味着代表可把草案带回家仔细研究，不必“阅后缴还”。2008年，预算草案变成了“电子书”，全部上网供代表查询审议。2009年，预算案编制实现由“类”到“款”的突破。

将在预算监督中引入专家

在近些年的广东省人大会上，代表在预算监督上“斤斤计较”，在预算审查中热烈讨论，已经形成了独具特色的“广东现象”。

广东省人大常委会副主任钟阳胜说，对于财政预算，人大监督工作和政府行政管理工作二者目标是一致的，都是要保证财政预算收支的合法性、科学性、规范性、高效性，保证纳税人的钱能用好管好。

“帮纳税人看好财政的每一分钱”，成了广东代表挂在口边的一句话。但对于预算报告，代表们喊“看不懂”的声音依然很多。广东省人大代表荣卫平说，其实“看不懂”不完全是真的看不懂，而是看不出问题。“提供的信息不够，就很难看出问题。”

但要做到“看好每一分钱”，并不是件容易的事情，在厚厚的报告、专业的表述、复杂的图标、纷繁的数据面前，如何让人大会议对预算审查的过程更为合理和透明，增加社会各界对政府预决算的了解度和参与度，仍然是一个难度不小的课题。

中山大学行政管理研究中心主任马骏教授提出，目前的“大会审”的确面临一些约束：第一，会期短，很多地方预算审议就一天甚至半天，时间不够；第二，人大代表是兼职，审议预算动力不足。“人大要加强能力建设，让一批专业人员进入人大常委会的预算审查监督机构工作，设计内部的预算审查程序。”

钟阳胜日前透露，广东省人大下一步将着力建立健全制度，发挥专家作用。据了解，广东省人大常委会已经决定建立财经工作咨询顾问制度。

（本报记者　邓圩　2009年2月26日《人民日报》）

广东农业的新活力

近3年农业综合开发建成186万亩高标准农田，带动形成一大批特色产业

连日的大雨，广东罗定市不少稻田一片汪洋，而蒗塘镇的万亩农业综合开发项目区却是另一番景象，田成方、路成行、渠相通，排灌方便。“今年大水不减产!”蒗塘镇石碑村农民梁伟京信心十足地说：“有了新修的渠道，雨水半天就排干，你看这苗情，今年亩产少说也有900斤。”

抗灾夺丰收，农业综合开发功不可没，2006年以来，广东农业综合开发累计投入财政资金11.32亿元，建成186万亩高标准农田，一片片“旱岗子”、“水袋子”实现了旱涝保收。项目带动了产业升级，湛江北运菜、阳江花卉、惠州马铃薯等一大批特色产业优势凸显，南粤大地清风扑面，焕发出新的活力。

集中投入，打造农民增收的“第三季”

这些天，高要市蚬岗一村李跃明每天一早来到地里，等着商贩来收瓜。看着绿油油的瓜地，老李得意地说：“按今年的行情，能多挣2万元。”

种这6亩地，过去老李力气没少花，却没多少效益。李跃明说：“缺水啊！渠道淤积严重，水在河里流，人在田里愁。靠天吃饭，一年只能种一季水稻，一亩顶多收600多斤。”

2006年，蚬岗镇实施农业综合开发，政府出钱，农民出力，两年时间，修通25公里水泥渠道，12公里机耕路，1.2万亩农田解决了“卡脖子旱”。

“改水好比第二次土改，一亩地变成了三亩地。”李跃明算了一笔账，现在一季水稻、一季蔬菜、一季瓜，三季算下来，一亩能增收6 000多元。蚬岗一村支书李润标说：“现在村里土地金贵了，亩均收益翻了两番。过去4个月种田，8个月农闲，现在村里没闲田，农民没农闲。”

李跃明的小账折射出农业发展方式的转变。广东省财政厅厅长刘昆说，作为财政支农的有效措施，农业综合开发就是要解决农民想办又办不了的事，解决制约当前农业生产的关键问题，力争成为高效农业的样板、带动农民增收的示范。广东农业综合开发坚持集中投入，规模开发，不撒胡椒面。2006~2008年累计安排项目249个，平均每个项目治理面积0.75万亩，国家开发县平均每个县投入2 300万元。

项目数量少了，但效益高了。刘昆介绍，2006年以来，全省农业综合开发累计新增蔬菜、水果、甜玉米等40多万亩，围绕冬季灌溉重点规划建设，新增冬种示范基地38万多亩，许多农民两茬耕种变为三茬，成为农民增收的“第三季”。统计显示，3年项目区累计带动农户9.65万户，年人均增收310元。

竞争立项，干好干坏不一样

“亩均投入多少？你们的优势是什么？今后如何体现示范作用?”

“一亩投入1 200元，我们的土地集中连片，能发挥规模效应。”

台下的专家问得仔细，台上的选手答得认真。这是8月25日广东举行的农业综合开发项目竞争立项评审会。经过激烈答辩，廉江市和罗定市最后胜出。今后3年，每个县将获得4 000多万元的财政扶持，可以建设3.25万亩以上的高标准农田。

广东省财政厅副厅长郑贤操说：“让财政支农资金发挥最大效益，一定要创新机制，杜绝干部‘干好干坏一个样、干多干少一个样’的思想。从2008年开始，广东农业综合开发在全国率先引入竞争机制，实行财政扶持资金公开竞标。下一步，还将对44个国家开发县进行绩效考评、末位淘汰。这样做，就是要释放出一个信号：你条件再好，不干出成效，同样可能失去这块资金。”

“竞争是压力也是动力，项目争到手了，要是干不好，被摘了帽子，没法向全市人民交代。”罗定市市委书记陈敏说。

各地比创新、比效益，不折不扣落实惠农政策。罗定市石碑村农民左其恩提起年初完工的工程，一脸自豪。他说：“从设计图纸到工程施工，都有项目公示，我们都全程参与了。”为了确保渠道的施工质量，村民们自发组织了监理，发现水泥标号不够必须返工。在许多地方，农民成立了用水户协会。“水费交得明白，管得透明，也能用得长久。”左其恩说。

农业综合开发评估调查结果显示，项目区农民满意度达到95%以上，百姓把农业综合开发称为“民心工程”、“阳光工程”。

综合开发，五指成拳显实效

“农业综合开发的突出特点是综合，在一个项目区，水土田林路的综合治理，各种资金五指攥成拳，催生出现代农业的新生产力。”刘昆说。

大灾不减收，农民得到了综合开发的实惠。罗定市石碑村农民黎庆跃说，修了泵站、灌区，全村灌溉费一年能省十几万元；有了机耕路，收割机开到田里，7亩地一天半就能收完，能省20个工；省出来的工夫，他养了3头猪，一年也能收入几百元。

新技术的不断推广，让许多项目区农民对测土施肥、精量播种等名词不再陌生。高要市南村农民冼品基感叹说：“以前施肥‘一炮轰’，耕地时顺着犁沟一次撒完。现在不行了，春天还得按时追肥；过去水稻亩产攻破800斤很难，现在超1 000斤也不新鲜；过去七八年才推出一个新品种，现在一两年就能出来。”

广东省财政厅农业综合开发办主任蒋育燕说，各炒一盘菜，共做一桌席，综合开发使沉寂的土地显出了活力：这几年，项目区实施农业科技推广，示范推广优新品种76个，项目区农业科技贡献率达到55%以上，农产品优质品率达到94%，市场竞争力明显增强；项目区实现了灌溉水利化、耕作机械化、种植标准化。湛江市项目区推广香蕉、菠萝、北运菜等，亩产值超万元；汕头、惠州、江门等地项目区，建成一系列的特色农业生产基地，平均每亩收益达到5 000元以上……一个个农业综合开发项目区，正成为广东现代农业的新亮点。

（本报记者　赵永平　2009年9月17日《人民日报》）

竞争拿资金　不撒胡椒面

引入竞争机制，财政资金“扶优”不“救穷”

广东作为最早的沿海开放地区，一直是中国经济的“排头兵”，改革开放30年来取得的辉煌成就令世人瞩目。然而，广东的经济发展也面临着新的问题：在珠三角地区人均GDP超过7 000美元的同时，东、西两翼人均GDP却不足1 800美元；在吸纳大量外省劳动力就业的同时，省内几百万农村剩余劳动力却在苦觅出路……

为调整优化产业结构，促进区域协调发展，广东省提出推进产业转移和劳动力转移的“双转移”战略：将珠三角地区一些已经没有多少竞争优势和发展空间的产业向东、西、北部欠发达地区转移；将欠发达地区的剩余劳动力向经济发达地区转移和就地就近就业。为此，从2008年5月起，广东省财政专门拿出75亿元设立专项资金，扶持欠发达地区示范性产业转移园区建设。

欠发达地区没有不缺钱的，但省里的扶持资金有限，如何分配才能更好地发挥作用，真正带动当地经济发展呢？中共中央政治局委员、广东省省委书记汪洋亲自“点题”，决定改革以往“撒胡椒面”式的平均分配方式，大胆引入竞争机制，由各市参与竞标，胜出者才能拿到“真金白银”。整个竞标过程充分体现“公开、公平、公正”原则：把各市的经济发展思路、产业转移工业园建设方案摆到桌面上，各市竞标团队公开答辩，评审专家现场打分。评审指标不但要看产业转移园区现有规模和长远规划，还要看当地政府科学发展的思路，推动形成经济增长极的潜力，对区域发展的带动能力，以及环境生态保护的措施等。谁的发展思路更科学、方案规划更缜密，谁就能够得到更多的资金支持。

“财政资金实施竞争性分配改革是一个创新，目的是通过财政资金集中投入，支持欠发达地区经济发展过程中最关键、最急需、辐射带动效应最大的领域，推动欠发达地区加快形成新的经济增长极，进而实现全省区域经济协调发展。”广东省财政厅厅长刘昆说。

“等、靠、要”不灵了，发展才是硬道理

“作为肇庆市竞标团队的领队和主辩手，两个多月的准备期间我几乎没有回过家，压力真是太大了。”谈起去年8月参加首批省财政扶持资金竞标时的场景，肇庆市代市长郭锋至今仍历历在目。

郭锋说，市委市政府几次开会研究产业园区建设规划，进一步理清发展思路，并专门组织了竞标团队，精心准备申报材料。功夫不负苦心人，竞标团队充满信心的陈述和答辩，充分展示了肇庆工业园区建设前景和承接产业转移的优势潜力，赢得了专家评委的一致好评。第一笔5亿元产业转移扶持资金，终于花落肇庆。

“5亿元可不是个小数目，差不多相当于一年的市级财政收入。这么大一笔钱，对园区建设的支持力度是可想而知的。可以说，肇庆是这次改革的受益者，把握住了发展的先机。”郭锋感慨地说。

河源市是广东的重要生态屏障，承担着东江中下游4 000多万人饮水安全和向香港输水的重任。河源也是个穷地方，贫困县占全省近1/3，人均GDP只有全省平均水平的1/3，经济基础比较薄弱。以前向省里要钱，河源“哭穷”的时候多，说的主要是市里的困难。要来的钱也很有限：省里一年能多给1 000多万元，兄弟市再帮扶个百八十万元。但这点钱对于河源的发展来说只是杯水车薪，无法派上大用场。

河源市市长刘小华说："这些年，我们悟出一个道理：河源要富，不能只靠省里转移支付、兄弟市的帮扶和国家的扶贫政策，关键是要靠我们的双手创造财富。"在产业转移扶持资金竞标会上，河源展示的是环保与经济"双赢"的发展之路，既要"金山银山"，又要绿水青山。河源的发展理念和规划方案得到了专家评委的充分肯定，河源在去年获得首批扶持资金5亿元后，今年9月又梅开二度，再次获得5亿元扶持资金，成为这次财政资金竞争性分配改革中的大"赢家"。

省财政厅副厅长曾志权介绍，从2008年8月到今年9月，全省75亿元产业转移扶持资金已经分五批分配完毕。从竞标结果看，有13个市获得了5亿元扶持资金；有两个市拿到了10亿元扶持资金；还有两个市没有中标，一分钱也没拿到。

从取得的效果来看，改革打破了以往平均分配和逐级下达财政资金的分配模式，切实增强了各地加快发展的竞争意识和忧患意识，真正认识到干与不干不一样，干好干坏不一样，只有用心投入、转变思路、科学发展，才能争取到省级财政的有力支持。目前，围绕推动"双转移"和加快发展，各地研究制定的各项政策措施已远远超出5亿元扶持资金的意义范畴，为全省未来经济发展打下了良好基础，增添了更大的后劲。

财政投入1元钱带动社会投资7元钱，放大效应明显

走进河源市中山产业转移园，最先映入眼帘的是一座新建的污水处理厂，厂区周围3万平方米湿地中绿叶摇曳，鲜花盛开。开发区负责人介绍说，这个污水处理厂总投资6 000多万元，就是用省里扶持资金建的。整个园区的污水经过处理后，还要排入这3万平方米的人工湿地进行深度处理，使出水水质达到地表三类水标准，再用于电厂生产和园区景观绿化。

获得省产业转移扶持资金10亿元，对财力薄弱的河源市可谓是"雪中送炭"。园区新增投入9.81亿元，加快开发建设步伐，园区投资环境明显改善，投资吸引力大大增加。世界500强企业香港龙记集团，就是从珠三角搬到河源落户的。龙记集团技术部负责人说，集团主要从事模具加工，厂房占地大，工人多。河源土地储备丰富，水电、劳动力价格是全省最低的地区之一，在这里办厂比在珠三角投资成本可节约30%以上。

刘小华说，有了梧桐树才能引来金凤凰。目前，产业转移园已初步形成了以手机为主的电子信息产业和以模具为主的机械制造业两大主导产业。今年10月，首期投资280亿元的汉能薄膜太阳能电池项目正式动工，建成投产后3年内将形成120亿元产值，并带动大批新能源、新材料项目落户。河源已经由过去的招商引资变为招商"审资"——只有符合本地区发展方向、环保达标的项目，才能在河源安家落户。

大规模产业转移扶持资金的集中投入，不仅为园区各项硬件基础设施建设提供了有力支持，而且为各地扩大融资、加大投入创造了条件，各中标市产业转移园建设步伐加快，一批园区不断显现出强大的带动力和辐射作用，推动欠发达地区加快培育形成新的经济增长极。从前三批示范性产业园区情况看，省扶持资金直接带动社会资金投入318亿元，带动投入的平均乘数达1:7，财政资金投入的放大作用十分明显。

在园区建设的带动下，东、西、北地区发展不断加速。今年上半年，粤东、粤西、粤北地区生产总值同比分别增长9.6%、7.7%、8.1%，高于全省2.5、0.6、1个百分点；粤东、粤西、粤北一般预算收入分别同比增长13.8%、9.96%、14.32%，高于全省8.94、5.1、9.46个百分点。全省累计新增转移就业69.5万人，同比上升42.7%，珠三角地区截至5月累计新增43.4万人，同比下降24.1%，人力资源区域配置明显优化。

刘昆说，省产业扶持资金竞争性分配改革的顺利推进，为今后深化公共财政体制改革积累了经验，还需要再接再厉，做好改革后续的各项监督、管理和服务工作。下一步，广东省财政部门将组织各市对产业转移扶持资金使用绩效进行自评，并建立严格的全过程跟踪问效制度，开展绩效督查和重点绩效评价。同时，进一步深化竞争性分配改革，加强省级财政专项资金竞争性分配绩效管理，在需求弹性较大、支持经济发展的竞争性领域，逐步扩大改革试点范围，切实提高财政资金的使用效益。

（本报记者　李丽辉　2009年11月30日《人民日报》）

广东压行政开支保民生支出　4.3亿解决代课教师问题

本报广州12月2日电（记者贺林平）广东预计，今年全年省级一般预算收入与年初预算相比会少收34亿元，这一情况是否会影响今年该省的民生投入？对此，广东省财政厅相关负责人表示，将压缩行政开支确保民生重点支出；其中特别安排4.3亿元支持欠发达地区解决代课教师问题。

11月24日，广东省财政厅提交广东省人大审议的《2009年省级财政预算调整方案的报告》显示，今年全年省级一般预算收入与年初预算相比会少收34亿元。日前，在做客广东"民声热线"节目时，广东省财政厅党组副书记、副厅长曾志权表示，尽管今年财政困难，但民生项目的投入以及涉及百姓日常生活的各类财政补贴不受影响，“今明两年行政事业经费5项零增长，其他一般性支出今明两年分别压减5%、10%，为民生重点支出腾出财政空间”。

在民生支出中，广东特别拿出4.3亿元，用于解决代课教师问题。包括：对首次招考没被录取的，为其提供免费培训机会；对暂时未转入但要继续聘用的代课老师，为其提高待遇；代课老师被录取后转为公办老师或其他后勤人员所增加的财力负担，予以财力补助；对未能通过考试要辞退的，给予经济补助。帮助欠发达地区在规定时间内实现解决代课教师问题工作目标。

（2009年12月3日《人民日报》）

受访人：广东省财政厅厅长刘昆
采访人：中国财经报总编辑姚中利博士
采访地点：广州

排头兵，过河卒

改革开放30年，成就了广东经济的沧桑巨变，也成就了广东财政激流勇进的时代先锋。30年来，广东GDP从1978年的186亿元增加到2007年的31 084亿元，年均增长13.8%；一般预算收入从1978年的42亿元增加到2007年的2 786亿元，连续17年稳居全国第一。

改革开放30年，是什么让广东财政披荆斩棘，始终冲在改革最前沿？是什么让广东财政三十而立？“功成名就”后的广东财政，将面临哪些难题又如何破解这些难题？为了给本报读者一个较为全面的解答，本报总编辑姚中利博士与广东省财政厅党组书记、厅长刘昆进行了面对面的访谈。

——题记

姚中利：改革开放30年，三十而立。而立之年，中国立不立得起来，某种意义上说要看广东这个标志性省份立不立得起来。广东立不立得起来，财政又是很重要的方面。根据我们对广东财政多年的报道和了解，广东的很多改革，不仅走在全国前列，而且创新意识特别是机制创新意识较为突出。广东是中国经济的排头兵，排头兵也是过河卒，不好当，要有胆识、有智慧。刘厅长，这一切是怎么做到的？

刘昆：改革开放30年，广东财政严格讲是从无到有的过程，而不是对原来的简单改进。改革开放以来，我认为，财政方面有3件事是值得去说的，或者说具有“立”的意义。

一是1994年的税制改革。我认为，这次分税制改革是奠定符合社会主义市场经济要求的财政管理体制最重要的一项改革。没有这项改革，也就没有目前财政职能的充分发挥。

二是从20世纪90年代后期到现在，我们实现了财政管理手段的创新和升华——实行部门预算、国库集中支付、收支两条线、政府采购等4项改革。目前广东正在推行的一些改革，实际上是在这4项改革基础上逐步拓展的。

三是在财政政策实践方面。从1998年提出积极财政政策到2005年的稳健财政政策，再到现在的积极财政政策，实现了真正意义上的财政对经济的宏观调控。

至于广东的一些做法为什么能走在全国前列，主要有两方面原因，一是市场经济发展的机制会更早地影响广东，从而使广东及早去研究这些问题。二是在每个经济周期，广东会提早几个月或半年感受到其影响，这为广东进一步改革和探索创造了基础性条件，让我们能够在发现问题苗头的时候，在国家制度设计的框架内做相应探索并加以解决。

解放思想　方能解决深层问题

姚中利：改革开放以来，广东一直领风气之先，汪洋书记来了之后，特别强调解放思想。当时看到这个消息，我心里就有一点疑问：说经济发展相对落后的地区解放思想，那是迫在眉睫，但广东的各个方面，包括民主法治、经济改革、财政改革，在全国都是排头兵，广东还需要解放思想吗？

刘昆：可能一般人都认为，思想比较解放的广东就不需要解放思想了，但实际上不是这样的。因为，在思想比较解放的地方，会更多触及问题的核心。要解决这些问题，不能用走回头路的方式来解决，而是针对问题所在，通过进一步解放思想来探索思路及办法。

解放思想本身就是与时俱进的，不是一种静止的某个阶段的任务，而是一种动态的长期的任务。完成这些任务，就是考验你是将思维固定在原有的方式上，还是进一步开拓思维，引进新的理念。

姚中利：你的看法非常好。解放思想，就是为了深化改革。中国改革走过30年，改革是需要深化的，不深化改革，很多事都会半途而废，改革的代价会更加巨大。再者，通过解放思想，寻找更科学、机会成本更小的可能性，这是对解放思想的升华。然而，解放思想，深化改革，究竟要做些什么，必定有长期目标和短期目标之别。我们感兴趣的是，这种解放思想和深化改革，与作为一个财政厅长面对的当前目标之间是什么关系？

刘昆：从实践上看，思想比较解放的地区，可能由于同其他地区的发展阶段不同，会面临一些新的问题。就像我们的财政管理，这两年我们碰到的一个最大困惑是在整个制度及管理框架已经建立起来的情况下如何提高资金使用效率。一般情况下，在资金使用过程中，通过增加环节，加强管理，会影响到资金的周转速度和资金使用效率。而我们改革的目标是要提高资金的使用效率。这之间会形成一个矛盾，怎么办？我们只能从拓展思维中，找到解决矛盾的办法。

比如，在这两年的探索中，我们发现，把一部分市场竞争手段引进到二次分配之中，是更加有效的资源配置手段。今年我们有个项目，每个市安排5亿元的资金用于产业转移，在产业的升级中发挥欠发达地区的延续性，形成新的经济增长点。但这部分资金并非每个市都有，而是只安排3个市。3个市如何选择？我们探索采取了竞争招标的方式。

在这个过程中，各市的资金使用程序与以前完全不一样了。以前是打报告请款，拿不到钱找领导，而按照招标方式，这些都没有了。他的主要精力就不是集中在所谓的"跑厅钱进"上面，而是集中在研究自身优势，做好可行性方案，做好演讲。这个过程，把单纯的行政审批变成了研究落实。

姚中利：也就是讲，通过这么一套运作程序和方式，最后胜出的项目，它的科学性、可行性等都是立得住的。这个项目现在执行效果怎么样?

刘昆：从项目执行半年的情况来看，效果非常好。一方面，在原来形不成发展思路的地方，通过参与竞标，让相关地方形成自身的思路。比如说梅州市，经过这次招标过程，他们找到了很好的思路，就是以发展汽车配件产业为主，再造一个工业梅州。5亿元的资金形成一个资金链，我们一次性招完标，再报省政府确认，确认完成后，我们的资金会马上下达。梅州市拿到的下达资金，再加上广州的对口扶持资金，他实际拿到的资金是9亿元。

姚中利：你们这套程序，在一定程度上讲，也回答了社会上普遍担心的一个问题，即在中央4万亿元扩大内需的投资计划中，会不会出现豆腐渣工程，造成很大浪费。如果说广东整个项目选择有这样一个程序保障的话，那大规模投资的负面效应或负面成本会降到最低。

刘昆：我认为您的理解是对的。在这种特殊形势下集中安排大规模的资金，关键是要让原先准备工作做得比较充分的地方拿到资金。比如说，我们水利部门的病险水库改造资金。以往，我们采用的是各地申报的办法，由于申报量远远大于资金量，因此每个地方只给一点。这种分配在资金使用效率上是比较差的，也会存在配套资金的问题，因为他的申请是满足不了需要的，或是很小的一部分。我们这次就改变了原有的方式，建议水利厅组织各地相关专业的大学生，然后由省有关部门组成专门小组下到各地，对每一个可能存在病险水库的地方进行实地勘察了解，并建立档案，作出判断，是不是病险水库，病险程度有多大，影响的流域面积有多大等等。逐个建档之后，水利厅会形成完整的全省病险水库档案。在这个基础上，我们制定出资金使用规划，什么时候完成，怎么完成。在这么一个基础性的材料之上，我们的资金安排计划是覆盖所有病险水库的，就不会造成很危险的报了拿不到钱，不危险的报了却拿到钱的情况。

姚中利：你的回答让我们得出一个结论：广东不用担心了。

刘昆：是这样，我们广东的项目应该能如期完成。另外，我还想多说一句，在实施积极的财政政策时，要高度重视理论的指导作用。财政政策实际上代表政府的干预，但究竟要干预哪些方面，干预到什么程度，我觉得是下一步很重要的研究方向。如果在干预上没有很好的理论指导，很可能导致我们的干预手段和干预目标不一致。在财政管理手段上，关键是把我们目前零散进行的改革组成一个完整系统，各环节互相衔接，形成一个闭环体系。我认为，整个财政管理的体系，对内是闭环的，一环扣一环，对外则是开放透明的，根据梯度向外开放，让老百姓知道你怎么用、怎么管。

激励机制以人为本

姚中利：很多财政改革，全国都在做，但是在真正具有机制创新意义的方面，广东做得比较好。有了机制，制度文本就有了一种有效的支撑。比如说民主理财、科学理财，它的主体是人，是吃五谷杂粮的人，不是抽象的人。在进行制度设计时，如果能充分考虑到这种因素，效果可能就不一样。

刘昆：关键在于我们整个制度设计要符合财政管理改革的方向。我们改革的方向在哪里？我们必须有一个长远考虑，在长远目标的前提下，再考虑一些短期改革，从而保证我们整个改革不会走回头路。

姚中利：从实际出发，统筹协调长远与当前，这也是科学发展观的要义。另外，能否建立一种好的机制，取决于一个重要前提，即如何认识国情、民情。社会主义初级阶段是很丰富的理论，但一些地方似乎重视不够。感觉广东在这方面做得很到位。像你们实施的财政激励政策，对领导班子的奖励，说来有些不可思议，本来党政领导干部，为国家办事是应该的嘛，为什么还要拿财政的钱奖励?

刘昆：我认为，管理在一定意义上是对人的管理，并且，体制制度执行的主体是人，因此，怎么在制度管理中体现"以人为本"？我觉得不能把"人"抽象化，应该把他看成有血有肉的人，而不是提不切实际的道德要求，更不能把脱离实际的假设作为前提，一定要从人无完人的角度设计制度。然后，根据每个阶段的情况，在可控的范围内执行激励。

我们今后的财政体制，也会倾向于以激励为主。因为我们是一种制度上的管理，而不是特定性的管理。在遵纪守法的前提下是感觉不到制度的威力的。但是，你要想违规做一些事，制度会马上自动对你进行制衡。比如说会计，整个从指标到支付到记账，我们形成了一个指标流，这个指标流在运作的过程中，对任何一个违规的行为都会自动察觉，进行比对。如果是完全规范地运作，你就不会在体系中出现任何问题，但要是不规范运作，很快地就会反映在整个系统上。

寓服务于管理，实现双赢

姚中利：你这个制度，让我想起一句话，叫"天网恢恢，疏而不漏"。如果你自觉，可能就感觉不到天网的存在，但是，你要想违规，就碰上了。刘厅长，听说你们在预算管理改革方面又有一套“组合拳”，把绩效评价和监督工作结合在一起，成为预算管理的有机组成部分，能否给我们扼要介绍一下?

刘昆：现在部里也在搞预算指标的整合，我们实际上提早搞了两年。指标一通过预算，就一直控制整个流程，按照我们的设想，会控制到会计记账，最后到整个经济的反馈。所有的都会反映到预算管理上。这个制度设计，就像我们最早搞的绩效评价工作，我们当初的设计，也是从规范着眼的，并没有直接触动部门当时的利益。因为以前你请款，一张纸条也可以，领导讲的计划也可以，但是你这种请款是没办法考核绩效的，你不让他这样请也不行。我们的制度设计中引入了基建投资中可行性研究的办法，要求编写可行性方案研究报告，然后经过评审，政府批准后，跟着出台某项资金管理办法。在这种情况下，对部门来讲，只是工作量的增加，对整个业务影响是不大的。

实际上，有了这个基础，评价便有了基础。现在我们省级已经做了300多个500万元以上的项目绩效评价，效果还不错。在这个过程中，从一开始，我们就对好的进行表扬，对差的通过结构调整的方式解决。他会慢慢感到我们这个绩效评价在财政管理中是有作用的。因为他知道，如果做得不好的话，对他的后续资金是有影响的，他就予以重视了。整个工作，不是事后批评，而是事中辅导。

姚中利：我听出来了，你们这种改革很大程度上也是对别人的一种帮助，所以别人很容易接受。

刘昆：一方面是帮助别人，一方面是帮助自己。我们根据省委省政府的导向来帮助他，再通过他们执行过程中反馈的问题，来改进我们自身的工作。

姚中利：财政部门有责任从财政管理的角度，从提升业务水平出发来提供更多帮助，而不是简单地卡别人或指责别人。

刘昆：任何一种制度设计，都应该是寓服务于管理之中，让他们在接受我们服务的过程中能够感受到制度的威力，而不是针对某个问题的批评与指责。刚才你提到的“天网”问题，实际上我们的制度是面上的，要求你按照这种制度做事，然后在制度执行过程中，我们对你做得更多的体现为服务，在服务过程中发现你的问题，然后根据制度对我们的整个管理过程作调整。

姚中利：在这个过程中，他后来的管理水平应该也得到相应的提升。

刘昆：是的，他的管理水平肯定会提升。现在我们包括绩效评价，各部门比较重视，他们自己也在不断调整。因为他们自身有完整的方案，这个方案的编制过程，对他管理就是一种进步。

我们最近还打算将监督的工作和绩效评价的工作相结合。因为绩效更多的是根据导向作用来做，而监督工作更多的按照制度来做。两者一结合，效果还是非常好的，也会反映到预算管理过程中。明年我们对沿海地区渔民转产转业资金，就打算调整方向。因为我们在监督过程中发现资金使用情况不好，有一部分造假的情况出现，我们监督的工作会直接向本部门反馈。这种事情是一种导向性的，沿海地区的转产转业我们要做，但是发现这么多问题，证明当初我们的制度设计是有问题的。那我们就要求改变资金的使用方法。也就是说，将来，绩效从导向上，监督是从制度上，通过两方面相结合的调整，使我们的资金使用效益更好。

只要是我们寓服务于管理之中，应该说，部门的接受程度还是比较高的。因为起码我们和部门班子的目标是一致的。没有哪个部门希望他的资金管理是很差的。所以我们的管理工作和他们部门引导的管理目标是一致的，这样他就容易接受，不会感觉我们是在管他。我们的管理虽然很广泛，涉及全过程，但是管的结果，部门领导还是比较满意的。

均等化不等于绝对平均

姚中利：十七大提出了公共服务均等化和主体功能区课题。不少地方财政的领导也特别关心这个问题。广东财政这个“排头兵”、“过河卒”怎么做，可能会成为大家关注的焦点。

刘昆：目前，我们的财政体制研究，就是结合基本公共服务均等化、主体功能区来设计我们的财政管理体制。在设计过程中，我们认为，财政分配体制，绝对不是平均分配体制，而是带有激励性质的体制。也就是说，这种激励，是激励目标的改善，让目标改善更好的地区适度拿到更多的财政资金。

公共财政资金有个基本覆盖的问题，在基本覆盖的基础上引进激励机制，这个问题比较复杂。在公共服务均等化方面，现在最大的困惑是在这方面没有基本的范围界定。公共服务均等化应该做什么，做到什么程度，理论界并没有统一的认识。我们做了一段时间的研究，基本上将公共服务定义为公共方面的保障和对人方面的保障两大组成部分。公共方面的保障包括公共教育、公共文化、公共交通、公共环境4个方面。对人的保障分为生活、医疗、就业、住房4个方面。在公共服务方面，我们可以做个形象的比喻，就像人民大会堂前面的柱子，前面的几个基柱就是公共服务的几个内容，柱子的高度就是公共服务的水平。有了横向的坐标后，纵向的坐标就是根据时间阶段的不同，形成每一段我们要做的事情。我们正在做这方面的探索，我们觉得这个事情同财政改革的方向是完全一致的，要做好这方面的研究任重而道远。

另外一个便是主体功能区。国家依据一个地区的主体功能定义它是优先开发区、重点开发区，还是限制开发区、禁止开发区。在我们广东把后面两个区域称为生态发展区，事实上一方面要它保护环境，一方面又要求它发展经济，这是很难实现的。所以我们对这些限制开发区在财政考核上是绝对不一样的，考核的重点不是放在经济指标上，而是放在生态指标上。通过转移支付，让这些地区的人也相应享受到均等的基本公共服务。我们现在正研究激励性的机制，对这些限制开发区的生态指标进行分解，在基本指标完成的情况下，有特殊贡献的给予特殊的资金支持。也就是说，搞生态保护也引入竞争机制。现在财政部研究的县乡基本财力保障，加上激励性的生态发展区财政机制，基本可以保证在基本覆盖的前提下形成包括激励机制在内的财政体制，促进大家更好地开展工作。要实现这些，还需要时间，但财政改革必须研究这些长远的东西。

想透了，就大胆去做

姚中利：我听你的介绍，广东几方面的改革都是做得比较好的，都有一种崭新的理念作为前导。这种理念的来源，我个人认为，可能跟广东的历史文化有关系。比如说你们对其他部门的服务意识，你们财政厅内部，厅长跟处长之间、处长跟科长之间都比较和谐，背后是一种平等意识。恩格斯讲，商品是天生的平等派。广东的这种平等意识，可能与广东较早从事商品经济有关。而且历史上广东还经历了第一次、第二次民主革命，受平等意识的洗礼更强。

刘昆：您讲的是对的。广东的商品经济比较发达，而商品经济讲求的是各种人之间的平等。而且，广东毗邻港澳，国际的先进理念会通过港澳传递到广东。但工作中的平等机制是要建立在层级管理基础上的，我们要有很严格的区分，人与人之间我们是绝对平等的，但在业务上是上下级关系。也就是说，一方面个体之间平等，另一方面也要遵从行政架构的设计，下级服从上级。如果只要求一方面而不要求另一方面，那行政管理的效率会大打折扣。

姚中利：但很多地方是搞颠倒了，在工作中闹平等主义，我为什么要听你（领导）的？在个人关系中反而讲尊卑。你这里的关系理得很顺，作为个体的人之间是平等的，但工作中要强调服从和执行。

刘昆：包括处与处之间的关系，哪一个处都是同等重要的，如最近我们把人事教育处处长调到预算处当处长。

姚中利：广东的发展很大程度上取决于党和政府的领导，这是大的方面。你主政广东财政已经6年了，应该说很多成就同个人是分不开的。我个人认为，应该讲英雄和群众共同创造历史。

刘昆：作为个人来讲，我只是起到一种润滑剂的作用。广东财政改革之所以能推得开，进展比较顺畅，与省主要领导的作用密不可分。几任省委书记和省长创新思维非常好，而且非常熟悉和支持财政工作，这就形成了一个很好的氛围。我们实际上做的很多事情都是在落实省委、省政府领导的指示。比如，激励型的机制是张德江副总理在任时首先提出的，黄华华省长也几乎同时提出，要求建立激励型机制。竞争性分配机制用不平衡发展的手段解决发展中的不平衡问题是汪洋书记提出的，我们只是相应地作出一些研究，使其能够推进落实。尽管在实施之初，也会有纰漏，但广东有个最大的优点，是有接受新生事物的胸怀。

姚中利：还有一个个人问题，就我听到的一些评价，说你是一个很有胆识的人。胆识这两个字不简单，一是有胆，能够担当，在真理面前能够坚定不移；二是有识，有眼光，善于思考。能有这样的财政官员，对老百姓是一幸事。

刘昆：有胆识我不敢当。我觉得，党和政府把我们安排在财政部门负责人这个位置，要说一举一动不影响老百姓的生活是不可能的。做得好不好，都会影响一部分人的生活。所以，我们既然在其位，就要谋其政，尽自己可能提高知识水平和对社会的认识，通过理论和业务的学习，更深刻地领会中央的精神，使政策制定更加周全。既然我们想透了，就大胆去做，个人是小事，先把事情做好再说。

姚中利：作为财政厅厅长，你对今后特别是明年的国际和国内经济形势有何判断？

刘昆：我认为，这次的金融危机同1998年亚洲金融危机相比，有着不同的特点。1998年金融危机，影响浅而直接，由于是直接表现在对老百姓的消费影响上，造成的恐慌更多。而这次则是深而间接，在国内和国外表现是不一样，在国外已经直接影响到了居民消费，但在国内这种感觉不那么深刻。但从它的发展趋势判断，我认为，并非短期内能完全消解的。危机由金融市场向实体经济蔓延，最后会向消费者层面传导。但目前这种影响还没有完全传导到消费者层面。这需要一段时间过程。

姚中利：你认为什么时候能见底？

刘昆：从国际经济形势来看，我估计2009年很难进入回升期。但在国内方面，我还是保持乐观，一是我们国家采取了扩大内需的一系列措施，会产生很好的效果。另外，我们的出口产品主要集中在低中端，需求弹性不大，受消费能力下降的影响相对较小。如果是投资和出口稳得住的话，消费就能稳得住。如果这三大支撑都能稳得住的话，那从2009年的广东财政形势看，我预计上半年可能是零增长，但下半年会逐步回升。

（文字整理：本报记者　赵家旺　颜晓岩　2009年1月6日《中国财经报》）

广东12项专项资金实行竞争性分配

第二批产业转移扶持性资金竞出，韶关、清远、阳江各获5亿元

韶关市、清远市、阳江市的3个示范性产业转移工业园各获得省财政5亿元的扶持资金。这是广东省第二批产

业转移竞争性扶持资金评审会于2009年元旦前夕经过投影演示、演讲、答辩等环节激烈、紧张而有序竞争的结果。

2008年8月，广东省首次对财政资金采用竞争方式分配，开全国之先河。省财政厅厅长刘昆透露，包括产业转移扶持资金在内，省政府于2008年10月批准装备制造业专项资金等12项专项资金都通过竞争性改革试点。根据各试点专项资金的管理实际，省财政厅近期将逐项批复竞争性分配改革工作的实施方案。目前，广东财政专项资金分配正逐步从一对一单向审批转向一对多选拔性审批安排，并建立多中选好、好中选优的项目资金安排机制。

记者了解到，为加强对竞争性分配改革试点工作的管理，省财政厅正着手研究制定《省级财政专项资金支持项目竞争性安排暂行办法》、《省级财政专项资金竞争性分配绩效管理暂行办法》、《省级财政专项资金竞争性分配监管内部工作规程》等管理制度，为专项资金竞争性分配改革顺利进行提供规范的制度性保障。

（记者范小花 2009年1月14日《中国财经报》）

构建“五大体制机制”

2008年，来源于广东的财政收入完成8 470亿元，增长9.3%；全省地方一般预算收入累计完成3 310.01亿元，增长18.82%；地方一般预算支出累计完成3 756.73亿元，增长19.37%，全省财政收支运行情况良好，财政运行基本平稳。

“尽管面临国内外严峻的经济形势，2009年广东省的经济仍有望保持平稳较快增长的态势，全省2009年地方一般预算收入计划比2008年增长6%，一般预算支出计划比2008年增长8%。”面对记者对2009年广东发展目标的提问，广东省财政厅副厅长曾志权这样告诉记者。

他表示，广东今年将着力构建“五大体制机制”，充分履行财政职能。

保民生 扩投资

曾志权的信心来自于广东省一系列灵活积极的财政政策。在深入分析全省经济财政形势的基础上，广东省财政厅研究制定了落实中央积极财政政策，采用财政手段促进广东省经济平衡较快发展的十项措施，建议统筹用好2009~2012年本届政府任期内各项支持经济社会发展的资金投入，并多方筹措资金，集中投入财政性资金近1 000亿元，拉动社会投资8 000亿~10 000亿元，在2008年、2009年加大投入力度，有效促进经济平稳较快发展。

“我们决定实施灵活积极的财政政策，更好地将保增长、扩内需、调结构、促转型结合起来，把‘三促进一保持’（即促进提高自主创新能力、促进传统产业转型升级、促进现代产业体系建设、保持经济平稳较快发展）作为首要任务，多方筹措资金，统筹资金调度，以保障民生为载体，以扩大投资为主要手段，以推进结构调整和自主创新为突破口，充分发挥财政对经济总量和结构的调控作用”。曾志权说。一方面，稳步推进基本公共服务均等化，加快实施重大民生工程，提高城乡居民收入，充分发挥财政支出的“乘数效应”，引导扩大内需；另一方面，调整优化财政支出结构，科学调度财政资金，扩大公共投资，促进产业结构调整，推动自主创新，保持出口稳定增长，实现全省经济平稳较快发展。

曾志权向记者表示，广东省利用财政手段促进经济平稳较快增长，具体呈现出三个特点：一是更加注重优化支出结构、集中财力办大事。广东省积极发挥资金扶持的集约效应，集中财力“扶优扶强”，特别是重点扶持基础设施建设，扶持具有创新能力、创新产品，成长性好的行业和企业。二是更加注重合理安排、科学调度财政资金。在严格遵守预算法的前提下，广东省打算通过采取滚动预算办法，在有预算前提下方可提前拨付资金，科学筹集和调度资金，有效解决促进经济发展资金不足的突出矛盾。三是更加注重统筹兼顾，在促进经济发展的同时提高民生保障水平。一方面，积极落实各项惠民政策，把扩大消费与完善收入分配政策结合起来，千方百计增加居民收入，提高消费能力；另一方面，科学编制全省基本公共服务均等化规划，系统性地建设覆盖全社会、惠及全体公民的公共服务体系。通过民生的改善，引导扩大全社会的消费需求。

着力构建“五大体制机制”

谈及2009年的工作，曾志权表示，归纳起来主要是构建“五大体制机制”：

一是构建统一完整、持续增长、与经济发展相协调的财政收入增长机制，把抓艰险增收节支工作作为财政工作的首要任务抓紧抓好。一方面，努力提高财税征管工作的科学化、精细化水平，充分挖掘非税收入潜力；另一方面，从紧安排预算，压缩一般行政支出及一切不必要的开支。

二是构建事权明确、激励引导、先富帮后富的财政体制，进一步深化经济体制改革。以基本公共服务均等化和主体功能区规划为主轴，建立完善财政配套政策体系，促进各级政府财力与事权相匹配，推动全省经济社会科学发展。

三是构建落实灵活审慎宏观调控政策和积极财政政策的科学调控机制，加大对经济关键领域和薄弱环节的投入，加大对农业和社会民生的保障力度，有效扩大内需。同时，创新财政扶持方式，集中投入现代服务业、先进制造业等关键领域，支持建设具有创新性、开放性、融合性、集聚性和可持续性特征的新型产业体系。

四是构建机会均等、系统保障、覆盖城乡的民生保障机制。既要提高城乡居民特别是低收入群体的收入水平，以此实现民生改善和经济发展的双赢。同时，要更加注重构建系统配套的长效保障机制，科学合理编制实施全省基本公共服务均等化规划，系统建设覆盖全社会、惠及全体公民的公共服务体系。

五是构建绩效优先、约束有力、效率与公平并重的财政支出管理体制。

“改革开放30年国民经济快速发展所积极的财富为我们奠定了坚实的经济基础，广阔的国内市场需求具备发展潜力和增长空间，特别是随着宏观调控的进一步深入、发展软硬件环境的不断改善、促进经济发展政策措施作用的逐步发挥，所以，我相信，广东省经济在2009年仍将有望保持平衡较快增长。”曾志权笑着说。

（本报记者　贺斌　2009年1月24日《中国财经报》）

三线突破，执电子采购之牛耳

盘点改革开放30年的成果，不能不聚焦排头兵——广东省。在当代中国这个思想最解放、经济最发达、财力最雄厚的省份，其政府采购制度又经历了怎样的发展历程，处于怎样的发展状态呢？

有统计数据显示，从2002年的83.47亿元到2007年的525.52亿元，广东政府采购规模年均增长55.1%，采购规模总量连续6年位居全国首位。2008年，广东再传捷报，预计全省政府采购规模将突破600亿元大关。从规模统计上看，广东无疑早就是执牛耳者。然而，单纯的统计数据，远远不能诠释排头兵的政府采购发展全貌。

基于“两个竞争，一个制约”的内修外治

市场经济的成熟发展，让广东更充分和透彻地认识到，将竞争机制引入财政支出管理，是政府采购制度的核心内容之一。因此，充分发挥竞争机制的作用，成为广东政府采购制度建设的主导思想之一。

“2003年，我们探索建立了政府采购制度的‘两个竞争’和‘一个制约’，即供应商的竞争机制和采购代理机构的竞争机制，以及采购人、供应商、代理机构、管理机构之间的制约机制。”在采访过程中，广东省财政厅党组书记、厅长刘昆再次提起了两个竞争机制和一个制约机制。在刘昆看来，在两个竞争机制的基础上，形成政府采购监管部门、采购执行机构和供货商之间相互制约的机制，有利于促进政府采购工作更加公开化、透明化和规范化，也有利于促进政府采购市场秩序更加健康、和谐、有序。

“两个竞争”和“一个制约”形成的内力机制，成为广东省政府采购制度改革的引导力量。这种侧重于关系理顺与塑造的内力，反映在外延形式上，则是颇具手术刀意味的机构设置与调整。

“2003年，经省机构编制委员会批复同意，将原省政府采购中心更名为省政府采购管理办公室，作为省财政厅下设的专职政府采购监督管理机构。同时，依托于广东省机械设备成套局重新组建的省政府采购中心也正式挂牌，理顺了监管与执行关系。2007年，省政府采购管理办公室又改名为省财政厅政府采购监管处。目前，全省除清远、肇庆、惠州和中山市没有成立集中采购机构外，其他地市都成立了市级政府采购中心，建立健全了政府采购管理机构和执行机构，做到了管采职能的分离。”广东省财政厅副厅长欧斌，分管政府采购工作的时间还不长，但对于政府采购机构建设的历程一点都不含糊。欧斌表示，通过管采机构分设、职能分离，改变了过去政府采购管理职能缺位、执行职能越位的现象，机构的规范设置为政府采购制度的改革和发展提供了重要保障。

“菜市场”也能变成服务窗

“几年前，我的办公室整天都像菜市场。哪个老师要买东西了，随便派个学生拿张纸条就过来了，办公室人满为患，都是来要东西的。”面对记者的采访，华南师范大学资产处处长陈兆平风趣地提起了自己的办公室。但是，现在这样的场景不复存在了。

“年度有预算，季度有计划，并且实现了网上操作，政府采购制度使采购人在不断地转变认识，采购行为也不断在规范。而且，通过政府采购规范的程序运作，压缩人为操作的空间，降低了个人责任风险。我们只需遵照法律制度的规定，履行好自己的后勤管理与服务的窗口职能即可。”从杂乱无序的“菜市场”到规范透明的服务窗口，是什么成就了陈兆平办公室风格的巨变？

“几年来，省财政厅党组一直非常重视政府采购工作，特别是2004年，还专门成立了政府采购制度建设工作小组，加强政府采购制度建设。从2004年起，广东政府采购制度建设便驶入了快车道。《广东省政府采购公开招标采购方式实施暂行规程》、《广东省政府采购非公开招标采购方式实施暂行规程》、《广东省政府采购评审委员会组建暂行办法》、《广东省政府采购评审委员会工作暂行规程》、《广东省政府采购当事人行为规范》等9项重要制度相继出台，为广东省政府采购工作的规范、有序发展提供了制度保

障。”从广东省财政厅政府采购监管处处长肖红梅的介绍中不难听出，成就一线采购部门办公室风格巨变，要首先归功于广东不断完善的政府采购制度。

以计划管理为例，从2005年起，广东省省本级及各市便开始对同级政府采购实行计划管理。政府采购计划由基层预算单位依据当年《广东省政府集中采购目录和政府采购限额标准》以及政府采购预算按季分月编制，按财务隶属关系逐级上报、审核、汇总形成部门政府采购计划上报审批。通过计划管理，及时、全面掌握采购单位的采购计划，并将同类采购项目集中打包，实施集中采购，形成规模效应，提高了政府采购的效益和效率。在执行过程中，严格体现预算的刚性，包括预算追加和专项资金也要严格按照政府采购程序走。而且，随着信息化手段的应用，政府采购计划有望在2009年全部实现网上申报。

更可贵的是，在制度建设上，广东人从来不乏胆识，并做着积极的建树。据记者了解，从2005年起，广东便开始探讨和研究《政府采购法》的省级配套实施细则，并拟定了《广东省实施〈政府采购法〉办法》。目前该办法已上报省政府法制办审议，正积极争取早日通过人大审议颁布。

执电子采购牛耳，破解采购难题

未来广东之前，记者就有所耳闻，信息化建设一直是广东政府采购最大的亮点之一。起步早、发展快、功能强、推动力度大，使广东成为全国电子采购当之无愧的执牛耳者。

广东政府采购信息化工作一直走在全国前列。早在2002年，省财政厅便明确提出，信息化建设是政府采购的必由之路，并确定了统一领导、统一规划、统一平台、统一技术标准、统一组织实施的“5统一”建设目标。在总结广州、深圳和珠海市等地实践经验的基础上，广东省信息化建设开始分阶段、稳步推进。2004年~2006年重点建设管理平台，完成了门户网站、评审专家管理、计划管理等系统的建设。2006~2008年在继续完善管理平台的基础上，重点建设执行平台，主要完成了电子订购、议价、反拍和电子招投标系统的开发和试点。2008年还同步启动了管理平台和执行平台整合工作，使运行于政务内网的管理平台和运行于互联网的执行平台实现了数据对接和交换，形成了一个统一的、高效的电子化政府采购平台。2009年将启动全省实施推广工作，在继续完善系统和试点先行的基础上，逐步在全省推开电子政府采购平台的上线运行工作。

目前，基于“5统一”建设目标的广东省电子政府采购平台，已构成了省金财工程的核心业务系统之一，其上接部门预算及指标管理系统采集政府采购预算，下连国库集中支付系统实现采购订单的支付，涵盖了政府采购管理和政府采购执行的全过程，为全省政府采购监管部门、采购人、采购代理机构、供应商、专家等用户提供了一个统一的电子化、标准化、规范化的一站式服务。这种高效便捷的方式在推进的过程中越来越为人们所接受，电子采购正在释放着巨大的实用价值。

例如，针对协议供货设计的电子反拍系统，采购人直接在网上进行采购，不仅可以议价，还可以在不满意的情况下采取电子反拍，允许非协议供货商参与竞争，从而有效解决协议供货采购中的问题。

广东省教育厅教育装备中心教育采购办主任赵琦说：“电子反拍方式破除了协议供货价格上的短板。如果我觉得协议供货采购通过议价后价格还偏高，那么可以直接挂在网上进行反拍，非协议供货商也可以参加，一下子就把价格降了下来。”针对教育系统采购项目比较复杂的情况，省教育厅积极探索了部门集中采购项目的协议供货工作，目前纳入全省教育系统部门协议供货的项目已有15个，在中小学实验室仪器设备方面，省、市、县3级联动取得了重点突破。

作为广东省网上招投标系统的首个试点单位，广东省公安厅在2008年5月份进行的“三基”工作用电脑采购项目成功试用了电子招投标方式，并尝到了甜头。“整个招标环节在网上进行，不仅方便快捷，而且保证了透明规范，还解决了以往专款不专用的问题。”省公安厅装备财务处副处长杨绮洁这样说。而对于全程参与了这个项目的供应商而言，感受更直接、更深刻。中国惠普有限公司广州分公司华南区销售总经理曾婕高兴地告诉记者：“以往是使用纸制标书，标书中的任何一个细微错误都可能会导致整个投标的失败。现在改成电子标书后，杜绝了这种风险，在开标前发现错误时还可以及时加以修改、弥补。”

尽管收到了这样不错的效果，但广东省财政厅政府采购监管处工作人员谦虚地表示，政府采购信息化建设不可能一步到位，还面临着许多问题，信息化建设的任务依然很艰巨。比如全省存在多个孤立的电子采购系统，给电子大平台的推广带来了障碍。下一步，广东省将继续推广以资源共享、管采共用为基础的电子化政府采购平台，通过全省共享的电子化政府采购系统，实现规模效益最大化。

监管无盲点，问责实现新突破

政府采购制度的不断完善和采购手段的更新提升，并未给广东政府采购的规范化管理带来丝毫的懈怠；相反，有了制度和技术保障，监管措施更加得力。

近年来，广东全省各级政府采购管理部门针对容易发生问题的环节，采取多种措施，加强了对集中采购机构的考核力度，并提出了切实可行的整改措施。从2007年起，把对集中采购机构的考核与对采购代理机构的检查结合起来，统一组织、统一标准，形成制度，有效地提高了采购代理机构的服务质量和水平。

以广州市为例，尽管过去广州曾经发生过因违规竞争导致的不规范问题，但广州并没有背上包袱，而是以此为教训，更加从严规范。广州市财政局政府采购处处长刘志广提到，大量社会代理机构参与到政府采购市场，一方面盘活了竞争机制，另一方面也存在着无序竞争的隐忧。因此，强化监管成为广州市力促规范的重要工作。广州市信息工程招投标中心主任黄建华告诉记者，由于广东的市场化程度较高，开放程度比较高，经常面临内地遇不到的问题，但作为集中采购机构，应主动配合监管部门的监管，不断加强自身的执行规范。

2008年，借助全国政府采购执行情况专项检查的契机，广东省在规范化管理上又迈进了一步。据了解，按照财政部、监察部、审计署和国家预防腐败局4部门联合部署的精神和要求，广东省扎实开展了一次政府采购执行情况专项检查活动。通过周密部署、精心组织，全省政府采购执行情况专项检查工作取得了较好的成效，达到了预期目的。一是摸清了当前政府采购改革的基本情况，查出了问题；二是普及了政府采购制度，提高了政府采购当事人的政府采购意识，各级党政机关依法采购的观念逐步增强。

此外，在规范化管理不断强化的过程中，广东政府采购审计问责还取得了新突破。在审计工作中，广东各级审计部门通过查阅政府集中采购机构有关管理制度、统计报表、项目档案等，掌握政府采购资金的收支总体情况，审查政府采购部门制订的年度计划是否科学、规范，部门预算单位是否按照年初人大批准的预算进行采购，政府采购手续费的收缴、使用和管理是否规范，有关采购事项是否按规定程序、方式方法办理是否开设专户对采购资金进行有效管理等，对于审计检查中发现的突出问题，以审计要情的形式向政府报告，或通过每年向人大提交的工作报告面向社会公开，促进政府采购良性发展，并进一步建立公开、公平、公正的竞争机制。

由于市场发育比较完善，法治意识较强，供应商投诉事件在广东也相对较多。有统计数据显示，2006~2007年广东全省共收到了供应商投诉222件，受理了184件，其中省级22件、地级市以上162件。但值得欣慰的是，有关部门和机构根据职能分工，依法予以及时处理，确保了采购项目的顺利推进。在谈到这些投诉时，广东省财政厅政府采购监管处副处长张平表示，在日常接到的投诉中，其实，有许多都是无效投诉。这也说明了三个问题，一是政府采购法律制度的宣传和普及还不到位，二是供应商对法律法规及程序上的理解还不深，三是不排除存在个别通过无效投诉进行不合理竞争问题。因此，加强政府采购的宣传、培训和管理，将是今后广东政府采购工作的重点内容之一。

（本报记者　赵家旺　颜晓岩　范小花　2009年2月4日《中国财经报》）

广东：化危机压力为发展动力

2008年下半年以来，国际金融危机席卷全球。作为我国开放程度最高的地区之一，广东经济的外向程度较高，也较其他地区更早经受此次危机的冲击。面对日趋严峻的考验，广东省财政部门因时而动，按照省委、省政府的统一部署，以实施积极财政政策为抓手，充分发挥财政职能作用，创新手段方式，力促经济增长，力保民生，促进经济社会又好又快发展。

集中投入千亿元财政资金

因时而动，力促增长。广东财政部门解放思想，创新思路，明确实施灵活积极的财政政策，即以基础设施建设为重点，以推进自主创新为突破口，以建设现代产业体系为载体，以保障民生为根本目标，一方面稳步推进基本公共服务均等化，充分发挥财政支出的“乘数效应”，引导和扩大内需；另一方面调整优化财政支出结构，科学调度财政资金，扩大公共投资，促进产业结构调整，推进自主创新，实现全省经济平稳较快发展。在深入分析全省财政经济形势的基础上，按照以上思路，研究制定了运用财政手段促进经济平稳较快发展的十项措施，建议统筹用好本届政府任期内各项支持经济社会发展的资金，集中投入财政性资金1 000亿元，直接拉动5 000亿~10 000亿元以上社会需求，有效应对当前国际金融危机，同时力争为广东下一轮大发展奠定良好基础。

以政策手段的创新推动政策目标的实现。政策目标的实现需要政策手段的创新。广东省在实施积极财政政策过程中，一方面，创新机制，采取灵活手段，确保资金发挥应有绩效，创新性地实施省级财政专项资金竞争性分配改革，建立“多中选好、好中选优”的优选机制，目前已成功组织实施了两批各15亿元产业转移扶持资金竞争性分配。另一方面，通过多方筹措资金、编制滚动预算、提前拨付资金等方式，有效解决了扩大公共支出资金投入瓶颈问题。同时，积极发挥财政引导和杠杠作用，通过市县财政配比支持和财政贴息、设立担保公司、利用银行开展中期票据和银团贷款等方式，引导地方、金融部门和其他社会资金投入。目前，广东省正在研究建立三大融资平台，即以国有资产收益和国有资产权益为依托，通过中期票据等方式建立融资平台；利用中央燃油税返还收入中原用于交通发展的资金，建立交通建设融资平台；利用中央代地方发行的国债资金，通过一般预算、基金预算予以保证，争取发行一定规模国债资金。

40项制度办法力保政策落实。建章立制、完善规程始终是政策落实的重要保障。为确保扩大内需、促进经济增长的政策落到实处，广东省构建了全方位、多层次的制度规范体系，先后制定实施了《广东省扩大内需中央资金管理暂行办法》、《实施促进经济平稳较快发展的积极财政政策资金管理办法》、《搭建融资平台发行中期票据财政保障方案》等，努力形成资金管理使用的制度化，至今累计制定与落实扩大内需促进增长政策相关的资金管理办法、规定和制度近40项。同时，严把资金投向、程序控制、制度保障、监督检查4道“关口”，严防项目资金被挤占、挪用，确保把资金集中投入到中央规定范围和本省经济发展最关键、最急需、辐射或带动效应最大的领域。

“山重水复疑无路，柳暗花明又一村”，面对国际金融危机，化“危”为“机”，寻找新的机遇，推动广东科学发展，财政功不可没。进入2009年，按照中央和省的统一部署，广东省财政将以科学发展观为统揽，以“科学发展、先行先试”为核心，全面落实《珠江三角洲地区改革发展规划纲要》，通过社会保障制度的完善，提高人民群众的即期需求；对现代产业体系建设予以支持，加快产业转型升级和结构调整。同时，以财政体制改革为重点，促进经济体制改革，为广东战胜危机考验、加快科学发展发挥更加重要的作用。

民生财政暖人心

广东省委、省政府把解决民生问题作为应对危机保增长最重要、最基本的目标来实现，不断加大财政投入力度，最大限度地减少经济下行给人民群众生活带来的不利影响。2008年，省级财政总支出预算安排中用于改善民生、提供公共服务及均衡区域公共服务水平、帮助市县增强发展后劲的支出为852.3亿元，占省级财政总支出的比重达73.7%。

“双粮”政策折射民生优先理念。春节前夕，广东省决定仿照一些企业发“双薪”的办法，给全省城乡低保对象按现有补助标准，增加发放一个月的低保补助金，全省200万人共获补助1.7亿元。这一政策，正是广东省委、省政府贯彻落实科学发展观，坚持民生优先、民生先办理念的生动体现。按照这一理念，广东财政对民生领域的投入力度不断加大。2008年，在财政困难的情况下，广东民生支出力度不减，全省教育、文化、社保、医疗、环保等民生支出占地方一般预算支出比重甚至比上年还提高了2.18个百分点。

将民生摆在更加突出的位置。在提交代表审议的2009年预算草案报告中，广东省财政厅厅长刘昆表示：“公共财政保障民生力度将进一步加大。”2009年省级支出安排重点突出，法律法规要求保障的重点支出投入均增长15%以上，其中，医疗、环保等投入增长25%以上。“2009年省级财政支出结构体现保公共、保民生、保扶持发展、保均衡的要求。”广东省财政厅党组副书记、副厅长曾志权强调。

在重民生、保民生的指导思想下，省财政2009年预算安排用于改善民生、提供公共服务以及均衡区域公共服务水平方面的各项支出达到1 111亿元，占全年省级财政支出的75.46%，比上年又提高了1.76个百分点。包括安排城乡义务教育转移支付28.42亿元，用于免除全省城乡免费义务教育阶段学杂费和书本费，建立农村中小学校舍维修改造长效机制；安排省补助资金24.62亿元，在实现农村合作医疗100%覆盖全省农村的基础上，将省财政对欠发达地区人均补助标准提高到61元；安排城乡最低生活保障补助8亿元，根据经济社会发展水平调整低保标准，提高对低收入群体的保障水平；安排补助资金23.6亿元，建设全省城乡水利防灾减灾工程及大中小型病险水库除险加固等重点水利工程。

（2009年2月24日《中国财经报》）

广东：精心打造“玻璃钱柜”

广东建立运行“实时在线财政预算监督系统”，实现了人大和审计部门对省财政开支的每一笔资金的实时监督，同时对省级财政专项资金试行竞争性分配改革。这两项改革措施不但有力规范了财政部门的财政管理行为，有效提高了财政资金分配和支付的公开透明，还对预算单位产生了巨大的约束力，广东财政的这一做法被形象地比喻为打造“玻璃钱柜”。

2003年，广东省财政厅开始在省级搭建“实时在线财政预算监督系统”。2004年初，省财政厅将省人大审议的预算报告和相关纸质资料转换成电子版，供省人大代表查询使用。同年8月，省级“实时在线财政预算监督系统”开始运行，广东省人大与财政厅国库集中支付系统实现联网，对财政预算执行情况进行实时、全程监督。该系统可向人大提供省级预算单位的部门预算、国库集中支付等多种基本数据和各预算单位历年部门预算、集中支付数据的查询。同时，广东省财政厅积极推动和指导地市建立这一系统。2007年9月全省21个地级以上市全部建立“实时在线财政预算监督系统”。省本级和部分地级市还实现了这一系统与同级审计部门的联网，以接受审计部门的实时监督。

从2008年起，广东开始对省级财政专项资金试行竞争性分配改革，将财政专项资金分配从“一对一”单向审批安排，转向“一对多”选拔性审批安排，以建立“多中选好，好中选优”的项目优选机制。整个改革遵循“清理—分类—试点—评估—推广”的步骤，循序渐进、分步实施。其中，产业转移扶持资金的竞争性分配引起了巨大的社会反响。

产业转移扶持资金是广东省财政厅为加快推进产业和劳动力“双转移”，促进区域经济社会协调发展而设立的专项资金。该资金从2008～2012年5年内，每年安排15亿元，用于扶持东西两翼和粤北地区产业转移工业园建设，推动欠发达地区加快形成新的经济增长极。产业转移扶持资金竞争性分配的工作流程分为“要件准入，专家评审，政府批准”三个阶段。对于要件准入，由省经贸部门制定示范性产业转移工业园的准入条件和认定办法，按条件以1∶2的比例评选出候选产业转移工业园。对于专家评审，这个阶段是产业转移扶持资金竞争性分配的核心阶段，主要包括三项工作：一是组建专家库。二是健全评审程序制度。重点制定了评审办法和评审要点，评审指标体系在6个一级指标基础上，细化为21个二级指标和62个三级指标。三是召开专家评审会。从专家库中分类随机抽取专家组成评审专家组，并由候选单位按抽签顺序依次进行投影演示、公开演讲、现场答辩及总结性陈述，然后由评审专家进行现场评分，评定中标的示范性产业转移工业园，报省政府审定后，由省财政部门拨付扶持资金。

（齐小乎　2009年2月28日《中国财经报》）

从被审议者到审议者

虽然北京的初春乍暖还寒，全国人大代表、广东省财政厅厅长刘昆心里很热乎。

和记者见面时，他正穿着一件橄榄灰的休闲西服，从外面散步走回宾馆，显得沉静而洒脱。记者问他参会以来的感受，他说：“和在广东参会相比，参加全国会议有两个大的改变，一个是工作角色的转换，从一个被审议者转换到一个审议者；一个是屋里觉得热，甚至有时得穿着背心，只好把空调都关掉。”

“如果没有参加全国会议的审议过程，就很难从一个代表的角度来思考问题。有了在全国两会审议的经验，到省里开会的时候，就会更深刻地了解作为一个代表会想些什么，作为一个被审议的对象应该做什么。”刘昆坦言。为此，每年省里召开两会，他都要认真准备“功课”，把预算报告搞得清楚透彻。然后，要琢磨代表可能在哪一方面熟悉程度不够，要通过一个口头或者书面解释来给代表反馈。

“到了这里刚好是倒过来。”刘昆说，原来是作为某部门领导来考虑问题的，而现在作为全国人大代表，更要从老百姓角度来考虑问题。在这里更能从宏观角度上来看问题，党中央、国务院作出决策，要解决什么问题，里边的社会背景是什么，经济的背景是什么，考虑面会更广。

既然当家做主，就要负起责任。看政府工作报告、计划报告、预算报告、人大报告和两院报告，对于刘昆来说，是个审议的权力，也是个学习的机会。为此，进京15天前，他就为此准备各种资料，尤其是广东省财政的各种数字。

“好雨知时节，当春乃发生。”3月5日的前夜，干燥的北京下了一场小雨，空气清新宜人，让习惯于南方温湿空气的刘昆多了几分兴致。

3月5日，十一届全国人大二次会议正式开幕，刘昆进入人民大会堂大门瞬间，一个14英寸大小的电子屏幕闪现出他的照片和名字，这是新增加的具有高科技含量的电子身份认证系统。此时，刘昆有些兴奋和自豪，也增添了更多责任感。

财政工作在政府工作报告里体现得是非常具体、丰富，作为财政干部，刘昆感受到总理对财政工作者的热切期望，感到被重视和被关注，既欣喜又感到巨大压力。

在审议预算报告期间，刘昆接受了包括中央电视台在内的多家媒体的采访。当记者问到广东省对财政资金如何监管时，他说：“对扩大内需各方面投入要进行监督，我们认为首先是要进行制度化设计，我们已经研究了一系列的制度，而且这个制度是公开的，保证全程跟踪监督，力图让所有资金用得最好。”刘昆说，广东省从2003年开始就把部门预算细化，今年部门预算的文本一共600多页，涉及所有部门，只是需要保密的单位没有公开，其他都公开，而且项目细化，这个细化是代表、社会监督的一个机制。涉及财政各方面的监督行为也要求代表参议，比如说对500万元以上的项目都进行绩效评价，评价过程中都请专家组进行评价。

谈到此次参会的感受，刘昆说：“中央现在的政策已经足够好，只需要研究怎么去用足用好。回去后还要进一步研究，怎么去执行。”

（记者　王劲松　2009年3月12日《中国财经报》）

广东省第四批产业转移竞争性扶持资金竞标工作采用分类评审方式，突出竞争性，着力体现让能者、强者、优秀者获得更多资金支持的原则

分类评审，让能者胜出

本报讯　记者赵家旺　颜晓岩　鲁锦锋报道　采用分类评审规则，让广东省产业转移竞争性扶持资金竞标变得更加精彩。

7月10日，广东省第四批产业转移竞争性扶持资金专家评审会在广州举行。7个参评市在投影演示、公开演讲、现场答辩和总结性陈述等环节进行了激烈角逐，最终经评审专家评分，广州（梅州）、珠海（揭阳）、江门3个产业转移工业园脱颖而出，分享15亿元产业转移竞争性扶持资金。

据了解，为推进产业转移和劳动力转移，广东省财政厅于2008年8月启动产业转移扶持资金竞争性分配改革，打破常规的资金分配方法，在重点产业转移园专项资金分配中引入了竞标方式。截至此次评审会前，广东省已圆满完成三批共45亿元的产业转移竞争性扶持资金分配工作。

与前三批相比，第四批专家评审工作体现了新特征、新亮点，其中最大的变化是采用分类评审，即对要件准入阶段选出的7个候选示范产业园区中的3个曾中标园区和4个未中标园区进行分类评审，经专家评审分别评出1个曾中标园区和2个未中标园区，共3个园区为这一批的省示范性产业转移园，获得省产业转移竞争性扶持资金。在7个候选示范产业园区中，3个曾中标园区为广州（梅州）、中山（河源）、佛山（清远）；4个未中标园区为东莞（惠州）、珠海（揭阳）、珠海（茂名）和江门。

广东省财政厅党组书记、厅长刘昆指出，产业转移扶持资金实施竞争性分配，从政策设计的目标看，就是要通过竞标强化竞争意识，激发各地加快发展的主观能动性，积极谋划本地科学发展的新思路、新举措。因此，鼓励竞争、择优扶强是竞标全过程的根本原则。他说："省委书记汪洋指出，竞争性分配一定要体现竞争，不能只是个时间上的差异，要确实体现能者、强者、优秀者能多获得资金的支持。黄华华省长也对突出竞争性、进一步做好产业转移扶持资金竞争性安排作出了明确的指示。

为贯彻落实省领导指示精神，确保扶持资金安排体现竞争原则，避免平均分配，省推进产业转移和劳动力转移工作领导小组在总结前三批评审工作经验的基础上，在评审政策不进行大的改变的前提下，对第四、五批竞标的评审方式进行了适当调整，为专家评审工作注入新的元素，按曾中标园区、未中标园区两个类别分别进行评审，确保有条件的市能多拿，以充分体现竞争、择优的原则。"

广东省财政厅党组副书记、副厅长曾志权在之前的竞标工作布置会上表示，评审规则的改进完善，一方面体现了竞争性，避免平均分配，鼓励曾中标园区继续参与竞争；另一方面又兼顾了公平性，充分考虑了前期中标园区在获得竞争性扶持资金后，在财力及发展先机上更具优势的客观事实，照顾了未中标园区所在市赶超进位、谋求发展的强烈愿望，弥补了纯粹竞争条件下的不足。

据记者了解，通过竞争性分配的引导和促进，广东各地推动产业转移园区建设形成了竞相发展的态势。连续三批、每批15亿元大规模产业转移扶持资金的集中投入，不仅为园区各项硬件基础设施建设提供了有力支持，而且为各地扩大融资、加大投入创造了条件。各中标市产业转移园建设步伐加快，广州（梅州）、中山（河源）等一批园区不断显现出强大的带动力和辐射作用。从第一批示范性产业园区情况看，省产业转移竞争性扶持资金直接带动政府投入25亿元，撬动金融机构投入164亿元，带动投入的平均乘数达1∶12.6。截至今年第一季度，获得产业转移竞争性扶持资金的9个示范性产业转移工业园已开发面积7万多亩，建成项目330多个，投资总额超过380亿元，就业人数达18万人。在2008年全省"双转移"目标责任考核评价中，9个中标产业园中4个被评为优秀，5个被评为良好。

据悉，按照广东省推进产业转移和劳动力转移工作领导小组的工作部署，第五批产业转移扶持资金竞标工作预计将在今年9月底前完成。届时，广东省将全部完成75亿元转移竞争性扶持资金的分配工作。

（2009年7月15日《中国财经报》）

日前，广东财政资金分配完成了一次"吃螃蟹"之举，对产业转移扶持专项资金实行竞争性招标

专项资金分配，专家说了算

8月5日，备受各界关注的广东省2008年产业转移竞争性扶持资金专家评审会圆满结束，经过激烈的申辩、评审，广州（梅州）、中山（河源）和中山（肇庆大旺）3个产业转移工业园最终胜出，各获得2008年5亿元的产业转移竞争性扶持资金。

广东的排头兵作用，再一次在改革财政资金分配制度上得到体现。在广东省此次2008～2012年5年间75亿元产业转移专项资金实行竞争性招标前，可以说财政性资金分配都是由财政部门一对一地单向审批。

打破传统的资金分配做法，引入竞争机制和专家评审机制，广东财政为何要主动交出资金的分配权？新的机制如何保证资金的高效、安全使用呢？带着一系列的问号，在评标会结束后，本报记者独家采访了广东省财政厅厅长刘昆。

激励型财政机制是坚实的基础

记者：作为一项新的制度安排，请问此次产业转移扶持资金采用竞争性方式分配的出台背景是什么？

刘昆：产业转移扶持资金采用竞争性方式分配的出台具有明显的时代特点，归结起来主要是以下3个方面共同作用的结果：

一是省委、省政府“双转移”战略为产业转移扶持资金采用竞争性方式分配的出台提供了有利契机。省委、省政府通过对广东省产业转移的经验做法和成效进行总结，实现了产业转移的总体思路从过去的产业转移提升到产业转移和劳动力转移的战略决策部署。“双转移”战略的实施客观上要求资金分配打破按行政区域配置资源的撒胡椒面的方式，转变为按经济区域配置资源。同时，改变以前的平均分配方式，引入竞争性概念，实现竞争性分配，集中财力办大事，对重点领域实行集中突破。

二是激励型财政机制的成功实施为财政专项资金采用竞争性方式分配奠定了坚实的基础。这几年，广东省实施了激励型财政机制，通过在财政一般转移支付领域引进竞争机制，明显转变了县域理财和发展观念，增强了发展的积极性和主观能动性，增强了县域经济财政实力。据统计，全省67个县（市）中，4年一般预算收入超亿元县增加29个。从本质上而言，激励型财政机制与产业转移扶持资金采用竞争性分配在理念上是相通的。可以说，激励型财政机制的成功实施为广东省在专项资金分配上采用竞争性方式提供了有益的探索经验，打下了良好的基础。

三是通过专题调研，摸清了财政资金采用竞争性方式分配的现实条件。今年，在解放思想学习讨论活动中，根据广东省委书记汪洋的指示，经黄华华省长、黄龙云常务副省长批准，省财政厅开展了“以财政手段，通过竞争方式加快形成欠发达地区新的经济增长极”的专题调研，通过调研了解到，欠发达地区对发展差距的拉大有清醒的认识，加快发展的要求很迫切，认为广东省提出实施重点突破战略，以竞争的方式实行重点扶持，通过重点扶持实现欠发达地区加快发展的思路符合科学发展观要求，是欠发达地区加快发展的一个重大契机。同时，希望广东省进一步加大扶持力度，革新扶持方式，对在财政资金分配中引入竞争性机制普遍支持。

政府登广告诚邀媒体监督

记者：公开、公平、公正是此次评审工作的最大特点，也是根本要求，但评审工作环节较多，要真正做到公开、公平、公正，主要采取了哪些措施？

刘昆：做到公开、公平、公正是整个评审工作取得成功的基础和关键，为此，我们主要是通过制度设计保证“三公”原则的落实，确保整个过程的阳光操作。具体体现在以下3个方面：

——借助专家力量，充分体现公平。广东省推动产业和劳动力双转移关乎经济社会发展全局，是一个探索性很强的新领域，离不开专家学者的前瞻性的研究和一系列的政策、理论思考。此次评审工作，主要通过相关领域的专家学者来完成，一方面是我们必须借助专家智慧，使产业转移工作更加科学有序，更加符合发展规律；另一方面也是充分发挥专家学者的作用，促进决策的科学化和民主化。为此，建立了评审专家库，从114名推荐专家学者中优选了53名专家组成专家库。

——引入媒体和监管部门监督，充分体现公开。按照广东省委、省政府领导的“宁可在强烈的阳光下，也不要留下任何暗影”的指示精神，充分体现公开、公平、公正原则，我们连续两天在《南方日报》、《羊城晚报》的头版刊登公告，诚邀广大媒体参加此次产业转移竞争性扶持资金专家评审会。结果，有80多家媒体，包括部分境外媒体到会监督报道。整个评审工作全过程置于社会的监督之下，我们开创了最大评标现场的开放、公开。整个评标过程全程录像，并由广东电视台对专家评审会进行部分实况实时直播。同时，还邀请省政府办公厅、省监察厅、省审计厅各派一名领导参加评审预备会和专家评审会，对评审工作进行全程监督。

——通过严密制度安排，充分体现公正。为确保评审工作的高效、有序、平稳开展，我们围绕专家评审的各个环节，统筹考虑参会各方的服务管理，建立健全各项制度、程序、办法，确保程序规范、职责明确、设计科学、运行有序。先后制定了《广东省2008年产业转移竞争性扶持资金评审办法》及《广东省2008年产业转移竞争性扶持资金评审要点》，规范了评审专家抽取、评审计分等工作流程，建立了面向专家、记者、会场管理、纪律约束等一系列制度办法，确保各环节有章可循，各项工作制度健全完备。

PK，竞出最佳发展思路

记者：此次产业转移扶持资金实行竞争性方式分配，留给记者最深的印象是6个市长间的PK，他们思路清晰，有很好的口才。最终获得政府资金扶持的3个地市是因为有可持续发展思路。这种分配方式在全国是首创，请问这样的一种制度创新会带来什么样的影响？

刘昆：这样一种新的制度安排带来的作用是多方面的，影响是深远的。从即期来看，归结起来主要体现在以下三个方面：

首先，通过竞争性方式扶持产业转移，有利于集中资源实现重点突破，顺应经济发展规律，通过不平衡的发展战略，来促进区域间的平衡发展，培育欠发达地区形成新的经济增长极，进而实现对相关地区或领域的辐射和带动。

其次，通过竞争性方式扶持产业转移，有利于充分调动欠发达地区发展经济的主观能动性，打破路径依赖，形成本地科学发展的新思路。推动区域协调发展，对于欠发达地区而言，必须增强加快发展的责任感和紧迫感，抓住有利机遇，克服不利因素，形成强大的内生动力，推动本地区科学发展。在产业转移扶持资金分配中引入竞争机制，通过参与竞标强化竞争意识，有效打破部分欠发达地区路径依赖，引导各地审视本地经济社会发展中存在的不足，研究和完善促进本地区并辐射相关区域科学发展的方案，挖掘存在的潜力，激发加快发展的热情和主观能动性，形成新的发展动力。

第三，通过竞争性方式扶持产业转移，有利于形成科学高效的财政资金分配决策机制，最大限度地发挥财政扶持的政策效应。资金分配机制的科学合理、高效公平，是提高财政资金使用效益的前提和基础，是衡量财政资金管理水平的一项重要标志，也是公共财政的内在要求。在财政资金分配环节引入招投标等竞争性机制，通过对众多备选项目的遴选比较和科学评判优选出使用效益最高的项目，克服以往对项目进行一对一单向式审批的弊端，有利于促进财政性资金在不同地区之间的合理分配，形成科学的财政资金分配决策机制，有效提高财政资金的配置效率和使用效益。

从长远的角度来看，这样的一种新的制度安排带来的影响是全面而又深远的。这对推动广东经济社会全面转入科学发展轨道，推动政府职能转变，推动“创新型、学习型、服务型”政府建设都将产生十分积极的效果。同时，制度创新带来的示范效应，对全国其他地区的发展也将产生有益的影响。

一系列规章制度全程追踪问效、问责

记者：各参评市在竞标过程中都提出了对扶持资金的使用计划，作为资金的管理监督部门，省财政厅有什么措施确保其落实到位？

刘昆：我们将建立健全涵盖资金使用事前、事中、事后全过程的绩效评价制度来确保中标方按照中标方案使用扶持资金。

省财政厅将按照最终使用方案里设定的各项目标，进行全程追踪问效、问责。目前，省财政厅已制定并印发了《广东省产业转移工业园发展资金使用管理办法》、《广东省产业转移工业园发展资金绩效评价操作规程》等一系列规章制度，确保整个扶持资金使用有章可循、有规可依。

同时，我们也十分欢迎社会各界特别是新闻媒体参与整个扶持资金使用的监督。

更多的专项资金分配将引入竞争性机制

记者：此次产业转移扶持资金采用了竞争性方式分配，请问其他财政资金是否也会采用竞争性方式分配？

刘昆：我们将认真总结此次产业转移扶持资金采用竞争性方式分配的成效和做法。对其他专项资金是否也会采用竞争性方式分配，我们将总结经验，逐步推广探索。

实际上，广东省在省级科技专项资金等方面已进行了一定的尝试，自2003年开始，广东省联合香港组织实施粤港关键领域重点技术突破专项资金招投标工作，且资金规模不断扩大。同时，按照省委领导同志的指示精神，要求创新财政专项资金管理模式，在省级财政专项资金分配管理环节上引入竞争性机制，将财政专项资金分配从一对一单向审批安排，转向一对多选拔性审批安排，建立“多中选好、好中选优”的项目优选机制，提高财政资金使用效益。据此，省政府办公厅以粤府办〔2008〕18号《转发省财政厅关于省级财政专项资金试行竞争性分配改革意见的通知》，省财政厅以粤财预〔2008〕84号印发了《关于报送省级财政专项资金竞争性分配改革试点工作实施方案的通知》，对包括装备制造业专项资金、现代信息服务业发展专项资金等十几个专项资金进行竞争性分配方式改革试点。

目前，省经贸委、省信息产业厅等各有关厅局正在制订相关的竞争性分配改革试点工作实施方案，待省财政厅汇总审核后，报省政府审定后实施。总体而言，作为一种新的制度安排，需要一个不断探索、不断总结、不断完善、不断扩大的过程。

（本报记者　颜晓岩　范小花　2009年8月13日《中国财经报》）

广东细化立法迈出关键一步

编者按：中华人民共和国前进的步伐从不停息，改革和探索的历程也在不断沿承。时值中华人民共和国成立60周年，作为我国政府采购规模最大的省份，广东省焕发出了蓬勃的改革朝气。推进地方立法、细化自主创新产品扶持政策、完善电子采购手段，伴随这些探索和实践，广东省政府采购改革日渐深化。为全面展现广东省深化政府采购改革的探索和经验，本刊从即日起推出系列报道。

一部《广东省实施〈中华人民共和国政府采购法〉办法（草案）》（以下简称《办法》），让广东省一时领全国政府采购改革风气之先。日前，该办法已正式提交省人大常委会审议。这意味着在接下来完成具体条款修订并最终审议通过后，该办法将正式“加冕”，以一部细化、补充《政府采购法》的地方性法规的身份，统御广东全省的政府采购工作。

《办法》应需而生

在过去的几年里，广东省政府采购规模总量一直雄踞全国首位。特别是《政府采购法》颁布实施以来，广东省的政府采购改革和实践不断迈向纵深。政府采购制度强化了财政购买性支出行为，在节约资金方面体现出了明显的效果：从2000年到2008年广东省共完成政府采购规模2 389.47亿元，节约预算资金达291.56亿元。然而，改革越深入，实践越发

展，对于“从根本上解决问题”的需求越是强烈。

广东省财政厅厅长刘昆在关于《办法》（草案）的说明中指出了制定《办法》的必要性。

首先是贯彻《政府采购法》和国家有关政策，推进财政支出体制改革，发挥其政策功能的需要。“一方面，对于《政府采购法》要求在地方立法中明确的事项，应当制定实施性法规予以确定；另一方面，实行政府采购制度是我国财政支出体制改革的一项重要举措，其作用虽得到逐步的肯定和认同，但政府采购的政策功能没有得到足够重视和有效发挥。因此，有必要通过地方立法细化、补充《政府采购法》，将各项政府采购政策功能具体化，更加突出强化其政策功能的作用。”刘昆说。

其次，制定《办法》体现了新时期国家经济发展的要求，是逐步解决《政府采购法》实施过程中普遍反映的价格高、效率低、监管难等问题的需要。

最后，制定《办法》是总结实践经验和做法，解决政府采购工作中遇到的实际问题的需要。刘昆说，广东省各级政府和政府采购监督管理部门结合财政改革实际，出台了一系列配套制度措施和总结推广了一批成功做法和经验，亟须通过地方立法予以法制化、规范化。同时，采购进口商品的审批、规避公开招标的认定、采购程序各环节法定期限的确定、改变采购方式的审批、采购供应商不足3家的处理和质疑、投诉的时效和采购程序中的法定时效相冲突的处理等，需在《办法》中予以明确。

《办法》的关键词：细化、补充

“如切如磋，如琢如磨。”从2005年开始研究制定到如今“修成正果”，广东这部历时4年多时间打磨出来的《办法》，在条款内容设计上做足了工夫。

据刘昆介绍，《办法》（草案）共设6章，63条，涵盖了当事人职责、采购基本程序和环节、《政府采购法》要求地方立法明确的事项、强化监督管理、严格法律责任等主要内容。

“天下大事，必作于细。”作为一部衔接上位法的地方性法规，《办法》充分体现出了细化、补充的特点。

在规定采购活动中当事人的各自职责方面，《办法》强调权责清晰明确。例如，第9条规定了县级以上政府财政部门监管职责；第12条第1款明确采购人的7项职责；第14条对供应商参加采购活动资格条件、接受采购人资格审查和提出质疑、投诉作出要求；第15条明确代理机构的6项职责。

在采购基本程序和环节上，《办法》注重法规的可操作性。如规定供应商不足3家的处理方法，明确是否重新启动程序的情形。

在《政府采购法》要求地方立法明确的事项上，《办法》对确定并公布政府集中采购的目录和限额标准、要求采购进口产品必须进行审批、确定公开招标的具体数额标准、认定规避公开招标的违法行为、明确改变采购方式必须报批等方面作出了具体规定。

在完善监督机制、严格法律责任方面，《办法》规定了确保法规执行的措施和手段。其中，特别加大了对采购人的处罚力度。第53条规定，采购人有无正当理由不确认或者不按时确认中标、成交供应商等4种情形的，除应当依法给予处罚、处分外，同级人民政府财政部门还应当收回项目预算，在本财政年度内不得安排相同的政府采购项目。

对于贯彻政府采购政策功能，《办法》作出了实质的响应。如第6条规定：政府采购应当优先采购国家和省有关部门公布的优先采购产品目录中的货物、工程和服务。政府采购应当采购本国货物、工程和服务；采购进口货物、工程和服务的，应当符合法定条件并报经地级市以上人民政府财政部门批准。同时，在第30条中规定：涉及优先采购产品目录中的政府采购项目的，政府采购项目文件中可以设定供应商的资格条件和基本要求，明确相应的评审标准和方法。

此外，《办法》还融入了新的实践元素。第8条规定：省人民政府应当建立统一的电子化政府采购平台；各级人民政府应当推广电子化政府采购。对于在实践中应用越来越广泛的协议供货方式，《办法》第三章单设第五节就其定义及范围、采购基本程序和要求等做了具体规定。

精细化管理改革的突破口

一部立足改革和实践需求产生的《办法》到底能给广东省带来怎样的改变呢？

“对于处于粗线条管理状态的政府采购而言，立法或许能成为政府采购精细化管理改革探索的一个重要突破口。”广东省财政厅政府采购监管处有关负责人这样说。

在业内专家看来，尽管当前政府采购精细化改革在很大程度上仍处在探索阶段，但有一点是可以肯定的：只有完善立法，才能解决改革和发展中的一些根本问题。无疑，迈出立法这关键性的一步，将为广东省政府采购工作实现由量变到质变赢得更为广阔的空间。

（本报记者　赵家旺　鲁锦锋　2009年8月19日《中国财经报》）

广东自主创新　迎来雨露甘霖

在暑热渐渐消退的这个夏季，处在世界金融危机余热下的广东自主创新企业迎来了期待已久的“雨露甘霖”。随着第一期《广东省政府采购自主创新产品清单》的发布，“政府采购支持自主创新”这句喊了多年的口号终于在广东铿然“落地”。

另一种转型

摆在广东省公共决策者面前的是一份沉重的数据。据统计，广东本省大中型工业企业不到两成参与自主创新，而小型工业企业仅仅为3%强。尽管广东省经济规模一直在全国排第一，高新技术产业年产值向2万亿元逼近，但是核心技术绝大部分仍然掌握在跨国企业手里，广东制造整体处在产业链的低端。

“今天不积极调整产业结构，明天就会被产业结构所调整。”一年多之前中共中央政治局委员、广东省委书记汪洋同志的一句感慨，如今已在广东各界广为传诵。而这句话的背后，则是产业转移和劳动力转移两大战略引擎驱动下广东经济的“扬帆”转型。

与这场轰轰烈烈的“双转移”相呼应，另一种转型也在广东初露峥嵘。

2009年6月份，在广东省政府采购发展的“大事记”里，多了这样一项内容：《广东省自主创新产品政府采购的若干意见》正式颁布。因为这个《意见》的出台，“政府采购支持自主创新”这句喊了多年的口号终于“落地”。

“从过去仅仅是采购物美价廉的产品、防止腐败，到如今利用政府采购政策推进技术创新、产品创新和产业结构升级，政府采购工作重点的转移，使政府采购的意义提升到了一个更高的层次。”在接受记者采访时，广东省财政厅厅长刘昆对《意见》给予了高度的评价。

在刘昆看来，如今，政府采购的终极目标，即有助于实现国家和社会发展的政策目标正逐步凸显，并日益占据重要的地位。强化政府采购自主创新扶持是深化政府采购制度改革的必然趋势和方向，更是建立创新型广东的客观要求和现实需要。

“雨露”如何凝成

早在2006年，广东省政府就制定了《广东省促进自主创新若干政策》，明确提出要建立健全促进自主创新的政府采购制度。但由于相关政策都没有细化，建立自主创新的政府采购制度也只能在探索中前进。转机来自于《珠江三角洲地区改革发展规划纲要（2008～2020年）》的颁布。该纲要把实施自主创新政府采购政策牵头任务赋予省财政厅。由此，广东自主创新政府采购政策进入了调查研究和酝酿实施的实质阶段。

进入2009年4月份后，随着两项重要工作的启动，政策制定步入了最关键一环。先是印发《关于进一步贯彻落实自主创新政府采购政策的通知》，随后，广东省财政厅会同广东省科技厅、发展改革委等部门启动了第一期《广东省自主创新产品目录》的征集和认证。

2009年6月，《广东省自主创新产品政府采购的若干意见》颁布，意味着广东省自主创新产品政府采购的“神经中枢”形成。谈到这部《意见》的特点时，刘昆概括其为“集现行自主创新政府采购政策之大成”，不仅涵盖了预算、评审、合同、首购订购、重大项目的政府采购以及法律责任等全部范围，而且结合政府采购相关法律法规，对现行的自主创新政府采购政策进行了进一步的细化和分类。

更重要的是，在该《意见》的“神经中枢”里重点突出了实操性，在政府采购最重要的评审环节设定了硬性的量化打分标准，最大程度地降低因评委的主观意识而造成结果的误差。

2009年7月，与《意见》配套的《广东省政府采购自主创新产品清单》（第一期）正式公布。刘昆形象地说，自主创新政府采购政策由“热身阶段”进入“竞技阶段”了。

不必再望梅止渴

一直以来，自主创新产品最大的软肋在于市场。创新成果缺少市场环节的转化，创新的链条就会断裂。只有市场环节得到很好地衔接，企业和产品创新的整个流程才能实现闭合的良性循环。

因此，对尚处在经济危机和市场因素双重重压下的部分广东企业而言，入围政府采购自主创新产品清单绝不亚于迎来了一场“甘霖”。

“对于像我们这类规模不大、竞争实力不足的企业而言，即使有很好的自主创新产品，起初也很难在市场中‘出头’。因此，总是盼望政府能支持一点，政府订单多一些，我们的市场压力也就减少一些。”深圳市某科技公司的一位负责人说，“如今，不用再眼巴巴地盼了。因为，实打实的支持已经摆在了眼前。”

按照《意见》的有关规定，首批入围清单的119种产品最高可享受10%的价格扣除。在技术、服务等指标均满足采购需求的前提下，列入目录内的产品将被优先采购。

“虽然我们的客户对象主要集中在企业，政府采购不会对企业的销售产生实质影响，但是能进入清单本身就意味着一种荣誉，同样能增加企业的市场竞争砝码。”广州市某数控设备生产企业市场部负责人告诉记者。

在对几家入围企业的采访过程中，记者了解到，目前这些企业正在积极组织对政府采购具体扶持措施的学习，以期能吃透政策，借助政策的推力实现创新成果的更大转化。他们就像是广东这架庞大经济生产机器上的螺丝钉，也期待着自身的转型——由“广东制造”转向“广东创造”。

（本报记者　赵家旺　鲁锦锋　2009年8月26日《中国财经报》）

广东 75 亿元产业转移资金分配完毕

创全国财政资金竞争性分配之先，广东省 75 亿元产业转移资金一年间经过 5 次竞标于日前圆满分配完毕。

9 月 15 日，广东省第 5 批产业转移竞争性扶持资金评审会在广州举行。经过一天的激烈竞争，河源市、湛江市、茂名市从 7 个竞标市中脱颖而出，各获得 5 亿元扶持资金。从 2008 年 8 月 5 日的第 1 批广东省产业转移竞争性扶持资金评审会至 2009 年 9 月 15 日的第 5 批评审会，广东省 75 亿元产业转移资金的分配情况是：梅州市、河源市分别获得 10 亿元省产业转移竞争性扶持资金，肇庆市、韶关市、清远市、阳江市、潮州市、汕头市、云浮市、揭阳市、江门市、湛江市和茂名市分别获得 5 亿元省产业转移竞争性扶持资金。

广东省产业转移扶持资金实行竞争性分配，政策设计的目标就是要通过竞标强化竞争意识，激发各地加快发展的主观能动性，积极谋划本地科学发展的新思路、新举措。因此，鼓励竞争、择优扶强是贯穿竞标全过程的一条重要原则。广东省省委书记汪洋强调，竞争性分配一定要体现竞争，能者、强者、优秀者要多获得资金的支持。

广东省财政厅厅长刘昆说："为贯彻落实省领导指示精神，确保扶持资金安排体现竞争原则，避免平均分配，'双转移'工作领导小组在总结前几批评审工作经验的基础上，在评审政策不进行大的改变的前提下，对第 4 批和第 5 批竞标的评审方式进行了适当调整，按曾中标园区、未中标园区两个类别分别进行评审，通过要件准入、专家评审两个环节评出 1 个曾中标园区、2 个未中标园区获得产业转移竞争性扶持资金，确保有条件的市能多拿，以充分体现竞争、择优。"

据记者了解，广东产业转移竞争性扶持资金的分配在全国是一个创新。从整体资金分配来看，创造了新的分配模式，做到了把老百姓的钱用得更好。同时，也引导各市形成了新的发展思路，创造了新的增长极。从前期资金的使用效果来看非常好，带动了大量社会资金，这在以往零散的资金分配中是很少看到的。

（本报记者　颜晓岩　赵家旺　鲁锦锋　2009 年 9 月 23 日《中国财经报》）

在财政专项资金分配中，广东省创造性地引入竞争机制，不仅变革了财政资金分配的模式，而且改变了旧的行政管理意识，引导各地市谋划和完善科学发展思路，实现先富帮后富的良好局面。

"试验田"诞生新经济增长极

9 月 11 日，梅州市常务副市长张远方招待记者的一顿早餐吃得并不轻松。记者的提问把他带回到了一年前的第一次竞标。

"这是汪洋书记的高招。我们都是被牵着鼻子走。"让张远方发出这种感慨的"高招"，就是广东省产业转移竞争性扶持资金分配改革。

在过去的一年里，广东省欠发达地区市的领导们都领教了这个"高招"的厉害。对于他们而言，5 亿元的竞争性扶持资金是一块内藏钩子的蛋糕，"诱惑"只是其表，"引导、带动"才是内涵。

竞出科学发展思路

从准备投标到参加竞标，梅州市始终是广东省产业转移竞争性扶持资金分配这项改革的踊跃参与者。

为参加竞标，梅州市财政局专门设立了竞标工作办公室，整个竞标的准备工作耗时近两个月。梅州市财政局局长李钢回忆说，当时许多同志都是整夜整夜地加班，围绕投标的准备工作近乎苛刻。一个场景让他记忆犹新：当时针对评审答辩环节，李嘉市长专门组织各局局长模仿评审专家设计提问，现场模拟答辩，目的是对专家可能问到的任何一个问题都了然于胸。

在专家评审的要素中，除了申报材料及现场演讲答辩情况这个指标外，还有要件（园区）具备条件、推动形成经济增长极的潜力、区域发展带动能力、地方政府科学发展思路、环境和生态保护措施等 5 大类指标。这 5 类指标的分值权重占到总分的 75%，是决定中标与否的关键因素。

"在研究这些指标的过程中，梅州市通过审视本地经济社会发展中存在的不足，不断研究和完善科学发展的方案，挖掘出了自身存在的潜力。"梅州市副市长叶胜坤说。

据叶胜坤介绍，梅州市在总结实施"四个梅州"（开放梅州、工业梅州、生态梅州、文化梅州）发展战略的基础上，提出了推动绿色崛起、实现科学发展的战略构想：以生态保护为前提，以经济崛起为核心，以宜居带动宜业、宜业提升宜居为突破口，致力打造广东省的生态、文化、平安名城和绿色现代产业基地。

凭借这种科学发展思路，梅州这个“世界客都”最终折服了评审专家，一举摘得广东省第1批竞争性扶持资金，其后在引入分类评审后的第4批竞标中再次折桂，共获得10亿元扶持资金。

与梅州市的一帆风顺不同，地处粤西北的云浮市的竞标经历则有些坎坷。该市常务副市长郭汉毅回忆说，第1批竞标时，云浮市没能进入6个候选园区行列；第2批时，进入了前6强，却止步于3甲。

“每次失败后，我们都会总结，我们究竟败在了哪里？分析失败原因、找出相应的对策，完善发展方案，准备下一次的竞标。到第3批时，云浮市终于在3个中标市中占得一席。”

梅州、云浮这两个市财政局的工作人员都跟记者讲了一个相同的情形：中标结果公布的那一刻，许多人都高兴地跳了起来，有人更是激动地哭了。在这一刻，他们付出的心血、倾注的智慧得到了回报。

然而，甜蜜的滋味过后，随之而来的是一种完全不同的感觉。对于中标成功的市而言，竞争性扶持资金更像是一条鞭子。

在面对面采访过程中，张远方曾多次提到“压力”这个词。“说实在话，拿到10亿元的财政资金后，从书记、市长到一般干部，上上下下政治压力都非常大，总怕搞不好。”

“如果是按常规方式拿到这笔钱，可能压力没有那么大。但是通过竞争性财政分配这种方式，拿到钱就要作出示范，就要兑现李嘉市长竞标演说时的承诺。能否做得到？我们要接受省委、省政府的绩效监督，同时，还要接受社会的监督、舆论的监督。其中的压力可想而知。”压在张远方和他的同事们身上的，是一份沉重的责任。

郭汉毅的“遭遇”同样不轻松。在2009年3月成功中标后，他的副市长身份上又加上了佛山（云浮）产业转移园区管委会主任的头衔。“你给我拉来1亿元的投资，我们奖励你100万元。”闲聊时，他还不忘向记者游说。据他身边的工作人员说，如今像这样的游说，每天都在他的工作中上演。

财政资金的裂变效应

流出去的水，放在平原上只不过是一条静流；放在峡谷中，则可以产生爆发之势。这种自然规律放在广东省产业转移竞争性财政资金上同样灵验。

“银行找上了门，社会投资也多了起来。”郭汉毅说，在拿到5亿元资金后，融资变得简单起来。目前，云浮市已落实贷款近10亿元。按照计划，利用5亿元的资金，准备向金融部门融资30亿元。

财政扶持资金的集中重点使用在梅州市同样产生了巨大的裂变效应。据李钢介绍，至今年5月底，财政扶持资金已带动各方面投资达35.47亿元，资金实际放大了7倍，其中梅州市政府投入5.22亿元，广州市政府对口扶持拨入2亿元，银行贷款5亿元，进园企业投资23.25亿元。按照园区建设投资计划，全部项目完成后，资金放大效应将达到21倍。

在扶持资金的安排上，梅州市对10亿元扶持资金，计划安排7亿元用于贷款贴息，向银行申请贴息贷款42亿元，其余3亿元直接用于园区建设。在具体使用过程中，扶持资金采用了滚动使用的办法。在拿到首批的5亿元资金后，梅州市先将5亿元用于支付园区征地拆迁、基础设施建设和公共服务平台建设，再根据政府投资和银行贷款到位情况逐步归垫，归垫出来的资金再投入园区建设，从而为园区建设赢得了时间、赢得了速度。同时，降低了融资成本，提高了资金使用效率。

“先富帮后富”是广东省推进产业转移的一项举措。云浮市自成功中标后，佛山市对口扶持资金5 000万元也随即到位。而在这方面，广州市充分体现了“老大哥”的带头作用，市财政计划安排4亿元资金支持广州（梅州）产业转移工业园建设，目前已到位2亿元，居珠三角各市首位。

新的经济增长极

财政扶持资金引发的投资热潮带动了产业转移园区建设的突进。

9月11日，记者来到了位于梅州市梅县畲江中心镇的广州（梅州）产业转移工业园。此地距梅州市中心约有40分钟车程。

登上园区中心的观景台，整个园区尽收眼底。在一大片平整的开阔地上，挖掘机的长鼻伴随机器的轰鸣有节奏地屈伸，在其不远处是一片正在建设的建筑群。广州（梅州）产业工业园管委会调研员朱海乔告诉记者，一年前，这里还几乎是一片空地。

据朱海乔介绍，工业园于2005年12月开工建设，在梅州市首次竞标之前每年只有几千万元的零散资金投入，园区很难做大。但拿到首批的5亿元资金后，园区建设立时提速。

2009年5月，广东省全省“双转移”工作会议地点选在了梅州市。当时，省委书记汪洋对广州（梅州）产业园充分肯定地说：“看了令人鼓舞，听了令人振奋，‘市’别一年，刮目相看，一年前是白纸一张，现在是初具规模。”

梅州市高新区管理委员会副秘书长谢胜扬给记者的数据记录了园区的发展：目前，园区已开发建成面积266.67公顷，是首批竞标前的3.85倍。

一边是紧锣密鼓地“筑巢”，一边是马不停蹄地“引凤来栖”。在园区采访过程中，记者偶遇了一位风尘仆仆的考察参观者，他在给记者的名片上亮明了身份：梅州市梅江区委统战部部长。他说，统战部门也有招商职责，港商、台商、侨商、外商都在“统战”之列。

据梅州市经贸局副局长涂礼俊介绍，梅州市打出了全市共建的旗帜，打破行政体制障碍，建立市县共建共享机制，按照“市筑巢、市县引凤”的方式，由市统揽园区的投入、建设和管理，市县共同参与园区招商引资，各县（市、区）所引进企业产生的税收地方留成部分，全额长期归引进企业的县（市、区）所有。

然而，“引凤来栖”绝非一件易事。在金融危机影响下，不少企业都面临着巨大的经营压力，他们不敢轻言投资兴建新厂。针对此种情况，梅州市与对接的广州市联手，以强华公司为模板，推出了具有鲜明特色的“强华模式”。

强华公司原是梅州本地一家民营汽配企业，这家企业有20多年参与国际车用电机竞争的研发经验，在研制、生产和销售汽车无刷交流发电机和起动机方面具有丰富经验，强华的产品主要给潍柴等配套。在梅州市与广州市产业对接中，这个企业幸运地攀上了高枝儿。经过协商，强华公司与汽车巨头广汽集团决定共同在广州（梅州）产业转移工业园内兴办梅州强华汽车电器有限公司，该合作项目主要生产国内自主品牌商用车、乘用车的发电机、起动机两大产品，年设计生产能力200万台（套），工程总投资2.5亿元；首期项目年生产能力50万台（套），投资1.5亿元，将为广汽集团及国内自主品牌商用车、乘用车的发电机、起动机两大产品的发展提供支撑。

如今，强华公司6座崭新的厂房已经在园区落成。当记者走进车间时，强华公司的经理曾职成正在招呼着工人们安装新搬进来的设备。他告诉记者：“下午还会有些设备搬过来，我们现在就忙这些。预计明年公司将实现整体搬迁进入园区，明年6月份就可实现量产。”根据强华公司董事长李云辉的预计，公司年内可以生产样机，2010年达到年产50万台（套）目标，实现年销售收入4亿元人民币，税收2 600万元。

“强华模式”的示范效应激发了其他企业的投资欲望。据谢胜扬介绍，目前已进园的企业有50家，合同投资总额23.25亿元，分别比竞标前增长108%和116%。预计今年底进园企业可达100家，其中投产企业50家。

产业转移园区的集聚式发展孕育新的经济增长极。按照梅州市的估算，现有进园企业达产后可实现产值58.3亿元，“再造一个工业梅州”的梦想并不遥远。

远在梅州“千里之外”的佛山（云浮）产业转移工业园走的是一条截然不同的发展模式。

佛山（云浮）市产业转移园区由南北两片整合而成。北片是云城都杨产业转移园，南片是原云浮市初城民营科技园。南片的科技园起步较早，已形成了一定的基础。据园区管委会副主任周海芬介绍，目前入园项目已有100多家。

“以石材、水泥、硫化工、石材机械为主的产业集群构成了云浮市鲜明的区域产业特色。”提及云浮市天然的产业集群优势，云浮市财政局副局长叶章森显得有几分自豪。

走在云浮市主城区的街道上，两边遍布着大大小小的石材店。而在这些店的背后，聚集着一个个石材机械厂商。科特机械有限公司就是坐落在南片园区的这样一家典型企业。该公司总经理陈思扬介绍说，经历10余年的发展，目前在云浮市六七十家同类企业中，公司的市场份额占30%左右。在产业园区升级为省示范园区后，他计划将部分生产能力转移至北片园区，以扩大公司的规模。

与土生土长的科特机械不同，在云浮产业园区中，还有许多“外来户”。伯斯顿复合石有限公司是一家两年前从佛山市南海区转移过来的石材复合板经营公司。公司董事长叶卓芬介绍说，目前云浮的厂房占地达到10 000平方米，与南海的厂房旗鼓相当，企业通过转移实现了规模的扩张。

伯斯顿公司能实现这种扩张得益于佛山市与云浮市的对口扶持和产业对接。双方共建工业园区，通过“腾笼换鸟”从佛山市走出的企业将在云浮市的工业园中实现新的发展。佛山市市长陈云贤说：“产业转移的运作模式是政府推动，社会参与、市场运作。企业的转移不是通过行政的措施，而是通过政策引导，让市场自发调解。”

佛山市布来顿石材机械厂是首批自发动起来的企业之一。在工业园区的建设工地上，公司经理陈树文正在检查地基压桩浇灌桩的施工。他指着眼前一大片开阔的工地告诉记者，一年后，新厂将在这里拔地而起。当记者问到是什么原因让他选择进驻云浮时，他毫不掩饰地说：“是市场。云浮市聚集着大批的石材企业，孕育着巨大的市场，公司的雄心就是能在其中分一杯羹。”

采访结束时，陈树文反问了记者一个问题：你知道“莫邪剑”吗？“它是上古神兵，铸成后将一块巨石一劈为二。我们公司的产品以此为名，意味着能在市场上所向披靡。”说出这番话时，他的眼里充满了自信。

（本报记者　赵家旺　颜晓岩　鲁锦锋　2009年10月14日《中国财经报》）

财政分配改革的“试验田”

政府投标、市长演说、现场答辩、专家打分……以往发生在企业之间的竞争场面，如今却已多次发生在广东省各市政府之间。精彩的竞争场面拉开了广东省财政资金分配改革的序幕。

敢为天下先

始于2008年的广东省产业转移扶持资金分配，生来就肩负着特殊的使命。

2008年3月，中共中央政治局委员、广东省委书记汪洋在东莞考察时由衷地感慨："今天不积极调整产业结构，明天就会被产业结构所调整。"此后，以产业和劳动力"双转移"战略为主要载体的科学发展思路在广东省正式确定下来。

"双转移"战略承担着撬动经济社会转型和区域协调发展的双重作用，产业转移扶持资金因"双转移"而生。为推动"双转移"的开展，广东省财政安排了75亿元产业转移扶持资金，用于支持欠发达地区的产业转移园区建设。

但是，财政扶持资金的有限与资金需求的无限是一对固有矛盾。给谁不给谁？资金如何分配才能实现最大的效应？如何分配才能贯彻省委、省政府的科学发展意图？这些问题都考验着政策设计者的智慧。

接触市场经济最早、受市场经济影响最深的广东省再一次勇敢地运用了竞争机制：针对资金分配结果具有可选择性、不固定使用对象的专项资金，在分配环节引入竞争性机制，在明确扶持范围及预期绩效目标的基础上，通过招投标和专家评审等方法，在众多备选项目中选择最能实现专项资金绩效目标、使用效益最高或实施成本最低的项目。广东省将这一分配方式命名为"竞争性分配"。

2008年8月5日，广东省举办了第1批产业转移扶持资金竞争性分配专家评审会。政府投标、市长演说、现场答辩、专家打分……以往发生在企业之间的竞争场面，在广东省各市政府之间真实上演，一场财政资金分配改革的序幕由此拉开。

"这绝对是财政分配史上的一次创新。"作为评审专家参与了整个评审过程后，教了20多年书的广东外语外贸大学副校长董小麟发出了这样的感慨。按照传统的方式，财政资金分配通常都是"恩泽普惠"，以平均式、一对一的方式进行，有你的就少不了我的。采用竞争性分配，颠覆了这种习惯性的认知。

进入2008年9月，这项分配改革被赋予了更多的内涵。9月15日，美国雷曼兄弟的破产拉响了国际金融危机全面袭来的警报。处在改革开放最前沿、对外依存度高达150%以上的广东，也成了我国受危机冲击最早、影响最大的地区。"压倒骆驼的最后一根稻草"、"万家港企倒闭"、"东莞玩具加工巨头暴死"、"珠三角辉煌已成往事"……媒体眼中的广东已是黑云压城。

此时的"双转移"自然成为广东省抵御金融危机的一项主要战略。

"广东应对金融危机投入的每一分钱，都要立足科学发展，坚决不再回到传统发展的老路上去。"广东省委书记汪洋的话释放出一个强烈信号：应对危机，广东选择的是保增长与调结构、促转型有机结合的科学发展之路。在汪洋书记眼里，产业转移扶持资金竞争性分配无疑是促成科学发展的一个有力手段。

经过研究，广东省"双转移"工作领导小组决定对尚未下达的60亿元重点产业转移园区专项资金由原来计划的2008~2012年5年内完成提前到2009年内完成。

按照市场经济的原则走

竞争性财政资金分配改革的初衷是通过竞标强化各市之间的竞争意识及梳理发展思路。然而，在政策执行的初期，各市对竞争的认识还显得有些模糊。

广东省产业发展研究院秘书长孔云龙曾作为评审专家参与过评标，他描述当时的状况："本来是克服平均分配、择优选强、鼓励竞争、没有规定中标的市下一次就不能参加竞标了。但各市之间好像都跟兄弟似的，相互谦让，第一次中标了，到下一批竞争时就都自觉不来了。"

从2008年8月到2009年3月，产业转移竞争性扶持资金分配共进行了3批，总共有9个市中标，但其中没有一个重复的市。各市之间的默契让竞争的味道大大削减了。"拿到5亿元，只是时间的问题。"孔云龙说，当时大部分市都抱有这种想法。

这种状况引起了广东省高层领导的警觉。随后，汪洋书记明确指示："竞争性财政分配既然是按照市场经济方式竞争，就要按照市场经济的原则走，有能耐的可以多拿，要鼓励竞争。如果到最后人人都有，这就没有进步。"他说，竞争性分配不能只是获取资金的时间差异，要确实体现能者、强者、优秀者能多获得资金的支持。

按照汪洋书记的指示，广东省"双转移"工作领导小组在总结前3批评审工作经验的基础上，在评审政策不进行大的改变的前提下，对第4批和第5批竞标的评审方式进行了适当调整，在专家评审环节按曾中标园区、未中标园区两个类别分别进行评审，确保有条件的市能多拿。

这一调整意味着在5批竞标活动结束后，参与竞标的15个市必然会有2个市拿不到5亿元的扶持资金，有1个至2个市会获得10亿元乃至15亿元扶持资金。

这样一来，没有中过标的市再也坐不住了。原先各市之间的合作性博弈变成了零和博弈，竞争也陷入了白热化。发生在2009年9月14日的一个现象佐证了竞争的激烈程度。当日，在广东当地的主流媒体上，汕尾市的宣传材料占去了足足3个整版，湛江市也不逊色，继前日发了一个整版后，再添了一个整版。抢占宣传制高点，为了争得最后一块蛋糕，没有中过标的市不放过任何一个潜在的加分机会。

改革的结局

"给一点阳光就会灿烂，给一点雨露就茁壮，给一点扶持就能解掉一个包袱，在新中国成立60周年即将到来之际，请给老区人民一个惊喜。"在第5批竞争性扶持资金专家评审会上，进行现场演说的汕尾市市长郑雁雄说出这番话时几近哽咽。

这是广东省75亿元产业转移扶持资金的最后一批分配，而留给湛江、茂名、汕尾、惠州这4个从未中过标的市的名额只有2个。

带着汕尾家乡父老的重托和发展梦想而来的郑雁雄自然不希望自己是被淘汰掉的一个。然而，他的悲情演说并未博得17名评审专家的同情。最终，汕尾和惠州一道以微弱的分差败北，与5亿元扶持资金擦肩而过。

出局，这是竞争机制残酷的一面。但是，放在广东省整个科学发展战略层面的这场财政资金分配改革，恰恰是因为有了淘汰，改革的效应才得以释放到最大。

“制度透明、程序公正、组织严密、集体决策，这种机制产生的结果能最大程度地保证公开、公平、公正。任何一项政策或制度在执行中都会带来遗憾，但是这场分配改革没有输家。”孔云龙评价说。

出局，并非最终结局。在评审专家们看来，即使是未中标的市通过参与竞标发现自身的问题，完善发展方案，这个过程本身就是进步。孔云龙认为，“广东省财政分配方式改革的目的，就是通过竞争激发各地市发展的主观能动性，促进区域协调发展，促进后进地区实现科学发展。同时，这个过程也会带来政府行政体制和行政意识的改变。”

在评审会结束后，广东省财政厅厅长刘昆表示，评审阶段结束后，压力并未结束，要让评审专家的决策经得起各方面的检验。

财政分配改革的效果如何？评审专家们的决策科学与否？实践是最好的“试金石”。

（本报记者　赵家旺　颜晓岩　鲁锦锋　2009年10月14日《中国财经报》）

营造更加公开透明的政采竞争机制

作为中国改革开放的“试验田”、“窗口”、“示范区”，30年的改革开放成就使广东充分认识到“竞争”在市场经济中的作用。

在政府采购工作中，广东同样重视发挥竞争的作用，将竞争机制引入政府采购市场，“将竞争机制引入财政支出管理，是政府采购制度改革的核心内容之一，也是广东政府采购制度建设的主导原则之一。”全国人大代表、广东省财政厅厅长刘昆以这样的开场白向政府采购信息报记者介绍广东的政府采购。

刘昆介绍说，在长期的实际工作中，广东省一直倡导建立“两个竞争机制和一个制约机制”，并通过全省统一的电子政府采购平台，打造了一个公开透明的竞争平台，促进了政府采购市场的公平、公正、公开。

竞争和制约机制确保充分竞争

刘昆介绍说，所谓“两个竞争机制”，即要在采购代理机构之间和供应商之间建立竞争机制。建立采购代理机构之间的竞争机制，就是要让政府集中采购机构之间、社会中介采购代理机构之间、集中采购机构和社会中介采购代理机构之间开展良性的业务竞争，促进他们提高业务素质、服务水平和服务质量。建立供应商之间的竞争机制，就是要消除信息不对称造成的比较优势出现，让政府采购供应商在竞争中处于均等地位，靠实力取胜，培育公开透明、公平竞争的政府采购环境。

刘昆表示，以前靠行政指令的方式，政府采购三方当事人之间没有形成制衡的关系，而“一个制约机制”，则是要在两个竞争机制的基础上，通过规范管理，强化信息的公开化和透明度，将各方当事人的政府采购活动置于“阳光下”，使采购人、采购代理机构、供应商之间互相监督、互相制约，形成彼此制约的关系。通过制约机制，来确保政府采购中的竞争是良性竞争，保证政府采购活动的公开规范。

电子化打造公开透明平台

要想真正实现充分竞争和各方当事人之间的相互制约，需要一个开放的、公开透明的平台，广东省的电子化政府采购统一大平台建设，无疑正提供了这样的一个平台。刘昆介绍说，电子化政府采购统一大平台包括管理平台和执行平台，通过电子化建设，实现了政府采购的透明化操作和透明化监管，实现了充分竞争，既提高了采购效率、降低了采购价格，也降低了腐败可能发生的空间。

刘昆介绍说，在电子化平台上，广东尝试了在集中采购机构之间开展竞争，允许集中采购机构跨越行政区域代理政府采购集中采购业务，允许采购人跨越行政区域委托集中采购机构代理采购。这样做，将有助于打破集中采购机构代理政府采购业务的区域性垄断地位，提高集中采购机构的工作效率和服务质量。通过电子化手段，还可以让所有信息全部公开、透明，从而有效防止信息不对称造成的比较优势状况出现，使供应商的竞争更为充分。在此基础上，通过构筑更加完善的制约机制，一方面通过科学制定管理办法，加大信息公告力度，加强监督，另一方面通过政府采购各方当事人之间互相监督、互相制约，这样双管齐下，确保政府采购环节的公开透明，促进政府采购市场秩序更加健康、和谐、有序。“我们将营造更加公开透明的政府采购竞争机制！”展望未来的工作开展，刘昆如是说。他表示，广东将一如既往地坚持政府采购制度改革的方向，坚决推行两个竞争机制和一个制约机制，以市场为导向，鼓励竞争，杜绝垄断，更好地提升广东政府采购水平。

（本报记者　杨大威　冯君　2009年3月18日《政府采购信息报》）

广东省向低保对象发“双粮”过春节

昨天，省财政厅通报了好消息。春节即将来临之际，省委、省政府领导多次指示要关心困难群众的生活，让广东省困难群众过一个欢乐、祥和的春节。省委、省政府近日决定，仿照一些企业发“双薪”的办法，于春节前给全省城镇、农村低保对象按现有补助标准，增加发放一个月的低保补助予以慰问。

据悉，省财政厅和省民政厅近日已联合下发通知，要求各级财政、民政部门做好相关事宜，确保补助资金及时足额发放到低保户手中。

省财政厅和省民政厅在联合发出的《关于为全省低保对象增发一个月低保补助的通知》中规定，今年向低保对象发放“双薪”补助资金的发放范围和标准是：全省正在享受低保补助的城镇、农村的低保对象，按照现行的补助标准增加发放一个月的补助资金。《通知》同时强调，增发一个月低保补助的资金来源——珠江三角洲地区由当地财政自行解决，省财政按照省政府确定的补助比例对欠发达地区给予补助，其余由所在地财政负担，从“低保专户”支出；全省各级财政和民政部门，要积极主动，密切配合，采取有效措施，确保补助资金于春节前发放到低保对象手中。《通知》同时强调，各地要结合当地财力情况，在春节期间对五保户增发慰问金予以慰问。

据介绍，目前广东省全省低保对象约200万人，其中城镇约40万人，农村约160万人。根据全省目前低保人数计，今年春节前向全省低保对象增加发放一个月的低保补助资金，需要增加支出补助资金1.7亿元。

据了解，2008年，广东省低保制度得到进一步完善，覆盖面得以扩大，将农村家庭年人均纯收入低于1 200元的困难家庭纳入低保救助范围。截至去年底，全省城乡纳入低保的困难群众达到78.51万户、200.33万人，比2007年增加7.53万户、23.55万人，基本实现了应保尽保。同时，低保标准和补助水平不断提高。2008年全省有12个地级市、69个县（市、区）提高了低保标准，城镇提高30~80元，农村提高30~100元。目前城镇低保标准为每月150~415元，农村为每月100~415元。全省城镇人均月补助142元，比2007年底增加19.3元；农村71元，比2007年底增加23元。

此外，广东省还向低保户增发临时补贴。2008年春节，广东省对全省城乡低保对象发放每人15元春节慰问金，并在2008年1月和7月，分别对城乡低保对象增加发放每人每月15元和10元低保补助，保障低保对象基本生活不因物价上涨而下降。

（本报讯 记者 朱桂芳 通讯员 范小花 2009年1月10日《南方日报》）

财政支农政策体系已形成 每年安排农业龙头贷款贴息5 000万

广东省财政体制改革一直走在全国前面，尤其是近几年来在对县域经济发展、解决“三农”问题上，广东省财政资金投入取得的成效更加引起全国瞩目。昨天本报从省财政厅获悉，根据新时期中央和省政府的支农政策，广东省将继续整合各渠道支农资金，集中财力办大事。

2003~2005年，省财政共安排10.73亿元，基本解决农村180万人饮水难问题；从2006年开始至2012年，省财政安排26.3亿元支持解决全省1 645.5万人农村饮水不安全问题；2003~2007年，省财政共安排18.51亿元，扶持解决贫困农户、边远老区村庄农户和水库移民等的“住房难”问题，并着力支持农村农田水利建设，解决支持生态建设等。

在解决农村基层政权运转与财力保障问题上，主要是实施贫困村“两委”干部补贴，扶持村组织活动建设等。而在解决农村社会经济发展薄弱问题上，主要是支持农业产业化和发展现代农业。2003~2007年，省财政安排贴息资金扶持农业龙头企业发展，逐步加大投入支持发展农民专业合作组织；2008~2010年，省财政每年继续安排农业（扶贫）龙头企业贷款贴息专项资金达到5 000万元，同时还安排了农业现代化园区建设资金2 000万元和“一乡一品”专项资金1 500万元，等等。根据新时期中央和省政府的支农惠农政策，广东省将按照“农口现有资金安排、管理责权不变、调整资金使用方向，集中财力办大事，优势互补、形成合力”的原则，统筹整合各部门、各渠道安排的支农资金，调整资金投向，集中财力，重点投向农业农村基础设施建设、农村公共服务体系建设、农业发展等关系民生和体现财政支农资金公益性、公共性的领域，解决农民群众最关心、最迫切、最受益的实际问题，逐步减少对除粮食生产、农产品加工等准公共产品之外的其他竞争性领域和生产环节的投入。

据悉，仅涉及农田基本建设资金一项，全省计划在2008~2012年统筹整合80.96亿元建设500万亩现代标准农田。加上2007年的投入资金，全省共统筹100亿元建设625万亩现代标准农田。2008～2010年，计划通过申请中央财政现代农业生产发展资金、整合地方财政支农资金、引导企业等社会资金投入等方式，统筹整合及引导社会投入资金近6亿元，将两个现代农业主导产业带建设成为区域特点显著的现代农业发展经济板块，推动广东省现代农业生产的发展。

（本报讯　记者　朱桂芳　通讯员　范小花　2009年2月3日《南方日报》）

李长春到驻地看望代表，为广东转危为机鼓劲加油

创造“风景这边独好”局面

■希望广东的财政收入，像广东音乐一样，“步步高”！

■广东人的饮食结构要改变，不能再吃野生动物了！

■广东人民给了我深深的爱！我对广东的爱，一点也不比大家爱我的少！

昨日上午，中共中央政治局常委李长春来到广东代表团驻地，亲切看望出席十一届全国人大二次会议的广东代表。“老书记”的新春问候，给广东团带来了融融暖意。

李长春在中共中央政治局委员、省委书记汪洋，省长黄华华，省人大常委会主任欧广源等陪同下，走访代表房间，与大家深入交流。

受国际金融危机影响，广东正处于新世纪以来经济最为困难的时期。李长春对广东经济运行情况十分关注，每遇到企业家代表，都仔细了解企业的生产经营情况。

广东榕泰实业股份有限公司副董事长李林楷代表告诉“老书记”，“由于掌握自主创新技术，公司生产的环保型集成电路封装材料替代了国外同类产品，去年企业销售不仅没有下降，还逆势增长20%。今年还将投资10个亿扩大再生产。”

广东康美药业股份有限公司董事长马兴田代表也给李长春“报喜”：“公司参与了中药饮片国家标准的制定，去年企业销售增长60%。今年前两个月形势更好，增幅达到了100%。”

“你们的实践证明，企业掌握了自主创新的能力，就能大大增强抵御风险、防范危机的能力！”李长春说，国际金融危机对广东影响较大，但也蕴涵着重大机遇。龙头企业要增强自主创新能力，实施品牌战略，在“转危为机”中起带头作用，在当前全球特别是发达国家经济普遍下滑，生产普遍萎缩的情况下，创造一个“风景这边独好”的局面。

话音一落，企业家们鼓掌赞同。

与省财政厅厅长刘昆代表交谈时，李长春关切地问：“今年广东财政收入情况怎么样？”

刘昆回答：“2月份已呈现逐步向好的趋势。比如，肇庆就不错！”

站在一旁的肇庆市市长杨浩明代表立即报出数据——今年2月肇庆财政收入增长了15.98%！

听到这些好消息，李长春十分高兴。他转身幽默地对着身材高大的刘昆说：“这几年，你好像个子又长高了！希望广东的财政收入，像广东音乐一样，‘步步高’！”

房间里顿时响起了热烈的掌声。

李长春牵挂雷州半岛治旱的最新进展，与湛江市代表交谈的焦点始终集中在治旱上。

徐闻县龙塘镇东角村党支部书记陈雪荣握住“老书记”的手当面感谢：“当年是您和省委、省政府帮我们打井抗旱。现在我们农业产量翻了一番，日子越来越红火了，社会治安大大好转，大家都说徐闻换了人间！”

“扩库硬渠上井群，改善生态调结构。”时隔十多年，李长春依然一字不差地念出了1998年省委、省政府在雷州半岛改水治旱工程的指导方针。“1998年，雷州半岛还很贫穷，到处都是茅草房。2007年，当我再次到那里，漂亮的砖瓦房随处可见，老百姓日子越过越好，我感到由衷的高兴！今天听到了你们介绍的新变化，我心里头就更高兴了！”

广东团里到处都有熟悉的面孔，李长春每走一步，都要停下来与代表们互致问候。

遇上全国人大代表、广州呼吸疾病研究所所长钟南山院士，李长春问了一个大家都感兴趣的问题：“非典病毒为何来无影去无踪？”

“这跟广东严格控制野生动物市场有关系。果子狸等野生动物是重要的病毒传播渠道，把这个渠道切断了，病毒就消失了。”

李长春感慨地说：“广东人的饮食结构要改变，不能再吃野生动物了！”

听到“老书记”来到广东团的消息，代表们纷纷赶来。湛江港集团股份有限公司董事长郑日强代表来得匆忙，衣领没有整理好。

李长春走到他身边，亲手帮他整理衣领，并拍拍他的肩膀鼓励说：“要以良好的精神面貌重振湛江港雄风！”

幽默风趣的话语、和蔼可亲的态度让代表们倍感亲切和温暖。

一个多小时很快就过去了，“老书记”道别之时，大家依依不舍，聚集在驻地的大堂送行。大堂被围得水泄不通，大家都争着与“老书记”握手道别。

李长春感动地说：“广东人民给了我深深的爱！”

“因为您深深地爱着广东人民。”代表们发自内心地呼应。

听到此处，李长春真情流露，“我对广东的爱，一点也不比大家爱我的少”！

现场再一次响起了热烈的掌声和欢笑声。

（本报记者　朱桂芳　通讯员　范小花　2009年3月5日《南方日报》）

广东发行债券方案已报国务院

省财政厅厅长表示，发债余地较大，具体规模由国家定

昨日，全国人大代表、省财政厅厅长刘昆在接受记者采访时表示，目前广东发行地方政府债券方案已上报国务院，但最后发行规模有多大还要等国家定。

加大轻轨铁路网投入

据了解，为应对国际金融危机，进一步扩大内需，保持经济平稳较快增长，国务院日前决定扩大2009年国债投资规模，中央将代地方发行政府债券，发行规模由地方政府申报，经国务院批准并报同级人大审批后实施。

“目前广东已被列为试点发行的地方之一，发行规模已上报国务院”。刘昆说，按照国际通行惯例，发债规模通常会有一定比例限制，如欧盟允许内部国家发债规模不能超过GDP的3%。若按这个来算，中国经济总量大，相对地发债余地也就大。

“同时由于广东各项经济指标比较好，负债比较少，所以广东发债的余地是比较大的”。他说，但在国家的总盘子底下，广东发债的具体规模有多大，还得等国家来定。“据我了解，国家还在研究之中”。

刘昆还透露，广东今年将会加大对轻轨铁路、高速公路及水利工程等基础设施建设的投入。他表示，希望能使这些工程“尽快形成生产力”，特别是轻轨铁路网的一体化设计。“尽快形成珠三角一小时甚至半小时经济圈，加上辐射港澳，就会形成世界最大的城市群”。

拉动消费不一定靠消费券

“拉动消费的方法有很多种，发放消费券仅是其中一种”。对于当前有代表、委员热议的“发放消费券刺激消费”问题，刘昆认为，社会收入再分配主要是财政分配，要让困难群体得到政府的帮助，发放消费券是其中的一种方式，是否有效要根据各地的实际情况来检视。

“给你100元，但本来你就想花钱，于是拿着消费券去花，那增量的部分就会被原定消费额抵消”。刘昆举例，台湾之前也曾发放过消费券，后来有研究指出，只有30%会增加消费量。

刘昆表示，除了发放消费券外，采取提高社会保障水平、退税等办法都是再分配的形式，每种方法都有各自的优点。“每个地方都要根据自己的特点来研究，采取能为老百姓带来最大实惠的办法”。

（本报特派记者　谢苗枫　吴哲　黄超　徐林　2009年3月5日《南方日报》）

财政赤字为何增至9 500亿？

省财政厅厅长刘昆代表：财政资金见效快，仍在3%的安全线以内

国务院总理温家宝昨日在政府工作报告中披露，为弥补财政减收增支形成的缺口，2009年中国财政赤字将扩增至9 500亿元。

如此高的赤字在新中国历史上确属罕见。据权威财政专家称，这将是自1949年新中国成立60年来最高额度的财政赤字，与2003年历史最大规模赤字3 198亿元相比，在绝对量上增加近200%。据了解，2008年中国的财政赤字只有1 800亿元。

财政赤字的激增，是否蕴藏风险？昨日，与会代表对此强烈关注。

财政赤字激增蕴藏风险？

全国人大代表、省财政厅厅长刘昆在接受记者采访时说：“这个数字是比较恰当的，也是处于安全线之内的”。

温家宝在作政府工作报告时，特地对财政赤字专门作了一个说明：“虽然当年赤字增加较多，但由于前几年连续减少赤字，发债空间较大，累计国债余额占国内生产总值比重的20%左右，这是我国综合国力可以承受的，总体上

也是安全的”。

对此，刘昆说：“我们讲积极的财政政策，本身的含义是扩张性的。以前我们财政的观点，叫收支平衡、略有结余。如果是稳健的财政政策，就会降低赤字水平。但积极的财政政策，就是需要提高赤字水平，也就是在经济低潮期，需要通过财政支出的增加来拉动经济增长”。

刘昆说，总理在作报告时用了“最主动、最直接、最有效”来形容这一扩大内需的措施，因为财政资金见效快，短期内能起到很好的拉动作用。

财政赤字是不是过高?

那么这个财政赤字是不是过高？刘昆说：“我认为这个数字是比较恰当的。”

他说，按照国际上的惯例，一般认为当年的赤字水平在GDP的3%以下是安全的。

据专家计算，如果按照2009年GDP比2008年增长8%来计算，9 500亿元的财政赤字占中国2009年GDP总量的比重约为2.93%。

“我们还在3%以下，另外政府工作报告里讲到另外一点，累计国债余额占国内生产总值比重20%左右，所以说不管从当年的指标看，还是整个延续下来的余额也好，都是合理的、安全的。”他说。

为什么增加这么多赤字?

为什么我国有这么大空间一下子增加这么多赤字?

刘昆解释道，主要是前几年大幅度地调低了赤字水平。过去几个财政年度，全国财政收入赤字有所压减，在经济蓬勃发展、经济规模不断扩大的前提下，中国的赤字水平在降低，也意味着赤字余额占GDP的比例不断下降。“在目前情况下，因为境外的金融危机引起经济上的波动，我们就有余力来扩大赤字”。

（本报记者　吴哲　徐林　谢苗枫　黄超　2009年3月6日《南方日报》）

全程监督用好4万亿元投资广东部分

中央电视台记者撒贝宁关心的是，广东如何保障阳光财政，特别是如何监管好拉动内需的4万亿中的广东部分。

省财政厅厅长刘昆说：“广东省从2003年开始就把部门预算细化，今年部门预算的文本一共600多页，涉及所有部门，而且项目都有细化”。

他说，在监督方面，预算执行过程中不单接受代表的入场监督，涉及财政各方面的监督行为也要求代表参议，比如对500万元以上的项目都进行绩效评价，评价过程中请报告专家组进行评价等。

“对于扩大内需投入的监督，首先是制度化，我们已经研究了一系列的制度，保证全程的跟踪监督，让所有资金用好。对于地方为中央投入的配套资金，我们也会全额优先保障。从全国来看，广东的资金到位是非常好的，目前已经发挥了一定的效果”。刘昆说。

（本报特派记者　吴哲　黄超　徐林　谢苗枫　2009年3月7日《南方日报》）

会期短了还是长了？代表交锋

会期短了还是长了？缩短会期是否会影响代表议政？对于如何更好地完善人民代表大会制度，刘昆代表和钟南山代表发生了鲜明的观点交锋。

今年的人大会期为8天半，除去3月8日休会一天外，整个会期比十一届人大一次会议缩短了5天，与十届人大二次会议相比也缩短了1天半。刘昆表示，由于人大代表是行使集体职权，因此应该充分保障人大和常委会开会的时间，“人大代表开会的时间不能无限压缩，否则等于压缩了行使权力的时间”。

“现在的时间已经足够了，只是没有利用好，需要改进的是代表如何更好地议政”。钟南山则旗帜鲜明地表示，“不少代表主要谈感受如何好，10分钟里有8分钟是在‘歌功颂德’。但对于我们百姓所反映的问题，如劳动法出现了什么问题，出口应该怎么改进等等，就没有剩下多少时间。而我们最重要的就是要听很多代表谈这个”。

（本报记者　黄超　谢苗枫　吴哲　徐林　2009年3月11日《南方日报》）

广东省将发行地方债109亿元

有关方案已报省政府审批省级财政发债85亿深圳发债24亿元

据省财政厅长刘昆昨日透露，国家拟发行的2 000亿元地方债中，广东省的发行规模为109亿元，其中省本级财政发行85亿元，深圳市发行24亿元。有关地方债的发行方案已由省财政厅报省政府审批，等履行相关的法律程序后便可实施。

为实施积极的财政政策，增强地方安排配套资金和扩大政府投资的能力，国务院同意地方发行2 000亿元债券，由财政部代理发行，列入省级预算管理。2 000亿元地方政府债券于2009年发行，以省、自治区、直辖市和计划单列市政府为发行和偿还主体，由财政部代理发行并代办还本付息和支付发行费的可流通记账式债券。地方政府债券冠以发债地方政府名称，债券期限为3年，利息按年支付，利率通过市场化招标确定。

地方政府债券按照记账式国债发行方式，面向记账式国债承销团甲类成员招标发行。中标的承销机构可以采取场内挂牌和场外签订分销合同的方式分销。发行后可按规定在全国银行间债券市场和证券交易所市场上市流通。

（本报讯 记者 朱桂芳 2009年3月26日《南方日报》）

6市竞争第三批产业转移15亿元扶持资金

潮州汕头云浮胜出各获5亿

昨天，茂名、汕头、潮州、汕尾、湛江和云浮6个市登台竞争广东省第三批产业转移扶持资金，公开接受专家评审团的审考。经过全天7个多小时的激烈争夺，潮州、汕头和云浮3个市胜出，各获5亿元的产业转移扶持性财政资金。

扶持资金被“放大”12.6倍

广东省去年举行了两次产业转移扶持性资金竞标评审会，加上这次评审会共举办了3次。每次都是通过级级申报、层层评审筛选后，确定6个市进入最后的专家评审阶段，并在社会监督员、新闻单位、专家评审团的面前同台公开竞标，由专家评审委打分，得高分的前3个市各获5亿元扶持性资金。至此，广东省已有三批共9个市、9个工业转移园区获得45亿元的扶持性资金。

广东省开先河在财政资金分配上引入竞争机制，受到海内外关注，得到社会各界的好评。但竞争的结局是否达到预期目标？昨天，产业转移专家评审会主持人、省财政厅副厅长曾志权于会后接受本报采访时介绍，根据对第一批（第二批资金刚下达不久）产业转移竞争扶持性资金督察情况来看，这些资金发挥了“火种”的作用，经济社会效益达到了预期目标：提升了该地区各级党委、政府及社会各方面加快发展的信心和决心；促进了示范性产业转移园的科学发展思路、规划的完善；带动园区资金投入的增加。第一批扶持资金15亿元有效带动了地方政府及社会资金对中标市产业转移园的投入，直接带动政府投入25亿元，撬动金融机构投入164亿元，带动投入的平均乘数达到1:12.6，也即资金使用已被“放大”12.6倍。

“没有重复不等于均等分配”

据记者观察，这次参加第三批扶持资金竞标的6个市中，没有一个市是前两批的获胜者。而胜出的3个市均已参加两次评审竞标会。这是否意味着，已获得产业转移扶持资金的便不能再次参加竞标？而多次参加专家评审会的市，便有机会获胜。或者说多次参与，即使硬环境、软条件差些也会博得评审专家的同情分呢？

针对记者的提问，省财政厅厅长刘昆说，进入专家评审阶段的地市没有重复不等于他们没有资格继续参与竞标。实际上，有些市是多次参加竞标的，如已获第一批5亿元扶持资金的河源市，也参加了第三批的竞标申报工作，只是未进入专家评审阶段而已。至于这次获胜的3个市均是第二次竞标而获胜，这是否是博得评审专家的同情分这个问题，我不能代言。但应该承认的是，通过历次参与竞标的实践，他们已找到自身的不足，不断完善园区规划及当地的经济发展思路，完善措施，制定竞标方案，终于获得了各方的认可。这次胜出的3个市，其竞标全过程的各个环节上的突出表现，完全可以证明这一点。

“我们完善了硬环境和软条件”

竞标评审结果宣布后，获胜的潮州市市长汤锡坤表现十分谦虚。他说：“我们第一次参加竞标时没有经验，工业园区的硬环境和我们的方案等软条件确实存在不足。通过参加第一次竞标，积累了经验，拓展了我们的思路，我们立即完善措施，确保园区经济快速发展的措施”。他举例说，原来的园区规划仅有5 000万亩，的确偏小，发展空间不大。这次重新规模，把潮州原来的经济开发区、潮州港开发区纳入来与工业转移园区3区合并为一，综合开发利用，大大拓展了产业转移园区的发展空间，提升了竞争力。

（本报讯　记者　朱桂芳　余映涛　2009年3月26日《南方日报》）

2020年基本公共服务达中等发达国家水平

广东省在实施《珠三角地区改革发展规划纲要》关于公共服务一体化规划中，提出着力推进基本公共服务均等化，公共服务均等化的核心内容是什么？有哪些目标和具体指标？昨天，省财政厅有关负责人接受本报采访时，对人们关注的问题作了解读。

● 基本公共服务有两大类

省财厅厅长刘昆称，按照基本公共服务的含义和特征，根据广东经济发展水平和社会对公共服务的需求综合考虑，广东省基本公共服务的范围确定为以下两类八个方面。

一是基础服务类：公共医疗卫生；公共文化；公共教育；公共交通。二是对人的保障类：生活保障，包括养老保险，最低生活保障，五保；住房保障；就业保障；医疗保障。

● 现状

刘昆向本报介绍了目前广东省基本公共服务的现状——

广东在全国率先实现农村义务教育全免费；广东公共卫生和基本医疗服务体系不断完善，初步建立了农村县镇（乡）村三级卫生服务网络，有效地缓解了农民“看病难”的问题。推进社区卫生建设，逐步实现“小病在社区、防病在社区、健康在社区”的目标；建立和完善城乡居民最低生活保障制度，不断提高低保标准，扩大低保覆盖范围。不断提高对特殊困难群体的抚恤、帮扶水平；完善社会保险体系；加大基本住房保障投入，推进实施全民安居工程；实施就业再就业工程，推进公共就业服务体系建设。大力实施“智力扶贫工程”、“百万农村青年技能培训工程”和“城乡退役士兵免费技能培训工程”，落实对困难群众就业技能培训惠民政策，促进就业再就业工程建设。

● 问题

广东基本公共服务均等化水平亟待提高。

一是区域间基本公共服务水平差距巨大。受地区经济发展和财政收入不平衡以及财政体制因素的影响，广东省经济发达地区和欠发达地区公共服务供给水平出现明显差异，区域间基本公共服务水平差距巨大。

二是城乡之间的基本公共服务水平差距明显，缺乏统一的公共服务体制。城乡基本公共设施供给差距大——由于城乡财政投入的差异，导致全省水、电、路、通讯、学校、医院、图书馆等公共基础设施的供给，在城乡之间存在着较大差距。基础教育城乡差距大——农村教育经费投入严重不足，城乡教育资源分布差距较大，农村义务教育在师资、教学设施等方面，与城市相比差距非常明显；社会保障水平城乡差距大——长期的城乡二元结构管理造成他们的保障水平城乡差距大，与经济社会发展水平也不相适应。城乡医疗卫生资源配置不合理——全省的医疗卫生资源集中在城市，农村基层医疗卫生机构普遍基础薄弱、硬件、软件水平均不高。

三是不同群体之间的基本公共服务不均衡。本地居民由于收入差距导致享受的基本公共服务水平差距很大；有很多外来务工人员享受不到基本公共服务，导致不同群体之间享受的基本公共服务水平差异很大。

● 总目标

据刘昆介绍，到2020年，全省基本建成覆盖城乡、功能完善、分布合理、管理有效、水平适度的公共服务体系，同时形成根据经济社会发展情况自动调节的公共服务机制，实现城乡、区域和不同社会群体基本公共服务制度的统一、标准和水平的大致均衡。全省居民平等地享受到公共教育、公共医疗卫生、公共文化事业、公共交通、生活保障、就业保障、医疗保障、住房保障等基本公共服务，在一定水平上做到人人“有饭吃，有书读，有工作，有房住，病得医，路通畅”，努力使基本公共服务水平在国内位居前列，在国际上达到中等发达国家水平。

● 阶段目标

基本公共服务加速覆盖阶段（2009～2011年）。通过调整财政收支结构，增加对公共教育、公共医疗卫生、公共文化事业、公共交通四项“基础服务”，生活保障、住房保障、就业保障、医疗保障等四项“对人保障”方面的投入，建立健全城乡、不同地区和社会群体多层次、差别化的公共服务体系，使基本公共服务加速覆盖广大居民。

城乡基本公共服务均等化普遍覆盖阶段（2012～2014年）。将农村居民和农民工纳入城镇基本公共服务体系，实现城乡基本公共服务制度衔接和统一，基本建成省直管市县财政体制，城乡基本公共服务均等化普遍覆盖广大居民。

地区性基本公共服务均等化总体实现阶段（2015～2017年）。加快完善省对市县的转移支付制度，实现地区性基本公共服务财政能力均等化，总体实现地区性基本公共服务均等化。

城乡基本公共服务均等化总体实现阶段（2018～2020年）。在城乡、地区制度差别基本消除的情况下，建立相对完善的现代公共服务制度体系，使城乡基本公共服务均等化总体实现。

（本报记者　朱桂芳　特约通讯员　范小花　2009年4月15日《南方日报》）

在应对危机中抢抓机遇　推动市县经济财政加快发展

——全省促进县域财政发展工作会议暨市、县（市、区）长公共财政与应对金融危机专题培训班综述

为研究在新时期新形势下进一步推动县域经济财政发展的政策措施，提高市、县（市、区）长对财政工作的领导水平和应对金融危机的能力，6月2～5日，全省促进县域财政发展工作会议暨市、县（市、区）长公共财政与应对金融危机专题培训班在广州举行。省委常委、常务副省长黄龙云出席会议及培训班开办典礼并作重要讲话，各地级以上市分管财政工作的市领导、财政局局长，各县（市、区）长或分管财政工作的副县（市、区）长参加了会议和培训班。

此次会议是在全省上下积极应对金融危机挑战，扎实推进“三促进一保持”，努力保持经济平稳较快发展的关键时期召开的。这是自2003年以来，广东省第五次召开促进县域财政发展工作会议并举办市、县（市、区）长公共财政专题培训班，主要目的是总结全省促进县域经济财政发展经验，研究进一步促进县域经济财政发展的政策措施，并通过培训帮助市、县（市、区）长提高对财政工作的领导水平，增强驾驭经济全局有效应对金融危机的本领和能力。

自2003年起，广东省已经连续举办了四期市、县（市、区）长公共财政专题培训班。各期培训班牢牢把握科学发展新思路、紧紧围绕公共财政改革发展新动向，以提高市、县（市、区）领导干部当家理财能力和财政管理软实力为目标，主题特色鲜明、培训成效显著，得到了汪洋书记、黄华华省长和黄龙云常务副省长等省委、省政府领导的批示肯定，得到各期培训班学员们的广泛好评，对落实好、发挥好激励型财政机制作用，系统完善促进经济社会协调发展的财政政策体系，起到了重要的促进作用。

当前，国际金融危机仍在扩散蔓延，对经济的不利影响日益加深。有效应对目前的困难形势，保持经济平稳较快增长，是当前经济工作的首要任务，也是加强和改善宏观调控的重要议题。此次促进县域财政发展工作会议暨市、县（市、区）长公共财政与应对金融危机专题培训班，既坚持了近年来研究促进县域经济财政发展与培训提高市县长当家理财水平相结合的做法，又充分体现了紧扣当前国际国内经济发展形势的特点，突出了应对国际金融危机的主题，突出了全省经济工作和公共财政建设的主线，有针对性地安排了《应对金融危机条件下的公共财政》、《国际金融危机的最新情况及其应对措施》、《全球金融危机与公共安全事件的应急管理》、《关于公共财政问题》、《落实〈珠江三角洲地区改革发展规划纲要〉的财政对策》、《扩大内需与公共财政》等课程，开拓性地提出了许多新观点、新思路、新举措，为交流观念、探讨问题提供了重要的平台，对于市县领导干部更好地学习认识财政运行规律，掌握运用财政政策工具，有效抵御国际金融危机冲击，推动广东省率先走出经济发展低谷，有着重要的现实意义。

从实际效果看，此次会议的召开和培训班的举行，使市县领导对当前发展形势有了更为准确的把握，对经济财政运行规律有了更为深入的理解，切实增强了市县领导干部加快发展的责任感和紧迫感，有效提升了市县领导干部当家理财的能力和水平。参加培训的市、县（市、区）长普遍反映，此次会议和培训班起到了统一思想、坚定信念、理清思路、增强本领的作用，应对危机的信心更加坚定，加快科学发展的思想动力更加强大，为不断提升驾驭市场经济的本领，有效应对金融危机打下了坚实的基础。以下是省领导讲话、专家授课和学员心得体会的摘要。

■领导视点

省委常委、常务副省长黄龙云：

近年来，省委、省政府把加快县域经济发展作为贯彻落实科学发展观、促进区域协调发展的重要举措摆在突出位置，采取一系列措施大力发展县域经济，尤其是高度重视财政杠杆的调控作用，促进县域经济发展成效显著。总结近年来广东省县域经济财政的发展经验：一是，省委、

省政府高度重视县域经济发展，指导思想正确，决策部署科学，政策措施有效；二是，各市县党政领导班子进一步解放思想，切实转变思想观念，破除传统的路径依赖和思维定式，因地制宜、实事求是地制定发展措施；三是，各级各部门把省委、省政府的决策变为做好经济财政工作的自觉性，尤其是省财政部门贯彻落实省委、省政府决策不含糊、不犹豫，研究制定出台一系列财政政策和措施，激励和促进县（市、区）努力开拓财源，努力实现经济增长、财政增收、发展后劲增强。

县域强则全省强、县域兴则全省兴、县域稳则全省稳。各市县必须进一步增强发展县域经济的责任感和紧迫感，抓住战略机遇，促进市县经济财政加快发展。要根据财权与事权相统一的要求，建立科学规范的转移支付制度；根据主体功能区划的要求，因地制宜选择县域经济财政发展路径；根据基本公共服务均等化的要求，建立面向民生的财政支出机制；根据公共财政改革发展的要求，深化各项财政改革，用好管好资金。特别是在当前国际金融危机影响日益加深的形势下，县级财政必须高度关注“三农”、劳动力培训和转移、以医药卫生体制改革为中心环节的社会关注搭建融资平台。城乡统筹发展会保障体系建设以及低收入人群生活保障问题。同时，市级财政也必须高度解决中小企业贷款难和深化医药卫生体制改革问题，增强应对金融危机冲击的“体魄”。

当前，国际金融危机对广东省的经济理念、发展理念乃至发展模式的选择，都提出了新的挑战，同时也提供了新的机遇。此次培训班突出应对国际金融危机的主题，突出全省经济工作和公共财政的主线，非常有针对性。要按照最近温家宝总理对政府建设提出的任务要求，从提高行政能力的要求，从提高政府公信力和服务能力的需要出发，结合落实省委、省政府提出的“三促进一保持”及一系列应对金融危机的战略部署，充分利用好此次培训班的学习交流机会，进一步夯实财政基础和提高理财能力水平，有效应对金融危机，促进经济平稳较快发展。

财政部党组成员、部长助理朱光耀：

2008年以来，起源于美国的次贷危机愈演愈烈，并最终引发国际金融危机，对全球经济造成了严重冲击，世界主要经济体经济增长放缓，全球金融资产大幅缩水，国际贸易受到严重影响。为应对国际金融危机的冲击，世界各国采取了一系列的救援措施，或中央银行直接注资，或运用货币政策手段，包括单独或联合降息、购买国债或实施量化宽松型货币政策、提高存款担保额度、货币互换等，或实施财政刺激方案，包括政府注资、实施更广范围的经济刺激计划等，努力化解金融危机对经济带来的强烈冲击。

在此次国际金融危机开始出现苗头的时候，党中央、国务院果断决策，及时对宏观经济政策作出重大调整，决定实施审慎灵活的宏观经济政策，并出台了大规模的经济刺激计划。在积极的财政政策和适度宽松的货币政策之下，我国经济保持了平稳较快发展，从第一季度经济运行数据来看，经济刺激计划和振兴计划初见成效。尽管目前经济形势比预计的要好，但面临形势的复杂性和艰巨程度也比预计的更复杂、更艰巨。要使我国经济增长从低谷中迅速恢复过来，必须统筹内外两个大局，多方面采取综合措施。一是采取强有力的措施扩大内需，通过实施家电下乡、家电以旧换新等即期措施，以及建立完善社会保障体系、提高低收入人群收入水平等长远政策，提高居民消费意愿，直接促进或间接引导居民扩大消费需求；二是从战略高度重视发展制造业，加大对具有核心竞争力的制造业发展的支持力度，推进产业转型升级和结构调整，保持实体经济特别是制造业的健康发展；三是敦促国际社会加大国际政策协调力度，及时了解各方面的动态和最前沿的信息，保证我国宏观经济政策制定的科学性和客观性；四是审慎对待区域性货币，高度重视区域货币的发展和走势，坚定不移地推动人民币的区域化和国际化。

省委组织部副部长林存德：

加强干部培训是提高领导干部能力素质、提高驾驭经济全局能力和水平的重要途径。中央和省委始终把加强干部教育培训作为全面建设小康社会、实现社会主义现代化的一项基础性工作加以推进。在完成大规模培训干部阶段性任务的基础上，省委从全局和战略的高度，把提高干部的素质和能力摆在更加突出的位置，将教育培训的重点及时转移到提高干部的专业素质和履行岗位职责的能力上，全面提高了干部领导和推动科学发展的本领以及科学执政、民主执政、依法执政的能力。财政政策是重要的宏观调控手段，在经济社会发展中，具有十分重要的作用。在当前世界经济总体下滑，国内经济面临严峻挑战的情况下，推进财政体制改革，加强公共财政管理，充分发挥财政职能作用，对于有效应对国际金融危机，促进经济平稳较快发展具有十分重要的意义。继续举办全省市、县（市、区）长公共财政专题培训班，对于促进市县领导进一步解放思想，切实提高当家理财能力，善用财政政策手段，应对新挑战、把握新机遇，必将起到积极的推动作用。

省财政厅党组书记、厅长刘昆：

与计划经济体制下的财政模式相比，公共财政无论是调控目标还是调控手段等都有了实质性变化，更加契合市场机制运行的要求。同时，与西方资本主义国家的公共财政模式相比，社会主义市场经济条件下的公共财政由于社会制度基础不同，有效克服了资本主义制度的内在矛盾，加之公有制基础上国家掌握了更强的资源调配能力，决定了我国社会主义市场经济条件下的公共财政更加符合现代市场经济发展的要求，在调节市场运行、应对经济危机方面，与西方资本主义国家相比具有内在的优越性。

与此前因全球性的生产过剩或能源危机引发的历次实体经济危机不同，此次国际金融危机主要是在金融创新过程中忽视金融监管，国际金融制度与全球一体化相背离，实体经济与虚拟经济发展严重失衡等矛盾不断积累并共同作用的结果。针对本次金融危机的特点和影响，中央及时对宏观调控政策作出重大调整，决定实施积极的财政政策和适度宽松的货币政策。按照中央的决策部署，广东有效落实扩大内需促进增长调控政策，并将保增长与调结构、促转型有机结合起来，扎实推进“三促进一保持”。从实施效果看，各项政策措施已初见成效，经济逐步呈现回暖的迹象。随着扩大内需促进增长一系列政策效应的不断释放，经济变坏的因素逐步减少，初步可以判断经济增长速度将停止快速下滑。但要将经济增长从低谷中迅速恢复过来，还要从多方面采取措施积极应对。财政政策方面，要以扩大内需促进增长为中心，以增加公共产品和公共服务投入为重点，全面覆盖投资、消费、出口、结构调整与产业发展以及社会建设等各方面内容，并注重政策的前瞻性、协调性和效率性。

■专家论点

厦门大学教授张馨：我国从1998年提出构建公共财政体制框架目标以来，特别是2003年以来公共财政建设加快推进，公共财政的观念已经深入人心。公共财政的重要性是由其基本属性决定的。首先，公共财政是为市场提供公共服务的政府分配活动。行为的主体是政府，行为的内容是提供公共服务。其次，公共财政是社会公众或人民群众的财政。再次，公共财政是与市场经济相适应的财政制度。构建公共财政制度，首先要形成政府预算制度，其基本要素包括：一是计划性，政府必须预先编制年度收支计划，经人大批准才能执行；二是归一性，所有的政府收支，除某些特殊的例外，都必须纳入预算；三是公开性，所有的政府收支，除某些特殊的例外，都必须向社会公众公布，受到人大、社会公众和舆论的监督；四是法治性，通过的预算即具有法律效力。

中山大学教授林江：在通信和信息技术迅猛发展的今天，重大公共安全事件已经不仅仅是只影响到一个局部区域的范畴，而是开始影响跨区域、跨国界的人群，影响的层次也从物质形态发展到精神层面。此次国际金融危机从一个侧面折射出加强应急预警管理的重要性，必须从中发现一些规律，采取有效应对之策，为今后更好地推动经济社会发展打下基础。一是要加强重大安全事件的诱发和演化机理研究；二是要加强应急管理体制与机制研究；三是要加强重大公共安全事件应急理论和技术研究；四是要加强重大公共安全事件预警理论和技术的研究；五是要加强应急心理及其干预方法研究；六是要加强我国应急管理体系的建设力度。

省社科院研究员任志宏：当前，珠江三角洲地区面临着经济社会转型的内源力量不足、内生需求不足、制度创新不足和城市的发展模式急需突破等矛盾。在这样的背景下，此次国际金融危机对珠三角地区经济发展造成了严重冲击，必须有效运用财政政策手段，使财政成为“保增长”的主攻手。要加大对企业的扶持力度，减轻企业的税费负担，为企业发展创造宽松环境；要加大对自主创新的支持力度，发挥科技创新的支撑作用，形成以技术创新驱动的经济发展方式，提升产业竞争力；要赋予市场多元化战略新的时代内涵，统筹国际国内两个市场，积极主动参与全球资源整合，提高开放型经济水平；要加大对民生领域的投入力度，着力改善民生等；要各方联动，形成应对金融危机的合力，政府和企业自救相结合，多管齐下确保经济平稳较快增长。

财政部科学研究所研究员刘尚希：我国当前扩大内需促进经济社会平稳较快发展的举措，表面看是为了应对国际金融危机冲击所导致的外部需求萎缩的应急之策，但从深层次来看，这是降低国民经济脆弱性、增强抗击外部风险能力的需要，更是改善民生、促进人的全面发展的需要。必须把扩大内需作为一项长期战略任务抓好，以不断增强我国内生发展动力，为经济社会的长远发展打下基础。当前实施积极财政政策最重要的是防止政策失效，具体要做到以下四点：一是要克服急于求成的心理倾向；二是在政策目标上，要协调好扩大投资、扩大消费与扩大就业的关系；三是在政策手段上，要正确处理好扩大内需的短期与长期效果；四是政策方式上，要处理好政府与市场的分工与合作。

■学员观点

佛山市常务副市长周天明：在为期4天培训学习中，通过认真听取专家讲授财政政策与财政管理知识，尤其是关于公共财政方面的专题讲座，我深受启发，获益良多，对今后开展好各项工作，特别是抓好财政管理方面的工作，具有重要的指导意义。结合佛山市的实际，要抓收入，保增长，为建设公共财政、实现基本公共服务均等化提供财力保障；促经济，谋发展，推进“两转型一再造”，力促佛山经济率先突围；抓支出，保民生，大力推进基本公共服务均等化，建设富裕和谐佛山；抓机制，促均衡，进一步完善财政体制，增强财政在区域协调发展中的科学调控能力；抓改革，促管理，深化各项财政改革，加快公共财政体系建设。

韶关市常务副市长李飞：这次参加全省促进县域财政发展工作会议暨公共财政专题培训班，黄龙云常务副省长的重要讲话和朱光耀部长助理、刘昆厅长以及专家的专题授课，使自己进一步认清了国际金融危机对地方经济的影响，特别是加深了对社会主义市场经济条件下公共财政促进经济增长的作用的理解，从而增强了做好财政工作的信心。韶关市作为欠发达地区，受金融危机影响与发达地区有所不同，但由于经济结构及适应市场程度等原因，经济下行的压力依然很大。当前及今后一个时期，要按照省委、省政府应对金融危机的决策部署，科学地运用公共财政调控手段，克服金融危机的不利影响，努力保持经济平稳较快发展。

梅州市副市长叶胜坤：这次专题培训班虽然学习时间不长，但安排很紧凑，内容很丰富，师资水平高。通过参加学习培训，启迪了思维，开阔了视野，增长了见识，并深刻感到在当前国际金融危机影响日益加深的形势下，必须更加注重公共财政建设，有效运用财政政策工具，积极应对金融危机挑战，促进经济平稳较快发展。具体而言，要做到“三个更加注重”：更加注重“发展财政”建设，不断提升促进经济发展的能力；更加注重“民生财政”建设，不断提升保障和改善民生的能力；更加注重“阳光财政”建设，不断提高政府科学理财能力。

汕尾市常务副市长王世顶：本次会议和培训班学习内容十分丰富，对推动县域财政加快发展，有效应对金融危机，具有十分重要的意义。通过培训学习，我进一步认清了当前财政经济发展的新形势，对做好各项工作的信心更加充足，思路更加清晰，视野更加开阔，增强了应对金融危机、保持经济平稳较快发展的责任感、紧迫感和使命感。要继续运用好财政政策，化解金融危机负面影响；要加大固定资产投资力度，拉动经济增长；要加大民生投入力度，切实提高城乡居民就业和社会保障水平。

阳江市常务副市长钟毅：通过参加此次会议和培训班，我更加深刻领会到财政政策在应对国际金融危机中的重大作用，特别是财政政策对产业布局的影响，充分认识到以财政政策为杠杆，发挥产业优势，对抵御金融危机的冲击具有深远的意义。尽管阳江市以五金刀剪为支柱的市场在外的产业受此次金融危机冲击严重，经济发展面临着产业基础差与发展环境困难的双重影响，但经济增长仍然保持逆势而上，主要在于坚持以发挥产业优势为导向，有效运用财政政策手段，发挥财政政策杠杆作用，着力在巩固产业基础，培育产业特色，优化产业结构，实现第一、第二、第三产业的协调发展方面上下工夫，推动经济社会发展走出了困境。

清远市常务副市长梁志强：危机是危也是机。面对金融危机，省委、省政府沉着应战，化危为机，这源于我们的制度优势和丰富的实践经验。此次国际金融危机给清远市这样的后发地区提供了四个有利时机：一是理清发展思路的时机，统筹城乡发展，依靠产业和劳动力“双转移”，练好“内功”，是清远市在危机中发展的基本思路。二是加快基础设施建设的时机。在危机背景下，政府加大投资对私人部门的挤占效应降低，能充分发挥政府对基础设施建设领域投资的乘数效应。三是产业调整和优化的时机。危机中的市场需求，是已消除泡沫的需求，企业可以依据价格信号，进行有效调整，为在经济回暖阶段脱颖而出储蓄能量。四是完善社会保障体系的时机。当前的形势对建立完善社会保障体系提出了迫切的要求，必须转变投入机制，以普惠制的方式为城乡居民提供社会保障，力争形成多层次的社会保障体系。

■各地学员心得

化州市市长黄从南：随着国际金融危机向实体经济蔓延，受国内外经济运行中一系列不稳定和不确定性因素影响逐步加大，地方经济增长将面临更大的困难和压力。在这种形势下，保增长、保稳定成为当前工作的主线，而加强公共财政管理是保增长、保稳定的重中之重。化州市经济财政面临消化历史遗留包袱多、刚性支出增长及资金收入缺口巨大等问题，在金融危机形势下，矛盾更加突出，必须在保增长、保稳定的基础上，以项目投资保证财税增收、经济增长；完善财政管理制度，增强公共财政的使用效益；严格执行预算，规范财政支出。通过这些措施，使财政资金产生更大的效益。

信宜市市长郑仕斌：财政在现代经济社会发展中具有十分重要的地位，不仅是衡量地方经济发展的主要指标，而且对经济社会发展起着重要的推动作用。信宜市作为经济欠发达地区，在国际金融危机影响日益加深的新形势下，必须不断创新财政工作理念，把财政工作放到经济社会发展的全局中来考虑、来定位，充分发挥财政职能作用，促进全市经济社会又好又快发展。要创新财政支撑经济发展理念，推进经济发展实现新突破；创新公共财政理念，推进和谐社会建设取得新成效；创新财政改革理念，推进财政管理跃上新水平。

四会市常务副市长欧爱民：通过参加此次培训，特别是学习黄龙云常务副省长的重要讲话以及朱光耀部长助理、刘昆厅长等领导专家的专题报告，使自己对金融危机产生的实质有了更深刻的认识，对于如何化解不利因素，充分发挥财政杠杆的积极作用，促进经济平稳较快增长有了更加清晰的思路和对策。下一阶段，四会市将采取灵活积极的财政政策，紧紧抓住广佛肇城市圈经济一体化发展的有利时机，通过发挥公共财政的杠杆作用，继续加大固定资产投资力度，加快推进道路和园区基础设施建设，加大对企业的融资支持力度，促进出口稳定增长，努力化解金融危机带来的影响，促进经济快速健康发展。

英德市委常委刘伟秋：我国经济尽管遭受到此次金融危机的严重冲击，但由于社会主义制度的优越性，以及在应对亚洲金融危机过程中积累了丰富的宏观调控经验，中央决策得当、措施有力，必将化危为机，在此次国际金融危机中率先走出困境。英德市作为经济欠发达的山区县，金融危机是危更是机，表现在：中央实行适度宽松的货币政策，为改善基础设施，优化投资“硬环境”创造了良好的条件；积极的财政政策为扩大投资、刺激消费，完善公共财政体系，推进基本公共服务均等化提供了外部动力，只要能抓住这些有力机遇，英德市定能实现争当山区科学发展排头兵的目标。

深圳市宝安区常务副区长刘惠玲：通过这次培训学习，使我更加深刻地认识到发挥公共财政调控作用，变危机为机遇，变压力为动力，有效应对国际金融危机的紧迫性和现实意义。深圳市宝安区是加工贸易出口大区，外贸依存度高，受国际金融危机影响更为直接和突出。如何通过进一步完善公共财政体系，发挥财政宏观调控作用，克服金融危机的冲击，保持经济平稳较快增长，有效改善民生，是必须高度关注的问题。结合宝安区的实际，应坚持在保增长中发挥好财政的调控作用，推动经济增长；坚持在保障改善民生上发挥公共财政的主力作用，维护社会和谐稳定；改革和完善转移支付制度，逐步实现基本公共服务均等化。

（2009年6月10日《南方日报》）

政府采购优先考虑自主创新产品

获专利奖和科技进步奖的产品有价格加分优惠

■新政速递

近日，省财政厅、省科技厅联合印发了《广东省自主创新产品政府采购的若干意见》。明确政府采购要在引导、鼓励、扶持和促进自主创新中发挥重要作用。

《意见》要求，采购人在编制年度部门预算时，应当考虑优先购买自主创新产品。对于纳入部门预算项目支出的自主创新产品政府采购项目，财政部门应优先予以保障。此外，采购经认定属于首创和自主研发性质的产品，采购人可以直接与该产品供应商协议或谈判采购。

值得一提的是，在政府采购评审中，将对获得各类专利奖或科技进步奖项的产品参与评标评审的，给予一定幅度的价格加分优惠。据了解，价格扣除是指“自主创新产品供应商在参与投标时对其投标价格按照国家及广东的有关规定在评审时给予一定幅度的优惠，政府采购合同仍以投标价格为准”。这就大大增加了自主创新产品在价格上的竞争力。

据了解，采用最低评标价法评标的项目，自主创新产品可获得5% ~10%幅度不等的价格扣除。如近5年内获得过中国专利金奖或国家科技进步一等奖的产品给予10%的价格扣除；获得中国专利优秀奖、国家科技进步二等奖或广东省专利金奖、广东省科技进步一等奖的，可获9%的价格扣除；拥有中国发明专利的给予6%的价格扣除等等。而采用性价比法评标的项目，自主创新产品也获得4% ~8%幅度不等的价格扣除；采用综合评分法评标的项目，自主创新产品也能在价格评标总分值和技术评标总分值上获得4% ~8%幅度不等的加分。

目前，与《意见》相配套的政府采购自主创新产品清单正在制订。

（本报记者　卢轶　2009年6月16日《南方日报》）

公共服务保障标准领先全国

2009年4月3日，住房公积金使用大规模突破了城市的界限，实现异地互贷。由此，很多人对于珠三角一体化的生活畅想也更加大胆了：各市教育资源能否共享？各市之间的养路费能否取消？医保能否无障碍转移……

显然，要实现这些愿望，目前困难不少。但正如汪洋书记所指出的：“欧盟各国之间的利益涉及货币等复杂因素，尚能协调好，作为一个省的若干个市，不可能协调不好”。为加快珠三角区域经济社会一体化进程，关于基础设施，产业布局，城乡规划，环境保护，公共服务五个一体化发展规划已开始抓紧编制。其中，由省财政厅牵头编制的基本公共服务一体化规划由于关乎百姓关心的教育，医疗，住房保障等社会公共服务，格外受到关注。

公共服务一体化已迈出第一步

由于经济发展水平较高，珠三角地区基本公共服务供给水平在全省处于领先，即使与其他沿海城市相比，在很多方面也毫不逊色。省社科院一份针对珠三角地区基本公共服务一体化现状的专题研究显示，到目前为止，珠三角地区基本公共服务一体化已经迈出了坚实的第一步，包括城际快速轨道交通网规划，八城市公积金异地互贷协议等。此外，还有一些局部的，少数城市之间的合作。

不过，由于经济发展不平衡的原因，珠三角九市基本公共服务供给水平差异也很大，基本公共服务一体化存在不少制约因素。今年4月中旬至5月上旬，省财政厅组织了调研小组，兵分三路，赶赴广佛肇、深莞、惠珠中江三大经济圈进行专题调研。调研显示，目前存在不少既涉及地区间协调，又涉及城乡对接，既涉及经济发展，又涉及社会管理的制约因素。如，在城市间对接上，各市推动一体化进程存在“重经济轻社会”现象。又如，各市普遍反映目前推进基本公共服务一体化的财力保障压力大，都希望在推进基本公共服务一体化方面能够得到省的财力支持和体制照顾。

将从八大方面整体推进

作为一个庞大的系统工程，省财政厅还专门成立了珠三角基本公共服务一体化规划领导小组和写作小组，建立了与省直各有关主管部门协同工作的机制，并邀请省社科院和中国（海南）改革发展研究院参与有关研究工作。目前，已形成了规划编制的总体思路，初步确定将从公共教育，公共卫生、公共文化，公共交通，生活保障，住房保障，就业保障、医疗保障等八方面推进。按照计划，省财政厅将在下月底前提出规划文本初稿，并力争在年内完成编制工作。

据了解，规划将在珠三角地区着重消除城乡差别，通过提高财政对农村公共事业保障水平，社会事业建设重点向农村倾斜，将城乡基本公共服务一体化纳入农村综合改革框架，破除城乡发展二元体制障碍，通过提高农村的保障标准，逐步实现城乡一体化。

同时，在提高保障水平的基础上，通过制度的统一来提高基本公共服务的共享水平。譬如在医疗、教育、社会保障等方面，目前是以市为单位的，互相之间的融会贯通比较差，珠三角地区各市将提高基本公共服务资源的共享水平。

此外，基本公共服务一体化首先将在硬件设施上得以实现。珠三角地区将通过统筹基本公共服务资源在区域之间和城乡之间的均衡配置，城市支持农村，发达地区支持相对欠发达地区，逐步实现基本公共服务基础设施一体化，为一体化提供载体和基础。

规划还将提出珠三角基本公共服务一体化的总体目标，确定实施珠三角基本公共服务一体化规划的总任务，并结合经济社会发展水平和政府财力状况，明确各项具体的目标、任务和保障措施。省财政厅厅长刘昆表示，与经济发展水平和社会发展阶段相适应，珠三角地区基本公共服务水平总体应达到较高标准，体现发达地区的示范作用，保障标准将领先全国和全省水平。

■近期重点工作

制定促进现代产业体系建设的财政措施

2008年10月，省财政厅开展了促进现代产业体系建设的财政政策研究，在实践调查和深入研究的基础上，形成了（关于促进广东现代产业体系建设的财政措施），充分运用财政政策手段和奖补激励措施，有效发挥财政资金“四两拨千斤”的引导带动作用，集中支持现代服务业、先进制造业等关键领域，建设具有创新性、开放性、融合性、集聚性和可持续性特征的新型现代产业体系。根据省领导的批示精神，目前，省财政厅正筹备召开征求意见座谈会，以广泛听取各地级以上市人民政府以及省直有关单位的意见建议，下一步省财政厅将根据座谈会的反馈意见，对相关政策措施做进一步的修改，力争形成健全完善的财政政策体系，加快推进广东省现代产业体系建设。

政府采购鼓励扶持自主创新

为发挥政府采购政策在引导、鼓励、扶持、促进自主创新中的重要作用，近日，省财政厅联合省科技厅出台了《广东省自主创新产品政府采购的若干意见》。《意见》要求，采购人在编制年度部门预算时，应当考虑优先购买自主创新产品。对于纳入部门预算项目支出的自主创新产品政府采购项目，财政部门应优先予以保障。同时，在政府采购评审中充分体现对自主创新产品的支持，对获得各类专利奖或科技进步奖项的产品参与评标评审的，应给予一定幅度的价格加分优惠。此外，采购经认定属于首创和自主研发性质的产品，采购人可以直接与该产品供应商协议或谈判采购，这些措施都将大大增加自主创新产品的竞争力。据了解，目前与《意见》相配套的政府采购自主创新产品清单也正在制定过程中，将于近期报省政府通过后颁布。

探索建立与生态保护相挂钩的财政转移支付机制

在去年全省特区工作会议上，汪洋书记指出：“要适应主体功能区划的要求，加大对限制开发区等的一般性转移支付力度，探索建立与生态保护挂钩的激励型财政转移支付机制”。按照汪洋书记的指示精神，省财政厅立即着手研究调整限制开发区的激励型财政机制考核办法，引入生态发展激励机制，通过建立生态指标考核体系，对处于限制开发区的县（市）实行生态考核，激励、鞭策其加强生态环境保护和建设。此外，为整体推进财政体制改革，创新体制机制优势，年初，省财政厅制定了《进一步完善省以下财政体制的工作方案》，调整完善广东省省以下财政体制的总体思路、框架已经形成。目前，制定体现主体功能区建设和基本公共服务均等化要求的财政体制改革方案工作正在紧锣密鼓进行中。

（2009年6月17日《南方日报》）

广东地方债认购倍数达1.59

同期招标的还有海南、厦门两地地方债，中标利率为1.75%

国务院今年全国两会期间批准的、由财政部代理地方政府发行2 000亿元债券，目前已进入收尾阶段。中国债券信息网公告显示，财政部昨日上午招标发行了广东、福建厦门、海南三地的地方政府债券，总额为122亿元，期限均为3年，中标利率为1.75%，较前一期地方债发行利率提高了3个基点。

按照计划，截至6月底地方政府债券累计发行额将达到1 659亿元，占全年2 000亿元地方债券发行规模的83%。还有11个省份及宁波、深圳两个计划单列市共计341亿元的代理发行任务，预计将于7月份完成。

省财政厅厅长刘昆此前表示，由中央代广东发行的85亿元（不含深圳市24亿元）地方政府债券，拟用于转贷地方和三个重大项目建设。其中45亿元转贷给地方，主要用于中央投资的公益型建设项目配套，由各地级以上市负责还本付息，按规定时间还款。另外，安排港珠澳大桥20亿元，安排珠海航空产业园10亿元，安排湛江钢铁项目10亿元。

（本报记者　卢轶　2009年6月23日《南方日报》）

第四批产业转移竞争性扶持资金竞标入围名单公布

一园区将累计获10亿扶持资金

曾引起广泛关注的产业转移竞争性扶持资金第四批竞标工作已经启动，其竞争性大大增强。笔者昨日从省财政厅召开的布置会上获悉，6月24日，省推进产业转移和劳动力转移工作领导小组已依程序投票产生了7个竞标候选省示范性产业转移工业园。入围的7个园区中，有3个为曾中标园区。它们将与另外4个未中标园区分开评审，并评出一家再次获得5亿元竞争性扶持资金的园区。这意味着，本批竞标结束后，将有一个园区累计获得10亿元扶持资金。

曾中标园区单独评审

据了解，此前梅州、肇庆、河源、韶关、清远、阳江、潮州、汕头和云浮9市分三批各获得了5亿元竞争性扶持资金。但随着批次的推进，关于竞争性分配其实是“排排坐分果果”的质疑声也开始出现。

对此，省委书记汪洋在全省“双转移”工作会议上作出明确指示：必须集中力量办大事，着力办好产业转移园；竞争性分配一定要体现竞争，不能只是时间上获取的差异，要确实体现能者、强者、优秀者能多获得资金的支持。他表示：“竞争性财政分配既然是按照市场经济方式竞争，就要按照市场经济的原则走，有能耐的可以多拿，要鼓励竞争。如果到最后人人都有，这就没有进步”。

对此，省“双转移”领导小组第四次会议对第四、第五批省示范性产业转移园评审规则进行了调整，具体为：第四、第五批省示范性产业转移园的评审按前期曾中标园区、未中标园区两个类别进行评审，在要件准入环节评选出3个曾中标园区、4个未中标园区为竞标候选园区进入专家评审程序，再通过专家评审评出1个曾中标园区、2个未中标园区共3个园区为这一批的省示范性产业转移园，报省政府核准后获得各5亿元的竞争性扶持资金。

省财政厅副厅长曾志权表示，新的评审规则既体现了竞争性，又兼顾了公平性，充分考虑了前期中标园区在获得竞争性扶持资金后，在财力及发展先机上更具优势的客观事实；也充分照顾了其他未中标市赶超进位、谋求发展的强烈愿望。

中标名单下月10日公布

据了解，9个曾中标市中，共有7家报名参加了本次竞争。经过投票，省财政厅昨日公布了入围名单，7个竞标候选园区将进入第二阶段的专家评审程序。

其中，属于曾中标园区类的有广州（梅州）产业转移工业园、中山（河源）产业转移工业园、佛山（清远）产业转移工业园。根据新规则，梅州、河源、清远三市中，将有一家能再次获得5亿元竞争性扶持资金，加上此前已获得的5亿元，总计可获得10亿元资金。

曾志权在布置会上表示，五批竞标活动结束后，参与竞标的15个市必然会有2个市不能获得5亿元的扶持资金，而有1~2个市会获得10亿元乃至15亿元的扶持资金。这种竞争不能说是不激烈。他要求，曾中标市不要“不好意思”再参与竞争；未中标市也要切实增强参与竞争的紧迫感与责任感，切实增强工作干劲。

3个曾中标园区也表现出极大的信心。佛山（清远）产业转移工业园相关工作人员在会上表示，虽然根据投票票数，清远在3个曾中标市中位列第三，“但毕竟入围了，至少有1/3的机会”。他表示将利用竞标前的短暂时间，将尽量做好准备工作。即使本批未能中标，也将继续参与第五批竞争。

据了解，第四批专家评审工作共分两步进行：一是7月9日下午举行预备会，抽签决定7个参评市出场顺序并随机抽取17位评审专家；二是7月10日全天召开评审会，7个参评市投标共分四个环节、两个阶段进行，即先由7个参评市按次序完成投影演示、公开演讲和现场答辩环节，再由7个参评市按次序进行总结性陈述环节，然后由评审专家进行评分，现场公布3个中标示范园。

本批竞标入围名单

曾中标园区类：广州（梅州）产业转移工业园、中山（河源）产业转移工业园、佛山（清远）产业转移工业园

未中标园区类：东莞（惠州）产业转移工业园、珠海（揭阳）产业转移工业园、珠海（茂名）产业转移工业园、江门产业转移工业园

（本报记者　卢轶　通讯员　鲁锦锋　实习生　葛铿　2009年6月27日《南方日报》）

电子反拍：政府采购砍价利器

成功防范协议供货商形成价格联盟，上线两月成功砍价60万元，降价幅度近三成

广东率先引入点子反拍

2009年，广东全面实施推广电子化政府采购。在此之前，广东还探索实施了协议供货制度，即对小额零星的采购，按政府采购规定进行公开招标，统一确定中标协议供货商后，组成一个“供货商超市”，让采购人自主在这个“超市”选择供应商。电子政府采购平台就对这种协议供货制度进行了强化。

协议供货制度提高了政府采购效率，节约了政府采购成本，也增强了政府采购过程的透明度。然而在实际操作中，仍有采购人反映，协议供货商的价格有时还是太高。即便电子政府采购平台设置了一个电子议价环节，让采购人可以与协议供货商讨价还价，但一旦出现协议供货商私下联系，垄断商品价格的情况，电子议价也将失效。为了防止协议供货商形成价格联盟，广东省电子政府采购平台在全国率先引入了电子反拍。

当电子议价无果，采购人可以发起电子反拍。采购人首先要确定反拍商品、起拍价、反拍轮数、起止时间、参与反拍的资格要求等反拍规则，然后由供应商公开报名，进行资格审查后就可以正式开始反拍了。顾名思义，反拍的过程类似于一场反向拍卖，供应商的报价须低于采购人设置的起拍价，价低者得。当然，除了价格，采购人也将参考技术、质量、服务等因素，最终确定成交供应商。

采购人省下真金白银

对于非协议供货商来说，电子反拍使他们参与到政府采购中，以更低的价格争取订单。而对采购人来说，电子反拍显然能够为他们省下真金白银。

广东机电职业技术学院近日就发起了一次电子反拍。他们想要采购一套天玥网络安全审计系统，所能接受的最高价格是12万元。不过，协议供货商的最低报价却超过23万元，比他们的心理价位贵了一倍多。电子反拍果然没有让他们失望，6月3日，广东机电职业技术学院确定了最终的成交供应商——广东科达信息技术有限公司，成交价仅为11.65万元，比他们的心理价位还低了3 500元！

感受到电子反拍好处的远不止广东机电职业技术学院。省交通职业技术学院想要采购2台日立投影仪，协议供应商的报出的最低单价是16 700元，而电子反派的最终成交价每台仅为7 500元；广东省医疗器械质量监督检验所想要采购3台联想台式电脑，协议供货商单台最低报价是7 109元，而电子反拍后，最终成交单价仅为4 200元；广州中医大学第一医院想要采购1 000多套卡巴斯基中小企业空间安全解决方案，协议供货商最低报价每套396元，而电子反拍最终成交价仅为246元……

省下来钱，是电子反拍作用的最佳说明。据不完全统计，省直电子反拍今年4月上线以来，已累计成交i30多单，涉及金额155万多元，成功砍价近60万元，降价幅度近30%；与市场价相比更节省91万多元。通过电子反拍，政府采购成功打破了“价格高”的怪圈。

释疑“反拍”

问：非协议供货商是否可以报价？怎么参与竞价？

答：由于在电子反拍前，采购人已与协议供货商电子议价并且无果，因此电子反拍通常主要是非协议供货商参与。当然，非协议供应商想要参与竞价，先需要根据具体项目的资格要求，提供相应的电子文件，接受采购人的资格审查。通过审查后，在电子政府采购平台上报价，首先需要在广东省政府采购网（www. gdgpo. gov. cn）注册，获取密码和账号后，再根据系统提示进行报价。

问：参加电子反拍的非协议供应商是否要缴纳竞标服务费？

答：完全免费。从前供应商参加政府采购，是需要缴纳1.5%的竞标服务费的。这也给很多人造成误解，认为现在参与竞价也需要缴费。实际上，非协议供货商只要资格审查通过，参与电子反拍不需要缴纳任何费用。

问：电子反拍成交供应商最终由谁决定？

答：电子反拍整个流程都是由采购人操作，无任何人干预。采购人根据自己的需求，确定反拍商品，起拍价、反拍轮数、起止时间、参与反拍的资格要求等要素。最终选择哪家供应商作为成交供应商也是由采购人自己决定，并发布结果公示。因此，采购价格高还是低，决定权在采购人自己手中，采购人需要对自己的行为负责，并接受主管部门的监督。

问：监管部门是否可以监督电子反拍全程？

答：监管部门随时可以抽查反拍的过程；整个纪录都会在电子采购系统中保存。此外，虽然整个电子反拍流程都是由采购人操作；最终结果也由他决定。但采购人只有指标，手里却没钱，钱是由国库直接支付。这同样在一定程度上防范了采购人的腐败行为。

问：非协议供货商之间是否也可能形成价格联盟？

答：首先，协议供货商之所以可能形成价格联盟，是因为数量不多，易于沟通。但非协议供货商是根据具体项目自由报名确定的，要在这么大的一个范围内形成联盟几

乎没有可能。此外，供货商在电子反拍的报价中，彼此只看得到价格，但看不到公司名，这不仅可以防止不必要的矛盾，也使供应商为了获得订单尽可能压缩利润空间。

（撰文　卢轶　2009 年 7 月 2 日《南方日报》）

财政省管县明年我省 36 县试点
刘昆表示，市级财政不会因省管县而削弱

近日，财政部发布《关于推进省直接管理县财政改革的意见》，明确提出 2012 年底前力争全国（除民族自治地区外）全面推进省直接管理县财政改革。省财政厅厅长刘昆昨日表示，争取明年在全省 36 个县区展开试点。

“省管县财政改革”有助于促进县域经济的发展。广东省从 2003 年起就开始推进省管县财政改革。据了解，目前广东省的财政体制介于省管县与市管县之间，财政部提出的政府间收支划分、转移支付、资金往来、预决算、年终结算等五个方面的改革，目前广东省除资金往来和年终结算尚未实现外，其余三方面已经到位。

刘昆表示，广东省将根据财政部要求，尽快实现财政省管县。据了解，《意见》要求近期首先将粮食、油料、棉花、生猪生产大县全部纳入改革范围。刘昆介绍，广东省共有养猪大县 16 个，产粮大县 25 个，产油大县 10 个。剔除重复县区，涉及改革的养猪、种粮、产油大县共有 36 个。因此，广东省将把这 36 个县区纳入优先考虑，争取明年进一步展开试点，在这些县区实现完全的财政省管县。

对于省管县财政改革是否会使市级财政被削弱，刘昆表示，按照广东省目前的财政体制，市本级和县本级财政已享受同等待遇，一般转移支付已合并到县，专项转移支付也已大部分合并到县，而且本次改革也只涉及资金往来和年终结算。此外，广东省各市财力差距较大，以前有的市会在财政上支持县，有的市则会从县集中财力。但去年广东省已经规定只允许市本级财政支持县，因此改革后市本级的财力并不会受到影响。他形象地比喻，在资金往来方面，改革后省与县之间将建立直接往来关系，这相当于“以前是爷爷给爸爸钱，爸爸再把钱给孙子”，以后就是爷爷直接把钱交给孙子。

（本报记者　卢轶　通讯员　鲁锦锋　2009 年 7 月 11 日《南方日报》）

第五批产业转移扶持资金竞争性分配
将根据要件准入情况确定

最后 15 亿花落谁家？9 月前 PK 见分晓

在广东省监察部门和境内外 10 多家新闻媒体的全程监督下，广东省第四批产业转移竞争性扶持资金评审会于昨天上午 8 时举行，最终梅州、揭阳、江门笑到了最后，分别获得 5 亿元的扶持资金。其中，梅州继第一批竞标夺魁后，再次获得 5 亿元产业转移竞争性扶持资金，成为财政资金竞争性分配以来最大的赢家。而揭阳、江门两市均为首次中标。

省财政厅厅长刘昆介绍，第五批产业转移扶持资金竞争性分配的具体时间将根据要件准入情况最终确定，但肯定会在 9 月前完成。

规则改变
3 个曾中标市同场激烈 PK

据了解，为了增强竞争性，省“双转移”领导小组第四次会议对第四批、第五批省示范性产业转移园评审规则进行了调整。具体为：评审按前期曾中标园区、未中标园区两个类别进行评审，通过专家评审评出 1 个曾中标园区、2 个未中标园区共 3 个园区为这一批的省示范性产业转移园，报省政府核准后获得各 5 亿元的竞争性扶持资金。

因此现场最受关注的自然就是梅州、河源、清远三个曾中标市了。此前它们获得的 5 亿元扶持资金已经投入到园区的建设和融资中去，并发挥了巨大作用，这次 3 个市中又将 PK 决出一个市获得 5 亿元的扶持资金。

为了能够再次中标，梅州、河源、清远三市显然都下了不少工夫。经过投影演示、演讲、答辩，接近傍晚 6 时，评审终于有了结果：梅州、揭阳、江门分别以 90.08 分、87.83 分和 87.57 分的高分胜出，各获得 5 个亿的竞争性扶持资金。

由于各参评市准备充分，昨天的竞争异常激烈，在未中标类别中，落选的惠州、茂名两市与江门的得分差距均在 0.5 分以内，甚为遗憾。

最后 PK
胜出市将获至少 10 亿“巨奖”

随着 PK 的结束，有资格参与竞标的 15 个市又将目光投向了第五批也就是最后一批产业转移竞争性扶持资金

（15亿元）的竞争上。

刘昆介绍，第五批产业转移扶持资金竞争性分配的具体时间将根据要件准入情况最终确定，但肯定会在9月前完成。他表示，随着批次的推进，竞争也会越来越激烈，希望各市继续努力。刘昆表示，产业转移扶持资金竞争性分配在前三批主要体现在时间的差距上，而第四批、第五批则主要体现在有1~2个市将获得10亿元乃至15亿元的资金，而有两个市将一无所获，“这将使省里的钱能够发挥更好的效用”。省财政厅副厅长曾志权也表示，曾中标市不要“不好意思”再参与竞争，未中标市也要切实增强工作干劲。

据了解，从产业转移扶持资金竞争性分配开始，广东省财政资金竞争性分配已经拓展到农业、水利和劳动力扶持资金的分配上。刘昆介绍，目前已竞争性分配农业、水利、劳动力扶持资金约10亿元，加上已经分配的60亿元产业转移竞争性扶持资金，广东省已竞争性分配财政资金70亿元。

（本报记者　卢轶　谢思佳　刘艳美《南方日报》）

■行动

梅州：再夺5亿谢“亲家”

梅州市市长李嘉会后向与梅州共建产业转移园的广州市表示感谢。他说，梅州再次获得5个亿，广州（梅州）产业转移工业园能够发生如此巨大的变化，与广州市的高度重视和全力配合是分不开的。他还特别提到了广州市安排广汽集团与梅州对接，并组织12家专业公司推动园区招商引资，“这对我们发展汽配产业帮助很大”。

他表示，如果说去年的5个亿给园区带来了量的扩张，那本次竞标成功，梅州将在扩量的同时更加注重质的提升。对于园区的未来，李嘉表示，入园企业全部达产后，园区将成为梅州新的经济增长极，新增产值600亿元、税收60亿元、就业岗位10万个以上。通过园区的“极化效应”，梅州将加速打造成为绿色现代产业基地。

（本报记者　卢轶　谢思佳《南方日报》）

江门：有条件要参加最后一次PK

对于PK胜出，江门市常务副市长吴紫骊认为，这得益于江门探索出了一条新的路子，在全省产业转移园中进行了按照市场规范操作的探索，赢得了专家的肯定。除此以外，他认为江门的产业基础很好，纺织服装、电子装配、机械制造三大产业规模占全市工业总产值的60%，超过1 680亿元。这使江门有资本接受珠三角核心区的产业转移并发展先进制造业。

吴紫骊表示，虽然江门筹措了部分资金投入到产业转移园的建设，但江门本级财政与园区所在开平、恩平两地财政仍感到相当吃力。这5个亿解决了资金大问题，江门将把这5个亿用于园区基础设施建设，把园区建设得更好，为企业提供更好的服务。“竞争性扶持资金一定要用好，回去我们要理理思路，论证一下，如果有条件的话，还要来参加第五批的竞争”。

（本报记者　卢轶　谢思佳　林盛《南方日报》）

揭阳：预期带动近百亿投入

揭阳市是参与PK的未中标组四个市中得分最高者，揭阳市市长陈奕威认为，这得益于粤东现场会对揭阳工作给予了肯定，为全市今后发展指明了方向。

“拿到5个亿资金只是万里长征第一步，也是揭阳发展的巨大动力”。陈奕威表示，揭阳将信守三条诺言：“安全使用资金、保护生态环境、发挥示范带动作用”。根据揭阳在PK现场会上的承诺，5亿扶持资金将按1∶5用于放大贴息贷款，通过各种方式将放大倍数达15.8倍，预期形成投资42.3亿元，带动企业投入50亿元。也就是说，未来几年，竞争性资金将带动近百亿社会投入。

（本报记者　谢思佳　卢轶　陈作成《南方日报》）

■回访

此前9个中标市使用扶持资金“交考卷”

9个产业园投资额已逾380亿

昨日的竞标会上，评审专家团多次向参评市提出关于如何使用5亿元资金、如何提高资金的放大效应等问题。与此同时，距离第一批产业转移竞争性扶持资金发放已过去半年多时间，此前9个中标市拿到5亿元后怎么使用、资金使用是否安全、发挥的效应如何？对此，省财政厅副厅长曾志权介绍了资金的使用情况，记者也对部分中标市进行了回访。

首批资金撬动贷款164亿元

曾志权介绍，产业转移扶持资金竞争性分配，打破了过去省级财政专项资金逐级下拨的传统模式，对欠发达地区发展的观念、思路、方式形成了一定的冲击。各地在参与竞争的过程中，关于科学发展的思路、加快发展的目标、产业发展的定位都不断明晰、优化、提升，逐步积累了一些园区建设和推动“双转移”的成功经验，探索了一些可行的路子。

据了解，连续三批、每批15亿元大规模产业转移扶持资金的集中投入，不仅为园区硬件基础设施建设提供了有力支持，而且为各地扩大融资、加大投入创造了条件。从第一批示范性产业园区情况看，省产业转移竞争性扶持资金直接带动政府投入25亿元，撬动金融机构投入164亿元，带动投入的平均乘数达1∶12.6。截至今年第一季度，获得产业转移竞争性扶持资金的9个示范性产业转移工业园已开发面积7万多亩，建成项目330多个，投资总额超过380亿元，就业人数达18万人。

与此同时，广东省城乡和区域发展差距扩大的趋势也得到了有效遏制，同时为珠三角结构调整和产业升级提供了有利条件。今年第一季度，欠发达地区产业转移园实现工业总产值208.21亿元，利税17.27亿元。1~5月份，广东省东西两翼、粤北山区一般预算收入累计增幅分别为9.42%、8.49%，高于全省9.8和8.9个百分点。

资金使用都得到有效监管

从记者回访的情况来看，资金使用都得到了有效监管。如河源为了更大地发挥资金的放大作用，将5亿元资金全额拨入转移园开发建设主体——河源市高新技术开发区有限公司的专户中。但为确保资金使用安全，实行了“双印鉴”管理制度，即在资金支付时，必须由市财政局加盖财政印鉴后，再由转移园和市财政局各持有的两个电子密码卡发送电子支付指令才能完成。

资金放大效应显著

在资金的放大效应方面，清远将3亿元资金放到了市政府的融资平台，为转移园的融资平台提供了担保，帮助其向各金融机构贷款。目前，产业转移园已与工行清远支行和建行清远支行达成融资意向，并签订贷款协议7亿元。清远市预计，5亿元最终可放大到43亿元。

在昨天的竞标会上，梅州市市长李嘉也在回答专家提问时多次强调，首批5个亿资金给梅州带来了强劲的发展势头。据了解，通过更集中更高效地使用资金，园区建成区面积达到了首批竞标前的3.85倍，进园企业和合同投资总额分别比竞标前翻了一番多。

（本报记者 卢铁 谢思佳 鲁锦锋 赵行旺《南方日报》）

■花絮

评审专家配贴身“保镖”

专家的公正性一直是最受关注的环节，每次PK前都有一组专家通过专家库随机抽取被锁定。在第四批评审专家明确后，省财政厅就对这些专家开始了“保护”。已经第四次作为贴身“保姆”兼“保镖”的小李坦言，从7月8日下午17名评审专家确定之后，他们就进入了紧张的工作状态，对专家进行一对一“盯防”。

临时断电市长镇定应对

“石化行业茂名肯定比珠海强，但珠海在我们发展石化中下游产业及城市建设、环境保护等方面可以为茂名提供强大的技术支持和丰富的实践经验……”茂名市常务副市长郭元强正在论茂名如何承接对口城市珠海的产业转移。突然，几百人的会场毫无征兆地断电，观众哑然无声。所幸仅过了一秒钟之后，现场就重现光明，郭元强也神色自若地完成了自己的陈述。

（本报记者 谢思佳 卢铁 刘艳美 2009年7月11日《南方日报》）

将劳动密集型企业转移出去
将山区劳动力转进产业园

“双转移”助推广东科学发展

潮平两岸阔，广东再出发。

来势汹汹的国际金融危机，给外贸依存度高达155%的广东经济造成严重冲击。广东把挑战当机遇，变压力为动力，适时推出“双转移”战略，“将珠三角劳动密集型企业转移出去，将山区的劳动力转进产业园”，力图摆脱全球产业布局中的“低端”和“下游”，以顽强精神进行产业转型升级，推进科学发展。

今年1~6月份，全省经济运行呈现平稳增长或降幅收窄，据统计，上半年生产总值达16 538亿元，增长7.1%，已呈逐月上升态势，固定资产投资和社会消费零售总额同比增长15.5%和15%。

“双转移”助推广东科学发展，好也好在“双转移”，难也难在“双转移”。

从“腾笼换鸟”到“筑巢引凤”

——“双转移”使广东成功突围

“双转移”是时代赋予广东的新课题。

美国次贷危机一爆发，外贸依存度高达259%的东莞市就感到了阵阵寒意。2008年3月，正在东莞考察的中共中央政治局委员、广东省委书记汪洋敏锐地指出：“如果今天不积极调整产业结构，明天就要被产业结构所调整”。几个月工夫，不幸言中。

东莞当年关闭千余家低端企业。“世界工厂”模式暴露出“愈依赖，愈脆弱”。

关键时刻，“双转移”横空出世：引导劳动密集型企业转移出去，腾出珠三角的土地和资源，发展先进制造业、高科技和现代服务业等高附加值产业；培训粤东粤西粤北劳动力，转入非农产业和城市，缩小城乡区域差别。

风云际会，“双转移”一提出，碰撞十分激烈，“‘腾笼换鸟’谈何容易！赶走麻雀，能引来喜鹊和凤凰？”解放思想大讨论，经济粗放发展的“短板”一览无余：广东占全国1.87%的土地面积，承载了占全国9.9%和4.1%的工业废水和废气总量，目前单位GDP能耗是世界平均水平的2.2倍。以“三来一补”起家，靠投资拉动、靠资源消耗来开发的珠三角传统发展模式，发挥到极致。

广东如何发展？汪洋直言：“只有顺应市场经济规律，广东才能赢得新一轮产业升级的先机。处于产业链低端、附加值低的企业，要么转移，要么转型升级，‘转’才有出路”。

2008年5月，广东作出重大决策，果断推出“双转移”战略。广东在新一轮国内外产业升级转移的坐标中，谋求转型升级。5年内将投入500多亿元，扶持欠发达地区建设产业转移园、发展重点产业等。

广东向国际市场释放出强烈信号，促使低端产业和产品逐步退出。今年首季就有200多家外资企业搬出珠三角，其中部分落户广东欠发达地区。符合转型升级要求的高端产业和资源不断涌进珠三角。

政府产业升级导向，吸引了高端产业的众多“凤凰”飞进广东：2009年，新加坡来了，与广东合作“广州知识城”项目，IBM大中华区总裁来了，中国建材集团的液晶太阳能项目来了，中船、中航、宝钢等一大批央企纷纷来广东建厂扩资。一年时间，身为珠三角带头大哥的广州，引进1 000万美元以上大项目197个，在广州投资的世界500强企业累计达到169家。

在政府“有形之手”和市场“无形之手”合力推动下，广东企业转型升级自觉性不断提高，广东的经济形态正在发生深刻变化。

“转移”促“转型”

——“风暴眼”中打造核心竞争力

急风裹挟骤雨，“双转移”一推出就遭遇金融风暴。

金融危机爆发，有“世界工厂”誉称的珠三角一下子转进“风暴眼”中，广东推进“双转移”时机对不对？还要不要“转”？保增长与企业升级转型能否并行？再次引起9 200万岭南人的关注。

“保增长与双转移并不矛盾，我们要保的增长，不是传统模式下的增长，而是科学发展的增长。”广东省领导在关节点上，坚定推进“双转移”。

事实证明，“双转移”成为广东应对金融危机的重要抓手。凡是转型升级快，自主创新能力强、打造核心技术的企业，就能有效抵御冲击。

去年，广东毅然出台《广东省自主创新规划纲要》、《建设创新型广东行动纲要》实施“十大创新工程”，积极推进粤港关键领域联合。首次实现国家工程实验室零的突破，新认定省级工程技术研究开发中心46家，企业技术中心36家，新开展合作项目6 000多项。当年，广东发明专利授权量跃居全国第一。

深圳腾出产业发展空间后，切实加大高新技术、现代金融、现代物流和文化四大支柱产业的项目引进，具有自主知识产权的高新技术产品产值比重提高到60%。目前，珠三角各市劳动密集型产业产值比重明显下降，其中深圳、佛山、珠海、东莞下降幅度超过2个百分点。

为提高自主创新能力，广东大手笔构建现代产业创新体系。广州开发区设立种子基金和10亿元创业投资引导基金。180亿元打造创新载体广州科学城。去年高新技术产品产值增35%，现代服务业产值增60%。

“寒极”变“热土”

——破解区域协调发展难题

“双转移”为广东多年地区发展不平衡“破题”。发展不平衡一直是广东的“内伤”。北部山区和东西两翼就像广东的“寒极”。珠江三角洲的GDP总量是山区的5倍，东西两翼的4倍。2007年广东地区差异系数0.77，全国是0.6。

在广东欠发达地区，“双转移”成为刺激增长的加速器，广东各山区市县财政收入增长速度，都超过了全省平均速度。珠三角和广东欠发达地区差异在缩小。

2009年1～5月，受国际金融危机的冲击，全省经济增速明显回落，仅为5.8%；但粤东4市逆势上扬，GDP增速仍达到9.2%，在全省四大区域里增速最高，汕头、揭阳等成为全省经济增长的排头兵，一季度经济增速跻身全省前四位。

“双转移”实施一年来，有力促进了广东城乡区域协调发展。

“这真是一场及时雨！”谈到这一决策对经济的影响，粤北南雄县委副书记颜亮很激动。在“双转移”策略推动下，2008年，粤北山区GDP增长19.7%，高于珠三角地区5.4个百分点，一般预算收入增幅达25.3%，高于珠三角地区6.3个百分点。

大力推进“双转移”，促进了区域经济协调发展。上半年，33个省级产业转移园入园项目1 895个（含意向项目），总投资额3 532亿元，实现工业总产值357.52亿元、利税22.75亿元，同比增长12.38%和11.99%。对当地经济的带动效应初步显现。

“双转移”成效显著，坚定了广东调结构促转型的决心。省长黄华华说：“今年无论遇到多大困难都要进行产业升级，在推进产业结构调整的过程中，‘双转移’要坚决，‘腾笼换鸟’要坚决，促进传统产业转型升级要坚决”。

2009年4月10日，广东省委、省政府出台《关于贯彻实施〈珠江三角洲地区改革发展规划纲要〉（2008～2020年）的决定》，要求珠三角“以建设现代产业体系为核心，促进经济结构转型升级”。

随着珠三角高速公路网络快速延伸和投资环境的改善，珠三角产业呈现加速向周边“扇状转移”的趋势。紧邻珠三角核心经济区的清远、河源、云浮等市县已迅速成为承接珠三角产业转移的“热土”。通过这样的辐射，带动了东西两翼的粤北山区的发展。

“就业”助“增收”

——优化人力资源区域配置

帮扶百万农民转移就业，这是“双转移”最温暖和最亮丽的。

“双转移”，加快了广东农村劳动力区域间就业步伐。今年1～6月，全省累计新增转移就业69.5万人，同比上升了42.7%，珠三角地区截至5月累计新增43.4万人，数量则同比下降了24.1%。这一升一降，人力资源区域配置明显优化。

5月26日，汪洋带领省委、省政府领导和21个市的书记、市长冒雨走进梅州市人力资源人才市场，考察正在这里举行的大型人才招聘会。供需场面十分热烈。这个市场建立的全市农村劳动力信息管理系统，让当地农民足不出户就能得到就业信息。今年以来共举办20多场招聘会，帮助8 000多人实现就业。

"'双转移'的着力点在调结构，优化人力资源区域配置，落脚点在惠及民生，大力帮扶百万农民转移就业"。广东省政府研究中心副主任汪洋介绍说，"双转移"有效带动粤东西两翼、粤北山区劳动力向当地第二、第三产业和珠三角发达地区转移。

一年来，广东农民就业，初步形成"转一个，富一家，转一批，富一方"的可喜局面：2008年全省组织农村劳动力技能培训58.5万人，近50万户贫困家庭通过劳动力培训就业实现增收脱贫。新增转移就业劳动力106.4万人，在城镇就业的本省农村劳动力新增99.1万人，增长14.1%。据不完全统计，全省农村劳动力从事非农产业的年务工收入达到1 300多亿元，非农产业收入占农民收入总额达71%。

专家评价，"双转移"这个"助推器"，提高了劳动力素质，提升了珠三角产业竞争力，带动了东西北加快发展，缩小了地区差距，有力推动了广东经济发展方式转变。

广东省领导用"壮士断腕"一词，表示了推进"双转移"的坚强决心，其中，也透露出广东推动科学发展转型和寻求新一轮大发展的历史紧迫感。

（本报记者　王楚　吴冰　邓圩　2009年7月29日《南方日报》）

政府采购价高于市场价将行政处分相关责任人

昨日，广东省实施《中华人民共和国政府采购法》办法（草案）（以下简称《办法》）首次提交省人大常委会审议。《办法》对投标过程进行了严格的规定，以串标手段参与投标情节严重的，将禁止参加政府采购活动1~3年。

省财政厅厅长刘昆在向人大常委会进行关于《办法》草案的说明时介绍，政府采购法2003年1月1日颁布实施以来，政府采购制度强化了政府购买性支出行为，资金节约效果明显：2000~2007年共完成政府采购规模1 763.27亿元，节约资金223.07亿元，平均节约率11.68%，政府采购已显示出功能优势。

但在取得成绩的同时，社会也普遍反映广东的政府采购工作客观存在一些问题：一是价格高、质量差；二是效率低；三是监管难，容易产生贪污腐败。在此基础上，《办法》的制定显得很有必要。

《办法》规定，政府采购应当逐步扩大采购范围和规模，严格执行管采分离。政府应当优先采购国家和省有关部门公布的优先采购产品目录中的货物、工程和服务。采购人或其委托的采购代理机构违反有关优先采购产品或者采购进口产品规定的，由财政部门责令改正，暂停或停止拨付采购资金，对单位给予警告，可以并处一万元以上五万元以下的罚款。对第一责任人或直接责任人，属于国家公务员或者国家机关任命的其他工作人员的，由监察机关或者任免机关依照人事管理权限，给予警告、记过或者记大过处分；情节严重的，给予降级或者撤职处分。

对于部分政府采购价明显高于市场价的现象，《办法》给出了惩罚措施：集中采购机构的采购价格明显高于市场平均价格，或者质量不符合采购需求，且不能合理说明理由的，由财政部门责令改正，给予警告；拒不改正或者情节较严重的，主要负责人和直接负责人由监察机关或者任免机关依照人事管理权限依法给予行政处分。

《办法》同时明确，评审专家名单应当在评审工作开始前一日内确定，并在评审结果确定前保密。采购人、采购代理机构有关人员不得在评审工作开始前向评审专家透露其参加的评审项目信息。

（本报记者　徐林　2009年7月29日《南方日报》）

《广东省自主创新产品政府采购的若干意见》出台采取多种办法鼓励自主创新

自主创新产品可享价格扣除优惠

为充分发挥政府采购政策在引导、鼓励、扶持和促进自主创新中的重要作用，近日，广东省出台了《广东省自主创新产品政府采购的若干意见》（以下简称《意见》）。这是省委、省政府贯彻落实国务院《实施〈国家中长期科学和技术发展规划纲要〉若干配套政策》、《珠江三角洲地区改革发展规划纲要（2008~2020年）》和《广东省促进自主创新若干政策》的一大成果。

据了解，《意见》的制定由省财政厅负责牵头落实。《意见》从采购预算、方式、评审、合同、监督等方面，对政府采购过程中如何加强对自主创新产品的扶持与鼓励作了详细规定，具有较强的针对性与可操作性。

笔者从省财政厅获悉，在政府采购评审中，《意见》明确，将对获得各类专利奖或科技进步奖项的产品参与廉政标评审的，给予一定幅度的价格扣除优惠。据了解，所谓价格扣除，是指自主创新产品供应商在参与投标时对其投标价格按照国家及广东的有关规定在评审时给予一定幅度的优惠计算评审得分（政府采购合同仍以投标价格为准）。这就大大增加了自主创新产品在价格上的竞争力。

省财政厅厅长刘昆指出，十七大以来，“扶持民族产业，鼓励自主创新”已被提上了国家战略的高度。在国际金融危机的背景下，通过政府调控手段，在自主创新政府采购上加大对国内企业尤其是中小企业的政策倾斜力度，将大大增强国内企业尤其是中小企业应对金融危机的信心，在评审中对自主创新产品予以一定的优惠幅度，对广大自主创新企业而言是一种鼓励，也能增强社会公众对民族产业的信心，从而培育更广泛的市场。这也表明了广东省继续扶持民族产业，鼓励自主创新的决心。

省科技厅李兴华厅长也表示，《意见》对完善广东省自主创新政策体系，充分发挥政府采购政策在促进自主创新中的导向作业竞争力的自主创新能力的“双提升”具有重要的意义。

据悉，为配合《意见》出台，省财政厅、科技厅联合发布了《广东省政府采购自主创新产品清单》（2009 年第一期），并对其实施动态管理。

（本报记者　卢轶　葛锵　鲁锦锋　2009 年 8 月 21 日《南方日报》）

农业专项资金分配也要 PK

6 县争夺 2 个高标准农田建设示范工程

广东省在全国率先实行产业转移扶持资金竞争性分配后，财政资金竞争性分配获得了各方好评，并拓展到了其他领域。昨日，省财政厅举行 2009 年度国家农业综合开发高标准农田建设示范工程项目竞争立项预备会，宣布潮阳区、兴宁市、阳春市、廉江市、茂南区、罗定市 6 个县（市、区）将竞争 2 个拟申报财政部立项的高标准农田建设示范工程项目。胜出的县（市、区）报财政部审批后，预计在未来 3 年将可各获得逾 4 000 万元的财政投资。

据了解，此次组织竞争立项的高标准农田建设示范工程项目是财政部为加强农田基础设施建设、加大农业综合开发投入的重大举措，项目一定 3 年，每个项目每年连片建设高标准农田 1 万亩以上，其中 2009 年为 1.25 万亩，投入财政资金 1 500 万元（其中：中央资金 750 万元，省级财政 600 万元，市、县财政各配套 75 万元），加上 2010 年、2011 年的投资，每个县总的财政投资规模将超过 4 000 万元，建设高标准农田 3.25 万亩以上。广东省首批安排 2 个县（市、区）实施。项目实施的主要内容是建设高标准基本农田的排灌设施和机耕道路，实施产业结构调整和农机化、推广良种良法，提高项目区综合生产能力。

笔者还从省财政厅获悉，下一阶段，广东省将对 44 个国家开发县和 8 个扶持满 3 年的省级开发县进行绩效考评，对排名为末 3 位的开发县，予以暂停投资一年。同时，继续对新增 3 个省级开发县和一些重大项目予以公开竞争立项。此外，在 2010 年度土地治理项目选项过程中，广东省也将要求县级全面实行竞争立项。

（本报记者　卢轶　宋俊华　鲁锦锋　2009 年 8 月 26 日《南方日报》）

最后一批产业转移扶持资金 PK 启动，2 市将彻底无缘 5 亿资金，竞争空前激烈

谁走关系拉票　报告书记省长！

第 5 批产业转移竞争性扶持资金竞标工作即将启动。笔者昨日从省财政厅召开的布置会上获悉，7 个竞标候选园区已投票产生。

7 进 3，园区竞标竞争激烈

据了解，本批评选规则与上批相同。在 3 个曾中标园区和 4 个未中标园区中，专家将评出 1 个曾中标园区和 2 个未中标园区，共 3 个园区为本批省示范性产业转移园，报省政府核准后将各获得 5 亿元竞争性扶持资金。

据悉，本批评选是产业转移竞争性扶持资金竞标工作的最后一批。

此次评选的最终结果将于本月 15 日正式揭晓。当天，7 个参评市将按次序完成投影演示、公开演讲和现场答辩环节，再由 7 个参评市按次序进行总结性陈述环节，然后由评审专家进行评分，并现场公布 3 个中标园区。

若拉票将立即取消参评资格

正因为本批结束后，必然会有 2 个市不能获得 5 亿元

竞争性扶持资金，因此各参评市特别是未中标市的压力巨大，本批竞争也空前的激烈。在昨天的布置会上，省财政厅副厅长曾志权也表示，作为主办单位，感到压力很大。他表示请各参评市秉着“公开、公平、公正”的原则，断了走关系、说情的念头。

曾志权强调，将坚决禁止各种形式的违规拉票行为，一经发现将立即取消参评资格，如果评审专家和工作人员被发现有接受拉票或者帮助拉票等其他不符合公平、公正评审要求的活动，都将立即被踢出评审组和工作团队，并移送监管、监察机关或所在单位处理。他甚至有些激动地说：“任何参评市都不要来找我说情，一旦你们找上我，我就坚决记住是谁走关系，然后报告汪书记和黄省长！”

（本报记者　卢轶　通讯员　鲁锦锋　2009年9月3日《南方日报》）

7市摇号决定产业转移扶持资金竞标出场次序

最终将有两市无缘5个亿

第5批也是最后一批产业转移竞争性扶持资金专家评审会今日举行，究竟哪两个市将最终与5亿元的扶持资金无缘，下午就见分晓。昨日召开的第五批竞标工作预备会上，现场摇号确定了7个参评市的出场顺序和评审专家组名单。7个参评市今天将展开PK，争夺15亿元产业转移竞争性扶持资金。

参与本批竞标的7市中，河源、韶关、清远为曾中标市，惠州、汕尾、湛江、茂名4市为未中标市。最后一批竞标规则与上一批相同，曾中标园区将与未中标园区分开评审，3个曾中标园区中PK产生1个、4个未中标园区中PK出2个，最终各获得5亿元竞争性扶持资金。

这就意味着，在河源、韶关、清远中，将产生一个再夺5亿元，同上一批产生的梅州一样累计获得10亿元扶持资金，成为产业转移扶持资金竞争性分配的最大赢家；与之形成鲜明对比的是，惠州、汕尾、湛江、茂名4市中，将有两市落选，最终与5亿元扶持资金无缘。

正因为如此，最后一批竞标竞争空前激烈，尤其是惠州、汕尾、湛江、茂名4市，落选的压力也让他们尤为紧张。这种紧张的气氛在昨日的会场上也十分明显。在决定出场顺序的摇号过程中，摇号机突然失灵，引得不少人感叹：“知道是终极PK，连摇号机都紧张坏了”。

突发的意外并没有打乱预备会的进程，现场工作人员立即启用了备用摇号机。根据摇号结果，今天7个参评市的出场顺序依次为：清远、惠州、韶关、茂名、湛江、汕尾和河源。

（本报记者　卢轶　通讯员　鲁锦锋　2009年9月15日《南方日报》）

“财神爷”送“财”更送“才”，省财政厅对口帮扶五华大沙村因户因人推动自我发展

四项措施直指“贫困靶心”

全省扶贫开发“规划到户、责任到人”工作电视电话会议召开后，省财政厅高度重视，迅速行动，安排包括厅领导在内的118位副处级以上干部与大沙村78户贫困户结对挂扶，分成5批由厅领导带队到梅州五华县水寨镇大沙村开展对口帮扶活动，采取四项帮扶措施，直指“贫困靶心”，因户因人提高当地贫困户自我发展能力。

省财政厅成立了对口帮扶工作领导小组，厅长刘昆任组长，副厅长曾志权任副组长具体抓该厅对口帮扶大沙村工作。本月15～16日，刘昆率厅办公室、预算处、人教处等9个处室的主要负责同志专程来到五华县大沙村座谈调研。该厅参照“十百千万”干部下基层驻农村的经验做法组建了厅驻村工作组，选派熟悉财政扶贫工作的2名干部常驻大沙村。

省财政厅高度重视前期调查核实工作，驻村工作组先后走访了127户群众，逐户调查核实贫困户有关情况，听取贫困户参与帮扶发展的意愿。该厅专门设计了《贫困户调查核实情况表》，将所调查了解贫困户的情况如实填写造册登记，上墙公示。经过一个多月的艰苦努力，最终确定了78户贫困户帮扶对象名单。

省财政厅结合大沙村实际，专门制订了《对口帮扶工作实施方案》、《对口帮扶工作指引》和《对口帮扶年度工作计划》，组织实施村道、饮水安全等公共基础设施建设，着力提高贫困户自我发展能力。

为切实提高扶贫开发效果，该厅变“输血”为“造血”，采取四项帮扶措施，直指帮扶对象的“贫困靶心”，因户因人分类帮助贫困户增强脱贫能力，实现自我发展：一是产业帮扶，实施开发式扶贫，以产业带动贫困户自我发展主导产业，增加稳定收入来源，实现稳定脱贫目标。二是救济帮扶，对不同类型造成贫困的对象以落实低保、义务教育、农村合作医疗等各项惠民政策为重点，落实各

项救济措施，度过当前困难关。三是社会帮扶，动员企业、社会各界热心人士捐资设立扶困助学基金和尊贤敬老基金，奖励资助贫困户读书子女顺利完成学业，关心孤寡老人、贫困家庭老人。四是智力帮扶，对有条件的贫困户劳动力实施免费职业技能或种养技能培训，帮助其转移就业或在当地发展种养业；推荐鼓励贫困户子女就读职业技工学校。

在多方发动下，目前已有广东长乐烧酒业有限公司、广东康奇力药业有限公司、五华县富胜五金电器实业有限公司、五华辉胜达五金电器实业有限公司、梅州恒星畜牧实业有限公司等当地企业共向大沙村捐资34万元，成立扶困助学和尊贤敬老基金，并与大沙村初步商讨了产业项目、就业和劳动技能培训、助学扶贫等方面的合作意向。

（本报记者　廖伟军　万自明　2009年10月26日《南方日报》）

省财政厅做客“民声热线”，称压减行政开支保民生支出

拨4.3亿元解决代课教师问题

省财政厅11月24日提交人大审议的《2009年省级财政预算调整方案的报告》显示，预计今年全年省级一般预算收入与年初预算相比会少收34亿元。这一情况是否会对今年广东省的民生项目投入有影响？省财政厅党组副书记、副厅长曾志权昨日做客广东“民声热线”节目时表示，尽管今年财政困难，但民生项目的投入以及涉及百姓日常生活的各类财政补贴不受影响，“今明两年行政事业经费5项零增长，其他一般性支出今明两年分别压减5%、10%，为民生重点支出腾出财政空间”。

针对群众打来的关于代课教师的问题，省财政厅副厅长沈梅红表示，省里要求发达地区在2009年底前、欠发达地区在10年内解决中小学代课教师问题，为帮助各地在规定时间内实现工作目标，省财政专门安排了4.3亿元在支持欠发达地区，主要用于以下四个方面：对首次招考没被录取的，为其提供免费培训机会；对暂时未转入但要继续聘用的代课老师，为其提高待遇；代课老师被录取后转为公办老师或其他后勤人员所增加的财力负担，予以财力补助；对未能通过考试要辞退的，给予经济补助。

此外，广东省实施绩效工资已在教育系统推开，明年将在事业单位推开。沈梅红介绍，广东将义务教育学校实施绩效工资与落实中小学教师工资福利待遇“两相当”同步推进，各市已初步制订完成实施方案，正在按计划推进。

（南方日报记者　洪奕宜　通讯员　赵钊怡　2009年12月2日《南方日报》）

省十一届人大二次会议财经委员会举行预算审查座谈会

代表建议：发行新农村建设债券

昨天下午，省十一届人大二次会议财经委员会举行预算审查座谈会。有代表建议，受金融危机等因素影响，新农村建设投入不足的问题更加突出，广东可以探索利用资本市场建立机制，发行广东新农村建设债券，解决资金短缺问题。

省人大代表、惠州市龙门县县委副书记、县长许志晖说，长期以来，各级政府在农村的投入尤其是医疗、卫生、社保、交通等方面投入不足，困难重重，这个钱如果单靠各地的财力增长来解决，有一个漫长的过程。他举龙门为例，该县大概要5～10个亿才够解决新农村建设融资问题，而全省67个山区县就要300亿到600亿，远期可能还需要一些，如何在投入不足的关键性问题上找突破口？许志晖说，广东可探索利用资本市场建立一些机制，向国家争取一些政策，比如发行广东新农村建设债券，或者其他融资手段，来解决广东新农村投入不足的问题，在短期内募集足够的资金。

“从汶川地震捐款的情况来看，这种办法是可行的”。许志晖说，地震后短短一月，全国人民就捐了300多亿元，如果当时国家发行抗震救灾国债的话，这个资金就不止300亿元，可能是1 000亿元。高昂的爱国热情和老百姓民间的投资需求结合起来，以国家信用为担保，为社会民间的资金找到可靠的投资方向，就应该能够募集到更多的资金。

“你说出了我的心里话”。省财政厅厅长刘昆接过话。他说，如果能在目前既有渠道之外形成新的融资渠道，将会对本地的经济发展起到很好的作用。目前国家正在酝酿中央代地方发行政府债券，广东已经上报了一个地方政府债券发行规模，等待批准。广东政府负债比较少，融资能力强，完全有可能实现中央代发地方政府债券的。

“但目前的障碍也不少”，刘昆话锋一转。他说，根据现行《预算法》的规定，地方各级预算按照量入为出、收支平衡的原则编制，不列赤字。除法律和国务院另有规定外，地方政府不得发行地方政府债券。目前《预算法》的修订已经提上全国人大的议事日程，广东会积极向国家反映和建议，但最终能否发行地方债券必须在国家法规层面才能解决。

"我们国家有巨额的外汇储备，买美国的国债，刺激美国内需，还不如买中国的新农村国债，拉动中国的内需"。许志晖说。

来自佛山的省人大代表、佛山市禅城区财政局局长林剑伟建议，如广东发行国债可先在佛山试点。刘昆表示，目前国家正在酝酿的中央代地方发行政府债券，主要是在省级，没有纳入市级。获批后是否选择城市试点，还在考虑之中。

（本报记者　崔朝阳　尹安学　胡军　2009年2月16日《羊城晚报》）

政府采购规模去年突破600亿元连续七年全国居首

广东将推广电子化政府采购

记者从广东省财政厅获悉，2008年广东纳入规范管理的政府采购规模突破600亿元，达到626.2亿元，比上年同期增长19.16%，比2008年财政预算原安排的694.69亿元减少财政支出68.49亿元。这使广东政府采购规模连续七年全国居首。今年，为应对严峻的经济形势，扩大内需，拉动经济增长，政府采购规模将大幅增长。

广东决定今年内启动电子政府采购平台全省上线运行推广工作，率先实现电子化采购。根据部署，广州、佛山、中山、惠州、阳江、韶关、湛江七市被列入电子政府采购平台全省上线运行推广试点城市，对电子政府采购平台的计划管理、合同审核、电子订购、电子议价、电子反拍以及电子招投标等功能进行实施推广，共享电子政府采购系统资源。

据了解，广东省电子政府采购平台中的部分子系统从2005年1月开始运行，目前发展形成由用户注册系统、政府采购信息发布系统、电子订单系统、反向拍卖系统、电子合同系统、电子招投标系统、履约诚信系统以及商品行情库等八大子系统构成的电子化政府采购大平台。电子化政府采购使政府采购过程更加公开、公平和透明。

（本报记者　严丽梅　通讯员　范小花　2009年3月26日《羊城晚报》）

潮州汕头云浮各享5亿元产业转移资金

经过7个多小时包括投影演示、演讲、答辩等环节的比拼，至昨日下午5时许，云浮、汕头、潮州、汕尾、茂名、湛江六市对共计15亿元广东省第三批产业转移竞争性扶持资金的竞争终于分出"胜负"——17位评审专家给出的综合得分是：潮州、汕头、云浮，分别为89.26分、89.23分、89.23分；而茂名、湛江、汕尾则略输一筹，得分为88.85分、88.20分、87.18分。

潮州常务副市长方利旭、汕头市副市长林挺、云浮市市长黄强分别为辖下的深圳（潮州）产业转移工业园、汕头市产业转移工业园及佛山（云浮）产业转移工业园捧回了各5亿元产业转移扶持资金。

至此，广东已成功举行了三批产业转移竞争性扶持资金的竞标工作。在前两次竞标中，梅州、肇庆、河源、韶关、清远、阳江已抢占了先机。

此次拔得头筹的潮州市是再次"参战"评审会，昨天，一直在评审会现场等候佳音的潮州市市长汤锡坤会后在接受本报记者采访时高兴地表示：就产业转移工业园来讲，通过资金投入到基础设施建设从而拉动更多的社会资金投入，对一个地区经济发展非常重要、非常关键。汤锡坤笑言："这是现实问题，拿到资金才能够真正做点事情。"

据广东省财政厅厅长刘昆介绍，今年内还将举行第四批和第五批产业转移竞争性扶持资金竞标会，以落实国家积极财政政策的要求，促进广东经济发展。

（本报记者　严丽梅　2009年3月26日《羊城晚报》）

广东获分109亿元地方债券额度

其中省本级85亿元，深圳市24亿元

在由财政部代地方发行的2 000亿元债券中，广东获得的分配额度究竟有多少？发债筹措的资金将如何使用？昨

天，在广东省第三批产业转移竞争性扶持资金专家评审会后，广东省财政厅厅长刘昆在接受本报记者采访时表示，财政部已经下达了广东发行地方债券的额度，分两块下达，一块是给广东省本级财政，额度是85亿元，还有一块是下达给深圳市，额度是24亿元。

对这笔合计109亿元的地方债券额度，广东将如何使用？刘昆表示，作为认真落实好中央决策，广东会把地方债券发行好，广东已经制订了发行方案，现正在上报审批过程中，待履行完法律手续之后，会尽快地向社会公开发行。地方债券筹措的资金，会按照中央的要求，主要是用于解决这次中央扩大内需政策需要地方配套的资金，其中会有一小部分用于省里关系到民生的大项目。

刘昆解释，对国家发改委批给广东的一系列扩大内需项目，地方财政会安排一定的配套资金，在这些配套资金里，广东各级财政都作了适当的安排，另外也有一部分资金会在中央下达的地方债券额度内来安排解决。

中央财政分配给广东地方债券的额度是否太少？刘昆认为，这个额度不算少了，虽然从广东财力总量大这一情况看，相对于发债的余地也比较大，但是，作为中央财政赤字安排，必须全国统筹考虑，在2 000亿元地方债规模中，分配给广东109亿元，体现出了中央对东部资金需要的考虑。

中央财政是否要求各地上报发行第二批地方债券的额度？刘昆笑言，作为一种制度安排，中央也要办法律手续，要按照全国人大通过的规模来发行，目前，只批准了2 000亿元的规模。

对于各界都极为关注的广东地方债券发行时间表，刘昆说，会尽快落实进行这项工作，尽快履行完法律审批手续，然后尽快地把钱用到刀刃上。

（本报记者　严丽梅　2009年3月26日《羊城晚报》）

广东产业转移资金竞争性分配“游戏规则”变了，避免平均分配又兼顾公平

15市中必有两市最终颗粒无收

“按照新的评审规则，五批竞标活动结束后，参与竞标的15个市中，必然会有2个市不能获得5亿元扶持资金，有1至2个市会获得10亿元乃至15亿元扶持资金。”昨天，在广东省第四批产业转移竞争性扶持资金竞标工作布置会上，当广东省财政厅副厅长曾志权宣布将在第四批、第五批产业转移资金竞标中对“游戏规则”进行调整时，与会各市代表强烈地意识到，更加激烈、真实的竞争即将到来！

广东五批共计75亿元（每批15亿元由3个中标市均分5亿元）的产业转移竞争性扶持资金，被确定面向省内东西两翼和粤北地区15个地级市的产业转移工业园，采取要件准入和专家评审的竞争性方式进行分配。从已举办的前三批产业转移竞争性扶持资金专家评审会看，已有9个市的省示范性产业转移园中标，各获得5亿元扶持资金。

“照此下去，在接下来的第四批、第五批产业转移资金竞争性分配中，会不会出现‘排排坐分果果’——尚未中标的6个市都有份获得5亿元扶持资金？”社会上人们开始有些疑惑。

对此，广东省“双转移”领导小组第四次会议决定，对第四批、第五批省示范性产业转移园评审规则进行调整，要切实体现竞争原则，避免平均分配，又兼顾公平。

据曾志权介绍，“游戏规则”的调整主要体现在，已中过标的园区可继续参与竞争。具体说来就是：根据要件准入条件，评选出3个曾中标园区、4个未中标园区共7个园区，作为竞标候选园区进入专家评审程序；在专家评审阶段，对曾中标园区和未中标园区采取分类打分的办法，打分的指标设计相同，但选拔序列和比例不同，对曾中标园区序列，从高分到低分排，3选1；对未中标园区序列，从高分到低分排，4选2；共选出这一批3个省示范性产业转移园区，报省政府核准后获得各5亿元扶持资金。

也就是说，在接下来的第四批和第五批资金的竞争中，会有一些市的曾中标园区再中标，有望获得共计10亿元甚至15亿元扶持资金。同时也就有个别未曾中过标的市屡屡“颗粒无收”。

从前三批竞标结果看，已揽得5亿元真金的9个市是梅州、肇庆、河源、韶关、清远、阳江、潮州、汕头、云浮，尚未能揽金入账的6个市是惠州、江门、揭阳、茂名、湛江、汕尾。

不过，从会上了解到，按新的评审规则，省“双转移”工作领导小组已于6月24日依程序投票产生了7个将参加第四批产业转移竞争性扶持资金专家评审会的候选园区。其中，属曾中标园区类的有：广州（梅州）产业转移工业园、中山（河源）产业转移工业园、佛山（清远）产业转移工业园；属于未中标园区类的有：东莞（惠州）产业转移工业园、珠海（揭阳）产业转移工业园、珠海（茂名）产业转移工业园、江门产业转移工业园。

在7月10日举行的专家评审会上，梅州、河源、清远、惠州、揭阳、茂名、江门将一决高下。

（本报记者　严丽梅　通讯员　鲁锦峰　2009年6月27日《羊城晚报》）

七市今天竞夺第四批产业转移扶持金

“三选一”竞10亿“四选二”夺5亿

广东省第四批产业转移竞争性扶持资金竞标工作，今天进入到专家评审阶段。

因为评审规则的调整，广东河源市市长刘小华信心满满地又来了，今天他要再次亲自登台演讲、答辩，为的是能重演11个月以前的一幕——在第一批产业转移竞争性扶持资金专家评审会中击败对手胜出，欲为河源再多揽下5亿元产业转移扶持资金。

根据广东省“双转移”领导小组公布的名单，入选参与今天专家评审会、与河源一样曾中过标的市，还有梅州和清远。根据新的评审规则，这三个市组成一组。角逐的结果是“三选一”，胜出者将再次获得5亿元产业转移资金，从而也成为首个获得10亿元产业转移竞争性扶持资金的市（园区）。

对参与此次专家评审会的另外四个市——江门、茂名、惠州、揭阳这一组未中过标的市来说，今天的竞争是“四选二”的过程，也是一次力拔头筹的激烈比拼过程。由于按照新的评审规则，五批竞标活动结束后，参与竞标的15个市中，必然会有2个市不能获得5亿元的扶持资金。

“这会不会导致一些市私下向专家拉票，走关系，出现不公平的问题?”昨天，在专家评审预备会结束后，针对记者的这一提问，广东省财政厅副厅长曾志权表示：在评审规则制定和制度设计上，均采取了有效的防范措施，如：整个评审指标体系包括6个一级指标、21个二级指标、62个三级指标，以减少专家的主观因素影响；专家打分全部背对背；每批的评审专家都是从多达近70名的专家库中临时抽取出来，每次抽取的专家有17位之多，等等。

（本报记者 严丽梅 通讯员 鲁锦锋 2009年7月10日《羊城晚报》）

广东政府采购为自主创新产品开启“绿色通道”

利用政府采购这个“大蛋糕”，为本国企业自主创新输送“养分”，是世界各国普遍采取的做法。然而，多年来我国在政府采购制度设计上，注重的是节约资金、防止腐败，对政府采购促进本国企业自主创新的政策性功能未予以充分发挥。

不过，自2006年开始，这一状况发生了改变。

2006年2月，国务院发布《实施〈国家长期科学和技术发展规划纲要（2006～2020年）〉的若干配套政策》，其中明确提出“建立财政性资金采购自主创新产品制度”。这是我国第一次就政府采购对自主创新促进政策导向作用予以明确规定。

在广东，随后也出台了《广东省促进自主创新若干政策》，明确要求建立健全促进自主创新的政府采购制度。之后，根据我国《政府采购法》，结合财政部关于实施促进自主创新政府采购政策的有关规定，广东省财政厅、广东省科技厅经过反复讨论和广泛征求意见，于2009年6月联合制定出台了《广东省自主创新产品政府采购的若干意见》（简称《意见》）。

《意见》的出台，标志着广东政府采购为自主创新产品开启了一条“绿色通道”，也表明广东在发挥政府采购政策功能方面迈出了极为重要的一步。

权威解读《意见》出台背景。

“具体来看，《意见》实际上对广东省自主创新产品政府采购的总体要求、政府采购预算、政府采购方式、政府采购评审、政府采购合同、重大项目的政府采购、政府采购监督等重要问题一一给出了明确的‘说法’，其核心就是明确广东政府采购要优先考虑自主创新产品，要求广东政府采购政策在引导、鼓励、扶持、促进自主创新中发挥重要作用。”

那么，广东制定《意见》这一核心思路的背景是什么?广东省财政厅党组书记、厅长刘昆在接受记者采访时从四个方面介绍了《意见》出台的背景：

一是贯彻落实《珠江三角洲地区改革发展规划纲要（2008～2020年）》（简称《纲要》）的客观要求。

2008年年底，国务院批准实施《纲要》。《纲要》明确提出，要完善自主创新的体制机制和政策环境，构建以企业为主体、以市场为导向、产学研结合的开放型区域创新体系，全面提升国际竞争力。实施自主创新政府采购政策，也是《纲要》赋予财政部门的一项重要牵头任务。在这个背景下，省财政部门按照“科学发展、先行先试”的原则，制定出台了自主创新产品政府采购相关政策文件。

二是贯彻落实省委、省政府关于促进自主创新政策的客观需要。

省委书记汪洋同志明确指出，财政部门和科技部门要加快研究出台促进自主创新政府采购政策的具体实施细则，制定广东政府采购自主创新产品基本目录、预算管理办法和合同管理办法。

三是扶持民族产业，缓解金融危机压力的现实需求。

党的十七大以来，“扶持民族产业，鼓励自主创新”已被提上了国家战略的高度。当前，在经济全球化，尤其是国际金融危机的背景下，通过政府调控手段，在自主创新政府采购上加大对国内企业尤其是中小企业的政策倾斜力度，将大大增强国内企业尤其是中小企业应对金融危机的信心，不断提高企业核心竞争力，从而进一步推动经济社会的全面、协调、可持续发展。

四是深化政府采购制度改革，探索管理新机制的客观需要。

广东政府采购市场化程度较高，企业参与政府采购的热情很大，出台自主创新政府采购政策既是深化政府采购制度改革的具体表现，也是探索政府采购新机制的有益尝试，顺应了广大企业尤其是创新性企业的呼声，也必将激发其不断提升自主创新能力，提高企业竞争力的动力，为广东政府采购注入新的血液。

“保护和支持自主创新，政府采购责无旁贷。自主创新政府采购政策作为方向性的指导意见，表明了政府扶持民族产业、鼓励自主创新的决心，它必将激发企业不断提升自主创新能力，从而为加快建设创新型广东打下坚实的基础。”刘昆表明了态度。

进一步提升政府采购的意义

《意见》的出台，不仅表明政府采购对企业自主创新具有政策导向意义，而且通过政府采购工作重点的转移，把政府采购的意义也提升到了一个更高的层次。

对此，刘昆的说法是：“出台自主创新政府采购政策既是深化政府采购制度改革的具体表现，也是探索政府采购新机制的有益尝试。政府采购的终极目标决定了政府采购政策的方向。”

刘昆进一步解释：“提高政府采购资金的使用效益，促进廉政建设是政府采购的基本目标。随着市场的逐步扩大化，采购行为的逐步规范化，政府采购的终极目标，即有助于实现国家的经济和社会发展政策目标也正逐步凸显，并日益占据重要的地位，这也是深化政府采购制度改革的必然趋势和方向，意义重大。”

刘昆认为，实施自主创新政府采购政策，将能更大地激发企业提升自主创新能力，投身政府采购的热情。这样，不断强化的创新能力与政府政策形成合力，在开拓行业应用扩大市场的同时，也才能为政府采购政策的推行提供坚实的基础，从而更好地促进经济社会的发展。

“随着《意见》的出台，广东省在国内较早完成了从自主创新产品认定到政府采购自主创新产品的自主创新链条的打造。这对完善广东自主创新政策体系，充分发挥政府采购政策在促进自主创新中的导向作用，实现广东产业竞争力和自主创新能力的‘双提升’具有重要意义。”广东省科技厅厅长李兴华也表达了自己的看法。

勾勒广东特色政策导向“线路图”

“《意见》是集现行自主创新政府采购政策之大成。”广东省财政厅政府采购监管处有关负责人概括了《意见》的亮点。

该负责人解释：“财政部已出台了包括《自主创新政府采购预算管理办法》等四个办法，其他兄弟省市也相应出台了一系列自主创新政府采购政策。广东按照《纲要》提出的‘科学发展、先行先试’原则制定出台的《意见》与上述政策相比，不仅从预算、采购方式、评审、合同、监督等方面对政府采购整个过程促进自主创新作出了详细的规定，还对首购和订购、重大项目的政府采购以及法律责任等具体细节进行了明确，既增加了自主创新产品在价格上的竞争力，突出了科技创新的支撑引领作用，还体现了政府采购的公平合理性，可操作性极强，对一些关键概念也进行了明确定义，在国内尚属首次，体现出广东的先行先试和创新意识。”

也就是说，把《意见》中的亮点连接起来，可勾勒出一幅广东特色自主创新产品政府采购政策导向“线路图”。

线路图一：科技含量价格扣除导向。

《意见》对自主创新产品在政府采购中的“价格扣除”进行了明确定义：自主创新产品供应商在参与投标时，对其投标价格按照国家及广东的有关规定在评审时给予一定幅度的优惠来计算其价格评审得分，而政府采购合同仍以投标价格为准。这在全国尚属首例。

《意见》还将价格扣除具体细化，如规定：“采用最低评标价法评标的项目，对自主创新产品可以在评审时对其投标价格给予5%～10%幅度不等的价格扣除。”其中“该自主创新产品近五年内获得中国专利金奖或国家科技进步一等奖的，给予10%的价格扣除”等。

线路图二：科技含量评标加分导向。

《意见》规定：“采用综合评分法评标的项目，对自主创新产品应当增加自主创新评审因素，并在评审时，在满足基本技术条件的前提下，对技术和价格项目按下列规则给予价格评标总分值和技术评标总分值的4%～8%幅度不等的加分。”

《意见》将加分幅度细化为：“该自主创新产品近五年内获得中国专利金奖或国家科技进步一等奖的，给予8%的加分”；“该自主创新产品近五年内获得中国专利优秀奖或国家科技进步二等奖的；获得广东省专利金奖或广东省科技进步一等奖的，给予7%的加分”等等。

线路图三：政府采购清单导向。

《意见》中明确规定：“政府采购的自主创新产品是指纳入《广东省政府采购自主创新产品清单》的货物和技术服务……”为此，广东配套出台了自主创新产品政府采购清单。广东省财政部门结合科技等部门认定的自主创新产品清单和政府采购的需求确定了首批政府采购自主创新产品清单，并实行动态管理，分批公布、逐步更新。

“之前我们在招标文件中对提供采用节能产品、环境标志产品、自主创新产品也有要求，对采用自主创新产品的报价也给予价格扣除，但不如《意见》详细、具体。接下来我们将根据《意见》对招标文件进行修订，然后进入实操。”广州市政府采购中心副主任林伟强介绍说。

《意见》的出台，意味着广东自主创新政府采购已由“热身阶段”正式进入到了实操阶段。对此，最感欣喜的就是那些自主创新卓有成效的企业。

在自主创新领域创下响当当品牌的广东威创视讯科技股份有限公司从中看到了“游戏规则”改变后所带来的公平竞争的市场机会。该公司总经理助理汤敏超告诉记者，《意见》的出台让公司很受鼓舞，因为看到了政府发出的明确的政策信号：企业以自主创新为荣，就会有出路。

“过去政府多从研发上给予自主创新企业支持，这很重要，但仅仅这一个方面的支持还不够，自主创新产品还需要市场的支持，否则企业很难实现良性循环。”汤敏超认为，《意见》弥补了这方面的不足。

而在广州市华德工业有限公司总裁李志明看来，对华德这样在产品技术首创性、独有性方面积极开拓的民营中小企业来说，《意见》的出台意味着自主创新企业今后在激烈竞争中多了一个制胜的重要筹码。

对于《意见》的核心，广东商学院财政税务学院院长姚凤民教授的评论是：不论是《纲要》中提出的构建现代产业体系也好，还是提高企业自主创新能力也好，都离不开政府的支持，也都是政府采购的主要对象，通过政府采购制度与政策的促进，企业的发展才更有保障。

（本报记者 严丽梅 通讯员 鲁锦峰 2009年8月25日《羊城晚报》）

产业转移扶持金全部分完

昨天最后一场战罢，转入城市中仅汕尾和惠州在五场“争夺赛”中空手而归

广东省第五批产业转移竞争性扶持资金专家评审会昨天在广州举行，经过长达7个多小时的激烈角逐，广东7个欠发达市围绕15亿元产业转移竞争性扶持资金展开的“争夺赛”终于尘埃落定：河源、湛江、茂名各赢得5亿元扶持资金，清远、韶关、汕尾、惠州则无缘这批资金。

随着最后一场“争夺赛”的落幕，前后历时一年、围绕75亿元广东省产业转移竞争性扶持资金先后举行的五场“争夺赛”，全部结束。

五场“争夺赛”的最后战果是：75亿元广东省产业转移竞争性扶持资金共由13个市夺得，其中梅州、河源两次中标，各赢得10亿元；其他市均中标一次，各赢得5亿元。惠州和汕尾尽管“参赛”两三次，但终因实力不敌参赛对手，成为全省仅有的两个无缘分享这块财政“大蛋糕”的城市。

至于明年省财政还会不会进行这种大规模财政资金竞争性分配，广东省财政厅厅长刘昆表示，75亿元扶持资金是为应对国际金融危机，把原来计划几年安排的资金作了提前滚动的安排，不过将来是否有几十亿元这么大一笔资金进行竞争性分配，要看以后年度的预算安排。

劳动力和产业转出城市：广州、深圳、佛山、中山、东莞、珠海

劳动力和产业转入城市（中标产业转移竞争性扶持资金）：

第一批：梅州、河源、肇庆

第二批：韶关、清远、阳江

第三批：潮州、汕头、云浮

第四批：梅州、揭阳、江门

第五批：河源、湛江、茂名

（本报记者 严丽梅 实习生 谷 梅 2009年9月16日《羊城晚报》）

省财政将支持珠三角规划纲要

省十一届人大二次会议举行财经委员会预算审查座谈会。广东省财政厅厅长刘昆在会上透露，目前省财政正在研究珠三角一体化的资金问题，珠三角规划纲要实施会得到一定的省财力的保障。具体能有多少钱投入到珠三角纲要的实施中来，刘昆表示还在研究。

代表争相向“财长”进言

广东20个地级市的代表团各有一名代表参加了昨天的圆桌座谈会。

多位来自山区或经济欠发达地区的代表都建议省财政要更多地向他们所在的地市转移。刘昆说，省的财力也有限，不是想给就给。今年行政维持费用只有9.25%，搞5个“零增长”。“省里只要有财力还会往市县转移。”刘昆还告诫，要珍惜转移支付的钱，这些钱来之不易，不是省财政厅的钱，而是来自广州、东莞、佛山等发达地区的钱。

佛山想试点政府债券

佛山团代表是佛山禅城区财政局局长林剑伟，他针对

当前的宽松的货币环境，有些地方政府债台高筑，建议省财政加强对地方政府债务的正确引导和监督。

广东省2009年预算草案报告提到，为应对国际金融危机，进一步扩大内需，保持经济平稳较快增长，国务院决定扩大2009年国债投资规模，中央代地方发行政府债券，发行规模由地方政府申报，经国务院批准并报同级人大审批后实施。林剑伟向刘昆提出，希望把佛山作为第一批发政府债券的城市或者选择佛山作为试点。

（本报记者 练情情 方利平 唐红杰 刘旦 任珊珊 文远竹 王鹤 叶卡斯 刘晓星 2009年2月16日《广州日报》）

广东独得110亿元地方债券额度

今年全国财政赤字9 500亿元人民币中，地方债券有2 000亿元。其中，广东将获得约110多亿元的额度，约占总数的5%。据悉，这些国债最快将统一在“两会”后发行，所得资金将主要用于中央重点项目的配套项目。

3月5日，温家宝总理在政府工作报告中提出，我国今年拟安排财政赤字9 500亿元人民币，其中包括财政部代理地方发行的2 000亿元债券，债券列入省级预算管理。

昨日，记者从权威部门负责人处获悉，2 000亿元的地方债券中，广东分得了其中的5%额度，约110亿元，其中深圳占25亿元，广东省其他地方占85亿元。目前额度已经正式获得财政部核定，但还需待地方人大审批。发债获得的收入将用于中央重点项目的配套项目建设，但至于具体项目是什么，目前各地正上报具体方案，估计“两会”之后会确定。

该负责人还表示，发行的地方债券属于地方政府国债，由财政部统一发行，期限为三年，发行方式与目前国债一致，至于利率是多少目前还不清楚，“发行国债都会有公告，到时候就会知道。”

广东财科所所长黎旭东在接受本报采访时也确认了110亿元额度的消息，至于这笔钱怎么花，估计将由省政府统一安排。

另据记者了解，广东包括深圳在内，一共上报了600亿元的额度，其中深圳占300亿元。不过最后获批的只有报批额度的1/6。尽管如此，获得额度的比例已经比获得分配的新增投资的比例要高。2009年预计安排的1 300亿元新增投资中，广东占20亿元左右。

记者从《中国证券报》报道中获悉，财政部部长谢旭人日前表示，国家要求地方用好2 000亿元债券，主要用于中央财政投资地方项目的配套工程及民生项目。

利率估计略高于存款利率

财政部财科所副所长刘尚希昨晚也向本报记者表示，2 000亿元的地方债券都将通过发行国债的方式获得，发行的具体时间估计待“两会”通过后就将落实。这次发行国债的方式与以前的并无不同之处。

不过对于地方政府如何花地方债券，刘尚希表示，其中有关方面已经有了规定，这笔钱将主要用于中央项目的配套项目，具体到广东方面则尚未有消息。

另据了解，中央重点项目的配套项目可能会包括民生等项目，还将包括4万亿元的项目。

黎旭东表示，发行地方债券将有利于扩大内需，另外市民也多了一个投资渠道。另据估计，地方政府国债的利率将略高于存款利率。

链接：何谓地方政府债券

地方政府债券是指有财政收入的地方政府及地方公共机构发行的债券，一般用于交通、通讯、住宅、教育、医院和污水处理系统等地方性公共设施的建设。同中央政府发行的国债一样，地方政府债券一般也是以当地政府的税收能力作为还本付息的担保。目前，在全世界最主要的53个经济体中，有37个允许发行地方债券。

人大代表建议：广东地方债券最好有1万亿元

本报讯（特派北京记者曾向荣）国务院同意地方发行2 000亿元债券的消息传出后，引起了来自各地的全国人大代表的广泛关注。前日本报刊登全国人大代表、广东省发改委主任李妙娟对广东所得地方债券份额的建议引来更多讨论。

昨日，在参加分组讨论现场，全国人大代表、广东揭阳市市委书记陈弘平说：“2 000亿元全给广东就差不多了。我建议要提高到10 000亿元。”据介绍，中央代地方发行地方债券，主要用途指向保民生的建设，比如农村的公路建设、农村饮水安全的建设，还有卫生、学校等方面的建设。由于地方财政是平衡的，加上额度限制，地方债券发行后不会发生地方乱举债的现象。

省财厅厅长：中央会有比较科学的计算办法

本报讯（特派北京记者文远竹、何有贵、蒋悦飞）针对网友提出“地方政府是否会追求快速发展而滥发债券”的问题，广东省财政厅厅长刘昆代表称，中央会有比较科学的计算办法，只要对全国有利，广东就有利。

连日来本报刊登消息说，政府工作报告中提出，国务院同意由中央财政代地方政府发行2 000亿元债券。全国人大代表、广东省发改委主任李妙娟对此表示，目前地方各省市都没有发行债券，所以这一次是在非常特殊的时期采取特殊的措施应对金融危机，以求扩大内需。地方政府预算都是平衡的，所以目前地方财政应该是比较稳妥的，发行2 000亿元债券不会造成滥发而无法偿还的问题。

和刘昆厅长一样，李妙娟也认为说："广东的财政收入占全国财政总收入的接近1/7，所以地方预算里新增的2 000亿中给我们1/10，即200个亿，不会造成地方财政的问题或者今后的隐患。现在发行的地方债券是指定用途的，请大家放心。"

（本报记者　何颖思　刘幸　2009年3月7日《广州日报》）

10分钟发言不该用8分钟来歌功颂德

"我们开会，前面8分钟是在歌功颂德，对报告歌功颂德，对自己歌功颂德，剩下的没有时间了。"昨日在小组讨论上，全国人大代表钟南山指出，人大对代表的定位很清楚，但是人大在鼓励人大代表行使自己的权利和畅所欲言方面还有待改进。此言一出，赢得了该组小组讨论会上组员们的热烈掌声。

"会期不能再短了"

有代表称人大履职必须得开会

全国人大代表、广东省财政厅厅长刘昆表示，"人大代表是通过会议的方式，依法集体行使职权，而不是每个代表个人直接行使职权。"突出的是"集体行使"，而集体行使权利有一个问题，就是开会，所以人大代表的会议要保证一定的时间，不能无限制地压缩。

因为是集体行使职权，不管你人在哪里，个人发言、个人视察都是个人的行为，如果没有开会，就没有人大行使职权的基础。"所以这次开'两会'期间，大家都在讲要节约经费，缩短会期，但是我个人认为，人大代表必须保证一定的时间，如果没有会议的基础，就失去了人大最重要的基础。"

对此，不少代表表示，可以在其他方面节约，会期不能再短了。

行使监督权是不是也要开会?

钟南山质疑代表行使权利方式

而全国人大代表钟南山表示，听了吴委员长的报告，对于人大代表的定位，他在思想上已经非常清晰。跟西方的党派议员不同，人大代表代表的是人民，同时通过会议的形式行使权利而不是代表直接去处理问题。在他的理解中，"监督实际上也是人大代表的一种职权，那么监督是不是也是通过会议的形式来行使的，我的问题就在这里。"

钟南山提到，是不是监督也要集体行动才行。他认为，行使权利很多时候不仅仅是处理问题，更多时候是要去监督，所以他认为代表们行使权利的方式还是应该有所改进。

（特派记者蒋悦飞、何有贵、文远竹）

领导不在，我们讲得就很多很深

钟南山表示，比如对于劳动合同法，他听到很多负面的东西，但是现在是一片赞扬声。他的感觉是，人大在鼓励人大代表畅所欲言这方面，谈得很少，也没有认真的鼓励。"我观察一下，领导不在，我们讲得很多，而且讲得很深，这个感觉就不太好。"

他表示，会议要保证足够的时间，但是"我们的时间没有充分地利用。我们相当多的时间是用来歌功颂德的。""我参加第二年人大，包括广州人大，大部分的时间是谈体会谈怎么好怎么好。"但是"来听汇报，我们想知道广州有什么问题，劳动合同法有什么问题，对外出口受到了什么限制，但是我们开会，10分钟里前面8分钟是在歌功颂德，对报告歌功颂德，对自己歌功颂德，完了之后剩下的没有时间了。"

张茵说几句话不应变成众矢之的

钟南山还表示，"人大的定位很清楚，但是在鼓励代表充分行使自己的权利、畅所欲言方面还是不够的。为什么，比如说张茵，说了几句话，变成了众矢之的。但是她的发言有没有积极的意义，她是不是代表一个阶层说明一些问题？应该很好地去听一听。这是我的感受。"

人大调研 线路先被人走过三次

在昨日审议人大常委会工作报告时，各位代表对于人大代表本身的问题进行了探讨。曾庆洪表示，"人大代表不是关注一些鸡毛蒜皮的事，最关键还是要促进立法和执法。"还有代表提出，人大调研和执法检查，都是安排好的，领导的线路都是走了3次，他们的发言稿，要审过，发言时间严格控制，"如果人大这样调研，这样执法，怎么反映民情、国情啊。"

不少代表为了各级政府的开会和调研分身乏术而烦恼，"除了全国两会，还有省里市里区里还有镇里的各种会要开，不少调研也要你参加，我们正常的工作怎么办?"

（2009年3月11日《广州日报》）

5亿元产业转移扶持资金　潮州汕头云浮“抢到手”

昨日，广东省第三批示范性产业转移工业园竞标专家评审会昨日在东方宾馆举行，潮州、汕头、云浮击败其他对手获得前三名，将分别获得5亿元的扶持资金。昨日参加竞标的6个候选市中，4个市都是第二次、第三次参选，各市长使出浑身解数，竞争激烈。

广东省产业转移竞争性扶持资金合共75亿元，分五批通过竞标发放，去年已经进行了两批资金竞标会。昨日的第三批评审会上，茂名、汕头、潮州、汕尾、湛江、云浮6个候选市中，有4个市已经是第二次参加评审，竞争异常激烈。

评审会上，每个市都派出了市长或者副市长担任竞标主角，各市长、副市长纷纷落力演说。汕尾市市长郑雁雄在专家答辩环节中，在提到潮州与汕尾同是选择深圳为合作伙伴时，郑雁雄说，“一女二嫁不合适”，全场随即哄笑，“但我所指的是婚姻。产业转移就应该‘一女多嫁’，哪里互补性更强就选择哪里。”

省财政厅副厅长曾志权昨日接受采访时表示，第四批、第五批竞标工作将在9月份前全部完成，届时75亿元的竞争性扶持资金将全部发放。

又讯　（记者何颖思）　昨日，广东省财政厅厅长刘昆在第三批产业转移竞争性扶持资金专家评审会间隙，首度向记者透露，财政部已经下达了各地的地方债券控制额度，其中广东省本级财政获得了85亿元的额度，而深圳则获得24亿元的额度。省本级的地方债券将会一次性发行，发行债券获得的资金将用于保障中央扩大内需政策各项目的地方配套项目。但目前发行债券的时间仍未明确。

（记者　何颖思　2009年3月26日《广州日报》）

广州（梅州）产业园二度中标

昨日，广东省第四批产业转移竞争性扶持资金专家评审会在长隆酒店举行，由于这次更改了“游戏规则”，分曾中标和未中标两批竞争，扶持资金分配不再“太公分猪肉”，竞投现场气氛更加激烈。对于曾中标的河源、梅州、清远三个参评市，之前获得的5亿元扶持资金的使用情况备受评委关注。最终，梅州市再次以90.08分的高分获得曾中标组第一，而揭阳和江门则分列未中标组的第一名和第二名，上述三市将分别获得5亿元的扶持资金。

广东省财政厅厅长刘昆透露，除了产业转移外，竞争性分配方式已经扩大到农业、水利、劳动力培训等其他领域，今年这些领域的资金规模达到10亿元。

由于规则改变，昨日的竞投中分为曾中标和未中标两组竞争，其中曾中标组3个市竞争1个名额，而未中标组4个市竞争2个名额。

作为曾经中标的参评市，河源、梅州和清远都主动介绍或被专家评委追问5亿元资金的使用情况。“建成区面积是首批竞标前的3.85倍，进园企业、合同投资总额分别比竞标前翻了一番多”，梅州市市长李嘉介绍道。

在产业转移中，广州市是梅州市的对接市，而广州（梅州）工业园已经是第二次高分中标，梅州市市长李嘉表示，能第二次中标，离不开广州市的帮助。“广州市的资金支持力度最大，专门安排了4亿元用于园区建设，现在已经到位2亿元，居珠江三角洲各市的首位。”

到了评分环节，竞投会休会40分钟，马上有专人一字排开隔开评委席，而专家之间也不能交流，各打各分，“专家背对背打分，不讨论，不互相影响”，广东省财政厅副厅长曾志权介绍道。曾志权还表示，为了避免参评市跟专家走关系，在评分制度上，专门设立了6个一级指标，21个二级指标，63个三级指标，“强化客观因素，减少评审专家的主观因素。”

（记者　何颖思　实习生　吴丹　通讯员　鲁锦锋　2009年7月11日《广州日报》）

“不是不想给，是没钱”

四方要钱，省财政厅厅长无奈，代表建议发行新农村国债

“不是不想给你，而是没钱。”昨日，省十一届人大二次会议召开财经委员会预算审查座谈会。省财政厅厅长刘昆面对来自欠发达地区的“哭穷”声，他也有些无奈。他说，省级财政已经尽可能地向“后富”地区倾斜。面对越来越紧张的财力，省里不断地压缩行政经费；省级公务员从2003年开始，收入水平就没动过。他告诫“后富”地区，要深知转移支付的钱都是先富地区创造的，来之不易，要好好利用。

回应：配套资金不足是“伪问题”

教育欠债的“包袱”压得我们喘不过气；项目配套资金实在掏不出来……座谈会刚一开始，来自欠发达地区的代表就开始“吐苦水”。刘昆听完后，毫不客气地指出，配套资金的问题从某种程度上讲是伪问题。因为配套资金的概念是相当模糊的，涉及财权和事权。比如说义务教育，事权很清晰，就是由县级负担，但多年以来县级维持义务教育是很困难的，从市、省到中央都有财力支持。“本来县级应该落实的问题，现在省里给了大量补助，你最后变成资金不足！”所以将来的财政体制改革要明确哪一级政府做什么事情，县里管就县里做，省里管就省里做，如果县里做了，但资金不足，省里再给补助就比较合理了。

他坦承，省里会尽量多做一些。比如前年的旧房改造资金就全部是由省级负担的，但不可能每一个项目都由省级负担，省级的财力也有限，所以希望市和县也体谅省级的困难。“不是不想给你，而是没钱。”

“只要有财力我们就会向市县转移！”据介绍，在省级财政总支出中，维持省级财政运转的其实只占9.25%。他望了望围坐一圈的代表，继续说，“在座的各位都研究过财政，行政支出比维持在一位数，这几乎在哪里都实现不了，就是因为省里不断地压缩行政经费，从2003年开始，三年零增长，好不容易恢复了两年，现在又是“五个零增长”（即今年公务购车和用车经费、会议经费、公务接待费用、党政机关出国［境］费用、办公经费预算要实行“五个零增长”），所以省级的经费是大幅度压缩的。”他举例说，省直公务员从2003年开始，收入水平就没动过。但另一方面，收入要和经济发展相匹配，所以除了省级其他地方都增加了收入。“省级受行政限制，在国务院批准之前是不可能动的；在整个资金结构上省级压缩了，市县肯定就增加了。”

规划：省级财政拟拨款助珠三角一体化

经济危机下，能不能加大转移支付的力度？刘昆说，先富帮后富的转移支付，就是考虑到各地发展不平衡。省级的财力是全省的，不是省财政厅创造的，而是广州、深圳、东莞这些市创造的，来之不易；这些钱拿来先富帮后富理所当然，但后富地区也要珍惜这个钱，好好利用。

河源等地也建议，生态发展能不能也作为转移支付考核的一个指标。刘昆表示，对于生态发展区，广东也会建立保护生态的转移机制，目前具体方案还在征求意见。“生态保护可以用指标度量出来，保护得越好，你就能得到更多的转移支付。”

“后富”地区“叫苦”，“先富”地区也有自己的“小算盘”。来自佛山的代表林剑伟就拿出了“尚方宝剑”——新近出台的《珠三角改革发展规划纲要》，看能不能制定一个纲要实施的财政扶持政策，在目前分税制的前提下，也给珠三角地区尝尝激励财政的甜头。他说，以前的激励财政都是针对欠发达地区，没有惠及珠三角，这容易让珠三角的发展后劲不足，动力不足。他举例说，佛山禅城区一年税收120多个亿，但区里的可支配财力只有10多亿。“看起来很多，可用的很少！”

对此，刘昆表示，《纲要》省里正在作进一步规划，将来涉及的省级财政资金主要还是投在珠三角一体化。

赞许：地方发国债？说出了我的心里话

省级财政也紧，能不能找找别的路子？来自惠州的省人大代表许志晖就提出，发行新农村国债，解决农村发展资金不足的问题。他说，农村的医疗、教育基础设施都需要大把的钱，等着财政吃饭太久，不如考虑发行国债来融资解决。

“说出了我的心里话。”刘昆听完这个建议，很是感慨。他说，前段时间，省财政厅专门给省发改委写过一个关于国债的建议。因为广东政府负债比较少，融资能力等各项指标比较好，如果能在正常的财政收入下，在目前既有渠道之外形成一种融资能力，会对本地的经济发展起到很好的作用。

他说，目前障碍不少，特别是按照《预算法》规定，地方财政是不能进行赤字预算的。但他表示，会积极向国家有关部门反映；特别是《预算法》的修改已经列入了全国人大的立法计划。

“2万亿外汇储备呀，买美国的国债，刺激美国内需，还不如买中国的新农村国债，拉动中国的内需，刺激中国农村的发展。”许志晖听到自己的建议遇到“知音”，也很高兴。

来自佛山的林剑伟也借机“毛遂自荐”，建议广东发行

国债先在佛山试点。刘昆表示，目前国家正在酝酿的中央代地方发行政府债券，主要是在省级，没有纳入市级。广东已经上报了一个地方政府债券发行规模，等待批准。是否选择城市试点，还在考虑之中。

反驳：人均 GDP 难跑赢 GDP？不准确

在本次省人代会开幕的当天，省长黄华华在作《政府工作报告》时，就有提到，珠三角地区各市人均生产总值力争与本地生产总值同步增长。但前日有关市表示难以达到这一要求，因为今年的常住人口不会下降。该市解释，人均 GDP 能否比 GDP 增长快，关键看人口是增长了，还是下降了。如果人口能够下降，那人均 GDP 增长就可能高于 GDP 的增长；如果人口不能够下降，那人均 GDP 增长就要低于 GDP 的增幅。

但刘昆认为，该市的这种判断是不准确的。因为人均 GDP 的增幅要超过 GDP 的增幅，只要人口增长的比例小于 GDP 的增长幅度就可以实现。这可以通过调整产业结构，包括现代服务业和先进制造业的逐步普及来达到。

（本报记者　田霜月　冯宙锋　实习生　汪晰　卢佳丽　2009 年 2 月 16 日《南方都市报》）

2 000 亿元地方债广东分得 109 亿元

昨日，广东省财政厅厅长刘昆透露，财政部已下达地方债券控制额度，广东共有 109 亿元。其中，广东省本级 85 亿元、深圳 24 亿元。至于广东省本级具体发行多少地方债券、何时发行，等履行完法律程序才能最终确定。

广东分得 5%额度

在 2 000 亿元的地方债券中，广东分得了其中的 5%额度，共 109 亿元。其中，广东省本级 85 亿元、深圳 24 亿元。刘昆表示，发债获得的收入将用于中央扩大内需政策的各项地方配套。按照《2009 年地方政府债券预算管理办法》规定，资金主要用于中央投资地方配套的公益性建设项目及其他难以吸引社会投资的公益性建设项目支出，严格控制安排用于能够通过市场化行为筹资的投资项目，不得安排用于经常性支出。资金使用范围主要包括：保障性安居工程，农村民生工程和农村基础设施，医疗卫生、教育文化等社会事业基础设施，生态建设工程，地震灾后恢复重建以及其他涉及民生的项目建设与配套。各级地方财政部门根据批准的预算，将债券支出批复相关部门和单位。各相关部门和单位要严格按照批复的预算，安排预算支出，实行项目管理，不得随意变更资金用途。地方政府债券到期后，由中央财政统一代办偿还。

新疆首发 30 亿元明起招标

近日，新疆已成为中国首个发售地方政府债券的省区。2009 年新疆维吾尔自治区政府债券（一期）30 亿元将于明日起开始招标，30 日开始发行并计息。广东何时发行地方债券呢？刘昆介绍，省本级地方债券将一次过发行。85 亿元是一个控制额度，至于广东省本级具体发行多少，要等履行完法律程序才能最终确定。目前亦没有发行的时间表。

（记者　罗斯丁　2009 年 3 月 26 日《南方都市报》）

5 亿元扶持金大 PK 三市胜出

昨日，广东举行第三批产业转移竞争性扶持资金竞标专家评审会。经过激烈争逐，潮州、汕头、云浮三市胜出，各获得 5 亿元产业转移扶持资金。省财政厅副厅长曾志权表示，今年财政肯定有压力，但为了经济发展，广东财政要深挖潜力，运用积极财政政策。剩下两批产业转移竞争性扶持资金将于今年 9 月前完成竞标。

专家轮番轰炸答辩组

昨日上午 8 时，第三批产业转移竞争性扶持资金竞标专家评审会正式开始。茂名、汕头、潮州、汕尾、湛江、云浮等 6 个候选市派市长或常务副市长上场。5 分钟投影演示后，市长们开始 10 分钟的公开演讲，之后各市市长还连同市内主要领导组成答辩组，在 35 分钟内现场应对 17 位专家的“轮番轰炸”。最后，6 位市长还各有 3 分钟的总结性陈词“拉票”。

PK 六小时三市胜出

在专家答辩环节，潮州市常务副市长方利旭表示，在吸引台资上，有与汕头进行过沟通，两地有互补性。专家林江问方利旭，“现在都在说广佛同城化，不知有没有想过潮汕同城化？”也许这个问题来得比较突然，方利旭停顿后答，“这问题我回答不了。”全场大笑。

经过长达 6 个多小时的连番 PK，最终潮州、汕头、云浮三市胜出，待省政府确认后，将分别获得 5 亿元发展产业转移示范工业园。

云浮连竞三次终如愿

云浮市市长黄强表示，在第一批产业转移竞争性扶持资金竞标时，云浮市在投票环节排第七名，没进入到6个竞标候选园区中。而第二次却在专家评审会环节排第四名。第三批竞标，云浮市“咬定青山不放松”，终于成为优胜者之一，获得5亿元产业转移扶持资金。

据了解，去年，广东实施“双转移”战略，投75亿元建设一批产业转移园，每年投入15亿元。为了扩大内需促进经济平稳较快发展，广东加快产业转移竞争性扶持资金投入。剩下两批产业转移竞争性扶持资金今年9月前完成竞标，即意味着高达75亿元的产业转移扶持资金将于9月前全部投入。

（本报讯　记者　罗斯丁　李向新　通讯员　范小花　2009年3月26日《南方都市报》）

两会财政预算审查座谈会成“金点子会”，“财神爷”表示实施珠三角规划有财力保障

受金融危机等因素影响，今年一般预算收入安排仅比去年增长6%，低于预期GDP8.5%的增幅，此乃多年少见！昨日下午，在省十一届人大二次会议财经委员会预算审查座谈会上，“6%”这个数字很是让代表们揪心。

结果，往年“开口要钱”的预算座谈会今年演变成了“献计会”。各地市代表一边向“财神爷”刘昆“诉苦”，一边不断提出“金点子”，帮着“财神爷”盘算如何共渡难关。

“挤”出3 000万元奖韶关

■建议

“广东规划2011年实现普及高中教育，达到毛入学率85%以上，韶关去年就达到了86.2%，省里要奖励3 000万元。”韶关团代表李志贞一开腔就感谢省里的“鼓励”，话锋一转却又满怀忧虑：韶关财力紧张，为了达标欠债5个亿，不知道什么时候才能还清，“在今后的预算中，这种‘以奖’代‘补’的奖金能否再多一些？”

●回应

“说实话，韶关在山区率先取得这样的成绩很不容易，我很理解。”刘昆感慨地说，还有很多地方未能达到这样的目标，省里目前比较关注未达标的地区。特别是在财力不足的情况下，先落实把不足的“补”回来，再考虑对做得好的“奖”进去。

刘昆表示，今年将是财政十分困难的一年，省级财政支出要保公共、保民生、保扶持发展、保均衡。以“奖”代“补”的做法是正确的，虽然财政上安排比较难实现，但会尽力去做，“比如韶关率先普及高中教育的3 000万元奖励，就是考虑到韶关的实际困难，特别‘挤’出来的‘转移支付’。”

发行“广东农村建设债券”

■建议

“在2009年的预算草案中，有多处支出是为了更好地实现城乡统筹，但在那么困难的一年，在财力有限的情况下，我们能不能发行‘新农村建设债券’募集资金呢?”惠州团代表许志晖以全国上下为四川地震自发捐款300亿元为例，提出“金点子”。

“如果当时国家考虑发行抗震救灾国债，我猜能够募集到上千亿元的资金，这样更有利于对地震受灾地区进行救灾及灾后重建工作的。”他说，广东要在财政困难、区域发展不平衡的情况下统筹城乡发展，能不能考虑在资本市场上争取国家政策，比如通过发行“广东新农村建设债券”去融资?

●回应

“你说出了我的心里话!”许志晖话音刚落，刘昆说：“关于筹集资金创新方面，我们也给省里有关部门提出建议，包括广东政府地方债券的各项指标，应该说，在正常的融资能力内，是有可能实现中央代发地方政府债券的。”

“我们也做了研究，但有不少障碍，比如《预算法》的有关规定就是一道坎。”刘昆话锋一转，我国现行《预算法》规定，“地方各级预算按照量入为出、收支平衡的原则编制，不列赤字。除法律和国务院另有规定外，地方政府不得发行地方政府债券。”“目前《预算法》的修订已放在了全国人大的案头，我们也积极向国家反映和建议广东省的情况，但最终能否发行债券必须在国家法规层面才能解决。”

用“奖励”保县级基本财力

■建议

在昨天的预算审查座谈会上，不少来自欠发达地区的代表，都把“倡导先富帮后富、转移支付力度不增”的问题抛向刘厅长。

●回应

“欠发达地区县基本上属于‘吃饭财政’，提供公共服务能力不足，确实需要‘先富帮后富’。”刘昆说，但受总体财力的限制，欠发达地区基层财政仍较为困难。

“因此，广东计划从2009年起，在财力许可的范围内，逐步建立县级基本财力保障机制。”刘昆透露，对于一些确实困难，财力确实偏低的县，将运用一系列奖励手段，激励、鞭策他们通过自身努力和省市的帮助弥补财力缺口，最终达到县级基本财力保障标准。

刘昆还表示，希望通过建立县级基本财力保障机制，使其成为激励型财政机制的补充与延伸，增强欠发达地区基层财政保障能力，促进区域间财政能力进一步趋于均衡。

■专项资金

“保”珠三角规划纲要

■建议

“如果国务院批准发行广东地方政府债券，能不能把佛山列为首批试点？”

●回应

“即使中央代发地方债券，也只是在省级，并未把市级纳入。”面对包括佛山在内的好几个珠三角市代表殷切期望的目光，刘昆答道。

■问题

“落实珠三角纲要，特别是对于珠三角九市有没有专项资金扶持？”代表们“穷追猛打”。

●回应

“对于具体落实珠三角纲要，省里还在做规划，当中相当多的部分主要还是在推进珠三角一体化的。”刘昆透露，珠三角规划纲要的实施会得到一定的财力保障，但具体多少还在研究之中。

■生态保护

拟与财政支付挂钩

背景：韶关、河源、梅州，三个被划为生态发展区的欠发达市，由于“不适宜大规模、高强度工业化和城镇化开发”，面临着较大的财政压力，于是三市代表都不约而同地向厅长发问：能否针对生态发展区建立一套激励型的转移支付机制？

■问题

“比如河源林业体制改革，大概有近4 000名以砍林为生的工人不得不下岗分流。要推行这项改革，河源要拿出8亿元的资金，这对河源来说是沉重的负担。”河源团代表罗小聪说。

同样的情况也出现在韶关。“以仁化县为例，90%税收来自工业。但生态发展区一划分，这里的工业发展受限，仁化县的财政收入就受到了很大的影响。”李志贞说。

●回应

对此，刘昆当场答复：考虑到各地发展不平衡以及发展要求不一，省财政厅拟建立对限制开发区引入生态保护激励型财政机制，逐步满足限制开发和禁止开发区域用于公共服务和生态环境补偿的支出需要。“可以研究建立生态环境衡量指标体系，作为计算省财政转移支付增长的依据，生态保护得越好，财政转移支付越多。”

（新快报记者　陈红艳　陈志龙　吴　璇　尹　辉　2009年2月16日《新快报》）

第十二部分

附　　录

广东省财政学会

广东省财政学会以多种方式组织开展财政科研工作，对广东省财政改革和发展提供了理论支持和宣传作用，总结工作成果主要在以下方面：

一、财政科研工作情况

1. 积极参与和推动广东各地方项目绩效评价和绩效预算工作。2009年广东财政学会举行了五次绩效预算专题讲座，分别是：全省各市、县（区）财政局相关领导和科室负责人《绩效预算的理念和实践操作》、全省各财政所（办）相关领导及工作人员相同内容专题讲座、佛山市南海区大沥镇、狮山镇和丹灶镇各预算单位领导及工作人员《2009年绩效预算材料申报》的讲座、珠海市财政局领导和科室负责人及预算单位领导和工作人员《2010年绩效预算材料申报》讲座和中山市财政局领导和科室负责人及预算单位领导和工作人员《2010年绩效预算材料申报》的讲座。场均参与人数为300人。整体反响非常良好，并提出许多工作中遇到的问题，如由于项目绩效评价结果与领导决策不相符产生的矛盾，项目资金把握不准确等问题。

除此之外，省财政学会与多个地市、县、区财政局开展项目绩效预算工作，对以绩效管理理念为基础，创导政府部门建立企业精神，实行以结果为导向的预算方式，帮助和督促各政府部门各预算单位建立起自我约束机制，自觉地“少花钱、多办事、办好事”，提高政府行政效率。省财政学会给农科院提供“如何为农村提供科技服务”的决策咨询，并得到采用。

2. 通过开展课题调研，较好地实现了理论和实践的有机融合。财政学会开展了两项课题研究，一项是在中山市开展的《城乡公共服务均等化研究》，另一项是在禅城区开展的《公用事业改革发展研究》。在调研过程中，结合研究任务，积极与地方财政部门沟通合作，结合地方需要开展调研工作。坚持“为中心工作服务，为现实服务”的科研工作方针，完成与财政业务密切结合的研究任务。

二、宣传工作情况

1. 做好《广东财政理论与事务》和《广东财政规章制度》两本杂志的编辑出版工作。围绕2009年的财政热点，抓住难点，突出重点，大力宣传财政改革，反映意见和建议，探讨完善的措施。精心策划和组织采编每一期《广东财政理论与实务》杂志的中心栏目，2009年共采编了12个中心栏目，财政支出绩效评价、社会保障、农村税费改革、民生财政、县域经济发展、竞争性财政分配机制等。在办好主刊的同时，认真编好《广东财政规章制度》副刊，做好财政策法规的宣传和咨询服务工作。

2. 提高服务意识，积极为省财政厅机关工作和精神文明建设服务。充分利用《广东财政理论与实务》编辑部的有利条件，积极主动为省财政厅有关处室、单位服务，承担省财政厅及有关处室、单位的会议、重大活动的摄影、录像、宣传报道工作，为省财政厅的精神文明建设出力。

三、组织工作情况

1. 组织举办“广东财政论坛”财经专家学术报告会。广东省财政学会组织了四场学术论坛报告会，分别是：牛津大学当代中国研究中心主任黄佩华教授《改善公共服务，构建和谐社会：有关财政体制改革思考》的专题报告、财政部税政司副司长王建凡《公共财政下的税制改革思路》专题报告会、中国政法大学商学院杨帆教授《美国金融危机与中国经济发展趋势》专题报告会、财政部科研所研究员、副所长王朝才《当前经济形势与财政对策》的报告。各报告会反响非常热烈，每期参会人数均超过300人，不少同志感触说：听了报告，增长了知识，拓宽了视野，对工作很有帮助，希望今后多举办这样的报告会。

2. 征文活动取得新突破。2009年，与湛江市财政局联合举办“湛财杯”征文大赛。共收到各市财政系统及院校的投稿600多篇。各会员单位积极组织，全省财政系统广大干部职工踊跃参与，不少市县局长、学会会长带头写，起模范作用，涌现了一大批新的善观察、肯动脑、能分析的基层理论爱好者。

（省财政学会供稿 朱朝明执笔）

广东省会计学会

2009年，广东省会计学会积极配合会计行政管理，重点做好会计理论研究、培养会计人才、服务会员等方面工作，发挥会计学会专业优势，服务财政会计改革发展，扩大学会社会影响力，促使学会可持续发展，推动会计学会工作再上新台阶。

一、建章立制，加强自身建设，促进学会工作高效运行

1. 完善会议制度。定期召开常务理事会议，及时通报学会工作情况，总结经验，同时就下一阶段工作和各项重大事宜进行讨论和研究，指导部署学会工作。每年固定召开年会，总结学会年度工作，传达财政会计政策信息，提出新年度工作计划。学会各位理事、常务理事“招之即来、来之能干”，纷纷出谋划策，真正参与到学会工作，做到理事确实为“理事”，常务理事确实为“常务”。

2. 整合资源健全组织机构。根据精简机构和资源共享的精神，省会计学会和省珠算心算协会按照统一领导，统一管理，职责不变，分工合作的原则，实行合署办公，组建一个秘书处，实行两块牌子一套人马管理，秘书处内设综合部、学会部、协会部。各部既相对独立，又相互协助，共同做好秘书处的各项工作。此外，还按照工作职能，实行工作人员定岗定责制，充实骨干力量，不断提高工作人员素质，为学会工作的不断开展提供了有力保障。

3. 建立完善会计专家库。专家库的专家包括广东省现有的全国会计领军人才、广东省现任高级会计师资格评审委员会委员、省会计学会理事以及在穗高等院校会计学者、集团公司会计专家、会计师事务所资深注册会计师等，共有165名专家。对专家库专家采取考察聘用、记录考核和退出机制制度，即符合基本条件者作为候选专家纳入专家库管理，候选专家第一次参与专家库工作，对按程序考察称职者，由省会计学会颁发广东会计专家库成员聘书，聘期3年，称职者可以续聘；专家完成专家库相关工作情况，及有关各方对专家业务水平、工作表现、职业道德等方面的意见，核实后记录在册，作为考核专家及续聘与否的依据；专家库建立后，实行能进能出的动态管理。专家库的建立完善，有效地发挥了人才带头作用，影响和引导全省会计人员不断提升自身素质。

二、围绕中心，发挥学会优势，配合财政会计管理工作

1. 贯彻实施企业会计准则。财政部于2006年颁布了新的企业会计准则，在上市公司和大中型企业范围执行。贯彻落实新准则是一项综合性、全局性的工作，省财政厅已经建立了与国资委、财政部驻广东专员办事处等监管部门的沟通协作机制，并注重发挥注册会计师行业等中介的作用，共同推动新准则的实施。同时开展以新准则为主要内容的会计人员培训，加强对新准则执行情况的调研，在部分上市公司及国有企业建立工作联系点，密切关注并及时掌握企业在执行新准则、完善企业内部控制与管理过程中遇见的问题，通过会计专家库，为各地区、各单位实施新准则提供业务指导和技术支持。目前，全省企业执行新准则情况：上市公司及省国资委监管企业已经全面执行新准则。全省国有其他大中型企业将自2010年1月1日起全面实施新准则。

2. 启动财政支农政策培训。推行并规范农村会计委托代理服务制度，建立农村财会人员培训机制，提高农村财会人员素质，加强和规范农村财务管理和会计核算，是会计工作服务社会主义新农村建设的重要举措。2009年，省财政厅印发了关于开展村级会计委托代理服务工作的通知，要求全省各地区加强和规范村级会计委托代理服务工作。6月，省财政厅印发文件，部署在全省开展农村财会人员财政支农政策培训，从8月开始启动对广东省农村财会人员开展以财政支农政策、农村财会知识等为主要内容的培训。通过开展村级会计委托代理服务及财政支农政策培训工作，规范全省农村财会工作，促进农村会计工作水平不断提高。

三、立足创新，强化服务功能，开拓学会工作的新亮点

广东是改革开放的前沿地，外向型经济占有较大的比例，会计与世界接轨，为省会计学会提供了更加广阔的专业研究和发挥作用的展示舞台。

1. 落实会计服务业对香港扩大开放先行先试政策。2009年，省财政厅及相关地市积极贯彻落实先行先试政策的相关工作，认真落实《珠江三角洲地区改革发展规划纲要》，促进粤港会计服务业加强交流和合作，促进粤港两地共同发展。6月21日及28日，分别在东莞和深圳设置考场，首次为香港居民举办会计从业资格考试。本次考试共

有41名香港居民报名参加，为增进两地为会计从业人员交流服务提供了有益的探索。

2. 积极参与大型广场咨询活动。省会计学会联合广东省财政厅会计服务窗口选派业务骨干参加咨询会，就会计从业资格考试报名、申领会计从业资格证，到持有会计从业资格证书后的注册、继续教育登记、信息变更、遗失补办、调进调出、从业资格档案管理等与会计从业资格有关事项接受现场群众咨询，向会计人员提供了一个面对面、一对一的沟通平台，拉近了广东省会计管理部门与社会公众的距离。

3. 提升会计科研课题研究活动。2009年省会计学会继续组织了年度会计科研课题招标活动，本次活动在以往组织课题的基础上大力促进高校课题研究与会计实务有机结合，同时增加了重点会计科研课题项目，针对当前会计改革中出现的热点、难点问题及配合《珠江三角洲地区改革发展规划纲要》确定了《珠江三角洲地区“双转移”的财务与会计问题研究》、《广东省医疗保险制度改革的财务与会计问题研究》等重点主题。活动期间共收到各单位申报的会计科研课题149项，重点会计科研课题12项。12月初经专家评审委员会对所有申报课题进行认真评审，评出中标会计科研课题118项，重点会计科研课题3项。

4. 拓展《广东财会》宣传平台。省会计学会会刊《广东财会》于1980年创刊，是广东省唯一的省级财会杂志。2009年编辑部围绕当前会计界热点、难点问题采用多种方式进行组稿、约稿，宣传报道。此外，2009年是广东省会计学会成立30周年，学会编辑出版了《广东省会计学会成立30周年纪念专刊》，内容形式以历史图片、摄影、美术作品等为主，以纪念和宣传广东省会计学会成立30周年来取得的发展与成就，树立会计工作者的荣誉感和责任感。

（省会计学会供稿　陈伟明执笔）

广东省预算会计研究会

2009年，广东省预算会计研究会顺利完成了研究会的各项任务。

一、围绕财政改革中心任务，完成课题研究工作

1. 组织撰写研究课题。2009年省预算会计研究会与北京、上海等10个省市的预算会计研究会共同承担、分别撰写有关推进政府会计改革的难点及对策研究的课题。省预算会计研究会着重从“我国应在多大范围和程度上实行权责发生制”方面入手，探讨了政府会计的计量焦点。即：政府会计要实行权责发生制，就必须明确进入收支表的交易和事项，以及进入资产负债表交易和事项；资产负债表的资源范围，收支表的资源流量范围等一系列计量问题。为掌握第一手材料，课题组成员深入基层，到东莞市与东莞课题组和东莞的国有事业单位共同交流、座谈，在对课题报告进行多次修改后，最终完成了《论我国政府会计的计量焦点》的研究课题，得到全国预算与会计研究会的肯定。

2. 推动各市财政参与政府会计改革研究。2009年，省预算会计研究会对有关市财政局预算、国库研究组和省直有关财务处下发关于《研究政府会计改革》课题写作及调研的通知，提出：我国的政府会计改革已列入财政部的议事日程，将是下一阶段公共财政管理领域新的重大改革任务，要求有关市按照广东省提出的课题研究题目进行调研，结合本市和本单位的实际情况拟写调研报告。按照要求，肇庆市和东莞市的财政研究组分别就“论我国政府会计的计量焦点”和“推进政府会计改革的难点及对策”进行了调研，并撰写了调研报告。

3. 为政府会计改革提供理论依据。为了拓宽我国政府会计改革研究视野，借鉴和学习国外和其他地区的成功经验，省预算会计研究会向全国预算与会计研究会提供了台湾地区现行的“政府会计准则公报”和“政府会计观念公报”，为研究我国的政府会计与国际接轨，加快政府会计改革提供理论依据。

二、参与和配合全国预研会的专题调研活动

参与和配合财政部和全国预算与会计研究会开展的行政事业单位实现资产管理与部门预算管理有机结合专项课题调研活动。全国预算与会计研究会与财政部有关司领导到广东进行专题调研，省预算会计研究会积极做好调研前的一切准备工作，并随同调研组到广州、韶关等地进行实地调研。预算会计研究会与省财政厅有关处参加全国预算与会计研究会召开的行政事业单位资产管理与预算管理相结合专项课题的调研结题会议。广东省在推进部门预算管理与资产管理相结合方面较其他省市先行一步，因此广东省提交的报告材料，其成果作为全国撰写专题调研总报告的其中内容。

三、抓信息沟通和宣传工作

一是积极向《预算管理与会计》月刊投稿，加大广东财政在财政管理、理论研究和工作成效方面的宣传力度。2009年，广东省财政在《预算管理与会计》月刊上刊登文章共8篇。二是做好信息的宣传工作。三是加强与全国预研会的信息沟通，不定期地与各地的通讯员联系，对反映的问题提出建议和意见，对咨询的问题予以答复。

四、其他服务性工作

一是按时完成全国预算与会计研究会主编的《预算管理与会计》月刊的征订工作。2010年广东省征订《预算管理与会计》月刊数为：2 479份。二是为省财政厅有关处室发放预算科目分类书籍、为国库处发放省属行政事业单位使用的财政授权支付凭证、财政资金请拨单、财政拨款印鉴卡、预算拨款凭证等服务工作。三是认真做好省财政厅业务主管处委托的服务、咨询等工作。

五、完成换届会议的准备工作

省预算会计研究会已完成了换届会议的准备工作。一是会议材料的准备；二是领导层人员的任命；三是理事人选安排等。

（省预算会计研究供稿　纪　武执笔）

广东省农村财政研究会

2009年，广东省农村财政研究会（以下简称“省农研会”）在省财政厅党组的领导下，在中国农村财政研究会（以下简称“中国农研会”）的指导下，认真学习贯彻落实党的十七届三中、四中全会和省委十届四次、五次全会精神，以科学发展观为统领，紧紧围绕省委省政府的工作大局，进一步解放思想，更新观念，创新工作思路，以时不我待的精神狠抓农研会各项工作，以扎实有力的行动推动广东省农村财政研究事业向前发展，同心同德，真抓实干，深入农村开展调查研究，积极探索农村财政改革理论和财政支农政策，为省委省政府和有关部门提供决策参考，取得了积极的成效。

一、公开征集2009年度的调研课题

为进一步提高广东省农村财政课题研究质量，省农研会向各有关高等院校、科研单位和各位常务理事发出了征集2009年农村财政研究科研课题的通知，并明确了征集课题选题的原则及有关事项。经过各单位的积极申报，共征集到“广东现代农业产业体系建设及财政支持政策研究”、“城乡公共气象服务均等化问题研究”、“广东农业财政投入与农民增收关联分析”等20个课题，按照省农研会调研课题管理办法规定进行立项，并经厅领导批准后，课题全部批复到各相关课题组开展调研。

二、组织了课题验收评比

本着“客观、公平、公正和实事求是”的原则，省农研会聘请有关专家组成评审小组对2008年的14个调研课题进行了验收评比。经专家评审小组会议讨论确认，送审的调研课题全部验收合格，并分别评出一等奖1篇（省财政科研所主任、本会常务理事刘继东负责的《广东水权制度研究》）；二等奖2篇（分别为：省农科院科技情报研究所副所长、研究员万忠负责的《广东财政支持区域特色农业发展研究报告》和省政府发展研究中心副巡视员、本会常务理事田晓霞负责的《建立和完善广东农村社会保障体系研究》）；三等奖4篇（分别为：华南农业大学教授张岳恒负责的《新时期提高广东省农村扶贫水平的对策研究》；省农科院科技情报研究所主任、副研究员张禄祥负责的《广东农村公共物品财政投入机制研究报告》；省委党校教授、本会副会长谢仁寿负责的《广东节约集约用地问题探讨》；省财政学校副教授、本会理事麦方和暨南大学公共研究所副所长、教授洪凯负责的《城乡一体化和财税政策研究》）。专家评审小组认为，各课题组能深入农村开展调研和积极研讨，提出了许多很有参考价值的政策建议，调研课题完成情况较好，课题研究报告内容丰富，总体质量较高，调研成果对于政府和有关部门的决策及财政支农工作具有较高的参考作用。

三、积极参与中国农研会第五届优秀论文评选活动

在2009年中国农研会第五次优秀论文评选活动中，我会共选送了4篇优秀论文参与评选，其中李华东课题组撰写的《关于以工促农，以城带乡的长效机制研究》获得一等奖，莫棣华课题组撰写的《广东财政支持农业产业化政策和方式研究》和省农研会课题组与广西农研会课题组合作撰写的《“两广”财政扶贫研究》分别获得三等奖，陈德萍课题组撰写的《建立财政直接补贴农民的支付机制问题研究》获得鼓励奖。

四、加大力度积极宣传调研成果

一是把各课题组完成的研究报告进行整理，摘编成14期《农研动态》；二是编印了2007～2008年两个年度的《广东省农村财政调研课题论文集》。《农研动态》和《论文集》分别发送给各有关政府部门、科研院校和领导参考。

五、组织基层干部参加各类培训班

2009年，中国农研会先后在广西、青海等地举办全国基层财经干部培训班，省农研会及时转发办班通知，并积极动员和组织了27人参加培训。通过培训，拓展了视野，丰富了业务技能，激发了创新活力，提高了依法理财、科学理财能力，为进一步做好农村基层财政工作奠定了基础。

六、积极协办“贯彻珠三角发展纲要统筹广东城乡发展”研讨会

省农研会和省农村经济学会于8月26～28日在中山市联合召开了“贯彻珠三角发展纲要统筹广东城乡发展”研讨会，省农研会课题组负责人洪凯教授在会议上作了关于《城乡一体化和财税政策研究》的发言，引发了专家学者对“城乡一体化”问题的关注和研讨。

七、召开了广东省农村财政政策理论研讨会

10月12日，省农研会和省农村政策研究中心在广州联合召开了“农村财政理论政策研讨会”。研讨会由省农研会罗妹珠会长主持。省财政厅党组副书记、副厅长、厅直属机关党委书记曾志权出席了会议并作了题为《把握形势　抓住机遇　推动农村财政研究工作再上新台阶》重要讲话。曾志权副厅长的讲话充分肯定了省农研会在近几年来所取得的成绩，并要求省农研会继续以科学发展观为指导，秉承求真务实的态度，不断创新工作思路和方法，为广东省财政支农工作作出更大的贡献。省气象局余勇局长、省农村政策研究中心江惠生主任和省农研会的全体常务理事、省直农口单位代表以及部分科研单位和高等院校的专家学者共40多人参加了会议。

与会专家认真学习了曾志权副厅长的重要讲话，并紧紧围绕省委、省政府《关于贯彻落实党的十七届三中全会精神　加快推进农村改革发展的意见》的精神，畅所欲言，深入分析当前广东省“三农”工作面临的新形势，就农村财政与社会主义新农村建设、农村公共基础设施建设、农村土地流转、推进城乡经济社会发展一体化体制机制建设、推进城乡基本公共服务均等化、促进农民收入增长长效机制等“三农”工作的热点、难点问题展开讨论，积极探索农村财政理论研究的新方向和新形势下财政支农政策，为推进广东省农村改革发展提供了政策思路。

八、积极参加中国农研会在海南举办的专题研讨会

11月27日中国农研会在海南召开农村财政专题研讨会，为做好参会准备，省农研会选择了“农村集体土地流转与财税对策研究”的研讨课题，并把课题调研任务下达给了广东科贸职业学院。课题组经过深入农村调研和精心研讨后顺利完成了课题调研报告，并在研讨会上做了《广东农村土地流转和财税对策研究》的发言，增强了与各兄弟省市农研会的学习交流。

九、加强学会自身建设

一是分别于1月7日和10月12日召开了常务理事会议，会议主要内容是向各位常务理事通报省农研会工作完成情况和讨论部署各阶段的工作任务；二是经省民政厅批准后重新印发了《广东省农村财政研究会章程》；三是向社会公开招聘1名大学毕业生负责秘书处的日常事务；四是委托具有审计资质的广州志信会计师事务所有限公司完成了对2008年度省农研会财务的审计工作。审计报告认为，2008年度省农研会的财务报表严格按照《民间非营利组织会计制度》的规定编制，在所有收支方面客观、实事求是反映了省农研会2008年度的财务运行情况，是合理合法的。

（省农村财政研究会供稿　陈子希执笔）

广东省珠算心算协会

2009年，广东省珠算心算协会不断探索和发挥珠算的计算功能和启智功能，努力扩大珠算珠心算教育在社会上的影响力，切切实实推动广东省珠算珠心算工作的开展。

一、召开广东省珠算协会第九届会员代表大会暨第一次理事会进行换届改选工作

2009年7月2日，广东省珠算协会在广州市隆重举行了第九届会员代表大会进行换届改选。第八届理事会理事、第九届理事会理事候选人，各地级以上市财政局会计科、珠协代表以及特邀嘉宾100多人参加了会议。会议通过了四项决定：一是审议通过了八届理事会工作报告。二是通过了广东省珠算协会更名为广东省珠算心算协会的决议。三是确定了第九届理事会组织机构及领导机构名单，选举产生新一届常务理事会和领导机构。四是修改了《广东省珠算心算协会章程》。

二、召开九届第一次常务理事会议

2009年7月2日，广东省珠算心算协会在举行第九届会员代表大会进行换届改选后召开了九届第一次常务理事会。会议由广东省珠算心算协会第九届理事会会长韩晓进同志主持，并通过研究作出如下决定。一是通过了第九届理事会内设机构职责分工，会长韩晓进同志负责协会的全面工作，按照协会章程的规定行使会长职权；二是协会法定代表人邹清莲同志按照协会章程的规定行使法定代表人职权；三是协会秘书长古小丽同志按照协会章程的规定行使秘书长职权；四是省珠算协会办公室工作人员与省会计学会秘书处工作人员进行合署，组成新的秘书处。

三、整合协会秘书处人力资源，健全秘书处组织机构

为更好地为广大会计人员和各大中专院校财会专业类学生服务，根据省珠算心算协会第一次常务理事会决议精神，省珠算心算协会秘书处与省会计学会秘书处实行合署办公，按照统一领导、统一管理、职责不变，分工合作的原则组建一个秘书处，实行两块牌子一套人马管理。相互协助，共同做好秘书处的各项工作。

四、努力不懈，利用各种宣传渠道扩大珠算珠心算在社会的影响

1. 积极组织各地级以上市珠算协会征订中国珠算心算协会的会刊《珠算与珠心算》杂志，切实做好《珠算与珠心算》的征订发行工作。2009年省珠算心算协会征订《珠算与珠心算》154份，较好完成了中珠协的征订任务。

2. 努力办好《广东珠算》刊物。2009年出版《广东珠算》共4期。为广东省珠算、珠心算教师和爱好者提供了丰富的精神食粮，在推动学术研究和经验交流方面发挥着重要的作用。

3. 做好省珠算协会网站建设和维护工作。2009年省珠协再接再厉，在做好网页、网站的建设和维护工作上狠下工夫，及时更新广东省珠算、珠心算教育工作情况、相关文件、比赛活动等重要信息。积极利用网站和网络通讯等先进手段加强与会员和有关单位的联络，为社会各界了解广东珠算、珠心算教育工作的开展情况提供参考。

五、精心策划，积极开展各类珠算珠心算比赛活动

1. 第18届海峡两岸（广东赛区）珠心算通信赛于2009年5月23日上午举行。在全省各地有关部门的发动和共同努力下，广东省参加的人数达9514人，评出优胜奖952人，由中国珠算心算协会和台湾地区商业会联合颁发了《优胜奖证书》。

2. 2009年6月6日，广东省珠算心算协会在广州华泰宾馆隆重举行2009年广东省珠心算邀请赛。来自全省12个地级市和4个省直珠心算实验点的39支代表队共118名选手参加了这次比赛。本次比赛分A、B、C、D四个组别进行。在比赛过程中，选手们努力拼搏，发挥出较高的水平，赛出了风格、赛出了成绩，展示了广东省珠心算教育工作的成果。

六、积极培训人才，提升协会鉴定员和裁判员素质

1. 根据《广东省珠算协会珠算技术等级、少儿珠心算等级鉴定员和裁判员管理办法》审批了珠海市吴仲薇、王法两位同志为珠海市珠算协会珠算、珠心算等级鉴定二级

鉴定员。

2. 2009 年 3 月 22 ~ 24 日，省珠算协会李秀容秘书长及工作人员肖健华、黄宝萍三人参加了中国珠算心算协会在厦门举办的全国珠心算鉴定比赛裁判员培训班。通过学习，有效提高了省珠协鉴定员和裁判员的素质。

七、以服务为宗旨，保质保量做好珠算珠心算鉴定工作

2009 年，省珠算心算协会鉴定人员坚持以人为本，以务实态度做好服务工作，努力为参加珠算、珠心算等级鉴定人员提供优质服务。同时，省珠协鉴定人员积极采用多项有效措施认真做好珠算等级鉴定工作，一是积极配合各学校的教学安排，实行预约上门为学校进行珠算技术等级鉴定；二是在市财经职业高级中学设立鉴定点，坚持每月 1 ~ 2 次为社会参加鉴定的人员服务。通过省珠协鉴定人员的努力，1 ~ 12 月参加珠算珠心算鉴定人数 6 431 人次。

八、举办少儿珠心算基础学习班，为开展珠心算教学积累经验

2009 年 8 月下旬，广东省珠算心算协会在省财厅大院举办了一期少儿珠心算基础知识学习班。授课老师由协会工作人员担任，参加学习班的共有 38 人。少儿珠心算基础知识学习班教学取得了完满成功。

九、积极参加评优评先活动，为广东省珠算珠心算组织和个人创造有利条件

广东省珠算心算协会在 2009 年积极参与了中国珠算心算协会成立三十周年表彰先进活动。根据《关于中国珠算心算协会成立三十周年表彰先进的通知》，广东省珠算心算协会和各地级以上市珠算协会在中珠协成立三十周年表彰先进活动中荣获先进集体奖 3 个；荣获先进个人奖 12 人，其中先进工作者 5 人，优秀教练师 7 人。

十、中珠协到广东调研，促进广东省珠心算实验工作进一步开展

2009 年，中国珠算心算协会副秘书长文志芳一行 4 人到广东调研，先后到了广州市荔湾区芦获西小学、番禺区东城幼儿园和番禺区北城小学，分别听取和观摩了珠心算教学课，并与教师们进行了畅所欲言的教学经验交流。调研活动实现了双赢，给广东珠心算教育工作的开展增强了信心和力量。

（省珠算心算协会供稿　肖建华执笔）

广东省珠算心算协会第九届理事会成员名单

名誉会长： 郑贤操
顾　　问： 曾　建　李森盛　陈展辉
会　　长： 韩晓进
副 会 长： 邹清莲　李秀容　熊发业　古小丽
秘 书 长： 古小丽
副秘书长： 陈　波　程五一　杨健辉　陈　彤　肖健华

常务理事：（按姓氏笔画为序）
王中高　邓泽成　冯　森　古小丽　张松康　李秀容　杨健辉
肖健华　苏凤玲　邹清莲　陈　波　陈　彤　贾建国　曾令鹏
程五一　韩晓进　熊发业　黎婉萍　黎慧娟

理　　事：（按姓氏笔画为序）
马列红　方锦屏　毛　军　王中高　王美兰　邓泽成　冯　森
冯志伟　冯　茵　古小丽　左金莲　刘　明　刘红英　刘国庆
吕静轩　许健昶　何小影　吴玉珠　吴金华　张松康　张伟萍
张博英　李　莎　李九泉　李秀容　李珠妹　杨　耿　杨健辉
肖健华　苏凤玲　邹清莲　陆洁玲　陈　彤　陈　波　陈七娣
陈玉珍　陈向英　陈妙贤　陈志忠　陈素芝　林显胜　林香山
范高博　郑健雄　俞雪花　段珑玉　贾建国　顾　青　梁健仪
梁惠英　黄　莉　黄良文　黄宝萍　黄玲蓉　黄益增　彭莲清
曾令鹏　程五一　韩俊梅　韩晓进　熊发业　缪东山　谭凤玲
谭丽婷　潘勇生　黎婉萍　黎慧娟

广东省会计函授职业技术学校

一、精心组织，狠抓落实，做好财政支农政策培训工作

1. 参与培训日常管理工作。为将农村财会人员财政支农政策培训工作落到实处，省财政厅2009年7月成立了培训工作领导小组。省函校作为办公室成员处室，参与培训的日常管理工作，包括培训工作完成情况的数据收集、汇总、上报，搭建各市日常交流培训工作的平台，及时征订、发放、结算培训教材等工作，为全面有序地开展财政支农政策培训工作打下了良好的基础。

2. 起草培训工作实施方案。为切实做好培训工作，省函校根据培训工作领导小组的安排，负责起草《广东省财会人员财政支农政策培训实施方案》。方案明确了培训工作的指导思想、制定了工作目标、基本原则、组织领导、职责分工、培训对象、培训内容、培训教材、培训组织管理、经费保障、考核评价等方面的要求。各地反映，整个工作方案科学周详，清晰明了，对各地的培训工作有很强的指导意义。

3. 参与组织全省培训工作动员大会。起草了厅领导的讲话、主持人的讲话、会议通知、会议有关资料的组织编排、编印等；参与了全省培训工作动员大会的会务工作。省财政厅在广州召开了全省农村财会人员财政支农政策培训工作动员大会，研究部署全省农村财会人员财政支农政策培训工作。财政部干教中心主任、财政部中华会计函授学校校长欧文汉同志，省财政厅党组成员、副厅长、省财政厅农村财会人员教育培训工作领导小组组长郑贤操同志出席会议并讲话。省财政厅有关处室负责人和单位负责人及各地级以上市财政局分管会计工作的局领导、会计科（处）长以及全省各市县（市、区）骨干师资共二百余人出席了会议。全省动员大会统一了全省对该项工作重要性和紧迫性的认识，明确工作规划和培训思路，保证全省培训工作在短时间内达到了预期的效果。

4. 用好省级年度培训经费。省级经费采取“以奖代补”的方式对各市县工作进行考评后安排补助，目前，已根据培训进度安排了各地第一批奖补资金。

5. 组织了三期全省师资培训班。组织召开了财会人员财政支农政策培训教学研讨会，逐项落实了广东省2009年农村财会人员财政支农培训授课内容、师资培训班授课老师、师资班培训时间安排、教学要求、教案设计等事项。在广州、湛江、惠州连续举办了三期师资培训班，通过财政支农政策的宣讲，使老师们提高了对政策的了解和认识，会计业务学习上采用了模拟农村财会人员授课的教学方法，得到了老师们的好评，三期师资培训取得圆满成功，为全省每个地级市培训6名、每个县（市、区）培训3名骨干教师，共培训教师465人，保证了全省开展农村财会人员财政支农政策培训师资力量的水平和质量。

6. 参与组织全省培训工作情况摸底调查。草拟了省财政厅印发的《关于开展农村财会人员财政支农政策培训有关情况调查的通知》，对全省现有培训对象数量及构成、组织领导机构设置、培训机构基本情况等方面进行了摸底调查，接受各市有关单位的电话咨询，汇总统计有关数据，为开展全面培训工作打好基础。

7. 起草培训工作《考评办法》。省函校草拟了《广东省农村财会人员财政支农政策培训工作暂行办法（征求意见稿）》，在广泛征求各市意见的基础上，对《考核办法》进行了修改完善。目前，《考核办法》修改工作已基本完成，正在上报厅领导审批过程中。考核评价工作采取当地自评和上级考评相结合的形式进行，采用百分制量化考核。指标设置科学合理，操作流程简要易行。各地考核评价结果将在全省通报，并作为争取省财政以奖代补资金的重要因素。考评制度将对各地培训工作发挥积极的激励和约束作用。

8. 编印《广东省农村财会人员财政支农政策培训工作简报》，为了加强培训工作的信息交流，省财政厅决定不定期编印《广东省农村财会人员财政支农政策培训工作简报》，省函校参与组稿和初审“简报”工作，第1期、第2期《简报》已经印发。为宣传培训工作，及时了解培训工作的最新动态、交流工作经验、及时解决培训中遇到的问题提供新的渠道和平台。

二、扎实做好学历教育收尾工作

1. 加强教学管理。省函校一如既往地狠抓教学管理的各环节，从教学计划的制订、执行、检查，考试工作的命题、审题、试卷排版、装袋、成绩登记、学籍管理每一环节都一丝不苟地认真组织实施，严把教学质量每一关。

2. 认真做好毕业验证工作。认真审核毕业生学籍及成绩资料，确保省函校今年575名毕业生按时顺利取得省教育厅颁发的毕业证书。

3. 积极抓好招生录取工作。根据2009年全省函校工作会议精神，省函校今年只招收高中起点一年制业余班的新生，因此招生的站锐减，面对新形势，省函校及时布置各站做好招生动员工作，认真仔细地做好招生录取各方面工

作，及时下发了招生录取通知，对全校的招生工作进行指导，在网上录入新生资料，去省招办办理录取审核手续，经过共同努力，今年的招生录取工作顺利按时完成，共招收新生128人。

4. 按时订购和下发各种教学资料。根据各函授站上报情况向总校订购中专学历教材1 100多套，并及时组织教学资料的向下发行工作，保障了教学工作的正常进行。

三、严格执行继续教育培训纪律，保证培训质量

一是严格管理。省函校不仅指定专人负责培训工作，而且每期培训班都指派专门的管理人员，负责分发教材、课堂考勤、收发试卷等工作，缺课人员要重新培训才能参加考试。

二是做好送教上门的服务工作，一方面严把教学管理关，对委托单位的教学条件，尤其是教学设备等方面进行认真的了解；另一方面坚持把社会效益和财政厅自身形象放在首位，无论培训班人多人少，均以饱满的热情和认真负责的态度，全力做好各项工作。

三是合理安排教学计划，保证培训质量。为了增强培训的针对性和实用性，主动了解培训需求，保证培训效果，受到了委托单位的欢迎和好评。

四是坚持培训结束时的考核测试制度，且只对测试合格者发放证书，有效提高了培训的到课率。经过多方努力，本年度共完成会计继续教育培训共3 791人次，有效提高了会计人员的业务水平，受到了会计人员的普遍欢迎。

2009年各级办学单位面对激烈竞争的培训市场，在各级财政部门的领导和部署下，充分利用部门办学优势和已有的办学条件，大力开展会计人员继续教育和各类业务培训，本年度共完成各类培训共113 419人次，其中：会计从业资格考前培训7 270人次，会计技术资格考前培训6 451人次，会计电算化培训5447人次，企业会计准则培训16 225人次，其他各类培训78 026人次。深圳市辅导站与时俱进，用先进的办学理念引领学校的发展，“以质量求生存，以特色求发展”，共培训了54 445人次。通过开展多种形式的在职培训，满足了社会需求，提高了我校的社会声誉。

四、协助会计处做好会计服务大厅的管理工作

1. 发挥“广东省会计管理信息系统”的作用，优质、高效、有序地完成了日常业务。会计服务大厅依托“广东省会计管理信息系统”，为会计人员提供良好的服务。2009年，办理会计从业资格有关业务共计25 447件（其中新发证18 637件），组织会计专业知识考试共计62 532人，安排省直初、中级会计电算化考试32 033人。受理2009年高级会计师考试报名共560人，回复网上读者来信459封，成功接听群众来电96 757个，较好地完成了工作任务。

2. 克服困难，组织好会计专业知识笔试考试工作。2009年会计专业知识考试采用的是笔试和无纸化两种考试形式双管齐下的组织方式，这给服务大厅带来了前所未有的困难。在人力、设备等资源保持原有水平的情况下，服务大厅不仅要以开展无纸化考试为首要任务，还要克服笔试考试人数多、任务时间紧的困难。为全力做好考试工作，考试组工作人员齐心协力，在广州市财政局的大力支持下，精心组织工作，顺利开展了上、下半年会计专业知识笔试考试工作。

3. 做好会计专业知识无纸化考试试点工作。按照财政部《关于推进会计从业资格无纸化考试的指导意见》的精神，制订了会计从业资格会计专业知识考试无纸化的工作计划和具体方案。通过学习调研、需求分析、软件开发、题库建设、系统调试、部署测试等步骤，如期完成无纸化考试系统及题库的研发建设工作。组织了3 298名省直考生进行试考，同时协助东莞完成无纸化考试试点工作，该试点参加考试的人数多达7 081人。

4. 增设资源，解决会计电算化考试难题。我们分别与中国电信（提供专线技术）和省委党校（提供考试场地和监考人员）签订了协议，共同完成增设考场建立考试网络的工作，组织了80名考生进行试考。考试场地的增设，使原考试时间连续安排至2010年6月份的10 919名考生可在今年6月份至8月份提前考试，另外，从6月份开始报名的考生，也可在次月参加考试，大大缩短了考生等候考试的时间。

5. 流程再造，业务办结效率再提速。简化流程，进一步提高工作效率，具体调整情况如下：注册、变更及证书有效期延续业务的办结时限由原来的五个工作日调整为当场办结，申请人只需到现场办理一次即可完成；调出和调入业务分别由原来的10个工作日和30个工作日统一调整为5个工作日；证书遗失补办业务由原来的30个工作日调整为5个工作日；会计继续教育补充登记业务由原来的15个工作日调整为10个工作日。通过提升业务办结速度，达到切实为民提供便利的目的，得到了群众的好评。

6. 设立“会计信息服务热线”，解决电话难打通问题。从今年1月5日起，会计服务大厅与中国电信合作设立的“会计信息服务热线”正式开通，通过呼叫中心服务外包的形式，由中国电信话务员全面接听服务大厅的咨询来电。从根本上解决了咨询电话难打通的问题，每月收到的网上群众来信数量从180多封骤减为30封。“会计信息服务热线”的设立不仅使广大群众受益，服务大厅的工作人员也得以从以往具体的解答咨询工作中解脱出来，转而投入到更高要求、更具挑战性的工作中去。

会计服务大厅加强主动服务意识，积极提高服务效率。会计服务大厅代表省财政厅被选为上台介绍经验的5个单位之一。

（省会计函授职业技术学校供稿 关坤翘执笔）

中华会计函授学校省校基本情况表

填报单位：广东省会计函授职业技术学校　　填报时间：2009 年 12 月 30 日

<table>
<tr><td colspan="2">校领导基本情况</td><td>姓　　名</td><td>任财政厅（局）职务</td></tr>
<tr><td colspan="2">省校校务委员会主任（主管部门分管领导）</td><td></td><td></td></tr>
<tr><td colspan="2">校　长</td><td>邹清莲</td><td>会计处处长</td></tr>
<tr><td colspan="2">专职（常务）副校长</td><td>黄腾达</td><td></td></tr>
<tr><td colspan="2">其他副校长</td><td></td><td></td></tr>
<tr><td colspan="2">其他副校长</td><td></td><td></td></tr>
<tr><td colspan="2">本学年教学及教学管理人员</td><td>人数（人）</td><td>比上年增减（人）</td></tr>
<tr><td colspan="2">全校合计</td><td>210</td><td></td></tr>
<tr><td colspan="2">其中：省校专职教学管理人员</td><td>44</td><td></td></tr>
<tr><td>分校总数</td><td></td><td>函授站总数</td><td>65</td></tr>
<tr><td rowspan="4">类别一</td><td colspan="2">在财政部门内与会计管理部门合署的函授站数</td><td>38</td></tr>
<tr><td colspan="2">在财政部门内与其他管理部门合署的函授站数</td><td>2</td></tr>
<tr><td colspan="2">在财政部门内独立设置的函授站数</td><td>3</td></tr>
<tr><td colspan="2">依托系统外单位办学的函授站数</td><td>22</td></tr>
<tr><td rowspan="4">类别二</td><td colspan="2">学历教育与会计培训均开展的函授站数</td><td>12</td></tr>
<tr><td colspan="2">只开展学历教育的函授站数</td><td>2</td></tr>
<tr><td colspan="2">只开展会计培训的函授站数</td><td>45</td></tr>
<tr><td colspan="2">学历教育与会计培训均未开展的函授站数</td><td>6</td></tr>
<tr><td>类别三</td><td colspan="2">拥有计算机培训教室的函授站数</td><td>18</td></tr>
</table>

中华会计函授学校省校教育培训情况汇总表

填报单位：广东省会计函授职业技术学校　　填报时间：2009 年 12 月 29 日

<table>
<tr><td>中专新生注册人数</td><td>126</td><td>中专在校生人数</td><td>807</td></tr>
<tr><td>大专及以上新生注册人数</td><td></td><td>大专及以上在校生人数</td><td></td></tr>
<tr><td>全校短期培训总人数</td><td>113 419</td><td>其中：会计培训人数</td><td>106 288</td></tr>
<tr><td colspan="2">短期培训内容</td><td colspan="2">培训人数</td></tr>
<tr><td colspan="2">1. 会计电算化</td><td colspan="2">5 447</td></tr>
<tr><td colspan="2">2. 会计从业资格</td><td colspan="2">7 270</td></tr>
<tr><td colspan="2">3. 会计技术资格</td><td colspan="2">6 451</td></tr>
<tr><td colspan="2">4. 其他</td><td colspan="2">94 251</td></tr>
<tr><td rowspan="4">其中：
省校自身组织开展培训的时间、内容和人数</td><td>时间</td><td>培训内容</td><td>人数</td></tr>
<tr><td>4～11 月</td><td>企业会计准则</td><td>3 791</td></tr>
<tr><td></td><td></td><td></td></tr>
<tr><td></td><td></td><td></td></tr>
<tr><td colspan="4">需要说明的事项：</td></tr>
</table>

注：1. “短期培训总人数”指全校开展各类短期培训人数的汇总，但不包括农村财会人员财政支农政策专项培训人数。

2. “短期培训内容”指全校开展短期培训的内容（可以对相近内容分类别进行合并，不是普遍性的内容可以统一并入“其他培训”类中），人数汇总后应与前面的“短期培训总人数”相一致。

3. 培训内容多，现有栏目无法完全概括的可以自行加行。

广东省财政职业技术学校

2009年，学校以人为本，遵循职业教育规律，以“全面建设示范性职业学校”为目标，按照开明开放、公平公正的原则要求，充分发挥广大教工的主观能动性，以促进发展为主题，以科学管理为手段，明确思路，统一思想，扎实进取，注重实效，稳定有序地推进了各项工作的开展。

一、加强党组织及领导班子建设，重视教工思想政治教育，巩固主题实践活动成果

1. 学校积极开展“转变作风抓落实”主题实践活动。邀请省委党校专家来校作专题讲座、召开中心组会议和专题组织生活会，认真学习贯彻党的十七届四中全会和省十届五次全会的会议精神，学习省纪委十届三次全会上汪洋书记的重要讲话精神、厅转变作风抓落实主题实践活动的文件精神及有关评论员文章。积极响应省委组织部和省财政厅直属机关党委的部署，在2008年和惠东县安墩镇大布村等7个基层村支部开展了城乡基层党组织互帮互助活动的基础上，发挥学校在教书育人、人才智力和科技信息方面的优势，通过电话沟通、网络信函等形式，实实在在地指导各村完成帮扶项目可行性报告的撰写申报工作，为当地经济建设和发展作了力所能及的帮助。2009年12月，省财政厅党组书记、厅长刘昆同志参加了学校党委领导班子专题民主生活会，充分肯定学校的工作，并提出“传承创新，培育人才；科学发展，争创一流；争先创优，永续辉煌”的目标要求。

2. 根据学校领导班子职数配置和职位空缺的情况，按照《党政领导干部选拔任用工作条例》的要求，财政厅在一定范围内公开推荐选拔了学校副校长（副处级）1名，加强了领导班子建设。为实现学校的可持续发展，领导班子勤勉执政，积极思考，认真贯彻民主集中制。

加强学校基层党组织的建设，及时进行支部设置的调整和支委的增补改选工作；高度重视党员发展，严格组织发展程序，本年度举办了两期入党积极分子学习班，培训学员300多人。党务制度建设工作取得阶段性成果，全面整理、修订学校党委、纪委的有关职责和规章制度，严格党员活动考勤工作，积极探索建立长效、稳定的党内激励机制，2009年11月制定《党支部特色活动管理暂行办法》、《党支部“争先创优”考评办法》，以创建“先进党支部”、“优秀党务工作者”活动为载体，进一步增强党组织的活力，提高基层党务工作者的水平。高度重视党风廉政建设，通过播放《大法官》等专题教育片开展日常警示教育，组织全体党员参加厅纪律教育月学习活动。遵照《广东省财政厅规范权力运行工作方案》要求，紧密结合转变作风抓落实主题实践活动，通过对权力事项、制度依据、权力运行状况进行全面梳理，共设计整理出1个工作规则、9个行政管理类权力运行规范描述和9项权力事项工作流程图，形成规范权力运行的长效监督制约机制。

3. 以庆祝新中国成立60周年，学校办学36周年暨龙归建校30周年为契机，进一步加强师德建设，以《教师法》、《教师职业道德规范》、《公民道德建设实施纲要》为内容，教育引导广大教师不断提高政治思想素质，坚定职业理想和信念。2009年，学校吴作歆老师因教学科研工作和德育工作成绩突出，连获“全国优秀教师”、“全国优秀中小学德育工作者”两大殊荣，黄莉老师获首届“中国职业院校教学名师”光荣称号，另有两名教师荣获广东省“优秀德育工作者”和“优秀班主任”称号。学校还开展向优秀教师、先进教育工作者学习的活动，开展了“讲师德、铸师魂、树形象”演讲比赛活动，使广大党员干部、全体教师树立强烈的职业光荣感、历史使命感和社会责任感，提高教工队伍的职业道德水平和综合素质。

二、重视发展规划研究，开展制度建设工作，举行“办学36周年暨建校30周年校庆”活动

1. 以制度建设为契机，广泛开展了各个领域和内部运行机制与各项制度的完善工作。通过认真听取教工意见，集思广益，多次组织召开制度建设工作会议，对教学管理、科研奖励、日常管理、人事财务资产管理等与教职工关系密切的重点制度进行了详细讨论和反复修订；对公费医疗管理制度、校园卫生制度等新制定制度及时修订并通报执行情况，提高了管理事务公开化和规范化水平，进一步增加学校工作的透明度。

2. 学校不断探讨和实践扩大办学规模的有效途径。在厅领导及广大教工的大力支持下学校参加了进驻广东省现代职业技术教育基地的竞争申报，目前正在等待省委省政府的最终决定。本年度，学校积极总结历年来的招生就业推荐工作经验教训，认真分析形势，广开言路，寻求突破。一方面继续坚持以往有针对性的做法，突出重点，点面结合，通过在校生、教职工、校友、媒体、招生指南、现场咨询会等多种渠道进行招生宣传；另一方面为保证宣传力度，校领导班子亲自挂帅，带领招生就业部等工作人员分六批赴广东省21个地市区进行招生宣传。2009级共招收学生993人，比上一年招生人数略有增加。在就业推荐及顶

岗实习工作方面，学校召开多次就业指导专题讲座，积极走访企业，联系实习单位，安排面试，在受金融危机影响社会需求量减少、原有实习就业单位停招新员工的情况下，积极开拓新的实习就业单位，妥善安排毕业班学生实习就业，2009届毕业生共812人，学生综合就业率良好。

3. 认真贯彻执行新《劳动法》，进一步完善社会保险增减变更手续，妥善处理了历史遗留人事问题，做好了劳动工资、财务情况报表填报工作，为满足学校发展需要用人计划的编报，办理事业单位法人证书、劳动用工等年审手续，组织进行了2009年全国教育系统先进集体和先进个人、职坛名师、广东省教育系统德育教育先进个人等推荐申报工作。此外，高度重视师资力量培养，组织专业技术资格、职业技能的报考、评审、聘任工作，2009年7月16日至22日，由厦门大学继续教育与职业教育学院承办的“厦门大学——广东省财政职业技术学校暑期师资培训班”顺利举行，学校48位教工参加了本次培训。学校还进一步规范财务管理，顺利完成学费的收取和催缴、工资福利、住房补贴的发放工作，做好了专用资金的管理、2010年预算的申报工作和住房公积金的缴纳工作，学生国家助学金的发放；开通了网上银行，方便、快捷、准确、安全办理学费批量扣款收学费、实行非现金结算、代发工资和直接支付有关款项等，有效提高了工作效率。

4. 精心谋划安排，开展“办学36周年暨龙归建校30周年”校庆活动。2009年10月18日，学校在隆重热烈的气氛中举行了校庆庆典，来自各级领导、省内外的历届校友、在校工作过的教工、友邻单位和兄弟院校代表、社会各界人士与在校师生共3 000多人参加了庆典大会。这次校庆活动时间紧、任务重、人数多、规模大，但在厅领导、厅机关各处室、各位校友的大力支持及全校师生的共同努力下，学校圆满完成了校庆各项工作任务，并取得了明显效果。

三、重视教学和科研，突出技能教育，开展广泛调查、宣传，拓展培训服务和业务范围

1. 高度重视教育教学质量，坚持“巡堂制度”、“学生信息反馈制度”和“教学秩序通报制度”，严格教学管理。抓好教学日常管理工作外，教学工作还特别注重技能训练，各专业部从市场需求出发，认真调研，深入了解市场，加强专业规划；通过组织学生外出参观、拜访企业，邀请企业家或业内专家举办讲座、研讨会等多种形式，让学生及时了解市场需求，增强其学习的积极性和主动性；同时认真组织专业实训，组织学生参加技能考证和专业技能比赛及广东省中等职业学校“用友杯”财经专业学生职业技能竞赛活动等，提高学生实操能力。为贯彻执行《教育部关于中等职业学校德育课程设置与教学安排的意见》精神，加强专业技能训练，本年度还按要求调整了2009级课程设置，保证德育课程，增加专业课程课时，根据专业特点，认真总结，努力探索具有我校特色的专业教学模式。

2. 开展德育调研工作，完成《广东省财政职业技术学校学生思想品德调查报告》的撰写工作，成功申报批准立项广东省职业技术教育学会2009～2010年度科研课题《关于构建以诚信为核心的财经职业学校德育评价体系探索》，在暑期班主任工作研讨会的基础上，组织完成了班主任优秀德育论文征集、评审工作，并以第62期《广东财校学刊》德育专刊的形式将优秀论文在校刊上发表，积极组织德育教师参加省教育厅举办的德育教师培训班，召开班主任座谈会，走访企业，了解学生实习期间思想状况及用人单位对实习生和毕业生的要求与评价等信息，积极推动我校德育工作的针对性和实效性。

3. 在培训方面调整宣传策略，丰富宣传手段，印制了培训中心彩页简介和学历教育系列招生简章，在仓边路大院门口制作张贴式招牌，在楼层中堂悬挂联合办学点和函授站招牌，宣传效果良好；共完成新企业会计准则、会计从业资格证、会计继续教育、会计职称、会计电算化等短期培训班约7 121人次；积极加强与财政系统联系，细致财政干部业务培训服务内容，本年度暑假期间成功举办了兴宁市财政系统综合业务培训班、蕉岭县财政系统公共财政业务培训班、乐昌市财政系统公共财政业务培训班共四期，合计培训人数137人，取得良好效果。学历教育方面认真做好了教学管理工作，共有在校生573人，已形成了专本多层次、成人电大、自考多模式的学历教育办学平台。

四、全面推进核心品德教育，开展“关爱心灵，拥抱阳光”心理健康教育等系列校园文化活动

1. 重视学生思想品德和行为规范教育，全面推进了以《弟子规》学习为核心的品德教育，开展以“学会感恩、关爱他人、回报社会”为主题的“学雷锋”活动。学校成立青年志愿者协会，开展争先创优活动，大力表扬品学兼优、全面发展的先进学生和班风、学风良好的先进班集体，举行了《弟子规》主题班会、板报评比、“文明标语”征集评比、一封家书等活动，进行了大扫除、义务植树、爱心捐款、慰问孤儿院、老人院等活动。省财政厅党组书记、厅长刘昆同志在2009年第4期《财校动态》上作了：“财校这项工作开展得很好，学校除授以技能外，很重要的是品德教育。‘爱人’‘感恩’是做人的基础，雷锋同志即是典范。”的重要批示，对学校这项工作给予了高度评价。

2. 注重学生的心理健康教育，开展了以“关爱心灵，拥抱阳光”为主题的心理健康教育系列活动，举办第二届心理健康教育活动月，举办第六届“心之约”晚会，开展“心里话你说我说征文”比赛、“心之约”手抄报比赛，更新心灵绿洲网页，心理健康教育工作的动态，普及心理健康知识；发挥心理咨询的作用，顺利选拔2008级优秀学生担任2009级新生心理健康入学教育的培训员。

3. 校园文化丰富多彩，寓教于乐。上半年采取知识竞赛、诗歌朗诵等方式举行“庆祝五四运动90周年系列活动”；举办了“第十届校园文化艺术节”活动，包括十大歌手比赛、“十校嘉年华”晚会、文学讲座、书法美术作品

比赛、手工艺创作比赛、各种球类比赛等一系列活动；组织参加第四届“碧草杯”广东省校园文学大赛和省教育厅“明理、立志、勤学、成才”主题系列活动。下半年以庆祝新中国成立60周年为契机，围绕“爱国立志、勤学成才”的主线，举办了“祖国在我心中”歌咏比赛、“我爱我的祖国”主题班会、“庆国庆征文比赛”、“庆国庆板报评比”，一系列的活动，弘扬爱国精神；举行校园广播体操比赛、“第五届会计知识竞赛”、“舞动青春”等富有特色的文体活动；举办第七届社团活动月系列活动，组织了“趣味数学比赛”、“第三届校园舞台设计大赛”、“第七届校园文学创作大赛”、“第四届‘财校之星’综艺大赛”、“水果拼盘”比赛、“禁毒知识竞赛”、“艾滋病网上竞答”等活动，通过丰富多彩的文体活动，营造了浓厚的校园文化氛围，推动素质教育的深入开展。

4. 完善了30多项学生管理制度，细化学生日常行为标准，使学生更自觉地养成文明行为和习惯；加强班主任值班制度，落实家校联系制度，加强班主任与学生家长反馈学生情况的联系，加强违纪学生家校联系，取得良好的效果；按照“理顺关系、精简机构、压缩人数、提高效率”的指导原则，对部分学生组织机构作出调整，将全校学生干部的总体规模削减了50%以上，进一步完善学生二级管理制度；顺利召开校级和各专业部2009年团员、学生代表大会，完成学生干部的新老交替，加强了学生干部管理。恢复纸质考勤，抓好了学生日常纪律，公开班量化考核成绩，激励学生比学赶超。

五、加强教辅后勤管理，营造安全舒适的教学环境

1. 进一步完善文献保障体系，提高文献信息资源的使用效率，为学校的建设与发展提供文献保障。积极拓宽购书渠道，改变传统的单一采购方式，采取征订、网络订购与现采相结合的方式，使有限的经费发挥最大的作用，尽可能地满足教学科研之需；同时积极开展多种形式的读者培训工作。通过一系列培训教育，吸引更多学生走进图书馆、利用图书馆。在技术支持方面，购买了一定数量的扩音器，做好了网络、多媒体教室、机房等设备管理工作。

2. 加强食堂监管，防止食物中毒，保证饮食质量，改善食堂的服务水平和质量；积极发挥了学生生活部的作用，对食堂的卫生、价格、质量等问题及时进行调查、了解、反馈；按照学校食堂管理规定和卫生监督部门的要求严格操作流程，保证膳食安全卫生，杜绝了食物中毒的发生。在医疗卫生方面，学校认真做好卫生医务工作，坚持24小时值班制度；针对2009年甲型流感疫情及学校出现的水痘和其他急性病情的实际，及时做好了宣传预防工作，相应做好晨检、上报工作，对出现的病情处理得当，较好地维护了校园的稳定。

根据实际情况，完成了六号楼等部分校舍翻新、运动场的翻新改造、校内闲置空地规划建设、校园广播系统改造等项目工程工作；保质保量完成各项采购任务；及时处理消防水泵房受潮起火等突发事件，较好地保证学校水电供应；圆满完成学校的校园值班、安全保卫工作；做好了学校维修检修，环境保洁工作，定期灭蚊，维护绿化，组织多次全校性安全、防火大检查，消防安全知识讲座，做到防患于未然，保证学校安全保卫制度落到实处，从而有效地为师生营造舒适、安全的学习生活环境。

（广东省财政职业技术学校供稿　全君君执笔）

2009年度广东省财政科研课题管理研究成果评比结果

	课题单位	课题名称
一等课题（共4个）	暨南大学产业经济研究院	后金融危机时代广东省产业集群发展模式研究
	省财政厅农业处	广东城乡基本公共服务均等化研究
	茂名市财政局、茂名市财政学会	关于支持中小企业发展的财政政策研究
	省财政厅办公室	产业结构调整促进财政可持续发展研究
二等课题（共6个）	省财政厅国库处	广东省省级财政国库集中支付改革实践与成效分析
	省财政厅工贸发展处	促进广东省资产评估机构专营化发展的政策研究
	湛江市财政局	城乡协调发展中的基本公共服务财政均衡性研究
	省财政厅行政政法处	广东省行政政法系统行政管理支出问题研究
	梅州市财政局	城乡基本公共服务均等化研究
	广东外语外贸大学	国有资本经营预算研究
三等课题（共13个）	省财政厅国库处	财政支出管理电子平台建设有关问题的研究
	省财政厅工贸发展处	促进中小企业平稳健康发展的财政政策研究
	省财政厅国库处	广东省推行公务卡改革的理论与实践研究
	江门市财政局、江门市财政学会	构建和谐社会视角下如何进一步推进我市基本公共服务均等化
	开平市财政局、开平市财政学会	关于省直管县财政体制改革的初探
	鹤山市财政局、鹤山市财政学会	促进鹤山中小企业巩固提高、做大做强的财政对策建议
	广东商学院	基于广东省上市公司XBRL的网络财务报告与监控模式创新
	江门市江海区财政局、江门市江海区财政学会	对次发达地区市辖区财政体制的探讨
	韶关市财政局	生态文明建设的财政政策研究
	清远市连山壮族瑶族自治县财政局	完善激励型财政机制，缓解民族自治地区财政困难的研究
	韶关市财政局	循序渐进，积极稳妥地推进财政国库管理制度改革——关于我市财政国库管理制度改革的思考
	东莞市财政局桥头分局	深入推进政府绿色采购的思考与建议
	东莞市财政局沙田分局	促进沙田镇中小企业平稳健康发展的财政对策研究

2009 年“湛财杯”财政征文大赛评审结果

一等奖（5 篇）

推动黄江农村集体经济转型升级

东莞市财政局黄江分局　王玉超

以财政改革之器破发展之题

——谈以财政改革为手段为湛江在粤西振兴中担当龙头

湛江市财政局　梁　培

创新财政支农机制，促进农民持续增收

——关于梅州促进农民增收调研报告

梅州市财政局　张梓明　张达权

基于财政的视角：金融危机下珠海的政策选择

珠海市财政局

重庆市国有土地管理经营研究报告

汕头市财政局

二等奖（10 篇）

把握科学发展观内涵，全面推进公共服务均等化

潮州市财政局　王文颖

佛山市建立财政支出项目绩效管理新模式的经验、存在的问题和对策

佛山市财政局绩效评价科

大力推进江门先进制造业发展落实“三促进一保持”多做贡献

江门市财政学会　张栋材

贯彻落实科学发展观　夯实基层财政的民生执行基础

江门市江海区财政局　李光顺

优化茂名财政支出结构的研究

茂名市财政局　杨德贤

论县区级行政事业单位固定资产核算和管理存在的问题和对策

茂名市茂港区财政局　曹　聪

浅析推进“两个下乡”政策，在欠发达地区发展的问题研究及对策

茂名市高州市财政局　余永伟

应对金融危机　促进科学发展

云浮市财政局　梁锦波

欠发达地区在“下行”区间的“上进”之策

湛江市财政局　王永招

徐闻县打造发展型财政面临的困难及对策

湛江市徐闻县财政局　李　乐

三等奖（30 篇）

加快转型步伐，引导东莞走出租赁经济

——落实“三促进一保持”，推动东莞经济模式转型

东莞市财政局黄江分局　李文强

试论禅城区政府采购绩效评估的实施

佛山市禅城区财政局　吴秀芳

加强税收征管营造公开、公平、公正的税收环境

广州市花都区财政局　刘文振　洪裕山

完善耕地占用税征收管理机制

江门市江海区财政局　钟颂欢

以积极财政政策为支点　撬动开平市财政经济新发展

江门市开平市财政局　邝宝柔

完善省对市（县）激励型财政转移支付制度的思考

揭阳市财政局　刘佩如

推动传统产业升级　提高自主创新能力

揭阳市东山区财政局　林朝喜

加快茂名市农村公共服务发展的对策建议

茂名市财政局　陈雄略

信宜市中小企业发展问题的探讨

茂名市信宜市财政局　刘耀良

关于推进茂名城乡基础设施建设与管理一体化的若干建议

茂名市电白县财政局　梁秀琴

构建基本公共服务均等化　深化政府间转移支付改革

梅州市财政局　蓝天良

省直管县财政体制面临的问题及解决思路

梅州市财政局　黄定锋

全面落实“三促进一保持”　积极应对金融危机

梅州市梅县财政局　李婧纯

山区县经济发展的现状及对策

——丰顺县发展县域经济的调查报告

梅州市丰顺县财政局　龚翠莲

防范县市财政潜债务风险的几点思考

清远市清城区财政局　吴德红

落实“三促进一保持”　深化收支两条线改革

清远市佛冈县财政局　邱祥德

促进地方工业化发展的财政政策探讨

清远市连州市财政局　黄阳生

浅谈财政票据管理和使用方面存在的问题与对策

清远市连州市财政局　张　明

以科学发展观打造阳光效益型政府采购

汕头市财政局 蔡盛壮

创新社区建设财政支持体系的思考

深圳市龙岗区财政局 张优学

论行政事业单位国有资产管理改革之广东模式

广东省财政厅物业管理中心 周薇薇

扩大农村居民消费之我见

阳江市阳春市财政局 范家健

财政“省直管县”的借鉴与发展

——对广东省推进“省直管县”财政体制改革的探讨

湛江市财政局 郭 雄

弘扬湛江财政文化 磨砺粤西财政品牌

湛江市财政局 冯灵泉

财政支农资金管理问题研究

湛江市财政局 农业科

试论湛江生态城市建设战略中的财政对策

湛江市财政局 余知勤

财政如何推进基本公共服务均等化的探讨

湛江市赤坎区财政局 何姝霖

转变乡镇财政职能 努力探索吴川基层财政管理工作新路子

湛江市吴川市财政局 黄 海

促进湛江加快逆势崛起的财政政策思考

湛江市徐闻县财政局 陈光贤

准确定位，科学扶持，加快发展

——浅谈对广东省东西两翼和粤北地区发展的扶持策略

肇庆市怀集县财政局 李宗泽

组织奖（4 名）

湛江市财政局 茂名市财政局 梅州市财政局 江门市财政局

表扬奖（2 名）

揭阳市财政局 清远市财政局